한서열전

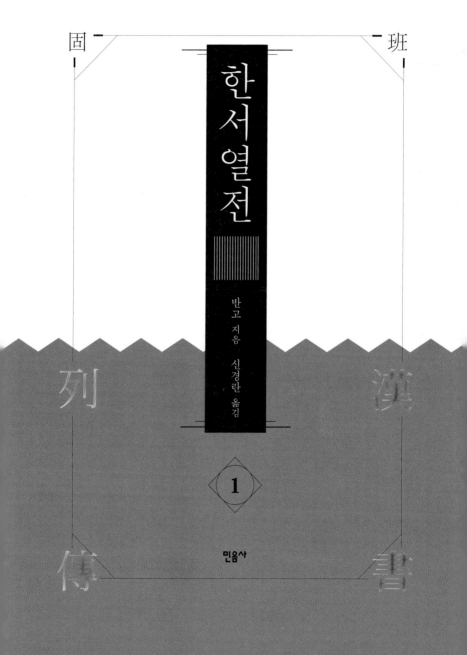

固 班

한서열전

반고 지음 신경란 옮김

列 漢

① 1

傳 書

민음사

해제

『한서』는 전한(前漢, 서한(西漢), 기원전 206~8년)과 신(新)나라 (8~24년)의 사적을 담은 사서로, 사마천의 『사기』와 함께 2000년 동안 널리 읽혀 온 중국 이십사사(二十四史)의 남상(濫觴)이자 동아 시아 정사(正史)의 대표작이다. 평민 출신으로 봉기한 유방(劉邦) 은 진(秦)나라를 무너뜨리는 전쟁에 참가하여 혁혁한 공을 세웠으 며 서초 패왕(西楚霸王) 항우(項羽)와 천하의 패권을 놓고 겨룬 초 한(楚漢) 전쟁에서 승리했다. 천하 통일을 이룬 한나라는 진나라 영토를 넘어 서역과 흉노, 남월, 조선 등을 경략하여 대제국을 이 루었으며 정치, 경제, 문화, 예술 등의 여러 방면에서 동아시아 전 통의 근간이 되는 위대한 유산을 남겼다.

『한서』는 어떤 책인가

『한서』의 대표 저자 반고(班固, 32~92년)는 사마천보다 150여 년 뒤의 사람이다. 한 번 망했다가 부흥한 후한(後漢, 동한(東漢)) 시대에 살았던 반고는 명제(明帝)의 명을 받아 전한 시대의 사적을 집필했다. 반고의 부친 반표(班彪)가 통사인『사기』에서 한나라 부분의 속편으로 쓰기 시작한『사기 후전(史記後傳)』65편이 국사로 승격된 것이다. 반고는「오행지」,「지리지」,「예문지」등의 한지(漢志)를 추가하여 사마천이 발명한『사기』의 기전체를 보완함으로써 이후 동아시아 정사의 모범이 된 체제를 구축했다.

시작은 반씨 집안의 개인 저작이었지만 뒷날 황제의 명으로 완성된『한서』는 중국 고대 서적 분류법인 경사자집(經史子集) 체계상 '사'에 속하는 관찬 사서이다.『한서』「예문지」에서『태사공』130편(현존 판본은 120편) 즉『사기』를『춘추』류로 분류하며,『사기』또한 '자'에서 벗어나 '사'에 들게 되었다. 사서의 위상은 높아졌으나 진입 장벽도 높았으니『서(書)』와『춘추』가 유가 경전으로 받들어지면서『좌전』,『공양전』,『곡량전』도『춘추』의 부속물에 불과한 시대였다. 관찬 정사인『한서』에『사기』의 한나라 부분이 인용됨에 따라『사기』도 사서에 속하게 된 것이다.

『사기』를 차용한『한서 열전』의 첫머리는 마치 전국 시대로 돌아간 듯한 분위기 속에서 흥미진진하게 펼쳐진다. 전국 시대에 태어나 진나라 멸망 전쟁과 초한 전쟁에 참가한 사람들은 모두 전국 시대 문화 속에 젖어 있었다. 기원전 221년 진나라가 통일을 이룬

지 불과 11년 뒤에 진시황이 죽고, 그로부터 1년이 채 안 되어 제국의 허점이 드러나기 시작하자 각지에서 봉기군이 들끓었다. 진나라를 타도하기 위해 일어난 영웅 중에는 초나라 사람이 많았으니 진승과 항우, 유방, 소하, 한신이 모두 진나라에 망한 초나라 유민이다. 전국 시대 여러 나라 중에서 면적이 가장 크고 인구도 많았던 초나라는 2년에 걸친 전쟁 끝에 진나라에 패하였으니 초나라 유민들은 몇 사람만 모여도 진나라를 멸망시키겠다는 결심을 다졌다고 한다.

진승과 항우 두 영웅은 고향이 600킬로미터 넘게 떨어져 있었으나 약속도 없이 초나라 부흥의 기치를 내걸고 봉기했다. "왕후장상의 씨가 따로 있는가?"라며 먼저 일어난 진승은 동료 오광과 함께 특이한 전략을 내세웠으니 진나라 백성과 초나라 유민을 다 잡겠다는 포석을 두고, 진시황의 아들로 억울하게 죽은 부소와 진나라 군대에 패해 자결한 초나라 장군 항연의 부대라고 칭했다. 단박에 세를 불린 진승과 오광은 초나라를 부흥시켰지만 뒷힘이 달렸고 내부 결속이 무너지는 바람에 진나라 군대에 패하고 말았다. 이어서 봉기한 항우와 그 숙부 항량은 진승의 초나라가 여섯 달 만에 멸망한 이유가 초나라 왕족을 왕위에 올리지 않아 초나라 유민의 호응을 얻지 못했기 때문이라고 판단했다. 항우는 항연의 후손이고 항량은 항연의 아들이었으니 두 인물이야말로 항연의 부대를 칭하기에 손색이 없었다. 이들은 초나라 왕족을 찾아 왕위에 올린 뒤 초나라 깃발을 내세워 진나라 군대와 맞서 싸웠다. 그 무렵 고향에서 봉기한 유방이 부흥한 초나라 왕의 신임을 얻어 장군이 된 뒤에 항우보다 한 발 앞서 진나라의 도읍을 점령하는 개가를 올렸다. 그러나 당시는 항우의 세상이었으므로 유방은 홍문연에서 항우에게 무릎을 꿇어 목숨을 부지했다. 이렇게 시작된 초한 전쟁은 항우의 초나라가 승리하리라는 모두의 예상을 뒤집고 초나라 출신의 소하와 한신, 한(韓)나라 귀족 장량, 위나라 출신의 장이 등이 함께한 한왕(漢王) 유방의 승리로 귀결되었다.

전국 시대 문화는 한나라 무제 때까지 이어졌다. 사마천도 전국 시대 전통을 지닌 인물이다. 사마천의 8대조인 사마조는 진나라의 이름난 장군으로, 진나라 도읍 관중 땅에 살았던 귀족이었다. 사마천의 증조부 때부터 한나라 벼슬을 살았지만 진나라 풍속이 남아 있는 관중 땅에 계속 거주한 터라 사마천도 그 영향을 벗어나지 못했다.

사마천은 『사기』를 통틀어 진나라에 관한 모진 소리를 남기지 않았다. 나아가 「화식 열전」에 "관중 땅에는 주나라 초기의 풍습이 남아 있어 사람들이 토지를 중하게 여기고 농사를 잘 지으며 위법한 일을 하지 않는다."라고 썼다. 한나라 초기 저작물 『회남자』에 "진나라 도읍의 풍습은 탐욕스럽고 지독하다."라고 한 것과는 사뭇 다른 느낌이다. 게다가 사마천이 당시 방방곡곡을 돌며 수집한 자료는 전국 시대 때 생성된 문서나 구술 전승이 많았으므로 『사기』 전반에 전국 시대 문화가 짙게 깔려 있다.

『사기』가 사서이면서 문학 작품으로 대접받는 까닭은 극적 구조를 갖춘 구술 자료를 대거 채택한 데에 있다. 낭만적인 전국 시대 문화에 익숙했던 사마천이 "하늘과 사람의 관계를 연구하고 고금의 변화를 꿰어 전국 시대식 일가의 학설을 이루고자" 『사기』를 편찬하면서 누구의 간섭도 받지 않은 채 자유로운 집필 방식을 구사할 수 있었던 것과 달리, 황제의 명을 받아 집필된 『한서』는 사료 선별에 엄격한 기준을 적용해야 했으므로 『사기』 인용을 제외하고는 딱딱한 공문서 위주의 신뢰도 높은 사료를 채용했다. 일차 사료를 대거 인용해서 사서의 새로운 유형을 만들어 낸 것으로, 이로써 2000여 년 전에 작성된 헤아릴 수 없이 많은 황제의 조서와 벼슬아치들의 상소문, 대책문이 고스란히 남았다. 사건마다 적지 않은 대화 장면이 기록되어 있기도 한데, 대개 심문 조서에서 나온 것이 많아서 문학성보다는 사실성이 돋보인다. 『사기』 인용 부분에서도 확인할 수 없는 사실은 삭제하고 새로 검증된 부분을 추가하는 등 최대한 정확성을 확보하려고 애썼다. 그리하여 『한서』는 소설을 방불케 하는 『사기』식 문학성과 결별하게 되었다.

반고는 전국 시대 문화와 관계없는 후한 시대 사람이었다. 반고는 전한 무제 때까지 기록된 『사기』를 계승하는 한편 사마천 사후의 인물과 사건에서는 전국 시대 흔적을 말끔히 씻어냈다. 예를 들어 인물의 출신지를 소개할 때 군과 현을 함께 밝힌 것은 사마천이 군을 언급하지 않고 현만 소개하여 전국 시대 전통을 고수한 것과 확연히 차별되는 점이다. 진나라에서 군현제를 실시했다고 하지만 실시한 기간이 짧았고 설치한 군도 많지 않았기 때문에 실제로는 전국 시대 각 나라에서 설치한 현 중심으로 행정이 이루어지고 있었다. 현 중심 문화에 익숙한 사마천과 달리 군현제가 제대로 시행된 한나라 문화 속에서 반고는 사마천의 기록은 존중하되 그 이후의 인물을 소개할 때 군과 현을 밝힘으로써 개인이 제국의 그물에 묶여 있는 존재임을 확실히 했다.

『한서』를 집필한 목적은 무엇인가

진나라 말기에서 한나라 개국에 이르기까지 인구가 절반 이하로 줄어든 끔찍한 전쟁의 시대가 지나자 진나라의 법가 이념이나 한나라 초기에 유행한 황로 사상으로는 급속도로 성장하는 제국을 다스리기에 부족한 점이 많았다. 이에 따라 천자와 백성이 함께 하늘의 뜻에 순응하는 동중서(董仲舒)의 신유학이 제국의 통치학으로 등장했는데, 반고는 신유학의 발전 과정을 『한서』에 고스란히 담아내어 부흥한 제국의 사회 질서를 유지하는 이념으로 자리 잡게 했다.

공자 이후로 귀신을 받드는 정서가 극복되기 시작했지만, 반고가 보기에 세상은 여전히 귀신에 매달려 있었다. 따라서 하늘의 뜻이자 자연의 섭리로 받아들일 것과 황당무계한 미신을 지배 계층부터 구별하는 일이 필요했다. 그러나 몇천 년 내려온 사회 전통을 단칼에 혁명하기란 불가능했으므로 연착륙 방식을 택해야 했다. 당시 황제 장제(章帝)도 새로운 나라의 사회 질서와 기강을 잡는 문제에 천착하고 있었으니, 이 문제를 두고 반고는 황제와 며칠씩 밤을 새며 토론하기 일쑤였다고 한다. 반고는 전한의 사적을 정리하는 과정에서 동중서의 『춘추』 해석으로부터 후한의 시대정신으로 제창할 천인감응(天人感應)을 찾아냈다.

천인감응이란 하늘의 뜻과 사람의 일이 상응한다는 뜻으로, 지진이나 홍수 등 재해 발생을 하늘이 통치자의 무능을 탓하기 위해 천벌을 내린 것으로 해석하는 학설이다. 동중서는『서』와『춘추』에 기록된 재해를 통치자에 대한 하늘의 경고로 보았다. 하늘은 천지 만물에 통행하는 음양 기운의 변화를 통해 통치자의 무능을 감지한다는 주장인데, 이를 뒤집으면 왕권은 천명에 달려 있다는 왕권신수설로 귀결되므로 통치자가 유능하고 자신 있을 때는 이 천인감응설이 전제 정권의 든든한 배경이 된다. 동중서가 무제 때 여러 차례 대책문을 올리면서 유가 학술과 음양오행을 혼합하여 만든 천인감응설은 후한 시대에 이르러 지배 계층에 의해 정치 이념으로 수용되면서 동중서는 위대한 유학자의 반열에 올랐다. 천인감응 이론은 이후 동아시아 사상 체계에 큰 영향을 미쳤다.

반고가『한서』를 편찬하고 있을 때 낙양 황궁 백호관(白虎觀)에서 역사적 회의가 열렸다. 황제가 주재한 이 회의는 약 150년 전 장안 황궁 석거각(石渠閣)에서 선제(宣帝) 주재하에 개최했던 회의와 맥이 닿아 있다. 반고는 황제가 입석한 회의의 서기를 맡아『백호통의(白虎通義)』로 정리했는데, 주제별 토론의 결과는 모두 황제의 재가를 받아 확정되었다. 백호관 회의에서는 여러 경전을 펼쳐 놓고 문답을 통한 합의로 당시 사회에 걸맞은 통치 이념과 예의 제도, 도덕규범을 가려 뽑았다. 유교 경전의 뜻에 맞는 혼례 예식을 정하고 따르게 한 식이었다. 우리가 익히 알고 있는 삼강오륜의 삼강(三綱)이 이때 도덕규범으로 채택되었다. 이 회의의 결과가 오늘날까지 유학 문화권에 영향을 미치고 있는 것이다.

동중서의 신유학 체계를 근거로 삼았던 백호관 회의 결과는 『한서』 편찬에도 영향을 미쳤다. 『사기』에서 부각되지 않았던 동중서의 열전이 세워지면서 '백가를 폐출하고 유학만을 숭상하자'고 제창한 학자로 재탄생했다. 황로(黃老)를 내세우면서 유학을 폄하한 시대에 이러한 구호를 제창하다 희생당한 사람은 따로 있었지만, 동중서의 이론으로 사회 질서를 잡겠다는 황제의 의지가 강했다. 이에 더하여 반고는 동중서의 신유학 이론을 「오행지」 다섯 권으로 정리했는데, 『한서』에서 「왕망전」 다음으로 분량이 많은 편이다. 송(宋)나라 사람 정초(鄭樵)는 이렇게 동중서를 신유학의 주인공으로 부각한 의도에 견강부회한 면이 있다고 지적했다.

『한서』의 공동 저자들

『한서』는 여러 사람의 손을 거쳐 완성되었다. 제1저자 반표는 『사기』의 내용이 끝난 무제(武帝) 태초(太初) 연간 이후의 사료를 모아 속편으로 『사기 후전』을 집필했다. 반표가 세상을 떠나고 반고가 『사기 후전』을 보완하던 중 『사기』의 한나라 부분과 합하여 한나라만의 역사책으로 편찬하는 계획이 세워졌다. 그런데 미처 책이 완성되기 전에 반고가 세상을 떠나면서 반고의 여동생 반소(班昭)가 마무리하게 되었다.

반소의 조수 마속(馬續)을 제외하면 『한서』 편찬진은 모두 반씨 집안사람들이다. 이들은 태사령을 지낸 사마천 부자처럼 황실 문서를 관리하는 '공무원'이 아니었다. 먼 조상은 장강 중류 지역의 초나라 사람들이었으나 진나라 말기에 전란을 피해 북쪽으로 이주했다. 최후로 정착한 곳은 지금의 산서성(山西省) 안문(雁門) 일대로, 농경문화와 유목문화의 경계라 전쟁이 잦고 교역도 활발한 곳이었다. 현재 이 지역에는 한나라 고분이 대규모로 남아 있고 요새 터와 현 관아 터 등이 보존되어 있어 변방의 번화했던 모습을 상상할 수 있다. 변방에 정착한 반씨 집안은 자연스럽게 국제 감각을 익혀 갔다. 반씨 집안이 정착할 무렵에는 주로 흉노와 대결하던 일선이라 요새를 갖춘 장성이 구축되어 있었다. 유목 문화의 영향 아래 목축업이 성행했는데, 반씨 집안도 가축을 길렀고 몇 대 내려가지 않아 부호가 되었다. 당시 한나라에서는 재물을 바치고 벼슬을 하는 제도가 마련되어 있었다. 재물이 모이자 반씨 집안도 변방의 수령직을 얻었다. 후대를 위해 목축업자에서 벼슬아치로 전환할 필요가 있었다. 반고의 기록에 따르면 먼 조상은 초나라의 재상이었다고 한다. 그 진위 여부는 알 수 없지만, 변방의 부호 반씨 집안은 가문의 영광을 위한 계획을 세우고 차곡차곡 진행해 나갔다.

성제(成帝) 때에 이르러 반씨 집안에 큰 변화가 일어났다. 반고의 증조할아버지 반황(班況)이 몇백 년 변방 생활을 끝내고 도읍 장안에 입성하는 쾌거를 이룬 것이다. 허가 없이 주민등록을 옮길 수 없던 그 시절에 신분 상승의 길이 활짝 열리게 되었다. 진시황 이후로 황제의 능을 만들면서 신도시를 함께 조성하여 지방 사람들을 이주시켰는데, 이를 능읍 또는 능현이라고 했다. 한나라에 들어서 능현 신도시에 지방의 유지들을 옮겨 살게 했다. 중앙에서는 지방에서 세력깨나 부리던 사람들을 도읍 가까이에 두고 관리해서 좋았고, 지방 사람 쪽에서 보자면 '서울 시민권'을 얻을 수 있어 좋았다. 반황은 지방의 유지로서 성제의 능으로 조성 중이었던 한나라 황궁 동쪽, 진시황릉의 서쪽 창릉현(昌陵縣)에 입주할 기회를 얻었다. 그러나 창릉은 밀려드는 지하수를 막지 못했고 공사비가 부족했기 때문에, 다섯 해 동안 진행해 온 창릉 공사가 기원전 16년 중단되었다. 이에 따라 창릉현이 철폐되고 장안으로 호적을 옮기라는 명령이 내려졌다.

전쟁이 잦은 변방에서 무예 익히기를 게을리하지 않았던 반황은 뛰어난 무예 실력으로 중앙에서 높은 벼슬에 올랐다. 반황은 자녀 교육에도 힘써 마침내 재주가 뛰어나기로 소문난 딸을 황제의 후궁으로 들여보냈다. 「외척전」에 나오는 반 접여가 바로 그 딸이다. 반 접여는 재주가 뛰어났으나 성제의 황후 조비연(趙飛燕)에게 밀리고 말았다. 그래도 성제는 반씨 집안의 실력을 인정하여 후대했는데, 반 접여의 오라버니 반백(班伯)에게는 황실 장서까지 내려 주었다. 이로써 반씨 집안은 엄청난 장서를 갖춘 학자 집안으로 변모했다.

반표는 반백의 조카로서 그 장서를 충분히 열람할 수 있었다. 한나라 말기에 태어나 이십 대 나이에 나라가 망하는 것을 지켜본 반표는 왕망의 신나라를 거치면서 나라를 부흥하는 데 기여하겠다는 결심을 굳혔다. 전란의 와중에 몸을 피하여 서북쪽으로 떠난 피난지에서 할거 중이던 두융(竇融)을 설득하여 한나라 부흥에 참여시켰다. 반표는 망한 나라의 부흥을 간절히 소망했는데, 천명이 아직 유씨(劉氏)에게 있다고 판단했기 때문이다. 반표는 부흥한 나라에서 높지 않은 벼슬을 살며 『사기 후전』 편찬에 주력했다. 그러나 병을 얻어 쉰 살이 갓 넘은 나이에 세상을 하직했다.

반표의 맏아들 반고는 한나라가 망한 지 23년, 부흥한 지는 7년째 되던 해인 32년에 태어났다. 같은 해 고구려에서는 뒷날 모본왕(慕本王)이 되는 해우(解憂)가 대무신왕(大武神王)의 태자로 책봉되었고, 신라는 탈해왕 시대였다. 이 무렵 흉노는 남북으로 갈라져 있었다.

반고는 아버지와 함께 감숙성에서 낙양으로 돌아온 뒤 아홉 살에 본격적인 글공부를 시작하여 열여섯 살에 태학에 입학했다. 한나라 부흥 이후 광무제의 요구에 따라 태자 유장(후한 제2대 명제)이 낙양 황궁 남쪽에 대규모 공사를 지휘하며 확장해 나갔다. 태학생은 황족과 귀족 자제를 비롯하여 지방에서 추천을 받은 인재들로 채워졌다. 2세기 기록에 따르면 낙양 시가지 인구가 몇십만을 헤아릴 때 태학생이 3만 명이었다고 하니 지식인의 세상이 아닐 수 없었다. 반고 재학 당시 광무제가 자주 태학을 둘러보았으며, 함께 공부한 벗들에 따르면 반고는 구구절절 경전을 암송하는 것보다 대의를 파악하고 요점을 잡는 일 위주로 공부했고, 한 사람에게 배우기보다 여러 스승의 강의를 듣는 것을 좋아했다고 한다.

54년 부친상을 당했을 때 반고는 스물세 살이었다. 8년째 태학에서 공부 중이었지만 학비가 부족했고 집안도 돌보아야 했기 때문에 '졸업장'을 뒤로하고 돌아갔다. 집은 도읍 낙양에서 서쪽으로 400킬로미터 떨어진 안릉현(安陵縣, 혜제 능현)에 있었다. 문제의 패릉과 선제의 두릉을 제외한 한나라 황릉은 황궁 북쪽의 위수(渭水) 건너 함양원(咸陽原)에 있었다. 원래 진나라 황궁은 이 위수 북쪽에 있었는데 한나라 황궁이 강남에 건설되면서 강북 함양원은 강남에 비해 낙후했다가, 낙양이 부흥한 나라의 도읍으로 정해진 뒤에는 더 한적해진 터였다. 아주 어릴 적에 아버지를 따라 피난길을 떠났다가 여덟 살쯤 돌아온 곳이 낙양이었고 이후 학업을 닦다가 20년 만에 돌아온 고향이었다. 반고의 여동생 반소의 회고에 따르면 강북 안릉현에 집을 마련한 것은 아버지 반표였다고 한다.

아버지를 잃고 반고는 좌절할 뻔했으나 깊은 사색 끝에 어려운 운명을 극복하고 새로운 운명을 만들어 나갈 것을 다짐했다. 그렇게 아버지 상을 치르면서 안릉에 주저앉아 있을 무렵 광무제가 세상을 떠나고 명제가 즉위했다. 스물일곱 살의 반고는 제국의 2인자인 표기장군이 된 새 황제의 동생 동평왕에게 모수자천(毛遂自薦)을 포함하여 인재들을 천거했다. 표기장군은 널리 인재를 구하는 중이었지만 반고를 뽑지 않았다. 일자리를 얻지 못한 반고는 아버지가 끝내지 못한 『사기 후전』을 보완하기로 작정했다.

62년, 반고가 몇 해째 집필에 몰두하고 있을 때였다. 반고가 불순분자로 고발당하는 일이 벌어졌다. 모든 책이 죽간 엮음인 그 시절 대규모 사서를 집필하기 위해서는 오거서(五車書), 즉 다섯 수레 분의 몇 곱절 넘는 자료가 필요했을 것이다. 황립 도서관도 아닌데 너무 많은 책을 수집하는 이유가 국사를 집필하기 위해서라는 점을 알아차린 이웃 사람이 관가에 신고를 해 버린 것이다. 명제가 광무제의 실록을 편찬하라는 명령을 내린 사실을 아는 사람의 짓이었다. 국사는 조정에서 편찬하는 것인데, 개인이 집필하다니 불경하다는 뜻이었다. 그 무렵 거짓 예언으로 사형을 당한 사람이 있어 공포가 가중되었다. 광무제가 집권 의지를 굳힌 기반이 예언이었으므로 새로운 예언은 새로운 정권을 암시한다 해서 정치범과 사상범을 한층 더 엄하게 다스리고 있었던 것이다.

위기의 순간 반고의 동생 반초(班超)가 말을 달려 낙양으로 가서 상소를 올렸다. 반고는 한나라의 영광을 되살리는 데 도움이 되려고 『사기 후전』을 편찬 중이라는 내용이었다. 알고 보니 반고는 명제가 찾던 바로 그 인재였다. 곧바로 안릉현에 연락하여 옥에 갇혀 있는 반고를 황궁으로 불러와 광무제 실록 편찬 작업에 투입했다. 반고는 『사기 후전』 작업을 접고 새 일에 열중했다. 사서 편찬 전문가 반고가 참여하자 광무제 실록은 곧바로 『세조 본기』로 완성되었다. 이듬해 부흥 공신 위주의 열전 28편도 완성되었다.

반고의 전문성에 감탄한 황제는 『사기 후전』 편찬 작업을 황궁으로 들고 와서 국가사업으로 『한서』를 완성시키라는 명령을 내렸다. 반고는 고민했을 것이다. 『한서』의 시작은 사찬 즉 개인 저작물이었으나 관찬으로 돌아서는 순간 『사기』와 같은 풍자와 낭만은 기대할 수 없게 된다. 대신에 곧바로 정사로서 높은 대접을 받게 된다. 그러나 당시 '국사편찬위원회 사무관' 신분이었던 반고에게는 선택의 여지가 없었다. 이렇게 하여 최초의 '국정 국사교과서'가 의식 교화용으로 편찬되기 시작했고, 반고는 현대사에 해당하는『세조 본기』와 열전에 이어 근대사『한서』를 집필했다. 중국 역사상 손꼽히는 학구파 황제인 명제(明帝) 휘하에서 반고는 조선 세종의 정인지가 되었다.

『후한서』에 흩어져 있는 기록을 종합하면『한서』는 본기와 열전이 82년(건초 7년)에 먼저 완성되었고, 이어서 각종 지(志)가 편찬되기 시작했다. 제2차 편찬 작업이 막바지에 다다랐을 때 숨은 저자이자 감독관이었던 명제가 세상을 떠났다. 황제의 장례 기간에 반표 때부터 두터운 교분을 쌓아온 부흥공신 두씨 집안의 두헌(竇憲)이 황족을 죽이는 사건이 벌어졌다. 두헌은 막 태후가 된 장제 황후의 오라버니였다. 태후는 두헌에게 흉노 원정으로 죄를 대속하게 했다. 이때 반고가『한서』편찬 작업을 잠시 접고 '종군 기자'로서 두헌을 따라나섰다. 부대는 연전연승했다. 반고는 머나먼 땅에서 승리한 것을 기념하기 위해 연연산(然燕山)에 명문을 남기고 왔다. 2018년 몽골에서 열린 국제학술회의에서 반고의 연연산 명문이 확인되었다.

낙양에 돌아온 개선장군 두헌이 다시 반역죄에 걸렸다. 열네 살의 새 황제인 화제(和帝)가 기지를 발휘하여 외삼촌 두헌을 죽이고 태후의 섭정에서도 벗어났다. 그 틈바구니에 낀 반고는 연좌되어 옥사했다. 반고가 세상을 떠날 무렵 십지(十志) 중「천문지」와 표 전체가 미완성 상태였다. 반고의 옥사 소식을 들은 새 황제가 반소에게『한서』마무리 작업을 맡겼다. 반소는 오라버니를 잃은 슬픔 속에서「천문지」와 표를 완성해 나갔다.

최후의 집필자 반소는 황실의 가정교사로 황후와 후궁을 가르쳐 대고(大家)의 명예를 얻었다. 화제의 황후 등수(鄧綏)는 부흥공신 등우(鄧禹)의 손녀로 광무제의 친구이자 동지였던 등우는 소하(蕭何)에 한신(韓信)을 합친 격이라 추앙받는 인물이었다. 총명한데다 반소에게 양질의 교육을 받은 등 황후는 부흥공신 서열 1위 집안 출신의 배경까지 더하여 정치 감각이 남달랐다. 스물일곱 살에 남편이 죽고 100일 된 황제가 즉위하면서 섭정 태후가 된 등수는 정치, 경제, 국방, 사회 전반의 문제를 슬기롭게 극복해 나갔다. 상제(殤帝)가 두 살에 죽자 등수는 시숙의 아들을 황제로 올렸다. 그 조카가 열세 살이었으므로 태후의 섭정이 계속되었다. 등 태후의 스승 반소는 섭정 고문이 되어 태후를 보좌하다가 일흔두 살에 세상을 떠났다. 태후는 마흔한 살에 죽을 때까지 몇 해 더 섭정했다. 시숙의 아들 안제(安帝)는 스물여덟 살에야 겨우 친정을 하기 시작했는데 몇 해 지나지 않아 병사했다. 그 뒤로 몇십 년 지나지 않아 나라가 망했다.

　경각에 달린 반고의 목숨을 구하여 『한서』 탄생에 결정적 공을 세운 반초는 반고와 함께 근무했지만 다른 일로 면직되었다. 그 뒤 반초는 집안에 흐르는 무인 기질을 발휘하여 군대를 이끌고 서역 문제를 해결하러 떠나 30년 뒤에야 낙양에 돌아오게 된다. 반초가 서역도호가 된 이듬해인 92년 반고가 환갑의 나이로 세상을 떠났으니 형제는 그동안 서로 만나지 못했다. 이로부터 10년이 흘러 일흔한 살의 반초가 황제의 허락을 얻어 낙양에 돌아왔으나 곧바로 숨을 거두었다. 반고가 10년 앞서 예순한 살로 세상을 떠났으니 반고와 반초는 쌍둥이 형제였을까? 열 달 차이로 같은 해에 태어난 형제지간이었을까, 아니면 이복형제였을까? 『후한서』에 반표, 반고, 반초, 반소의 열전이 세워져 있지만 알 길은 없다. 그리고 이들의 공동 저서인 『한서』가 남았다.

동아시아의 역대 군주와 문인이 애독한 『한서』

『한서』는 완성된 직후부터 읽기 어려운 책으로 유명했다. 당대의 사료를 요약이나 해석 없이 날것 그대로 옮겨 놓았으니 후한 시대 독자들도 읽어 낼 재간이 없었다. 반소는 이 문제를 해결하기 위해 마융(馬融)이라는 소문난 영재를 뽑아 『한서』 독해 강의를 했다. 마융은 반소의 집필을 보좌했던 마속의 동생이다.(『문선 (文選)』의 주에는 마속의 형으로 나오기도 한다.) 마융은 뒤에 유학 연구의 대가 정현(鄭玄)의 스승이 되었으니 반고-반소-마융-정현으로 이어지는 후한 유학자 계보가 이렇게 형성되었다.

이때 시작된 강독회와 주석서 편찬 작업이 오늘날까지 계속되고 있지만 여전히 『한서』는 읽기 어렵다. 예를 들어 황제에게 간쟁할 때 에둘러 풍자한 표현은 그때 그 현장에서야 폐부를 찌르는 표현이었겠지만 후대 사람이 알아듣기 어려운 말이 많다. 독자를 생각하는 마음이 친절했던 사마천과 달리 반고는 당시에 이미 사라진 전 시대의 표현을 그대로 인용하는 고자고훈(古字古訓) 환원 원칙을 고수했다.

이런 고풍 완연한 『한서』를 당나라와 송나라 사람들이 특히 열심히 공부했다. 『한서』 완전 정복을 인생의 목표로 삼아 날마다 연구에 매진한 이들에게 『한서』는 자신이 속한 문화의 근거였으므로 『한서』를 공부해야 자신을 이해할 수 있었다. 연구가 재미있어 침식을 잊기도 하고, 통째 암기하다 못해 끝에서부터 거꾸로 암기하는 사람도 생겨났다. 또 『한서』의 구절구절을 안주 삼아 술을 마신 사람도 있었는데 하룻밤에 술 한 말이 모자랐다고 한다. 소를 타고 장거리를 이동하는 시간이 아까워 소 등에서 한서를 읽기도 했다.

그중에서도 소식(蘇軾)의 『한서』 사랑이 유별났다. 무슨 책이든 한 번 읽고 바로 외워 버리는 이 천재가 날마다 시간을 정해 『한서』를 베꼈는데, 처음에는 기사별로 세 글자짜리 제목을 달아 가며 베꼈고, 두 번째에는 두 글자 제목을 붙여 베꼈으며, 세 번째에는 한 글자 제목을 달았다고 한다. 요즘 말로 키워드인 셈인데, 한 글자 키워드 중에 아무것이나 던져도 해당 기사를 한 글자도 틀리지 않고 몇백 자씩 줄줄 외웠다는 이야기가 전한다. 소식은 젊은 사람들에게 『한서』 읽기를 권하면서 자신이 고안한 주제별 정독을 권했다. 그렇게 하면 선생님처럼 박학다식해질 수 있는가를 묻는 사람에게 소식은 주저하지 않고 그렇다고 대답했다. 다들 그렇게 공부해도 『한서』를 완전히 이해하기란 어려웠다. 현대 학자로 『한서신증(漢書新增)』을 집필한 진직(陳直, 1901~1980년)은 평생 연구하여 『한서』의 3분의 1가량을 이해했을 뿐이라고 하니, 겸손한 표현이었겠지만 『한서』를 대할 때 옷깃을 여미게 만드는 대목이다.

조선의 『한서』 독자 중에서는 정조 임금이 유명하다. 1796년(정조 20년) 섣달에 인쇄한 『어정사기영선(御定史記英選)』은 그 사랑이 잘 나타난 책이다. 정조는 이 책을 간행한 뒤에 실록을 보관하는 사고에 두었으며 학업 성적이 뛰어난 선비들에게 하사하면서 읽기를 권했다. 이 책에는 정조가 『사기』 그리고 『한서』에서 뽑은 걸작이 들어 있는데, 『한서 열전』에서는 소무(제24편), 이릉(제24편), 곽광(제38편), 하후승(제45편), 위상(제44편), 병길(제44편), 소망지(제48편), 조충국(제39편), 매복(제37편) 열전을 권하고 있다. 『사기 열전』에서 뽑은 작품 중에 겹치는 부분은 항우(제1편), 소하(제9편), 장량(제10편), 장이(제2편), 진여(제2편), 한신(제4편), 역이기(제13편), 육고(제13편), 원앙(제19편), 오왕 비(제5편), 두영(제22편), 전분(제22편), 관부(제22편), 급암(제20편), 이릉(제24편), 사마천(제32편) 등이다. 그 밖에 흉노전(제64편), 유협전(제62편), 화식전(제61편)의 일부 내용이 겹친다.

정조는 이 책의 교열을 맡기면서 한 글자도 틀리지 말 것을 주문했다. 그러나 오자가 나오는 바람에 간행한 다음 날로 정약용을 비롯한 여러 선비들이 파면되었다. 며칠 뒤에 그 명을 거두었지만 정약용 등이 벼슬을 회복하는 데에는 반년이 걸렸다. 정약용은 그사이에 『춘추』와 두보 시를 교열하는 것으로 속죄했다.

조선과 고구려 관련 기록의 문제점

『한서 열전』에는 우리 고대사 기록이 남아 있다. 우선 「서남이·양월·조선전」에서 조선 대목은 『사기』 「조선 열전」의 인명과 사실 관계 내용을 고증·보완하여 인용한 것이다. 이중 가장 문제가 되는 부분은 "조선을 평정하고 진번, 임둔, 낙랑, 현도의 사군(四郡)을 설치했다."라는 기록이다. 당대에 사마천이 구하지 못한 관련 자료를 『한서』 집필진이 찾아낸 것인데, 같은 『한서』 안에서 기록이 서로 다르기 때문에 신뢰도가 떨어진다. 「지리지」에는 낙랑과 현도만 나와 있고, 「오행지」에는 조선에 '삼군'을 설치했다고 쓰여 있기 때문이다. 세 가지 기록 중에 비교적 자세한 「지리지」에 따르면 낙랑은 조선의 도읍이 함락된 기원전 108년, 현도는 그 이듬해 설치한 것으로 되어 있다.

군현제가 완성된 전한에서는 각 군의 동향에 대한 기록을 남겼다. 지금의 성과 비슷한 위상을 지녔던 당시의 군에는 지방관 중 최고위직인 태수가 부임해 행정을 맡았는데 각 군마다 교체된 태수의 인명이 지금까지 자세히 남아 있다. 그러나 진번, 임둔, 낙랑의 경우 전한에서 임명한 태수 이름이 남아 있지 않다. 현도 태수의 경우 곽운(「곽광전」)과 오록충종(「영행전」) 두 사람의 이름이 확인된다. 이를 통해 옛 조선 땅에 대한 전한의 실효 지배가 제대로 이루어지지 않았음을 알 수 있다. 그 밖에 "조선의 왕 우거가 태자를 인질로 보내려고 했다."라는 『사기』의 기록을 삭제했고, 진번과 함께 한나라와 교류하고자 했던 진국(辰國)의 존재가 보완되었다.

「왕망전」에 남아 있는 고구려 기록도 연구 대상이다. 피 한 방울 흘리지 않고 황제 자리를 물려받은 왕망은 "하늘에 태양이 둘 있을 수 없고 땅에 두 명의 왕이 있을 수 없다."라고 전제하고는 한나라의 제후왕을 모두 공(公)으로, 이웃 나라의 왕들은 모두 후(侯)로 칭하게 했다. 사절을 보내 공이나 후를 새긴 인장을 주고 왕을 새긴 인장을 수거해 올 때 왕망의 사절이 낙랑과 현도, 고구려, 부여에 갔다 온 기록이 「왕망전」에 나온다. 이때 고구려왕도 고구려후로 불리게 되었다고 하는데, 왕망이 즉위한 해(9년)를 고려할 때 유리왕이 된다.(후한 광무제 때에 왕으로 복원했다.) 몇 해 뒤인 12년(유리왕 31년), 왕망이 흉노를 치기 위해 고구려에서 군사를 징발했다. 그러나 고구려 사람들이 왕망 연합군에 가담하기를 거부하고 자진 해산하자 왕망의 장수 엄우가 고구려후 추(騶)를 죽였고, 이를 계기로 왕망은 고구려를 '하구려'로 고쳐 부르게 했다는 것이다.

『삼국사기』에는 왕망 측에 죽임을 당한 고구려왕 추는 나타나지 않고, 연비(延丕)라는 장수가 엄우에게 살해되었다고 나온다. 왕망의 신나라로 접어들면서 이전 시대와 달리 고구려 및 부여와 빈번히 접촉했고, 현도와 낙랑 태수도 임명한 것으로 확인되므로 고구려 장수 연비를 죽이고 고구려후 추를 죽였다고 황제에게 보고하기는 어려웠을 것이다. 반면에 『삼국사기』 집필진이 「왕망전」 외의 다른 사료를 입수하여 실제 죽은 사람이 연비라고 밝혔을 가능성도 열어 두어야 하겠다. 사실 관계와 고구려후 추의 존재에 관해서는 좀 더 세밀한 연구가 필요하다.

『한서 열전』, 역사 사료와 문학 작품의 보고

『한서』100권 중에서 70권, 글자 수로는 전체 약 80만 자 중에서 50여 만 자를 차지하고 있는 열전은 분량으로 보면 전체의 3분의 2에 육박한다. 반고는 한나라 개국 과정을 설명하기 위해 진나라 멸망에 공을 세운 진승과 항우를 먼저 등장시키고 있다. 이어서 초한 전쟁이 배출한 소하, 장량, 한신 등의 영웅호걸이 주류를 이루어 개국 공신의 시대를 펼쳐 간다. 전쟁의 시대가 끝나고 황제와 제후들이 공존하는 시기를 거쳐 제국의 번성기에 접어들면 문관이 우세해져 평민 출신의 승상이 나오고, 황권 강화에 방해가 되는 호족들을 법의 이름으로 처단하는 순리(循吏)도 대거 출현한다. 또 수많은 무인이 등장하여 영토 확장에 공을 세우기도 한다. 이어서 외척 권세가들이 득세하여 제국을 흔들고 마침내 왕망이 세운 신나라에 권력을 넘기게 된다.『한서 열전』에는 이 모든 과정이 수백 명의 사적을 통해 생생하게 기록되어 있다. 여기에 한나라에서 배출한 유생, 문학가, 음악가, 협객, 상인 들이 등장하며, 이들이 남긴 상소문과 문학 작품이 고스란히 수록되어 사료 창고 역할을 하고 있다.

이름 모를 사람이 많기 때문에 열전 전체에 나오는 인물의 정확한 수는 헤아리기 어렵다. 이중 제목에 나오거나 내용 중에 일정한 분량이 서술된 인물만 헤아려 400명이 넘는다.『한서 열전』은 인물 묘사의 문학성과 사료 창고로서의 객관성을 함께 갖추고 있어 인물의 생각과 사람됨을 한 번에 파악할 수 있다. 또 같은 부류의 인물들을 많으면 일고여덟 명까지 한 편에 담아 놓아 당시 사회 분위기와 집단 지성의 면모까지 엿볼 수 있다. 전(傳)은 '인물의 전기'만이 아니라 '사적의 기록'이기도 했으니, 「왕망전」은 제목만 전기이지 내용은 신(新)나라 실록에 해당한다. 신나라의 사적이 통째로 보전되어 있는 사서로 일종의 책 속의 책인 셈이다. 「흉노전」, 「서남이·양월·조선 전」, 「서역전」은 당시의 세계사를 기록하고 있다.

『한서 열전』에서 많은 명언이 나왔지만, '실사구시(實事求是)' 만큼 유명한 말도 없다. 이 말은 경제의 아들이자 무제의 이복 형제였던 하간헌왕 유덕이 사물의 실제 상태와 상황을 살펴 정확한 판단을 내리기 위해 애썼던 태도를 묘사한 표현이다. 학문을 숭상하고 옛것을 좋아했던 유덕은 진시황의 분서를 피해 민간에서 소장 중인 정본을 실사구시 정신으로 발굴해 냄으로써 고문 경전의 바람을 일으켰다.

정조의 추천 중에서 가장 인상적인 인물은 조충국이다. 변방 출신의 조충국은 무제와 소제 때에 흉노 전쟁에 공을 세워 장군이 되었고 선제 옹립에 찬동하여 영평후에 봉해진 인물이다. 「조충국전」은 여기까지 간략하게 조충국을 소개한 뒤 몇천 자가 넘는 분량을 할애하여 지금의 청해성(青海省) 쪽에 있었던 유목 문화 부족들과 교섭한 사적을 기록해 놓았다.

조충국은 제국의 서쪽에서 일어난 분란을 해결하기 위해 일흔이 넘은 나이에 다시 갑옷을 입고 직접 변경으로 달려간 일로 유명하다. 노장을 변경으로 보내기가 미안했던 선제가 출장을 말렸지만 조충국은 자신이 직접 현장에 출동하여 진상을 파악한 뒤에 사정에 맞게 해결하겠다고 길을 떠났다. 이때 조충국이 남긴 명언이 바로 '백문(百聞)이 불여일견(不如一見)'이다. 2000리 떨어진 현장을 직접 보고 유목 부족들이 철따라 이동하느라 한나라 변경 안으로 들어왔다는 점을 헤아리게 된 조충국은 황제와 계속해서 연락을 주고받으면서 평화적으로 문제를 풀어 나갔다. 현장 사정을 모르는 황제와 대신들은 전투로 단박에 해결하는 쪽을 선호했지만 그때마다 조충국은 길고 긴 상소를 올려 황제를 설득했고 결국 투항을 유도하는 쪽으로 해결해 냈다.

조충국과 함께 선제를 옹립한 곽광도 정조의 추천 편에 있다. 곽광은 정조를 비롯해 조선의 여러 왕들이 주목한 문제적 인물로 『조선왕조실록』에만 100여 차례 등장한다. 무제의 충신으로 여덟 살에 즉위한 소제의 후견인이 된 곽광은 어린 황제를 보좌하는 데 정성을 다했고, 후사 없이 죽은 황제의 뒤를 이을 황족을 물색해 냈으며, 새로 즉위한 황제가 여의치 않자 폐위시키고 다시 인물을 찾아서 새 황제를 옹립했다. 태조 이성계는 위화도 회군 직후에 윤소종이 바친 「곽광전」을 조인옥에게 읽게 한 뒤에 우왕을 폐위시킨다. 그 뒤 시절이 태평할 때에는 군주보다 더 큰 권력을 휘둘렀던 권신의 상징으로, 시절이 수상할 때에는 무능한 군주를 폐위하고 사직을 지킨 충신의 상징으로 곽광의 이름은 계속해서 조선의 정계에 오르내렸다.

『한서 열전』에서 분량이 가장 많은 편은 「왕망전」이다. 왕망은 한나라를 망하게 한 역적이었으나 반고는 4만여 자에 이르는 「왕망전」을 세워 왕망과 신나라의 사적을 보전해 두었다. 「왕망전」은 왕망 개인의 열전이지만 대부분의 내용이 본기 체제로 작성되어 신나라의 정사 구실을 하고 있다. 왕망의 신나라를 무너뜨리고 부활한 후한 시대에 그 역사를 기록해 둔 것은 실패한 왕망의 사적이 황위 찬탈을 꿈꾸는 야심가들에게 교훈이 되리라 판단했기 때문이었지만, 「왕망전」에 남은 자세한 기록 덕분에 현대에 들어와 왕망에 대한 재평가도 가능해지게 되었다.

『한서 열전』이 지닌 가장 큰 미덕은 2000년 전의 문학 작품의 전문을 고스란히 보관한 것이다. 한나라 문학은 주로 운율을 중시했는데, 『한서』「예문지」에 올라와 있는 작품 편수만 1300편이 넘는 문학의 시대였다. 전국 시대 초나라 사람 굴원의 「회사(懷沙)」와 한나라 시대 작품 7편이 실려 있는 『사기 열전』의 전통을 이어 『한서 열전』에도 한나라 때의 작품 20여 편이 실렸다. 스스로 문학가였던 반고가 1300편 중에 가려 뽑은 대표작은 다음과 같다.

「절명사」(제15편 「식부궁전」)

「조굴원부」, 「복조부」(제18편 「가의전」)

「자허상림부」, 「애이세부」, 「대인부」, 「언봉선서」(제27편 「사마상여전」)

「답객난」, 「비유선생론」(제35편 「동방삭전」)

「반리소」, 「감천부」, 「하동부」, 「교렵부」, 「장양부」, 「해조」, 「해난」(제57편 「양웅전」)

양웅 「주짐」(제62편 「유협전」)

무제 「도이부인부」, 반 첩여 「자상부」(제67편 「외척전」)

반표 「왕명론」, 반고 「유통부」, 「답빈희」(제70편 「서전」)

　전국 시대에 사(辭)와 부(賦)가 몇 작품 나왔지만 한나라에 이르러 실존을 자각한 수많은 문인이 배출되면서 수준 높은 문학 작품이 쏟아져 나왔다. 한부(漢賦)에 이르러 문학의 주체가 비로소 인간이 되었고, 형식과 표현 수법도 높은 수준에 이르렀다고 평가될 만큼 중국 문학사에서 한부는 확고한 위상을 갖추고 있다. 번성한 제국이라는 시대 상황 때문에 황제를 비롯한 권력층에 봉사해야 하는 어려움이 있었음에도 서정성과 풍자성을 갖춘 대작들이 발표된 것을 보면 문인들이 한부를 통해 경전과 학술의 속박에서 벗어나 자신의 뜻을 무궁무진하게 펼쳤음을 알 수 있다.

　특히 한부사대가(漢賦四大家)에 속하는 사마상여, 양웅, 반고의 대표작이 『한서 열전』에 실려 있다. 반고는 특히 문학가로서 제국의 중앙 조정에 출사했던 사마상여와 양웅의 걸작을 전문 게재함으로써 두 문학 스승을 숭배하는 뜻을 표시했다. 이들의 작품은 이전 시대 『시』의 15개 국풍(國風)과 초사(楚辭)의 지역성을 뛰어넘어 통일 제국이라는 국가 관념을 선명하게 부각하여 『한서』에 빠질 수 없는 요소이기도 했다. 탁문군과의 사랑 이야기로 유명한 사마상여는 웅장하고 화려하면서도 생동적인 대작을 지어 한부의 초기 작가이면서 대표 작가인 인물이다. 양웅은 사마상여의 문학성에 유학자의 면모까지 갖추었기에 그와 같은 길을 걸은 반고의 숭앙을 받았다. 70편 열전 중에 「양웅전」의 찬(贊)이 가장 긴 데에서도 반고가 양웅을 얼마나 존경하고 높이 평가했는지 알 수 있다.

『한서 열전』에 실려 있는 또 한 편의 명문이 바로 사마천의 「보임안서(報任安書)」이다. 『사기』 「태사공 자서」에 실리지 않은 이 글은 『한서』 「사마천전」 말미에 수록되어 있다. 기원전 98년, 사마천은 흉노에 항복한 이릉을 변호하다가 궁형에 처해졌다. 이후 환관으로서 중서령이 된 사마천은 임안이라는 호사가로부터 황제에게 인재를 추천하라는 충고를 받았는데, 임안의 본뜻을 알 수 없었던지 차일피일 답장을 미루다가 마침 그가 죽을죄를 지어 사형을 앞두고 있다는 사실을 알게 된다. 사마천은 죽음을 앞둔 임안에게 3000자에 이르는 긴 편지를 보냈다.

"하루에도 아홉 번 창자가 꼬이고, 앉아 있으면 정신이 아물거려 꼭 무언가를 잊어버린 듯하며, 밖에 나가면 어디로 가야 할지 분간을 할 수 없습니다. 그때 당한 부끄러움을 떠올릴 때마다 등에 땀이 흘러 옷에 흥건하게 배지 않을 때가 없습니다."

읽는 사람마저 속이 저려 오지만, 욕을 당하고도 자결하지 않은 것은 『사기』 130편을 완성하기 위해서였다는 대목에서 세상의 곤경에 빠져 허덕이는 독자들은 사마천을 존경하고 위로받게 된다. 이 편지를 끝으로 사마천은 사라져 언제 어디에서 세상을 하직했는지 알 수 없다. 반고도 이 점이 안타까웠는지 사마천의 후손에 관한 정보를 찾아 「보임안서」 바로 아래 기록해 두었다. 왕망이 즉위하면서 사마천의 후손을 찾아 사통자(史通子)에 봉했다는 구절이다. 비록 '역적'의 짓이었으나 반고로서는 기리지 않을 수 없었을 것이다. 왕망이 사마천 가문에 붙인 이 의미심장한 이름을 당나라 학자 유지기(劉知幾)는 자신의 사론 『사통』에 붙였다.

반고는 「이릉전」(제24편)에서 흉노 선우의 간담을 서늘하게 했던 이릉의 마지막 분투 장면을 자세히 묘사했으며, 이릉이 흉노 군대에게 용병술을 가르쳤다는 모함을 벗도록 그 자신의 입으로 자초지종을 설명하게 했다. 결국 사마천의 억울함을 씻어 준 그 장면은 「보임안서」로 자연스럽게 이어진다. 사마천 생전의 마지막 외침을 전문 그대로 고이 실어서 "하늘과 사람의 관계를 연구하고 고금의 변화를 꿰어 일가의 학설을 이루고자 했다."라는 사마천의 종지(宗旨)를 보전했고, 사마천의 후손에 대한 기록까지 남겼으니 반표와 그의 아들딸 반고, 반소는 후대를 위해 불후의 공을 세웠다. 이들은 위대한 스승 사마천을 기리는 정신으로 『한서』를 집필함으로써 그때까지 유랑 중이던 『사기』를 단숨에 정사의 반열로 끌어올렸다.

경학에 정통하면서 뛰어난 문장으로 이름을 날린 문학가 반고, 반소 남매가 황궁 동관(東觀)에 상주하며 집필한 『한서』와 『동관한기(東觀漢紀)』는 『사기』와 더불어 전삼서(前三書)라는 이름을 얻었다. 이 중 『동관한기』는 전란에 휩싸인 당나라 말기와 오대십국을 지나면서 유실되어 그 지위를 『후한서(後漢書)』가 이어받았다. 같은 장소에서 생산된 『한서』는 다행히도 원형이 보전되었다. 스무 살 이덕무(李德懋)가 진사도(陳師道)처럼 얼어 죽지 않으려 덮고 잤다는 『한서』 한 질. 섣달 칼바람을 견디다 못한 간서치(看書癡) 젊은이가 잠자리 곁 『한서』를 이불 위에 펼쳐 덮고 추위를 이긴 것인데, 분량이 제법 많으면서도 늘 간서치 신변 가까이 있었던 『한서』의 위용이 드러나는 장면이다.

합구필분, 분구필합(合久必分, 分久必合)이라는 역사 규율과 달리 진시황의 통일 제국은 곧 제2의 전국 시대로 들어갔고, 영웅을 부르는 난세에 평민 출신 유방이 통일 제국을 수립했다. 유방의 성공으로 그를 따라 전투에 나선 수많은 평민들이 새로운 지배층으로 올라섰으며 전국 시대 귀족 계층은 처절히 무너졌다. 평민 혁명의 성공은 수많은 개인들의 자각을 불러일으켰고, 급기야 전한 제국의 말기에 등장한 왕망은 강압에 의한 선양이라는 경제적인 혁명 전통을 세우기도 했다.『한서 열전』을 읽으면 여기에 보존된 전한 제국과 신나라의 문화가 2000년 시공을 넘어 오늘날 동아시아에 여전히 살아 있음을 느낄 수 있다. 분열보다 통일을 지향하며 중앙집권제와 지방자치제를 병행하는 정치 체제, 능력을 중시하는 관료제와 한 사람 한 사람의 개성 발휘를 중시하는 선비 문화, 각종 의례와 의식에서 천벌을 두려워하고 음양오행을 따져 앞일을 가늠하는 민간 신앙에 이르기까지 동아시아 문화의 원형이 이 책에 고스란히 들어 있다. 그리하여 우리가 말하는 전통문화를 온전히 파악하는 데 지침이 될 것이다.

차례

○ 백성에게 활을 소유할 수 있게 한 오구수왕

○ 형세의 중요함을 역설한 주보언

○ 한 해에 네 차례나 승진하다

○ 토붕과 와해의 차이를 설명한 서악

○ 사치와 전쟁에 반대한 엄안

○ 약관의 나이에 국사에 관한 글을 올린 종군

○ 성군이 뛰어난 신하를 얻는 법을 노래한 왕보

○ 주애군 철폐로 전쟁을 막은 가연지

○ 뛰어난 언변과 해학으로 황제의 마음을 얻다

○ 상림원 조성을 반대하며 올린 간언

○ 관도 공주와 동언의 관계를 나무라다

○ 신이 그 여럿을 합친 것보다 낫습니다

○ 중용되지 못한 설움을 풀어 쓴 「답객난」

○ 동방삭의 주장, "비유 선생 가라사대"

○ 무고의 화를 입은 공손하

○ 대역부도죄로 참형당한 좌승상 유굴리

○ 상소 한 편으로 승상까지 오른 차천추

○ 소금과 철의 전매 제도를 마련한 상홍양

○ 아전에서 출발해 승상까지 오른 왕흔

○ 부인의 조언을 따라 선제 옹립에 참여한 양창

○ 청렴하면서 능력이 뛰어났던 하병

주

○ 사소한 질문으로 면직되다

62   유협전   游俠傳

1 이 책은 베이징 중화서국(中華書局)에서 간행한 『한서』(전 10권, 1962년 제1판) 중에서 권31 「진승 · 항적 전」에서 권100 「서전」에 이르는 열전 70편(79권)을 완역한 것으로 중국국가도서관 소장 영인본 5종을 비교하여 참고했다.

2 역자가 독자의 이해를 돕기 위해 부가한 말과 원문과 역어가 다른 말은 〔 〕 안에 넣었다.

3 각 편의 해제와 소제목은 독자의 이해를 돕기 위해 역자가 붙인 것이다.

4 맞춤법과 띄어쓰기는 한글 맞춤법과 외래어 표기법을 따르되 널리 통용되는 용어는 일부 예외를 두었다. 중국 지명과 인명, 관명의 한자 발음은 역대 『한서』 주석가들이 밝혀 놓은 반절(反切) 원칙을 따르되 현재 통용되는 발음과 다른 경우 처음 나오는 예에 주석을 달아 두었다.

5 각 편의 주석에는 원전에 인용된 『시』, 『서』, 『역』, 『논어』, 『사기』, 『한서』 본기, 표, 지의 원문을 수록했으며, 역대 『한서』 주석가들의 중요 주석과 『한서』 관련 최신 연구 결과, 고분 · 성곽 발굴 조사의 성과를 모아 실었다.

진승·항적 전
陳勝項籍傳

▲▲▲▲▲▲▲▲▲▲▲▲▲▲▲▲

　머슴 출신의 진승(陳勝, ?~기원전 208년)과 호족 출신 항적(項籍, 기원전 232~기원전 202년)은 한(漢)나라 사람이 아니지만 『한서 열전』 제1편에 올라 있다. 진(秦)나라를 무너뜨리는 대열의 포문을 연 진승과 진나라 본진 부대를 대파한 항적 즉 항우(項羽) 없이 한나라 건국 과정을 설명할 수 없기 때문이다.

　진나라를 무너뜨릴 수 있다는 신념으로 수자리를 살러 가던 백성 구백 명을 이끌고 봉기한 진승의 기개는 당시 진나라 통치에 불만을 품고 있던 수많은 영웅들을 부끄럽게 했다. 그리하여 우후죽순처럼 수천 갈래의 봉기군이 일어났는데, 그중 하나가 바로 항우의 숙부 항량(項梁)이 이끄는 팔천 부대였다. 진승과 항량이 진나라와 전쟁에서 목숨을 잃은 뒤 천하 대권은 거록대전에서 진나라 군에 대승한 이십 대 중반의 항우를 향하고 있었다. 그러나 서초 패왕(西楚霸王) 항우가 넘어야 할 큰 산이 나타났으니 항우가 직접 봉한 18개 제후국 중 한왕(漢王) 유방(劉邦)이 한중 땅을 나와 동쪽으로 공격해 온 것이었다. 이렇게 항우와 유방이 운명을 걸고 대결한 초한 전쟁이 시작되었다. 초한 전쟁에 관한 기록은 『한서』 곳곳에 남아 있는데, 이 편이 자세하다.

『사기』 본기에 세워져 있는 '항우'를 『한서』에서는 '항적'으로, 그것도 열전에서 만나게 된다. 항우가 죽은 뒤, 유방은 특별히 명령을 내려 '항우'나 '항왕'을 부르지 못하게 했다. 사마천은 진나라 멸망 후 제후국의 맹주였던 서초 패왕의 본기를 세울 때 금기어 '항우'를 써서 「항우 본기」라고 칭했다. 이렇게 하여 하마터면 역사의 무대에서 사라질 뻔했던 이름 '항우'가 살아남았다. 그러나 반고는 『한서』 편집 원칙에 금기어 회피와 명실상부 조항을 정해 두고 있었으므로, 여섯 달 동안 왕이었던 진섭의 세가는 「진승전」으로, 세 해 동안 서초 패왕이었던 항우의 본기는 「항적전」으로 세웠다. 이를 두고 당나라 이후 호사가들은 반고가 항적에게 인색했다고 평했지만, 한나라만 잘라서 개괄한 『한서』에 한나라 제왕이 아니었던 항우의 본기를 세울 수는 없는 법이었다. 게다가 반고는 「항적전」에서만 '우(羽)'라고 부르고, 다른 편에서는 꼬박꼬박 항우 또는 항왕으로 지칭하여 영웅에 대한 예를 갖추었다.

반고는 이 편에 사마천의 기술을 정리하고 보충하여 옮겨 왔다. 비교해서 읽어 보면 두 편의 글자 수에 모두 사천 자가량 차이가 있다. 예컨대 「진섭 세가」에서 진승과 오광이 봉기 전에 부소(扶蘇)와 항연(項燕)을 참칭하자고 모의하는 '사자칭공자부소항연(詐自稱公子扶蘇項燕)' 아홉 자를 삭제했다. 거사 후 두 사람이 부소와 항연을 사칭하는 대목이 나오지만 이미 이야기의 맥락이 끊겨 싱겁게 되어 버렸다. 또 「항우 본기」에서는 홍문연과 형양성에서 유방 대신 죽는 기신(紀信)에 관련된 내용을 「고제기」로 옮겨 유방 편에서 서술했다. 한나라 개국 군주의 면모를 살리기 위한 이런 편집 기법을 '곡필'로 볼 수도 있다. 애당초 시대의 한계를 넘어서기 어려웠던 반고로서는 황제의 명령으로 정해진 한나라 위주의 『한서』 집필 기준을 견지할 수밖에 없었을 것이다. 그 밖에 반고는 고자고훈(古字古訓) 환원 원칙을 세우고 『사기』 「진섭 세가」 말미에 실렸던 가의(賈誼)의 「과진(過秦)」을 교열하여 그 원모를 살려 냈다. 고자고훈 환원은 『한서』 전반에 걸쳐 견지한 반고의 주요 편집 원칙이었다.

왕후장상의 씨가 따로 있는가

○   ○   ○

진승(陳勝)은 양성(陽城)[1] 사람으로 자는 섭(涉)이고, 오광(吳廣)
은 양가(陽夏)[2] 사람으로 자가 숙(叔)이다.

진승은 청년 시절[3]에 다른 사람들과 함께 남의 집 머슴이 되어
농사를 지었다. 어느 날 하던 일을 멈추고 밭둑에 올라 한참 동안
실의에 젖어 있다가 말했다.

"뒷날 우리 중에 누가 부귀를 누리게 되더라도 서로를 잊지 말
기로 하세."

다른 머슴 하나가 비웃으며 응대했다.

"남의 농사 지으며 품삯이나 받는 주제에 부귀는 무슨 부귀?"

진승이 크게 탄식하며 말했다.

"아아! 제비나 참새 따위가 어찌 홍혹(鴻鵠)[4]의 큰 뜻을 알겠는가!"

진 이세황제(秦二世皇帝) 원년[5] 7월, 가난한 백성 구백 명을 징발
하여 어양(漁陽)에서 수자리를 살게 하라는 명령이 떨어졌다. 진승
과 오광은 모두 이 부대의 둔장(屯長)이 되었다. 부대가 행군하여
기현(蘄縣)의 대택향(大澤鄕)에 이르렀을 때, 마침 큰비가 내려 길이
끊어지는 바람에 정한 날짜에 도착할 수 없었다. 기일을 어기면 법
에 따라 목이 베이게 되므로 진승과 오광이 대책을 상의했다.

"이제 와서 도망을 쳐도 〔잡혀서〕 죽을 것이고 거사를 감행해
도 역시 죽을 것이다. 어차피 죽을 거라면 나라를 세우다 죽는 편
이 훨씬 낫지 않겠는가?"

진승이 말했다.

"온 천하 백성이 진나라의 통치 때문에 고통받은 지 오래다. 듣자 하니 이세황제는 진시황의 막내아들로 본래 황제에 올라서는 안 될 자였다고 한다. 황제가 될 사람은 바로 부소(扶蘇)⁶ 공자였는데, 진시황에게 여러 차례 간언을 올리다가 황제 자리에 오르지 못하고 말았다. 진시황이 부소 공자를 멀리 상군(上郡)으로 내보내 군대를 거느리고 흉노를 막게 했기 때문이다. 요사이 사람들에게 들으니 이세황제가 죄 없는 부소를 죽였다고 한다. 백성이야 부소 공자가 품행과 능력이 뛰어나다는 소문만 자주 들었지, 죽임을 당한 사실은 아직 모르고 있지 않은가.

또 항연(項燕)⁷은 초나라의 장수로 여러 차례 공을 세우고 부하 병사를 아껴 초나라 사람들이 그를 공경하며 좋아했다. 어떤 사람은 항연이 아직까지 살아 있다고 말하기도 한다. 이제 우리 부대가 앞장서서 천하 백성을 이끌면 틀림없이 수많은 사람이 호응할 것이다."

오광은 이 말이 맞다고 여기고 점을 치러 갔다. 점술가가 두 사람의 말을 알아차리고 이렇게 말했다.

"두 분은 모두 일을 성사하고 공적도 남길 것입니다. 그래도 두 분이 신령께 물어봐야겠지요."

진승과 오광은 기뻐하면서 신령 얘기를 생각하다가 결론을 내렸다.

"점쟁이 말은 우리더러 신령의 뜻으로 뭇사람의 위세와 명망을 먼저 얻으라는 뜻이다."

그래서 비단에다 붉은 물감으로 '진승왕(陳勝王)'이라 써서는 어부가 그물로 잡은 물고기 배 속에 넣어 두었다. 그 물고기를 사서 끓여 먹던 병졸들이 이 글자를 발견하고 기이하게 여겼다. 〔진승은〕 또 오광을 시켜 숙영지 근방의 신사(神祠)[8]에 몰래 들어가 어두워지기를 기다려 향로에 불을 피워서 도깨비불처럼 보이게 한 뒤 여우 소리를 흉내 내며 "대초가 부흥한다. 진승이 왕이다."라고 외치게 했다. 밤중에 일어난 일이라 병졸들이 놀라고 무서워했다. 다음 날 아침, 병졸들이 자주 진승과 오광을 손가락으로 가리키며 바라봤다.

진승과 오광은 언제나 아랫사람을 잘 돌보았기 때문에 대부분의 병졸들이 두 사람의 심부름을 하고 싶어 했다. 어느 날 장위(將尉)가 술에 취한 것을 본 오광이 일부러 탈영하겠다는 소리를 몇 차례 하여 장위를 화나게 했다. 화난 장위가 벌을 주며 오광을 욕보이게 함으로써 오광의 병졸들을 격발시킬 생각이었다. 아니나 다를까 장위가 대나무 회초리로 오광을 때렸다. 장위가 검을 뽑자, 오광이 달려들어 〔그 검을 빼앗아〕 장위를 죽여 버렸다. 진승이 오광을 거들어 둘이 함께 위(尉) 두 명을 죽였다.

〔진승이〕 부하를 불러 모아 놓고 자신의 뜻을 말했다.

"여러분은 큰비를 만나 모두 기일을 어기게 되었소. 기일을 어기면 목이 베이게 되어 있소. 어쩌다가 참수형을 면한다 하더라도, 수자리를 살다 보면 열에 예닐곱은 죽게 되오. 대장부가 죽지 않으리라면 모르겠지만, 죽을 거라면 세상에 큰 명성을 남기고 죽어야 하오. 왕후장상의 씨가 어찌 따로 있겠소?"

부하들이 모두 말했다.

"명령을 받들어 따르겠습니다."

그리하여 그들은 부소 공자와 항연이라고 참칭하여 백성의 바람에 따랐으며,〔거사한 표시로 소매를 걷어〕오른팔을 드러내고 대초(大楚)라고 칭했다. 그리고 단을 쌓아 결맹하고, 죽은 위 두 사람의 목을 바쳐 제를 올렸다.

진승은 스스로 장군이 되었고, 오광은 도위(都尉)가 되었다. 봉기군은 대택향을 공격하여 함락한 뒤에 대택향에서 봉기군을 더 모집하고 기현으로 쳐들어가 무너뜨렸다. 이어 부리(符離) 사람인 갈영(葛嬰)으로 하여금 군사를 이끌고 기현 동쪽 지방을 공략하게 했다. 질(銍), 찬(酇), 고(苦), 자(柘), 초(譙) 지방을 공격한 이들은 그 모두를 함락했다.

이들은 행군 중에 계속해서 군사를 모집했다. 그리하여 진현(陳縣)에 이를 무렵에는 전차 육칠백 대와 기병 천여 명, 보병 수천 명을 확보했다. 진현을 공격할 때 진현의 수령[9]은 달아나고 없었으며 수승(守丞)만이 초문(譙門) 안에서 맞서 싸웠다. 그러나 수승이 이기지 못하고 전사하자, 봉기군은 곧바로 진현을 점거했다. 며칠 뒤에 진승은 삼로(三老)와 토호를 불러 모아 여러 가지 일을 함께 상의했다. 삼로와 호걸이 모두 이렇게 건의했다.

"장군께서 몸에는 갑옷을 걸치고 손에는 날카로운 칼을 들어 극악무도한 자를 토벌하고 포악한 진나라를 치셨으며, 초나라 사직을 다시 세우셨으니, 그 공을 논하자면 마땅히 왕을 칭하셔야 합니다."

이에 진승은 왕위에 올랐으며, 국호를 장초(張楚)라고 했다.

이때 진나라 관리의 폭정에 시달리던 각 군현에서 그 우두머리 관리를 죽인 뒤 진승에게 호응해 왔다. 이에 진승은 오광을 가왕(假王)으로 내세우고 여러 장수를 통솔하게 하여 서쪽의 형양(滎陽)을 공격했다. 진현 사람인 무신(武臣)과 장이(張耳) 그리고 진여(陳餘)로 하여금 옛 조(趙)나라 땅을 공략하게 했다. 여음(汝陰) 사람인 등종(鄧宗)은 구강군(九江郡)을 공격했다. 이 무렵 옛 초나라 군사를 수천 명씩 모아 봉기한 자가 헤아릴 수 없이 많았다.

갈영은 〔구강군의〕 동성(東城)으로 가서 상강(襄强)[11]을 초나라 왕으로 앉혔다. 후에 진승이 이미 왕위에 올랐다는 소식을 듣고는 바로 상강을 죽인 뒤 돌아와 이를 보고했다. 갈영이 진현에 당도하자 진승은 갈영을 죽였다.

옛 위(魏)나라 사람 주불(周市)로 하여금 북쪽으로 가서 위나라 땅을 공격하게 했다. 오광은 형양을 포위했으나 삼천(三川) 군수 이유(李由)가 형양을 지키는 바람에 함락하지 못했다. 진승이 나라 안의 토호를 불러 모아 대책을 논의한 끝에, 〔전국 시대〕 채(蔡)나라 사람인 방군(房君) 채사(蔡賜)를 상주국(上柱國)으로 삼았다.

주문(周文)은 진현의 현인(賢人)으로, 일찍이 항연의 군대에서 날과 시를 보아 길흉을 점쳤다. 춘신군(春申君)을 모셨으며, 스스로 병법에 능하다고 말했다. 진승은 주문에게 장군의 인(印)을 주고 서쪽의 진나라를 공격하게 했다. 행군 도중에도 군사를 모집했는데, 함곡관(函谷關)에 이르렀을 때는 전차가 일천 대, 병졸은 십만 명이었다. 주문은 희수(戱水) 변에 다다라 군대를 주둔시켰다.[11]

진나라에서는 소부(少府) 장한(章邯)을 시켜 여산(驪山)에서 노동형을 살던 죄수와 노비의 자식들을 사면하고, 모두 초나라 깃발을 든 주문의 군대를 막는 데 내보냈다. 장한의 군대는 주문의 군대를 크게 이겼다. 주문은 함곡관을 빠져나가 조양(曹陽)에 군대를 주둔시켰다. 두 달이 조금 더 지나서 장한이 주문의 부대를 추격해 이기자, 주문은 다시 민지(黽池)로 달아났다. 십여 일 만에 장한이 공격하여 주문의 군대를 크게 무찔렀다. 주문은 스스로 목을 베어 죽었고, 휘하의 군사도 더는 싸우려 들지 않았다.

〔이 무렵〕무신은 한단(邯鄲)에 이르러 스스로 조왕(趙王)을 칭하고 진여를 대장군으로, 장이와 소소(召騷)를 좌우 승상으로 삼았다. 진승이 노해서 무신 등의 가솔을 붙잡아 가두고는 그들을 모두 죽이려고 했다. 이때 주국 채사가 나서서 말했다.

"진나라를 아직 멸망시키지 못했는데 조왕과 그 장수, 재상의 가솔을 죽인다면 진나라와 같은 적을 또 하나 만드는 셈이니, 차라리 조왕을 정식으로 봉하는 편이 나을 것입니다."

이에 진승이 조왕에게 축하 사절을 보냈다. 그리고 무신 등의 가솔을 궁중으로 옮겨 연금했다. 또 장이의 아들인 장오(張敖)를 성도군(成都君)에 봉한 뒤에 조왕의 군대로 하여금 신속하게 함곡관으로 진군하게 했다.

조왕과 휘하의 장수와 재상이 모여 서로 대책을 논의했다.

"왕께서 조왕을 칭했지만 이는 초나라에서 원하는 바가 아닙니다. 초나라가 진나라를 멸망시키고 나면, 반드시 조나라를 칠 것입니다. 그러니 절대 서쪽 함곡관으로 군대를 보내는 계책을 써서는 안 됩니다. 장수를 북쪽으로 파견하여 옛 연(燕)나라 땅을 공략한 뒤 조나라 강역을 넓히셔야 합니다. 조나라 땅이 남쪽으로 황하에 이르고, 북쪽으로는 연과 대(代) 땅을 확보한다면, 초나라가 진나라보다 강해지더라도 감히 조나라를 정복할 수 없을 것이며, 반드시 조나라를 존중하게 될 것입니다. 조나라는 진과 초가 쇠퇴하는 틈을 타 천하에 그 뜻을 펼치게 될 것입니다."

조왕은 이 의견을 옳다고 여겨, 서쪽으로 군대를 파견하지 않고 상곡군(上穀郡)의 졸사(卒史)를 지낸 한광(韓廣)을 북쪽으로 보내 연나라를 치게 했다.

연나라의 귀족과 토호 들이 한광에게 말했다.

"초나라와 조나라 모두 왕을 칭했습니다. 연나라가 비록 작기는 하나 그래도 만승(萬乘)의 나라였으니, 장군께서 연나라의 왕위에 오르시기 바랍니다."

이에 한광이 대답했다.

"내 어머니께서 조나라 땅에 계시기 때문에 그렇게 할 수 없습니다."

그러자 연나라 사람들이 말했다.

"조나라의 서쪽에는 진나라가 있고 남쪽에는 초나라가 있어 늘 노심초사하고 있으므로, 그 힘으로는 우리를 힘들게 할 수 없습니다. 게다가 초나라의 강대함으로도 조왕과 장수와 재상의 가솔을 감히 해치지 못했습니다. 그러니 지금 조나라가 어찌 장군의 가솔을 해치려 들겠습니까?"

그 말이 맞다고 여긴 한광은 스스로 연나라의 왕이 되었다. 몇

달이 지난 뒤에 조나라에서는 연왕의 어머니와 가솔을 연나라로
보내 주었다.

사람을 얻지 못해 실패하다

○　○　○

이 무렵, 여러 땅을 공략하여 점령한 장군이 셀 수 없이 많았다.
주불은 북쪽으로 향하여 적현(狄縣)에 이르렀다. 적현 사람으로
현령을 죽이고 스스로 제왕을 칭하던 전담(田儋)이 주불에게 반격
해 왔다. 주불의 군대는 대오를 잃고 위나라 땅으로 돌아가서 위
왕의 후예인 영릉군(寧陵君) 위구(魏咎)를 왕으로 추대했다. 그렇지
만 진승 쪽에 가 있던 위구는 위나라로 돌아올 수 없었다. 주불이
위나라 땅을 모두 평정했을 때, 사람들이 주불을 왕으로 추대하려
고 했으나 주불이 받아들이지 않았다. 주불은 진승에게 다섯 번이
나 사자를 보내 영릉군 위구를 위나라로 돌려보내 달라고 청했다.
이에 진승은 영릉군을 위왕에 봉하고 위나라로 돌려보냈다. 주불
은 재상이 되었다.

〔오광이 이끌던 진영에서는〕 장군 전장(田臧) 등이 모여 대책을
논의했다.

"주장(周章)[12]의 군대가 이미 깨졌습니다. 그러니 진나라 군대
가 곧 이리로 닥칠 것입니다. 우리가 형양성을 맡고 있지만[13] 아
직 함락하지 못했습니다. 진나라 군이 당도하면 우리 군은 반드시

대패하고 말 것입니다. 그러니 소규모 병력만 남기도록 합시다. 형양성 포위를 유지하는 데에는 충분할 것입니다. 그리고 모든 정예 병력은 진나라 군과 싸우는 데 투입합시다. 지금 임시로 왕에 봉해진 오광은 교만할뿐더러, 용병술을 모르기 때문에 이자와는 일을 도모할 수가 없습니다. 이자를 죽이지 않으면 큰일을 그르칠까 두렵습니다."

그리하여 이들은 진승이 내린 명령이라 꾸며 오광을 죽이고, 그 목을 진승에게 바쳤다. 진승은 전장에게 사자를 보내 초나라 영윤(令尹)의 관인을 내려 주고, 그를 상장군으로 삼았다.

이에 전장은 여러 장수와 이귀(李歸)를 보내 형양성 포위를 유지하게 했다. 그리고 자신은 정예 병력을 이끌고 서쪽으로 진군하여 오창(敖倉)에서 진나라 군대를 맞았다. 교전 끝에 전장은 전사하고 군대는 무너졌다. 장한은 이귀 등이 있는 형양성 아래로 진격해 가서 이귀의 부대를 궤멸시켰다. 이귀는 전사했다.

양성 사람인 등열(鄧說)이 군대를 이끌고 담현(郯縣)에 주둔했는데 장한의 별장(別將)에게 격파되었다. 등열은 진승이 있는 진현으로 달아났다. 질현 사람 오봉(五逢)[14]이 군대를 이끌고 허현(許縣)에 주둔했지만 장한에게 격파되었다. 오봉 역시 진현으로 달아났다. 진승이 등열을 죽였다.

진승이 왕위에 올랐을 때의 일이다. 능현(淩縣)[15] 출신의 진가(秦嘉), 질현의 동설(董緤), 부리의 주계석(朱雞石), 취려(取慮)의 정포(鄭布), 서현(徐縣)의 정질(丁疾) 등이 모두 독립하여 봉기했는데, 각자 군사를 이끌고 담현에 이르러 동해군(東海郡) 태수의 부대를 포위한 적이 있었다. 이 소식을 들은 진승은 무평군(武平君) 반(畔)으로 하여금 군사를 이끌고 가서, 담현성 밑에 있던 여러 장수가 거느리던 군대를 지휘하게 했다. 그때 스스로 대사마(大司馬) 자리에 올라 있던 진가는 남의 지휘를 받기 싫어했다. 진가가 군리(軍吏)들에게 말했다.

"무평군은 나이도 얼마 되지 않은 데다 전투에 관해서도 아는 게 없으니 그자의 말은 들을 것도 없다."

그러고는 진승의 명령이라 속이고 무평군 반을 죽여 버렸다.

이미 오봉의 군대를 꺾은 장한의 부대는 진승이 있던 진현으로 진격했다. 전투에서 상주국 방군 채사가 죽었다. 장한은 다시 진현의 서쪽 지역에 주둔하고 있던 장하(張賀) 군대를 향해 진격했다. 이에 진승이 친히 출전하여 군사를 독려했지만 패하고 말았으며, 장하도 전사했다.

그해 납월(臘月) 진승이 여음으로 갔다가 다시 하성보에 이르렀을 때, 진승의 수레를 몰던 장고(莊賈)가 진승의 목을 벤 뒤에 진나라에 투항했다. 진승을 탕현(碭縣) 망탕산(芒碭山)에 장사 지내고 시호를 은왕(隱王)이라고[16] 했다.

그 뒤에 진승의 전임 견인(涓人)이었던 여신(呂臣) 장군이 창두군(蒼頭軍)[17]을 조직하여 신양(新陽)에서 봉기하고는 진현을 공격하여 함락했다. 여신은 장고를 죽인 뒤에, 진현을 다시 초나라의 도읍으로 삼았다.

이보다 앞서 진승은 질현 사람인 송류(宋留)에게 명령을 내려 남양(南陽)을 평정하게 한 다음, 무관(武關)으로 진격하게 했다. 송류가 남양을 함락했지만, 진승이 살해당했다는 소식을 듣고 전의를 상실하여 남양을 다시 진나라군에 빼앗기고 말았다. 송류는 무관으로 진격하지 못하고 동쪽을 향해 진군하여 신채(新蔡)에 이르렀는데, 그곳에서 진나라 군대를 맞닥뜨렸다. 송류는 군대 전체를 들어 투항했고 진나라 군대는 송류를 함양(咸陽)으로 압송했다. 진나라는 송류를 거열형(車裂刑)으로 다스려 여러 사람의 경계로 삼았다.

진가 등은 진승의 군대가 패배했다는 소식을 듣고 이내 경구(景駒)를 초나라 왕으로 옹립하고는 군대를 이끌고 방예현(方與縣)으로 진격하여 제음(濟陰)에 있던 진나라군을 공격하고자 했다. 이들은 공손경(公孫慶)을 제나라 왕 전담에게 보내 함께 힘을 합해 진격하자고 제안했다.

제나라 왕이 말했다.

"진왕(陳王)이 전투에 패하여 생사가 분명치 않다. 초나라에서는 왜 나에게 묻지도 않고 새로운 왕을 세웠는가?"

공손경이 대답했다.

"제나라에서 우리 초나라에게 물어보지 않고 왕을 세우는데, 우리 쪽에서 제나라에 물어보고 왕을 세울 이유가 전혀 없습니다. 하물며 우리 초나라가 가장 먼저 봉기했으니, 이치로 보자면 지금으로서 천하에 명령을 내릴 수 있는 나라는 초나라입니다."

그러자 전담이 공손경을 죽여 버렸다.

진나라 좌우 교위가 이끄는 군대가 다시 한번 진현을 공격하여 함락했다. 달아났던 여신은 군사를 모집하여 대오를 가다듬은 뒤에 파양(番陽)[18]에서 도적질을 하던 영포(英布)[19] 군대와 만나, 함께 진나라의 좌우 교위군을 공격하여 청파(青波)에서 무찔렀다. 이로써 진현은 다시 초나라의 도읍이 되었다. 항량이 초 회왕(楚懷王)의 손자인 웅심(熊心)을 초왕으로 옹립했을 때의 일이다.[20]

진승은 모두 여섯 달 동안 왕위에 있었다. 진승이 막 왕위에 올랐을 때, 그와 함께 머슴살이를 하며 농사일을 하던 옛 친구가 그 소식을 듣고 진현에 와서 궁궐 문을 두드리며 말했다.

"내가 섭을 만나러 왔소."

궁문을 지키던 관리가 결박하려 하자 그가 여러 가지 이야기를 하며 자신을 변호했으므로 놓아주기는 하되 궁궐에 들어가지 못하게 했다. 〔이윽고〕 진승이 궁 밖으로 나오자, 이자는 진승의 행차를 막으며 큰 소리로 섭이라고 불러 댔다. 진승이 그를 불러 만나 본 뒤에 수레에 태워 함께 돌아갔다. 궁에 들어간 뒤에 여러 전각 및 화려한 휘장과 주렴을 본 객이 말했다.

"많구나! 섭이 왕이 되니 호사를 누리는구나!"

초나라 사람들은 '다(多)'를 '화(夥)'라고 했기 때문에 천하에 '화섭위왕(夥涉爲王)'[21]이라는 말이 퍼졌으니, 진승에게서 시작된 것이다.

이 객은 궁궐을 드나들 때 점점 더 방자해졌으며, 진승의 옛날 일을 거침없이 뱉었다. 어떤 이가 진승에게 간언했다.

"객이 어리석고 무지하여 망언을 일삼으니 폐하의 위엄에 손상이 가게 합니다."

이 말을 들은 진승이 그 객을 베어 버렸다. 그러자 진승과 예부터 알고 지내던 사람들이 모두 떠나 버려 진승과 가깝게 지내는 이가 아무도 없게 되었다.

진승은 주방(朱防)을 중정관(中正官)에, 호무(胡武)를 사과관(司過官)에 임명하여 여러 신하들의 인사와 감찰 업무를 주관하게 했다. 장수들이 각지를 공략한 뒤에 돌아와서 복명할 때, 주방과 호무가 시키는 대로 따르지 않으면 붙잡아서 그 죄를 다스렸다. 죄를 다스릴 때는 세세한 일까지 가혹하게 밝혀냄으로써 진승에게 충성을 보이려고 했다. 이 둘과 사이가 좋지 않았던 사람이 걸려들면, 관련 부문에서 적법하게 조사하는 절차를 밟지 않고 자신들이 독단적으로 다스렸다. 진승은 두 사람을 신임했다. 이런 탓에 다른 장수들은 진승 곁에 다가설 수 없었다. 진승이 실패한 원인은 바로 이 때문이다.

비록 진승은 죽었지만, 진승이 봉했던 왕후장상이 마침내 진나라를 멸망시켰다. 고조는 제위에 오른 뒤에 탕현에 진승의 묘지기를 두었으며 지금까지[22] 희생 제물을 바쳐 제사를 지내고 있다.

이 제사는 왕망(王莽)이 망한 뒤에 끊어졌다.

어릴 적부터 포부가 남달랐던 항우

○ ○ ○

항적(項籍)의 자는 우(羽)이고, 하상현(下相縣) 사람이다. 처음 거사했을 때 나이는 스물네 살이었다.

항우의 작은아버지는 항량(項梁)이라는 인물로, 초나라의 명장 항연의 아들이다.[23] 집안 대대로 초나라 장수를 지내면서 항(項) 땅을 분봉받았기 때문에 항씨 성을 썼다.

항우가 청년 시절에 글공부를 하다가 배워야 할 과목을 다 마치지 않고 그만둔 적이 있었다. 이어서 검법을 배웠는데 이 또한 도중에 그만두었다. 항량이 노하여 꾸짖자 항우가 말했다.

"글은 배워서 이름자나 쓸 줄 알면 되는 것입니다. 또 한 사람이나 대적하자고 검법을 배울 일도 없습니다. 저는 만인을 대적할 병법을 배우고 싶습니다."

이 말에 항량은 그 뜻을 기특하게 여겨 병법을 가르쳐 주었다. 항우는 뛸 듯이 기뻐했지만, 대강의 뜻을 깨친 뒤에는 끝까지 배우려 들지 않았다.

언젠가 항량이 역양(櫟陽)이란 곳에서 체포된 일이 있었다. 〔이때 집안에서〕 기현의 옥연(獄掾)이었던 조구(曹咎)에게 부탁하여, 역양의 옥리였던 사마흔(司馬欣)에게 옛정에 기대며 사정하는 편지를 넣은 뒤에 풀려났다.

〔또〕 항량이 사람을 죽인 적이 있었다. 항량은 보복을 피해서 항우와 함께 오중(吳中)으로 갔다. 오중의 여러 실력자와 관리 들의 언변이 모두 항량보다 한 수 아래였으므로, 대규모 요역이나 장례 때마다 항량이 그 일을 주관하여 처리했다. 항량은 병법을 가르치면서 드러나지 않게 여러 빈객과 그 지방 젊은이들을 군대로 편제해 나갔으며 그들의 재능도 파악해 두었다.

진시황이 동쪽 지방인 회계(會稽) 땅에 순행하러 와서 절강(浙

江)을 건널 때였다. 항량과 항우가 함께 그 광경을 지켜보다가 항우가 말했다.

"저 자리를 빼앗아 우리가 앉아야 하는 건데."

그러자 항량이 항우의 입을 막으며 말했다.

"말을 함부로 해서는 안 된다. 족살을 당하게 돼."

항량은 속으로 항우를 기특하게 여겼다.

항우는 키가 팔 척 이 촌이었고,[24] 무거운 세발솥을 들어 올릴 정도로 힘이 셌으며 재능과 기질 또한 남달랐다. 그래서 오중 지방의 젊은이들이 모두 항우를 두려워했다.

진 이세황제 즉위 원년에 진승이 봉기했다. 그해 9월에 회계 가수(假守) 은통(殷通)이 평소에 눈여겨보던 항량을 불러 이 소식을 전하면서 함께 일을 도모하고자 했다. 이에 항량이 말했다.

"지금 강서 지방의 모든 세력들이 진나라에 반대하여 일어났습니다. 아마도 하늘이 진나라를 멸망시킬 때가 온 듯합니다. 먼저 거사한 자가 상대를 제압하는 법입니다. 남보다 뒤에 일어나면 제압당하게 되지요."[25]

은통이 감탄하며 말했다.

"들건대 선생은 초나라의 명장 가문 출신이라고 하더니, 역시 인물은 선생뿐인 듯합니다."

항량이 말했다.

"여기 오중 지방에 환초(桓楚)라는 걸출한 인물이 있는데 지금 산골에 숨어 지내고 있습니다. 그의 거처를 아는 사람이 아무도 없는데 유독 제 조카 항적이 그 거처를 알고 있습니다."

말을 마친 뒤에 항량이 나가서 칼을 차고 밖에서 대기하라고 항우에게 일렀다. 항량이 다시 들어와 군수에게 말했다.

"항적을 불러 명을 받들고 환초를 불러오게 하십시오."

항우가 안으로 들어오자 항량이 항우에게 눈짓으로 신호를 보냈다.

"해치워라."

항우는 순식간에 칼을 빼 들어 은통을 베었다. 항량의 손에 은통의 목이 들려 있고 그 허리에 인수(印綬)가 매어 있는 것을 본 은통의 아전들이 깜짝 놀라 소란을 떨자 항우가 수십 명을 베어버렸다. 그러자 관아에 있던 모든 사람이 감히 일어날 생각조차 못하고 땅에 엎드렸다.

항량은 잘 알고 지내던 호족과 아전들을 불러다가 은통을 해치운 사실을 알리고 이어서 오중에서 거사했다. 사람을 풀어 여러 현에서 정예병 팔천 명을 모집했으며 토호들에게 교위(校尉)와 후(候), 사마(司馬) 직을 맡겼다. 호걸 중에 한 사람이 직위를 얻지 못하자 스스로 자기 자랑을 늘어놓았다. 그러자 항량이 말했다.

"언젠가 누구 집에 초상이 나서 그대로 하여금 장례를 주관하게 했는데 그대는 그 소임을 제대로 해내지 못했다. 그런 까닭에 그대에게 자리를 맡기지 않는 것이다."

이 말을 들은 모든 병졸들이 감복했다.

[이렇게 하여] 항량은 회계 땅의 통수가 되었다. 항우는 항량의 비장이 되어 여러 현을 순시했다.

장군이 교만해지면 부하는 나태해진다

○　○　○

진 이세황제 2년, 광릉(廣陵) 사람 소평(召平)이 진승의 명으로 광릉을 공격했으나 함락하지 못했다. 진승이 패배하여 달아났다는 소식을 들은 소평은 진나라 장군 장한까지 닥치리라는 소식에 급히 강을 건너 항량을 만났다. 소평은 진승의 명령이라고 꾸며 항량에게 초나라의 상주국 벼슬을 주면서 이렇게 말했다.

"강동 지방은 이미 평정되었습니다. 이제 급히 군대를 서쪽으로 보내 진나라를 쳐야 합니다."

이에 항량은 군사 팔천 명를 거느리고 회수(淮水)를 건너 서쪽으로 갔다. 그때 진영(陳嬰)이 이미 동양(東陽)을 빼앗았다는 소식을 듣고, 항량 진영에게 사람을 보내 함께 서쪽의 진나라를 공격하자고 했다. 진영은 진나라 동양현[의 아전인] 영사(令史)로 현 소재지에 살았다. 평소에 신의가 있고 은혜를 베풀었기 때문에 사람들이 장자(長者)라고 불렀다.

동양 땅의 젊은이들이 현령을 죽인 뒤에, 수천 세력을 모아 우두머리가 될 사람을 찾았으나 마땅한 사람이 없었다. 그래서 진영을 찾아가 부탁했다. 진영은 능력이 부족하다며 사양했으나, 젊은이들이 억지로 우두머리로 모셨다. 이에 현 안에서 그들을 따라 봉기한 무리가 이만 명에 이르렀다. 사람들은 진영을 왕으로 옹립해서 다른 군대와 구별되도록 창두건을 쓰고 봉기하려고 했다. 그때 진영의 어머니가 진영에게 말했다.

"내가 이 집의 며느리가 된 뒤로 우리 가문의 선조 중에 특별히 귀한 인물이 있었다는 소리를 듣지 못했다. 네가 지금 갑자기 큰 명성을 얻게 되는 것은 좋은 징조가 아니니, 그보다는 다른 사람 밑에 있다가 일이 성공한 뒤 제후에 봉해지는 게 낫겠다. 거사가 실패로 돌아가더라도 남 밑에 있던 사람은 세상에 그리 잘 알려지지 않아 도망가기도 쉽다."

이 말에 진영이 왕이 될 생각을 접었다. 그리고 군리들을 불러 말했다.

"항씨 집안이 대대로 장군을 지내면서 초나라에 공을 세웠다. 우리가 지금 대사를 일으키려고 하지만 나에게는 항씨 집안 장군들 같은 자질이 없으니 성공할 수 없다. 우리 군대가 명망이 높은 집안에 의탁해야 진나라를 반드시 멸망시킬 수 있을 것이다."

진영의 부대는 이 말을 따르기로 했다. 그리하여 진영은 군사를 이끌고 항량에게 복속했다.

항량이 회수를 건너자 영포와 포(蒲) 장군[26]도 군사를 이끌고 항량에게 복속했다. 그리하여 모두 육칠만을 헤아리는 군사가 하비(下邳)에 진을 쳤다. 이때 경구를 초나라 왕으로 옹립한 진가가 팽성현(彭城縣) 동쪽에 진을 치고 항량의 군대에 대항하려고 했다. 항량이 군리들에게 말했다.

"진왕(陳王)이 제일 먼저 거사했지만 지금은 싸움에 이기지 못하여 생사를 알 길이 없다. 현재 진왕을 배반한 진가가 경구를 옹립한 것은 대역무도에 해당한다."

항량은 곧바로 군사를 이끌고 진가의 군대를 공격했다. 진가의 군대가 패하여 달아나자 호릉현(胡陵縣)까지 추격했다. 전열을 수습한 진가의 군대가 이곳에서 다시 하루 동안 싸웠는데, 진가가 전사하자 전군이 투항했다. 경구는 달아나다 대량(大梁) 땅에 이르러 죽었다. 항량은 진가의 군사를 받아들여 호릉에 진지를 구축한 뒤 군대를 이끌고 서쪽으로 진격하고자 했다.

장한이 율현(栗縣)에 이르자 항량은 별장 주계석과 여번군(餘樊君)으로 하여금 교전하게 했다. 여번군은 전사했고 주계석도 패하여 호릉으로 달아났다. 이에 항량이 군대를 이끌고 설현(薛縣)에 이른 뒤에 주계석을 죽였다.

이보다 앞서 항량은 항우를 대장으로 하는 별동대를 파견하여 상성(襄城)을 공략했지만, 상성 사람들이 굳게 지켜 바로 함락하지 못했다. 상성이 함락되자 항우는 성안의 모든 사람을 산 채로 묻어 버린 뒤, 돌아와 항량에게 그 일을 보고했다.

항량은 진승이 죽은 것을 확인한 뒤 여러 곳에 흩어져 있던 장수들을 불러 모아 앞일에 대해 상의했다. 이때 패공(沛公, 유방)[27]도 패현을 떠나 그 회의에 참석했다.

거소(居鄛) 사람 범증(範增)은 일흔의 나이에도 늘 기묘한 계책을 잘 냈다. 범증이 항량에게 가서 이렇게 주장했다.

"진승은 응당 패하게 되어 있었습니다. 진나라가 옛 여섯 나라를 멸망시켰지만, 그중에서도 초나라는 정말 죄 없이 당했습니다. 회왕이 진나라에서 도망치다 붙잡혀 돌아오지 못하고 죽은 것을 초나라 사람들은 아직까지 동정하고 있습니다. 그리하여 남공(南公)은 '초나라에 세 가문만 남아도, 진나라는 반드시 초나라가 멸망시킬 것이다.'라고 했습니다. 진승이 가장 먼저 봉기했으나 초나라 왕실의 후손을 왕으로 세우지 않았으니 그 세력이 오래가지 못한 것입니다. 지금 장군께서 강동에서 봉기하자, 벌 떼같이 일어난 초나라 사람들을 이끄는 장수들이 모두 다투어 장군께 복속하고 있습니다. 이는 장군의 집안이 대대로 초나라에서 장군을 지냈으므로, 장군이야말로 초나라 왕실의 후손을 왕으로 다시 세울 분이라고 믿기 때문입니다."

그리하여 항량은 초 회왕의 손자인 웅심을 찾기 시작했다. 웅심은 민간에 숨어 양치기 노릇을 하고 있었다. 항량은 웅심을 초나라 왕으로 옹립하여 백성의 희망에 부응했다. 진영을 상주국으로 삼아 다섯 현을 봉하고, 회왕을 보좌하여 〔동양 인근의〕 후이(盱台)에[28] 도읍을 정하게 했다. 항량은 스스로 무신군(武信君)이라 칭하고 군대를 이끌어 강보(亢父)를 공격했다.

이보다 앞서 장한이 임치(臨菑)에서 제왕 전담을 죽이자 전가(田假)가 스스로 제나라 왕을 칭했다. 전담의 〔사촌〕 동생 전영(田榮)이 동아(東阿)로 물러나 항거하자 장한이 추격하여 성을 포위했다. 이에 항량이 군대를 이끌고 동아성을 구원하러 가서 진나라 군대를 대파했다.

전영이 군사를 이끌고 제나라 도읍으로 돌아간 뒤에 왕을 칭하던 전가를 쫓아내자 전가는 초나라로 달아났으며 상국 전각(田角)은 조나라로 달아났다. 전가 밑에서 제나라 장군이 되었던 전각의 동생 전간(田間)도 조나라에 머물며 감히 제나라로 돌아가지 못했다. 전영은 전담의 아들인 전불(田市)을 제나라 왕에 앉혔다.

항량은 동아를 포위했던 진나라 군사를 물리친 뒤에 바로 진나라 군대를 추격했다. 그러고는 몇 번이나 제나라에 사람을 보내 함께 서쪽으로 진격하자고 재촉했다. 전영이 말했다.

"초나라에서 전가를 죽이고, 조나라에서 전각과 전간을 죽여야 출병할 것이오."

항량이 대답했다.

"전가는 동맹국의 왕으로 달아날 데가 없어 우리 초나라에 의탁한 것이니 차마 죽일 수 없소이다."

조나라에서도 전각과 전간을 죽이면서까지 제나라와 거래하려고 들지 않았다. 따라서 제나라에서도 초나라를 돕기 위한 출병을 거부했다. 항량은 항우를 시켜 패공과 함께 다른 길로 성양(城陽)을 공략하게 한 뒤 성안 사람들을 모두 죽이게 했다. 그러고는 서쪽으로 진격해 복양(濮陽)의 동쪽에서 진나라 군대를 격파했다. 진나라 군대는 복양성 안으로 후퇴했다. 패공과 항우는 정도(定陶)를 공격했지만 함락하지는 못했다. 정도에서 물러나 서쪽 땅을 공략하면서 옹구(雍丘)에 이르렀을 때, 패공과 항우가 진나라 군대를 대파하고 이유를 죽였다. 회군하는 길에는 외황(外黃)을 공략했으나 함락하지 못했다.

동아를 출발한 항량이 정도에 다다라 다시 진나라 군대를 대파했다. 항우 등이 이유의 목도 베어 버린 데다가 자신은 전투에서 승리했으니 항량의 눈에 진나라는 아주 가볍게 보였다. 항량이 교만한 기색을 드러내자 송의(宋義)가 나서서 간언했다.

"싸움에 이긴 뒤에 장군이 교만해지면 병졸들이 나태해져 다음 싸움에 지게 됩니다. 지금 우리 병졸들이 조금 나태해 보이는 데 반해, 진나라 군사는 나날이 늘고 있습니다. 이 점이 바로 제가 장군을 위해 걱정하는 바입니다."

그러나 항량은 이 말을 듣지 않고 송의를 제나라에 사신으로 보냈다. 송의가 길에서 제나라 사신 고릉군(高陵君) 현(顯)을 만나 물었다.

"공께서는 무신군을 뵈러 가는 중입니까?"

고릉군이 대답했다.

"그렇습니다."

그러자 송의가 말했다.

"제가 보기에 무신군의 군대는 반드시 패하게 되어 있습니다. 공께서 천천히 가시면 죽음을 면하겠지만, 서둘러 가시면 화를 당합니다."

아니나 다를까 진나라에서는 전군을 동원하여 장한의 부대에 증원군을 파견했다. 〔장한의 부대는〕 밤에 군사들의 입에 나뭇가지를 물린 다음 아무런 기척도 내지 않고 초나라 군대를 공격하여 정도에서 대파했다. 항량이 이 싸움에서 죽었다.

패공과 항우는 외황을 떠나 진류(陳留)를 공격했으나, 진류성 사람들이 굳게 지켰으므로 함락하지 못했다. 패공과 항우가 상의했다.

"지금 항량 장군의 부대가 패하여 우리 병졸들이 두려워하고 있습니다."

이에 두 사람은 여신의 부대와 함께 군사를 이끌고 동쪽으로

물러났다. 그리하여 여신의 부대는 팽성 동쪽에, 항우의 부대는
팽성 서쪽에, 패공의 부대는 탕군(碭郡)에 주둔했다.

거록대전에서 일어난 항우

○　○　○

항량의 군대를 무찌르고 나자, 장한은 이제 초나라 병력을 두
고 근심할 필요가 없다고 여겼다. 그리하여 황하를 건너 북쪽으로
조나라를 쳐서 크게 이겼다.

그 무렵 조나라는 조헐(趙歇)이 왕이었고 진여가 대장군을, 장
이가 상국을 맡고 있었는데 이들 모두 진나라 군대를 피해 거록성
(巨鹿城)으로 들어가 있었다.[29] 진나라에서는 왕리(王離)와 섭간(涉
間)이 이끄는 부대가 거록성을 포위했으며, 장한의 부대는 거록성
남쪽에 주둔했다. 장한은 참호 길을 파서 왕리와 섭간의 부대에게
식량을 전달했다. 조나라에서는 진여가 병졸 수만 명을 이끌고 거
록성 북면에 진지를 구축했는데 이를 두고 하북군(河北軍)이라고
불렀다.

송의가 길에서 마주쳤던 제나라의 사신 고릉군 현이 초 회왕을
알현했다.

"송의가 무신군 항량이 반드시 패배할 것이라고 했는데, 며칠
지나서 정말 패배해 버렸습니다. 군대가 교전하지도 않았는데 앞
서 패배할 조짐을 알고 있었으니 [송의는] 병법을 안다고 할 수

있습니다."

이 말을 들은 회왕이 송의를 불러 대책을 논의했는데, 송의의 의견을 듣고서 만족했다. 그리하여 송의를 상장군으로, 항우를 노공(魯公)에 봉하여 차장(次將)으로, 범증을 말장(末將)으로 삼고, 별장들을 모두 〔송의의 부대에〕 속하도록 했으며, 〔송의를〕 경자관군(卿子冠軍)이라 부르게 했다.

〔송의는〕 북쪽으로 조나라를 구원하러 가는 길에 안양(安陽)에 이르자 더는 진군하지 않았다. 때는 진 이세황제 3년이었다. 항우가 송의에게 진나라를 공격하자고 재촉했다.

"지금 진나라 군사가 거록성을 포위하고 있습니다. 급히 군대를 이끌고 장하(漳河)를 건너야 합니다. 우리 초나라 군사가 진나라의 후방을 공격하고, 조나라 군사가 그 전방에서 응전한다면 진나라를 반드시 격파할 수 있을 것입니다."

그러자 송의가 말했다.

"그렇게 할 수 없습니다. 쇠등에 잡는 힘을 써서 이 잡을 필요가 있겠습니까?[30] 지금 진나라가 조나라를 공격하고 있습니다. 진나라 군대가 싸움에 이겨도 군사들은 피로해질 것입니다. 우리는 그들이 피로한 때를 타서 공격해야 합니다. 진나라 군사가 지면 그때 북소리를 울려 서쪽으로 진군합시다. 그러면 반드시 진나라를 엎어 버릴 수 있습니다. 그러니 지금은 진나라와 조나라가 실컷 싸우게 놔두는 게 좋습니다. 전쟁터에 나가 민첩하게 무기를 휘두르는 일에서야 제가 공보다 못하겠지만, 앉아서 작전을 짜는 데는 공께서 저를 따라오지 못합니다."

그런 뒤에 군중에게 명령을 내렸다.

"호랑이처럼 난폭한 자, 양처럼 제멋대로인 자, 이리처럼 탐욕스러운 자, 고집 부리면서 명령에 따르지 않는 자는 모두 베어 버리라."

〔송의는 또한〕 자신의 아들인 송상(宋襄)을 제나라에 보내 왕을 보좌하게 했다. 직접 아들을 무염(無鹽)까지 배웅하면서 성대한 주연을 베풀어 주었다.

〔그때〕 날도 추운데 큰비가 내려 병졸들이 추위와 굶주림에 떨었다. 항우가 말했다.

"송의는 온 힘을 모아 진나라를 공격해야 함에도 이곳에 오래 머물러 진군하지 않고 있다.[31] 올해는 흉년이 들어 백성이 가난하매 병졸들이 콩밥도 반은 다른 걸 섞어다 지어 먹고 있는 형편이다. 부대에 군량이 다 떨어졌는데도 저런 성대한 주연이나 베풀면서, 군대를 끌고 황하를 건너 조나라에 가서 군량을 구하고 조나라와 힘을 합해 진나라를 칠 생각은 하지 않고 있다. 그러면서 진나라 군사가 피로한 틈을 타겠다고만 말하고 있다. 진나라가 강대한 힘으로 새로 건국한 조나라를 공격하고 있으니 그 형세로 반드시 조나라를 엎을 것이 틀림없다. 조나라가 망하면 진나라 군대는 더 강해질 텐데 어떻게 피로한 틈을 타겠다는 것인가! 게다가 최근에 우리 항량 장군의 군대가 패배하여 임금께서 좌불안석하면서도 전국의 군대를 모두 모아 송의 장군에게 맡겼다. 나라의 안위가 진나라 군대를 치는 이 일에 걸려 있는데 병졸들을 걱정하기는커녕 군량으로 사사로운 일이나 도모하고 있으니 사직을 위하는 신하라고 할 수 없다."

다음 날 아침 항우가 상장군 송의를 찾아가 그 막사에서 송의의 목을 베어 버렸다. 그러고는 군중에 명령을 내렸다.

"송의는 제나라와 함께 초나라에 모반했으므로 우리 임금께서 은밀히 영을 내려 송의를 죽이게 하셨다."

장수들이 모두 두려워하며 감히 저항하지 못했다. 여러 장수가 입을 모아 말했다.

"초나라를 다시 일으켜 세운 것은 장군의 집안이었습니다. 지금은 장군께서 역적을 없애셨습니다."

모든 장수가 서로 상의하여 항우를 임시 상장군으로 추대했다. 그러고는 사람을 시켜 송의의 아들을 제나라 땅까지 쫓아가 죽였다. 환초를 회왕에게 보내 그간의 사정을 알리자 회왕은 사자를 파견하여 항우를 정식 상장군에 임명했다.

항우가 경자관군 송의를 죽이고 나자 그 위세가 초나라 전체를 흔들었으며, 제후들에게도 명성이 전해졌다.

항우는 곧바로 당양군(當陽君, 영포)과 포 장군에게 군사 이만 명을 주어 장하를 건너 거록성을 구원하러 가게 했다. 전세가 약간 유리해지자, 진여가 다시 병력을 요청해 왔다. 이에 항우가 전군을 이끌고 장하를 건넜다. 강을 건넌 뒤에 모든 배를 물속에 가라앉히고 솥과 시루를 전부 깨뜨렸으며 군영의 막사까지 다 태워 버렸다. 그러고는 군사들에게 사흘 동안 먹을 건량을 나누어 주었다. 군사들에게 필사의 의지와 후퇴하지 않을 결심을 보여 준 것이다.

〔항우의 군대는〕 거록성 싸움터에 도착하자마자 곧바로 왕리의 군대를 포위하여 아홉 번 맞서 싸웠다. 진나라 군대의 식량 수송용 참호 길을 끊어 버리고 대파했는데, 이때 소각(蘇角)을 죽였으며 왕리는 산 채로 잡았다. 섭간은 투항하지 않고 제 몸에 불을 질러 타 죽었다.

이때 초나라 군대는 여러 제후국 가운데 으뜸이었다. 제후국 가운데 거록성을 구하러 와서 진을 친 부대가 열이 넘었으나, 모두 감히 싸움에 나서지 못했다. 초나라가 진나라를 공격할 때에 제후의 부대는 모두 보루 위에서 관망하고 있었다. 초나라 군사는 혼자 적군 열 명을 당해 내지 않는 자가 없었으며 그 함성이 천지를 진동했다. 제후국의 군사들은 모두 초나라 군대를 두려워했다.

초나라 군이 진나라군을 모두 격파하고 나서, 항우가 제후국 군대의 장수들을 불러 모았다. 장수들은 항우 군영의 문을 들어서면서부터 무릎으로 기어서 앞으로 나아갔으며, 감히 고개를 들지도 못했다. 항우는 그 자리에서 바로 제후 연합군의 상장군이 되어 모든 군대를 거느렸다.

장한의 군대는 극원(棘原)에, 항우의 군대는 장하 건너편 남쪽에 주둔하여 서로 대치했으나 교전은 하지 않았다. 진나라 군대가 여러 차례에 걸쳐 퇴각했다는 소식을 들은 이세황제는 사람을 보내 장한을 문책했다. 장한은 두려워하면서 장사(長史) 사마흔을 조정에 보내 작전 지시를 받아 오게 했다. 사마흔이 함양(咸陽)에 도착했지만 사마문(司馬門)에서 사흘을 기다려도 조고(趙高)가 만나 주지 않았다. 조고가 장한을 신임하지 않는다는 방증이었다. 사마흔은 두려운 마음에 부대로 돌아갈 때는 왔던 길로 가지 않았다. 아니나 다를까 조고가 사람을 시켜 사마흔을 쫓게 했으나 잡지 못했다. 부대에 도착한 사마흔이 보고했다.

"작전 지시는 받을 것도 없는 것이, 상국 조고가 국가의 전권을 장악해 독단을 부리고 있었습니다. 이제 우리가 싸움에서 이기면 조고는 우리가 공을 세운 것을 시기할 것이고, 지면 죽음을 면하지 못할 것입니다. 앞으로 어떻게 대처할지 장군께서 심사숙고하시기를 바랍니다."

진여도 장한에게 편지를 보냈다.

"백기(白起)가 진나라의 장군이 되어 남쪽으로는 언(鄢)과 영(郢) 지방을 병합하고, 북쪽으로는 마복(馬服)[32]의 군대를 산 채로 묻어버렸으며, 공격하여 빼앗은 성과 땅이 셀 수 없이 많았습니다. 그러나 마지막에 사약을 받고 죽었습니다. 몽염(蒙恬)[33] 또한 진나라 장군으로 북쪽으로 융(戎)[34]의 무리를 쫓아냈고, 유중(楡中) 땅 수천 리를 개척했지만 끝내 양주(陽周)에서 목이 베였습니다. 왜 이런 일이 일어났겠습니까? 두 사람의 공이 큰데, 진나라에서 그에 걸맞은 봉토를 내릴 수 없었기에 법을 핑계 대어 죽인 것입니다.

장군께서 진나라의 장군이 된 지 세 해 동안 잃은 병력이 이미 수십만인데, 제후국의 군대가 봉기하는 일은 나날이 늘고 있습니다. 조고라는 자가 늘 아첨이나 일삼은 지 오래지만 지금은 몹시 급한 상황에 처했으니, 그자 또한 이세황제가 자신을 죽일지 모른다며 떨고 있을 것입니다. 그래서 법을 내세워 장군을 죽임으로써 자신의 책임을 면하고, 다른 사람으로 장군의 자리를 대신해 화를

벗어나려고 할 것입니다. 장군께서는 도읍을 벗어나 계신 지 오래
되어 조정 대신들과 틈이 많이 벌어져 있습니다. 그러니 공을 세
워도 죽고 공이 없어도 죽을 것입니다. 하물며 하늘이 진나라를
멸망시키려 하고 있습니다. 어리석은 자, 지혜로운 자 할 것 없이
이를 모르는 사람이 없습니다.

이제 장군께서는 조정에 바른 소리를 간할 수도 없는 처지입니
다. 그런 장군께서 망한 나라의 장군으로 전쟁터에서 고립된 채
오래 버티려고 하시니 이 어찌 비통한 일이 아니겠습니까!

장군께서는 어찌하여 군사를 돌려 여러 제후왕과 함께 진나라
를 치지 않으십니까? 임금이 되어 용상에 앉아 남면하여 신하들
을 보는 것과, 부질형(斧質刑)을 받아 처형대에 몸을 구부린 채 도
끼에 허리가 잘리고 처자식이 살육당하는 것 중에 무엇이 낫겠습
니까?"

장한은 속으로 머뭇거리다가, 은밀히 군후(軍候) 시성(始成)을
항우에게 보내 맹약을 맺고자 했다.

맹약이 성립되기 전, 항우는 포 장군에게 군대를 이끌고 삼호
진(三戶津)에서 강을 건너 장하의 남쪽에 주둔하고 진나라 군과 교
전하여 다시 한번 격파하게 했다. 항우는 전군을 이끌고 진나라
군을 공격하여 우수(汙水) 변에서 크게 격파했다.

장한이 사람을 보내 항우를 만나 맹약을 맺고자 했다. 항우가
군리를 소집하여 대책을 상의했다.

"군량이 모자라니 저들의 강화에 응하겠다."

군리들이 입을 모아 말했다.

"좋습니다."

이에 항우가 원수(洹水)의 남안에 있는 은허(殷墟)에서 〔장한을 만나〕 결맹했다. 결맹한 뒤에 장한은 항우를 보고 눈물을 흘리며 조고의 악행에 대해 말했다. 항우는 그 자리에서 장한을 옹왕(雍王)에 봉하고 초나라 군중에 있게 했다. 또 사마흔을 상장군으로 삼아 진나라 군사를 이끌고 선봉에 서게 했다.

진나라를 무너뜨리고 천하를 호령하는 패왕이 되다

○ ○ ○

한 고조 원년³⁵ 항우가 제후 연합군 삼십여만 명을 거느리고 계속 각지를 공략하면서 하남(河南)³⁶ 땅에 이르렀다가, 곧바로 서쪽의 신안(新安)에 닿았다. 그 전에 제후국의 군리와 병사들이 요역이나 수자리 일로 관중(關中)의 진나라 땅을 지날 때 심히 무례한 일을 당한 적이 많았다. 이제 진나라가 제후 연합군에 항복하자 연합군의 군관과 병졸들이 승리의 형세를 타고 진나라의 군관과 병졸을 노예로 부리면서 툭하면 심한 모욕을 주곤 했다. 그러자 진나라 군관과 병졸 들이 이에 대해 은밀히 의논했다.

"장한 장군 등이 우리를 속이고 제후국에 항복한 듯하다. 이제 함곡관을 뚫고 들어가 진나라를 멸망시킬 수 있다면 더없이 다행이겠지만, 만일 멸망시키지 못하면 연합군들이 우리를 포로로 삼아 동쪽으로 물러날 것이다. 그러면 진나라에서는 우리의 부모와 처자식을 모두 죽여 없앨 것이다."

그런데 연합군 장수들이 진나라 군대의 이런 논의를 눈치채고는 항우에게 고해바쳤다. 항우가 영포와 포 장군을 불러 대책을 논의했다.

"진나라의 군관과 병졸은 수가 여전히 많을 뿐 아니라 마음속으로는 우리에게 복종하지도 않는다. 함곡관에 이르러서도 말을 듣지 않으면 일은 반드시 위태롭게 될 것이다. 그러니 이들을 모두 없애고 진나라에는 장한, 장사 사마흔, 도위 동예(董翳)만 데리고 들어가는 것이 낫겠다."

그리하여 밤을 틈타 기습하여 진나라 군사 이십여만 명을 산 채로 구덩이에 묻어 버렸다.

〔항우 연합군이〕 함곡관에 이르렀지만 군대가 굳게 지키고 있어 들어가지 못했다. 패공이 이미 함양을 함락했다는 소식을 듣자 항우는 몹시 노하여 당양군 영포를 시켜 함곡관을 함락했다. 마침내 항우가 함곡관 안으로 들어가 희수 서쪽의 홍문(鴻門)에 도착했을 때 패공이 관중의 왕이 되어 진나라 국고의 진귀한 보물들을 독차지하려 한다는 소문이 들려왔다. 아부(亞父) 범증 또한 몹시 노하여 항우에게 패공을 공격할 것을 권했다. 항우는 군사를 배불리 먹고 마시게 한 뒤에 다음 날 아침 교전에 임하게 했다.

항우의 작은아버지 항백(項伯)은 원래 장량(張良)과 친하게 지냈다.[37] 장량은 〔한(韓)나라 사도였으나〕 이때는 패공을 호위하고 있었다. 항백이 밤에 장량을 찾아가 항우의 공격 소식을 전했다. 장량은 함께 패공을 알현하는 자리에서, 항우의 의심을 풀어 달라고 항백에게 부탁했다. 다음 날, 패공이 기병 백여 명을 데리고 홍문에 가서 항우에게 사죄했다.

이튿날 패공이 기병 백여 명을 데리고 홍문에 와서 항우에게 사죄했다.

"저는 진나라 국고를 봉하여 그대로 보존했으며, 패상(霸上)에서 주둔하며 대왕이 오시기를 기다렸습니다. 함곡관을 닫아건 것은 다른 도적들을 방비하기 위함이었습니다. 제가 어찌 감히 대왕의 은덕을 배반하겠습니까?"

〔이 말을 듣고〕 항우는 패공을 죽일 뜻이 없어졌다. 범증이 패공을 시해하려고 했으나 장량과 번쾌(樊噲) 덕분에 겨우 죽음을 면했다. 이에 관한 이야기는 「고제기(高帝紀)」에 나온다.[38]

며칠이 지나서 항우가 함양성을 도륙했다. 항복한 진나라 왕자영(子嬰)[39]을 죽이고 그 궁전을 태웠는데 석 달이 지나도 불이 꺼지지 않았다. 〔또한〕 진나라의 보화를 빼앗고 부녀자들을 납치해 동쪽으로 향하고자 했다. 이에 진나라 사람들은 실망했다.

이때 한생(韓生)이 항우를 설득해 말했다.

"관중 지역은 산세가 험하고 강을 끼고 있어 사방이 요새이며 땅도 비옥하니, 이곳에 도읍을 정하면 패자가 될 수 있습니다."

항우는 불에 타 버린 진나라 궁전을 쳐다봤다. 그러고는 다시 그리운 고향을 생각하며 동쪽으로 돌아가기를 결심했다. 항우가 말했다.

"부귀해지고도 고향에 돌아가지 않는다면 비단옷을 입고 밤에 돌아다니는 것과 같다."

한생이 말했다.

"사람들이 초나라 사람들을 두고 원숭이가 의관을 차리고 있다 하더니, 과연 그 말이 옳구나."

이 말을 들은 항우가 한생의 목을 베어 버렸다.[40]

이에 앞서 회왕이 제후국의 장군들과 맹약을 맺기를, 함곡관 안으로 먼저 들어가는 자가 그 땅을 다스리기로 했다. 그런데 항우는 그 맹약을 어긴 채 회왕에게 사람을 보내 다음 지시를 내려 달라고 했다. 회왕이 말했다.

"맹약의 내용대로 하라."

이에 항우가 말했다.

"회왕은 우리 집안의 무신군께서 옹립한 사람이오. 자신이 전쟁에 공을 세운 적도 없는데 어찌하여 독단적으로 맹약을 주도한단 말이오? 그때는 천하에 난리가 마구 일어나던 때라 임시로 제후의 후예를 내세워 진나라를 정벌하려고 했을 따름이오. 그런 뒤로 나는 갑옷을 걸치고 칼을 들어 먼저 거사했소. 비바람 맞으며 들판에서 숙영한 지 세 해 만에 진나라를 멸망시키고 천하를 평정했으니 이는 그대들과 나 항우가 힘을 합해 이룬 일이오. 회왕은 아무런 공이 없지만 도리를 생각하여 땅이나 나누어 주고 그곳을 다스리게 합시다."

여러 장수가 모두 좋다고 대답했다.

이에 항우는 남의 눈을 의식하여 회왕을 의제(義帝)로 옹립하며 말했다.

"예부터 제왕은 그 다스리는 땅이 천 리에 이르러야 하고 반드시 큰 강의 상류에 도읍해야 한다고 했습니다."

의제는 장사(長沙)로 옮겨 침현(郴縣)에 도읍했다. 그리고 제후들이 천하의 땅을 나누어 다스리게 되었다.

항우와 범증은 패공이 천하를 차지하려 들 것을 의심했다. 그러나 이미 〔홍문에서〕화해했기 때문에 그 약조를 어기기도 어렵고 제후들이 반란을 일으킬까 두려웠다. 두 사람이 은밀히 모의했다.

"파군(巴郡)과 촉군(蜀郡)은 가는 길이 험해 진나라에서는 유배자들을 모두 그곳에 살게 했습니다."

그러고는 말했다.

"파와 촉도 모두 관중 땅이다."

이에 따라 패공을 한왕(漢王)에 봉하고 파, 촉, 한중(漢中) 땅을 다스리게 했다. 관중 지방을 셋으로 나누어 진나라에서 투항한 장군들을 보내 다스리게 함으로써 한왕이 출병할 길을 막아 버렸다. 장한은 옹왕으로 봉하여 함양의 서쪽을 다스리게 했다. 장사 사마흔은 일찍이 역양의 옥리로 있을 때 항량을 도운 공이 있고, 도위 동예는 장한을 달래 투항하게 한 공이 있으므로 사마흔은 새왕(塞王)에 봉하여 함양의 동쪽에서 황하에 이르는 지역을 다스리게 했고, 동예는 적왕(翟王)에 봉하여 상군(上郡)을 다스리게 〔하여 관중을 셋으로 분할〕했다.

위왕(魏王) 표(豹)를 서위왕(西魏王)으로 옮기고 하동군(河東郡)을 다스리게 했다. 하구공(瑕丘公) 신양(申陽)은 장이의 측근으로 하남군을 함락하고 황하 변에서 초나라 군을 맞이했으므로 하남왕으로 삼았다.

조나라의 장군 사마앙(司馬卬)은 하내군(河內君)을 평정하고 여러 차례에 걸쳐 공을 세웠으므로, 은왕(殷王)에 봉하고 하내를 다스리게 했다. 조왕(趙王) 조헐은 자리를 옮겨 [대왕(代王)으로 삼아] 대 땅을 다스리게 했다. 조나라의 재상 장이는 평소에 어질고 능력이 있었으며, 관중 땅에 따라 들어갔으므로 상산왕(常山王)으로 삼아 조나라 땅을 다스리게 했다.

당양군 영포는 초나라의 장군으로 여러 장수 중 언제나 으뜸이었으므로 구강왕(九江王)에 봉했다. 파군(番君) 오예(吳芮)는 백월(百越) 군대를 이끌고 와서 제후 연합군을 도왔으며 관중 땅에 따라 들어왔으므로 형산왕(衡山王)에 봉했다. 의제가 주국(柱國)으로 임명했던 공오(共敖)는 군대를 이끌고 남군(南郡)을 공격하여 공을 많이 세웠으므로 임강왕(臨江王)에 봉했다.

연왕 한광은 요동왕(遼東王)으로 옮겨 봉했다. 연나라 장군 장도(臧荼)는 초나라 군대가 조나라를 구하러 갈 때 따랐으며, 관중에도 따라 들어갔으므로 연왕에 봉했다.

제왕 전불은 교동왕(膠東王)으로 옮겨 봉했다. 제나라 장군 전도(田都)는 함께 조나라를 구원했으며 관중에도 들어갔으므로 제왕에 봉했다. 진나라에 멸망당한 제나라 왕 전건(田建)의 손자 전안(田安)은 항우가 장하를 건너 조나라를 구하러 갈 당시 제북(濟北)의 몇 개 성을 함락한 뒤에 군대를 이끌고 항우에게 투항했으므로 제북왕에 봉했다. 전영은 초나라 군을 도와 진나라 군을 함께 치자는 항량의 부탁을 거절한 일이 있으므로 왕에 봉하지 않았다.

진여는 장군의 관인마저 던져 버렸고 관중에 함께 들어가지도

않았으나, 어질고 능력이 있다는 평을 항상 듣고 있었고 조나라에
도 공을 세운 인물이었다. 진여가 남피현(南皮縣)에 있다는 소식을
듣고, 남피를 둘러싼 세 현을 봉토로 주었다.[41] 파군 오예의 부장
매현(梅鋗)도 공이 많았으므로 십만호후(十萬戶侯)에 봉했다.

항우는 스스로 서초 패왕(西楚伯王)[42]이 되어 대량과 초 땅의 아
홉 개 군을 다스렸다. 도읍은 팽성에 두었다. 그리하여 제후들은
각자 자신의 봉토로 가서 다스렸다.

항우가 제왕 전불을 교동왕으로 옮기고 전도를 제왕에 봉했다
는 소식을 들은 전영은 몹시 노하여 전불을 교동으로 가지 못하게
했다. 그러고는 제나라[도읍 임치]에서 반란을 일으켜 전도의 군
대를 공격했다. 전도는 초나라로 달아났다. 전불은 항우를 두려워
하며 [자신의 봉토인] 교동으로 달아났다. 노한 전영이 전불을 추
격하여 즉묵(卽墨)에서 죽이고 스스로 제왕이 되었다. 전영은 팽월
(彭越)에게 장군의 관인을 주어 대량에서 반란을 일으키게 했다.
팽월은 제북왕 전안을 공격하여 죽여 버렸다. 이에 전영은 셋으로
갈라졌던 제나라 땅을 통합해 다스리게 되었다.

초한 전쟁, 운명을 건 대결

○ ○ ○

이 무렵 한왕(漢王)은 항우가 셋으로 갈라놓았던 진나라 관중
땅을 평정하여 수복했다. 한왕이 관중을 합병하고 [초나라를 치

기 위해〕동쪽으로 향하고 있으며, 제나라와 대량[43]에서도 반기를 드는 장수가 있다는 소식을 전해 들은 항우는 몹시 노했다. 항우는 곧바로 오현(吳縣) 현령이었던 정창(鄭昌)을 한왕(韓王)[44]으로 삼아 한나라 군대를 저지하게 했다. 그리고 소현(蕭縣) 현령 각(角) 등에게 명하여 팽월을 공격하게 했으나 팽월이 부대를 격파했다.

이때 장량이 한(韓)나라 땅을 공략하며 항우에게 편지를 써 보냈다.

"한왕(漢王)이 본래 얻어야 할 땅을 얻지 못했으므로 이제라도 관중 땅을 얻으려고 합니다. 예전 초 회왕의 맹약을 지키신다면 즉시 멈추고 더는 동쪽으로 나아가지 않겠습니다."

또 제나라와 대량에서도 반란의 뜻을 글로 적어 항우에게 보냈으므로 항우는 서쪽으로 진군할 마음이 없어져서 북쪽의 제나라를 공격했다. 항우가 구강왕 영포에게 병력을 요청했지만 영포는 병을 핑계로 출병하지 않고 부장에게 군사 수천을 딸려 보냈다.

한 고조 2년, 항우가 은밀히 구강왕 영포를 시켜 의제를 시해했다. 진여가 장동(張同)[45]과 하열(夏說)을 제왕 전영에게 보내 자신의 뜻을 전했다.

"항왕이 천하의 대권을 불공평하게 주재하고 있습니다. 본래 왕이었던 제후들을 모두 나쁜 지역으로 옮기고, 자신의 신하와 장수들은 좋은 지역에 봉했습니다. 특히 우리 조왕을 북쪽 대나라로 옮겨 봉했습니다. 저는 이렇게 해서는 안 된다고 생각합니다. 이제 대왕께서 거사하여 항우의 불의에 항거하신다는 소식을 들었습니다. 대왕께서 저에게 얼마간의 병력을 보내 주시면 상산의 장

이를 공격하여 조왕을 복귀시키고 조나라가 제나라의 방패막이가
되도록 하겠습니다."

제왕이 이를 허락하여 군대를 파견했다. 진여는 자신의 세 개
현 병력을 모두 이끌고 제나라 군사와 함께 힘을 합해 상산의 장
이를 공격하여 대파했다. 장이는 달아나 한왕(漢王)에게 귀순했다.
진여는 〔대나라 땅에 있던〕 원래 조왕 조헐을 맞이해서 조나라를
다시 찾게 했다. 이에 조왕은 진여를 대왕(代王)으로 삼았다.

항우가 군대를 이끌고 성양에 도착했다. 전영도 군대를 이끌고
결전을 벌였으나 이기지 못하고 평원(平原)으로 달아났는데, 평원
사람들이 전영을 죽였다. 항우는 곧바로 북쪽으로 가서 제나라 도
읍의 성곽과 집들을 불태우고 부수어 평지로 만들어 버렸다. 항복
한 전영의 병졸들을 모두 산 채로 구덩이에 묻어 버렸으며, 나이
든 사람들과 젊은이, 부녀자를 포로로 잡아갔다.

항우는 북해군(北海郡)에 이를 때까지 제나라 땅을 공략했으며
지나간 곳을 모두 폐허로 만들었다. 그러자 제나라 사람들이 모여
서 반기를 들었는데, 전영의 동생인 전횡(田橫)이 흩어진 병졸 수
만 명을 수습하여 성양에서 일어났다. 항우가 성양에 머물며 전투
를 거듭했지만 함락하지는 못했다.

〔항우가 팽성을 비운 틈을 타서〕 한왕이 다섯 제후[46]의 군대 오
십육만 명을 통솔하여 동쪽으로 초나라를 치러 갔다. 항우가 이
소식을 듣고 즉시 장수들을 불러 제나라를 공격하게 하고, 자신은
정예병 삼만을 이끌고 노현(魯縣)에서 호릉현으로 빠져나와 남진
했다.

한왕의 부대는 팽성을 함락한 뒤에 보물과 미녀들을 약탈하고 날마다 성대한 주연을 베풀었다. 이에 항우의 군대가 새벽에 소현을 출발하여 한나라 군대를 공격하며 동쪽으로 진격했다. 그리하여 팽성에 이르러 정오 무렵에 한나라 군대를 대파했다. 한나라 군사가 모두 달아나자 항우가 곡수(穀水)와 사수(泗水)까지 추격했다. 달아나던 군사들이 모두 남쪽으로 방향을 바꿔 산속으로 숨어들었다. 초나라 군사가 계속해서 이들을 추격하여 영벽(靈壁)의 동남쪽에 있는 수수(睢水) 변까지 이르렀다. 퇴각하던 군사들은 초나라 군에게 몰려 한데 엉긴 채로 수없이 죽었다. 한나라 병졸 십수만 명이 모두 수수에 수장되니 강물이 막혀 흐르지 못했다. 한왕은 수십 명의 기병과 함께 초나라 군대를 피해 달아났다. 이때의 사정은 「고제기」에 써 두었다. 태공(太公)[47]과 여후(呂后)가 샛길로 한왕을 찾아다녔으나 오히려 초나라 군사와 맞닥뜨렸다. 초나라 군이 이들을 붙잡아 항우에게 돌아갔다. 항우는 이들을 초나라 진영에 머물게 했다.

한왕이 흩어진 병사들을 어느 정도 수습했을 때 소하(蕭何)도 관중에서 병력을 모아 형양으로 질주해 왔다. 소하의 군대는 〔형양 남쪽의〕 경현(京縣)과 삭정(索亭) 사이에서 초나라 군을 격파했다.[48] 이로써 초나라 군대는 서쪽으로 가고 싶어도 형양을 통과할 수 없게 되었다. 한나라 군대는 형양에 진지를 구축하고 참호 길을 파서 오창(敖倉)에서 군량을 조달했다.

한 고조 3년, 항우의 부대가 수차례에 걸쳐 한나라 군의 참호 길을 공격하여 끊어 버리자 한왕은 군량이 부족해져 강화를 요청하고 형양의 서쪽 지방을 잘라 자신에게 달라고 했다. 항우는 이 제안을 들어주려고 했으나 역양후(曆陽侯) 범증이 말렸다.

"쉽게 다룰 수 있는 지금 한나라를 취하지 않으면 나중에 반드시 후회할 것입니다."

이에 항우가 급히 형양성을 포위했다. 근심에 빠진 한왕은 진평(陳平)에게 황금 사만 근을 내주며 초나라의 군신 관계를 이간하게 했다. 이 이야기는 「진평전」에 있다.

항우가 (진평의 꾀에 넘어가서) 범증을 의심하면서 범증의 권한을 점차 줄여 갔다. 범증이 화가 나서 말했다.

"천하를 통일하는 일이 대체로 마무리되어 가고 있으니 이제부터는 왕께서 혼자 하셔도 되겠습니다. 원컨대 제가 늙은 몸을 보전하여 고향으로 돌아가게 해 주십시오."

범증은 길을 떠났으나 미처 팽성에 닿지도 못한 채 등창이 나서 죽었다.

이때 한나라 군대에서는 장수 기신(紀信)을 한왕이라고 속여 투항하는 척하게 했다. 이렇게 초나라 군대를 속인 한왕이 수십 명의 기병만 데리고 형양성 서문을 통해 빠져나갔다. 그러면서 주가(周苛), 총공(樅公), 위표(魏豹, 위왕)에게 형양을 지키게 했다. 한왕은 서쪽 관중으로 들어가 군사를 모은 뒤에, 원현(宛縣)과 섭현(葉縣) 사이로 군대를 이끌고 나와서는 구강왕 경포(영포)와 함께 행군하며 다시 군사를 모았다. 항우가 이 소식을 듣고 군대를 이끌고 남진했으나, 한왕이 성벽을 더 견고하게 다지며 교전에 응하지 않았다.

이때 팽월이 수수를 건너와 하비에서 초나라의 항성(項聲), 설현 현령이 거느린 군대와 교전하여 설현 현령을 죽였다.[49] 이에 항우가 군대를 거느리고 동쪽으로 진군하여 팽월을 공격했다. 한왕도 군대를 이끌고 북진하여 성고(成皋)에 진을 쳤다. 항우가 팽월의 군대를 먼저 대파하고는 서쪽으로 군사를 돌려 형양성을 함락했다. 항우는 주가를 끓는 물에 넣어 죽이고, 총공을 살해했으며, 한왕(韓王) 한신(韓信)[50]을 포로로 잡은 뒤 성고로 진격해 포위했다. 한왕은 달아나 등공(滕公) 하후영(夏侯嬰)[51]만 데리고 홀로 탈출했다. 북쪽에서 황하를 건너 수무(脩武)에 이르러 장이와 한신의 부대로 갔다.

초나라 군대가 곧바로 성고를 함락했다. 한왕은 한신의 군대를 접수하여 그곳에 머물렀다. 그러고는 노관(盧綰)과 유고(劉賈)로 하여금 백마현(白馬縣)에서 황하를 건너 초나라 땅으로 들어가게 하여, 팽월을 도와 연현(燕縣)의 바깥 성곽 서면에서 초나라 군을 공격하게 했다. 초나라가 모아 둔 군량을 모두 태워 버렸으며, 대량 땅의 성 십여 개를 함락했다. 항우가 이 소식을 듣고 해춘후(海春侯) 대사마(大司馬) 조구에게 명령을 내렸다.

"조심하여 성고를 지키도록 하시오. 한나라에서 싸움을 걸어오더라도 절대 교전하지 말고 동쪽으로 나아갈 수 없게만 막으시오. 내가 보름 안으로 대량 땅을 평정한 뒤에, 다시 장군 쪽으로 와서 군대를 합치겠소."

그런 뒤에 군대를 이끌고 동쪽으로 진격했다.

한 고조 4년, 항우가 진류와 외황을 공격했지만 외황은 함락되지 않았다. 며칠이 지나서 외황성이 항복해 오자, 항우는 성안에 있던 열다섯 살이 넘은 〔작위 없는〕 남자들을 모두 성 동쪽으로 모이게 하여 산 채로 구덩이에 묻으려고 했다. 이때 외황 현령이 데리고 있던 한 문객의 아들이 항우에게 가서 설득했다.

"팽월의 군대가 와서 외황성을 강탈했을 때, 우리 성안의 사람들은 두려움에 떨며 팽월에게 항복한 채로 대왕의 군대가 오기만을 기다렸습니다. 그런데 이제 우리를 모두 산 채로 묻어 버리겠다고 하니, 백성이 어찌 우러나온 마음에서 귀순하겠습니까? 이 외황성 동쪽에 있는 대량 땅의 십여 개 성이 모두 두려워하여 감히 항복도 못하고 있습니다."

항우가 이 말을 듣고 나서 구덩이에 묻으려던 외황 남자들을 풀어 주었다. 그러고는 동쪽으로 진격하여 수양(睢陽)에 이르렀는데, 그 소문을 들은 각 성에서 다투어 항우에게 투항해 왔다.

〔한편 성고에서는〕 한나라 군대가 과연 몇 차례나 초나라에 싸움을 걸어 왔지만, 초나라 쪽에서 응하지 않았다. 한나라 쪽에서 사람을 풀어 대엿새 동안이나 초나라 군을 욕하자, 대사마 조구가 노해서는 초나라 군사들에게 명령하여 사수(氾水)를 건너게 했다. 병졸들이 반쯤 건너갔을 때 한나라 부대가 공격해 와서 조구의 부대를 크게 격파했다. 한나라 군사들이 초나라의 금은보화를 모두 약탈했다. 조구와 사마흔은 모두 사수 변에서 스스로 목을 베어 죽었다. 조구는 기현의 옥리였고, 사마흔은 새왕에 봉해진 바 있었는데 항우는 〔항량이 옥에 갇혔을 때 구해 준〕 두 사람을 모두 신임했다.

수양에 이르른 항우는 조구 등의 군대가 격파되었다는 소식을 듣고 즉시 군사를 이끌고 돌아갔다. 이즈음 한나라 군대는 형양의 동쪽에서 종리말(鐘離昧)[52]의 부대를 포위하고 있었는데, 항우의 군대가 도착하자 한나라 군대는 초나라 군대를 두려워하여 험준한 지형을 찾아 달아나 버렸다.

항우의 군대는 광무(廣武)에[53] 진을 치고 한나라의 공격에 대비하면서, 제사 때 희생시킬 가축을 올려놓는 높은 상 위에 태공을 앉히고 한왕에게 전하게 했다.

"지금 급히 항복하지 않으면 내가 태공을 삶아 죽일 것이다."

한왕이 답했다.

"나와 당신이 모두 신하의 자리에 서서 북면하며 회왕의 명을 받들어 형제가 되기로 맹약했으니, 나의 아버지는 곧 당신의 아버지가 되오. 내 아버지를 꼭 삶아 죽여야겠다면, 마음 아프지만 나에게 그 국물 한 잔을 나눠 주기 바라오."

항우가 노해서 태공을 죽이려고 하자 항백이 말했다.

"천하를 제패하는 일이 어떻게 돌아갈지 아직 잘 모른다. 게다가 천하를 다투는 자는 집안일을 잘 돌아보지 않는 법, 태공을 죽인다 해도 우리에게 아무런 이득이 없고 원망만 더할 것이다."

항우는 이 말을 듣기로 했다. 그리하여 사람을 보내 한왕에게 일렀다.

"천하가 어지러운 것은 오로지 우리 두 사람 때문이오. 이제 내가 한왕에게 도전하길 청하니 우리 둘이 자웅을 겨루어 더는 천하 백성이 헛되이 고생하지 말게 합시다."

한왕이 웃으며 회답을 보내왔다.

"나는 차라리 지혜로 겨룰지언정 힘으로 겨루지 않겠소."

항우가 장사 한 사람을 내보내 도전했다. 한나라 쪽에서는 말을 달리며 활을 잘 쏘는 누번(樓煩)[54]이란 자를 내보냈다. 초나라에서 싸움을 걸어 세 번 맞붙었는데 누번이 초나라 장사를 화살로 맞혀 바로 죽여 버렸다. 항우가 몹시 노하여 갑옷을 입고 창을 들고서 친히 응전하여 나섰다. 누번이 항우를 쏘려고 하니, 항우가 눈을 부릅뜨고 누번을 향해 크게 고함을 쳤다. 누번은 차마 항우를 똑바로 쳐다보지도 못한 채 제 손으로 화살을 날리지 못하고 보루 안으로 돌아왔는데, 다시는 출전할 엄두를 내지 못했다.

사정을 몰래 탐문해 보고 〔누번의 두 번째 상대가〕 바로 항우였다는 것을 알게 된 한왕은 크게 놀랐다. 이때 항우와 한왕이 광무의 홍구(鴻溝) 물길을 사이에 두고 말을 나눴다. 한왕이 항우의 열 가지 죄목을 따졌다. 이 이야기는 「고제기」에 적어 두었다. 항우가 노해서는 매복시켜 놓은 쇠뇌병으로 하여금 한왕을 쏘아 다치게 했다. 이에 한왕은 성고로 돌아갔다.

이때 팽월이 대량 땅에서 몇 차례 초나라 군을 공격해 초나라 군의 군량 수송 길을 끊어 버렸다. 또 한신이 제나라 군대를 격파하고, 초나라를 칠 기세를 보였다. 항우가 사촌 형 항타(項它)[55]를 대장군으로 삼고, 용저(龍且)를 비장(裨將)으로 삼아 제나라를 구하게 했다. 한신의 부대는 용저 부대를 격파하고 용저를 죽인 뒤에 초제 연합군을 성양(成陽)[56]까지 추격하여 제나라 왕 전광(田廣)을 사로잡았다. 한신은 곧이어 스스로 제왕을 칭했다. 항우가 이 소식을 듣고, 두려운 생각에 무섭(武涉)을 보내 한신을 달랬다. 이 이야기는 「한신전(韓信傳)」에 있다.

이 무렵 한나라 군대는 관중에서 병력을 보충하고 군량도 충분했다. 그러나 항우의 군대는 군량이 모자랐다. 한왕이 후공(侯公)을 보내 항우를 달랬다. 이에 항우가 한왕과 조약을 맺어 천하를 반으로 나누어 갖기로 했다. 홍구 서쪽의 땅은 한나라가, 그 동쪽은 초나라가 갖고, 한왕의 부모와 처자식은 돌려보내기로 했다. 조약이 체결되자 항우는 군대를 돌려 동쪽으로 돌아갔다.

하늘이 나를 망하게 하려 하시니

○　○　○

한 고조 5년, 항우 부대를 추격하며 진군하여 고릉(固陵)에 닿은 한왕은 다시 항우의 군대에게 패하고 말았다. 한왕은 장량의 계책을 받아들여 제왕 한신과 건성후(建成侯, 조참(曹參)),[57] 팽월의 부대를 불러 모았다. 그리고 유고의 군대를 시켜 초나라로 들어가 수춘(壽春)을 포위하게 했다. 대사마 주은(周殷)이 초나라에 반기를 들어 구강 지역 전체 병력을 이끌고 유고의 군대에 들어왔다. 여기에 경포의 군대를 맞이하고, 제나라와 대량의 제후군이 합세하여 연합 대군을 이루었다.

항우는 해하(垓下)에서 진을 치고 있었는데, 군사가 얼마 없고 군량도 바닥났다. 그런 항우의 군대를 한나라와 제후 연합군이 겹겹이 에워쌌다. 밤중이 되자 항우의 귀에 한나라 군영 사면에서 울려 대는 초나라 노래가 들려왔다. 그러자 놀란 항우가 말했다.

"한나라가 벌써 초나라를 얻었단 말인가? 어찌하여 저쪽에 초나라 사람이 저리도 많은가!"

그러고는 자리에서 일어나 막사 안에서 술을 마셨다.

항우에게는 미인(美人)[58] 우씨(虞氏)가 있었는데, 항우의 총애를 받으며 전장에도 늘 따라다녔다. 또 항우는 추(騅)[59]라는 준마를 항상 타고 다녔다.

항우는 북받친 듯 슬프게 노래를 부르며 원통해했다. 그가 스스로 지어 노래한 시는 이렇다.

힘은 산을 뽑을 만하고 기개는 세상을 덮을 만하건만
시세가 불리하니 추가 나아가질 않네.
추가 나아가지 않으니 어쩔 수 없구나!
우야, 우야, 어쩔 수 없구나!

몇 차례 부르자 우 미인도 화답하여 불렀다. 항우의 눈에서 몇 줄기 눈물이 떨어졌다. 좌우에 있던 모두가 함께 울며 차마 고개를 들지 못했다.

항우가 말에 올라타자, 대장 깃발 아래 말을 타고 따르는 자가 팔백 명이었다. 그날 밤 포위를 뚫고 남쪽으로 향해 급히 말을 달렸다. 날이 밝은 뒤에야 이 사실을 알게 된 한나라 측에서는 기병 장군 관영(灌嬰)에게 기병 오천 명을 끌고 항우를 쫓게 했다. 항우가 회수를 건넜을 때, 그곳까지 따라온 기병은 백여 명뿐이었다. 음릉(陰陵)[60]에 이르러 길을 잃은 항우가 농부에게 길을 물었다. 농부가 항우를 속여 말했다.

"왼쪽으로 가십시오."

왼쪽 길로 접어든 항우는 곧 큰 늪에 빠지고 말았다. 그 틈을 타서 한나라 기병대가 바짝 추격해 왔다. 항우가 다시 군대를 이끌고 동쪽을 향해 동성에 이르렀을 때, 남은 기병은 겨우 스물여덟 명뿐이었지만 추격자는 수천 명을 헤아렸다. 한나라 기병의 추격을 벗어날 수 없음을 깨달은 항우가 남은 기병들에게 말했다.

"내가 거사한 지 이제 여덟 해가 지났다. 그동안 친히 일흔 차례가 넘는 전투를 치렀으니, 앞을 가로막는 적은 쳐부수었고 공격한 곳은 모두 항복을 받아 냈다. 일찍이 내가 패배한 적이 없었기에 마침내 천하의 패권을 차지했는데 오늘 이런 곤경에 처한 것은 하늘이 나를 망하게 하려 하시기 때문이지, 내가 전쟁을 잘못한 탓이 결코 아니다. 오늘 내가 죽기로 굳게 결심하고 제군[61]들에게 통쾌하게 싸우는 모습을 보이도록 하겠다. 그리하여 반드시 세 번 승리할 것이니, 그대들을 위해 포위를 뚫고 적장을 베어 죽이고 적군의 깃발을 뽑아 버리리라. 그러면 그대들은 내가 전쟁을 잘못한 것이 아니라 하늘이 나를 망하게 하려고 하신다는 것을 잘 알게 될 것이다."

항우는 남은 기병을 넷으로 나누어 사퇴산(四隤山) 둘레 밖으로 나가게 했으나 한나라 군대가 겹겹이 에워싸고 있었다. 항우가 자신의 기병들에게 말했다.

"그대들이 빠져나가도록 내가 저 장수를 베어 버리겠다."

그러고는 기병들에게 급히 말을 몰아 사방으로 내려간 뒤에 사퇴산 동쪽의 세 곳을 정해 만날 것을 기약했다.

그런 뒤에 항우가 함성을 지르며 말을 몰아 내려가니 한나라 진영 전체가 무너지기 시작했다. 항우가 곧바로 한나라 장수 한 명을 베었다. 그때 기병 낭중장(郎中將) 양희(楊喜)가 항우를 추격했다.[62] 항우가 양희를 돌아보며 꾸짖자 양희와 양희가 타고 있던 말이 둘 다 놀라 몇 리 밖으로 달아났다.

항우는 약속했던 세 곳에서 남은 기병들과 만났다. 한나라 쪽은 항우가 있는 곳을 찾지 못해 군사를 셋으로 나누어 그 지역을 다시 포위했다. 이에 항우가 달려 나가며 다시 한나라 군의 도위 한 명을 베었으며 기병 백 명쯤을 죽였다. 그러고 나서 자신의 기병을 모아 보니 두 명을 잃었을 따름이었다. 이에 항우가 기병들에게 물었다.

"어떠한가?"

기병들이 모두 머리를 조아리며 말했다.

"대왕께서 하신 말씀이 맞습니다."

그 뒤 항우는 기병들을 이끌고 동쪽으로 향했다. 오강(烏江)에 닿은 항우는 눈앞의 강을 건널까 생각해 보기도 했다. 오강의 정장(亭長)이 강변에 배를 대고[63] 기다리다가 항우를 보고 말했다.

"강동이 비록 작아도 땅이 천 리에 이르고, 병졸로 뽑을 인구도 수십만이니 대왕께서 다스릴 만합니다. 그러니 대왕께서는 급히 이 강을 건너가셔야 합니다. 지금 저에게만 배가 있으니 한나라 군사는 여기에 와도 건널 방법이 없습니다."

항우가 웃으며 말했다.

"이제 하늘이 나를 망하게 하려고 하시는데 강은 건너서 무엇하겠나! 하물며 나 항적이 강동의 팔천 젊은이들을 데리고 강을 건너 서쪽으로 진나라를 치러 갔다가 한 사람도 살려 돌아오지 못했으니, 강동의 친지들이야 나를 동정하여 왕으로 대접하겠지만 나는 그분들을 뵐 면목이 없네. 그분들이 아무 말 하지 않아도 이 항적은 마음속으로 부끄럽지 않겠는가?"

항우가 다시 정장을 바라보며 말했다.

"내 공이 장자임을 알겠다. 이 말을 타고 다닌 지 다섯 해가 되었는데 싸울 때마다 무적이었고 하루에 천 리를 달린 적도 있다. 차마 내 손으로는 죽일 수 없으니 이제 공에게 이 말을 하사하겠다."

그런 뒤에 남은 기병들을 모두 말에서 내리게 하고는, 검만 든 보병이 되어 싸움에 임하게 했다. 항우는 쫓아온 한나라 군사 수백 명을 혼자서 해치웠다. 그 와중에 자신도 십여 군데 상처를 입었다. 그때 항우가 한나라의 기사마(騎司馬) 여마동(呂馬童)을 돌아보며 말했다.

"너는 우리 편이 아니었던가?"

여마동이 몸을 돌려 왕예(王翳)에게 항우를 가리키며 말했다.

"저자가 항왕입니다."

그러자 항우가 말했다.

"듣건대 한나라에서 내 목에 황금 천 근과 식읍 만 호를 걸었다고 하더구나. 내 이제 그대들에게 그것을 얻게 해 주리라."

그러고는 스스로 목을 베었다.

왕예가 항우의 목을 차지하고 나자 뒤엉켜 짓밟으면서 항우의 몸을 차지하려고 다투어 서로 죽인 자가 수십 명이 넘었다. 마지막에 양희와 여마동, 낭중(郞中) 여승(呂勝), 양무(楊武)가 항우 몸덩이의 한 부분씩을 차지했다. 나중에 유방이 이 다섯 사람에게 항우의 봉토를 나누어 주고 모두 열후(列侯)에 봉했다.

한왕은 항우에게 노공(魯公) 직위에 맞는 장례를 치러 주고, 곡성(穀城) 땅에 묻었다. 항씨 일족을 멸족시키지 않았으며, 그중 항백 등 네 사람은 열후에 봉하고 유씨(劉氏) 성을 하사했다.

찬하여 말한다.
예전에 가생(賈生)이 「과진론(過秦論)」에 이렇게 썼다.[64]

진 효공(秦孝公)은 효산(殽山)과 함곡관 같은 견고한 요새를 점령한 뒤에 옹주(雍州)라는 넓은 땅을 차지했다. 진나라의 임금과 신하들은 자신의 근거지를 굳게 지키면서 한편으로 주나라 왕실을 넘보더니 천하를 석권하고 세상을 차지했다. 사해를 손 안에 넣은 그들은 팔황(八荒)의 땅까지 삼키려고 마음먹었다.

당시에 상군(商君)이 효공을 보좌하면서 나라 안으로는 법도를 세우고 농경과 방직을 장려했으며 수비와 공격을 위한 군비를 정비했다. 또 밖으로는 연횡책을 써서 다른 제후국들이 서로 싸우게 만들어 놓았으니, 진나라 사람들은 힘 하나 들이지 않고 서하(西河) 바깥에 있는 땅을 얻어 냈다.

효공이 죽자 혜문왕(惠文王)과 무왕(武王) 그리고 소상왕(昭襄王)이 원래의 위업을 계승하여 효공이 남긴 책략에 따라 남쪽으로는 한중을, 서쪽으로는 파와 촉을 얻어 냈으며, 동쪽으로 나아가 비옥한 땅올 니'누어 가졌고, 지세가 험준한 북쪽 지역의 여러 군들을 요새로 획득했다. 이에 여러 제후왕이 두려워하며 동맹을 맺어 진나라를 약화시킬 계책을 짜기 위해 진기하고 값비싼 보물과 비옥한 땅을 아낌없이 내놓으면서 천하의 책사들을 불러 모았다. 제후국들은 합종책을 쓰며 동맹을 맺어 서로 하나가 되었다. 이 무렵 제나라에는 맹상군(孟嘗君)이, 조나라에는 평원군(平原君)이, 초나라에는 춘신군이, 위나라에는 신릉군(信陵君)이 있었다. 이 네 현자는 모두 지혜롭고 충성스러운 사람들로, 관대하고 사람을 아꼈으며 현자들을 존중하고 책사들을 중용했다. 이들은 합종책을 맺어 연횡책을 분쇄함으로써, 한(韓)·위(魏)·연(燕)·조(趙)·송(宋)·위(衛)·중산국(中山國)의 군대를 연합했다.

그리하여 육국의 책사들로는 영월(甯越)·서향(徐尙)·소진(蘇秦)·두혁(杜赫) 등이 있어 계책을 세웠고, 제명(齊明)·주최(周最)·진진(陳軫)·소활(召滑)·누원(樓緩)·적경(翟景)·소려(蘇厲)·악의(樂毅) 등은 책사의 뜻이 잘 전달되도록 뛰어다녔다. 또 오기(吳起)·손빈(孫臏)·대타(帶他)·예량(兒良)·왕료(王廖)·전기(田忌)·염파(廉頗)·조사(趙奢) 등이 각각 군대를 훈련하고 통솔하여, 통상 진나라의 열 배가 넘는 땅에서 징발한 백만 대군을 거느리고 함곡관을 향해 올라가서 진나라를 공격했다.

진나라에서는 함곡관 문을 열어 놓고 적을 맞아들였다. 아홉 나라의 연합군은 진나라의 생각을 알아차리지 못해 후퇴한 뒤로 진격할 엄두를 내지 못했다. 진나라에서는 화살과 화살촉 하나 허비하지 않고 천하를 곤경에 빠뜨렸다. 합종책은 깨지고 맹약은 실패로 돌아갔으며, 각 제후국은 자신의 땅을 떼어 진나라에 갖다 바쳤다. 여력이 생긴 진나라는 제후국들의 약점을 잡아 가면서 패배하여 도망가는 군대들을 추격했다. 전쟁터에는 백만을 헤아리는 시체가 널브러졌으며, 흐르는 핏물에 방패가 둥둥 떠다녔다. 유리한 고지를 점령한 진나라는 마음대로 천하를 가르고 산하를 찢어 놓았다. 그리하여 조금 강한 나라는 복속을 청해 오고, 약한 나라들은 천자를 배알하러 왔다.

그 뒤로 효문왕(孝文王)과 장상왕(莊襄王)은 재위 기간이 짧았고 나라에도 다른 큰 일이 일어나지 않았다.

진시황 대에 이르자 이전의 여섯 임금이 이룬 큰 공적 위에 더욱 분발하여 긴 채찍을 휘두르며 세상을 자신의 뜻대로 몰아갔다. 전·후대로 갈라졌던 주 왕실을 집어삼킨 것은 물론 제후국들을 멸망시켜 지존의 황제 자리에 올라 천하를 통치했으며, 잔혹한 형벌로 천하의 백성을 가혹하게 부리면서 사해에 위세를 떨쳤다.

남쪽으로는 백월(百越) 땅을 얻어 계림군(桂林郡)과 상군(象郡)을 두었으니, 백월의 군주는 목에 밧줄이 묶인 채 머리를 조아리고 진나라 옥리의 명령에 따라야 했다. 또 몽염으로 하여금 북쪽에 장성을 수축하고 변방을 지키게 하여 흉노를 칠백 리 밖으로 쫓아냈으니, 흉노 백성은 남쪽으로 내려와 내놓고 말을 먹일 수 없었고, 흉노 무사는 활을 쏘아 원한을 갚을 엄두를 내지 못했다.

그 뒤로 진시황은 옛적 성군이 시행했던 치국의 도를 버리고, 제자백가의 말씀이 담긴 서적들을 태워 없애 백성을 어리석게 만들었다. 이름난 성들을 함락하고 호걸들을 죽였으며, 천하의 무기를 모두 함양으로 거두어들여서는 부수고 녹여 청동인(靑銅人) 열둘로 주조해 냈으니, 이는 천하의 사람들이 힘을 못 쓰게 만들기 위해서였다.

그런 다음에 화산(華山)을 다져 성곽으로 만들고 황하를 해자로 삼아 진나라를 지켰다. 아주 높은 성과 깊이를 알 수 없는 강이 진나라를 굳건하게 해 준 것이다. 훌륭한 장군과 강한 쇠뇌가 요새마다 배치되어 지켰으며, 충성스러운 관리와 정예병들이 날이 선 무기를 들고 있었으니 아무도 어찌할 수 없었다. 천하는 그렇게 평정되었다. 진시황은 스스로 관중 땅이 그리도 튼튼하니, 천 리에 이어진 철벽 성곽은 자자손손 제왕의 자리를 이어 갈 기틀이 되리라 여겼다.

진시황이 죽은 뒤에도 그 위세는 남아 변방 먼 곳까지 울렸다. 그런 가운데 진승이 나타났다. 그는 깨진 항아리로 창을 삼고 새끼로 경첩을 쓰던 가난한 집안 출신으로 머슴살이를 하다가 수자리를 살러 가던 중이었다. 재주는 평범한 사람에도 못 미쳤고, 공자(孔子)와 묵적(墨翟)처럼 어질지도 않았으며, 도주(陶朱)와 의돈(猗頓)처럼 부유하지도 않았다. 수자리를 살러 가는 행군 대열에 끼어든 뒤에 들판에서 거사했다. 진승이 이끈 것은 피로에 지친 병졸들로, 기껏해야 수백 명의 군사를 거느리고 창끝을 돌려 진나라를 공격한 것이다. 나무를 깎아 무기를 만들고, 대나무 장대를 높이 들어

기치로 삼으니 천하에서 사람들이 구름처럼 모여들었다. 각자 식량을 짊어지고 그림자가 몸을 따르듯이 연달아 모습을 나타냈다. 그 뒤에 효산의 동쪽에서 영웅호걸들이 잇달아 봉기하자 진나라는 그만 멸망했다.

그렇다고 〔진승이 일어날 무렵〕 진나라가 다스리던 천하가 줄어들거나 약해져 있던 것도 아니니, 효산과 함곡관이 든든하게 지켜 주는 옹주 땅 또한 예전과 다른 것은 아무것도 없었다.

진승의 지위는 제·초·연·조·한(韓)·위(魏)·송·위(衛)·중산국의 주군들과 나란히 놓고 볼 수 없다. 농기구나 나무 몽둥이 같은 것들이 구극(鉤戟)과 장살(長鎩)처럼 날카로울 리가 없다. 수자리를 살러 가던 병졸들이 아홉 나라의 군대보다 강했을 리도 없다. 또 깊이 숙고하고 멀리 내다보며 계책을 짜거나 행군과 용병 전술을 세우는 면에서도 왕년의 책사들에 미칠 리가 없다. 그러나 진승이 이룬 성패는 제후국이 이루었던 것과 아주 달랐으며, 세운 공로도 제후국의 공로와는 상반된 것이었다. 이는 무슨 까닭인가? 효산 동쪽 땅의 여러 제후왕과 진승을 놓고 같은 잣대로 장단점과 권력의 크기를 비교하는 것은 공평한 일이 아니다.

그런데 진나라도 일찍이 자그마한 땅을 기틀로 하여 만승 천자의 권세를 얻어 냈던 것이니, 팔주(八州)의 제후들을 불러들여 원래 같은 지위에 있었던 제후들로부터 신하의 예를 받아 낸 지 백여 년의 시간이 흘렀다. 그러는 동안 천하를 자신의 것으로 만들고, 효산과 함곡관을 황궁의 담장으로 삼았다. 하지만 아무 작위도 없던 사내 한 사람의 봉기로 진 왕조의 기틀을 이루고 있던 칠묘(七廟)

제사가 끊어지고 말았다. 또 두 번째 황제와 세 번째 황제가 남의 손에 죽어서 천하 사람들의 조롱거리가 되었다. 이는 무슨 까닭일까? 그것은 인의(仁義)의 통치를 베풀지 않았기 때문이고, 공격과 수비의 형세에 변화가 일어났기 때문이다.

주생(周生)[65]이 "순(舜)임금은 눈에 동자가 두 개씩 있었던 모양이더라."라고 한 적이 있다. 항우도 눈에 동자가 두 개씩 있었다고 하나 그렇다고 순임금의 후예라 하겠는가? 어찌 그리도 빨리 흥기했는가!

진나라가 나라를 다스리는 정도(正道)를 잃어버리고 부패하자, 진승을 필두로 호걸들이 벌 떼같이 일어나 서로 패권을 다투었으니 그 수가 셀 수 없이 많았다. 그 가운데 항우는 원래 가진 것이 조금도 없었으나, 형세를 잘 타 초야에서 신속하게 일어났다. (그러고는 봉기한 지) 세 해 만에 다섯 제후국의 군대를 연합하여 마침내 진나라를 멸망시켰다. 항우가 천하의 땅을 갈랐을 때 위엄이 나라 안에 진동했다. 진나라를 멸망시키는 데 세운 공에 따라 제후를 봉했으며, 패왕이라 불린 항우가 스스로 천하의 정사를 주재했다.

비록 패왕의 자리를 끝까지 지키지는 못했지만, 최근까지도 항우같은 사람이 나온 적이 없다. 그러나 항우는 관중 땅을 뒤로하고 초나라로 돌아가 의제를 쫓아 버렸으며, 자신을 배반한 제후왕과 열후들을 원망했으니 그때부터 일이 어려워졌던 것이다.

항우는 정벌 전쟁에서 거둔 공을 자랑하면서 자신의 지혜만을 믿고 선인의 도를 본받지 않았다. 제후왕들을 거느리는 패왕의 나라를 개창하고 무력 정벌을 통해 천하를 다스리려 했지만 다섯 해 만에 나라가 멸망했다. 항우는 동성에서 죽을 때까지도 정신을 차리지 못하고 자신의 과실을 자책하지 않았다. 그러고는 "하늘이 나를 망하게 하시는 것이지 내가 전쟁을 잘못한 것이 아니다."라는 핑계만 댔으니, 터무니없는 일이 아닐 수 없다.

2

장이 · 진여 전

張耳陳餘傳

▲▲▲▲▲▲▲▲▲▲▲▲▲▲▲▲▲▲▲▲

장이(張耳, 기원전 264~기원전 202년)와 진여(陳餘, ?~기원전 204년)는 진나라 멸망과 초한 전쟁 시기를 이야기할 때 빠뜨릴 수 없는 주요 인물이다. 반고는 『사기』 열전에서 진한 교체기 첫 편에 함께 실려 있는 두 사람의 사적을 거의 그대로 옮겨 왔다.

같은 고향 사람인 장이와 진여는 각각 다른 이유로 객지를 떠돌다가 부잣집 딸과 혼인하여 세력을 불렸고, 장이는 현령 자리까지 얻게 되었다. 뒤에 진승의 부하로 들어간 두 사람은 진승과 사이가 벌어지면서 황하 북쪽으로 넘어가 조나라를 복원했다. 평소 부자지간처럼 지낸 두 사람은 함께 죽고 함께 살 것을 맹세했으나 장한이 이끄는 진나라 대군의 거록성 포위전 앞에서 교분의 본질이 드러나게 되었다. 성안에 고립된 장여가 거록성 밖의 진여에게 여러 번 구원병을 요청했지만 진여는 끝내 들어주지 않았다. 멀리 남쪽에서 황하를 건너 달려온 초나라 항우 부대가 거록성 포위를 푼 뒤에 장이와 진여는 원수지간으로 돌아섰다. 이에 대해 사마천은 평가를 아꼈지만, 반고는 두 사람의 교분이 권세와 이익으로 뭉친 것이었을 뿐이라고 지적한다. 뒤에 진여는 정형성 전투에서 한신에게 목숨을 잃었고, 유방을 따랐던 장이는 조나라 왕에 봉해졌다.

장이는 위나라 최초로 왕을 칭한 양 혜왕(梁惠王)의 증손자 신릉군(信陵君) 위무기의 식객이었다. 신릉군은 강성해지던 진나라를 견제하기 위해 법을 어기면서까지 군대를 동원하여 조나라를 지원한 것으로 유명하다. 『사기』「위공자 열전」에 따르면 젊어서 신릉군에 대해 자주 들었던 유방이 천자가 된 뒤에 대량에 갈 때마다 신릉군 묘에 제사를 지냈다고 한다. 유방에게 신릉군의 눈부신 활약상을 들려준 사람은 다름 아닌 장이였다. 유방은 신릉군의 식객이었던 장이를 따라다니는 것으로 전국 시대의 호걸 신릉군을 간접 추종한 것이다.

장이와 유방은 사돈지간이다. 장이는 유방을 황제로 옹립한 뒤 얼마 지나지 않아 세상을 떠났다. 그 무렵 유방이 장이의 맏아들 장오와 자신의 맏딸을 맺어 주었다. 둘 사이에서 난 맏딸은 외할머니 여후의 뜻에 따라 뒤에 외삼촌 효혜제의 황후가 되었다. 혼인으로 얽힌 두 집안의 관계를 살펴보는 것도 이 편을 읽는 재미를 더해 준다. 또 아버지의 뒤를 이어 조나라 왕이 된 장오가 모반에 휘말릴 때 등장하는, 유방을 감동시킨 반역자 조나라 재상 관고의 일화도 놓칠 수 없다.

목에 칼이 들어와도 배신하지 않으리라

○ ○ ○

장이는 대량 사람으로 청년 시절에 위(魏)나라 공자 무기(毋忌, 신릉군)의 문객 노릇을 했다.

일찍이 〔화를 피하기 위해〕 호적에서 이름을 없애고 외황 땅을 떠돌았다. 외황의 한 부잣집에 아주 예쁜 딸이 있었는데, 결혼한 뒤에 남편을 경시하다가 아버지의 문객이었던 사람 집으로 도망쳤다. 아버지의 문객이 그 여자에게 말했다.

"재주가 뛰어난 사람을 남편으로 얻어야 하니 장이에게 시집가도록 하시오."

여자는 이 말에 따르기 위해 남편과 헤어지는 절차를 밟은 뒤 장이에게 시집을 갔다. 여자의 집에서 장이에게 많은 재물을 주었으므로 장이는 널리 문객을 모아 교류했고 외황 현령 벼슬도 얻었다.

진여도 대량 사람으로 유가의 학술을 좋아했다. 진여가 조나라 고형(苦陘) 땅에 머물 때, 그 지방의 부자였던 공승씨(公乘氏)[1]가 자신의 딸을 진여에게 시집보냈다.

진여가 장이보다 나이가 어렸으므로 진여는 장이를 아버지처럼 모셨다. 두 사람은 목에 칼이 들어와도 서로를 배신하지 않으리라 맹세할 정도로 친한 사이가 되었다.

한 고조가 평민이었을 때 장이를 따르며 교유한 바 있다.

진승의 군대를 빌려 조나라를 다시 세우다

○　○　○

진나라가 위나라를 멸망시킨 뒤, 장이의 목에 현상금 황금 천근, 진여의 목에 황금 오백 근이 걸렸다. 두 사람은 이름을 바꾸고 함께 진현으로 가서 이(里)의 감문(監門)이 되었다.[2]

하루는 아전이 진여의 실수를 태형으로 다스렸다. 진여가 〔맞기를 거부하며〕 일어나려고 하자 장이가 진여를 말리며 태형을 받게 했다. 아전이 가고 난 뒤에 장이가 진여를 나무랐다.

"애초에 내가 자네에게 뭐라고 했는지 기억나지 않는가? 일개 아전에게 그까짓 모욕 좀 받았다고 목숨까지 걸고 덤벼서야 되겠는가?"

진여가 자신의 허물을 인정하고 용서를 빌었다.

진섭(진승)이 기현에서 봉기하여 진현에 이르렀을 때, 장이와 진여가 진섭을 알현했다. 진섭은 평소에 측근들로부터 장이와 진여의 뛰어난 능력에 대해 들어 왔으므로 두 사람을 보고 매우 기뻐했다.

진현의 토호들이 진섭에게 건의했다.

"장군께서 포악한 진나라를 없애자는 구호를 내걸고, 몸에는 갑옷을 걸치고 손에는 날카로운 칼을 들어, 군대를 이끌고 초나라 사직을 다시 세우셨으니, 그 공을 논하자면 왕을 칭하심이 마땅합니다."

진섭이 장이와 진여의 뜻을 물어보았다. 두 사람이 이렇게 대답했다.

"장군께서는 눈도 불거지고 담이 크셔서 용기가 뛰어나니 무엇이든 두려운 게 없으신 데다, 목숨을 전혀 돌보지 않은 채 천하의 백성을 위해 잔인한 무리를 제거하고 계십니다. 이제 겨우 진현을 차지했을 뿐인데 왕을 칭한다면 천하의 사람들에게 사심을 드러내 보이는 것과 같습니다. 지금 왕을 칭하시기보다 군사를 이끌고 급히 서쪽으로 진격하신 뒤에 사람을 시켜 육국 제후의 후예들을 옹립한 다음, 그들과 동맹 관계를 수립하시기 바랍니다. 이렇게 하면 따로 들판에서 전쟁을 할 것도 없이 포악한 진나라를 없애고 함양에서 제후들을 호령하며 제업(帝業)을 이루게 될 것입니다. 지금 진현에서 홀로 왕위에 오르시면 천하의 민심이 흩어질까 두렵습니다."

그러나 진섭은 두 사람의 말을 듣지 않고 곧바로 왕위에 올랐다.

장이와 진여가 진왕(陳王)에게 다시 건의했다.

"대왕께서 대량과 초 땅에서 봉기하신 것은 관중에 입성하기 위해서였으나 아직 하북 지역을 얻지 못하고 계십니다. 저희가 조나라에 머물 때 그곳의 호걸들과 사귄 적이 있습니다. 바라건대 저희에게 병사를 나누시어 조나라 땅을 공격하게 해 주십시오."

진왕이 이를 허락하고, 자신이 신임하던 진현 사람 무신을 장군으로 삼고 장이와 진여를 좌우 교위로 삼아 군사 삼천 명을 거느리고 백마현에서 황하를 건너게 했다.

〔하북의〕 각 현에 당도한 이들은 그 지방의 토호들을 설득했다.

"진나라가 폭정과 가혹한 형벌로 천하의 백성을 해치고 있습니다. 북쪽으로는 장성을 쌓기 위해 대규모 요역을 징발하고, 남쪽으로는 오령(五嶺)을 지키는 수자리 군역을 대규모로 징발했습니다. 게다가 나라 안팎에서 다들 들고일어나 백성이 피폐해졌습니다. 가혹하게 거두어들인 인두세 등으로 군사비를 충당하여 백성의 가산이 거덜 났는데도 가혹한 법령으로 부담을 가중시키고 있으니, 천하의 부모 된 자와 자식 된 자들이 서로를 의지할 수 없을 지경입니다.

진왕께서 팔을 휘두르며 천하에서 처음으로 봉기하자 호응하지 않는 사람이 없었습니다. 집집이 스스로 분기하여 각자의 원한을 갚기 위해 현 아문을 습격해서 현령과 현승들을 죽이고, 군 아문을 습격해서 군수와 군위(郡尉)를 죽였습니다. 그리하여 지금 대초(大楚)라는 이름을 걸고 진현에서 왕위에 오른 뒤에, 오광과 주문으로 하여금 백만 군대를 이끌고 서쪽의 진나라를 향해 진격하게 했습니다. 이러한 때에 공을 세워 후(侯)에 봉해지지 않는다면 어찌 호걸이라 하겠습니까. 천하가 힘을 합해 인의의 도를 행하지 않는 임금을 공격하면서, 부모 형제의 원한을 갚고 봉토를 나누어 차지하는 업적을 이루고 있습니다. 지금처럼 좋은 기회가 없습니다."

토호들이 모두 이 말을 옳다고 여겼다. 이에 무신은 행군하는 길에 군사를 모집하여 수만 명을 보충했다. 그러고는 자신을 무신군(武信君)[3]이라고 칭했다.

무신은 [전국 시대] 조나라 땅의 십여 성을 함락했으나, 나머지 성은 모두 굳게 지키며 항복하지 않았다. 그래서 군대를 이끌고 북쪽의 범양(范陽)을 공격했다. 범양 사람 괴통(蒯通)이 범양 현

령 서공(徐公)을 찾아가 무신군에게 항복하라고 설득했다. 또 무신
군에게는 후인(侯印)을 주고 서공에게 정식으로 범양 현령을 제수
하라고 권했다. 이 이야기는 「괴통전」에 있다.

무신군이 서공에게 범양 현령을 제수한 이야기가 조나라 땅에
떠돌자 싸우지 않고 항복한 성이 서른 군데가 넘었다.

무신의 군대가 한단에 이르렀을 때, 장이와 진여는 주장의 군
대가 함곡관에 들어갔다가 희수로 후퇴했다는 소식과 여러 장군
들이 진왕을 위해 각 지방을 공격했음에도 참소를 당하여 목이 베
였다는 소식을 들었다. 진왕이 자신들을 장군으로 삼지 않고 교위
에 임명한 것을 원망하던 두 사람이 무신에게 가서 설득했다.

"진왕은 육국 제후의 후예도 아닙니다. 지금 장군께서 조나라
땅의 성 수십 개를 함락하고 하북 지역을 독차지하고 계시지만,
왕을 칭하지 않으면 이 땅을 진압하여 다스릴 방법이 없습니다.
게다가 진왕은 중상모략을 잘 믿는다고 하니 장군께서 돌아가신
다 하더라도 참소당할 위험을 벗어나기 힘들 것입니다. 바라건대
장군께서는 이렇게 좋은 기회를 놓치지 마십시오."

무신은 이들의 말에 따라 곧바로 조나라 왕에 올랐다. 그리고
진여를 대장군으로, 장이를 승상으로 삼았다. 진왕에게 사람을 보
내 이 소식을 알리자 진왕이 몹시 노하여 무신 등의 가족들을 모
두 죽이고 군대를 출동시켜 조 땅을 공격하고자 했다. 상국 방군
(房君)이 나서서 간언했다.

"진나라를 아직 멸망시키지 못했는데 무신 등의 식솔을 죽인다
면 또 하나의 진나라를 만드는 것과 같습니다. 그런 위험을 감수

하시기보다 축하 사절을 보내시고, 무신으로 하여금 급히 군대를 이끌고 서쪽의 진나라를 공격하게 하시는 것이 더 낫겠습니다."

진왕이 그 계책을 따랐다. 무신 등의 가족을 궁중으로 옮겨 연금하고 장이의 아들인 장오(張敖)를 성도군에 봉한 뒤에, 조나라 왕에게 축하 사절을 보내고, 군대를 함곡관으로 진군하도록 재촉했다.

장이와 진여가 무신에게 말했다.

"왕께서 조나라 왕이 되셨지만 이는 초나라가 원한 것이 아닙니다. 그런데도 왕께 축하 사절을 보내는 계책을 쓰고 있습니다. 초나라가 진나라를 멸망시키고 나면 반드시 군대를 보내 조나라를 칠 것입니다. 바라건대 왕께서는 서쪽 함곡관으로 군대를 보내지 마시고 대신에 북쪽의 연나라와 대나라를 공략하시어 남쪽으로 하내까지 땅을 넓히십시오. 조나라 땅이 남쪽으로는 황하에 이르고 북쪽으로는 연과 대 땅까지 넓어진다면, 초나라가 진나라를 이기더라도 감히 조나라를 정복하려 들지 못할 것입니다."

조왕이 이 의견을 옳다고 여겨, 서쪽으로 군대를 파견하지 않고 한광은 북쪽의 연나라를, 이량(李良)은 상산을, 장염(張黶)은 상당(上黨)을 공격하게 했다.

한광이 연나라 도읍에 도착하자 연나라 사람들이 한광을 왕으로 옹립했다. 이에 조왕은 장이, 진여와 함께 북쪽으로 연나라의 변경 땅을 공략했는데, 조왕이 바깥을 살피려고 나갔다가 연나라 군에 붙잡혔다. 연나라에서 조왕을 인질로 삼고 사자를 보내면 바로 죽여 버리면서 완강하게 땅을 분할해 달라고 요구했다.

장이와 진여는 근심에 빠졌다. 한 취사병이 동료들에게 말했다.

"내가 두 장군을 위해 연나라 사람들을 설득하여 조왕을 모시고 돌아오겠다."

동료 병사들이 모두 그를 비웃었다.

"사자로 갔던 사람이 열 명이 넘도록 죽었는데, 자네가 어떻게 왕을 모시고 오겠나?"

그러나 취사병은 연나라 군대의 군영으로 갔다. 연나라 장수를 맞닥뜨린 취사병이 장수에게 물었다.

"제가 뭘 하려고 왔는지 아십니까?"

연나라 장수가 대답했다.

"왕을 구하고 싶겠지."

취사병이 다시 물었다.

"장수께서는 장이와 진여가 어떤 분들인지 아십니까?"

연나라 장수가 대답했다.

"능력이 뛰어난 자들이지."

취사병이 다시 물었다.

"그렇다면 그분들이 어떤 이상을 실현하고 싶어 하는지 아십니까?"

연나라 장수가 대답했다.

"그자들도 자기 왕을 구하고 싶겠지."

조나라 취사병이 웃으며 말했다.

"장수께서는 아직 두 사람이 무엇을 하고 싶어 하는지 모르십니다. 무신과 장이, 진여는 전쟁을 하지 않고도 수십 개 성에서 항복을 받아 냈습니다. 세 분은 모두 남면하여 신하를 거느리는 왕이 되고자 합니다. 신하가 되어 섬기는 것과 왕 노릇을 하는 것은 같이 놓고 비교할 바가 못 됩니다. 처음에 대세를 안정시키기 위해 고려하다 보니, 나이 순서에 따라 무신을 먼저 왕위에 올리고 조나라 사람들의 마음을 사려고 한 것뿐입니다. 지금 조나라 땅이 모두 복속되었으므로 장이와 진여 두 사람은 조나라를 갈라 왕이 되려고 생각하지만, 아직 때가 오지 않았기에 기다리는 중입니다.

지금 장수께서 조왕을 인질로 잡고 계십니다. 장이와 진여 두 사람이 말로는 왕을 구한다고 하지만, 속으로는 연나라에서 조왕을 죽여 주기를 바라고 있습니다. 그렇게 되면 이 두 사람은 조나라를 양분하여 가질 것입니다. 조나라 왕이 한 명일 때에도 연나라를 우습게 봤는데, 하물며 능력 있는 왕이 둘이나 나서서 좌우로 공격을 해 대며 왕을 죽인 책임을 묻겠다고 하면, 연나라는 쉽게 무너지고 말 것입니다."

연나라 장수가 듣기에 일리가 있었다. 그래서 조왕을 풀어 주었다. 그리하여 취사병이 조왕을 태우고 돌아왔다.

이량이 상산을 평정한 다음에 돌아와서 조왕에게 보고하니, 조왕은 다시 태원(太原)을 공략하라고 명령했다. 이량의 군대가 석읍(石邑)에 이르렀을 때, 진나라 군이 정형현(井陘縣)에서 막아서는 바람에 더 이상 진군할 수 없었다. 진나라의 장수는 진 이세황제가 보낸 것이라 꾸며 이량에게 거짓 편지를 전했다. 편지는 봉해져 있지도 않았다.

"이량은 일찍이 나를 섬길 때 깊이 총애를 받은 바 있다. 만일 진나라를 위하여 조나라에 반기를 들어 준다면 그동안의 죄를 모두 용서하고 높이 대접하도록 하겠다."

편지를 읽은 이량은 미혹되기는 했으나 믿지 않았다. 〔대신〕 한단으로 가 지원병을 더 요청하기로 했다. 한단에 미처 닿지 않았을 때, 길에서 말 탄 시종 백여 명의 호위를 받으며 가는 조왕의 누나를 마주쳤다. 멀리서 보기에 꼭 조왕의 행차 같아서 이량은 길가에 엎드려 이름을 말했다. 왕의 누나는 취해서 자기가 마주친 장군이 누구인지도 모른 채 말 탄 시종을 시켜 답례하게 했다. 이량은 본래 귀한 집안 출신이었으므로, 몸을 일으키고 보니 부관들에게 부끄러워졌다. 그때 부관 한 사람이 말했다.

"천하가 진나라에 반기를 들고 있어, 능력만 있으면 왕위에 오르는 때입니다. 하물며 지금의 조왕은 예전에 계속해서 장군 휘하에 있던 자가 아닙니까? 저 여자가 장군을 뵙고도 수레에서 내리지 않았으니 제가 쫓아가서 죽이도록 허락해 주십시오."

이량은 진나라에서 받은 편지를 읽은 뒤에 조나라에 반기를 들 생각도 했지만 결정을 내리지 못하고 있던 참이었다. 그러나 이 일로 인해 화가 나서 사람을 보내 왕의 누나를 죽이고는 바로 한단을 습격했다.

한단에서는 아무것도 모르고 있다가 당했다. 이량은 마침내 조왕 무신을 죽였다. 조나라 사람 중에는 장이와 진여에게 재빨리 소식을 알려 주는 이가 많았기 때문에 두 사람은 한단을 탈출하면서 수만의 군사를 수습했다. 이때 한 문객이 장이와 진여에게 이렇게 권했다.

"두 분께서는 타향 출신이므로 조나라에 발을 붙이려고 해도 두 분만의 힘으로는 어려울 것입니다. 육국 시절 조나라 왕의 후예를 세우셔서 그 왕을 돕는다는 명분을 내세워야 대업을 달성할 수 있습니다."

이에 두 사람은 조헐을 찾아내어 조나라 왕으로 세우고 신도(信都)에 자리를 잡았다.

권력을 놓고 원수가 된 두 친구

○　○　○

이량이 군대를 이끌고 진여를 쳤으나 진여가 이량을 무찔렀다. 이량은 장한에게 달아나 의탁했다. 장한은 군대를 이끌고 한단으로 들어가 한단의 백성을 모두 하내로 옮긴 다음, 한단성의 성곽을 허물어 평지로 만들어 버렸다. 장이는 조왕 조헐과 함께 거록성으로 들어갔는데 〔진나라 군의〕 왕리가 거록성을 포위했다. 진여가 북쪽 상산에서 병력을 수습하여 군사 수만을 얻었다. 진여는 거록의 북쪽에 진영을 구축했다.

장한은 거록의 남쪽인 극원에 진을 치고 강을 따라 참호 길을 연이어 파서 왕리에게 군량을 대 주었다. 왕리는 군량이 풍족해지자 재빨리 거록성을 공격했다. 거록성 안의 식량은 바닥나고 있었다. 장이가 몇 차례나 사람을 보내 진여에게 구원을 요청했지만 진여는 자신의 모자란 병력으로는 진나라에 대적할 수 없다 판단하여 감히 군대를 출동시키지 못했다. 몇 달이 지나자 장이는 몹시 노하여 진여를 원망했다. 장염과 진석(陳釋)⁴을 보내 진여에게 말을 전했다.

"애당초 나와 공은 함께 죽고 함께 살기로 맹세하였네. 이제 왕과 이(耳)의 목숨이 경각에 달려 있는데, 공은 병력 수만을 가지고도 구원할 생각을 않고 있네. 공은 어찌하여 진나라를 공격하지 않고 있는가? 모두 죽을 각오로 공격해야 열에 한두 번이라도 이길 수 있을 것이네."

진여가 말했다.

"내가 같이 죽으려고 하지 않은 까닭은 조왕과 장이 장군을 위해 진나라에 보복하기 위함이다. 이제 함께 죽자니, 호랑이 입에다 고기를 넣어 주는 것과 마찬가지 일이다. 그렇게 해서 무슨 도움이 되겠는가?"

장염과 진석이 대답했다.

"사정이 급박하니 함께 죽을 각오로 예전의 신의를 지켜야 할 것입니다. 뒷일을 걱정할 때가 아닙니다."

진여가 말했다.

"나 혼자 애써 생각해 봤자 무슨 소용이 있겠나."⁵

그러고는 병사 오천 명을 주어 장염과 진석으로 하여금 진나라 군에 대항해 보게 했지만 전멸당했다.

당시 조나라가 위급하다는 소식을 들은 연나라, 제나라, 초나라에서 모두 구원병을 파견했다. 〔장이의 아들인〕 장오도 북쪽 대나라 땅의 군사를 수습하여 만여 명을 데리고 왔다. 이들은 모두 진여 옆에 진영을 구축했다.

항우의 군대가 장한이 만든 참호 길을 여러 번 끊어 버렸기 때문에 왕리의 군대는 군량이 부족했다. 항우가 전군을 이끌고 장하를 건너 장한의 군대를 격파했다. 그러자 제후 연합군도 진나라 군대에 대한 공격을 감행하여 곧바로 왕리를 생포했다. 이어서 조왕 조헐과 장이가 거록성에서 구조되어 밖으로 나왔다. 장이가 진여를 보자 나무라며 물었다.

"장염과 진석은 어디에 있는가?"

진여가 대답했다.

"장염과 진석은 저에게 죽음을 각오해야 한다며 책망했습니다. 그래서 제가 먼저 오천 명을 주어 진나라 군과 싸워 보라고 했으나 전멸했습니다."

장이는 그 말을 믿지 않았다. 진여가 그 둘을 죽였으리라고 여긴 장이가 진여에게 몇 번이나 캐물었다. 진여가 화를 내며 말했다.

"장군께서 저를 이리도 깊이 원망하실 줄은 몰랐습니다. 제가 아까워서 이따위 장군 직위를 버리지 못한다고 생각하시는 건 아닌지요?"

말을 마친 진여는 인수를 풀어 장이에게 주었으나 장이가 차마 받지 못했다. 진여가 뒷간에 가기 위해 일어나자, 문객 하나가 장이를 달랬다.

"하늘이 내리는 기회를 받지 않으면 거꾸로 재앙을 입는다고 했습니다.[6] 진 장군이 인수를 드렸는데, 장군께서 받지 않으시는 것은 하늘의 뜻을 거스르는 것이니 불길합니다. 어서 인수를 거두시기 바랍니다."

이에 장이가 진여의 인수를 허리에 차고 진여 휘하의 부하들을 추스렸다.

진여가 자리에 돌아와서는 장이가 사양하지 않고 인수를 거둔 것을 보고 장이를 원망하며 뛰쳐나갔다. 장이는 아랑곳하지 않고 진여의 군사를 추스려 나갔다. 〔그 뒤〕 진여는 휘하 수백 명과 함께 황하 변에 있는 호수에서 고기잡이하고 사냥하며 살았다. 이렇게 두 사람의 사이는 멀어졌다.

조왕 조헐은 다시 신도로 돌아갔고, 장이는 항우를 따라 관중에 입성했다. 항우가 제후를 봉할 때였다. 장이는 교유하는 이들이 많았기 때문에 여러 사람이 나서서 항우에게 장이를 칭찬했다. 항우도 장이가 능력이 뛰어나다는 소리를 늘 들어 왔던 터라 조나라를 갈라 장이를 상산왕으로 봉하고 신도에 도읍하게 했다. 그러면서 신도를 상국(襄國)이라고 바꿔 불렀다.

진여의 문객들도 여럿이 나서서 항우를 설득했다.

"진여와 장이는 일체가 되어 조나라 건국에 공을 세웠습니다."

그러나 항우는 진여가 관중에 입성할 때 따라오지 않았다는 이유를 들어, 지금 그가 남피에 있다는 소식을 들었다면서 진여에게 남피와 부근의 세 현을 봉하기로 했다.[7] 그리고 조왕 조헐은 대나라 땅으로 옮겨 봉했다.

장이가 왕에 봉해졌다는 소식을 들은 진여는 매우 화가 났다.

"우리는 세운 공이 같은데, 이제 와서 장이는 왕이 되고 나는 후에 그치다니!"

그 무렵 제나라 왕 전영이 초나라에 반기를 들었다. 진여가 하열을 보내 전영에게 제 뜻을 전했다.

"항우가 천하의 대권을 불공평하게 주재하고 있습니다. 자신의 신하와 장수들은 좋은 지역에 봉하고, 본래 왕이었던 제후들은 모두 나쁜 지역으로 옮겼습니다. 조왕은 지금 [북쪽] 대나라에 있습니다. 바라건대 왕께서 저에게 병력을 빌려주시어, 남피가 제나라의 방패막이가 되게 해 주십시오."

마침 전영도 같은 편을 모으고 싶었던 터라 진여에게 병력을 파견해 주었다. 진여는 자신의 세 개 현 병력을 모두 이끌고 상산왕 장이를 공격했다.

싸움에서 패한 장이가 달아나며 말했다.

"한왕(漢王)이 나와 예부터 잘 아는 사이이긴 하나, 항왕의 세력이 더 강하고 나를 왕으로 봉해 주기도 했으니, 나는 이제 초나라로 가고자 한다."

감공(甘公)이 말했다.

"한왕이 관중에 입성했을 때 오성이 모두 동정수(東井宿)에 모였습니다. 동정은 진나라를 대표하는 자리니 그것은 관중에 먼저 들어간 한왕이 위업을 이루게 되리라는 것을 상징합니다. 비록 지금은 초나라가 강성하지만, 뒤에 가서 반드시 한나라에 복속하게 될 것입니다."

그리하여 장이는 한나라로 달아났다. 그 무렵 한나라는 셋으로 갈라졌던 진나라 땅을 평정하여 수복하고, 폐구(廢丘)에서 장한의 군대를 포위하고 있었다.[8] 장이가 한왕을 알현하자 한왕이 후하게 대접했다.

진여는 장이의 군대를 쳐부수고 나서 조나라 땅 전체를 수복했다. 그러고는 대나라로 옮겨 가 있던 조왕 조헐을 맞이하여 다시 조나라 왕으로 세웠다. 조왕은 진여의 은덕에 감사하며 진여를 대나라 왕에 봉했다. 진여는 조왕의 세력이 약하고 나라가 갓 평정되었다는 핑계를 대며 〔조나라 도읍 상국(襄國)에〕 머물며 조왕을 보좌했다. 그리고 하열을 대나라 상국으로 삼아 그곳에 주재하며 지키게 했다.

한 고조 2년, 동쪽으로 진군하여 초나라를 치면서 조나라에 사람을 보내 함께 공격하자고 요청했다. 이에 진여가 회답했다.

"한나라에서 장이를 죽이면 요청에 따르겠습니다."

그리하여 한나라에서는 장이와 비슷하게 생긴 자를 찾아내어 목을 벤 뒤에 진여에게 보냈다. 이에 진여는 군대를 파견하여 한나라를 도왔다. 그러나 한나라 군은 팽성 서쪽에서 패하고 말았다. 장이의 죽음이 거짓이었다는 것을 알게 된 진여도 바로 한나라로부터 돌아섰다. 한나라에서는 장이와 한신을 보내 조나라 군대를 정형에서 격파했으며, 지수(泜水) 변에서 진여를 베고, 상국까지 추격하여 조왕 조헐도 죽였다.

고조에게 충성한 장오, 장오에게 충성한 관고

○   ○   ○

한 고조 4년 여름, 장이가 조나라 왕에 봉해졌다.

한 고조 5년 가을, 장이가 죽자 경왕(景王)이라는 시호가 내려졌다. 아들 장오가 왕위를 계승하고 고조의 맏딸 노원(魯元) 공주에게 장가들어 공주는 왕후가 되었다.

한 고조 7년, 고조가 평성(平城)을 출발하여 조나라를 지나가게되었다. 조나라 왕은 아침부터 저녁까지 직접 음식 수발을 드는 등 지체를 몹시 낮추어 사위로서의 예절을 갖추었다. 고조는 양다리를 쩍 벌린 채 모욕적인 언사를 쓰는 등 사위를 대하는 태도가 몹시 무례했다. 〔예전에 장이의 식객이었던〕 조나라의 상국 관고(貫高)와 조오(趙午)는 예순 살이 넘었는데, 이런 광경을 보고 분노했다.

"우리 왕은 약한 왕이구나!"

두 사람이 장오에게 주장했다.

"지금 세상은 천하의 호걸들이 다투어 일어나, 능력 있는 자가 먼저 왕위에 오르는 형국입니다. 왕께서는 황제를 지극히 공대했지만 황제는 왕께 무례하게 대하고 있습니다. 청컨대 왕을 위해 황제를 죽이도록 해 주십시오."

그러자 장오가 자신의 손가락을 물어뜯어 피를 내며 말했다.

"그대들은 지금 무슨 말을 하고 있는가! 선왕께서 나라를 잃었을 때 황제의 도움을 받아 다시 일으켜 세웠다. 그 은덕이 대대손손 미칠 것인데, 이 모두는 황제의 힘으로 된 것이다. 바라건대 다시는 그런 말을 입 밖에 내지 마라."

관고 등 여나믄 사람이 서로 이렇게 의논했다.

"우리의 생각이 틀렸소. 우리 주군께선 덕행이 뛰어난 분이라 은덕을 배반하지 못하게 생겼소. 그렇다고 해도 우리는 의로써 주군이 모욕을 당하지 않게 막아야 하오. 이제 황제가 우리 주군을 모욕했으므로 황제를 죽여야겠는데, 불똥이 주군께 튀게 할 수는 없지 않겠소? 성사하면 주군께 공을 돌리고, 일이 실패하면 우리만 책임을 지고 벌을 받읍시다."

한 고조 8년, 고조가 동원(東垣)을 떠나 조나라를 지나게 되었다.[9] 관고 무리는 (고조가 머물기로 한) 백인(柏人) 행궁 안 벽 사이에 사람을 숨겨 놓았다. 벽 사이의 틈 속에 사람이 들어가 있다가 고조를 해치우려고 한 것이다. 고조가 도착하여 유숙하려고 하다가 마음에 걸리는 데가 있어 물어보았다.

"이 현의 이름이 무엇이냐?"

"백인입니다."

"백인이라면 '사람을 협박한다'[10]는 뜻이 아니더냐!"

고조는 머물지 않고 떠났다.

한 고조 9년, 관고의 원수가 관고 무리의 모의를 알아내 고조에게 고발했다. 이에 고조가 조나라 왕과 여러 모반자들을 잡아들였다. 그러자 조오 등 여나믄 사람이 앞다투어 스스로 목을 베어 죽었다. 유독 관고만은 노하며 그들을 꾸짖었다.

"누가 그대들에게 이런 짓을 하라고 시킨 게요! 지금 우리 임금께서는 모의에 전혀 가담하지 않았는데도 붙잡혀 가셨소. 그대들이 죽으면 누가 이 사실을 밝힌단 말이오."

관고는 함거를 타고 조나라 왕과 함께 장안에 압송되었다. 관고가 옥리에게 호소했다.

"이 일에는 우리만 가담했지, 임금은 아무것도 모르오."

옥리가 채찍과 대나무 몽둥이로 관고를 수도 없이 때린 뒤에 쇠꼬챙이를 달구어 지졌다. 관고의 몸은 성한 데가 없었으나 끝끝내 입을 열지 않았다.

여후가 고조에게 장왕이 노원 공주의 남편인데 왜 모반하겠느냐고 수차례 간언하자 고조가 노하며 말했다.

"장오가 천하를 통치하게 되면 당신 딸을 쳐다보기라도 하겠소?"

〔그러나〕 정위(廷尉)가 관고의 말을 고조에게 전하자, 고조가 말했다.

"장사로구나! 누구 관고와 친하게 지내는 사람이 있으면 사적으로 살짝 물어보도록 하라."

중대부(中大夫) 설공(泄公)이 나섰다.

"신이 평소에 관고와 알고 지냈습니다. 이자는 원래부터 조나라에서 명예와 신의를 중히 여기고 자신이 한 말에 대해 어기는 법이 없었습니다."

고조가 설공으로 하여금 부절(符節)을 지닌 채 대나무 침상에 〔누워 있던 관고에게〕 가서 사정을 알아보게 했다. 관고가 설공을 쳐다보며 수고한다고 인사를 하며 아무 일도 없었던 때처럼 기쁜 표정을 지었다. 서로 대화를 나누던 중에 설공이 물었다.

"장왕이 모반하지 않은 것이 사실이오?"

관고가 대답했다.

"사람의 마음을 지녔다면 어찌 제 부모와 처자식을 아끼지 않겠소? 지금 나의 삼족이 죽음을 눈앞에 두고 있는 처지지만, 감히 임금을 팔아서 내 살길을 챙길 수는 없소. 진실로 우리 임금은 모반한 적이 없소. 오로지 우리끼리 했을 뿐이오."

관고는 설공에게 자초지종과 조나라 왕이 아무런 사정을 모르는 것에 대해 자세히 설명했다. 설공이 고조에게 관고의 말을 보고하자 고조가 조나라 왕을 사면해 주었다.

고조는 관고가 남에게 휘둘리지 않고 자신이 지킬 바를 행한 것을 보고 덕행이 뛰어나다고 여겼다. 그래서 설공을 시켜 그를 풀어 주게 했다. 설공이 관고에게 말했다.

"장왕은 이미 풀려났소. 황제께서 당신을 칭찬하시면서 풀어 주라고 하셨소."

관고가 말했다.

"내가 죽지 않고 견딘 것은 장왕이 모반하지 않았음을 밝히기 위해서였소. 이제 우리 임금께서 풀려나셨다니 내 책임은 완수했소. 그러나 신하 된 자로 황제를 시해하려 한 죄명을 얻었으니 무슨 면목으로 황제를 다시 섬기겠소이까?"

말을 마친 뒤 목의 동맥을 끊어 자진했다.

장오는 풀려난 뒤에 노원 공주의 남편으로서 선평후(宣平侯)에 봉해졌다. 고조는 장오의 문객들을 덕행이 뛰어나다 하여 후, 상국, 군수 등에 임명했다. 이 이야기는 「전숙전」에 있다. 효혜제(孝

惠帝), 고후(高后), 문제(文帝), 경제(景帝)를 거치면서 장오 문객의 자손들이 봉록 이천석을 받는 관리에 임명되었다.

효혜제 때에 제 도혜왕(齊悼惠王)이 노원 공주에게 성양군(城陽郡)을 헌납한 뒤에 노원 공주를 제 태후로 모셨다.[11] 고후 원년에 노원 태후가 죽었다. 고후 6년에 선평후 장오가 죽었다. 여후는 장오의 아들 장언(張偃)을 노왕(魯王)에 봉했다.[12] 장언의 생모가 제 태후였기 때문이다. 여후는 장언이 어리고 고아인 것을 가엾게 여겨 장오의 전 부인이 낳은 두 아들에게도 후위를 봉했다. 그리하여 장수(張壽)는 낙창후(樂昌侯)가 되었고 장치(張侈)는 신도후(新都侯)가 되었다.

고후가 죽은 뒤 대신들이 여씨 일족을 죽이고, 노왕과 두 열후를 폐했다.

효문제(孝文帝)가 즉위하여 노왕이었던 장언을 남궁후(南宮侯)에 봉해 주었다. 장언이 죽자 아들 장생(張生)이 후위를 계승했다.

무제(武帝) 때에 장생이 죄를 지어 후위와 봉토를 취소했다. 무제 원광 연간에 장언의 손자 장광국(張廣國)이 수릉후(睢陵侯)에 봉해졌다. 장광국이 죽자 아들 장창(張昌)이 후위를 이었다. 무제 태초(太初) 연간에 장창이 불경죄를 지어 후위와 봉토를 취소했다.

효평제(孝平帝) 원시(元始) 연간에 후사가 끊어지자 장오의 고손자 장경기(張慶忌)를 선평후에 봉하고 식읍 천 호를 주었다.

찬하여 말한다.

장이와 진여는 세상 사람들로부터 능력과 덕망이 뛰어나다는 소리를 들었다. 게다가 두 사람의 문객이나 노복이 모두 천하의 호걸이었으므로, 각자 거주하던 제후국에서 집정 대신이 되지 않은 자가 없었다.

애초 장이와 진여가 빈한하던 시절에는 서로 믿으며 죽음 앞에서도 변하지 않는 우정을 맹세했으니, 그 친밀함은 남들이 더 따지고 물어볼 것이 없었다. 그러나 나라를 얻고 권력을 다투게 되자 나중에는 서로를 망하게 하고 말았다. 어찌하여 그토록 진실로 경모하던 사이가 나중에는 서로 등을 돌리고 배반하는 사이로 변한 것일까?

세상에는 권세와 이익을 바라며 사귀는 교분이 있는데, 옛사람들은 그런 교분을 부끄러워했다. 아마 이 두 사람을 두고 이른 것이 아닌가 한다.

3

위표·전담·한왕 신 전
魏豹田儋韓王信傳

▲▲▲▲▲▲▲▲▲▲▲▲▲▲▲▲▲▲▲▲▲

항우와 유방이 천하를 두고 다툴 무렵 여러 토호가 스스로 왕을 칭했는데, 그중에서 위표(魏豹, ?~기원전 204년)와 한왕(韓王) 한신(韓信, ?~기원전 196년), 전담(田儋, ?~기원전 208년) 형제만이 전국 시대 왕실의 후손이었다. 이들의 눈에 천하를 제패하고자 나선 평민 출신의 유방이 우러를 만한 영웅으로 보였을 리 없다. 위표가 그랬던 것처럼 이 세 사람은 유방을 건방지다고 여겼으니 충성을 바치기 어려웠을 터이다.

한편 유방은 지지 세력을 굳건하게 확보한 이들을 부러워했다. 자신과 비교할 수 없이 뛰어난 출신 배경을 지닌 이들과 언젠가는 한판 승부를 겨뤄야 한다고 생각했고, 항우와 힘겨운 전투를 벌여 나가는 동시에 이 세 세력을 견제했다. 이들은 끝내 유방의 손에 죽거나 반란을 일으키고 흉노로 달아나야 했다.

『사기』에는 위표, 한왕 한신, 전담의 열전이 각각 다른 편에 들어 있다. 사실 이 세 인물은 전국 시대 왕실의 후손이라는 것을 제외하고는 공통점이 없다. 그러나 반고는 아무리 좋은 배경을 지닌 인물도 유방이라는 걸출한 패권자 앞에서는 한낱 걸림돌에 지나지 않았다는 것을 강조하며 세 인물을 한 편에 엮었다.

오락가락하다가 죽음을 맞은 위표

○ ○ ○

위표는 전국 시대 위나라의 공자였다. 그 형[1]은 위구로 옛 위나
라 시절에 영릉군에 봉해졌는데 진나라 군이 위나라의 도읍인 대
량을 함락했을 때 서인(庶人)으로 강등되었다. 진승이 왕을 칭하자
위구는 진승의 휘하에 들어갔다.

진승은 위나라 사람인 주불을 시켜 위나라 땅을 공략하고 평정
하게 했는데 그 공을 인정하여 주불을 위왕에 봉하려고 했다. 주
불이 말했다.

"충신은 천하가 혼란할 때에 절의를 보이는 법입니다.[2] 지금 천
하가 모두 진나라에 반기를 들었으니, 도리를 봐서 반드시 원래
위나라 왕의 후예를 세워야 옳습니다."

제나라와 조나라에서도 각각 수레 오십 대씩을 보내 주불을 왕
으로 세우는 데 찬성했다. 주불은 그것을 받지 않고 〔장초국 도
읍〕 진현에 가 있던 위구를 모셔 오려고 했다. 주불이 다섯 번이
나 반복해서 사자를 보낸 뒤에야 진왕(진승)이 위구를 위나라 왕
으로 세웠다.

장한이 진왕의 군대를 무너뜨린 뒤 계속 진군하여 임제(臨濟)에
서 위왕을 공격했다. 위왕은 주불로 하여금 제나라와 초나라에 구
원병을 요청하게 했다. 초나라에서는 항타에게, 제나라에서는 전파
(田巴)에게 군대를 딸려 보내[3] 주불과 함께 위나라를 구하게 했다.

장한은 주불의 연합군을 쳐부수고 임제를 포위했다. 위구는 백

성을 살려 주는 조건으로 투항하겠다고 통보했다. 백성의 목숨을 보전시킨다는 조약이 체결되자 위구는 스스로 목숨을 끊었다.[4]

이에 위표가 초나라로 달아났다. 초 회왕은 위표에게 군사 수천을 주어 위나라 땅을 다시 공략하게 했다. 이때 항우가 진나라 군대를 격파하고 장한이 투항했다. 이 틈을 타서 위표가 위나라 땅의 스물몇 성을 빼앗았으므로, 항우가 위표를 위나라 왕에 봉했다.

그 뒤에 위표는 정예병을 이끌고 항우를 따라 관중에 입성했다. 공에 따라 제후를 봉할 때 항우는 자신이 대량 땅을 차지하고 싶은 생각에 위표를 하동군으로 옮긴 후 평양(平陽)에 도읍하게 하여 서위왕에 봉했다.

한왕이 셋으로 갈라졌던 진나라 땅을 평정하여 수복하고 임진관(臨晉關)에서 황하를 건너자, 위표는 한왕에게 나라를 바치고 복속했다. 한왕을 따라 팽성에서 항우의 초나라 군을 공격했는데 한왕의 군대가 패하여 형양으로 후퇴하자, 위표는 어머니가 병이 나서 돌아가 뵈어야 한다며 서위로 돌아가서는 황하의 나루를 막아 한나라에 반기를 들었다.

한왕이 역이기(酈食基, 역생(酈生))에게 말했다.

"가서 완곡한 말로 위표를 설득하시오."

역이기가 당도하자 위표가 돌려서 말했다.

"인생이란 한순간에 불과하오. 백마가 순식간에 벽의 틈새를 지나는 것처럼 짧소.[5] 지금 한왕은 함부로 사람을 모욕하고, 제후와 군신을 노복 다루듯 꾸짖고 나무라오. 아래위 사람 사이의 예절이 없으니 도무지 다시 참고 볼 수가 없소."

이에 한왕이 한신을 보내 위표를 공격하고 그를 사로잡은 뒤에 역참의 수레에 태워 형양으로 압송했다. 그리고 위표의 땅을 하동군, 태원군, 상당군으로 나누었다.

[그때 항우가 형양을 포위하고 있었으므로] 한왕이 위표에게 명해 형양을 지키게 했다. 초나라 군의 포위 공격이 심해지자 주가가 나라를 배반한 왕과는 함께 성을 지키기 어렵다며 마침내 위표를 죽였다.

제나라 부흥을 꿈꾼 전씨 형제들

○　○　○

전담은 적현 사람으로 전국 시대 제나라 왕실 전씨(田氏)의 후손이다. 전담의 사촌 동생 전영과 전횡도 모두 토호였다. 전씨 집안은 세력이 강했으므로 사람들이 많이 따랐다.

진승이 주불에게 위나라 땅을 공략하게 하여 북쪽으로 적현에 이르렀는데 적현에서는 성문을 닫고 방어했다. 그때 전담이 거짓으로 자신의 노복을 묶은 뒤에 젊은이들을 데리고 현청 마당으로 가서 노복을 죽이도록 허락해 달라고 청했다.[6] 현령이 나오자마자 공격해 죽여 버렸다. 그러고는 세력 있는 아전과 젊은이들을 불러 발표했다.

"여러 제후가 진나라에 반기를 들고 스스로 왕을 칭하고 있다. 제나라는 주나라에서 분봉한 나라이며, 나 전담은 [제나라 왕과 한집안인〕 전씨이므로 내가 왕위에 오름이 마땅하다."

전담은 이렇게 제나라 왕위에 스스로 오르고는 군대를 출동시켜 주불의 군대를 공격했다. 주불이 후퇴하자 군대를 이끌고 동쪽을 공격하여 제나라 땅을 평정했다.

진나라 장군 장한이 임제에서 위왕 조구를 포위 공격하고 있어 위급할 때였다. 위왕이 제나라에 구원병을 요청하자 전담은 군대를 이끌고 위나라를 구하러 갔다. 장한이 야음을 틈타 군사들의 입에 나뭇가지를 물려 소리를 내지 못하게 한 다음 제초 연합군을 기습하여 대파했다. 장한이 임제성 밖에서 전담을 죽였다.

전담의 사촌 동생인 전영이 전담 군대의 남은 병력을 수습하여 동쪽의 동아로 갔다. 제나라 사람들은 전담이 죽었다는 소식을 듣자 예전 〔진나라에 포로가 되었던〕 제나라 왕 전건의 동생 전가를 왕으로 세우고[7] 전각을 상국으로, 전간을 장군으로 세워 다른 여러 나라와 대치했다.

전영이 동아로 물러나 항거하자, 장한이 추격하여 성을 포위했다. 전영이 위급하다는 소식을 들은 항량이 즉시 군대를 이끌고 동아성 아래로 가서 장한의 군대를 격파했다. 장한이 서쪽으로 달아나자 항량이 형세를 몰아 추격했다.[8]

전영은 제나라에서 전가를 왕으로 세운 것에 노하여 군사를 이끌고 〔제나라 도읍으로〕 돌아가서 전가를 공격해 쫓아냈다. 전가는 초나라로 달아났으며, 상국 전각은 조나라로 달아났다. 조나라에 구원병을 요청하러 가 있던 전각의 동생 전간도 돌아갈 엄두를 못 냈다. 전영은 전담의 아들인 전불을 왕으로 세우고 자신은 왕을 보좌하면서 전횡을 장군으로 삼아 제나라 땅을 평정했다.

항량이 장한의 군대를 추격했지만 장한의 군대가 계속 세력을 늘려 가자, 항량이 제나라에 사람을 보내 함께 장한의 부대를 공격하자고 청했다. 전영이 말했다.

"초나라에서 전가를 죽이고, 조나라에서 전각과 전간을 죽여야만 출병할 것입니다."

그러자 초 회왕이 대답했다.[9]

"전가는 동맹국의 왕으로 달아날 데가 없어 우리 초나라로 귀순한 것이니 그를 죽이는 것은 도리가 아니다."

조나라에서도 전각과 전간을 죽이면서까지 제나라와 거래하려고 들지 않았다. 제나라 왕이 말했다.

"살무사에게 손을 물리면 손을 베어 내고 발을 물리면 발을 베어 냅니다. 왜 그러겠습니까? 몸으로 독이 퍼지지 않도록 하기 위해서입니다. 전가, 전각, 전간은 초나라와 조나라의 손과 발도 아닌데 왜 죽이지 않습니까? 만일에 진나라가 다시 천하를 제패한다면, 먼저 거사했던 제후들의 무덤까지 파헤치고 말 것입니다."

그러나 초나라와 조나라에서는 모두 제나라 왕의 말을 듣지 않았다. 제나라 왕도 노해서 끝내 출병하지 않았다. 아니나 다를까 장한의 군대가 항량을 죽이고 초나라 군을 쳐부수어 초나라 군은 동쪽으로 달아났다. 장한은 장하를 건너 거록성에서 조나라 군을 포위했다. 항우는 항량이 죽은 일로 전영을 원망했다.

항우는 조나라를 구한 뒤에 장한의 항복을 받고 서쪽으로 진격하여 진나라를 멸망시켰으며 각 지역에 왕을 봉했다. 제나라 왕

전불은 교동왕으로 옮겨 즉묵에 도읍하게 하고, 제나라 장군 전도는 제나라를 구원할 때 함께했으며 관중에 따라 입성했기 때문에 제왕으로 삼아 임치에 도읍을 정하게 했다. 옛 제나라 왕 전건의 손자 전안은 항우를 따라 장하를 건너 조나라를 구원했고, 제북의 몇 성을 점령한 다음에 군대를 이끌고 항우에게 복속해 왔기에 제북왕으로 봉하고 박양(博陽)에 도읍을 정하게 했다.

전영은 초나라가 진나라를 칠 때 힘을 보태라는 항량의 요청을 거절한 적이 있어 왕이 되지 못했다. 조나라의 장군 진여도 당시에 아무 직권 없이 초야에 묻혀 지내던 터라 왕이 되지 못했다. 두 사람 모두 항우를 원망했다. 전영이 군대를 파견하여 진여를 도와 조나라 땅에서 반란을 일으켰다. 전영 자신도 군대를 이끌고 〔임치의〕 전도를 공격했다. 전도는 초나라로 달아났다.

전영이 제왕 전불을 교동으로 가지 못하게 붙잡자 전불 주변의 신하들이 전불에게 말했다.

"항왕은 성정이 대단히 포악하므로 왕께서 교동으로 가지 않으시면 반드시 위태로울 것입니다."

전불은 두려운 마음에 전영에게서 도망쳐 자신의 도읍으로 갔다. 노한 전영이 전불을 추격하여 즉묵에서 죽여 버렸다. 그러고는 제북왕 전안마저 공격하여 죽여 버리고 스스로 왕위에 올라 셋으로 갈라졌던 제나라 땅을 합병했다.

항왕이 이 사실을 알고 몹시 노하여 북쪽으로 제나라를 공격했다. 전영도 군대를 출동시켜 성양에서 이를 막았으나 패하여 평원으로 달아났는데 평원 사람들이 전영을 죽여 버렸다. 항우는 제나라 도읍의 성곽을 불태우고 부수어 평지로 만들어 버렸다. 또 지나는 곳마다 모두 도륙했다. 그러자 제나라 사람들이 모여서 반기를 들었다. 전영의 동생인 전횡이 흩어진 병졸 수만 명을 수습하여 성양에서 항우에게 반격했다.

그때 한왕이 제후 연합군을 거느리고 초나라 군을 격파한 다음 팽성에 입성했다. 이 소식을 들은 항우가 제나라 군에 대한 포위를 풀고, 한나라 군대를 공격하기 위해 팽성으로 회군했다. 항우의 군대는 한나라 군과 여러 번 교전하면서 형양에서 서로 대치했다. 이 틈을 타서 전횡이 제나라의 성읍들을 수복한 뒤 전영의 아들 전광을 왕으로 세웠다. 전횡은 상국에 올라 크고 작은 정사를 모두 독단적으로 결정했다.

전횡이 제나라를 평정한 지 세 해가 지났을 때 한나라 장군 한신이 군대를 이끌고 동쪽으로 제나라를 공격해 온다는 소식이 들렸다. 제나라에서는 화무상(華毋傷)과 전해(田解)를 시켜 역하(歷下)에서 진을 치고 한나라 군과 대치했다.

그때 마침 한왕의 사자인 역이기가 제왕 전광과 상국 전횡에게 와서 한나라와 함께 초나라를 치자고 설득했다. 전횡이 그 말에 동의하고는 역하의 수비를 풀고 군사들이 마음껏 술을 마시게 했으며 사람을 보내 한나라와 화평 조약을 맺으려 했다. 그러나 한신은 도리어 평원에서 황하를 건너와 역하의 제나라 군을 기습 공격하고 임치성에 입성했다.

제왕 전광과 상국 전횡은 역이기가 자신들을 속였다고 여겨 역이기를 삶아 죽였다. 그런 뒤에 전광은 동쪽으로 달아나 고밀(高密)

까지 갔으며 전횡은 박현(博縣)으로 달아났다. 수상(守相) 전광(田光)은 성양으로 달아났으며, 전기(田旣) 장군은 교동에 진을 쳤다.

초나라에서는 용저를 보내 제나라를 도왔다. 제왕은 고밀에서 초나라와 연합했다. 한나라 장군 한신과 조참(曹參)이 용저의 군대를 격파한 뒤에 제왕 전광을 생포했다. 한나라 장군 관영은 수상 전광을 추격하여 사로잡고 박현까지 갔다. 전횡은 제왕 전광이 이미 죽었다는 소식을 듣고 스스로 왕위에 올라 관영의 부대를 치러 갔다. 관영은 전횡의 군대를 맞이하여 영현성(嬴縣城) 아래에서 격파했다. 전횡은 대량으로 달아나 팽월에게 귀순했다. 팽월은 이 무렵 대량에 있으면서 중립을 지키다가 어느 때는 한나라 편을, 또 어느 때는 초나라 편을 들었다.

한신이 용저를 죽이고 나서 군대를 보내 교동에서 전기를 죽였다. 관영은 천승(千乘)에서 제나라 장수 전흡(田吸)의 군대를 격파했다. 이로써 제나라 땅이 평정되었다.

투항할 수 없으니 스스로 죽을 수밖에

○   ○   ○

한나라가 항우를 멸망시킨 뒤 한왕이 스스로 황제에 올랐다. 고조는 팽월을 양나라 왕에 봉했다. 전횡은 고조가 자신을 죽일지도 모른다고 걱정하다가 따르는 무리 오백 명을 데리고 바다를 건너 어느 섬에 들어가서 살았다. 고조가 이 이야기를 듣고, 전횡 형제들이 이전에 제나라를 평정한 적이 있는 데다 능력과 덕행이 뛰어난 제나라 인사 다수가 전횡에게 귀부하고 있는데도 그들을 바다 가운데 섬에 그대로 살게 둔다면 나중에 난을 일으킬지도 모른다고 여겼다. 그리하여 사람을 보내 전횡의 죄를 용서한다며 불러오게 했다. 그러나 전횡은 사양하며 말했다.

"신은 폐하의 사자인 역이기를 끓는 물에 넣어 죽였습니다. 이제 듣자니 역이기의 동생 역상(酈商)이 한나라의 장수로 능력이 뛰어나다고 합니다. 저는 두렵습니다. 그래서 폐하의 영을 받들지 못하오니 이렇게 서인으로 바다 가운데 섬에서 살게 해 주십시오."

사자가 전횡의 말을 전하자, 고조가 위위(衛尉) 역상을 불러 일렀다.

"제나라 왕 전횡이 도착했을 때 전횡의 사람이나 말, 노복들에게 손을 대는 자가 있으면 멸족의 죄로 다스리겠다."

그리고 사자더러 부절을 지니고 전횡에게 가서 고조의 뜻을 전하게 했다.

"전횡이 오면 크게는 왕으로 봉하거나 작더라도 후위(侯位)를 제수할 것이나 끝내 오기를 거절한다면 군대를 보내 죽이겠다."

이에 전횡은 자신의 문객 두 사람과 함께 역참의 수레를 타고 낙양(雒陽)으로 갔다. 시향(尸鄕)에 도착하여 말을 역참에 맡긴 다음, 전횡이 고조의 사자에게 말했다.

"신하 된 자로서 천자를 뵙기 전에 몸을 깨끗하게 해야 하겠습니다."

시향에서 유숙하게 된 전횡이 문객들에게 일렀다.

"나 횡은 처음에는 한왕과 지위가 같아서 우리 모두 고(孤)[10]를 칭하며 남면하여 신하들의 예를 받았소. 그런데 지금 한왕은 천자가 되고 나는 망국의 포로로서 북면하여 그에게 예를 올려야 하는 처지가 되었소. 참으로 부끄럽기 짝이 없는 노릇이오. 게다가 내가 삶아 죽인 자의 동생과 어깨를 나란히 하고 같은 군주를 섬겨야 하게 되었구려. 그자가 천자의 영이 두려워 나를 어찌지 못한다 하더라도 나 스스로 부끄럽지 않을 수 없을 것이오. 폐하가 나를 보자고 하는 것은 그저 내 꼴이 어떤가를 보시고자 함일 것이오. 천자가 낙양에 계신다니 지금 내 목을 벤 뒤에 그것을 들고 낙양까지 삼십 리를 달려간다면 썩기 전에 그곳에 닿을 것이라, 폐하께서 내 형상을 알아보는 데 지장이 없을 것이오."

전횡은 목을 베어 죽으면서, 문객들에게 자신의 머리를 들고 사자와 함께 말을 달려 고조에게 사실을 알리게 했다. 고조가 한탄했다.

"아아, 도의가 뛰어난 인물들이구나! 왕족이 아닌 자로 봉기하여 형제 셋이 차례로 왕에 올랐으니 재주가 뛰어나다 하지 않을 수 없다!"

그러고는 그를 위해 슬퍼하며 눈물을 흘렸다. 고조는 전횡의 두 문객에게 도위를 제수하고 군사 이천 명을 동원하여 왕의 예우로 전횡을 장사 지냈다.

전횡의 장례를 마치자, 두 문객이 전횡의 무덤 옆에 구덩이를 파고 스스로 목을 베어 그 뒤를 따랐다. 고조가 그 사실을 알고 매우 놀랐다. 이에 전횡의 문객들이 모두 덕행이 뛰어나다고 여겼다. 남은 군사 오백 명이 아직 바다 건너 섬에 있다는 소식을 듣고[11] 사람을 보내 데려오게 했으나, 전횡이 죽었다는 말을 듣고 그들도 모두 스스로 목숨을 끊었다. 그리하여 전횡 형제가 인재의 마음을 얻었던 사실을 알게 되었다.

한 고조를 배신하고 흉노에 투항한 한신

○　○　○

한(韓)나라 왕 한신(韓信)은 전국 시대 한 상왕(韓襄王)의 서손으로 키가 팔 척 오 촌[12]이나 되었다.

항량이 초 회왕을 세울 무렵에 연나라, 제나라, 조나라, 위나라 땅에서도 각기 예전 왕의 후예들이 왕이 되었다. 그런데 유독 한나라에만 예전 왕의 후사가 없어, 공자 횡양군(橫陽君) 한성(韓成)이 왕이 되어 예전의 한나라 땅을 평정하고 백성을 달래고자 했다.[13]

항량이 정도에서 죽자 한성은 초 회왕에게 복속했다.

패공이 군대를 이끌고 성양을 공격할 때 장량을 한(韓)나라 사도로 삼아 예전에 한나라 땅이었던 지역을 공략하게 했는데,[14] 이때 한신을 알게 되어 한나라 장군으로 삼은 다음 군대를 이끌고 무관에 입성할 때 따르도록 했다.

패공이 한왕(漢王)으로 봉해졌을 때, 한신도 따라서 한중에 입성했다. 한신이 한왕에게 권유했다.

"항왕이 각 장군을 왕으로 봉하면서 유독 왕께만 이런 외곽 지역을 주었으니 땅을 옮기는 것이 좋겠습니다. 군사 중에 효산 동쪽 출신들이 많아서 다들 목을 빼고 고향으로 돌아가고 싶어 합니다. 그러니 〔사기충천한 대왕의〕 군대를 동쪽으로 돌린다면 천하의 패권을 다퉈 볼 수 있습니다."[15]

한왕은 셋으로 갈랐던 진나라 땅을 평정하여 수복한 뒤에 한신에게 왕위를 약속했다. 그러고는 먼저 한나라 태위(太尉)에 임명하여 군대를 이끌고 한 땅을 공략하게 했다.

항우가 제후들에게 왕을 봉하고 그 도읍에 취임하게 했을 때 한왕(韓王) 한성만은 종군하여 공을 세운 바가 없다는 이유로 한나라 도읍으로 돌려보내지 않고 양후(穰侯)로 강등시켰는데, 끝내 〔팽성에서〕 죽여 버렸다. 한(漢)나라에서 한신을 보내 한(韓)나라 땅을 공략하게 한다는 소식을 들은 항우는 자신이 오중 지방에 머물 때 그곳의 현령이던 정창을 왕으로 삼아 대적하게 했다.

한 고조 2년, 한신이 한(韓)나라 땅의 십여 개 성을 점령했다. 한왕(漢王)이 하남에 이를 즈음에, 한신은 서둘러 한왕(韓王) 정창의 군대를 공격했다. 정창은 한(漢)나라에 투항했다. 이에 한왕(漢王)은 한신을 한왕(韓王)으로 봉한 뒤에, 한신으로 하여금 군사를 이끌고 자신의 곁을 줄곧 따르게 했다.

한왕이 한신과 주가 등으로 하여금 형양을 사수하게 했을 때, 초나라 군이 성을 무너뜨리자 한신이 초나라에 투항했다. 얼마 지나서 달아날 기회를 얻은 한신이 한왕에게 돌아왔다. 한왕은 그를 다시 한왕(韓王)에 봉했다. 그 뒤 한신은 한왕과 함께 마침내 항우를 무찔렀다.

한 고조 5년 봄, 한왕이 한신에게 부절을 끊어 주고 영천(潁川) 땅을 다스리게 했다.

한 고조 6년 봄, 고조가 한신처럼 용맹하고 용병술이 뛰어난 인물의 봉토가 북쪽으로는 공현(鞏縣)과 낙현(雒縣), 남쪽으로는 원현과 섭현, 동쪽으로는 회양(淮陽)에 너무 가까이 있다고 판단했다. 이 지역들은 천하의 정예군이 있는 곳이라 굳이 한신이 지킬 필요가 없다고 생각한 것이다. 하여 한(韓)나라의 봉토를 태원군으로 바꾸고 진양(晉陽)에 도읍하게 한 다음, 흉노를 방어하게 했다. 이에 한신이 고조에게 상소했다.

"한(韓)나라 땅이 변경에 닿아 있어 흉노가 자주 쳐들어옵니다. 그런데 진양은 변경에서 멀리 떨어져 제가 변방의 군대를 지휘하기 불편하니 도읍을 마읍(馬邑)으로 옮기게 해 주십시오."

고조가 이를 허락했다.

이해 가을에 흉노의 선우 묵돌(冒頓)[16]이 대규모 군사를 이끌고 쳐들어와 한신(이 새로 옮긴 도읍)을 포위했다. 한신은 여러 차례 사람을 보내 흉노에게 화친을 청했다. 한나라에서 구원병을 파견했는데도 한신이 여러 차례 사사로이 사람을 보내자 한나라를 배반할 뜻이 있다고 의심한 고조가 편지로 책망했다.

"죽기로 싸워도 용맹하다 칭하지 못할진대, 살기만 구구히 바라니 내가 맡긴 임무를 수행하지 못한 것이로다. 적이 마읍을 공격했지만, 그대 한왕이 마읍을 굳게 지키기에 병력이 정말 그토록 부족했던 것인가? 마읍처럼 아주 위험한 지역에 있다 해도 변함없이 충성해야 하거늘, 배반할 마음을 먹다니 짐은 그대 한왕을 나무라노라."

한신은 편지를 받고 고조가 자신을 죽일까 두려워 흉노와 조약을 맺어 한나라 군을 공격하기로 했다. 그러고는 마읍을 주어 흉노에게 투항하고 흉노와 함께 태원을 공격했다.

한 고조 7년 겨울, 고조가 친히 군대를 이끌고 동제(銅鞮)에서 한신의 군대를 격파하고 그의 장수 왕희(王喜)를 죽였다. 한신이 흉노 땅으로 도망가자, 한신의 장수였던 백토(白土) 사람 만구신(曼丘臣)과 왕황(王黃)이 〔전국 시대〕 조나라 왕의 후예인 조리(趙利)를 왕으로 세우고 흩어진 한신의 군사를 다시 추스렸다. 그들은 한신과 함께 묵돌과 공모하여 한나라 군을 쳤다. 흉노 쪽에서는 좌우 현왕(賢王)에게 만여 명의 기병을 딸려 왕황 등과 함께 광무 남쪽에 주둔하게 한 다음, 진양에 이르러 한나라 군대와 교전했다. 한나라 군대가 이들을 크게 쳐부숴 이석(離石)까지 후퇴했는데, 한나라 군대가 다시 이들을 격파했다. 흉노는 누번의 서북쪽에서 다시 군사를 모았다. 한나라에서 전차와 기병을 보내 공격하자 흉노는 여러 차례 패배하여 달아났는데, 한나라 군대가 승기를 잡고 북쪽으로 추격했다. 묵돌이 대곡(代谷)에 있다는 소식을 들은 고조가 친히 진양으로 와서 묵돌의 군대를 정탐시켰더니 공격해도 되겠다는 보고가 올라왔다.

고조가 평성으로 가서 〔성 밖 구릉지인〕 백등(白登)에 올랐다. 그때 흉노의 군대가 고조를 포위하자 고조가 연지(關氏)에게 후한 선물을 보내 묵돌을 설득하게 했다.

"지금 한나라 땅을 얻는다 해도 우리가 그 땅에 살 수는 없을 테니 두 분은 서로를 곤경에 빠뜨릴 필요가 없습니다."

양쪽 군대가 서로 대치한 지 이레가 지났을 때 흉노 기병이 조금씩 후퇴했다. 때마침 안개가 자욱했다. 한나라 쪽에서 군사를 이리저리 움직여도 흉노가 눈치채지 못했다. 호군중위(護軍中尉) 진평이 고조에게 말했다.

"흉노는 공격용 병기만 갖추었지 방어용 무기가 없습니다. 청하건대 〔우리 군사들에게〕 쇠뇌에 화살 두 개씩 채우게 하여 밖을 향해 겨눈 채 〔적의 공격에 대비하게 하고〕 천천히 나아가면서 포위를 뚫으라고 명하십시오."

그리하여 한나라 군이 평성에 들어갔을 때 구원병도 도착했다. 흉노 기병들이 포위를 풀자 한나라 군도 싸움을 접고 회군했다. 한신은 흉노를 위해 군대를 이끌고 변경을 오가며 공격하는 한편, 왕황 등을 진희(陳豨)에게 보내 고조에게 반기를 들도록 설득했다.

한 고조 11년 봄, 한신이 다시 흉노 기병들을 이끌고 참합(參合)에 주둔했다. 한나라에서는 시(柴) 장군[17]으로 하여금 공격하게 하면서 한신에게 편지를 보냈다.

"우리 폐하께서는 관대하고 어진 분이라, 비록 제후들이 배반하고 달아났다가도 뒷날 다시 돌아오면 곧바로 예전의 지위와 칭호를 회복시키고 죽이지 않으셨습니다. 이는 왕께서도 아시는 바입니다. 지금 왕께서는 흉노에게 패배한 뒤 그리로 도망하신 것이니 큰 죄가 있다고 할 수 없습니다. 자진하여 속히 돌아오시기 바랍니다."

한신이 회답했다.

"폐하께서 민간에 있던 저를 발탁하여 왕으로 삼아 남면하고 고(孤)를 칭하게 해 주셨으니, 이는 저의 큰 행운입니다. 그러나 형양에서 제가 죽지 않고 항우에게 포로가 된 것은 저의 첫 번째 허물입니다. 적이 마음을 공격했을 때 제가 굳게 지키지 못하고 성을 내주고 흉노에 투항한 것이 저의 두 번째 허물입니다. 이제 반란군이 되어 군대를 이끌고 장군과 목숨을 걸고 싸우고 있으니 이것이 저의 세 번째 허물입니다. 옛날에 문종(文種)과 범려(范蠡)[18]는 아무런 죄가 없었으나 문종은 죽고 범려는 도망했습니다. 저에게 허물이 세 가지나 있는데도 살기를 원한다면, 이는 오자서(伍子胥)가 [부차(夫差)를 떠나지 않고] 오(吳)나라 땅에서 죽은 것과 같이 될 것입니다.[19] 저는 지금 산골짜기에 숨어 도망 다니며, 아침저녁으로 만이(蠻夷)[20]에게 구걸하고 있습니다. 저는 한나라에 돌아가고 싶습니다. 그 마음은 풍을 맞아 마비된 자가 일어서고자 하고 맹인이 눈을 뜨고자 갈망하는 것과 같습니다. 그러나 지금의 형세가 저를 돌아갈 수 없게 합니다."

이윽고 양쪽 군대가 교전했다. 시 장군은 참합성을 도륙하고 한신의 목을 벴다.

한나라로 돌아와 번성한 배반자의 후손

○　○　○

흉노 밑으로 들어갈 때 한신은 태자를 데리고 갔다. 일행이 퇴당성(磧當城)에 이르렀을 때 [한신이] 아들을 낳았으므로, 이름을 퇴당이라고 지었다. 한신의 태자도 아들을 낳아 이름을 영(嬰)이라고 했다.

효문제 때에 한퇴당과 한영이 무리를 이끌고 투항해 왔다. 한나라에서는 한퇴당을 궁고후(弓高侯)에, 한영을 상성후(襄城侯)에 봉했다.

오초(吳楚)의 난[21]이 일어났을 때, 궁고후가 여러 장수 가운데서 매우 뛰어난 공을 세웠다. 궁고후 후위는 자손에게 물려져 손자에게까지 계승되었는데, 손자에게 아들이 없었으므로 나라가 단절되었다. 상성후 후위는 한영의 손자에 이르러 불경죄를 짓는 바람에 몰수되었다.

한퇴당의 서손 한언(韓嫣)은 무제의 사랑을 받아 당대에 이름을 날렸다. 한언의 동생 한열(韓說)은 교위가 되어 흉노를 공격한 공으로 용락후(龍頟侯)에 봉해졌다. 한열은 후일 무제가 태묘(太廟)에서 거행하는 음주례(飮酒禮)[22] 경비로 요구한 황금을 제대로 내지 않아 후위를 잃었다. 뒤에 대조(待詔)로서 횡해장군(橫海將軍)이 되어 동월(東越)을 격파하고 안도후(按道侯)에 봉해졌다. 한열은 무제 태초(太初) 연간에 유격장군(遊擊將軍)이 되어 오원(五原) 밖의 성읍에 주둔했다가 돌아온 뒤에 광록훈(光祿勳)이 되었다. 그 뒤에 태자궁[23] 주위를 파다가 나온 무고(巫蠱) 때문에 태자에게 죽임을 당했다. 한열의 아들 한흥(韓興)이 후위를 물려받았으나, 무고 사건에 연루되었다 하여 죽임을 당했다. 그 뒤에 고조가 선언했다.

"유격장군이 무고 사건으로 죽은 일에 대해 다른 가족들을 연루시키지 말라."

그리하여 한흥의 동생 한증(韓增)이 다시 용락후에 봉해졌다. 한증은 젊어서부터 낭관(郎官), 제조(諸曹), 시중(侍中), 광록대부(光祿大夫)를 지냈고, 소제(昭帝) 때에 전장군(前將軍)이 되었다. 뒤에 대장군 곽광(霍光)[24]과 함께 모의하여 선제(宣帝)를 옹립한 공으로 식읍 천 호를 더해 받았다.

선제 본시(本始) 2년, 다섯 장군이 흉노 정벌에 나섰다.[25] 한증은 기병 삼만 명을 거느리고 운중(雲中)에서 출발하여 흉노 백여 명의 머리를 벤 다음 회군 기한에 맞추어 돌아왔다.

선제 신작(神爵) 원년, 한증이 장안세(張安世)를 대신하여 대사마 거기장군(車騎將軍)이 되었으며 상서직도 겸했다. 한증은 부귀한 집안 출신으로 젊어서부터 많은 공을 세운 신하였다. 삼대에 걸쳐 황제를 모시면서 조정의 충신이 되었다. 남에게는 관대하고 자신에게는 엄격하며, 윗사람부터 아랫사람까지 누구에게나 부드러운 얼굴과 겸손한 말로 대하고, 황제의 뜻에 어긋난 적이 없었기에 늘 총애를 받았다. 그러나 큰 업적은 남긴 바 없다.

선제 오봉(五鳳) 2년, 한증이 죽자 안후(安侯)라는 시호가 내려졌다. 아들 한보(韓寶)가 후위를 이었으나 한보에게 아들이 없었으므로 나라가 없어졌다.

성제(成帝) 때에 공신의 후예들에게 후위를 잇게 했는데, 한증의 형의 아들인 한잠(韓岑)을 용락후에 봉했다. 한잠이 죽자 아들 한지궁(韓持弓)이 후사가 되었다. 그 뒤 왕망이 망하면서 후위가 계승이 끊겼다.

찬하여 말한다.

주나라 왕실이 무너지고 춘추 시대 말기에 이르렀을 때 제후국이 거의 없어졌지만 염제(炎帝),[26] 황제(黃帝), 당요(唐堯), 우순(虞舜)의 후예들은 그때까지 많이 남아 있었다. 진나라가 육국을 멸하자 상고 시대의 남은 도읍들을 남김없이 없애 버렸다. 초한 전쟁 때 토호들이 서로 왕을 칭했으나 위표, 한왕 한신, 전담 형제들만이 옛〔전국 시대〕 군주의 후손이었다. 그러나 이들이 죽임을 당하면서 맥이 끊어졌다.

전횡은 지조가 높아 그 문객들이 전횡의 도의를 경모했지만 결코 스스로 왕위에 오르지 않은 것은 하늘의 뜻이었을까? 한씨가 궁고후에 봉해진 뒤 크게 부귀해졌으니, 그것은 아마도 한씨가 주왕실에 가까운 집안이었기 때문이 아닐까 한다.[27]

4

한·팽·영·노·오 전
韓彭英盧吳傳

▲▲▲▲▲▲▲▲▲▲▲▲▲▲▲▲▲

이 편에 들어 있는 다섯 인물, 한신(韓信, 기원전 231~기원전 196년),
팽월(彭越, ?~기원전 196년), 영포(英布, ?~기원전 196년), 노관(盧綰, 기원
전 256~기원전 194년), 오예(吳芮, 기원전 241~기원전 201년)는 진나라 멸
망 전쟁과 초한 전쟁의 주역이자 유방을 황제에 옹립한 창업 공신들이
다. 이들은 제2편의 장이와 제3편의 한왕 신과 함께 한나라 제후왕에
봉해졌다. 이들은 모두 유씨(劉氏)가 아닌 채로 넓은 영토를 받은 특등
공신들이다.

다섯 명 중에서 유방과 생년월일이 같은 유방의 죽마고우 노관을 제
외한 다른 네 명은 진나라를 멸망시키는 과정에서 항우와 손을 잡았다
가 유방 쪽으로 돌아선 공통점이 있다. 유방이 늘 이들의 모반을 염려
한 것도 그 때문이었다. 그러나 유방의 지나친 염려는 오히려 모반을 촉

발하여 오예를 제외한 네 명이 마침내 유방에게 반기를 들었다. 이 중에서 가장 먼저 처형된 공신은 바로 한신이다. 암도진창(暗渡陳倉), 정형(井陘)의 배수진으로 진나라 멸망에 큰 역할을 했을 뿐 아니라 해하(垓下) 전투를 승리로 이끌어 항우를 꺾는 데 결정적인 공을 세운 한신은 전쟁이 끝나자 한나라에서 가장 큰 영토를 거느린 제후왕이 되었다. 그러나 존재 자체가 유방의 한나라 황실에 부담이 되었던 한신은 반역자로 몰리다가 끝내 토사구팽 당했다. 괴통(蒯通)의 충고를 흘려들었던 것을 후회했지만 소용없는 일이었다. 한신이 처형된 기원전 196년, 유방은 팽월과 영포까지 반역죄로 처형했다. 유방에게 그들은 어려움을 함께 극복한 전우였으나 부귀영화는 함께 나눌 사이가 되지 못했다. 그중 팽월이 가장 무참하게 죽임을 당했다. 팽월의 살점 삭힌 것을 억지로 먹어야 했던 영포는 눈앞에 다가온 자신의 운명을 예측하고 유방에 대항하기 위해 군사를 보강하다가 반역으로 몰려 죽었다.

이 편은 장인과 사위가 함께 들어 있는 편이기도 하다. 장인 오예와 사위 영포는 진나라 멸망 후 서초 패왕 항우가 세운 열여덟 제후왕 안에 유방과 함께 들었던 영웅들이다. 장인과 사위는 초한 전쟁 기간에 유방에게 복속한 뒤 공을 세우고 한나라 제후왕이 되었다. 처자식을 모두 항우에게 잃으면서까지 전쟁에 가담했던 영포는 유방의 의심을 사는 가운데 결국 모반하고 말았다. 반면 오예는 한나라 황실과 우호 관계를 유지하여 후손 다섯 대까지 제후왕을 물려주었다.

『사기』에는 영포와 한신이 독립된 열전으로 세워져 있고, 팽월은 위표와 함께, 노관은 한왕(韓王) 신과 함께 들어 있다. 오예의 열전은 없다. 사마천이 오예의 열전을 세우지 않은 것은 자료 수집이 어려웠기 때문으로 보인다. 반고는 처형을 피한 보기 드문 제후왕 오예와 그 후손을 기리기 위해 관련 기록 200여 자를 모아 오예 열전을 세웠다. 이 편에는 한신의 반역에 관련된 인물로 지목된 진희(陳豨, ?~기원전 195)의 사적도 들어 있다.

이 편에는 유달리 극적인 장면이 많다. 한신이 여후에게 잡혀가는 장면이나 경포와 유방이 처음 대면하는 장면은 마치 한 편의 영화처럼 생생하다. 유방이 발을 씻으며 무시하듯 경포의 인사를 받은 뒤에 자신의 거처만큼이나 잘 꾸민 거처를 제공함으로써 경포의 마음을 사는 장면이 특히 그렇다. 또 한신이 위표를 잡은 뒤 항우와 맞설 원대한 계획을 발표하는 장면은 『사기』에 없는 부분으로 지략가 한신의 모습이 드러난다. 남의 가랑이 밑을 기어야 했던 치욕을 참으며 용맹한 장군으로 거듭난 한신의 일화는 사마천에게 미래를 위해 인내하는 본보기가 되었을지도 모른다.

가랑이 밑을 기면서 내일을 기약한 한신

○ ○ ○

한신은 회음현(淮陰縣) 사람이다. 집안이 가난했고 덕행이 없어 고을 아전으로도 추천받지 못했다.[1] 그렇다고 장사치가 되어 살림을 꾸릴 줄도 몰랐기 때문에 늘 남의 밥을 얻어먹었다. 어머니가 돌아가셨을 때 장례 비용이 없어 높고 마른 땅을 찾아 어머니를 묻으면서, 앞으로 이 무덤 옆에 수많은 사람이 살게 하리라 다짐했다.

한신은 한때 회음현 하향(下鄕)의 남창(南昌) 정장(亭長)에게 의지했다. 정장의 아내는 한신을 미워했다. 그래서 새벽 일찍 밥을 지은 다음, 식구들에게 잠자리 이불 속에서 바로 밥을 먹게 했다. 그러니 밥때가 되어 한신이 그 집에 가도 먹을 것이 없었다. 한신은 정장의 아내가 자기에게 밥을 주기 싫어한다는 것을 알자 발길을 끊었다.

한신이 회음성 아래[회수(淮水)]에 가서 낚시를 했다. 솜 빨래를 빨던 아낙이 한신을 불쌍히 여겨 밥을 주었다. 이 아낙은 빨래를 하는 수십 일 동안 계속 밥을 주었다. 한신이 빨래하는 아낙에게 말했다.

"제가 반드시 아주머니의 은혜를 크게 갚겠습니다."

그러자 아낙이 한신을 나무라며 말했다.

"대장부가 스스로 끼니도 해결하지 못하다니! 나는 그저 그대가 불쌍해서 밥을 준 것뿐이오. 어찌 보답을 바라겠소!"

또 회음의 한 젊은이는 한신에게 [깔보며] 말했다.

"아무리 키가 커서 칼 차고 다니길 좋아한다 해도 겁쟁이일 뿐이지."

그러고는 사람들 앞에서 한신을 욕보이며 말했다.

"죽는 게 겁나지 않으면 나를 칼로 찌르고, 죽는 게 겁나면 내 가랑이 밑으로 기어라."

한신이 그 젊은이의 얼굴을 똑똑히 쳐다보고는 몸을 굽혀 가랑이 밑을 기어 나왔다. 길을 가득 메운 사람들이 모두 한신을 겁쟁이라며 비웃었다.

항량이 회수를 건넜을 때, 한신이 칼 한 자루만 차고 항량의 군대를 따라갔다. 한신은 항량 휘하의 이름 없는 병졸에 불과했다. 항량이 [정도에서 장한에게] 패하자 한신은 다시 항우에게 복속하여 낭중이 되었다. 한신이 항우에게 몇 차례나 계책을 올렸으나 항우는 받아들이지 않았다. 한왕이 촉 땅에 들어갈 때 한신은 초패왕 항우에게서 달아나 한왕에게 귀순했다. 그러나 아직 이름이 알려지지 않았기에 연오(連敖)[2] 노릇이나 해야 했다.

어느 날 한신이 군법을 어겨 참수형을 당하게 되었다. 같은 죄로 열세 명이 먼저 처형되고 자기 차례가 되자 한신은 하늘을 우러러보았다. 마침 등공(滕公, 하후영)이 보이자 이렇게 말했다.

"왕께서는 천하를 차지할 마음이 없으시답니까? 그러니 장사의 목이나 베고 있지요!"

등공은 한신의 말이 심상치 않고 풍채도 우람했으므로 죽이지 않고 풀어 주었다. 한신과 이야기를 나누어 본 등공은 크게 기뻐하며 한왕에게 그 사정을 보고했다. 한왕은 한신을 치속도위(治粟都尉)에 임명했으나 특별하게 보지는 않았다.

한신과 여러 차례 대화를 나눈 소하는 그가 비범한 사람임을 알아차렸다. 한왕의 군대가 도읍 남정(南鄭)에 당도할 때까지 길에서 달아난 장수들이 수십 명이 넘었다. 한신 또한 소하가 한왕에게 자신을 몇 번이나 천거했지만 한왕이 자신을 중용하지 않는다는 생각이 들자 바로 달아나 버렸다. 한신이 달아났다는 소식을 들은 소하는 한왕에게 알릴 겨를도 없이 직접 한신을 쫓아갔다. 이를 본 누군가가 한왕에게 승상 소하도 달아났다고 보고했다. 한왕은 양손을 잃어버리기라도 한 듯 화를 냈다.

하루 이틀이 지난 뒤 소하가 돌아와 한왕을 알현했다. 한왕은 화가 났지만, 한편으로 반갑기도 했다. 한왕이 소하를 꾸짖으며 말했다.

"그대도 달아났다면서? 왜 그랬는가?"

소하가 말했다.

"신이 어떻게 감히 달아나겠습니까? 달아난 자를 쫓았을 뿐입니다."

"누구를 쫓았다는 것인가?"

"한신입니다."

한왕이 또다시 소하를 꾸짖었다.

"장수 중에 달아난 자가 수십 명이 넘는데 공은 아무도 쫓아가지 않았소. 그런데 한신을 쫓아갔다니, 나를 속이는 것인가?"

소하가 대답했다.

"보통 장수들이야 쉽게 얻습니다. 그러나 나라 안의 인재 중에 한신만큼 뛰어난 사람이 또 있지는 않습니다. 왕께서 계속해서 한중 땅만 다스리시겠다면 쓸데가 없으나, 천하를 차지하기로 나서신다면 한신 말고는 거사를 더불어 꾀할 자가 없습니다. 다만 왕께서 어느 쪽을 도모하실지를 결정할 문제입니다."

한왕이 말했다.

"나 역시 동쪽을 얻고 싶은 마음뿐이오. 이렇듯 답답한 곳에 어떻게 오래 있겠소?"

"왕께서 동쪽으로 진군하기로 생각을 굳히셨다면 한신을 등용하시면 됩니다. 그러면 한신도 남을 것입니다. 등용하지 않으시면 결국 한신은 떠나고 말 것입니다."

"내 공의 면목을 보아 한신을 장수로 삼겠소."

"그냥 장수로 삼는다면 한신은 남지 않을 것입니다."

"그럼 대장으로 삼겠소."

"더없이 다행입니다."

그리하여 한왕이 대장직을 제수하려고 한신을 불러들이라 하자 소하가 말했다.

"왕께서는 평소에 사람들을 대할 때 업신여기며 예절을 갖추지 않으셨습니다. 지금 대장직을 제수하면서 아이를 불러들이듯 하시니, 그 때문에 한신이 떠나려고 한 것입니다. 왕께서 꼭 대장직을 제수하시겠다면 날을 받아 목욕재계하시고 넓은 터에 높은 단을 마련하신 다음 예를 갖추십시오. 그래야 마땅합니다."

한왕이 소하의 말에 따랐다. 여러 장수가 모두 기뻐하며 제각기 자신이 대장에 오르리라고 여겼다. 그런데 의례가 거행되고 한신이 대장에 제수되자 전군이 모두 놀랐다.

항우와 천하의 패권을 다툴 계책을 내놓다

○　○　○

의례를 마친 뒤에 한신이 〔한왕 곁으로〕 올라가 자리에 앉았다. 한왕이 말했다.

"승상이 수차례나 장군을 천거했는데, 장군은 과인에게 어떤 계책을 내주겠소?"

한신이 감사의 뜻을 표하고는 한왕에게 질문을 던졌다.

"이제 동쪽을 향해 천하의 패권을 다투시겠다면 상대는 항왕밖에 더 있겠습니까!"

"맞는 말이오."

"왕께서 스스로 항왕과 비교하실 때, 싸움에서 용맹하면서 거칠고, 부하들에게 인자하면서도 원칙이 있는 점에서 누가 더 뛰어납니까?"

한왕이 오랫동안 입을 열지 않다가 이윽고 답했다.

"내가 항왕만 못하오."

한신이 두 번 절한 뒤에 한왕의 판단이 정확하다고 평가했다.

"예, 저도 왕께서 항왕만 못하다고 생각했습니다. 그런데 제가 일찍이 항왕을 모신 적이 있었기에 항왕의 사람됨을 말씀드리려고 합니다.

항왕이 노하여 호통으로 일갈하면 수많은 사람이 모두 혼미하여 엎드리지만, 뛰어난 능력의 장수를 쓸 줄은 모릅니다. 이는 필부의 용맹에 불과합니다. 항왕은 사람을 만날 때 공손하게 자신을 삼가고 말을 아주 부드럽게 합니다. 또 누가 병이 났다는 말을 들으면 눈물을 흘리며 자신이 먹을 음식을 갈라 줍니다. 그런데 사람을 시켜 공을 세우게 해 놓고 작위를 봉할 때는 이미 다 파 놓은 관인을 손에 쥐고 인장이 닳을 지경에야 아깝다는 듯이 내놓으니, 이런 것을 두고 바로 아녀자의 자애로움이라고 하는 것입니다.

항왕이 비록 천하의 패왕이 되어 제후들을 복속시켰지만, 관중에 있지 않고 팽성에 도읍했습니다. 또한 의제의 맹약을 저버리고 자신과 친한 자들을 왕에 봉하여 제후들이 불평하고 있습니다. 항왕이 의제를 강남으로 내쫓은 것을 본 제후들은 자신들도 원래 땅으로 돌아가 옛 주군을 내쫓고 좋은 땅을 골라 스스로 왕위에 오르고 있습니다. 그런가 하면 항왕이 지나간 곳 중에 파괴되지 않은 데가 없으니 백성의 원망을 많이 얻었습니다. 백성들은 속으로는 복속하고 싶지 않지만, 항우의 위세가 겁나서 억지로 복종할 따름입니다. 비록 패왕이라고 일컬어질지언정 실상 천하의 민심은 잃은 것입니다. 그러므로 그 강성함은 약해질 터, 이제 대왕께서 힘을 써서 항왕이 한 것과 반대로 하시면서 천하의 날쌔고 용감한 군인들을 쓴다면 없애지 못할 적이 없습니다.

천하의 성읍들을 공신들에게 나누어 준다면 복종하지 않을 자가 누가 있겠습니까? 정의의 군대를 이끌면서 동쪽 고향으로 돌아가고 싶은 군사들의 마음을 따른다면 어떤 적을 깨뜨리지 못하겠습니까? 진나라〔관중〕땅을 셋으로 갈라 봉한 왕들은 모두 진나라 장군들이었습니다. 진나라 청년들을 이끌고 몇 해 동안 전쟁하면서 수많은 목숨을 잃게 해 놓고, 다시 자기 군사를 속여 제후연합군에 투항한 자들입니다. 그런데도 신안에서 항왕이 교활한 방법을 써서 진나라 군사 이십여만 명을 산 채로 구덩이에 묻어 버리고 장한, 사마흔, 동예 세 사람의 목숨만 살려 주었습니다. 하여 진나라의 부모 형제들은 이 세 사람을 골수에 사무치도록 원망하고 있습니다. 그런데 초 패왕이 위세에 의지하여 이 세 사람을 왕으로 봉했으니 진나라 백성이 좋아할 리 없습니다.

왕께서는 무관에 입성했을 때, 백성에게 해가 될 일을 추호도 하지 않은 것은 물론이고, 가혹했던 진나라의 법령을 없애 주면서 백성과 약속하시기를 삼장(三章)의 법령[3]만 적용하겠다고 반포하셨습니다. 그래서 진나라 백성은 모두 왕께서 진나라 왕이 되기를 희망했습니다. 패왕이 제후들과 맺은 맹약에 따르자면 왕은 관중의 왕이 되셔야 합니다. 관중의 백성도 모두 이 사실을 알고 있는데 왕께서 관중의 왕위를 잃어버리고 촉 땅으로 가셔야 했으니 이를 원망하지 않은 백성이 없었습니다.

지금 왕께서 군사를 일으켜 동쪽으로 진격하신다면, 전투할 일도 없이 격문을 퍼뜨리는 것만으로도 셋으로 갈라진 진나라〔관중〕땅을 평정할 수 있습니다.”

이 말을 들은 한왕은 아주 흡족했고 너무 늦게 한신을 알아보았다고 생각했다. 그러고는 한신이 세우는 계책에 따라 장수들에게 공격 목표를 정해 주었다. 한왕의 부대는 진창(陳倉)을 기습하며 동쪽으로 진군하여 항우가 셋으로 갈라놓았던 진나라 〔관중〕 땅을 평정했다.

한 고조 2년, 한왕의 군대가 함곡관을 통해 〔동쪽으로〕 나간 뒤 위왕 위표와 하남왕 신양의 땅을 점령했으며, 한왕(韓王) 정창과 은왕 사마앙도 모두 항복했다. 계속해서 제나라 군, 조나라 군[4]과 연합하여 초나라 팽성을 공격했으나 패배하여 후퇴했다. 이때 한신이 군대를 새로 출동시켜 한왕과 형양에서 만났다.[5] 다시금 경현과 삭정 사이에서 초나라 군대를 공격해 격파했다. 이로써 초나라 군대는 서쪽으로 더 진군할 수 없었다.

한나라가 팽성에서 패하여 후퇴할 때 새왕 사마흔과 적왕 동예는 한나라 진영에서 달아나 초나라에 투항했다. 제나라와 조나라, 위나라도 한왕에게 반기를 들고 초나라와 화친했다. 한왕이 위왕 위표에게 역이기를 파견하여 설득했지만 위표는 듣지 않았다. 그리하여 한신을 좌승상으로 삼아 위나라를 쳤다. 한신이 역이기에게 물었다.

"위나라에서 주숙(周叔)을 대장으로 삼을 가능성은 없겠소?"

"백직(柏直)을 쓸 것입니다."

"그자는 애송이지!"

한신이 곧바로 진군하여 위나라를 쳤다. 위나라는 포반(蒲阪)에 대규모 군대를 배치하고 〔황하의〕 임진관 나루를 봉쇄했다. 한신은 군사의 숫자가 많은 것처럼 꾸민 뒤에, 배를 모아 강에 대면서 임진관에서 강을 건널 듯이 행동했다. 이어 군사를 몰래 움직여

〔임진관의 상류에 있는〕하양(夏陽)으로 간 뒤 나무 앵부(罌缶)[6]로 강을 건너 안읍(安邑)을 기습했다. 위왕 위표가 깜짝 놀라 군대를 이끌고 한신의 군대에 맞섰으나, 결국 한신이 위표를 포로로 잡고 하동군을 평정했다. 한신이 사람을 보내 한왕에게 청했다.

"군사 삼만 명을 증원해 주십시오. 신이 청컨대 북쪽으로 진군하여 연나라와 조나라를 정복한 뒤, 다시 동쪽으로 향하여 제나라를 공격하고, 이어서 남쪽으로 내려가 초나라의 군량 운송길을 끊은 뒤에, 마지막으로 서쪽으로 나아가서 형양에서 대왕과 합류하고자 합니다."

이에 한왕이 군사 삼만 명을 주어 장이와 함께 조나라와 대나라로 진격하게 했다. 한신과 장이의 군대는 대나라군을 깨뜨리고 알여(閼與)에서 〔대왕 진여가 임명한 상국〕하열을 사로잡았다. 한신이 위나라와 대나라 땅을 점령했을 때 한왕이 사자를 파견하여 한신의 정예 부대를 거두었으므로, 한신의 군대는 형양성으로 달려가 초나라 군대와 대적했다.

배수진을 치고 이십만 대군에 대항하다

○   ○   ○

그 뒤에 한신과 장이의 부대는 군사 수만 명을 거느리고 동쪽으로 진격하여 정형에서 조나라 군대를 공격하고자 했다. 조왕 조헐과 성안군(成安君) 진여가 한나라의 공격 소식을 듣고 정형구(井

陘口)에 이십만 대군을 집결시켰다. 이때 광무군(廣武君) 이좌거(李左車)가 성안군에게 이렇게 주장했다.

"듣자 하니 한나라 장군 한신이 서하를 건너 위왕 위표를 포로로 잡고, 또 알여에서 혈전을 벌여 하열을 사로잡았다 합니다. 지금은 장이의 도움을 받으며 우리 조나라를 항복시키려고 꾀를 짜내고 있습니다. 저렇게 승기를 잡은 상태에서 자기네 나라와 먼 곳에서 전투를 벌이면 군사들은 빨리 고향에 돌아가고 싶은 생각에 더 열심히 싸울 것이므로 그 예봉을 막을 길이 없습니다.

그러나 신이 예전에 '천 리 밖에서 군량을 조달하는 군대의 병졸들은 주린 기색이 돌고, 끼니마다 땔나무를 베고 풀을 베어 불을 때는 군대의 병사들은 늘 배가 부르지 못하다.'라는 말을 들은 적이 있습니다. 게다가 지금 정형구에서 정형에 이르는 길[7]은 좁아서 수레 두 대가 비켜 지나갈 수 없고 기병이 열을 지어 통과하지 못합니다. 대규모 부대의 행렬이 수백 리에 이르니 그 형세로 보아 군량은 반드시 행렬의 후미에 있을 것으로 보입니다. 선생께서 저에게 임시로 기병 삼만 명을 주시면 샛길로 가서 그 물자 수송로를 끊어 놓겠습니다.

선생께서는 도랑을 깊이 파고 군영의 보루를 높인 뒤에 교전은 최대한 피하십시오. 그러면 저들은 앞에서 전투를 벌일 수 없게 될 뿐 아니라, 후퇴하고 싶어도 할 수 없게 됩니다. 제가 기병을 이끌고 저들의 퇴로를 끊어 버리면 [겨울] 들판에서 먹을 것을 찾기도 힘들 테니, 열흘이 못 되어 그 두 장수의 머리를 대장의 깃발 아래에 갖다 바칠 수 있습니다. 바라건대 저의 계책을 잘 살펴 허락해 주십시오. 그 둘에게 절대 사로잡히지 않을 것입니다."

성안군은 글 읽는 사람으로, 정의로운 군대는 속임수나 이상한 계책을 쓰지 않는다고 늘 주장해 왔던 터라 이렇게 대꾸했다.

"내가 병법을 읽어 보니 '적보다 열 배가 많아야 포위할 수 있고, 곱절이 많아야 싸워서 이길 수 있다.'[8]라고 되어 있었소. 지금 한신의 군대가 수만 명이라고 떠들지만 실제로는 그만큼일 수 없소. 또 우리를 공격하러 천 리 밖에서 왔으니 지쳤을 것이오. 이런 적을 대항하여 싸우지 않고 피하는 전법을 쓴다면, 앞으로 더 강한 적을 만났을 때 어떻게 대항하겠소. 또 여러 제후국이 우리를 겁쟁이로 여기고 쉽게 쳐들어올 것이오."

성안군은 광무군의 계책을 듣지 않았다.

한신이 보낸 첩자가 돌아와서, 진여가 광무군의 계책을 받아들이지 않았다고 보고했다. 한신이 크게 기뻐하며 바로 군대를 이끌고 진군하기 시작했다. 정형구를 삼십 리 앞에 두고 진군을 멈추고, 밤중에 출발 명령을 내렸다. 날쌘 기병 이천 명을 뽑아 사람마다 붉은 깃발을 하나씩 들고 샛길로 가서 산속에 숨어 조나라 군의 동태를 살피게 했다. 한신이 기병들에게 명령했다.

"조나라에서 우리가 후퇴하는 모습을 보면 틀림없이 군영을 비워 두고 우리를 추격할 것이다. 그때 너희가 재빨리 저들 군영으로 들어가 조나라 기를 뽑고 한나라 기를 꽂도록 하라."

한신은 비장들에게 말을 타고 출정하되 간단한 먹을거리만 지니라고 명령하고는 말했다.

"오늘 조나라 군을 쳐부순 뒤 함께 모여서 잔치를 열자."

장수들은 모두 어안이 벙벙했지만, 알아들었다는 듯 대답했다.

"알겠습니다."

한신이 군리들에게 따로 일렀다.

"조나라 군이 미리 유리한 지형을 점거하고 보루를 만들었다. 저들은 우리 군의 대장 기와 북을 보기 전에는 성 밖으로 나와 선봉 부대를 치려고 들지 않을 것이다. 우리 군이 험한 지형에 막혀 미리 후퇴할 수도 있으리라고 여기기 때문이다."

한신의 명에 따라 군사 만 명이 먼저 출발하여 정형구를 빠져나간 뒤 배수진을 쳤다. 조나라 군이 배수진을 보고 크게 비웃었다. 새벽이 오자 한신은 대장 깃발을 높이 든 채 북을 울리며 정형구를 빠져나갔다. 조나라 쪽에서 군영의 문을 열고 공격하여 한참 동안 격전이 벌어졌다.

격전 중에 한신과 장이는 대장 기와 북을 버리고 강변의 배수진 군영으로 내달렸다. 그곳에서 격전이 다시 시작되었다. 〔아니나 다를까〕 조나라 군은 성을 비워 놓고 모두 나와 한나라의 〔전리품인〕 깃발과 북을 다투어 빼앗으며 한신과 장이의 군대를 추격했다. 한신과 장이는 벌써 강변의 군영으로 들어갔으며, 군사들은 모두 죽기를 각오하고 싸웠으므로 패배할 수가 없었다.

한신이 출동시킨 기병 이천 명은 조나라 군사들이 군영을 비우고 전리품에 관심을 쏟는 틈에 재빨리 조나라 군영으로 들어가 조나라 기를 뽑고 한나라 깃발 이천 개를 꽂았다. 한신과 장이 등을 잡을 수 없다고 판단한 조나라 군이 군영으로 돌아가려다, 자기네 군영에 한나라 기가 꽂혀 있는 것을 발견하고 깜짝 놀랐다. 한나라 군이 이미 조왕과 그 장수들을 쳐부수었다고 생각한 것이다. 조나라 군의 대형이 크게 어지러워지면서 병사들이 이리저리 달아났다. 장수들이 달아나는 병사들을 베며 대형을 유지하려 했지만 막을 수가 없었다. 한나라 군은 전후좌우에서 공격하여 조나라 군사들을 격파하고 포획했다. 지수 변에서 성안군의 목을 베고 조왕 조헐을 사로잡았다.

한신은 광무군의 목을 베지 못하게 하는 대신, 생포하면 황금천 근을 내리겠다는 군령을 내렸다. 얼마 지나지 않아 누군가가 결박한 광무군을 한신의 깃발 아래에 데려왔다. 한신이 광무군의 결박을 풀어 주고는 동쪽을 향해 앉게 하고 자신은 서쪽을 향해 앉아 광무군과 마주 보며 스승의 예로 대했다.

각 진영에서 적군의 수급과 포로들을 바친 뒤에 한신의 승리를 경하했다. 그 자리를 빌려 누군가 한신에게 물었다.

"병법에서 '진영을 구축할 때는 오른쪽과 뒤쪽에 산과 구릉을 두고, 앞쪽과 왼쪽에는 물이나 호수를 두게 하라.'[9]라고 했습니다. 오늘 장군께서 저희에게 배수진을 치게 한 뒤 조나라를 쳐부수고 함께 모여 잔치를 베풀자고 하셨을 때, 저희는 의심하고 이상하게 여겼습니다. 그러나 마침내 우리가 이겼으니 이는 어떤 전술을 쓰신 것입니까?"

한신이 말했다.

"오늘 전술도 병법에 있는데 그대들이 잘 살피지 않았던 모양이오. 병법에 '사지에 빠진 뒤에야 [결사항전하여] 살고, 망할 곳에 이른 뒤에야 존속해 낸다.'[10]라고 하지 않았소? 게다가 나의 부대는 [새로 편성되어] 평소 훈련이 되어 있지 못하니, 병서에서 이른 '시장판의 오합지졸들을 몰아다 적과 싸우는' 경우와 같소. 이럴 때 사지에 몰아넣어 각각 제 목숨을 지키기 위해 싸우도록 하지 않고 살아 돌아갈 만한 생지에 진영을 차렸다면 모두 달아났을 것이오. 그런 군사들을 어디에 써먹겠소!"

그러자 여러 진영의 장수들이 모두 탄복했다.

"우리는 도저히 생각할 수 없는 경지입니다."

이윽고 한신이 광무군에게 자문을 구했다.

"제가 북쪽으로는 연나라[11]를 공략하여 얻고 동쪽으로는 제나라를 토벌하고 싶은데 어떻게 해야 성공하겠습니까?

광무군이 겸손하게 답했다.

"제가 듣기로 '나라를 망하게 한 신하는 나라의 존망이 걸린 계책을 세울 자격이 없고, 싸움에 진 장수는 용맹에 대해 말할 자격이 없다.'라고 했습니다. 어찌 저 같은 자와 함께 대사를 의논하려 합니까?"

한신이 말했다.

"백리해(百里奚)가 우(虞)나라에 있을 때는 우나라가 멸망했지만, 진나라에 가서는 진나라 상국이 되었다고 들었습니다. 백리해가 우나라에서는 어리석고 진나라에서는 지혜로웠던 것이 아니라 주군이 백리해를 등용했느냐 등용하지 않았느냐, 그 주장을 들었느냐 듣지 않았느냐에 따라 달라진 것입니다. 만일 성안군이 선생의 계책을 받아들였다면 저 또한 성안군에게 사로잡혔을 것입니다. 제가 성심을 다해 가르침을 구하니 선생께서는 사양하지 마시기 바랍니다."

그러자 광무군이 말했다.

"제가 듣기로 '지혜로운 사람이 생각하는 일에도 천 번 중에 한 번은 실수가 있고, 어리석은 사람이 생각하는 일도 천 번에 한 번은 성공한다.'라고 했습니다. 그래서 '성인은 미친 사람의 말도 가려듣는다.'라는 말이 나온 모양입니다. 저의 계책이 장군께서 받아들여 쓰기에 부족할까 두렵지만, 어리석으나마 제가 가진 충정을 다하고자 합니다.

본래 성안군에게는 백전백승의 계책이 있었으나 하루아침의 실책으로 호현성(鄗縣城) 밖에서 패했고, 자신은 지수 변에서 죽고 말았습니다. 지금 장군께서는 위왕을 포로 삼고 하열을 사로잡았습니다. 오전 반나절에 조나라 이십만 군대를 깨뜨리고 성안군을 죽인 것입니다. 이 일로 천하에 장군의 이름이 나고 제후들 사이에 위세를 떨치게 되었습니다. 백성 가운데 짓던 농사를 걷어치우고 손에서 일을 놓은 채, 죽음을 앞두고 아껴 둔 좋은 옷과 맛난 음식을 입고 먹으며 장군의 군대에 들어오라는 명령을 기다리지 않는 자가 없습니다.

그러나 지금 장군의 군사들은 매우 지쳐 있어 작전을 계속하기가 어렵습니다. 이런 군사를 출동시키면 견고한 연나라의 성을 공격하느라 더 지치게 될 것입니다. 그런 실정이 저쪽에 모두 알려지고 이쪽 힘도 다 떨어지면 공격을 하고 싶어도 그럴 수 없습니다. 시간을 오래 끌면 군량도 바닥납니다. 만일 연나라 공략에 실패한다면 제나라가 반드시 국경을 방어하며 군비를 강화할 것입니다. 두 나라와 계속 긴장 상태를 유지한다면 유방과 항우 중 어느 쪽이 강한가를 구별할 수 없게 됩니다. 어리석은 소견입니다만, 제가 볼 때 연나라와 제나라를 공격하는 것은 잘못이라고 여겨집니다."

한신이 말했다.

"그렇다면 어떤 계책을 따라야 하겠습니까?"

광무군이 대답했다.

"지금 가장 좋은 계책은 무기를 내려놓고 군사를 쉬게 하는 것입니다. 사방 백 리 안에서 날마다 고기와 술을 가져오면 그것으로 장수와 군관, 병사들을 배불리 먹인 뒤에 연나라로 가기 위해 북쪽을 향하겠다고 하십시오. 그러고는 사자에게 짧은 편지 한 통을 들려 연나라에 보내기만 하면, 연나라에서는 장군의 말을 듣지 않을 수 없습니다. 연나라의 항복을 받은 뒤에 동쪽으로 제나라 땅 근처까지 행군하면, 제나라에 아무리 지혜로운 책사가 있어도 제나라를 위해 무슨 계책을 써야 할지 모를 것입니다. 이렇게 하면 천하의 패권을 다투는 일도 생각해 볼 수 있습니다. 전쟁이란 원래 먼저 허장성세한 다음 나중에 실제 행동을 보여 주는 법이라 했는데 제가 지금 말씀드린 것이 바로 그러한 계책입니다."

한신이 말했다.

"좋습니다. 가르침을 받들어 따르겠습니다."

그리하여 광무군의 계책을 써서 연나라에 사자를 파견했다. 연나라는 바람에 넘어지는 나무처럼 항복했다. 이어서 한왕에게 사자를 보내 이런 사정을 보고한 뒤에 장이를 조나라 왕에 봉하여 조나라 백성을 달래자고 청했다. 한왕이 이를 들어주었다.

초나라가 여러 차례 돌격대를 보내 황하를 건너 조나라를 공격했으나 조왕 장이와 한신이 여기저기를 오가며 구원했다. 이 둘은 조나라의 성읍들을 평정하고는 군사를 파견하여 한왕을 도왔다. 초나라 군이 형양에서 겹겹이 한왕을 포위했으나, 포위망을 뚫고 나온 한왕이 남쪽의 원현과 섭현 일대에서 구강왕 영포의 군대를 얻어 성고로 들어갔다. 초나라 군은 다시 성고를 겹겹이 에워쌌다.

한 고조 4년, 한왕이 성고를 빠져나와 황하를 건넜다. 등공만 데리고 장이를 쫓아 수무로 갔다. 수무에 다다라서는 역참의 객관에 묵고, 이른 새벽에 스스로 한왕의 사자를 칭하면서 조나라의 군영 안으로 말을 달려 들어갔다. 장이와 한신은 아직 잠자리에서 일어나지 않은 때였다. 한왕이 그들이 자는 방으로 들어와 관인과 병부(兵符)를 빼앗고, 장수들을 소집하여 그들의 배치를 바꿔 버렸다. 한신과 장이가 일어나 한왕이 혼자 군영에 온 것을 알고 크게 놀랐다. 한왕은 두 사람의 군대를 접수한 뒤에, 장이에게는 조나라 땅을 지키게 하고 한신은 상국에 임명했다. 그리고 조나라에서 아직 징발되지 않았던 자들을 모아 제나라를 공격했다.

스스로 제나라 왕이 되다

○   ○   ○

한신이 군대를 이끌고 동진하여 아직 평원진 나루를 건너지 않앉을 때 한왕이 역이기를 제나라 왕에게 보내 귀순을 설득했다는 이야기를 들었다. 이에 한신은 더 전진하지 않으려고 했지만 괴통이 나서서 제나라를 공격하도록 권했다. 이 이야기는 「괴통전」에 써 두었다.

괴통의 계책이 옳다고 여긴 한신이 결국 황하를 건너 역하에 있던 제나라 군을 공격했고 〔제나라의 도읍〕 임치까지 이르렀다. 제왕 전광이 고밀로 달아나면서 초나라에 사람을 보내 구원병을 요청했다. 한신은 임치를 평정한 뒤 동쪽으로 제왕을 추격하여 고밀의 서쪽까지 따라잡았다. 초왕이 용저(龍且)를 장군으로 하는 이십만 군사를 파견하여 제나라를 구원했다. 제왕이 용저와 연합하여 한신과 대전을 벌이기 직전에 누가 와서 용저에게 말했다.

"한나라 군은 본토에서 멀리 나와 싸우고 있습니다. 퇴로가 끊긴 적과 장기간 싸우다 보면 저들의 예봉을 당해 낼 수 없습니다. 반면에 제나라 군과 초나라 군은 자기네 땅에서 작전 중이라 군사들이 달아나기 수월합니다. 그러니 해자를 더 깊이 파고 보루를 높인 뒤에 제왕으로 하여금 그 심복을 보내게 하여 이미 잃어버린 성읍의 사람들을 움직이는 것이 낫습니다.

이들 성읍 사람들이 제왕이 아직 살아 있다는 것과 초나라에서 구원병이 당도했다는 것을 알게 되면 반드시 한나라에 반기를 들 것입니다. 한나라 군사들은 본토에서 이천 리 밖에 있는 제나라 땅에서 전투하고 있습니다. 제나라 성들이 모두 반기를 드는 상황에서는 한나라 군이 군량을 얻을 길이 없으니 싸우지 않고도 항복을 받을 수 있습니다."

용저가 말했다.

"내가 평소 한신의 사람됨을 아는데, 상대하기 쉬운 자요. 일찍이 솜 빨래를 하던 아낙에게 빌어먹은 적도 있을 정도로 자신을 먹여 살릴 방도가 없던 사람이지. 다들 보는 앞에서 남의 가랑이 밑으로 기어가는 모욕을 감내할 만큼 누굴 상대할 용기도 없는 자요. 그러니 겁낼 필요 없소. 게다가 지금 제나라를 구원하러 왔는데 한신이 항복해 버리면 나는 아무런 공도 세우지 못한 것이 되지 않겠소? 싸워서 한신을 이긴다면 제나라 땅의 절반을 봉토로 받을 수도 있는데 싸우지 않을 이유가 없소."

드디어 교전이 이루어져 양측이 유수(濰水)를 끼고 진을 치게 되었다. 한신이 밤에 군사를 보내 모래를 넣은 자루 만여 개를 유수 상류에 쌓았다. 그러고는 군대의 절반만 데리고 용저를 공격하다가 지는 체하며 달아났다. 아니나 다를까 용저가 기뻐하며 말했다.

"한신이 겁쟁이라는 것은 예전부터 알던 바다."

용저는 유수를 건너 한신의 군대를 추격했다. 이때 한신이 군사를 시켜 쌓아 둔 모래 자루를 들어내자 큰물이 흐르기 시작했다. 용저의 군대 태반이 강을 건너지 못했다. 한신이 서둘러 그들을 공격하여 용저를 죽였다. 강의 동쪽에 남아 있던 용저의 군사들은 흩어져 달아났고 제왕 전광도 도망갔다. 한신은 북쪽으로 성양까지 추격하여 전광을 포로로 잡았다. 초나라 군사들이 모두 항복하고 곧이어 제나라 전부를 평정했다.

한신이 한왕에게 사람을 보내 편지를 전했다.

"제나라는 과장과 속임수를 자주 쓰고 종잡을 수 없는 나라입니다. 또 남으로는 초나라와 맞대고 있어 임시로 왕을 세워 다스리지 않으면 이 지역의 형세를 안정시킬 수 없습니다. 지금 저의 권한이 적어서 이를 안정시키기에 부족하니, 저를 임시로 왕에 오르게 해 주십시오."

그때 형양에서는 초나라가 한왕을 겹겹이 에워싸고 있었다. 사자가 도착하여 편지를 올리자 한왕이 몹시 노하여 꾸짖었다.

"내가 지금 여기 갇혀 있어, 와서 도와주기를 밤낮으로 기다리는데 스스로 왕에 오르고 싶다는 소리나 한단 말인가!"

장량과 진평이 뒤에서 살짝 한왕의 발을 밟고는 귀엣말을 했다.

"한나라 군이 불리한 처지에 있습니다. 한신이 스스로 왕이 되겠다는 것을 어떻게 말리겠습니까? 하겠다는 대로 왕에 봉하고 잘 대우해 준 뒤에 한신이 제나라 땅을 잘 보전하도록 하는 게 낫습니다. 아니면 모반할지도 모릅니다."

한왕도 정신을 차리고 다시 큰소리로 꾸짖었다.

"대장부가 제후국을 평정했으면 당연히 진짜 왕이 되어야지, 임시 왕은 무슨 임시 왕인가!"

한왕은 장량을 파견하여 한신을 제왕에 봉하고 한신의 군대를 징발하여 초나라를 공격하게 했다.

초나라 군이 용저를 잃자 두려워진 항왕이 후이(盱台) 사람 무섭(武涉)을 보내 한신을 설득했다.

"선생께서 한나라에 등 돌려 초나라와 함께하지 않는 것은 무엇 때문입니까? 초왕과 선생께서는 옛날부터 알고 지낸 사이지요. 그러나 한왕은 깊이 믿지 못할 사람입니다. 한왕은 항왕 손에 몇 번이나 잡혔지만, 손아귀를 빠져나가기만 하면 약조를 어기고 항왕을 다시 공격했으니, 가까이하거나 믿지 못할 바가 그 정도입니다. 지금 선생께서는 스스로 한왕과 변치 않는 교분을 맺고 있다고 여기지만 끝내 한왕에게 잡히게 되어 있습니다. 선생께서 오늘까지 끌어온 것은 항왕이 있었기 때문입니다. 항왕이 무너지고 나면 다음으로 선생을 잡을 것입니다. 그런데도 왜 초나라와 연합하여 천하를 셋으로 갈라서 그중의 하나인 제왕에 오르려 하지 않으십니까? 지금 이 기회를 버리고 꼭 한왕에 기대어 초나라를 공격하시겠습니까? 지혜로운 분께서 그렇게밖에 할 수 없단 말입니까?"

한신이 거절하며 말했다.

"내가 항왕을 수년이나 섬겼으나 벼슬은 낭중밖에 받지 못했고 지위는 대궐 문을 지키는 집극(執戟)에 불과했습니다. 나의 진언은 들어주지 않고 올린 계책도 쓰지 않았습니다. 그래서 초나라를 버리고 한나라로 귀순한 것입니다. 한왕은 저에게 상장군의 관인을 수여하고 수만 군사를 거느리게 해 주었습니다. 자신의 옷을 벗어다 입혀 주었고 자신이 먹을 것을 나에게 내려 주었습니다. 나의 진언을 들었으며 계책을 써 주었기 때문에 내가 이 자리에 오를 수 있었습니다. 누군가가 이렇게 깊이 나를 가까이하여 신뢰하는데 그를 배반한다면 좋은 결과를 얻지 못할 것입니다. 바라건대 한신을 대신하여 항왕께 거절의 말씀을 드려 주십시오."

무섭이 떠나고 나서 괴통은 천하의 대세를 결정하는 열쇠가 한신의 손에 있음을 알고 천하를 셋으로 갈라 정립하는 계책에 대해 한층 깊이 토론했다. 이 이야기는 「괴통전」에 있다. 한신은 한나라를 배반할 수 없었으며 또한 스스로 공이 크다고 여겨 한왕이 자신에게서 제나라 왕 자리를 뺏지 않으리라고 생각했다. 괴통이 올린 계책을 듣지 않은 것도 그런 까닭이다.

한왕이 고릉에서 패했을 때, 장량이 계책을 써서 한신에게 군대를 이끌고 해하로 오게 했다. 항우가 죽은 뒤에 고조가 돌연 한신의 군대를 뺏고 한신을 초왕으로 옮겨 봉한 뒤에 하비에 도읍하게 했다.

한신은 하비에 도착하여 자신에게 밥을 주었던 솜 빨래 아낙을 불러 황금 천 근을 하사했다. 이어서 하향 정장에게는 백 전을 주면서 말했다.

"당신은 소인배요. 덕을 끝까지 베풀지 못했으니 말이오."

이어 자신을 모욕하며 가랑이 사이로 기어가게 했던 젊은이를 불러 중위로 삼은 뒤에 여러 장수에게 이유를 설명했다.

"바로 이 장사요. 이자가 나를 모욕하던 당시인들 설마 그를 죽일 수 없었겠소? 그러나 그를 죽여 무슨 이름을 내겠나 싶어 참고 참으며 오늘의 업적을 달성한 것이오."

회음후로 강등된 뒤 여후에게 살해되다

항왕의 군대에서 도망친 장수 종리말은 집이 이려(伊廬)에 있었다. 종리말은 평소에 한신과 사이가 좋았으므로 항왕이 죽은 뒤에 한신에게 귀순했다. 고조는 종리말을 원망하고 있었기 때문에 초나라에 있다는 소식을 듣고 초나라에 조서를 내려 종리말을 잡아 오게 했다.

〔한 고조 6년〕 한신이 처음 초나라로 가 현과 읍을 순행하면서 호위병들을 도열시켜 다녔다. 한신이 반역을 꾀한다는 고변이 올라오자 고조는 걱정에 빠졌다. 고조는 진평의 계략을 써서 운몽호(雲夢湖)에서 유람한다고 꾸미고 실제로는 한신을 습격하기로 했다. 한신은 그 사실을 몰랐다.

고조가 초나라 땅에 도착할 무렵, 한신은 군사를 일으켜 보려고도 했지만 스스로 생각하기에 허물이 없었으므로 마음을 접었다. 그러나 황제를 만나자니 사로잡히게 될까 봐 두려웠다. 그때 누군가가 한신에게 이렇게 권했다.

"종리말을 죽여서 황제 앞에 가져가 보이면 황제가 반드시 기뻐할 것입니다. 그럼 걱정이 없어질 것입니다."

한신이 종리말을 찾아가 이 일을 의논했다. 종리말이 말했다.

"한나라가 초나라를 쳐서 취하지 않는 이유는 저 종리말이 여기 있기 때문입니다. 만일 왕께서 저를 잡아 한나라에 잘 보이고 싶다면 오늘 내가 여기에서 죽겠습니다. 그러나 왕께서도 저의 뒤를 따라서 곧 죽게 될 것입니다."

그러고는 한신을 꾸짖었다.

"왕께서는 〔덕행이 뛰어난〕 장자가 아니오!"

그러고는 마침내 스스로 목을 찔러 죽었다. 한신이 종리말의 머리를 들고 진현에서 고조를 알현했다. 고조는 무사들을 시켜 한신을 결박하고는 뒤에 있는 수레에 태웠다. 한신이 말했다.

"달아나는 토끼를 잡은 뒤에는 충성을 다한 사냥개를 삶아 먹는다더니, 사람들 하는 말이 과연 맞구나."

고조가 말했다.

"그대가 모반했다고 고발한 사람이 있다."

그런 뒤에 한신을 형틀에 넣었다. 낙양에 도착해서 사면하고 회음후(淮陰侯)에 봉했다.

한신은 고조가 자신의 능력을 두려워하는 동시에 질투하고 있음을 알고는 병을 핑계 대며 조회에 나가지도, 따라다니지도 않았다. 날마다 원망하며 집에서 불만을 키웠으며, 강후(絳侯) 주발이나 영음후(潁陰侯) 관영 등과 같은 등급의 후위에 있는 것을 부끄럽게 여겼다.

한신이 언젠가 번쾌 장군 집에 간 적이 있었다. 번쾌가 종종걸음으로 달려 나와 절하며 한신을 맞았다. 번쾌는 한신에게 자신을 신이라고 칭했다.

"왕께서 신의 집까지 왕림하시다니요."

한신이 번쾌의 집을 나온 뒤에 조소하며 말했다.

"살아생전에 번쾌와 같은 열에 있게 되다니!"

고조가 일찍이 한신과 함께 여러 장수의 능력 고하를 놓고 한담을 나눈 적이 있다. 고조가 물었다.

"나 같은 사람은 군사 얼마를 거느릴 수 있겠는가?"

한신이 대답했다.

"폐하께서는 십만 정도는 거느릴 수 있습니다."

황제가 물었다.

"그대 같으면 얼마나 거느릴 수 있는가?"

한신이 대답했다.

"신 같으면야 많을수록 더 잘 거느릴 수 있지요."[12]

황제가 웃으며 말했다.

"많을수록 더 잘 거느린다? 그런데도 나에게 잡힌 이유는 무엇인가?"

한신이 대답했다.

"폐하께서는 군사를 거느리는 데는 능하지 않지만, 장수들을 거느리는 데엔 능하십니다. 이것이 바로 제가 폐하께 사로잡힌 이유입니다. 폐하는 이른바 하늘이 내린 제왕으로, 사람들이 힘을 써서 황제가 된 것이 아닙니다."

뒷날 진희(陳豨)가 대나라의 상국이 되어 변경을 감독하러 가면서 한신에게 부임 인사를 왔다.[13] 한신이 진희의 손을 당겨 잡고 함께 정원 안을 몇 바퀴나 돌면서 하늘을 우러러 탄식했다.

"나와 몇 마디 나눌 수 있겠소? 그대에게 하고 싶은 말이 있소."

그러자 진희가 말했다.

"장군께서는 분부만 내리십시오."

한신이 말했다.

"그대가 관할하는 곳은 천하의 정예병들이 있는 곳이오. 게다가 그대는 폐하가 총애하는 신하이니 누군가가 그대가 모반했다고 고해도 절대 믿지 않을 것이오. 다시 그런 보고를 들으면 폐하가 그때는 의심할 것이고, 세 번째 그런 보고가 들리면 반드시 노해서 친히 군대를 이끌고 갈 것이오. 그때 내가 이곳 도읍에서 거사하여 〔내응하며〕 그대를 도우면 천하의 패권을 바라볼 수도 있소."

진희는 평소 한신의 능력을 잘 알았기 때문에 한신을 믿었다. 진희가 말했다.

"삼가 명령을 받들겠습니다."

한 고조 10년, 진희가 반란을 일으켰다. 고조가 친히 군대를 끌고 나섰는데, 한신은 병을 핑계로 따라가지 않고는 몰래 진희의 처소에 사람을 보냈다. 가신과 모의하여 밤에 거짓 조서를 내려 각 관아의 죄수와 노예들을 풀어 주고 군대를 출동시켜 여후와 태자를 공격하려고 했다. 임무를 정해 준 뒤에 진희의 회답을 기다리고 있었다.

그 무렵 한신의 사인 하나가 한신에게 죄를 지어 한신이 그를 가두고 죽이기로 작정했다. 그 사인의 동생이 여후에게 편지를 써서 한신이 반란을 일으켰다고 고변했다. 여후는 한신을 불러들이려다 그가 오지 않을지도 모른다고 생각했다. 그래서 소(蕭) 상국과 상의하기를 고조가 사람을 파견한 것처럼 꾸미고는 진희를 죽였으므로 군신들이 함께 경하하자고 전하게 했다.

상국이 한신을 속여 말했다.

"비록 병이 났어도 억지로라도 조회에 참석하여 경하해야 할 것이오."

한신이 궁에 들어가자 여후가 무사들을 시켜 한신을 결박하고 장락궁의 종실(鐘室)에서 목을 벴다. 한신이 마지막으로 남긴 말은 이렇다.

"괴통의 계책을 듣지 않는 바람에 거꾸로 일개 아녀자에게 속았구나. 이 어찌 하늘이 정한 바가 아니겠는가!"

여후가 한신의 삼족을 멸해 버렸다.

고조가 진희의 반란을 토벌한 뒤에 환궁하여 한신이 죽었다는 소식을 듣고 한편으로는 기뻐하고 한편으로는 애도했다. 그러고는 물었다.

"한신이 죽을 때 남긴 말이 없소?"

여후가 한신의 말을 전했다. 고조가 말했다.

"그 제나라의 변사 괴통을 말하는 것이구나."

고조가 괴통을 불러들여 끓는 물에 넣으려고 할 때 괴통이 자신을 변호했다. 고조는 괴통을 풀어 주고 죽이지 않았다. 이 이야기는 「괴통전」에 있다.

어부에서 왕까지 저울질에 능했던 팽월

○   ○   ○

팽월의 자는 중(仲)이고, 창읍(昌邑) 사람이다. 평소에는 거야택(鉅野澤)에서 고기잡이와 도적질을 했다. 진승이 봉기했을 때 어떤 사람이 팽월에게 말했다.

"호걸이 서로 일어나 진나라에 반기를 들고 있습니다. 당신도 그들처럼 봉기하는 것이 마땅합니다."

팽월이 말했다.

"두 마리 용[14]이 한창 다투고 있으니 싸움이 끝날 때를 기다려 봅시다."

한 해가 지나자 거야택 주변에 살던 청년 백여 명이 팽월을 따르려고 찾아왔다.

"당신을 수령으로 모시고 싶습니다."

팽월은 사양했으나 청년들이 더욱 강권하여 끝내는 그 뜻을 받아들였다.

청년들과 다음 날 해가 뜰 때 만나기로 약속하고, 뒤에 오는 자는 목을 베겠다고 했다. 다음 날 해가 뜰 무렵, 십여 명이 늦었고 마지막 한 명은 정오가 되어서야 왔다. 그리하여 팽월이 경고했다.

"여러분은 내가 나이가 많다는 이유에서 억지로 나를 수령 삼았소. 오늘 보니 많은 사람이 늦었는데 모두 죽일 수는 없는 노릇, 가장 늦게 온 사람만 죽이도록 하겠소."

그러고는 교장(校長)더러 그자를 베게 시켰다. 모두 웃으며 말했다.

"그렇게까지 할 것 있습니까? 다음부터는 명령을 어기지 못하게 하면 되지요."

팽월은 가장 늦은 그 사람을 끌어내어 목을 베고는 제단을 쌓았다. 팽월이 모인 사람들에게 명령을 내리자 모두 놀라 두려워했으며, 감히 쳐다보지도 못했다. 그 뒤로 행군하며 각지를 공략했고 제후국 군대에서 떨어져 나온 군사를 모아 천여 명을 얻었다.

패공이 탕군의 북쪽에서 창읍을 공격할 때 팽월이 이를 도왔다. 창읍이 함락되지 않자 패공이 군대를 서쪽으로 옮겼다. 그러자 팽월은 무리를 이끌고 거야택 주변에 진을 치고는 위나라의 패잔병들을 거두어들였다.

항우가 관중에 들어간 뒤에 제후들을 왕으로 봉하고 각자 맡은 지역으로 돌아가게 했다. 〔이때〕 팽월과 군사 만여 명은 아무 데도 소속되지 못했다.

제왕 전영이 항왕에게 반기를 들었다. 한왕이 사람을 보내 팽월에게 장군의 관인을 하사하고[15] 제음(濟陰) 아래에서 초나라 군을 공격하게 했다. 초나라에서는 소현(蕭縣) 현령 각(角)에게 군대를 이끌고 팽월을 치게 했으나 팽월이 초군을 크게 격파했다.

한 고조 2년 봄, 위표와 제후들이 동쪽으로 행군하여 초나라를 공격했다. 팽월도 군사 삼만여 명을 거느리고 외황에서 한왕에게 복속했다. 한왕이 말했다.

"팽 장군이 위나라 땅을 수복하고 십여 개 성을 얻었으니 서둘러 위왕의 후예를 왕으로 세우고자 한다. 지금 서위왕 위표가 위구의 사촌 동생이니 위왕의 진짜 후예이다."

한왕은 팽월을 위나라 상국으로 삼고 군대를 도맡아 거느리게 하여 대량 땅[16]을 공략하고 평정하게 했다.

한왕이 팽성에서 패배하고 뿔뿔이 흩어져 서쪽으로 갔을 때, 팽월도 거느렸던 성을 모두 잃고 군사들만 데리고 북쪽으로 가서 황하 변에 자리 잡았다.

한 고조 3년, 팽월이 한왕의 명령을 받아 초나라 군을 유격하여 양나라 땅으로의 식량 수송 길을 끊어 버렸다. 항왕과 한왕이 형양성에서 대치할 무렵, 팽월은 수양과 외황 등 열일곱 개 성을 함락했다. 이 소식을 들은 항왕이 조구에게 일러 성고를 지키게 하고 자신은 동쪽으로 가서 팽월이 함락한 성읍들을 수복하여 모두 다시 초나라 땅으로 만들었다. 팽월은 자신의 군대를 이끌고 북쪽의 곡성으로 달아났다.

항왕이 남쪽의 양가(陽夏)로 옮겨 가자, 팽월은 창읍 근처의 이십여 개 성을 다시 함락하고 십여만 곡(斛)[17]의 곡식을 얻어 한나라의 군량으로 보내 주었다.

한왕이 패한[18] 뒤에 사람을 보내 팽월을 불러와서 연합하여 초나라를 치자고 했다. 팽월이 말했다.

"위나라 땅이 이제 막 평정된지라 아직은 초나라가 공격할까 두려워 떠날 수 없습니다."

한왕의 군대가 초나라 군을 추격하다가 고릉에서 항우의 군대에게 패했다. 이에 한왕이 유후(留侯) 장량에게 물었다.

"제후들의 군대가 복종해 오지 않으니 이를 어찌하면 좋겠소?"

유후가 대답했다.

"본래 팽월은 대량 땅을 평정하는 데 공이 컸지만 위표가 위나라 왕의 후예였기에 왕께서는 팽월을 상국에 임명하셨습니다. 지금은 위표가 죽었고, 팽월 또한 왕이 되고 싶어 하지만 왕께서 아직 정해 주지 않으셨습니다. 이제 팽월을 왕으로 세워 수양에서 북쪽으로 곡성에 이르기까지 모두 다스리게 해 준다고 약속하십시오."

유후는 또 한신이 땅을 넓히는 것도 허락하라고 권했다. 이 이야기는 「고제기」에 있다.

그리하여 한왕은 유후의 계책을 따라 팽월에게 사자를 보냈다. 사자가 도착하자 팽월은 바로 군대를 끌고 해하로 갔다. 항우가 죽은 뒤 팽월을 양나라 왕으로 삼고 정도에 도읍을 정하게 했다.

한 고조 6년, 진현에 가서 한 고조를 배알했다.[19]

한 고조 9년과 10년에 장안에 가서 한 고조를 배알했다.

진희가 대나라 땅에서 반란을 일으키자 고조가 직접 진압에 나섰다. 한단에 이르렀을 때, 고조가 양왕의 군대를 징집했다. 양왕이 병을 핑계로 다른 장수를 시켜 군대를 이끌고 한단으로 가게 했다. 화가 난 고조는 사람을 보내 양왕을 책망했다. 양왕이 두려운 마음에 직접 가서 사죄하려고 했으나 양왕의 장수 호첩(扈輒)이 말했다.

"처음 불렀을 때 가지 않으셨다가 책망을 듣고 가시겠다니, 가시면 바로 붙잡히게 될 것입니다. 거사하여 반기를 드는 것만 못합니다."

양왕은 거사하지 않고 계속해서 병을 핑계 댔다. 그런데 양나라의 태복(太僕)이 죄를 짓고 한나라로 달아나서는 양왕이 호첩과 함께 반란을 꾀했다고 고했다. 황제가 사람을 파견해 불시에 양왕을 체포하여 낙양에 데려와 가두었다. 양왕을 조사한 관리가 반란 내용을 조서로 꾸며 올린 뒤[20] 법에 따라 처결할 것을 청했다.

황제는 팽월을 사면하고 서인으로 강등한 뒤에 촉 땅의 청의(靑衣)로 유배했다. 팽월이 서쪽으로 가 정현(鄭縣)에 이르렀을 때 여후와 맞닥뜨렸다. 여후는 장안을 떠나 (동쪽의) 낙양으로 가던 길이었다. 팽월이 여후에게 울면서 자신의 무죄를 호소하고는 고향 창읍에 살게 해 달라고 빌었다. 여후가 이를 허락하고 명을 내려 함께 동쪽 낙양으로 가게 했다. 낙양에 도착한 뒤에 여후가 황제에게 건의했다.

"팽월은 장사입니다. 촉 땅에 살게 하셨지만, 그렇게 하면 우리에겐 우환으로 남을 것입니다. 바로 죽이는 것만 못해 신첩이 삼가 데리고 왔습니다."

여후가 팽월의 가신을 시켜 팽월이 다시 모반했다고 이르게 했다. 정위가 주청했으므로 팽월의 일족을 바로 죽였다.

항우의 선봉장에서 유방의 휘하로 옮긴 경포

○ ○ ○

경포는 육현(六縣) 사람으로 성은 영씨(英氏)였다. 청소년 시절 지나가던 나그네가 관상을 보아 형벌을 받은 뒤에 왕이 될 상이라고 했다. 자라고 난 뒤에 법을 어겨 경형(黥刑)[21]을 받았다. 경포가 웃으며 기쁘게 말했다.

"그때 어떤 분이 나를 보고 형벌을 받은 뒤에 왕이 된다고 하더니 이를 두고 한 말인가 보다."

이 말을 들은 사람들은 모두 비웃었다. 경포는 죄의 대가로 진시황릉이 조성되고 있던 여산에 가서 노역하라는 판결을 받았다. 여산에는 노역형을 사는 죄수가 수십만 명이나 있었다. 경포는 그 죄수들의 두목과 호걸들을 두루 사귀었다. 그런 뒤에 무리를 이끌고 장강(長江) 변으로 달아나 도적이 되었다.

진승이 궐기한 뒤 경포가 파군 오예를 찾아갔는데, 그 무리가 이미 수천 명이었다. 파군이 딸을 경포에게 시집보냈다. 장한이 진승을 멸하고 여신의 군대마저 깨뜨렸을 때 경포는 군대를 이끌고 북쪽의 진나라 좌우 교위의 부대를 공격하여 청파에서 승리하고 다시 동쪽으로 진군했다.

항량이 회계를 평정한 뒤 서쪽으로 가서 회수를 건넌다는 말을 듣고 경포는 자신의 군대를 끌고 항량에게 복속했다. 항량의 군대가 서쪽의 경구와 진가 등을 공격했는데, 언제나 경포의 군대가 가장 맹위를 떨쳤다. 진승이 죽었다는 소식을 들은 항량이 초 회왕을 옹립하고 경포를 당양군에 봉했다. 항량이 죽은 뒤에 회왕은 경포와 여러 장수를 팽성에 모았다.

그 무렵 진나라 군이 조나라 군을 [거록성에서] 포위하고 있었다. 조나라에서는 여러 차례 사람을 보내 회왕에게 구원을 요청했다. 회왕은 송의를 상장군으로 삼고 항우와 경포를 송의 밑에 배속시켜 북쪽의 조나라를 구원하게 했다. 이때 항우가 장하 변에서 송의를 죽이고 스스로 상장군에 올라서 경포에게 먼저 강을 건너[22] 진나라를 공격하게 했는데, 몇 차례나 전과를 올렸다. 이에 항우가 전군을 거느리고 경포의 군대를 따라 들어가 진나라 군을 격파하니 장한 등이 투항했다. 이 무렵 초나라 군은 언제나 승리했으므로 제후국의 군대 가운데 공이 으뜸이었다. 제후국의 군대가 모두 초나라에 복속했는데 이는 경포가 소수의 병력으로 여러 차례 진나라 대군을 이긴 덕분이었다.

항우가 군대를 이끌고 서쪽의 신안에 이르렀을 때, 경포 등으로 하여금 장한의 진나라 군사 이십여만 명을 밤중에 기습하게 하여 산 채로 묻어 버렸다. 함곡관에 닿아서는 〔진나라 수비군의 항거로〕 좀처럼 진입할 수 없었다. 항우는 다시 경포 등을 샛길로 보내 함곡관 수비군을 쳐부순 뒤에야 들어갈 수 있었다. 이어서 함양에 도착할 때까지 경포가 계속 선봉에 섰다. 항왕이 각 장수를 봉할 때 경포를 구강왕으로 봉하고 육현에 도읍하도록 했다. 항우가 회왕을 의제(義帝)로 올리고 장사로 도읍을 옮긴 뒤 경포를 몰래 불러 의제를 습격하게 했다. 경포가 휘하의 장수를 시켜 의제 일행을 추격한 뒤 침현에서 의제를 죽였다.

제나라 왕 전영이 초나라에 반기를 드니 항왕이 제나라를 공격하기 위해 진군하면서 구강에 징발령을 내렸다. 경포는 병을 핑계로 직접 나서지 않고 휘하 장군에게 군사 수천 명을 딸려 보냈다. 한나라 군이 팽성에서 초나라에게 승리하자 경포는 또다시 병을 핑계로 초나라를 구원하러 가지 않았다. 항왕이 이 일로 경포를 원망하면서 수차례나 사람을 보내 경포를 책망하고 소환했다. 경포는 더욱 두려워하며 갈 엄두를 못 냈다. 그때 항왕은 북쪽의 제나라와 조나라, 그리고 서쪽의 한나라 때문에 근심이 컸는데 믿고 함께 싸울 자는 경포뿐이었다. 항우는 경포의 군사 재능을 중시했고 또 가까이 중용하고 싶은 생각에 경포를 치지 않았다.

한왕이 팽성에서 초나라 군과 격전을 벌인 후에 싸움에 패하자 대량 땅으로 물러나 우현(虞縣)에 이르러 측근들에게 한탄했다.

"당신네들하고는 천하의 대사를 함께 도모하기 어렵겠다."

알자(謁者) 수하(隨何)가 앞으로 나서며 말했다.

"폐하께서 이르신 바가 무슨 뜻인지 잘 모르겠습니다."

한왕이 말했다.

"누가 나를 위해 회남(淮南)²³에 출사하여 경포로 하여금 군사를 끌고 초나라에 반기를 들게 하겠는가? 그리하여 항왕을 제나라 땅에 몇 달만 묶어 둔다면 내가 틀림없이 천하를 차지할 수 있으리라."

수하가 말했다.

"청컨대 제가 가도록 해 주십시오."

그러고는 스무 명을 데리고 회남에 출사했다. 도착하니 태재(太宰)가 그들을 접대할 뿐 사흘이 지나도 왕을 만날 수 없었다. 이에 수하가 태재를 설득했다.

"대왕께서 저를 만나지 않으시는 까닭은 틀림없이 초나라는 강하지만 한나라는 약하다고 여기시기 때문일 것입니다. 바로 그 때문에 제가 사신으로 온 것입니다. 저를 만나신다고 가정해 봅시다. 제 말이 옳으면 대왕이 듣고 싶은 바를 들으신 게 됩니다. 제 말이 그르면 저 수하와 함께 온 스무 명을 회남의 장터에서 부질형(斧質刑)으로 다스려 한나라에 등을 돌리고 초나라와 연합함을 천하에 밝히면 될 것입니다."

태재가 이 말을 왕에게 전하자 왕이 수하를 만났다. 수하가 말했다.

"한왕이 저를 사신으로 보내 왕 앞에 편지를 올리게 했습니다. 그런데 저로서는 왕께서 무슨 이유로 초나라와 친한 것인지 의아

합니다."

회남왕이 말했다.

"과인은 북향하여 신하 된 자로 초나라를 섬기고 있소."

"왕께서는 항왕과 같은 항렬의 제후인데 북향하여 신하 된 자로 초나라를 섬긴다고 하니, 이는 강한 초나라에 왕의 나라를 의탁하겠다는 뜻이 틀림없습니다.

제나라를 칠 때 항왕은 토성(土城)을 강화하기 위해 판자와 절굿공이를 친히 짊어지고 나르며 군사들의 솔선수범이 되었습니다. 항왕이 그렇게 위급하니 왕께서도 친히 회남의 전군을 이끌고 초군의 선봉이 되었어야 마땅했을 터인데, 겨우 군사 사천 명만 출동시켜 초나라를 도왔습니다. 북향하여 초나라를 섬긴다면서 과연 이와 같이 하겠습니까?

한왕이 팽성을 공격할 때 항왕은 제나라에서 미처 빠져나오지 못했습니다. 그렇다면 왕께서 회남의 군사를 모두 쓸어 밤낮을 도와 팽성 아래로 달려가 한왕과 싸웠어야 합니다. 그러나 지금 보면 왕께서 거느린 수많은 군사 중에 회수를 건넌 자가 한 사람도 없으니, 뒤에서 손을 묶어 놓고 누가 이기는지 형세를 관망하고 계셨습니다. 남에게 나라를 의탁하는 자가 과연 이와 같이 하겠습니까? 왕께서는 초나라를 섬긴다는 허명을 걸고 스스로 크게 의지하려 하고 계십니다. 신은 왕을 위해 이런 계책을 취하지 않을 것입니다. 왕께서 초나라에 등을 돌리지 않는 것은 한나라가 약하다고 여기시기 때문입니다.

초나라 군이 비록 강하기는 해도 천하 백성은 지금 초나라가

정의롭지 않다고 여기는 형편입니다. 〔초왕은〕 명백하던 맹약을 어겼고 의제를 시해했기 때문입니다. 게다가 싸움에 승리한 후 초왕은 자신의 군대가 강하다고 여기고 있습니다. 한왕은 제후 연합군을 모아 성고와 형양을 수비하면서, 촉군과 더불어 한중에서 군량을 수송하고 해자를 깊이 파며 군영의 보루를 튼튼히 하고 있습니다. 또한 군사를 나누어 변경의 교(徼)를 지키고 성벽에 올라 감시하고 있습니다.[24]

이제 초나라 사람들이 〔제나라 땅에서〕 회군하려면 팽월이 지키는 양나라 땅이 초나라 군과 한나라 군 사이에 있으니, 적국 깊이 팔구백 리를 들어서야 합니다. 싸우고 싶어도 싸울 수 없고, 성을 공격하려고 해도 지금 힘으로는 할 수 없는 데다 노인과 아이들이 천 리 밖에서 군량을 수송해 오는 형편입니다. 초나라 군대가 형양과 성고에 도착하더라도 한나라에서 굳게 지키기만 하고 나와서 교전하지 않으면 전진해도 공격할 수 없고, 후퇴해도 포위를 풀 수 없습니다. 이 때문에 초나라 군은 쉽게 지칠 것입니다. 설령 초나라가 한나라에 이긴다 하더라도 제후국들이 스스로 걱정스럽고 두려워서 다들 한나라를 구원하러 올 것입니다. 저 초나라의 강대함이란 것은 천하의 군대를 들이닥치게 하는 데 적합할 뿐입니다. 이 때문에 초나라가 한나라만 못한 것이니 이런 형세쯤은 누구나 알 만한 것입니다.

왕께서 지금 승리가 완전히 보장된 한나라와 함께하지 않고 위태롭게 망해 가는 초나라에 스스로 의탁하시니, 신이 혼자 생각해 보아도 왜 그렇게 하시는지 의문스럽습니다. 저는 회남의 군대만 가지고 초나라를 멸망시키기에 충분하다고 생각하지 않습니다. 그러나 왕께서 거사하여 초나라에 등을 돌리면, 항왕은 제나라 땅에 묶일 수밖에 없습니다. 몇 달 묶어 놓으면 틀림없이 한나라가 천하를 차지할 것입니다.

신은 왕께서 검을 차고 저와 함께 한왕께 가시기를 청합니다. 한왕께서는 반드시 땅을 갈라 왕께 나누어 드릴 것이며, 회남은 당연히 왕의 차지가 될 것입니다. 이를 위해 한왕께서 저를 사신으로 보내 어리석으나마 계책을 올리게 한 것입니다. 왕께서 깊이 헤아려 주시기 바랍니다."

회남왕이 대답했다.

"한왕의 명령을 받들겠소."

그리하여 초나라에 등을 돌려 한나라와 함께 연합할 것을 은밀히 허락했다. 하지만 발설할 엄두는 내지 못했다.

그때 초나라의 사자가 경포에게 서둘러 군사를 출동시켜 달라고 요청하러 와 있었다. 수하가 초나라 사자가 있는 곳으로 곧바로 들어가서 말했다.

"구강왕께서는 이미 한나라에 귀순하셨습니다. 그러니 어떻게 초나라에 군대를 이끌고 갈 수 있겠습니까?"

경포가 깜짝 놀랐다. 초나라 사자가 일어나자, 수하가 곧바로 경포에게 말했다.

"일이 이미 결정되었습니다. 저기 있는 초나라 사신을 죽여서 돌아갈 수 없게만 하시면 됩니다. 그리고 서둘러 한나라와 힘을 합하십시오."

경포가 말했다.

"그대의 말대로 하겠소."

그리하여 군대를 일으켜 초나라를 공격했다. 초나라에서는 항성과 용저를 시켜 회남왕을 공격했다. 항왕은 남아서 대량 땅의 하읍(下邑)을 공략했다. 몇 달 뒤에 용저가 다시 회남을 공격하여 경포의 군대를 무너뜨렸다. 경포는 군대를 이끌고 한왕에게 달아나려고 했으나 항왕이 자신을 공격할까 두려워 수하와 함께 샛길로 귀순했다.

경포가 도착했을 때 한왕은 마침 평상에 앉아 발을 씻던 중이었는데, 그대로 경포를 불러들여 접견했다. 경포는 무척 화가 나서 그곳에 간 것을 후회하다가 자결할 마음까지 먹었다. 객사로 물러나 보니 뜻밖에도 휘장과 주렴, 음식, 시종 등이 한왕의 거처와 같아서 경포가 다시 기뻐했다.

그리하여 경포가 구강으로 사람을 보냈다. 초나라에서 항백으로 하여금 구강국의 군대를 접수하고 경포의 처자식을 모두 죽인 차였다. 경포의 사자는 경포의 옛 친구와 총애를 받던 신하들을 많이 만나 수천 명의 군사를 모은 뒤에 한나라로 돌아왔다. 한왕은 경포에게 군사를 더 보태 주고 함께 북쪽으로 갔다. 가는 도중에 계속 군사를 모집하며 성고에 이르렀다.

한 고조 4년 가을 7월, 경포를 회남왕에 봉하고 함께 항우를 공격했다. 경포가 사람을 구강으로 보내 몇 개 현을 차지했다.

한 고조 5년, 경포가 유고와 함께 구강에 입성하여 항우의 부장 대사마 주은을 설득하여 초나라에 반기를 들게 했다.[25] 이어서 구강 군대를 이끌고 한왕의 군대와 함께 초나라를 공격하여 해하에서 깨뜨렸다.

항우가 죽고 나서 황제가 주연을 베풀었는데, 여러 사람 앞에서 수하를 일러 '한물간 유생'이라고 하면서 "천하를 다스려야 하는데 한물간 유생을 어디에 쓰겠나!"라고 했다. 수하가 무릎을 꿇으며 아뢰었다.

"폐하께서 군대를 이끌고 팽성을 공략하실 때 초왕은 아직 제나라 땅을 떠나지 않고 있었습니다. 그때 폐하께 보병 오만 명과 기병 오천 명이 있었던들 회남을 손에 넣을 수 있었겠습니까?"

황제가 말했다.

"그럴 수 없었겠지."

수하가 이어서 말했다.

"폐하께서 저, 수하로 하여금 스무 명을 데리고 회남에 출사하게 했을 때 폐하의 뜻대로 성사시켰습니다. 이는 저 수하의 공이 보병 수만 명, 기병 수천 명보다 더 훌륭하다는 뜻인데, 폐하께서 저를 일러 한물간 유생이라고 하시며 '천하를 다스려야 하는데 한물간 유생을 어디에 쓰겠나!'라고 하시는 것은 어인 까닭이십니까?"

황제가 말했다.

"내 이제 그대의 공을 참작하겠소."

황제가 수하를 바로 호군중위로 삼았다. 그리고 부절을 갈라 경포를 회남왕에 봉하고 육현에 도읍을 정하게 한 뒤 구강군, 여강군(廬江郡), 형산군(衡山郡), 예장군(豫章郡)을 모두 회남국에 속하게 했다.[26]

유방이 두려워 반란을 일으킨 경포

○　○　○

한 고조 6년, 경포가 진현에 가서 고조를 배알했다.

한 고조 7년, 경포가 낙양에 가서 고조를 배알했다.

한 고조 9년, 경포가 장안에 가서 고조를 배알했다.

한 고조 11년, 여후가 회음후를 죽였다. 이 일로 경포는 속으로 두려워했다. 여름에 한왕이 양왕 팽월을 죽인 뒤, 그 살과 뼈를 다 져서 발효시킨 육장(肉醬)[27]을 모든 제후에게 하사했다. 그 살점이 회남에 도착했을 때 회남왕은 마침 사냥 중이었는데, 소금에 절인 것을 보고 크게 두려워했다. 그래서 몰래 사람을 시켜 군사를 결집시키고[28] 이웃 군현의 동정을 정찰하면서 위급한 사태를 경계했다.

경포의 애첩이 병이 나서 의원에게 보였다. 의원은 중대부 비혁(賁赫)의 집 맞은편에 살았다. 비혁이 애첩에게 선물을 많이 보내고는, 그 애첩을 따라 의원 집에 가서 술을 마셨다. 애첩이 회남왕을 모시던 중에 덕행 높은 장자라며 부드러운 목소리로 비혁을 칭찬했다.

경포가 화를 내며 말했다.

"네가 그를 어떻게 알았더냐?"

애첩이 사정을 말하자 경포가 비혁과 애첩 사이에 음란한 일이 있었으리라고 의심했다. 비혁은 두려워서 병을 칭했다. 경포가 더욱 노해서 비혁을 잡아들이게 했다. 비혁이 회남왕의 반역 건을 고하기 위해 역참의 수레를 타고 장안으로 갔다. 경포가 사람을 시켜 추격했으나 잡지 못했다. 비혁이 장안에 도착하여, 경포가 모반의 기미를 보이니 반란을 일으키기 전에 죽여야 한다고 조정에 고발했다.

고조가 그 상소를 보고 소 상국에게 의논했다. 소 상국이 말했다.

"경포가 이런 일을 벌일 리 없습니다. 아마도 원한이 있는 자가 제정신이 아닌 말로 경포를 무고하는 것이 아닌가 합니다. 비혁을 하옥한 뒤에 가만히 회남왕의 동정을 탐문해 보십시오."

비혁이 자기 죄 때문에 반역 건을 고발했다는 것을 알게 된 경포는 회남국이 반란을 준비한 비밀을 알렸으리라고 짐작했다. 그때 마침 한 고조의 사자가 도착했는데 비혁이 고발한 내용과 들어맞는 점이 더러 있었다. 경포는 곧바로 비혁의 집안사람들을 죽인 뒤 반란을 일으켰다.

반란 소식이 올라오자 황제는 비혁을 사면하고 장군으로 삼았다. 그리고 제후를 들어오게 하여 물었다.

"경포가 반란을 일으켰으니 어찌하면 좋겠소?"

모두 입을 모아 대답했다.

"군대를 보내 산 채로 묻어 버리면 됩니다. 제 놈이 뭘 할 수 있겠습니까?"

여음후 등공이 자신의 문객인 설공(薛公)[29]에게 이 일에 관해 물었다. 설공이 말했다.

"반란을 일으킨 것은 당연한 일입니다."

등공이 물었다.

"황제께서는 땅을 갈라 봉하고 왕위를 나누어 주어 그자를 부귀하게 하셨소. 남면하여 신하들의 예를 받게 되었고 만승의 군주가 되었는데 어찌하여 반란을 일으킨단 말이오?"

설공이 대답했다.

"지난해에 팽월을 죽였고 같은 해에 한신을 또 죽였습니다.[30] 경포를 포함하여 이 셋은 세운 공이 같고 함께 왕위에 올랐던 사람들입니다. 자기에게도 같은 화가 미칠지도 모른다고 스스로 생각했기에 반란을 일으킨 것입니다."

등공이 황제에게 이 말을 전했다.

"신의 문객 가운데 옛 초나라의 영윤을 지낸 설공이 있습니다. 이 사람이 계책을 마련할 수 있으니 불러서 물어보면 좋겠습니다."

황제가 설공을 불러 자문하자 설공이 대답했다.

"경포가 반란을 일으킨 것은 하나도 이상한 일이 아닙니다. 만일 경포가 상책을 냈다면 효산 동쪽은 곧 한나라 땅이 될 수 없고, 중간 정도의 계책을 냈다면 승패를 점치기 어렵습니다. 만일 하책을 냈다면 폐하께서는 편히 누워 주무실 수 있습니다."

황제가 물었다.

"상책이란 어떤 것인가?"

설공이 대답했다.

"동쪽으로 오현(吳縣)과 서쪽으로 초나라를 취한 뒤에, 제나라를 겸병하고 노(魯)나라를 취한 다음, 연나라와 조나라에 투항하라는 격문을 뿌린 뒤에 그곳들을 지켜 낸다면 효산 동쪽은 한나라의 것이 될 수 없다는 뜻입니다."[31]

"중간 정도의 계책은 무엇인가?"

"동쪽으로 오현을, 서쪽으로는 초나라를 취한 다음, 한(韓)나라를 잡아먹고 위나라를 취한 후에[32] 오창의 곡식 창고를 확보하고 성고에서 봉쇄하는 것으로〔이 계책을 쓴다면〕승패를 점치기 어렵습니다."

"그럼 무엇이 하책인가?"

"동쪽으로 오현을, 서쪽으로는 하채(下蔡)[33]를 취하고, 군수 물자를 월나라 땅에다 쌓아 둔 뒤에 자신은 장사로 돌아가는 것입니다. 경포가 이 하책을 쓰면 폐하께선 편히 누워 주무실 수 있고 한나라도 무사할 것입니다."

"경포가 어떤 계책을 낼 것 같은가?"

"하책을 낼 것입니다."

"상책을 놔두고 하책을 내는 까닭은 무엇인가?"

"경포는 원래 여산에서 노역형을 살다가 만승의 군주가 되었습니다. 이자는 자신만을 위하는 자로서, 뒤를 돌아보며 백성이나 만대를 위해 걱정하는 자가 아닙니다. 그러니 하책을 낼 것입니다."

"그럴 법도 하구나."

설공에게 식읍 천 호를 봉했다. 뒤이어 군대를 친히 인솔하여 동쪽으로 경포를 치러 갔다.

반란을 일으킬 무렵 경포가 휘하 장수들에게 말했다.

"황제가 연로해서 전투를 싫어할 테니 틀림없이 직접 오기보다 장수를 시킬 것이다. 장수 중에는 회음후와 팽월이 걱정이었지만 지금 모두 죽고 없으니 남은 장수들은 겁낼 필요가 없다."

그리하여 곧 반기를 들었다. 아니나 다를까 설공이 예견한 대로 동쪽의 형(荊) 땅을 공격하자 형왕 유고(劉賈)가 달아나다가 부릉(富陵)에서 죽었다. 경포는 유고의 군대를 모두 죽인 다음 회수를 건너 초나라를 쳤다. 초왕 유교(劉交)가 군대를 출동시켜 서현과 동현(僮縣) 사이에서 싸웠다. 초나라 군은 특별히 병력을 셋으로 나누어 서로 지원하는 방법을 쓰려고 했다. 그때 누군가가 초나라 장수에게 말했다.

　"경포는 전투에 강해서 사람들이 줄곧 그를 두려워했습니다. 하물며 병법에 보자면 제후가 자신의 땅에서 전투를 하면 군사들이 도망가기 쉽다고 했습니다. 이제 병력을 셋으로 나누면, 경포 쪽에서 이쪽의 한 갈래를 깨뜨렸을 때 다른 두 갈래에 속한 군사들이 모두 달아날 것입니다. 그러니 어떻게 서로 지원하겠습니까?"

　장수는 그 말을 듣지 않았다. 실제로 경포가 한 갈래를 깨뜨리자 두 갈래는 흩어져 달아났다.

　경포가 서쪽으로 진군하다가 서쪽에서 황제의 군대와 맞닥뜨려 추(甄)에서 교전했다. 경포의 군대는 아주 싸움을 잘했다. 고조가 용성(庸城)에 주둔하며 경포의 군대를 바라보니, 그 진의 대형이 항우의 군대와 같았다. 고조는 그것이 싫어서 경포와 서로 떨어져 만났다. 고조가 멀리 경포에게 소리쳤다.

　"왜 반란을 일으켰느냐?"

　경포가 대답했다.

　"황제가 되고 싶었소."

　고조가 노하여 경포를 꾸짖은 뒤에 교전에 들어가 경포의 군대를 쳐부수었다. 경포는 회수를 건너 달아났다. 중간에 몇 번이나 멈추어 교전했지만 이기지 못했다. 경포는 백 명이 넘는 사람과 함께 강남으로 달아났다. 경포가 그전에 파군의 딸과 혼인했다. 경포의 처조카인 장사 애왕(長沙哀王)[34]이 사람을 시켜서 함께 남월(南越)[35]로 달아나자고 경포를 거짓 설득했다. 경포가 그 말을 믿고 따라 나서서 파양까지 이르렀다. 파양 사람들이 자향(玆鄕)에서 경포를 죽였다. 이에 경포의 봉토가 없어지게 되었다. 고조가 비혁을 열후[36]에 봉하고 장수 중에 여섯 사람을 봉했다.

형제처럼 서로를 아낀 유방과 노관

　노관은 풍읍(豐邑) 사람으로 고조와 같은 동리에 살았다. 노관의 아버지와 고조의 아버지 태상황은 서로 아끼는 사이로 같은 날에 아들을 낳아 고조와 노관은 생일이 같았다. 동리 사람들이 양을 잡고 술을 〔빚어〕 가져와서는 두 집안의 경사를 축하했다. 고조와 노관도 자란 뒤에 글을 배우며 서로 아끼는 사이가 되었다. 동리 사람들은 두 집안의 부모가 서로 아끼며 지내고 같은 날에 본 아들들도 자라나 서로 아끼는 사이가 된 것을 칭찬하면서 양고기와 술을 가져와 다시 경하했다.

　고조가 평민이었을 때 죄를 지은 일이 있어 집을 떠나 피신해야 했는데 노관이 늘 곁을 지켰다.

고조가 패현에서 거사할 당시에 노관은 빈객으로 따랐으며 한중 땅에 들어갔을 때도 장군이 되어 늘 한왕의 신변을 돌보았다. 동쪽으로 진군하여 항우를 칠 즈음에는 태위(太尉)로서 곁을 지켰고, 한왕의 침실에도 드나들었다. 고조가 의복과 음식을 하사할 때 뭇 신하들은 감히 노관 같은 대우를 바라지 못했다. 소하나 조참 같은 이도 공적에 따라 특별한 예를 받았지만, 노관 이상으로 고조의 총애를 받은 이는 없었다. 장안후(長安侯)에 봉해졌는데 장안은 옛 함양(咸陽)을 이른다.

항우가 죽고 나서 한왕이 노관으로 하여금 유고와 함께 별동대를 거느리고 임강왕 공위(共尉)를 공격하게 했다. 돌아온 뒤에 다시 고조를 따라 연왕 장도를 토벌하는 데 참가하여 장도의 반란을 진압했다.

그때 제후 가운데 유씨가 아니면서 왕이 된 자가 일곱이었다. 황제가 노관을 왕에 봉하고 싶어 했으나 군신들이 불만을 가지고 원망했다. 장도를 사로잡은 뒤에 고조가 문무 대신과 열후를 불러 신하 가운데 공이 있는 자를 연왕으로 추천하도록 명했다. 황제가 노관을 왕에 봉하고 싶어 하는 줄 알고 있던 신하들이 입을 모아 아뢰었다.

"태위 장안후 노관은 황상이 천하를 평정하는 길에 언제나 따랐고 공이 가장 크므로 왕이 될 만합니다."

이에 황제가 노관을 연왕에 봉했다. 제후 가운데 연왕만큼 총애를 받은 자가 없었다. 그러나 왕위에 오른 지 여섯 해가 지났을 때, 진희의 반역 사건에 연루되었다는 의심을 받다가 무너지고 말았다.

진희 때문에 고조의 의심을 사다

○ ○ ○

진희는 원구(宛句) 사람으로 처음 고조를 따라 종군하게 된 사정은 잘 알려지지 않았다. 한왕(韓王) 한신이 반역하고 흉노로 달아났을 때 황제가 평성에서 회군하면서 낭중이던 진희를 열후에 봉했다.[37] 또 조나라 상국의 자격으로 조나라와 대나라 땅의 변경을 감독하게 하는 한편 모든 변경 부대를 통솔하게 했다.[38]

진희는 청소년 시절부터 위나라 공자 신릉군을 늘 사모했다. 그래서 후일 군대를 이끌고 변경을 수비할 때에 신릉군처럼 문객들을 불러 모았다. 휴가를 받아 집으로 돌아갈 무렵 조나라 도읍 땅을 자주 지났는데, 빈객이 수레 천여 대를 타고 따랐고 일행이 묵는 한단 관아의 객사가 모두 꽉 찼다.

진희는 빈객들에게 포의지교(布衣之交)의 태도를 보여 언제나 몸을 굽히며 예를 다했다. 조나라의 상국 주창(周昌)이 고조를 배알하여, 진희의 빈객이 많고 변경에서 군대의 전권을 가지고 있으니 변을 일으킬 가능성이 있다고 고했다. 고조가 사람을 시켜 대나라 땅에 있는 진희의 빈객들이 법을 위반한 사실을 조사했는데 많은 경우에 진희와 관련되어 있었다. 진희는 두려운 마음에 빈객 한 사람을 왕황과 만구신이 있는 곳으로 보내 내통했다.

한 고조 10년 가을, 태상황이 세상을 떠났다.[39] 고조가 이 일로 진희를 불렀다. 진희는 병을 핑계 대고는 왕황 등과 반란을 일으켜[40] 스스로 대나라 왕이 되고 조나라와 대나라 땅을 위력으로 협박해서 빼앗았다. 고조가 이 소식을 듣고 진희에게 잘못 걸려들어 협박 공세에 참가했던 관민들을 사면했다. 고조는 친히 진희의 군대를 공격하여 격파했다. 이 이야기는 「고제기」에 있다.

그보다 먼저 고조가 한단에 가서 진희를 칠 때 연왕 노관도 동북을 맡아 공격했다. 진희가 왕황을 흉노에 보내 구원을 요청하자, 노관 또한 자신의 신하 장승(張勝)을 흉노에 출사시켜 진희의 군대가 이미 깨졌다고 말하게 했다.

장승이 흉노에 도착하자 전임 연왕 장도의 아들 장연(臧衍)이 흉노에 도망 와 있다가 장승을 보고 말했다.

"연나라에서 그대를 중용하는 이유는 흉노의 사정을 잘 알기 때문이오. 또 연나라가 오래 존속했던 것은 제후들이 계속 반란을 일으키며 싸움을 거듭하되 승패가 판가름 나지 않았기 때문이오. 이제 그대가 연나라를 위한답시고 급히 진희 등을 멸하려고 하는데, 진희 등의 세력이 모두 없어지고 나면 한나라의 다음 목표는 연나라가 될 것이며 그대들도 포로가 될 것이오. 그대는 어찌하여 진희의 일을 잠시 미뤄 두고 먼저 흉노와 연합하라고 연왕에게 권하지 않는 것이오? 여유를 두고 일을 해 나가야 오랫동안 연나라를 다스릴 수 있소. 이 말은 한나라에 급한 일이 생겨야 연나라가 편안하게 된다는 뜻이오."

장승이 이 말을 옳다고 여겨서 노관과 의논하지 않고 흉노 군대에게 연나라를 치게 했다. 노관은 장승이 흉노와 더불어 반역을 일으켰다고 의심하여 장승의 일족을 멸하게 해 달라는 상소를 올렸다. 장승이 돌아와 상세한 사정을 모두 보고했다. 노관이 깨달은 바가 있어 다른 사람으로 벌을 받게 하고 장승의 식솔을 빼낸 뒤에 흉노의 첩자가 되게 했다. 또 범제(范齊)를 진희의 거처로 보내 전투를 오래 끌어 판가름이 나지 않게 하라고 시켰다.

한나라 군이 진희의 목을 베자 그 비장들이 투항하여, 연왕 노관이 진희의 거처에 범제를 보내 내통했다고 일렀다. 고조가 사람을 보내 노관을 소환했지만, 노관이 병을 이유로 가지 않았다. 다시 벽양후(辟陽侯) 심이기(審食其)와 어사대부(御史大夫) 조요(趙堯)를 보내 노관을 맞아 오게 하는 한편, 노관 측근들의 증언을 듣게 했다. 노관은 더욱 겁이 나서 궐문을 닫고 숨었다. 그러고는 총애하는 신하를 불러 말했다.

"유씨가 아니면서 왕이 된 자는 이제 나와 장사왕[41]뿐이다. 지난해에 한나라에서 회음후 일족을 멸했고 팽월을 죽였는데 모두 여후의 계략이었다. 이제 황제가 병들어 여후에게 모든 일을 맡기고 있다. 여후는 여자로서 이성(異姓) 제후왕과 큰 공신들을 죽이는 데 힘을 쏟고 있다."

그러고는 병을 칭하고 가지 않았다. 노관의 측근들도 모두 달아나 숨었다.

노관의 말이 많이 새어 나가 벽양후의 귀에도 들어갔다. 벽양후가 돌아가서 들은 사실을 모두 고하니 고조가 더욱 노했다. 이때 마침 흉노에서 투항한 자가 있어 장승이 달아나 흉노에 왔으며, 그자가 연나라 사신이었다고 떠들었다. 고조가 그 말을 듣고 탄식했다.

"노관이 정말 반역을 일으켰구나!"

황제가 번쾌를 시켜 노관을 치게 했다. 노관은 휘하의 장수, 궁인 그리고 가솔 모두와 기병 수천 명을 이끌고 장성 아래에 머물면서 동정을 살폈다. 다행히 고조의 병이 치유되면 스스로 들어가 죄를 빌 생각이었다. 그러나 고조가 붕어했으므로 그들 모두를 이끌고 흉노로 달아났다. 흉노에서 노관에게 동호 노왕을 제수했다. 노관은 만이에 구속된 상태로 살면서 늘 다시 돌아가고 싶어 했으나 한 해가 지나 흉노 땅에서 죽었다.

여후 때에 노관의 처와 그 아들이 흉노에서 달아나 투항했다. 마침 여후가 병중이라 만나지 못했으므로, 연왕의 경저(京邸)에 머물게 하고 주연을 열어 만나고자 했지만 여후가 끝내 죽고, 노관의 처도 병사했다.

효경제(孝景帝) 때에 노관의 손자이며 동호왕(東胡王)이었던 타인(它人)이 투항해 오곡후(惡谷侯)에 봉해졌다.[42] 증손자 대에까지 후위가 전해졌지만 증손자가 죄를 지어 후위가 철폐되었다.

반역 없이 대대로 충성한 오예 집안

오예는 진나라에서 파양 현령을 지내면서 파양 근처 장강과 팽려호(彭蠡湖) 일대의 민심을 많이 얻어 파군(番君)으로 일컬어졌다. 천하가 진나라에 반기를 들기 시작하던 무렵 경포가 자신에게 귀속해 오자 딸을 경포에게 시집보냈다. 오예는 월나라 사람들을 통솔하여 거사한 뒤에 제후 연합군을 따랐다.

패공이 남양을 공격할 무렵 오예의 부장인 매현을 만나 함께 남양의 석현(析縣)과 역현(酈縣)을 항복시켰다. 항우가 제후들에게 왕을 봉할 때 백월의 군대를 이끌고 제후 연합군을 도왔고 함께 관중에 입성했던 공을 들어 오예를 형산왕에 봉하고 주현(邾縣)에 도읍하게 했다. 오예의 부장인 매현도 공이 컸으므로 열후에 봉하고 식읍 십만 호를 내렸다.

항우가 죽고 나서 고조가 매현이 자신을 따라 전투에서 공을 세웠고 무관에도 함께 입성했다 하여 오예의 덕택을 입은 사실을 인정했다. 오예를 장사왕으로 옮겨 봉하고 임상(臨湘)에 도읍하게 했다.

한 해 뒤에 오예가 죽으니 문왕(文王)이라는 시호를 내렸다. 아들 성왕(成王) 오신(吳臣)에게 왕위가 계승되었다. 오신이 죽자 애왕(哀王) 오회(吳回)가, 오회가 죽자 공왕(共王) 오우(吳右)가, 오우가 죽자 아들 정왕(靖王) 오차(吳差)가 왕위를 이었다. 효문제 후원(後元) 7년에 오차가 죽었으나 아들이 없어 왕위가 철폐되었다.[43]

그에 앞서 문왕 오예의 덕행을 높이 여긴 고조가 어사에게 명했다. "장사왕은 충성스러우니 법령에 장사왕 대우에 관한 규정을 똑똑하게 써 두어라."

효혜제와 여후 때에 오예의 서자 두 명에게 후위(侯位)가 내려졌는데 몇 대를 내려간 뒤에야 비로소 후위가 끊겼다.

찬하여 말한다.

일찍이 고조가 천하를 평정했을 때 유씨가 아닌 공신들을 왕으로 봉한 것이 여덟 나라였다. 장이, 오예, 팽월, 경포, 장도, 노관과 두 명의 한신이었다. 이들은 모두 자기 앞에 온 기회를 놓치지 않고 기지와 용맹을 써서 성공했으므로 다들 봉토를 받았으며 남면하여 고(孤)를 칭하는 왕이 되었다. 그러나 세력이 커지자 의심을 사게 되었고 스스로도 안정하지 못해 형세가 급박한 쪽으로 몰렸다. 마침내는 반란을 꾀하고 반기를 든 끝에 멸망하고 말았다. 장이는 지혜롭게 목숨을 보전했으나 아들 대에 이르러 왕위를 잃었다. 오로지 오예의 흥기만 정도를 잃지 않았기에 오 대에 걸쳐 왕위를 이어 나갔다. 이는 후사가 끊어지지 않았기 때문이며, 오예의 방계 서자들에게도 작위와 봉록이 하사되었다. 여기에는 그만한 이유가 있었으니, 갑령(甲令)에도 오예를 충신이라 밝혀 두지 않았던가!

5

형·연·오 전
荊燕吳傳

▲▲▲▲▲▲▲▲▲▲▲▲▲▲▲

유방은 천하를 제패하는 과정에서 집안사람들의 도움을 많이 받지 못했다. 그러나 사촌 형 유고(劉賈, ?~기원전 195년)만은 유방과 함께 전쟁터를 누비며 끝내 항우를 죽여 큰 공을 올렸다. 이는 다른 성씨들의 도움을 받고 있던 유방의 체면을 크게 세워 주었다. 한편 한나라 건국 초기에 유씨 집안에서 반란을 일으킨 예도 있으니, 봉토 삭감을 둘러싸고 중앙 조정과 지방 제후가 예민하게 대립한 결과 오초칠국(吳楚七國)의 난이 일어난 것이다.

이 편의 주인공은 오초의 난을 일으킨 유비(劉濞, 기원전 215~기원전 154)다. 유비의 오나라는 땅이 넓고 물산이 풍부하여 따로 세금을 거두지 않아도 될 만큼 넉넉했다. 조정의 재정이 전혀 부럽지 않을 정도로 떵떵거리며 위세를 부리던 유비가 끝내 반란을 일으켜 실패한 뒤로, 집안사람도 적이 될 수 있다는 아픈 교훈을 배운 황실은 유씨 제후들을 더욱 견제하게 되었다.

『사기』에서는 한나라 개국 공신 유고와 유택(劉澤, ?~기원전 178년)을 세가(世家)에, 반란을 일으킨 유비를 열전에 넣었다. 그러나 반고는 『한서』에 세가를 따로 두지 않았으므로 유방의 친족인 이 세 사람을 열전 한 편에 담았다.

해하 전투의 일등 공신 유고

○　○　○

형나라 왕 유고는 고조의 사촌 형으로, 언제부터 고조의 거사에 참여했는지는 알 수 없다. 한 고조 원년, 셋으로 갈라져 있던 진나라 땅을 평정하여 수복할 때 장군으로 세워졌다. 사마흔의 새국(塞國)을 평정한 뒤에 한왕을 따라 동쪽의 항우를 공격했다.

성고에서 패한 한왕은 북쪽으로 황하를 건너 장이와 한신의 군대를 접수하고, 수무에 주둔하여 해자를 깊이 파고 보루를 높이 보강했다. 한편 유고로 하여금 보병 이만과 기병 수백을 이끌고 초나라 군을 공격하게 했다. 유고는 백마진(白馬津)에서 황하를 건너 초나라 땅으로 들어가서 쌓아 둔 곡식을 불태우고 농사를 휘저어 항왕에게 가는 군량 보급을 끊어 버렸다. 얼마 뒤에 초나라 군이 유고를 공격하자, 유고는 계속 피하면서 싸움에 응하지 않았다. 그리고 팽월의 군대와 서로 의지하면서 수비했다.

한왕이 항우를 추격하여 고릉에 이르렀을 때 유고로 하여금 남쪽으로 회수를 건너 수춘을 포위하게 했다. 유고가 신속하게 수춘에 당도한 뒤 사람을 보내 초나라 대사마 주은을 불러내어 투항을 권유했다. 이에 주은은 초나라에 등을 돌리고, 유고를 도와 구강을 점령했으며 경포의 군대를 맞았다. 이들 모두 해하에서 회합하여 항우를 죽였다. 한왕은 유고에게 구강의 군사를 거느리고 태위 노관과 함께 서남쪽의 임강왕 공위를 공격하게 했다. 공위를 죽인 뒤 임강을 남군으로 고쳤다.

유고가 공을 많이 세운 데 반해 고조의 아들은 어리고 형제도 적었으며 능력 또한 뛰어나지 않았다. 고조는 유씨 일족을 왕으로 봉해 천하를 복속시키고자 이렇게 명령했다.

"장군 유고는 공이 크다. 그밖에 〔우리 집안〕 자제 중에 왕이 될 말한 자를 더 뽑도록 하라."

군신들이 입을 모아 아뢰었다.

"유고를 형왕으로 세우고 회동(淮東)을 다스리게 하십시오."[1]

유고가 왕이 된 지 여섯 해가 지났을 때 회남왕 경포가 반란을 일으켜 동쪽으로 형(荊) 땅을 공격했다. 유고가 싸우다 이기지 못하고 부릉으로 달아났는데, 그곳에서 경포의 군대에게 죽임을 당했다.

낭야왕에서 연나라 왕이 된 유택

○　○　○

연왕 유택은 고조의 육촌 동생이다.

한 고조 3년, 유택이 낭중이 되었다.

한 고조 11년, 유택이 장군이 되어 반란을 일으킨 진희를 치고 왕황을 사로잡아 영릉후(營陵侯)에 봉해졌다.

여후가 집정할 때 제나라 사람 전생(田生)이 유세를 다니던 중에 노자가 떨어지자 유택에게 계책을 바치겠다며 도움을 청했다. 유택이 크게 기뻐하며 황금 이백 근을 주고 전생을 축수했다. 전생은 황금을 얻은 뒤에 바로 제나라로 돌아갔다.

이듬해에 유택이 사람을 보내 전생에게 일렀다.

"나와 벗할 생각은 하지 말도록 하라."

전생은 장안에 갔을 때 유택을 만나지 않았다. 대신에 큰 집을 빌려 놓고 여후의 총애를 받던 대알자 장경(張卿)에게 청탁할 일이 있다고 아들을 통해 전했다. 여러 달 후 전생의 아들이 장경을 집으로 초대했는데 전생이 직접 음식을 차렸다. 장경이 전생의 집에 가서 휘장과 주렴 등을 열후의 등급으로 꾸며 놓은 것을 보고 놀랐다. 술자리가 무르익을 무렵 주위를 물린 뒤 전생이 장경에게 말했다.

"제가 제후들의 저택 백여 채를 보았는데 모두 고조의 공신들 집이었습니다. 그러나 여씨들도 우러나온 마음으로 폐하를 도와 천하를 얻게 했으니 공이 지대합니다. 태후 가까이에서 중용되고 있지만, 태후의 춘추가 높으신 데 비해 여씨 일족은 모두 세력이 약합니다. 태후께서 여산(呂産)을 여왕(呂王)으로 삼아 대나라를 다스리게 하고자 하시지만, 대신들이 따르지 않을까 걱정하여 친히 입에 올리기 어려워하고 계십니다. 지금 선생께서 가장 총애받고 대신들의 존경도 받으시니, 대신들에게 넌지시 알려 태후께 말씀을 올리게 하심이 어떤지요? 태후께서 반드시 기뻐하실 터입니다. 여씨들이 왕이 되면 선생도 틀림없이 만호후에 봉해지겠지요. 궁내의 내신으로 있으면서 태후께서 속으로 원하시는 일을 서둘러 주장하지 않으면 선생께 화가 미칠까 염려됩니다."

장경은 이 말이 지극히 옳다고 여겨 대신들에게 넌지시 태후께 주청하도록 했다. 조회가 열렸을 때 태후가 이 일을 두고 대신들의 의견을 물었다. 대신들이 여산을 여왕으로 올리도록 주청했다. 태후는 장경에게 황금 천 근을 하사했다. 장경은 절반을 전생에게 주었으나 전생은 받지 않고 다만 이렇게 일러 주었다.

"여산이 왕이 된 것을 두고 크게 좋아하지 않는 대신들이 있습니다. 지금 영릉후 유택이 유씨 집안의 연장자로 대장군입니다만, 유독 왕위에 봉해지지 않아 불만과 원망을 품고 있습니다. 이제 선생께서 태후께 말씀을 올려 십여 현 정도를 떼어 다스리게 하면 유택은 왕위를 얻었다고 기뻐할 테지요. 그러면 여씨들의 왕위도 더욱 굳건해질 것입니다."

장경이 들어가서 아뢰었다. 태후는 여동생 여수(呂須)의 딸을 영릉후에게 시집보낸 뒤에 제나라 봉토를 갈라 영릉후를 낭야왕(琅邪王)에 봉했다.

낭야왕이 전생과 함께 낭야국을 향해 출발하되 발길을 급히 재촉하여 머뭇거리지 못하게 했다.[2] 아니나 다를까 함곡관을 나서자 태후가 사람을 시켜 그들을 추격한다는 소식이 들렸다. 유택 일행이 이미 함곡관을 벗어난 것을 알고 추격자들은 바로 돌아갔다.

유택이 낭야를 다스린 지 두 해째에 여후가 세상을 떠났다. 그러자 유택이 나섰다.

"황제가 어려서 여씨들이 정사를 좌우하니 유씨들이 고립되고 약해졌다."

그리하여 제나라 왕과 모의한 뒤 군대를 이끌고 서쪽으로 진군하여 여씨 일족을 죽이고자 했다. 대량 땅에 이르렀을 때, 한나라 조정에서 파견한 관(灌) 장군[3]이 형양에 주둔했다는 소식이 들려왔다. 유택이 군대를 돌려 낭야국의 서쪽 경계를 지키게 하고는 급히 달려서 장안으로 갔다.[4] 대나라 왕[5] 역시 대나라를 떠나 장안에 왔다. 장군들과 대신들이 낭야왕과 의견을 같이하여 대왕을 옹립했으니 곧 효문제이다.

한 문제 원년, 유택을 연왕으로 옮기고 낭야국 봉토를 제나라에 돌려주었다.

유택은 연나라를 다스린 지 두 해째에 죽었다. 시호는 경왕(敬王)이다. 아들 강왕(康王) 유가(劉嘉)가 뒤를 이었다. 아홉 해 뒤에 강왕마저 죽자 아들 유정국(劉定國)이 뒤를 이었다. 유정국이 그 아비 강왕의 후궁과 통하여 사내아이를 낳았다. 또 동생의 아내를 후궁으로 삼았으며, 세 딸과도 관계를 가졌다. 유정국이 자신의 신하인 비여(肥如) 현령 영인(郢人)을 죽이려고 하자 영인 등이 유정국의 행실을 조정에 고해바쳤다. 유정국이 알자를 시켜 다른 법 조항을 대며 영인을 잡아 죽임으로써 입을 막았다. 무제 원삭(元朔) 연간에 영인의 형제가 다시 상소를 올려 유정국의 구체적인 사정을 고했다. 황제가 공경 대신들을 불러 의논하게 하자 대신들이 입을 모아 말했다.

"정국은 금수와 같은 행동을 했습니다. 인륜을 어지럽히고 천도를 거역했으니 죽여 마땅합니다."

황제가 이를 받아들였다.

유정국은 자결했다. 그리하여 왕을 세운 지 마흔두 해 만에 연나라의 왕위가 단절되었다.

애제(哀帝) 때에 끊어진 후손을 잇기 위해 경왕 유택의 현손의 손자로 무종현(無終縣)의 공사(公士)였던 유귀생(劉歸生)을 영릉후에 봉했다. 유귀생은 경시(更始)[6] 연간에 이름 모를 병졸의 손에 죽었다.

네 얼굴이 모반할 상이로구나

○   ○   ○

오나라 왕 유비[7]는 고조의 형인 유중(劉仲)의 아들이다.

애초에 고조는 유중을 대나라 왕에 봉했다.[8] 흉노가 대나라를 공격했을 때 끝까지 지키지 못한 유중이 도읍을 버리고 샛길로 달아나 낙양으로 가서 고조에게 자수했다. 고조가 형 유중을 차마 법대로 다스릴 수 없어 대나라 왕을 폐하고 합양후(合陽侯)로 강등했다. 이때 아들 유비를 패후(沛侯)로 봉했다.

경포가 반란을 일으키자 고조가 직접 군대를 끌고 가서 경포를 죽였다. 그때 유비가 스무 살의 나이로 기장(騎將)이 되어 경포의 군대를 격파했다.

형왕 유고가 경포에게 죽임을 당한 뒤 후사가 없었다. 고조가 오군(吳郡)과 회계군의 사람들이 성질이 급하고 사나운데 그 땅을 복속시킬 만한 인물이 없는 것을 걱정했다. 고조의 아들들은 어렸기 때문에 패현에 가서 유비를 오왕에 봉하여 세 개 군(郡), 쉰세 개 성을 다스리게 했다. 관인을 수여한 뒤에 고조가 유비를 불러 관상을 보았다.

"네 얼굴이 모반할 상이로구나."

고조는 혼자 후회했지만 이미 왕에 봉하는 일이 끝나 신하들이 모두 알게 되었으므로 고치지 못하고 유비의 등을 가볍게 치며 말했다.

"한나라를 세운 뒤 쉰 해 지나서 동남쪽에서 난리가 일어난다는 말이 있던데, 설마 네가 일으키는 건 아니겠지? 천하에 우리는 같은 성에 한집안이니 절대 배반하는 일이 없도록 하라."

유비가 머리를 조아리며 말했다.

"어찌 감히 그럴 수 있겠습니까."

효혜제와 고후 때에 이르러 천하가 안정되기 시작했다. 군국(郡國)의 제후들도 각자 자신의 백성을 안정시키기에 힘썼다.

오나라의 예장군(豫章郡)[9]에 구리 광산이 있어서 오왕이 천하의 떠돌이들과 도적들을 불러들여 돈을 주조했다. 동쪽에서는 바닷물을 끓여 소금을 만들었다. 오나라는 세금을 받지 않고도 나라 재정이 풍족했다.

효문제 때에 오왕의 태자[10]가 장안에 가서 황제를 뵌 뒤에 황태자[11]를 모시고 술을 마시며 바둑을 두었다. 오나라 태자의 사부(師傅)는 모두 초나라 사람들이었으므로 그 역시 성미가 급하고 사나우며 늘 교만했다. 바둑을 두다 시비가 붙었는데 서로 물러지 않다가 오나라 태자가 불손하게 행동했다. 그러자 황태자가 오나라 태자에게 바둑판을 던져 버려 그만 태자가 죽고 말았다. 그 뒤 태자의 유해를 오나라에 보내 장례를 치르고 안장하게 했다. 오왕이 화를 내며 말했다.

"천하에 한집안이라더니 장안에서 죽었으면 장안에다 묻어야지, 돌려보내 묻게 하는 이유가 뭐란 말이냐!"

그러고는 다시 유해를 돌려보내 장안에서 장례를 치르고 묻게 했다. 이 일로 원망을 품은 오왕이 번국의 제후로 올리는 예를 차츰 건너뛰었다. 병을 핑계로 조회에도 참석하지 않았다. 장안에서는 오왕이 그러는 까닭이 아들 때문이라고 생각하고 실제로 병이 났는지 탐문했다. 오왕의 사자가 올 때마다 언제나 잡아 놓고 죄를 물어 다스렸다.

오왕은 두려운 마음에 모반을 서둘렀다. 그 후 추정(秋請)[12]에 참석할 사자가 도착하자 황제가 오왕의 사자를 또 문책했다. 사자가 말했다.

"못 속 깊은 곳의 고기를 들여다보는 것은 좋지 않습니다.[13] 오왕이 거짓으로 병을 칭하다가 이 일이 조정에 알려지자 조만간 책망을 받으리라 여겨 더욱더 사실을 숨기게 되었는데, 폐하께서 자신을 죽일까 두려워 어쩔 수 없이 쓴 계책입니다. 폐하께서는 오왕이 이전에 지은 죄를 용서하시고 새롭게 시작하셔야 합니다."

그리하여 황제는 사자를 모두 돌려보내고, 오왕에게 궤장(几杖)[14]을 하사하고는 연로하니 조회에 참석하지 않아도 된다고 했다. 사면을 받은 오왕이 역모하던 일에도 매우 느슨해졌다.

그런데 오나라는 동전과 소금을 팔아 부유했기 때문에 백성에게서 세금을 받지 않았다. 스스로 군역을 지는 사람은 언제나 노임을 쳐서 주었다. 설이 되면 인재들을 찾아 인사했고 마을마다 하사품을 내렸다. 다른 군국에서 형리들이 도망간 자들을 잡으러 오면 도망자들을 데리고 갈 수 없게 보호했다. 이렇게 서른몇 해[15]가 흐르자 백성을 자기 뜻대로 부릴 수 있게 되었다.

조조(晁錯)는 태자가령(太子家令)으로 황태자의 총애를 받고 있었는데, 오왕에게 허물이 있으니 그 봉토를 줄여야 한다고 수차례 권했다. 또 황제에게도 여러 번 상소를 올려 봉토를 삭감할 것을 주장했다. 문제가 관대한 인물이라 차마 처벌하지 못하자 오왕이 날로 더 교만해졌다.

경제가 즉위하자 조조는 어사대부가 되었다. 조조가 경제에게 아뢰었다.

"지난날 고제께서 천하를 막 평정했을 때는 형제들이 적고 아들들이 어려서 유씨들을 많이 봉해야 하셨습니다. 그래서 서자인 도혜왕이 제나라 땅의 일흔두 개 성을, 서동생[16] 원왕(元王)은 초나라 땅의 마흔 개 성을, 형의 아들[17]은 오나라 땅의 쉰 개가 넘는 성을 다스리고 있으니 서얼 출신[18] 세 사람에게 봉한 땅이 천하의 절반이나 됩니다.

그런데 지금 오왕은 예전에 있었던 태자 일로 소원하게 되고부터 거짓으로 병을 칭하며 황제를 뵈러 오지 않습니다. 옛 법을 따르자면 응당 죽여야 마땅하나, 문제께서 차마 죽이지 못하시고 궤장을 하사하셨으니 은덕이 두터우셨습니다. 그럼에도 허물을 고쳐 자신을 새롭게 하지 못하고 날로 교만이 넘치는 모습을 보이고 있습니다. 대놓고 산에서 동전을 주조하고 바닷물을 끓여 소금을 만들면서, 천하의 떠돌이들을 꾀어 반역을 꾀하고 있습니다. 지금은 봉토를 삭감해도 반역할 것이고 삭감하지 않아도 반역할 것입니다. 다만 삭감하면 더 빨리 반역할 것이나 화는 적어지고, 삭감하지 않으면 반기를 드는 시간이 늦어지되 화는 커질 것입니다."

한 경제 3년 겨울에 초나라 왕이 입조했다. 이때 조조가 초왕 무(戊)[19]는 지난해 박(薄) 태후[20] 복상 기간에 악차(堊次)에서 몰래 정을 통했으니 죽여야 한다고 주청했다. 그러나 경제는 그를 사면하고 동해군을 삭감하는 것으로 끝냈다. 그보다 두 해 앞서 조왕(趙王)[21]이 죄를 지어 상산군을 봉토에서 삭감했다. 교서왕(膠西王) 유앙(劉卬)[22]은 관작을 파는 일로 물의를 일으켰으므로 여섯 개 현을 삭감했다.

봉토 삭감을 둘러싼 황실과 제후의 갈등

○   ○   ○

한나라 조정의 여러 대신이 오나라의 봉토를 삭감하는 문제를 의논했다. 그 소식을 들은 오왕이 봉토 삭감으로 끝나지 않으리라 생각하고 거사를 모의했다. 그런데 마음 놓고 함께 도모할 제후가 없는 것이 마음에 걸렸다. 교서왕이 용맹하고 전투하기를 좋아하여 제후들이 두려워하고 꺼린다는 것을 알고, 오왕은 중대부(中大夫) 응고(應高)를 보내 교서왕을 설득했다.

"오왕이 불초하여 밤낮으로 걱정이 많습니다. 유씨 일족이 아니면 말할 수 없는 사정이 있어 저를 보내 심중의 부족한 생각을 전하라 하셨습니다."

교서왕이 말했다.

"무슨 분부가 있었는지요?"

응고가 말했다.

"지금의 황제께서는 간신을 임용한 데다 그자의 참소를 믿고 따라가는 중입니다. 율령을 고치고 제후의 봉토를 삭감해 빼앗으며 징발하는 물자를 날로 늘릴 뿐 아니라, 벌을 아주 중하게 주고 있습니다. 게다가 이런 일이 날로 늘어나고 있어 문제입니다.

처음에는 겨를 핥던 개도 나중에는 쌀밥을 달라고 한다더니 조정의 욕심이 끝이 없습니다. 오와 교서는 이름을 얻은 제후국인데, 한나라 조정이 감찰하면 마음대로 할 수 없습니다. 오왕이 속병이 있어 황제를 배알하지 못한 것이 스물몇 해째, 이로 말미암아 황제의 의심을 받으리라고 늘 걱정해도 딱히 변명할 길을 찾지 못하니 어깨를 움츠린 채 바로 걷지도 못하면서 황제의 용서를 얻지 못할 것만 크게 염려하고 있습니다.

왕께도 관작을 준 일로 허물을 삼았다고 들었습니다. 벌을 받을 만한 죄가 아닌데도 제후의 봉토를 삭감했으니, 앞으로 봉토를 삭감하는 데서 그치지 않을까 두려울 뿐입니다."

"과인도 삭감을 당했소. 앞으로 어떻게 해야 하겠소?"

"나쁜 일을 같이 당한 사람은 서로 돕고, 좋은 것이 같으면 함께 즐기며, 생각이 같으면 서로 이루게 하고, 바라는 바가 같으면 함께 그 길을 좇으며, 공동의 이익을 위해서 함께 죽을 수 있어야 합니다. 지금 오왕께서는 자신이 왕과 같은 걱정을 하고 있다고 여깁니다. 기회가 왔을 때 순리를 따르셔서, 한 몸 바쳐 천하의 재앙거리를 없애시길 바랍니다. 왕께서 보시기에는 어떠신지요?"

놀란 교서왕이 말했다.

"과인이 어떻게 감히 그렇게 하겠소? 황제께서 급박하게 하실지언정 본래 죽을죄를 지었던 나를 용서해 주셨으니, 어찌 황제를 섬기지 않을 수 있겠소?"

"어사대부 조조는 황제의 주위를 맴돌면서 제후들의 땅을 침탈하도록 황제를 미혹시킬 뿐 아니라 충성스럽고 능력 있는 자들을 막고 있습니다. 이에 조정에도 원망하는 자들이 많으며 제후들 모두 배반할 뜻을 갖게 됐으니, 그가 저지른 난동이 극에 달합니다.

혜성이 나타나고 황충이 승하니, 이는 만세에 한 번 있을까 말까 한 일입니다. 세상에 근심과 고통이 많아지는 것은 성인이 나타날 징조입니다. 오왕이 안으로는 조조를 죽이는 것을 목표로 삼고 밖으로는 대왕의 수레 뒤를 좇아 천하를 비상하면 앞을 막아서는 자들이 모두 항복할 것이고, 가리키는 곳마다 함락될 것이니 감히 복종하지 않을 자가 없을 것입니다.

만일 왕께서 성심껏 한 말씀만 내리시면, 오왕은 초왕을 이끌고 함곡관을 공략하고 형양과 오창의 곡식을 지키면서 한나라 군을 막은 다음, 왕께서 쉴 막사를 지어 놓고 기다릴 것입니다. 만일 왕께서 그곳에 오시면 천하를 겸병하실 테니, 두 왕께서 갈라 가지면 되지 않겠습니까?"

교서왕이 말했다.

"좋소."

응고가 돌아가서 오왕에게 보고했다. 오왕은 그래도 교서왕이 약속대로 할지 미심쩍어 사자처럼 꾸미고 친히 교서국으로 가서 교서왕과 마주하여 약조를 맺었다.

교서왕의 신하 중에 왕이 반역을 모의한다는 말을 들은 자가 간언했다.

"제후의 봉토를 모두 쳐 봤자 한나라 땅과 비교하면 열에 둘도 되지 못하니, 반역을 저질러 태후[23]를 근심하게 만드는 것은 좋은 계책이 아닙니다. 지금 계신 황제 한 분을 섬기기도 쉽지 않은데, 이 일이 성공한다면 황제가 둘이 되어 권력을 다툴 것이니 우환이 늘어날 것입니다."

교서왕이 이 말을 듣지 않고 곧바로 사람을 보내 제(齊), 치천(菑川), 교동(膠東), 제남(濟南)에게 역모를 약조하게 하니 모두 그러자고 했다.

봉토를 새로 삭감한다는 말을 들은 제후들은 놀라 떨면서 조조를 크게 원망했다. 이윽고 오왕의 회계군과 예장군을 삭감한다는 통지가 이르자 오왕이 먼저 거사하여 한나라 조정에서 파견한 봉록 이천석 이하의 관리들을 다 죽였다. 그러자 교서왕, 교동왕, 치천왕, 제남왕, 초왕, 조왕이 모두 반란을 일으켜 서쪽으로 진군했다. 뒤늦게 마음을 바꾼 제왕[24]은 교서왕과의 약조를 깨고 자신의 성을 지켰다. 제북왕은 도성 성벽이 무너진 것을 미처 다 수리하지 못한 상태에서 낭중령에게 발목을 잡혀 군대를 출동시키지 못했다. 교서왕과 교동왕은 군사를 대규모로 이끌고 치천왕, 제남왕과 더불어 임치를 포위 공격했다. 조왕 유수(劉遂)는 흉노와 연합해서 공격하기 위해 가만히 흉노에게 사람을 파견했다.

오왕, 칠국의 난을 주도하다

○　○　○

칠국의 난[25]이 일어났다. 오왕은 모든 군사를 동원하고 나라 안에 영을 내렸다.

"과인의 나이 예순둘이나 친히 군대를 거느리겠노라. 작은아들은 이제 열넷밖에 안 됐지만 군사들의 선봉이 될 것이다. 많게는 과인과 나이가 같은 사람부터 적게는 내 작은아들과 같은 사람까지 모두 출동하라."

군사는 모두 이십여만 명이었다. 또 남쪽의 민월(閩越)과 동월(東越)에 사람을 보냈더니 민월과 동월에서도 군대를 출동시켜 따르겠다고 했다.[26]

한 효경제 전원(前元) 3년 정월 갑자일,[27] 오왕이 광릉(廣陵)에서 처음 거사하여 반기를 들고, 서쪽으로 회수를 건너 초왕의 군대와 합류했다. 오왕이 사람을 시켜 제후들에게 편지를 보냈다.

오왕 유비는 삼가 교서왕, 교동왕, 치천왕, 제남왕, 조왕, 초왕, 회남왕, 형산왕, 여강왕(廬江王), 고 장사왕의 두 왕자에게 문후를 여쭈오니 저에게 가르침을 주시기 바랍니다. 한나라 조정에 반역자 조조가 있어 천하 평정에 아무런 공도 세운 적 없이 제후들의 봉토를 침탈하고 형리를 시켜 들춰 내고 가두고 심문하고 벌하며 침탈과 모욕을 일삼고 있습니다. 우리 유씨 골육들을 각 제후국 군주의 예로 대하지 않으며, 선제의 공신들을 제거하고, 사악한 무리를 뽑아 임용하여 천하를 거짓과 미혹에 빠뜨리고 있으니 사직이 위태롭게 되었습니다.

폐하께서 자주 병환을 앓으시는 바람에 면밀하게 생각하지 못하니, 반역자의 행동을 자세하게 살피지 못하십니다. 이제 거사하여 조조를 죽이려고 하니 가르침을 주시면 삼가 따르겠습니다.

저희 오국(吳國)은 비록 협소하여 사방 삼천 리에 불과하고 인구도 적지만 정예병 오십만 명을 갖추고 있습니다. 과인이 남월을 섬긴 지 서른몇 해라 남월의 왕과 추호(酋豪)들 모두가 자신들의 군대를 갈라 과인과 함께하기를 고사하지 않으니 군사 삼십만은 다시 얻을 수 있습니다.

과인이 비록 불초하나 몸소 여러 왕을 따르고자 합니다.

남월이 장사국과 연이어 있으니 왕자들께서 장사 이북을 평정하신 뒤에 서쪽의 촉과 한중을 공격하십시오.

동월왕, 초왕, 회남의 세 왕[28]께 알립니다. 과인과 함께 서쪽으로 진군하여 제나라 땅의 여러 왕과 조왕의 군대와 연합하여 하간(河間)과 하내(河內)를 평정한 뒤에, 임진관을 통해 황하를 건너가셔도 좋고 과인과 더불어 낙양에서 회합하셔도 좋습니다.

연왕[29]과 조왕은 본래 흉노왕과 약조를 맺어 두셨으니, 연왕은 북으로 대 땅과 운중 땅을 평정한 뒤에 흉노군을 거느리고 소관(蕭關)으로 들어가 바로 장안을 점령하셔서 천하[30]를 바로잡고 고황제의 사당에 고하여 안심시켜 드리기 바랍니다. 이제 여러 왕께서 힘써 주시기를 청하는 바입니다.

초 원왕의 왕자[31]와 회남 땅의 세 왕 중에는 십여 년 동안 목욕도 하지 않고 골수에 원한이 사무친 채로 일거에 군대를 출동시키고 싶어 하는 분도 계십니다.

과인이 아직 여러 왕의 뜻을 다 얻지 못했으므로 분부를 따르지 못하고 있습니다. 이제 여러 왕께서 망했던 나라를 다시 세우고 끊어졌던 왕위에 복위하며 약자들끼리 떨쳐 일어나 포악한 무리를 없앰으로써 유씨 가문의 안녕을 구한다면 이는 사직이 바라는 바입니다. 오국이 비록 빈궁하지만, 과인이 입고 먹는 것을 줄여 황금과 돈을 모아 밤낮으로 군대를 훈련시키고 군량을 비축한 지 서른몇 해가 되었습니다. 이는 모두 바로 오늘을 위한 준비였으니 여러 왕께서는 격려해 주시기 바랍니다.

적의 대장군을 벤 자는 황금 오천 근과 식읍 만 호를, 각 장군을 벤 자는 삼천 근과 오천 호를, 비장을 벤 자는 이천 근과 이천 호를, 봉록 이천석의 관리를 벤 자는 천 근과 천 호를 봉하고 모두 열후로 삼겠습니다. 적의 진영에서 군대나 성읍을 들어 투항하는 자가 있을 시에는 군사 만 명 또는 만 호의 성읍을 들고 온 자는 대장군을 베었을 때와 같게 하고, 오천 명 또는 오천 호를 들고 온 자는 각 장군을 베었을 때와 같게 하며, 삼천 명 또는 삼천 호를 들고 온 자는 비장을 베었을 때와, 천 명 또는 천 호를 들고 온 자는 봉록 이천석의 관리를 베었을 때와 같게 하겠습니다. 적진에서 하급 관리가 넘어온다면 등급에 따라 관작과 황금을 수여하겠습니다. 그

밖에 상을 내릴 때는 모두 한나라 군법[32]에 정한 것의 곱절로 하겠습니다. 본래 관작이나 식읍을 가지고 있었다면 그에 그치지 않고 특별히 더해 주겠습니다. 여러 왕께서는 장수들과 군사들에게 정확하게 영을 내려 주십시오.

과인이 속이는 일은 감히 없을 것입니다. 과인의 황금과 돈은 천하 곳곳에 있으니 꼭 오국에 와서 가져갈 필요가 없습니다. 여러 왕께서 밤낮으로 다 못 쓸 것입니다. 응당 하사할 사람이 생기면 과인에게 일러 주십시오. 과인이 그리로 달려가서 하사하겠습니다.

공경하는 마음으로 말씀드렸습니다.

주아부, 동쪽의 황제가 된 오왕을 치다

○   ○   ○

칠국이 반란을 일으켰다는 소식을 듣고 황제가 태위 조후(條侯) 주아부(周亞夫)에게 장군 서른여섯 명을 이끌고 오초 연합군을 치게 했다. 곡주후(曲周侯) 역기(酈寄)를 보내 조나라를, 장군 난포(欒布)를 보내 제나라를 치게 하고 대장군 두영(竇嬰)을 형양에 주둔시켜 두 나라 군대의 동향을 살피게 했다.

그에 앞서 오초의 반란을 알리는 소식이 도착하여 군대를 출동시키기 전에 두영이 오왕의 옛 승상이었던 원앙(袁盎)을 추천하여 황제가 불러 접견했다. 황제가 오초 연합군을 칠 계책을 물으니 원앙이 대답하여 아뢰었다.

"오와 초에서 서로 편지를 보내 말하기를 역적 조조가 독단하여 제후를 처벌하고 봉토를 삭감했다고 합니다. 그래서 반란을 일으킨 것이라 서진하여 힘을 합해 조조를 없애고 옛 땅을 회복하고 철수한다는 명분을 내걸고 있습니다. 지금으로서는 조조의 목을 벤 뒤에 사자를 보내 칠국의 왕을 사면하시고 옛 땅을 회복시키셔야만 칼에 피를 묻히지 않고 서로의 군대를 물릴 수 있습니다."

황제가 그의 의견을 따라 조조의 목을 베었다. 이 이야기는 「원앙전」에 있다.

황제는 원앙을 태상(太常)으로 삼고 종묘의 제사를 받들게 한 뒤, 오왕에게 사자로 보냈다. 오왕의 조카 덕후(德侯)[33]를 유씨 가문의 종정(宗正)으로 삼아 친척으로서 원앙의 일을 돕게 했다.

사자가 오왕에게 갔을 때 오초 연합군은 양나라 왕의 군영을 공격하고 있었다. 종정이 친척으로서 먼저 들어가 오왕을 만나 절하고 황제의 조서를 받게 했다. 이때 오왕이 원앙이 온 것을 알게 되었다. 오왕은 이들이 무슨 말을 할지 알고 웃으며 응대했다.

"내가 이미 동쪽 땅의 황제가 되었는데 누구에게 절을 한단 말인가?"

오왕은 원앙을 만나지 않고 군중에 머물게 하면서 장군직을 제수받으라고 을렀다. 원앙이 말을 듣지 않자 가두어 놓고 지키다가 죽이려고 했다. 원앙은 밤에 달아나 양왕에게 갔다가 장안으로 돌아가 황제에게 사정을 보고했다.

조후가 말 여섯 필이 끄는 역참 수레를 타고서 대군을 집합시키려고 형양에 갔다. 낙양에 이르렀을 때 이름난 협객 극맹(劇孟)[34]을 만나자 신이 나서 말했다.

"칠국이 반란을 일으켜 내가 역참 수레를 타고 여기까지 왔소. 중간에 아무 일도 없으리라고는 생각하지 못했는데 정말 그랬소. 난 또 제후군 쪽에서 그대를 얻어 간 줄 알았지. 지금 그대가 저쪽 편에 가담하지 않았고, 나는 형양에 주둔할 테니 형양 동쪽 땅은 걱정할 것이 없겠소."

회양에 이르러서는 자신의 아버지 강후 주발의 문객이었던 등 도위(鄧都尉)에게 물었다.

"어떤 계책이 있소?"

문객이 말했다.

"오초의 군대[35]는 몹시 날래서 칼을 맞대고 싸우기가 어렵습니다. 그런데 초왕의 군대가 조급해하므로 오래 싸우지 못할 것입니다. 이제 장군을 위해 계책을 내놓는다면, 군대를 이끌고 동북으로 가서 창읍에 주둔하면서 오왕이 양왕[36]을 처리하게 하시는 게 낫습니다. 오왕은 틀림없이 정예 병력을 모두 투입하여 양왕이 있는 곳을 공격할 것입니다. 장군께선 해자를 깊이 파고 보루를 높인 다음, 날랜 병사들을 보내 사수가 회수로 들어가는 입구를 끊어 오왕의 군량 수송 길을 막아 버리십시오. 오왕과 양왕의 군대는 모두 식량이 바닥나게 될 것입니다. 장군의 군대는 물자와 병력을 온전히 갖추고 있으니 오왕의 군대를 반드시 쳐부술 것입니다."

조후가 말했다.

"좋은 계책이오."

조후가 그 계책을 따라 창읍 남쪽의 보루를 튼튼하게 하고 날랜 군사를 보내 오왕의 군량 수송 길을 끊어 버렸다.

거사 초기에 오왕은 자신의 신하 전록백(田祿伯)을 대장군으로 삼았다. 전록백이 말했다.

"전군을 모아서 서쪽으로 진격해도 그곳에는 특별히 승리할 방법이 없으니 이기기 어렵습니다. 바라건대 신에게 오만 명을 주신다면 별도로 장강과 회수를 따라 올라가서 회남과 장사를 수복하고 무관으로 입성하여 대왕의 군대와 회합하겠습니다. 이 또한 저들이 예측할 수 없는 방법 중 하나이겠습니다."

오왕의 태자가 간언했다.

"왕께서 한나라에 반기를 들었다고 천명하셨으니, 왕의 군대를 떼어 다른 자에게 통솔하게 하기는 어렵습니다. 그자가 또 왕께 반기를 든다면 어찌하겠습니까? 또 군대를 맡긴 뒤에 다른 일이 생기면 이로움이 많을지 손해가 클지 알 수 없습니다."

오왕은 전록백에게 군대를 떼어 주지 않았다.

오왕의 젊은 장수 환(桓) 장군이 오왕을 설득했다.

"오군은 보병이 많은데, 보병은 험한 지형에서 잘 싸웁니다. 한군은 전차와 기병이 많은데, 전차와 기병은 평지에 유리합니다. 서쪽에 험한 지형이 많으니 바라건대 왕께서는 지나는 길에 있는 성들을 먼저 함락하지 마시고 곧바로 나아가십시오. 신속하게 서진하여 낙양의 무기고를 점령하고 오창의 곡식을 군량으로 쓰면서, 산과 강으로 둘러싸인 험한 요새들을 방패 삼아 제후들을 호령하면 함곡관 안으로 들어가서 [장안을 함락하지 않아도] 천하를 이미 평정한 셈이 됩니다. 그러나 천천히 행군하면서 지나는 길의 성읍에 멈추어 공격하다가는 양나라와 초나라의 외곽을 통해 우리 쪽으로 빠르게 들이닥치는 한군의 전차와 기병을 만나게 될 터, 그러면 싸움에 지게 됩니다."

오왕이 자신의 노장에게 이에 관해 물었더니 노장이 대답했다.

"그자야 나이가 젊어서 적의 창칼은 잘 꺾겠지만, 어디 심모원려가 있겠습니까?"

그리하여 오왕은 환 장군의 계책을 쓰지 않았다.

오왕이 전권을 쥐고 친히 군대를 통솔했다. 회수를 건너기 전에 자신의 빈객을 장군, 교위 또는 대오 중간에 세우는 후(候)나 사마로 임명했다. 그런데 단 한 사람 주구(周丘)는 등용하지 않았다. 주구는 하비 사람으로 죄를 짓고 오나라로 도망 온 뒤에 술을 팔았는데 행실이 좋지 않았다. 오왕이 그를 박대하고 임무를 주지 않았다. 이에 주구가 오왕을 찾아가 이름을 적은 알(謁)을 올리고 〔허락을 받아 만난 뒤에〕 왕을 설득했다.

"저는 무능하여 군대의 대오 중간에 서게 하셔도 수행할 수 없습니다. 그러므로 감히 군사를 거느리게 해 주십사고 청하지는 않겠습니다. 바라건대 왕께서 한나라의 부절 하나를 내려 주십시오. 제가 반드시 그에 보답하겠습니다."

왕이 그에게 부절을 주었다. 부절을 얻은 주구가 밤에 말을 달려 하비로 갔다. 그때 하비에서는 오왕이 반란을 일으켰다는 소식을 듣고 모두 나서서 성을 지키고 있었다. 주구가 역참의 객사에 다다라 부절을 보이고 하비의 현령을 불러 방에 들어오게 했다.

현령의 죄를 대고 현령의 시종을 시켜 현령을 벴다. 이어서 자신의 형제와 전에 알던 세력 있는 관리들을 불러서 일렀다.

"오왕의 반란군이 도착하면 하비성 정도야 한 식경도 못 되어 도륙할 것이다. 먼저 항복한다면 식구와 집은 반드시 건질 것이니, 능력 있는 자는 후에 봉해질 수도 있다."

관리들이 밖에 나가 서로 상의한 뒤에 하비성 전체가 투항했다. 하룻밤 사이에 삼만 명을 얻은 주구는 사람을 시켜서 오왕에게 보고하고, 이어서 그 군사를 이끌고 북쪽의 성읍을 공략했다. 그리하여 양성에 이르렀을 즈음에는 군사가 십여 만 명이나 되어 양성의 중위(中尉)가 이끄는 군대를 격파했다. 그 후 오왕이 패주했다는 소식을 듣고, 오왕과 함께 성공할 수 없음을 스스로 헤아려 바로 군대를 이끌고 하비로 회군했다. 그러나 미처 도착하기도 전에 등창이 나서 죽었다.

2월, 오왕의 군대가 격파되어 패주했다. 황제가 장군들에게 조서를 내렸다.

흔히 말하기를 "선한 자는 하늘이 복을 주어 갚고, 선하지 않은 자는 하늘이 재앙으로 갚는다."라고 한다.

고황제께서 친히 공덕을 베풀어 제후를 세우셨는데 유왕과 도혜왕은 후사가 없어 왕위를 잇지 못했다. 효문제께서 이를 가엾게 여기시고 은혜를 베풀어 다시 왕을 봉하셨다. 유왕의 아들 수(遂)와 도혜왕의 아들 앙(卬) 등을 왕으로 세워 그 선왕의 종묘에서 제사를 받들게 하고 한나라의 번국으로 삼으셨으니, 그 은덕이 하늘과 땅에 비할 만하고 해와 달처럼 빛난다.

그런데 오왕이 은덕과 의리를 배반하고, 천하의 떠돌이와 죄인들을 꾀어낸 뒤에서 사사로이 동전을 주조하여 천하의 질서를 어지럽혔다. 그러고는 병을 칭하며 입조하지 않은 지 이십여 년이 되었다. 해당 부문의 관리가 몇 번이나 오왕의 죄를 다스려야 한다고 청했지만 효문제는 너그러이 용서하며 그자가 행동을 고쳐 선하게 되기를 바라셨다. 이제 와서 초왕 무(戊), 조왕 수(遂), 교서왕 앙(卬), 제남왕 벽광(辟光), 치천왕 현(賢), 교동왕 웅거(雄渠)와 서로 짜고 모반했으니, 이는 대역무도한 일이다. 거사하여 종묘사직을 위태롭게 하고 대신과 한나라 조정의 사자를 살해했으며 만민을 협박하고 죄 없는 자들을 죽이고 민가를 불태워 없애고 백성의 분묘를 파헤친 짓이 심히 잔혹했다. 앙 등의 군대는 대역무도함이 더심해서 지나는 곳의 종묘를 태우고 집기들을 노략질했으니 짐은 그것을 심히 애통하게 여긴다.

짐은 위급한 사태를 맞아 물들이지 않은 옷을 입고 정전에서 조회를 보지 않고 있다. 장군들은 군관과 군사를 격려하며 반역의 무리를 치고 있는데, 이럴 때는 적진에 깊이 들어가 많이 죽이는 것이 공을 세우는 길이다. 목을 베고 포로로 잡을 때는 비삼백석(比三百石)[37] 이상인 자들을 모두 죽여서 풀어 주는 법이 없도록 하라.

조서의 내용에 왈가왈부하거나 내용대로 따르지 않는 자는 모두 목을 벨 것이다.

실패로 끝난 유씨 일족의 반란

○　○　○

오왕은 처음에 회수를 건너 초왕과 함께 서쪽의 극벽(棘壁)을 쳐부수었다.[38] 승기를 타고 전진하는 기세가 아주 날카로웠다. 놀란 양 효왕(梁孝王)이 장군을 파견하여 공격했으나, 오초 연합군은 양나라군 두 갈래를 모두 격파했다. 양나라군은 모두 후퇴하여 달아났다.

양왕이 수차례 조후에게 사자를 보내 구원병을 요청했지만 조후는 보내지 않았다. 다시 황제에게 사자를 보내 조후가 구원병을 보내지 않는다고 호소했다. 황제가 조후에게 일러 양왕을 구하게 했으나 조후는 뜻을 굽히지 않고 계속해서 보내지 않았다. 양왕은 한안국(韓安國)과 [초왕에게 배반하면 안 된다고 말리다가 죽임을 당한] 초나라 상국 [장상(張尙)의] 동생 장우(張羽) 두 사람을 장군으로 삼아 오왕의 군대를 어렵게 물리쳤다.

오왕의 군대가 서쪽으로 나아가려 했으나 양왕의 군대가 성[39]을 지키고 있어 엄두를 내지 못하고, 조후의 군대 쪽으로 방향을 돌려 하읍[40]에서 맞닥뜨렸다. 교전하려고 했으나 조후는 보루를 튼튼히 하며 싸움에 응하지 않았다. 식량이 떨어졌으므로 오나라 군사들은 굶주려 가며 몇 차례 더 도전했다. 야음을 틈타 조후의 군영 쪽으로 가서 동남쪽을 공격하는 척했다. 조후가 서북쪽의 방비를 강화했는데, 과연 서북쪽으로 공격이 들어왔다. 오왕의 군대는 군영 안으로 들어가지 못하고 대패했다. 많은 군사가 굶어 죽거나 군영을 떠나 흩어졌다. 오왕은 휘하의 장수와 군사 천 명을 데리고 밤중에 달아나 회수를 건너 단도(丹徒)⁴¹로 가서 동월왕에게 몸을 맡겼다. 동월에는 군대가 만여 명이나 있었다. 오왕이 사람을 시켜 도망간 자신의 군사를 모아 오게 했다.

한나라 조정에서 사람을 보내 동월왕에게 이익이 될 만한 말을 하며 설득했다. 이에 동월왕이 오왕을 속이고, 군사를 위로하러 밖으로 나오게 한 뒤 사람을 시켜 창으로 찔러 죽였다. 오왕의 머리를 담아서 역참의 말들을 달려 황제에게 전했다.

오왕의 태자 유구(劉駒)는 민월로 달아났다. 오왕이 버린 군사들은 달아나다가 궤멸했다. 곳곳에서 많은 군사가 태위 조후의 군대나 양왕의 군대에 투항했다. 초왕 유무의 군대도 패했고 초왕은 자결했다.

제나라 땅에서는 세 왕이 임치를 석 달이나 포위했지만 깨뜨리지 못했다. 한나라 군이 도착하자 교서왕, 교동왕, 치천왕은 모두 각자의 군대를 거느리고 자기 땅으로 돌아갔다. 교서왕이 맨발로 볏짚으로 짠 자리에 앉아 맹물을 마시며 태후에게 죄를 청했다. 교서왕의 태자 유덕(劉德)이 아뢰었다.

"한나라 군은 먼 길을 왔습니다. 제가 관찰한 결과 그들이 지쳐 있으니 공격을 해 볼 만합니다. 남은 군사를 수습하여 그들을 쳐야 합니다. 싸우다가 이기지 못하면 그때 바닷속으로 들어가도 늦지 않습니다."

교서왕이 군사들이 이미 너무 지쳐 있어 출동시킬 수 없다면서 태자의 말을 듣지 않았다.

한나라 장군 궁고후 한퇴당[42]이 교서왕에게 편지를 보냈다.

"조서를 받들어, 불의하게 배반한 자를 벌하겠소. 그러나 투항하는 자는 사면하고 그 죄를 없애며 원래의 지위를 회복시켜 주겠소. 항복하지 않는 자는 죽일 것이오. 왕이 어떻게 하는가를 보고 그에 따라 처분하도록 하겠소."

교서왕은 저고리를 벗고 상체를 드러낸 채 한나라 군영 앞에 나와 머리를 조아리고 이름을 대며 말했다.

"신(臣) 앙은 법을 받듦에 있어 삼가지 않았으며 백성을 놀라게 했습니다. 또 장군께서 수고스럽게 먼 길을 달려 저희 빈궁한 나라에까지 오시게 했습니다. 그러므로 감히 저해형(菹醢刑)[43]을 청합니다."

궁고후가 장군의 권위를 상징하는 금고(金鼓)를 놓고 교서왕을 접견했다.

"왕께서는 지금 거사했던 일을 두고 고뇌하고 계신데, 거사 경위를 듣고 싶습니다."

교서왕이 머리를 조아리고 무릎으로 기어 마주하고 말했다.

"(사실 이렇게 되었습니다.) 조조는 황제께서 임용하신 신하로 고황제께서 지으신 법령을 고치고 제후의 땅을 침탈했습니다. 저 앙 등은 그것이 의롭지 않다고 생각했습니다. 칠국은 조조가 천하를 어지럽힐까 걱정하여 그자를 죽이고자 거사했습니다. 들으니 조조가 이미 죽었다고 하여 저 앙 등은 신중하게 판단하며 전투를 멈추고 돌아왔습니다."

장군이 말했다.

"왕께서 진실로 조조의 하는 바가 옳지 않다고 생각했으면 어찌하여 황제께 고하지 않았소? 황제의 조서와 호부(虎符)도 없이 함부로 군대를 출동시켜 황제께 의리를 지킨 제나라를 쳤습니다. 이로 볼 때 왕의 뜻이 조조를 주살하는 데 있었던 것이 아닌 듯합니다."

이에 조서를 꺼내 교서왕에게 읽어 주고는 말했다.

"왕께서 스스로 알아서 하시기 바랍니다."

교서왕이 말했다.

"저 앙과 같은 자는 죽어도 죄를 다 받지 못합니다."

그러고는 바로 자진했다. 태후와 태자도 모두 죽었다. 교동왕과 치천왕, 제남왕도 모두 법에 따라 죽였다.

역(酈) 장군이 조왕을 공격하여 10월에 함락시키자 조왕이 스스로 목숨을 끊었다. 제북왕은 낭중령에게 붙잡혀 출동하지 못했던 까닭에 죽음을 면했다.

애초에 오왕이 처음으로 반기를 들었고 초왕의 군대와 연합했다. 이어서 제나라 땅의 왕들과 조왕이 합세했다. 정월에 반란이 일어났으나 3월에 모두 격파했다.[44]

찬하여 말한다.

형왕이 왕위에 오른 것은 초기에 한나라가 천하를 평정했다 해도 미처 다 통일하지 못했으므로 유씨 방계 혈족 중에서 왕을 봉해 장강과 회수 사이의 땅을 복속시키는 정책을 썼기 때문이다.

유택이 왕이 되는 일은 전생이 계책을 꾸몄는데 여씨를 먼저 왕위에 올린 다음, 마침내 남면하게 되어 삼대에 이르기까지 고(孤)를 칭했다. 그러나 전생이 꾸민 계책이 알려지기라도 했으면 서로 중벌을 받았을 터이니 어찌 위태로웠다 하지 않겠는가!

오왕은 산과 바다에서 나는 산물을 독차지하여 부유해진 뒤에 백성에게 각종 세금과 부역을 줄여 주었다. 그러나 칠국의 난은 그 아들 유흥(劉興)의 일에서 발단했다. 옛사람들이 제후의 땅이 사방 백 리를 넘어서는 안 되고 산과 바다는 봉토 안에 넣지 말도록 주장한 것은 바로 이런 일을 경계한 것이었다. 조조는 한나라의 먼 앞날을 위해 걱정하다가 화를 입었다. "일을 꾸미는 주모자가 되지 말라. 〔잘 안 되는 날에는〕 그 벌을 받게 된다."[45] 라는 말은 바로 조조를 두고 이른 말이 아니겠는가!

6

초 원왕전
楚元王傳

「초 원왕전」은 『한서』를 쓴 반고에게 특별한 편이었으리라고 짐작된다. 반고는 초 원왕 유교(劉交, ?~기원전 179년)의 후손인 유향(劉向, 기원전 77~기원전 6년)과 유흠(劉歆, 기원전 50~23년) 부자에게 많은 영향을 받았다. 유향은 중국 역사에서 최초로 도서 분류를 시도한 인물이다. 황궁 도서관을 관장했던 유향과 유흠이 수집한 방대한 사료는 반고의 손에 들어가 『한서』를 이루는 기반이 되었다.

유향과 유흠은 한나라 황족 유씨 가문이 배출한 이름난 유학자였다. 반고는 자신이 존경한 유향과 유흠의 열전을 쓰면서 같은 시대의 인물을 한 편에 엮는 『한서』의 편집 방침을 바꾸어 두 인물의 선조인 고조 유방의 이복동생 초 원왕을 한 편에 세웠다. 이 색다른 편집에 따라 한나라 말기의 인물인 유향과 유흠은 개국 황제인 유방과 직접 연결된다는 인상을 풍기게 되었다. 이 편은 개국 공신 초 원왕에서 출발하여 초 원왕 손자의 반역 사건을 거쳐 서한(西漢) 말기의 유학 집대성 과정까지 초나라 제후왕 집안의 다양하고 특별한 면모를 보여 주고 있다.

『사기』에 나오는 초 원왕 유교는 고조 유방의 이복동생에 불과하나 반고의 필치 아래에서는 대학자 유향과 유흠의 조상으로서 전혀 손색이 없는 학구파다. 유방 일가 중 유일한 유생인 유교는 진나라가 멸망하기 전 순자(荀子)의 제자 부구백(浮丘伯)에게 『시(詩)』를 배웠고 주석서를 쓰기도 했다. 천하가 안정된 뒤 장안(長安)에 가서 스승 부구백을 찾은 유교는 아들을 스승에게 보내 『시』를 배우게 했다. 유교는 또 젊은 시절 동문수학했던 유생들을 초나라에 초빙하여 언제나 예를 갖춰 공경했다. 이런 사실은 『사기』에 빠져 있는 내용으로 반고가 보충해 넣은 것으로 보인다.

유교가 봉토로 받은 초나라는 항우와 한신의 유산이었다. 초왕 한신이 모반죄로 몰려 회음후로 강등될 때 초나라를 동서 둘로 갈랐는데, 그중 서쪽을 계속 초나라로 부르면서 유교에게 봉하고 팽성(彭城)에 도읍하게 했다. 팽성은 유방의 출생지 풍읍이 있는 곳이었다. 삼국 시대 위나라 때부터 서주(徐州)로 불리게 된 이 땅에는 초 원왕의 무덤으로 추정되는 고분을 비롯하여 한나라 제후왕의 무덤 십여 기가 남아 있다.

『시』를 공부한 유방의 이복동생

○　　○　　○

초 원왕 유교의 자는 유(游)이고, 고조의 이복동생이다. 글 읽기를 좋아했고 지모와 기예가 뛰어났다. 젊어서 노현의 목생(穆生), 백생(白生), 신공(申公)과 함께 부구백(浮丘伯)에게 『시』를 배웠다. 부구백은 손경(孫卿)[1]의 제자였다. 진시황의 분서 때 〔스승 부구백과 헤어져〕 제각기 흩어졌다.

고조는 형제가 넷이었다. 큰형은 유백(劉伯)이고 둘째 형은 유중(劉仲)이었는데 큰형 유백은 일찍 죽었다.[2]

고조가 패공(沛公)이 된 뒤에 경구가 스스로 초왕에 올랐다. 고조는 둘째 형과 심이기에게 태상황을 모시라고 부탁하고, 동생 유교와 소하, 조참 등을 데리고 경구를 만나러 갔다. 후에 항량을 만나 함께 초 회왕을 세웠다. 서쪽으로 진군하여 남양을 공략하고 무관에 입성했으며 남전(藍田)에서 진나라 군과 교전했다. 패공이 패상에서 유교를 문신군(文信君)에 봉했다. 유교는 한왕이 촉과 한중에 들어갈 때, 셋으로 갈라졌던 진나라 땅을 평정할 때 그리고 항우를 멸할 때 모두 함께했다. 고조가 제위에 오르자 유교와 노관이 항상 고조를 호위하여 내전에 출입하며 궁내 사정이나 은밀한 계책을 황제에게 보고했다. 반면에 고조의 사촌 형 유고(劉賈)는 당시 한왕이던 고조의 명을 받아 몇 차례나 별동대를 거느리고 전투에 나갔다.

한 고조 6년, 초왕 한신을 폐한 뒤에 그 봉토를 둘로 나누어 유고를 형왕에, 유교를 초왕에 봉했다. 유교는 설군(薛郡)과 동해군 그리고 팽성의 서른여섯 개 현을 다스렸는데, 이는 원래부터 공이 많았기 때문이다. 고조는 뒤 둘째 형 유중(劉仲)을 대왕(代王)에, 맏아들 유비(劉肥)를 제왕(齊王)에 봉했다.

봉기하기 전 고조는 일을 저지른 뒤에 피해 다니는 일이 많았는데, 그 시절 빈객들과 함께 자주 큰형수에게 가서 끼니를 때웠다. 시동생이 빈객을 데리고 오는 것을 싫어한 형수는 솥에 국이 남아 있지 않은 듯이 솥바닥을 긁어 댔다. 그 소리를 들은 빈객들이 자리를 떠난 뒤에 고조가 솥 안을 들여다보니 국이 남아 있었다. 이 일로 고조가 큰형수를 원망하게 되었으니 제왕과 대왕을 세울 때 큰형의 아들만 후위를 얻지 못했다.

태상황이 그렇게 한 것을 나무라자 고조가 대꾸했다.

"제가 그 아이를 봉하는 것을 잊은 것이 아닙니다. 그 어미가 덕이 없는 사람이기 때문입니다."

한 고조 7년 10월, 큰형의 아들 유신(劉信)을 갱갈후(羹頡侯)[3]에 봉했다.

원왕이 초 땅에 부임한 뒤에 목생, 백생, 신공을 중대부로 삼았다. 여후 집권 시절에 부구백은 장안에 있었다. 원왕은 아들 유영객(劉郢客)을 부구백에게 보내 신공의 도움을 받아 학업을 마치도록 했다. 문제 때에 신공이 『시』에 가장 정통하다고 하여 박사를 제수했다. 원왕은 『시』를 좋아하여 아들들에게 모두 『시』를 읽혔다. 신공이 『시』의 해설서를 처음으로 썼는데 『노시(魯詩)』[4]라고 했다. 원왕이 그 뒤를 이어 『시』의 해설서를 썼는데, 『원왕시(元王

詩)』라고 했다. 아직도 항간에 가끔 보인다.

여후 때에 원왕의 아들 유영객을 유씨 가문의 종정으로 삼고 상비후(上邳侯)에 봉했다. 원왕이 재위 스물세 해 만에 세상을 떠났다. 태자 유벽비(劉辟非)가 먼저 죽었기 때문에 문제가 종정 상비후 유영객을 원왕의 후사로 삼고 이왕(夷王)에 봉했다. 신공은 박사였으나 사직하고 유영객을 따라 초나라로 돌아와 다시 중대부가 되었다.

이왕이 재위 네 해 만에 죽자 아들 유무(劉戊)가 뒤를 이었다. 문제는 원왕을 존중하고 좋아했기 때문에 원왕이 아들을 낳자 황제의 아들과 같은 작위[5]를 주었다. 경제가 즉위하여 혈육에게 은혜를 베푼다는 이유로 원왕이 아끼던 아들 다섯 명을 봉했다. 유례(劉禮)는 평륙후(平陸侯)에, 유부(劉富)는 휴후(休侯)에, 유세(劉歲)는 심유후(沈猶侯)에, 유예(劉執)는 원구후(宛朐侯)[6]에, 유조(劉調)는 극락후(棘樂侯)[7]에 봉했다.

원래 원왕은 신공 등의 학자들을 예를 갖춰 공경했다. 목생이 술을 좋아하지 않았으므로, 원왕은 상에 술을 놓을 때마다 목생을 위해 언제나 누룩을 적게 넣고 달게 빚은 예주(醴酒)를 올렸다. 뒤에 유무가 왕에 즉위해서도 예주를 늘 준비했는데 나중에 잊어버리고 놓지 않았다. 목생이 자리에서 물러 나와 말했다.

"이제 떠날 때가 되었다! 예주를 상에 놓지 않는 것은 왕의 뜻이 게을러진 때문이다. 지금 떠나지 않으면 초나라 사람들이 나를 시장 바닥에 내놓고 목에 칼을 씌울 것이다."

목생은 병을 칭하고 자리보전했다. 신공과 백생이 그를 억지로 일으킨 뒤에 말했다.

"당신 혼자 선왕의 은덕을 생각하지 않을 참이오? 지금 왕이 작은 일에 한 번 예의를 갖추지 않았다고 이럴 것까지야 없지 않소?"

목생이 말했다.

"『역(易)』8에 이르기를 '기미를 알아차리는 것이야말로 얼마나 영험한 일인가!9 기미란 앞으로 일어날 움직임의 징조라 길흉이 거기에 미리 나타난다. 군자는 그 기미를 보고 행동할 따름이니, 하루가 끝나길 기다리지 않는다.'라고 했소. 선왕께서 예절을 다하여 우리 셋을 대하신 것은 도를 따르셨기 때문이오. 지금은 예절에 소홀하니 도를 잊은 것이오. 도를 잊은 사람과 어떻게 오래 함께하겠소. 〔예주를 준비하는 것이〕 정녕 그렇게 작은 예의란 말이오?"

목생은 병을 칭하여 사임하고 떠났으며 신공과 백생은 남았다.

지족불욕을 새기고 산 유덕

○　○　○

초왕 유무가 점점 포악무도해졌다. 초왕 20년, 박(薄) 태후 복상 중에 여자들과 몰래 잠자리를 가졌던 것이 밝혀져 황제가 동해군과 설군을 삭감하자10 오왕(吳王)과 몰래 통하여 반역을 모의했다. 신공과 백생이 간언했지만 듣지 않고 서미형(胥靡刑)11에 처한 뒤 붉은 흙물을 들인 죄수복을 입혀 시장에서 둘이 함께 절구 방아를 찢게 했다. 휴후가 사람을 보내 간언하자 왕이 말했다.

"작은아버지의 뜻이 나와 같지 않다면 봉기한 다음 작은아버지부터 먼저 잡아들이겠습니다."

휴후가 두려워하며 어머니 태부인(太夫人)[12]과 함께 장안으로 달아났다.

초왕 21년 봄은 경제 3년이었다. 봉토를 삭감한다는 조서가 도착하자, 초왕 유무가 오왕을 따라 반란을 일으켰다. 초나라의 상국 장상과 태부(太傅) 조이오(趙夷吾)가 간언했으나 듣지 않고 장상과 조이오를 죽이고는 군대를 끌고 오왕의 부대와 함께 서쪽의 대량을 공격했다. 극벽을 함락시키고 창읍 남쪽에 이르러 한나라 조정이 파견한 장군 주아부의 군대와 교전했다. 한나라 군이 오초의 군량 수송 길을 끊어 군사들이 굶주렸다. 오왕이 달아나고 초왕 유무가 자결하자 군사들은 한나라 군에 투항했다.

한나라 군이 오초의 난을 평정하고 경제는 평륙후 유례를 정종으로 삼은 다음 초왕에 봉하여 원왕의 후대로 삼았으니 바로 초 문왕(楚文王)이다. 문왕이 네 해 만에 죽자 아들 안왕(安王) 유도(劉道)가 뒤를 이었다. 안왕이 스물두 해 만에 죽자 아들 상왕(襄王) 유주(劉注)[13]가 뒤를 이었다. 상왕이 열네 해 만에 죽고 아들 절왕(節王) 유순(劉純)이 뒤를 이었다. 절왕이 열여섯 해 만에 죽자 아들 유연수(劉延壽)가 뒤를 이었다.

선제가 즉위했을 때 유연수는 광릉왕(廣陵王) 유서(劉胥)가 무제의 아들이니 천하에 변고가 생기면 광릉왕을 제위에 올릴 수 있으리라고 확신했다. 그래서 그에게 의탁하려고 남몰래 도움을 주었고, 왕비의 친동생인 조하제(趙何齊)로 하여금 광릉왕의 딸을 아내로 맞게 하고는 조하제와 공모했다.

"나와 광릉왕이 함께 손을 잡았으니, 천하가 불안정해질 때 군대를 출동하여 광릉왕을 제위에 올리겠다. 하제 너는 공주의 남편이니 열후에 오를 수 있을 것이다."

그런 뒤에 조하제를 보내 광릉왕에게 편지를 전했다.

"바라건대 귀와 눈을 열어 더 많이 살피셔서, 천하를 다툴 일이 있을 때 남들에게 뒤처지지 마십시오."

그런데 조하제의 아버지 조장년(趙長年)이 황제에게 이 사실을 고했다. 황제가 해당 관청에 이 일을 처리하게 하고 증거와 증인을 찾아 사실을 불게 했다. 유연수는 자결했다. 그리하여 왕이 된 지 서른두 해 만에 왕위가 철폐되었다.

그보다 먼저 휴후 유부가 장안으로 달아났지만 초왕 유무가 반란을 일으키면서 유부 등도 모두 연루되어 후위를 잃고 종실 호적에서 이름이 지워졌다. 그러나 황제가 나중에 휴후 유부가 수차례나 초왕 유무에게 간언했다는 말을 듣고 다시 홍후(紅侯)에 봉했다. 태부인과 두(竇) 태후는 친척 간이었다. 효산 동쪽 지방의 도적들에게 당할 것이 두려웠던 태부인이 장안에 머무르고 싶다고 청하자 황제가 이를 허락했다. 유벽강(劉辟彊) 등 유부의 네 아들에게 태부인을 모시게 하고 한나라 조정의 벼슬을 주었다. 태부인이 죽자 묘지를 하사하고 영호(靈戶) 땅에 장사 지냈다. 홍후 유부의 봉토는 증손자에게까지 전해졌으나 증손자에게 아들이 없어서 끊어졌다.

유벽강의 자는 소경(少卿)으로, 『시』 읽기를 좋아하고 문장에 능했다. 무제 때에 종실의 자손으로 봉록 이천석 관리들과 정사를 의논했는데 벽강이 종실 사람들의 우두머리 노릇을 했다. 성품이 맑고 조용하며 욕심이 적었고 늘 책 읽기를 즐기면서 벼슬을 사양했다. 소제(昭帝)가 즉위했을 때 누군가가 대장군 곽광(霍光)에게 말했다.

"장군께서는 여씨들의 사건을 보지 못하셨습니까? 이윤(伊尹)과 주공(周公)의 지위에 머물며 정사를 섭정하고 권한을 독점했을 뿐 아니라 종실을 배반하고 종실 사람들과 함께 일하지 않았습니다. 그리하여 천하가 그들을 불신하게 되었고 마침내 멸망하게 되었습니다. 지금 장군은 가장 높은 지위에 계시고 황제의 춘추는 어리십니다. 마땅히 종실 사람들과 관계를 맺고 더 많은 대신과 정사를 함께 의논하십시오. 그렇게 여씨들이 했던 것과 반대로 하면 후환을 면할 것입니다."

곽광이 들어 보니 그 말이 옳았으므로 종실 친척 중에서 쓸 만한 자를 뽑기로 했다. 유벽강의 아들 유덕(劉德)이 승상부(丞相府)에서 발령의 조(詔)를 기다리고 있었는데 나이가 서른이 넘고 능력과 덕행이 뛰어나므로 뽑아서 중용하기로 했다. 그때 누군가가 유덕의 아비가 살아 있으며, 선제(先帝)의 총애를 받았다고 일러 주었다. 곽광이 유벽강을 광록대부로 삼고 장락궁(長樂宮)을 지키는 위위(衛尉)로 임명했다. 그때 유벽강은 이미 여든 살의 고령이었다. 뒤에 종정으로 자리를 옮겼다가 몇 달 뒤에 죽었다.

유덕의 자는 노숙(路叔)[14]이다. 황로(黃老)의 방술을 연마했고 지략이 뛰어났다. 청소년 시절부터 여러 차례 정사에 관해 의견을 올렸으므로 무제가 감천궁(甘泉宮)[15]으로 불러 접견한 뒤에 천 리를 달릴 망아지라는 별명을 붙여 주었다.

소제가 즉위했을 때 종정승(宗正丞)으로 여러 관원과 함께 황제의 조서를 받들어 유택(劉澤)을 심문했다.[16] 아버지 유벽강이 종정이 되자 대홍려승(大鴻臚丞)으로 옮겼다가 다시 태중대부(太中大夫)가 되었으며 뒤에 종정이 되어 상관씨(上官氏)와 갑(蓋) 장공주 사건[17]을 심문할 때 다른 관리들과 함께 참여했다.

유덕은 노자(老子)의 지족불욕(知足不辱)[18]을 늘 신념으로 새기고 살았다. 유덕의 아내가 죽자 대장군 곽광이 유덕에게 딸을 주어 아내로 삼게 했으나, 유덕은 곽광의 부귀함이 버거워 감히 아내로 삼으려 하지 않았다. 갑 장공주의 손자 담(譚)이 나서서 공주가 상관씨의 모반에 관련되었음을 유덕이 조사하지 못하도록 막았지만, 유덕은 공주의 일상생활이 도리에 한참 어긋났던 것을 들어 수차례나 심문했다. 그때 시어사(侍御史)가 판단하기를, 유덕이 곽광의 딸을 아내로 맞지 않아 곽광이 유덕을 원망하고 있다고 여겼다. 그리하여 갑 장공주를 비방하여 조옥에 가둔 유역을 서인으로 강등하여 산골에 살게 하라고 탄핵함으로써 곽광의 뜻을 받들고자 했다. 곽광이 이 소식을 듣고 시어사가 자신의 뜻을 너무 모른다고 한탄하며, 유덕을 불러 청주 자사(靑州刺史)에 임명했다. 일년이 조금 더 지나 종정 자리로 돌아와 선제(宣帝)를 옹립하는 일에 참여했다. 이 일에 성공한 뒤에는 관내후(關內侯) 작위를 하사받았다.

선제 지절(地節) 연간에 돈독하고 후덕하게 행동한 종실의 친척에게 깊은 정을 베푼다는 뜻에서 유덕을 양성후(陽城侯)에 봉했으며, 아들 유안민(劉安民)을 낭중(郞中)으로 삼고 우조 벼슬을 더해 주었다. 그 밖에 종실 중에서 유덕의 힘을 입어 낭관, 숙위(宿衛)직을 얻은 자가 스무 명이 넘었다.

유덕은 너그러웠고 형편이 어려운 사람들이 살아갈 수 있도록 베풀기를 좋아했다. 경조윤(京兆尹)의 일을 볼 때마다 죄인들의 죄를 가볍게 해 주었다. 가산이 백만 금을 넘었지만, 그것으로 빈궁한 형제들을 지원하고 빈객들을 먹여 살렸다. 유덕이 말했다.

"부유함은 백성의 원망을 살 일이다."

후위에 오른 지 열한 해째에 아들 유향(劉向)이 가짜 황금을 주조하려 하다가 법에 걸렸다.[19] 유덕이 상소를 올려 아들의 죄를 변호했다. 유덕이 죽자 대홍려가 아들의 죄를 변호한 것은 대신의 체통을 지키지 못한 일이라며 시호를 내리거나 후위를 상속하게 함이 마땅치 않다는 주청이 올라왔다. 황제가 제(制)를 내렸다.

"시호를 무후(繆侯)[20]로 내리고 아들에게 후위를 잇게 한다."

후위는 손자 유경기(劉慶忌)에게 내려갔다. 유경기는 다시 종정과 태상에 올랐다. 유경기가 죽고 아들 유잠(劉岑)이 후위를 이었다. 유잠은 제조(諸曹) 중랑장(中郞將)이 되었다가 교위에 올랐으며 나중에 태상이 되었다. 유잠이 죽자 아들에게 후위가 내려갔다. 그 뒤 왕망이 망하면서 후위가 끊겼다.

빼어난 유학자이자 충성스러운 종실 유향

○　○　○

유향의 자는 자정(子政)이고, 본명은 갱생(更生)[21]이다. 열두 살 무렵 아버지 유덕의 천거로 연랑(輦郎)에 임명되었다.[22] 관례를 올렸을 때 행동거지가 단정하여 간대부(諫大夫)로 발탁되었다. 이때 선제가 무제의 행적을 따라 하려고 이름난 유생과 뛰어난 인재들을 뽑아 측근에 두었다.

유갱생은 문장과 표현력에 통달하여 왕포(王襃), 장자교(張子僑) 등과 함께 황제를 배알하고 황제의 질문에 대답했으며, 부(賦)와 송(頌) 수십 편을 헌정했다. 황제는 또 신선 방술과 관련된 일을 좋아했다. 회남왕 유안(劉安)에게 베개 속에 감춰 두던『침중홍보원비서(枕中鴻寶苑秘書)』[23]가 있었는데, 그 책에는 신선이 귀신을 시켜 금을 만드는 술법과 추연(鄒衍)의 양생 처방인 중도연명방(重道延命方)이 적혀 있었다. 세상 사람들은 본 적이 없으나, 유갱생의 아버지 유덕이 무제 때에 회남왕 사건을 처리하며 얻었다. 갱생은 어릴 때 그 책을 읽고 외우며 신기하다고 여겼기 때문에 황제에게 헌납하며 황금을 만들 수 있다고 아뢰었다. 황제가 유향에게 영을 내려 상방(尙方)에서 금 만드는 일을 관장하게 했는데 엄청난 비용이 들어간 데 비해 처방은 영험하지 못했다. 황제가 유갱생을 담당자에 넘겨 조사하게 했더니 담당 관리는 유갱생이 가짜 황금을 주조하려고 했다며 옥에 가두고 죽여야 한다고 탄핵했다. 유갱생의 형 양성후 유안민이 상소를 올려 봉토 호구의 절반을 바치고

갱생의 죄를 대속하겠다고 했다. 황제도 유갱생의 재주가 뛰어난 것을 기특하게 여겨 겨울이 지나고 열리는 봄철 대사면 때에 죽음을 면하게 해 주었다.

『춘추곡량전(春秋穀梁傳)』 박사를 두기로 하면서 유갱생을 불러 『춘추곡량전』을 배우게 했다. 황실 도서관 석거각(石渠閣)에서 오경(五經)을 해설하고 토론하게 했다. 황제는 유갱생을 다시 낭중(郎中), 급사황문(給事黃門)에 임명했다가 산기(散騎), 간대부(諫大夫)에 급사중(給事中)직을 더해 주었다.

원제(元帝)가 막 즉위했을 때 태부 소망지(蕭望之)를 전장군으로, 소부(少傅) 주감(周堪)을 광록대부로 삼고 제리(諸吏)직을 더해 주었다. 두 사람 모두 상서(尚書)를 겸하면서 황제의 존중과 신임을 얻었다. 유갱생이 소망지와 주감보다 나이가 어렸지만 두 사람은 유갱생의 능력을 높이 평가했다. 두 사람은 황제에게 유갱생이 종실 중에서도 충직하며 경학에도 밝으므로 산기, 종정, 급사중에 발탁하여 시중(侍中) 금창(金敞)과 더불어 황제의 좌우에서 습유하도록[24] 천거했다. 네 사람은 한마음으로 정사를 보좌했다. 그러나 허씨(許氏)와 사씨(史氏) 일족이 외척의 힘을 이용해 방종한 짓을 일삼고 중서(中書)로 있던 환관 홍공(弘恭)과 석현(石顯)이 권한을 마음대로 부렸으므로 유갱생은 그 두 사람 때문에 고통을 받았다. 소망지, 주감, 유갱생이 상의하여 그자들의 파직을 상소하고자 했지만, 상소하기 전에 말이 새 나가 허씨와 사씨, 홍공과 석현이 이들을 중상모략하여 주감과 갱생이 옥에 갇히고 소망지도 함께 파면되었다. 이때의 이야기는 「소망지전」에 있다.

그해[25] 봄 지진이 일어났고 여름에는 묘(昴) 자리와 권설(卷舌) 자리 사이에 객성이 나타났다.[26] 황제가 유갱생 등의 무고함을 깨닫고 조서를 내려 소망지에게 관내후직을 하사하고 봄가을의 조정에 참가할 자격을 주었다.[27] 가을에 주감과 유향을 불러 간대부로 삼으려 했으나 홍공과 석현이 나서서 말리는 바람에 두 사람다 중랑(中郞)으로 삼았다.

겨울에 지진이 다시 일어났다.[28] 이 무렵 홍공과 석현, 허씨와 사씨 집안의 자제들이 시중과 제조직에 있었는데 모두 소망지 등을 흘겨보았다. 유갱생이 이를 두려워하여 자신의 외가 친척 이름으로 고발하기를, 소망지를 비롯한 사람들이 또다시 참소당하는 사태가 일어날 것이라고 했다.

"제가 듣자 하니 전장군 소망지 등은 모두 충직하고 정의로워사사로운 이익을 바라지 않고 다스리는 일을 잘해 내고 싶어 했으나 외척과 상서들의 미움을 사고 말았다고 합니다. 요즘 길에 나서면 사람들이 '망지 등이 복직했으나 다시 모략당할 것이다. 망지 등을 쫓아낸 자들이 허물이 있는 신하를 다시 쓰는 것을 마땅치 않다 말할 것이 틀림없기 때문이다. 이는 크게 그릇된 일이다.'라고들 합니다.

신은 지난 봄가을에 지진이 일어난 것은 집정 대신들의 세력이 너무 강했기 때문이지 망지 등 세 필부 탓이 아니며 이 사실 또한 점괘를 통해 이미 명백히 밝혀졌다는 것을 알고 있습니다.

예전 고황제 때 계포(季布)가 죄를 지어 삼족이 멸할 지경에 이르렀으나 뒤에 사면하여 장군으로 삼으셨는데, 마침내 여후와 효문제 시절의 명신이 되었습니다.

효무제(孝武帝) 때 예관(兒寬)[29]이 중죄를 지어 옥에 갇히자 안도후(按道侯) 한열(韓說)이 '폐하께서는 전에 오구수왕(吾丘壽王)을 죽이고 지금까지 한탄하고 계십니다. 이제 예관을 죽이면 뒤에 더 크게 한탄하실 것입니다.'라고 간언했습니다. 무제께서 그의 말에 감동하여 예관의 죄를 용서하고 다시 등용하셨는데, 벼슬이 어사대부에 올랐습니다. 그런데 이제껏 어사대부직을 수행한 자 중에서 아직 예관만 한 인물이 없었습니다.

또 동중서(董仲舒)가 사사로이 재앙에 관한 해괴한 글을 지었을 때 주보언(主父偃)이 상소하고 형리들이 심문하여 부도죄(不道罪)를 판결받았지만, 황제의 은총 덕에 죽지 않고 다시 중대부가 되었다가 교서국 상국이 된 뒤에 늙고 병들어서야 벼슬을 내놓고 고향으로 돌아갔습니다. 그러나 한나라 조정에서 헌장이나 제도를 고칠 때면 늘 불러서 물을 만큼 동중서는 당대 유학의 종사였고 그가 참여한 심의와 판정은 모두 천하에 이로웠습니다.

효선제(孝宣帝) 때 하후승(夏侯勝)이 비방죄로 세 해 동안 옥에 갇혔다가 서인으로 강등되었습니다. 그러나 선제께서 다시 등용하셔서 장신소부, 태자소부까지 벼슬이 올라갔으며 직언을 올리는 신하로 이름을 얻었으니 천하 사람들이 모두 하후승을 칭찬했습니다.

여러 신하가 그와 거의 비슷한 일을 겪었으나 일일이 적어 올리기가 어렵습니다. 허물이 있던 신하가 나라의 기대를 저버리지 않고 천하를 이롭게 한 예는 위에 올린 네 명으로도 충분할 것입

니다. 전에 홍공의 주청으로 소망지 등을 심문하여 처결했는데, 3
월에 지진이 크게 났습니다. 홍공이 병을 칭하고 벼슬을 떠났으나
뒤에 다시 정무를 보았는데, 하늘이 흐리고 눈이 내렸으니 땅이
움직인 것은 대개 홍공의 무리 때문이라고들 말합니다. 신의 어리
석은 생각으로는 폐하의 선덕을 가린 홍공과 석현의 죄를 밝혀내시
어 쫓아내는 것이 마땅합니다. 그리고 소망지 등을 부르셔서 덕행이
뛰어난 자의 앞길이 열리게 하십시오. 이렇게 하면 태평세월을 부르
는 문이 열리고 재앙의 근원을 막을 수 있습니다."

이 글이 올라오자 홍공과 석현은 유갱생이 쓴 글로 의심하며
사실 여부를 심문하게 해 달라고 주청했다. 심문 끝에 유갱생의
외가 사람이 사실대로 털어놓는 바람에 유갱생은 다시 옥에 갇혔
다. 유갱생은 태부 위현성(韋玄成)과 간대부 공우(貢禹) 그리고 정
위(廷尉)에게 넘겨져 심문을 받았다. 이들은 유갱생이 구경(九卿)
이던 지난날에 소망지, 주감과 함께 거기장군 사고(史高)와 허씨,
사씨 집안 출신의 시중들을 배척했으며 종실 친척을 비방하고 이
간하면서 그들을 내쫓고 자신들이 전권을 휘두르려고 했다고 주
장했다. 신하로서 불충을 저질렀으나 요행히 죽음을 면하고 황제
의 은덕으로 다시 등용되었음에도, 이전의 허물을 고치지 않고 다
른 사람의 이름으로 상소를 올려 심각한 사태의 발생까지 운운했
으니 무망부도죄(誣罔不道罪)에 해당한다는 것이었다. 그리하여 유
갱생은 면직되고 서인으로 강등되었다.

전장군과 광록훈의 관인을 몰수당했던 소망지가 아들을 시켜
초원 원년에 서인으로 강등된 일에 대해 자신을 변호했는데 그 일

이 다시 법에 걸렸다. 홍공과 석현은 소망지를 옥에 가두고 대질 심문하도록 황제에게 명을 청했다. 그러자 소망지가 스스로 목숨을 끊었다. 황제가 애도하며 매우 원통해했다.

이에 주감을 광록훈에, 주감의 제자였던 장맹(張猛)을 광록대부에 발탁하고 급사중 벼슬을 더해 준 뒤에 크게 신임했다. 홍공과 석현이 두려워하면서 이 둘을 수차례 비방했다. 주감과 장맹이 벼슬을 얻자 유갱생은 자신도 다시 등용되기를 희망했다. 그리고 홍공 등의 간계를 염려하여 밀봉한 글을 올려서 황제에게 간언했다.

신이 이전에 은덕을 입어 유씨 골육으로 구경을 맡았으나 삼가며 일을 하지 않은 까닭에 법의 처벌을 받았다가 이내 황은을 다시 입었습니다. 제가 생각건대 이상한 자연 현상이 겹쳐서 일어나는 것은 천지가 정상 질서를 잃었다는 뜻이니 나라에 일이 있음을 증명합니다.

끝내 말씀을 올리지 않으려고 했으나 충신이라면 집에서 농사를 지으면서도 군주를 더욱 잊지 못하여야 충성의 대의를 발현하는 것이라 생각했습니다. 하물며 신하에 더하여 유씨 골육이고, 거기에 더하여 지난날 받은 은덕을 아직 보답조차 하지 못한 처지 아니겠습니까? 어리석은 마음으로 충성을 다하고 싶지만, 직분을 넘어서게 될까 걱정하다가도 골육으로서, 은덕을 입은 자로서 반드시 보답해야 한다는 생각을 또 하게 됩니다. 충심의 대의로 저의 어리석은 마음을 보여 드리고 나면 물러나서 농사를 짓다 죽더라도 여한이 없겠습니다.

임금께서 구관(九官)을 임명하셨을 때 서로서로 양보하며 화목하게 지냈다고 합니다. 그 아홉 분 현인께서 화목하게 조정 일을 보셨으니 그때는 들판의 만물도 조화를 이루었습니다. 소(簫)로 「소(韶)」를 아홉 번 연주하자 봉황이 모습을 나타냈고, 편종과 편경을 울리자 여러 짐승이 질서 있게 춤을 추었으며, 사해 안에 화목하지 않거나 평안하지 않은 데가 없었습니다. 주(周)나라 문왕(文王) 때에 이르러 서쪽 변방이 열리는 기틀을 잡았을 때에도 현인들이 운집했으니, 엄숙하게 공경하지 않거나 화목하지 않은 적이 없으며 양보하는 기풍을 숭상하여 분쟁의 의견이 사라졌습니다. 문왕이 돌아가시자 주공(周公)이 문왕을 사모하여 그 덕을 기리며 노래를 지었으니 『시』에 "아, 아름답고 청정한 사당에 엄숙과 화목과 광명을 가르치신 문왕께 제사를 올리네. 이제 수많은 벼슬아치가 모두 문왕의 덕을 집행한다네."[30]라고 실려 있습니다.

이 무렵 무왕(武王)과 주공이 이어서 정사를 보았는데 조정 대신들은 화목하게 일했고 바깥의 만국도 모두 기뻐했습니다. 모두 기쁜 마음을 얻어 선조를 섬겼으니 『시』에 그 모습을 이르기를 "제사에 참여하러 온 빈객들은 화목하고도 엄숙하며, 제관들은 관리와 제후들로 이루어졌으며, 천자는 훌륭한 모습을 하고 있도다."[31]라고 했습니다. 이는 사방의 빈객들이 화목을 위해 왔다는 것을 일러 주고 있습니다. 아래로 제후들이 화목하게 지내면 하늘이 위에서 반드시 보답할 것이므로 주송(周頌)에 "수도 없이 강복하네!"[32]라고 했으며 "우리에게 내모(麰麰)를 내려 주시네!"[33]라고도 했습니다. 내모는 곧 보리를 이르는 말이니 처음에는 이렇게 하늘에서 내려 주신 것이었습니다. 이 모두가 화목함으로 조화로움에 이르러 하늘의 도움을 얻은 경우입니다.

시대가 흘러 유왕(幽王)과 여왕(厲王) 때에 이르자 조정이 화합하지 못하고 서로 비난과 원망을 일삼았습니다. 그리하여 당시의 시인이 그 점을 가슴 아파하면서 걱정스럽게 "백성이 선한 일을 하지 않고 서로 상대만 원망하네."[34]라고 읊었습니다. 수많은 소인배가 벼슬자리에 있으면서 사악한 말만 따랐고, 함께 의기투합하여 군자와 멀어졌으니 『시』에 "서로 당을 만들고 헐뜯으니 이 얼마나 슬픈 일인가! 착하게 살자고 하다가도 모두들 그것을 위배하고, 착하지 않은 생각은 기어코 매달려 시행하고 말았네."[35]라며 그런 사정을 노래했습니다.

그런 가운데에서도 군자는 홀로 정의를 지키니 다른 사람들에게 휘둘려 정도를 벗어나는 비굴한 짓을 하지 않으며, 임금이 맡긴 일에 힘써 종사하다가 원통하게도 악독한 무리에게 참소를 당할 뿐이니, 『시』에서 "힘써 일하며 힘들다는 말도 못 했네. 아무런 허물이 없었으나 여러 사람이 떠들며 모략했네."[36]라고 노래한 것과 같습니다. 그럴 때는 해와 달도 가려져 빛을 잃으니 『시』에도 "초하루 신묘일(辛卯日)에 일식이 나타났네, 그 얼마나 추악한 일인가!"[37]라고 했습니다. 뒤이어 "그날은 초하루라 달도 빛이 없었고 해도 빛을 잃었으니, 이제 여기 백성은 얼마나 비통한지 모르네."[38]라고 읊고 다시 "해와 달의 변괴는 흉조인데, 해가 정상 궤도를 잃었네. 천하에 선정을 베푸는 데가 없으니 현인을 등용하지 않기 때문이라."[39]라고 했습니다. 위로는 일식의 변괴가 나타나고 아래로는 지진의 변괴가 일어나 강물과 샘물이 솟아오르고 산골짜기 땅이 자리를 바꾸었으니, 『시』에는 또 "수많은 강물이 솟구치고 산봉우리가 모두 무너져 높은 언덕은 골짜기가 되고 깊은 골짜기는 산이 되었네. 모든 질서가 무너져 저런 재앙이 일어나게 했으니 지금 백성은 얼마나 가여운가!"[40]라고 했습니다. 또 임금이 정사를 제대로 보지 않아서 절기가 아닌 때에 내린 서리로 시절이 제때를 잃었으므로 『시』에 "정월에 서리가 잦으니 내 마음이 우울한데, 사람들의 유언비어 또한 크게 퍼지고 있네!"[41]라고 했습니다. 정월에 서리가 내린 일의 책임 소재를 두고 시시비비를 가리자며 충신을 쫓아내려던 사람들이 유언비어를 날조했던 사건을 노래하고 있습니다. 이 모든 노래가 부조화를 읊고 있는데, 어진 사람이 불초한 사람 아래에 있는 데서 일어났던 것입니다.

여왕과 유왕 이후로 천하는 크게 어지러워져서 찬위와 암살 같은 재앙들이 연달아 일어났습니다. 여왕은 체(彘) 땅으로 달아났으며 유왕은 견융(犬戎)에게 시해되었습니다. 평왕(平王) 말년에 이르러 노 은공(魯隱公)이 즉위했을 때, 주나라 대부 제백(祭伯)이 폐하와 사이가 좋지 않아 노나라로 도망갔는데, 『춘추』에는 그 사실을 피해 도망이란 말을 쓰지 않았으나 이것은 주 왕실을 상하게 하는 화근이 되었습니다. 태사(太師) 윤씨(尹氏)가 예법에 어긋나게 경(卿)을 물려받아 방자하게 전횡을 부렸고, 제후들은 주나라를 배반하여 입조하지 않았으니 주나라 왕실은 비천한 존재가 되어 버렸습니다. 노 은공부터 애공(哀公)까지 242년 동안 일식이 서른여섯 번, 지진이 다섯 번, 산봉우리가 붕괴한 것이 두 번, 혜성이 나타난 것이 세 번, 밤에 항성이 보이지 않고 밤중에 성운이 비처럼 내린 것이 한 번, 화재가 열네 번 일어났습니다. 장적(長狄)이 제·노·진 세 나라를 쳐들어왔고 운석이 다섯 덩어리나 떨어졌으며, 높이 나는 역(鶂)새 여섯 마리가 낮게 날았고, 고라니가 많이 보였으며, 낮에 컴컴해지고, 짧은꼬리여우와 바퀴가 나타났으며, 구관조가 날아와 둥지를 틀었는데, 이런 일은 각각 한 번씩 있었습니다. 날이 추워 비가 내리면 나무에 닿자마자 얼어 버리고, 오얏과 매실이 겨울에 열매를 맺었으며, 7월에 서리가 내렸는데도 초목이 죽지 않았고,[42] 8월[43]에는 서리로 인해 콩 농사가 엉망이 됐으며, 큰 우박이 내리고 비와 눈, 벼락이 그 질서를 잃어버렸으며, 홍수·가뭄·기아·풀무치·메뚜기·명아가 시도 때도 없이 나타났습니다.

그 무렵 재앙이 연달아 일어나서 주군이 시해된 것이 서른여섯 번, 제후국이 멸망한 것이 쉰두 차례였고, 제후가 제나라를 지키지 않고 달아난 것은 수를 헤아릴 수 없을 만큼입니다. 주 왕실에도 재앙이 많이 일어났습니다. 주나라 왕의 군대가 무융(貿戎)에서 진(晉)나라군에게 패한 뒤 진(晉)나라 군대가 다시 교(郊)를 공격했고, 정(鄭)나라군에 환왕(桓王)이, 융(戎)의 군대에 주왕의 사자가 잡혔으며, 위후(衛侯) 삭(朔)이 천자의 부름을 받고도 가지 않았고, 제나라에서는 주왕의 명령을 어기고 삭을 도왔으며, 다섯 대부[44]가 패권을 다투며 세 임금[45]을 갈아 세웠으니 아무도 바른 도리를 세우지 못하고 마침내 쇠락하여 부흥할 수 없었습니다.

이런 역사적 사실들로 보아 화기(和氣)는 길상에 이르게 하고 괴기(乖氣)는 재앙에 이르게 하는 것을 알 수 있습니다. 길상한 일이 많은 나라는 평안하고 재앙이 많은 나라는 위태로우니 이는 천지의 불변하는 법도이며 고금에 두루 통하는 바른 이치입니다.

이제 폐하께서는 삼대에 버금가는 업적을 펴서 경전 공부가 뛰어난 문학(文學) 인재를 뽑아 들여 후하게 대하고 모두 등용하셨습니다. 그런데 지금은 어진 사람과 불초한 사람이 섞여 있어 흑백을 가릴 수 없고, 바른 것과 사악함이 섞여 있어 충언과 중상모략이 함께 개진되고 있습니다. 공거(公車)에 상소문을 올리지만, 되레 의심이나 모함을 받아 북군옥(北軍獄)에 갇히는 사람이 가득합니다. 조정 대신들은 뜻을 화합하지 못한 채 서로 등을 돌리고 모함하며 비난합니다. 학문을 전수하는 박사는 많아졌지만, 경전의 원본을 둘러싸고 싸우기만 하는데 전후 사정은 모두 실제에 어긋나는 것뿐이어서 험담과 칭찬이 한데 뒤섞였습니다.

그리하여 폐하의 눈과 귀를 속이고 어지럽히니 그자들 때문에 폐하께서 하고자 한 일을 제대로 시행하지 못한 적이 수도 없이 많았습니다. 서로 편을 갈라 당을 만드니 어디에서나 무리를 짓고 다니며, 한마음이 되어 충직한 신하들을 모함하고 있습니다. 충직한 신하가 등용되는 것은 나라가 잘 다스려지고 있음을 보여 주는 표상이고, 충직한 신하가 모함을 받는 것은 나라가 어지러워질 징조입니다. 때를 타 난세를 바로잡으려 해도 누구를 등용해야 할지 알 수 없고 재앙만 여러 차례 나타나니 이것이 바로 제가 걱정하는 바입니다.

권세를 누리는 자들의 자식들이 조정에 운집하고, 그 측근이 되어 의지하는 자들이 축으로 바큇살이 몰리듯 넘치면 그 간사한 자들의 비방이 받아들여지니, 결국 궤도가 정상을 벗어나 재앙이 일어나게 됩니다. 해와 달이 빛을 잃고, 여름에 눈과 서리가 내리며, 바닷물이 솟구쳐 오르고, 산봉우리와 골짜기가 자리를 바꾸며, 뭇 별들이 궤도를 잃는 것은 모두 원통한 기운 때문입니다.

무릇 시인들이 쇠망하는 주 왕실을 궤적을 따라 풍자했던 일을 교훈으로 삼는다면 태평성대를 이루어 아송(雅頌)을 부르게 될 것이니, 이는 과거를 돌아보아 남보다 앞서는 길입니다. 초원 연간 이래 여섯 해가 지났습니다. 『춘추』를 고찰해 보아도 여섯 해 동안 지금처럼 재앙이 자주 발생한 때가 없었습니다. 물론 공자께서 정리하지 않으셨더라면 『춘추』에 기록된 재앙은 서로 뒤엉켜 있었을 것입니다. 하물며 지금은 『춘추』 때보다 재앙이 더 심하게 일어나고 있지 않습니까?

재앙이 많아진 원인은 조정에 간사한 자가 섞여 등용되었기 때문입니다. 간사한 자가 섞여 등용되니 황상께서 의심이 많아지셨습니다. 앞서 현자를 등용하여 선정을 베푸시는 중이었지만 누군가 참소를 올리자 현자를 내쫓고 선정을 물리셨습니다. 의심은 참소를 부르며, 과단성이 없으면 사악하고 비뚤어진 무리에게 문을 열어 주게 됩니다. 간사한 무리가 등용되면 현자들이 물러나고 비뚤어진 무리가 성하면 바른 선비들이 없어집니다. 『역(易)』에 이를 설명하는 비괘(否卦)와 태괘(泰卦)가 있습니다. 소인배가 하는 짓이 늘어나면 군자의 도가 사라지고, 군자의 도가 소멸하면 정사가 날마다 어지러워지는 것이 비괘인데, 비괘는 닫히고 어지러운 것을 상징합니다. 군자의 도가 늘어나면 소인배의 도가 사라지고, 소인배의 도가 소멸하면 정사는 날이 갈수록 바로잡히니 이것이 태괘의 내용인데, 태괘는 통달하여 안정을 이루는 것을 상징합니다. 『시』에 "비나 눈이 몰아치다 해가 나면 그 비나 눈은 사라져 없어지노라."[46]라고 읊은 것이 바로 위에 말씀 올린 『역』의 내용과 같은 뜻입니다.

옛적에 순임금과 우임금은 곤(鯀), 공공(共工), 환두(驩兜)와 함께 요임금의 조정에 출사했고, 주공은 관숙선(管叔鮮) 채숙도(蔡叔度)와 함께 주 왕실에서 일을 보았는데, 그 무렵에 끊임없이 상소하거나 유언비어를 퍼뜨려 상대를 비방한 것이 어디 헤아릴 수나 있겠습니까! 요임금과 성왕(成王)이 즉위하여 순(舜), 우(禹), 주공을 존중하고 공공, 관숙선, 채숙도를 쫓아내어 바르게 정사를 보았으니 그 영광이 지금까지 전하고 있습니다. 공자께서 계손(季孫), 맹손(孟孫)과 함께 노나라 조정에 출사하셨고 이사(李斯)는 숙손통(叔孫通)과 함께 진나라에서 벼슬을 했는데, 정공(定公)이 계손과 맹손을 존중하며 공자를 쫓아낸 것처럼 진시황이 이사를 존중하며 숙손통을 쫓아냈기 때문에 정사가 어지러워졌고 그로 인한 오욕이 오늘까지 전해지고 있습니다. 그러므로 정사를 바로잡아 영광을 얻는 것과 정사를 어지럽혀 오욕을 당하는 것은 신임하는 신하가 어떤 인물인가에 달려 있으니, 신임하는 신하를 어진 자들로 뽑으면 뜻이 굳건하게 되어 흔들리지 않게 됩니다. 『시』에 "내 마음은 자잘한 돌멩이가 아니라서 누구도 옮겨 놓을 수 없네."[47]라고 했으니 이는 선량함을 지켜 두텁게 하라는 뜻입니다.

『역』에 "땀을 흘려 버리듯이 크게 호령한다."[48]라고 했습니다.

이는 '땀을 냈듯이 호령을 되돌리지 않는다'라는 뜻입니다. 그런데 지금 폐하께서 바른 명령을 내리고 한 철도 지나지 않아 되돌렸으니, 이는 솟아난 땀을 없었던 일처럼 되돌린 것이 됩니다. 현자를 등용하고도 한 달이 못 되어 쫓아내시니 돌멩이를 굴리듯이 하고 계십니다. 『논어(論語)』에 "선하지 않은 일을 만나면 뜨거운 물에 손을 넣었을 때처럼 하라."[49]라고 했으니, 그 말씀에 따라 상국과 어사의 이부(二府) 자리에 있으면서 참소하는 자들은 그 자리에 두면 안 됨에도 해를 더하도록 쫓아내지 않고 계십니다. 명령을 내리고는 한번 낸 땀을 회수하듯이 물리시고, 현자를 등용하고는 돌멩이 옮기듯이 마음을 바꾸시며, 간신을 내쫓기는 큰 산을 뽑는 일만큼 어려워하시니, 지금 이대로 음양이 조화를 이루기를 바란다면 그 어찌 어려운 일이 아니겠습니까!

그런 틈새가 있다는 것을 알아차린 소인배들이 문자를 꾸미고 듣기 좋은 말을 써서 비방하고, 유언비어를 뿌려 민간을 떠들썩하게 만들고 있습니다. 『시』에 "초조하게 걱정하며 소인배 무리를 탓해 보네."[50]라고 한 것은 소인들이 무리를 이루니 실제 그들 탓을 하지 않을 수 없기 때문입니다. 옛적에 공자께서는 안연(顏淵), 자공(子貢)과 더불어 서로 칭찬은 했으나 붕당은 만들지 않았고, 우(禹)와 후직(后稷)은 고요(皋陶)와 더불어 서로 천거만 했을 뿐[51] 무리를 지어 사리사욕을 채우지 않았습니다. 이는 무엇 때문이겠습니까? 나라에 충성하고 삿된 마음이 없었기 때문입니다. 때문에 현자는 윗자리에 있어도 자신과 같은 부류를 조정에 모아들이니, 『역』에 "하늘에 용이 날면 현자와 군자들이 운집하도다."[52]라고 했고, 아랫자리에 있어도 자신과 같은 부류들이 함께 등용되기를 원하니 『역』에 "띠풀 한 포기를 뽑으면 뿌리가 얽힌 다른 띠풀이 따라 뽑히니, 앞길이 길하다."[53]라고 나오는 것은 위아래에서 모두 같은 부류를 끌어들이고 추천한다는 뜻입니다. 탕왕(湯王)이 이윤을 등용하고 어질지 못한 자들은 멀리하자 수많은 현자가 모여들었던 것도 같은 부류의 사람들이 서로를 끌어들이기 때문입니다.

지금 조정에는 사악한 무리와 현자들이 섞여 숙위하고 있습니다. 사악한 무리는 당을 만들어 공모하며 선을 저버리고 악에 의지하면서 뜻을 모아 비방하고 위험한 말을 수차례나 만들어 내어 폐하의 귀를 솔깃하게 하여 마음을 바꾸게 하고 있습니다. 이를 소홀히 여기고 그들을 중용하시면 천지가 먼저 경고를 내릴 것이니, 지금 재앙이 연달아 일어나는 것은 바로 그런 까닭입니다.

자고로 명철하고 성스러운 임금이 간사한 무리를 벌주지 않고 나라를 다스린 예는 없었습니다. 순임금은 사흉(四凶)을 유배의 형벌로 다스렸고, 공자는 양관(兩觀)에서 소정묘(少正卯)를 죽이고서야 성덕의 교화를 추진할 수 있었습니다.[54] 이제 폐하께서는 밝은 지혜로 하늘과 땅의 뜻을 간절하게 생각하고, 양관 주살의 결과를 살피며 비괘와 태괘의 뜻을 열람하고, 눈 내리는 것을 노래한 시를 읽으며 주 성왕과 요임금이 인재를 등용한 방법을 배우고, 진나라와 노나라가 인재를 버렸던 것을 경계로 삼으며, 길조가 불러올 복을 생각하고 재앙이 초래할 화를 성찰하여 지금 일어나는 변고의 뜻을 헤아리십시오. 간사한 무리를 멀리 쫓아내고 도리를 저버린 무리를 무너뜨려서 삿된 무리가 들어오는 문을 막고, 바른 인재들에게 넓게 길을 열어 주는 한편으로 의심나는 점을 잘 판단하고 미루어 둔 일을 판별하여 옳고 그름을 명백히 가려내시면, 온갖 재앙이 없어지고 길한 일이 수없이 나타나서 태평의 기틀을 세우고 만대의 복을 조성하게 될 것입니다.

신이 영광스럽게 황실의 골육이 되어 음양이 고르지 못한 것을 명백히 알고도 폐하께 감히 말씀드리지 않을 수 없었습니다. 혼자서 『춘추』의 재앙 기사를 다시 보니, 그것으로 지금 벌어지는 일 중 열에 한둘은 미루어 짐작할 수 있을 듯하여 『춘추』 기사의 유래에 대해 갈래를 지어 나열했습니다. 이는 공개하기에 마땅치 않은 것이라 삼가 다시 한번 글을 밀봉한 뒤에 죽음을 무릅쓰고 올립니다.

홍공과 석현이 그 글을 본 뒤에 허씨와 사씨와 더욱 긴밀하게 손잡고 유갱생 일파에 대해 불만을 품었다. 주감은 성정이 바르고 공정했으므로 자신이 조정 안에 고립된 것을 알고도 구부러짐 없이 바른길을 갔다.

그해 여름은 추웠고 해가 검게 변해 빛이 없었다. 홍공과 석현, 허씨와 사씨 들은 모두 주감과 장맹이 정사를 잘 보지 못한 탓이라고 떠들어 댔다. 황제는 속으로 주감의 재능을 높이 샀지만 여러 사람이 떠드는 말에 빠져들어 걱정 속에서 어느 쪽을 믿을지 정하지 못했다. 당시 장안령(長安令)이었던 양흥(楊興)은 재능이 뛰어나 황제의 총애를 받았는데 늘 주감을 칭찬했다. 황제가 양흥의 도움을 받고자 하여 불러서 물었다.

"조정의 신하들이 광록훈을 미워하여 마지않는데 그 까닭이 무엇인가?"

그런데 양홍이란 자는 교활한 벼슬아치여서 황제가 더는 주감을 믿지 않는다고 판단하고 황제의 뜻에 맞추어 주감을 질책했다.

"주감은 조정뿐 아니라 지방관으로도 적당하지 않습니다. 신이 예전에 여러 사람이 하는 말을 들었는데, 주감이 유갱생 등과 모의하여 폐하의 골육들을 비방했으니 주살해야 마땅하다고들 했습니다. 오랫동안 폐하를 섬긴 신하들은 예전에 주감을 주살해서는 안 된다고 말했는데 그것은 주감이 은덕을 입었으니 나라를 위해 보답하게 하자는 뜻이었습니다."

황제가 물었다.

"그자를 무슨 죄로 죽인단 말인가? 이제 어떻게 해야 좋을지 말해 보라."

양홍이 아뢰었다.

"신의 어리석은 생각으로는 주감에게 관내후와 식읍 삼백 호를 하사하고 조정의 일에는 관여하지 못하게 하심이 좋을 듯합니다. 이렇게 하면 영명하신 폐하께서 지난 시절의 스승에 대해 은혜를 저버리지 않게 되니, 가장 좋은 방책이 될 것입니다."

황제는 이때부터 주감 등을 의심했다. 마침 성문교위 제갈풍(諸葛豊) 또한 주감과 장맹의 나쁜 점을 고하자 황제가 제갈풍이 주감에 대한 태도를 바꾼 것에 화를 내며 제갈풍을 면직했다. 이 이야기는 「제갈풍전」에 있다.

황제가 조서를 내렸다.

제갈풍이 주감과 장맹이 신의를 지키지 않는다고 했다. 짐은 그런 점을 걱정했지만 다스리지는 않았다. 이제 그 둘이 자신의 재능을 나라를 위해 제대로 쓰지 않은 것을 안타깝게 여긴다. 그리하여 주감을 하동 태수로, 장맹을 괴리령(槐里令)으로 좌천한다.

그 뒤로 석현 등은 더욱 마음껏 전권을 휘둘렀다. 주감이 좌천되고 세 해쯤 지나서[55] 효선제의 사당에 불이 났고 그달의 그믐날에 일식이 있었다. 이에 황제가 전날 주감과 장맹의 실정 때문에 일식이 일어났다고 한 자들을 불러 문책하자 모두 머리를 조아리고 죄를 빌었다. 황제가 명령을 내렸다.

"선제께서 하동 태수 주감의 능력을 높이 사서 짐의 태자 시절 스승으로 임명하셨다. 주감은 자질이 선하고 좋을 뿐 아니라 학문과 도덕이 뛰어나고 정직하게 의견을 주장했으니, 늘 평상심을 유지하고 정성을 다해 일하며 우국의 마음을 굳게 지니고 있었다. 권신에게 아부하며 섬길 줄 몰랐던 까닭에 아무런 도움을 받지 못했던 것은 말할 것도 없고, 권신에게 눌려 기를 펴지 못하다가 물러났으니 마침내 재능을 발휘할 수 없었다. 예전에 재앙이 일어났을 때 중신들은 자신을 힘써 닦아 재앙의 원인을 찾아내기는커녕 주감의 탓으로 돌리기만 했다. 짐은 하는 수 없이 그를 좌천시켜 지방관으로서 그 재능을 발휘할 기회를 주었다.

주감이 쫓겨난 뒤에도 여전히 큰 변괴가 닥쳤으니 여러 중신은 이에 대해 입을 닫고 있다. 주감이 다스린 지 한 해가 못 되어 하동군의 삼로 관속과 식견 있는 선비들이 모두 그의 선행을 칭송했으며, 하동군을 지나간 사자 중에 주감을 칭찬하지 않은 자가 없었다. 이는 선제께서 인재를 알아보셨음을 널리 알리기에 충분한 일이며, 짐도 그 점을 명백하게 깨닫게 되었다.

없는 일을 만들어 비난하고 모략이나 하는 자들은 은밀하게 곡절을 숨기고 떳떳하게 밝히지 않은 채 주감의 무리까지 의심하고 해치려 했으나 짐은 그것을 받아들이지 않았다. 속된 무리에게 휘둘려 짐이 한곳에 마음을 집중하지 못했으니, 짐은 이번에 하늘에서 이변을 보인 것을 아주 두렵게 여긴다. 주감은 나이가 많아 스스로 억울함을 풀지도 못하고 타인에게 쫓겨났으니 이제 이 일을 어떻게 밝혀야 좋을 것인가? 이제 주감을 짐이 있는 곳으로 불러오도록 하라.”

황제는 주감에게 광록대부를 내리되 봉록을 중이천석(中二千石)으로 하고[56] 상서를 겸하게 했다. 장맹 또한 태중대부로 삼고 급사중 벼슬을 더해 주었다.

석현이 상서 일을 주관하고 있었으므로 상서 다섯 사람이 모두 석현의 무리였다. 주감은 황제를 거의 만날 수 없었으며 언제나 석현이 일을 아뢰고 석현의 입으로 일이 결정되었다. 석현은 실어증에 걸려 말을 하지 못하다가 죽고 말았다. 석현은 장맹을 참소하여 공거에서 자결하게 만들었다. 유갱생이 애통해하며 「질참(疾讒)」, 「적요(摘要)」, 「구위(救危)」, 「세송(世頌)」 등 모두 여덟 편을 지었는데 옛일에 비유하여 자신과 동료들의 일을 슬퍼했다. 유향은 그 뒤 열몇 해 동안 황제에게 버려졌다.

성제가 즉위하여 석현 등이 문책당하고 유갱생이 다시 등용되면서 이름을 향(向)으로 바꾸었다. 유향은 구경의 신분으로 중랑이되었다. 황제는 유향에게 호삼보도수(護三輔都水) 일을 맡겼다. 유향은 봉인한 글을 수차례나 올린 뒤에 광록대부로 승진했다.

이때 황제의 큰외숙부인 양평후(陽平侯) 왕봉(王鳳)이 대장군으로 정사를 맡았는데, 태후의 힘을 믿고 국사를 제멋대로 처리했으며 그 형제 일곱 명을 모두 열후에 봉했다. 당시에 여러 차례 큰이상 현상이 나타났는데, 유향은 이를 두고 외척이 성세를 부리고 왕봉의 형제들이 권력을 행사하는 탓이라고 생각했다. 그 무렵 황제는 정성을 다해 『시』와 『서』를 공부하고 고문을 두루 읽었다. 황제가 유향에게 황궁 중에 비장한 오경을 교열하는 교중오경비서(校中五經祕書)를 겸하도록 명했다.

유향이 『상서(尚書)』 「홍범(洪範)」에서 기자(箕子)가 무왕에게 음양오행이 화복과 대응함을 설명한 대목을 보았다. 이에 유향은 먼 옛날부터 춘추 전국 시대를 거쳐 진한 시대에 이르기까지 일어났던 길조와 자연재해에 관한 기록을 모아서 그 각각의 진행 경과를 탐구하고, 그 현상이 가져온 화복에 관해 해설한 다음 점괘로 나타냈다. 유사한 경우들을 모아 각각 다른 조목으로 정리하니 모두 열한 편이 되어 이를 『홍범오행전론(洪範五行傳論)』이라 이름 짓고 황제께 올렸다. 황제는 유향이 왕봉 형제를 처단하기 위해 충정과 정성으로 책을 썼다는 것을 잘 알았지만, 끝내 왕씨의 전권을 빼앗지 못했다.

세월이 많이 흐른 뒤 창릉(昌陵)을 조성하기 시작했지만 여러 해가 지나도 완공하지 못해, 원래 조성하던 묘역인 연릉(延陵)을

쓰기로 했는데[57] 그 만듦새가 지나치게 사치스러웠다. 유향이 상소하여 간언했다.[58]

신이 『역』에서 "태평할 때에 위태로워질 수 있음을 잊지 말고, 건재할 때에 멸망할 수도 있음을 잊지 말아라. 그리하면 자신도 안전하고 나라도 보전할 수 있다."[59]라는 구절을 읽었는데, 이는 성군은 오행이 운행하는 시말을 두루 살피고 사리를 꿰뚫어 옳고 그름을 분명히 해야 한다는 뜻입니다. 제왕은 삼통(三統)이 돌아가며 내려온 뜻을 잘 이해해야 하니, 천명을 받은 제왕은 많았고 한 성씨만 독점한 것이 아니었다는 것을 아셔야 합니다.

공자께서 『시』에 대해 논하시다가 "은나라의 관리들은 훌륭하고 민첩했는데, 천명을 따라 주나라 도읍에서 하늘에 제사를 올리며 술을 뿌리고 제물을 올렸다."[60]라는 대목에 이르러 탄식하며 말씀하셨습니다. "천명은 위대한 것이다. 자손에게 선을 전하지 않으면 안 되는 것이 부귀는 무상하기 때문이다. 부귀가 무상하지 않다면 왕이나 벼슬아치가 왜 자식에게 삼가고 경계하라고 하겠으며 백성이 왜 자식에게 힘써 일하라고 권하겠는가?" 이는 미자(微子)가 주나라를 섬기게 되면서 은나라의 멸망을 가슴 아프게 여기며 하신 말씀인 듯합니다. 요임금과 순임금에게 성인의 풍모가 있었다 해도 요임금은 아들 단주(丹朱)를 교화하지 못했고, 우임금과 탕왕에게 덕이 있었다 해도 마지막 후대인 걸왕과 주왕을 따르게 하지 못했으니, 예부터 오늘에 이르기까지 망하지 않은 나라는 없었습니다. 예전에 고황제께서는 진나라를 멸하고 낙양에 도읍을 정하려 하면서 유경(劉敬)의 말에 깨달음을 얻고, 스스로 덕은 주 왕실에 미치지 못하나 능력은 진 왕실보다 뛰어나니 관중으로 도읍을 옮겨 주 왕실의 덕에 의지하면서 진의 요새를 습용하기로 하셨습니다. 세상일의 길고 짧음은 덕을 통해 증명되니, 그런고로 늘 떨면서 경계하지만 멸망을 피하지 못하고 마는 것입니다. 공자께서 "부귀는 무상하다."라고 한 것은 대개 이를 두고 이르는 말씀일 것입니다.

효문제께서 패릉(霸陵)에 거둥하셔서 북쪽에 강이 흐르는 것을 보고 처량하고 슬픈 마음이 들어 군신을 돌아보며 "슬프다! 북산(北山)의 돌로 곽(槨)을 짜서 넣은 뒤에 삼베와 해진 비단을 잘라 켜켜이 칠하여 틈을 막으면 사람들이 내 무덤을 열 수 없겠지!"라고 하셨습니다. 그때 장석지(張釋之)가 나서서 간했습니다. "무덤 안에 사람들이 가지고 싶어 하는 귀중한 것을 넣어 놓으면 비록 남산처럼 견고해도 어떻게든 틈새가 생기는 법입니다. 그 안에 귀한 것이 아무것도 들어 있지 않으면 돌곽이 없어도 근심할 것이 무에 있겠습니까!" 무릇 죽음이란 끝이 없지만 나라는 흥망이 있는 법이니 장석지의 말은 후대를 위한 무궁한 계책이었습니다. 효문제께서는 이를 깨닫고 간소하게 장사 지내게 하여 봉분도 쌓지 않았습니다.

『역』에 "옛적에는 장사 지낼 때 시신 위에 땔나무를 가득 덮어 들판에 매장한 뒤에 봉분을 쌓지 않고 나무도 심지 않았는데, 후세의 성인이 관과 곽을 쓰는 것으로 바꾸었다."라고 했습니다. 관과 곽은 황제(黃帝) 때부터 만들기 시작했는데, 황제는 교산(橋山)에, 요임금은 제음(濟陰)에 장사 지내고도 봉분이 모두 작았고 부장품도 아주 적었습니다. 순임금은 창오(蒼梧)에 장사 지냈는데 요임금의 딸이었던 두 비를 함께 묻지 않았으며 우임금은 회계에 장사 지내며 묘터 근처의 산천과 농지를 전혀 건드리지 않았습니다. 은나라 탕왕은 장지가 알려지지 않았으며, 문왕·무왕·주공은 필(畢)에, 진 목공(穆公)은 옹(雍)의 탁천궁(橐泉宮) 기년관(祈年館) 아래에, 저리자(樗里子)는 무고(武庫)에 장사 지냈는데[61] 모두 봉분을 만들지 않았습니다.

이들 성제(聖帝), 명왕(明王), 현군(賢君), 지사(智士)는 앞날을 멀리 내다보고 스스로 고려하여 후대를 위한 무궁한 계책을 낸 것입니다. 그 〔임금의〕 현신(賢臣)과 효자들도 명을 받들고 뜻에 순종하여 간소하게 장사를 지냈으니, 이는 참으로 임금과 아비를 편안하게 모신 것이자 충효의 극치에 다다른 것입니다.

무왕의 동생 주공은 형을 장사 지낼 때에 아주 간소하게 했습니다. 공자께서는 어머니를 방(防)에 장사 지내면서 옛날에는 광중(壙中)만 파고 봉분을 만들지 않았던 것을 찬양하시고는 "그러나 구(丘)는 동서남북을 주유하는 자이니 어머니 묘에 표를 꼭 해 놓아야 한다."라고 하시며 네 척짜리 봉분을 올리셨습니다. 비가 와서 봉분이 무너지자 제자들이 고쳐 쌓고 말씀을 올렸는데 공자께서 눈물을 흘리시며 "내가 알기로 옛날에는 묘에 함부로 손을 대지 않았다."[62]라고 하셨습니다. 이는 아마도 제자를 꾸짖고자 하신 말씀 같습니다. 한편 연릉계자(延陵季子)가 제나라에 갔다가 오나라에 돌아왔을 때 아들이 죽은 것을 알고 아들이 죽은 곳인 영현과 박현 사이에 묻었는데, 지하 수맥을 건드리지 않게 땅을 파고 입은 옷 그대로 염을 한 뒤에 봉분을 만들어 광중을 덮되 그 높이를 사람 키의 절반 정도로만 올리고는 울면서 "뼈와 살은 다시 흙으로 돌아가니 이는 모든 사람의 운명이다. 그러나 혼기(魂氣)는 어디에서나 살아 있다."라고 했다 합니다. 영현과 박현이 오나라에서 천 리가 넘게 떨어진 곳이라 계자는 아들의 운구를 오나라로 옮기지도 않았습니다. 공자께서 그 무덤에 가서 보고는 "연릉계자가 예에 합당하게 했다."라고 하셨습니다.

공자는 효자요 연릉은 자애로운 아버지였으며, 순과 우는 충신이요 주공은 동생의 도리를 다했으니, 모두 그 임금과 혈육을 간소하게 장사 지낸 것은 어쩔 수 없어서가 아니라 정녕 예에 따라 그렇게 했던 것입니다.

송(宋)나라[63]의 환사마(桓司馬)가 돌곽을 준비했을 때 공자가 "빨리 썩지 않을 텐데."라고 했다 하며, 진나라의 상국 여불위(呂不韋)가 지략이 뛰어난 인재들을 모아 지은 『여씨춘추(呂氏春秋)』에도 간소하게 장사 지내는 내용이 있으니, 모두들 사리에 밝은 인재들이었습니다. 세월이 흘러 예법을 어기고 오나라 왕 합려(闔閭)를 후장했는데 열몇 해가 지나서 월나라 사람들이 그 무덤을 파헤쳐 버렸습니다. 또 진나라의 혜문왕, 무왕, 소왕(昭王), 〔효문왕(孝文王)〕 엄상왕(嚴襄王)까지 다섯 임금[64] 모두 봉분을 크게 만들고 부장품을 많이 묻었으나 모두 파헤쳐져서 시신까지 드러났으니 이 얼마나 슬픈 일입니까!

진시황은 여산 골짜기에 장사되었는데, 땅 밑의 셋째 지하수층을 만날 때까지 파고 벽과 바닥에 구리 물을 부어 봉했으며, 위로는 높이 오십여 장(丈)으로 산처럼 봉분을 높이 쌓았고 둘레는 오리(里)가 넘었으며, 돌곽은 마치 별궁처럼 만들고, 사람의 기름으로 등촉을 밝혔으며, 수은이 강처럼 흐르게 하고, 황금 기러기와 황금 오리[65]를 만들어 넣었습니다. 함께 묻은 진귀한 보물과 침입자에게 자동으로 쇠뇌가 날아가도록 장치한 것, 화려한 널과 곽, 성대하게 지은 전각들이 모두 헤아릴 수 없을 만큼이었습니다. 게다가 수많은 궁녀를 순장하고 기술자들을 생매장했으니, 그 수 또한 이루 다 헤아릴 수 없습니다. 천하의 백성이 그 힘든 노역을 참지 못해 반기를 들었으니 여산 조성이 끝나기 전에 주장(周章)의 백만 대군이 그 아래에 당도했습니다. 항우가 그곳의 궁실 건물을 불태울 때 갔던 사람들이 보물을 손에 넣으려고 무덤을 모조리 파 버렸으며, 그 뒤에 양치기가 양을 잃어버렸는데 그 양이 무덤길로 들어가는 것을 보고 따라 들어가서 횃불을 비추다가 불을 내서 무덤 안의 곽을 태워 버렸습니다. 예전부터 지금까지 진시황보다 더 성대하게 장사된 이는 없었는데, 불과 수년 사이에 밖에서 들어온 항우 군대에 노략되고, 나라 안의 백성이었던 양치기가 낸 화재까지 만났으니 이 어찌 서글프다 하지 않겠습니까!

덕행을 뛰어나게 쌓은 자일수록 적은 비용을 들여 장례를 지내고, 지혜의 깊이가 깊은 자일수록 더욱 간소하게 지냅니다. 덕이 없고 지혜가 모자라는 자일수록 장례에 비용을 많이 들이고 봉분을 높게 쌓으며 전각을 화려하게 세우니, 이는 더 빨리 도굴당하는 길일 뿐입니다. 이를 통해 좋은 예와 나쁜 예의 교훈과 장례의 길흉을 환하게 살필 수 있습니다.

주 왕실의 덕이 쇠퇴하여 사치한 생활로 치달을 때, 선왕(宣王)이 즉위하여 정사를 잘 돌보아 주나라를 중흥시켰습니다. 선왕은 궁실의 살림을 아주 검소하게 했을 뿐만 아니라 침묘(寢廟)의 규모를 줄였습니다. 〔『시』의〕「사간(斯干)」이 바로 선왕을 칭송한 노래로, 앞부분은 궁실을 건축한 방법을, 뒷부분은 자손의 번성함을 노래하고 있습니다. 노 엄공(魯嚴公)[66] 때에 이르러 종묘를 화려한 조각으로 꾸미고 많은 누대와 정원을 건축했지만, 후사가 두 번이나 끊어졌으며[67] 『춘추』에도 이에 대한 비판조의 기사가 실렸습니다. 주 선왕 대에 그렇게 창성했던 것과 노나라와 진나라의 후사가 끊어진 일은 사치하면 해롭고 검약하면 이롭다는 점을 보여 주고 있습니다.

폐하께서 즉위하신 뒤 몸소 절약과 검소를 실천하여 첫 번째 능[68]을 조성하기 시작했을 때는 그 크기와 만듦새가 작아서 천하 사람 중 현명하다고 칭찬하지 않은 자가 없었습니다. 그런데 창릉으로 옮기고 나서 낮은 땅을 높게 돋우고, 흙을 산처럼 쌓으며, 백성의 분묘를 파헤친 예가 수도 없이 많았으며 창릉 옆에 새로 성읍을 조성하며 공사 기일을 재촉하느라 공사 비용이 억 자리를 넘어섰습니다. 죽은 자는 지하에서 원통해하고 산 자는 땅 위에서 근심하니 원망하는 기운이 음양을 울려 기근으로 죽거나 유랑하는 자들이 십만 명쯤 되므로 신은 대단히 우려됩니다.

죽은 자가 혼령이 있어 자신의 묘를 파헤친 줄 안다면 그로 인해 얼마나 나쁜 일이 많이 일어나겠으며, 죽은 자에게 혼령이 없다면 무덤을 크게 만들어 또 무슨 소용이 있겠습니까! 이런 일을 어질고 지혜로운 자들과 상의하면 좋아할 리 없을 것이고 백성에게 시켜도 그들을 고생시킬 뿐이니, 어리석고 방종한 사람들이 좋다며 동의한다 한들 그렇게 하실 필요야 있겠습니까!

폐하께서는 대단히 인자하고 독실하며 훌륭하시고, 총명하고 통달하심이 세상에 형형하십니다. 응당 한 황실의 덕을 널리 알리고 유씨 가문의 미덕을 높여 오제(五帝)와 삼왕(三王)의 덕을 발전시켜야 하건만 오히려 난폭했던 진나라의 폭군들과 사치스러움을 경쟁하며 봉분의 높이를 비교하고만 계시니, 어리석은 자들이야 그걸 보고 좋다고 하겠지만 한때의 볼거리를 만들기 위해 어질고 지혜로운 자들의 의견을 돌아보지 아니하고 만세의 안녕을 잊고 계신 것입니다. 폐하를 생각하면 스스로 부끄러울 따름입니다.

바라건대 폐하께서는 위로 명철했던 황제·요·순·우·탕·문왕·무왕·주공·공자의 법도를 살피시고, 아래로는 어질고 지혜로웠던 목공·연릉·저리·장석지의 뜻을 살피십시오. 효문제께서도 봉분을 깎고 장례를 간소하게 지내게 하셔서 검소한 가운데 마음을 편안히 두셨으니, 좋은 예로 삼을 수 있습니다. 또 진 소상왕(秦昭襄王)과 진시황이 봉분을 높이 쌓고 부장품을 많이 넣었지만 사치로 인해 해로움을 낳았으니 이를 교훈으로 삼을 수 있을 것입니다. 연릉의 규모는 공경 대신들의 주장에 따르는 것이 마땅하므로 그렇게 하여 백성을 안정시키십시오.

상소를 올리자 황제는 유향의 말에 크게 감동했지만, 그 의견을 따르지는 않았다.

유향은 세상 풍속이 계속해서 사치스러워지는 것과 조씨(趙氏)[69]와 위씨(衛氏)[70] 같은 비천한 출신들이 예의와 법도를 넘어서는 것을 목도했다. 유향은 왕의 교화가 황실 안에서 밖으로 이루어져야 하므로, 측근이 교화의 시작이어야 한다고 생각했다. 그리하여 『시』와 『서』에서 어진 왕비와 정숙한 부인에 대해 기록한 내용을 가려 뽑아 나라를 흥하게 하고 집안을 번성하게 한 사례로 삼고, 총애를 입은 첩이 나라를 망친 사례를 뽑아 『열녀전(列女傳)』 여덟 편으로 편찬하여 황제에게 교훈으로 삼게 했다. 또 전기류와 역사 사실인 행사(行事)류에서 가려 뽑은 내용으로 『신서(新序)』와 『설원(說苑)』 쉰 편을 지어 황제에게 바쳤다. 유향은 자주 상소하여 이로움과 잃는 것을 설명하고 모범과 경계로 삼게 했다. 수십 차례 상소를 읽게 하여 모자라는 점을 채우게 하기 위함이었다. 황제가 비록 유향의 의견을 모두 따른 것은 아니지만, 속으로는 그 내용을 받아들이고 늘 자신을 탄식했다.

그 무렵 황제에게 후사가 없어 왕씨가 정사를 장악하고 있었는데 재앙과 변괴가 점점 심하게 일어났다. 유향은 진탕(陳湯)의 지략이 뛰어나다고 여겨 서로 친하게 지냈는데, 하루는 진탕을 은밀히 만나 말했다.

"재앙과 변괴가 이 정도에 이르고 외척이 날이 갈수록 날뛰고 있으니 이러다가는 유씨에게 위태로운 일이 생길 것이 틀림없네. 우리 집안은 방계에 속하나 요행히 유씨 혈통을 받아 대대로 한 황실의 은덕을 입었고, 나 또한 종실의 연장자로서 세 분의 황제를 모셔 왔네. 황제께서 나를 선제의 신하로 존중해 배알할 때마다 예우를 높여 주셨으니, 이제 내가 아니면 누가 또 충언을 올리겠는가!"

그리하여 유향은 밀봉 상소를 올려 힘껏 간언했다.

신이 아는 바로는 안녕을 바라지 않는 군주는 없지만 위기에 빠지는 일이 많고, 나라가 존속하기를 바라지 않는 군주는 없지만 망하는 나라가 많았는데, 이는 신하들을 등용하는 방법에 문제가 있었기 때문입니다. 대신이 권력을 장악하고 국정을 주재하면 해를 일으키지 않은 때가 없었습니다.

옛날 진(晉)나라에 육경(六卿)[71]이 있었고 제나라에는 전씨(田氏)와 최씨(崔氏), 위나라에는 손씨(孫氏)와 영씨(甯氏), 노나라에는 계씨(季氏)와 맹씨(孟氏)가 있었는데, 언제나 국사를 손아귀에 넣고 대를 이어 권력을 잡았습니다. 결국 제나라는 전씨에게 넘어갔고, 육경이 진나라를 분할했으며, 최저(崔杼)는 자신의 군주 광(光)[72]을 시해했고, 손림보(孫林父)와 영식(甯殖)은 자신의 군주 간(衎)[73]을 내쫓고 이어서 군주 표(剽)[74]를 시해했습니다. 계씨는 자신의 마당에서 천자의 의전에 해당하는 팔일무(八佾舞)를 추게 했을뿐더러, 노 환공의 세 아들 집안[75]에서 모두 제후왕의 의전에 해당하는 옹(雍)을 연주하며 제사상에 올렸던 제수를 거두어들였습니다. 이 세 집안은 노나라의 정사를 마음대로 하다가 마침내 노 소공(魯昭公)을 쫓아냈습니다. 주나라의 대부 윤씨 또한 조정 대사를 전횡하며 왕실을 혼란에 빠뜨렸는데, 자조(子朝)와 자맹(子猛)을 번갈아 올린 뒤여러 해가 지나서야 겨우 안정이 되었습니다. 그래서 경(經)[76]에 이르기를 "왕실이 어지러워졌다."라고 했고, "윤씨가 왕자극(王子克)을 죽였다."[77]라고도 했으니, 얼마나 심했는지를 알 수 있습니다. 『춘추』에 나라의 성패를 열거하고 화와 복을 기록한 것이 이처럼 많으니 모두 음이 성하고 양이 약해진 탓이요, 아래로는 신하들이 법도를 잃은 결과였습니다. 그러므로 『서』에 "신하가 위세를 부리며 권력을 전횡하면 왕실에 해롭고 나라에 불리하다."[78]라고 한 것입니다.

공자께서 "공실(公室)이 정권을 잃었고 정사가 대부에게 넘어갔다."[79]라고 하신 것은 멸망의 위기를 상징하는 징조였습니다. 진 소상왕의 외숙 양후(穰侯)와 경양군(涇陽君), 섭양군(葉陽君)이 국정을 전횡하고 권세를 독점했는데, 세 사람이 위로 태후의 위세를 빌려 소상왕보다 권세가 컸으며 세 사람의 가세가 진나라 재정보다 더 부유하여 나라가 심한 위기에 빠졌습니다. 하지만 소상왕이 범수(范雎)의 말을 듣고 깨달은 뒤에 진나라를 다시 살려 냈습니다. 또 진 이세황제가 조고에게 전권을 위임하자 조고가 방종해져서 대신들이 황제에 올리는 말을 막았는데, 끝내 망이궁에서 조고의 사위인 염악(閻樂)에게 죽는 화를 당했으니 곧이어 진나라가 멸망하고 말았습니다. 이 일은 지금부터 멀지 않은 과거에 있었던 일이니, 곧 한나라가 진나라 대신 들어선 것입니다.

한나라가 세워진 뒤에 여씨들이 무도하게도 자기들끼리 서로 왕을 봉했습니다. 여산(呂産)과 여록(呂祿)은 태후의 총애를 받아 장군과 상국의 지위를 독차지하고 수많은 남북군(南北軍)을 장악했다가 양왕과 조왕이 된 뒤로 교만함을 그칠 줄 모르고 유씨 왕실을 위협에 빠뜨렸으므로, 강후(絳侯)와[80] 주허후(朱虛侯)[81] 등 충성스럽고 올곧은 대신들이 성심과 지조를 다해 그들을 주살하고 유씨 황실의 안녕을 다시 얻어 냈습니다. 그런데 지금 왕씨 일족 가운데 붉은 바퀴의 화려한 수레를 타고 다니는 자들이 스물세 명이나 됩니다. 집에는 검은 담비 가죽과 매미 날개보다 얇은 자주색 휘장을 쳐 놓고 살면서 폐하 좌우에 물고기 비늘처럼 늘어서 있습니다. 대장군 왕봉(王鳳)이 정사를 쥐고 농단하니 왕봉의 동생들인 관내후 다섯 명까지 날로 교만하고 사치해지고 있는데, 저들은 함께 권력을 농단하고 독단적으로 전횡하며 사사로운 이익을 챙기고도 공적인 일이라고 핑계를 대니, 태후에게 총애를 받는 점과 폐하의 외숙이라는 점을 믿고 그런 위세와 부귀를 누리고 있습니다.

상서, 구경, 주목, 군수 등의 요직이 모두 저들 문하 출신으로, 모든 기밀을 장악하고 붕당을 이루어 사사로이 이익을 챙기고 있습니다. 하여 저들을 칭찬하면 승진하고 불복하면 주살당하니 유세객은 자신에게 도움 되는 계책을 올리고 집정자는 자신을 위한 말만 하고 있습니다. 저들은 종실 사람들을 배척하고 제후의 일족을 고립시켰으며 지혜와 능력이 있는 자들을 특히 비방하여 등용되는 것을 막았습니다. 종실 사람들의 임용도 막으면서 함께 조정과 황궁 내에서 일하지 못하게 했으니 이는 권력이 나누어질까 두려워하기 때문입니다. 연왕(燕王)[82]과 갑 장공주의 일을 수차례나 언급하며 폐하께서 종실 사람들을 의심하게 했으나, 여후와 곽후(霍后) 일족이 끝내 주살당한 일은 피하면서 언급하지 않았으며, 내심 관숙(管叔)과 채숙(蔡叔)이 되려고 하면서도 겉으로는 주공이 했던 말을 빌려 하면서 형제끼리 권력을 쥐고 일족과 끈끈하게 결탁하고 있습니다. 먼 옛날부터 진한에 이르기까지 외척들의 권세와 부귀가 제왕을 넘어선 적이 많았다 해도 왕씨들만 하지는 않았으니, 주 왕실의 황보(皇甫),[83] 진나라의 양후, 한 황실의 무안후(武安侯), 여씨 일족, 곽광, 상관걸(上官桀) 등의 무리가 모두 그에 미치지 못합니다.

어떤 일이 흥성할 때는 반드시 특이한 변화가 먼저 나타나는 법. 그 사람에게 조그마한 움직임만 있어도 변화의 표상으로 삼을 수 있습니다. 효소제(孝昭帝) 때에 태산(泰山)에 관석(冠石)이 저절로 선 일이 있고, 상림(上林)에서 죽어 쓰러져 있던 버드나무가 다시 일어선 적이 있었습니다.[84] 그런데 효선제가 즉위했을 때 제남에 있는 지금 왕씨 선조 묘의 개오동나무 기둥에 새로 가지가 나고 잎이 달리더니 지붕 위에까지 무성해지고 뿌리가 땅속에 내렸다고 합니다. 관석이 저절로 서고 죽은 버드나무가 다시 산 것은 이에 비하면 아주 기이하다는 것을 잘 알 수 있습니다.

만물의 형세는 두 가지 큰 것을 용납하지 않으니 왕씨와 유씨 또한 양립할 수 없습니다. 둘 중 아래에 있는 자가 태산같이 안온하면 위에서는 누란지위를 맞이하게 되어 있습니다. 유씨의 자손 된 자로 폐하께서 종묘를 지키셔야지, 외척에게 제위를 넘겨주고 비천한 신분으로 강등된다면 설령 자신을 위해서 그런 것이 아니라 해도 종묘의 조상은 어떻게 하겠습니까! 여자가 시집을 오면 남편의 가문과 더욱 친하고 부모 집안은 멀리해야 함에도 황태후께서는 그렇게 하지 않고 계십니다. 〔이와 달리〕 효선제께서는 외숙

평창후(平昌侯)와 낙창후(樂昌侯)에게 권력을 내주지 않음으로써 그들의 목숨을 잘 보전하게 하셨습니다.

사리에 밝은 자는 눈앞에 보이지 않는 것에서 복을 일으킬 줄 알고, 생기기 전에 우환을 없앨 줄 아는 법입니다. 폐하께서는 명철한 내용의 조서를 내려 좋은 뜻을 발표하시되, 종실 사람을 가까이 끌어와 측근에 두고 신임하며, 외척을 멀리 두고 정사에 참여하지 못하게 하는 한편 모든 외척을 각자의 집에 머물게 하십시오. 이는 선제가 하신 바를 따르는 것으로 외척에게 후한 대우를 하여 그 일족을 보전시키는 방도가 됩니다. 이는 또 태후의 뜻과도 일치하며 외척 집안이 잘되는 길이기도 합니다. 왕씨 집안은 오래도록 존속하며 작위와 봉록을 계속 누리고, 유씨 또한 장안에서 사직을 잃지 않을 것이니, 이는 황가와 외척 가문이 화목하게 되고 자자손손을 위할 무궁한 수입니다.

만일 이 방책을 쓰지 않으면 당장에라도 〔제나라를 빼앗았던〕 전씨가 부활하여 나타날 것이요, 〔진나라를 분할했던〕 육경이 한 나라에서도 다시 번창할 것입니다. 후대에 우환이 될 바가 너무나도 밝히 보이므로 깊이 생각하지 않으면 아니 되고 빨리 생각을 매듭지으셔도 아니 됩니다. 『역』에 "임금이 주도면밀하지 않으면 신하를 잃고 신하가 주도면밀하지 않으면 자신의 목숨을 잃는다. 어떤 일의 기미가 보일 때 치밀하게 하지 않으면 성공할 수 없다."[85]라고 했으니, 바라건대 폐하께서 심사숙고하셔서 군국의 기밀 사항을 철저히 심사하시고, 예전 일에서 교훈을 얻되 그중에서 바른 것을 취하셔서 만민의 신임을 얻고 만복의 열매를 쌓으며 종묘를 보전하고 황태후도 오래도록 받드십시오. 이는 곧 천하의 큰 영광입니다.

상소를 올리자 황제가 유향을 불러 접견하고 유향의 뜻에 동의하여 탄식하고 슬퍼하며 말했다.

"그대는 잠시 쉬도록 하라. 내가 이에 대해 생각해 보겠다."

그런 뒤에 유향을 중루교위(中壘校尉)에 임명했다.

유향은 사람됨이 검소한 것을 좋아하고 위엄을 부릴 줄 몰랐으며, 겸손하면서도 성현의 도를 좋아했고 세속에 영합하지 않았다. 오로지 경전과 학술만 연구했는데, 낮에는 전적을 읽고 밤에는 별자리를 관측하다 어떤 날은 새벽이 될 때까지 잠을 이루지 못했다.

성제 원연(元延) 연간에 동정(東井) 별자리에 혜성이 지나갔는데 촉군 민산(岷山)이 무너져 내려 장강 상류의 흐름이 막혔다. 유향이 이 재해 소식을 듣고 불길하게 여겼는데 이에 관한 이야기는 「오행지(五行志)」〔하지하(下之下)〕에 있다. 유향이 생각다 못해 다시 상소를 올려 아뢰었다.

신이 알기로 순임금이 백우(伯禹)에게 훈계할 때 단주처럼 교만하게 굴지 말라고 하셨고, 주공이 성왕에게 훈계할 때 은나라의 왕 주처럼 하지 말라고 하셨습니다. 『시』에 "은나라가 귀감으로 삼아야 할 일은 멀리 있지 않았으니 바로 하나라 걸임금이 한 일이었다네."[86]라고 했는데, 이 말은 탕왕이 걸왕을 경계로 삼았다는 뜻입니다. 성스러운 황제와 명철한 왕은 실패와 혼란의 역사로 언제나

자신을 경계하며 흥망성쇠를 겁내지 않는 법이니, 신이 감히 우매한 생각을 힘껏 진술하며 폐하께서 유념하고 살펴 주시기를 바랍니다.

삼가 살피건대 춘추 시대 이백사십이 년 동안 서른여섯 번의 일식이 있었는데 상공(襄公) 때 가장 많아서 대략 삼 년 오 개월 며칠 만에 한 번씩 있었습니다. 한나라가 건국한 뒤로 원제(元帝) 경녕(竟寧) 연간까지 일식이 일어난 것을 살펴보면 효경제 때 가장 많아서 삼 년 일 개월마다 한 번씩 있었습니다. 신 향이 전부터 여러 차례 일식이 있으리라고 말씀드렸는데 최근 세 해 동안 빈번하게 일식이 일어났습니다. 건시(建始) 연간 이래로 스무 해 동안 여덟 차례 일식이 있었으니 이 년 육 개월마다 한 번씩 일어난 것으로 고금을 통틀어 드문 일입니다. 이변은 크기와 빈도가 늘 다른데 점복의 결과로 완급을 나눌 수 있으니, 성인은 이것으로 어려운 문제를 풀었습니다. 『역』에 "천문을 관찰함으로써 사철이 제대로 들지 않아 농사철에 영향이 있을지를 알아낸다."[87]라고 했습니다. 또 공자는 노 애공의 질문에 대답하면서 하의 걸왕과 은의 주왕이 천하에 포악하게 굴었던 사실들을 언급하고, 그 때문에 역법이 어긋나서 섭제(攝提) 별의 방향을 잃는 바람에 맹추(孟陬)를 잡을 수 없었던 일을 설명했습니다. 이런 모든 현상은 제왕의 성이 바뀔 이변을 나타낸 것이었습니다.

진시황 말년에서 이세황제에 이르기까지 일식과 월식이 일어나고 산봉우리가 무너져 내렸으며, 사중(四仲)에 나타나야 할 진성(辰星)이 사맹(四孟) 때에 나타나고 태백성(太白星)이 날이 밝은 뒤에도 보인 데다가 구름 없이 벼락이 치고 밤중에 유성이 보이고 형혹성 (熒惑星)이 달을 침범했습니다. 궁실에 화재가 나고 들새들이 궁중의 정원에 날아들었으며 성문이 안쪽으로 무너지고 임토(臨洮)[88]에 거인이 나타나고 동군(東郡)에 운석이 떨어졌으며 대각성(大角星)에 혜성이 나타나 대각성이 빛을 잃었습니다.

공자의 말씀을 통해서 포악했던 진나라에 일어난 이변을 살펴보건대, 천명이란 정말로 경외해야 할 것입니다. 항우가 죽을 때에도 대각성에 혜성이 나타났고 한나라 군이 진나라 땅에 입성했을 때는 오성이 동정 자리에 모여 천하를 얻을 징조를 보였습니다. 효혜제 때는 핏물 비가 내리고 해와 달의 궤도가 교차할 때 일식이 있었으며 멸광성(滅光星)이 나타나는 이변이 있었고, 효소제 때는 태산에서 가로누웠던 돌이 저절로 일어섰고 상림에서 죽어 넘어졌던 버드나무가 다시 살아 일어났으며 달만 한 큰 별이 서쪽으로 지나가니 뭇별들이 그 뒤를 따랐는데 이는 아주 특이한 이변이었습니다.

효선제가 흥기할 때에도 표상이 있었으니 천구성(天狗星)[89]이 은하수에 끼어서 서쪽으로 지나갔고 스무 날 넘게 구름만 끼고 비가 내리지 않았는데 이는 창읍왕(昌邑王)[90]이 폐위되는 이변을 나타낸 것이었습니다. 이 모든 이야기는 『한기(漢紀)』[91]에 실려 있습니다. 진나라와 한나라의 교체기, 혜제와 소제에게 후사가 없었던 점, 창읍왕의 폐위, 효선제의 즉위 때에 일어났던 일을 볼 때에 하늘의 취사선택이 아주 명백하지 않습니까! 은나라 고종(高宗)[92] 때에 꿩이 울고, 주나라 성왕 때에 나무가 뽑히는 이변이 있었는데 그 원인을 생각해 보면 고종은 백 년 중흥의 복을 지녔고 성왕은 곡식을 다시 자라게 할 바람을 몰고 온 임금이었기 때문입니다. 천지신명의 응답은 그림자와 메아리처럼 내려오는 것으로 이는 세상 모든 사람이 다 아는 바입니다.

신이 요행히 황실의 방계 혈족이 된 덕에 폐하께서 넓은 마음과 영명한 덕을 지니신 걸 뵈었습니다. 그러므로 대이변을 제거하셔서 은 고종 같은 중흥과 주 성왕 같은 명성을 일으키시고 유씨를 높이십시오. 이제껏 수차례나 죽음을 무릅쓰고 간절히 이 말씀을 올렸습니다. 지금 일식이 너무 자주 일어나고 동정 자리에 혜성이 나타나며 섭제의 화기가 자궁(紫宮)으로 침입하고 있으니 식견이 있는 장로들이라면 놀라 떨지 않는 자가 없습니다. 이는 대규모 변이 현상으로 하나하나 적어 나가기가 어려울 정도입니다. 『역』에서 "할 말을 다 쓸 수 없고 뜻을 말로 다 전할 수 없다."[93]라고 했으니, 그래서 괘(卦)를 뽑아 효(爻)의 뜻을 보고 다시 그 뜻을 짐작하는 것입니다. 『서』에 "그림으로 설명하게 하라."[94]라고 한 것처럼 천문은 알아보기가 어려워 신이 그림을 올려 드렸으나 그래도 반드시 말로 설명을 드려야 하니, 한가할 때 틈을 내서서 그림 설명을 올리게 해 주십시오.

황제가 유향을 불러 접견했으나 끝내 중용하지 못했다.

유향은 황제를 알현할 때마다 제후 일족은 나라의 가지와 잎에 해당하는데 가지와 잎이 다 떨어지고 나면 뿌리와 줄기가 보호받을 수 없는 것, 현재 황제가 유씨 일족을 멀리하고 외가 일족에게 정사를 맡겨서 복록이 공실에서 떨어져 나가고 권력은 외가에 가 있는 것, 한나라 종실을 튼튼하게 하고 세도를 부리는 외척 집안의 세력을 약화시키지 못하면 사직을 보호하지도 못하고 후사의 안녕을 다질 수 없다는 것에 관해 간언했다.

유향은 황제의 신임을 산 뒤로 언제나 종실을 찬양하고 왕씨와 현직 대신들을 풍자했다. 그 언어가 아주 비통하고 간절했으며 모두 지성에서 우러나온 것이었다. 황제가 몇 번이나 유향을 구경에 임명하려고 했으나 언제나 현직 대신이었던 왕씨 일족과 승상, 어사대부 등에게 저지당하여[95] 끝내 승진할 수 없었고 앞뒤로 여러 대부 벼슬만 서른 해를 더 지낸 뒤에 일흔두 살로 세상을 떠났다. 유향이 세상을 떠난 지 열세 해째에 왕씨[96]가 한나라를 대체했다.

유향의 세 아들이 모두 학문을 좋아했다. 맏아들 유급(劉伋)은 『역』을 학생에게 가르치며 벼슬이 태수에 이르렀고, 둘째 아들 유사(劉賜)는 구경승(九卿丞)에 올랐으나 일찍 죽었다. 막내아들 유흠의 이름이 가장 많이 알려졌다.

아버지의 유업을 완성하고 국사가 된 유흠

○ ○ ○

유흠의 자는 자준(子駿)이다. 청년 시절부터 『시』와 『서』에 통달하고 문장을 잘 지었기 때문에 성제의 부름을 받고 배알한 뒤에 환자서(宦者署)[97]에서 발령의 조(詔)를 기다리다가 황문랑(黃門郎)

이 되었다. 성제 하평(河平) 연간에 황제의 명을 받고 아버지 유향과 함께 황궁 중에 비장된 전적을 교열하는 교비서(校祕書)를 겸했고, 육예(六藝)[98]와 경전의 해설서인 전기(傳記)를 가르쳤으며, 제자(諸子), 시부(詩賦), 술수(術數), 의술(醫術) 방면 또한 깊이 공부했다. 유향이 세상을 떠나자 그 뒤를 이어 중루교위가 되었다.

애제가 즉위한 무렵 대사마 왕망이 유흠을 종실 사람 중에 자질과 행동이 뛰어난 자로 천거하여 시중 태중대부가 되었다. 기도위(騎都尉)를 거쳐 봉거도위(奉車都尉) 겸 광록대부로 승진하면서 황제의 총애를 받았다. 다시 오경을 교열하며 아버지의 유업을 완성했다. 유흠은 육예와 기타 전적을 수집하고 도서를 성격대로 분류하여 도서 목록『칠략(七略)』을 지었다. 이 부분에 관해서는「예문지(藝文志)」에 상세히 적어 두었다.

유흠과 유향은 모두 처음에『역』을 공부했다. 그런데 선제 때에 유향을 불러『춘추곡량전』을 배우게 하니, 유향이 열몇 해 동안 공부하여 막힘없이 환하게 알게 되었다. 그 뒤 유흠이 황궁 비장 도서를 교열하던 중에 고문으로 된『춘추좌씨전(春秋左氏傳)』이하 (『좌전』)을 발견했는데, 유흠이 이 책을 아주 좋아했다. 당시의 승상사(丞相史) 윤함(尹咸)은 자신의 부친인 윤경시(尹更始)로부터『좌전』을 사사하여 유흠과 함께 경전을 교열했다. 유흠은 윤함과 승상 적방진(翟方進)으로부터『좌전』을 대략 익힌 다음, 그 요지의 옳고 그름에 대한 의문을 풀어 나갔다. 유흠이 고문『좌전』을 다시 찾아내기 이전부터『좌전』은 옛 글자와 옛 음이 많아 학자들은 그 뜻과 종지만을 전수하고 넘어갔는데, 유흠이 새로 발견한 책을 바탕으로 연구하면서부터는 『좌전』의 내용으로 『춘추』를 해석하고, 반대로 『춘추』를 통해 『좌전』을 설명하게 되었으며 장과 구절별로 뜻과 이치를 갖추게 되었다. 유흠은 차분하면서도 지략이 뛰어났다. 부자가 모두 옛것을 좋아했고, 지식이 풍부하고 기억력이 뛰어나기로 타인을 능가했다.

유흠은 좌구명(左丘明)의 호불호가 성인 공자와 비슷한 데다[99] 공자를 친견했으며, 공자의 제자 일흔 명[100]보다 늦게 활동한 공양(公羊)이나 곡량(穀梁)이 제자들에게 들은 바를 전한 것에 비해 직접 본 것을 썼으므로 상세함과 간략함에서 다를 수밖에 없다고 생각했다. 유흠은 『좌전』의 내용을 들어 반박하며 유향을 자주 어렵게 했는데 유향은 유흠을 꾸짖지 않았다. 그러나 유향 자신은 『춘추곡량전』의 뜻을 견지했다.

뒤에 유흠이 황제의 신임을 받아 곁에서 모시게 되자 『좌전』과 『모시(毛詩)』, 『일례(逸禮)』, 『고문상서(古文尙書)』에 모두 박사를 두어 학교를 열고자 했다. 애제는 유흠과 오경박사에게 새로 설치할 네 과목의 요지를 토론하게 했으나 박사 중에는 유흠의 생각에 반대하여 아예 그 자리에 참석하지 않는 자도 있었다. 유흠이 태상박사(太常博士)에게 편지를 보내 항의했다.

옛날의 요순 시절이 쇠망한 뒤에 삼대가 번갈아 흥기하면서 성군과 영명한 제왕이 잇달아 왕위를 세습하여 정도를 잘 드러냈습니다. 주 왕실이 쇠락한 뒤에 예와 악이 바른길을 잃었으니 도를 보전하기란 그렇게 힘이 드는 것입니다.

그리하여 공자께서 도가 널리 통하지 않음을 걱정하셔서 여러 나라를 주유하며 임금들의 초빙에 응하셨다가, 위나라에서 노나라로 돌아오신 뒤에 악(樂)을 바로잡으셨으니, 아(雅)와 송(頌)이 모습을 갖추게 되었습니다. 또 『역』을 확정하고 『서』의 차서를 편정했으며 『춘추』를 지어 제왕의 도를 연대별로 기재하셨습니다. 공자께서 세상을 버리자 정교한 설명이 끊어졌고, 일흔 명의 제자가 죽은 뒤에는 경전의 요점에 오류가 생겼습니다. 더하여 전국 시대를 만나 변(籩)과 두(豆)를 제기로 써서 제사를 올리는 예법은 팽개치고 군대 행군과 진법만 생각했으니, 공자의 도는 억눌리고 손자(孫子)와 오자(吳子)의 병술만 흥하게 되었습니다. 그렇게 쇠락의 길을 걷던 중에 포악했던 진나라 때에 이르자 경서를 불태우고 유생을 죽였으며 전적 소유 금지법을 만들고 옛것을 옳다 하는 자는 벌주었으니 대도와 학술은 점점 사라졌습니다.

한나라가 흥기하였는데 시대는 이미 성군 시절에서 너무 멀리 내려왔고 공자의 도도 끊어져 답습할 법도가 없었습니다. 그때 숙손통이 유일하게 예의를 대략이나마 제정할 수 있었지만, 천하에는 점복서로서의 『역』만 남아 있고 다른 전적들은 찾을 수 없었습니다.

효혜제 때에 이르러 전적 소유 금지법이 폐지되었으나 당시 공경과 대신은 강후나 관영 같은 갑옷 입은 무인들이라 이의를 제기하지 않았습니다. 효문제에 이르러 비로소 장고(掌故) 조조로 하여금 복생(伏生)에게 『금문상서』를 배우게 했습니다. 『고문상서』가 벽 속에서 발견되었을 때, 죽간이 썩고 부러지고 흩어졌습니다. 지금도 이 책이 전하기는 하지만 그때마다 스승을 따라 읽는 법을 배울 뿐입니다. 〔효혜제 때〕『시』의 전수도 다시 시작되었습니다. 또 천하 곳곳에서 여러 가지 전적들이 빈번하게 발견되었는데 그 모두가 제자백가의 해설서였으므로 학관을 많이 세워 박사를 배치했습니다. 그 무렵 한나라에는 참된 유생이 가생[101] 한 사람밖에 없었습니다.

효무제 때에 이르러 추(鄒), 노(魯), 양(梁), 조(趙) 땅에 『시』, 『예』, 『춘추』를 전통 방식대로 가르치는 스승들이 많이 발견되었는데 모두가 건원 연간 때 일어난 것입니다. 그때는 한 사람이 경전 하나를 다 정리할 수 없어서 누구는 아를, 누구는 송을 연구한 뒤에 서로 결과를 합해 경전을 완성하곤 했습니다. 뒷날『고문상서』의 「태서(泰誓)」편이 새로 발굴되었는데, 박사들이 죽간을 모아 읽었습니다. 이를 본 무제께서 조서에 "예가 무너지고 악이 붕괴하며 전적의 결손이 많고 죽간이 이탈되었으니 짐이 아주 근심하노라." 라고 하셨습니다. 때는 한나라가 건국하고도 칠팔십 년이 지난 때였으니 경전이 완전하게 보존되던 시절로부터 너무 많은 세월이 흐른 뒤였습니다.

노 공왕(魯恭王)이 공자의 집을 허물고 궁을 조성하려고 했을 때 허문 벽 사이에서 고문 전적이 나왔는데, 『일례』가 서른아홉 편, 『고문상서』가 열여섯 편이었습니다.[102] 무제 천한(天漢) 연간 이후 공안국(孔安國)이 그 전적을 바쳤으나 무고(巫蠱)의 난이 갑자기 터지는 바람에 학관을 세워 이 전적들을 연구하지 못했습니다. 게다가 좌구명이 정리한『춘추』는 모두 고문으로 된 옛 전적으로 많은 것은 스무 편이 넘는데, 황궁 비부(祕府)에 소장되어 있었지만 은밀한 곳에 있어 발견되지 않았습니다.

효성제(孝成帝)께서 학문이 쇠퇴하고 전적에 결손이 많아 원래의 전적과 차이가 크게 나는 것을 안타깝게 여기고 황궁 비부에 소장된 전적들을 꺼내어 옛 문장을 교열 정리하게 하셨으니, 그리하여 위에 말씀드린 세 전적을 얻게 된 것입니다. 비교해 보니 지금 학교에서 전수하는 경전은 혹 죽간이 이탈되어 없어진 것이 있고, 해설서는 죽간을 새로 묶으면서 차례가 뒤바뀐 것이 있습니다. 황궁 밖의 사정을 탐문해 봤더니 노나라의 환공(桓公), 조나라의 관공(貫公), 교동국의 용생(庸生)이 남긴 학문과 이번에 새로 엮은 전적의 내용이 같았는데, 〔금문파가 고문 경전을〕 눌러 채택하지 못했습니다. 학식이 높은 자들은 이런 사실을 안타깝게 여기고 선비와 군자들은 부끄럽고 비통하게 여깁니다.

그동안 학문하는 선비들은 죽간의 끈이 떨어져 결손이 생긴 것은 염두에 두지 않고, 뜻이 통하지 않으면 통하지 않는 대로 구차하게 문구와 글자만 분석하면서 번잡하고 지리멸렬한 해석만 하고 있었습니다. 학자들은 또한 지치고 늙어 버려 경전 한 권도 미처 완성하지 못했습니다. 또 구전되는 내용의 금문 경전만 믿고 고문 경전의 해설서인 전기(傳記)는 배척하며, 이즈음의 스승만 옳다고 하고 옛것은 그르다고 합니다. 장차 나라의 대사를 치를 때, 예컨대 벽옹(辟雍)을 건립하고 봉선(封禪) 제사를 올리며 순수(巡狩)에 나설 때 의전이 모호하여 그 본래의 모습을 알 수 없게 되었습니다. 그런데도 그들은 공적인 마음으로 정의에 복종하려 하기보다 자신들의 주장이 깨질까 두려워 옛 책을 끼고 앉아 있습니다. 실제 사정을 살펴보지 않고 같은 무리가 하는 말에 부화뇌동하여 시시비비를 따지면서 새로 발굴한 세 책을 억누르는 것입니다. 그러면서 『금문상서』스물여덟 편 외에 다른 것은 없고, 좌씨는 『춘추』의 해설서인 전을 남기지 않았다고 하니 이 어찌 애통하지 않겠습니까!

지금의 성상께서는 덕망이 높고 영명하며, 적통을 계승하여 왕업을 빛내고 있습니다. 또 문헌에 결손이 생기고 죽간의 차례가 뒤바뀌며 학자와 선비들이 그런 지경에 있음을 애통하게 여기시지만, 그렇게 실정을 환하게 아심에도 불구하고 혼자 결단하지 않으시고 겸손을 발휘하여 학자 및 선비들과 함께하기를 원하십니다. 그리하여 조서를 내려 『좌전』 과목에 박사를 둘지를 시험하라 하명하신 것입니다. 그 뒤 측근을 보내 조서를 내리셔서 "세력이 미약한 자들을 도울 테니 두세 명의 군자뿐이라 해도 힘을 합하여 버려졌던 경서의 학문을 다시 세우라."라고 바라는 바를 이르셨습니다.

그런데 지금의 실정은 황제의 뜻과 달라서 다들 문을 닫고 깊이 들어앉아 거부만 하고 있습니다. 황제가 시험 삼아 하라고 하신 토론조차 응하지 않고 독송하여 익히지 않음으로써 그 맥을 끊으려 하고 있으며, 달리 박사를 세울 길도 모두 막아 버려 걸음마를 막 떼기 시작한 이 세 과목을 없애려고 합니다. "완성의 기쁨은 함께 누릴 수 있지만, 시작을 고민하는 것은 함께하기 어렵다."라는 말은 바로 뭇 백성들이 하는 행동일 뿐, 명망 있는 선비나 군자에게 해당되는 것은 아닙니다. 게다가 이 몇 과목에 관한 일은 이미 선제께서 친히 언급하셨고 지금의 황상께서도 살펴보신 바 있습니다. 고문으로 된 이 옛 서책들은 모두 진짜라는 증거가 있을뿐더러 황궁에 비장한 것이나 바깥에 있었던 것이나 모두 내용이 합치하는데 어찌 가볍게 취급한단 말입니까!

예법을 잃어버렸으면 민간에 내려가 구하라고 했습니다. 이제 황궁에 비장되었던 고문이 민간의 서책을 이길 수 없다는 말씀입니까? 더 앞서 세운 박사에는 『서』에 '구양(歐陽)상서',[103] 『춘추』에 '춘추공양전', 『역』에 '시수역(施讐易)'과 '맹희역(孟喜易)' 과목이 있었으나, 효선제께서 다시 '춘추곡량전'과 '양구하역(梁丘賀易)', '대하후상서(大夏侯尙書)', '소하후상서(小夏侯尙書)'까지 넓혀 박사를 두셨습니다. 먼저 세운 과목과 뜻이 상반됨에도 같은 서책에 다른 과목들을 두신 것은 무엇 때문이겠습니까? 그것에 틀린 점이 있다고 해서 폐기해 버리기보다 박사를 세우는 편이 낫기 때문입니다. 『논어』「자장(子張)」에서 자공(子貢)이 전하기를 "주나라 문왕과 무왕의 도는 땅에 떨어지지 않고 세상에 남아 있으니 현명한 사람은 그곳에서 큰 것을 알게 되고 현명하지 못한 사람은 작은 것을 알게 되리라." 했습니다. 지금 발굴한 몇 과목의 말씀 안에는 크고 작은 뜻들이 함께 들어 있건만 어찌 없애려고만 하십니까! 만일 계속해서 편견을 내세워 결손 많은 서책을 고수하고 동문끼리 당을 모아 진짜 경전을 비방한다면, 이는 황제가 명백히 내린 뜻을 위배하고 성지를 버리는 것이니 형리들이 심의하는 지경에 빠지게 될 것입니다. 특히 심한 몇몇 군자께서 그렇게 하지 말기를 바랍니다.

유흠의 글이 질책으로 가득 차 있었으므로 유생들은 몹시 불만스러웠다. 당시의 이름난 유생 광록대부 공승(龔勝)은 유흠이 쓴 글을 읽은 뒤에 상소를 올렸는데, 자신의 죄를 깊이 자책하며 파면시켜 줄 것을 황제에게 빌었다. 유자인 사단(師丹)이 대사공(大司空)으로 있었는데 그 또한 노하여 유흠이 옛 박사 제도를 함부로 고치려고 선제가 제정한 제도를 헐뜯었다고 상소했다.

황제가 말했다.

"유흠은 다만 경술의 범위를 넓히고자 한 것인데 어찌 선제의 제도를 헐뜯었다고 여기는가!"

이리하여 유흠은 집정 대신들과 부딪치게 되었고 많은 유생의 비방을 받았다. 유흠은 죽임을 당할 것이 두려워 지방관이 되기를 간청하여 하내 태수가 되었는데, 종실 사람은 삼하(三河) 지역을 맡을 수 없다 하여 오원(五原) 태수로 전보되었다가 뒤에 탁군(涿郡) 태수로 옮겼으니 모두 세 군데에서 태수직을 역임한 셈이다. 몇 년이 흐른 뒤에 병으로 면직되어 집에 있다가 다시 안정군(安定郡)의 속국도위(屬國都尉)가 되었다.

애제가 붕어하자 왕망이 집정했다. 젊은 시절에 유흠과 함께 황문랑으로 있었던 까닭에 왕망은 〔유흠의 실력을 알고〕 존중했다. 왕망이 태후에게 아뢰자 태후가 유흠을 남겨 태중대부로 삼고 우조 벼슬을 더했다가 중루교위, 희화(羲和), 경조윤으로 승진시킨 뒤 명당과 벽옹의 일을 관장하게 했으며 홍휴후(紅休侯)에 봉했다. 유흠은 유림과 사관(史官), 복관(卜官)을 관리했으며, 악률과 역법을 수정했고, 『삼통역보(三統曆譜)』를 지었다.

유흠은 그보다 앞서 애제 건평(建平) 연간에 이름을 수(秀), 자는 영숙(潁叔)이라고 고쳤다.[104] 왕망이 황위를 찬탈한 뒤에 유흠은 국사(國師)가 되었다. 유흠이 국사가 된 다음의 이야기는 「왕망전」에 있다.

　찬하여 말한다.

　공자께서 "인재를 얻기란 어려운 일이다. 그렇지 않은가?"라고 이르셨다. 공자 이후로 문장으로 이름을 날린 선비들이 많았지만, 그중에서도 맹가(孟軻), 손황(孫況),[105] 동중서, 사마천, 유향, 양웅(揚雄) 같은 몇몇 분은 식견과 지식이 넓고 고금의 사정에 통달하여 이분들의 말씀이 당시의 세상에 도움을 주었다. 전하는 말에 따르면 "성인이 나타나지 않으면 그 중간에 반드시 당시의 저명한 인물이 난다."라고 했으니 대강 그 뜻이 맞지 않는가? 유씨 집안의 「홍범론」은 『상서대전(尚書大傳)』을 더욱 발전시킨 것이어서 하늘과 사람이 서로 응하는 것을 밝히고, 『칠략』은 육예를 분석하여 갈래를 나눈 것으로 백가의 주장을 총합하고 있으며, 『삼통역보』는 일월과 오성의 분도(分度)를 하나하나 측정한 것이니, 근본을 궁구한 점에서 의의가 크다 하겠다.

　슬프다! 유향이 산봉우리가 무너지는 것을 들어 경계로 삼게 했는데, 지금에 와서 살펴보니 애통하기만 하다! 개오동나무 기둥의 예를 들어 흥망성쇠를 추론했던 것 또한 분명하기 그지없구나! 곧고 신실하며 견문이 많으니 옛 말씀에 이른바 유익한 벗이 아니겠는가!

7

계포·난포·전숙 전
季布欒布田叔傳

계포(季布)와 난포(欒布, 기원전 238~기원전 145년)와 전숙(田叔)은 처음부터 한나라를 위해 일했던 것이 아니라 모두 나중에 유방의 신하가 되어 공을 세우고 천수를 누린 인물들이다. 계포는 항우의 장수로서 유방을 여러 차례 곤경에 빠뜨려 현상금이 걸리기도 했는데, 목숨을 건진 뒤에는 뛰어난 실력을 인정받아 유방의 신하로 변신했다. 의리의 사나이 난포도 처음에는 한나라의 신하가 아니었지만, 후일 오초의 난을 진압하면서 공을 세워 열후에 봉해졌다. 전숙 역시 특이하게도 조나라 왕에게 충성을 바치는 모습에 반한 유방의 신임을 얻었다.

『사기』에서 계포와 난포는 한 편에 실려 죽을 때 잘 죽은 인물로 평가받았다. 그러나 반고는 전숙까지 같은 편에 넣어 유방의 인정을 받아 낸 세 인물의 삶과 죽음을 더욱 빛나게 했다.

유방의 골칫거리에서 신하가 된 계포

○　○　○

계포는 〔진나라 시절〕 초나라 땅에서 태어났는데, 완력으로 골치 아픈 문제를 해결해 주는 사람으로 유명했다.

항우가 계포에게 군대를 이끌게 하자 전투에서 여러 차례 한왕을 곤경에 빠뜨렸다. 항우가 죽은 뒤에 고조는 계포의 목에 황금 천 근을 걸고, 만일 숨겨 주는 자가 있으면 삼족을 멸하겠다고 했다. 계포가 복양의 주씨(周氏) 집에 숨으니 주씨가 말했다.

"한나라에서 장군을 애타게 잡고자 하니 장군의 종적을 추적하여 곧 제 집에 닥칠 것입니다. 제 말을 들어주실 생각이 있다면 감히 계책을 하나 올릴까 합니다. 그러실 생각이 없다면 제가 먼저 자결하도록 하겠습니다."

계포가 계책을 듣겠다고 했다. 그러자 〔주씨가〕 계포의 머리를 밀고 목에 큰칼을 채운 다음 짐승 털로 짠 옷[1]을 입혔다. 장막을 덮은 널 운반용 수레에 계포를 태워 그 집 노비 수십 명과 함께 노나라의 주가(朱家)[2]한테 가서 팔겠다고 했다. 주가는 속으로 그 자가 계포인 줄 알았지만, 사들여 농막에 거처하게 했다. 그런 뒤에 낙양으로 가서 여음후 등공을 만나 설득했다.

"계포에게 무슨 죄가 있겠습니까? 신하는 각기 주군을 위해 일하는 것이 직분입니다. 항우의 신하였다 하여 다 죽여서야 되겠습니까? 황제께서 천하를 얻은 지 얼마 지나지 않은 지금, 사사로운 원한으로 그 한 사람을 잡겠다시며 아량이 넓지 않음을 보여 줄 필요가 있겠습니까? 계포의 재주가 뛰어나니 한나라에서 이렇게 서둘러 잡으려 하면 북쪽의 호(胡)나 남쪽의 월(越)로 달아날 것입니다. 장사를 미워하여 그자를 적국에 내주면, 오자서가 자신의 아버지를 죽였던 초 평왕의 무덤을 파헤치고 시체에 채찍질을 삼백 번이나 했던 것과 같은 일이 다시 있을지도 모릅니다. 그러니 공께서 황상께 말씀을 잘 드려 봄이 어떻습니까?"

등공은 주가가 대단한 협객인 줄 잘 알고 있었으므로 계포를 자기 집에 숨겼으리라 짐작하고 그의 말대로 하겠다고 승낙했다. 등공이 황제를 모시던 중에 틈을 봐서 주가가 시킨 그대로 아뢰었더니 황제가 계포를 사면했다. 당시 여러 공들은 계포가 강한 성질을 꺾어 부드럽게 변한 것을 칭찬했으며 주가 또한 계포를 살린 일로 세상에 이름을 날리게 되었다. 계포가 황제에게 불려가서 죄를 빌고 낭중에 임명되었다.

효혜제 때 중랑장이 되었다. 흉노의 선우가 여후를 능멸하는 편지를 보냈을 때[3] 태후가 노하여 여러 장군을 불러 대책을 논의했다. 그때 상장군 번쾌가 아뢰었다.

"바라건대 신에게 군사 십만 명을 주시면 흉노 군영을 쓸어 버리겠습니다."

여러 장군은 모두 여후의 뜻을 따르느라 번쾌의 말이 옳다고 여겼다. 이때 계포가 나섰다.

"번쾌의 목을 베어야 하겠습니다. 고황제께서 삼십여만의 군사[4]를 데리고 평성에서 포위당했을 때도 번쾌가 그중에 있었습니다. 그런데 지금 십만의 군사로 흉노의 군영을 쓸어 버릴 수 있다는 것입니까! 번쾌는 태후를 미혹시키는 헛소리를 하고 있습니다. 게다가 진나라에서 흉노를 정벌하는 동안에 진승 등이 봉기를 일으켜 그 상처가 아직 아물지 않고 있습니다. 번쾌는 지금 태후께 아부하는 중이니 (그 말을 들으면) 천하를 요동치게 하려는 것입니다."

당시 대전에 있던 모든 이가 놀랐다. 태후는 조회를 파했으며 그 뒤로 다시는 조회에서 흉노를 공격하는 일을 거론하지 않았다.

그 뒤에 계포는 하동 태수가 되었다. 효문제 때에 어떤 이가 계포의 재주가 뛰어남을 들어 추천하여 황제가 어사대부에 임명하려고 했다. 그런데 또 다른 이가 나서서 계포가 용맹하긴 하지만 술버릇이 나빠서 가까이 두기는 어려운 자라고 했다. 계포가 장안에 가서 한 달이나 경저(京邸)에 머물다가 황제를 배알만 하고 하동군으로 돌아왔다.

계포가 아뢰었다.

"신이 무능하여 하동에서 소임을 제대로 해내지 못하니 늘 처벌받을까 두려워하고 있었습니다. 그런 중에 폐하께서 아무런 이유 없이 신을 부르셨던 것은 틀림없이 누군가 신의 일을 폐하께 속여서 고한 자가 있었기 때문일 것입니다. 신이 장안에 갔지만 폐하께 아무런 직분도 받지 못하고 하동으로 돌아가게 되었으니 이 또한 틀림없이 누군가 신을 비방했기 때문일 것입니다. 폐하께서는 한 사람이 칭찬하면 신을 불렀다가 또 다른 사람이 비방하면 내쫓으시니, 천하의 식견 높은 자들이 이 일을 알고 폐하의 속을 간파할까 두렵습니다."

황제가 잠자코 듣다가 몹시 부끄러워하며 말했다.

"하동은 내게 있어 팔다리처럼 중요한 군이라 특별히 그대를 불렀소."

이에 계포가 태수직을 수행하러 하동으로 돌아갔다.

변사(辯士) 조구생(曹丘生)이 권세가를 통해 남의 일을 봐주고 여러 차례 돈을 벌었다. 조구생은 환관 조담(趙談) 등을 섬겼고 두장군(竇長君)과도 친했다. 계포가 이 사실을 알고 두장군에게 편지로 충고했다.

"제가 듣기로 조구생은 덕이 높은 장자가 아니라고 하니 왕래하지 마십시오."

그 뒤에 조구생이 고향으로 돌아가는 길에 두 장군의 소개장을 얻어 계포를 만나고자 했다. 두 장군이 이를 말렸다.

"계 장군이 그대를 그리 달가워하지 않으니 가지 마시오."

그러나 조구생은 기어이 소개장을 써 달라고 해서는 길을 떠났다. 가기 전에 계포에게 사람을 먼저 보내 소개장을 보게 했다. 아니나 다를까 크게 화가 난 계포가 조구를 기다렸다. 조구가 도착하여 계포에게 먼저 읍하고 말했다.

"초나라 사람들 사이에 '황금 백 근을 얻는 것보다 계포의 승낙 한마디를 듣는 게 낫다.'라는 말이 떠돕니다. 귀하께서는 어떻게 양나라와 초나라 땅에서 그런 명성을 얻으셨습니까? 제가 귀하와 마찬가지로 초나라 사람이니, 천하를 돌아다니며 귀하의 명성을 선양하고 다니면 생각건대 아름다운 일이 아니겠습니까? 그런데 어찌하여 저를 멀리하려고 하십니까?"

계포는 아주 기분이 좋았다. 그리하여 조구생을 여러 달 유숙하게 하고 상객으로 대접하다가 떠날 때는 후한 선물을 주어 보냈다. 계포는 조구생이 알리고 다닌 덕택에 더욱 이름이 났다.

계포의 두 동생의 엇갈린 운명

○ ○ ○

계포의 동생 계심(季心)은 기개가 높아 그 명성이 관중 땅을 뒤덮었는데, 사람들에게 삼가 공손히 대하며 어려운 일이 있을 때 완력으로 잘 해결해 주었기 때문에 사방 수천 리 안의 청년들이 죽기를 각오하고 계심에게 복속했다.

계심이 사람을 죽인 뒤에 오나라로 달아나서 원사(袁絲)[5] 집에 숨었다. 계심은 원사를 형님의 예를 다해 따랐으며 관부(灌夫), 적복(籍福) 같은 이들을 동생으로 삼았다. 한때 계심이 중위 질도(郅都) 밑에서 사마 노릇을 했는데 그때도 질도가 감히 능욕하지 못했다. 젊은이 중에 그 이름을 사칭하는 사람들이 많았다.[6] 당시에 계심은 용맹함으로, 계포는 신의로 관중 땅에 이름이 났다.

계포에게 아버지가 다른 동생[7] 정공(丁公)이 있었는데 항우의 장수로 종군하며 팽성 서쪽에서 고조를 포위하여 곤경에 빠뜨렸다. 단도를 든 병사들이 접전을 벌이고 있을 때 다급했던 한왕이 정공을 돌아보며 말했다.

"우리는 둘 다 능력이 출중한 자들인데 서로 곤액에 처하게 한단 말인가?"

그 말을 듣고 감동한 정공이 군대를 끌고 철수한 덕에 한왕이 포위를 빠져나갈 수 있었다. 그 뒤 항우가 죽고 나자 정공이 고조를 알현하고자 했다. 고조가 정공을 묶어 군중에 돌리라고 했다.

"정공은 항왕의 신하였지만 충성스럽지 못했다. 항왕이 천하를 잃도록 도왔던 자다."

이어서 정공의 목을 베면서 말했다.

"뒷사람들이 정공을 배우지 않도록 하기 위함이다."

주군의 시신을 거두고 변호한 난포

난포는 대량 사람이다. 팽월이 평민이었을 때 난포와 교유했다. 빈궁하여 제나라 땅에서 품을 팔았는데 술집에서 그들을 믿을 만하다며 일을 시켰다. 여러 해가 지난 뒤에 두 사람이 헤어지고, 난포는 끌려가서 연나라 땅에 노비로 팔렸다.

난포가 주인의 원수를 갚아 주었다는 소문을 들은 연나라 장수 장도가 난포를 도위에 발탁했다. 장도가 연나라 왕이 되자 난포를 장군으로 삼았다. 장도가 반란을 일으켰을 때 한나라 군이 장도의 군대를 격파하고 난포를 사로잡았다. 이 소식을 들은 당시의 양왕 팽월이 황제에게 부탁하여 난포를 속량시킨 뒤에 양나라의 대부로 삼았다.

난포가 제나라에 사신으로 갔다가 미처 돌아오지 못했을 때 한나라에서 팽월의 모반죄를 묻기 위해 팽월을 낙양에 데리고 와서[8] 효수시키고 삼족을 멸했다. 그리고 시체를 수습하여 돌보는 자가 있으면 바로 붙잡으라고 명령했다. 난포가 돌아온 뒤에 공중에 걸린 팽월의 머리 아래에서 사신으로 갔던 일을 보고하고는 제사를 지내며 통곡했다. 이 소식을 들은 형리가 난포를 붙잡았다. 황제가 난포를 불러 꾸짖었다.

"너도 팽월과 함께 모반했느냐? 내가 놈의 시체를 거두지 말라고 했거늘 제사까지 지내고 통곡을 하다니, 네가 팽월과 함께 모반했던 것이 분명하구나. 빨리 데려가서 끓는 물에 넣도록 하라."

끓는 물에 막 집어넣으려는 순간, 난포가 돌아보며 말했다.

"한마디 하고 죽게 해 주십시오."

황제가 물었다.

"할 말이 무엇이냐?"

난포가 말했다.

"황제께서 팽성에서 포위되고 형양과 성고 사이에서 패했을 때 항왕이 더는 서쪽으로 황제를 추격하지 못했습니다. 이것은 팽왕이 양나라 땅을 지키면서 한나라 군과 합종하며 초나라 군을 괴롭혔기 때문이 아닙니까? 당시 팽왕은 〔한번 심사숙고해서〕 초나라 편에 있었다면 한나라가 패했을 것이고, 한나라 편에 있었다면 초나라가 깨졌을 겁니다. 게다가 해하의 전투에서도 팽왕이 없었다면 항씨는 망하지 않았을 것입니다. 천하가 평정을 찾은 뒤에 팽왕이 부절을 나누어 받고 봉토도 받아 이를 만대에 물려주고자 했습니다. 그런데도 〔진희의 난을 진압하기 위해〕 황제께서 양나라에서 한 차례 징병할 때 팽왕이 병들어 나가지 못했음을 두고 모반한 것으로 의심하십니다. 모반의 기미를 어디에서도 찾을 수 없는데도 이토록 작은 일을 들어 팽왕을 죽였으니, 신은 다른 공신들이 모두 스스로 위태롭게 여길까 봐 걱정입니다. 이제 팽왕은 이미 죽었으니 신은 살기보다 죽는 게 낫겠습니다. 어서 끓는 물에 넣어 주시기 바랍니다."

이 말을 들은 황제가 난포를 풀어 주고 도위로 삼았다.

효문제 때에 연나라 상국이 되었다가 나중에 장군이 되었다. 난포는 사람들에게 이렇게 말했다.

"곤궁할 때 욕되다 하여 자신을 낮추지 못하면 사람이 아니다. 부귀할 때 마음이 편안하게 하지 못하면 덕이 뛰어난 사람이 아니다."

난포는 자기에게 덕을 베푼 자에게는 후하게 보답했으나, 원수는 어떤 방법을 써서라도 반드시 없앴다. 오초의 반란이 일어났을 때, 공을 세워 수후(鄃侯)[9]에 봉해졌다가 다시 연나라 상국이 되었다. 연나라와 제나라에 난포의 사당이 많이 세워졌는데 사당 이름을 난공사(欒公社)라고 했다.

난포가 죽고 나서[10] 아들 난분(欒賁)이 후위를 이었다. 효무제 때에 태상으로 있으면서 제물로 희생시킬 짐승을 법에 맞지 않게 쓰는 바람에 봉토를 몰수당했다.

유방이 신임한 현명한 전숙

○　○　○

　전숙은 조나라 형성(陘城)[11] 사람이다. 선조는 〔전국 시대〕 제나라 전씨였다. 전숙은 검술을 좋아했고 악거공(樂鉅公) 밑에서 황로 방술을 배웠다. 사람됨이 청렴하고 강직했으며 완력으로 남을 돕기를 좋아했고 지방의 덕이 높은 사람들과 교유했다. 조나라의 어떤 이가 그를 조나라 상국 조오에게 천거했는데 조오가 다시 조왕 장오에게 말하여 낭중으로 삼았다. 조왕은 그의 능력이 뛰어나다고 여겼으나 여러 해가 지나도록 승진시킬 기회를 얻지 못했다.

　조오와 관고 등이 황제를 시해하려고 모의하다가 사전에 발각되었을 때의 일이다. 한 고조가 조왕과 함께 반란한 신하들을 체포하고 조나라에서 그 왕을 따르는 자가 있으면 삼족을 멸하라고 명령했다. 전숙과 맹서(孟舒) 등 열몇 명은 삼족이 멸하는 것을 두려워하지 않고 붉은 죄수복을 입고 머리를 민 다음 목에 큰칼을 차고서 조왕과 함께 장안으로 갔다. 사정이 명백하게 밝혀져 조왕은 풀려났지만, 왕위에서 쫓겨나 선평후로 강등되었다. 장오가 전숙 등 열 명을 황제에게 천거했다. 황제가 그들을 만나 보고 이야기를 나눴는데 당시 한나라 조정의 신하 중에는 그들보다 뛰어난 자가 없었다. 황제가 기뻐하며 그 모두를 군을 다스리는 태수나 제후국의 상국으로 삼았다. 전숙은 열몇 해 동안 한중 태수를 지냈다.

　효문제가 즉위 초에 전숙을 불러 물었다.

"공은 천하에서 장자가 누구인지 알고 있소?"

전숙이 대답하여 아뢰었다.

"신이 누가 장자인 줄 어떻게 알겠습니까?"

황제가 말했다.

"공은 장자이니 응당 알 수 있을 것이오."

전숙이 머리를 조아려 아뢰었다.

"운중 태수였던 맹서가 장자입니다."

당시 맹서는 흉노가 운중 땅에 대거 침입했을 때 막지 못했던 일로 파면된 상태였다. 황제가 말했다.

"선제께서 맹서를 운중에 두었던 열몇 해 동안 흉노가 자주 쳐들어왔으나 맹서는 굳게 지키지 못했으며 아무 까닭 없이 군사 수백 명을 전사하게 했소. 장자가 어떻게 사람을 죽인단 말이오?"

전숙이 머리를 조아리며 아뢰었다.

"관고 등이 모반했을 때 천자께서 조서를 내려 '조나라에서 그 왕을 따르는 자가 있으면 삼족을 멸하게 하라.'라고 하셨지만, 맹서는 목숨을 버릴 각오로 스스로 머리를 밀고 목에 큰칼을 찬 다음 장왕(張王)을 따라갔습니다. 장차 운중 태수가 될 줄을 맹서 자신이 그때 어떻게 알았겠습니까?

한나라가 초나라와 서로 싸우느라 군사들이 피폐해져 있을 때 흉노의 선우 묵돌이 새로 복속시킨 북쪽 이민족을 거느리고 변방을 침입했습니다. 맹서는 군사들이 피폐한 것을 알고 있었기에 차마 나가 싸우라는 말을 하지 못했는데, 군사들이 다투어 성 밖으로 나가 적들을 죽였으니, 마치 아들이 아비를 위해 싸우는 것과 같은 모습이었습니다. 사망자가 수백 명에 이른 것은 군사들이 스스로 나가 싸웠기 때문입니다. 덕이 높은 맹서가 어떻게 군사를 마구 죽음으로 내몰았겠습니까? 이것이 바로 맹서를 장자라고 하는 이유입니다."

그 말을 듣고 황제가 말했다.

"맹서야말로 진정 어진 사람이구나!"

그러고는 맹서를 다시 운중 태수에 임명했다.

여러 해가 흐른 뒤에 전숙이 법을 어겨 파면되었다. 그 무렵 양나라 효왕이 사람을 시켜 자신을 태자로 삼는 데 반대했다는 이유로 한 경제가 국정을 함께 의논하던 신하 원앙을 죽였다.[12] 경제가 전숙을 불러 양나라 효왕에게 가서 사안을 심사하게 하여, 전숙이 원앙이 죽은 이유를 명백하게 알게 되었다. 돌아와서 황제에게 보고하자 황제가 말했다.

"양왕이 그런 짓을 했단 말이오?"

전숙이 대답하여 아뢰었다.

"그렇습니다."

"어떻게 된 사정이었소?"

"황상께서는 양왕의 일을 다시는 알아보려고 하지 마십시오. 양왕이 법을 어기고 원앙을 죽였으니 이는 한나라 법을 무시한 것입니다. 그러나 양왕을 법에 따라 죽인다면 태후께서 무엇을 드셔도 단맛을 느낄 수 없을 것이요, 누워도 자리가 편치 않을 것이니, 이는 폐하의 근심거리가 될 뿐입니다."

그 말을 들은 황제는 전숙이 크게 어질다고 여겨 노나라 상국직을 제수했다.

상국이 되어 부임하자마자 백성이 백 명이나 찾아와 노왕[13]이 자신의 재물을 빼앗아 갔다고 호소했다. 전숙은 주모자 스무 명을 불러 태형에 처한 뒤에 크게 꾸짖었다.

"왕은 그대들의 주인이 아닌가! 어떻게 감히 자신의 주인을 고발한단 말이냐!"

노왕이 이 말을 듣고 크게 부끄러워하며 왕실 곳간에서 돈을 내어 상국이 그들에게 갚아 주게 했다. 상국이 말했다.

"대왕께서 직접 사람을 시켜 갚으십시오. 그렇게 하지 않으면 대왕께선 나쁜 일을 한 사람이 되고 상국은 좋은 일을 한 사람이 됩니다."

노왕이 사냥을 좋아했는데, 상국이 항상 사냥터에 동행했다. 왕은 자신을 따라다니지 말고 사냥터에 있는 관사에 머물라고 했다. 그러나 상국은 끝내 들어가 쉬지 않고, 늘 관사 밖으로 나와 햇볕이 내리쬐는 사냥터에 앉아 말했다.

"우리 대왕께서 햇볕에 그을리는 중인데 어찌 나 혼자 관사에 앉아 있겠습니까?"

그 때문에 왕은 놀이를 위해 밖으로 나가는 일을 많이 삼가게 되었다.

몇 해 뒤에 전숙이 재임 중에 세상을 떠나자 노왕이 황금 백 근을 내어 제사를 올리게 했는데, 막내아들 전인(田仁)이 도의상 선친의 이름을 해칠 수 없다며 받지 않았다.

전인은 건장하고 용맹하여 위(衛) 장군[14]의 시위가 되었다. 장군을 따라 여러 차례에 걸쳐 흉노를 공격했는데, 위장군이 무제에게 말씀을 올려 전인을 낭중으로 삼게 했다. 봉록 이천석 지위에 올라 승상부 장사를 지내다가[15] 벼슬을 잃었다. 뒤에 황제가 전인으로 하여금 삼하(三河)[16]를 암행하여 사정을 조사하게 했는데, 돌아와서 사정을 보고한 것이 황제의 칭찬을 받게 되어 경보도위(京輔都尉)에 임명되었다가 한 달쯤 더 지나서 사직(司直)으로 옮겼다. 여(戾) 태자가 거사했을 때 전인이 성문을 닫고 지키는 책임을 맡았으나 태자를 도망가게 했기에, 반란을 일으킨 자를 놓아준 죄[17]에 걸려 삼족이 멸하는 화를 입었다.

찬하여 말한다.

항우가 영웅의 기개로 이름을 날린 것처럼 계포는 초나라에서 용맹함으로 이름을 크게 날렸다. 군대를 이끌고 적에게 승리하고 적기를 뽑아 온 것이 여러 차례였으므로 가히 장사라 이를 수 있다. 곤경에 빠져 목에 칼을 차고 노비로 팔린 지경에도 살기 위해 목숨을 버리지 않았으니 그 이유가 무엇이겠는가? 자신의 재능에 자부심을 가졌기에 욕을 당하면서도 부끄러워하지 않고, 모자라는 점이 있어도 쓰일 데가 있기를 바랐기 때문이다. 그리하여 마침내 한나라의 명장이 되었다. 능력이 뛰어난 자는 진실로 제 죽음의 가치를 심각하게 고려한다. 후궁이나 시녀들 같은 아녀자들이 작은 일에도 마음을 열지 못하고 스스로 목숨을 끊는 것은 용기가 있어서가 아니라, 뜻을 이루려 해도 의지할 만한 데가 없기 때문이다.

난포는 팽월의 죽음을 보고 통곡했고 전숙은 장오의 뒤를 따랐으니 죽음을 앞에 두고서도 가야 할 데로 가듯이 한 것이다. 이들은 죽음을 어떻게 대할 것인가를 정확하게 알고 있었으니, 옛적 열사라 한들 어찌 이들보다 나을 수 있겠는가!

8

고 오왕전
高五王傳

▲▲▲▲▲▲▲▲▲▲▲▲▲▲▲▲

　한나라 고조에게는 여덟 명의 아들이 있었는데, 두 명의 황제와 여섯 명의 제후왕이 나왔다. 두 황제는 여후 소생의 혜제(惠帝)와 박희(薄姬) 소생의 문제(文帝)다. 사마천이 황제가 되지 못한 여섯 아들을 『사기』에 제대로 싣지 않은 데 반해 반고는 회남 여왕(淮南厲王) 유장(劉長)의 열전을 따로 세우고 나머지 다섯 아들을 이 편에 묶었다.

　이 편의 주인공은 유방의 맏아들이지만 서자라서 황태자가 될 수 없었던 조 부인(曹夫人) 소생의 제 도혜왕 유비(劉肥, 기원전 221~기원전 189년)다. 유비는 야망 없는 인물이었지만 맏아들이라는 이유로 여후의 견제를 받았다. 틈만 나면 자신을 독살하려는 여후에게 두려움을 느낀 유비는 여후의 친딸 노원 공주를 태후로 받들어 겨우 목숨을 부지했다. 유비의 둘째 아들 유장(劉章, ?~기원전 177년)이 여씨 집안을 제압하고 문제를 세우는 데 큰 역할을 하면서 조금이나마 아버지의 한을 풀었다.

척 부인(戚夫人) 소생의 조 은왕 유여의(劉如意), 조희(趙姬) 소생의 회남 여왕 유장이 있으며 그 밖의 후궁이 조 유왕(趙幽王) 유우(劉友), 조 공왕(趙共王) 유회, 연 영왕(燕靈王) 유건(劉建)을 낳았다.[1] 회남 여왕 유장은 열전을 따로 세워 두었다.

누이를 태후로 모신 제 도혜왕 유비

○　○　○

제 도혜왕 유비의 생모는 고조가 평민이었을 때 정을 통한 여성이었다.

고조 6년, 황제가 유비를 왕에 봉하고 식읍으로 칠십여 성을 주었다. 또 백성 중에서 제나라 말을 할 줄 아는 자들은 모두 제나라 호적에 입적시켰다.

효혜제 2년, 〔제왕이〕 장안에 가서 황제를 배알했다. 효혜제가 태후 앞에서 제왕에게 편한 술자리를 마련하고는 집안 형제끼리의 예법을 적용해 제왕을 상석에 앉혔다. 노한 태후가 사람을 시켜 짐새 깃으로 담근 독주 두 잔을 제왕 앞에 놓게 하고, 제왕으로 하여금 태후의 장수를 비는 술을 올리게 했다.[2] 제왕이 일어서자 황제도 독배를 들고 일어서서 함께 장수를 빌고자 했다. 태후가 겁을 내며 친히 일어서서 혜제의 술을 쏟아 버렸다. 이를 이상하게 여긴 제왕이 더 마실 엄두를 못 내어 취했다고 꾸미고는 자리를 빠져나왔다. 뒤에 그것이 짐새 독주였다는 것을 알게 되자 근심에 싸였다. 제왕은 자신이 장안을 빠져나가기 전에 죽으리라고 여겼다. 그때 제왕의 내사(內史) 사(士)[3]가 아뢰었다.

"태후께서는 아래로 지금의 성상과 노원 공주만 두셨습니다. 대왕께서 지금 칠십여 성이나 가지고 계시니 공주에게 여러 개의 성을 식읍으로 내려 주십시오. 대왕께서 군 하나를 떼어 공주의 탕목읍(湯沐邑)[4] 명목으로 태후께 바친다면 태후께서 반드시 좋아하시리니 대왕의 근심거리가 사라질 것입니다."

제왕은 이 말에 따라 성양군을 바치고 노원 공주를 제나라 태후로 모시기로 했다. 여후가 좋아하며 그렇게 하도록 허락했다. 그러고는 제왕 경저(京邸)에 즐겁게 술자리를 마련한 뒤에 제왕을 본국으로 돌려보냈다. 재위 열세 해 만에 제왕이 죽고 아들 유상(劉襄)[5]이 왕위를 계승했다.

세 명의 조왕, 유여의와 유우, 유회

조 은왕 유여의는 고조 9년에 조왕에 봉해졌다. 즉위 네 해 만에 고조가 붕어했는데 여후가 장안으로 조 은왕을 불러 짐독을 먹여 죽였다. 아들이 없어 봉국이 철폐되었다.

조 유왕 유우는 고조 11년에 회양왕(淮陽王)에 봉해졌다. 조 은왕 유여의가 죽던 해인 혜제 원년에 조왕으로 봉해져서 열네 해 동안 재위했다. 유우는 여씨 일족의 딸을 왕후로 삼았는데 왕후가 아닌 다른 여자를 좋아했다. 여씨의 딸이 화가 나서 궁을 나와 태후에게 참소했다.

"조왕이 말하기를 '여씨가 어떻게 왕이 될 수 있는가! 태후가 돌아가시고 나면 내가 반드시 그들을 칠 것이다.'라고 했습니다."

태후가 그 말을 듣고 노하여 조왕을 불러들였다. 조왕이 장안에 당도하자 경저에 머물게 하고 만나 주지 않았다. 그러면서 병졸들로 경저를 포위시켜 빠져나갈 수 없도록 하고 먹을 것도 주지 않았다. 신하 중에 몰래 음식을 갖다 주는 이가 있었지만 즉시 붙잡혀 벌을 받았다. 조왕이 히기에 시달리며 노래를 지었다.

> 여씨들이 전권을 휘두르니 유씨는 힘이 없네.
> 여씨들이 제후를 협박하여 나는 강제로 왕비를 들여야 했네.
> 왕비는 질투심이 많아 나를 거짓으로 모함했네.
> 여인의 참소가 나라를 어지럽혀도 황제는 알지 못하네.
> 나에게는 충신이 없구나. 이렇게 왕위에서 쫓겨나는가.
> 들판에서도 즐거이 지냈던 걸, 창천은 무죄를 알아주시리.
> 아, 후회막급이라, 일찍 자결이라도 했어야 할걸.
> 왕이 되어 굶어 죽네, 누가 있어 불쌍히 여길까.
> 여씨들은 도리를 어겼네, 하늘에 복수를 빌어 보네.

그 뒤에 조왕이 유폐되어 죽자 백성의 예로 장안에 장사 지냈다.

여후가 죽고 효문제가 즉위한 뒤에 조 유왕의 아들 유수(劉遂)가 조왕에 봉해졌다.

문제 2년, 담당 관리가 황제의 아들을 왕으로 봉하도록 주청했다. 그러자 황제가 말했다.

"조 유왕이 감금되어 죽은 것은 심히 가여운 일이다. 그 맏아들 수는 이미 조왕에 올렸지만, 수의 동생 벽강과 제 도혜왕의 아들 주허후(朱虛侯) 장(章), 동모후(東牟侯) 흥거(興居)도 공이 컸으므로 모두 왕위에 봉할 것이다."

그리하여 조나라 땅인 하간(河間)을 유벽강의 봉토로 주고 하간 문왕(河間文王)이라고 칭했다. 문왕이 재위 열세 해 만에 죽고 아들 애왕(哀王) 유복(劉福)이 뒤를 이었으나 한 해 만에 죽었다. 아들이 없어서 왕위를 철폐했다.

조왕 유수가 즉위한 지 스물여섯 해째 되던 효경제 시절에, 조조가 조왕의 허물을 이유로 조나라의 상산군을 삭감한 일을 두고 제후들이 원망하게 되면서 오왕과 초왕이 먼저 반기를 들었다. 유수도 그들과 연합하여 군대를 출동시켰다. 조나라 상국 건덕(建德)과 내사 왕한(王悍)이 간언했지만 듣지 않았다. 유수가 건덕과 왕한을 태워 죽였다. 그러고는 군대를 출동시켜 조나라의 서쪽 경계에 주둔한 뒤에 오초 연합군과 함께 진격하고자 했다. 또 북으로 흉노에 사신을 보내 연합 공격을 제안했다. 한나라 조정에서는 곡주후 역기를 보내 공격하게 했으나 조왕이 한단성을 굳게 지키는 바람에 일곱 달이나 서로 싸웠다. 오초 연합군이 패했다는 소식을 들은 흉노에서는 국경을 넘어오려고 하지 않았다. 난포 홀로 군대를 이끌고 가서 제나라를 치고 돌아오는 길에 군사를 시켜 한단성 안으로 강물을 끌어넣게 했다. 성이 무너지자 조왕 유수가 자결했다. 조왕의 왕위는 단절되었다. 경제가 상국 건덕과 내사 왕한이 정의를 지키다가 죽은 것을 불쌍히 여겨 그 아들을 모두 열후에 봉했다.

조 공왕은 유회이다. 고조 11년, 황제가 양왕 팽월을 죽이고 유회를 양왕으로 세웠다. 열여섯 해 뒤에 조 유왕이 죽자 여후가 유회를 조왕으로 옮겨 봉했는데 유회는 조왕으로 옮겨 가는 것을 좋아하지 않았다. 태후가 여산의 딸을 조왕의 왕후로 삼았는데 왕후의 시종들이 모두 여씨였다. 이들이 궁 안의 모든 일을 전횡하며 조왕을 감시했기 때문에 조왕은 아무것도 마음대로 하지 못했다.

조왕에게 애첩이 있었는데 왕후가 짐독을 먹여 죽여 버렸다. 조왕이 네 장짜리 시가를 지어 악공들에게 부르게 했다. 조왕은 슬픈 생각만 하다가 여섯 달 만에 스스로 목숨을 끊었다. 태후가 이 소식을 듣고 여자 때문에 자결한 자에게는 종묘를 세워 제사를 지내 줄 필요가 없다며 왕위를 철폐했다.

연 영왕 유건

○ ○ ○

연 영왕은 유건이다. 고조 11년에 연왕 노관이 흉노로 달아났다. 이듬해 유건을 연왕으로 삼았는데 재위 열다섯 해 만에 세상을 떠났다. 연 영왕과 미인 사이에 아들이 있었는데 태후가 사람을 시켜 그 아들을 죽이고 후사를 끊어 버렸다.

제 도혜왕의 아홉 아들

○ ○ ○

제 도혜왕에게는 모두 아홉 명의 아들이 있었는데 차례로 왕이 되었다. 태자 유상은 제 애왕, 둘째 아들 유장(劉章)은 성양 경왕

(城陽景王), 유흥거는 제북왕, 유장려(劉將閭)는 제왕(齊王),[6] 유지(劉志)는 제북왕, 유벽광(劉辟光)은 제남왕, 유현(劉賢)은 치천왕, 유앙(劉卬)은 교서왕, 유웅거(劉雄渠)는 교동왕이 되었다.

제 애왕 유상

○　○　○

제 애왕 유상은 효혜제 6년[7]에 왕위를 계승했다.

이듬해 혜제가 붕어하자 여후가 황제를 대신하여 스스로 칭제했다. 여후 원년에 여후 오라버니의 아들인 부후(酈侯) 여태(呂台)를 여왕(呂王)으로 삼고 제나라의 제남군을 주어 그곳에서 나오는 세금을 봉록으로 충당하게 했다. 다음해에 애왕의 동생인 유장이 한나라 황실에 숙위로 들어갔다. 여후는 유장을 주허후에 봉하고 여록의 딸을 아내로 삼게 했다. 네 해 지나서 유장의 동생 유흥거를 동모후에 봉하고 유장과 함께 장안에서 숙위하게 했다. 여후 7년에 제나라에서 낭야군(琅邪郡)을 떼어 내 영릉후 유택을 낭야왕으로 봉했다.

이해에 조왕 유우가 자신의 경저에 갇혀서 죽었다. 이로써 여후는 조왕을 셋이나 죽인 셈이 되었다. 여후는 여씨 세 명을 왕위에 올려서 권력을 손아귀에 넣고 전횡을 일삼았다. 그때 유장은 나이가 스물이라 기력이 셌는데, 유씨가 마땅히 얻을 자리를 얻지 못하는 처지에 분개했다. 언젠가 한 번 황궁에 들어가 여후의 술자리를 모실 때 여후가 유장에게 술자리를 주관하는 주리(酒吏)를 맡겼다. 이에 유장이 태후에게 청을 올렸다.

"신이 〔그래도〕 장군 집안 출신이니, 군법에 따라 술자리를 주관하게 해 주십시오."

여후가 승낙했다.

"그렇게 하라."

술자리가 무르익어 갈 때 유장이 노래와 춤을 선보이고 나서 다시 아뢰었다.

"태후께 농사에 관한 대목 하나를 아뢸까 합니다."

고후는 어린 게 농사에 대해 뭘 알겠느냐며 비웃었다.

"생각해 보니 네 아버지는 밭갈이를 알겠지만 너는 태어나면서부터 왕자였는데 밭갈이를 어떻게 아느냐?"

"신도 알고 있습니다."

"그럼 밭갈이가 어떤 것인지 말해 보아라. 한번 들어 보겠다."

"땅을 깊이 갈아 씨앗을 조밀하게 심고, 싹이 나오면 솎아 주어야 하며, 같은 종자가 아니면 호미로 뽑아 버립니다."[8]

여후는 아무 말도 하지 않았다. 조금 시간이 흐른 뒤에 여씨 중의 하나가 취해서 술자리를 빠져나갔다. 유장이 그 뒤를 쫓아가 검을 빼서 목을 베고는 돌아와 태후에게 보고했다.

"술자리를 피해 달아나는 자가 있기에 삼가 군법을 행사하여 목을 베었습니다."

태후와 그 주위에 있던 자들이 모두 크게 놀랐다. 그러나 이미 군법을 쓰도록 허락했기 때문에 유장의 죄를 다스리지 못하고 술자리를 파했다. 이날 이후로 여씨들이 모두 유장을 꺼리게 되었으며, 대신들도 모두 주허후의 뜻에 따르게 되어 유씨의 세력이 강해졌다.

이듬해에 여후가 세상을 떠났다. 조왕 여록은 상장군으로서, 여왕 여산은 상국으로서 둘 다 장안에 거주하고 있었는데 병력을 집합시켜 대신들을 위협한 채 반란을 일으키려고 했다. 유장은 아내가 여록의 딸이었기 때문에 그들의 모의를 눈치챌 수 있었다. 유장이 몰래 사람을 보내 형인 제 애왕에게 그 사실을 알리고, 군대를 이끌고 서쪽 장안으로 오게 했다. 주허후와 동모후는 황궁 안에서 대신들과 내응하여 여씨들을 죽이고 제왕을 황제로 올리고자 했다. 이런 사정을 알게 된 제왕이 외숙 사균(駟鈞),[9] 낭중령 축오(祝午), 중위 위발(魏勃)과 함께 은밀히 군대를 출동시키려고 계획했다. 이 사실을 알게 된 제나라의 상국 소평이 〔한나라에서 파견된 관리로서〕 군대를 이끌고 왕궁에 들어가 방어했다. 위발이 소평을 속여 말했다.

"제왕이 군대를 출동시키고 싶어도 한나라 조정에서 호부를 내려보내지 않았기 때문에 출동시킬 수가 없습니다. 제왕이 다른 행동을 하지 못하도록 상국께서 왕궁을 방어하신 것은 정말 잘하신 일입니다. 제가 상국 대신 제왕을 호위하여 군대를 출동시키지 못하게 해 주십시오."

이 말을 믿은 소평이 위발에게 군대를 주었다. 위발은 군대를 거느리자마자 병력을 보내 상국부를 포위했다. 소평이 말했다.

"아차, 도가에서 끊어야 할 것을 끊지 못하면 도리어 어려움을 겪게 된다고 하더니, 바로 이런 일을 이르는 말이었구나!"

소평은 곧 자결했다.

제왕은 사균을 상국으로, 위발을 장군으로, 축오를 내사로 삼아 제나라 전체에 징집령을 내렸다. 그러고는 축오를 낭야왕에게 보내 거짓으로 말하게 했다.

"여씨들이 난을 일으켰기에 제왕이 장안을 향해 서쪽으로 진군하여 토벌하고자 합니다. 그런데 제왕은 자신이 대왕의 아들뻘이고 나이도 어리며 전투 경험도 없다는 점을 들어 대왕께 제나라의 전군을 맡기고자 하고 있습니다. 대왕께서는 고황제 시절부터 장군으로 계시면서 전투 경험이 많으십니다. 지금 제왕이 군대를 통솔하느라 직접 오지 못하므로, 대왕께 저를 보내 임치로 오셔서 제왕과 함께 계책을 세운 뒤 제나라 군을 이끌고 장안을 향해 서진하여 관중에서 일어난 난을 토벌하시라는 뜻을 전하셨습니다."

낭야왕은 그런 일이 있으면 그렇게 해야 마땅하다고 생각하고 이 말을 믿었다. 그래서 말을 달려 제왕을 만나러 갔다. 제왕은 낭야왕이 직접 찾아온 기회를 이용하여 위발 등과 함께 낭야왕을 잡아 두고는 축오를 보내 낭야국의 모든 병력에게 이동 명령을 내리고 통솔하게 했다.

낭야왕 유택은 속은 것을 알았지만 본국으로 돌아갈 수 없는 형편이었다. 그리하여 제왕을 설득했다.

"제 도혜왕은 고황제의 맏아들이니, 도리를 따져서 말한다면 대왕이 고황제의 적장손이라 마땅히 황제로 옹립되어야 하오. 지금 대신들이 머뭇거리며 결정을 내리지 않는 이유는 나 유택이 유씨 집안의 최고 연장자라 내가 어떤 결정을 내릴지 기다리기 때문이오. 대왕이 나를 여기에 묶어 두고 아무것도 못 하게 하는 것보다 나를 관중에 보내 일을 결정하게 하는 편이 낫지 않겠소?"

제왕이 그 말을 옳게 여겨, 수레를 대거 갖춘 뒤에 낭야왕을 장안으로 보냈다. 낭야왕이 떠나자 제왕은 군대를 출동시켜 제남의 여왕을 쳤다. 제후왕들에게는 이러한 편지를 보냈다.

고황제께서 천하를 평정한 뒤에 종실의 자제들을 왕으로 봉하셨습니다. 도혜왕이 세상을 떠나고 혜제께서 유후 장량을 보내 저를 제왕으로 봉하셨습니다. 혜제께서 붕어하시자 여후께서 국사를 보셨으나 춘추가 높으셨던 까닭에 고조께서 세운 봉국들을 여씨들이 독단적으로 철폐하고 여씨 일족으로 다시 채운 것, 세 명의 조왕을 죽인 것, 양나라와 조나라, 연나라를 없애고 여씨들로 왕을 세운 것, 제나라를 넷으로 갈라 버린 것[10] 등을 허락하셨습니다. 충신이 간언을 올렸으나 주상[11]께서 미혹되어 듣지 않았습니다. 지금 여후께서 세상을 떠나셨는데, 천자의 춘추가 어려서 천하를 다스릴 형편이 못 되므로 대신들과 제후에게 의지하는 형편입니다. 여씨들이 독단하여 스스로 관직을 높이고는 병력을 모아 위엄을 내보이면서 여러 제후와 충신들을 협박하는 한편으로 천자의 조칙을 내세워 천하를 호령하고 있습니다. 이렇게 종묘가 위기에 처했으므로 과인이 군대를 이끌고 장안으로 들어가 왕위에 있으면 안 되는 자들을 처단하려고 합니다.

한나라 조정에 이 소식이 전해져 상국 여산 등은 대장군 영음후 관영에게 군대를 딸려 보내 맞서 싸우게 했다. 형양에 이르렀을 때 관영이 이렇게 생각했다.

'여씨들이 관중에서 반란을 일으켜 유씨를 위협하고 자기네들이 제위에 오르려고 하는데, 지금 내가 제왕의 군대를 쳐부수고 돌아가서 승전을 보고하면 여씨들의 세력만 더 커질 뿐이다.'

그리하여 형양에 부대를 주둔시켰다. 제왕과 제후들에게 사람을 보내 자신의 생각을 알리고 서로 연락하여 여씨들이 반란을 일으키면 함께 토벌하기로 했다. 제왕이 이 편지를 받고는 제나라 서쪽 경계에 군대를 주둔시키고 관영에게서 연락이 오기를 기다렸다.

여록과 여산이 난을 일으키자, 주허후 유장과 태위 주발, 승상 진평 등이 그들을 죽였다. 유장이 먼저 여산의 목을 베고 태위 주발 등이 나머지 여씨들을 모두 죽인 것이다. 이어 제나라를 떠났던 낭야왕이 장안에 당도했다. 낭야왕이 왔으므로 대신들이 제왕을 황제로 옹립하는 문제를 의논했는데 다들 이렇게 생각했다.

'제왕의 외가 쪽 사람인 사균은 포악하고 못된 자라 호랑이가 갓을 쓰고 있는 격이다. 이제 막 여씨들 때문에 천하가 혼란해질 뻔했는데 지금 제왕을 세우면 여씨들을 다시 살려 내는 것과 같다. 대왕(代王)의 외가 박씨 집안 사람은 군자와 장자들인 데다, 대왕은 고황제의 아드님이면서 아직도 건재하고 최고 연장자이기도 하니, 고황제의 아드님으로 제위를 계승하는 것이 순리라고 본다. 호인을 올려야 대신들이 편안하다.'

그리하여 대신들은 대왕을 모셔 올 방법에 대해 상의하는 한편으로 유장을 제왕에게 보내 여씨들을 죽인 일을 알리고 전투를 끝내게 했다.

관영이 형양에 〔주둔하고〕 있을 때 위발이 제왕을 교사하여 반란하게 한 것과 여씨들을 모두 주살한 것, 제나라 군을 물러가게한 소식을 듣고 사람을 보내 위발을 불러 문책했다. 그 자리에서위발이 말했다.

"불난 집에서 무슨 틈이 있어 어른한테 먼저 고하고 불을 끄겠습니까!"

그러고는 뒤로 물러서서 다리를 떨고 두려워하면서 끝끝내 다른 변명을 못 했다. 그 모습을 한참 동안 지켜보던 관영이 웃으며말했다.

"사람들이 위발을 용감하다고 하던데 알고 보니 망령 든 비천한 자에 불과하니 무얼 할 수 있겠는가!"

하여 위발을 풀어 주었다.

위발의 아버지는 진시황에게 불려 갈 정도로 금 연주를 잘하던사람이었다. 위발이 청소년 시절에 제나라 승상 조참을 만나고 싶었지만, 집이 가난하여 줄을 댈 방법이 없었다. 위발은 매일 아침조참의 집사 집 앞을 쓸었다. 집사가 귀신이라도 와서 청소를 하는가 이상하게 여겨 몰래 살피다가 위발이 한 것을 알게 되었다.그때 위발이 말했다.

"승상 대감을 뵙고 싶으나 줄을 댈 수가 없어서 이 댁 앞을 쓸면서 뵐 기회를 얻고자 했습니다."

집사가 위발을 승상과 만나게 해 주었더니 조참이 위발을 시종으로 삼았다. 어느 날 위발이 조참의 수레를 호위하고 가던 중에 건의를 하나 했는데, 그 말을 들은 조참이 위발에게 능력이 있다고 여겨 도혜왕에게 추천했다. 도혜왕이 불러서 보고는 이천석 봉록의 내사로 삼았다. 이보다 먼저 도혜왕은 스스로 이천석 봉록의 관원을 둘 수 있는 자격을 얻었다. 도혜왕이 세상을 떠난 뒤에 애왕이 왕위를 이었다. 애왕 때에 이르러 위발은 제나라 상국보다 더 큰 권력을 휘두르며 정사를 보게 되었다.

제왕이 전투를 끝내고 철수한 뒤에 대왕(代王)이 옹립되었는데 바로 효문제이다.

문제 원년, 여후 때에 갈라 봉했던 제나라의 성양군과 낭야군, 제남군을 모두 제나라 땅으로 회복시키고 낭야왕을 연왕으로 옮겨 봉했다. 주허후와 동모후에게는 각각 식읍 이천 호씩을 더하고 황금 천 근을 하사했다. 이해에 제 애왕이 죽었다. 아들 유칙(劉則)이 문왕(文王)이 되어 왕위를 계승했다. 문왕이 즉위 열네 해 만에 죽었는데 아들이 없었으므로 왕위가 단절되었다.

성양 경왕 유장

○　　○　　○

성양 경왕 유장은 효문제 2년에 동모후 유흥거와 함께 주허후에서 승격되었다. 재위 두 해 만에 세상을 떠나 아들 공왕(共王)

유희(劉喜)가 왕위를 이었다. 효문제 12년에 회남왕으로 옮겨 봉했다가 다섯 해 뒤에 다시 성양왕으로 복귀했다. 서른세 해 동안 왕위에 있다가 세상을 떠난 뒤에 아들 경왕(頃王) 유연(劉延)이 왕위를 계승했다. 경왕이 재위 스물여섯 해 만에 죽자 아들 경왕(敬王) 유의(劉義)가 올랐다. 경왕이 아홉 해 만에 죽고 아들 혜왕(惠王) 유무(劉武)가 올랐다가 열한 해 만에 죽었다. 아들 황왕(荒王) 유순(劉順)이 올랐다가 마흔여섯 해 만에 죽고 아들 대왕(戴王) 유회(劉恢)가 올랐다. 대왕이 여덟 해 만에 죽자 아들 효왕(孝王) 유경(劉景)이 왕위를 이었다가 스물네 해 만에 죽고 아들 애왕(哀王) 유운(劉雲)이 왕위를 계승했다 애왕이 한 해 만에 죽었을 때 아들이 없어서 왕위가 끊어졌다. 성제(成帝) 때에 유운의 형 유리(劉俚)를 성양왕으로 다시 봉했으나 왕망 때에 철폐했다.

제북왕 유흥거

○   ○   ○

제북왕 유흥거가 동모후 시절에 대신들과 함께 〔장안의〕 대왕(代王) 경저에서 문제를 옹립했다. 그때 유흥거가 말했다.

"저는 여씨들을 죽이는 데 아무런 공을 세우지 못했으니, 태복 등공 하후영과 함께 황궁에 들어가 잔당을 정리하겠습니다."

곧이어 여씨들이 세웠던 후소제를 황궁에서 데리고 나왔으며, 새로운 황제의 입궁을 맞이했다.

처음에 여씨들을 주살할 때 주허후 유장의 공이 특히 컸으므로 대신들은 조나라 땅 전체를 유장의 봉토로 하고, 대량 땅은 유흥거가 다스리는 것에 동의했다. 그러나 문제가 즉위한 뒤에 주허후와 동모후가 애초에 제왕을 옹립할 뜻이 있었다는 것이 알려져서 여씨들을 주살한 공훈이 취소되었다. 그 이듬해 문제의 아들들을 왕으로 세울 때 제나라의 두 군[12]을 떼어 유장과 유흥거의 봉국으로 삼았다. 유장과 유흥거는 직위를 잃으면서 공까지 빼앗겼다고 생각했다.

한 해가 더 지난 후에 유장이 죽었다. 그 무렵 흉노가 국경을 넘어 대거 침입했다. 한나라 조정에서는 군대를 대규모로 출동시켰는데 승상 관영이 군대를 이끌고 출격했으며 문제 또한 친히 태원까지 행차하여 독전했다. 유흥거는 황제가 친히 흉노 공격에 나선 것으로 판단하고 그 기회를 이용하여 반란군을 일으켰다. 황제가 그 소식을 듣고 나서 바로 장안으로 군대를 돌려 극포후(棘蒲侯) 시 장군을 시켜 진압하고 제북왕을 사로잡았다. 제북왕이 자결하자 왕위를 철폐했다.

문제가 제북왕이 반란을 일으켰다가 자결한 것을 불쌍히 여겨 이듬해 도혜왕의 아들 피군(罷軍)[13] 등 일곱 명을 열후에 봉했다. 한 문제 15년에 제 문왕이 죽었는데 아들이 없었다.

당시 도혜왕의 후대 중에 왕은 성양왕[14]만 남아 있었다. 문제가 도혜왕의 적통이 끊어지게 된 것을 안타깝게 여겨, 제나라를 여섯 나라로 쪼개어 이전에 열후에 봉했던 도혜왕의 여섯 아들을 왕으로 봉했다. 양허후(楊虛侯) 유장려는 제 효왕(齊孝王)에, 안도후(安

都侯) 유지는 제북왕에, 무성후(武成侯) 유현은 치천왕에, 백석후(白石侯) 유웅거는 교동왕에, 평창후(平昌侯) 유앙은 교서왕에, 늑후(扐侯) 유벽광은 제남왕에 봉했다. 효문제 16년, 이들 여섯 왕이 같은 날 왕위에 올랐다.[15]

이들이 왕위에 오른 지 열한 해째인 효경제 3년에 오왕과 초왕이 반란을 일으켰는데 교동왕, 교서왕, 치천왕, 제남왕이 모두 군대를 출동시켜 오초의 난에 가담했다. 그들은 제 효왕과 연합하려 했으나 제 효왕은 마음을 결정하지 못하다가 나중에 성문을 닫고 따르지 않았다. 교서왕, 치천왕, 제남왕의 세 나라 군대가 임치성을 포위했으나 제 효왕이 중대부 노앙(路卬)을 시켜 황제에게 사정을 알렸다. 황제가 노앙을 돌려보내며 한나라 조정의 군대가 오왕과 초왕의 군대를 격파했으니 제 효왕에게 임치성을 굳게 지키도록 전하게 했다. 노앙이 임치에 당도했을 때 세 나라 군대가 몇 겹으로 에워싸고 있어 들어갈 수 없었다. 세 나라의 장수들이 노앙에게 함께 합치자고 말했다.

"당신이 말을 바꾸어 한나라 군이 이미 격파당했으니 제 효왕더러 빨리 우리 세 나라에 투항하라고 이르시오. 투항하지 않으면 성안의 사람을 모두 죽이겠다고 하시오."

노앙이 그러겠다고 답하고 성 아래에 가서 제 효왕을 쳐다보며 말했다.

"조정에서 이미 백만 대군을 출동시켰으며 태위 주아부로 하여금 오초를 격파하게 했습니다. 지금 군대를 이끌고 제나라를 구원하러 오고 있으니 황제께서 대왕께 굳게 지키시면서 투항하지 말라고 하셨습니다."

세 나라 장수들이 노앙을 죽였다.

그보다 먼저 임치가 포위되어 사정이 위급해지자 비밀리에 세 나라와 통모했는데, 맹약을 정하기 전에 마침 노앙이 구원군 도착 소식을 듣고 장안에서 돌아왔고, 제 효왕의 대신들도 세 나라에 투항하지 말 것을 다시 권했다. 그때 바로 난포와 평양후[16] 등이 군대를 거느리고 임치에 도착하여 세 나라 군대를 격파하고 포위를 풀었다. 뒤에 제 효왕이 애당초 세 나라와 통모한 것이 알려져 군대를 돌려 다시 임치를 치려고 했다. 제 효왕이 겁이 나서 약을 마시고 자결했다. 교동왕, 교서왕, 제남왕, 치천왕도 모두 죽었으며 왕위는 철폐되었다. 그리하여 제북왕만 남게 되었다.

제 효왕의 자결 소식을 들은 경제가 그는 처음에는 반역의 마음이 없었으나 협박 때문에 공모했으니 죄가 되지 않는다며 제 효왕의 태자 유수(劉壽)를 의왕(懿王)에 봉했다. 의왕이 스물세 해 만에 죽자 아들 여왕(厲王) 유차창(劉次昌)[17]이 그 뒤를 이었다.

제 여왕의 어머니는 기(紀) 태후이다. 태후가 동생의 딸을 제 여왕의 왕후로 삼고자 했다. 왕은 그 여자를 좋아하지 않았다. 그러나 기 태후는 기씨 집안이 계속해서 외척의 영예를 누려야 한다고 생각했으므로 맏딸인 기 옹주[18]를 왕궁에 들여보내 다른 후궁들이 왕에게 접근하지 못하도록 하고 기씨만 좋아하게 했다. 왕은 기 옹주가 궁궐에 들어온 뒤로 누나인 옹주와 정을 통했다.

제나라에 서갑(徐甲)이란 내시가 있었는데 장안으로 가서 황태후[19]를 모시게 되었다. 황태후가 수성군(脩成君)이란 딸을 아꼈는데 수성군은 황태후와 경제의 소생이 아니므로[20] 태후가 이를 가엾게 여겼다. 수성군에게 아(娥)라는 딸이 있었는데 황태후가 그 아이를 제후에게 시집보내고 싶어 했다. 이에 내시 서갑이 자청하여 제나라에 가서 제왕으로 하여금 아에게 청혼하는 글을 올리도록 하겠다고 했다. 황태후가 크게 기뻐하며 서갑을 제나라에 보냈다. 이때 주보언이, 서갑이 제나라에 가서 제왕[21]의 왕후를 얻게 하리라는 사실을 알고 서갑에게 자신의 딸 일을 부탁했다.

"일이 성사되면 보언의 딸도 후궁이 되고 싶어 한다고 잘 말씀드려 주십시오."

서갑이 제나라에 당도하여 주보언의 의사를 제왕에게 귀띔했다. 기 태후가 그 소식을 듣고 노하여 말했다.

"제왕에게는 이미 왕후가 있고 후궁까지 있다. 이 서갑이란 자는 제나라에서 가난했던 자로 내시가 되어 황궁으로 들어왔다. 원래 제나라에 아무런 도움이 되지 않더니 이제 와서 우리 왕실을 어지럽히려고 하는구나. 주보언은 또 어떤 놈이길래 딸을 후궁이 되게 하려는 것인가?"

서갑이 아주 난처하게 되어 돌아가 황태후에게 사정을 고했다.

"제왕은 왕후로 맞아들이고 싶어 합니다. 그러나 일이 성사되어도 해를 입을 테니 연왕[22]의 일과 같은 일이 벌어질지도 모르겠습니다."

연왕이 자신의 딸들 그리고 여동생과 정을 통한 죄로 이미 사형을 당한 뒤였으므로 연왕의 일을 빗대어 태후에게 알아차리게 한 것이다. 태후가 말했다.

"손녀를 제나라에 시집보내는 일은 다시 거론하지 말라."

그러나 그 이야기는 점점 퍼져 나가 황제의 귀에도 들어갔다. 그 일 때문에 주보언과 제왕의 사이도 멀어졌다. 황제의 총애를 받아 막 권력을 잡았던 주보언이 말했다.

"제나라 도읍 임치는 십만 호에 이르고, 상인에게 거두는 세금은 하루에 황금 천 근이나 됩니다. 사람이 많은 데다 모두 잘살기 때문에 장안의 형세를 뛰어넘었습니다. 그러니 천자의 친동생이나 아끼는 아들이 아니면 그곳을 다스리게 해서는 안 됩니다. 지금의 제왕은 종실의 친족이라도 많이 멀어져 있습니다."

그러고는 진정된 목소리로 여후 때에 제나라가 반란을 일으키려 했던 점과 오초의 난 시절 제 효왕이 반란에 가담할 뻔했던 점, 그때 제왕이 자기 누나와 정을 통했다는 소문에 대해 고했다. 무제가 그 말끝에 주보언을 제나라 상국으로 삼아 제왕의 일을 바로잡게 했다. 주보언은 임치에 도착하자마자 후궁의 내시 중에서 왕이 누나인 옹주와 정을 통하도록 도운 자를 색출하면서 제왕의 이름을 들먹였다. 제왕은 나이가 많지 않았던지라 형리에게 죄를 심문받고 사형이라도 당할까 봐 겁이 나서 독약을 마시고 자결했다.

이때 조왕[23]이 주보언이 나서서 제왕을 죽게 한 것을 보고 놀라 주보언이 종실 혈족 사이를 점점 멀어지게 할 것이라고 걱정했다. 그리하여 황제에게 상소하여, 주보언이 뇌물을 받았고 제멋대로 일을 처리한 잘못이 있다고 고했다. 황제가 그 상소를 읽고 주보언을 옥에 가두었다. 이때 공손홍(公孫弘)이 아뢰었다.

"제왕이 근심 속에 죽고 후사도 없으니 주보언을 죽이지 않으면 천하에 가득한 원망을 없앨 길이 없습니다."

그리하여 주보언이 마침내 죄에 연루되어 죽임을 당했다.

제 여왕은 재위 다섯 해 만에 후사가 없어 왕위를 철폐했다.

제북왕 유지

○　○　○

제북왕 유지는 오초의 난이 일어나자 처음에는 통모했으나 나중에 성을 굳게 지키면서 군대를 출동시키지 않은 덕에 주살되지 않았으며 치천왕으로 옮겨 봉해졌다. 무제 원삭 연간에 제나라를 철폐했다.

〔무제 때에 이르러〕 도혜왕의 후대로는 성양왕과 치천왕만 남아 있었는데 치천 땅이 임치에 가까웠다. 무제가 도혜왕의 묘역이 임치에 있어 치천왕이 관리하기 어려운 것을 안타깝게 여겨 임치 동쪽의 도혜왕 묘역을 둘러싼 고을을 치천국에 속하게 하고 도혜왕의 제사를 받들게 했다.

유지가 재위 서른다섯 해 만에 죽자 시호를 의왕(懿王)으로 내리고 아들 정왕(靖王) 유건(劉建)에게 왕위를 잇게 했다. 정왕이 스무 해 만에 죽자 경왕(頃王) 유유(劉遺)가 뒤를 이었다. 경왕이 서른 다섯 해 만에 죽고 아들 사왕(思王) 유종고(劉終古)가 뒤를 이었다.

선제 오봉 연간에 유종고가 자신이 아끼는 노복으로 하여금 팔자(八子)[24] 및 여러 시녀와 정을 통하게 했는데 직접 그 잠자리에 끼어들어 관계할 때도 있었으며, 백주에 나체로 엎드리게 하여 개나 말과 교접하게 해 놓고 친히 그 광경을 본 때도 있었다고 청주 자사가 고했다. 또 언제나 난잡하게 놀았으니 아이를 낳으면 아비가 누구인지 알 수 없다며 그 아이를 없애 버리라고 했다고도 했다. 황제가 그 일을 승상과 어사대부에게 맡겨 처리하게 했더니 승상과 어사대부가 고했다.

"유종고는 제후왕의 자리에 있으면서 후궁으로 비육백석(比六百石) 봉록의 팔자를 두었는데, 이는 아들을 많이 낳아 조상에게 제사 지내게 하기 위함이었다고 합니다. 그러나 유종고는 짐승의 행동을 보여 군신과 부부가 유별한 도리를 어지럽혔으며 인륜을 거슬렀으니 잡아들이시기 바랍니다."

황제가 조서를 내려 봉토 중에 네 현을 삭감했다.

재위 스물여덟 해 만에 죽었으므로 아들 고왕(考王) 유상(劉尙)이 왕위를 이었다. 고왕이 다섯 해 만에 죽자 아들 효왕(孝王) 유횡(劉橫)이 뒤를 이었다. 효왕이 서른한 해 만에 죽고 아들 회왕(懷王) 유교(劉交)가 계승했다가 여섯 해 만에 죽었다. 아들 유영(劉永)이 뒤를 이었으나 왕망 때에 왕위를 철폐했다.

찬하여 말한다.

도혜왕이 제나라 땅을 다스렸는데 제후국 중에 가장 큰 나라였다. 천하가 막 평정되었을 때에 유씨 집안 자제들의 수가 적었다. 진나라가 번국을 하나도 봉하지 않았던 것에서 교훈을 얻어 유씨 자제들을 대거 왕에 봉하고 천하의 각지를 다스리게 했다. 그때의 제후왕들은 어사대부 이하의 각급 관리를 스스로 임명하는 등 한나라 조정과 같은 체계를 가지고 있었다. 그리하여 조정에서는 제후국에 승상만 파견했다. 그런데 오왕과 초왕이 반란을 일으켜 죽은 뒤로 제후의 권한을 얼마간 삭탈하고, 좌관율(左官律)과 부익아당지법(附益阿黨之法) 등을 제정했다. 그 뒤로 제후들은 통치권을 잃고 의식주를 해결할 조세만 받을 수 있었으므로 가난한 경우에는 더러 소달구지를 타고 다니기도 했다.

9

소하·조참 전
蕭何曹参傳

소하(蕭何, 기원전 257~기원전 193년)와 조참(曹参, ?~기원전 190년)은 한나라 개국 공신으로 일등과 이등에 해당하는 인물이다. 두 인물은 초한의 치열한 전투에서 혁혁한 공을 세웠는데, 조참은 전쟁터에서 목숨을 걸고 싸웠고 소하는 후방에서 차질 없이 군수를 지원했다. 그런데 전쟁이 끝난 뒤에 유방은 소하의 공을 더 크게 평가했다. 경제적으로 어려웠던 시절이라 전투보다 후방 지원을 더 높이 산 것이다.

『사기』에서는 이 두 사람이 각각 다른 편의 세가에 올라 있다. 그러나 반고는 두 사람을 한 편에 엮고 사마천이 빠뜨린 소하의 공적을 몇 가지 보충했다. 특히 관중에 먼저 들어갔던 유방이 한왕으로 밀려났을 때 소하의 충고를 듣고 천하를 도모하는 장면이 추가되었다. 반고는 소하에 눌려 지냈으나 소하의 장점을 인정했던 조참의 전기를 같은 편에 실음으로써 극적인 효과를 연출했다. "소하가 만든 법을 조참이 고치지 않고 따랐다."라는 소규조수(蕭規曹隨) 고사에서 조참이 특히 빛나 보인다. 유방에게는 소하가 최고의 부하였지만, 반고는 초한 전쟁이 끝나고 찾아온 평화 시대의 지도자로 조참을 내세웠다.

소하와 조참은 한나라 건국 과정에서 승전의 주역이었다가 평화로운 세상의 명신으로 올라섰는데, 두 사람 모두 지혜로울 뿐 아니라 몹시 너그러운 인간이었음에 놀라게 된다.

초한 전쟁의 일등공신 소하

○   ○   ○

소하는 패현 사람이다. 문서 작성에 실수가 없어서 패현의 주리연(主吏掾)[1]으로 있었다.

고조가 평민이었던 시절 수차례 관아에 불려갔는데, 소하가 고조를 보호해 주었다. 고조가 정장(亭長)이 되었을 때에도 고조를 늘 도와주었다. 고조가 아전의 신분으로 함양에 복무하러 가게 되었을 때 다른 아전들은 전별금으로 삼백 전을 주었지만 소하는 오백 전을 내놓았다. 진나라에서 각 군을 감독하는 어사가 와서 소하와 함께 일을 처리했는데 어사가 소하의 능력을 알게 되어 사수군의 졸사로 일하게 했다. 소하가 근무 평가마다 항상 으뜸을 받으니 진나라 조정의 어사가 소하를 조정에 추천하려고 했으나 소하는 한사코 거절하며 조정에 나아가지 않았다.

그 뒤에 고조가 봉기하여 패공이 되자 소하는 패현의 현승으로 여러 가지 일을 맡아 감독했다.[2] 패공이 함양에 입성했을 때 다른 장수들은 황금과 비단 같은 재물이 든 국고로 달려가 그것을 나누어 가졌지만, 유독 소하만은 황궁으로 들어가 진나라의 승상과 어사가 관리하던 율령과 지도, 호적 등을 입수하여 잘 보관해 두었다. 소하가 진나라의 지도와 호적부를 수습한 덕에 천하의 요새와 호구 수, 지방의 세력 크기, 백성의 고통에 대해 패공이 소상히 파악할 수 있었다.

원래 제후들이 서로 약속하기를 먼저 함곡관에 입성하여 진나라를 쳐부수는 자가 그 땅의 왕이 되기로 했다. 패공이 먼저 진나라를 평정하자, 나중에 도착한 항우가 패공을 공격하려고 했다. 패공이 사정을 설명하고 사죄하자 항우가 화를 풀었다. 항우가 함양을 도륙하고 불태운 뒤에 범증과 계책을 세웠다.

"파군과 촉군은 가는 길이 험합니다. 진나라에서는 유배자들을 모두 그곳에 살게 했습니다."

그러고는 촉한도 진나라 땅이니 관중 지방에 속한다고 선전했다.

그리하여 패공을 한왕(漢王)으로 세우고, 관중 땅을 셋으로 갈라 진나라에서 투항했던 장군들을 각각 왕으로 봉한 다음 한왕과 대치하게 했다. 격노한 한왕이 대책을 세워 항우를 공격하고자 했다. 주발과 관영, 번쾌가 모두 공격을 권했을 때 소하가 간언을 올렸다.

"한중에서 왕을 하기 싫으시겠지만 그래도 죽는 것보다는 한층 낫지 않겠습니까?"

한왕이 물었다.

"어찌하여 죽는 것에 비교하는가?"

소하가 아뢰었다.

"지금은 우리 군사가 저쪽만큼 많지 않으니 백전백패할 것인데 어떻게 죽지 않을 수 있겠습니까? 『주서(周書)』[3]에 '하늘이 내린 기회를 받지 않으면 도리어 그 화를 입을 것'이라고 했습니다. 사람들이 은하수를 두고 '천한(天漢)'이라고 이를 때 한나라를 하늘과 견주어 말하는 것처럼 되니 얼마나 듣기 좋습니까? 지금 딱 한 사람 아래에 있으면서 억울한 것을 견딜 수 있다면 만승 제후의 윗자리에서 뜻을 펼칠 수 있을 것입니다. 탕왕과 무왕이 바로 그렇게 했습니다. 대왕께서 한중 땅을 다스리면서 백성을 잘 가르쳐서 능력 있는 인재로 키우신 다음에, 파와 촉의 재력을 이용하여 셋으로 갈라진 옛 진나라 땅을 평정한다면 천하를 얻는 일도 계획할 수 있을 것입니다."

한왕이 말했다.

"좋은 생각이구나."

이에 한왕직을 수행하러 한중으로 갔으며 소하를 승상으로 삼았다. 소하가 한신을 추천하여 한왕이 한신을 대장군에 임명했다. 한신이 한왕에게 군대를 끌고 동쪽으로 진군하여 셋으로 갈라진 진나라 땅을 평정할 계책을 올렸다. 이 이야기는 「한신전」에 있다.

파와 촉을 지키도록 승상 소하를 남겨 두었는데, 백성을 진정시키고 전쟁 사실을 통고하여 군량을 공급하게 했다.

한 고조 2년, 한왕이 여러 제후와 연합하여 초나라를 공격했을 때 소하는 관중을 지키면서 태자를 모시고 역양 땅을 다스렸다. 법령을 만들고 종묘, 사직, 궁실, 현읍을 건설하면서 언제나 한왕에게 상주한 다음 허락받은 대로 시행했다. 상주할 시간이 없을 때는 마땅한 이치대로 시행한 다음 한왕이 돌아온 뒤에 보고했다. 호구를 파악하여 군사를 조달하고, 육로와 수로를 통해 군대에 군량을 공급했으며, 한왕이 수차례나 군사를 잃고 도주해야 했을 때 소하가 언제나 관중에서 군사를 모아 즉시 지원했다. 그리하여 한왕은 관중에 관한 일을 전적으로 소하에게 맡겼다.

한 고조 3년, 경현과 삭정 사이에서 항우와 대치할 때 한왕이 여러 차례 사람을 보내 승상의 노고를 위로했다. 보생(鮑生)이 소하에게 말했다.

"한왕이 밤낮으로 분주한 가운데 몇 번이나 사자를 보내 승상의 노고를 위로하는 것은 승상에게 다른 마음이 있는지 의심하기 때문입니다. 승상을 위해 계책을 내겠으니, 승상의 아들, 손자, 형제 중에서 싸울 능력이 있는 자들을 모두 한왕의 군영으로 보내십시오. 그렇게 하면 한왕이 승상을 더욱 믿을 것입니다."

소하가 그 계책에 따랐더니 한왕이 크게 기뻐했다.

한 고조 5년, 항우를 죽이고 황제 자리에 올라 논공행상을 했는데 군신들이 서로 공을 내세우며 다투는 바람에 한 해가 지나도록 결정을 내릴 수 없었다. 황제는 소하의 공이 가장 컸다고 여겨 가장 먼저 소하를 찬후(酇侯)에 봉하고 식읍 팔천 호를 하사했다. 공신들이 입을 모아 말했다.

"저희가 갑옷을 걸치고 무기를 든 채 많은 때는 백 합이 넘도록 교전했고 적을 때에도 수십 합을 겨루었으며 각 성과 땅을 공략한 것에도 크고 작은 차이가 있었습니다. 지금 소하는 한마지로(汗馬之勞)를 다한 적 없이 한낱 문서를 수발하고 의견이나 내면서 싸움에 나가지도 않았는데, 오히려 저희보다 윗자리에 올리시는 것은 어찌 된 연유입니까?"

"그대들은 사냥에 대해서 뭘 좀 아는가?"

여럿이 대답했다.

"압니다."

"사냥개가 뭘 하는지 아는가?"

"압니다."

"무릇 사냥에서 짐승을 쫓아가 죽이는 것은 사냥개지만, 목줄을 풀어 사냥개에게 짐승이 있는 곳을 알려 주는 것은 사냥꾼이다. 지금 그대들은 달려가서 짐승을 얻어 왔으니 사냥개의 공에 비할 수 있다. 그러나 소하로 말하자면 목줄을 풀고 방향을 가리켰으니 사냥꾼의 공에 비할 수 있다. 게다가 그대들은 혼자서 나를 따라 종군하거나 많다 해도 식구 두셋이 출전했을 뿐이지만 소하의 경우에는 집안사람 수십 명이 모두 나를 따라 종군했다. 어찌 그 공을 잊을 수 있겠는가!"

그 뒤로 뭇 신하들은 감히 아무 말도 하지 못했다.

봉토를 수여하고 나자 열후들은 공훈의 서열을 가리기 위한 상주를 올렸는데 다들 이렇게 주장했다.

"평양후 조참은 몸에 일흔 군데나 상처를 입으면서 각 성을 공략했으니 그의 공이 가장 큽니다. 마땅히 으뜸이 되어야 합니다."

황제는 이미 공신들의 의견을 누르고 소하에게 많은 땅을 봉했던 터라 작위의 서열을 정하는데 다시 논란을 일으킬 수 없었지만, 마음속으로는 소하를 으뜸으로 하고 싶었다. 그때 관내후 악추(鄂秋)가 알자로서 진언했다.

"뭇 신하들의 의견은 틀렸습니다. 조참이 야전과 성 공략에 공이 컸다 해도 그것은 일시적으로 세운 공일 따름입니다. 황상께서 초나라와 대치한 것이 오 년이나 되었는데 군대를 잃고 홀몸으로 포위망을 빠져나오신 일이 여러 번이었습니다. 그때마다 소하가 관중에서 군사를 보충하여 전장으로 보내 주었습니다. 황상께서 징집령을 내리지 않았음에도, 황상께서 절명의 시기를 맞이한 전장에 수만의 군사들이 보충된 일이 많았습니다. 한나라와 초나라가 형양성에서 여러 해 동안 싸우며 군대에 식량이 떨어졌을 때에도 소하가 관중의 식량을 육로와 수로를 통해 공급하여 부족하지 않게 해 주었습니다. 폐하께서 수차례나 효산 동쪽 땅을 잃어버렸지만 소하가 언제나 관중 땅을 잘 보전하며 폐하를 기다렸으니 그 공은 만세에 길이 남을 만합니다. 조참 같은 이 수백 명이 없다 하더라도 한나라에 무슨 아쉬움이 있겠습니까? 그런 자들이 있다 하여 한나라가 반드시 보전되리라는 법은 없습니다. 어떻게 일시적 공을 가지고 만세에 빛날 공의 윗자리에 오를 수 있겠습니까? 소하가 마땅히 으뜸이 되어야 하고 조참은 그다음에 두어야 합니다."

황제가 말했다.

"좋은 생각이다."

그리하여 소하의 공을 일등으로 하여 패도를 차고 신을 신은 채 대전에 오를 수 있게 하고, 황제를 배알할 때 공경을 표시하기 위해 종종걸음으로 빠르게 걷지 않아도 되는 은전을 하사했다.

황제가 말했다.

"능력이 뛰어난 자를 추천한 자도 상을 받아야 한다고 알고 있다. 비록 소하의 공이 높지만 악군이 의견을 올려 더욱 확실히 알게 되었다."

그리하여 악추가 원래 가지고 있던 관내후 이천 호 식읍에 안평후(安平侯)를 더하여 봉했다. 같은 날 소하의 부모 형제 십여 명에게도 식읍을 봉했다. 소하에게는 이천 호를 더해 주었는데, "함양에 복무하러 갈 때 소하 홀로 나에게 이백 전을 더 준 것에 보답하기 위함"이라고 고조는 말했다.

진희가 반란을 일으키자 고조가 친히 군대를 이끌고 한단에 도착했다. 그때 한신이 관중에서 모반했는데 여후가 소하의 계책을 이용하여 한신을 죽였다. 이 이야기는 「한신전」에 있다.

고조는 어후가 한신을 죽였다는 말을 듣고 사람을 보내 승상이었던 소하를 상국으로 삼고 식읍 오천 호를 더해 주었으며, 병졸 오백 명과 도위 한 명으로 하여금 상국을 호위하게 했다. 그 소식을 들은 여러 사람이 소하에게 경하했지만, 소평 한 사람만은 반드시 좋은 일이라고 할 수 없다며 경계할 것을 권했다. 소평은 원래 진나라의 동릉후(東陵侯)였으나 진나라가 망한 뒤에 평민이 된 사람이었다. 집이 가난하여 장안성 동쪽에서 오이를 심어 팔았는데 오이 맛이 좋았다. 지금 사람들이 오이를 동릉과(東陵瓜)라고 부르는 것은 소평의 오이 때문에 생긴 말이다.

소평은 소하에게 이렇게 말했다.

"재앙은 이로부터 시작될 것이오. 황상께서 밖으로 햇볕과 이슬을 마다치 않고 싸우셨을 때 귀하는 관중을 지켰소. 화살과 돌을 맞는 어려움을 겪지 않았는데도 귀하에게 식읍을 봉하고 호위병을 배치하는 것은, 지금 막 회음후가 장안에서 다시 반란을 일으킨 것을 보고 귀하의 생각을 의심하는 것이오. 호위병을 두어 귀하를 호위하게 하는 것은 귀하를 총애해서가 아니오. 그러니 귀하는 새로 내린 식읍을 사양하여 받지 말고 귀하의 가산 전부를 털어 군비에 보태시오."

소하가 그 계책을 따랐더니 황제가 기뻐했다.

그해 가을에 경포가 반란을 일으켜서 고조가 친히 군대를 이끌고 진압에 나섰다. 그런데 작전 중에 수차례나 사람을 보내 상국이 무엇을 하고 있는지 물었다. 사자가 돌아와 "황상께서 군중에 계실 때 백성을 위로하고 격려하며 가진 재산을 모두 군비에 보태는 것이 진희의 난 때와 같았습니다."라고 보고했다. 이때 또 다른 문객이 소하를 설득했다.

"공의 삼족을 멸할 날이 머지않았습니다. 군은 상국의 지위에 있으면서 공훈 서열도 일등이니 더 올라갈 데도 없습니다. 공께서 처음 관중 땅에 입성했을 때부터 백성의 환심을 사기 시작하여 벌써 열몇 해가 되었습니다. 모두 공께 의지하고 있을 뿐 아니라 공께서도 계속 근면하게 하셔서 백성과 잘 지내고 계십니다. 황상께서 공의 근황을 여러 번 물어보셨다니 그것은 공이 관중 땅을 동요시킬까 두렵기 때문입니다. 지금 바로 전지를 많이 사들이되 값을 낮게 쳐 주고 〔돈을 제때에 주지 마시는 등〕 스스로 오점을 남기는 일을 하는 것이 좋겠습니다. 그래야 황상께서 안심하실 것입니다."

소하가 바로 그 계책을 따랐더니 황제가 크게 기뻐했다.

고조가 경포의 난을 진압하고 회군하는 길을 백성이 가로막으며 상소를 올렸는데, 상국이 싼 가격에 강제로 백성의 전지와 집을 사들였다고 하는 사람이 수천 명이나 되었다. 고조가 황궁에 이르자 소하가 배알했다. 황제가 백성이 올린 글을 모두 소하에게 보여 주며 비웃었다.

"상국이 어찌 이리도 백성을 이롭게 할 수 있단 말이오? 그대가 직접 백성에게 사죄하시오."

그 뒤에 소하가 백성을 위하는 일이라고 청했다.

"장안은 땅이 좁으나 장안 서쪽 진나라 행궁이 있던 상림(上林)은 공터가 많은데도 버려두고 있습니다. 백성들이 상림에 들어가 밭을 일구게 하되, 짚은 거두지 말고 짐승들이 먹게 하십시오."

황제가 몹시 노하여 말했다.

"상국이 상인들에게 뇌물을 많이 받았군. 그들이 시킨다고 황실의 동산을 들먹이다니!"

그리하여 소하를 정위에게 잡아가게 하여 차꼬와 쇠고랑을 채웠다. 며칠 지나서 왕 위위(王衛尉)[4]가 고조를 모시던 중에 고조 앞에 나아가 물었다.

"상국이 어떤 큰 죄를 지었길래 저리 심하게 묶어 두십니까?"

황제가 말했다.

"이사가 진시황의 승상이었을 때 잘된 것은 황제의 업적으로, 못한 것은 자신의 탓으로 돌렸다고 들었다. 지금 상국은 상인놈들에게 뇌물을 많이 받고는 그들 대신 황실의 동산을 내 달라고 하면서 백성을 위해서라고 변명하고 있으므로 그 죄를 다스리기 위해 잡아 가둔 것이다."

왕 위위가 말했다.

"직분을 수행하는 중에 백성에게 이로운 점이 있어 폐하께 주청하는 것은 재상의 일이 분명합니다. 폐하께서는 어인 까닭으로 상국이 상인들의 돈을 받았다고 하시는지요!

폐하께서 초나라와 대적하던 수년 동안과 진희와 경포의 난 때에 모두 폐하께서 친히 군대를 이끌고 나가지 않으셨습니까? 그때마다 상국이 관중을 지켰습니다. 만일 관중에 있으면서 소하가 발이라도 한번 꿈쩍였다면 관서는 폐하의 것이 될 수 없었을 것입니다. 상국이 그런 좋은 기회도 써먹지 않았는데 상인의 돈을 받아 이익을 보려 하겠습니까? 하물며 진시황은 자신의 허물을 고치지 않아 천하를 잃었는데, 이사가 진시황의 허물을 자신의 것으로 나누어 가지려고 한 것에 어디 따라 배울 만한 점이 있습니까? 폐하께서는 어떻게 재상을 그처럼 비천한 자로 의심하시는지요!"

황제는 부끄러운 생각이 들어 썩 유쾌하지 않았다. 이날 사자에게 부절을 지니고 가서 소하를 사면하고 석방하게 했다. 소하는 나이가 많았지만 늘 공손하고 행동을 삼갔다. 석방된 소하가 맨발로 황제를 배알하고 용서를 구했다. 황제가 말했다.

"상국은 고생했으니 가서 쉬도록 하라. 상국이 백성을 위해 황실의 동산을 내 달라고 청한 것을 허락하지 않았으니 내가 걸주 같은 임금일 뿐, 상국은 어진 재상이오. 내가 잘못하여 상국을 묶어 두었으니 백성으로부터 임금이 잘못하고 있다는 소리를 듣고 싶었던 모양이구나."

고조가 붕어하자 소하는 혜제를 모셨다. 소하가 병이 들었을 때 친히 소하의 병세를 보러 간 자리에서 황제가 물었다.

"만일 공이 세상을 떠나면 누가 공을 대신할 수 있겠소?"

"신하에 대한 일이야 군주보다 더 잘 아는 이가 없습니다."

"조참은 어떠하오?"

소하가 머리를 조아리며 아뢰었다.

"황제께서 그를 알아보셨사오니 저는 죽어도 여한이 없습니다."

소하는 전지와 집을 반드시 궁벽한 곳에 마련하고 집에는 담장을 치지 않았는데, "후대에 쓸 만한 인재가 나면 내가 검소했던 것을 따를 것이요, 쓸 만하지 않은 후대가 난다 해도 세력가들은 이런 땅을 빼앗으려고 들지 않을 것이다."라고 했다.

효혜제 2년, 소하가 죽자 문종후(文終侯)로 시호를 내리고 아들 소록(蕭祿)으로 후위를 잇게 했다. 소록이 죽었을 때 아들이 없었다. 태후가 소하의 부인 동(同)을 찬후로 삼고 소하의 작은아들 소연(蕭延)을 축양후(筑陽侯)에 봉했다.

효문제 원년에 동의 찬후 후위를 거둬들이고 소연을 찬후로 바꾸어 봉했다.

소연이 죽자 아들 소유(蕭遺)에게 후위가 내려갔다. 소유가 죽었을 때 아들이 없었다. 문제가 소유의 동생 소칙(蕭則)에게 후위를 물려주게 했으나 죄를 지어 후위를 박탈했다.

경제 2년, 어사에게 명령을 내렸다.

"돌아가신 상국 소하는 고황제의 대공신으로 고황제와 함께 천하를 얻어 냈으나 지금 그 제사가 끊겼으니 짐이 심히 애달프고 가엾은 일로 여긴다. 무양현(武陽縣) 이천 호를 소하의 손자 소가(蕭嘉)에게 내리고 열후에 봉한다."

소가는 곧 소칙의 동생이다. 소가가 죽고 아들 소승(蕭勝)이 후위를 이었으나 뒤에 죄가 있어 후위를 박탈했다.

무제 원수(元狩) 연간에 다시 어사에게 명령을 내렸다.

"찬현의 이천사백 호를 소하의 증손자 소경(蕭慶)에게 봉하고 찬후로 삼는다. 이를 천하에 알려 짐이 소 상국의 덕에 보답하려는 뜻을 밝히라."

소경은 소칙의 아들이다. 소경이 죽자 아들 소수성(蕭壽成)이 후위를 이었으나 태상에게 종묘 제사에 올릴 가축을 비루한 것으로 바친 죄를 물어 후위를 박탈했다.

선제 때에 조서를 내려 승상과 어사에게 소 상국의 후대가 남아 있는지 알아보게 하여 고손자 소건세(蕭建世) 등 열두 명을 찾아냈다. 다시 조서를 내려 찬현의 이천 호를 소건세에게 봉하고 찬후로 삼았다. 후위가 자손에게 전해져 손자 소획(蕭獲)까지 내려갔으나 노복을 시켜 사람을 죽이게 한 죄에 걸려 후위가 철폐되는 것으로 사형을 면했다.

성제 때에 소하의 현손의 아들로 남련(南䜌)의 현장(縣長)이었던 소희(蕭喜)를 찬후로 삼았다. 자손에게 후위가 내려가 증손자까지 이르렀다가 왕망이 망하면서 끊어졌다.

소하가 만든 법을 지켜 나라를 안정시킨 조참

조참은 패현 사람이다. 진나라 시절에 패현의 옥연으로 있었는데, 그때 소하가 같은 현의 주리로 있었다. 두 사람 모두 현에서 세력이 있는 아전이었다. 고조가 패공이 되었을 때 조참이 중견

(中涓)[5]이 되어 패공을 따랐다. 호릉과 방예를 공격했는데, 이곳에서 진나라 감공(監公)[6]이 거느린 군대와 싸워 크게 이겼다. 동쪽으로 설현을 함락하고 설현 외성 서쪽에서 사수군 군수가 거느린 군대를 격파한 뒤에 진나라 군이 전열을 재정비하던 호릉을 다시 공격하여 함락했다.

군대를 이동하여 방예를 지키러 가서, 그사이 패공에게 반기를 들고 위나라[7]에 투항한 방예성을 격파했다. 풍읍 또한 반기를 들어 위나라에 투항했으므로 공격했다. 이 일로 패공에게서 칠대부(七大夫) 벼슬을 받았다.

다시 북쪽으로 진군하여 사마흔[8]의 군대를 탕군 동쪽에서 격파하고 호보(狐父)와 기현(祁縣)의 선지(善置)[9]를 점령했다. 또 하읍의 서쪽을 공격한 뒤 우현에 이르러 진나라 장군 장한의 전차 기마 부대를 격파했다. 원척(轅戚)과 강보(亢父)를 공격할 때에 가장 먼저 성루에 올랐으므로 오대부(五大夫)로 승진했다.

북쪽으로 전영이 항거하고 있던 동아를 구원하러 가서[10] 장한의 진영을 무너뜨린 다음 복양까지 추격했다. 다음으로 정도를 공격하고 임제를 점령했다. 남쪽의 옹구를 구원하러 가서 이유의 군대를 공격하여[11] 쳐부순 다음 이유를 죽이고 진나라 군후 한 명을 사로잡았다. 그 뒤에 장한이 항량의 군대를 쳐부수고 항량을 죽였으므로 패공과 항우는 군대를 이끌고 동쪽으로 갔다. 초 회왕이 패공을 탕군의 군장(郡長)으로 임명하여 탕군의 군대를 이끌게 했다. 이에 조참을 집백(執帛)으로 삼고 건성군(建成君)이란 호를 내렸다. 다시 척현 현령으로 승진시키고 척현을 탕군에 예속시켰다.

그 뒤에 조참은 패공을 따라 동군위(東郡尉)의 군대를 공격했는데 성무(成武) 남쪽에서 격파했다. 또 왕리의 군대를 성양 남쪽에서 공격했다가 다시 강리(杠里)를 공격하여 크게 승리했다. 패하여 도주하는 적을 서쪽으로 개봉(開封)까지 추격했는데, 그곳에서 조분(趙賁)의 군대를 만나 격파했다. 그러고는 개봉성 안으로 들어간 조분의 군대를 포위했다. 다시 그 서쪽의 곡우(曲遇)에 있던 진나라 장군 양웅(楊熊)의 군대를 공격하여 승리했으며, 진나라의 사마와 어사 각각 한 명씩을 사로잡아 집규(執珪)로 승진했다.

다시 패공을 따라 서쪽으로 가서 양무를 공격하고 환원(轘轅)과 구씨(緱氏)를 점령하여 황하의 나룻길을 끊어 버렸다. 시향(尸鄕) 북쪽에서 조분의 군대를 공격하여 승리했다. 패공을 따라 남쪽으로 가서 주현(犨縣)을 공격했고, 이후 양성(陽城)의 외성 동쪽에서 남양 군수 여기(呂齮)의 군대와 교전하여 진영을 무너뜨린 뒤 추격하여 원현을 점령하고 여의를 사로잡아[12] 남양군을 평정했다. 다시 패공을 따라 서쪽으로 가서 무관(武關)과 요관(嶢關)을 공략하여 점령했다. 선봉장이 되어 남전의 남쪽에서 진나라군을 공격했고 밤에 그 북쪽에 있는 군대를 공격하여 대파했으며, 이어서 함양으로 들어가 진나라를 무너뜨렸다.

항우가 관중에 들어온 뒤에 패공을 한왕에 봉했다. 한왕은 조참을 건성후(建成侯)에 봉했다. 한왕을 따라 한중에 간 뒤에 장군으로 승진했다. 다시 한왕을 따라 셋으로 갈라졌던 진나라의 옛 땅을 평정했는데, 하변(下辨), 고도(故道), 옹현(雍縣), 태현(斄縣) 등지를 공격했다. 호지(好畤)의 남쪽에서 장평(章平)의 군대를 공격하여 처부순 뒤에 호지를 포위했으며 양향(壤鄕)을 점령했다. 장한, 사마흔, 동예의 삼진(三秦) 연합군을 양향의 동쪽과 고력(高櫟)에서 공격하여 승리했다. 다시 장평의 군대를 포위하자 장평은 호지를 빠져나가 달아났다. 다시 조분과 내사[13] 보(保)의 군대를 공격하여 승리했다. 동쪽으로 진군하여 함양을 점령하고 신성(新城)으로 이름을 바꾸었다. 조참이 군대를 이끌고 경릉(景陵)을 수비한 지 스무사흘이 되었을 때, 삼진 연합군 측에서 장평 등을 보내 조참을 공격했다. 조참이 출격하여 크게 승리를 거두자 한왕이 영진(寧秦)을 식읍으로 하사했다. 조참은 장군으로서 군대를 이끌고 폐구에서 장한의 군대를 포위했다. 또 중위(中尉)로서 한왕을 따라 임진관에서 황하를 건넜다. 하내군으로 들어가 수무를 점령하고 위진(圍津)에서 황하를 건너 동쪽의 정도에서 용저와 항타의 군대에게 승리했다.

또 항우가 제나라를 평정하기 위해 자신의 도읍인 팽성을 비우자 그 틈을 타서 동쪽의 탕현, 소현, 팽성을 점령했다. 그 뒤에 제나라를 평정하고 돌아온 항우의 군대와 교전했다가 한나라 전군이 참패하여 달아났다. 이 무렵 조참은 중위로서 옹구를 포위하여 점령했다. 왕무(王武)가 외황에서, 정처(程處)가 연현(燕縣)에서 한왕에게 반란을 일으키자 그 두 군데로 진격하여 모두 무찔렀다. 또 주천후(柱天侯)가 연씨(衍氏)에서 반기를 들자 진격하여 연씨를 함락했다. 곤양(昆陽)에 있던 우영(羽嬰)을 공격하여 섭현까지 추격했으며 다시 무강(武彊)을 공격하고 그곳에서부터 형양까지 갔다. 조참은 이렇게 한중을 출발하여 장군과 중위로 한왕을 따라 당시 제후국의 군대를 공격했다. 그 뒤 팽성에서 항우 군대에게 진 뒤에는 형양으로 물러났다.

한 고조 2년, 조참은 임시직 좌승상이 되어 관중에 돌아와 주둔했다. 한 달쯤 더 지나서 위왕 위표가 반란을 일으켰으므로 좌승상으로서 한신과 각각 군대를 거느리고 동쪽으로 진격했다. 위왕의 장수 손속(孫速)의 군대를 동장(東張)에서 공격하여 크게 승리했다. 이어서 안읍을 공격하여 위왕의 장수인 왕상(王襄)을 사로잡았다. 다시 위왕의 군대를 곡양(曲陽)에서 공격하여 동원[14]까지 추격한 뒤 위왕 위표를 사로잡았다. 이어서 평양(平陽)을 점령하여 위표의 어머니와 처자식을 포로로 잡음으로써 위나라 땅 쉰두 개현을 모두 평정했다. 한왕이 평양을 식읍으로 하사했다.

한신을 따라 조나라 상국[15] 하열의 군대를 오현(鄔縣) 동쪽에서 공격하여 크게 이기고 하열의 목을 베었다. 항우에게서 상산왕에 봉해진 뒤에 한왕에게 귀순해 있던 장이와 함께 한신은 군대를 이끌고 정형으로 나아갔다. 성안군 진여의 군대를 공격하면서 조참에게 오현성 안에 있던 조왕의 별장 척현(戚縣) 현령의 부대를 포위하게 했다. 척현 현령이 포위를 뚫고 달아나자 추격하여 죽였다. 그 뒤에 군대를 이끌고 한왕이 있던 곳에 도착했다.

한신이 정형에서 진여의 조나라 군에 승리하고 상국이 되어 동쪽으로 제나라를 공격하러 갔다. 조참은 좌승상으로 한신의 군대에 배속되었다. 역하에서 제나라 군을 공격하여 이겼으며 임치도 함락했다. 이어서 제북군[16]을 평정한 뒤에 저현(著縣), 탑음(漯陰), 평원, 격현(鬲縣), 노현 등을 점령했다. 다시 한신을 따라 상가밀(上假密)에서 용저의 군대와 싸워 크게 이기고 용저의 목을 베었으며[17] 차장 주란(周蘭)을 사로잡았다. 이로써 제군(齊郡)[18]을 평정하니 일흔 개 현을 얻었다. 또 제왕 전광(田廣)과 상국 전광(田光), 수상(守相) 허장(許章) 및 원래 장군직에 있었던 전기를 사로잡았다.[19] 한신이 제왕으로 봉해진 뒤에 군대를 거느리고 동쪽 진현으로 가서 한왕과 함께 항우 군대를 격파했다. 조참은 제나라 땅에 머물며 투항하지 않은 곳들을 평정했다.

황제에 즉위한 한왕이 한신을 초왕으로 옮겨 봉했다. 조참은 임시직 좌승상의 관인을 반납했다. 고조는 맏아들 유비를 제왕으로 봉하고 조참을 제왕의 상국으로 임명했다.

고조 6년, 조정에서 제후들과 부절을 나누었다. 조참에게 열후 작위를 하사하고 평양의 일만 육백삼십 호를 식읍으로 봉하여 대대로 끊어지지 않도록 했다.

조참이 제나라 상국으로 진희의 부장 장춘(張春)을 공격하여 승리했다. 경포가 반란을 일으켰을 때는 도혜왕을 따라 전차 기마부대[20] 십이만 명을 이끌고 고조 군대와 합세하여 경포를 공격하고 크게 승리했다. 다시 남쪽으로 기현을 공격했고 돌아가는 길에 죽읍(竹邑), 상현(相縣), 소현, 유현(留縣)을 평정했다.

조참은 두 나라의 도읍과 백이십이 개 현을 함락하고 왕 두 명, 승상 세 명, 장군 여섯 명, 대막오(大莫醫)와 군수, 사마, 후, 어사 한 명씩을 사로잡는 공을 세웠다.

효혜제 원년, 제후국에 상국을 두는 법을 철폐했으므로 조참은 제나라 상국에서 승상이 되었다. 조참이 제나라에 상국으로 갔을 때 제나라에는 모두 일흔 개 성이 있었다. 당시는 천하를 막 평정한 때였고, 도혜왕의 나이도 얼마 되지 않았기 때문에 조참은 장도와 여러 선생을 불러 백성을 안정시킬 방법을 물었다. 당시 제나라에는 유학자가 수백 명이나 있었고 각자 다 방안이 달랐으므로 어떤 의견을 따라야 할지 정할 수가 없었다. 그때 교서국에 사는 갑공(蓋公)²¹이 황제와 노자의 말씀을 깊이 연구했다는 소식을 듣고 사람을 보내 후한 예물로 청해 왔다. 갑공을 접견하자, 갑공은 백성을 다스리는 도 중에서 〔있는 그대로를 따르는〕 청정무위(淸靜無爲)가 가장 귀하니, 이런 식의 치도를 미루어 나가면 백성은 저절로 안정된다고 말했다. 그러면서 청정무위에 관련된 말씀을 열거하여 모두 일러 주었다. 이에 조참은 승상부의 정당(正堂)을 비워 주고 갑공을 그곳에 거처하게 했다. 조참은 정사를 보는 데에 황로 방술을 썼는데, 그가 재상으로 있는 아홉 해 동안 제나라가 안정되어 모두들 어진 재상이라고 칭송했다.

소하가 세상을 떠났다는 소식을 들은 조참이 집사에게 행장을 꾸리라고 재촉하면서 말했다.

"이제 황제를 배알하고 상국이 될 것이다."

얼마 있지 않아 사자가 조참을 부르러 왔다. 조참이 떠날 때에 후임 승상을 불러 당부했다.

"제나라의 옥(獄)과 저자를 잘 부탁하니 신중하게 처리하여 괜한 소란을 일으키지 마시오."

후임 승상이 말했다.

"백성을 다스리는 일에 그보다 더 중요하게 생각할 일이 있겠습니까?"

조참이 말했다.

"그런 뜻이 아니오. 옥과 저자는 여러 유형의 사람들이 모이는 곳이오. 귀하가 그 두 곳에서 소란을 떨며 제대로 다스리겠다고 나서면 법을 어기는 무리를 어디에 수용하겠소. 그 때문에 미리 당부해 두는 것이오."

조참이 벼슬이 높지 않았을 때는 소하와 사이가 좋았으나 소하가 재상이 된 뒤에는 멀어졌다. 그러나 소하는 죽음을 앞두고 황제에게 조참을 유일한 인재로 추천했다. 조참은 소하의 뒤를 이어 상국이 되었는데, 모든 일에 소하가 쓰던 정책을 하나도 바꾸지 않았으며 소하가 제정한 법률을 계속 따랐다. 각 군과 제후국의 관리 가운데 나이가 많고 문장과 언사가 어눌하며 매사에 조심하며 충실한 장자를 뽑아서 승상사(丞相史)에 임명했다. 관리 중에 조목조목 깊이 따지며 명성을 얻기 위해 노력하는 자들은 모두 쫓아 버렸다.

조참은 밤낮으로 술을 마셨다. 경대부 이하의 관리와 빈객들은 조참이 상국의 직분을 잘 수행하지 않는다고 여기고, 찾아와서 모두 무슨 말이라도 하려고 했다. 조참은 만나러 온 사람에게 언제나 순도 높은 술을 마시게 했다. 얼마 있다가 무슨 말을 하려고 하면 다시 술을 마셔 취하게 한 뒤에 돌려보냈으니 찾아온 사람들이 끝내 아무 말도 못 하고 돌아가는 것이 상례였다.

상국의 관아 후원은 아전 숙소와 붙어 있었다. 아전 숙소에서는 대낮에 술을 마시고 노래를 부르는 일이 많았는데, 조참의 시중을 드는 아전은 걱정을 하면서도 어쩌지 못했다. 어느 날 조참에게 후원을 거닐자고 청한 뒤에 아전들이 취해서 노래 부르는 소리를 듣게 했다. 시중드는 아전은 상국이 그들을 불러 제지할 줄 알았으나 조참은 도리어 술을 가져오게 하여 주연을 베풀더니 아전들과 서로 화답하며 큰 소리로 노래를 불렀다. 이렇게 누구에게 사소한 허물이 있는 것을 알게 되었을 때 조참은 그것을 덮고 감춰 주었으므로 승상부에서는 아무 일이 일어나지 않았다.

조참의 아들 조줄(曹窋)이 중대부로 있었다. 혜제가 상국이 정사를 보지 않는 것을 이상하게 여기고, 자신을 어리게 보고 경시하는 것이 아닌가 의심했다. 그리하여 조줄에게 말했다.

"자네가 집에 돌아가면 조용한 틈을 타서 부친께 슬쩍 여쭤보게나. '고황제께서 뭇 신하들을 버리고 떠나신 지 얼마 되지 않았고 새로운 황제는 나이가 어린데, 상국으로서 날마다 술을 마시며 아무 일도 주청하지 않으십니다. 천하의 일은 왜 근심하지 않으십니까?'라고 하게. 내가 자네에게 부탁했다는 말은 하지 말고."

조줄이 목욕 휴가를 받아 집에 돌아온 뒤에 한가한 틈을 타서 자신의 생각인 것처럼 조참에게 간언했다. 조참이 노하여 태형 이백 대로 다스린 뒤에 말했다.

"빨리 입궁하여 황제나 모셔라. 천하의 국사는 네가 왈가왈부할 게 아니다."

조참이 알현했을 때 혜제가 나무라며 말했다.

"어찌하여 중대부를 그렇게 심하게 다스렸소? 그 일은 내가 부탁하여 승상께 간하게 한 것이었소."

조참이 관을 벗고 죄를 청하며 말했다.

"폐하께서 보시기에 고황제와 폐하 중에 누가 더 성명하고 무예가 뛰어나십니까?"

혜제가 말했다.

"짐이 어떻게 감히 선제를 쳐다볼 수나 있겠소?"

"폐하께서 보시기에 소하와 신, 둘 중에 누가 더 능력이 뛰어납니까?"

"상국이 조금 못 미치는 듯하오."

"폐하의 말씀이 옳으십니다. 게다가 고황제와 소하는 천하를 평정했으며 법령을 명백하게 갖추어 놓았습니다. 폐하께서는 인재를 등용한 뒤에 예복의 소매를 늘어뜨리고 두 손을 모아 경의를 보여 주시고 저 조참 등은 직분을 지키면서 선대의 법제를 따르며 어그러지지 않게 하였으니 이 또한 옳지 않겠습니까?"

혜제가 말했다.

"맞는 말씀이니, 상국은 그만 돌아가 쉬도록 하시오."

상국이 된 지 세 해 만에 조참이 세상을 떠나자 의후(懿侯)라는 시호가 내려졌다. 백성이 조참을 칭송하는 노래를 불렀다.

소하가 법을 만들되, 조목조목 조리 있게 맞추어 놓았지.
소하의 뒤를 이은 조참은 그 법을 지키며 고치지 않았네.
청정무위의 법을 시행했으니 백성은 언제나 편안했네.[22]

아들 조줄이 평양후로 대를 이었다. 조줄은 여후 시절에 어사대부가 되었다. 후위는 증손자 조상(曹襄)에게 이어졌다. 조상은 무제 때에 장군이 되어 흉노를 공격했다. 조상이 죽고 아들 조종(曹宗)이 대를 이었으나 죄를 지어 성을 쌓는 일에 동원되었다. 애제 대에 이르러 조참의 고손자의 손자인 조본시(曹本始)를 평양후로 봉하고 식읍 이천 호를 주었다. 조본시가 왕망 때에 죽자 아들 조굉(曹宏)이 대를 이었다. 조굉은 후한(後漢) 광무제(光武帝) 건무(建武) 연간에 농민군이 점거했던 하북 지방을 항복받은 선봉이라 평양후에 봉해졌다. 그리하여 지금까지 여덟 명의 후가 봉해졌다.

찬하여 말한다.

소하와 조참은 모두 도필리(刀筆吏)로서 당시에는 평범하게 살았을 뿐 뛰어난 재주를 보이지 않았다. 한나라가 건국하고 나서 천자의 해와 달 같은 은덕에 의지했는데, 소하는 성심을 다해 조심스럽게 고조의 신변을 지켰으며 조참은 한신과 더불어 정벌에 나섰다. 천하가 평정되고 난 뒤에 백성이 진나라 법 때문에 고생하는 것을 알고 백성의 뜻에 따라 법을 고쳤으며 두 사람이 한마음이 되어 나라를 안정시켰다. 회음후와 경포 등이 죽고 난 뒤에는 소하와 조참만이 공명을 떨쳤으니 살아서는 뭇 신하들의 윗자리에 있었으며 죽어서는 그 명성이 후세의 추앙을 받았다. 한나라 종신으로 그 복이 후대에 길이 전해졌으니 얼마나 대단한가!

10

장·진·왕·주 전
張陳王周傳

▲▲▲▲▲▲▲▲▲▲▲▲▲▲▲▲

이 편에는 장량(張良, ?~?), 진평(陳平, ?~기원전 178년), 왕릉(王陵, ?~
기원전 181년), 주발(周勃, ?~기원전 169년)과 주아부(周亞夫, 기원전 199~
기원전 143년) 부자가 들어 있다.

소하와 조참에 버금가는 한나라 개국 공신 편의 주인공은 단연코 장
량이다. 한때 비분강개하여 진시황을 직접 습격하는 무인의 풍모를 보이
기도 했지만, 힘겨워하는 유방을 격려하며 진나라와 항우를 차례대로 무
너뜨릴 책략을 짜낸 지장(智將) 장량은 책사 중의 책사다. 장량은 전국 시
대 한(韓)나라 재상 가문의 후손으로 나라의 멸망을 직접 지켜보았다. 진
나라에 대항하는 전쟁 기간 동안 항량의 도움을 받아 한나라를 재건한
장량은 직접 군사를 거느리고 진나라 군대와 싸우며 옛 영토를 수복하고
자 했으나 뜻을 이루지 못하다가 마침내 유방의 도움을 받아 영토를 회

복했다. 이때부터 한(韓)나라 사람으로서 초나라 패공(沛公) 유방을 도와 진나라 멸망 전쟁에서 지략을 펼쳤고, 진나라 멸망 후에는 한왕 유방의 책사로서 초한 전쟁을 승리로 이끄는 데 큰 공을 세웠다. 한나라 개국 후 유방이 내린 3만 호 땅을 포기하고 유방과 인연을 맺었던 유현(留縣)을 식읍으로 받은 장량은 급한 일이 아니면 정치 무대에 거의 등장하지 않은 채 명철보신했다.

진평과 왕릉, 주발은 각각 출신은 달랐지만 유방의 막료로서 진나라 멸망 전쟁과 초한 전쟁에 참전했고, 한나라 개국 후에는 최고위직에 올라 모반 세력을 진압하고 제국을 경영하는 데 힘을 보탰다. 이들은 또 유방이 죽은 뒤 천하가 여씨 손에 들어가는 것을 막고 대왕(代王) 유항(劉恒)을 문제로 옹립했다. 제2차 한나라 건국을 이루어 낸 이들을 반고는 충신의 표상으로 보았다. 그리하여 주발과 주아부 부자가 불공평한 대접을 받은 것에 대해 지적했다.

한편 이 편에 기록된 바에 따르면 장량의 사망 연도는 고조 유방이 세상을 떠난 8년 뒤 즉 기원전 188년이다. 그러나『사기』「유후 세가(留侯世家)」에는 유방이 세상을 떠난 6년 뒤 즉 기원전 186년으로 나온다. 이는 『사기』「고조공신후자연표(高祖功臣侯者年表)」와『한서』「고혜고후문공신표(高惠高后文功臣表)」의 기록과 같다.『전한기』와『자치통감』은 이 편의 기록을 따르고 있다. 한나라 개국 공신일뿐더러 유방 말년에 여후와 태자를 지지하여 혜제가 황위를 승계하는 데에 결정적인 공을 세운 장량의 사망 연도가 두 가지로 갈라져 있는 것은 이해하기 어려운 일이나 그 곡절은 알 수 없다.

복수를 꿈꾸던 장량, 제국의 기틀을 놓다

○   ○   ○

장량의 자는 자방(子房)이고, 선조가 전국 시대 한(韓)나라 귀족이었다. 조부 장개지(張開地)는 한나라의 소후(昭侯), 선혜왕(宣惠王), 상애왕(襄哀王)의 상국을 지냈고, 아버지 장평(張平)은 희왕(釐王)과 도혜왕(悼惠王)의 상국을 지냈다. 도혜왕 23년에 장평이 세상을 떠났다. 그 뒤 스무 해가 지나 진나라가 한나라를 멸망시켰다. 장량은 나이가 어렸기 때문에 한나라에서는 벼슬을 살지 않았다. 한나라가 망했을 때 장량의 집에는 노복만 삼백 명이었다. 한나라 다섯 임금의 상국을 지낸 집안의 자손으로서 장량은 동생이 죽었을 때에도 장례조차 제대로 치르지 않고, 전 재산을 들여 진시황을 죽일 자객을 구하여 한나라의 원수를 갚고자 했다.

장량이 회양에서 『예』를 배운 뒤에 동쪽으로 가서 창해군(倉海君)을 뵙고 역사(力士)를 얻었다. 장량은 그 역사에게 백스무 근짜리 쇠몽둥이를 만들어 주었다. 진시황이 동쪽 지방을 순행하던 중에 박랑사(博狼沙)에 이르렀을 때 장량이 자객과 더불어 진시황의 동정을 몰래 지켜보다가 습격했는데 잘못하여 진시황의 수레 뒤에 있던 시위의 수레를 맞히고 말았다. 진시황이 몹시 노하여 자객을 찾아 천하를 샅샅이 뒤지게 하면서 빨리 찾아내라고 성화를 부렸다. 장량은 이름을 고치고 하비로 도망가서 숨어 지냈다.

어느 날 장량이 한가한 시간에 하비를 흐르는 물 위의 다리[2]를 산책하고 있었다. 한 노인이 [당시 도사들이 입던] 모피 옷을 입고 장량 앞으로 다가섰다. 노인이 자신의 신을 다리 밑으로 냅다 던지고는 장량을 돌아보며 말했다.

"젊은이, 내려가서 신을 주워 오게나."

깜짝 놀란 장량은 한 대 패 주고 싶었지만, 노인이라 억지로 참고 내려가 신을 가져와서 꿇어앉아 공손히 올렸다. 노인은 발에 신을 신기게 한 뒤에 웃으며 가 버렸다. 장량은 너무 놀랐다. 그런데 일 리쯤 갔던 노인이 다시 돌아와서 말했다.

"자네라면 가르쳐 볼 만하이. 닷새 뒤 새벽에 나하고 여기에서 만나도록 기약하세."

장량은 이상한 생각이 들었지만 꿇어앉으며 그렇게 하겠다고 답했다.

닷새째 새벽에 장량이 그 다리로 갔다. 노인이 먼저 와 있다가 역정을 냈다.

"노인과 약속을 하고 노인보다 늦게 오다니 이 무슨 일인가! 오늘은 헤어지고 닷새 뒤에 일찍 나오게."

닷새 뒤 닭이 울 때 그곳으로 갔다. 노인이 또 먼저 와 있다가 다시 역정을 내며 말했다.

"또 늦게 오다니 어찌 된 일인가! 돌아가고 닷새 뒤에 좀 더 일찍 나오게."

닷새 지나 장량이 한밤중에 그곳으로 갔다. 얼마 있다가 노인이 와서 기뻐하며 말했다.

"진작 이렇게 했어야지."

노인이 엮은 책 한 권을 꺼내며 말했다.

"이 책을 읽으면 제왕의 사부가 될 수 있네. 열 해 뒤에 자네가 일어날 것이야. 열세 해 뒤에는 나를 찾아오게. 제북 곡성산(穀城山) 아래 황석(黃石)이 바로 날세."

말을 마치고 떠났는데 모습이 보이지 않았다. 동이 트자마자 그 책을 펼쳐 보니 바로 『태공병법(太公兵法)』이었다. 장량이 대단히 기이하게 여기며 늘 그 책을 공부하고 암송했다.

하비에 살 때 장량은 완력을 써서 남을 돕는 일을 했다. 그 무렵 항백이 사람을 죽인 일이 있는데 장량이 집에 숨겨 주었다.

열 해가 지났을 때 진승 등이 봉기했고 장량도 젊은이 백여 명을 모았다. 경구가 유현에서 임시 초왕을 자칭하자, 장량이 그곳으로 가서 경구에게 복속하려고 했다. 그런데 가는 길에 우연히 패공을 만나게 되었다. 패공이 수천 명을 이끌고 하비를 공략했는데, 장량이 그 군대로 들어갔다. 패공이 장량을 구장(廏將)으로 삼았다. 장량은 패공에게 『태공병법』의 내용을 수차례에 걸쳐 들려주었는데, 패공이 좋아하며 늘 그 방책을 썼다. 예전에 다른 사람에게도 그 내용을 말해 주었으나 아무도 들으려고 하지 않았기에 장량은 이렇게 말했다.

"패공은 하늘이 내신 분 같습니다."

그 뒤로 다시는 그 곁을 떠나지 않았다.

패공이 설현에 가서 항량을 만나 함께 초 회왕을 옹립했다. 장량이 항량에게 권유했다.

"무신군께서 이제 초왕의 후예를 세우셨으니, 한나라 공자 중에 능력이 출중한 횡양군 한성(韓成)을 왕으로 세워, 전국 시대 육국의 후예와 동맹을 맺으십시오."

항량은 장량으로 하여금 한성을 찾게 하여 한왕으로 세웠다. 〔항량은〕 장량을 한왕의 사도로 삼아 한왕과 함께 천여 명의 군사를 거느리고 서쪽으로 옛 한(韓)나라 땅을 공략하게 했다. 몇 개 성을 점령했으나 그때마다 진나라 부대가 다시 빼앗아가는 바람에 장량의 부대는 적은 병력으로 영천 일대를 오가며 유격전을 치렀다.

패공이 〔관중 입성에 유리하도록 황하의 나룻길을 끊기 위해〕 낙양에서 우회하여 남쪽 환원으로 나왔을 때, 장량은 군대를 이끌고 패공을 따라 옛 한(韓)나라 땅 열몇 성을 함락하고 양웅의 군대를 격파했다. 패공은 한왕(韓王) 한성에게 양책(陽翟)을 수비하도록 부탁하고 장량과 함께 남쪽으로 내려가 원현을 점령한 다음 서쪽으로 군대를 돌려 무관에 입성했다. 패공이 이만의 군사로 진의 요관 아래에 있던 군대를 치려고 하자 장량이 말했다.

"진나라 군은 여전히 강해서 가볍게 보시면 안 됩니다. 신이 듣건대 요관을 지키는 장수는 도살꾼의 자식이라고 합니다. 장사하는 자는 이익이 될 만한 일에 쉽게 동요하는 법입니다. 패공께서는 잠시 군영의 보루에 계시면서 사람을 보내 오만 군사가 먹을 식량을 먼저 준비하게 하고,[3] 여러 산봉우리에 우리 군의 깃발을 많이 세워 군사가 많은 것처럼 보이게 하십시오. 그리고 역이기에게 후한 예물을 들려 보내 진나라 장수를 유혹하게 하십시오."

아니나 다를까 진나라 장수는 패공의 군대와 한편이 되어 서쪽의 함양을 공격하겠다고 했다. 패공이 그렇게 하라고 대답하려고 할 때 장량이 나섰다.

"장수만 진나라를 배반하고 그 군사들은 따르지 않을까 걱정입니다. 군사들이 따르지 않으면 사태가 위험해질 수밖에 없으니 그들이 느슨해질 때까지 기다렸다가 공격하는 것만 못합니다."

패공은 〔장량의 계책에 따라〕 군대를 이끌고 진나라군과 교전하여 크게 승리했다. 이어서 북쪽의 남전까지 추격하여 다시 교전하니 진나라군은 완전히 무너지고 말았다. 이어서 함양으로 입성하니 진왕 자영이 패공에게 항복했다.

패공이 진나라 황궁에 들어가 보니 궁실, 휘장, 개와 말, 진귀한 보물, 궁녀 등이 수도 없이 많아 그곳에 머물고 싶은 생각이 들었다. 그때 번쾌가 간언했으나 패공이 듣지 않았다. 장량이 말했다.

"진나라가 극악무도했기에 패공께서 이곳에 오시게 된 것입니다. 천하의 백성을 위해 잔당들을 모두 제거하기 위해서는 마땅히 물들이지 않은 옷을 입는 것을 바탕으로 삼으셔야 합니다. 이제 막 진나라에 들어왔을 뿐인데 향락에 안주한다면 흔히 말하는 대로 '걸을 도와 포악한 짓을 하는 것'이 되고 맙니다. 충언은 귀에 거슬리지만 행동에는 이롭고, 성질이 강한 약은 입에 쓰지만 병에 이롭다고 합니다. 패공께서는 번쾌의 충언을 들으시기 바랍니다."

이에 패공이 패상으로 군대를 돌렸다.

패공이 함곡관을 막아 놓은 것을 항우가 보고 홍문으로 가서 패공을 공격하려 하자, 항백이 밤에 말을 달려 패공의 군영에 도착했다. 그리고 장량을 은밀히 만나서 자신과 함께 군영을 떠나자고 권했다. 장량이 말했다.

"저는 한왕의 명으로 패공을 안전하게 모시는 중입니다. 사정이 아무리 급박해도 혼자 달아나는 것은 의롭지 못합니다."

그러고는 패공에게 모든 사정을 알렸다. 패공이 깜짝 놀라 말했다.

"이 일을 어떻게 해야 한단 말이오!"

장량이 말했다.

"그럼 패공께서는 정말로 항왕을 배반하려고 생각하셨던 말입니까?"

"아무것도 모르는 어떤 놈[5]이 나한테 와서 함곡관을 막고 다른 제후들을 못 들게 하면 진나라 땅을 차지하여 임금 노릇을 할 수 있다고 했소. 그 말을 듣고 함곡관을 막았지."

"패공께서는 스스로 항왕을 물리칠 수 있다고 여기십니까?"

패공이 묵묵히 있다가 말했다.

"그러니 이 일을 어찌한단 말이오."

따라서 장량이 항백을 패공과 만나게 했다. 패공이 항백과 함께 술을 들며 축수하고 두 집안이 앞으로 사돈을 하기로 했다. 그러고는 항백에게 부탁하여 "패공이 어찌 감히 항왕을 배신할 수 있겠으며, 함곡관 관문을 닫은 것은 다른 도적들을 방비하기 위해서였습니다."라는 말을 항우에게 전하게 했다. 이 말을 들은 항우가 화를 풀었다. 이 이야기는 「항우전」[6]에 있다.

한 고조 원년, 패공이 한왕이 되어 파군과 촉군을 다스리게 되었다. 한왕이 장량에게 황금 백 일(溢)[7]과 구슬 두 말을 하사했는데, 장량은 그 모두를 항백에게 선사했다. 한왕이 다시 장량을 통해 항백에게 후한 예물을 주고, 한중 땅도 자신에게 주도록 항우에게 부탁했다. 항우가 허락했다. 한왕이 봉국을 다스리기 위해 떠날 때 장량이 보중(褒中)까지 전송했다. 한왕은 장량을 한(韓)나라로 돌아가게 했다. 이때 장량이 한왕에게 "파촉으로 들어가는 잔도를 태워 없애[8] 천하 사람들에게 한중 밖으로 나올 마음이 없음을 보이는 한편 항우도 안심시키십시오."라고 권유했다. 한왕은 장량을 보내고 한중으로 가는 길에 잔도를 불태웠다.

장량이 한나라로 돌아와서, 항우가 한왕 한성이 직접 군대를 이끌지 않고 장량을 한왕(漢王)에게 보내 종군하게 했다는 이유를 들어 분봉 과정에서 왕으로 봉하지 않은 것과, 한성을 한(韓)나라로 돌려보내지 않고 데리고 동진했다가 팽성에서 죽였다는 소식을 들었다.[9]

그 무렵 한왕은 셋으로 갈라졌던 진나라 땅을 평정하고 있었다. 이에 장량이 항우에게 편지를 보냈다.

"함양 땅에 먼저 들어갔던 한왕이 본래 얻어야 할 땅을 얻지 못했으므로 이제라도 관중 땅을 얻으려고 합니다. 예전 초 회왕의 맹약을 지키신다면 즉시 군사 행동을 멈추고 더는 동쪽으로 나아가지 않을 것입니다."

또 제나라에서도 항우에게 반란하겠다고 적은 글을 항우에게 보냈다.

"제나라는 조나라와 힘을 합해 초나라를 멸망시킬 것이다."

이에 항우가 북쪽으로 가서 제나라를 공격했다.

장량은 샛길로 한왕에게 돌아갔다. 한왕은 장량을 성신후(成信

侯)로 삼고 자신을 따라 동진하여 초나라를 공격하게 했다. 팽성에 이른 뒤에 전투에서 패배한 한왕이 후퇴하여 하읍에 이르렀을 때 한왕이 말에서 내려 안장에 걸터앉아 주위 사람들에게 물어보았다.

"내가 지금 함곡관 동쪽 땅을 떼어 공을 세우는 자에게 줄 생각인데, 누가 나와 함께 공을 세울 것인가?"

장량이 대답했다.

"구강왕 경포는 초나라의 맹장이었지만 항왕과 사이가 벌어졌고, 팽월은 제왕 전영과 함께 대량 땅에서 반란을 일으켰으니, 경포와 팽월 이 둘은 바로 쓸 수 있습니다. 그리고 한왕의 장군 중에서는 한신[10]만이 큰일을 담당할 수 있으니 한 방면을 맡길 수 있습니다. 만일 땅을 떼어 주실 생각이 있다면 이 세 사람에게 떼어 주십시오. 그러면 초나라를 멸망시킬 수 있습니다."

이에 한왕이 수하(隨何)를 보내 구강왕 경포를 설득하는 한편 팽월에게도 사람을 보냈다. 그때 위왕 위표가 한왕에게 반기를 들자 한신에게 단독으로 군대를 끌고 북쪽으로 가서 공격하게 했다. 한신은 그 뒤로 항우가 봉했던 연나라, 대나라, 제나라, 조나라를 함락했다. 마침내는 초나라를 무너뜨렸는데, 이 세 사람의 공이 컸다.

장량은 자주 병을 앓았으므로 단독으로 군사를 거느린 적이 없었다. 대신 책사로서 계책을 올리며 언제나 한왕을 보좌했다.

한 고조 3년, 항우가 서둘러 형양에서 한왕을 포위하자 한왕이 근심하며 역이기와 함께 초나라의 실력을 약하게 만들 계책을 짰다. 역이기가 말했다.

"옛날 탕왕은 걸왕을 정벌한 뒤에 그 후손을 기(杞) 땅에 봉했고, 무왕은 주왕을 죽인 뒤에 그 후손을 송(宋) 땅에 봉했습니다. 진나라는 극악무도하여 육국을 멸망시킨 뒤에 그 후손들에게 송곳만큼도 땅을 봉하지 않았습니다. 폐하께서 진실로 다시 육국의 후예들을 세우신다면 그들이 폐하의 은덕과 의리에 감격하여 모두 다투어 폐하 밑에 들어오기를 바랄 것입니다. 은덕과 의리를 행하면 남면하여 패왕을 칭할 수 있으니 초나라 또한 옷깃을 여미고 대왕을 배알하러 올 것입니다."

한왕이 말했다.

"좋은 생각이오. 서둘러 제후의 관인을 새길 것이니 귀하가 직접 들고 가시오."

역이기가 길을 떠나기 전이었다. 장량이 나갔다가 돌아와서 한왕을 배알했다. 한왕이 마침 밥을 먹고 있다가 장량을 보고 말했다.

"문객 가운데 한 사람이 초나라의 실력을 약하게 만들 계책을 냈소."

그러고는 역이기의 계책을 장량에게 그대로 전하며 물었다.

"자방의 생각은 어떻소?"

장량이 말했다.

"폐하께 이런 계책을 올린 사람이 누구입니까? 폐하의 일이 결딴나게 생겼습니다."

"어째서인가?"

"폐하 앞에 놓인 젓가락을 빌려주시면 제가 하나씩 설명을 올리겠습니다.

　옛적에 탕왕과 무왕이 걸주를 정벌한 뒤에 그 후손을 봉한 것은 그들의 생사를 관장할 수 있다고 여겼기 때문입니다. 그런데 지금 폐하께서 항우의 생사여탈을 마음대로 할 수 있으십니까? 이것이 육국의 후예를 봉함이 불가한 첫째 이유입니다. 무왕은 은나라 도읍에 입성하여, 주왕에게 간언했던 상용(商容)에게 표창하는 정려를 세워 주고, 기자(箕子)의 집 앞에서 수레의 횡목[11]을 잡고 허리를 굽힌 채 경의를 표했으며, 비간(比干)의 봉분을 올려 쌓았습니다. 지금 폐하께 이렇게 할 여유가 있습니까? 이것이 불가한 둘째 이유입니다. 무왕은 거교(鉅橋)의 곡식을 풀고 녹대(鹿臺)의 보물을 꺼내 빈궁한 자들에게 내려 주었습니다. 지금 폐하께 그렇게 할 재물이 있습니까? 이것이 불가한 셋째 이유입니다. 은나라 정벌이 끝나자 무왕은 전차를 거두어 일상용 수레로 만들었으며 방패와 창을 거꾸로 세워 다시는 사용하지 않을 것임을 보였습니다. 지금 폐하께서 무기를 거둘 수 있겠습니까? 이것이 불가한 넷째 이유입니다. 또 화산 남쪽에 말들을 쉬게 하여 더는 쓰지 않을 것임을 표명했습니다. 지금 폐하께서 그렇게 할 수 있으십니까? 이것이 불가한 다섯째 이유입니다. 또 도림(桃林)의 들판에 소를 쉬게 하여 다시는 그 등에 짐을 싣지 않을 것임을 보였습니다. 폐하께서 지금 그리할 수 있으십니까? 이것이 불가한 여섯째 이유입니다.

　하물며 천하의 유세가들이 부모 자식, 인척과 헤어져 조상의 분묘조차 돌보지 못한 채 고향을 떠나 폐하를 따르는 것은 지척의 땅이라도 얻지 않을까 밤낮으로 기대하기 때문입니다. 그런데 지금 아무 공도 세우지 않은 육국의 후예들을 왕으로 세워서 폐하께 공을 세운 자들에게 세울 봉토가 없어지면 유세가들은 각자 고향으로 돌아가 자기네 나라 임금을 섬기고 부모 자식과 인척들을 돌보고 옛 친구들과 상봉할 것입니다. 그렇게 되면 폐하께서는 누구와 함께 천하를 얻으시겠습니까? 이것이 불가한 일곱째 이유입니다. 게다가 지금은 초나라가 더는 강국이 되게 해서는 안 되는데, 육국이 다시 초나라에게 고개를 숙이고 들어가면 폐하께서 그 육국의 복종을 어떻게 얻어 낼 수 있단 말입니까? 이것이 불가한 여덟째 이유입니다. 진실로 그 계책을 쓰시겠다면 폐하께선 천하를 제패할 수 없습니다."

한왕이 밥을 먹다 말고 씹던 음식을 뱉으며 역이기를 욕했다.

"이런 아무것도 모르는 유생 같으니. 제 주군의 일을 망칠 뻔했구나!"

그러고는 관인을 녹여 버리라고 명령했다.

그 뒤에 한신이 제나라를 평정하고 스스로 제왕이 되고 싶어 하자 한왕이 노했다. 장량이 한왕을 설득했다. 한왕은 장량을 보내 '제왕신(齊王信)'이라는 인을 수여했다. 이 이야기는 「한신전」에 있다.

한 고조 5년 겨울, 한왕이 초나라 군을 쫓다가 양가 남쪽에 이르러 전세가 불리해지자 고릉의 군영에서 버텼는데 기한이 되어도 제후국의 지원군이 도착하지 않았다. 장량이 한왕에게 팽월을 양왕으로 봉할 것과 제왕 한신의 땅을 넓혀 줄 것을 약속하도록 설득하니 한왕이 그 계책을 썼다. 그러자 제후국의 군대가 모두 도착했다. 이 이야기는 「고제기」에 있다.

스스로 봉록을 감하고 유후가 되다

○ ○ ○

한 고조 6년, 공신을 봉했다. 장량은 전투에서 공을 세운 적이 없지만 고조가 장량의 공을 크게 칭찬했다.

"내 곁에 가까이 있으면서 전략을 세우며 천 리 밖에서 벌어진 전투를 승리로 이끌었으니 자방 장량의 공이 크다. 그러니 제나라 땅에서 삼만 호를 스스로 골라 가지도록 하라."

장량이 말했다.

"신이 하비에서 봉기한 뒤에 유현에서 폐하를 처음 뵈었는데, 이는 하늘이 신을 폐하께 주신 것이었습니다. 폐하께서 신의 계책을 쓰셨는데 요행히 몇 번 들어맞은 적이 있기는 합니다. 바라건대 신에게 유현을 봉해 주십시오. 그것으로도 충분하오니, 삼만 호는 감당할 수 없습니다."

그리하여 장량을 유후(留侯)에 봉했다. 이때 소하 등도 함께 봉해졌다.

고조가 공이 큰 신하 스무남은 명을 봉하고 나자, 나머지 신하들이 자신의 공이 더 크다며 밤낮으로 다투느라 결말이 나지 않았다. 이에 공신을 봉하는 일이 중단되었다. 고조는 낙양의 남궁에 거처하고 있었는데, 누각 사이를 연결하는 위층 다리에서 장수들이 멀리서 자기들끼리 모여 대화하는 것을 종종 바라보았다. 고조가 말했다.

"저들은 무슨 말을 하는 것인가?"

장량이 말했다.

"폐하께서는 모르시는 것입니까? 저들은 반란을 모의하고 있습니다."

"천하가 안정되기 시작했는데 무엇 때문에 반란을 일으킨단 말인가?"

"폐하께서는 평민으로 봉기하여 저들과 함께 천하를 얻으셨습니다. 지금 폐하께서 천자가 되셨습니다. 지금 봉토를 받은 사람은 폐하께서 아끼시는 소하나 조참 같은 고향 사람들뿐이고 폐하와 평생 원수로 지낸 자들은 모두 주살당했습니다. 이제 군리들의 계산에 따르면 두루 봉해 주기에는 천하의 땅이 모자란다고 하니, 저들은 폐하께서 모든 자에게 봉토를 나눠 주지 않을 것과, 또 그동안 저지른 허물로 폐하의 의심을 사서 주살당할 것까지 두려워하여 저렇게 모여 반란을 모의하는 것입니다."

황제가 걱정하며 말했다.

"장차 이를 어떻게 하면 좋겠소?"

장량이 말했다.

"황상께서 평소에 미워하는 자로 뭇 신하들도 다 아는 자 중에서 가장 미운 자가 누구입니까?"

"나는 봉기하기 전부터 옹치(雍齒)와 원한이 있었소. 그가 힘자랑으로 수차례나 나를 모욕하여 죽여 버리고 싶었지만, 공이 많았기 때문에 차마 죽이지 못했소."

"그렇다면 서둘러 옹치를 먼저 봉하시어 군신들에게 알리십시오. 군신들이 옹치가 먼저 봉해지는 것을 보고 나면 각자 자신에게도 봉토가 돌아올 것을 굳게 믿을 것입니다."

그리하여 황제가 술자리를 마련하고 옹치를 십방후(什方侯)에 봉하면서 승상과 어사를 재촉하여 논공행상을 결정짓게 했다. 군신들이 술자리를 마치고 돌아가는 길에 모두 기뻐하며 말했다.

"옹치도 후가 되었는데 우리야 걱정할 게 없지."

제국의 도읍을 정하고 태자를 보호하다

○　○　○

도읍을 결정하는 일을 두고 유경이 황제에게 관중을 권했는데 황제가 결정을 내리지 못했다. 황제 측근의 대신들이 모두 효산 동쪽 출신이어서 황제에게 낙양을 도읍으로 권하며 이렇게들 말했다.

"낙양은 동쪽에 성고가 있고 서쪽에는 효산과 민지가 있으며 황하를 등지고 낙수를 마주하고 있어 기대기에 충분히 견고한 곳입니다.

장량이 말했다.

"낙양이 견고하기는 하나 면적이 작아 수백 리에 지나지 않고 전지도 척박합니다. 또 사방에서 적이 공격하면 전투를 치를 만한 도읍이 못 됩니다. 관중은 동쪽에 효산과 함곡관이 있고 서쪽에 농산(隴山)과 민산이 있으며 물이 풍부한 비옥한 평야가 천 리나 이어집니다. 남쪽에는 풍요로운 파촉이 있고 북쪽의 상군과 북지에는 흉노가 가축을 방목하던 목초지가 있어 우리가 이용할 수 있는 이점도 있습니다. 삼면이 험준한 지형에 막혀 지키기에 든든하니 오로지 한 면 동쪽의 제후들만 통제하면 됩니다. 제후들이 안정되면 황하와 위수(渭水)의 물길을 통해 천하의 물자를 운반해 와서 그 서쪽에 있는 도읍에 공급할 수 있습니다. 또 제후들이 난을 일으키더라도 물길을 따라 내려가면서 군수품을 수송하기에 충분합니다. 그래서 흔히들 '천 리에 견고한 성이 이어지고, 풍성하게 물자가 모이는 하늘이 내린 도읍'이라고 합니다. 유경의 말이 옳습니다."

그리하여 황제가 그날로 거둥하여 서쪽의 관중에 도읍을 정했다.

장량도 함께 관중으로 들어갔다. 그러나 원래 병을 많이 타고난지라 도인술로 몸을 단련하며 곡기를 들지 않고 한 해 남짓 문밖출입을 하지 않았다.

황제가 태자[12]를 폐하고 척 부인 소생의 아들 조왕 유여의를 세우려고 했다. 대신들이 다투어 간언했지만 황제가 태자를 바꾸려는 결정에 굽힘이 없었다. 여후가 걱정하며 어찌할 바를 몰랐다. 그때 어떤 이가 여후에게 말했다.

"유후가 계책을 잘 내니 황상께서 유후의 말을 잘 듣습니다."

그리하여 여후가 건성후[13] 여택(呂澤)을 장량에게 보내 으르다시피 했다.

"귀하는 언제나 황상의 책사였소. 지금 황상이 태자를 바꾸려고 하는데 어찌 베개를 높이 베고 누워 있기만 하는 것이오?"

장량이 말했다.

"애초에 황상께서 몇 번 곤경에 빠지셨을 때 요행히 저의 계책을 써 주신 적은 있습니다. 천하가 안정된 지금 귀여워하는 자식을 태자로 삼으시려는데, 이는 골육 간의 일이라 저 같은 자가 백 명이 있다 한들 무슨 도움이 되겠습니까?"

여택이 강요했다.

"우리를 위해 계책을 내 주시오."

장량이 말했다.

"이런 일은 말로 해결하기가 힘이 듭니다. 돌아보면 황상께서 불러 쓰지 못한 분이 네 분[14] 있습니다.

황상께서 선비를 업신여기시니 이 연로하신 네 분은 한나라의 신하가 되지 않고 모두 산중으로 달아나 숨어 살면서 의리를 지키고 있습니다. 그러나 황상께서는 이 네 분을 높이 보고 계십니다. 지금 공께서 진실로 금과 옥과 비단을 아끼지 않는다면, 태자에게 공손한 언사로 편지를 쓰게 하고 안거(安車)를 준비하여 말 잘하는 변사에게 후한 예물을 들려 보내서 간절히 청하십시오. 그러면 아마도 그분들이 올 것입니다. 오시면 상객으로 대접하다가 때를 봐서 황제를 배알할 때 함께 들어가 황제께서 그분들을 만나게 하면 얼마간 도움이 될 것입니다."

그리하여 여후가 여택에게 태자의 편지를 받들고 가서 말을 낮추고 후한 예물을 선사하게 함으로써 그 네 사람을 맞이해 왔다. 네 사람이 오자 건성후 처소에서 빈객으로 대했다.

한 고조 11년, 경포가 반란을 일으켰을 때 황제가 병환 중이라 태자로 하여금 경포를 진압하게 하고자 했다. 네 사람이 서로 상의했다.

"우리가 여기에 온 것은 태자의 자리를 보전하기 위해서였소. 이제 태자가 군대를 끌고 나가면 사정이 위태로워지게 되오."

그리하여 건성후에게 권했다.

"태자가 군대를 끌고 나가면 공을 세우더라도 태자 이상 올라갈 자리가 없으니 도움이 될 것이 없소. 그러나 공을 세우지 못하면 그 때문에 화를 입게 되오. 게다가 태자와 함께 갈 장수들은 모두 황상과 함께 천하를 평정하던 맹장들이오. 태자에게 그런 장수들을 이끌게 하는 것은 양에게 이리를 이끌게 하는 것과 다를 바가 없소. 또한 모두 태자의 말을 듣지 않을 것이니 태자가 공을 세울 수 없음은 뻔한 일이오. 신등이 들으니 어미를 예뻐하면 그 자식도 안게 된다고 하던데, 지금 척 부인이 밤낮을 가리지 않고 황상을 모시고 있으니 조왕 또한 늘 황상의 면전에 있다고 합니다. 황상도 불초한 자식을 사랑스러운 자식 위에 놔둘 수 없다고 하신다니 태자의 자리를 바꾸실 것이 명백합니다.

귀하는 서둘러 여후께 말씀드려 기회를 봐서 황상께 울며 호소하도록 하십시오. 경포는 천하의 맹장이며 전투에 능한 자인 데다, 우리 쪽 장수들도 폐하께서 천하를 평정할 때 함께한 자들이라 태자에게 이끌게 해도 말을 듣지 않을 것입니다. 경포가 이 사실을 안다면 북을 울리며 서쪽으로 진격해 올 것입니다. 황상께서 병환 중이시긴 하나 애써 치거(輜車)에 오르셔서 누워서라도 독전하신 다면 장수들이 있는 힘을 다하지 않을 수 없을 터, 황상께서 비록 괴로우시더라도 마음을 내어 처자식을 생각해 주십사 말이오."

여택이 밤에 여후를 만나 이 말을 전했다. 여후가 틈을 타서 고조에게 울며 네 사람이 시킨 대로 호소했다. 고조가 말했다.

"나도 그렇게 생각했소. 그 아이는 본래 전장에 내보낼 만하지 않으니 아비가 직접 가리다."

그리하여 고조가 친히 군대를 이끌고 동쪽으로 떠났고 뭇 신하들은 장안을 지키기 위해 남았다. 뭇 신하들이 패상까지 고조를 전송했다. 장량은 병이 들어 있었지만 겨우 몸을 일으켜 곡우까지 가서 고조를 뵙고 아뢰었다.

"신이 마땅히 따라가야 하나 병이 이렇게 심합니다. 초나라 사람들은 날래고 용맹하니 황상께서는 조심하셔서 [무리하게] 예봉을 다투지 마시기 바랍니다."

그러고는 태자를 장군으로 삼아 관중의 군대를 감독하게 하라고 말했다. 고조가 일렀다.

"자방의 병이 비록 깊지만 애써 힘을 내어 누워서라도 태자를 보살펴야 하오."

그때 숙손통이 태보로 있었으므로 장량이 소부가 되어 태자를 보살폈다.

한 고조 12년, 고조가 경포의 난을 진압하고 돌아온 뒤에 병이 더 깊어져서 더더욱 태자를 바꾸고 싶어 했다. 장량이 간언했지만 듣지 않자 병을 청하고 정사를 보지 않았다. 숙손 태부가 옛 고사를 인용하며 도리를 설명하면서 죽음을 무릅쓰고 태자의 자리를 지켜 주려고 애썼다. 고조가 그 말을 들어주는 척했지만 속으로는 더욱 바꾸길 원했다. 고조가 술자리를 열었을 때 태자가 고조를 모시게 되었다. 네 사람이 태자를 따라갔는데 모두 연세가 여든이 넘어 수염과 눈썹이 하얬으며 아주 위엄 있게 차려입고 있었다. 고조가 이상하게 여기고 물었다.

"어떤 분들이신가?"

네 사람이 앞으로 나서서 대답하며 각자의 성명을 아뢰었다. 고조가 놀라서 말했다.

"내가 공들을 청할 때는 나를 피하더니 지금은 어찌하여 내 아들과 스스로 교유하는가?"

네 사람이 대답했다.

"폐하께서는 선비를 업신여기고 질책하기를 좋아하셨습니다. 신등이 절의를 지켜 욕되게 살지 않자니〔폐하께 질책당할까〕두려워 달아나 숨었습니다. 지금의 태자는 인과 효를 지키며 선비를 공경하고 아끼니, 태자를 위해 목을 내놓지 않는 자들이 없습니다. 그래서 신등이 오게 된 것입니다."

고조가 말했다.

"번거롭겠지만 끝까지 태자와 잘 지내면서 보살펴 주기 바라오."

네 사람이 황제를 위해 축수한 뒤에 종종걸음으로 자리를 떠났다. 고조는 그들이 시야에서 사라질 때까지 바라보는 것으로 전송하고는 척 부인을 불러 그 네 사람을 가리키며 말했다.

"나는 태자를 바꾸고 싶지만, 저 네 사람이 태자를 보좌하고 있어 태자의 날개가 다 자라났구나. 자리를 움직이기 어렵겠다. 여씨가 네 주인이 될 것이 확실하구나."

척 부인이 눈물을 흘리자 고조가 말했다.

"나를 위해 초나라의 춤을 춰 다오. 내가 너를 위해 초나라의 노래를 불러 주마."

노래는 이러했다.

> 높이 나는 홍혹, 한 번에 천 리를 가네.
> 돋친 날개로 사해를 종횡하네.
> 사해를 종횡하니 또 어찌하랴.[15]
> 비록 증작(繒繳)이 있다 해도
> 〔줄이 짧아〕 잡을 수 없네.

이렇게 노래를 몇 차례 부르는데 척 부인이 탄식하며 눈물을 흘렸다. 고조가 일어나서 자리를 뜨자 술자리도 파했다. 결국 태자가 바뀌지 않았으니 그것은 장량이 그 네 사람을 불러오게 한 데 힘입은 것이었다.

장량이 고조를 따라 대나라 땅을 공격할 때[16] 기이한 계책을 내어 마읍을 함락시킨 뒤에 소하를 상국으로 세우게 했다. 장량이 천하의 일에 관해 침착하게 고조에게 아뢴 일은 수없이 많으나 천하의 존망이 걸린 일이 아니었던 것은 여기에 적지 않았다. 장량은 이렇게 말했다.

"우리 집안은 한(韓)나라에서 다섯 임금을 모신 상국의 집안이다. 한나라가 망하자 원수를 갚기 위해 만금의 재물을 아끼지 않고 강대한 진나라에 맞서면서 천하를 진동시켰다. 지금은 세 치 혀로 황제의 스승 노릇을 하며 만 호에 봉해졌고 열후의 지위에 올랐으니 이는 평민의 극치에 오른 것, 나 장량에게는 충분하다. 이제 인간 세상사를 버리고 적송자(赤松子)와 함께 구름을 타고 노닐고 싶다."

그리하여 선도(仙道)를 배우며 신선이 되어 날아가고자 했다.

고조가 붕어한 뒤 여후가 장량에게 태자를 도와준 것에 대해 감사하며 억지로 먹기를 권하며 말했다.

"한세상을 사는 것이 인생이라 백마가 순식간에 벽의 틈새를 지나는 것처럼 짧은데,[17] 어찌 이토록 스스로 고생을 사서 한단 말이오!"

장량이 그 말을 들어야 했으므로 억지로 음식을 먹었다.

그 뒤 여섯 해가 지나 장량이 세상을 떠났다. 장량에게 문성후(文成侯)라는 시호가 내려졌다.

일찍이 장량이 하비 다리 위에서 책을 준 노인을 만난 뒤로 열세 해가 지났을 때 고조를 따라 제북 지방을 지나는 길에 곡성산 아래에서 정말로 그 황석을 얻었다. 장량이 그 돌을 가져다 보물처럼 여기며 제사를 올렸다. 장량이 죽자 그 황석도 함께 장사 지냈다. 자손들은 장량의 무덤에서 육칠월의 복(伏) 제사와 섣달의 납(臘) 제사를 올릴 때마다 황석에게도 제사를 올렸다.

아들 장불의(張不疑)가 후위를 계승했다가 효문제 3년에 불경 죄를 지어 후위를 철폐당했다.

항우를 떠나 유방의 책사가 된 진평

○ ○ ○

진평은 양무현(陽武縣) 호유향(戶牖鄕) 사람이다. 어린 시절에 집이 가난했지만 글 읽기를 좋아했으며 황제와 노자의 학술을 공부했다. 집에는 밭 서른 무(畝)가 있었다. 진평은 형 진백(陳伯)과 함께 살았는데, 진백이 농사를 맡아 지으면서 진평에게 밖으로 스승을 찾아 공부하러 다니게 해 주었다. 진평은 키가 크고 인물이 좋았다. 어떤 이가 진평에게 물었다.

"가난한 집안에서 뭘 먹고 컸길래 이렇게 건장한가?"

집에서 농사일을 돌보지 않는다고 진평을 미워하던 형수가 나서서 말했다.

"쌀겨와 밀기울밖에 먹을 게 더 있나요. 시동생 하나 있는 게 저 모양이니 차라리 없는 게 나아요."

그 말을 들은 진백이 제 아내를 쫓아냈다.

이윽고 진평이 성장하여 아내를 맞을 때가 되었다. 부잣집에서는 딸을 주겠다는 데가 없었고, 가난한 집안은 진평이 꺼렸다. 그 뒤로 시간이 제법 흐르는 동안 호유향의 부자 장부(張負)의 손녀가 다섯 번 시집가서 다섯 번 모두 남편과 사별했다. 아무도 그 사람을 아내로 들일 엄두를 못 내는 가운데 진평이 얻기로 마음먹었다.

고을의 한 집에서 장사를 크게 치를 일이 생겼다. 진평은 집이 가난해서 상가에 부조할 형편이 못 되었으므로 아침 일찍 가서 저녁 늦게까지 일하는 것으로 부조를 대신했다. 상갓집에 갔던 장부의 눈에 진평이 띄었는데, 위엄 있게 생긴 진평을 보고 마음에 들어 했다. 장부가 자신을 지켜보고 있는 것을 알아챈 진평은 더 늦게까지 일하다가 집으로 돌아왔다. 장부가 진평의 뒤를 밟아 집까지 따라가 보니, 성벽을 등진 막다른 골목 안에 집이 있었다. 돗자리를 문 삼아 달아 놓을 정도로 가난해 보이는 그 집 문밖에는 뜻밖에도 장자들이 타고 왔던 수레바퀴 흔적이 많았다.

집에 돌아온 장부가 아들 장중(張仲)에게 말했다.

"손녀 아이를 진평에게 주어야겠다."

장중이 말했다.

"진평은 집이 가난한데도 농사일을 하지 않아 온 현의 사람들이 모두 그자의 행동을 비웃습니다. 그런데 아버님만 유독 그자에게 아이를 주시겠다니 어찌 된 일인지요?"

"저렇게 잘생긴 사람이 끝까지 가난할 리야 있겠느냐?"

그러고는 마침내 손녀딸을 진평에게 주었다. 진평의 집이 가난했으므로 장부가 예물을 빌려주어 정혼을 하게 하고, 술과 고기 살 돈을 주어 혼례를 치르게 했다. 장부가 손녀딸에게 시집에서 삼갈 점을 일렀다.

"남편이 가난하다 하여 섬길 때 조심하지 않으면 안 된다. 시숙을 아버지처럼 모시고 큰동서를 어머니처럼 섬기도록 하여라."

진평이 장씨 집안의 딸을 아내로 맞자 살림이 많이 풍요로워져서 날이 갈수록 교유의 폭이 넓어졌다.

마을에서 토지신의 제사를 모실 때 진평이 재(宰)가 되어 제물로 썼던 고기를 잘랐는데 사람들에게 고기를 아주 고르게 나눠 주었다. 마을의 어른들이 칭찬했다.

"진씨네 젊은이가 고기를 참 잘 갈라 주더군."

그 말을 들은 진평이 말했다.

"아, 나 진평은 천하를 다스리는 재상이 되어도 오늘 고기를 나누었던 것처럼 할 텐데!"

진승이 왕이 된 뒤에 주불로 하여금 각지를 공략하게 했는데, 〔주불이 사양하여〕위구를 위왕으로 세웠다. 주불이 거느린 위왕의 군대가 임제에서 진나라 군대와 싸웠다. 진평이 형 진백에게 하직 인사를 한 뒤에 젊은이들을 따라 위왕 위구에게 가서 복속하여 태복이 되었다. 진평이 위왕에게 계책을 올렸으나 위왕이 듣지 않았다. 그때 어떤 사람이 진평을 비방하여 진평이 그곳을 피하여 달아났다.

항우가 각지를 공략하면서 황하 변에 이르렀을 때 진평이 항우에게 가서 귀부했다. 진평은 항우를 따라 관중에 들어가 진나라를 무너뜨리는 전투에 참가하여 경(卿)과 동일한 대우를 받았다. 항우는 동쪽으로 돌아가 팽성에서 초왕이 되었고, 한왕은 항우가 셋으로 갈라놓았던 진나라 땅을 평정했다.

은왕 사마앙이 초나라에 반기를 들자, 항우가 진평을 신무군(信武君)으로 삼아 초나라에 와 있던 위왕의 빈객들을 데리고 은왕을 공격하게 했다. 진평은 은왕을 항복시키고 개선했다. 항우가 항한(項悍)을 보내 진평을 도위에 임명하고 황금 스무 일을 하사했다. 얼마 지나지 않아 한나라 군이 진평이 평정했던 은(殷) 땅[18]을 점령했다. 항우가 노하여 은 땅을 평정했던 자를 죽이겠다고 하자, 주살될 것이 두려웠던 진평이 항우가 하사한 황금과 관인을 봉하여 항우에게 돌려보내고 검만 지닌 채 샛길로 달아났다. 황하를 건널 때 뱃사공이 인물 훤한 사내가 혼자 다니는 것을 보고 달아났다는 그 장수가 아닌가 하여 수상하게 여겼다. 뱃사공은 그의 허리춤에 보화나 금, 옥이 들어 있으리라 생각하고 지켜보다가 진평을 죽이려고 했다. 겁이 난 진평이 웃통을 벗고 노 젓는 일을 도왔다. 진평이 아무것도 지니고 있지 않은 것을 알게 된 뱃사공이 죽이려던 생각을 접었다.

수무에 다다라 진평이 한왕에게 투항했다. 위무지(魏無知)를 통해 한왕을 배알하겠다고 청을 넣자 한왕이 불러들였다. 그때 만석군(萬石君)[19] 석분(石奮)이 중견(中涓)이었는데, 진평의 명첩을 받아 배알하게 해 준 것이었다. 진평 등 열 사람[20]이 함께 들어가자 한왕이 먹을 것을 내렸다. 한왕이 말했다.

"끝났으니 객사로 돌아가라."

이때 진평이 말했다.

"신이 일이 있어 왔는데 오늘 안에는 꼭 드려야 할 말씀이 있습니다."

그리하여 한왕이 진평의 말을 들어 주었다. 이야기를 나눈 뒤에 한왕이 흡족해하며 물었다.

"그대는 초나라에서 무슨 벼슬을 살았는가?"

"도위로 있었습니다."

한왕이 그날로 진평에게 도위직을 내린 다음 참승(參乘) 일과 호군(護軍) 일을 맡겼다. 장수들이 이 일을 두고 모두 한마디씩 했다.

"대왕께서 어느 날 초나라의 도망병을 얻으신 건 좋지만, 능력이 어떤 줄도 모르고 바로 수레에 함께 타게 하여 그보다 연장인 우리를 감독하게 하신단 말인가!"

그런 말을 듣고도 한왕은 더욱 진평을 총애하여 동쪽으로 항우를 치러 갈 때 데리고 갔다. 팽성에서 초나라 군에 패한 뒤에 군대를 이끌고 후퇴했다. 형양에서 흩어졌던 군사를 다시 모아 진평을 차장으로 삼아 한왕 한신 밑에 배속했다. 한왕은 광무에 주둔했다.

강후와 관영[21] 등도 진평을 비방했다.

"진평의 인물이 좋다고 해도 관옥(冠玉)에 불과하니 그 속에 재능이 있어 보이지 않습니다. 들건대 진평이 고향 집에 살 때 형수와 사통했다 합니다. 위왕을 섬기다가 받아들여지지 않자 달아나 초나라에 귀부했고, 초나라에서 일이 잘 안 되자 다시 한나라로 귀순했는데, 지금 대왕께서는 그자에게 높은 관직을 주고 군대를 감독하게 하셨습니다. 신이 듣건대 진평이 장수를 부릴 때 황금을 많이 바치면 좋은 자리를 주고, 적게 바치면 나쁜 자리에 앉혔다고 합니다. 진평은 종잡을 수 없는 난신이니 대왕께서는 굽어살피시기 바랍니다."

그 말을 듣고 진평을 의심하게 된 한왕이 위무지를 불러 물어보았다.

"그런 일이 있었는가?"

위무지가 아뢰었다.

"있었습니다."

"그렇다면 공은 왜 그자를 능력이 있는 자라고 소개했는가?"

"신이 말씀드렸던 것은 그의 능력에 관한 것이었습니다. 폐하께서 물으신 것은 그의 덕행에 관한 문제입니다. 지금 폐하께 미생(尾生)이나 효기(孝己)같이 덕행이 높은 자가 있다 해도 승패를 갈라야 하는 수에서는 아무런 도움이 되지 않습니다. 폐하께 무슨 겨를이 있어 그런 자들을 쓰겠습니까! 초나라와 한나라가 서로 맞서 있는 지금 신은 뛰어난 계책을 올릴 책사를 추천한 것이니, 그가 올리는 계책이 나라를 이롭게 하는 데에 충분하겠는가를 살펴보았을 뿐입니다. 형수와 사통하고 황금을 받았다 해도 그것이 또 무슨 의심할 거리나 되겠습니까!"

한왕이 진평을 불러 물어보았다.

"내가 듣자 하니 선생은 위왕을 섬기다가 끝까지 있지 않았고 초왕을 섬기다 떠났으며 지금은 나에게로 와서 계책을 올리는데, 믿을 만한 사람이 이렇게 여러 가지 마음을 가질 수 있는 것인가?"

진평이 아뢰었다.

"신이 위왕을 섬겼으나 위왕이 신의 계책을 쓰지 않았으므로 위왕을 떠나 항왕을 섬겼는데, 항왕은 다른 사람 말은 믿지 않고 항씨 아니면 외척 처남들만 총애하면서 뛰어난 계책을 내는 책사들이 있어도 쓰지 않았습니다. 초나라에 있을 때에 한왕께서 인재를 알아보고 등용하신다는 말을 들어 대왕께 귀부하게 되었습니다. 저는 맨몸으로 왔기 때문에 황금을 받지 않으면 경비를 쓸 밑천이 없었습니다. 신이 올린 계책 중에 쓸 만한 것이 있다면, 대왕께서 그것을 쓰시기 바랍니다. 만일 쓸 만한 계책이 없다면, 대왕께서 하사한 황금을 쓰지 않고 그대로 두었으니 그것을 봉하여 관으로 돌려보내시고 신은 몸만 들고 고향으로 돌아가게 해 주십시오."

이에 한왕이 자신이 잘못 생각했다고 말하고 후하게 재물을 내렸으며, 호군중위로서 모든 장수를 감독하게 했다. 장수들이 더는 다른 말을 할 엄두를 내지 못했다.

황금 사만 근으로 항왕과 장수들을 이간하다

○   ○   ○

그 뒤에 초나라 군이 기습 공격하여 한나라의 식량 수송용 참호 길을 끊어 버리고, 형양성에 있던 한왕의 군대를 포위했다. 근심하던 한왕이 형양 서쪽 지방을 떼어 주는 것으로 강화를 요청했지만 항왕이 듣지 않았다. 한왕이 진평에게 물었다.

"천하가 어지럽기만 한데 어느 때나 가야 평정할 수 있겠는가?"

진평이 아뢰었다.

"항왕의 사람됨이 인재를 아끼고 공경한다고 알려져 장수 중에서도 청렴하고 절개가 있으며 예절을 잘 지키는 사람들이 많이 귀순하지만, 공에 따라 고을을 봉토로 떼어 줄 때가 되면 그 땅을 아까워하니 장수들이 그 때문에 붙어 있지 못합니다. 지금 대왕께서는 거만하고 예의를 차리지 않으시기 때문에 장수 중에서 청렴하고 절개가 있는 자들이 오지 않고 있습니다. 그러나 대왕께서는 인재들에게 두둑하게 식읍을 봉하시기 때문에 장수 중에서도 성격이 모나지는 않았으나 대신에 패기도 없는 자들이나, 이익이나 챙기며 청렴함이란 조금도 없는 자들이 한나라 군으로 귀순하고 있습니다.

진실로 항왕과 대왕의 단점을 보충하고 두 분의 장점을 취한다면 천하는 이리저리 손만 휘저어도 평정될 것입니다. 대왕께서는 천성이 사람들을 모욕하기 좋아하시는지라 청렴하고 절개 있는 자들을 얻지 못하고 있습니다. 하지만 생각해 보면 초나라를 교란시킬 방법이 없는 것도 아닙니다. 초나라에는 항왕의 강직한 신하들인 아부 범증, 종리말, 용저, 주은 같은 자들이 있으나 사실 몇 사람밖에 되지 않습니다. 대왕께서 황금 수만 근을 내놓고 이간하는 자들을 풀어 저들의 군신 사이를 갈라놓으면 항왕은 자신의 신하들을 의심하게 될 것입니다. 항왕은 사실 그 됨됨이가 모자라 시기심이 많고 비방하는 말을 잘 믿으므로 의심 가는 신하들을 죽일 것이 틀림없습니다. 그때를 타서 한나라 군이 공격하면 초나라는 필연 무너지고 말 것입니다.”

한왕이 진평의 말을 옳게 여기고 황금 사만 근을 진평에게 주면서 마음대로 쓰게 하고 쓴 데를 묻지 않았다.

진평은 황금을 다량으로 뿌리면서 초나라 군영에 이간하는 자들을 풀었다. 첩자들은 ‘종리말 등이 항왕의 장군으로 공을 많이 세웠지만 항왕이 땅을 떼어 왕으로 봉해 주지 않았기 때문에, 한 나라와 하나가 되어 항씨를 멸망시키고 항왕의 땅을 나누어 자신들이 왕이 되고 싶어 한다'는 말을 장수들 사이에 퍼뜨렸다. 아니나 다를까 항왕은 그런 사실을 의심했다.

항왕이 한나라에 사자를 보냈는데, 그 사자를 대접하기 위해 한나라 측에서 사직에 제사를 올릴 때와 같은 규모로 음식을 마련한다면서 고기와 큰 솥, 그릇 등을 들고 들어왔다. 그런 다음 초나라의 사자를 보고는 다들 깜짝 놀란 체하면서 말했다.

"우린 아부가 사자를 보낸 줄 알았는데 알고 보니 항왕의 사자였네."

그러고는 들고 오던 고기와 솥 등을 갖다 놓고, 변변치 않은 음식을 차려 초나라 사자 앞에 올렸다. 사자가 돌아가서 있었던 사정을 항왕에게 보고하니 항왕은 예상대로 아부를 크게 의심했다. 아부가 형양성을 서둘러 공격하여 함락하자고 했으나 항왕은 믿지 못해 아부의 말을 듣지 않았다. 항왕이 자신을 의심한다는 말을 들은 아부가 몹시 노하여 말했다.

"천하의 형국이 대체로 결정되었으니 이제부터는 대왕께서 혼자 하셔도 되겠습니다. 바라건대 저는 노구를 보전하여 고향으로 돌아가게 해 주십시오."

돌아가는 길에 미처 팽성에 닿지도 못해 등창이 나서 죽어 버렸다.

진평이 밤에 여자 이천 명을 형양성 동문으로 내보냈더니 초나라 군에서 그것을 보고 공격해 왔다. 진평은 한왕과 함께 성의 서문으로 빠져나갔다. 그러고는 관중으로 들어가 군사를 모아서 다시 동쪽으로 진군했다.

　이듬해에 제나라 땅을 평정한 회음후 한신이 한왕에게 사람을 보내 제나라의 형세를 안정시키기 위해 자신이 임시로 제왕(齊王)의 자리에 오르겠다고 알려 왔다. 한왕이 화를 내며 한신을 욕하자 진평이 한왕의 발을 밟았다. 한왕이 정신을 차리고 한신이 보낸 사자를 후하게 대접한 뒤에 장량을 보내 한신을 제왕에 올렸다. 그리고 진평에게 호유향을 식읍으로 주었다. 한왕이 진평의 계책을 써서 마침내 초나라를 멸망시켰다.

　한 고조 6년, 어떤 이가 글을 올려 초왕 한신이 반란을 일으켰다고 고했다. 고조가 장수들에게 대책을 물으니 장수들이 빨리 군대를 보내 산 채로 묻어 버려야 한다고 대답했다. 고조가 말없이 있다가 진평에게 물었다. 진평이 몇 번이나 사양하다가 고조에게 물었다.

　"장수들은 뭐라고 했습니까?"

　황제가 장수들의 말을 들려주었다.

　진평이 아뢰었다.

　"누군가가 글을 올려 한신이 반란을 일으켰다고 했는데 그런 이야기를 아는 사람이 또 있습니까?"

　"없소."

　"한신은 자신이 이렇게 고발당한 것을 알고 있습니까?"

　"모를 것이오."

　"폐하의 군대와 초왕 한신의 군대 중에 어느 쪽이 더 날래고 용맹합니까?"

"우리 쪽이 그쪽보다 못하오."

"폐하의 장군 중에서 한신을 능가할 만큼 전투를 잘하는 이가 있습니까?"

"한신에게 미칠 자가 아무도 없소."

진평이 아뢰었다.

"지금 군대도 초왕의 군대만큼 날래거나 용맹하지 못한 데다 장군 또한 한신에 미치지 못하면서 군대를 출동시켜 초왕을 공격하면, 이는 저쪽을 재촉하여 전쟁을 하게 만드는 것인데, 제가 생각할 때 폐하 쪽이 위태하겠습니다."

황제가 말했다.

"이를 어찌하면 좋겠는가?"

진평이 다시 아뢰었다.

"예전에는 천자가 나라를 두루 순행하며 제후들을 만났습니다. 남쪽에 운몽(雲夢)이란 곳이 있는데, 폐하께서 진시황이 그랬던 것처럼 운몽으로 놀러 가는 것처럼 꾸미고, 제후들을 진현으로 불러 접견하십시오. 진현은 초나라 서쪽 끝에 있습니다. 한신이 듣고서 천자가 놀러 다니는 것을 좋아하니 그런 형세라면 별일이 없을 것으로 여기고 초나라 도읍에서 멀리 떨어진 곳까지 마중 와서 배알할 것입니다. 그때를 이용하여 폐하께서 한신을 사로잡으시면 됩니다. 이는 역사 한 사람만 있으면 되는 일입니다."

고조가 진평의 말에 수긍하여 사자를 보내, 진현에서 제후들을 접견하고 자신은 남쪽 운몽에 놀러 나가겠다고 알렸다. 황제가 바로 길을 떠나 진현에 다다르니 초왕 한신이 초나라 도읍 수춘(壽春)에서 멀리 떨어진 곳까지 마중 나왔다. 고조가 미리 데려간 무사를 시켜 한신을 보자마자 결박했다. 이 이야기는 「한신전」에 있다.

이어서 진현으로 가서 제후들을 만나고는 낙양으로 돌아와서 공신들에게 부절을 나누고 봉토를 정해 주었다. 진평은 호유후에 봉하고 후위를 대대손손 끊이지 않고 잇게 했다. 이제 진평이 사양하며 말했다.

"이는 신의 공이 아닙니다."

황제가 말했다.

"내가 선생의 계책을 써서 싸움에 이기고 적을 무찔렀소. 선생의 공이 아니라니 무슨 말씀이오?"

"위무지가 아니었으면 신이 어떻게 폐하께 등용되었겠습니까?"

"선생 같은 이를 두고 근본을 잊지 않는 사람이라고 하는 거요."

이에 위무지에게도 상을 내렸다.

그 이듬해에 진평이 고조를 수행하여 대 땅에서 한왕 한신의 난을 진압하러 갔다. 그런데 평성에 이르렀을 때 흉노에게 포위를 당해 이레 동안 먹을 것을 구하지 못했다. 고조가 진평의 뛰어난 계책을 써서 흉노 선우의 연지로 하여금 포위를 풀게 했다. 고조를 평성 밖으로 나오게 한 그 계책은 비밀에 부쳐져 세간에 알려지지 않았다. 고조가 남쪽으로 곡역(曲逆)을 지날 때, 성루에 올라가 집들이 아주 큰 것을 조망하며 말했다.

"대단히 큰 현이로구나! 내가 천하를 다 돌아다녀 봐도 눈에 들어오는 곳은 낙양과 이곳뿐이다."

그러고는 어사를 돌아보며 물었다.

"곡역의 호구가 얼마나 되는가?"

어사가 대답했다.

"원래 진나라 때는 삼만 호가 넘었으나 중간에 수차례 병란을 당해 많이 달아나는 바람에 지금은 오천 호가 조금 넘습니다."

황제가 어사에게 명하여 진평을 곡역후로 하여 곡역의 오천여 호를 모두 식읍으로 주게 하고, 그 전에 내렸던 호유의 식읍은 철폐했다.

고조를 따라다니기 시작하여 천하를 평정한 뒤에도 진평은 호군중위로서 장도, 진희, 경포의 난을 진압할 때 늘 고조를 수행했다. 모두 여섯 번이나 뛰어난 계책을 올렸는데 그때마다 식읍이 더하여 봉해졌다. 그 뛰어난 계책 가운데에는 극비에 부쳐져 세상에 전혀 알려지지 않은 것도 있다.

고조가 경포의 난을 진압하고 돌아올 때에 전투에서 입은 상처가 도졌기 때문에 서행하여 장안까지 왔다. 연왕 노관이 반란을 일으키자, 고조가 번쾌로 하여금 상국이 되어 군대를 이끌고 진압하게 했다. 번쾌가 떠나고 난 뒤에 어떤 자가 번쾌를 중상모략했다. 고조가 화를 내며 말했다.

"번쾌가 내가 병난 것을 보더니 죽기를 바라는구나!"

그리하여 진평이 낸 계책대로 강후 주발을 불러 침상 아래에서 조서를 받게 했다.

"진평은 급히 역참의 수레에 주발을 태워 보내 번쾌 대신 상국이 되어 군대를 이끌게 하라. 진평은 군중에 이르는 즉시 번쾌의 목을 베게 하라."

두 사람이 조서를 받아 역참 수레를 몰고 가던 중에 군영에 닿기 전에 꾀를 냈다.

"번쾌는 황제가 오래전부터 데리고 다닌 사람인 데다 공도 많았소. 또 여후의 여동생인 여수의 남편이므로 황실과 인척 관계에서 귀한 존재가 되었소. 황상께서 한때 분노하셔서 목을 베라고는 하지만 나중에 후회하실 것이오. 차라리 그를 잡아 황상께 보내고 친히 처리하시도록 하는 게 좋을 듯하오."

군영에 닿기 전에 단을 마련하고 부절을 보내 번쾌를 불러왔다. 번쾌가 조서를 받자 두 손을 뒤로 묶어 함거에 태운 뒤에 장안으로 보냈다. 그리고 주발이 대신 군대를 거느리고 연왕을 치러 갔다.

진평이 길에서 고조가 붕어했다는 소식을 들었다. 진평은 〔자신이 번쾌를 죽이자고 한 것을 두고〕 여후와 여수가 노할 것이 겁이 나 역참 수레를 달려 빨리 황궁으로 향했다. 가는 길에 진평과 관영을 형양에 주둔시킨다는 조서를 가져오는 사자를 만났다. 조서를 받은 뒤에 진평이 다시 수레를 달려 황궁에 도착했다. 진평이 매우 슬프게 곡하며 고조의 영구 앞에서 번쾌를 되살린 사정을 아뢰었다. 여후가 진평을 가엾게 여겨 말했다.

"귀하는 나가서 쉬도록 하세요!"

진평은 누군가 여후에게 자신을 비방했을까 두려웠다. 그리하여 계속 청을 올려 황궁 숙위가 되었다. 이에 태후가 낭중령으로 임명하고 날마다 혜제를 가르치고 보좌하게 했다. 그 뒤에 여수가 여후에게 진평을 비방했으나 결과를 얻지 못했다. 번쾌는 황궁에 다다르자 사면되어 원래의 식읍을 회복했다.

혜제 6년, 상국 조참이 세상을 떠나고 안국후(安國侯) 왕릉이 우승상, 진평이 좌승상이 되었다.

어머니를 항우에게 잃고 유방의 공신이 된 왕릉

왕릉은 패현 사람으로 원래 패현의 세력가였다. 고조가 평민이던 시절에 왕릉을 형으로 모셨다. 고조가 패현에서 봉기한 뒤 함양에 입성할 때, 왕릉 또한 수천 명의 따르는 무리를 모아 남양에 있었는데 패공을 따라가려 들지 않았다. 나중에 한왕이 돌아와 항우를 칠 때에야 군대를 이끌고 한나라에 복속했다. 항우가 왕릉의 어머니를 잡아서 군중에 두었다. 왕릉이 보낸 사자가 도착하자 그 어머니를 상석인 동쪽을 향한 자리에 앉힘으로써 왕릉의 마음을 움직여 불러들이고자 했다. 왕릉의 어머니가 몰래 사자를 전송하면서 울며 호소했다.

"부디 이 늙은이의 말을 릉에게 전해 주시오. 한왕을 잘 섬겨야 한다고, 한왕은 장자이므로 이 늙은이 때문에 다른 마음을 품어서는 안 된다고 말이오. 이 몸은 죽음으로써 사자를 전송하겠소."

그리고는 칼을 품고 자결했다. 항왕이 노하여 왕릉의 어머니를 끓는 물에 넣어 버렸다. 왕릉이 끝끝내 한왕을 따라 천하를 평정했다.

왕릉은 옹치와 사이가 좋았다. 옹치가 고조의 원수였고, 왕릉 또한 원래 한왕을 따르려는 뜻이 없었던 관계로 고조는 왕릉을 나중에야 안국후로 봉했다.

왕릉은 문재가 모자랐으나 어디에 구속당하는 법이 없었고 직언을 잘했다. 우승상에 오른 지 두 해째에 혜제가 붕어했다. 태후가 여씨들을 왕으로 봉하고 싶어서 왕릉에게 물어보았다. 왕릉이 대답했다.

"고황제께서 백마를 잡아 맹세하며 말씀하시기를, 유씨가 아닌 자가 왕이 되면 천하가 함께 그를 공격하도록 한다고 하셨습니다. 지금 여씨를 왕으로 봉하는 것은 그 맹세에 어긋납니다."

태후가 기분이 좋지 않았다. 다시 좌승상 진평과 강후 주발 등에 물어보았더니 모두 입을 모아 말했다.

"고황제께서 천하를 평정하신 뒤에 유씨 자제들을 왕으로 삼으셨습니다. 지금 태후께서 천자 대신 칭제하고 계시니, 여씨 형제를 왕으로 세우고자 하신다면 안 될 것이 없습니다."

태후가 기뻐했다. 조회를 마친 뒤에 왕릉이 진평과 주발을 꾸짖었다.

"애초에 고황제와 백마의 피를 나누어 마시면서 맹세했을 때 당신들은 그 자리에 없었던가? 고황제께서 붕어하신 뒤에 태후가 여주(女主)가 되어 여씨를 왕위에 앉히려고 하는데도 아첨이나 하려고 들면서 그때의 맹세를 어기고 있으니, 지하에서 무슨 낯으로 고황제를 뵐 것인가!"

진평이 말했다.

"면전에서 나무라고 조정에서 간언하는 일에는 제가 귀하보다 못하나, 사직을 보전하고 유씨의 후대를 안정시키는 일에는 귀하께서 저보다 못합니다."

왕릉은 이 말에 아무런 대꾸도 하지 않는 것으로 대답을 대신했다.

여후는 왕릉을 쫓아내고 싶어서 왕릉을 황제의 태부로 승진시키는 척하며 실상 그의 재상 권한을 빼앗았다. 왕릉이 화가 나서 병을 칭하고 물러난 뒤에 문을 걸어 잠그고 조정에 나가지 않았다. 그리고 열 해 뒤에 세상을 떠났다.

왕릉이 승상을 그만둔 뒤에 여후는 진평을 우승상으로 올리고 벽양후 심이기를 좌승상으로 삼았다. 심이기 또한 패현 사람이다. 한왕이 팽성 서쪽에서 패했을 때 초나라에서 태상황과 여후를 인질로 잡아갔다. 그때 심이기가 시종관이 되어 여후를 모셨다. 그 뒤에 한왕을 따라서 항우를 무너뜨리고 후(侯)가 되었다. 여후의 총애를 받아 승상의 자리에 올랐으나 승상직을 수행하지 않고 궁중의 일을 감독했다. 그리하여 낭중령과 공경 백관이 모두 심이기의 결재를 받아 일을 처리했다.

그 전에 진평이 고조에게 번쾌를 잡을 계책을 올린 것을 여수가 늘 마음에 두고 몇 차례나 진평을 비방했다.

"진평은 승상이 되어 정사는 돌보지 않고 날마다 좋은 술이나 마시면서 여자들을 희롱하고 있습니다."

진평이 그 소식을 듣고서 하루하루 더 정사를 돌보지 않았다.

소식을 들은 여후는 혼자서 기뻐했다. 그리고 진평 앞에 여수를 대면시켜 놓고 말했다.

"속된 말로 아녀자의 말은 들을 필요가 없다고 하지 않소. 승상과 내가 어떤 관계인지만 생각하고 여수의 비방은 괘념치 마시오."

여후가 여러 여씨들을 왕으로 세웠을 때 진평은 순종하는 체했다. 이윽고 여후가 죽자 태위 주발과 모의하여 여씨들을 주살하고 마침내 문제를 옹립했으니, 이는 본래 진평이 낸 계책이었다. 심이기는 승상에서 면직되었다. 문제가 진평과 주발을 둘 다 승상으로 삼았다.

태위 주발은 직접 군대를 거느리고 여씨들을 주살했던 터라 공이 컸다. 진평은 주발이 윗자리에 오르게 하려고 병을 칭하며 우승상직에서 물러나겠다고 했다. 문제가 즉위한 뒤에 진평이 아프지 않은데도 병을 칭한 것을 이상히 여겨 진평에게 물었다. 진평이 아뢰었다.

"고황제 때는 주발의 공이 신만 못했는데, 여씨들을 죽인 일에는 신의 공이 주발만 못했습니다. 주발에게 우승상 자리를 양보하고 싶습니다."

그리하여 태위 주발을 우승상으로 삼아 첫째 자리에 두고, 진평을 좌승상으로 내려 주발의 다음 자리에 두었다. 진평에게는 황금 천 근을 하사하고 식읍 삼천 호를 더하여 봉했다. 얼마 지나지 않아 점차 국사를 익혀 가던 황제가 조회 때 우승상 주발에게 물었다.

"천하에서 한 해 동안 처리하는 옥사가 얼마쯤 되는가?"

주발이 사죄하면서 알지 못한다고 대답했다. 황제가 또 물었다.

"한 해 동안 천하에서 들고나는 전곡이 얼마쯤 되는가?"

주발이 다시 사죄하면서 모른다고 대답했다. 땀이 나서 등을 적시는 가운데 주발은 속으로 부끄러워하며 얼굴을 들지 못했다. 황제가 다시 좌승상 진평에게 묻자 진평이 아뢰었다.

"각각의 일마다 그 일을 주관하는 자가 있습니다."

황제가 물었다.

"주관하는 자란 누구를 이르는가?"

진평이 아뢰었다.

"옥사의 처리 문제를 물어보시려면 정위(廷尉)에게 책임을 물으셔야 하고, 전곡의 문제는 치속내사(治粟內史)에게 책임을 물으시면 됩니다."

황제가 다시 물었다.

"이렇게 각각 주관하는 자가 있다면 승상은 무슨 일을 주관하는가?"

진평이 황공해하며 아뢰었다.

"황공합니다. 폐하께서 제가 어리석은 줄을 모르시고 재상직을 수행하게 하셨습니다. 재상이란 위로는 천자를 보좌하여 음양이 조화를 이루게 하고 사철이 고르도록 하며, 아래로는 만물이 마땅한 자리를 찾아가도록 해야 합니다. 밖으로는 사이(四夷)와 제후들을 안정시키고 위무해야 하며, 나라 안으로는 백성으로 하여금 잘 따르게 하는 한편으로 경과 대부들이 각자 맡은 바 직분을 수행하도록 해야 합니다."

황제가 진평의 대답을 듣고 흡족해하며 칭찬했다. 크게 부끄러웠던 주발은 조회를 마치고 나오자마자 진평을 책망했다.

"승상께서는 어찌하여 평소에 나에게 그런 사정을 일러 주지 않았습니까?"

진평이 웃으며 말했다.

"승상의 자리에 계시면서 승상이 무슨 일을 하는 자리인지 모르셨단 말씀입니까? 하물며 폐하께서 장안에 도적이 얼마나 있느냐고 물으셨다 해도 억지로 대답할 의향이셨는지요?"

이에 강후 주발은 자신의 능력이 진평보다 아주 못한 것을 깨달았다. 얼마 있지 않아 주발이 승상 자리에서 물러났다. 그리하여 진평이 혼자서 승상직을 맡았다.

효문제 2년, 진평이 세상을 떠나자 헌후(獻侯)라는 시호가 내려졌다. 자손에게 후위가 내려가 증손 진하(陳何)에게까지 갔으나 남의 아내를 빼앗은 죄에 걸려 기시형을 당했다.

왕릉의 후위도 고손자에게까지 내려갔으나 고손자가 무제 때 태묘에서 거행하는 음주례 경비로 요구한 황금을 제대로 내지 않아 후위가 철폐되었다.

벽양후 심이기는 벼슬에서 물러난 뒤 세 해 만에 회남왕에게 죽임을 당했다. 문제가 그 아들 심평(審平)으로 하여금 후위를 잇게 했다. 치천왕이 반란을 일으켰을 때 벽양이 치천에 가까이 있었으므로 심평이 치천왕에게 투항했다. 이 때문에 후위가 철폐되었다.

먼저 진평은 이렇게 말한 적이 있다.

"내가 비밀스러운 계책을 많이 올렸는데 도가에서는 이를 금지한다. 내 후손이 폐출된다면 그로써 끝이 나고 끝내 다시 일어날 수 없을 것이니, 그것은 곧 내가 비밀스러운 계책을 많이 썼기에 화를 입은 것이리라."

진평의 후대인 증손자 진장(陳掌)이 위씨(衛氏)의 친척[22]이 되어 존귀해지면서 곡역후 후위를 이어 보려고 했지만 끝내 이루지 못했다.

개국 공신으로 문제까지 옹립한 주발

주발은 패현 사람이다. 주발의 선조가 권현(卷縣)에 살다가 패현으로 이사를 온 것이었다. 주발은 누에를 기르는 채반을 만들어 생활했다. 남의 집에 상사가 났을 때는 악공이 되어 소(簫)를 불어 주었고, 재관(材官) 부대 병졸이 되어서는 단단한 활이나 쇠뇌의 시위를 잡아당겼다.

고조가 패공이 되어 막 봉기했을 때 주발은 중견으로서 호릉을 공격하고 방예를 함락하는 작전에 고조를 수행했다. 함락했던 방예성이 반기를 들자 교전하여 적을 물리쳤으며 풍읍을 공격했다. 탕현의 동쪽 지역에서 진나라군을 습격한 뒤에 돌아와 유현과 소현 사이에 주둔했다. 다시 탕현을 공격하여 무너뜨렸고 하읍 함락 작전에서 가장 먼저 성루에 올랐다. 이에 오대부 벼슬이 내려졌다. 몽현(蒙縣)과 우현을 공격하여 빼앗았으며, 장한의 전차 기마 부대 후미를 쳤다. 위나라 땅을 공략하여 평정하는 데 참가했고, 원척과 동혼(東緡)[23]을 공략하고 율현까지 진군하여 함락했다. 또 설상(齧桑)을 공격할 때 가장 먼저 성루에 올랐다. 동아성 아래에서 진나라군과 교전하여 쳐부순 뒤에 복양까지 추격했으며, 기성(蘄城)[24]을 함락했다.

도관(都關)과 정도를 공격하고 원구를 습격하여 점령한 다음 선보(單父) 현령을 사로잡았다. 밤에 임제를 습격하여 점령했으며 수장(壽張)을 공격했다. 그 뒤에 선봉이 되어 권현까지 진격했으며, 옹구성 아래에서 이유의 군대를 쳐부수었다. 개봉을 공격할 때는 가장 먼저 성루 아래까지 나아가는 큰 공을 세웠다.[25] 뒤에 장한이 항량 군대를 무너뜨리고 항량을 죽였을 때 패공과 항우가 군대를 끌고 동쪽의 탕군으로 갔다. 패공이 패현에서 봉기한 때로부터 탕군으로 철수하기까지 일 년 이 개월이 걸렸다. 초 회왕이 패공에게 무안후의 봉호[26]를 내리고 탕군의 군장으로 삼았다. 패공은 주발을 상비(襄賁)[27] 현령으로 삼았다.

다시 패공을 따라 위나라 땅을 평정했는데, 성무에서 동군위(東郡尉)가 이끄는 군대를 공격하여 쳐부수었다. 장사(長社)를 공격할 때 가장 먼저 성루에 올랐다. 영양(潁陽)과 구씨를 점령하여 황하의 나루를 끊었으며, 시향의 북쪽에서 조분의 군대를 공격하여 승리했다. 남쪽으로 진군하여 남양 군수 여의의 군대를 공격했으며 무관과 요관을 무너뜨렸다. 다시 남전의 남쪽에서 진나라군을 공격한 뒤에 함양으로 들어가 진나라를 무너뜨렸다.

항우가 관중에 들어온 뒤에 패공을 한왕에 봉했다. 한왕은 주발을 위무후(威武侯)에 봉했다. 한왕을 따라 한중에 간 뒤에 장군으로 승진했다. 다시 한왕을 따라 셋으로 갈라졌던 진나라의 옛 땅을 평정하는 데 참가하여 회덕(懷德)을 식읍으로 받았다. 괴리와 호지를 공격할 때 주발의 공이 가장 컸다. 북쪽으로 진군하여 함양에서 조분과 내사 보(保)의 군대를 칠 때에도 공이 가장 많았다. 그리고 북쪽으로 칠현(漆縣)을 구원하러 갔다. 장평(章平)과 요앙(姚卬)의 군대를 공격하고 서쪽의 견현(汧縣)을 평정했다. 돌아오는 길에 미현(郿縣)과 빈양(頻陽)을 공격했다. 폐구에서 장한의 군대를 포위한 뒤 승리했다.

또 서쪽으로 가서 장한의 부장 익이(盎已)의 군대를 공격해 무너뜨렸으며 상규(上邽)를 공략한 다음 동쪽으로 와서 요관을 수비했다. 항우의 군대를 공격했는데 곡우 전투에서 주발의 공이 가장 컸다. 돌아와 오창을 수비했고 항우를 추격했다. 항우가 죽은 뒤에는 동쪽 초나라 땅이었던 사수와 동해군을 평정하여 스물두 개 현을 얻었다. 회군해서는 낙양과 역양을 수비했다. 영음후 관영과 함께 종리(鍾離)를 식읍으로 하사받았다.

연왕 장도가 난을 일으키자 장군으로서 고조를 따라 출동하여 역현성(易縣城) 아래에서 무찔렀다. 주발 휘하의 많은 군사가 고조가 진군하는 길 앞을 돌격해 나갔다. 고조가 주발을 열후에 봉하고 부절을 나누어 대대로 후위가 끊어지지 않도록 했으며 강현(絳縣)의 팔천이백팔십 호를 식읍으로 내렸다.

장군으로서 고조를 따라 대나라 땅에서 한왕 한신의 난을 진압했는데, 곽인(霍人)을 점령했다. 선봉장이 되어 무천(武泉)에 이르러 흉노의 기병과 교전하여 무천 북쪽에서 무찔렀다. 방향을 돌려 동제(銅鞮)에 있던 한신의 군대를 쳐서 이겼다. 군대를 돌려 오는 길에 태원의 여섯 개 성을 항복시켰다. 진양성 아래에서 흉노의 기병[28]을 공격하여 이기고 진양을 점령했다. 그 뒤에 좌석(硰石)[29]에서 한신의 군대를 공격하여 승리하고 북쪽으로 팔십 리나 추격했다. 돌아와서 누번의 세 군데 성을 공격하고 평성성 아래에서 흉노 기병과 교전했다. 주발 휘하의 군사들이 고조가 진군하는 길 앞에서 돌격한 자가 많았다. 주발은 태위로 승진했다.

진희의 군대를 공격하고 마읍을 도륙했다. 주발 휘하의 군사들이 진희의 장군 승마강(乘馬降)[30]을 죽였다. 군대를 돌려 누번에서 한신·진희·조리(趙利) 연합군을 공격하여 승리했으며, 진희의 부장 송최(宋最)와 안문(鴈門) 군수 혼(圂)을 포로로 잡았다. 그 여세를 몰아 운중 군수 속(遬)과 승상 기이(箕肆),[31] 진희의 장군 박(博)[32]도 포로로 잡았다. 그리하여 안문군의 열일곱 개 현과 운중군의 열두 개 현을 평정했다. 이어서 영구(靈丘)에서 진희의 군대를 공격하여 쳐부수고 진희의 승상이었던 정종(程縱)과 장군 진무(陳武), 도위 고이(高肄)의 목을 베고[33] 대군(代郡) 아홉 개 현을 평정했다.

연왕 노관이 반란을 일으키자 주발은 번쾌를 대신하여 상국으로서 군대를 이끌고 계현(薊縣)을 공격하여 노관의 대장 지(抵), 승상 언(偃), 군수 형(陘), 태위 약(弱), 어사대부 시(施)를 사로잡고 혼도(渾都)[34]를 도륙했다. 먼저 상란(上蘭)에서, 뒤에 저양(沮陽)에서 노관의 군대를 공격하여 장성(長城)까지 추격했으며, 상곡(上谷)의 열두 개 현, 우북평(右北平)의 열여섯 개 현, 요동의 스물아홉 개 현, 어양의 스물두 개 현을 평정했다. 고조를 따라 종군하여 얻은 전과를 모두 기록하자면 상국 한 명, 승상 두 명, 장군과 봉록 이천석 관리 각각 세 명을 사로잡았고, 주발의 군대가 단독으로 출전하여 군영 둘을 격파했으며, 세 개 성을 함락하고 다섯 개 군 일흔아홉 개 현을 함락하여 승상과 대장 한 명씩을 각각 사로잡았다.

주발은 사람됨이 질박하고 충성스러웠으므로 고조가 큰일을 맡길 만한 사람이라고 여겼다. 그런데 주발은 유가 학설을 좋아하지 않았으므로 유생들이나 변사를 불러 만날 때마다 동쪽을 향해 상석에 앉은 채 "빨리 본론부터 말하세요."라고 했으니, 그만큼 눈치가 모자라고 언사가 부족했다.

주발이 연나라 땅을 평정하고 돌아와 보니 고조가 이미 붕어한 뒤였으므로 열후의 자격으로 혜제를 섬겼다. 혜제 6년, 고후가 세상을 떠났다. 조왕 여록이 한나라 조정의 상장군이 되고 여왕 여산이 상국이 되어 권력을 장악하니 유씨 정권이 위태롭게 되었다. 주발이 승상 진평, 주허후 유장과 함께 여씨 일족을 주살했다. 이 이야기는 「고후기」에 있다.

주발 등이 은밀히 상의했다.

"소제(昭帝)와 제천왕(濟川王), 회양왕, 항산왕(恆山王)³⁵은 모두 혜제의 아들이 아닙니다. 여후가 다른 사람의 아들을 혜제의 아들이라 속이고, 그 어미를 죽인 뒤에 후궁이 기르게 하고는 효제께

친아들처럼 여기라고 시켰으니, 그중에서 후대를 잇게 하여 여씨 세력을 강화하려고 했던 것입니다. 지금 여씨 일족을 모두 죽였으나 소제가 자라서 정사를 보게 되면 우리는 씨도 안 남을 것이라, 제후 중에 인물을 찾아 황제로 올리는 것이 좋겠습니다."

이어서 대왕(代王)을 맞이하여 황제로 세웠으니 바로 효문제이다.

동모후 유흥거는 주허후 유장의 동생이었는데 "저는 여씨들을 죽이는 데 아무런 공을 세우지 못했으니, 황궁에 들어가 잔당을 정리하겠습니다."라고 말하고는 태복 여음후 등공과 함께 궁으로 들어갔다. 등공이 소제 앞에 나아가서 말했다.

"귀하는 유씨가 아니니 황제 노릇을 할 수 없소."

그러고는 좌우의 집극들을 돌아보며 모두 무기를 놓고 나가라고 했다. 몇몇은 나가려고 하지 않았지만, 환자령(宦者令) 장석(張釋)[36]이 사정을 알리자 모두 나갔다. 등공이 작은 수레를 타고 가서 소제를 태운 뒤에 궁을 나갔다. 소제가 물었다.

"나를 데리고 어디로 가는 것이오?"

등공이 말했다.

"이제부터 소부(少府)에서 사는 겁니다."

이어서 황제의 수레를 대왕의 경저로 받들고 가서 황제를 모셔 오면서 보고했다.

"황궁 안의 잔당을 샅샅이 제거했습니다."

황제가 미앙궁(未央宮)으로 들어가려고 할 때에 알자 열 명이 창을 들고 남문인 단문(端門)을 지켜 섰다가 "천자께서 안에 계신다. 귀하는 도대체 뭘 하는 자인가?"라고 하며 들어가지 못하게 했다. 태위가 가서 사정을 알렸더니 바로 군사를 끌고 자리를 떴다. 그리하여 황제가 궁으로 들어갔다. 그날 밤 해당 부서 사람들을 몇 갈래로 나눠 제천왕, 회양왕, 상산왕과 소제를 각자의 처소에서 죽여 버렸다.

문제가 즉위하여 주발을 우승상으로 삼고 황금 오천 근을 하사하는 한편으로 식읍 만 호를 봉했다. 열 달 남짓 지났을 때 누군가 주발에게 충고했다.

"승상께서 여씨 일족을 주살하고 대왕을 황제에 세웠으니 천하에 위세를 떨쳤습니다. 그런데 스스로 후한 상을 받고 높은 자리에 오른 것을 당연하게 여긴다면 그로 말미암아 승상께 화가 미칠 것입니다."

그 말을 들으니 겁도 나고 스스로 생각해도 위태로운 듯하여 승상의 관인을 반납하고 사직하기를 주청했는데[37] 황제가 허락했다. 한 해 남짓해서 우승상 진평이 죽었으므로 황제가 다시 주발을 승상에 임명했다. 다시 열 달 남짓해서 일식이 두 차례 이어서 일어났을 때 황제가 말했다.

"일전에 내가 조칙을 내려 열후들로 하여금 봉토에 가서 다스리게 했는데 아직 가지 않은 사람들이 많소. 승상은 짐이 중용하는 신하이니 짐을 위해 봉토로 가는 열후의 모범을 보여 주기 바라오."

이에 주발이 승상직에서 물러나 봉토인 강현(絳縣)으로 갔다.

한 해가 더 지났다. 하동 군수와 군위가 강현에 올 때마다 강후 주발은 혹시 자신을 죽이러 오는 것이 아닌가 두려운 생각이 들어서 늘 갑옷을 걸치고 식솔들에게 무기를 들게 한 뒤 그들을 접견했다. 후일 어떤 자가 주발이 반란을 일으키려고 한다는 내용의 글을 올려 고발했다. 황제가 정위에게 명령하여 주발을 붙잡아 심문하게 했다. 주발은 겁에 질려 심문에 제대로 답하지 못했다. 심문하던 옥리가 그를 심하게 능욕하사 주발이 황금 천 근을 옥리에게 주었다. 그러자 옥리가 죽간 조각의 뒷면에 "공주를 증인으로 세우시오."라고 써서 보여 주었다. 옥리가 말한 공주는 효문제의 딸을 이르는 것으로 강후 주발의 아들 주승지(周勝之)의 부인이었다. 그래서 옥리는 이 사실을 끌어다 증거로 삼게 한 것이었다.

앞서 주발은 추가로 하사받았던 식읍을 모두 박소(薄昭)[38]에게 준 적이 있었다. 사태가 긴박해지자 박소가 박(薄) 태후에게 그 사정을 알렸다. 태후도 주발에게 반란의 뜻이 없었다고 여겼다. 그리하여 문제가 문안을 드리러 왔을 때 태후가 문제에게 머릿수건을 집어 던지며 말했다.

"강후는 황상을 즉위시키기 위해 황제의 옥새를 잘 간직한 채 북군 군대를 이끌었소. 그때에도 반란을 일으키지 않았는데 지금 그 작은 현에 있으면서 무슨 반란을 일으키려 한다는 게요!"

문제가 주발을 심문한 옥리의 문서를 본 뒤라 태후에게 황공해하며 아뢰었다.

"옥리가 방금 심문을 마쳤으니 출옥시키겠습니다."

황제가 바로 사자에게 부절을 들려 보내 주발을 풀어 주고 식읍을 회복시켰다. 주발이 옥을 나오면서 말했다.

"내 일찍이 백만 대군도 거느렸거늘, 옥리가 이렇게 위풍이 있는 줄은 어찌하여 몰랐을까!"

봉토로 돌아간 주발이 효문제 11년에 세상을 떠났다. 시호가 무후(武侯)로 내려졌다. 아들 주승지가 후위를 이었지만 공주와 사이가 좋지 않았고, 살인 사건에 연루되어 사형당했다. 그리하여 후위가 끊어졌다. 한 해 뒤에 문제가 주발의 아들 중에 어진 자를 골라 등용하고자 했는데, 하내 태수 주아부가 뽑혔으므로 강후의 후위를 다시 내렸다.

모반죄로 굶어 죽은 공신 주아부

○　　○　　○

주아부가 하내 태수로 있을 때, 허부(許負)가 주아부의 관상을 보았다.

"태수께서는 세 해 뒤에 후가 되겠습니다. 후가 된 지 여덟 해 만에 장군이나 재상 자리에 오르셔서 권력을 손아귀에 쥐겠으니, 존귀하기가 신하 중에 둘도 없겠습니다. 그러나 그로부터 아홉 해가 지나서는 굶어 죽을 것입니다."

주아부가 웃으며 말했다.

"저의 형이 아버지의 대를 이어 후가 되었고, 설령 형이 죽는다 해도 당연히 그 아들이 대를 이을 텐데 어찌하여 제가 후가 된다 말씀하십니까? 그리고 부의 말씀대로 제가 그렇게 존귀하게 된다면 어찌하여 또 굶어 죽는다고 하십니까? 그 이유를 일러 주십시오."

허부가 주아부의 입을 가리키며 말했다.

"입 쪽으로 세로 금[39]이 흐르는데, 골상법에서는 이를 두고 굶어 죽을 상이라고 합니다."

세 해가 지나 주아부의 형 강후 주승지가 죄를 지었다. 문제가 주발의 아들 중에서 어진 자를 고르니, 모두 주아부를 추천했으므로 그 의견에 따라 주아부를 조후(條侯)로 봉했다.

문제 후원(後元) 6년, 흉노가 대거 변경을 침입해 왔다. 종정 유례(劉禮)와 축자후(祝玆侯) 서려(徐厲), 하내 태수 주아부를 모두 장군으로 삼아 각각 장안의 외곽에 있던 패상과 극문(棘門), 그리고 세류(細柳)에 진을 치고 흉노를 막게 했다. 황제가 친히 군대를 위로하러 나서서 패상과 극문의 군영에 이르렀다. 황제가 말을 타고 군영 안으로 바로 들어가자 장군 이하 군리까지 말을 타고 나와 황제를 맞이했다. 그런데 세류의 군영에 이르자 군대의 병졸과 군관들이 갑옷으로 무장하고 칼날을 날카롭게 갈며 쇠뇌의 시위를 당기고 있었는데 시위를 끝까지 팽팽하게 당기고 있었다. 황제의 선도 행렬이 군영 문에 이르렀으나 들여보내 주지 않았다. 선도 책임자가 말했다.

"천자께서 행차하셨단 말이오."

군영 문을 지키던 도위가 말했다.

"군중에서는 장군의 명령에 복종하지, 천자의 조칙에 복종하지 않습니다."

곧이어 황제가 도착했으나 역시 들여보내지 않았다. 그리하여 황제가 사자에게 부절을 들려 보내 장군에게 조서를 전달했다.

"내가 군대를 위로하고자 하오."

이에 주아부가 군영 보루의 문을 열라고 명령했다. 군영의 문을 지키던 군사가 황제의 수레를 호위하던 군사에게 청했다.

"장군께서 영을 내렸습니다. 군중에는 말을 탄 채 들어갈 수 없습니다."

그리하여 황제가 말고삐를 잡고 천천히 걸어 들어갔다. 중군영에 이르니 장군 주아부가 읍을 하며 아뢰었다.

"군인이 갑옷과 투구를 입은 채로는 꿇어앉아 절을 올리지 못하니, 군대의 예법으로 뵙는 것을 허락해 주십시오."

황제가 감동하여 엄숙한 얼굴로 주아부의 수레의 횡목을 잡고 허리를 굽혀 경의를 나타낸 뒤에 사람을 시켜 진심이 담긴 인사말을 전했다.

"황제가 장군의 노고에 경의를 표하노라."

의례가 끝나자 황제가 떠났다. 황제가 군영의 문을 나오자 군신들이 모두 놀라워했으나 문제가 말했다.

"오호라, 이자야말로 진정한 장군이구나! 바로 전에 갔던 패상과 극문은 아이들 장난 같았다. 그곳의 장군들은 습격당하면 사로잡힐 것이 뻔해 보였으나 주아부 같으면 어떻게 침범하겠는가!"

그러고는 오랫동안 주아부를 칭찬했다.

한 달 남짓해서 세 군데 군영을 모두 철수시킨 뒤에 주아부를 중위에 임명했다.

문제가 붕어할 무렵 태자를 불러 당부했다.

"위급한 일이나 변고가 생기면 주아부야말로 믿고 군대를 맡길 만한 인물이다."

문제가 붕어한 뒤에 주아부가 거기장군에 임명됐다.

효경제 3년, 오왕과 초왕이 반란을 일으켰다. 중위의 신분인 주아부를 동쪽으로 보내 태위직을 행사하여 오와 초의 군대를 진압하게 했다. 전장으로 떠나며 주아부가 주청했다.

"초나라 군은 용맹하고 날래기 때문에 전투에서 승패를 겨루기가 어렵습니다. 양왕[40]이 오왕을 공격하도록 두고 오왕의 식량 수송 길부터 끊고자 합니다. 그렇게 하면 제압할 수 있습니다."[41]

황제가 그 작전을 허락했다.

주아부가 출정하여 패상에 다다랐을 때 조섭(趙涉)이 길을 막으며 주아부에게 권했다.

"장군께서 오왕과 초왕의 군대를 쳐부수러 동쪽으로 출정하시는데, 이기면 종묘가 안정되겠지만 이기지 못할 경우에는 천하가 위태로워지는 판이니 제가 올리는 계책을 들어주시겠습니까?"

주아부가 수레에서 내려 예를 갖춘 다음 계책을 물었다. 조섭이 말했다.

"오왕은 계속해서 재정이 풍부했으므로 자신에게 죽음으로써 보답할 인물들을 모아 왔습니다. 오왕이 장군의 출정 소식을 들으면 효산과 민지의 험한 지형 사이에 복병을 숨겨 둘 것입니다. 전투에서는 예측할 수 없는 오묘한 일이 벌어지니 장군께서는 오른쪽 길로 돌아 남전을 통과해 무관으로 나가서 낙양에 도달하는 것이 낫습니다. 걸리는 시간이라고 해야 불과 하루 이틀 늦어질 뿐입니다. 그리하여 갑자기 낙양의 무기고로 들이닥치면서 북을 울려 대면 제후들이 이 소식을 듣고 장군이 하늘에서 내려온 분이라고 여기게 될 것입니다."

태위 주아부가 그 계책을 따랐다. 낙양에 이르러 사람을 시켜 수색해 보니 역시 효산과 민지 사이에 오왕의 복병이 있었다. 이제 조섭에게 호군직에 오를 것을 청했다.

주아부는 도착한 뒤에 형양에서 군대를 모았다.

오나라 쪽에서 양왕을 치자 다급해진 양왕이 구원을 요청했다. 주아부가 도리어 군대를 동북쪽 창읍으로 물리고 해자를 더 깊이 판 뒤에 수비만 했다. 양왕이 사람을 보내 주아부에게 구원을 요청했지만 주아부는 돌아가는 사정을 살피면서 구원병을 보내지 않았다. 양왕이 경제에게 글을 올려 이 사실을 고하자 경제가 조서를 내려 양왕을 구하러 가라고 했다. 그러나 주아부는 조서를 받들지 않고 성을 굳게 지키며 군대를 출동하지 않았다. 그러고는 날랜 기병과 궁고후 한퇴당을 보내 오초 연합군의 후방에 있던 군량 수송 길을 끊어 버렸다. 군량이 떨어져 굶게 된 오초 연합군이 퇴각하는 길에 수차례나 싸움을 걸어왔지만 끝내 출전하지 않았다. 밤에 주아부 군중에 소동이 일어나서 서로 치고받으며 소란을 피우다가 태위의 막사 앞에까지 이르렀으나 주아부는 계속 누워만 있고 일어나 보지도 않았다. 그랬더니 얼마 지나지 않아 군중이 조용해졌다.

오왕의 군대가 군영의 동남쪽 구석으로 달려들 때 주아부는 서북쪽을 방비하게 했다. 과연 오왕의 정예병이 서북쪽으로 공격해 왔지만, 군영 안으로 들어갈 수 없었다. 오초 연합군은 굶주려 싸울 수 없었으므로 군대를 철수시켰다. 주아부가 그 기회를 타서 정예병으로 하여금 추격하게 하여 오왕 유비의 군대를 크게 무찔렀다. 오왕 유비는 자신의 군대를 버리고 장사 수천 명과 함께 달아나 장강을 건너 단도에 가서 목숨을 보전하려고 했다. 한나라 군이 승기를 잡고 계속 추격하여 모두를 포로로 잡았다. 그 뒤에 단도현을 항복시키고[42] 오왕의 목에 황금 천 근을 걸었다. 한 달 남짓했을 때 동월 사람이 오왕의 목을 베었다고 고해 왔다. 서로 대치하며 모두 석 달을 싸운 끝에 오초 연합군을 평정했다. 장수들이 양 효왕을 구원하지 않고 오초의 식량 수송 길을 끊은 다음 버티기 작전을 펼친 태위의 계책이 옳았다고 여겼다. 그러나 그때부터 양 효왕과 주아부의 사이는 멀어졌다.

개선한 뒤에 계속 태위로 있다가 다섯 해가 지나 승상으로 승진했다. 경제는 주아부를 매우 신임했다.

황제가 태자 율(栗)을 폐할 때 주아부가 힘껏 변호했으나 말리지 못했다. 황제가 이 일로 주아부와 소원해졌다. 게다가 양 효왕이 황제를 배알하러 올 때마다 항상 두 태후에게 주아부의 허물을 말했다. 그 무렵 두 태후가 황제에게 건의했다.

"황후의 오라버니인 왕신(王信)을 후에 봉하시지요."

황제가 그렇게 할 수 없다고 말했다.

"애초에 선제께서는 남피후(南皮侯)와 장무후(章武侯)를 후에 봉하지 않으셨다가 제가 즉위한 뒤에야 후로 봉했습니다."

두 태후가 말했다.

"사람은 각자 부귀해지는 때가 있습니다.[43] 두장군이 살아 있을 때 후에 봉해지지 못하고, 죽은 뒤에야 그 아들 팽조(彭祖)가 겨우 후에 봉해졌지요. 내가 아주 원통했습니다. 서둘러 왕신을 후에 봉하세요."

황제가 말했다.

"제가 승상과 의논하게 해 주십시오."

주아부가 황제에게 이렇게 아뢰었다.

"고황제께서 '유씨가 아닌 자는 왕이 될 수 없고 공이 없으면 후에 오를 수 없다. 이 약정을 어기면 천하가 함께 공격하도록 한다.'라고 하셨습니다. 지금 왕신이 황후의 오라버니이긴 하나 공을 세운 적이 없으므로 후에 봉하는 것은 태조의 약정을 어기는 것입니다."

황제는 아무 말도 하지 않았다. 그리고 논의를 멈추었다.

그 뒤에 흉노왕 서로(徐盧)[44] 등 다섯 명이 한나라에 투항해 오자 황제가 그들을 후에 봉함으로써 뒤에도 투항이 이어지도록 권하는 정책을 썼다. 주아부가 아뢰었다.

"자신의 주군을 배반하고 투항한 그자를 폐하께서 후로 봉하시면, 폐하의 신하가 절개를 지키지 않을 때 어떻게 나무라시겠습니까?"

황제가 말했다.

"승상의 논의는 받아들이지 않겠소."

그러고는 서로 등 모두를 열후에 봉했다.[45] 주아부는 이 일을 문제 삼아 병을 칭하고 사직하여 승상에서 물러났다.

얼마 지나지 않아 황제가 궁중에서 연회를 열었는데 주아부도 불러 음식을 내렸다. 그런데 주아부 앞에는 큰 덩어리 고기를 놓고는 썰어 주지 않았다. 게다가 젓가락도 놓여 있지 않았다. 주아부가 속으로 못마땅하게 여기면서 연회를 주관하는 관리 쪽을 돌아보며 젓가락을 가져오라고 했다. 황제가 그 광경을 보고 비웃으며 말했다.

"그렇게 하는 것은 내가 차린 것이 성에 차지 않는다는 뜻이 아닙니까?"

주아부가 관을 벗고 황제에게 사죄했다. 황제가 말했다.

"그만 몸을 일으키시오."

그리하여 주아부는 종종걸음으로 자리를 떠났다. 황제가 그의 모습이 사라질 때까지 바라보다가 말했다.

"저리 불만이 많아서야! 젊은 임금⁴⁶의 신하 노릇은 못 하겠군."

얼마 지나지 않아 주아부의 아들이 그 아버지의 장례 때 쓸 부장품을 미리 갖추려고 공관상방(工官尙方)의 갑옷과 방패를 짝 맞춰 오백 벌 사들였다. 그런데 삯꾼을 들여 힘들게 일을 시켜 놓고 품삯을 주지 않았다. 삯꾼들이 주아부 집에서 천자⁴⁷의 물건을 몰래 사들인 것임을 알고, 원통한 마음에 그 아들이 모반했다고 조정에 고발하여 주아부에게까지 불똥이 튀었다. 삯꾼들의 고발장이 접수된 뒤에 황제가 옥리에게 사건을 넘겼다. 옥리가 주아부에게 하나하나 사정을 물어보자 주아부가 대답하지 않았다. 황제가 질책했다.

"심문할 필요도 없다."⁴⁸

황제가 정위를 불렀다. 정위가 주아부를 문책했다.

"군후께서는 반역할 생각이었습니까?"

주아부가 대답했다.

"우리 집에서 산 물건은 모두 부장품으로 쓸 것이었습니다. 어찌하여 반역이라고 합니까?"

옥리가 말했다.

"지상에서 반역할 생각이 아니었다고 해도 부장품을 들고 지하에 가서 반란을 일으켰을 것이오."

옥리가 더욱더 급박하게 다루었다. 옥리에게 붙잡혔을 때 주아부가 일찍이 자결하려 했으나 부인이 말려 죽지 않았다. 그리하여 정위에게 넘겨지게 되었는데 그 뒤로 닷새 동안 아무것도 먹지 않다가 피를 토하고 죽었다. 황제가 후위를 단절시켰다.

한 해 뒤에 황제가 강후 주발의 다른 아들인 주건(周堅)을 평곡후(平曲侯)로 봉하여 강후의 뒤를 잇게 했다. 아들 주건덕(周建德)에게 후위가 계승되었는데 주건덕은 태자태부로 있다가 태묘에서 거행하는 음주례 경비로 내는 황금을 제대로 내지 않아 벼슬을 잃었다. 뒤에 죄를 지어 황제가 후위를 없앴다.

주아부는 정말로 굶어 죽었는데 죽은 뒤에 황제가 왕신을 갑후(蓋侯)로 봉했다.

평제 원시 2년에 이르러 끊어졌던 강후의 대를 이었다. 그리하여 주발의 고손자 아들인 주공(周恭)을 강후에 봉하고 식읍 천 호를 내렸다.

찬하여 말한다.

들자 하니 "장량의 지모와 용맹이 뛰어나서 건장하고 기이하게 생긴 줄 알았는데 초상을 보니 도리어 여인네 같은 모습이었다."[49] 라고 한다. 공자께서도 "외모로 사람을 판단하느라 자우(子羽)에게 실례를 범했다."라고 하셨다. 배운 사람들은 대개 혼령이나 신이 있다는 것을 믿지 않는 법이니 장량이 노인에게 책을 받았다고 하는 것 역시 특이한 일이었다. 고조가 몇 번이나 역경에 빠졌을 때, 언제나 장량이 힘을 써서 극복해 나갔으니 어찌 하늘의 뜻이 아니라고 하겠는가!

진평의 원대한 뜻은 토지신에게 제사를 올릴 때 이미 드러났다. 초나라와 위나라에 기대느라 이리저리 쫓아다니다가 끝내 한나라에 귀순하여 책사가 되었다. 이어서 여후 때에 일도 많고 탈도 많았으나 진평은 끝끝내 몸을 다치지 않았으니 지략으로 끝까지 버틴 것이었다.

왕릉은 조정에서 간언하다 스스로 두문불출했으니 그 또한 자신만의 지향이 있었다.

주발은 평민이었던 시절에 그저 저속하고 순박했던 평범한 사람이었으나, 황제를 보좌하는 승상의 자리까지 올랐고 나라가 어려울 때 구하러 나섰으며 여씨 일족을 주살하고 효문제를 옹립하여 한나라의 이윤(伊尹)과 주공(周公)이 되었으니 이 얼마나 대단한 일인가!

여후가 재상감이 누구인지를 물었을 때 고조는 이렇게 대답한 바 있다.

"진평은 지략에 남음이 있고 왕릉은 조금 우직할 정도로 바른 말을 잘하니 새 임금을 보좌할 수 있소. 또 유씨 집안을 안정시킬 자라면 주발밖에 없소."

여후가 그다음에는 없느냐고 물었더니 황제가 말했다.

"이들을 넘으려면 후대를 기다려야 하니 황후가 살아서는 볼 수 없을 것이오."

마침내 전부 그 말대로 되었으니 얼마나 성명한 군주인가!

11

번·역·등·관·부·근·주 전
樊酈滕灌傅靳周傳

이 편에는 번쾌(樊噲, 기원전 242~기원전 189년), 역상(酈商, ?~기원전 180년), 하후영(夏侯嬰, ?~기원전 172년), 관영(灌嬰, 기원전 250~기원전 176년), 부관(傅寬, ?~기원전 190년), 근흡(靳歙, ?~기원전 183년), 주설(周緤, ?~기원전 175년) 등 모두 일곱 명의 인물이 등장한다. 모두 유방을 도와 한나라의 개국을 도운 공신들이다. 이 중에서 번쾌와 하후영, 역상, 관영은 고조가 죽은 뒤에 집정한 여후를 섬겼다는 이유로 반고의 빈축을 샀다. 여후가 죽은 뒤에 여씨 일족을 제거하는 데 앞장선 관영도 비난을 피하지 못했다. 번쾌는 홍문연에서 고조의 목숨을 구했으며 경포의 반란이 일어났을 때 실의에 빠져 있던 고조를 다시 일으켜 세운 전설적인 인물이지만, 여후의 제부(弟夫)였던 탓에 그 밑에서 벼슬을 살 수밖에 없었다.

『사기』에는 번쾌와 역상·하후영·관영이 한 편에, 부관·근흡·주설이 다른 편에 실려 있다. 반고는 이 일곱 명의 인물을 한 편에 모았으니, 이들이 모두 미천한 신분 출신이라는 공통점 때문이다. 이는 사마천이 미처 파악하지 못했던 점이다. 신분 제약이 심했던 당시에 한결같이 고조를 따르며 일등 공신의 반열에 오른 이들은 풍운이 일어 영웅을 부르는 시절에 평민이 재상까지 오른 선명한 사례였다.

홍문연에서 고조를 살려 낸 번쾌

○　○　○

번쾌는 패현 사람으로 개 잡는 일을 했다.

뒤에 고조를 따라 망현과 탕현의 산야에 숨어 살았다. 진승이 봉기했을 때 소하와 조참이 숨어 살던 번쾌에게 고조를 찾아내게 하고 맞이하여 패공으로 세웠다.

번쾌가 시종무관이 되어 고조를 따라 호릉과 방예를 공격한 뒤에 돌아와 풍읍을 수비하면서 풍읍성 아래에서 사수 감군의 군대와 싸워 크게 이겼다. 다시 동쪽으로 가서 패현을 평정한 다음 설현에서 사수 군수의 군대를 격파했다. 탕현의 동쪽에서 사마이(司馬尼)와 교전하여 적을 격퇴하고 적군의 목 쉰 급을 베었다. 그리하여 국대부(國大夫)를 하사받았다.

번쾌는 항상 패공을 수행했다. 패공이 복양에서 장한의 군대를 공격할 때 가장 먼저 성루에 올라 스물세 급을 베었다. 이 일로 열대부(列大夫) 작위를 받았다.[1] 패공을 따라 성양을 칠 때에도 가장 먼저 성루에 올랐다. 호유를 함락하고 이유의 군대를 공격하여 승리를 거두며 열여섯 급을 베자 패공이 상문(上聞)[2] 작위를 내렸다.

패공을 따라 어현(圉縣) 도위와 동군(東郡) 태수와 군위가 거느린 군대를 성무에서 공격하여 적을 격퇴하면서 열네 급을 베고 열여섯 명을 사로잡아[3] 오대부(五大夫) 작위를 하사받았다.

다시 패공을 따라 진나라군을 공격하며 박읍(亳邑) 남쪽으로 진군했다가 하간 태수가 거느린 군대를 강리에서 막아 내며 크게 승리했다. 개봉 북쪽에서 조분의 군대를 만나 교전 끝에 격퇴했는데, 성루에 먼저 올라 군후 한 명의 목을 베고 다시 예순여덟 급을 얻었으며 스물여섯 명을 사로잡아 경의 작위를 하사받았다.

또다시 고조를 따라 곡우에 있던 양웅의 군대와 싸워 이겼다. 원릉(宛陵)을 공격할 때에도 먼저 성루에 올라 여덟 급을 베고 마흔네 명을 사로잡아 현성군(賢成君)의 봉호(封號)를 하사받았다.

패공을 따라 장사와 환원을 공격하여 황하의 나룻길을 끊어 버렸다. 동쪽의 시향과 남쪽의 주현에서 진나라군을 공격했다. 또 양성에서 남양 군수 여기의 군대에 승리를 거두었다. 그 동쪽의 원현성을 공격하여 가장 먼저 성루에 올랐으며 다시 서쪽으로 가서 역현에 이르러 적을 격퇴한 끝에 열네 급을 베고 마흔 명[4]을 사로잡아 원래 작위에 두 등급을 더해 받았다. 그 뒤에 무관을 공격하고 패상에 도달하여 도위 한 명의 목을 벤 뒤에 다시 열 급을 더 베었으며 백사십육 명을 사로잡고 병졸 이천구백 명의 항복을 받아 냈다.

항우가 희수 변[5]에서 패공을 공격하려고 했다. 그러자 패공이 기병 백여 명을 데리고 와서 항백을 통해 항우를 만나 함곡관을 막은 일이 없다고 해명했다. 항우가 패공을 따라온 군사들에게 주연을 베풀어 주었다. 술을 마시던 중에 범증이 항장(項莊)으로 하여금 칼을 뽑아 좌중에서 춤을 추다가 패공을 찌르게 했는데, 항백이 늘 패공을 엄호했다.

그때 패공은 장량만 데리고 항우의 군영에 들어와 앉아 있었고, 번쾌는 군영 밖에 있었다. 사정이 급하다는 소식을 듣고 번쾌가 방패를 집어 들고 군영 문 앞으로 왔다. 번쾌가 군영으로 들어가려고 하자 영위(營衛)가 막아섰지만 번쾌가 곧바로 밀치고 들어가 막사 앞에 가서 섰다. 항우가 번쾌를 보고 누구냐고 물었다. 장량이 대답했다.

"패공의 참승 번쾌입니다."

항우가 말했다.

"장사로구나."

항우가 번쾌에게 바닥이 둥근 큰 술잔에 술을 한 잔 내려 주고 돼지 다리도 안주로 주었다. 번쾌가 술을 들이켠 뒤에 칼을 뽑아 돼지고기를 썰어 먹었다. 항우가 물었다.

"더 마시겠는가?"

번쾌가 말했다.

"제가 죽기도 불사하는데 고작 한잔 술이야 사양하겠습니까? 패공께서는 먼저 함양에 들어와 평정하신 뒤에 패상에서 야영하며 대왕[6]을 기다렸습니다. 그런데 오늘 대왕께서는 이곳에 도착하자마자 소인배가 하는 말을 듣고 패공과 틈이 벌어지셨습니다. 저는 〔여기에서 무슨 일이 생기면〕 천하가 분열되고 모두가 대왕을 속으로 믿지 못하게 될까 봐 염려됩니다."

항우는 아무 말도 하지 않았다. 그때 패공이 뒷간에 가는 척하고 번쾌를 손짓으로 불러내어 자리를 떴다. 군영 밖으로 나온 패공이 수레를 버리고 혼자 말에 올라 내뺐다. 번쾌 등 네 사람은 뛰어서 따라갔다. 산길을 달려 패상의 군영으로 돌아온 뒤에 장량을 보내 항우에게 감사의 인사를 전했다. 항우도 그 인사를 받고 공격을 그만두기로 했으며 패공을 죽이려던 마음도 접었다. 그날 만일 번쾌가 군영 안으로 달려 들어와 항우에게 항의하지 않았다면 패공은 그 자리에서 죽었을지도 모른다.

며칠 뒤에 항우가 함양으로 들어가 성안을 도륙했다. 그러고는 〔맹약을 어기고〕 패공을 한왕에 봉했다. 한왕은 번쾌에게 열후의 작위를 하사하고 임무후(臨武侯)라는 봉호를 내려 주었다. 그리고 낭중으로 승진시켜 한중에 데리고 들어갔다.

셋으로 갈라졌던 진나라의 옛 땅을 평정하여 수복하기 위해 번쾌가 단독으로 백수(白水) 북쪽에서 서현(西縣)의 현승이 거느린 군대를 공격했다. 옹현의 남쪽에서 옹왕의 날랜 전차 기마 부대를 격파했고 또 옹현과 태현을 공격할 때 먼저 성루에 올랐다. 호지에서 장평의 군대를 공격하여 쳐부수었는데 가장 먼저 성루에 올라 진영을 궤멸했으며, 현령과 현승 각 한 명씩을 베고 다시 열한 급을 더 벤 뒤에 스무 명을 포로로 잡았다. 이로 말미암아 낭중기장(郎中騎將)으로 승진했다.

다시 양향(壤鄕) 동쪽에서 진나라 전차 기마 부대를 공격하여 적을 격퇴하고 장군으로 승진했다. 조분의 군대를 공격하여 미현, 괴리(槐里), 유중(柳中), 함양을 함락했다.

폐구의 해자에 물을 끌어들인 데는 번쾌의 공이 가장 컸다.

새왕이 주둔하던 역양을 함락했을 때 한왕이 두현(杜縣)의 번향(樊鄕)을 식읍으로 주었다. 한왕을 따라 항우 군대를 공격하여 자조(煮棗)를 도륙하고 외황에서 왕무와 정처의 군대를 격파했다. 또 추현(鄒縣), 노현, 하구(瑕丘), 설현을 공략했다. 그런데 항우가 팽성에서 한왕의 군대를 격파한 뒤에 노현과 대량 땅[7]을 다시 거두어 갔다. 형양으로 돌아온 번쾌에게 한왕이 평음(平陰)의 이천 호를 식읍으로 더해 주었다.

번쾌는 장군으로서 한 해 동안 광무를 수비했다. 항우가 팽월이 빼앗아 간 초나라 땅을 수복하기 위해 군대를 이끌고 동쪽으로 진군하자 한왕을 따라 항우 군대를 공격하여 양가(陽夏)를 함락하고, 초나라 주(周) 장군[8]의 군졸 사천 명을 포로로 잡았다. 다시 진현에서 항우의 군대를 포위하여 크게 이겼으며 더 나아가 호릉을 도륙했다.

항우가 죽고 한왕이 황제에 올랐다. 번쾌의 공이 컸으므로 고조가 식읍 팔백 호를 더해 주었다.

그해 가을에 연왕 장도가 반란을 일으키자 번쾌가 고조를 따라 진압에 나서 장도를 사로잡고 연나라 땅[9]을 평정했다. 초왕 한신이 반란을 일으키자[10] 번쾌가 다시 고조를 따라 진현에 가서 한신을 잡고 초나라 땅을 평정했다. 이에 다시 열후의 작위를 하사하고 부절을 나누어 대대손손 후위가 끊어지지 않게 했으며, 무양을 식읍으로 주어 무양후로 옮겨 봉하면서 그 전에 주었던 식읍은 모두 취소했다.

장군으로서 고조를 따라 대나라 땅[11]에서 반란자 한왕(韓王) 한신을 쳤다. 강후 주발 등과 함께 곽인에서 운중에 이르는 땅을 평정하여 식읍 천오백 호를 더해 받았다.

진희와 만구신의 군대를 공격하여 상국(襄國)에서 교전했으며 백인을 함락할 때 가장 먼저 성루에 올랐다. 청하(淸河)와 상산의 총 스물일곱 개 현을 함락하고 동원을 도륙하여 좌승상으로 승진했다.

무종(無終)과 광창(廣昌)에서 기모앙(綦母卬)과 윤반(尹潘)의 군대와 싸워 이겼다. 또 진희의 별장이었던 흉노족 왕황(王黃)의 군대를 대나라 땅의 남쪽에서 격파했다. 이어 삼합에서 한왕 한신의 군대를 격파했다. 이때 번쾌 군대의 부하 병졸이 한신의 목을 베었다. 다시 횡곡(橫谷)에서 진희가 이끄는 흉노 기마군을 격파하고 장군 조기(趙旣)의 목을 베었으며 대왕(代王)의 승상이었던 풍량(馮梁)과 군수 손분(孫奮), 대장 왕황 및 장군 한 명, 태복 해복(解福) 등 열 명을 사로잡았다. 이어서 여러 장수와 함께 대나라 땅의 일흔세 개 향과 읍을 평정했다. 뒤에 연왕 노관이 반란을 일으키자 번쾌는 상국으로서 노관을 진압하러 갔다. 노관의 승상 저(抵)의 군대를 계현(薊縣) 남쪽에서 격파한 뒤 연나라 땅의 열여덟 개 현과 쉰한 개 향, 읍을 평정했다.[12] 그리하여 식읍 천삼백 호를 더해 받아 무양의 오천사백 호가 식읍으로 정해졌다.[13]

번쾌가 고조를 따라서 전투하며 벤 적의 머리가 백칠십육 급이고 사로잡은 사람은 모두 이백팔십칠 명이었다. 단독 작전으로 군영 일곱 군데를 깨고 다섯 개 성을 함락했으며 여섯 개 군과 쉰두 개 현을 평정했다. 그리고 승상 한 명, 장군 열세 명, 봉록 이천석 이하에서 삼백석 사이의 관리 열두 명을 사로잡았다.

번쾌는 여후의 여동생 여수와의 사이에 아들 번항(樊伉)을 두었다. 그래서 다른 장수보다 황실과 가까웠다.

경포가 반란을 일으켰을 때 고조는 그 전부터 병을 앓고 있었기 때문에 사람 만나기를 귀찮아했다. 황궁 처소에 누워서 문지기로 하여금 신하들을 아무도 들어오지 못하게 했다. 신하 중에서 강후나 관영 같은 이도 감히 들어갈 생각을 못 했다. 열흘 남짓 지났을 때, 번쾌가 고조 처소 앞의 금달(禁闥)을 밀치고 곧장 들어가니 대신들도 따라 들어갔다. 황제가 한 환관을 베고 누워 있었다. 번쾌 등이 황제를 보고 눈물을 흘리며 아뢰었다.

"폐하께서 신등과 함께 풍읍과 패현에서 봉기하여 천하를 평정할 때 그 얼마나 장대하셨습니까! 이제 천하가 평정되었는데 이렇게 힘이 빠지시다니요. 폐하께서 병환이 깊으시니 대신들이 놀라서 어쩔 줄을 모르고 있습니다. 폐하께서는 신등과 국사를 논하지 않으시고, 어찌 환관 하나만 데리고 혼자 계십니까? 설마 조고가 황위를 찬탈한 일을 모르신단 말씀입니까!"

그 말을 듣자 고조가 웃으며 자리를 털고 일어났다.

노관이 반란을 일으키자 고조가 번쾌로 하여금 상국이 되어 연왕을 치러 가게 했다. 그 무렵 고조의 병이 깊어졌다. 어떤 이가 번쾌가 여씨와 한패가 되어 황상이 세상을 떠나기만 하면 나서서 군사를 끌고 척 부인과 조왕 유여의의 무리를 모두 죽일 것이라고 비방했다. 고조가 몹시 노하여 진평을 불러 강후를 수레에 태우고 가서 번쾌 대신 군대를 이끌게 하고 군영에 도착하는 즉시 번쾌의 목을 베게 했다. 진평은 여후가 두려워 번쾌를 죽이지 않고 붙잡아 장안으로 압송했다. 번쾌가 장안에 닿은 것은 고조가 이미 붕어한 뒤였다. 여후가 번쾌의 죄목을 없애고 작위와 식읍을 회복시켰다.

효혜제 6년, 번쾌가 죽어 무후라는 시호를 받았다. 아들 번항이 후위를 이었고 번항의 생모인 여수 또한 임광후(臨光侯)에 봉해졌다. 여후 집권 시절에 여수 또한 권력을 전횡하여 대신들이 모두 여수를 두려워했다. 여후가 세상을 떠나자 대신들이 여수 등을 죽였다. 번항도 주살되었기 때문에 무양후 후위가 몇 달 동안 끊어졌다. 효문제가 즉위하여 번쾌의 서자 번시인(樊市人)을 다시 후에 봉하고 식읍을 회복시켰다. 번시인이 죽자 황후(荒侯)라는 시호가 내려졌다. 아들 번타광(樊佗廣)이 후위를 이었다. 여섯 해 뒤에 그 집의 집사가 황제에게 글을 올렸다.

황후 시인이 병으로 사내구실을 못해서 부인으로 하여금 시동생과 관계를 맺어 타광을 낳게 했으니, 타광은 실제로 황후의 아들이 아닙니다.

옥리에게 사건을 넘겨 조사하고 작위를 빼앗았다.

평제 원시 2년에 끊어졌던 무양후의 대를 잇게 했는데, 번쾌 현손자의 아들 번장(樊章)을 무양후로 삼고 식읍 천 호를 내렸다.

아들의 벗을 팔아 나라를 안정시킨 역상

○ ○ ○

역상은 고양(高陽) 사람이다. 진승이 봉기했을 때 역상이 젊은

이 수천 명을 모았다. 패공이 각지를 공략하기 시작하여 여섯 달 남짓 지났을 때, 역상이 사천 명을 이끌고 기현에서 패공의 군대에 복속했다. 패공을 따라 장사를 함락할 때 먼저 성루에 올랐으므로 신성군(信成君)에 봉해졌다. 다시 패공을 따라 구씨를 공격하여 황하 나루로 가는 길을 끊었으며 낙양 동쪽에서 진나라군을 격파했다. 다시 패공을 따라 원현과 양현을 함락했으며, 열일곱 개현을 평정했다. 다시 별장이 되어 순관(旬關)을 공략한 뒤에 서쪽의 한중을 평정했다.[14]

패공이 한왕에 오른 뒤에 역상에게 신성군의 작위를 봉하고,[15] 장군으로 삼아 농서군(隴西郡) 도위에 임명했다. 역상이 단독으로 군대를 끌고 북지군(北地郡)[16]을 평정하고 오씨(烏氏),[17] 순읍(栒邑), 이양(泥陽)에서 장한의 별장이 거느린 군대를 격파했으므로 무성(武城)의 육천 호를 식읍으로 받았다. 다시 한왕을 따라 항우의 군대를 공격하여 종리말과 교전한 뒤에 양나라 상국의 관인을 받고, 식읍 사천 호를 더해 받았다. 그 뒤 한왕을 따라 두 해 동안 항우를 공격하면서 호릉을 공략했다.

한왕이 제위에 오른 뒤에 연왕 장도가 반란을 일으켰다. 역상이 장군이 되어 고조를 따라 장도의 난을 진압하러 갔다. 용탈(龍脫) 전투에서 가장 먼저 적의 보루에 올라 진영을 무너뜨렸으며, 역현 아래에서 장도의 군대를 격파하고 적을 격퇴하여 우승상으로 승진했다. 또 열후에 봉해져 황제와 부절을 나누어 대대로 후위가 이어지게 했으며 탁군[18]의 식읍 오천 호를 받았다. 다시 단독으로 부대를 이끌고 상곡군을 평정하고 이어서 진희의 대나라 땅을 공략하여 조나라 상국의 관인을 받았다. 강후 등과 함께 대군(代郡), 안문을 평정하고 대나라의 승상 정종과 수상(守相) 곽동(郭同), 그리고 장군 이하 육백석 봉록까지의 열아홉 명을 사로잡았다.

회군하여 장군의 신분으로 고조의 아버지 태상황의 호위병을 한 해 동안 이끌었다. 10월에[19] 우승상으로 진희의 부대를 공격하고 동원을 도륙했다. 다시 고조를 따라 경포의 난을 진압하러 가서 군영 보루의 앞부분을 공격하여 두 개 진영을 무너뜨린 뒤에 경포군을 완전히 격파했다. 그리하여 다시 곡주후에 봉해져 식읍 오천백 호를 받으면서 그 전에 받았던 식읍은 취소되었다.

역상이 단독으로 군대를 거느리고 작전에 참가하여 세 개의 군영을 깨뜨렸으며 여섯 개의 군과 일흔세 개 현의 항복을 받아 평정했다. 또 승상, 수상, 대장 각 한 명씩을 비롯하여 소장 두 명, 봉록 이천석 이하 육백석까지의 관리 열아홉 명을 사로잡았다.

역상은 효혜제와 여후를 모셨다. 여후가 죽었을 때 역상이 병이 있어 정사를 볼 수 없었다.

그 아들 역기(酈寄)는 자가 황(況)으로 여록과 가까이 지냈다. 여후가 세상을 뜨고 나서 대신들이 여씨 일족을 죽이려고 할 때 여록이 장군으로 북군을 지휘하고 있었으므로 태위 주발이 북군을 접수할 수 없었다. 이에 주발은 아들 역기로 하여금 여록을 속이도록 역상에게 사람을 보내 위협했다. 여록이 역기의 말을 믿고 함께 외유를 나가자 태위 주발이 북군 군영에 들어가 북군을 접수하고 이어서 여씨 일족을 주살했다. 그해에 역상이 죽어 경후(景

侯)라는 시호를 받았다. 아들 역기가 후위를 이었다. 천하의 사람들은 역황이 벗을 팔아먹었다고 말했다.

효경제 때에 오나라, 초나라, 제나라, 조나라가 반란을 일으켰다. 황제가 역기를 장군으로 삼아 조나라 도읍 한단을 포위하게 했으나 일곱 달 동안 함락하지 못했다. 제나라를 평정하고 돌아오던 난포가 지원하여 한단성을 무너뜨렸다.

효경제 중원(中元) 2년에 황제의 장모 평원군(平原君)을 부인으로 맞으려다가 경제의 노여움을 샀다. 경제가 역기를 옥리에게 보내 심문케 하고 후위를 없앴다. 황제가 역상의 다른 아들 역견(酈堅)을 무후(繆侯)로 삼아 역상의 후위로 삼았다. 후위는 고손자 역종근(酈終根)에게까지 내려갔다. 역종근은 무제 때 태상이었는데 무고 사건에 연루되어 주살당하고 후위가 철폐되었다. 평제 원시 연간에 고조 때의 공신 후예를 다시 봉하면서 역상의 자손을 모두 관내후에 봉했고 대개 백여 명이 식읍을 받았다.

죽을 때까지 수레를 몰며 충성한 하후영

하후영은 패현 사람으로 패현 관아에서 말과 수레를 몰던 구사어(廐司御)였다.

하후영은 다른 지방에서 온 사자나 손님을 배웅하고 관아로 돌아올 때마다 사상정(泗上亭)에 들러 한나절이 다 가도록 고조와 이야기를 나누었다. 하후영은 시보(試補) 현리(縣吏)가 된 뒤에도 고조와 친하게 지냈다. 한번은 고조가 장난을 치다가 하후영을 다치게 했는데 누군가 고조를 고발했다. 고조는 그때 정장이어서 남을 상해하면 가중 처벌을 받을 처지였다. 그래서 자신은 하후영을 다치게 하지 않았다고 자술했고, 하후영도 그렇게 증언했다. 뒤에 사건을 다시 조사하여 하후영은 고조 일로 한 해 넘게 옥에 갇히고 태형 수백 대를 받았으나 끝까지 고조가 벌을 받지 않게 해 주었다.

그보다 먼저 고조가 자신을 따르는 무리와 함께 패현을 치려고 했다. 하후영은 그때 현의 영사(令史)로서 고조를 위해 애를 써서 하루 만에 패현의 항복을 받아 냈다.[20] 고조가 패공이 되어 하후영에게 칠대부 작위를 내리고 태복으로 삼은 다음 줄곧 자신의 수레를 몰게 했다.

패공을 따라 호릉을 공격했다. 이때 소하와 함께 사수 감군 평(平)의 항복을 받아 내어 호릉성을 들어 투항하게 했으므로 패공이 오대부 작위를 하사했다. 패공을 따라 탕현 동쪽에서 진나라 군대를 공격했으며 제양(濟陽)을 공략하고 호유를 함락했다. 옹구에서 이유의 군대를 격파할 때 전차를 몰고 질주하여 격전 끝에 승리했다. 그 공을 인정받아 집백(執帛) 작위를 하사받았다. 다시 패공을 따라 동아성과 복양성 아래에서 장한의 군대를 공격했는데 이때에도 전차를 몰고 질주하여 격전 끝에 승리했으므로 집규 작위를 받았다. 다시 패공을 따라 개봉에서 조분의 군대를, 곡우에서 양웅의 군대를 쳤다. 하후영이 패공을 따라 전투에 참가하여 예순여덟 명을 사로잡고 팔백오십 명의 항복을 받아 냈으며 진나라의 승상부에서 관인 한 상자를 얻었다. 다시 낙양의 동쪽에서 진나라 군대를 공격했는데 이때에도 전차를 몰고 격전을 벌여 승리한 공으로 작위를 받고 등현의 현령으로 옮겼다. 전차를 모는 기술이 뛰어났으므로 패공의 수레를 몰고 남양을 공격하여 평정하고 남전과 지양(芷陽)에서 싸우며 패상까지 갔다. 패공이 한왕으로 즉위하여 하후영에게 열후의 작위를 내리고 봉호를 소평후(昭平侯)라고 했으며 다시 태복으로 삼아 촉한에 데리고 들어갔다.

셋으로 갈라졌던 진나라 땅을 평정하여 수복한 뒤에 패공을 따라 항우의 부대를 공격했다. 팽성에 이르러 항우가 한왕의 군대에 크게 이기자 불리해진 한왕이 수레를 몰아 달아났다. 그때 하후영이 〔여후 소생의〕 효혜제와 노원 공주를 발견하고 수레에 태웠다. 말은 지치고 뒤에서는 적들이 따라오자 한왕은 마음이 급했다. 한왕이 두 아이를 발로 차서 수레 밖으로 내던졌는데, 하후영이 주워서 수레에 실으면 한왕이 또 차 버리고 하기가 여러 번이었다. 하후영은 아이들을 껴안고 달렸다. 한왕이 노해서 하후영의 목을 베려고 한 것이 열몇 차례였으나 끝내 안전한 곳으로 달아날 수 있었다. 하후영은 효혜제와 노원 공주를 풍읍까지 데려다주었다.

한왕이 형양에 이르러 군사를 수습한 뒤에 다시 진용을 차렸다. 그리고 하후영에게 기양(沂陽)을 식읍으로 하사했다. 하읍에서 항우를 공격하여 진현까지 추격한 끝에 마침내 초나라를 평정했다. 노현에 이르러 하후영에게 자씨(玆氏)를 식읍으로 더해 주었다.

한왕이 제위에 오른 뒤에 연왕 장도가 반란을 일으키자 하후영이 고조를 따라 장도를 치러 갔다. 이듬해에 고조를 따라 진현에 가서 초왕 한신을 붙잡았다. 그 공으로 여음을 식읍으로 받았고, 고조와 부절을 나누어 가지며 대대로 식읍을 보전받았다.

고조를 따라 진희의 대나라 땅을 공격하여 무천과 운중까지 이르렀으므로 식읍 천 호를 더해 받았다. 다시 고조를 따라 진양 부근에서 한왕 한신의 흉노 기병 군대와 교전하여 크게 승리하고 북쪽으로 평성까지 추격했으나 흉노군에게 포위되어 이레 동안 꼼짝하지 못했다. 고조가 사자를 보내 연지에게 후한 예물을 주었더니 묵돌이 포위망의 한구석을 열어 주었다. 고조가 질주하여 포위망을 빠져나가려고 했으나 하후영은 군사들이 동요하지 않도록 천천히 나아가야 한다고 주장했다. 그러고는 군사들에게 쇠뇌의 시위를 팽팽히 당긴 상태로 밖으로 나가게 하여 마침내 위험을 벗어났다. 이 공을 인정받아 세양(細陽)의 천 호를 식읍으로 더해 받았다.

다시 고조를 따라 구주산(句注山) 북쪽에서 흉노 기병 군대와 교전하여 크게 이겼다. 다시 평성 남쪽에서 흉노 기병과 싸울 때는 세 차례나 흉노의 진영을 무너뜨려 가장 큰 공을 세웠다. 그리하여 고조가 빼앗은 오백 호를 식읍으로 주었다. 고조를 따라 진희와 경포의 군대를 진압하러 출동하여 진지를 무너뜨리고 적을 격퇴했으므로 다시 식읍 천 호를 더해 주면서 여음의 육천구백 호를 식읍으로 결정하고 그 전에 받았던 다른 식읍은 취소했다.

하후영은 고조가 패현에서 봉기할 때부터 태복이 되어 항상 고조를 수행했는데, 고조가 붕어할 때까지 그렇게 했다. 이어서 태복으로서 혜제를 모셨다. 혜제와 여후는 하후영이 하읍 근처에서 효혜제와 노원 공주를 찾아내어 위험에서 벗어나게 해 준 것에 고마워하며 미앙궁 북쪽[21]에서 가장 좋은 집을 하사하고, '우리와 가깝다'라는 뜻의 근아(近我)라고 명명하여 특별히 귀하게 대접했다.

혜제가 붕어하자 다시 태복으로서 여후를 섬겼다. 여후가 세상을 떠난 뒤 대왕(代王)이 황궁에 들어갈 때 하후영은 태복으로서 동모후와 함께 황궁에 들어가 여씨 일족의 잔당을 제거하고 소제를 폐위했다. 또 황제의 수레를 받들고 대왕의 경저에 가서 대왕을 맞이하여 대신들과 함께 문제로 옹립하고 다시 태복이 되었다. 그 뒤 여덟 해가 지나서 하후영이 세상을 떠나자 문후(文侯)라는 시호가 내려졌다. 후위는 증손자 하후파(夏侯頗)에게까지 전해졌다. 하후파는 평양(平陽) 공주를 아내로 맞았으나 아버지[22]의 계집종과 정을 통한 죄가 드러나 자결하면서 후위를 잃었다.

하후영은 애초에 등현의 현령으로 태공의 수레를 몰 때부터 등공이라고 불렸다. 증손자 하후파가 평양 공주와 혼인했을 때 공주는 외가 성을 따라 손(孫) 공주라고 불렸다.[23] 그 뒤에 등공의 자손은 손씨로 성을 바꾸었다.

항우를 죽이고 최후의 승리를 거둔 관영

○　○　○

관영은 수양에서 비단을 팔던 자였다.

고조가 패공이 된 뒤에 각지를 공략하며 옹구에 이르렀을 때 마침 장한이 항량을 죽였다. 그때 초 회왕이 고조를 탕군 군장에 임명했으므로 고조는 군대를 돌려 탕군에 주둔했다.

관영은 중견으로서 패공을 수행하여 성무에서 동군위의 군대를 격파했으며, 강리에서 진나라군과 격전을 벌였다. 이때 칠대부가 내려졌다. 다시 패공을 따라 박읍의 남쪽과 개봉, 곡우에서 진나라군과 교전했는데, 신속하고도 용맹하게 싸웠으므로 집백을 하사받고 선릉군(宣陵君) 봉호를 받았다. 패공이 양무 서쪽에서 낙양에 이를 때까지 각지를 공략하는 동안 종군했으며 시향의 북쪽에서 진나라군을 격파했다. 북쪽으로는 황하 나룻길을 끊고 남쪽으로는 양성 동쪽에서 남양 태수 의(齮)의 군대를 쳐부수어 남양군을 평정했다. 서쪽의 무관을 통해 관중 땅으로 들어가서 남전에서 전투를 벌일 때 신속함과 용맹을 떨쳤으므로 패상에 이르러 패공이 집규를 하사하고 창문군(昌文君)이라는 봉호를 내렸다.

패공이 한왕이 된 뒤에 관영을 낭중으로 삼아 한중에 데리고 들어갔다. 10월에 중알자(中謁者)로 삼았다. 항우가 셋으로 갈라 봉했던 옛 진나라 땅을 평정하여 수복하는 작전에 참가하여 한왕을 수행하며 역양을 함락하고 새왕의 항복을 받았다. 군대를 돌려 폐구에서 장한의 군대를 포위했으나 함락하지는 못했다. 한왕을 따라 동쪽의 임진관으로 나온 뒤에 은왕의 군대를 공격하여 항복시키고 남은 은 땅을 평정했다. 항우의 장수 용저와 위왕 위표의 승상 항타의 군대를 정도 남쪽에서 만나 격전 끝에 격파했다. 한왕이 관영에게 열후의 작위를 내려 문창후(昌文侯)라고 했으며 두

현의 평향(平鄕)을 식읍으로 주었다.

관영은 다시 중알자로서 한왕을 따라 탕현을 함락하고 북쪽의 팽성까지 이르렀다. 팽성에서 항우가 한왕의 군대를 격파하자 한왕이 서쪽으로 도피했다. 관영도 한왕을 따라 철군하여 옹구에 주둔했다. 왕무와 위공(魏公) 신도(申徒)가 반란을 일으키자 한왕을 따라 진압에 성공했다. 외황을 공략하여 함락한 뒤에 서쪽 형양으로 가서 군대를 재정비했다. 초나라 기병 부대가 대거 몰려왔으므로 한왕이 군중에서 기병 장수로 마땅한 자를 뽑고자 했다. 그때 여러 사람이 진나라군의 기사(騎士) 부대에 소속되어 있었던 중천(重泉) 사람 이필(李必)과 낙갑(駱甲)이 기병 전투에 익숙하며, 한나라 군에 귀순하여 교위로 있으니 기병 장수로 마땅하다고 모두 추천했다. 한왕이 그 둘을 기병 장수에 임명하려고 하자 이필과 낙갑이 말했다.

"우리는 진나라 백성이었으므로 한나라의 군사들이 우리를 믿고 따르지 않을 것이 걱정됩니다. 대왕의 측근 중에 말을 잘 타는 사람이 장수가 되면 우리가 그 장수를 따르겠습니다."

이에 비록 젊으나 여러 차례 격전을 치른 경험이 있던 관영을 중대부로 삼고 좌우 교위 이필과 낙갑을 거느리게 했다. 관영은 한왕의 호위를 맡고 있던 낭중기병(郎中騎兵) 부대를 이끌고 형양의 동쪽에서 초나라 기병과 교전하여 크게 이겼다. 또 한왕의 명령을 받고 단독으로 초나라 군의 후방을 공격하여 양무에서 상읍(襄邑)에 이르는 초나라의 군량 수송 길을 끊어 버렸다. 또 노현성 아래에서 항우의 장수 항관(項冠)의 군대와 교전하여 승리했는데 관영의 부하가 우사마와 기장 각 한 명씩을 베었다. 이어 자현(柘縣) 현령 왕무의 군대를 연현(燕縣) 서쪽에서 격파했는데 관영의 부하 병졸이 누번 출신 장수 다섯과 연윤(連尹) 한 사람의 목을 베었다. 또 황하 변의 백마현(白馬縣)에서 왕무의 별장 환영(桓嬰)을 공격하여 승리했는데 관영의 부하가 도위 한 명을 베었다. 기병 군대를 끌고 황하 북안에서 남안으로 건너 한왕을 낙양까지 호위했다. 다시 한왕을 수행하여 북쪽으로 가서 한단에서 상국 한신의 군대를 맞이했다.[24] 군대를 돌려 다시 오창에 이르렀을 때 한왕이 관영을 어사대부로 승진시켰다. 한 고조 3년에 열후로서 두현의 평향을 식읍으로 받았다.[25]

한왕의 명령을 받고 낭중기병을 이끌고 상국 한신의 부대에 소속되어 역하에서 제나라 군과 교전했는데, 관영의 부하가 거기장 군 화무상과 장교, 군리 마흔여섯 명을 사로잡았다. 제나라 도읍 임치를 함락하고 제나라의 임시 승상 전광을 사로잡았다. 제나라 상국 전횡의 군대를 추격하여 영현과 박현에 이르러 그 기병 부대를 격파했는데, 관영의 부하가 기장 한 명을 베고 기장 네 명을 사로잡았다. 영현과 박현을 함락하고 천승에서 제나라 장군 전흡의 군대를 격파한 뒤에 전흡의 목을 베었다. 한신을 따라 동쪽으로 향해 가밀(假密)에서 용저와 유현 현령의 군내와 교전하여 관영의 부하가 용저의 목을 베고 우사마와 연윤 각 한 명, 누번 출신 장수 열 명을 사로잡았으며, 관영이 직접 차장 주란을 생포했다.

제나라 땅을 평정하고 나서 한신이 스스로 제왕(齊王)이 되었 다.[26] 한신은 관영으로 하여금 별동대를 거느리고 노현 북쪽에서 초나라 장수 공고(公杲)를 공격하게 했다. 관영이 이 싸움에서 이겼다. 남쪽으로 군대를 돌려 설군 군수의 군대를 격파하고 친히 기장 한 명을 사로잡았다. 부양(傅陽)을 공격하고 하상(下相) 동남 쪽의 동현, 취려, 서현까지 전진했다. 그리고 회수를 건너 그쪽에 있는 성읍을 모두 항복시키고 광릉에 주둔했다.

항우가 항성과 설현 현령, 담현 현령으로 하여금 회수 북쪽 지방을 다시 평정하게 하자 관영이 회수를 건너 하비에서 항성과 담현 현령의 군대를 격파하고 설현 현령을 베었으며[27] 하비와 수춘을 함락했다. 평양에서 초나라 기병대를 격파한 뒤에 팽성을 함락하고 주국 항타를 사로잡았다. 이어서 유현, 설현, 패현, 차현, 소현, 상현을 점령했다. 다시 고현(苦縣)과 초현(譙縣)을 공략하고 차장을 사로잡았다. 이향(頤鄕)에서 한왕의 부대와 합류한 뒤에 진현성 아래에서 항우의 부대와 교전하여 승리했다. 관영의 부하가 누번 출신 장수 둘을 베고 장수 여덟을 포로로 잡았다. 한왕이 관영에게 식읍 이천오백 호를 더해 주었다.

항우가 해하에서 패하여 달아나자 관영은 어사대부로서 전차 기마 별동대를 거느리고 동성까지 항우를 추격하여 승리했다. 관영의 부하 다섯 명이 함께 달려들어 항우의 몸을 다섯 토막으로 베었다. 이들은 모두 열후의 작위를 하사받았다. 또 좌우 사마 각한 명, 군사 일만이천 명의 항복을 받았으며 항우 부대의 무관을 모두 사로잡았다. 이어서 동성과 역양을 함락했다.

관영은 장강을 건너 오현성 아래에서 오군(吳郡) 군장[28]의 부대를 쳐부수고 오군 군수를 사로잡았으며 오군과 예장군, 회계군을 평정했다. 다시 회수 이북의 총 쉰두 개 현을 평정하여 수복했다.

한왕이 황제에 즉위하고 나서 관영에게 식읍 삼천 호를 더해 주었다. 관영은 거기장군으로 고조를 따라 연왕 장도의 반란을 진압하러 갔다. 이듬해 고조를 호위하고 진현에 가서 초왕 한신을 붙잡았다. 장안에 돌아간 뒤에 부절을 나누어 가지고 대대로 후위가 끊어지지 않게 했으며 영음의 이천오백 호를 식읍으로 주었다.[29]

다시 고조를 따라 대나라 땅에 한왕 한신의 반란을 진압하러 가서 마읍에 이르렀을 때 별도의 부대를 거느리고 누번 이북의 여섯 현을 항복받고 대왕(代王)의 좌장(左將)을 베었으며, 무천 북쪽에서 흉노의 기병 부대를 쳐부수었다. 고조를 수행하여 진양 성 밖에서 한신이 거느린 흉노 기병 부대를 격파했는데, 관영의 부하가 흉노 백제(白題) 지파의 장수 하나를 베었다. 다시 고조의 조서를 받들어 연, 조, 제, 양, 초의 전차 기마 부대를 거느리고 좌석에서 흉노 기병 부대를 공격했다. 그러나 평성에 이르러 흉노에게 포위당했다.

고조를 따라 진희의 반란을 진압하러 가서 별동대를 거느리고 곡역성 아래에서 진희의 승상이었던 후창(侯敞)의 군대를 공격하여 승리했다. 이 전투에서 관영의 부하가 후창과 각 부대를 거느렸던 장수 다섯 명을 베었다. 곡역, 노노(盧奴), 상곡양(上曲陽), 안국(安國), 안평(安平)을 항복시키고 동원을 공격하여 함락했다.

경포가 반란을 일으키자 거기장군으로 가장 먼저 출동했다. 상현에서 경포의 별장이 거느린 군대와 교전하여 승리하고 누번 출신의 차장 셋을 베었다. 다시 경포의 상주국과 대사마가 거느린 부대를 향해 진격하여 승리했으며 경포의 별장 비수(肥鉄)가 거느린 부대도 깨뜨렸다. 이 싸움에서 관영이 친히 좌사마 한 명을 사로잡았으며, 관영의 부하가 경포 부대의 소장 열 명을 베고 북쪽으로 회수 변에 이르기까지 적을 추격했다. 이로써 식읍 이천오백호를 더해 받았다.

경포의 군대를 쳐부수고 장안에 돌아온 고조가 관영의 식읍을 영음의 오천 호로 정하고 그 전에 내렸던 식읍들은 모두 취소했다. 관영이 고조를 따라 벌인 전투에서 이천석 봉록의 관리 두 명을 사로잡았다. 단독으로 나선 전투에서는 열여섯 개 군영을 쳐부수고 마흔여섯 개 성의 항복을 받아 냈으며 제후국 한 곳과 두 개 군, 쉰두 개 현을 평정하고 장군 두 명, 주국과 상국 각각 한 명, 이천석 관리 열 명을 사로잡았다.

관영이 경포의 반란을 진압하고 돌아온 뒤에 고조가 붕어했다. 관영은 열후의 자격으로 혜제와 여후를 섬겼다. 여후가 죽고 나서 여록 등이 반란을 일으키고자 했다. 제 애왕[30]이 그 소식을 듣고 군대를 출동시켜 서쪽으로 진격했다. 여록 등은 관영을 대장군으로 삼아 제 애왕의 군대와 싸우게 했다. 관영이 형양에 이르렀을 때 (여씨 일족에게 불복종하기 위해) 강후 등과 모의하여[31] 더는 진군하지 않고 형양에 주둔해 버렸다. 관영은 여씨 일족을 주살하자고 제 애왕에게 전했다. 그 연락을 받은 제 애왕이 더는 전진하지 않았다. 강후 등이 여씨 일족을 죽이고 나자 제 애왕도 싸움을 접고 돌아갔다. 관영이 형양에서 장안으로 돌아간 뒤에 강후, 진평 등과 함께 문제를 옹립했다. 그리하여 관영에게 삼천 호의 식읍을 더해 주고 황금 천 근을 내렸으며 태위로 삼았다.

삼 년이 지난 뒤에 강후 주발이 승상에서 물러나자 관영을 승상으로 삼고 태위에서 물러나게 했다. 그해에 북지군에 흉노군이 대거 침입하자 황제가 승상 관영에게 기병 팔만오천 명을 이끌고 가서 흉노와 교전하게 했다. 흉노가 물러갔을 때 제북왕이 반란을 일으켰으므로 황제가 조서를 내려 관영의 군대를 철수하게 했다. 그 뒤 한 해 남짓하여 승상 관영이 세상을 떠났다. 시호는 의후(懿侯)였다. 후위는 손자 관강(灌彊)에게까지 내려갔으나 관강이 죄를 지어 후위가 끊겼다. 무제 때에 관영의 손자 관현(灌賢)에게 임여후(臨汝侯) 작위를 다시 내리고 관영의 후대로 삼았으나 관현이 뒤에 죄를 지어 봉토를 철폐했다.

변방을 든든히 지킨 부관

부관은 전국 시대 위나라의 오대부 기장(騎將)이었다가 패공을 따랐는데, 패공의 사인이 되어 횡양(橫陽)에서 봉기했다.

패공을 따라 안양(安陽)과 강리를 공격하고 개봉에서 조분의 군대를 격퇴했다. 이어서 곡우와 양무에서 양웅의 군대와 교전하여 열두 급을 베었으므로 경의 작위를 받았다.

패공을 따라 패상까지 갔다.

패공이 한왕이 된 뒤에 부관에게 공덕군(共德君)이란 봉호를 내렸다. 고조를 따라 한중에 들어간 뒤에 우기장(右騎將)이 되었다. 셋으로 갈라져 있던 옛 진나라 땅을 평정하는 데 종군하여 조음(雕陰)을 식읍으로 받았다. 한왕을 따라 항우를 공격할 때 회현(懷縣)에서 고조를 지원한 공으로 통덕후(通德侯)가 되었다. 고조를 따라 항관과 주란, 용저의 부대를 공격했는데, 부관의 부하가 오산(敖山) 아래에서 초나라의 기장 하나를 베어 식읍을 더해 받았다.

그보다 먼저 회음후 한신[32]에게 배속되어 역하에서 제나라 군을 격퇴했고, 전해(田解)의 군대를 공격했다. 상국 조참[33]에게 배속되어 박현을 도륙하고 식읍을 더해 받았다. 제나라 땅을 평정한 공로로 양릉후(陽陵侯)에 봉해지고 식읍 이천육백 호를 받았다. 그전에 받았던 식읍은 취소되었으며 한왕과 부절을 나누어 가져 대대로 후위가 끊어지지 않게 되었다. 부관은 제나라[34]의 우승상이 되어 전횡의 공격으로부터 제나라를 수비했다. 다섯 해 동안 제나라의 상국으로 있었다.[35]

한 고조 11년 4월, 진희의 군대를 진압하러 갔다. 부관은 태위 주발 밑에 배속되어 제나라 상국의 신분으로 한나라 승상 번쾌 대신 진희의 군대를 진압했다.

한 고조 12년 1월, 대나라 상국으로 자리를 옮긴 뒤 변방의 수비 군영에 주둔했다.

두 해 뒤에 대나라의 승상[36]이 되어 계속해서 변방 수비 군영에 주둔했다.

효혜제 5년에 부관이 세상을 떠나자 경후(景侯)라는 시호가 내려졌다. 후위는 증손자 부언(傅偃)에게까지 내려갔으나 회남왕 반란에 연루되어 모반죄로 주살되고 후위도 철폐되었다.

가는 곳마다 승리의 바람을 일으킨 근흡

○　○　○

근흡은 원구에서 봉기한 뒤에 중견으로서 패공을 수행했다. 제양을 공격했고 이유의 군대를 격파했다. 또 개봉 동쪽에서 진나라군을 공격하여 기천인장(騎千人將) 하나를 베고, 적의 수급 쉰일곱급을 얻었으며 일흔세 명을 포로로 잡아 임평군(臨平君)을 하사받았다. 다시 남전 북쪽에서 거사마(車司馬) 둘과 기장 하나를 베고적의 수급 스물여덟 급을 얻었으며 쉰일곱 명을 사로잡았다. 한왕을 따라 패상까지 갔다. 패공이 한왕이 된 뒤에 근흡에게 건무후(建武侯)를 내리고 기도위로 승진시켰다.

한왕을 따라 셋으로 갈라져 있던 옛 진나라 땅을 평정했다. 근흡은 단독으로 군대를 거느리고 서진하여 농서(隴西)에서 장평의군대를 공격하고 승리한 뒤 농서의 여섯 개 현을 평정했는데, 근흡의 부하가 적군의 거사마와 군후 각각 네 명과 기장 열두 명을베었다. 고조를 따라 동쪽으로 진군하여 초나라 군을 공격하며 팽성에 이르렀으나 한나라 군이 패퇴하게 되어 옹구에서 초나라를막았다. 뒤에 반란을 일으킨 왕무 등을 공격하러 갔다. 양나라 땅을 공략할 때 근흡이 단독으로 군대를 거느리고 치현(菑縣) 남쪽에서 형열(邢說)의 부대를 공격하여 승리했는데, 근흡이 직접 형열의 도위 둘과 군후 열둘을 사로잡고 군리와 병졸 사천육백팔십 명의 항복을 받아 냈다. 형양 동쪽에서 초나라 군을 격파했다. 한왕이 식읍 사천이백 호를 내렸다.

근흡이 단독으로 군대를 거느리고 하내로 가서 조가(朝歌)에 이르러 조분의 군대[37]와 교전하여 승리했는데, 근흡의 부하가 기장 둘을 사로잡고 전차용 말 이백오십 필을 얻었다. 한왕을 따라 안양 동쪽 땅을 공략하며 극포(棘蒲)에 이르러 열 개 현[38]을 함락했다.

근흡이 단독으로 조나라 군을 격파하여 적군의 장수 사마 둘과 군후 넷을 사로잡고 군리와 병졸 이천사백 명의 항복을 받았다. 한왕을 수행하여 한단을 공격하고 함락했다. 다시 단독으로 군대를 거느리고 평양을 함락했는데 근흡이 직접 수상을 베었으며 근흡의 부하가 병수군(兵守郡)[39] 하나를 베었고 업현(鄴縣)을 함락했다. 다시 한왕을 따라 조가와 한단을 공략했으며, 별동대를 이끌고 조나라 군을 공격하여 승리하고 한단군의 여섯 개 현을 투항시켰다. 군대를 끌고 오창으로 돌아가 주둔하면서 성고 남쪽에서 항우의 군대와 싸워 이긴 뒤에 형양에서 상읍(襄邑)에 이르는 초나라의 군량 수송 길을 끊어 버렸다. 이어서 노현성 밑에서 항관의 군대를 격파했다. 또 동쪽의 증현(鄫縣)과 담현, 하비에서 남쪽의 기현과 죽읍(竹邑)에 이르는 지역을 공략했으며, 제양성 아래에서 항한(項悍)의 군대를 공격했다. 진현으로 회군한 다음 진현성 아래에서 항우의 군대와 교전하여 승리했다. 다시 단독으로 군대를 이끌고 강릉(江陵)을 공격하여 주국과 대사마 이하 여덟 명의 항복을 받았으며 근흡이 직접 강릉왕[40]을 사로잡아 낙양으로 송치했다. 승기를 잡은 근흡은 남군을 모두 평정했다.

그 뒤에 고조를 수행하여 진현에 가서 초왕 한신을 사로잡았다. 고조는 부절을 나누고 후위가 대대로 끊기지 않도록 했는데, 식읍은 사천육백 호로 정하고 신무후(信武侯)로 봉했다.

기도위가 되어 고조를 따라 대왕(代王) 한신[41]의 반란을 진압하러 가서 평성 아래에서 대왕을 공격하고 회군하여 동원에 주둔했다. 이때 세운 공으로 거기장군이 되었다. 이어서 양, 조, 제, 연, 초의 전차 기마 부대를 거느리고 한왕과 별도로 진희의 승상 후창의 군대를 격파했다. 이에 승기를 잡아 곡역의 항복도 받아 냈다.

고조를 따라 경포의 난을 진압한 공을 인정받아 식읍을 더해 받았는데 오천삼백 호가 되었다.

근흡은 한왕을 수행한 작전에서 모두 아흔 급을 베었으며 백마 흔두 명을 사로잡았다. 단독으로 출정하여 군영 열네 군데를 깨뜨리고 쉰아홉 개 성의 항복을 받았으며, 군과 제후국 한 군데씩을 비롯하여 스물세 개 현을 평정하고 왕과 주국 각각 한 명과 봉록 이천석 이하 오백석까지의 관리 서른아홉 명을 사로잡았다.

고조 5년에 근흡이 세상을 떠나 숙후(肅侯)라는 시호가 내려졌다. 아들 근정(靳亭)이 후위를 이었으나 죄를 지어 철폐되었다.

한결같이 유방을 수행한 주설

○　○　○

주설은 패현 사람이다. 사인으로서 고조를 따라 패현에서 봉기했다. 주설은 고조가 패상까지 가서 서쪽의 촉한에 입성한 뒤 셋으로 갈라졌던 옛 진나라 땅을 평정하여 수복할 때까지 참승으로서 내내 수레를 함께 타고 고조를 수행했으므로 지양(池陽)을 식읍으로 받았다. 당시의 한왕을 따라 형양에서 항우를 공격하고 군량 수송 길을 끊었으며 다시 한왕을 따라 평음에서 황하를 건넌 뒤에 상국에서 한신의 군대와 회합했다.

전투에서 이기거나 지거나 주설은 끝까지 고조를 배반할 마음이 없었다. 그래서 고조가 주설을 신무후(信武侯)에 봉하고 식읍 삼천삼백 호[42]를 내려 주었다.

고조가 혼자서 진희의 난을 진압하러 나서자 주설이 눈물을 흘리며 아뢰었다.

"진나라를 치기 시작하여 천하를 손에 넣기까지[43] 단 한 번도 혼자 출정하신 적이 없는데, 이제 황상께서 홀로 출정하시겠다니 부릴 만한 자가 없어서입니까?"

그 말을 들은 고조가 자신을 진심으로 생각해 준다고 생각했다. 그리하여 주설에게 대전 문을 들어설 때 종종걸음으로 걷지 않아도 되는 특전을 내려 주었다.

고조 12년, 주설을 배성후(郮城侯)로 옮겨 봉했다.

효문제 5년에 주설이 세상을 떠나 정후(貞侯)라는 시호를 내렸다. 아들 주창(周昌)에게 후위가 내려갔으나 죄를 지어 후위가 끊겼다. 경제가 주설의 아들 주응(周應)을 다후(酀侯)[44]에 다시 봉했다. 주응이 죽자 강후(康侯)라는 시호가 내려졌다. 주응의 아들 주중거(周仲居)에게 후위가 내려졌으나 태상의 자리에 있으면서 죄를 지어 후위를 철폐했다.

찬하여 말한다.

공자께서 "얼룩소의 송아지로 털이 붉고 뿔도 잘생긴 놈이 있다고 하자. 비록 [어미의 털이 붉지 않기 때문에] 제물로 올리지 않으려고 해도 산천의 신이 그 송아지를 버려두겠는가!"[45]라고 하신 것은 인물과 그 출신 배경은 연관이 없음을 말한 것이다. 또 속담에 "호미가 있다 해도 하늘이 비를 내리지 않으면 무슨 소용인가!"라고 한 것은 그럴듯하다. 번쾌, 하후영, 관영이 개를 잡고 마구간을 돌보고 비단을 팔 때만 해도 이들이 천리마의 꼬리에 붙어 함께 천 리를 달린 뒤 제국의 공신록에 이름이 남아서 그 복이 자손 대대로 내려가리라고 생각이나 했겠는가!

효문제 때에 천하의 사람들이 역기를 보고 벗을 팔아먹었다고 했다. 무릇 벗을 팔아먹었다는 말은 스스로 이익을 보자고 의리를 버렸을 때 쓰는 말이다. 비록 공신이었던 아버지가 협박당하는 바람에 어쩔 수 없이 한 일이었지만, 여록을 죽여 사직을 안정시키고 군신과 부자의 인륜을 지킨 것은 옳은 일이었다.

12

장·주·조·임·신도 전
張周趙任申屠傳

이 편에 나오는 장창(張蒼, 기원전 256~기원전 152년)과 주창(周昌, ?~
기원전 192년), 조요(趙堯), 임오(任敖, ?~기원전 179년), 신도가(申屠嘉,
?~기원전 155년)는 모두 한나라 건국 초기에 어사대부를 지낸 인물들이
다. 이 중에서 장창과 신도가는 벼슬이 승상까지 올랐다. 가장 분량이
많은 것은 장창에 관한 기술이다. 진나라 조정의 어사였던 장창은 평민
출신으로 천하를 다스려야 했던 고조에게 없어서는 안 될 인물이었다.
장창은 황실과 조정의 의례, 악률과 역법을 제정하여 한나라가 새로운
왕조로 연착륙하는 데 큰 도움을 주었다. 주창과 신도가는 목숨을 아
끼지 않고 고조에게 바른말을 한 강직한 인물이다.

고조의 대신이었던 이 다섯 인물은 국가 대사는 물론 개인사에 관해
서까지 황제와 허심탄회한 대화를 나누었다. 이는 왕조 초기에 자주 볼

수 있었던 풍경이다. 하지만 문제와 경제에 이르면서 아무리 고위 관료라도 신하가 황제의 면전에서 이들만큼 자유로울 수 없었다. 왕조가 안정되면서 황권이 강화되었기 때문이다.

잘생겨서 죽음을 면한 장창

○　○　○

장창은 양무현 사람으로 글 읽기와 악률 및 역법 공부를 좋아했다.[1] 진나라 조정의 어사가 되어 황궁 주하(柱下)에서 문서를 기록했다. 뒤에 죄를 지어 고향으로 몸을 피했다.

패공이 각지를 공략하던 길에 양무를 지나다가 장창을 빈객으로 삼았다. 장창은 패공을 따라 남양 공략에 참전했다.

뒤에 장창이 죄를 지어 참형을 당하게 되었는데, 옷을 벗고 처형대에 엎드리자[2] 큰 몸집과 박속같이 흰 속살이 드러났다. 그 모습을 본 안국후 왕릉이 장창을 남달리 잘생긴 인재로 여기고 패공에게 건의하여 참형을 말리고 풀어 주게 했다. 그 뒤에 장창은 패공을 따라 서쪽으로 진격하여 무관으로 들어가 함양에 입성했다.

한왕이 되어 한중에 들어간 패공은 셋으로 갈라졌던 옛 진나라 땅을 평정하여 수복했다. 그 무렵 진여가 상산왕 장이를 공격하여 쫓아내자 장이가 한왕에게 귀순했다. 한신을 따라 조나라를 치러 갔던 장창이 당시 대나라 왕이었던 진여를 사로잡았다. 조나라 땅이 평정된 뒤에 한왕이 장창을 대나라의 상국으로 삼아 변방의 침입자를 막게 했다.[3] 얼마 지나지 않아 조나라의 상국이 되어 조왕 장이를 보좌했으며 장이가 죽자 장이의 아들 장오를 보좌했다. 그 뒤에 다시 대나라 상국으로 옮겼다. 연왕 장도가 반란을 일으키자 장창이 대나라 상국의 신분으로 고조를 따라 참전하여 진압에 공을 세웠다.

고조 6년에 북평후(北平侯)에 봉해져 식읍 천이백 호를 받았다. 한나라 조정의 계상(計相)으로 중용된 지 한 달 만에 작위를 받아 열후가 되었으나 네 해 동안 계속해서 계상 일을 보았다. 그 무렵에는 소하가 상국이었다. 소하가 보니 장창이 진나라 때 주하어사(柱下御史)를 지낸 터라 천하의 지도와 호적을 두루 꿰고 악률과 역법 계산에도 능했으므로 열후였던 장창을 승상부에 있게 하여 군과 제후국의 상계리(上計吏)를 다스리게 했다.

회남왕 경포가 반란을 일으키자 한나라 조정에서는 고조의 아들 유장을 회남왕으로 삼고 장창을 상국으로 삼았다. 열네 해 뒤에 어사대부로 승진했다.[4]

고조에게도 쓴소리를 서슴지 않은 주창

○　○　○

주창은 패현 사람이다. 사촌 형 주가와 주창은 진나라 때 사수의 졸사를 지냈다.[5]

고조가 패현에서 봉기한 뒤에 사수 태수와 사수 감군이 거느리던 부대를 격파했는데, 당시에 사수의 졸사였던 주가와 주창이 패공에게 복속했다. 패공은 주창을 직지(職志)로 삼고 주가는 자신의 빈객으로 삼았다. 두 사람은 패공을 따라 관중으로 입성하여 진나라를 멸망시켰다. 패공이 한왕이 된 뒤에 주가를 어사대부로, 주창을 중위로 삼았다.

한 고조 3년, 초나라 군대가 형양에서 한왕의 군대를 포위했다. 사태가 위급해지자 한왕이 포위망을 뚫고 나오면서 주가에게 형양성을 지키게 했다. 이때 초나라 군대가 형양성을 격파하고 주가를 초나라의 장수로 삼으려고 하자 주가가 항우를 꾸짖었다.

"당신이나 빨리 가서 한왕에게 항복하시오! 그러지 않으면 이제 곧 포로가 될 것이오."

항우가 노하여 주가를 끓는 물에 삶아 죽였다. 그리하여 한왕이 주창을 어사대부로 삼았다. 주창은 늘 한왕을 수행하며 항우의 군대를 격파했다.

한 고조 6년, 소하와 조참을 봉할 때 주창을 분음후(汾陰侯)에 봉하고, 그 아버지의 가상한 죽음을 기려 주가의 아들 주성(周成)을 고경후(高景侯)에 봉했다.

주창은 사람됨이 꿋꿋하고 의지가 강했으며 서슴없이 직언했으므로 소하와 조참 등 여러 신하가 주창을 경외했다. 고조가 쉬고 있을 때 주창이 국사를 상주하러 들어간 적이 있었다. 그때 고조가 척희를 안고 있었으므로 주창이 물러 나왔다. 고조가 쫓아나와 주창의 목에 올라타 앉아 물었다.

"나는 어떤 군주인가?"

주창이 황제를 올려다보며 말했다.

"폐하께서는 바로 걸과 주 같은 임금입니다."

그 말을 듣고 황제가 웃어넘겼지만 주창을 더욱 두려워하게 되었다.

그 뒤에 고조가 태자를 폐하고 척희의 아들 유여의를 태자로 세우려고 했을 때 대신들이 결사적으로 반대했지만, 황제의 마음을 돌리지 못하다가 나중에 유후 장량이 쓴 계책으로 황제가 태자를 바꿀 생각을 접게 되었다. 조정에서 주창이 강력하게 반대하자 황제가 그 이유를 물었다. 원래 말을 더듬는 데다가 화까지 많이 나 있었으므로 주창은 더 많이 말을 더듬으며 아뢰었다.

"제가 말로는 잘 설명해 드릴 수 없습니다. 다만 저는 그것이, 그것이 옳지 않다고 생각합니다. 폐하께서 태자를 폐하신다면 저는 그, 그 조칙을 받들 수 없습니다."

[그 말을 듣고] 황제가 유쾌하게 웃으면서 조회를 파했다. 여후가 대전 동편 곁채에서 귀 기울여 듣고 있다가 주창을 보고 무릎을 꿇으며 고마워했다.

"공이 아니었다면 태자가 폐위될 뻔했습니다."

그해에 척희 소생의 유여의가 조왕(趙王)이 되었는데 나이가 열 살이었다. 고조는 자신이 죽고 나면 그 아들이 무사하지 못하리라고 걱정했다.

조왕을 맡은 주창을 이어 어사대부가 된 조요

조요가 부새어사(符璽御史)가 되었을 때 조나라 사람 방여공(方與公)이 주창에게 말했다.

"지금 어사대부의 부하가 된 조요는 나이는 젊지만 뛰어난 인재입니다. 어사대부께서는 반드시 조요를 눈여겨보셔야 합니다. 어사대부의 뒤를 이을 인물입니다."

주창이 웃으며 말했다.

"조요는 젊고 아직 도필리에 불과한데 어찌 어사대부에 오를 수 있겠소!"

얼마 지나지 않아 조요가 고조를 모시게 되었다. 고조가 우울한 마음에 혼자서 슬픈 곡조를 읊었다. 신하들은 황제가 왜 그러는지 알지 못했다. 그때 조요가 앞으로 나서며 인사를 올린 뒤에 여쭈었다.

"폐하께서 안락하게 지내지 못하시니, 조왕이 나이가 어린데 척 부인과 황후께서는 소원하시어 폐하께서 돌아가신 뒤 조왕의 안위를 걱정하셔서가 아닙니까?"

고조가 말했다.

"나 혼자 걱정만 할 뿐, 어떤 계책을 내야 할지 모르겠구나."

조요가 아뢰었다.

"폐하께서 조왕에게 존귀하면서도 강직한 상국을 뽑아 주시면 됩니다. 황후와 태자, 군신들이 평소에 경외하는 자로 고르시면 될 것입니다."

"옳거니. 나도 그렇게 할까 생각 중이었는데 신하 중에 누가 괜찮겠느냐?"

"어사대부 주창의 사람됨이 꿋꿋하고 강직합니다. 또 황후와 태자 그리고 대신들 모두가 평소에 주창을 경외하니 이 일을 감당할 자는 주창밖에 없습니다."

"좋은 생각이다."

그리하여 주창을 불러 말했다.

"내가 공을 수고롭게 해야겠소. 공은 억지로라도 나를 위해 조왕의 상국이 되어 주길 바라오."

주창이 눈물을 흘리며 말했다.

"신은 폐하께서 처음 봉기하셨을 때부터 폐하를 따랐습니다. 그런데 어찌 이렇게 중도에 제후국으로 쫓아 버리십니까?"

"나도 이것이 좌천임을 똑똑히 알고 있소. 그러나 나 혼자서 조왕을 걱정하던 차에 아무래도 공이 아니면 안 되겠다는 생각을 하게 되었으니 공이 억지로라도 가 줘야 하겠소."

그리하여 어사대부 주창이 조왕의 상국으로 자리를 옮겼다.

주창이 떠나고 한참 지나서 고조가 어사대부의 관인을 어루만지며 말했다.

"어사대부로 삼을 만한 자가 누가 있겠느냐?"

고조가 조요를 한참 동안 바라보았다.

"조요를 대신할 만한 자가 없어 보이는구나!"

그러고는 조요를 어사대부에 임명했다. 조요는 전에 군공을 세워서 식읍을 받은 적이 있는 데다 어사대부로서 고조를 수행하여 진희의 난을 진압하는 데 공을 세웠으므로 강읍후(江邑侯)에 봉해졌다.

고조가 붕어하자 여후가 사람을 보내 조왕을 불러오게 했다. 조나라의 상국이었던 주창은 조왕에게 병을 핑계 대고 가지 못하게 했다. 사자가 세 번째 다시 왔을 때 주창이 말했다.

"고황제께서 조왕을 나에게 부탁하셨소. 왕의 춘추가 어리십니다. 내가 알기로 태후께서는 척 부인에게 원한을 가지고 계시니 조왕을 불러 가서 주살하실 것이오. 그러므로 나는 왕을 보낼 수 없습니다. 게다가 왕이 병중이시니 조서를 받들지 못하겠습니다."

여후가 노하여 사람을 보내 주창을 불러들였다. 주창이 당도하여 여후를 배알했다. 여후가 주창을 꾸짖었다.

"그대는 내가 척씨를 원망하는 줄 몰랐단 말이오? 그런데도 조왕을 보내지 않다니."

주창이 불려 올라간 뒤에 여후가 사람을 보내 조왕을 불렀다. 조왕이 장안에 머문 지 한 달 남짓 되었을 때 여후가 짐독을 먹여 죽였다.

주창은 병을 핑계 대고 조회에 나가지 않았다. 그러고는 세 해 뒤에 세상을 떠났다. 시호는 도후(悼侯)였다. 자손에게 후위가 손자 주의(周意)에게까지 내려갔다가 주의가 죄를 짓는 바람에 후위가 없어졌다. 경제가 주창의 손자 주좌거(周左車)를 새로 안양후(安陽侯)에 봉했으나 그 역시 죄를 지어 후위가 철폐되었다.

조요는 주창을 대신하여 어사대부가 된 뒤에 고조가 붕어했다. 조요는 혜제가 세상을 떠날 때까지 어사대부로 있었다. 여후 원년, 조요가 조왕 유여의를 위해 주창을 상국으로 보내는 계책을 세웠다는 것을 원망한 여후가 조요를 면직시켜 죗값을 물었다. 그리고 광아후(廣阿侯) 임오(任敖)를 어사대부에 임명했다.

여후를 구했던 공으로 어사대부가 된 임오

○　○　○

임오는 패현 사람으로 젊어서 옥리가 되었다. 고조가 옥리를 피해 다닐 때 옥리가 여후를 잡아다 거칠게 대했다. 평소 고조와 친하게 지내던 임오가 그 광경을 보고 화가 나서 여후를 심문하던 옥리를 때려 상처를 입혔다.

고조가 처음 봉기했을 때 임오는 빈객으로 고조를 따랐는데 어사가 되어 고조의 고향 풍읍을 두 해 동안 지켰다. 고조가 한왕이 된 뒤에 동쪽으로 진군하여 항우의 군대를 공격하는 데 참전하고 돌아와서 상당 태수로 승진했다.

고조 10년에 진희가 반란을 일으켰을 때 성을 굳게 지켜 냈으므로[6] 광아후(廣阿侯)에 봉해지고 식읍 천팔백 호를 받았다. 임오는 고조 때 어사대부가 되었다가 세 해 뒤에 물러났다.

효문제 원년에 세상을 떠나자 시호를 의후(懿侯)로 내렸다. 후위가 자손에게 내려가 증손자 임월인(任越人)에게까지 갔는데, 태상으로서 태묘에 올릴 술이 쉬도록 방치한 불경죄를 지어 봉토가 철폐되었다.

장창이 한나라의 악률과 역법을 제정하다

○　○　○

임오가 물러났을 무렵 평양후 조줄이 임오 대신 어사대부가 되었다. 여후가 죽고 나서 대신들과 공모하여 여씨 일족을 주살했지만 나중에 일이 생겨 어사대부에서 면직되었다.[7] 뒤를 이어 회남왕의 상국 장창이 어사대부가 되었다. 장창은 강후 등과 함께 효문제를 옹립했다. 네 해 뒤에 관영을 대신하여 승상이 되었다.

한나라가 건국한 지 스물몇 해가 지나자 천하가 안정되기 시작했다. 그런데 당시의 고관들은 모두 군인 출신이었기에 장창이 계상(計相)으로 있으면서 악률과 역법을 정리하고 개정했다.

진나라의 정월이 10월이었지만 고조가 패상에 당도한 것이 10월이었으므로 고치지 않고 10월을 정월로 썼다. 오행의 운행으로 미루어 계산하니 한나라는 수덕(水德)의 시대에 해당했으므로 흑색을 숭상해야 하는 것도 진나라 때와 같았다. 장창은 율관(律管)을 불어 율려를 조정하여 열두 음을 정확하게 정한 다음 그 음에 따라 각종 법률과 규칙을 제정했다. 또 그 음에 따라 수공업 기술자들이 쓸 천하의 도량형 표준을 정해 주었다. 이 모든 것이 장창이 승상으로 재직하던 기간에 완성되었다. 그리하여 한나라에서 악률과 역법을 연구하던 학자들은 모두 장창의 방식을 이어받게 되었다. 장창은 글 읽기를 좋아해서 두루 읽지 않은 책이 없었고 통달하지 않은 데가 없었다. 그중에서도 악률과 역법에 정통했다.

장창은 자신의 목숨을 구해 주었던 안국후 왕릉에게 늘 감사했다. 높은 자리에 오른 뒤에도 왕릉을 아버지처럼 섬겼다. 왕릉이 죽은 뒤에 승상에 오른 장창은 목욕을 위한 정기 휴가를 받을 때마다 먼저 왕릉의 부인을 찾아뵙고 맛있는 음식을 올린 뒤에야 집으로 돌아갔다.

장창이 승상이 된 지 열몇 해가 지났을 때, 노나라 사람 공손신(公孫臣)이 황제에게 글을 올려 오행이 운행되는 과정을 설명했다. 한나라는 토덕(土德)의 시대에 해당하니 그에 부합하는 징조로 토덕을 상징하는 색깔의 황룡이 나타날 것이라며, 정삭(正朔)과 수레와 말을 장식하는 빛깔, 제물로 바칠 짐승의 털 빛깔을 바꾸어 정해야 한다고 주장했다. 황제가 주창에게 처리하게 하자 주창은 공손신의 주장이 옳지 않다고 여겨 그 안을 폐기했다. 그 뒤에 성기현(成紀縣)에 황룡이 나타나자 문제가 공손신을 불러 박사로 삼고 토덕에 의거한 역법 제도의 초안을 마련하게 하고 연호도 바꾸었다. 이에 장창은 자신이 모자란다 여겨 늙고 병들었음을 핑계로 물러나기를 청했다. 그런데 장창이 중후(中侯)에 천거했던 이가 샛된 이익을 크게 챙긴 일이 발생했다. 황제가 장창의 책임을 물어 나무라자 장창은 병을 칭하고 바로 물러났다.

효경제 5년에 장창이 세상을 떠나자 문후(文侯)라는 시호가 내려졌다. 자손에게 후위가 내려가 손자 장류(張類)에게까지 이르렀는데 장류가 죄를 지어 후위가 철폐되었다.

원래 장창의 아버지는 키가 오 척[8]도 안 되었지만, 장창은 팔척이 넘었고 장창의 아들 장복(張復)도 팔 척이었으며 손자 장류는 육 척이 넘었다.

장창이 승상에서 물러난 뒤에 입안에 이가 하나도 남지 않게 되어 젖을 마셔야 했으므로 여자들을 유모로 두었다. 처첩이 수백 명이나 되었는데 일단 임신을 하고 나면 다시는 가까이하지 않았다.[9] 백 살이 넘어서 세상을 떠났다.

[장창은] 음양과 악률, 역법에 관한 내용을 설명한 저서 열여덟 편을 남겼다.

황제 앞에서 바른말을 한 신도가

신도가는 양나라 사람으로 재관 부대에 속해 있었는데 힘이 좋아 발로 쇠뇌를 밟고 시위를 당겼다. 고조를 따라 항우의 군대를 공격하여 대솔(隊率)로 승진했다. 다시 고조를 따라 경포의 난을 진압하고 도위로 승진했다. 효혜제 때는 다시 회양 군수로 승진했다. 효문제 원년, 고조를 따라 종군했던 자 중에서 봉록 이천석 벼슬을 모두 관내후로 올려 조정할 때 식읍을 받은 자가 스물네 명이었는데 신도가도 식읍 오백 호를 받았다.

문제 16년에 어사대부로 승진했다. 장창이 승상에서 물러났을 때 문제가 황후의 동생인 두광국(竇廣國)의 능력이 뛰어난 것을 보고 승상으로 삼으려고 마음먹었다. 하지만 '아무래도 천하가 나더러 광국을 편애한다 하겠지?' 하고 오랫동안 고민하다 그만두었다. 그러고는 고황제 때의 대신 중 건재하여 승상으로 삼을 만한 이가 없자, 어사대부 신도가를 승상으로 삼고 신도가의 식읍 이름을 따서 고안후(故安侯)로 봉했다.

신도가는 사람됨이 청렴하고 강직하여 집안에 사적인 방문객을 들이지 않았다. 그 무렵 태중대부 등통(鄧通)이 황제의 총애를 받았는데 상금을 받은 것이 합해서 억만금이었다.[10] 문제가 자주 등통의 집에 들러 음주를 즐길 만큼 총애를 받았다.

그 무렵의 일이다. 신도가가 입조하니 등통이 황제 곁에 앉아 무례하게 굴었다. 신도가가 보고를 마친 뒤 아뢰었다.

"폐하께서 신하들을 총애하실 때 그자를 부귀하게만 해 주시면 됩니다. 조정에는 예법이 있으니 엄숙하게 지키지 않으면 안 됩니다."

황제가 말했다.

"경은 참견하지 마시오. 내가 총애하는 사람이오."

조회를 마친 뒤 승상부에 돌아가 좌정한 신도가는 등통을 승상부에 소환하되 응하지 않으면 그를 베어 버리겠다는 공문을 목간에 직접 썼다. 등통은 두려운 마음에 황제를 알현하여 일러바쳤다. 황제가 말했다.

"너는 걱정 말고 가거라. 내가 사람을 보내 너를 불러오겠다."

등통이 승상부에 당도하여 관을 벗고 맨발로 머리를 조아려 사죄했다. 신도가는 편하게 앉은 채 예를 갖추지 않고 꾸짖었다.

"우리 조정은 고황제가 이루신 조정이다. 미천한 황두랑(黃頭郎) 통은 대전에서 〔황상께〕 농지거리를 했으니 대불경(大不敬) 죄에 해당하므로 참형에 처한다. 사(史)[11]는 지금 바로 참형을 집행하라."

등통이 이마에 피가 다 나도록 돈수했지만 풀어 주지 않았다. 황제는 승상이 등통을 충분히 괴롭혔으리라 여기고 사자(使者)에게 부절을 들고 가서 등통을 불러오게 하면서 승상에게 말하게 했다.

"이자는 나의 농신(弄臣)이니 승상은 그를 풀어 주시오."

등통이 돌아가서 황제에게 울면서 말했다.

"승상이 신을 죽일 뻔했습니다."

신도가가 승상이 된 지 다섯 해 만에 문제가 붕어하고 효경제가 즉위했다. 효경제 2년, 내사로서 황제의 총애를 받으며 전권을 휘두르던 조조(晁錯)가 각종 법령을 변경하겠다고 여러 번 주청하면서 한편으로 처벌을 통해 제후의 힘을 약하게 해야 한다고 주장했다. 그러자 승상이던 신도가가 스스로 물러났다. 여기에 황제에게 자신의 의견이 받아들여지지 않은 것까지 더하여 신도가가 조조를 원망하게 되었다. 내사 조조가 내사부 관아의 문이 동쪽으로 나 있어 불편하다며 다시 문을 하나 냈는데 남쪽으로 냈다. 그런데 남쪽으로 문을 내려고 뚫은 담이 바로 태상황 사당의 바깥 담이었다. 조조가 종묘의 담을 뚫었다는 소식을 들은 신도가가 조조를 처벌해야 한다고 주청하려 했다. 빈객이 그 말을 조조에게 전하자 겁이 난 조조가 밤에 황궁으로 들어가 황제를 배알하고 황제에게 자수했다. 조회에서 신도가가 내사 조조를 주살해야 한다고 주청하자 황제가 말했다.

"조조가 뚫은 담은 태상황 사당의 진짜 담이 아니라 바깥의 담이고 그 안쪽에는 임시직들이 머무는 장소도 있소. 게다가 내가 조조를 시켜 그렇게 하라고 했으니 조조는 죄가 없소."

조회가 파한 뒤에 신도가가 승상장사에게 말했다.

"조조를 선참후주(先斬後奏)하지 않은 것이 후회스럽다. 조조에게 능욕을 당했구나."

집으로 돌아온 신도가는 조조의 일 때문에 화가 쌓여 피를 토하고 죽었다. 시호가 절후(節侯)로 내려졌다. 자손에게 후위가 내려가 손자 신유(申臾)에게까지 갔으나 죄를 지어 후위가 철폐되었다.

신도가가 죽은 뒤에 개봉후(開封侯) 도청(陶靑)과 도후(桃侯) 유사(劉舍) 그리고 무제 때의 백지후(柏至侯) 허창(許昌), 평극후(平棘侯) 설택(薛澤), 무강후(武彊侯) 장청적(莊靑翟), 상릉후(商陵侯) 조주(趙周) 등이 열후로서 승상직을 이어 갔다. 모두 조심스러운 태도로 청렴하게 일했으니 승상이 되기에는 충분한 자들이었지만 세상에 현저히 이름을 남길 만큼 공을 세우지는 못했다.

찬하여 말한다.

장창은 학문을 좋아했고 악률과 역법에 밝아서 한나라의 명상(名相)이 되었다. 그런데 오로지 진나라에서 쓰던 전욱력(顓頊曆)[12]만을 숭상했다. 무슨 까닭이었을까? 주창은 강직하기가 목석과 같은 사람이었다. 임오는 옛 은공 때문에 등용되었다. 신도가는 강직하고 지조를 지켰다고 하겠다. 그러나 학식이 없었으므로 소하, 조참, 진평과는 조금 달랐다.

13

역·육·주·유·숙손 전
酈陸朱劉叔孫傳

이 편의 주인공은 역이기(酈食其, ?~기원전 203년), 육고(陸賈, 기원전 240~기원전 170년), 주건(朱建, 기원전 240~기원전 177년), 유경(劉敬), 숙손통(叔孫通, ?~기원전 194년)으로 모두 한나라 개국 과정에서 책사로 활약한 인물들이다. 제일 먼저 등장하는 역이기가 설득만으로 제나라를 투항하게 한 뒤에 한신의 방해로 팽형을 당하는 장면은 풍운이 일어 영웅을 숭상하던 시대에는 전투와 외교가 병립하기 어려웠음을 보여 준다. 그 뒤로 수천 리 떨어진 남월에 출사하여 전투 한번 치르지 않고 복속시키는 외교 천재 육고가 전면에 등장한다. 외교가 힘을 발휘하는 평화 시대가 시작되었음을 알리는 신호탄이다.

유경은 주저하는 고조의 마음을 돌려 진나라의 도읍 장안을 새로운 나라의 도읍으로 정하게 했다. 장안이 방어에 유리한 지형을 갖추고 있으니 명분보다 실리를 택하라고 설득한 것이다. 실리를 추구했던 또 다른 인물로는 숙손통을 들 수 있다. 숙손통은 고리타분한 유형 일색의 유생 중에서 드물게도 시대의 변화를 재빨리 감지해 낸 인물이다.

『사기』에는 역이기와 육고, 주건이 한 편에 들어 있고, 유경과 숙손통이 다른 편에 들어 있다. 사마천은 유경과 숙손통을 지략이 뛰어난 인물로 보았지만, 반고는 이 다섯 인물을 한 편에 엮어 뛰어난 지략으로 개국 과정에 공헌한 책사의 대표로 내세웠다.

제나라를 설득하고도 비운을 맞은 역이기

○ ○ ○

역이기는 진류현 고양 사람이다. 글 읽기를 좋아했으나 집이 몹시 가난해 제대로 읽지 못했다. 반듯한 벼슬은 하지 못하고 이(里)의 감문(監門)이 되었는데, 아전과 관내 현사(賢士), 호걸들이 역이기를 감히 부리지 못했다.[1] 사람들은 다들 역이기를 광생(狂生)[2]이라고 불렀다.

진승과 항우 등이 봉기한 뒤에 각 지역을 공략하고 다니던 장수 중 고양을 지나간 사람만 수십 명이었다. 역이기는 그 장수들이 속이 좁고 구차한 것까지 따지며 예의만 밝힐뿐더러 자신의 생각만 고집하고 원대한 뜻을 가진 사람의 말을 듣지 않는다는 것을 알고 이내 몸을 숨겨 버렸다. 그 뒤에 패공이 각지를 공략하던 중에 진류 외곽에 왔는데, 패공 휘하에 마침 역이기와 한동네 사람인 젊은 기사 부대원이 한 명 있었다. 패공이 그 젊은이에게 고양 읍에는 어떤 인재 호걸이 있는지를 여러 차례 물었다는 소식이 들렸다. 역이기가 마을에 돌아온 기병을 만나서 말했다.

"내가 듣기로 패공은 사람을 경멸하긴 하지만 원대한 지략이 있다고 하니 내가 진실로 따라 교유하기를 바라던 사람이네. 그런데 이제껏 패공에게 내 말을 넣어 줄 사람이 없었어. 자네가 패공을 만나면 '신의 마을에 역생이라는 사람이 있는데 나이는 예순이 넘었고 키는 팔 척입니다. 사람들이 모두 광생이라고 부르지만, 자신은 미치광이가 아니라고 말합니다.'라고 전해 주게."

기병이 말했다.

"패공은 유생을 좋아하지 않아요. 유생들이 관을 쓰고 오면 그 관을 벗겨서 거기다 소변을 볼 정도입니다. 사람하고 말할 때엔 심한 욕이 입에 붙었으니 유생은 패공을 설득할 수 없습니다."

역이기가 말했다.

"그냥 내가 하라는 대로만 말을 넣어 주게."

기병이 틈을 타서 패공에게 역이기가 부탁한 말을 전했다.

고양 객사에 다다른 패공이 사람을 시켜 역이기를 불러오게 했다. 역이기가 도착해서 명첩을 넣었을 때, 패공은 침상에서 양다리를 뻗은 채 두 시녀에게 발을 씻기게 하고 있었다. 역이기를 불러 들이자 역이기가 들어가서 읍만 하고 절은 올리지 않은 채 말했다.

"패공께선 진나라를 도와 제후들을 공략하려고 하십니까? 아니면 제후들을 통솔하여 진나라를 무너뜨리려고 하십니까?"

패공이 욕부터 했다.

"이런 빌어먹을 유생이 있나. 천하가 진나라 때문에 고생을 겪은 지 오래되었으니 제후들이 잇따라 진나라를 치려고 하는 것이지, 진나라를 돕다니 무슨 말이야?"

역이기가 말했다.

"백성을 모으고 의병을 합하여 극악무도한 진나라를 반드시 없애겠다고 생각했다면 이런 식으로 다리 뻗고 앉아 연장자를 맞으면 안 되는 법입니다."

그러자 패공이 발 씻던 것을 중단하고 일어나 옷을 차려입었다. 그런 뒤에 역이기를 상석에 앉도록 청하고 무례했던 것을 사과했다. 역이기가 육국이 종횡할 때의 정세를 설명하자 패공이 기뻐하며 먹을 것을 내린 뒤에 물었다.

"무슨 좋은 계책이 있소?"

역이기가 말했다.

"패공께서 오합지졸을 데리고 봉기하여 전란으로 부대를 이탈한 병사를 모았지만 모두 합해도 만 명이 안 됩니다. 이런 병력으로 강대한 진나라에 바로 쳐들어간다면 호랑이 입안에 손을 넣어 더듬는 격이 됩니다. 무릇 진류는 천하의 요충지로 사통팔달한 지방입니다. 또 지금 진류성 안에는 곡식이 많이 쌓여 있습니다. 제가 그 현령과 아는 사이이니 저를 사자로 보내서 족족게 투항하라고 권하게 해 주십시오. 만일 말을 듣지 않으면 군대를 출동시켜 공격하십시오. 제가 내응하겠습니다."

그리하여 역이기를 보냈다. 패공이 군대를 이끌고 역이기의 뒤를 따라가서 곧바로 진류성의 항복을 받아 냈다. 역이기에게 광야군(廣野君)이라는 봉호가 내려졌다.

역이기는 동생 역상을 천거했다. 패공은 역상에게 수천 명의 군사를 거느리고 자신을 따라 서남쪽 지역을 공략하게 했다. 역이기는 패공의 유세객으로서 각 제후를 설득하러 분주하게 다녔다.

한 고조 3년 가을, 항우가 한왕의 군대를 공격하여 형양을 함락했으므로 한왕의 군대는 공현으로 후퇴하여 항우의 군대를 막고 있었다. 그때 항우의 초나라 사람들에게 한신이 조나라 군을 격파했고, 팽월은 대량 땅의 여러 현을 공격하여 수차례 점령했다는 소식이 들려왔다. 그리하여 군대를 나누어 조나라와 대량을 구원하러 갔다. 그때 한신은 동쪽의 제나라 땅을 공격하고 있었다. 한왕은 형양과 성고에서 여러 차례 포위를 당한 뒤라 성고와 그 동쪽을 항우에게 양보한 다음, 공현과 낙양에 군영을 마련하고 초나라 군대를 대적할 생각이었다. 그때 역이기가 말했다.

"저는 이렇게 알고 있습니다. 하늘이 하늘인 까닭을 아는 사람은 제왕이 될 수 있지만, 하늘이 하늘인 까닭을 모르는 사람은 제왕이 되려고 해도 성공할 수 없습니다. 제왕은 백성을 하늘로 삼아야 하는데 백성은 먹을 것을 하늘로 삼습니다. 무릇 오창은 예부터 천하의 곡식이 운반되는 곳이라 곡식이 아주 많이 저장되어 있다고 들었습니다. 초나라 항우 쪽 사람들이 형양을 함락하고서, 오창을 굳게 지킬 생각은 하지 않고 군대를 끌고 동쪽으로 향하면서 대사마 조구를 시켜 죄수로 이루어진 군대를 데리고 성고를 지키게 했으니, 이는 하늘이 한나라를 돕는다는 뜻입니다. 이렇게 초나라 군을 쉽게 쳐부술 기회가 왔는데 한나라 군은 오히려 퇴각하려고 하니 굴러온 기회를 스스로 차 버리는 셈이지요. 제가 생각할 때 이는 지나친 감이 있습니다.

하물며 두 영웅은 병존할 수 없는 법입니다. 초와 한이 서로 싸워 끝을 보지 못한 것이 오래이므로 백성은 늘 난리를 겪고 천하는 요동하는 가운데 있습니다. 농부는 쟁기를 내려놓고 부녀자도 길쌈을 멈췄으니 천하의 민심이 진정되지 못하고 있습니다.

바라건대 대왕께서는 서둘러 다시 진격하여 형양을 수복하고 오창의 곡식을 확보한 뒤에 험준한 성고를 방패 삼아 태항산 밖으로 나가는 길을 차단하며 황하의 비호구(飛狐口)를 막고 백마현의 나루를 지켜 한왕이 이미 유리한 지형을 확보했음을 제후들에게 보여 주십시오. 그렇게 하면 그들도 천하가 누구에게 귀속되어야 하는지 알게 될 것입니다. 지금 연나라와 조나라는 한신 등이 이미 평정했지만, 제나라 땅은 아직 항복하지 않고 있습니다. 제왕 전광이 천 리에 이르는 제나라 땅을 차지한 채 전간으로 하여금 이십만 대군을 거느리고 역성(歷城)³에서 한신이 거느린 한나라 군대를 막게 하고 있습니다. 그런데 전씨 일족은 아직 세력이 강합니다. 게다가 바다와 태산을 등지고 있고 황하와 제수(濟水)가 방패막이가 되어 주고 있으며 남쪽으로 초나라와 인접해 있습니다. 또 제나라 사람들은 변덕이 심하고 교활합니다. 그러니 대왕께서 수십만 대군을 보낸다 해도 단시간에 쳐부술 수 없을 것입니다. 제가 대왕의 영명한 조서를 받들고 가서 한나라에 복속하고 동번(東藩)이 되라고 제왕을 설득하게 해 주십시오."

한왕이 말했다.

"좋습니다."

한왕은 역이기의 계책에 따라 다시 오창을 지키게 했다. 그리고 역이기를 보내 제왕을 설득하도록 했다. 역이기가 제왕에게 가서 말했다.

"왕께서는 천하가 어디로 귀속될지 아십니까?"

제왕이 말했다.

"모르오."

역이기가 말했다.

"천하가 어디로 귀속되는지를 알아야 제나라를 보전할 수 있지, 그것을 모르면 제나라를 보전할 수 없습니다."

"천하가 어디로 귀속된단 말입니까?"

"천하는 한나라로 귀속됩니다."

"선생의 말씀은 무슨 뜻인지요?"

"한왕과 항왕이 힘을 합해 서쪽으로 진격하여 진나라를 멸망시
킬 때, 먼저 함양에 입성하는 자가 진나라 땅의 왕이 되기로 약조
했습니다. 그러나 항왕은 그 약속을 어기고 함양을 주는 대신 한
중의 왕으로 봉했습니다. 항왕이 의제의 도읍을 옮기게 한 뒤에
시해하자, 한왕은 촉한의 군대를 거느리고 셋으로 갈라졌던 옛 진
나라 땅을 공략한 뒤에 함곡관을 나와 의제를 시해한 죄를 물었습
니다. 한왕은 천하의 군사를 모으는 한편 전국 시대 제후의 후예
를 왕으로 세웠고, 성을 함락할 때마다 공을 세운 장수들에게 후
위를 내렸으며, 전리품을 얻을 때마다 부하들과 나눠 가졌습니다.
한왕이 천하와 전공을 함께 나누고 있기 때문에 영웅호걸과 인재
들이 모두 기쁜 마음으로 한왕을 위해 일하고 있습니다. 또 제후
국의 군대가 사방에서 모여들며 촉군과 한중 지방의 곡식이 배로
운송되어 오고 있습니다.

그런데 항왕은 약속을 어겼다는 오명을 듣고 있으며 의제를 시
해한 허물을 범했습니다. 다른 사람이 세운 공은 기억하지 않으
면서 다른 사람이 지은 죄는 잊어버리는 법이 없습니다. 싸움에
서 이겨도 이긴 장수에게 상을 주지 않고, 성을 함락해도 공을 세
운 장수를 봉하지 않습니다. 항씨가 아니면 중용하지 않는 데다,
관인을 다 새겨 놓고도 손에 놓고 주무르며 해당자에게 넘겨 주지

않습니다. 또 성을 공략하여 전리품을 얻어도 그것을 쌓아 둘 뿐 상을 내리지 않습니다. 그리하여 천하가 그에게 반기를 들고 인재들은 그를 원망하여 누구도 그 밑에 있으려고 하지 않습니다.

그런 연유로 천하의 인재들이 한왕에게 복속하고 있으니 한왕은 앉아서도 정세를 보며 대책을 짤 수 있게 되었습니다. 한왕은 촉한에서 거사하여 셋으로 갈라졌던 옛 진나라 땅을 평정한 뒤 서하 밖의 하동 땅을 차지하고 원래 위표가 거느렸던 상당 군대의 항복을 받았으며 정형을 함락하여 성안군을 죽였습니다. 다시 북쪽에 가 있던 위표의 군대를 쳐부수고 서른두 개 성을 함락했습니다. 이는 그 옛날 황제(黃帝)[4]가 벌였던 전투처럼 사람의 힘으로 된 것이 아니고 하늘에서 내린 복을 받은 것입니다.

지금은 이미 오창의 곡식을 확보했으며 험준한 성고를 방패 삼고 백마현의 나루를 지키며 태항산 밖으로 나가는 길을 막고 비호구를 막고 있으니, 천하에서 늦게까지 복속하지 않는 제후가 있다면 그 제후가 가장 먼저 망하고 말 것입니다. 왕께서 서둘러 한왕에게 귀순하면 제나라 사직을 보전할 수 있습니다. 한왕에게 귀순하지 않는 것은 위급하게 망할 날이 빨리 닥치기를 기다리는 것과 같습니다."

제왕 전광은 역이기의 말이 옳다고 여겨 그의 말을 따르기로 했다. 그리하여 전쟁에 대비해 역하에 주둔시켰던 병력을 거두고 역이기와 함께 마음 놓고 며칠 동안 술을 마셨다.

역이기가 전투를 벌이지 않고 설득만으로 일흔몇 개 성이나 되는 제나라를 항복시켰다는 말을 들은 한신이 군대를 거느리고 밤중에 평원에서 황하를 건너 제나라를 쳤다. 제왕 전광은 한나라 군대가 쳐들어왔다는 소식을 듣고 〔한신과 공모하여〕 자신을 속였다고 여겨 역이기를 삶아 죽이고는 군대를 끌고 달아났다.

한 고조 12년, 곡주후 역상이 승상의 신분으로 군대를 이끌고 경포의 난을 진압했다. 고조가 공신을 열거하다가 역이기를 생각해 냈다. 역이기의 아들 역개(酈疥)가 여러 차례 군대를 이끈 적이 있고 그 아버지의 공이 뛰어났기 때문에 역개를 고량후(高梁侯)에 봉했다가 뒤에 무양(武陽)으로 식읍을 바꾸었다. 역개가 죽은 뒤에 아들 역수(酈遂)가 후위를 이었다.[5] 삼대를 내려갔으나 역평(酈平)에 이르러 죄를 짓는 바람에 식읍을 폐했다.

입담과 학식으로 큰 재물을 얻은 육고

초나라 사람 육고는 빈객의 신분으로 고조를 따라 천하를 평정하는 데 종군했다. 입담이 좋기로 유명해서 고조의 측근으로 있으면서 제후들을 설득하는 사자로 자주 나갔다.

중원이 막 평정되었을 때 남월에서는 위타(尉佗)[6]가 그 지역을 평정하고 왕위에 올랐다. 이에 고조가 육고를 보내 위타를 남월왕으로 삼는 관인을 하사하게 했다. 육고가 도착했을 때 위타는 추계(椎紒) 상투를 틀고 다리를 키처럼 벌리고 앉아 육고를 맞았다. 그 모습을 본 육고가 위타에게 말했다.

"족하께서는 중원 사람이고 친척과 형제들의 분묘가 아직도 진정(鎭定)에 있습니다. 그런데도 타고난 중원 사람의 천성에 어긋나는 행동을 하시며 중원에서 착용하던 관대를 던져 버렸습니다. 게다가 남월같이 작은 나라로 천자에 맞서 대항하며 적국이 되려고 하시니, 그 화가 곧 족하께 닥칠 것입니다.

진나라가 정도를 잃어 제후와 호걸들이 서로 봉기했는데 그중에서 한왕이 관중 땅에 가장 먼저 입성하여 함양을 점령했습니다. 항우가 약속을 저버리고 스스로 서초 패왕에 올라 모든 제후를 복속시켰으니 그 세력이 아주 강대했습니다. 그런데 한왕이 파촉 지방에서 봉기하여 천하를 정복하고 제후들을 설복시켜 마침내 항우를 주살했습니다. 다섯 해 만에 나라 안을 평정했으니 이는 사람의 힘으로 한 것이 아니라 하늘이 세운 것입니다. 한왕께서는 군왕이 남월의 왕이면서 천하가 포악한 역도를 주살할 때 힘을 보태지 않은 것을 알고 계십니다. 장군과 대신들이 군대를 보내 군왕을 주살하려고 했지만, 한왕께서 백성이 새로 고생할 것을 가엾게 여겨 저를 보내 남월왕 관인을 대왕께 드리고 부절을 나누어 그것을 정표로 사신을 왕래하자고 했습니다.

군왕께서는 마땅히 도읍의 교외까지 나와서 맞이하고 북쪽을 향해 신하의 예를 올려야 했습니다. 한데 나라를 새로 세워 아직 제대로 일어서지도 못한 남월이 이렇게까지 불복종하다니요. 한나라에서 이 사실을 알면 군왕 선조의 묘를 파헤쳐 시신을 불태우고 군왕의 일족을 멸할 것입니다. 장군이 올 것도 없이 휘하의 부장이 십만 대군을 거느리고 남월에 다다른다면, 월족들이 왕을 죽이고 한나라에 투항할 것은 손바닥 뒤집기처럼 쉬운 일일 것입니다."

그 말을 들은 위타가 깜짝 놀라 일어나 바로 앉았다. 그러고는 육고에게 사과하며 말했다.

"만이들 가운데서 오래 살다 보니 그만 크게 실례하고 말았습니다."

그런 다음 다시 육고에게 물었다.

"나와 소하, 조참, 한신 중에 누가 더 능력이 뛰어납니까?"

"대왕께서 가장 뛰어납니다."

"나와 황제 중에서는 누가 더 뛰어납니까?"

"황제께서는 패현 풍읍에서 봉기하여 포악한 진나라를 토벌하고 강대한 초나라를 멸망시켜 천하를 이롭게 하는 일을 펼치고 해악을 뿌리 뽑았으며 오제와 삼왕의 위업을 이어받아 천하를 통일하고 중원을 다스리고 있습니다. 중원의 인구는 수억 명이고 영토는 사방 만 리에 달하며 천하에서 가장 비옥한 땅을 차지하고 있습니다. 인구와 수레가 많고 모든 것이 풍부한데 정권까지 통일되어 있으니 이런 일은 반고(盤古)의 천지개벽 이래로 처음 있는 일입니다. 지금 왕이 이끄는 무리는 겨우 수만[7]에 지나지 않으며, 그 만이들이 사는 험한 산과 해변가 사이에 있는 땅은 한나라의 군 하나에 비견되니 왕께서는 어찌 한나라와 비교하십니까!"

위타가 껄껄 웃고는 말했다.

"나는 중원에서 봉기하지 않아 이곳을 다스리고 있는 것이오. 내가 중원에 있었다면 어찌 한나라만 못하겠소!"

그러고는 육고를 반갑게 맞으며 몇 달 동안 머무르게 하면서 함께 술을 마셨다. 위타가 말했다.

"남월에는 함께 이야기를 나눌 만한 자가 없었는데 선생이 와서 내가 못 들었던 것을 날마다 듣게 해 주었습니다."

그러면서 육고에게 작은 자루에 황금 천 근의 가치가 있는 보화를 담아 주고 다시 황금 천 근어치의 다른 재물을 선사했다.[8] 육고가 마지막에 위타를 남월왕에 봉하고 한나라의 신하를 칭하며 한나라의 명을 받들게 했다. 돌아와서 사정을 보고하니 고조가 크게 기뻐하면서 육고를 태중대부에 임명했다.

육고가 때때로 고조 앞에 나아가서 『시』와 『서』의 내용을 예로 들며 말했다. 하루는 고조가 육고를 책망했다.

"그대의 임금인 짐은 말을 타고 천하를 얻었소. 『시』와 『서』가 천하에 무슨 소용이 있단 말이오."

육고가 아뢰었다.

"말을 타고 천하를 얻었다 하여 말을 타고 천하를 다스리시겠습니까? 탕왕과 무왕이 무력으로 천하를 얻었지만, 천하를 지키는 데에는 인의(仁義)를 썼으니, 문무 병용이야말로 나라를 오래 보전하는 방책입니다. 옛날 오나라 왕 부차(夫差)와 진(晉)나라의 지백(智伯)[9]은 극심하게 무력을 쓰는 바람에 망했고, 진나라도 형법에만 의존하여 다른 정책을 쓰지 않았기 때문에 마침내 조씨 왕조[10]가 멸망한 것입니다. 만일에 진나라가 천하를 병탄한 뒤에 인의의 정책을 펼치고 옛 성인의 법을 따랐다면, 폐하께서 어떻게 천하를 얻었겠습니까!"

고조는 마음이 불편해져 부끄러운 빛까지 보였다. 육고에게 고조가 말했다.

"나를 위하여 진나라가 천하를 잃게 된 연고와 내가 천하를 얻게 된 연고, 그리고 옛적에 흥하고 망했던 나라들의 사정을 글로 적어 줄 수 있겠소?"

그리하여 육고가 모두 열두 편의 글을 지었다. 한 편씩 지어 올릴 때마다 고조가 칭찬하지 않은 적이 없었고 그 곁에 있던 관리들도 만세를 불렀다. 책으로 엮어 『신어(新語)』[11]라고 이름 붙였다.

효혜제 때에 여후가 권력을 잡고 여씨 일족을 왕으로 봉하려 했으나 대신이나 변사들의 간언을 두려워했다. 육고는 스스로 여후와 논쟁할 수 없다고 판단하여 병을 칭하고 벼슬에서 물러났다. 그러고는 호지의 땅이 기름지다며 그곳으로 거처를 옮겼다.

육고에게는 다섯 아들이 있었다. 육고가 남월에 출사했을 때 자루에 받아 왔던 보화를 팔아 황금 천 근을 만들어서 아들에게 황금을 이백 근씩 나눠 주고 살림을 꾸리게 했다. 육고는 항상 네 필의 말이 끄는 안거를 타고 다녔는데 가무와 금 연주를 담당한 시종 열 명이 따랐고, 자신은 황금 백 근 값이 나가는 보검을 찼다. 육고가 다섯 아들을 불러 말했다.

"너희와 약조를 맺도록 하겠다. 내가 너희 중에 한 집에 갔을 때 내가 데리고 간 사람들과 말을 잘 먹이고 술을 대접하도록 하라. 열흘 동안 머문 뒤에 다음 집으로 가겠다. 그러다가 어느 집에서 내가 죽으면 그 집에서 보검과 말과 수레, 시종들을 갖도록 하라. 일 년이라 해도 다른 벗들의 집에 손님으로 갈 때가 많으니 한 집에 두 번 이상은 못 들를 것이다. 내가 갈 때마다 새로 잡은 고기를 대접해라.[12] 오래 묵어 너희를 귀찮게 하지는 않겠다."

여후 집권 시절에 여씨 일족이 왕에 봉해져 권력을 전횡하고 어린 임금을 협박하면서 유씨 왕조를 빼앗으려고 들었다. 우승상 진평이 이 점을 근심했으나 힘으로 여씨 일족을 이기지도 못하고 오히려 화가 자신에게 돌아올 것이라고 걱정했다. 그리하여 진평은 늘 집에 홀로 앉아 깊은 생각에 빠져 있곤 했다. 하루는 육고가 찾아갔는데, 왔다는 말을 알리지 않고 바로 진평의 거처로 들어가 앉았다. 진평은 생각에 빠져 육고가 들어오는 것도 알지 못했다. 육고가 물었다.

"무슨 생각을 그리 깊이 하고 계십니까?"

진평이 말했다.

"선생께서 내가 무슨 생각을 하는지 맞힐 수 있겠습니까?"

육고가 말했다.

"족하께서는 우승상의 자리에 있으면서 식읍이 삼만 호[13]에 이르는 열후입니다. 그리하여 부귀가 극치에 이르렀으니 다른 욕심이 있을 리 없을 것입니다. 그런데도 근심이 있다면 여씨 일족과 어린 임금에 관한 일 말고 다른 무엇이겠습니까!"

"그렇소. 어찌하면 좋겠소?"

"천하가 안정되면 재상을 쳐다보고 천하가 위태로우면 장군을 쳐다봅니다. 장군과 재상이 화합하면 인재들이 기쁜 마음으로 귀부할 것입니다. 인재들이 장군과 승상에게 귀부해 있으면 천하에 어떤 변고가 생겨도 권력이 분열되지 않을 것입니다. 권력이 분열되지 않으면 사직을 위해 세우는 계책은 장군과 승상 두 사람의 손에 달려 있습니다. 제가 태위 강후에게 자주 이 말을 꺼내고자 해도 강후와 저는 농담을 주고받는 사이라서 제 말을 가볍게 받아들이기만 합니다. 그렇지만 승상께서는 태위와 자주 교분을 나누시는데 어찌 서로 깊게 사귀려고 하지 않으십니까?"

이어서 육고가 진평에게 여씨 일족을 처리할 몇 가지 계책을 세워 주었다. 진평이 그 계책을 받아들여 황금 오백 근을 내어 강후의 장수를 비는 연회를 푸짐하게 차리고 태위와 함께 술을 들었다. 태위 또한 진평에게 비슷한 규모로 연회를 열어 답례했다. 두 사람이 서로 깊이 사귀게 되자 여씨들의 음모가 대거 무너졌다. 진평은 노비 백 명과 수레 끄는 말 오십 승,[14] 돈 오백만 전을 육고에게 보내 연회를 베푸는 비용으로 쓰게 했다. 육고는 이것으로 한나라 조정의 대신들을 사귀었으므로 더욱더 명성을 얻게 되었다. 육고는 여씨 일족을 주살하고 효문제를 세울 때까지 대단히 큰 공을 세웠다.

효문제가 즉위한 뒤에 남월에 사신을 보내려고 했다. 승상 진평이 육고를 태중대부에 천거한 뒤 위타에게 출사하게 하여, 황옥(黃屋)[15]과 칭제를 금지하고, 제후의 의례를 지키게 했다. 육고는 모두 황제의 뜻에 맞도록 처리했다. 이 이야기는 「남월전」에 자세히 적어 두었다.

육생은 마지막까지 천수를 누리다가 세상을 떠났다.

자손을 위해 목숨을 버린 주건

○ ○ ○

주건은 초나라 사람이다. 경포가 회남왕[16]으로 있을 때 상국을 지냈으며 죄를 지어 달아났다가 뒤에 다시 경포를 섬겼다. 경포가 반란을 일으키기 전에 주건에게 상의했는데 주건이 간언하며 경포를 말렸다. 경포는 주건의 말을 듣지 않고 양보후(梁父侯)[17]의 의견을 좇아 마침내 반란을 일으켰다.

한나라 군대가 경포를 주살한 뒤에 주건이 경포에게 간언했다는 것이 알려져 고조가 주건에게 평원군(平原君)이라는 칭호를 내리고 장안으로 옮겨 와 살게 했다.

주건은 달변가였으며 사람됨이 청렴하고 강직하여 행동에 조금도 타협하는 법이 없었고 의롭게 살아 다른 사람에게 아첨을 떨지 않았다. 그 무렵 벽양후 심이기가 바르지 않은 행실로 여후의 총애를 입고 있었다. 벽양후는 주건과 알고 지내기를 바랐지만 주건이 만나 주지 않았다. 어머니가 돌아가셨을 때 집이 가난하여 장례를 치를 돈이 없자, 주건이 상복과 장례용품을 빌리려고 했다. 평소에 주건과 잘 알고 지내던 육고가 벽양후를 찾아가서 경하의 말을 전했다.

"평원군의 어머니께서 돌아가셨습니다. 경하드립니다."

벽양후가 말했다.

"평원군의 어머니께서 돌아가셨는데 어찌하여 나에게 경하의 말을 합니까?"

육고가 말했다.

"일전에 귀하가 평원군과 알고 지내고 싶어 했지만, 평원군이 의로움을 취하여 귀하와 알고 지내기를 거절했는데, 그것은 평원 군에게 어머니가 살아 계셨기 때문이었습니다. 이제 평원군의 어 머니가 돌아가셨으니 귀하가 장례 비용을 후하게 부조한다면 평 원군이 귀하에게 목숨을 걸고 보답할 것입니다."

벽양후가 황금 백 근을 수의 비용으로 부조하자 열후와 귀족들 이 벽양후의 본을 받아서 부조한 포백(布帛)이 모두 황금 오백 근 어치나 되었다.

얼마 뒤에 어떤 사람이 벽양후를 비방하는 말을 하자 효혜제가 그 말을 믿고 몹시 노하여 옥리에게 벽양후를 심문시키고 주살하 려 했다. 태후는 부끄러워서 아무 말도 하지 못했다. 대신들은 대 부분 벽양후의 행동을 못마땅하게 여기고 있었으므로 벽양후를 죽이려 했다. 다급해진 벽양후가 사람을 보내 주건을 만나려고 했 다. 그러나 주건이 중대한 사건이니 벽양후를 만날 수 없다며 거 절하는 말을 전했다.

주건은 〔거절을 해 놓고〕 효혜제가 총애하던 굉적유(閎籍孺)[18] 를 찾아가 만나기를 청했다. 주건이 말했다.

"귀하께서 황제의 총애를 받는 것은 천하가 다 아는 일입니다. 지금 벽양후가 태후의 총애를 받다가 옥리에게 넘겨졌는데 시중 의 사람들은 모두 귀하가 참소하여 벽양후를 죽이려 한다고 생각 합니다. 오늘 벽양후가 죽으면 내일 아침에 태후가 노하여 귀하를 죽일 것입니다. 그러니 귀하가 마땅히 저고리를 벗고 상체를 드러낸 채 벽양후를 살려 달라고 황제에게 말씀을 올려야 하지 않겠습니까? 황제께서 귀하의 말을 듣고 벽양후를 풀어 주면 태후께서 크게 기뻐할 것입니다. 그렇게 되면 귀하는 주군 두 분의 총애를 받게 될 것이며 부귀가 갑절로 늘 것입니다."

그 말을 들은 굉적유가 질겁하여 주건이 시키는 대로 황제에게 벽양후를 살려 달라고 말하니 과연 벽양후를 풀어 주었다. 벽양후는 옥에 갇혀 있을 때 주건을 만나고 싶었지만 주건이 만나 주지 않아 자신을 배신했다 여기고 몹시 노해 있었다. 그러나 주건이 주선하여 자신이 풀려나게 된 것을 알고 매우 놀랐다.

여후가 세상을 떠난 뒤에 대신들이 여씨 일족을 주살했다. 벽양후는 여씨 일족과 관계가 깊었으나 끝내 주살되지 않았다. 모두 육생과 평원군이 목숨을 보전할 계책을 애써 마련해 준 덕분이었다.

효문제 때에 회남 여왕 유장이 벽양후를 죽였다. 벽양후가 자신의 어머니를 구해 주지 않고 여씨들과 한패가 되었기 때문이었다. 효문제가 벽양후의 문객이었던 주건이 벽양후에게 계책을 세워 주었다는 것을 알고, 옥리를 보내 주건을 붙잡아 심문하게 했다. 옥리가 문 앞에 다다랐다는 말을 듣고 주건이 자결하려 했다. 여러 아들과 옥리가 모두 말렸다.

"일이 어떻게 될지도 모르는데 왜 스스로 목숨을 끊으려고 하십니까?"

주건이 말했다.

"내가 죽어야 화가 끊어져 너희에게 미치지 않는다."

그러고는 스스로 목을 찔러 죽었다. 효문제가 그 말을 듣고 안타까워하며 말했다.

"나는 주건을 죽일 생각이 없었다."

그리하여 그 아들을 불러 중대부로 삼았다. 그 아들이 흉노에 사신으로 갔는데 선우가 무례하게 대하자 따지다가 흉노 땅에서 죽고 말았다.

장안을 한나라 도읍으로 정하게 한 누경

○ ○ ○

누경은 제나라 사람이다.

한 고조 5년에 농서로 수자리를 살러 가면서 낙양을 지나게 되었는데 그때 마침 고제(高帝)[19]가 낙양에 머물고 있었다. 누경이 수레를 끌던 자루인 만핵(輓輅)[20]을 내려놓고는 제나라 사람인 우(虞) 장군을 찾아가서 말했다.

"제가 상을 배알하고 나라에 도움이 되는 말씀을 올리고자 합니다."

우 장군이 좋은 옷을 주며 갈아입으라고 하자 누경이 말했다.

"비단옷을 입고 왔으면 비단옷을 입은 채로, 털로 짠 옷을 입고 왔으면 털옷을 입은 채로 배알할 것입니다. 저는 옷을 갈아입지 않겠습니다."

우 장군이 들어가 황제에게 소개하는 말을 넣자 황제가 불러 접견하고 먹을 것을 내려 주었다. 그런 뒤에 찾아온 까닭을 묻자 누경이 유세를 펼쳤다.

"폐하께서 낙양에 도읍을 정하시고자 하는 것은 주나라만큼 번성하기를 바라서가 아니십니까?"

황제가 말했다.

"그렇다."

누경이 아뢰었다.

"폐하께서 천하를 얻은 것은 주나라가 천하를 얻은 것과 다른 경우입니다. 주 왕실의 조상은 후직인데 요임금이 후직을 태읍(邰邑)에 봉한 뒤로 그곳에서 열몇 대를 내려오는 동안 덕을 쌓고 좋은 일을 많이 했습니다. 그 뒤 공유(公劉)가 걸왕을 피하여 빈읍(豳邑)에 터를 잡았는데, 태왕(太王) 고공단보 때에 이르러 적(狄)이 쳐들어오는 바람에 빈읍을 떠나 말채찍만 가지고 기산(岐山)으로 가서 살았습니다. 그 무렵 나라 사람들이 앞다투어 그에게 의지했습니다. 그 뒤에 문왕이 서백(西伯)이 되어 우(虞)와 예(芮)의 분쟁을 해결하여 천명을 받게 되었고, 여망(呂望)과 백이가 동쪽 바닷가로부터 기산까지 찾아와 귀부했습니다. 무왕이 주왕을 토벌할 때는 따로 약속도 없었는데 팔백 명이 넘는 제후들이 맹진(孟津)에 모여 은나라를 멸망시켰습니다. 성왕이 즉위한 뒤에 주공 같은 이들이 왕을 보좌하며 낙읍에 도읍을 정해 성주(成周)를 조성하고 그곳을 천하의 중심으로 삼은 까닭은 제후들이 사방에서 공물을 갖다 바치는 거리가 비슷한 위치에 있었기 때문입니다. 그때는 그렇게 덕이 있으면 쉽게 왕을 칭했고, 덕이 없으면 망하기도 쉬웠습니다.

이곳에 도읍한 왕들은 덕으로 백성을 감화시키기에 힘썼던 것이지, 낙양의 험난한 지형에 기대어 왕실을 유지하면서 교만하고 사치한 후대 왕들로 하여금 백성을 학대하게 하려고 했던 것이 아니었습니다. 그 뒤에 주나라가 쇠퇴하여 둘로 나뉘자 천하의 제후들이 주나라 천자를 배알하러 오지 않게 되었으며 주 왕실에서도 이를 제압할 수 없었습니다. 그것은 주 왕실의 덕이 얇아져서가 아니라 세력이 약해졌기 때문입니다. 이제 폐하께서는 패현 풍읍에서 봉기하여 삼천 명 군사를 모은 뒤에 곧바로 관중으로 입성하여 촉한 지방을 석권하고 셋으로 갈라졌던 옛 진나라 땅을 평정한 다음 항우 부대와 형양에서 크게 일흔 번, 작게 마흔 번 교전하셨습니다. 그러는 동안 천하 백성은 깨진 머리통과 드러난 내장으로 땅을 피로 물들이며 처참하게 죽어, 들판에 널부러진 부자들의 시체가 헤아릴 수 없을 만큼 많았습니다. 지금까지 곡성이 끊이지 않고 부상자들은 아직 회복되지 못했습니다. 〔지금 폐하께서는 낙양에 도읍하시면서〕성왕과 강왕(康王) 시절처럼 융성하기를 바라시지만, 제가 생각할 때 아직은 같이 놓고 볼 형편이 아닌 듯합니다.

그에 비교하여 진나라 도읍[21]은 산과 강으로 둘러싸여 사방이 요새처럼 견고하고, 갑자기 위급한 일이 있어도 백만 군사를 모을 수 있었습니다. 진나라도 도읍으로 썼듯이 물산이 풍부하고 토지가 비옥하니 관중 땅을 천부(天府)라고 부르는 것입니다. 폐하께서 관중으로 입성하여 그곳을 도읍으로 삼으면 효산 동쪽 땅에 난리가 일어나도 진나라의 옛 영토는 보전하여 가질 수 있습니다. 무릇 사람끼리 싸움을 할 때에도 상대방의 목을 조르면서 등을 치지 않으면 온전히 이길 수 없는 법인데, 이제 폐하께서 관중에 들어가서 도읍하면 진나라의 옛 땅을 누르는 것이 되니 이것이 바로 천하의 목구멍을 조르고 등을 치는 일이라 할 수 있습니다."

고조가 신하들에게 이 문제를 물어보니 신하들은 모두 효산 동쪽 출신이었던지라 주 왕실은 수백 년 동안 다스렸고 진나라는 이 대 만에 망했으니 주나라의 도읍인 낙양으로 정하는 것이 낫다고 다투어 주장했다. 고조가 두 주장 중 어느 편을 따를지 결정하지 못했다. 이에 유후 장량이 나서서 관중으로 들어가는 것이 더 이롭다고 명확하게 말하자 그날로 황제가 수레를 타고 서쪽으로 가서 관중에 도읍했다.

그 뒤에 황제가 말했다.

"진나라 도읍을 선택하라고 가장 먼저 말했던 자는 누경이었다. 누경의 누는 유(劉)와 같다."

황제가 누경에게 유씨 성을 하사하고 낭중에 임명한 뒤 봉춘군(奉春君)이란 봉호를 내렸다.

한 고조 7년, 한왕 한신이 반란을 일으켰으므로 고조가 친히 가서 진압했다. 진양에 이르렀을 때 한신이 흉노와 연합하여 한나라를 치려 한다는 말을 듣고 황제가 몹시 노하여 사람을 보내 흉노에 출사하게 했다. 흉노에서는 건장한 군인들과 살진 소와 말을 숨겨 두었으므로 보이는 건 늙고 어린 군사와 여윈 짐승뿐이었다. 열 차례나 출사시켰는데 다녀와서 모두 하는 말이 흉노는 공격하여 쉽게 이길 만하다고 했다. 고조가 다시 유경을 흉노에 출사시 켰더니 돌아와서 이렇게 보고했다.

"두 나라가 서로 교전을 앞둔 이런 때는 자신의 장점을 과장하 여 보여 주게 되어 있습니다. 이번에 신이 가 보니 보이는 건 여위 거나 죽은 짐승과 늙고 어린 군사뿐이었습니다. 이는 작정하고 약 한 면을 보여 준 뒤에 뜻밖의 장소에 복병을 숨겨 두어 싸움을 승 리로 이끌겠다는 뜻입니다. 미욱한 신의 생각으로는 흉노는 공격 할 수 없는 상대입니다."

그때 한나라 군대는 이미 북쪽으로 구주산을 넘어 삼십만[22] 대 군이 출정하고 있었다. 고조가 노하여 유경에게 욕을 했다.

"제나라에서 끌려온 주제에 혀를 놀려 벼슬을 얻더니 이제 망 언으로 우리 군대의 사기를 망가뜨리는구나!"

고조는 유경에게 차꼬와 쇠고랑을 채워 광무현(廣武縣)의 옥사 에 가두었다. 이어서 전진하여 평성에 이르렀을 때, 아니나 다를 까 성 밖의 구릉지 백등(白登)에서 흉노 복병이 나타나 고조의 군 대를 포위했다. 포위는 이레가 지나서야 풀렸다. 광무에 다다른 고조가 유경을 풀어 주며 말했다.

"내가 공의 말을 듣지 않았다가 평성에서 포위되고 말았다. 내 이미 먼저 다녀와 공격할 수 있다고 말한 열 명의 목을 베었다."

이어서 유경에게 이천 호 식읍의 관내후로 봉하고 건신후(建信 侯)라고 칭하게 했다.

고조가 평성에서 철군하여 조정에 돌아왔을 때 한왕 한신이 흉 노로 달아났다. 그때 선우 묵돌의 군대가 강대하여 활을 쏘며 말을 달리는 기병 사십만 명을 데리고 변경 지방을 수차례나 침입하여 괴롭혔다. 이를 근심하던 고조가 유경에게 대책을 물었다. 유경이 아뢰었다.

"천하가 막 평정된 지금은 우리 군사들이 전투에 지쳐 있기 때문에 흉노를 무력으로 정복할 수 없습니다. 그런데 설득을 시키려고 해도 묵돌은 자신의 아비를 죽이고 임금이 된 뒤에 서모들을 아내로 삼고 무력으로 위세를 부리고 있으니 인의로 설득하기도 어렵습니다. 써 볼 수 있는 계책은 오로지 멀리 내다보고 그의 자손을 한나라의 신하로 만드는 것이나 폐하께서 쓰실 수 없는 계책이 아닐까 두렵습니다."

"정말 방법이 통하기만 한다면 어찌 쓰지 않겠는가! 어떻게 하면 좋을지 생각해 보았소?"

"폐하께서 진실로 황후 소생의 맏공주[23]를 선우에게 시집보내면서 많은 예물을 함께 보내신다면, 선우가 한나라 황제의 딸이 많은 예물을 들고 왔다고 여길 것입니다. 흉노 만이는 반드시 공주를 우러러보며 연지로 삼을 것이고 아들을 낳으면 태자로서 선우의 대를 잇게 할 것입니다. 왜 그렇겠습니까? 그것은 선우가 한나라에서 내릴 많은 예물을 탐내기 때문입니다. 폐하께서는 해마다 한나라에서는 남아돌되 흉노 쪽에는 모자라는 물건을 여러 차례 선물로 보내시면서 변사로 하여금 예절을 가르치게 하십시오. 묵돌이 살아 있을 때에는 폐하의 사위가 되고 묵돌이 죽은 뒤에는 외손자가 선우가 될 것입니다. 외조부에게 강례(亢禮)로 대하겠다고 나선 외손자가 있었다는 말을 일찍이 들어 본 적이 없으니, 외손자가 선우에 오르면 싸우지 않고도 점차 신하로 삼을 수 있을 것입니다. 만일 폐하께서 맏공주님을 보낼 수 없어 종실이나 후궁 중에 한 사람을 뽑아 공주라고 속여 보내신다면 묵돌도 그 사실을 알게 될 터라, 귀하게 여기지도 가까이하지도 않을 것이니 아무런 소득이 없게 됩니다.”

“좋은 생각이다.”

그리하여 맏공주를 흉노로 보내려고 하자 여후가 울면서 말했다.

“신첩에게는 태자 하나와 그 딸 하나뿐인데 어찌하여 흉노 땅에 버리려 하십니까?”

황제가 결국 맏공주를 보내지 못하고 대신에 가인자(家人子) 하나를 공주로 꾸며 선우에게 시집보내고,[24] 유경을 보내 화친 조약을 맺게 했다.

유경이 흉노에서 돌아와 흉노의 사정에 대해 아뢰었다.

“흉노 중에서 하투(河套) 이남 지역에 있는 백양(白羊)과 누번 부족은 장안에서 가까워 칠백 리밖에 되지 않으니, 흉노의 날랜 기병이라면 하루 밤낮이면 닿을 거리입니다. 반면에 지금 관중은 최근에 있었던 전란의 피해가 복구되지 않아 백성이 적은 대신 토지가 비옥하므로 인구를 더 늘려야 합니다.

제후들이 처음 봉기했을 때 제나라 왕실의 전씨 일족이나 초나라의 왕족인 소씨(昭氏), 굴씨(屈氏), 경씨(景氏) 일족이 모두 참여했습니다. 폐하께서 지금 관중에 도읍하고 계시지만 인구가 적은 것이 사실이고, 북쪽으로 흉노가 가까이 있으며, 동쪽에도 육국의 후예 중에 세력이 강한 일족들이 남아 있습니다. 그러니 어느 날 무슨 변고가 일어나면 폐하께서 베개를 높이 괴고 편히 주무실 수 없게 될 것입니다. 신은 폐하께서 제나라의 전씨와 초나라의 소씨, 굴씨, 경씨 그리고 연나라, 조나라, 한(韓)나라, 위나라의 왕실 후예 및 호걸과 명문을 옮겨 살게 하여 관중을 채우시기를 바랍니다. 이렇게 하면 태평무사할 때는 흉노에 대비할 수 있고, 제후들이 변고를 일으키면 그들을 이끌고 동쪽으로 가서 진압할 수 있을 것입니다. 이것은 중앙을 튼튼히 하면서 지방의 제후들을 약하게 하는 방법입니다."

황제가 말했다.

"그렇게 하도록 하겠소."

그리하여 유경을 시켜 유경이 말했던 대로 지방 귀족을 옮겨 살게 하니 관중 땅에 십여 만 인구가 늘어났다.

시대의 변화에 맞춰 변신을 거듭한 숙손통

○　○　○

숙손통[25]은 설현 사람이다. 진나라 때에 유가 경전에 밝다고 하여 황제에게 불려가서 대조박사(待詔博士)가 되었다.

몇 해 뒤에 진승이 봉기하자 진 이세황제가 박사와 여러 유생을 불러 물어보았다.

"초 땅의 수졸들이 기현을 함락하고 진현에 입성했다는데, 공들은 이 일을 어떻게 생각합니까?"

서른 명이 넘는 박사와 여러 유생이 앞으로 나서며 말했다.

"신하 된 자가 나라를 빼앗을 뜻을 갖는다는 것은 있을 수 없는 일입니다. 그것은 반란을 한 것과 다를 바 없으니 죽을죄로 다스리고 용서하지 말아야 합니다.[26] 폐하께서는 서둘러 군대를 출동시켜 그들을 진압하십시오."

이세황제의 얼굴에 노하는 빛이 나타났다. 그때 숙손통이 앞으로 나서며 말했다.

"여러 선생의 말씀은 다 틀렸습니다. 무릇 천하가 통일된 뒤로 군현의 성을 허물고 무기를 녹여서 다시는 전쟁에 쓰지 않겠다는 뜻을 천하에 선포한 바 있습니다. 영명한 군주가 위에 계시고, 그 아래에 법령이 갖추어져 있으며, 관리마다 맡은 임무를 다하고, 사방이 조정을 향하여 조공을 바치는데 반란을 일으킬 자가 어디에 있겠습니까! 쥐나 개가 사람 물건을 물어 가듯 그런 도적 떼에 불과할 것이며 입에 올릴 가치조차 없는 것들입니다. 지금 군수나 군위가 잡아서 죽이고 있을 것이니 걱정할 만한 일이 못 됩니다."

이세황제가 기뻐했다. 이세황제는 유생들에게 일일이 진승의 봉기에 대한 의견을 물어보았다. 유생 중에 어떤 이는 진승의 봉기를 반란이라고 했고 어떤 이는 도적이라고 했다. 그리하여 이세황제가 어사를 시켜 반란이라고 말한 유생들을 조사하여 옥리에 넘기고 해서는 안 될 말을 한 죄로 다스렸다. 도적이라고 한 유생들도 파직시켰다. 그러고는 숙손통에게 비단 스무 필과 옷 한 벌을 하사하고 정식 박사로 삼았다. 숙손통이 황제 앞을 물러 나와 처소에 돌아오자 유생들이 물었다.

"공은 어찌하여 아부하는 말을 했습니까?"

숙손통이 말했다.

"공들은 모를 겁니다. 하마터면 내가 죽을 뻔했습니다!"

그러고는 달아나서 설현으로 갔는데, 설현은 이미 진승의 초나라 군대에 항복한 뒤였다.[27]

뒤에 항량이 설현에 들어오자 숙손통은 항량을 따랐다. 항량이 정도에서 패하여 죽자 회왕을 따랐다. 회왕이 의제가 되어 장사로 옮겨 갈 때 숙손통은 남아서 항왕을 섬겼다. 한 고조 2년, 한왕이 다섯 제후 연합군을 거느리고 팽성에 들어오자 숙손통이 한왕에게 투항했다. 그때 숙손통은 유생의 복장을 하고 있었는데, 한왕이 그런 옷을 싫어한다는 말을 듣고 옷을 바꾸어 초나라풍의 단의(短衣)[28]를 입었더니 한왕이 좋아했다.

숙손통이 한왕에게 투항했을 때 제자 백여 명도 함께 따라갔다. 제자 중 누구도 추천하지 않고 도적이나 건장한 군인만 한왕에게 추천했다. 제자들이 모두 말했다.

"선생을 섬긴 지 몇 해 만에 선생을 따라 한왕에게 기꺼이 투항했는데, 우리를 추천하지 않고 저 교활한 무리만 추천하시니 어찌된 까닭입니까?"

숙손통이 제자들에게 설명했다.

"한왕은 지금 화살과 돌을 맞으면서 천하를 얻으려고 애쓰는 중이다. 자네들이 전장에 나가 어떻게 싸우겠는가. 그래서 적장의 목을 베고 깃발을 빼앗아 올 수 있는 인물들을 먼저 추천한 것뿐이니 자네들은 내가 추천할 때까지 기다리도록 하라. 내가 잊지 않고 추천할 것이다."

한왕이 숙손통을 박사로 임명하고 직사군(稷嗣君)이라는 봉호를 내렸다.

한왕이 천하를 병탄한 뒤에 제후들이 정도에 모여 한왕을 황제로 추대했다. 숙손통이 그 의례와 호칭을 모두 정했다. 그런데 고조가 숙손통이 정한 진나라식 의례 절차를 모두 취소하고 간단하게 해 버렸다.

신하들은 술을 마시고 자신의 공이 더 높다며 다투었는데, 술에 취한 자도 있고 망언을 외치는 자도 있으며 칼을 뽑아 기둥을 치는 자도 있어 고조가 어찌할 바를 몰랐다. 고조가 그런 모습을 싫어하는 것을 눈치챈 숙손통이 고조를 설득했다.

"대저 유생들이란 천하를 얻는 전투에 내보내기는 힘들지만, 천하를 얻은 뒤에 천하를 지키는 데에는 도움이 됩니다. 바라건대 노현의 유생들을 불러 신의 제자들과 함께 조정 의례를 세우게 해 주십시오."

고조가 말했다.

"제정하기가 어렵지 않겠소?"

숙손통이 말했다.

"오제 때에 악률이 각각 달랐고 삼왕 또한 같은 의례를 쓰지 않았습니다. 의례란 그때그때 세간의 사정을 반영하여 절도 있게 제정해야 합니다. 하, 은, 주의 의례가 모두 가감이 있었다는 것에서도 이런 점을 알 수 있으니 그리하여 서로 중복되지 않을 수 있었

습니다. 바라건대 대략 옛 의례와 진나라 의례를 섞어 한나라의
의례를 제정하도록 해 주십시오."

"그럼 한번 제정해 봅시다. 쉽게 익히도록 제정하시오. 내가 거
행할 수 있도록 쉽게 만들기 바라오."

그리하여 숙손통이 노현의 유생 서른몇 명을 불러오기 위해 갔
다. 그런데 유생 두 명이 가지 않겠다고 거절했다.

"귀하는 열 명의 주군을 섬기면서 면전에서 아첨을 떨어 주군
과 가까워지고 높은 자리에 올랐소. 천하가 막 평정되어 죽은 자
들을 미처 다 묻지 못했고 부상자들이 치유되지도 않았는데 예악
을 또 일으키려고 하는 것이오? 예악이 제정되려면 백 년 동안 덕
을 쌓은 뒤에나 제대로 제정할 수 있는 법이니, 우리는 귀하가 하
고자 하는 일에 차마 함께할 수 없소. 게다가 귀하가 생각하는 예
악은 옛 전통과 맞지도 않으니 더욱 함께 갈 수 없소. 우리를 욕되
게 하지 말고 돌아가시오."

숙손통이 웃으며 말했다.

"시대의 변화를 이렇게도 모르다니 당신들은 정말로 꽉 막힌
유생들이오."

숙손통이 부름에 응한 서른 명과 함께 서쪽을 향해 장안으로
갔다. 그러고는 글공부를 했던 황제의 측근, 숙손통의 제자 백여
명과 함께 대나무와 띠풀을 엮어 야외에 막사를 짓고 의례를 연습
했다. 달포쯤 연습한 뒤에 숙손통이 말했다.

"황상께서 한번 살펴봐 주십시오."

황제가 의례를 행하게 한 다음 말했다.

"이 정도면 내가 감당할 수 있겠소."

이에 신하들에게도 연습을 시켜 다가오는 10월의 정월 조회 때부터 실시하기로 했다.

한 고조 7년, 장락궁이 완공된 후 10월 조회에 제후와 군신들이 황제를 배알했다. 배알할 때의 의례는 다음과 같았다.

동이 트기 전에 알자들이 의례를 준비하여 차례대로 궁의 문 안에 들어오게 한다.

궁의 큰 마당에는 말과 전차, 수졸, 위관(衛官)²⁹을 도열시키고 병기를 진열하며 깃발을 많이 세운다.

"추(趨)!³⁰"라고 전갈을 내려 행렬을 이동시킨다.

대전 아래 계단마다 낭중 수백 명씩을 세운다.

서쪽에는 공신, 열후, 장군, 군관들을 동쪽을 향해 차례대로 서게 한다.

승상 이하의 문관들은 동쪽에 세우되 서쪽을 향하게 한다.

대행(大行)이 구빈(九賓)을 세운 뒤에 황제가 납신다고 크게 전갈한다.

그때 황제가 연을 타고 나타나면 백관들이 제후왕 이하 육백석 봉록 관리를 차례로 이끌어 황제께 하례하게 한다. 제후왕 이하 모든 신하가 두려운 마음으로 엄숙하게 있어야 한다.

의례가 끝날 때까지 모두 엎드려 있는다.

그 뒤에 취하지 않게 마실 연회장을 마련한다.

대전에 앉아 있던 모든 이들이 엎드려 고개를 숙이고 있다가 높고 낮은 순서대로 일어나서 황제에게 축수한다.

잔이 아홉 차례 돌아간 뒤에 알자가 "잔을 거둡니다."라고 외친다.

의례 집행 과정에서 의례에 맞추어 예를 올리지 않는 자는 어사가 모두 끌고 나간다. 마침내 의례가 끝나고 주연이 마련되었을 때에도 아무도 큰 소리로 떠들거나 의례에 어긋나게 행동하지 않는다.

의례를 마친 뒤에 고조가 말했다.

"나는 오늘에서야 황제가 존귀한 자리라는 것을 알았소."

고조는 숙손통을 봉상(奉常)에 임명하고 황금 오백 근을 하사했다. 숙손통이 그 기회를 타서 아뢰었다.

"저의 제자와 유생들이 신을 따라 오랫동안 수고하면서 신과 함께 의례를 제정했으니 바라건대 그들에게도 벼슬을 주십시오."

고조가 그들 모두를 낭관에 임명했다. 숙손통이 고조 앞을 물러 나온 뒤에 자신이 받은 황금 오백 근을 모두 나눠 주자 유생들이 기뻐하며 말했다.

"숙손 선생은 어떻게 처신해야 하는지를 아는 성인이시구나."

한 고조 9년, 고조가 숙손통을 태자태부로 옮겼다.

한 고조 12년, 고조가 조왕 유여의로 태자를 바꾸려고 하자 숙손통이 간언했다.

"옛적에 진 헌공(晉獻公)이 여희(驪姬)를 좋아한 까닭에 태자를 폐하고 해제(奚齊)를 세웠습니다. 그로 말미암아 진나라가 수십 년 동안 천하의 웃음거리가 되었습니다. 진시황이 부소를 일찍이 태자로 정하지 않았기 때문에 조고가 진시황의 유서를 조작하여 호해를 세웠으니 스스로 후대를 끊어 버린 셈이 되었는데, 이는 폐하께서도 친히 목도하신 바입니다. 지금의 태자께서 인과 효를 잘 지키는 것은 천하가 다 아는 일입니다. 또 간 없는 음식을 먹어 가며 폐하와 함께 고생스러운 시절을 보낸 여후를 어찌 배신하시렵니까! 폐하께서 꼭 적자를 폐하고 어린 황자를 세우시겠다면 신을 먼저 죽여 신의 목에서 나온 피로 땅을 물들이게 해 주십시오.”

고조가 말했다.

“그쯤 하세요. 그저 장난으로 해 본 생각이었소.”

“태자는 천하의 근본입니다. 근본이 조금 흔들리면 천하는 진동하는 법입니다. 어찌하여 천하를 놓고 장난을 하려 드십니까!”

“내가 공의 말을 듣겠소.”

그 뒤에 황제가 술자리를 마련했다. 유후 장량이 불러들인 네 빈객이 태자와 함께 온 것을 본 뒤에 황제가 태자를 바꿀 뜻을 접었다.

고조가 붕어하고 효혜제가 즉위했을 때 효혜제가 숙손통에게 말했다.

“선제의 능원과 침묘의 의례에 대해 신하들이 익숙하지 않습니다.”

효혜제는 숙손통을 다시 봉상에 임명하고 종묘 의례를 제정하게 했다. 그 뒤에 계속해서 한나라 왕조의 여러 가지 의례들이 제정되었는데 모든 의례가 숙손통의 의견에 따라 정리되었다.

혜제가 동쪽의 장락궁에 있던 여후에게 인사를 올리거나 다른 일로 찾아뵐 때마다 장락궁으로 통하는 길을 치우고 통행을 금지하는 바람에 백성을 괴롭히게 되었다. 그리하여 육교를 만들기로 하고 미앙궁 무기고 남쪽에서부터 공사를 시작했다. 그때 숙손통이 황제에게 상주하러 갔다가 틈을 타서 조용히 아뢰었다.

"폐하께서는 어찌하여 고황제 사당의 침전 위로 육교를 내려고 하십니까! 고황제 사당에서는 한 달에 한 번 장릉(長陵)의 사당에서 고조의 의관을 옮겨 와 제사를 드리고 있습니다. 자손이 되어 어떻게 수레를 타고 종묘 건물 위의 육교로 다닐 수 있겠습니까!"

혜제가 걱정하며 말했다.

"육교를 빨리 허물어 버리시오."

숙손통이 아뢰었다.

"주군은 허물을 보여서는 안 됩니다. 이미 만들기 시작했으므로 백성이 다 알아 버렸습니다. 폐하께서는 위수 북쪽에 사당을 하나 더 지어서 다달이 의관을 그쪽으로 옮기게 하십시오. 종묘를 더 많이 짓는 것은 큰 효도를 올리는 일의 시작입니다."

그리하여 황제가 담당 관리들에게 조서를 내려 사당을 하나 더 짓게 했다.

혜제가 자주 이궁(離宮)으로 나들이를 갔다. 숙손통이 아뢰었다.

"옛날에는 봄에 과일을 올렸습니다. 지금 앵두가 한창 익어 제물로 바칠 수 있으니 폐하께서 나들이를 나오신 김에 앵두를 따서 종묘에 바치시기를 청합니다."

황제가 그렇게 하겠다고 말했다. 종묘에 여러 가지 과일을 바치는 일은 이때부터 시작되었다.

찬하여 말한다.

고조가 정벌로 천하를 평정한 뒤에 진신(縉紳) 차림의 유생들이 자신의 식견과 입담을 발휘하여 함께 대업을 완성했다. 『신자(愼子)』에 이르기를 "대궐과 태묘는 한 그루 나무 재목으로만 지을 수 없고, 제왕의 위업은 책사 한 사람의 지략으로 달성할 수 없다."라고 했다. 맞는 말이다.

유경은 수레의 손잡이 막대를 놓고 금성(金城)에 도읍을 정하도록 권해 안정을 이루게 했다. 숙손통은 북을 울리며 전투에 나가는 대신 한나라 왕조의 의례를 세웠으니 때마침 기회를 얻은 덕분이다. 역생이 문지기로 드러나지 않은 삶을 살았던 것은 주군을 기다려 다시 세상에 나오려고 했기 때문이나 그만 끓는 솥에 들어가는 일은 피하지 못했다. 주건은 처음에 청렴하고 강직한 것으로 이름을 얻어 벽양후를 거절까지 했지만, 마지막에 절의를 지키지 못해 스스로 목숨을 끊기에 이르렀다. 육고는 대부까지 올랐던 인물이지만 여씨 정권에서는 병을 칭하고 벼슬을 살지 않았기에 나중에 근심하거나 책망당할 일이 없었다. 그는 진평과 주발 사이를 알선했으니 승상과 장군이 협조하여 사직을 튼튼히 보전할 수 있었다. 그리하여 육고의 신분과 이름이 모두 영예를 얻었으므로 유생 중에 가장 뛰어났다고 할 수 있겠다.

14

회남·형산·제북왕 전
淮南衡山濟北王傳

한나라의 제후국이었던 회남국(淮南國)은 조정의 두통거리였다. 고조가 막내아들 유장(劉長, 기원전 198~기원전 174년)을 회남왕에 봉했을 때 아들과 손자들이 반란을 일으키리라고는 짐작하지 못했을 것이다. 유장은 태어나자마자 생모가 죽임을 당했기 때문에 여후의 손에 자랐다. 여씨 왕조를 꿈꾸던 여후도 어린 유장만큼은 해꼬지하지 않고 아꼈다. 그러나 자신의 어머니가 억울하게 죽은 것을 내내 마음에 두고 있던 유장은 장성하여 원수에게 앙갚음하면서 서서히 본색을 드러냈다. 고조와 여후가 죽은 뒤에 더욱 대담한 행동을 일삼다가 이복형 문제가 보낸 유배 길에서 객사하고 만다.

세상에 『회남자』를 남긴 유안(劉安, 기원전 179~기원전 122년)이 바로 유장의 맏아들이다. 유안은 아버지의 뒤를 이어 회남왕이 되었고, 무제

의 중앙 집권에 반대하며 반란을 일으켰다. 따라서 이 편에서는 황실이
미처 안정을 찾지 못했던 한나라 초기의 권력 다툼을 엿보게 된다.

생모를 잃고 여후 손에 자란 유장

○ ○ ○

회남 여왕 유장은 고조의 막내아들로 생모는 조나라 왕 장오의 미인(美人)이었다.

고조 8년, 동원을 떠나 조나라 도읍을 지날 때 조왕이 미인을 바쳤는데 그 조왕의 후궁이 고조의 총애를 받아 회임하여 회남 여왕의 어머니가 되었다. 〔회임 사실을 안〕 조왕이 미인을 자신의 궁에 들이지 못하고 외궁을 지어 그곳에 거처하게 했다.

관고 등의 모반 사실이 드러난 후 조왕까지 함께 잡혀가 처분을 받을 때 조왕의 어머니와 형제, 후궁들도 모조리 잡혀가 하내에 갇히게 되었다. 함께 갇혀 있던 여왕의 어머니가 옥리에게 일렀다.

"내가 일전에 천자의 은총을 입어 지금 홑몸이 아니오."

옥리가 그 말을 전했지만, 그때는 황제가 조왕에게 화가 나 있었던지라 여왕 어머니의 말을 무시해 버렸다. 여왕 어머니의 동생 조겸(趙兼)이 벽양후를 통해 여후에게 말을 넣었으나 투기심이 발동한 여후가 황제를 설득하려 하지 않았고 벽양후 또한 강하게 변호해 주지 않았다. 여왕의 어머니는 여왕을 낳은 뒤에 원한에 사무쳐서 자결하고 말았다. 옥리가 갓 태어난 여왕을 고이 받들어 황제에게 바치자 황제가 그 생모를 무시했던 것을 후회하며 여후에게 아기를 키우게 했다. 생모는 고향 집이 있던 진정(鎭定)에 묻어 주었다.

한 고조 11년, 회남왕 경포가 반란을 일으키자 황제가 친히 군대를 이끌고 경포의 난을 진압했다. 그러고는 아들 유장을 회남왕으로 세웠다. 왕은 일찍 어머니를 잃고 여후의 처소에서 자랐으므로 효혜제와 여후 시절에는 총애를 받으며 별 탈을 일으키지 않았다. 속으로는 벽양후를 항상 미워했지만, 겉으로 드러내지 않았다.

이어서 효문제가 즉위한 무렵에 자신이 황제와 가장 가깝다고 여겨[1] 오만불손하게 행동하고 수차례 법까지 어겼으나 황제는 회남 여왕을 용서했다. 문제 3년, 왕이 황제를 배알하러 왔는데 태도가 아주 거만했다. 이를테면 황제와 함께 황제의 사냥터에 사냥하러 갈 때 황제와 같은 수레에 타고 가며 황제를 큰형이라고 부르는 식이었다.

왕은 세발솥을 두 팔로 들어 올릴 만큼 힘이 아주 셌다. 왕이 벽양후를 찾아가 만나기를 청했다. 벽양후가 나와서 왕을 맞자 곧바로 소매에서 쇠몽둥이를 꺼내 벽양후를 내리친 다음 시종에게 목을 베게 했다. 그러고는 황궁으로 달려가 저고리를 벗어 상체를 드러내고 죄를 빌었다.

"신의 어미를 조왕의 일에 연루시키지 말았어야 합니다. 벽양후는 여후를 설득할 힘이 있었으나 변호해 주지 않았습니다. 이것이 그자의 첫째 죄목입니다. 조왕 여의 모자가 아무 죄가 없건만 여후가 죽였습니다. 그때에도 벽양후는 변호하지 않았으니 이것이 둘째 죄목입니다. 여후가 여씨 일족을 왕으로 세워 유씨 정권을 빼앗으려고 할 때에도 벽양후는 가만히 보기만 했으니 이것이 셋째 죄목입니다. 신은 천하의 모든 이들을 위해 간신을 죽인 것이며 그리하여 어미의 원수도 갚았습니다. 이제 궐 앞에 엎드려 죄를 청합니다."

문제가 어머니의 원수를 갚기 위해 행동한 왕의 뜻을 동정하여 죄를 벌로 다스리지 않고 용서해 주었다.

이 일이 있고 난 뒤에 박 태후와 태자 및 대신들이 모두 왕을 두려워했다. 그길로 회남에 돌아간 왕은 더욱 방자해져서 한나라 조정에서 제정한 법을 지키지 않았다. 드나들 때 황제의 의전대로 벽제하여 백성의 통행을 금지했고, 칭제하여 회남국 법령을 새로 만들었으며, 황제에게 올린 글에도 불손한 표현을 여러 차례 사용했다. 그러나 문제는 왕을 엄중하게 문책하는 일을 어렵게 생각했다. 황제의 외삼촌 박소가 장군이 되어 지위가 존귀해지자, 황제가 박소에게 명하여 왕에게 글을 보내 훈계하게 했다.

저는 대왕께서 강직하고 용맹한 분이고 자애롭게 은혜를 널리 베푸실 뿐만 아니라 절개와 신의를 지키는 과단성 있는 분이라고 들었습니다. 이는 하늘이 대왕께 성인의 자질을 내려 주신 것으로 이렇게 훌륭한 성품을 내린 연유를 돌아보지 않으면 안 됩니다. 왜냐하면 지금 대왕께서는 타고난 자질에 어긋나는 일을 하고 계시기 때문입니다.

황제 즉위 초에 회남국 안에 있는 세 열후의 식읍을 옮기라고 했지만, 대왕께서는 듣지 않으셨습니다. 그러나 황제께서 결국 그 열후들의 식읍을 옮겨 봉함으로써 대왕께 새로 세 개 현을 안겨 드렸으니 황제의 뜻이 아주 후하다 하겠습니다. 대왕께서 황제와 서로 만난 적이 없다가 황제를 배알하기를 청하신 뒤에 형제간에 기쁜 정을 다 나누기도 전에 어머니의 원수를 갚는다는 명목으로 열후를 죽였지만, 황제께서는 옥리더러 그 내막을 묻지 못하게 하고 대왕을 용서해 주셨으니, 그 또한 황제께서 대왕을 후덕하게 대하신 것이라 하겠습니다.

한나라 법에는 봉록 이천석 자리가 비면 한나라 조정에 알려 그 자리를 채우게 되어 있습니다. 대왕께서는 오히려 조정에서 파견한 관리를 쫓아내고 대왕이 스스로 승상과 이천석 벼슬을 뽑아 앉히기도 하셨습니다. 그럼에도 황제께서 천하의 엄정한 법률을 완화하여 적용하고 대왕을 용서하셨으니, 그 얼마나 두터운 정을 보이신 것입니까? 대왕께서 왕위를 버리고 평민으로 돌아가 진정의 어머니 산소를 지키려고 했을 때에도 황제께서 허락하지 않으시고 대왕께서 회남왕으로서 남면하는 지위를 잃지 않게 하셨으니, 그 또한 대단히 돈독하게 대하신 것이었습니다.

대왕께서 밤낮을 가리지 않고 법령을 존중하고 회남왕의 직위를 잘 수행하여 황제께서 대왕을 대하는 후덕함에 보답해야 함에도 경박한 말씀과 방자한 행동으로 천하의 웃음을 사고 계시니, 이는 절대 현명한 행동이라 할 수 없겠습니다. 대왕께서는 천 리나 되는 땅을 봉토로 하여 만민을 노복으로 거느리고 계시니 이는 고황제의 큰 은덕을 입으신 덕분입니다. 고황제께서 서리와 이슬을 마다치 않고 비바람에 젖은 채 화살과 돌이 날아드는 싸움터에서 여러 성을 공략하느라 중상을 입기까지 하신 것은 자손만대를 위한 위업을 달성하고자 함이셨으니, 그 얼마나 힘들고 위태롭게 다니셨겠습니까? 대왕께서는 선조가 힘들게 창업했던 일을 생각하지 않으십니까? 밤낮으로 반성하고 올바른 행동으로 수신하면서 제를 위해 기른 가축과 거둔 곡식으로 제물을 풍성하게 마련하여 제사를 올림으로써 선제의 공덕을 잊지 않아야 함에도, 봉토를 버리고 평민이 되겠다고 우기시니 이는 지나친 일입니다.

〔이제 대왕의 여덟 가지 지나친 바를 말씀드리겠습니다.〕 봉토를 사양했다는 명성을 탐하여 선제의 위업을 가볍게 던져 버리는 것을 효라고 할 수 없고, 고황제께서 마련한 기틀을 지키지 않은 것을 현명하다고도 할 수 없습니다. 고황제의 장릉은 지키려고 하지 않으면서 진정의 어머니 산소만 돌보겠다고 하심은 어머니를 앞에 두고 아버지를 뒤로 미루는 격이니 의리에 맞지 않는 행동입니다. 또 수차례나 천자의 명령을 어긴 것은 순종하는 태도가 아닙니다. 어머니의 산소를 지킴으로써 형²보다 더 높은 절의를 행한다고 말하는 것은 예법에 어긋나는 일입니다. 총애하는 신하가 죄를 지었을 때 죄상이 크면 바로 죽이고 소소하면 육형(肉刑)으로 다스리는 것은 인(仁)에 어긋납니다. 평민 한 사람으로 돌아가는 것을 귀하게 여기고 제후왕의 자리는 친하게 보는 것은 지혜롭지 못한 생각입니다. 대도를 연마하는 일을 좋아하지 않고 감정에 휘둘려 망령된 행동을 하는 것은 상서롭지 못한 처사입니다. 이 여덟 가지는 패망으로 가는 길인데 대왕께서 지금 이렇게 하고 계십니다. 남면하는 왕의 자리를 버리고 전제(專諸)와 맹분(孟賁)처럼 힘만 쓰는 자가 되시려고 분투한다면 패망의 길로 갈 수밖에 없는 것입니다.

제가 보기에 고황제의 영혼이 대왕의 손으로 올린 제물을 받지 않으실 것이 분명합니다. 〔이 점을 밝혀 헤아려 주십시오.〕 옛날에 주공은 관숙을 죽이고 채숙을 추방하면서 주나라를 안정시켰습니다. 제 환공(齊桓公)은 자신의 동생³을 죽이고서야 제나라로 돌아올 수 있었고, 진시황 또한 두 어린 동생을 죽이고 그 어머니를 함양궁으로 옮겨 모심으로써 진나라를 안정시켰습니다. 고황제의 형 경왕이 흉노를 막지 못하고 대나라 땅에서 도망쳤을 때 고황제께서 그 왕위를 빼앗음으로써 나라에 이롭게 국법을 집행하셨습니다. 제북왕이 반란이 일으키자 천자께서 주살함으로써⁴ 한나라를 안정시켰습니다. 옛날에는 주공과 제 환공이, 가까운 과거에는 진시황과 고황제께서 그런 방법을 썼습니다. 그런데 대왕께서는 고금을 통해 나라를 안정시키고 천하를 태평하게 하는 방법은 고찰하지 않고 천자의 동생이라는 친척 관계로 천자가 용서해 줄 것만 바라고 계시니 옳은 일이 아닙니다.

한나라 조정에 죄를 짓고 여남국 같은 제후국으로 피신하여 다른 주군을 섬기는 자와 범인을 숨겨 주는 자는 모두 법으로 다스려야 합니다. 땅마다 왕이 있어 옥리가 심문하면 되는 것입니다. 지금 제후국에서 임명한 관리는 어사가 주관하고, 군리들은 중위가 관장하며 왕궁을 드나드는 빈객은 위위와 대행이 맡고 있습니다. 변방의 만이에서 투항하여 호적부에 이름이 없던 것을 올리려고 하는 자는 내사와 현령이 맡아 해결하게 되어 있습니다. 그러나 회남국 승상은 하급 관리에게 책임을 미루고 자신은 범인을 숨겨 준 것과 관계가 없다고 하니 있을 수 없는 일입니다. 대왕께서 이 점을 고치지 않고 한나라 조정에서 대왕을 처소에서 나포하고 승상이하 관리를 모두 논죄한다면 어떻게 하시겠습니까? 선제의 대업을 잇는 일에 게을러 평민들이 모두 가련하게 보는 처지로 떨어지고, 총애하던 신하들이 모두 법에 따라 사형을 당하여 천하의 웃음거리가 된다면 선제의 공덕을 모욕하는 것입니다. 그러니 대왕께서는 절대 이렇게 하시면 안 됩니다.

대왕께서는 조속히 지난날의 행실을 고치고 황제께 사죄하는 글을 올리십시오. "제가 불행히도 일찍 선제를 잃고 어린 고아가 되었는데 여씨 일족의 세상에서는 죽음을 당할까 봐 두려워하지 않은 적이 없었습니다. 그런 제가 황상의 은덕에 의지하여 거만과 방종을 떨며 법도에 어긋나는 행동을 많이 했습니다. 제가 지은 죄와 허물을 돌이켜 생각하니 황공할 따름입니다. 땅에 엎드려 죽음을 기다리며 감히 일어나지도 못하고 있습니다."라고 하면 황제께서도 반드시 기뻐하실 것입니다. 그러면 위로는 대왕의 형제가 기뻐하고 아래로는 신하들이 목숨을 더 연장하게 되니, 아래위가 모두 화목하게 되어 나라 안이 안정될 것입니다. 바라건대 깊이 생각하여 서둘러 실천에 옮기십시오. 만일 머뭇거리면 화살이 날아오듯 재앙이 닥칠 것입니다. 한번 쏜 화살은 되돌릴 수 없습니다.

글을 읽은 왕은 기분이 좋지 않았다.

다른 마음을 품다가 죄인이 되어 객사한 회남왕

○   ○   ○

문제 6년, 〔회남왕이〕 극포후(棘蒲侯) 시무(柴武)의 태자 시기(柴奇)와 작위가 없던 남자(男子) 단(但) 등 일흔 명으로 하여금 공모하여 무기를 실은 수레 마흔 대를 끌고 곡구(谷口)에서 반란을 일으키게 했다.

회남국에서 민월과 흉노에 사자를 보냈다.

이 두 가지 일이 발각되었으므로 심문하기 위해 사람을 보내 회남왕을 황궁으로 불렀다.

왕이 장안에 도착하자 승상 장창[5]과 전객(典客)으로 어사대부였던 풍경(馮敬)과 종정, 정위 등이 함께 상소했다.

"장(長)은 선제의 법을 폐하고 천자의 조칙을 받들지 않았으며 일상생활에 법도를 지키지 않았고 천자처럼 수레에 황옥개(黃屋蓋)[6]를 달았으며 독자적으로 법령을 제정하고 한나라 조정의 법을 쓰지 않았습니다. 또 제멋대로 관리를 임명했는데 특히 자신의 낭중 춘(春)을 승상으로 삼았습니다. 한나라의 제후 중에 죄를 지어 도망한 자를 숨겨서 가정을 꾸려 주고 재물과 작위와 봉록과 전지와 집을 마련해 주었는데, 작위는 관내후까지 내린 적이 있고 이천석 봉록까지 받도록 해 주었습니다.

대부 단과 사오(士伍) 개장(開章) 등 일흔 명이 극포후의 태자 시기와 함께 모반하여 종묘사직을 위태롭게 하려 했으며 장으로 하여금 민월과 흉노에게 군대를 출동시켜 달라고 요청하게 했습니다. 일이 발각되어 장안위(長安尉) 기(奇) 등이 개장을 나포하러 왔을 때는 숨기고 내놓지 않다가 이전에 중위였던 간기(蕳忌)와 짜고 개장을 죽여 입을 막은 뒤 관과 널, 수의를 준비하여 비릉(肥陵)에 묻어 놓고는 조정에서 내려온 관리에게는 개장이 어디 있는지 모른다고 속였습니다. 개장을 묻은 데가 아닌 다른 곳에 흙을 쌓아 봉분처럼 보이게 하고는 푯말을 세운 뒤 거기에다 '개장이 죽어 이 아래에 묻다.'라고 써 두었습니다.

이 밖에도 장은 죄 없는 한 사람을 직접 죽였으며 무고한 사람을 옥리에게 넘겨 여섯 명이나 죽게 했습니다. 도망쳐 온 자를 기시형에 처해야 함에도 도망치지 않은 다른 사람을 대신 잡아 도망한 자의 죄를 없애 주었으며, 독단적으로 죄를 다스려 조정에 보고하지 않고 제멋대로 가두어 성단(城旦)[7] 이상의 벌로 다스린 자가 열네 명이나 되었으며, 사형에 처해야 할 죄인 열여덟 명과 성단과 용 이하에 처할 쉰여덟 명의 죄를 조정에 보고하지 않고 면해 주었습니다. 또 마음대로 관내후 이하의 작위를 준 것이 아흔네 명이나 됩니다.

일전에 장이 병이 났을 때 폐하께서는 걱정하는 마음으로 사람을 보내 대추와 육포를 하사했는데 장은 사자를 만나지도 않았습니다. 여강군(廬江郡)의 경계에서 남해(南海) 사람들이 반란을 일으켰을 때, 회남 군대의 군리와 군사들이 진압하자 폐하께서 사자를 보내 비단 쉰 필[8]을 고생한 군리와 군사들에게 하사했지만, 장은 그것을 받지 않고 수고한 자들이 없다며 거만을 떨었습니다.

남해왕 직(織)[9]이 황제께 벽(璧)과 비단을 헌상하려고 글을 올렸을 때 간기가 그 글을 제멋대로 태워 버리고 황제께 고하지 않았습니다. 옥리가 간기를 불러 죄를 다스리겠다고 청하자 장은 간기를 보내지 않고 그가 병이 났다고 속였습니다. 장이 범한 죄는 기시형에 처해야 마땅합니다. 신등은 법에 따라 처벌하기를 청합니다."

황제가 영을 내렸다.

"짐은 차마 법에 따라 왕을 처벌할 수 없다. 열후와 봉록 이천석 관리들이 이 사안을 상의하도록 하라."

열후와 이천석 벼슬에 있던 영(嬰)[10] 등 마흔세 명이 상의했는데 모두가 "법대로 처결하는 것이 마땅합니다."라고 입을 모았다. 황제가 다시 영을 내렸다.

"장의 죽을죄를 사하되 왕위를 폐한다."

상의했던 관리들이 다시 상주했다.

"장을 촉군 엄도(嚴道)의 공(邛) 땅에 있는 역참에 유배하고 아들과 후궁 중에 아들을 낳은 어미들을 옮겨 살게 하십시오. 현에서 집을 지어 주고 하루 세 끼를 양식을 대 주며 땔감과 부식, 소금, 조리 기구와 그릇, 이부자리를 마련해 주라고 하십시오."

황제가 영을 내렸다.

"장이 먹도록 하루에 고기 다섯 근과 술 두 말을 주도록 하라. 그리고 미인과 재인(材人) 등 후궁 중에서 총애를 받던 열 명을 데리고 가서 살게 하라."

그런 뒤에 회남왕과 함께 모반했던 자들을 모두 죽여 버렸다. 회남왕을 보낼 때는 죄인 호송용 치거에 태워서 지나는 길에 있는 현령으로 하여금 차례로 호송하게 했다.

그때 원앙이 간언했다.

"회남왕이 오늘 이 지경에 이른 것은 황상께서 엄한 승상이나 태부를 파견하여 회남왕의 계속된 오만에 대하여 교훈을 주지 않았기 때문입니다. 회남왕은 성격이 강했는데 오늘 갑자기 성질이 꺾이게 되었습니다. 신은 회남왕이 이제껏 겪지 못한 운무와 이슬 등에 젖는 상황을 만났다가 병사하기라도 하면 폐하께서 동생을 죽였다는 오명을 쓸까 두렵습니다. 그런 일이 생기면 어떻게 하시겠습니까?"

황제가 말했다.

"나는 그저 잠시 고생이나 시켰다가 잘못을 고치면 다시 풀어 줄 생각이오."

〔유배 길을 떠난〕 회남왕이 시종에게 말했다.

"누가 너희 주인을 용맹하다고 했느냐? 나는 교만하여 내게 허물이 있다는 말을 들으려 하지 않았기 때문에 오늘 이렇게 되고 말았다."

그러고는 곡기를 끊어 목숨을 버렸다.

각 현에서 호송 인원을 바꿀 때마다 아무도 수레를 봉한 장막을 감히 열어 보지 못했다. 〔삼백 리를 가서〕 옹현에 이르렀을 때 현령이 수레를 열어 본 뒤에야 여왕이 죽었다고 보고했다. 황제가 비통하게 울며 원앙에게 말했다.

"내가 공의 말을 듣지 않다가 끝내 회남왕을 죽였구려."

원앙이 아뢰었다.

"회남왕 일은 이렇게 된 이상 어떻게 할 도리가 없습니다. 폐하께서는 마음을 넓게 가지십시오."

"이 일을 어찌하면 좋겠소?"

"승상과 어사를 참형으로 다스려 천하 사람들이 이 일을 너그러이 받아들이게 하시면 됩니다."

그리하여 승상과 어사에게 명하여 각 현에서 회남왕을 호송할 때 수레를 열어 음식을 제공하지 않은 현령들을 잡아들여 모두 기시형에 처했다.[11] 그리고 회남왕을 열후장(列侯葬)으로 옹현에 장사 지내고 삼십 호를 두어 무덤을 지키게 했다.

효문제 8년, 황제가 회남왕을 가엾게 여겼다. 회남왕에게는 아들이 넷 있었는데 다들 일고여덟 살이었다. 이에 아들 유안(劉安)을 부릉후(阜陵侯)에, 유발(劉勃)을 안양후(安陽侯)에, 유사(劉賜)를 양주후(陽周侯)에, 유량(劉良)을 동성후(東城侯)에 봉했다.

효문제 12년, 백성 중에 어떤 이가 회남왕에 관한 노래를 지어 불렀다.

> 베 한 자로도 옷을 지어 함께 입고
> 곡식 한 말[12]도 찧어서 같이 먹는데
> 두 형제는 서로 용납하지 못했네.

황제가 그 소문을 듣고 말했다.

"옛날 요순이 한집안 골육을 추방하고, 주공이 관숙과 채숙을 죽였어도[13] 천하 사람들이 그분들을 성인이라 칭한 것은 사사로운 감정으로 나랏일을 망치지 않았기 때문이다. 나도 그러했는데 천하의 백성은 어찌하여 나를 회남 땅이나 탐낸 자로 여기는가."

이에 성양왕(城陽王)을 회남왕의 땅으로 옮겨 봉했다. 회남왕에게는 시호 여왕(厲王)을 추존하고 제후의 의례에 따라 묘지를 조성해 주었다.

효문제 16년, 황제가 회남왕이 한나라의 법을 폐하고 따르지 않다가 자초하여 왕위를 잃고 일찍 죽은 것을 가엽게 여겼다. 그리하여 회남왕 유희(劉喜)를 그전에 다스리던 성양으로 봉하여 돌려보낸 뒤, 원래 여왕의 땅이었던 회남을 셋으로 쪼개 여왕의 세 아들로 하여금 다스리게 했다. 부릉후 유안을 회남왕에, 안양후 유발을 형산왕(衡山王)에, 양주후 유사를 여강왕(廬江王)에 봉했다. 동성후 유량은 그전에 죽었고 후사가 없었다.

효경제 3년, 오초(吳楚) 등 칠국이 반란을 일으켰다. 오왕이 회남왕에게 사자를 보냈을 때 회남왕도 군대를 출동시켜 오왕에게 호응하려고 했다. 그때 회남국 승상이 간언했다.

"왕께서 꼭 오왕에게 호응하시겠다면 신을 장군으로 삼아 주시옵소서."

회남왕이 승상에게 군대를 맡겼다. 승상이 군대를 거느리고 성을 굳게 닫고 지키면서 왕의 명령을 듣지 않고 한나라 편을 들었다. 한나라 조정에서도 곡성후(曲城侯)에게 군대를 딸려 보내 회남을 구원하도록 했다. 그리하여 회남국은 보전될 수 있었다. 오왕이 여강왕에게 사자를 보냈으나 여강왕이 응하지 않아 동월로 사자를 보냈다. 사자를 형산왕에게도 보냈으나 형산왕은 성을 굳게 지키면서 다른 마음을 먹지 않았다.

효경제 4년, 오초 연합군이 이미 깨진 상태에서 형산왕이 황제를 배알하러 왔다. 황제가 형산왕이 절개와 신의를 지켰다고 하면서 그 노고를 위로하면서 말했다.

"남방은 지대가 낮아 습하다."

형산왕을 포상하기 위해 제북왕으로 옮겨 봉했다. 뒤에 세상을 떠나자 시호 정왕(貞王)을 내렸다.

동월과 접하고 있던 여강왕이 여러 차례 사신을 보내 동월과 교류하자 형산왕으로 옮기고 양자강 이북 땅을 다스리게 했다.

역모를 꿈꾸다 자결한 회남왕 유안

○　○　○

회남왕 유안은 글 읽기와 금 연주를 좋아하고, 증작을 쏘거나 사냥개를 풀고 말을 달리며 사냥하는 것은 좋아하지 않았다. 회남왕은 남몰래 선행을 베풀어 백성을 안위하려고 했으므로 칭찬이 자자했다. 또 빈객과 방사(方士)들을 불러 모아 「내서(內書)」 스물한 편, 「외서(外書)」 여러 편을 짓게 했다. 또 신선이 되는 길인 연금술을 담은 「중편(中篇)」 여덟 권을 짓게 하여 이십여만 자나 되었다.[14] 그때 마침 무제가 학술 서적을 좋아했는데, 박학다식하고 문장에 능한 종숙부 유안을 따르며 특별히 존중했다.[15] 유안이 매번 책의 내용을 알려 주고 책을 주면, 황제가 사마상여(司馬相如)

등을 불러 초고를 보게 하고 바로 돌려보냈다. 그런데 한 무제 즉위 초에 유안이 황제를 배알하러 갔다가 빈객들이 지은 「내편」을 바쳤을 때는 새로 나온 그 책을 황제가 비장해 두고 즐겨 읽었다. 황제가 유안에게 「이소(離騷)」를 쉽게 설명한 글을 지어 달라고 부탁했다. 아침에 황제의 부탁을 받은 유안이 점심 먹을 무렵에 「이소전(離騷傳)」[16]을 지어 올렸다. 유안은 또 「송덕(頌德)」과 「장안도국송(長安都國頌)」도 지어 올렸다. 두 사람은 연회에서 만날 때마다 사직의 존망과 의술 및 양생술에 관해 이야기했고 부(賦)와 송(頌)도 읊었다. 이야기는 어둠이 밀려올 때까지 계속되었다.

유안이 황제를 배알하러 다니기 시작하면서부터 태위 무안후(武安侯) 전분(田蚡)과 친하게 지냈다. 어느 해에는 무안후가 패상까지 맞으러 나와 유안에게 말을 건넸다.

"지금 황상에게는 태자가 없습니다. 대왕께서 고황제의 친손자이시고 인의를 행하는 분이라는 걸 천하에 모르는 사람이 없습니다. 어느 날 황상이 붕어하면 대왕 말고 누구를 천자로 세우겠습니까!"

회남왕이 크게 기뻐하며 무안후에게 귀중한 선물을 가득 보냈다. 회남왕의 신하와 빈객은 장강과 회수 사이에 있는 지방 출신으로 경박한 사람들이 많았기 때문에 여왕이 유배를 가던 중에 죽은 사실을 말해 줌으로써 유안을 통탄게 했다.

무제 건원 6년, 혜성이 나타났다. 회남왕이 속으로 괴이하게 생각했다. 그때 누군가가 왕에게 말했다.

"예전에 오왕[17]이 거사했을 때에도 혜성이 나타났는데 길이가 몇 자에 불과했습니다. 그때에도 전쟁이 나서 천 리에 피가 낭자했는데 이번에 나타난 혜성은 하늘 끝까지 이어지고 있으니 천하에 전쟁이 크게 일어날 것입니다."

회남왕은 속으로 황제에게 태자가 없으니 천하에 변고가 생기면 제후들이 황제 자리를 놓고 다투어 전쟁에 쓸 병기를 더욱 많이 만들고, 많은 금전을 각 군과 제후국에 보내게 되리라 여겼다. 〔또〕 유세객이 함부로 요망한 말을 지어내어 왕에게 아부하면 그 말에 기분이 좋아져서 두둑하게 상을 내렸다.

왕에게는 능(陵)이라는 딸이 있었는데 지혜롭고 구변이 뛰어나 왕이 예뻐했다. 왕이 능에게 금전을 많이 주면서 장안에 가서 정탐하게 하고 황제의 측근들과 교분을 맺게 했다.

무제 원삭 2년에 황제가 회남왕에게 궤장을 하사하고 황제를 배알하러 오지 않아도 되게 했다.

회남왕의 왕후 도(茶)가 왕의 사랑을 받았다. 왕후가 아들 천(遷)을 낳자 태자로 삼았다. 회남국에서 황태후의 외손자 수성군(修成君)의 딸[18]을 태자비로 맞이하게 되었다. 회남왕은 반란을 위해 병기를 마련하고 있었는데, 태자비가 그것을 보고 조정에 누설할까 두려워했다. 그리하여 태자와 모의하여 태자비를 좋아하지 않는 것처럼 꾸미고 석 달 동안 동침하지 못하게 했다. 회남왕이 태자에게 노한 척하며 태자비와 한방에 있게 하고 문을 잠갔는데, 태자가 끝내 태자비를 가까이하지 않았다. 태자비가 친정으로 가겠다고 청하자, 왕이 황제에게 글을 올려 사죄하고 태자비를 돌아가게 했다. 그 뒤에 왕후 도와 태자 천, 딸 능이 전횡하며 백성의 전지와 집을 빼앗고 무고한 사람들을 붙잡아 가두었다.

태자가 검술을 배웠는데 자신을 당할 자가 아무도 없다고 생각했다. 낭중 뇌피(雷被)가 검을 잘 쓴다는 말을 듣고 불러서 대결해 보았다. 뇌피가 몇 번이나 대결을 사양하다가 잘못하여 태자를 찔렀다. 태자가 노한 것을 본 뇌피가 겁을 먹었다. 그 무렵 종군을 원하는 자는 누구나 장안에 갈 수 있었기에 뇌피가 흉노를 치는 데 나가겠다고 신청했다. 태자가 회남왕에게 뇌피를 비방하는 말을 여러 차례 올리자, 왕이 낭중을 시켜 뇌피를 파직시키고 신청을 들어주지 않음으로써 뒷사람의 경계로 삼고자 했다.

원삭 5년, 뇌피가 마침내 장안으로 달아나 황제에게 상소를 올려 자신의 억울함을 호소했다. 황제가 정위와 큰 규모의 옥을 두고 있던 하남 태수에게 사건을 처리하게 했다. 하남에서 심문하기 위해 회남왕의 태자를 체포하겠다고 하자 왕과 왕후가 거사를 공모하고 태자를 내주지 않으려고 했다. 그러나 거사 날짜를 정하지 못한 채 열흘이 넘도록 머뭇거렸다. 그때 태자를 회남에서 심문하라는 조서가 내려왔다. 회남국 승상은 회남국 도읍 수춘의 현승이 하남으로 보내라는 지시를 따르지 않고 태자를 지체시킨 것에 노하여 불경죄로 고발했다. 왕이 승상에게 부탁해 보았지만 승상은 말을 듣지 않았다. 왕이 사람을 보내 황제에게 승상을 고발하니 황제가 정위에게 사건을 처리하게 했다. 그러자 왕도 그 일에 연루되어 있으며 왕이 사람을 장안에 보내 돌아가는 사정을 알아보게 한 일까지 드러났다. 이에 한나라 조정의 고관대작들이 회남왕을 붙잡아 심문해야 한다고 주청했다. 회남왕이 두려운 마음에 거사를 결심했다. 그때 태자 천이 계책을 냈다.

"조정에서 대왕을 잡으러 오면 우리 편 사람들에게 호위병 옷을 입히고 창을 들려 대왕 곁에 있게 했다가, 돌아가는 사정이 아닌 듯하면 바로 그자들을 찔러 죽이면 됩니다. 그러면 저도 사람을 시켜 회남의 중위를 찔러 죽인 뒤에 거사하겠습니다. 그래도 늦지 않을 것입니다."

그 무렵 황제가 고관대작들의 말을 듣지 않고 한나라 조정의 중위 은굉(殷宏)을 보내 회남에서 왕을 심문하게 했다. 왕이 살펴보니 조정에서 온 중위의 얼굴빛이 부드러웠다. 중위는 뇌피의 신청을 들어주지 않은 일만 물어보았다. 회남왕은 별일이 없으리라 생각하여 거사하지 않았다. 중위가 돌아가서 보고하자 조정 대신 중에서 회남왕을 다스려야 한다고 주장하는 자들이 나서서 아뢰었다.

"회남왕 안은 흉노를 공격하러 가겠다고 신청한 뇌피 등을 막고 흉노를 치기 위한 황상의 조칙을 제대로 시행하지 않았으므로 마땅히 기시형에 처해야 합니다."

황제가 조서를 내려 불허했다. 회남왕을 폐하라는 주청이 올라왔지만 황제가 들어주지 않았다. 이어서 회남왕의 식읍 중에 다섯 개 현을 삭감하라는 주청이 올라왔으므로 황제가 두 개 현을 삭감하기로 결정했다. 중위 은굉을 파견하여 "회남왕의 죄를 용서하되 식읍을 깎는 벌을 내린다."라는 조서를 내리게 했다. 중위가 회남국 경계선을 들어서면서 왕을 용서한다고 선포했다. 왕은 애초에 고관들이 자신을 죽이라고 청한 일만 알았지 식읍을 깎는 것으로 결정된 것은 모르고 있었다. 조정에서 사자가 왔다는 말을 들은 왕은 자신이 체포되리라 여기고 두려워했다. 그리하여 태자와 함께 그 전에 짰던 계략대로 거사하려고 했다. 그런데 중위가 도착하여 왕에게 경하의 말을 했으므로 거사하지 않았다. 뒤에 회남왕이 비탄에 빠져 말했다.

"인의를 행하던 내가 식읍을 삭감당하다니! 실로 대단히 부끄러운 일이다."

그리하여 서둘러 반란을 모의했다. 그 무렵 장안에서 사자들이 와서 헛소리를 늘어놓기를 황제에게 아들이 생기지 않으리라고 하면 회남왕이 좋아했고, 한나라 조정이 정사를 잘 펼치고 있으며 황제에게 아들이 생길 것이라고 하면 바로 노하면서 진실이 아닌 망언이라고 했다.

회남왕이 밤낮으로 좌오(左吳) 등과 함께 나라 전체가 들어 있는 여지도(輿地圖)를 보면서 군대가 어느 길을 따라 입성할지를 정했다. 회남왕이 말했다.

"지금 황제에게 태자가 없다. 황제가 일단 붕어하면 대신들은 반드시 교동왕[19]이나 상산왕[20]을 부를 것이고 제후들은 제위를 놓고 다툴 것이니 내가 어찌 대비하지 않겠는가. 하물며 나는 고황제의 손자이며 그동안 인의를 몸소 실천해 왔다. 폐하가 나를 후덕하게 대해 주었기에 지금까지 참은 것이지, 폐하가 붕어한 뒤에야 어찌 그 어린 것들에게 북면하며 신하 노릇을 한단 말인가."

왕에게는 서자 불해(不害)가 있었는데 나이로는 맏이였다. 그러나 왕이 불해를 귀하게 여기지 않았기 때문에 왕후와 태자도 불해를 아들이나 형으로 인정하지 않았다. 유불해의 아들 유건(劉建)은 재주가 뛰어나고 원기가 넘치는 인물로, 태자가 자신의 아버지를 형으로 인정하지 않는 것을 늘 원망했다.

당시에는 제후왕도 아들과 동생에게 후위를 봉할 수 있었다. 회남왕에게는 아들이 둘 있었는데 한 사람은 태자였고 다른 한 사람은 유건의 생부였다. 유건의 생부는 후위조차 얻지 못했다. 유건이 은밀히 사람들을 모아 태자를 해친 뒤에 자신의 아버지를 태자로 세우고자 했다. 그 사실을 알게 된 태자가 유건을 수차례나 잡아다가 가두고 태형으로 다스렸다. 유건은 태자가 한나라 조정에서 파견한 중위를 죽이려고 했던 전모를 알고 있었다. 그리하여 평소에 친하게 지내던 수춘 사람 엄정(嚴正)[21]을 보내 황제에게 상소하도록 했다.

"지독한 약은 입에 쓰지만 병을 치료하는 데 도움이 되고, 충언은 귀에 거슬리지만 스스로 발전하는 데에는 이로운 법입니다. 지금 회남왕의 손자 유건의 재능이 뛰어난데, 회남왕의 왕후 도와 도의 아들 천이 늘 건을 시기하여 해치고 있습니다. 건의 아비 불해에게 아무런 죄가 없는데도 마구잡이로 몇 번이나 가두고 죽이려고 했습니다. 지금 건이 살아 있으니 불러서 물어보시면 회남왕이 몰래 꾸미는 일을 모두 알 수 있겠습니다."

상소가 올라오자 황제가 정위와 하남 태수에게 사건을 내려보냈다. 그해는 원삭 6년이었다. 그 무렵 죽은 벽양후의 손자 심경(審卿)이 승상 공손홍과 친했는데, 회남 여왕이 자신의 조부를 살해한 것을 원망하고 있었다. 그리하여 은밀히 공손홍을 찾아가 회남의 일을 부탁하면서 없는 말까지 꾸며 댔다. 그 말을 들은 공손 홍이 회남국에서 반란을 모의하고 있다고 의심해서 끝까지 확실하게 조사하게 했다. 하남 태수가 유건을 심문하니 유건이 태자와 그 일당들과 관련된 사실을 모두 불었다.

애초에 회남왕이 오피(伍被)를 수차례 불러 거사에 대해 의논했는데, 그때마다 오피가 오초 칠국이 실패한 예를 교훈으로 삼아야 한다고 간언했다. 왕이 진승과 오광을 예로 들면 오피는 형세가 그때와 다르니 반드시 실패하고 말 것이라고 간언했다. 그 뒤에 유건이 심문을 당할 때 회남왕은 자신의 땅에서 은밀히 추진하던 일이 누설될까 두려워 거사를 준비했다. 그리하여 다시 오피를 불러 물어보자 거사는 때가 되었을 때 해야 한다고 역설했다. 이 이야기는 「오피전」에 있다.

이윽고 왕이 급하게 거사에 나섰다. 거사 전에 관노를 황궁에 잠입시켜 황제의 옥새를 위조하고 승상, 어사대부, 장군, 봉록 이천석 관리, 도관령(都官令)과 승(丞)을 포함하여 인근에 있는 군의 태수와 도위의 관인을 만드는 한편 조정의 사절이 쓰는 어사관도 그대로 만들어 두었다. 오피의 계략대로 죄를 지어 서쪽 장안으로 도망한 것으로 꾸민 자들로 하여금 대장군과 승상을 섬기게 했다가 왕이 거사했을 때 대장군 위청(衛靑)을 찌르게 했는데, 그렇게 해야 승상 공손홍을 설득하는 일이 아주 쉽게 풀리리라 여겼다.

그런데 회남국 내의 군대를 이동시키자니 회남국의 승상과 봉록 이천석 관리들이 말을 듣지 않을 것 같았다. 따라서 왕이 오피와 의논하여 궁중에 불을 지른 뒤에 승상과 이천석 관리들이 불을 끄러 오면 그들을 죽이기로 했다. 또 사람들에게 구도(求盜)의 옷을 입혀 징병 통지문인 우격(羽檄)을 소지하고 남쪽에서 올라오게 한 뒤에 "남월 군대가 쳐들어왔다."라고 크게 소리 지르는 것을 신호로 거사하겠다고 계획했다. 사람들을 여강과 회계로 보내 구도처럼 돌아다니게 하려고 했는데, 보내지는 않고 있었다.

정위가 유건이 말한 내용을 듣고 태자 유천이 연루된 내용이 있다는 것을 황제에게 보고했다. 황제가 정위감(廷尉監)을 파견하여 회남의 중위와 함께 태자를 체포하게 했다.[22] 정위감이 도착했다는 소식을 듣고 회남왕이 태자와 의논하기를 승상을 비롯한 이천석 관리를 불러와서 그들을 죽이고 군대를 출동시키자고 했다. 승상을 부르니 승상은 왔지만 내사는 외출했다고 전하게 하고 왕에게 가지 않았다. 중위는 "신은 황제의 명령을 받드는 사자이므로 왕을 만나지 않겠습니다."라고 하며 가지 않았다. 왕은 내사와 중위가 오지 않아 죽이지 못하므로 승상만 죽인다는 것은 별 의미가 없다고 여겨 승상을 밖으로 내보냈다. 그러고는 선뜻 다음 행보를 시작하지 못했다. 태자가 자신들이 지은 죄라야 이전에 한나라 조정에서 파견된 중위를 죽이려고 했던 것뿐이고, 함께 모의했던 자는 이미 죽여서 입을 열지 못하게 되었다고 생각하고 왕에게 말했다.

"신하 중에 쓸 만한 자들은 모두 붙잡혔으니 거사에 함께할 만한 자들이 없습니다. 지금 때가 아닌데 대왕께서 거사했다가 성공하지 못할 수도 있으니 제가 잡혀가도록 해 주십시오."

회남왕은 모든 일을 그만두고 싶은 생각이 강하게 들어 태자에게 그렇게 하라고 허락했다. 태자가 스스로 목숨을 끊으려고 했으나 죽지 못했다. 오피가 스스로 중위에게 가서 회남왕과 모반했던 사실을 모두 고했다. 중위가 태자와 왕후를 체포한 뒤에 왕궁을 포위했다. 그리고 회남 땅에 있던 왕의 빈객을 모두 붙잡고 반란에 쓰려고 준비했던 병기를 찾아 황제에게 보고했다. 황제가 고관들에게 일의 처리를 맡겼다. 그리하여 회남왕의 모반에 연루된 열후와 이천석 관리, 토호 등 수천 명이 죄의 경중에 따라 벌을 받았다.

형산왕 유사(劉賜)는 회남왕의 동생으로 당연히 체포되어야 했다. 사건을 조사한 관리가 형산왕을 체포해야 한다고 하자 황제가 말했다.

"제후는 각자의 봉토를 주체로 하니 연좌는 마땅하지 않다. 제후왕과 열후에게 상의하도록 하라."

조왕(趙王) 두팽조(竇彭祖)와 열후 조양(曹讓) 등 마흔세 명이 상의한 끝에 모두 의견을 모았다.

"회남왕 유안은 대역무도하게도 반역을 꾸민 것이 명백합니다. 마땅히 주살하셔야 합니다."

교서왕 유단(劉端)이 주장했다.

"유안은 한나라의 법을 폐했고 삿되고 부정한 행동을 했으며 거짓으로 복종하는 체하다가 천하를 어지럽히고 백성을 미혹하며 종묘사직을 배반하고 함부로 요망한 말을 지어냈습니다. 『춘추』에 이르기를 '신하 된 자는 반란을 일으키면 안 된다. 반란했을 때는 주살해야 한다.'[23]라고 했습니다. 그러나 안의 죄는 반란한 것보다 더욱 중대하니, 모반의 형세를 모두 갖추고 있었습니다. 신이 보았던 문서와 관인과 지도와 그 반역 무도한 사실들이 명백히 증명하고 있으니 마땅히 법에 따라 다스려야 합니다. 회남국의 관리 중에 이백석 이상 또는 그와 같은 봉록에 해당하는 자들과, 종실과 총애를 받던 신하 중에 반역은 하지 않았지만 회남왕을 잘 교도하지 못한 자들도 모두 파면하거나 작위를 없애고 병졸로 만들어 다시는 벼슬을 살지 못하게 해야 합니다. 또 회남왕의 총애를 받은 자 중에 관리가 아니었던 자가 사형을 면하기 위해서는 황금 두 근 여덟 냥을 내게 해야 합니다. 이것으로 안의 죄를 명백하게 하고 천하 만민으로 하여금 신하 된 자의 도리를 똑똑히 알게 하여 다시는 이런 삿되고 부정한 반역이 일어날 수 없도록 하십시오."

승상 공손홍과 정위 장탕(張湯) 등이 보고를 올리자 황제가 종정으로 하여금 부절을 가지고 가서 왕을 다스리게 했다. 종정이 닿기 전에 유안이 스스로 목숨을 끊었다. 왕후와 태자 등 모반했던 모든 자는 죽임당했다. 왕위는 철폐되고 구강군으로 개편했다.

새 왕후 때문에 아들과 등 돌린 유사

형산왕 유사는 왕후 승서(乘舒)에게서 세 자녀를 얻었다. 맏이는 아들 유상(劉爽)으로 태자였고, 그다음은 딸 무채(無采)였으며 막내는 아들 유효(劉孝)였다. 희(姬) 서래(徐來)에게서는 네 자녀를,

미인 궐희(厥姬)에게서는 형제 둘을 얻었다. 회남왕과 형산왕은 서로 간에 지켜야 할 예절을 두고 책망하다가 사이가 벌어졌다. 회남왕이 반역을 위해 병기를 마련하고 있다는 소식을 들은 형산왕이 빈객을 은밀히 모으면서 회남왕에게 병합되지 않도록 대책을 마련했다.

무제 원광 6년에 황제를 배알했다. 연금술을 익혔던 알자 위경(衛慶)이 황제를 섬기고 싶다고 글을 올리려 했다. 왕이 노하여 위경을 죽을죄로 탄핵하고 때려서 죄를 자복하게 했다. 그러나 내사가 나서서 옳지 않은 일이라고 주장하며 옥사를 물렸다. 왕이 사람을 시켜 황제에게 내사를 고발했다. 내사는 심문을 받는 과정에서 왕이 바르지 않은 사람이라 여러 번 다른 사람의 밭을 빼앗고 남의 무덤을 허물어 밭을 조성했다고 고해바쳤다. 사건을 조사한 관리가 형산왕을 체포해 다스려야 한다고 청하자, 황제가 허락하지 않고 사백석 이하 관리를 임명할 권리를 빼앗고 이백석 이상의 관리를 조정에서 직접 파견하는 것으로 다스렸다. 형산왕은 이 일에 불만을 갖고 해자(奚慈), 장광창(張廣昌)과 모의하여 병법에 뛰어나고 별자리와 절기를 관찰할 줄 아는 자들을 초청했다. 이들은 밤낮으로 왕에게 모반을 권유했다.

그 뒤 왕후 승서가 죽자 서래를 왕후로 삼았다. 궐희도 계속 총애를 받았으므로 두 사람이 서로 질투하게 되었다. 궐희가 태자에게 서래를 비방했다.

"서래가 계집종을 시켜 무고(巫蠱)하는 바람에 태자의 어머니께서 돌아가셨답니다."

이 말을 들은 태자가 속으로 서래를 원망하게 되었다. 서래의 오빠가 형산에 와서 태자와 함께 술을 마셨는데, 태자가 칼로 찔러 상처를 입혔다. 그 일로 해서 왕후도 태자를 원망하게 되어 왕에게 여러 차례 태자를 비방했다. 태자의 여동생인 무채가 시집을 갔다가 버림을 받아 친정에 돌아와서는 아버지의 빈객과 정을 통했다. 태자가 여러 번 나쁜 행실을 예로 들며 책망하자 무채가 화가 나서 태자와 왕래를 끊어 버렸다. 이 소식을 들은 왕후가 무채와 유효에게 더 잘 대해 주었다. 유효는 어려서 어머니를 잃고 왕후 밑에서 자랐다. 왕후는 속으로 유효를 아끼면서 함께 태자를 헐뜯었다. 그리하여 왕이 수차례 태자를 묶고 태형으로 다스렸다.

원삭 4년 중에 어떤 사람이 왕후의 계모를 다치게 했는데 왕은 태자가 사람을 시켜 다치게 했다고 의심하여 태형에 처했다. 그 뒤에 왕이 병을 얻었을 때 태자가 자주 병을 칭하고 왕의 시중을 들지 않았다. 유효와 무채가 태자를 비방했다.

"병에 걸린 것은 사실이 아닙니다. 자기 입으로 하는 말이니 얼굴에 기뻐하는 빛이 보입니다."

이에 왕이 크게 노하여 태자를 폐하고 동생 유효를 세우려고 했다. 왕이 태자를 폐하기로 한 것을 안 왕후가 동생 유효마저 함께 폐하기를 원했다. 왕후에게 시녀가 하나 있었는데 춤을 잘 추었으므로 왕이 그 시녀를 좋아했다. 왕후가 유효와 그 시녀가 정을 통하게 하여 유효의 행실을 더럽힘으로써 두 아들을 함께 폐하고 자기 아들인 유광(劉廣)을 태자로 삼게 하려고 계획했다. 이 사실을 눈치챈 태자가 왕후가 자신을 비방하는 것이 여러 차례를 넘어 끝이 없을 지경이라 여겨, 왕후의 몸을 더럽힘으로써 그 입을 막으리라 생각했다. 왕후와 태자가 함께 술을 마시는 자리에서 태자가 왕후 앞으로 가서 축수하는 잔을 올렸다. 그때를 이용하여 태자가 왕후의 허벅지를 만지며 함께 잠자리에 들 것을 요구했다. 왕후가 노해서 왕에게 그 사실을 일러바쳤다. 왕이 태자를 불러들여 묶어 놓고 때리려고 했다. 태자는 왕이 늘 자신을 폐하고 동생 유효를 태자로 삼으려고 한다는 것을 알고 있던 터라 이렇게 말했다.

"유효는 대왕의 시녀와 정을 통했고 무채는 대왕의 노복과 정을 통했으니 대왕께서는 더 많이 챙겨 드십시오. 저는 황제께 상소나 올리러 가렵니다."

그러고는 왕을 뒤로하고 나가 버렸다. 왕이 사람을 시켜 나가지 못하게 막으라고 했으나 아무도 태자 앞을 막지 못했다. 왕이 친히 쫓아가서 태자를 잡아 왔다. 태자가 망언을 퍼부었으므로 왕이 차꼬를 채워 궁중에 가둬 버렸다.

왕이 날이 갈수록 유효를 총애했다. 유효의 재능을 기특하게 여긴 왕이 형산왕 관인을 매달아 주고 장군이라고 불렀다. 또 외가에서 살게 하고 돈을 많이 주어 빈객을 불러 모으게 했다. 빈객으로 온 자들은 회남왕과 형산왕에게 반역의 계획이 있음을 눈치채고 모두 반역을 부채질했다.

이에 왕이 유효의 빈객인 강도(江都) 사람 매혁(枚赫)[24]과 진희(陳喜)를 시켜 전차와 단시(鍛矢)[25]를 주조하게 했으며 황제의 옥새와 장군과 승상, 군리의 관인을 새기게 했다. 왕은 밤낮으로 주구(周丘)[26] 등의 장사들을 모았다. 그러고는 오초의 난 때 사용했던 계책을 인용하여 반란에 대비한 여러 규칙을 마련했다. 형산왕은 회남왕처럼 황제의 자리에 오를 생각은 감히 하지 못했다. 다만 회남왕이 자신의 땅을 병탄할 것을 두려워했다. 그래서 회남왕이 서쪽으로 황제를 치러 가면 스스로도 군대를 출동시켜 장강과 회수 사이에 있는 땅을 차지하리라고 희망했다.

원삭 5년 가을에 황제를 배알하러 가면서 원삭 6년에[27] 회남을 지났다. 회남왕이 형제간에 우애 있는 말을 하여 지난 시절의 간격을 없애고 함께 반란을 일으키기로 약속했다. 형산왕이 즉시 황제에게 병을 칭하며 글을 올렸다. 황제가 배알을 면제해 주었다. 그러자 이어서 글을 보내 태자 유상을 폐하고 유효를 태자로 세우게 해 달라고 청했다. 이 소식을 들은 태자 유상이 잘 알고 지내던 백영(白贏)이란 자를 장안으로 보내, 형산왕이 아들과 함께 반역을 꾀하고 있다는 것과 유효가 전차와 화살을 만들고 있을뿐더러 아버지의 시녀와 정을 통한 사실을 황제에게 고하게 했다. 그런데 백영이 장안에 도착해 미처 상소하기도 전에 회남왕 일에 연루시켜 조정의 옥리가 백영을 체포했다. 형산왕이 그 소식을 듣고 백영이 자신의 땅에서 몰래 계획하고 있던 일을 불어 버릴까 봐 두려워했다. 그리하여 황제에게 태자가 부도덕하다고 고해바쳤다. 황제가 이 일을 패군(沛郡) 태수에게 맡겨 처리하게 했다.

원수 원년 겨울, 담당 관리가 회남왕과 함께 모반했던 자들을 체포하게 해 달라고 청하여 유효의 집에서 진희를 붙잡았다. 옥리는 유효가 우두머리로서 진희를 숨겨 주었다고 탄핵했다.

유효는 진희가 얼마 전까지 여러 차례 형산왕과 반역을 꾀한 적이 있으므로 그 사실을 발설할까 두려웠다. 유효는 먼저 자수하면 법에 따라 그 죄를 용서받는다는 사실을 알고 있었다. 그리고 태자가 백영을 시켜 황제에게 자신의 모반 사실을 알렸다고 생각했다. 그리하여 먼저 나서서 자수하고, 함께 모반했던 매혁과 진희 등을 고해바쳤다. 정위가 심문한 결과 사실이 증명되어 황제에게 형산왕을 체포하여 다스리게 해 달라고 청했다. 황제가 말했다.

"체포하지 마라."

그러고는 중위 사마안(司馬安)과 대행 이식(李息)을 형산국으로 보내 왕을 심문하게 했다. 왕이 있었던 사정을 사실대로 모두 말했다. 옥리들이 왕궁을 포위하고 지키는 가운데 중위와 대행이 돌아와 황제에게 보고했다. 고관대작들이 종정과 대행을 파견하여 패군 태수와 함께 다시 왕을 심문하도록 주청했다. 왕이 그 소식을 듣고 바로 자결해 버렸다.

유효는 자수하여 다른 이들의 반역 사실을 고했기 때문에 반역 죄는 면했으나,[28] 형산왕의 시녀와 정을 통한 죄에 걸렸다. 또 왕후 서래는 무고를 통해 이전의 왕후 승서를 해친 죄에 걸렸으며 태자 유상은 형산왕을 고발했으므로 아버지께 불효한 죄에 걸려 모두 기시형을 당했다. 형산왕과 함께 모반한 자 또한 모두 주살되었다. 황제는 형산국을 없애고 군으로 대치했다.

제북 정왕(濟北貞王) 유발은 경제 4년에 제북왕으로 옮겼다. 옮긴 지 두 해 만에, 그 전 형산에서 왕위에 있었던 것까지 합해서 모두 열네 해 동안 재위하다가 세상을 떠났다. 아들 식왕(式王)[29] 유호(劉胡)가 후위를 이어 쉰네 해 뒤에 세상을 떠났다. 그 아들 유관(劉寬)이 뒤를 이었다. 유관이 왕위에 오른 지 열두 해째에 아버지 식왕의 왕후 광(光) 및 후궁 효아(孝兒)와 정을 통해 인륜을 어지럽혔다. 또 제사를 올릴 때 황제를 두고 저주를 퍼부었으므로 그 일을 조사한 관리들이 주살할 것을 청했다. 황제가 대홍려(大鴻臚) 리(利)를 보내 왕을 소환했다. 왕이 칼로 스스로 목을 찔러 죽었다. 왕위를 폐하고 도읍을 북안현(北安縣)[30]으로 개명하여 태산군(泰山郡)에 속하게 했다.

찬하여 말한다.

『시』에서 "변방의 융(戎)과 적(狄)은 맞서 싸우고 남방의 형(荊)과 서(舒)는 응징한다."[31]라고 이른 것은 진실로 옳은 말이다. 회남왕과 형산왕은 한 핏줄의 골육으로 강토가 천 리에 이르고 제후의 반열에 올랐지만, 황제를 보좌함으로써 번국의 신하가 지켜야 할 직분을 힘써 행하지 않은 채 오로지 삿되고 부정한 계략만 품고 있다가 반역을 꾀하게 되었으니 부자간에 두 번이나 왕위를 철폐당하는 일을 겪고 모두 천명을 다하지 못했다. 이는 비단 왕 개인의 탓이 아니라 그 지방의 풍속이 저속하기 때문이니 신하들도 점점 따라서 저속해져 그런 비극이 일어나게 되었다. 대저 형초(荊楚) 지방 사람들은 용맹하고 날래서 난을 자주 일으켰으니 이는 예전부터 기록되어 온 일이다.

15

괴·오·강·식부 전
蒯伍江息夫傳

▲▲▲▲▲▲▲▲▲▲▲▲▲▲▲▲

『한서 열전』에서 같은 편에 등장하는 인물들은 동시대에 활동한 경우가 대부분이다. 그러나 주제를 선명하게 부각해야 할 때는 예외적으로 시대를 초월하여 여러 인물을 엮어 넣은 경우도 있다. 괴통(蒯通), 오피(伍被), 강충(江充), 식부궁(息夫躬)은 각기 다른 시대에 활동한 인물이다. 진나라 말기에 유세 활동을 시작한 괴통부터 전한 말기 애제 때의 인물인 식부궁에 이르기까지, 시대는 다르지만 나라를 어지럽혔다는 공통점 때문에 한 편에 들게 되었다.

괴통은 진나라가 망할 무렵부터 유세를 시작했는데, 한신을 섬기며 반란을 부추긴 고사가 유명하다. 괴통은 한신에게 고조를 배반하고 개국할 것을 설득했다. 천명(天命)을 이유로 내세웠지만 한신은 그 말을 듣지 않았다. 평화 시대로 접어들자 고조의 입장에서 군사 천재 한신은 가장 큰 걸림돌이었지만 개국 과정에서 한신이 세운 공이 컸기 때문에 함부로 처리하기가 어려웠다. 이때 여후가 나서서 한신을 반란죄로 옭아 맸다. 한신은 자신이 괴통의 말을 듣지 않아 낭패를 봤다고 생각했으니, 토사구팽의 전형적인 예로 남게 되었다. 오피는 있는 힘을 다해 회남왕의 역모를 말렸지만, 부모가 옥에 갇히자 마음을 돌려 반란에 참가했고 그 일로 주살당했다.

식부궁은 애제 때의 인물이므로 『사기』에 열전이 있을 리 없다. 무제 때의 인물로 위(衛) 태자를 모함하여 목숨을 잃게 한 강충 역시 『사기』에 들어 있지 않다. 또 괴통은 「회음후 열전」에, 오피는 「회남왕 열전」에 들어 있다. 반고는 이 네 인물을 한자리에 모아 놓고 "말 잘하는 자가 나라를 뒤집는 것이 싫다."라는 공자의 말을 인용하면서 후세 사람들이 교훈을 얻어 나라에 충성하기를 기대했다.

세 영웅을 섬긴 책사 괴통

○ ○ ○

괴통은 범양 사람이다.[1] 원래 이름은 철(徹)로 무제와 이름이 같다.[2]

초나라와 한나라가 막 봉기했을 때 무신(武臣)[3]이 조나라 한단성을 함락하고 무신군을 자칭했다. 이 무렵 괴통이 범양 현령 서공(徐公)을 찾아가 설득했다.

"저는 범양의 백성인 괴통이라고 합니다. 제가 공께서 곧 돌아가시게 생겼다는 소문을 들었기에 안타까운 마음에 애도를 표하고자 왔습니다. 그렇지만 저 괴통으로 인해 다시 살아나게 될 것도 경하드리겠습니다."

서공이 두 번 절하고 물었다.

"애도라니 무슨 말씀입니까?"

괴통이 말했다.

"공께서 열몇 해 동안 현령으로 계시면서 남의 아비를 죽여 그 아들을 고아로 만들고, 남의 발을 자르며 이마에 죄인이라는 문신을 새겨 넣은 일이 수도 없이 많았습니다. 아들을 사랑하는 이 땅의 아비와 효성스러운 아들들이 그동안 공의 배를 칼로 찌르지 못한 것은 진나라의 법이 무서웠기 때문입니다. 그러나 지금 천하에 대란이 일어나 진나라는 정사를 제대로 보지 못하고 있습니다. 이제 그 아비와 아들들이 자신의 원수를 갚고 이름도 날리기 위해 앞다투어 공의 배를 찌를 것입니다. 이것이 괴통이란 자가 공을 애도하는 까닭입니다."

"그런데 또 선생 때문에 다시 살게 될 것을 경하한다니 그 말은 무슨 뜻입니까?"

"지금 한단에 있는 무신군은 저 괴통이 불초한 것도 모르고 사람을 보내 자신의 운명을 물었습니다. 그래서 제가 곧 무신군을 만나서 이렇게 설득하려고 합니다.

'얻고자 하는 땅은 전쟁에 이긴 뒤에야 얻을 수 있고 성은 무너뜨려야 항복을 받을 수 있으니, 이런 것은 제가 생각하기에 위태로운 방법입니다. 만일 제가 올리는 계책을 쓴다면, 전쟁 없이도 땅을 얻고 성을 무너뜨리지 않아도 항복을 받게 됩니다. 격문을 붙이는 것만으로도 천 리 땅을 얻을 수 있는데, 저의 계책을 쓰시겠습니까?'

이렇게 물어보면 저쪽에서 '어떤 방법입니까?' 하고 묻겠지요. 그럼 저는 또 이렇게 대답할 것입니다.

'범양 현령이 군대를 정돈하여 성을 지켜야 마땅하겠으나 겁이 많아 죽음을 두려워하고 탐욕이 있어 부귀를 누리고 싶어 하니, 다른 곳보다 먼저 무신군께 성을 들어 항복하고 싶어 합니다. 먼저 항복했는데 용서하는 은혜를 베풀지 않으시면, 각국의 변경에서 성을 지키는 장군들이 모두 서로 알리기를 범양 현령은 먼저 항복하여 죽임을 당했다고 할 것입니다. 그리고는 목숨을 걸고 성을 굳게 지킬 것이니 모두 금성탕지(金城湯池)가 되어 공격할 수 없을 것입니다.

이제 무신군을 위해 계책을 내겠습니다. 황옥과 주륜(朱輪)으로 수레를 장식하여 범양 현령을 맞은 뒤에, 현령으로 하여금 연나라와 조나라 땅의 경계를 돌며 그 소문을 내게 하면, 주변 성의 장군들이 서로 범양 현령이 먼저 항복하더니 부귀해졌다고 소문을 낼 것입니다. 그러면 서로 몰려와 항복하여 비탈에 탄환이 굴러가듯이 쉽게 땅을 얻을 것이니, 이것이 바로 격문을 붙이는 것만으로도 천 리 땅을 얻을 수 있는 방법입니다.' 이렇게 말입니다."

말을 들은 서공이 두 번 절하고 수레에 말을 매어 괴통을 전송했다. 괴통이 현령에게 했던 말로 무신을 설득하자 무신은 수레 백 승과 말 이백 마리 그리고 후인(侯印)을 주어 서공을 맞이했다. 조나라와 연나라에 이 소문이 퍼지자 서른몇 개 성이 항복해 왔다. 괴통의 계책이 들어맞은 것이다.

그 뒤에 한왕(漢王)의 장군 한신이 위왕 위표를 사로잡고 조나라와 대나라를 무너뜨렸으며 연나라의 항복을 받아 삼국[4]을 평정했다. 승리한 한신이 군대를 끌고 동쪽의 제나라를 치려고 했다.

평원에서 황하를 건너기 전에, 한왕의 사자 역이기가 유세를 통해 제나라를 투항시켰다는 소식을 듣고 한신이 진격을 멈추려고 했다. 그때 괴통이 한신을 설득했다.

"장군이 한왕의 명령을 받고 제나라를 치러 가는 중이었는데 한왕이 단독으로 밀사를 보내 제나라를 항복시켰습니다. 그러나 장군께 행군을 멈추라는 명령은 내리지 않으셨으니 행군을 멈출 이유고 없습니다. 게다가 역생이라는 자는 한낱 변사의 신분으로 복식(伏軾)의 예를 올린 뒤에 세 치 혀로 제나라 일흔여 성을 항복시켰습니다. 그런데 장군은 수만 명의 군대를 거느리고도 조나라의 쉰여 개 성밖에 항복시키지 못했습니다. 장군이 된 지 여러 해가 지났는데도 오히려 일개 서생의 공에도 못 미치고 있지 않습니까?"

한신은 괴통의 말이 옳다고 여겼다. 그리하여 그의 계책대로 황하를 건넜다. 제왕 전광은 역이기의 말을 듣고 한왕에게 항복하기로 약속했다. 그러고는 역이기를 남겨 두어 함께 마음 놓고 술을 마시면서 한나라 군에 대비하여 역하에 주둔시켰던 이십만 대군을 철수하게 했다. 한신은 역하를 무너뜨린 뒤에 임치까지 진군했다. 제왕은 역생이 자신을 속였다고 생각해 끓는 물에 삶아 죽여 버리고 달아났다. 한신이 마침내 제나라 땅을 평정한 뒤에 스스로 임시 왕이 되었다. 그때 한왕의 군대는 형양에 포위되어 있었다. 한왕은 장량을 보내 한신을 제왕에 봉하고 공고한 위치로 올려 주었다. 항왕 또한 한신에게 무섭을 보내 연합할 것을 설득해 왔다. 천하를 제패하여 다스리게 될 인물이 한신이라고 생각한 괴통이 한신에게 한왕을 배반하라고 설득했다. 그러면서 한신을 은근히 부추겼다.

"제가 관상 보는 법을 배운 적이 있습니다. 왕의 얼굴은 제후로 그칠 상입니다. 게다가 늘 위태롭고 불안한 상입니다. 그러나 배면(背面)은 이루 말할 수 없을 만큼 귀한 상입니다."[5]

한신이 물었다.

"무슨 뜻입니까?"

괴통이 주위를 물리치게 한 뒤에 말을 이었다.

"천하가 어지러워지기 시작했을 때 영웅호걸들이 일어나 스스로 왕이라고 한결같이 외치자 천하의 인재들이 구름처럼, 물고기

비늘이 포개듯이 빽빽하게 모여들어 한바탕 질풍이 불었습니다. 이때는 다들 진나라를 어떻게 망하게 할 것인가만 고민했습니다. 그러나 지금 유방과 항우의 군대가 서로 싸우면서 백성의 내장과 머리통이 드러나 땅을 피로 물들이고 있으며 고향을 떠나 들판을 헤매는 이들 또한 헤아릴 수 없이 많습니다. 한왕이 수십만군을 거느리고 공현과 낙현에서 교전하며 산과 강을 방패 삼아 하루에도 몇 번씩 싸우고 있지만 한 자 한 치의 땅도 빼앗지 못하고 있으며, 싸움에 져도 구원병이 도착하지 않으니 형양에서 패하고 성고에서는 가슴에 부상까지 입었습니다. 다시 원현과 섭현 사이의 땅으로 달아났으니 이는 흔히 말해 '지략도 용맹도 모두 떨어진' 처지가 되었음을 이릅니다. 한편 팽성에서 일어난 항우의 초나라 군대는 사방을 돌며 전투를 치르면서 달아나는 적을 추격하여 형양까지 온 뒤에 승기를 잡아 석권하듯이 승리했으니 천하에 위세를 떨쳤습니다. 그 뒤에 경현과 삭정 사이에서 막혀 성고의 서쪽 산으로 밀려 더는 전진하지 못한 지 지금까지 세 해나 되었으니, 험준한 요새를 만나 예봉이 꺾이고 저장했던 식량도 바닥나 버렸습니다. 고통이 극에 달한 백성은 목숨을 귀부할 곳조차 찾지 못하고 있습니다.

제가 판단하기에 도덕과 지모가 뛰어난 자가 나타나지 않으면 지금의 형세로는 천하의 혼란을 그치게 할 수가 없겠습니다. 그런데 지금 보면 유방과 항우 두 왕의 목숨이 족하께 달려 있습니다. 족하께서 한나라 편을 들면 한왕이 이기고, 초나라 편을 들면 초나라가 이기게 되어 있습니다.

신이 이제 속을 다 열어 보이고 간과 쓸개를 빼 놓은 채 어리석으나 충성스러운 계책을 올리려고 하나 족하께서 들어주지 않을까 염려됩니다. 제가 지금 족하를 위해 올리는 계책은 그 두 쪽에게 다 유리하여 구존하게 하는 방법이니, 천하를 삼분하여 정립(鼎立)하면 그 형세상 누구도 먼저 경거망동하지 못할 것입니다.

대저 뛰어난 지모와 도덕을 갖춘 족하께서 수많은 군대를 거느리고 강대한 제나라를 점령하고 계시니, 연나라와 조나라를 굴복시켜 유방과 항우가 점령하지 않은 땅을 차지한 뒤에, 백성의 소망대로 서쪽으로 가서 유방과 항우의 군대에게 전쟁을 그만두어 백성의 목숨을 살려 내라고 한다면 천하에 누가 그 말씀을 따르지 않겠습니까! 족하께서 원래 있던 제나라를 통제하며 회수와 사수 사이의 땅을 가지신 채 제후들을 덕으로 품고 크게 읍하며 겸손하게 처신한다면 천하의 군왕들이 다투어 제나라에 와서 족하를 배알할 것입니다. '하늘이 내리는 기회를 받지 않으면 거꾸로 화를 입게 되고, 때가 왔는데도 행동에 옮기지 않으면 도리어 재앙을 받게 된다.'라는 말이 있습니다. 족하께서는 이 점을 깊이 생각해 보시기 바랍니다."

한신이 말했다.

"한왕이 나를 후하게 대해 주었는데 내가 어찌 이득을 보겠다고 은혜를 저버리겠는가!"

괴통이 말했다.

"상산왕과 성안군은 생사를 뛰어넘어 사귄 벗이었으나 나중에 장염과 진석의 일로 다투다가[6] 상산왕이 머리를 감싼 채 쥐가 쥐

구멍으로 숨듯이 한왕에게 귀부했습니다. 그 뒤에 한왕에게 군대를 빌려 동쪽으로 진격하여[7] 호현의 북쪽에서 교전했는데, 성안군이 져서 지수 남쪽에서 죽었습니다. 이때 성안군의 몸이 동강 나 머리와 다리가 각각 다른 곳에 떨어졌습니다. 이 두 사람은 서로 함께할 때는 천하에서 가장 기뻐하는 사이였지만, 마지막에는 서로 멸망시키는 꼴이 되었습니다. 그 이유가 무엇이겠습니까?

욕심이 많으면 우환이 생기는 법이니 사람의 마음은 예측할 길이 없습니다. 지금은 족하께서 충성과 신의로 한왕과 교유하고 있지만 상산왕과 성안군의 사귐만큼 든든한 사이는 절대 아닐 것입니다. 그런데 세상일에는 장염과 진석의 일보다 더한 일이 많은 법이어서, 한왕이 족하를 위태롭게 할 일이 전혀 없다고 생각하시는 것은 제가 보기에 지나친 믿음인 듯합니다. 대부 문종도 망해 가는 월나라를 일으켜 세워 구천을 패자에 올리는 공명을 날렸지만, 구천이 내린 칼로 자결하고 말았습니다. 세상 사람들이 말하기를 '들짐승 사냥이 끝나면 사냥개를 삶아 먹고, 적국을 멸망시키고 나면 모신(謀臣)은 죽게 된다.'라고 합니다. 벗의 사귐으로 말하자면 상산왕 장이와 성안군을 능가할 수 없고, 충신이라는 관점으로 봐도 대부 문종을 넘을 수 없으니 이 두 경우만으로도 족하와 한왕의 관계를 충분히 살펴볼 수 있을 것입니다. 족하께서는 이 점을 깊이 생각하시기 바랍니다.

제가 아는 바로, 용맹함과 지략이 뛰어나 주군을 떨게 하는 자는 목숨이 위태롭고, 공이 천하를 덮을 만큼 높은 자는 오히려 상을 받지 못합니다. 족하께서는 서하를 건너 위왕을 포로로 삼고 하열을 사로잡았으며, 정형을 함락시킨 뒤 성안군의 죄를 다스려 조나라 땅을 호령했고, 연나라를 위협하고 제나라를 평정했으며, 남쪽의 초나라 수십만 대군을 쳐부수고 용저를 벤 뒤에 서쪽에 있던 한왕에게 승전보를 전했습니다. 그런 전과를 두고 '천하에 다시없는 공을 세웠다'고 하거나 '세간에서 흔히 볼 수 없는 지략을 가졌다'고 합니다. 지금 족하께서 바로 공이 너무 높아 상을 받지 못하고, 위엄은 자신의 주군마저 떨게 하십니다. 그러니 초나라 항왕에게 귀부하려고 해도 항왕이 의심하고, 한왕에게 귀부하려고 해도 한왕이 두려워 떨 것입니다. 족하께서 세운 큰 공로를 안고는 어디로도 귀부할 데가 없습니다. 무릇 남의 신하 자리에 있으면서 천하에 다시없이 높은 이름을 얻었으니, 족하의 위태로운 운명이 걱정될 따름입니다."

한신이 말했다.

"선생께서는 쉬고 계시오. 제가 선생의 뜻을 생각해 보겠습니다."

며칠 지나서 괴통이 다시 한신을 설득했다.

"책사의 계책을 받아들이는 방식은 성공을 좌우하는 실마리가 되고, 계획을 세우는 방식은 성패를 가르는 관건이 됩니다. 그런데 이보다 더 중요한 것은 과감한 결단입니다. 무릇 마구간에서 말을 기르는 일에 만족하면 천자가 되어 권력을 잡을 수 없고, 어깨에 질 수 있는 한 가마니 분량의 적은 봉록을 받는 자리를 지키려는 자는 경상(卿相)의 자리가 코앞에 있어도 놓치고 맙니다. 지혜가 있어 일이 돌아가는 이치를 잘 알아차릴 만한 분이 결단을 내리고도 감행하지 않으면 모든 일을 그르치는 화근이 됩니다.

그러므로 사나운 범이라도 공격하기를 머뭇거리면 벌이나 전갈이 독을 쏘며 공격하는 것만 못합니다. 용사 맹분(孟賁)이 주저하고 있으면 동자(童子)[8]가 결연히 떨치고 나서는 것만 못하다는 말씀입니다. 제 말씀은 실행으로 옮기는 것이 중요하다는 뜻입니다. 무릇 위업은 이루기는 힘들어도 무너지기 쉽고, 기회는 자주 오지도 않지만 놓치기도 쉽습니다. '기회여! 다시 오지 않을 기회여!'라는 말도 있지 않습니까? 족하께서는 주저하지 말고 제 계책을 실행에 옮기시기를 바랍니다."

그러나 한신은 차마 한왕을 배신할 수 없어 얼른 결정을 내리지 못했다. 게다가 자신이 공을 많이 세웠으니 한왕이 제나라 땅을 뺏지는 않으리라고 여겼다. 그리하여 더는 괴통을 책사로 쓰지 않았다. 괴통은 유세가 받아들여지지 않자 어떻게 할 바를 몰랐다. 그 뒤에 미친 척하면서 무축(巫祝)이 되었다.

천하가 평정되고 나서 한신은 모반죄로 고발되어 왕위를 빼앗기고 회음후가 되었다. 그 뒤에 모반하여 여후에 의해 주살되었는데, 죽기 전에 한탄스럽게 말했다.

"괴통의 말을 듣지 않은 것이 후회스럽구나. 아녀자의 손에 죽게 되다니."

〔뒤에〕 고조가 말했다.

"제나라 출신 변사 괴통을 말하는구나."

이에 제왕에게 조서를 내려 괴통을 불러올렸다. 괴통이 도착하자 황제가 괴통을 끓는 물에 넣으려고 하면서 물었다.

"너는 한신에게 반역을 권했다. 왜 그랬느냐?"

괴통이 말했다.

"개는 주인이 아닌 사람을 보면 언제나 짖게 되어 있습니다. 그 때에 신은 오로지 제왕 한신만 있는 줄 알았지 폐하가 계신 줄은 알지 못했습니다. 진나라에서 잃어버린 정권을 온 천하가 얻으려 고 쫓아다녔으되 능력이 뛰어난 자가 그것을 먼저 얻었습니다. 천 하가 어지러워졌으므로 모두 앞다투어 폐하가 하신 것처럼 하려 고 들었습니다만 힘이 모자라 해내지 못했을 뿐입니다. 그렇다고 그들을 다 죽일 수 있겠습니까!"

황제가 [그 말을 듣고] 용서해 주었다.

제 도혜왕 때에 상국 조참이 예로써 현자들을 공경했는데 괴통 을 청하여 빈객으로 삼았다.

애초에 제왕 전영이 항우를 원망하여[9] 군대를 출동시켜 모반하 려고 했다. 전영은 제나라의 인재들에게 자신을 따르지 않으면 죽 이겠다고 협박했다. 제나라의 처사(處士) 동곽 선생(東郭先生)과 양 석군(梁石君)도 협박을 당해 강제로 전영에게 협조했다. 뒤에 전영 이 패하여 죽자 두 사람은 전영에게 협조했던 것을 부끄럽게 여기 며 함께 깊은 산중에 들어가 은거했다. 그 무렵 어떤 이가 괴통에 게 말했다.

"선생은 조 상국에게 간 뒤에 상국의 잘못을 고쳐 주고 있을 뿐 만 아니라 인재를 발굴해 추천하고 있습니다. 이런 일을 하는 데 에는 제나라에서 선생보다 나은 분이 없을 것입니다. 선생도 아시 다시피 양석군과 동곽선생은 세속의 누구도 미칠 수 없는 분인데 어찌하여 상국에게 추천하지 않는 것입니까?"

괴통이 말했다.

"좋습니다. 내가 사는 마을에 한 부인네가 같은 마을의 아주머니들과 친하게 지냈습니다. 어느 날 밤 그 부인네 집에서 고깃덩어리가 없어졌는데, 며느리가 그 고기를 훔쳤다고 의심한 시어머니가 화를 내면서 그 부인네를 쫓아냈습니다. 그 부인네가 새벽에 집을 나서서 평소에 친하게 지내던 마을 아주머니들을 찾아가 사정을 말하고 작별 인사를 했는데 한 아주머니가 '천천히 가고 있어요. 그러면 내가 지금 당신네 집에 말해서 뒤를 쫓아 데려오게 할게요.'라고 했습니다. 그 아주머니는 그길로 다시 고깃덩어리를 잃은 집에 삼 다발을 들고 가서 불을 빌려달라고 했지요. 이렇게 말하면서 말입니다. '어젯밤 늦게 개 한 마리가 고깃덩어리를 물고 나타나자 개들끼리 서로 차지하느라고 다투다가 서로 죽여 버렸어요. 불을 빌려다가 죽은 개를 익히려고요.' 고깃덩어리를 잃어버렸던 집에서 급히 쫓아가 그 부인네를 데려왔습니다.

마을 아주머니는 유세객이 아니고, 삼 다발로 불을 빌리는 것 또한 부인네를 불러오기에 좋은 방법이 아닙니다. 그러나 사정이 서로 통하면 알맞게 써먹을 방법이 되기도 합니다. 내가 조 상국에게 가서 불을 빌려 보겠습니다."

그리하여 상국을 만나 말했다.

"어떤 부인은 남편 죽고 사흘 만에 개가하고, 어떤 부인은 깊이 들어앉아 개가하지 않고 문밖에도 나가지 않는다면, 상국께서는 어떤 사람을 부인으로 맞으시겠습니까?

조참이 말했다.

"개가하지 않은 사람을 맞겠습니다."

괴통이 말했다.

"그렇다면 신하를 구할 때는 더욱 그러하셔야 합니다. 동곽 선생과 양석군은 제나라의 뛰어난 인재였는데 은거하면서 개가하지 않고 있으니, 한 번도 절개를 굽혀 구차하게 벼슬을 구하지 않았습니다. 상국께서 사람을 보내 예로써 대하시기 바랍니다."

조 상국이 말했다.

"시키는 대로 받들어 따르겠습니다."

그리하여 두 사람을 상객으로 맞이했다.

괴통은 전국 시대 유세객의 임기 응변술을 설명하고, 자신의 유세술도 서술한 여든한 수의 제목을 「전영(雋永)」[10]이라고 했다.

원래 괴통은 제나라 사람 안기생(安其生)과 친분이 두터웠다. 일찍이 안기생이 항우를 찾아갔지만, 항우가 안기생의 계책을 듣지 않았다. 그 뒤에 항우가 이 두 사람을 봉하려 했으나 두 사람은 끝내 받지 않았다.

회남왕의 모반을 말리지 못한 오피

○ ○ ○

오피는 초나라 사람이다. 간혹 오피의 조상이 오자서의 후대라고 말하는 사람도 있다. 오피는 재능이 뛰어나기로 유명하여 회남국의 중랑이 되었다. 당시에는 회남왕 유안이 학문을 좋아하여 인재들에게 몸을 굽혀 예를 올리며 출중한 인물을 수백 명씩 불러 모았다. 오피는 그중에서 가장 훌륭한 인재였다.

시간이 제법 흘러 회남왕이 은밀히 반역을 꾀하는 것을 알고 오피가 수차례나 조용히 간언했다. 그러던 어느 날 왕이 동궁(東宮)에 있으면서 함께 일을 계획하자며 오피를 불렀다. 오피가 당도하자 오피에게 큰 소리로 말했다.

"장군,[11] 이리로 오르시오."

오피가 말했다.

"왕께선 어찌하여 나라를 망하게 할 말씀을 하십니까? 예전에 오자서가 오왕에게 간언했을 때 오왕이 듣지 않자 '지금 제 눈앞에는 황폐해진 고소대(姑蘇臺)[12]에 고라니와 사슴이 뛰어노는 것이 보입니다.'라고 한 일이 있습니다. 지금 제 눈앞에도 이곳 궁 안에 가시 덤불이 자라고, 이슬에 옷이 젖는 모습이 보입니다."

왕이 그 말을 듣고 노하여 오피의 부모를 묶어서 석 달 동안이나 가두었다. 그 뒤에 왕이 다시 오피를 불러 물었다.

"장군은 이제 과인의 말을 듣겠소?"

오피가 대답했다.

"그럴 수 없습니다. 신이 대왕께 한 말씀 올리겠습니다. 제가 들은 바, 귀가 밝은 사람은 소리가 없는 중에도 소리를 들을 수 있고, 눈이 밝은 사람은 모양이 없는 가운데에서도 모양을 볼 수 있어 일이 일어나기 전에 예견할 수 있다고 합니다. 그러므로 성인은 무슨 일을 하거나 완전하게 이루셨습니다. 문왕은 한 번 움직인 것으로 만세에 혁혁할 위업을 달성하고 삼왕[13]의 반열에 올랐습니다. 그것은 문왕이 천심에 순응하면서 군대를 움직인 덕분입니다."

왕이 물었다.

"지금 한나라 조정은 정사를 제대로 보고 있는 거요?"

오피가 대답했다.

"천하는 잘 다스려지고 있습니다."

"공은 무슨 까닭에 잘 다스려지고 있다고 하는 것이오?"

"저 오피가 조정의 일을 관찰했습니다. 군신, 부자, 부부, 장유 간에 도리에 맞게 존비의 서열이 잘 지켜지고 있었습니다. 게다가 황제가 옛날의 도를 존중하며 정사를 보고 있고 풍속과 기강에 이지러진 데가 없었습니다. 거상들이 수레에 물건을 많이 싣고 천하를 주름잡으며 다니고, 길은 통하지 않는 데가 없으니 교역이 성행하고 있습니다. 남월이 귀순했고, 강족(羌族)과 북족(僰族)이 공물을 바치고 있으며 동우(東甌)[14]에서도 복속하여 조정에 참예하고 장유(長楡)까지 영토를 넓혀 삭방(朔方) 땅을 개척했을 뿐 아니라 흉노에게 타격을 주고 있습니다. 비록 옛날의 태평성대보다야 못하겠지만 그래도 태평하게 잘 다스려지고 있습니다."

왕이 이 말을 듣고 화를 내자 오피가 죽을죄를 지었다며 사죄했다.

왕이 또 말했다.

"효산 동쪽에서 변이 일어나면 조정에서는 반드시 대장군 위청에게 군대를 거느리고 진압하게 할 텐데, 공이 생각하기에 대장군은 어떤 사람이오?"

오피가 말했다.

"제가 잘 알고 지내는 황의(黃義)라는 자가 있는데, 대장군을 따라서 흉노를 공격한 적이 있습니다. 그자의 말에 따르면 대장군은 장교에게 예로써 대하며 병졸에게 은덕을 베풀기 때문에 모든 군사들이 장군을 위해 흔쾌히 싸움에 임한다고 합니다. 말을 타고 나는 듯이 산을 오르내린다고도 하고 용기와 기력은 여느 사람이 따라가지 못할 정도라고 합니다. 또 군대를 거느리고 여러 차례 실전을 치렀기 때문에 쉽게 당해 낼 상대가 아닙니다. 대왕의 알자 조량(曹梁)이 장안에 출사하고 돌아와서 말하기를 대장군은 엄격하고 정확하게 명령을 내리며, 용감하게 작전에 임하여 항상 장교와 병졸의 선봉에 선다고 합니다. 또 병졸들이 모두 쉬러 간 다음에야 자신도 막사에 들어가 휴식하고, 우물을 파서 손쉽게 물을 마실 수 있어야 자신도 마실 엄두를 내며, 후퇴할 때는 장교와 병졸이 모두 강을 건너간 다음에야 자신도 강을 건너기 시작한다고 합니다. 게다가 황태후가 상으로 내린 돈은 다시 부하들에게 상으로 모두 준다고 하니 옛날 이름난 장수라 해도 대장군보다 뛰어나진 못할 것입니다."[15]

왕이 말했다.

"우리 회남국의 유(蓼) 태자는 지략이 세간을 뛰어넘어 보통내기가 아닌데, 한나라 조정의 고관과 열후는 모두 원숭이가 관을 쓰고 있는 정도라고 평가했소."

오피가 말했다.

"그러니 먼저 대장군을 찔러 버릴 수 있다면 대왕께서 거사해도 됩니다."

왕이 다시 오피에 물었다.

"공은 오왕이 거병한 것이 제대로 된 일이 아니었다고 생각하오?"

오피가 말했다.

"잘못된 일이었습니다. 오왕은 유씨 황실의 제사를 관장하던 좨주(祭酒)로서, 황제로부터 후한 대접을 받아 궤장을 내려 받았고 봄가을에 장안으로 황제를 배알하러 가지 않아도 된다는 허락을 얻었습니다. 게다가 네 개 군의 백성을 다스렸으니 땅이 사방 천 리에 이르렀습니다. 산에서 구리를 캐다가 돈을 주조했고 바닷물을 끓여 소금을 만들었으며 강릉에서 나무를 베어다가 배를 만들었으니, 나라는 부유했고 인구도 많았습니다. 〔그럼에도〕 오왕은 귀중한 보화를 주어 제후들을 매수했습니다. 〔그 뒤〕 칠국과 합종하고[16] 군대를 출동시켜 서쪽으로 진군했지만 대량과 호보에서 패했습니다. 달아나 남쪽으로 돌아왔으나 동월 사람들에게 사로잡혀 단도에서 죽었는데 머리와 발이 잘려 서로 다른 곳에 뒹굴었습니다. 몸은 죽고 제사는 끊어졌으니 천하가 함께 오왕을 주살한 것이었습니다.

오왕이 수많은 백성들을 거느리고도 성공할 수 없었던 이유가 무엇이겠습니까? 하늘과 백성의 뜻을 거슬렀고 시기를 잘못 골랐기 때문입니다."

왕이 말했다.

"남자가 실패하여 죽게 되더라도 한번 말이나 해 봐야지. 오왕은 반란을 어떻게 해야 하는지를 몰랐던 거요. 들어 보니 성고를 넘어 들어오는 한나라 장수가 하루에 마흔 명이 넘는다고 하오. 나는 먼저 완(緩)으로 하여금 오왕이 소홀하게 여겼던 성고 어귀를 지키게 하고, 주피(周被)에게 영천의 군대를 출동시키게 하여 환원(轘轅)과 이궐(伊闕)로 가는 통로를 막고, 진정(陳定)에게 남양의 군대를 데리고 무관을 지키게 하겠소. 그렇게 하면 하남 태수는 낙양에 고립되니 무엇을 걱정하겠소. 그 북쪽의 지형이 험하기는 해도 임진관과 하동, 상당, 하내, 그리고 조나라 도읍 한단의 경계로 통하는 계곡으로 난 길이 몇 갈래 있소. 흔히 말하기를 '성고로 통하는 길을 끊으면 천하와 격리된다.'라고 하지 않소? 나는 낙양을 둘러싼 삼천의 험난한 요새를 점령한 뒤에 천하에서 군사를 모집할 생각이오. 공은 어떻게 생각하시오?"

오피가 말했다.

"잘못되어 화를 당할 것으로 예측됩니다. 성공하여 복을 누릴 성싶지 않습니다."

뒤에 한나라 조정에서 회남왕의 손자 유건을 붙잡아 가서 옥에 가둔 뒤에 심문했다. 왕은 은밀히 준비하던 일이 새어 나갈 것이 염려되어 오피를 불러 말했다.

"일이 이렇게 되었으니 이제 곧 거사해야겠소. 천하 백성이 고생한 지 이미 오래고, 얼마간 잘못을 저지른 제후들도 모두 불안해하고 있으니 내가 군대를 출동시켜 서쪽으로 진군하면 반드시 호응하는 자들이 있을 거요. 만일 호응하는 자가 없으면 군대를 돌려 형산국을 공격하도록 하겠소. 지금 돌아가는 형세로 봐서는 거사하지 않을 수 없소."

오피가 말했다.

"형산을 빼앗은 뒤에 여강을 치고 심양의 배를 확보한 뒤에 하치성(下雉城) 구강 포구를 튼튼하게 지키며, 예장에서 장강으로 나가는 입구를 끊어 쇠뇌병을 장강 변에 배치함으로써 남군에 있는 군대가 내려오지 못하게 하며, 동쪽으로 회계를 점령하고 남쪽의 강대 세력인 남월과 통하면서 장강과 회수 중간의 땅에서 실력을 행사한다면 한 해 반쯤이야 이어 갈 수 있을 것입니다. 하지만 이로써 말미암아 무슨 이익을 얻을지는 알 수 없습니다."

"좌오(左吳)나 조현(趙賢), 주교(朱驕) 같은 이들은 우리의 거사가 열에 여덟아홉은 성공한다고 하는데 유독 공만 이익을 볼 일이 없다고 하니 어찌 된 까닭이오?"

"대왕 가까이에서 총애를 받던 신하 중에 평소에 군대를 이끌 만했던 자들은 조옥(詔獄)에 갇혀 있으니, 남은 사람 중에는 쓸 만한 자가 없습니다."

"진승과 오광은 송곳 하나 꽂을 땅도 없었지만 백 명[17]을 모아 대택에서 봉기하고 주먹을 휘두르며 함성을 지르자 천하가 호응했는데, 서쪽 회수에 다다랐을 때는 백이십만 명으로 군대가 늘어 있었소. 지금 우리가 비록 작은 나라이긴 하지만 정예 병력이 이십만이나 되는데 공은 어찌하여 실패만 이야기하고 성공한다는 말은 하지 않는 것이오?"

오피가 말했다.

"신이 오자서 같은 죽음을 감내할 생각으로 말씀드리니 대왕께서는 당시의 오왕 부차가 오자서의 간언을 들었을 때처럼 하지 마시길 바랍니다.

지난날 진나라는 성인의 도를 행하지 않고 천하를 침해했습니다. 유생을 산 채로 묻어서 죽였고 『시』와 『서』를 불태워 성인의 업적을 부정하고 예와 의를 버렸으며, 무자비한 법을 만들어 마구 적용하는 한편으로 연안 지방의 곡식을 강제로 함양 근처 서하 쪽으로 옮겼습니다. 그 무렵 남자들은 힘들여 농사를 지어도 먹을 양식[18]이 모자랐습니다. 여자들이 길쌈을 했지만 몸을 가릴 옷 만들기에도 부족했습니다. 그런데도 또 몽염을 보내 동서로 수천 리에 이르는 장성을 쌓게 했습니다. 전쟁을 자주 일으켜 늘 수십만 병력이 병졸, 장수 할 것 없이 야영해야 했으며, 전사한 자들을 헤아릴 수조차 없어서 시체가 들판을 가득 채우고 천 리에 핏물이 흘러내렸습니다. 그리하여 모든 힘을 소진해 버린 백성은 열 집에 다섯 집은 반란을 일으킬 마음을 먹게 되었습니다.

진시황은 또 서복(徐福)에게 진귀한 보물을 많이 집어 주고 삼천 명의 동자와 동녀, 오곡의 종자와 기술자들을 딸려 보내 바다를 건너 신선이 되는 약을 구해 오게 했습니다. 서복은 평원과 큰 호수가 있는 곳을 찾아 그곳의 왕이 된 뒤에 돌아오지 않았습니다. 그리하여 비통과 근심에 빠진 백성의 열 집 중 여섯 집은 반란을 일으킬 생각을 품었습니다.

또 위타를 보내 오령(五嶺)을 넘어 백월을 공격하게 했습니다. 위타는 중국에서 견디기란 너무 힘들다고 생각하고 그곳에 머물러 남월의 왕이 되었습니다.[19] 이렇게 한번 나간 사람은 다시 돌아오지 않았고 백성은 단결하지 않아 무너졌으니 열 집에 일곱 집은 반란하기로 작정했습니다.

만승의 수레를 이끌고 방방곡곡 순유하고 아방궁을 지었으며 수확의 절반 이상을 조세로 거두어 갔고[20] 가난한 백성을 수자리로 내몰았습니다. 그러므로 아버지는 아들을 잘 거두지 못했고 형은 동생을 편안하게 해 주지 못하는 세상이 되었습니다. 가혹한 명령과 잔혹한 형벌 때문에 백성은 모두 목을 빼고 새로 나타날 임금을 기다리면서 귀를 기울이며 구원의 소리를 들으려 했고, 하늘을 우러러 탄식하고 가슴을 치며 황제를 원망했으니 열 집에 여덟 집은 반란을 생각했습니다.

그 무렵 한 빈객이 봉기하기 전의 고조께 '때가 왔습니다.'라고 하자 고조께서는 '아직 기다려야 하오. 성인이 동남쪽에서 일어나게 되어 있소.'라고 했습니다. 그 대화를 나눈 뒤 한 해가 채 못 되어 진승과 오광이 함성을 지르며 일어났고 유(劉)와 항(項)도 힘을 합했으므로[21] 천하가 호응했습니다. 상대의 허물을 공격하며 일어나 진나라 멸망의 징조를 보며 봉기했으므로 백성들도 오랜 가뭄 끝에 기다리던 단비를 만난 듯이 반겼습니다. 그랬기 때문에 봉기하여 전투를 치르면서 제왕의 위업을 달성했습니다.

대왕께서는 지금 고조가 기회를 기다려 봉기한 뒤 천하를 쉽게 얻은 것만을 알고, 얼마 전에 있었던 오초의 난이 어떻게 끝났는지는 살펴보지 않고 계십니다. 지금의 폐하께서는 천하를 다스림에 있어 나라 안의 법령을 통일하고 두루 백성을 아끼며 은혜로운 덕을 베풀고 있습니다. 비록 입으로 말하지 않아도 그 소리가 벼락이 울리듯 빨리 전달되고, 반드시 명령하지 않아도 신의 도움을 받는 듯이 빠르게 교화가 이루어지며, 속으로 생각을 품기만 해도 그 위세가 천 리를 진동하니, 아래의 백성이 위의 황제 뜻에 호응하는 모습은 마치 그림자가 물체를 따르고 메아리가 소리 따라 울리는 것과 같은 형상입니다. 그러니 대왕께서 진승과 오광을 예로 들어 거사를 일으키겠다고 하신 것은 저 오피가 생각하기에 지나친 점이 있습니다. 게다가 대왕의 군대는 오초 연합군의 십 분의 일도 못 됩니다. 천하는 진나라가 다스릴 때보다 만 배는 더 태평합니다.

바라건대 대왕께서는 제가 올린 말씀을 들어주십시오.

신은 예전에 기자(箕子)[22]가 〔주나라 천자를 배알하러 가던 길에〕 고국 땅을 지나가다가 〔은나라 도읍에 보리만 무성한 것을 보고〕 슬픈 마음에 「맥수지가(麥秀之歌)」를 지었다고 들었습니다. 기자는 주왕이 왕자 비간의 간언을 듣지 않은 것을 애통하게 여겼던 것입니다. 고로 맹자는 '주왕은 천자같이 귀한 자리에 있었으나 죽을 때는 필부보다 못했노라.'라고 간파했습니다. 이 말은 주왕은 일찍부터 스스로 천하를 멀리하여 오랜 시간을 보냈기 때문에, 하늘은 주왕이 죽던 그날이 아니라 이미 오래전에 그를 버렸다는 뜻입니다.

신은 지금 대왕께서 홀로 천승의 제후왕 자리를 버리려 하시는 것이 애통하기만 합니다. 만일에 조정에서 절명하라는 조서가 내려오면 다른 신하에 앞서 제가 먼저 왕이 계시던 동궁에서 죽겠습니다."

오피는 눈물을 흘리며 자리를 일어섰다.

그 뒤에 왕이 오피를 다시 불러 물어보았다.

"설사 공의 말과 같다 하더라도 요행조차 바랄 수 없단 말이오?"

오피가 대답했다.

"그래도 반드시 거병하셔야겠다면 저에게 어리석은 계책이 있습니다."

왕이 물었다.

"어떻게 하면 되겠소?"

오피가 말했다.

"지금 제후들은 반란을 일으킬 마음이 없고 백성도 원망하는 기색이 없습니다. 그런데 삭방군의 땅이 넓고 비옥한 데 비해 그 땅에 옮겨 살게 한 백성이 적어 그 땅을 다 채우지 못하고 있습니다. 승상과 어사가 명령을 내릴 때 쓰는 문서를 위조하여 제후국의 토호들을 옮겨 살게 하고, 수염을 밀어 버리는 내죄(耐罪) 이상의 죄인들도 그곳에 가서 사는 조건으로 죄를 용서해 준다고 하십시오. 또 가산이 오십만 전 이상인 자들도 가솔을 모두 끌고 삭방군으로 옮기게 하십시오. 그런 뒤에 군대를 파견하여 기한에 맞추라고 재촉하십시오. 다음으로 좌우 도사공(都司空)이 관할하는 옥과 상림(上林)의 중도관조옥(中都官詔獄)에서 쓰는 체포 영장을 위조하여 황제의 명으로 제후국의 태자와 제후들이 총애하는 신하를 체포하고 심문하십시오.

이렇게 하면 백성이 원망하는 마음을 갖게 되고 제후들은 두려움에 떨게 될 것입니다. 그때 변사를 보내서 함께 거사를 설득하면 성공이라는 요행을 바랄 수도 있을 것입니다."

회남왕이 말했다.

"그렇게 해도 되겠지만 내 생각에는 그렇게까지 하지 않고 그저 나 혼자 출병해도 성사하겠소."

그러나 그 뒤에 회남왕의 모반 사실이 발각되었다. 오피가 관리 앞에 나아가 자신이 회남왕과 그러그러하게 모반했던 행적을 고했다. 황제는 오피가 평소 회남왕에게 조정을 미화하는 말을 많이 한 것을 알고 죽이지 않으려고 했다. 그러나 장탕이 나서서 말했다.

"오피가 우두머리가 되어 회남왕에게 반란의 계책을 짜 주었으므로 그 죄를 용서해서는 안 됩니다."

조정에서 결국 오피를 주살했다.

무고 사건을 꾸며 황실을 어지럽힌 강충

○   ○   ○

강충의 자는 차천(次倩)이고 조나라 한단 사람이었다. 본명은 강제(江齊)였다. 여동생이 있었는데 금(琴)을 잘 탔으며 가무에도 능해 조왕의 태자 단에게 출가했다. 그 시절 강제는 조 경숙왕(趙敬肅王)[23]의 총애를 받아 상객의 지위를 누리고 있었다.

시간이 많이 흐른 뒤에 태자가 자신의 잘못을 몰래 왕에게 고한 것이 아닌가 하고 강제를 의심했다. 그리하여 태자와 강제의 사이가 멀어졌다. 태자는 옥리를 보내 강제를 붙잡으려고 했으나 잡지 못했다. 대신에 강제의 아버지와 형을 잡아 와 심문한 뒤에 모두 기시형에 처해 버렸다.

　강제는 종적을 끊고 서쪽으로 달아나서 관중 땅으로 들어가 이름을 충(充)으로 바꿨다. 그러고는 황궁으로 가서 태자 단이 동복 누나 및 부왕의 후궁과 정을 통했으며 나라 안의 간교한 세력가들과 왕래하면서 다른 사람을 해치고 물건을 빼앗는 짓을 했지만 옥리가 말리지 못했다는 사실을 고해바쳤다. 그 글을 읽고 노한 황제가 사자를 보내 위나라의 군대를 출동시켜 조왕의 왕궁을 포위하고 태자 단을 체포하라고 명령했다. 태자를 위나라 군의 조옥으로 옮겨 가둔 뒤에, 황제의 명령을 받들어 위군 태수와 조정에서 파견한 정위가 함께 심문하고는 태자를 사형에 처해야 한다는 판결을 내렸다.

　황제[24]의 이복형이었던 조왕 유팽조(劉彭祖)가 자신의 태자에게는 잘못이 없다는 내용으로 황제에게 상소했다. 그 글에 이르기를 "강충은 죄를 짓고 도망 다니다가 제 밑에 와서 일하게 된 말단 신하로 거짓을 꾸며 성상과 조정을 격노하게 했습니다. 천자께서 믿을 수밖에 없도록 거짓을 꾸며 개인적인 원한을 보복하려고 했던 것입니다. 뒤에 팽형이나 저해형에 처해도 아무 후회가 없을 것으로 생각합니다. 신은 조나라에서 용감한 병졸을 뽑아 흉노를 공격하는 데 종군하여 사력을 다해 싸우도록 하겠습니다. 이것으로 단의 죄를 속해 주십시오."라고 했다.

　황제가 조왕 태자의 사형을 면해 주고 이어서 폐위시켰다.

　그보다 먼저 견대궁(犬臺宮)에서 황제를 처음 배알하던 때에 강충이 평소에 입던 의관으로 황상을 뵙게 해 달라고 청하니 황제가 허락했다. 강충은 얇고 가늘게 주름진 갑사 적삼을 입고 여자처럼 옷깃을 몇 번 돌린 두루마기를 입은 다음 제비 꼬리처럼 뒤에다 한 가닥 천을 늘어뜨렸다. 머리는 갑사 천으로 묶은 뒤에 떨잠관을 쓰고 관의 끈은 깃털로 달았다. 강충의 체구는 우뚝할 정도로 커서 아주 건장해 보였다. 황제가 멀리서 강충이 들어오는 것을 보고 신기하게 여기며 좌우를 둘러보고 말했다.

"연나라와 조나라에는 정말 기이한 인물들이 많은 모양이구나."

강충이 황제 앞에 이르자 황제가 당시의 정사에 대해 물었는데 강충의 대답을 듣고 아주 만족했다.

강충은 황제를 만난 뒤에 흉노에 사신으로 나가겠다고 자청했다. 황제가 대략 어떤 방식으로 흉노를 설득할 것인지 묻자 강충이 대답했다.

"그때그때의 형편에 따라 적이 하는 것에 맞추어 해야 하니 미리 계획해서 할 수 없습니다."

황제가 강충을 알자로 삼아 흉노에 보냈다. 강충이 돌아오자 직지수의사자(直指繡衣使者)로 삼아 삼보(三輔)에서 일어나는 도적을 처벌하고 분에 넘치게 사치를 부리는 자들을 감찰하여 제지하게 했다. 당시 황제의 인척과 총애를 받던 대신들이 분에 넘치는 사치를 부리고 있었는데 강충이 그 모든 사정을 보고하고 탄핵했다. 강충은 그들의 수레와 말을 몰수하고 북군에 편입시켜 흉노를 공격하는 데 종군시킬 것을 상주했다. 황제가 강충의 의견을 따랐다. 강충은 광록훈과 중황문(中黃門)에게 문서를 내려 황제의 측근으로 있던 신하와 시중 중에서 북군으로 보내야 할 자들을 체포하게 하고, 따로 문위에게 탄핵받은 자들의 이름을 적어 보내 명령이 없으면 그들을 대전 안으로 들이지 못하게 했다. 놀란 인척의 자제들이 황제에게 몰려가 머리를 땅에 박으며 살려 달라고 애걸했다. 그리고 돈으로 속죄를 청하자 황제가 허락하고 관직 등급에 따라 금액을 결정하여 북군에 헌납하게 했으니 바친 돈이 모두 수천만 전이었다. 황제는 강충이 충직하여 영합하지 않고 법을 집행한다고 여겼고 그가 하는 말은 모두 마땅하다고 생각했다.

강충이 거리를 시찰하다가 관도(館陶) 장공주[25]가 황제 전용 치도를 달리는 것을 보았다. 강충이 공주의 행차를 멈추게 한 뒤에 그 이유를 물었더니 공주가 대답했다.

"태후께서 부르셔서 가는 길입니다."

강충이 말했다.

"공주께서만 이 길을 가실 수 있고 다른 수레와 말은 모두 갈 수 없습니다."

그러고는 수레와 말을 몰수하여 해당 관청에 들여놓았다.

그 뒤에 강충이 감천궁에 가는 길을 오르다가 태자가 황제에게 문안드리기 위해 파견한 사자가 수레를 타고 치도를 달리는 것을 보았다. 강충이 그 사자를 옥리에게 보내 가두었다는 소식을 듣고, 태자가 사람을 보내 강충에게 잘못했다고 말했다.

"수레와 말이 아까워서가 아니라 황상이 이 일을 모르셨으면 해서 그럽니다. 제가 평소에 아랫사람들을 제대로 가르치지 못한 탓이니 강 공께서 이 일을 용서해 주기 바랍니다."

강충이 태자의 청을 들어주지 않고 끝내 황제에게 보고했다. 황제가 말했다.

"남의 신하가 되었으면 응당 그렇게 해야지."

이로 말미암아 강충은 황제로부터 더욱 두터운 신임을 받게 되었고, 그 위세가 장안을 뒤흔들었다.

이어서 강충은 수형도위(水衡都尉)로 승진했다. 그 무렵 강충의 집안사람들과 벗 중에 강충의 힘을 입은 자들이 많았다. 시간이 흐르면서 강충이 자신의 일족과 지인을 도와주는 일로 죄를 짓고 파면되었다.

그때 양릉(陽陵)에 있던 주안세(朱安世)가 승상 공손하(公孫賀)의 아들 태복 공손경성(公孫敬聲)이 무제를 저주하며 무고한 일을 고발했다. 이 일에 연루된 한 무제의 두 딸 양석(陽石) 공주와 제읍(諸邑) 공주, 공손하 부자가 모두 주살되었다. 이 이야기는 「공손하전」에 있다.

뒤에 무제가 감천궁에 갔다가 병을 얻었다. 강충은 연로한 황제를 보면서 황제가 죽고 난 뒤에 태자가 자신을 죽일지도 모른다고 생각하고 간교한 계책을 꾸며 황제의 병은 누군가의 무고 탓이라고 상소했다. 그리하여 황제가 강충을 시켜 무고한 자들을 찾아내게 했다. 강충은 이민족 출신의 무축[26]으로 하여금 땅을 파고 무고에 쓴 인형을 찾게 했다. 드디어 밤에 귀신을 보고 제사를 지내 인형으로 저주한 자를 잡고, 그가 제사 올린 곳을 표시한 다음 가두고 심문했는데, 달군 쇠꼬챙이로 지져 강제로 자백하게 했다. 그러자 인형으로 저주한 자들이 더 있다면서 백성이 서로를 참소하기 시작했다. 옥리가 대역무도죄로 모두 탄핵하고 심문하여 전후로 수만 명이 사형당했다.

그 무렵 황제의 춘추가 높았다.[27] 황제가 강충의 말을 믿고 좌우에 있던 신하까지 모두 자신을 저주한다고 의심했으므로, 산 자와 죽은 자 그 누구도 자신의 억울함을 호소하지 못했다. 강충은 그런 황제의 정신 상태를 잘 알고 있었다. 그리하여 황제에게 궁중에도 인형으로 저주하는 기운이 느껴진다고 보고한 뒤에, 총애를 받지 못하는 후궁부터 조사하기 시작하여 황후[28]의 처소를 수색했다. 그러고는 끝내 태자궁 바닥에서 오동나무로 만든 인형을 발굴해 냈다.[29] 겁에 질린 태자는 황제에게 소명할 길이 없었으므로 재빨리 강충을 체포해 황제에게 알리지 않고 친히 베어 버렸다. 죽이기 전에 태자가 강충에게 소리쳤다.

"이 조나라 종놈아, 너희 조왕 부자지간을 어지럽힌 것으로 모자랐느냐? 이제 와서 다시 우리 부자 사이까지 어지럽히려고 드느냐!"

그러나 이 일로 해서 태자 또한 결국 목숨을 잃고 말았다. 이 이야기는 「여원전(戾園傳)」[30]에 있다.

그 뒤에 무고 사건을 강충이 꾸몄다는 것을 알게 된 한 무제가 강충의 삼족을 멸했다.

말솜씨로 출세길을 달린 식부궁

○　○　○

식부궁[31]의 자는 자미(子微)이고, 하내군 하양현(河陽縣) 사람이다. 어려서 박사의 제자가 되어 『춘추』를 공부했으며, 경전의 해설서인 전기(傳記)와 제자백가의 책을 두루 보았다. 힘 있고 잘생긴 용모로 사람들이 다들 남다르게 보았다.

애제가 막 즉위했을 무렵, 황후의 아버지 특진(特進) 공향후(孔鄕侯) 부안(傅晏)이 동향 사람인 식부궁과 친하게 지냈다. 부안이 소개해 주는 사람들을 만나면서 식부궁이 나날이 교유의 폭을 넓혔다.

그보다 먼저 유세객으로 이름을 날리던 장안의 손총(孫寵)이 여남 태수에서 물러나 있다가 식부궁과 사귀게 되었다. 두 사람이 황제에게 자신을 소개하는 글을 올렸는데 황제가 불러 발령의 조(詔)를 기다리게 했다.

애제가 갓 즉위했을 때부터 병을 앓자 누군가가 중산 효왕 태후가 황제를 저주했기 때문이라고 고발했다. 그리하여 태후와 태후의 동생 의향후(宜鄕侯) 풍참(馮參)이 둘 다 스스로 목숨을 끊었는데, 죄가 분명하게 밝혀지지 않았다.[32] 그 뒤에 무염(無鹽)의 위산(危山)에서 바위가 저절로 일어서서 길이 나게 되었다. 그 소식을 들은 식부궁이 좋은 기회라 생각하고 손총에게 말했다.

"후사가 없는데 황제의 옥체가 오랫동안 편치 않으니 함곡관 동쪽에 있는 제후들은 속으로 앞다투어 음모를 꾸미고 있을 것이

오. 지금 무염에서 큰 바위가 저절로 일어선 것을 두고 요망한 신하들은 선제께서 평민 생활을 하다가 제위에 오를 무렵에도 태산의 큰 돌이 일어섰다며[33] 옛일에 빗대고 있어요. 지금 동평왕(東平王) 유운(劉雲)이 왕후와 함께 그 큰 돌에 밤낮으로 황제를 저주하는 제사를 올리면서 스스로 바라서는 안 되는 황제의 자리를 얻으려고 하는데, 동평왕의 후구(后舅)[34]인 오굉(伍宏)은 의술로 황상의 병환을 치료하면서 총애를 입어 황궁의 문을 마음대로 출입하고 있소.

곽현(霍顯)[35]이 선제(宣帝)의 허(許) 황후를 독살할 때도 부자(附子) 가루를 잔에 타 음모를 꾸몄고, 형가(荊軻) 또한 진시황의 거처 깊숙한 곳에서 거사를 일으키려 했소. 지금 동평왕의 일이 그런 쪽으로 돌아가고 있으니 황상께 고해야 할 것이오. 나라를 위해하려는 간사한 자는 주군의 원수이니 고발해서 주살합시다. 이는 우리가 식읍을 받고 열후에 오를 계책이오.”

식부궁과 손총은 중랑 우사담(右師譚)과 함께 중상시(中常侍) 송홍(宋弘)을 통해 조정에 동평왕의 모반을 고발했다. 황제가 분하게 여겨 담당 관리에게 조사하게 한 뒤에 동평왕 유운과 유운의 왕후 오알(伍謁) 및 오굉 등을 모두 처벌했다.[36] 황제는 손총을 남양 태수에, 우사담을 영천군 도위에 발탁하고 송홍과 식부궁은 모두 광록대부에 임명하고 좌조(左曹)와 급사중 벼슬을 더해 주었다.

그 무렵 황제의 총애를 받는 자 중에 시중 동현(董賢)이 있었다. 황제가 동현에게 후위를 하사하고 싶었지만 마침내 명령을 내렸다.[37]

"식부궁과 손총의 상소가 동현을 통해 올라왔으므로 동현을 고안후(高安侯)로, 손총을 방양후(方陽侯)로, 식부궁을 의릉후(宜陵侯)로 삼고 각각 식읍 천 호를 내린다. 또 우사담에게는 관내후와 식읍을 하사한다."

그때 승상 왕가가 속으로 동평왕의 옥사가 제대로 처리되지 않았다고 의심하며 동현 등을 후위에 봉하지 말아야 한다고 주장했다. 이 이야기는 「왕가전」에 있다. 왕가는 또 동현이 분에 넘치게 총애를 받고 있으며, 손총과 식부궁은 모두 음모와 망언을 일삼는 무리라서 나라를 뒤죽박죽으로 만들 것이므로 중용해선 안 된다고 한사코 간언했다. 이 일로 왕가는 황제의 눈 밖에 나서 죄를 얻게 되었다.

식부궁은 황제의 측근이 된 뒤로 자주 황제를 배알하여 정사를 논의했는데 피하거나 못하는 말이 없었다. 사람들은 식부궁이 무슨 말을 할지 몰라 두려워하며 똑바로 바라보지 못했다. 식부궁이 상소하여 고관대작들을 비방했다.

지금의 승상 왕가는 고명하나 나태해서 중용할 수 없고 어사대부 가연(賈延)은 나약하여 직분을 수행할 수 없습니다. 좌장군 공손록(公孫祿)과 사례(司隸) 보선(鮑宣)[38]은 둘 다 밖으로 강직하다는 이름을 얻고 있지만 정사를 보기에는 속이 어리석으며, 각 부서의 하급 관리들은 아무런 재주가 없어 헤아릴 필요조차 없습니다. 적의 군사들이 쇠뇌를 겨누며 성을 포위하고 긴 창을 황궁에 겨눌 때 폐하께서는 누구를 보내 방어하게 하시겠습니까? 동쪽 연안에 미친

놈들이 함성을 지르며 일어나고 흉노가 위수에 이르러 말에게 물을 먹이는 등 변경에 벼락이 떨어지고 사방에 거센 바람이 몰아닥치면, 비록 장안에 정예 병력이 대비하고 있다 해도 누가 있어 발을 들어 앞으로 나아가며 먼저 응전하겠습니까? 군영에서 통첩이 계속 날아들고 모든 보고가 장안으로 몰릴 것이며 급박한 사정을 알리며 징집을 통지하는 격문이 계속해서 나붙을 텐데 나약하고 평범한 무리는 그저 쩔쩔매기만 하면서 어떻게 해야 할지 모를 것입니다. 그중에 간혹 결단하고 약사발을 들고 마시거나 칼을 품어 자진하는 자들이 있기는 하겠지만 먼저 삼족을 다 멸하고 죽는다 해도 위급한 사태를 해결하는 데에는 아무런 도움이 될 수 없습니다.

식부궁은 또 이렇게 상소했다.

진나라에서 정국거(鄭國渠)를 파서 부국강병을 이루게 되었습니다. 지금 장안의 토지를 비옥하게 하려면 지하수 팔 곳을 찾고 넓은 들에 물을 대도록 수로를 파야 합니다.

황제가 식부궁에게 부절을 들려 보내 삼보도수(三輔都水)를 감독하게 했다. 식부궁은 수위를 관측한 뒤 푯말을 세워 장안 성벽을 뚫고 태창(太倉)까지 물을 끌어들이게 하여 물자를 수송하는 데 힘을 더하고자 했다. 그러나 논의가 이루어지지 않아 실행하지 못했다.

동현이 날이 갈수록 더 큰 총애를 입게 되자 외척 정씨(丁氏)와 부씨(傅氏)[39] 집안사람들이 시기했다. 공향후 부안이 식부궁과 공모하여 정사를 보좌하는 대사마 자리에 오르고자 했다. 마침 흉노의 선우가 황제를 배알하러 올 때가 되었는데, 선우가 병을 칭하고 사람을 보내 이듬해에 배알하러 오겠다고 청했다. 식부궁이 그 문제로 상소를 올렸다.

11월이면 선우가 변경을 넘어 배알하러 들어와야 하는데 병을 핑계 삼고 있으니 변고를 일으키려는 것이 아닌지 의심스럽습니다. 오손(烏孫)의 대곤미(大昆彌)와 소곤미(小昆彌)는 약한 데 비해, 소곤미의 동생 비원지(卑爰疐)[40]는 강성하여 강황(彊煌)을 차지한 채 십만 명의 백성을 거느리고 있는데, 동쪽에 있는 선우와 손을 잡고 아들을 선우에게 보내 시봉하게 했습니다. 비원지가 현재 강성한 위세를 바탕으로 오손의 취도(就屠)[41]의 행적을 밟아 군대를 이끌고 남쪽으로 공격해 오면 반드시 오손을 병합할 것입니다. 오손이 병합되면 비원지와 연맹한 흉노가 강성해지므로 서역(西域)이 위태롭게 됩니다.

그러므로 흉노에서 항복해 온 자를 비원지의 사자로 꾸며 황상께 이렇게 상소하게 하십시오. "아들을 선우에게 보내 시봉을 들게 한 것은 서로 신뢰하고 친해서가 아니라 실제로는 두려웠기 때문입니다. 황제께서 그 아이를 불쌍히 여기셔서 선우에게 시봉 중인 아이를 저에게 돌려보내라고 일러 주십시오. 그리고 바라건대 제가 무기교위(戊己戊己)를 도와 악도노(惡都奴) 쪽 변경을 지키도록 해 주십시오." 그런 뒤에 장군들에게 그 상소 내용을 돌린 다음 흉노에서와 있는 객에게 소문내도록 하십시오. 이것이 바로 "전투 없이 계략으로 적을 패배시키는 상책이요, 그다음이 외교를 통해 적을 어지럽혀 해산시키는 것이다."라고 하는 말을 적용한 것입니다.

상소가 올라가자 황제가 식부궁을 불러서 접견한 뒤에 고관과 장군들을 불러 대규모 회의를 열었다. 그때 좌장군 공손록이 말했다.

"중원에서는 언제나 위신으로 이적(夷狄)을 품어 왔는데 식부궁은 거꾸로 허위 사실을 조작하여 불신으로 몰고 가는 계략을 쓰려고 하니 이는 불가한 일입니다. 흉노는 선제의 은덕을 입은 뒤에 변경을 지키며 번국을 칭하고 있습니다. 이번에 선우가 병 때문에 입조할 수 없어 사자를 보내 해명한 것은 신하의 예에 어긋나지 않습니다. 신 녹(祿)은 흉노가 변경을 침입하는 일이 없을 것임을 죽음으로써 보증합니다."

식부궁이 공손록의 말꼬리를 잡았다.

"신은 나라를 위해 미리 있을 일에 대해 계책을 냈습니다. 나중에 일어날 일을 계책으로 막으려 한 것입니다. 일어나기 전에 미리 막을 계책을 짜는 것은 자손만대를 위한 대비입니다. 그런데 좌장군 공손록은 늙은 몸이라 눈앞에 보이는 것만 보전하려고 들고 있습니다. 신은 좌장군과 의견이 다르므로 같은 날 같은 자리에 앉아 이야기할 수 없습니다."

황제가 말했다.

"알겠소."

그리하여 다른 신하들은 내보내고 식부궁만 남게 하여 상의를 계속했다.

식부궁이 황제에게 건의했다.

지난해에 형혹성(熒惑星)이 심수(心宿)를 떠나지 않았고, 태백성(太白星)이 높이 떠서 광채를 뿜었으며, 각성(角星)이 하고성(河鼓星)에 가려졌습니다. 이는 병란이 일어날 징조입니다. 뒤에 〔볏짚이나 삼대를〕 서왕모의 조서로 삼아 서로 전달하며 장안을 향해 달려가야 한다는 소문이 퍼졌습니다. 현재 지방의 여러 군과 제후국을 거쳐 달리는 사람들이 많아져서 천하에 소동이 일고 있습니다. 이런 상황에서는 반드시 갑작스런 변이 일어나게 되어 있습니다. 그러니 대장군을 변방 군대에 파견하여 무기를 점검하게 하고 군수 한 명의 목을 베어 위엄을 세움으로써 사이(四夷)를 떨게 한다면, 이변이 발생하는 것을 막을 수 있을 것입니다."

황제가 그럴듯하게 여기고 승상을 불러 의견을 물었다. 승상 왕가가 아뢰었다.

"신이 듣기로 백성의 마음을 움직이려면 말이 아닌 행동으로 보여야 하고, 하늘의 뜻에 순응하기 위해서는 겉은 번듯하나 속이 빈 것이 아니라 내실 있는 행동을 해야 합니다. 백성들이 미천해도 속여서는 안 되거늘 하물며 천지신명을 속여서야 되겠습니까! 하늘에 나타나는 변이는 임금을 경계하는 뜻이 있으니, 하늘은 그 변이를 통해 임금을 각성시키고 바르게 이끌어 성심으로 어진 정치를 베풀게 합니다. 임금이 하늘의 뜻에 순응하면 백성이 기뻐하게 됩니다. 말만 잘하는 변사들은 한 면만 보기 일쑤여서 별자리에 나타난 현상을 보고 그 뜻을 억측하여 망언하는 수가 많습니다. 식부궁이 흉노와 오손, 서강이 쳐들어올 것이라고 거짓말을 만들어 전쟁을 부추기고 임기응변술로 대처하는 것은 하늘의 뜻에 순응하는 것이 아닙니다.

태수나 제후국의 상국이 잘못을 저질렀을 때 수레를 몰아 황궁에 급히 대령한 뒤에 두 손이 묶인 채로 사형을 선고받게 되니, 두렵기 그지없는 일입니다. 그러나 말로 먹고사는 자가 태평한 세상을 위태로운 쪽으로 몰아가면서 황상의 귀에 솔깃할 말만 해대고 있으니 그런 말을 들어서는 아니 됩니다. 나라의 정사를 의논할 때는 달콤한 아부와 음험한 간계와 교활한 달변과 각박한 처리를 경계해야 하는 법입니다.

예전에 진 목공(秦繆公)이 백리해(百里奚)와 건숙(蹇叔)의 간언을 듣지 않고 진(晉)나라와 전쟁하여 결국 참패한 뒤에,[42] 잘못을 반성하고 자책하는 한편으로 자신을 잘못된 길로 이끌었던 신하를 미워하면서 노인들의 말을 명심한 결과 그 이름을 후대에 길이 남겼습니다. 폐하께서는 지난 시대의 교훈을 두루 살피고 깊이 고려하시기 바랍니다. 그리하여 먼저 들으신 식부궁의 주장으로 중심을 삼지 마십시오."

황제는 왕가의 말을 듣지 않고 명령을 내렸다.

"요즘 들어 변재가 잇달아 일어나고 도적이 들끓으며 전쟁의 징조가 꽤 나타나고 있다. 그러나 장군들이 이를 비통해하여 마음속에 깊이 고려해서 군사를 훈련시키고 병기를 수선하고 있다는 소식은 듣지 못했다. 병기가 튼튼하지 못한 것은 누가 감독할 것인가! 천하가 비록 안정되어 있다고 하나 전투에 대비하지 않으면 반드시 위태롭게 된다. 장군과 봉록 중이천석에 해당하는 자들은 병법에 뛰어나고 계책을 잘 내는 자 한 명과 장군직을 수행할 자 두 명씩을 천거하여 공거에 대조하게 하라."

그 뒤에 황제가 공향후 부안을 대사마 위장군으로 삼고, 다시 양안후(陽安侯) 정명(丁明)을 대사마 표기장군으로 삼았다. 그런데 그날 일식이 일어났다. 동현은 일식을 핑계 삼아 식부궁과 부안을 해칠 계략을 짰다.

며칠이 지난 뒤에 부안의 위장군 인수(印綬)를 거두게 했다. 이어서 승상과 어사가 동평왕을 모함한 것 등 식부궁의 죄과에 대해 상소했다. 그 상소를 읽은 뒤에 식부궁 등이 보기 싫어진 황제가 명령을 내렸다.

"남양 태수 방양후 손총은 한 번도 청렴하다는 명성을 들어 본 적 없이 잔혹한 성질로 백성을 힘들게 했고, 좌조 광록대부 의릉후 식부궁은 허위로 간교한 계책을 짜서 조정을 오도하려 했다. 게다가 둘은 황실의 인척들과 교유하고 권문세가를 쫓아다니면서 이름을 날리려고 했으니 식부궁과 손총의 관직을 파면하고 식읍이 있던 땅으로 돌아가게 하라."

식부궁이 봉토 의릉(宜陵)으로 돌아갔을 때 거처할 집이 없어서 비어 있는 정자를 빌려 살았다. 어느 교활한 사람이 의릉후 식부궁의 집이 부유한 줄로 알고 도둑질을 하기 위해 밤마다 기회를 살폈다. 식부궁과 같은 읍 사람인 하내 군연(郡掾) 가혜(賈惠)가 식부궁을 보러 와서 도둑을 징벌하는 방책을 가르쳤다. 동남쪽으로 난 뽕나무 가지를 잘라 비수처럼 만든 뒤 그 위에 북두칠성을 그려 넣고, 밤이 되길 기다려 식부궁이 머리를 풀고 뜨락에 서서 북두칠성을 향해 도둑을 저주하며 손에 쥔 비수를 저으라는 것이었다.

누군가가 그 광경을 황제에게 고해바치면서, 원한을 품은 식부궁이 조정에 남은 신하들을 비웃고 비난하면서 성수(星宿)를 관찰하여 황제의 길흉을 점치고는 무축과 함께 황제를 저주했다고 전했다. 황제가 시어사와 정위감을 보내 식부궁을 체포하여 낙양의 조옥에 가두었다. 막 식부궁을 심문하려고 했을 때 식부궁이 하늘을 우러러 큰 소리로 외치고는 그 자리에 자지러졌다. 옥리가 바로 살펴보니 숨이 목구멍으로 넘어가려 하고 코와 귀에서 피가 흐르고 있었다. 그리고 얼마 지나지 않아 죽었다.

식부궁과 함께 모반죄에 연루된 친족과 벗 백여 명이 하옥되었다. 식부궁의 어머니 성(聖)을 심문하니 조왕신에게 제사를 올리며 황제를 저주한 사실이 드러나 대역부도죄(大逆不道罪)로 판결받았다. 성은 기시형을 받았다. 식부궁의 아내 충한(充漢)과 식솔은 합포(合浦)로 유배되었다. 식부궁이 우대해 준 친족들은 모두 파면되었으며 종신토록 벼슬길에 오를 수 없게 되었다.

애제가 붕어하자 해당 부문에서 상주했다.

"방양후 손총과 우사담 등은 모두 간교한 모의를 했던 자들로 황실의 골육인 동평왕을 해쳤습니다. 비록 성은을 입어 사면되었지만, 작위를 가지거나 중원에 살게 하는 것은 마땅치 않습니다."

그리하여 손총 등의 작위를 폐하고 합포군으로 유배했다.

그보다 먼저 식부궁이 대조로 있을 때 직언을 수차례나 했는데 자신이 해를 입을까 두렵다면서 「절명사(絶命辭)」를 남겼다.

먹구름이 뭉게뭉게 일어나니 장차 어디로 돌아갈까!

매가 빠르게 나는데 난새는 공중을 빙빙 돌고만 있네.

이제 곧 사냥감을 조준한 증작의 줄이 질풍같이 날리리라.

쇠뇌 방아쇠 또한 당기기만 하면 될 듯이 준비되어 있네.

〔달아날 곳엔〕 가시덤불만 무성하니 어찌 깃들 수 있으랴!

충성을 다하느라 내 한 몸도 잊었건만

그물에 갇히는 신세를 자초하고 말았구나.

목은 꺾이고 날개는 부러져서 더는 날아갈 수 없으니

눈물이 하염없이 쏟아진다.

마음이 어지럽고 애간장이 타는구나.

화려한 무지개가 햇빛을 가리고

삿된 어둠이 내려와 동이 트지 못하네.

드디어 그물을 찢고 하늘로 날며 울부짖지만,

지극히 원통한 사정을 누구에게 하소연하랴!

밝은 하늘을 우러러 혼잣말이나 할까!

내 사정을 살펴 달라고 상제를 불러 볼까!

추풍이 나를 위해 노래하고

뜬구름이 내 머리 위에 머무네.

오호라, 그렇게 돌아가는 세상에 어찌 머물 수 있으랴.

죽은 뒤에 신룡(神龍)을 타고 그 수염을 잡은 채

광막한 공간을 이리저리 떠돌며 돌아갈 기약이 없을 때

주상은 자리를 잃고 세상 사람들은 나를 생각하리라.[43]

「절명사」에서 목숨의 위험을 노래했던 것처럼 몇 년 더 지나서 식부궁이 죽었다.

찬하여 말한다.

공자께서는 "말 잘하는 자가 나라를 뒤집는 것이 싫다."[44]라고 하셨다. 괴통의 한마디로 걸출한 인물 셋이 죽임을 당했다.[45] 그래도 자신은 끓는 물에 던져지지 않았으니 요행이었다.

오피는 위태로운 일을 벌이는 나라에 앉아 그 주군을 위해 계책을 세워 주었다. 끝까지 조정에 충성하지 못하고 회남왕이 간사한 계략을 받아들이게 했으니 주살된 것 또한 마땅하지 않았는가!

『서』에는 사흉을 유배한 사실이 나와 있고 『시』에는 무고를 일삼는 무리를 파리에 비유한 노래가 있다.[46] 춘추 시대 이래로 재앙과 패배를 겪은 일이 많이 있었다. 예전에 환공을 해치려던 자휘(子翬)에게 노 은공이 죽임을 당했으며 극씨(郤氏)를 해치려던 난서(欒書)에게 진 여공(晉厲公)이 시해를 당했다. 수우(豎牛)가 중(仲)을 쫓아낸 뒤에 숙손마저 굶겨 죽였으며, 후백(郈伯)이 소공(昭公)에게 계평자(季平子)를 비방한 뒤에 오히려 소공이 계평자에게 쫓겨 제나라로 달아났다. 비기(費忌)가 초 평왕에게 그 태자 건(建)이 취하기로 되어 있던 진(晉)나라 여자를 취하게 하는 바람에 태자가 송(宋)나라로 달아나게 되었으며, 재비(宰嚭)가 오자서를 중상모략한 뒤에 부차가 나라를 잃었다. 이원(李園)이 여동생을 바치고는 춘신군을 죽였으며 상관자란(上官子蘭)이 굴원(屈原)을 모함하여 초 회왕이 진 소왕(秦昭王)에게 사로잡혔다. 조고가 이사를 죽이자 진 이세황제도 목을 매는 신세가 되었고 이려(伊庚)가 맹세를 위조한 탓에 태자 송좌(宋痤)가 죽었다. 강충이 인형으로 저주 사건을 꾸민 결과 태자가 자결하였으며 식부궁이 간교한 계책을 쓴 바람에 동평왕도 자결했다.

이 모두는 작은 일로 큰일을 덮고 소원한 자가 가까운 사람을 해친 것이니 두려워하지 않아서야 되겠는가! 두려워하지 않아서야 되겠는가!

16

만석·위·직·주·장 전
萬石衛直周張傳

▲▲▲▲▲▲▲▲▲▲▲▲▲▲▲

　나라가 안정되고 황권이 강화된 시기에 황제에게 절대적 충성을 바친 관료들의 이야기를 담은 이 편은 『사기』「만석·장숙(萬石張叔) 열전」을 기초로 작성되었다. 등장하는 인물은 석분(石奮, ?~기원전 124년)과 석건(石建), 석경(石慶), 위관(衛綰, ?~기원전 131), 직불의(直不疑), 주인(周仁), 장구(張敺)다.

　이들에게는 황제가 되기 전의 고조와 풍찬노숙했던 개국 공신들의 묵직한 존재감 같은 것은 찾아볼 수 없다. 모두 출신이 천하고 학식이 모자랐지만 인품이 후덕하고 공손했으며 매사에 신중하게 행동했다. 또 입이 무거워서 남을 헐뜯지 않았고, 자랑하지도 않았다. 그야말로 새로운 시대가 바라던 인재상이라 할 수 있다. 사마천은 이들을 아첨쟁이라고 비웃었지만, 반고는 다만 위선자에 가까운 행동이라고 지적했다.

매사에 조심하며 만인의 모범이 된 석분

○　○　○

만석군[1] 석분의 아버지는 전국 시대 조나라 백성이었다. 조나라가 망하자 온현(溫縣)으로 이사했다. 고조가 동쪽으로 진군하여 항우를 치던 길에 하내군을 지났는데, 당시 석분이 열다섯의 나이로 낮은 직위를 받아 고조를 모셨다.

처음 만났을 때 고조가 석분과 이야기를 나눠 보고 석분의 공경하는 태도가 하도 갸륵해서 관심을 가지고 물어보았다.

"집안 식구는 어떻게 되느냐?"

석분이 대답했다.

"어머니가 계시는데 불행히도 실명하여 집안 형편이 가난합니다. 또 금을 연주할 줄 아는 누나가 있습니다."

"네가 나를 따라다니겠느냐?"

"있는 힘을 다하여 모시겠습니다."

그 뒤에 고조가 석분의 누나를 불러들여 미인으로 삼고, 석분을 중견에 임명한 뒤에 손님들의 명첩과 편지를 받게 했다. 누나가 미인 직첩을 받았기 때문에 석분의 집도 장안의 척리(戚里)[2]로 이사했다.

공로를 쌓아 나간 석분은 효문제 때에 벼슬이 태중대부까지 올랐다. 유가의 학설을 배운 적은 없으나 공손하고 신중하기로는 아무도 따를 자가 없었다. 동양후(東陽侯) 장상여(張相如)가 태자태부(太子太傅)에서 면직되었을 때 태부 노릇을 할 자를 골라야 했는데 모두 석분을 추천했다. 뒤에 효경제가 즉위하여 석분을 구경에 임명했다. 그러나 태자 시절의 스승이던 석분이 너무 공손하게 대하여[3] 황제가 난처해했다.

황제가 석분을 제후국의 상(相)으로 옮기게 했다.

석분의 맏아들은 석건이었고 둘째와 셋째는 이름이 전하지 않으며 막내아들은 석경이었다. 순종하고 윗사람을 잘 섬겼으며 공손했기 때문에 모두 이천석 봉록의 벼슬에 올랐다. 이들을 두고 경제가 말했다.

"석공과 네 아들이 모두 이천석 벼슬에 올랐으니, 신하 된 자가 누릴 수 있는 온갖 부귀영화가 이 집안에 몰렸구나."

다섯 부자의 봉록을 모두 모으면 만 석이었으므로 석분을 만석군이라고 불렀다.

효경제 재위 말년에 만석군은 스스로 노쇠함을 칭하고 벼슬에서 물러났다. 집으로 돌아가서는 봄가을의 조정(朝請) 때에 황제를 배알했다. 그런 만석군에게 효경제는 상대부 봉록을 유지하게 했다.

만석군은 황제를 공경하는 뜻을 나타내기 위해 궁궐 문을 지날 때는 반드시 수레에서 내려 종종걸음으로 걸었고, 말이 끄는 황제의 수레를 보면 그 즉시 다가가 허리를 굽혀 수레 앞턱 가로나무를 어루만지며 존경의 예를 올렸다. 하급 관리를 지내던 자손들이 휴가를 받아 집으로 돌아와서 만석군을 뵐 때면 만석군이 반드시 조복(朝服)을 입고 보았으며 함부로 자손의 이름을 부르지도 않았다. 자손이 잘못했을 때는 큰 소리로 꾸짖는 법 없이 곁방으로 물러앉아 밥상이 들어와도 먹지 않았다. 다른 자손들이 함께 책망한 뒤에 가장 나이 많은 자손이 잘못한 자손을 데려와 저고리를 벗고 어깨를 드러낸 채 진심으로 사죄하며 잘못을 고치겠다고 하면 그제야 용서해 주었다. 관례를 마친 자손들이 옆에 앉아 있으면 한가히 집에 있을 때라도 반드시 의관을 정제하여 단정하고 조심스러운 모습을 보여 주었다. 노복들도 마찬가지로 공경하며 언제나 조심스럽게 행동했다.

때때로 황제가 그 집에 먹을 것을 내려 주면 마치 황제 앞에서 하는 것처럼 반드시 계수(稽首)한 뒤에 고개를 숙이고 몸을 낮춘 채 먹었다. 또 만석군은 상중에 있는 동안 매우 애통해하며 복상의 예를 지켰다. 자손들은 만석군의 가르침을 높이 받들어 만석군처럼 행했다. 만석군의 집안은 효도와 신중함으로 나라 전체에 명성이 자자했는데 행실이 중후한 제나라와 노나라의 유생들도 자신들이 만석군 집안사람들에게 미치지 못한다고 여길 정도였다.

무제 건원 2년, 낭중령 왕장(王臧)이 유가 학설을 주장하다가 두태후의 노여움을 샀다. 태후는 유생들이 번지레하게 꾸미는 말만 많이 늘어놓지 제대로 처신하는 자가 적다면서, 만석군의 집안에서는 말없이 실제 행동으로 예를 실천하므로 만석군의 맏아들 석건을 낭중령으로 삼고 막내아들 석경을 내사로 삼았다.

석건이 늙어 백발이 될 때까지도 만석군은 우환 없이 건재했다. 닷새마다 돌아오는 목욕 휴가에 집으로 돌아와 아버지를 뵐 때면 석건은 먼저 노복들이 거처하는 방에 들어가서 아버지를 모시는 몸종에게 아버지의 건강 상태를 가만히 물어보았다. 그러고는 아버지의 속곳과 변기통[4]을 꺼내 와서 친히 씻은 뒤에 다시 몸종에게 건넸다. 그러고는 만석군이 눈치채지 못하도록 했는데, 언제나 한결같았다.

석건은 황제 앞에 나아가 어떤 일을 아뢸 때에 간언할 만한 점이 있으면 사람을 밖으로 물린 뒤에 대단히 절실하게 말씀드렸지만, 조정에서 황제를 뵐 때는 마치 말을 못 하는 사람처럼 앉아 있었다. 그리하여 황제가 석건을 가까이하면서 예로써 대우했다.

만석군이 능리(陵里)⁵로 이사해서 살고 있을 때 일이다. 내사 석경이 술에 취해 집으로 돌아오다가 마을 문을 들어선 뒤에도 수레에서 내리지 않았다. 그 말을 들은 만석군이 식음을 전폐했다. 놀란 석경이 저고리를 벗고 상체를 드러낸 채 벌을 내려 주기를 청했으나 만석군은 들은 체도 하지 않았다. 온 집안사람과 형 석건이 함께 저고리를 벗고 꿇어앉자 그제서야 만석군이 꾸짖었다.

"내사는 높은 벼슬이라 마을 안으로 〔내사의 수레가〕 들어오면 나이 많은 사람들도 모두 비켜서서 길을 내 주고, 내사가 수레에 그대로 앉아 있는 게 정말 당연했겠지!"

그러고는 석경을 보고 썩 물러가라고 했다. 그 뒤로 석경과 다른 아들들은 마을 문을 들어서자마자 내려서 종종걸음으로 집까지 걸어갔다.

무제 원삭 5년 만석군이 세상을 떠났다.⁶ 석건은 곡을 하며 부친을 애도했는데 지팡이에 의지해서야 겨우 걸었다. 한 해 남짓 지나 석건도 죽었다. 아들 손자들이 모두 효성스러웠지만, 그중에서도 석건이 가장 지극했는데 만석군을 넘어섰다.

낭중령 석건이 상주한 사건에 대해 황제의 비답이 내려왔는데 그 글을 읽어 내려가던 석건이 놀라 어쩔 줄 몰라 하며 말했다.

"말 마(馬) 자를 쓸 때는 꼬리까지 다섯 획을 써야 하는데, 지금 보니 네 획만 쓰고 한 획을 빠뜨렸으니 황상께 혼나고 죽게 생겼구나."[7]

석건이 조심스럽게 살기로는 다른 일에도 다 이런 식이었다.

승상에 오른 만석군의 막내아들 석경

○　○　○

석경이 태복이었을 때[8] 황제의 수레를 몰아 밖으로 나간 적이 있었다. 황제가 수레에 말을 몇 마리 맸느냐고 묻자 석경이 채찍으로 말을 일일이 센 뒤에 손을 들어 여섯 마리라고 대답했다. 형제 중에 석경이 가장 평범하다는 말을 들었는데도, [조심하는 것이] 그 정도였다. 석경이 제나라 상국으로 갔다. 제나라 사람들은 그 집안의 행실을 사모했으므로 석경이 징벌하는 방법을 쓰지 않아도 제나라가 잘 다스려졌다. 제나라 사람들이 석경을 위해 석상사(石相祠)를 세웠다.

무제 원수 원년, 황제가 태자를 세운 뒤에 신하 중에 태부직을 맡을 자를 골랐는데 패군 태수로 있던 석경이 태자태부가 되었다. 그 뒤 일곱 해가 지나서 어사대부로 승진했다.

무제 원정(元鼎) 5년, 승상 조주(趙周)가 무제가 태묘(太廟) 음주례 경비로 요구한 황금을 제대로 내지 않은 죄에 걸려 파면되었다. 황제가 어사대부에게 조서를 내렸다.

"만석군은 선제께서 존중하셨고 그 자손들도 모두 지극히 효성스럽다. 그러므로 어사대부 석경을 승상으로 삼고 목구후(牧丘侯)에 봉한다."

그 무렵 한나라는 남쪽으로 양월(兩越),[9] 동쪽으로 조선, 북쪽으로 흉노, 서쪽으로 대원국(大宛國) 정벌에 나서고 있었으므로 조정에서 처리할 일이 많았다. 또 황제가 나라 안을 순수(巡狩)하면서 옛 신사(神祠)를 수리하고 봉선 제사를 올리며 예악을 일으켰으므로 조정에서 쓸 돈이 모자랐다. 상홍양(桑弘羊) 등이 재정 수입을 늘리고 왕온서(王溫舒) 등이 법을 엄하게 집행하며 예관(兒寬) 등이 유학을 보급하면서 구경이 번갈아 정사를 보았다. 이들은 결정할 일을 석경에게 보고하지 않았다. 석경이 충성과 매사에 조심하는 것밖에 몰랐기 때문이다. 석경은 승상의 자리에 있는 아홉 해 동안 잘못된 일을 바로잡는 것에 관해 의견을 낸 적이 없었다. 딱 한 번 황제의 측근이었던 소충(所忠)과 구경 함선(咸宣)의 죄를 다스려 달라고 황제에게 청하려 한 적이 있는데, 그 둘의 자복을 받기는커녕 거꾸로 남을 헐뜯은 죄로 돈을 내고 속죄했다.

무제 원봉(元封) 4년, 함곡관 동쪽에 있던 이백만 유민 중에 호적에 이름을 올리지 않은 자가 사십만 명이나 되었다. 승상 이하 고관들이 의논하여 그 유민들을 변경으로 옮겨 살게 처벌했다. 석경이 나이가 많은 데다 너무 신중하여 그런 복잡한 논의에 관여하기 어렵다고 생각한 황제가 승상은 돌아가 쉬게 하고, 어사대부 이하 그 의견을 냈던 관리들로 하여금 처리하게 했다. 직무를 수행할 수 없음을 부끄럽게 여긴 석경이 황제에게 글을 올렸다.

신이 총애를 입어 승상의 자리까지 올랐으나 노쇠한 말처럼 어리석고 무능하여 정사를 거들어 드리지 못하고 있습니다. 성안의 양식 창고는 텅 비고 많은 백성이 유민이 되어 떠돌고 있으니 신은 허리를 잘리는 벌을 받아야 마땅하나 황상께서 차마 처벌하지 못하신 것입니다. 바라건대 제가 능력 있는 자의 걸림돌이 되지 않도록 승상과 열후의 관인을 반납한 뒤 늙은 몸을 이끌고 집으로 돌아가도록 허락해 주십시오.

황제가 비답을 내렸다.

근간에 황하가 땅으로 넘쳐 들어 열몇 개 군이 범람한 것은 열심히 둑을 높였지만 막을 수 없던 일이어서 짐이 심히 걱정하는 중이었소.

그리하여 동쪽의 여러 곳을 둘러보고 숭악(嵩嶽)에 제사를 올려 팔신(八神)을 두루 공경하고 선방(宣房)에서 강물을 막아 보기도 하고, 회수와 장강을 건너고 여러 산과 바닷가를 돌며 나이가 많은 백성에게 그동안 수재로 당했던 고통을 위로하기도 했소. 관리들이 삿된 이익을 위해 그칠 줄 모르고 세금을 징수하는 일이 많을 것인데, 고향을 떠난 자는 세금을 내지 않아도 되겠지만 남아 있는 자들은 고통이 더욱 심해졌으니 유민에 관한 법을 만들어 세금을 무겁게 거두지 못하도록 했소.

얼마 전에 태산에서 하늘에 제사를 올렸는데 황천(皇天)이 기쁘게 감응하셔서 신물(神物)을 내려 보여 주셨으니 짐이 상서로운 마음으로 하늘에 답했으나 성의가 부족하여 하늘의 뜻에 순응하지 못한 듯하오. 그리하여 백성이 사는 마을에 내려가 엄중하게 조사한 결과 간교한 짓을 하는 관리들이 있다는 것을 알았소. 게다가 위임받은 옥리들은 제자리를 지키지 않고 백성은 근심하고 있으며 도적들은 공공연히 날뛰고 있소. 과거에 명당(明堂)에서 조회를 볼 때 사형죄를 사면하고 옥에 갇힌 사람이 없게 하여 새로운 삶을 살게 했는데 지금 유민이 날로 많아지고 있소. 그러나 지방에서 보고하는 호적 통계에 하나도 반영되지 않은 것은 그대가 책임자들을 감독하고 질책하지 않았기 때문이오. 그럼에도 사십만 유민을 옮김으로써 백성을 동요시킬 일이나 청하여 열 살이 채 안 된 고아나 아이들까지 따라 옮겨 가도록 만들고 있으니 짐은 실망이 크오.

그런데 지금 그대가 글을 올려 창고와 성안에 물자가 모자라고 백성은 대개가 가난한 데다 도적이 많이 일어나고 있다면서 스스로 곡식을 들여놓고 죗값을 치른 뒤에 서인이 되겠다고 하오. 속으로 백성이 가난한 줄 알면서 세금을 더 걷으라 주장하고 또 유민을 옮기라며 위기를 조성해 놓고 자신은 벼슬자리를 물러나겠다니, 어려운 일들을 누구에게 떠맡기겠다는 것이오? 이래도 가야겠다면 집으로 돌아가시오!

석경은 아주 단순하여 곧이곧대로 믿는 사람이었다. 황제가 내린 비답에 집에 돌아가라는 말이 쓰여 있는 것을 보고 황제의 허락이 떨어진 것으로 생각하여 인수를 반납하고자 했다. 승상부의 연사(掾史)가 황제에게 그렇게 심하게 책망당하고도 끝내 집으로 돌아가겠다고 하는 것은 아주 바람직하지 못한 변명이라고 했다. 다른 사람은 석경에게 자진하라고 권하기도 했다. 석경은 매우 두려워하며 어찌할 바를 모르다가 마침내 다시 승상 일을 보기 시작했다.

승상으로 있으면서 석경은 깊이 생각하고 매사에 조심스럽게 처리했지만, 그 밖의 다른 원대한 모략은 짤 줄을 몰랐다. 그로부터 세 해 남짓하여 석경이 세상을 떠나자 시호가 염후(恬侯)로 내려졌다. 둘째 아들이 석덕(石德)이었는데 석경이 가장 아끼던 아들이었으므로 황제가 석덕에게 후위를 물려주게 했다. 석덕은 뒤에 태상이 되었는데 죄를 지어 파면되고 후위도 철폐되었다. 석경이 승상으로 있을 때에 아들 손자 중에 하급 관리에서 봉록 이천석까지의 벼슬을 얻은 자가 열세 명이었다. 석경이 죽고 난 뒤에 죄를 지어 파면된 자들이 점점 늘어났으며 효성스럽고 신중한 면도 점차 덜해졌다.

승상이 된 수레 묘기꾼 위관

○　○　○

위관은 대나라 대릉현(大陵縣) 사람으로 힘이 세서 수레 묘기를 잘 부린 덕에 낭관이 되어 문제를 섬겼다. 계속해서 공을 세워 중랑장까지 승진했는데, 순박하고 매사에 조심했으며 잡생각이 없었다. 효경제가 태자로 있을 때 황제의 측근들을 불러 술을 마셨는데 위관은 [문제가 태자와 어울리는 것을 좋아하지 않을까 봐] 병을 칭하고 가지 않았다. 문제가 붕어하기 직전에 효경제에게 당부했다.

"위관은 덕망이 높은 자이니 잘 대하도록 하라."

이윽고 경제가 즉위했다. 경제는 한 해가 넘도록 위관을 불러 힐문하지 않았다. 위관은 하루하루 조심하며 살았다.

경제가 상림원(上林苑)에 행차할 때 중랑장을 불러 참승(參乘)으로 삼았다. 함께 수레를 타고 돌아오는 길에 황제가 물었다.

"내가 공을 참승으로 부른 까닭을 아시오?"

위관이 아뢰었다.

"신은 대나라의 수레 묘기꾼이었다가 요행히 공을 세워 차례로 자리를 옮기며 저에게 어울리지 않게도 중랑장이란 중책을 맡게 되었습니다만, 오늘 황상께서 수레에 배석하라고 하신 까닭은 잘 모르겠습니다."

황제가 다시 물었다.

"내가 태자 시절에 공을 부른 적이 있는데 공이 오지 않았소. 이유가 무엇이었소?"

위관이 아뢰었다.

"죽을죄를 지었습니다. 병 때문에 못 갔습니다."

이에 황제가 검을 하사하자 위관이 말했다.

"선제께서 내려 주신 검만 모두 여섯 자루나 되니 더는 받을 수 없습니다."

"검이란 바꾸거나 누구에게 줄 수도 있는 물건인데 아직 다 가지고 있단 말이오?"

"모두 간직하고 있습니다."

황제가 사람을 시켜 여섯 자루의 검을 가지고 오게 했는데, 검은 칼집에 들어 있었고 밖에 차고 나간 흔적도 없었다.

낭관들이 견책당할 일을 저질렀을 때 위관은 항상 그 죄를 가려 주었고 다른 중랑장과 다투지도 않았다. 자신이 공을 세워 놓고도 늘 다른 중랑장에게 공을 돌렸다. 황제가 위관이 청렴하고 충실하며 속에 잡념이 없는 사람인 것을 알고 하간왕(河間王)[10]의 태부로 삼았다.

오초의 난이 일어나자 위관을 불러 장군으로 삼은 뒤 하간왕의 군대를 이끌고 오초 연합군을 공격하게 했다. 위관은 진압에 공을 세워 중위가 되었다. 세 해 뒤에는 군공이 인정되어 건릉후(建陵侯)에 봉해졌다.

이듬해에 황제가 태자[11]를 폐하고 태자의 외숙인 율경(栗卿) 등 외척들을 주살했다. 황제는 덕이 높은 위관이 차마 그런 일을 처리할 수 없을 것으로 판단하여 위관을 집에 돌아가 있게 하고 질도(郅都)를 보내 율씨들을 체포하여 심문하게 했다. 일이 모두 해결된 뒤에 황제가 교동왕[12]을 태자로 세우고 위관을 불러 태자태부로 삼았다. 그 뒤에 어사대부로 승진했으며 다섯 해 지나 도후(桃侯) 유사(劉舍)[13]를 대신하여 승상이 되었다. 조정에서 황제에게 보고할 일이 있을 때는 자신의 직분에 맞게 했으나 벼슬길에 들어서 승상으로 일할 때까지 언급할 만한 업적이나 잘못을 한 적이 없었다. 황제는 성정이 돈후한 위관이 새로 오를 어린 임금을 보좌하기에 알맞다고 여겨 더욱 존중하고 신임했으며 아주 많은 재물을 상으로 내려 주었다.

승상이 된 지 세 해 뒤에 경제가 붕어하고 무제가 즉위했다. 무제 건원 연간, 경제가 병이 들었을 때 위관이 승상으로서 여러 관아에서 무고한 사람을 많이 수감했음에도 그 억울한 사정을 제대로 풀어 주지 않았다는 이유로 파면했다.

그 뒤에 위관이 세상을 떠나자 애후(哀侯)라는 시호가 내려졌다. 아들 위신(衛信)이 후위를 이었으나 태묘 음주례 경비로 황제가 요구한 황금을 덜 내려고 하다가 후위가 몰수되었다.

변명하지 않아 유명해진 직불의

○　○　○

직불의는 남양 사람으로 낭관이 되어 문제를 섬겼다.

직불의와 같은 숙소를 쓰던 낭관이 휴가를 받아 집에 돌아가면서 역시 같은 숙소를 쓰던 다른 낭관의 황금을 실수로 가져가 버렸다. 낭관이 그 사실을 알고 직불의를 범인으로 단정했다. 직불의는 그 사람에게 자신이 가져갔다고 말하고 그만큼의 황금을 사서 돌려주었다. 뒤에 휴가 갔던 낭관이 돌아와서 황금을 돌려주자 황금을 잃어버렸던 낭관이 매우 부끄러워하며 직불의를 덕이 높은 장자라고 칭찬했다.

직불의는 그 뒤에 중대부까지 승진했다. 궁궐의 뜰에서 대신들이 황제를 배알할 때 누군가가 직불의를 비방했다.

"불의는 생기기는 아주 잘생겼는데 형수와 정을 통했다니 어떻게 해야 잘 처리할지 모르겠습니다."

직불의가 그 말을 듣고 말했다.

"나에게는 형이 없습니다."

그 말을 끝으로 더는 밝히려고 들지 않았다.

오초의 난이 일어났을 때 직불의는 봉록 이천석 관리로서 군대를 이끌고 진압에 나섰다.

경제 후원(後元) 원년, 어사대부가 되었다. 황제가 오초의 난을 진압한 공신들의 공을 정리할 때 직불의를 새후(塞侯)에 봉했다.

무제가 즉위하여 승상 위관을 파면할 때 직불의도 함께 파면했다.

직불의는 노자의 학설을 공부했다. 그리하여 어느 자리에서 일하든 항상 전임자가 세웠던 규정을 따랐다. 또 사람들이 자신의 치적을 알게 될까 봐 조심했으며 명성 얻는 것을 좋아하지 않아 장자라 불렸다. 직불의가 세상을 떠나자 신후(信侯)라는 시호가 내려졌다.

아들에 이어 손자 직팽조(直彭祖)[14]에게 후위가 내려갔으나 태묘 음주례에 쓸 황금을 제대로 내지 않아 후위가 몰수되었다.

입이 무거워 신임을 얻은 주인

○　○　○

주인은 선조가 임성현(任城縣)[15] 사람이므로 의술이 높아 황제에게 불려갔다.

경제가 태자였을 때 사인(舍人)이 되었다가 공을 쌓아 태중대부까지 승진했다. 경제가 즉위하자마자 주인을 바로 낭중령으로 삼았다.

주인은 입이 무거운 사람이라 비밀을 누설하는 법이 없었다. 언제나 누덕누덕 기운 옷을 입고 다녔고 소변을 받는 기저귀를 차고 다녔으며 일부러 청결하게 하지 않았기 때문에 황제의 믿음을 얻어 황제의 침실에 드나들게 되었다. 후궁에서 음란한 비밀 희극이 열리면 주인이 늘 그 옆에 있었는데 끝내 자신이 본 것을 누설하지 않았다.

황제가 다른 사람에 관해 물어보면 주인은 "황상께서 친히 그 자를 살펴보셔야 합니다."라고만 대답했다. 한 번도 헐뜯어 말한 적이 없음이 이러했다. 경제가 그를 미더워해서 친히 집에 찾아간 적이 한두 번이 아니었다. 주인이 집을 양릉으로 옮기자 황제가 아주 많은 재물을 내렸으나 계속해서 사양하며 받지 않았고 제후와 군신들이 보내는 선물도 끝끝내 받지 않았다.

무제가 즉위한 뒤에 선제의 신하라며 주인을 공경하고 어려워했다. 주인은 병이 들자 벼슬에서 물러나 봉록 이천석을 받으며 돌아가 여생을 보냈다. 자손들이 모두 높은 벼슬에 올랐다.

○　○　○

장구의 자는 숙(叔)이고, 고조의 공신인 안구후(安丘侯) 장열(張
說)의 막내아들이다.

장구는 효문제 때에 형명학(刑名學)을 연구한 것으로 태자[16]를
모시게 되었는데 덕이 높은 사람이었다. 경제 때에 중용되어 늘
구경의 지위에 있었다. 무제 원삭 연간에 한안국을 대신하여 어사
대부가 되었다. 벼슬 자리에 있는 동안에는 누구를 처벌해야 한다
고 말하는 법 없이 오로지 자신의 자리에 맞게 성실하고 덕망 있
게 일했다. 부하들이 장구를 장자로 여기면서 아예 속일 생각을
하지 않았다. 황제가 옥사를 맡기면 다시 심사해야 할 사안은 새
로 심사하도록 내려보냈고, 심사를 다시 할 수 없어 물릴 수 없는
경우에는 눈물을 흘리며 똑바로 보지 못하고 눈을 감았다.[17] 장구
는 그토록 사람을 아꼈다.

늙어서 병이 들자 벼슬에서 물러나기를 청했다. 황제가 상대부
의 봉록을 유지하도록 은총을 베풀고 집에 돌아가 노후를 보내게
했다. 집은 양릉에 있었다. 자손들이 모두 높은 벼슬을 했다.

찬하여 말한다.

중니(공자)께서 "군자는 말은 어눌하게 하되 행동은 민첩하게
한다."[18]라고 하셨는데 이는 만석군, 건릉후, 새후, 장숙을 일러 하
신 말씀이 아니었을까? 그리하여 장중하게 가르치지 않고도 교화

를 시행했고, 엄하게 하지 않고도 잘 다스려 나갔다.

그러나 군자들은 석건이 아버지의 속곳을 빨았던 것과 주인이
더러운 차림으로 다닌 것만큼은 나무랐다.

17

문 삼왕전
文三王傳

▲▲▲▲▲▲▲▲▲▲▲▲▲▲▲▲▲

이 편의 주인공은 양 효왕(梁孝王) 유무(劉武)다. 양 효왕은 문제의 황후였던 두 태후의 소생이자 경제의 친동생으로, 오초의 반란을 진압하는 데 공을 세워 경제와 두 태후의 총애를 받았다. 그러나 경제가 태자를 폐위한 기회를 틈타 그 자리를 노리다가 뜻을 이루지 못하자 실의에 빠져 시름시름 앓던 끝에 세상을 떠났다.

경제와 두 태후의 총애를 받던 양 효왕은 누가 보아도 차기 황제감이었다. 그러나 제후왕의 반란을 통해 중앙 집권과 황권 강화의 필요성을 절감하게 된 경제가 황위의 부자 상속을 선택하면서 양 효왕의 꿈은 좌절되고 말았다. 사마천과 반고는 이런 시대적 배경을 고려하지 않고 양 효왕을 그저 분에 넘치는 꿈을 꾼 인물이라고 보았다.

사마천은 문제의 다른 두 아들인 대 효왕(代孝王)과 양 회왕(梁懷王)

을 「양 효왕 세가」에 끼워 넣었지만, 반고는 양 효왕과 대 효왕의 후손에 관한 사적을 보충하여 「문 삼왕전」으로 세웠다.

태자가 되고 싶었던 황제의 친동생 유무

○　○　○

효문제에게는 아들이 넷 있었는데 두 태후 소생의 효경제와 양효왕 유무(劉武), 그리고 성씨가 알려지지 않은 후궁 소생의 대 효왕 유참(劉參)과 양 회왕(懷王) 유읍(劉揖)이다.[1]

양 효왕 유무는 효문제 2년, 태원왕(太原王) 유참, 양왕(梁王) 유읍과 같은 날에 대왕(代王)에 세워졌다.

문제 4년에 대왕에서 회양왕으로 옮겼으며 문제 12년에 다시 양왕으로 옮겼다. 대왕이 되어 열한 해 동안 제후왕으로 지낸 뒤의 일이다.

양 효왕이 대왕에 올랐던 때로부터 열네 해째, 장안에 가서 황제를 배알했다. 왕 즉위 17년과 18년에 연이어 황제를 배알한 뒤에 장안에 남았다가 이듬해가 되어서야 양나라로 돌아갔다. 21년에 장안에 가서 황제를 배알했다. 22년에 문제가 붕어했다. 24년에 황제를 배알하러 갔으며 25년에 다시 가서 배알했다.

그때까지 황제는 태자를 세우지 않고 있었다. 황제가 친동생 효왕과 술자리를 같이하면서 편하게 말했다.

"내가 죽으면 너에게 황위를 물려주겠다."

효왕이 사양하긴 했으나 아무리 진심이 아닌 말이라 해도 듣고 보니 기뻤다. 태후도 그러했다.

그해 봄에 오나라, 초나라, 제나라, 조나라 등 일곱 제후국[2]이 반란을 일으켰는데 가장 먼저 양나라의 극벽을 쳐서 수만 명을 죽였다. 양왕은 수양성(睢陽城)을 근거로 방어하면서 한안국과 장우 등을 장군으로 삼아 오초 연합군에 대항하게 했다. 오초 연합군은 양나라에 걸려서 더는 서쪽으로 진군하지 못한 채 태위 주아부와 석 달 동안 대치하다가 패했다. 양나라가 진압 과정에서 죽이거나 포로로 잡은 오초군의 수가 한나라와 같았다.

이듬해 황실에서 태자[3]를 세웠다.

양 효왕은 황제와 가장 가까웠고, 오초의 난 때 공도 세웠으며, 봉토도 매우 컸다. 천하의 기름진 땅을 차지하고 있던 양나라의 북쪽 경계는 태산이었고 남쪽 끝은 고양이었는데, 그 안에 성이 마흔 개가 넘었다. 성은 대개가 큰 현이었다.

양 효왕은 태후의 막내아들이었다. 양 효왕을 아끼던 태후는 말할 수 없을 만큼 많은 상을 내렸다. 그리하여 양 효왕은 사방 삼백 리가 넘는 동원(東苑)을 짓고 수양성을 사방으로 칠십 리나 넓혔다. 궁실을 짓는 대토목 공사를 일으켰으며 왕궁에서 이궁이 있던 동북쪽 평대(平臺)까지 삼십여 리 넘는 길의 공중에 왕이 다닐 육교를 설치했다. 하사받은 정기(旌旗)를 휘날리며 네 마리 말이 끄는 수레 천 대와 기병 만 명을 데리고 들고날 때 길에 백성이 다니지 못하도록 하고 철통 같은 경비를 세우니 그 위엄이 황제에 못지않았다. 또 사방의 호걸을 불러 모았으며, 제나라의 양 승(羊勝)과 공손궤(公孫詭), 추양(鄒陽) 등 효산 동쪽의 유세객 중에 양 효왕을 찾지 않은 이가 없었다. 그중에서도 공손궤는 아주 특이하고 이상한 계책을 냈다. 공손궤를 처음 만난 날, 왕이 황금 천 근을 내리고 중위 벼슬을 주었으며 공손 장군이라고 부르게 했다.

양왕은 쇠뇌와 활 등 수십만 개의 무기를 제조했다. 또 나라의 곳간인 부고(府庫)에는 돈이 헤아릴 수 없을 만큼 쌓여 있었으며 보석과 옥으로 만든 기물이 장안의 황궁보다 더 많았다.

양 효왕 29년 10월, 왕이 황제를 배알하러 장안에 갔다. 경제가 사람을 시켜 네 마리 말이 쓰는 수레[4]를 몰아 함곡관 아래까지 마중을 가게 했다. 양 효왕이 배알 의식을 마친 뒤에 상소를 올려 장안에 머물기를 청했다. 태후의 사랑을 받던 양 효왕은 황궁에 들어가서는 황제 옆자리에 앉아 가마를 타고 다녔고, 황궁을 나와 상림에 사냥하러 갈 때에도 같은 수레를 탔다. 또 양 효왕의 시중, 낭관, 알자의 이름을 황궁 출입 명부에 올려 황제가 있는 대전으로 가는 문을 드나들게 했으니, 한나라 황실의 환관과 다를 바 없었다.

11월에 황제가 율 태자를 폐했다. 태후가 속으로 양 효왕을 태자로 세우고 싶어 했다. 대신들과 원앙 등이 황제에게 양 효왕을 올리면 안 되는 이유를 역설하자 태후도 그에 관한 논의를 접었다. 그 뒤로 양 효왕도 다시는 태자가 되고 싶다는 말을 태후에게 하지 못했다. 대신들과 원앙이 황제에게 역설한 내용은 비밀에 부쳐져 세간에 알려지지 않았다. 이에 양 효왕이 양나라로 돌아갔다.

그해 여름에 황제가 교동왕을 태자로 세웠다.

양 효왕은 자신을 태자로 세우지 못하게 간언한 원앙과 대신들을 증오했다. 이에 양승, 공손궤 무리와 계획을 짠 다음 은밀히 자객을 보내 원앙과 기타 대신 열몇 명을 찔러 죽였다. 자객들은 잡히지 않고 달아났다. 황제가 양왕을 의심하며 범인들을 추적하니 과연 양왕이 시킨 짓이었다. 그리하여 길에 수레가 끊이지 않을 만큼 계속해서 관원을 내려보내 양 효왕의 사안을 조사했다. 공손궤와 양승을 체포하려고 하자, 두 사람이 양왕의 궁전 후원에 숨어 버렸다. 황제의 사자가 양 효왕의 승상과 봉록 이천석 관리를 다급하게 질책하니 승상 헌구표(軒丘豹)와 내사 한안국이 울면서 양 효왕에게 간언했다. 그제야 양 효왕이 양승과 공손궤에게 자진을 명한 뒤에 그들을 내주었다. 이 일로 황제가 양 효왕을 질책하고 원망했다. 두려워진 양 효왕이 한안국을 장안에 보내 관도 장공주를 통해 태후에게 벌을 받겠다고 빌게 했다. 그리하여 용서를 얻어 냈다.

황제의 노여움이 얼마간 풀렸을 즈음 양 효왕이 황제에게 배알을 청하는 글을 올렸다. 허락을 받은 양 효왕이 함곡관에 이르렀을 때 모란(茅蘭)이 왕을 설득했다.

모란은 양 효왕에게 포거(布車)[5]를 타고 기병 둘만 데리고 장안으로 들어가 우선 장공주의 후원에 숨어 있게 했다. 경제가 사람을 보내 왕을 맞이하게 했으나 왕이 이미 함곡관으로 들어가 버린 뒤라 수레와 말만 함곡관 밖에 있고, 함곡관 밖을 지키는 군사들은 왕이 어디로 갔는지 모른다고 했다. 그 소식을 들은 태후가 울면서 말했다.

"황제가 내 아들을 죽였어!"

황제도 놀라서 걱정했다. 그때 양 효왕이 궁궐 앞으로 가서 처형대에 엎드려 부질형 받기를 청했다. 그러자 태후와 황제가 모두 크게 기뻐하며 서로 눈물을 흘렸다. 이로써 관계가 예전처럼 돌아갔으며, 양 효왕의 수행원들도 모두 함곡관 안으로 들어왔다. 그러나 황제가 양 효왕을 점차 멀리하여 수레나 가마에는 함께 타지 않았다.

양 효왕 35년 겨울, 황제를 배알하러 다시 장안에 갔다. 황제에게 상소를 올려 장안에 머물기를 청했지만, 황제가 허락하지 않았다. 왕이 양나라로 돌아왔으나 정신이 혼미해져 불안에 떨었다. 북쪽 양산(梁山)에 사냥하러 갔다가 어떤 자가 소를 바쳤는데, 등에 발이 나 있었다. 왕이 그 소를 보기 싫어했다. 6월에 병이 나서 열이 심하게 올랐다. 6일에 세상을 떠났다.[6]

양 효왕은 효심이 지극했다. 태후가 병이 났다는 소식을 들으면 입으로 음식을 넘기지 못했다. 또 늘 장안에 머물면서 태후를 모시고 싶어 했다. 태후도 양 효왕을 아꼈다. 양 효왕이 죽었다는 소식을 듣고 두 태후의 슬픔이 극에 달했다. 태후는 울면서 먹지 않았다. 그러고는 "황제가 정말로 내 아들을 죽였어!"라고 울부짖었다. 황제는 슬프면서도 태후 생각에 두려워 어찌할 바를 몰랐다.

황제가 장공주와 상의하여 양나라를 다섯 제후국으로 나눠 양 효왕의 다섯 아들 모두에게 봉해 주기로 하고 다섯 딸에게도 모두 탕목읍을 내리기로 했다. 그리고 태후에게 이 사실을 알리자 태후가 기뻐하며 황제를 위해 음식을 먹었다.

양 효왕이 죽기 전에는 가진 돈을 억 단위로 셀 만큼 많아서 제대로 셀 수조차 없었다. 죽고 나서 보니 왕궁 곳간에 황금이 사십만 근이 넘게 들어 있었고 다른 재물도 그에 상당할 정도로 많았다.

황제의 서자, 대 효왕 유참

○　○　○

대 효왕 유참은 원래 태원왕에 봉해졌다.

문제 4년, 대왕(代王) 유무를 회양왕으로, 유참을 대왕(代王)으로 옮겼다. 태원을 대나라에 계속 속하도록 하고, 도읍도 태원왕 시절과 마찬가지로 진양에 두게 했다.

다섯 해마다 한 차례씩 장안에 가서 황제를 배알했는데 모두 세 번 하였다. 왕으로 재위한 지 열일곱 해 만에 죽었으므로 아들 공왕(共王) 유등(劉登)이 왕위를 이었다. 재위 스물아홉 해 만에 공왕이 죽자 아들 유의(劉義)가 왕위를 이었다.

무제 원정 연간, 한나라에서 관(關)의 위치를 원래보다 바깥 땅으로 옮겨 설치할 때 상산에 관을 두기로 정하면서 대왕의 도읍을 청하로 옮기고 강왕(剛王)으로 삼았다. 태원왕에 봉해진 뒤로 마흔 해 동안 제후왕으로 있다가 세상을 떠나 아들 경왕(頃王) 유탕(劉湯)이 왕위를 이었다. 유탕이 재위 스물네 해 만에 죽자, 그 아들 유년(劉年)이 왕위를 이었다.

선제 지절 연간에 기주(冀州) 자사 임(林)이 상소하여 유년이 태자 시절에 여동생 유칙(劉則)과 정을 통했다고 고했다.

유년이 왕이 된 후에 유칙이 유년의 아이를 가졌다. 아이가 출생하고 유칙의 남편이 그 아이를 기르지 못하게 하자 유칙이 말했다.

"직접 아이를 죽여 보시지요."

남편이 화가 나서 말했다.

"왕을 위해 아들을 낳은 것이니 왕에게 주어 기르게 하시오."

유칙이 아이를 어머니 경(頃) 태후 처소에 데려다 놓았다. 강왕의 상국이 이 사실을 알고는 유칙이 아이를 왕에게 데려가지 못하게 하고 왕궁 출입을 막아 버렸다. 유년은 종숙부를 보내 유칙을 왕궁으로 들이고 여러 해 동안 관계를 끊지 않았다. 이 사건을 조사한 관리가 유년이 음란한 행동을 했다고 상소하자 황제가 유년의 왕위를 폐해 서인으로 강등시키고 탕목읍 백 호를 주어 방릉(房陵)으로 옮기게 했다. 왕위에 오른 지 세 해 만에[7] 봉국이 철폐되었다.

원시 2년, 신도후 왕망이 제사가 끊어진 제후국의 자손을 찾아 후사를 잇는 정책을 펼칠 때, 태황태후에게 말씀드려 유년의 동생의 아들인 유여의를 광종왕(廣宗王)으로 세우게 하고 대 효왕의 후사로 삼았다.

왕망이 황위를 찬탈한 뒤에 봉토를 철폐했다.

자손을 남기지 못한 양 회왕 유읍

○ ○ ○

양 회왕 유읍은 문제의 막내아들이었다. 『시』와 『서』를 즐겨 읽었으므로 문제가 다른 아들보다 더 귀여워했다.

다섯 해마다 한 번씩 치르는 황제 배알 행사를 두 번 치른 뒤에 말에서 떨어져 죽었다. 왕위에 오른 지 열 해 만이었다. 아들이 없어 봉토가 철폐되었다.

이듬해 양 효왕 유무가 양왕으로 옮겨 왔다.

양 효왕의 다섯 아들

○　○　○

양 효왕의 다섯 아들이 모두 왕위에 올랐다. 태자 유매(劉買)는 양 공왕(梁共王)에, 둘째 아들 유명(劉明)은 제천왕(濟川王)에, 유팽리(劉彭離)는 제동왕(濟東王)에, 유정(劉定)은 산양왕(山陽王)에, 유불식(劉不識)은 제음왕(濟陰王)에 올랐는데, 모두 효경제 중원 6년의 같은 날에 봉해졌다.

양 공왕 유매가 왕위에 오른 지 열 해 만에[8] 세상을 떠나 아들 평왕 유상이 뒤를 이었다.

제천왕 유명은 원읍후(垣邑侯)로 있다가 왕이 되었다. 왕이 된 지 일곱 해 뒤에 제천국의 중위를 활로 쏘아 죽인 죄로 사건을 담당한 관리들이 주살을 청했지만, 무제가 차마 그렇게 할 수 없다며 서인으로 강등하고 방릉에 유배했다. 봉국은 철폐되었다.

제동왕 유팽리는 왕위에 스물아홉 해 동안 있었다. 유팽리는 거만하면서도 힘이 셌다. 저녁 무렵이면 죄를 짓고 제동국에 도망와 있던 청년 노복 수십 명을 데리고는 백성을 공격하여 재미로 사람을 죽이고 재물을 빼앗았는데, 그 손에 죽은 사람이 알려진 것만 백여 명이 넘었다. 제동국 백성이 모두 이를 알고 밤에 나다닐 엄두를 못 냈다. 어느 살해당한 사람의 아들이 황제에게 상소를 올려 그런 시실을 고하사 해당 부문에서 주살할 것을 청했다. 무제가 차마 그렇게 할 수 없어서 유팽리를 서인으로 강등하고 상용(上庸)으로 유배했다. 봉국은 철폐하고 대하군(大河郡)으로 바꾸었다.

산양 애왕(山陽哀王) 유정은 왕위에 오른 지 아홉 해 만에 죽었다. 아들이 없었으므로 봉국이 철폐되었다.

제음 애왕(濟陰哀王) 유불식은 왕위에 오른 지 한 해 만에 죽었다. 아들이 없었으므로 봉국이 철폐되었다.

양 효왕의 서자 네 명도 왕위에 있었으나 모두 후사가 없어 대가 끊겼다.

여덟 개의 성만 남은 양나라

○ ○ ○

양 평왕 유상의 어머니는 진(陳) 태후이고 양 공왕의 어머니는 이(李) 태후이다. 이 태후는 양 평왕의 친할머니이다. 양 평왕의 왕후는 임후(任后)로 유상의 총애를 받았다.

이보다 먼저 양 효왕에게 뇌준(罍樽)이 있었는데 황금 천 근 값이었다. 양 효왕은 뇌준을 아끼고 잘 보관하며 다른 사람에게 넘겨서는 안 된다고 후손들에게 당부했다. 그런 사실을 알게 된 임후가 뇌준을 갖고 싶어 하자, 이 태후가 임후를 나무랐다.

"선왕의 유명이 있었으니 남에게 뇌준을 줄 수는 없다. 다른 것은 아무리 비싸도 얼마든지 가져도 좋다."

그러나 임후는 그 뇌준을 반드시 가져야겠다고 생각했다. 양평왕 유상이 사람을 시켜 왕궁의 곳간을 열고 뇌준을 꺼내 임후에게 주었다.

왕과 왕의 어머니 진 태후는 이 태후를 아주 불손하게 대했다. 조정에서 사자가 왔을 때 이 태후가 그 일을 알리려고 하니, 양 평왕이 알자와 중랑 호(胡) 등을 시켜 저지하게 한 뒤 문을 걸어 잠갔다. 문을 열려고 애쓰다가 손가락이 문에 낀 이 태후가 울면서 고함을 쳤으나 조정에서 온 사자를 만날 수 없었다. 그런데 이 태후가 식관(食官) 장(長)과 낭관 윤패(尹霸) 등과 정을 통한 적이 있었다. 왕과 임후가 사람을 보내 그 일을 슬쩍 비추어 이 태후로 하여금 조정 사자를 만날 생각을 접게 했다. 그리하여 이 태후도 그만두었다. 뒤에 이 태후가 병으로 죽었다. 이 태후가 병중에 있을 때 임후는 병문안을 가지 않았다. 이 태후가 죽은 뒤에도 복상하지 않았다.

원삭 연간에 어떤 사람이 수양 사람 안반(奸反)의 아버지를 모욕하고는 수양 태수[9]의 빈객과 같은 수레를 타고 가 버렸다. 안반이 수레에 올라가 아버지를 모욕한 자를 죽이고 달아났다. 그 말을 들은 수양 태수가 노하여 양나라의 이천석 관리를 질책했다. 이천석 이하 여러 관리가 급하게 안반을 잡으러 다니다가 안반의 친족을 잡아갔다. 안반은 양나라 궁중의 추문을 알고 있었으므로 양 평왕이 친할머니와 뇌준을 놓고 다툰 일을 조정에 고해바쳤다.

그때 한나라 조정의 승상 이하 여러 관리가 이 사실을 알고 나서 양나라의 고관들을 나스리기 위해 황제에게 보고했다. 황제가 옥리를 보내 조사하게 하니 그런 일이 있었음이 드러났다.

공경들이 이 사건을 심문한 뒤에 불효죄로 양 평왕과 진 태후를 주살하게 해 달라고 청했다. 황제가 말했다.

"죄가 가장 크고 인륜을 저버린 것은 임후다. 짐이 승상을 보냈지만, 능력이 모자라 왕을 보필하지 못했다. 왕이 의롭지 못한 데로 빠진 것도 그런 연유니 왕은 차마 주살할 수 없다."

이에 양왕의 봉토에서 다섯 개 현을 삭감하고 진 태후가 가지고 있던 성양의 탕목읍을 거두어들였다. 임후는 효수형에 처한 뒤 저잣거리에 목을 매달아 두었다. 중랑 호 등은 모두 주살했다. 그리하여 양나라에는 여덟 성만 남게 되었다.[10]

유상이 재위 마흔 해 만에 세상을 떠나자 아들 경왕(頃王) 유무상(劉無傷)이 왕위를 이었지만 열한 해 만에 죽고 아들 유정국이 경왕(敬王)이 되어 뒤를 이었다. 유정국이 재위 마흔 해 만에 죽어 아들 이왕(夷王) 유수(劉遂)가 왕위를 이었다. 유수가 여섯 해 만에 죽어 아들 황왕(荒王) 유가(劉嘉)가 왕위를 이었다. 유가가 열다섯 해 만에 죽어 아들 유립(劉立)이 대를 이었다.

성제 홍가(鴻嘉) 연간에 태부 보(輔)가 상소했다.

유립은 하루에 많게는 열한 가지의 법을 어기고 있습니다. 그 때문에 신하들이 애를 먹고 근심하고 있으나 가까이에서 말릴 엄두를 낼 수 없어 아무도 그만두라 간언하지 못하고 있습니다. 바라

건대 황상께서 왕에게 명령하셔서 농사나 제사가 아니면 왕궁의
수레를 타고 출궁하지 못하고, 말들은 모두 끄집어내어 궁 밖에 두
고, 무기는 모아서 왕궁의 창고에 보관하게 하십시오. 그리고 함부
로 금전이나 재물을 상으로 내리지 못하게 하십시오.

황제가 승상과 어사대부에게 태부가 올린 안을 조사하도록 했
더니 그 내용이 사실이었다. 뒤에 유립이 낭관을 수차례나 때려서
다치게 하고 밤에 사사로이 궁을 나갔다는 사실이 밝혀졌다. 태부
와 승상이 연이어 상소할 때마다 벌을 주었는데 식읍 천 호를 삭
감하기도 하고 오백 호를 깎기도 했다. 이런 일이 여러 차례 반복
되었다.

〔유립의 아버지였던〕 황왕의 여동생 원자(園子)는 유립의 외숙
인 임보(任寶)의 아내였다. 임보 형의 딸 소(昭)는 유립의 왕후였
다. 유립은 임보의 집에 자주 가서 먹고 마셨다. 어느 날 유립이
임보에게 말했다.

"나는 옹주가 좋으니 옹주를 나한테 주세요."

임보가 왕을 말렸다.

"옹주는 왕의 고모입니다. 중벌을 받게 됩니다."

유립이 말했다.

"그럴 리가 있겠어요?"

그러고는 원자와 정을 통했다.

몇 해가 지난 성제 영시(永始) 연간에 승상 우(禹)가 상소하여
유립이 외가를 못마땅하게 여기며 비방한다는 사실을 알렸다. 담

당 관리가 그 안을 조사했는데, 비방에 관한 사실은 밝혀내지 못한 채 유립이 음란한 행동을 했다는 것만 밝히고 금수 같은 짓을 한 유립을 주살하게 해 달라고 상주했다. 그때 태중대부 곡영(谷永)이 상소했다.

신은 "예(禮)에 따르면, 천자는 밖에서 일어나는 일을 보지 않기 위해 거처하는 문밖에 다시 벽을 친다."[11]라는 말씀을 들어 알고 있습니다. 이 말씀은 제왕이 다른 집 안의 안방에서 일어나는 사사로운 일을 살피거나 그 집 방 안에서 오가는 이야기를 들으려고 하면 안 된다는 뜻입니다. 『춘추』에도 친척 간의 일은 피하여 적지 않았고 『시』에도 "〔왕의〕 친척과 형제는 〔왕과〕 멀지 않고 모두 가깝다."[12]라고 했습니다.

지금 양왕이 나이가 젊고, 꽤 광증을 갖고 있습니다. 본래는 양왕이 비방한 사안을 조사하러 간 것이지만, 비방 사실은 적발하지 못한 채 왕의 사사로운 잠자리에 관한 일만 찾아냈으니 이는 조사 범위 밖에 있는 일이었습니다. 게다가 왕이 불복하고 있어 계속 탄핵해 봤자 진상을 밝히기는 몹시 힘들 것으로 보입니다. 한쪽 말만 들어 죄를 구성하고 벌을 확정한다면 황상께서 나라를 다스리는 데에 이로울 것이 없습니다. 종실에 관한 일을 왜곡되게 처리하여 자중지란의 죄악을 천하에 널리 알리면 제후 왕실의 비밀을 지켜 줄 수도, 조정의 명예를 높일 수도, 성덕을 비추어 백성을 교화할 수도 없습니다.

신의 우매한 생각으로는 왕이 아직 젊은 데 비해 그 아비의 동복[13]은 왕보다 나이가 많아서 연령도 어울리지 않는 데다 양나라는 부유한 나라라서 미녀들을 들일 여력도 충분합니다. 양왕의 아비와 같은 항렬이 부끄러움을 알아 조카와 정을 통하는 일은 없었을 것인데, 사안을 조사하는 자가 왕이 비방한 일은 밝히지 않고 어찌하여 다른 쪽 일만 밝혀내려고 했는지 모를 일입니다. 제가 말씀드린 세 가지를 통해 이 일은 인정에 맞지 않는 것으로 여겨집니다. 조사하는 관원이 다그치자 왕이 실언을 한 뒤에 옥리가 다그치니 그만 말을 바꿀 수 없게 된 듯합니다. 잘못한 일이 있더라도 처음에는 용서해 주고 벌하지 않는 것이 상책입니다. 사안의 조사는 이미 끝났으나 왕이 불복하고 있는 점을 생각하셔서 덕망이 높고 이치에 밝은 정위를 하나 뽑아 다시 조사하고 정확하게 물어, 실상과 다른 증거를 밝히고 잘못된 법을 바로잡아서 돌아와 해당 부문의 관리에게 문서로 보고하게 하십시오. 족친을 공정히 대하고 소원해진 이를 가까워지게 하는 덕을 넓히며, 종실을 위해 더럽고 어지러웠던 치욕을 씻어 내신다면, 친족을 다스리는 아주 좋은 방책이 될 듯합니다.

그리하여 황제는 태중대부가 상소한 대로 더는 조사하지 않았다.

몇 해 더 지나 성제 원연 연간, 유립이 다시 공적인 일로 승상부의 하급 관리와 수양 현승을 미워하게 되어 노복을 시켜 그들을 죽이고, 그들을 죽인 노복도 입을 막고자 죽였다. 유립은 모두 세 명을 죽이고 다섯 명을 다치게 했으며 낭관 스물몇 명을 손으로 때렸으며 관리를 채용할 때 조정에 글을 올려 허락을 받지 않았다. 모반은 사형으로 다스려야 한다고 담당 관원이 주살할 것을 주청했지만, 황제가 차마 죽이지 못하고 유립의 봉토 중에서 다섯 현을 깎았다.

애제 건평 연간에 유립이 다시 사람을 죽였다. 황제가 정위 상(賞)과 대홍려 유(由)에게 부절을 들려 보내 양나라 도읍에서 유립을 심문하게 했다. 도착하여 태부, 승상, 중위에게 문서를 내려 말했다.

"왕이 책봉될 때 내려 준 왕으로서 경계할 바를 저버리고, 어긋나고 포악하며 망령된 행동을 하여 수차례나 죽을죄를 짓고 백성과 관리를 고통스럽게 했다. 그때마다 성은이 내려 죽음을 면했으나 허물을 고칠 생각 없이 다시 살인을 저질렀다. 다행히 성은을 입어 승상장사와 대홍려승이 이곳에 와서 심문했다. 왕은 거짓으로 병을 칭하고 심문에 응하지 않았고 언사는 오만했으며 고개를 숙이고 죄를 자인하지 않았으니 법에 따르자면 반역을 꾀한 것과 다를 바가 없다. 승상과 어사가 왕의 옥새와 관인을 거두어들이고 진류옥(陳留獄)에 가두어야 한다고 청했지만, 황상께서 다시 은총을 내려 정위와 대홍려를 보내 함께 심문하게 하신 것이다. 이제 왕은 모든 것을 사실대로 고해야 할 것이나 보아하니 고개 숙여 사실대로 말하지 않을 듯하다. 『서』에 이르기를 '수차례나 좋은 말로 가르쳤지만, 말을 듣지 않았으니 이제 내가 너의 목숨을 빼앗도록 하겠다.'라고 했다. 태부와 승상과 중위는 모두 왕을 보좌하여 정사를 바로 보게 할 책임이 있는데, 공자께서 말씀하신 대로 '호랑이나 무소가 우리를 뛰쳐나오고 궤 속에 넣어 둔 신귀(神龜)와 보옥이 훼손된다면 그것은 누구의 잘못이겠는가?'[14] 이 글을 받은 뒤, 황상의 뜻대로 왕이 의로움을 깨닫도록 똑바로 보좌해야 할 것이다. 만일 다시 이런 불상사가 일어난다면 죄과는 더욱 커질 것이며, 태부와 승상 이하 관리들이 왕을 제대로 보좌하여 이끌지 못하면 법으로 다스릴 것이다."

유립은 어쩔 줄 몰라 하다가 관을 벗고 조정 관원에게 사실을 말했다.

"내가 어려서 부모를 잃고 궁중 깊숙한 곳에서 외롭게 살면서 내시와 시녀들하고 어울렸던지라 소국의 습속에 점차 물든 데다 천성이 어리석어 고치지 못했소. 게다가 태부와 승상은 이제껏 곁에서 인의로 나를 보좌하지 않았고, 대신들은 모두 각박하여 내 조그만 비밀까지 찾아서 찔러 댔소. 개중에는 참소하기 좋아하는 신하가 있어 옆에서 입을 나불거리며 나와 신하들 사이를 갈라놓고 서로 감시하게 했으니 궁전 안의 작은 잘못이라도 소문을 내지 않을 때가 없었소. 원래 법에 따라 주살되고 온 나라 안에 알려질 일이었으나 수차례나 황상의 은덕을 입어 그때마다 사면되었소. 이번에 또 중랑 조장(曹將)[15]을 죽인 죄를 나 스스로 알았지만, 겨울 들어 죄인을 처형하는 날이 가까워지고 있어 살기를 원하고 죽기를 겁내는 마음으로 드러누워 병을 앓는 체하며 요행히 며칠 더 살기를 바랐소. 이제 사실대로 다 말했으니 나는 엎드려 주살될 날만 기다리겠소."

겨울이 이미 다 지나간 때라 이듬해 봄에 대사면령이 내려 유립은 벌을 받지 않았다.

원시 연간에 유립이 왕망이 폐위시킨 평제의 외가 중산(中山) 위씨(衛氏) 집안과 서로 왕래한 죄에 걸렸다. 신도후 왕망이 유립을 폐하고 서인으로 강등시켜 한중에 유배하기를 청했다. 그러자 유립이 자결하여 재위 스물일곱 해 만에 봉토가 철폐되었다. 두 해가 지나서 왕망은 태황태후에게 패군의 졸사로 있던 양 효왕의 고손자의 증손 유음(劉音)을 양왕으로 삼아 양 효왕의 후대를 잇게 했다.

왕망이 황위를 찬탈한 뒤에 양나라를 없앴다.

찬하여 말한다.

양 효왕은 태후가 아끼는 아들이면서 황제의 친동생이라는 이유로 비옥한 땅을 다스리는 제후왕이 되었다. 거기에 한나라 조정이 흥성하고 백성이 부유해진 때를 만난 덕택에 재물을 많이 모았으니 궁실과 수레와 의복을 화려하게 꾸미느라 참람하게 되었다. 태후와 황제를 등에 업고 지칠 줄 모르도록 욕심을 내다가, 등에 발이 난 소를 통해 재앙과 벌이 내릴 징조를 보고 마침내 근심 속에 살다 세상을 떠났으니 슬픈 일이다!

18

가의전
賈誼傳

▲▲▲▲▲▲▲▲▲▲▲▲▲▲▲▲▲▲

이 편은 한나라 전반기의 대유학자 가의(賈誼, 기원전 200∼기원전 168년)의 열전으로 「조굴원부(吊屈原賦)」와 상소문 「치안책(治安策)」, 「청봉건자제소(請封建子弟疏)」가 실려 있다. 가의의 글은 유향이 정리한 『가자신서(賈子新書)』에 남아 있는데, 반고가 이 편을 엮으면서 발췌하여 옮겼다. 한편 대덕(戴德)이 엮은 것으로 전해 오는 『대대례(大戴禮)』의 「보부(保傳)」 편과 「예찰(禮察)」 편도 『가자신서』에서 옮긴 것이다.

「청봉건자제소」는 중앙 집권을 위해 제후왕의 세력을 통제해야 한다는 요지를 담았는데, 이 주장을 문제가 받아들이면서 한나라 황실과 제후국 간에 권력 쟁탈전이 시작되었다. 경제 때에 제후국이 반란을 일으키자 가의의 이 상소문은 선견지명의 걸작으로 여겨지게 되었고, 무제 때에 이르러 주보언이 주장한 추은령(推恩令)으로 그 맥이 이어지면서 한나라가 중앙 집권을 이루는 데 큰 힘을 실었다.

「치안책」에 나오는 가의의 비유는 적절하면서도 냉소적이다. 황제의 아픈 데를 꼭 집어서 이렇게 나아가다가는 진나라 꼴을 면할 수 없다고 엄중히 경고했다. 남아 있는 가의의 상소문에는 새로운 개념을 담은 권병(權柄)·창궐(猖獗)·가설(假設)·보조(輔助)·제어(制御)·궤도(軌道) 등의 신조어가 많이 등장하는데, 『자치통감』을 비롯한 후대 서적에 계속 인용되면서 현재까지 쓰이고 있다.

가의는 『시경』과 『서경』에 정통하여 겨우 스무 살에 박사가 되었다. 벼슬길에 일찍 오른 탓에 원로 신하들의 견제를 받아 제후국 장사왕(長沙王)의 태부로 좌천되었다가 다시 문제의 부름을 받아 중앙에 복귀했다. 이어서 문제의 막내아들인 양 회왕 유읍의 스승이 되었다. 그러나 양 회왕이 말에서 떨어져 요절하자 이를 안타까워하다가 세상을 떠나고 말았다. 서른셋, 한창의 나이에 맞이한 불우한 죽음이었다. 이후 가의는 뜻을 펼치지 못한 채 요절한 선비의 대명사가 되었다. 『사기』에는 「굴원·가생 열전」에 굴원과 가의가 함께 실려 있는데, 가의의 「치안책」이 빠져 있는 것을 『한서』에서 보충했으니 자못 의의가 크다고 하겠다.

이십 대에 박사가 된 가의

○　○　○

가의는 낙양 사람이다. 『시』와 『서』에 정통했으며, 열여덟 살에 이미 하남군 내에서 글 잘 짓는 청년으로 이름을 날렸다. 하남 태수 오공(吳公)[1]이 가의가 수재라는 말을 듣고 문하로 불러들였다. 태수는 가의를 아주 많이 아끼며 총애했다.

문제 즉위 초, 하남 태수 오공이 천하에서 가장 백성을 잘 다스린다는 소문을 들은 황제가 이사와 같은 고을 사람인 데다 일찍이 이사에게 학문을 배운 적이 있다는 오공을 조정으로 불러 정위로 삼았다. 정위가 나이는 아직 어리지만 제자백가의 학문에 아주 정통하다며 가의를 황제에게 추천했다. 이에 문제가 가의를 불러 박사로 삼았다.

당시 가의의 나이 스물몇으로 박사 중에 가장 젊었다. 황제의 명이 내려와 박사들이 의제를 두고 토론할 때, 나이 든 선생들도 말하기 어려운 문제가 있으면 가의가 하나하나 설명하면서 다른 선생들이 각자 생각하는 바를 말하게 해 주었다. 박사들은 가의의 재능이 뛰어나다고 여겼다. 문제가 〔그 이야기를 듣고 기뻐하며〕 파격적으로 발탁하여, 박사가 된 그해에 태중대부로 올렸다.

가의는 이제 한나라가 건국한 지 스물몇 해가 지나 천하가 화목하고 융합했으니 정월 초하루를 고치고, 수레와 말을 장식하는 빛깔 및 제물로 바칠 짐승의 털 빛깔을 바꾸어 정하며, 관직 명을 확정하고 예악을 진흥시켜야 마땅하다고 여겼다. 그리하여 각종 의례와 제도의 초안을 잡았는데, 토덕(土德)을 상징하는 황색을 숭상하고 관인을 새길 때 오(五)를 기준 숫자로 쓰며[2] 진나라 관직명을 모두 바꾸는 안으로 황제에게 보고했다. 문제는 아직 즉위 초라 제도를 바꾸는 일에 주저하며 겸손하게 처신하다가 미처 실행하지 못했다. 그러나 이후의 각종 법령 개정과 열후가 책봉된 뒤에 해당 지역에 가서 살게 한 정책 등은 모두 가의가 발의했다.

그리하여 황제가 가의를 공경의 자리에 임명하는 안을 놓고 대신들과 의논했다. 강후 주발, 관영, 동양후 장상여, 풍경 등이 가의를 시기하여 비방했다.

"낙양 출신의 그자는 젊디젊은 데다 초학 주제에 전횡만 부리려 하며 여러 가지 일을 혼란스럽게 만들고 있습니다."

이에 황제도 가의를 멀리하며 그의 의견을 듣지 않았다. 그러고는 장사왕[3]의 태부로 보내 버렸다.

굴원을 애도하며 실의를 달래다

○   ○   ○

좌천되어 가는 가의의 마음은 즐거울 수 없었다. 그리하여 상수(湘水)를 건너며 굴원(屈原)을 애도하는 부(賦)[4]를 지었다. 굴원은 초나라의 명신으로 참소를 당해 조정에서 축출되어 가는 길에 지은 「이소부(離騷賦)」 말미에 "다 그만두자, 나라 안에 나를 알아줄 사람이 없는걸."이라고 쓰고는 강에 몸을 던져 죽었다. 가의가

굴원의 죽음을 애도한 것은 자기 처지가 굴원과 비슷했기 때문이
다. 그 사(辭)는 다음과 같다.[5]

　　천자의 명을 공손히 받들어

　　장사로 벼슬살이 가는 길에

　　굴원이 멱라강에 몸 던졌다는 말을 듣고

　　흘러가는 상수 강물에 맡겨

　　선생을 공경하며 애도하네.

　　참소가 들끓는 세상을 만났으니

　　몸을 물에 던지실 수밖에 없었구나.

　　오호통재라!

　　때를 잘못 만난 선생이여!

　　난새와 봉황이 숨어 버린 세상에

　　치휴(鴟鵂)와 요(鴞)[6]가 활개 치니,

　　무능한 자가 높은 자리에 오르고

　　아첨꾼이 명리를 얻었으며

　　성현은 박해받아 뜻을 펴지 못하고

　　정직하고 아첨하지 않는 이는 좌천되었네.

　　변수(卞隨)와 백이(伯夷)가 부패하고

　　도적(盜跖)과 장각(莊蹻)[7]이 정직하다는 이들은

　　막야(莫邪)가 만든 칼은 무디고

　　납으로 주물러 만든 칼이 날카롭다고 했네.

　　아, 그런 세상에서 뜻을 이루지 못하고

여기 이곳[8]에서 선생이 돌아가셨네!

〔군주는〕 도리어 주나라 세발솥을 던져 버리고
옹기 항아리를 보물로 삼았지.
지친 소가 끄는 수레를 타면서
절름발이 나귀 두 마리 참승 노릇 시켰지.
준마는 두 귀가 축 처진 채
힘겹게 소금 수레를 끌었고,
장보(章父)가 신 밑에 깔리는
상하가 뒤바뀐 세상이 오래갈 수 없지.
아, 가련한 선생이여,
유독 선생만 그런 재앙을 당하셨으니!

고하노라.
'다 그만두자, 나라 안에 나를 알아줄 사람이 없는걸.'
혼자 울적할 때 누구와 말을 나누랴?
가볍게 높이 날아오른 봉황이 사라져 보이지 않는 것은
스스로 먼 길을 가기로 택했기 때문이고
신령한 용이 심연 깊이 몸을 숨기고 있는 것은
잠겨서 들키지 않게 자신을 보호하기 때문이리라.
효달(蝎獺)[9]이 보기 싫어 깊이 숨은 신룡이
가재, 거머리, 지렁이와 어떻게 함께 있으리.
귀하디귀한 성인의 신덕이여,

탁한 세상 멀리하여 스스로 선하게 처신하셨다.

기린에 세 고삐를 매어 놓으면

저 개나 양과 무엇이 다르랴?

어지러운 세상에서 이런 벌을 받은 것은

또한 선생의 죄로다.

구주를 떠돌며 군주를 살펴봐야지

이 도읍지를 그리워할 것 있으랴?

천 길 높은 곳을 날던 봉황이

덕치가 빛나는 곳을 발견하고 내려앉았다가

덕이 부족한 군주가 위험의 징조 보이면

날개를 펄럭이며 떠나 버리지.

그 흔한 웅덩이에

배를 삼킬 만한 고기가 놀 수 있으랴.

강호를 가로지르던 상어와 고래가 강호를 떠나면

땅강아지나 개미에게 당하고 말리라.

가의가 장사왕의 태부가 된 지 세 해가 지났을 무렵, 수리부엉이가 가의의 처소에 날아들어 앉은 자리 옆에 내려앉았다. 수리부엉이는 부엉이와 비슷한데 불길함을 나타내는 새다. 가의가 장사에 좌천되어 생활할 때 지대가 낮고 습한 그곳에서는 목숨을 오래 부지할 수 없으리라는 생각에 늘 자신의 죽음을 미리 슬퍼했다. 이에 자신을 달래려고 부를 지었다. 그 사(辭)는 다음과 같다.[10]

계묘년[11] 4월 맹하(孟夏) 경자일(庚子日) 석양 무렵에

수리부엉이 한 마리가 처소로 날아들었네.

내가 앉은 자리 옆에 내려앉은 모습이 아주 한가로워 보였지.

이상한 것이 날아들었으니 무슨 연고일까 싶어서

책을 펼쳐 점을 쳐 보았더니

이런 예언의 말씀이 나왔네.

"들새가 방에 들어오면

장차 주인이 그곳을 떠나게 된다."

그리하여 수리부엉이 군에게 물어보았네.

"내가 가야 할 곳은 어디인가?

길한 곳으로 가는가,

흉한 곳이라면 그 재앙은 어떤 것인가,

나에게 알려 주게.

죽고 사는 것도 때를 헤아릴 수 있겠지?

그때가 언제쯤인지도 알려 주게나."

부엉이는 한숨을 쉬더니

머리를 들고 날갯짓을 하기 시작했네.

그래서 내가 말했지.

"말할 수 없다면 몸짓으로라도 알려 주게나."

"만물은 변하는 것이어서 정녕 쉬는 법이 없으니

돌고 돌아서 옮겨 놓고 혹 밀었다가 혹 되돌린다오.

형체와 기운이 쉬지 않고 돌고 있으니

매미가 껍질을 벗는 것처럼 변화는 끝이 없어라.

그 오묘하게 세밀한 변화를 어떻게 말로 다 할까.

화 중에 복이 깃들어 있고

복 중에 화의 근원이 감추어져 있으니

근심과 기쁨은 언제나 함께 있는 법.

저 강대했던 오나라,

부차는 그 힘을 믿다가 패하고 말았으니

그리하여 회계에 있던 월나라 구천이 천하의 패자가 되었네.

진시황을 설득하여 재상 자리까지 올랐던 이사는

끝내 허리를 잘려 죽어야 했지만

죄수 부열(傅說)은 은나라 무정(武丁) 임금의 재상이 되었네.

복과 화는 이처럼 서로 얽혀 있어서

비벼 꼬아 놓은 밧줄의 올처럼 떨어지지 않는구나.

천명은 알 수 없는 것

그 극심한 변화를 누가 눈치채리오.

물은 바위에 부딪힐 때 더 거세지고

화살은 시위를 당김과 함께 멀리 날아가는 법,

만물은 그렇게 돌고 돌면서

서로 부딪쳐 요동치며 변화를 이뤄 내나니

수증기가 구름이 되었다가 비가 되어 떨어지듯

서로서로 복잡하게 얽혀 있다네.

도자기를 빚듯이 큰 물레를 돌리며 만물을 만드는 이치는

아무리 해도 그 끝을 알 수 없고

하늘 또한 우리 상상 밖에 있어

그 도를 그려 볼 길 없으니

죽고 사는 때를 헤아려 보지만

그때를 어찌 알 수 있으랴.

천지가 용광로면 조물주는 장인이고

음양으로 숯을 삼고

만물로 구리 삼아

모이고 흩어지고 소멸하고 정지하니

〔거기에〕어찌 일정한 법칙이 있다 하리오?

천 번 바뀌고 만 번 바뀌는 일에

애초에 끝이 있을 리 없지.

어쩌다가 사람으로 태어났더라도

무에 자부할 게 있겠으며

죽은 뒤에 다른 것으로 변한다 하여

또 무에 근심할 게 있으랴!

어리석은 사람들은 자신만 생각하여

남의 것은 천하고 자기 것만 귀하다고 하지만

달인은 관점이 호한해서

그와 한 몸이 되지 않는 대상이 없네.

탐욕을 부리는 자는 재물 때문에 죽지만

희생을 두려워하지 않는 자는 이름에 목숨을 거네.

허영에 날뛰던 자는 권세에 죽고

범인은 목숨 부지하기에 여념이 없으며

명리에 휘둘리고 탐욕스럽게 재물을 쫓는 자는

온종일 동분서주 바쁘게 뛰어다니네.

대인(大人)은 물욕에 제 뜻을 굽히는 법이 없으니

변화를 맞이해도 그 뜻이 언제나 한결같지만

어리석은 자는 세속에 얽매여 있어

옥에 갇힌 듯이 늘 구속을 당하지.

지인(至人)은 연루된 물욕을 끊을 줄 알아

홀로 있어도 늘 대도(大道)와 함께하지만

대중은 언제나 미혹되기 마련이라

좋은 것과 싫은 것을 자꾸만 가르지.

진인(眞人)은 편안하고 고요한 가운데 있어

대도와 함께 홀로 살아가네.

그러므로 속된 지식을 버리고 외형의 굴레도 벗어나

만물을 초월하고 자아를 잊는다면

깊고 광대한 공간에서 대도와 함께 비상할 수 있다네.

흐르는 물에 떠서 내려가다가

구덩이를 만나면 멈춰야 하듯이

자연에 목숨을 맡긴 채

그 목숨을 내 것으로 생각지 말도록.

삶이란 떠 있는 것

죽음이란 휴식하는 것

깊고 그윽이 명경처럼 관조할 줄 알되

자유자재로 떠다니는 배처럼 묶이지 말도록.

삶의 굴레에 얽매여 목숨을 부지하지 말고

텅 빈 가운데 가벼운 배처럼 떠 있기를.

덕인(德人)은 아무 걸릴 데가 없으니

천명을 알아도 근심하지 않네.

조그만 생선 가시가 목에 걸렸다 한들

무에 놀라고 근심할 게 있으리오."

그 뒤로 한 해 남짓 지났을 때 문제가 가의를 그리워하며 장안
으로 불렀다. 황궁에 도착해 황제를 알현했을 때 마침 황제가 미
앙궁 선실(宣室)에 앉아서 제사에 올렸던 고기를 음복하고 있었
다. 황제가 귀신에 감응한 일이 있던지라 가의에게 귀신의 본질에
관해 물었다. 가의가 귀신에 감응하게 되는 이유를 아주 상세하게
설명하자 문제는 가의 앞에 바싹 다가앉아 밤늦도록 이야기를 들
었다. 가의의 설명이 끝나자 황제가 말했다.

"내가 가생 그대를 오래 못 만났구나! 내가 그대보다 뛰어나다
고 여겼는데 오늘 보니 그대에게 미칠 수 없다."

그리하여 가의를 양 회왕의 태부로 삼았다. 양 회왕은 황제의
막내아들로 황제의 사랑을 듬뿍 받았으며 글 읽기를 좋아했다. 황
제는 가의로 하여금 양 회왕을 가르치게 하고 그 성과가 어떤지
여러 번 물었다.

「치안책」을 올려 간언하다

○　○　○

그 무렵 흉노가 강대해져 변방을 침입했다. 천하가 막 평정된 때라 제도도 엄격하게 마련되지 않았다. 제후왕들은 참람되이 황제와 맞먹으려 했고 점유한 토지도 옛 제도의 규정을 초과했다. 〔게다가〕 회남왕과 제북왕[12]이 둘 다 모반죄로 죽었다. 이에 가의가 여러 차례 상소를 올려 정사에 관한 의견을 피력했는데, 그 대부분이 잘못된 제도를 바로잡아 세우려는 것으로 대략[13]은 이렇다.

제가 지금의 형세를 살펴보니 통곡할 만한 일이 한 가지, 눈물 흘릴 일이 두 가지, 장탄식할 일이 여섯 가지가 있고 나머지 사리에서 어긋나거나 정도를 해친 일은 일일이 거론하기 어려울 정도로 많았습니다.

폐하 앞에서 말씀을 올리는 자들은 모두 천하가 이미 안정되었고 잘 다스려지고 있다고들 하지만 제가 보기에는 아직 그런 상태에 이르지는 못했습니다. 천하가 이미 안정되었으며 잘 다스려지고 있다고 말하는 자는 어리석은 자이거나 아부를 하는 자이니, 그 모두는 사실상 어지러운 세상을 다스리는 근본을 아는 자들이 아닙니다. 장작더미에 불씨를 모셔 놓고 그 아래에서 잠들어 있으면서 불이 타오르기 전까지는 아무 일도 없다고 여기는 것과 지금의 나라 형세가 다를 바 없습니다. 본말이 전도되고 전후가 연결되지 않으니 나라의 제도가 혼란해지고 기강이 해이한데 잘 다스려지고 있다는 것이 다 무슨 말씀이겠습니까!

폐하 앞에서 정사를 바로잡고 사회를 안정시킬 방책을 일일이 자세하게 설명하여 폐하께서 상세한 부분까지 골라 쓰시게 하고 싶건만, 어찌 기회를 주지 않으십니까?

놀이 삼아 사냥을 나가시는 것과 나라의 안위를 위한 방책을 마련하는 것 중에 무엇이 더 급하다고 여기십니까? 만일 제가 올리는 치세 방안이 심혈을 기울여야 한다거나 힘들게 처리해야 해서 편종과 북의 연주를 듣는 듯한 즐거움을 느낄 수 없다면 쓰지 않으셔도 됩니다. 그러나 제가 드리는 방책은 여전히 폐하를 즐겁게 해 드릴 것이며, 더하여 제후들이 법과 기강을 지키게 하고 나라에 전란을 없애며 백성이 생명을 보전하며 흉노가 귀순해 오게 할 뿐 아니라, 변방의 여러 나라도 그 바람을 타게 할 것이며 백성이 소박하게 살게 되어 송사를 일으키는 일이 점점 줄어들게 할 것입니다. 대국은 이미 정해졌으니 천하를 하늘의 뜻에 맞추어 다스리고 나라 안의 기운을 맑고 조화롭고 이치에 맞게 만드신다면 생전에 현명한 군주의 이름을 얻을 뿐 아니라 돌아가신 뒤에 신명이 되어 폐하의 거룩한 성명이 청사에 길이 남을 것입니다. 〔『공자가어(孔子家語)』 「묘제(廟制)」에 전하는〕 예(禮)에 따르면 묘호의 조(祖)는 개국 군주에게 붙이고, 종(宗)은 그 위업을 이어 나간 덕이 높은 군주에게 붙인다고 했습니다. 폐하의 고성묘(顧成廟)에 태종(太宗) 묘호를 붙여 위로 태조의 위업에 버금가도록 한나라가 영원히 존속할 기반을 닦으십시오.

나라가 오래도록 안정된 형세에 머무르며 태평을 누리도록 하는 위업을 이룬 뒤에 조상의 업적을 계승하고 육친을 잘 봉양한다면 이것이 바로 가장 큰 효도라 할 것입니다. 이로써 백성은 행복해지고 만물이 기름지게 자랄 터이니 바로 가장 큰 인(仁)을 행하는 것입니다. 법과 제도를 확립하고 기강을 바로잡도록 지침을 내리며 경중을 가려 일을 처리할 수 있게 한다면, 이는 만세에 길이 적용될 법식을 남기는 것이 됩니다. 어리석고 유치하며 불초한 후대가 나타난다 해도 제도만 바로 마련되어 있으면 선조의 위업을 이어 태평하게 다스릴 수 있을 터, 그것으로 폐하께서는 영명한 군주의 모범이 될 것입니다.

폐하께서 영명하고 통달하신 자질로, 나라를 다스리는 도리를 얼마간 깨친 자들에게 폐하를 보좌하게 한다면 아무런 어려움 없이 정사를 보실 수 있습니다. 이제 폐하께 근원적인 방책을 올리니 소홀히 여기지 마시기 바랍니다.

신은 하늘과 땅의 변화를 세심히 관찰한 뒤에 과거 역사에서 비슷한 예를 찾아 현재의 문제를 해결할 방책을 연구했습니다. 밤낮으로 이 생각만 하느라 그런대로 말씀을 올릴 만하게 내용을 갖추게 되었으니, 설사 우임금과 순임금이 다시 살아와서 폐하께 계책을 올린다 해도 제가 올리는 이 방책과 다르지 않을 것입니다.

제후왕이 다스리는 나라가 너무 강대해지면 조정과 제후 간에 반드시 서로 대립하는 형세가 조성되니 아래로는 백성이 그 피해를 여러 차례 입게 되고 위로는 폐하께서 자주 근심에 싸이게 될 것입니다. 그런 일은 조정을 안정시키고 백성의 목숨을 보전하는 길이 아닙니다. 지금 폐하의 동생이 동제(東帝)가 되려 모의했고 조카는 서쪽으로 진군하여 조정을 공격하려고 했으며 오왕 또한 모반하고 있다는 보고가 올라왔습니다. 폐하께서 연부역강(年富力强)하시고 도의에 합당하게 행하여 허물을 범하지 않는 분이라 제후왕들에게 은택을 계속 내렸음에도 저들의 행동이 그러하니, 가장 세력이 큰 제후는 폐하보다 열 곱절이 넘는 권력을 휘둘렀습니다. 그럼에도 천하는 조금씩 안정되어 갔으니 무슨 까닭이었겠습니까? 그것은 제후왕들의 나이가 어리고 아직 성년이 아닌지라 조정에서 파견한 태부와 승상이 그 나라의 정사를 장악하고 있기 때문입니다. 그러나 몇 해가 지나 제후왕들이 관례를 치르고 혈기 왕성한 성년이 되면 조정에서 파견한 태부와 승상은 스스로 병을 칭하거나 파면될 것입니다. 그런 뒤에 제후왕들이 문무관을 자신의 측근으로 임명할 것이니, 이렇게 된다면 회남왕, 제북왕이 한 짓과 무엇이 다르겠습니까? 그때에 이르러 천하를 안정시키고자 한다면 요임금과 순임금이라 해도 다스릴 방법이 없을 것입니다.

황제(黃帝)께서는 "태양이 하늘 정중앙에 있을 때 말릴 것을 말리고, 손에 칼을 쥐고 있을 때 자를 것을 자르라."[14]라고 하셨으니 이제 그 말씀을 따라 나라를 튼튼히 하고 백성을 안정시키십시오. 매우 쉬운 방책입니다. 만일 이 말씀에 따라 행하는 것을 자꾸 늦춘다면 골육 간에 서로 해치는 일이 일어나 그들을 죽일 수밖에 없으니 진나라 말기의 형세와 무엇이 다르겠습니까?

천자의 지위에 계시는 이 유리한 때에 폐하께서는 하늘의 도움을 받을 수 있음에도 위기를 안정시키고 난리를 진압할 계책 짜기에 머뭇거리고 계십니다. 폐하께서 제 환공이 천하가 여러 나라로 갈라진 때에 제후왕에 오른 것과 같은 처지에 있다면, 제후들과 연합하여 천하의 질서를 회복할 수 있겠습니까? 저는 폐하께서 그 일을 해내지 못하시리라 생각합니다. 또 지금 나라 형세가 예전의 회음후가 초나라 땅을, 경포가 회남을, 팽월이 대량 땅을, 한왕 한신이 한(韓)나라 땅을, 장오가 관고를 재상으로 삼아 조나라 땅을, 노관이 연나라 땅을 다스리고 진희마저 대나라 땅을 차지하고 있던 때와 마찬가지이고 이들 예닐곱 사람이 죽지 않고 살아 있는 형편이라 가정한다면, 천자에 오르셨다고 해도 폐하께서 평안히 지낼 수 있겠습니까? 제 판단으로는 폐하께서는 평안하지 못하실 듯합니다. 천하가 혼란했던 그 시절에 고황제께서는 친족의 힘을 빌릴 여지가 거의 없었기 때문에 다른 사람의 힘을 빌려 봉기하셨습니다. 그들 중에 운이 좋은 경우에는 벼슬이 중견에 이르고, 조금 못하면 수행원이 되었는데, 그 능력은 고황제보다 크게 떨어졌습니다. 모자라는 사람들을 데리고 천하를 평정한 고황제는 자신의 밝은 지혜와 위무를 발휘하여 천자에 즉위했음에도 비옥한 토지를 갈라 함께 봉기했던 자들을 제후왕공에 봉했습니다. 많은 경우에는 백여 개 성을 떼어 주기도 하고 적은 경우에는 삼사십 개 현을 내 주기도 했으니, 그 은덕이 너무도 두터웠습니다. 그러나 그 이후 열 해 동안에 조정에 반역한 사건이 아홉 번이나 있었습니다. 제가 생각하기에 고황제께서 열 해 동안 한 해도 평안하게 넘긴 적이 없었을 것입니다. 하물며 그런 제후왕공과 직접 재량을 겨루어 그들을 신하로 복종시킨 적도 없고, 친히 제후왕으로 봉한 경험도 없는 폐하께서는 그런 자들이 설치는 세상에서 평안하시기 어려울 듯합니다.

제 핏줄이 아닌 자를 제후왕으로 봉해서 그렇게 되었다고 반박하신다면, 신이 유씨 황실 안에서 일어난 예를 들어 보겠습니다. 만일 도혜왕이 제나라 땅을, 원왕(元王)이 초나라 땅을, 셋째 아들[15]이 조나라 땅을, 유왕이 회양을, 공왕이 양나라 땅을, 영왕(靈王)이 연나라 땅을 다스리면서 이 예닐곱 왕족이 모두 건재한 때에 폐하께서 즉위하셨어도 능히 천하를 다스릴 수 있었겠습니까? 신은 불가능하리라 여깁니다.

이들 제후왕은 이름만 신하이지 실제로는 자신들을 평민의 형제지간과 같이 여기고 있습니다. 또 황제의 의례를 적용하며 자신이 천자라고 여기지 않는 이가 없으니, 제멋대로 작위를 내리고 사형수를 사면하며 심하면 수레에 황옥을 장착하고 한나라 조정의 법령을 시행하지 않습니다. 조정의 법령이 통한다 해도 법을 지키지 않는 회남 여왕 같은 이는 명령해도 듣지 않고 불러도 장안으로 오지 않았습니다. 또 요행히 불러 올렸어도 법으로 처형할 수 없었습니다. 황실 친척 한 사람만 처벌해도 눈을 부릅뜨고 지켜보던 천하의 제후왕들이 일어났을 것입니다. 비록 폐하의 신하 중에 풍경같이 용감한 자가 있어 회남 여왕의 불법 행위를 고발했지만 자객의 비수가 그의 가슴을 찔렀습니다. 그러니 폐하께서 아무리 영명하셔도 누가 폐하를 도와 제후왕들을 다스리겠다고 나서겠습니까!

핏줄이 다른 제후왕은 위험하고 핏줄이 같은 제후왕은 난을 일으키니 이미 일어난 바 있는 일입니다. 다행히도 스스로 강대하다고 믿고 반란을 일으켰던 이성(異姓) 제후왕들은 조정에서 모두 진압했으나 그 반란을 조성했던 제도는 고치지 않았습니다. 유씨 제후왕이 그 궤적을 답습하며 움직이다가 이미 모반한 제후왕이 생겼는데, 그 세력은 꺾어도 다시 살아납니다. 재앙의 변고가 어디로 튈지 알 수 없는 이런 상황에 부딪쳐서 영명하신 폐하께서도 안정시키지 못하시는데 후대 황제는 또 어떻게 대처할 수 있겠습니까!

전국 시대 제나라의 도살꾼 단(坦)[16]은 아침나절에 열두 마리 소를 잡아 부위별로 나누어도 그 칼날이 전혀 무뎌지지 않았다고 합니다. 그것은 그가 찌르고 벗기고 자를 때 소의 근육이 생긴 방향대로 칼을 쓰고, 볼기뼈와 넙다리뼈를 잘라야 할 때는 도끼를 썼기 때문입니다. 인의와 후덕을 쓴 것은 폐하께서 예리한 칼날을 쓰시는 것에 비견되며 권세와 법도로 보자면 폐하의 도끼를 연상하게 합니다. 지금 제후왕들은 모두 볼기뼈와 넙다리뼈 같아서 도끼를 버리고 칼날로 자르신다면 제 생각에 칼날의 이가 빠지든 동강 날 성싶습니다. 회남왕이나 제북왕에게 어찌 도끼를 쓰지 않으십니까?

제가 예전에 있었던 일을 돌이켜 고찰해 보았는데, 대체로 봐서 세력이 강한 제후가 먼저 반란을 일으켰습니다. 회음후가 초나라를 다스릴 때가 제후 중에 가장 세력이 강했으며 가장 먼저 반란을 일으켰습니다. 그 뒤에 세력의 크기대로 반란이 잇달았는데, 한왕 한신은 흉노에 기대어 난을 일으켰고, 관고는 조나라의 우월한 조건을 믿고 모반했으며, 진희는 자신의 군대가 정예한 것을 믿고 일어났고, 팽월은 양나라의 실력을 바탕으로, 경포는 회남의 국력을 써서 거사했으며, 노관의 세력이 가장 약해서 맨 나중에 반란을 일으켰습니다.

그러나 장사왕 오예는 식읍 이만 오천 호를 가졌고 한나라 건국에 세운 공도 적었으나 마지막까지 자신의 땅을 보전했으니 가진 권력은 적었으나 가장 충성스러웠습니다. 오예가 그렇게 한 것은 오예의 성품이 남달라서가 아니라 형세가 그를 그렇게 만들었기 때문입니다. 만일 번쾌, 역상, 주발, 관영에게 수십 개의 성을 주고 제후왕을 시켰다면 난을 일으켰다가 지금쯤 망해 있을 가능성이 충분합니다. 만일 한신이나 팽월 같은 이들에게 제후왕을 봉하지 않고 철후(徹侯)[17]를 봉했다면 지금쯤 망하지 않았을 가능성이 큽니다. 사실이 이러하다면 천하를 다스릴 큰 틀을 어떻게 짜야 할지 알 수 있을 것입니다. 천하의 제후왕들이 충심으로 조정에 귀부하려면 장사왕에게 했던 것처럼 봉토의 규모를 줄여 봉하고, 신하들이 저해형을 받지 않고 목숨을 부지하게 하려면 번쾌나 역상에게 했던 것처럼 후위만 주고 왕으로 봉하지 말아야 하며, 천하를 안정시키려면 소규모 제후국을 더 많이 봉하여 제후왕의 세력이 약해지도록 해야 합니다. 그들의 세력을 약하게 해 놓아야 그들이 예와 의를 존중하기 쉽고, 봉토가 작아야 모반할 마음을 먹지 않게 됩니다. 이렇게 되면 온 나라의 형세가 마치 몸에서 팔을 부리듯이, 팔이 손가락을 부리듯이 되어 불복종이란 있을 수 없게 됩니다. 제후왕들은 모반할 생각을 감히 하지 못하고 바큇살이 바퀴 중심을 향해 모이듯이 천자께 귀순할 것입니다. 그렇게 되면 백성까지도 나라가 안정되었다고 여길 것이며 천하의 모든 사람이 폐하의 영명함을 알게 될 것입니다.

땅을 분할함에는 규범이 있어야 하니 제·조·초 이 세 나라는 갈라서 여러 개의 나라로 만든 뒤에 제 도혜왕, 조 유왕, 초 원왕의 아들 손자에게 나눠 주되, 더 나눠 줄 땅이 없을 때까지 장유유서로 자기네들의 조상이 가졌던 땅을 나눠 가지게 하고, 연나라나 양나라 등 다른 제후국에 대해서도 같은 방법을 실시하십시오. 봉토는 큰데 자손이 적은 나라도 우선 몇 개로 가른 뒤에 잠시 공석으로 남겼다가 그 밑에 자손이 생길 때를 기다려 다시 봉하면 됩니다. 제후들의 봉토 중에서 벌써 적지 않은 땅이 조정으로 귀속되었습니다. 조정에 귀속된 땅이 어떤 제후국 안에 있으면 그 제후국을 다른 땅으로 옮겨 봉하되 그 제후왕이 자손에게 땅을 봉할 때 땅이 모자라면 보상해 주어, 황제가 제후국이 가져야 할 한 치의 땅이나 한 명의 사람도 탐내지 않고 오로지 천하를 안정시키고 태평하게 하는 데에 유념한다는 것을 보여 주십시오. 그렇게 하면 천하 모든 사람이 폐하의 청렴함을 알 것입니다.

종실 자손이 왕에 봉해지지 않을 것을 걱정하지 않으면 아랫사람은 배반할 마음을 먹지 않고 위로 황상께서는 배반한 자를 죽이거나 토벌할 뜻을 갖지 않게 되므로, 폐하께서 그들에게 인의를 베푸시는 것을 천하가 다 알게 될 것입니다. 법령이 정해졌을 때 그것을 위반하는 자가 없고, 명령이 발포되었을 때 거스르는 자가 없다면 관고나 이기(利幾) 같은 음모를 꾸미는 자가 생기지 않을 것이고 시기(柴奇)나 개장(開章)이 계획하던 모반도 싹틀 일이 없게 되어 백성은 본분을 다하여 선량하게 살아가고 대신들도 한층 더 공손하고 순종할 터, 폐하께서 의(義)를 행하신 것을 천하가 다 알게 될 것입니다. 그렇게 되면 갓난아이가 황제에 올라도 나라가 안정되고, 유복자를 황제로 지정하고 선제(先帝)의 수의 앞에 예를 올리게 해도 천하가 어지러워지지 않아, 당대에 태평성대를 이루고 후대까지 성군의 명성을 얻게 되실 겁니다. 천하에 제도 하나를 잘 만들어서 위에서 말씀드린 다섯 가지 덕업을 얻게 된다면, 폐하께서 무엇을 더 돌아보고 꺼리시며 이렇게 하기를 미루시겠습니까?

지금 천하의 형세는 큰 부종을 앓고 있는데 한쪽 종아리는 허리 굵기만큼 부었고 다른 쪽은 허벅지만큼 부어서 평소에 몸을 굽히거나 펴기는커녕 한두 발가락만 움직여도 너무 아파서 어찌할 줄 모르는 형편입니다. 치료 시기를 놓친다면 고질병으로 굳어져 이 뒤로 편작(扁鵲) 같은 명의가 온다 해도 힘을 쓰지 못하게 될 터이니 다리가 붓는 데서 그치지 않고 발바닥이 뒤틀리게 될 것입니다. 초 원왕의 아들이 폐하와 사촌 간이니 지금의 초왕[18]은 폐하께 사촌의 아들이 됩니다. 제 도혜왕의 아들[19]은 폐하 친형님의 아들이라 지금의 제왕[20]은 그 손자입니다. 폐하의 친자손 중에 아직 봉토를 받지 못한 이도 천하에 말썽을 부리지 않고 있는데, 촌수가 먼 자는 오히려 전권을 휘두르며 천자를 위협하고 있습니다. 그래서 부종을 앓을 뿐만 아니라 발바닥이 뒤틀리게 된다고 아뢰었으니, 처음에 말씀드린 통곡할 일이란 바로 이 병을 이른 것입니다.

천하의 형세가 거꾸로 매달려 있습니다. 무릇 천자라는 것은 천하의 머리이니, 어째서입니까? 윗자리이기 때문입니다. 만이라는 것은 천하의 발이니, 어째서입니까? 아랫자리이기 때문입니다. 그런데 지금의 흉노를 보면 거만하고 무례하며 우리 땅을 침입하여 재물을 약탈해 가고 있습니다. 조정에는 극히 불경한 일이고 천하 백성의 우환거리인데 끝이 나지 않고 있습니다. 그런데도 조정에서는 해마다 흉노에게 황금과 물들이지 않은 비단, 채색 비단을 보내 주고 있습니다. 이적(夷狄)이 조정에 이런저런 명령을 내리다니 이것은 군주가 행사할 권력을 저들이 쓰고 있는 것이고, 천자가 공물을 바치다니 이것은 신하나 행할 예절입니다. 발이 위에 가서 붙고 머리가 밑에 가서 붙어 버린 격인데, 이렇게 발과 머리가 거꾸로 놓여도 어느 누가 나서서 해결하려고 들지 않습니다. 이래도 나라에 능력 있는 인물이 있다고 하시겠습니까?

게다가 발과 머리만 도치된 것이 아니라 다리를 저는 병에 걸렸고 중풍마저 들었습니다. 다리를 저는 사람은 다리만 아프지만, 중풍 든 사람은 온몸이 아픕니다. 지금 서부와 북부의 변경에는 벼슬이 아무리 높아도 군역을 면제받기 어려우니 키가 오 척[21] 이상이면 작전 준비 때문에 편히 쉴 수 없고, 척후병들은 봉홧불을 지켜보느라 자리에 누울 새가 없습니다. 위에서 온몸이 아프다고 한 것은 바로 이를 두고 올린 말씀입니다. 의원이 이 병을 치료할 수 있지만 폐하께서 고치려고 들지 않으시니, 이것이 제가 처음에 말씀드린 눈물을 흘릴 첫째 일입니다.

황제의 존호를 가지신 폐하께서 어찌 융족[22]의 제후 노릇을 하시겠습니까? 굴욕적인 형세 아래 화가 끊임없이 닥치는데, 이렇게 계속 내려가다가는 언제 끝을 보겠습니까? 간언한다는 자들은 모두 그렇게 해야 옳다고들 하는데 저로서는 도저히 이해할 수 없는 일이니 모두들 나라를 보전하는 일에 무능하기 짝이 없는 자들입니다.

저 혼자 짐작해 보니 흉노 전체 인구는 한나라의 큰 현 하나에
도 못 미치는데, 드넓은 천하를 영유한 한나라가 현 하나의 인구
수보다 적은 흉노에게 고통을 당하고 있다는 것은 집정 대신들이
크게 부끄러워해야 할 일입니다. 폐하께서는 저를 속국 담당 관리
로 뽑으셔서 흉노를 주관하게 하여 주십시오. 제 계책을 써서, 선
우의 목을 졸라 반드시 그 명줄을 틀어쥔 뒤에, 한나라에서 흉노에
투항한 중항열(中行說)의 등을 채찍으로 때리면서 흉노족 전체가
폐하의 명령에 복종하게 하여 주십시오. 사나운 적을 공략하는 대
신 멧돼지나 잡으러 다니고, 나라를 배반한 역적을 잡는 대신 토끼
나 잡으러 다니면서 자잘한 놀이에 빠져 나라의 큰 환난을 소멸하
는 방책을 마련하지 않는다면 천하를 안정시킬 뜻이 없다고 할 것
입니다. 황상의 은덕과 위엄은 멀리까지 퍼져야 하는데, 지금으로
서는 겨우 백 리 바깥에도 위엄이 통하지 않으니 이것이 눈물 흘릴
둘째 일입니다.

지금 민간에서는 노비를 파는 자들이 여자 노비에게 화려하게
수놓은 비단옷을 입히고 비단신을 신겨 노비를 전시하는 목책 안
에 세워 놓고 있습니다. 노비들이 입은 옷은 옛날 천자의 왕후가
입던 옷으로 그것도 평소에 입는 옷이 아니라 종묘에 제사를 올릴
때나 입던 귀한 옷이건만, 지금은 서인들이 노비에게 입히는 옷이
되었습니다. 또 잔주름이 진 흰 갑사로 겉감을 하고 얇은 비단으로
안감을 댄 뒤에 가장자리를 화려하게 꾸미고 흑백을 교차시키며
무늬를 수놓아 만든 옷은 옛적에 제왕이 입던 옷이었으나 지금은

부자나 거상이 집에서 손님을 초대할 때 벽에 걸어 놓고 보이는 장식물이 되었습니다. 옛적에는 오로지 제왕 한 분과 왕후 한 분에게만 검약하면서도 예법에 맞게 예복을 지어 올렸습니다. 그런데 지금은 서인의 집 벽에 제왕의 옷이 걸려 있고, 천한 창우(倡優)도 왕후의 옷을 입고 있습니다. 이렇게 하고도 천하의 재물이 마르지 않는 일은 대개 없었습니다. 게다가 황제가 자진해서 두꺼운 바닥의 검정 비단옷을 입고 있는 지금 부잣집 벽에는 문양을 수놓은 제왕의 예복이 걸려 있고, 서인의 첩이 신는 신을 장식하기 위해 천자의 후궁이 옷깃에 덧대는 장식물을 쓰고 있습니다. 제가 앞에서 본 말이 전도되었다고 한 것은 바로 이를 이르는 말씀입니다.

　백 사람이 만든 옷을 한 사람 입히기도 바쁜 세상에서는 제왕이 아무리 천하의 백성을 춥지 않게 입히리라 생각해도 어찌 이룰 수 있겠습니까? 한 사람이 농사지어 얻은 수확을 일하지 않은 열 사람이 달려들어 먹어 버리는 세상에서는 천하 백성을 굶지 않게 하리라 생각해도 이룰 수 없습니다. 추위와 굶주림이 백성의 살과 피부에서 떨어지지 않는데 백성에게 나쁜 짓을 하지 못하게 하는 것은 소용없는 일입니다. 나라의 재물이 고갈되어 도적떼가 일어나는 것은 시간문제일 뿐이나, 황상께 계책을 올리는 자들은 '〔천하는 평안하니〕 괜히 동요시키면 안 된다.'라고만 주장하니 그들은 지금 큰소리를 치는 것일 뿐입니다. 민간에서는 이제 어른을 공경하지도 않고 비천의 등급이 없어졌으며 황제에게 무례한 짓을 범하는 자들이 생겼으나, 계책을 올리는 자들은 별로 손댈 것이 없다고만 하니 이것이 제가 처음에 말씀드린 장탄식할 일입니다.

상군(商君)²³이 예절과 의리를 버리고 인애와 은혜를 팽개친 채 오로지 변법으로 천하를 취할 생각만 했으니 변법을 시행한 지 두 해 만에 진나라의 풍속이 점차 나쁜 쪽으로 바뀌기 시작했습니다. 진나라에서는 아들이 장성하면 부잣집에서는 분가시키고 가난한 집에서는 데릴사위로 보냈습니다. 부자지간에 따로 떨어져 살면서 아들은 아비에게 곰방메나 호미를 빌려주면서 은덕이라도 베푸는 안색을 했고, 어미가 와서 키와 빗자루를 가져가면 바로 뭐라고 한마디 쏘아붙였으며, 시아비 앉아 있는 자리에 며느리가 같이 앉아 아이 젖을 물렸고, 고부간에 안 좋은 일이 있을 때 며느리가 대들며 말다툼을 벌였으니, 아들 귀한 줄만 알고 돈밖에 생각하지 않는 당시 사람들은 짐승과 그리 다를 것이 없었습니다.

진나라에서는 일심으로 변법을 시행하는 한편으로 형세에 편승하여 "육국을 멸하고 천하를 겸병한다."라는 구호를 외쳐 댔습니다. 육국을 겸병하겠다던 목적은 달성했지만 청렴하여 부끄러워할 줄 아는 지조와 인의를 지키는 도덕으로 돌아가야 한다는 것은 시종 알지 못했습니다. 겸병을 위한 방법만 펼치면서 진공하는 일만 일삼았으니, 천하의 풍속이 크게 무너져 다수가 소수를 핍박하고 머리 좋은 자가 어리석은 자를 속여 먹으며 담이 큰 놈이 겁 많은 놈을 위협하고 젊은 놈이 노인을 능멸하게 되었으니 어지러움의 극에 달했습니다.

그래서 대현(大賢)²⁴이 봉기했는데 위망이 나라 전체를 흔들었고 덕망이 천하에 퍼지게 되어, 진나라 천하는 과거의 일이 되고 세상은 한나라 천하로 바뀌었습니다. 그러나 진나라의 유습만은 아직 고치지 못하고 있습니다. 지금 세상 사람들이 앞다투어 사치를 부리는데 조정에 법령이 없어 예절과 의리와 청렴함을 팽개치는 일이 날로 심해지니, 이번 달과 저번 달이 다르고 올해와 지난해가 또 다르게 나빠지고 있습니다.

사람들은 오로지 이득이 되느냐 안 되느냐만 따지고 행동의 선악을 돌아보지 않으니 오늘에 이르러 이득을 위해서라면 가장 심하게는 부모 형제를 죽이기까지 합니다. 도적이 능침의 당렴(堂簾)을 찢고 들어가 고조와 혜제의 제기를 훔치고, 백주에 장안 관가의 돈을 털며, 문서를 위조하여 곡식 창고의 십만 석 곡물을 빼돌리고, 육백만 전이 넘는 세를 강탈하여 그것도 역참의 수레로 자신의 고향으로 옮기는 등 도의에 어긋나는 일이 극에 달하고 있습니다. 그러나 조정 대신은 오로지 공문이 제때에 올라오지 않아 기한을 어긴 것만 큰 문제로 삼고 풍속이 유실되고 세상이 망해 가도 현실에 안주하여 괴이하게 여기지 않고 있습니다. 이렇게 눈으로 보려고 하지도 않고 듣지도 않는 것은 현실을 당연한 일로 받아들이고 있기 때문입니다. 풍속을 바꾸고 천하의 민심을 올바른 도 쪽으로 돌리는 것은 속된 관리들이 해낼 수 있는 일이 아닙니다. 속된 관리는 일한다고 해 봤자 문서를 작성해 담아 두는 정도일 뿐, 치국의 근본은 알지 못하기 때문입니다. 폐하께서도 이런 일을 걱정하지 않고 계셔서 저 혼자만 폐하를 생각하며 애를 태우고 있습니다.

군신 간의 상하 등급을 확립하고, 부자지간에 예를 지키게 하며, 육친 간에 버리가 있게 하는 일은 하늘이 할 바가 아니라 사람이 세워야 하는 것입니다. 사람이 하지 않으면 제도를 수립할 수 없고, 제도를 확립하지 않으면 쓰러지게 되며, 제도를 정비하지 않으면 무너지게 됩니다. 관자(管子)[25]는 "예(禮)·의(義)·염(廉)·치(恥),[26] 이것을 네 가지 법도인 사유(四維)라고 한다. 이 네 가지 법도가 세상에 퍼지지 않으면 나라가 바로 멸망하게 된다."라고 했는데, 관자가 어리석은 평민이었으면 이 네 가지 법도가 없어도 괜찮다고 했겠지만, 나라를 다스리는 법을 조금이라도 알고 있었으니 사유를 갖추지 못했던 것을 어떻게 한심하게 여기지 않았겠습니까! 진나라는 이 네 가지 법도를 없애고 장려하지 않았으므로 군신 사이가 혼란해지고 육친을 죽였으며 사악한 무리가 도처에서 일어나고 만민은 조정에 등을 돌리게 되었으니, 진나라가 육국을 병합한 지 열세 해 만에 사직이 폐허가 되었습니다.

지금 한나라도 아직 이 네 가지 법도가 정착되지 않아서 사악한 무리가 총애를 받고 있으니, 총애를 받지 못하는 군신들은 황상을 믿지 않습니다. 그러므로 지금이라도 치국의 제도를 확립하여 임금은 임금답게 신하는 신하답게 상하 관계를 분명히 하고 부자지간과 육친 간이 각각 제 본분에 맞게 행동하도록 하여 사악한 무리가 총애를 받는 일이 없게 한다면 신하들은 모두 충성하며 황상을 믿게 될 것입니다. 이 일은 한 번 정하기만 하면 후세에도 대대가 평안하게 될 것이니 후대의 군주는 이것을 붙들고 시행하기만 하면 됩니다. 만일 치국의 제도가 확립되지 않으면 끌고 갈 줄과 저어 갈 노 없이 강을 건너는 배처럼 강 복판에서 풍파를 만났을 때 뒤집히지 않을 수 없습니다. 이 또한 장탄식할 일입니다.

하나라의 천자는 열몇 대까지 내려갔다가 은나라에서 받았고,

은나라의 천자는 스물몇 대[27]까지 내려간 뒤에 주나라에서 받았으며, 주나라의 천자는 서른몇 대까지 내려갔다가 진나라가 받았는데 진나라 천자는 두 대에 그치고 말았습니다. 인성의 차이가 그렇게 클 리 없는데, 어찌하여 하·은·주 삼대의 군주는 밝은 도를 펼치며 길게 내려갔고 진나라의 군주는 무도하게 다스리다가 돌연 망했겠습니까? 그 연유는 알 수 있습니다.

옛 제왕은 태자가 태어나면 의례에 따라 양육하기 시작했는데,[28] 〔사흘째부터 점복으로 뽑은〕 사(士)에게 태자를 안게 했습니다. 유사(有司)는 목욕재계한 뒤에 현단복(玄端服)과 면관(冕冠)을 차려입고 남교(南郊)에서 태자의 출생을 하늘에 고했습니다. 황궁 문 앞을 지날 때는 수레에서 내리고 종묘 앞에서는 종종걸음으로 지나는 것이 효자의 도인데, 이미 갓난아이 때부터 가르쳤습니다. 예전에 주나라 성왕(成王)은 강보에 싸였을 때부터 소공(召公)이 태보(太保)가 되고 주공(周公)이 태부(太傅), 태공(太公)은 태사(太師)가 되어 보필했습니다. 보(保)란 태자의 신체를 안전하게 보호하는 것이고 부(傅)란 태자에게 도덕과 의로움을 깨치도록 도와주는 것이며 사(師)란 태자를 가르치고 훈계하는 것으로 이는 삼공(三公)의 직분이었습니다. 이어서 삼소(三少)를 두었는데 모두 상대부(上大夫)가 맡아 소보(少保), 소부(少傅), 소사(少師)라 하고, 태자와 함께 기거하고 어린 태자의 손을 잡고 다니며 견식이 생기도록 가르쳤습니다. 삼공과 삼소가 효, 인, 예, 의를 분명히 가르치고 그것이 도덕으로서 몸에 배도록 이끌었으며 사악한 무리를 옆에 두지 못하게 쫓아버리고 악행을 보지 않고 자라게 했습니다.

태자의 교육을 위해 천하에서 정직한 인물과 효도와 우애로 이름난 자, 박학다식하고 치국의 방법을 전할 자들을 엄선하여 태자의 곁을 지키게 하여 태자와 함께 기거하고 일과를 진행하게 했습니다. 태자는 태어날 때부터 바른 일만 보고 바른 말만 듣고 바른 길만 행하도록 태자의 앞뒤와 양옆에 모두 바른 사람들만 있었습니다. 바른 사람과 오래 생활하면 태자의 생각이 바르지 않을 수 없으니, 마치 제나라에서 태어나 자란 사람이 제나라 말을 하지 않을 수 없는 것과 같은 이치입니다. 바르지 못한 사람과 오래 함께 생활하면 바를 수 없게 되니, 초나라에서 태어나 자란 사람이 초나라 말을 하지 않을 수 없는 것과 마찬가지 이치입니다. 태자가 먹고 싶은 것을 골라 먼저 배워야 할 부분을 다 배운 뒤에 맛을 보게 했고, 즐기고 싶어 하는 것을 골라 익힐 것을 다 익힌 뒤에 놀게 해주었으니, 공자께서도 "어릴 때 이뤄진 것이 천성이 되고, 습관이 들면 원래 할 줄 알던 것처럼 하게 된다."[29]라고 말씀하신 바 있습니다.

태자가 어느 정도 자라 여색을 알 때가 되면 학(學)에 넣는데, 학은 공부하는 기관입니다. 『학례(學禮)』[30]에 이렇게 일렀습니다. "제왕은 동학(東學)에 들어가 친족을 섬기는 법과 촌수를 배우며 또 인애(仁愛)를 숭상하여 백성에게 은덕을 베푸는 법도 배운다. 남학(南學)에 입학해서는 노인을 존중하는 것과 장유유서를 배우며 또 신의를 귀하게 여길 것을 배워 백성을 속이지 않는다. 서학(西學)에서는 현인을 존중하고 덕망을 귀하게 여기는 법을 배우니 지혜롭고 통달한 자에게 벼슬을 주고 공을 세운 자를 탈락시키지 않는다.

북학(北學)에서는 귀한 태생이 어떤 것인가와 벼슬아치를 존중하는 법을 배워 사람의 귀천과 등급이 분명하니 그 등급을 넘을 수 없음을 알게 한다. 태학(太學)에서는 스승에게 도덕을 전수받는데, 그것을 다 익히고 나면 태부가 시험을 본 뒤에 태자가 배운 대로 따르지 않았으면 벌하고 모자라는 부분은 고쳐 준다. 그런 과정을 통해 태자의 덕행과 지혜가 늘어나고 나라를 다스리는 도리를 깨친다. 제왕이 될 자가 이 오학(五學)에서 가르치는 것을 모두 잘 배우고 나면 아래에 있는 백관과 백성이 감화를 받아 화목하게 된다."

태자가 관례를 치르고 성인이 되면 태보와 태부가 엄격하게 가르치던 과정이 끝납니다. 그때부터는 태자가 잘못할 때마다 스스로 기록하고, 천재지변 등이 일어나면 음식을 줄이고 자책하며, 올바른 말 하는 자를 깃발 아래에 세워 하고 싶은 말을 시키고, 나라를 잘못 다스렸을 때 간언하는 말을 쓰는 비방지목(誹謗之木)을 세우며, 간언하고 싶은 사람이 울릴 수 있는 북을 설치했습니다. 또 사관이 『서』를 읽어 주고 맹인 악관이 『시』를 암송해 주었고, 『시』에 들어 있지 않은 경계하고 간언하는 글귀는 다른 악관들이 암송해 주었으며,[31] 대부들이 계책을 올리고 선비들이 민간의 속담을 전해 주었습니다. 이 모든 것을 제대로 익혀 지혜가 자라게 되니 갈고닦아 부끄럽지 않게 되고 중도(中道)가 본성처럼 여겨지게 됩니다.

삼대의 예법으로는 봄날 아침에 해맞이 제사를 올리고 가을날 저녁에 달맞이 제사를 올려 해와 달을 경배하는 뜻을 나타냈습니다.[32] 봄가을로 귀족의 자제들이 태학에 입학할 때 교화를 맡은 국로(國老)를 모셔다가 친히 두 손으로 고기 절임을 바쳐 효의 뜻을 밝혔습니다. 수레를 타고 다닐 때는 수레의 두 방울인 난(鸞)과 화(和)를 써서 속도를 조절했고, 천천히 걸을 때는 「채제(采齊)」 악곡에, 급히 걸을 때는 「사하(肆夏)」 악곡에 맞춰 절도 있게 걷는 것을 보여 주었습니다. 살아 있는 것을 봤거나 울음소리를 들은 짐승의 고기를 먹지 않아 푸줏간을 멀리하였으니, 은덕을 널리 베푸는 인애를 나타냈습니다.

하, 은, 주 삼대 왕조가 길게 존속했던 것은 태자를 보좌하는 제도가 이렇게 잘 갖추어져 있었기 때문입니다. 그런데 진나라는 그렇지 못했습니다. 진나라는 풍속이 겸양을 귀하게 여기지 않았으니 면전에서 질책하기를 좋아했고, 예와 의를 귀하게 여기지 않아 그저 가혹한 형벌로 다스리기만 했습니다. 조고가 호해에게 형벌로 다스리는 법을 가르쳤는데 호해가 배운 것은 참형이나 이형(劓刑)[33]이 아니면 삼족을 멸하는 형을 내리는 것이었습니다. 그리하여 호해는 오늘 즉위했으면 내일 사람을 쏴 죽였고 충언을 간하면 비방죄로 몰았으며 원대한 계책을 올리면 요언이라고 듣지 않았을 뿐 아니라 사람을 죽이는 것을 띠 풀 베는 정도로 여겼습니다. 이를 두고 어떻게 호해가 천성이 나빠서 그랬다고만 하겠습니까! 그것은 호해를 이끌어 가르친 자가 도리에 어긋난 자였기 때문입니다.

"관리로 일하는 데 익숙지 않거든 전임 관리가 잘했던 바를 살펴보아라."라는 말이 있습니다. 또 "앞에 가던 수레가 전복하면 뒤에 가는 수레가 경계로 삼는다."라는 말도 있습니다. 삼대가 오래도록 존속한 이유는 지나간 일을 알 수 있었기 때문입니다. 그런데 그 궤적을 따르지 않는 것은 그 높은 도덕과 지혜를 본받지 않겠다는 뜻입니다. 진나라가 그토록 빨리 망했던 자취가 뚜렷이 남아 있는데도 그 전철을 피하지 않고 따라간다면 뒤에 가는 수레도 뒤집어지게 됩니다. 흥망의 변화나 치세와 난세를 가르는 관건은 바로 여기에 있습니다.

천하의 명운은 태자에게 달렸습니다. 태자가 올바르게 되는 것은 어릴 때 태자를 어떻게 교육하고 훈도하며 어떤 사람을 뽑아 태자의 좌우에 두게 했는지에 따라 결정됩니다. 생각하는 능력이 생기기 전에 먼저 교육하고 훈도해야 태자가 쉽게 교화됩니다. 치국의 방법과 식견이 터지는 것은 교육의 힘에 달렸고 습관을 어떻게 기르는가는 옆에서 함께 생활한 자에 달렸습니다. 북방의 흉노족과 남방의 월족(粵族)이 태어날 때는 우는 울음소리나 젖을 빠는 것이 서로 같지만 자라면서 습속에 젖어들기 때문에 나중에는 몇 단계 통역을 거쳐도 상통할 수 없는 지경에 이르니, 그들의 행위나 습관은 죽을 때가 되어도 서로 상통하기 어렵습니다. 교육과 습관이 그렇게 만든 것입니다. 그러므로 신은 훌륭한 인물을 뽑아 태자의 좌우에 두고 일찍부터 가르치고 훈도하는 것이 가장 시급하다는 점을 말씀드립니다. 만일 교육이 잘 이루어지고 바른 사람들이 주위에서 모범을 보인다면 태자는 올바르게 될 것입니다. 태자가 올바르게 되면 천하가 안정되니, 『서』에 이르기를 "천자 한 사람이 선행을 하면 만민이 그 혜택을 누리게 된다."[34]라고 했습니다. 이것이 급선무입니다.

평범한 사람의 지력으로는 이미 일어났던 것은 알 수 있어도 장차 일어날 일은 예측하지 못합니다. 대저 예라는 것은 행동이 일어나기 전에 막는 역할을 하고, 법(法)은 이미 일어난 행동을 다시 하지 못하게 막는 작용을 하는데, 법의 쓰임새는 알기 쉽지만 예가 일으킬 작용은 알아차리기 어렵습니다. 상을 내려 선을 권하고 형벌로써 악을 징계하는 두 가지 방법이 있는데 삼대의 군주는 이 두 가지를 써서 다스리되 마치 단단한 금석처럼 사철이 바뀌듯이 정확했고, 두 가지를 공평하게 적용하기를 천지만큼 사사로움이 없었습니다. 어찌 되레 이를 쓰지 않으십니까? 예가 중요하다, 예가 필요하다고 강조하는 것은 나쁜 일의 싹을 끊고 미세한 부분부터 교화함을 귀하게 여기는 때문이니 백성이 자신도 모르는 사이에 나날이 선량해지게 됩니다. 그래서 공자는 "사건을 조사하여 판결하는 것은 나도 남과 같이 한다. 그러나 나는 먼저 덕으로 교화하여 사건이 발생하지 않게 한다."[35]라고 했습니다.

주군을 위해 계책을 올리는 자는 버리고 취할 것을 먼저 신중하게 살펴야 하니, 취사선택의 기준은 내부에서 정하지만 안위의 싹은 외부 사정에 맞닿아 있기 때문입니다. 나라를 안정시키는 것이 하루아침에 되는 일이 아니고, 위기도 단번에 오는 것이 아니니 조금씩 쌓여서 그렇게 되는 과정을 신중하게 살피지 않으면 아니 됩니다. 군주는 자신이 쌓은 경험을 통해 취사선택 기준을 정합니다.[36] 예와 의로 다스리는 군주는 예와 의가 쌓일 테고, 형벌로 다스리는 군주는 형벌을 많이 내릴 테니, 형벌이 쌓이면 백성은 군주를 원망하며 돌아서고, 예와 의의 교화가 쌓이면 백성은 화목하고 친하게 지냅니다. 그래서 세상의 군주가 백성을 선량하게 하고 싶어 하는 것은 같아도 선량하게 하는 방법은 저마다 다르니, 덕교(德教)로 이끌기도 하고 법령으로 징벌하기도 합니다. 덕교로 이끌면 덕교가 퍼져 나가 사람들의 마음이 쾌락하게 되고 법령으로 징벌하면 법령이 많아져서 사람들의 기질이 애상하게 되는데 슬프고 기쁜 감정은 재앙 및 행복과 상응합니다.

진시황이 종묘를 높이 받들고 자손만대에 이르는 안정을 이루고 싶어 한 것은 탕왕이나 무왕과 같았습니다. 그런데 탕왕과 무왕은 널리 덕정을 베풀어 육칠백 년이 넘도록 나라가 존속했지만, 진시황은 천하를 다스린 지 열몇 해 만에 대패하고 말았습니다. 여기에는 다른 이유가 있는 것이 아니라 다만 탕왕과 무왕은 취사선택을 신중하게 했고 진시황은 취사선택에 신중하지 않았기 때문입니다. 무릇 천하란 큰 그릇과 같아서 사람이 그 그릇을 어떤 곳에 놓아두는가에 그릇의 안전이 달려 있습니다. 안전한 자리에 놓아두면 안전하고 위험한 자리에 놓으면 위험한 것입니다. 천하 민심도 그릇과 다르지 않아서 천자가 두는 곳에 백성의 운명이 달려 있습니다. 탕왕과 무왕은 천하를 인의와 예악에 놓고 은덕을 베풀었으므로 금수와 초목이 넉넉하게 번식했고 변방의 만맥(蠻貊)과 사이(四夷)[37]까지 그 덕을 입었으며 자손이 수십 대를 내려가도록 나라가 존속되었으니 이는 천하 만민이 다 아는 사실입니다. 그런데 진시황은 천하를 법령과 형벌에 놓고 은덕은 조금도 베풀지 않아 세상에는 원망과 증오가 가득했고 백성은 황제를 원수처럼 미워하여 자기 대에 망했고 자손은 멸족된 것을 천하 만민이 모두 목도했습니다. 〔인의의〕올바른 다스림과 〔형벌의〕그릇된 다스림이 이렇게 명확하고 큰 차이를 낳았습니다. 누군가 말하기를 "의견을 들을 때 반드시 그 사람의 행적을 살펴야 함부로 망언하지 못한다."라고 했습니다. 요즘 "예와 의는 법령만 같지 못하고, 교화는 형벌만 같지 못하다."라고 주장하는 사람이 있는데, 폐하께서는 어찌하여 은나라, 주나라, 진나라의 역사를 살펴보지 않으십니까?[38]

군주의 존귀함을 전각에 비유하면, 신하는 계단이고 백성은 땅이 됩니다. 아홉 계단 위에 전각을 짓는 이유는 전각을 땅에서 떨어져 높아 보이게 하려는 것이니, 계단이 없다면 건물이 땅에 붙게 되어 전각이 낮아 보입니다. 높으면 오르기 어렵고 낮으면 오르기 쉬운 도리는 어떤 일에나 마찬가지로 적용할 수 있습니다. 그리하여 옛적 성군들이 벼슬의 등급을 제도로 만들었으니 조정에는 공(公)·경(卿)·대부(大夫)·사(士)를, 지방에는 공(公)·후(侯)·백(伯)·자(子)·남(男)을 둔 뒤에 관청마다 수장인 관사(官師)와 소리(小吏)를 두었으며·서인에게도 이렇게 구분하는 방법을 적용하여 그 등급을 명확하게 나누었습니다. 천자는 이렇게 나눈 등급의 맨 위에 있으니 그 누구도 천자의 존귀함에 미칠 수 없게 했습니다. "쥐한테 돌멩이를 던지려고 해도 그릇을 깨뜨릴 것이 걱정되어 꺼린다."라는 말이 있는데 이는 아주 좋은 비유입니다. 그릇이 깨질까 걱정되어 그릇 옆에 있는 쥐에게조차 돌멩이를 던지지 않는데, 하물며 주군 가까이에 있는 총애받는 신하에게 극형을 내릴 수 없습니다. 염(廉), 치(恥), 절(節), 예(禮)로써 군자를 다스리되 죄가 있다고 판명되면 사약을 내리고 극형으로 모욕을 주지 말아야 합니다. 죄를 지은 대부에게 경형이나 이형을 내리지 않는 것도 이들이 주상과 멀지 않기 때문입니다.

예절에 따르면 신하가 군주의 수레를 끄는 말의 나이를 알기 위해 치아 수를 헤아릴 수 없고, 그 말이 먹을 풀을 발로 차도 벌을 받습니다. 군주의 궤장을 보면 바로 몸을 일으켜야 하고, 군주의 수레를 만나면 낮은 곳으로 피해야 하며, 대전의 정문을 들어서면 종종걸음으로 걸어야 합니다. 총애하는 신하가 이런 예절을 어겼을 때에 그 신하에게 극형을 내리지 않는 것은 그 신하와 가까운 군주를 존중하기 때문입니다. 신하가 지켜야 할 규정을 둔 것은 주상에게 불경스럽게 행동하는 것을 미리 막기 위함이니, 신하가 죄를 지었을 때는 대신의 체면을 지켜 주고 절개를 지키며 죽어 가도록 배려해야 합니다. 지금 제후왕에서 열후와 삼공에 이르는 자리는 천자라 하더라도 얼굴빛을 고치고 예로써 대해야 하는 높은 자리인데, 예전으로 치자면 천자가 백부(伯父) 또는 백구(伯舅)라고 칭하던 자리입니다.[39] 그런데 그들을 평민처럼 취급하여 경형, 이형, 곤형(髡刑), 월형(刖刑), 태형(笞刑), 마형(儤刑),[40] 기시형으로 다스리고 있으니 전각 아래에 계단이 없어지는 것과 마찬가지 아니겠습니까? 극형으로 모욕당한 자도 황상과 아주 가까이 있던 자가 아닙니까? 염(廉)과 치(恥)가 제대로 작동하지 않으면 대신은 막중한 권력을 장악할 테고 고관은 법을 어긴 죄수처럼 수치심이 없어지지 않겠습니까! 무릇 망이궁에서 진 이세황제를 죽이는 일이 일어났던 것은 쥐에게 돌멩이를 던지되 그릇이 깨지는 것을 꺼리지 않았던 진나라의 관행 때문이었습니다.[41]

"신발이 아무리 새것이라도 베개 위에 올려놓을 수 없고, 관이 아무리 낡아도 신창으로 깔 수 없다."라고 신은 들었습니다. 천자의 총애를 받아 높은 자리에 있던 신하에게는 천자도 얼굴빛을 고쳐 대하며 체면을 살려 주었을 것이고 하급 아전과 평민은 그자를 대할 때마다 몸을 구부려 경외했을 것입니다. 그런 자가 죄를 지었을 때 천자는 그자의 벼슬을 빼앗아도, 고향으로 돌아가게 해도, 사약을 내려 자진시켜도, 삼족을 멸해도 되지만, 그자를 나포하여 포승줄에 엮어 사공(司空)[42]이 압송하고 옥리가 심문하면서 욕하고 채찍과 대나무 몽둥이로 때리는 장면은 평민에게 절대 보이지 말아야 합니다. 존귀한 신하가 하루아침에 형을 당한 것을 비천한 자들이 알게 되면 자신도 존귀한 신하에게 그렇게 대해도 된다고 여길 테니, 천하에 퍼지면 안 될 일이고 고관을 존경하고 귀족을 귀하게 여기도록 하는 교화와도 맞지 않습니다. 천자의 공경을 받고 백성의 존중을 받았던 자가 죽으면 죽는 것입니다. 비천한 자들이 어떻게 그 사람을 때리게 둘 수 있겠습니까!

예양(豫讓)이 중항씨(中行氏)를 주군으로 섬길 때, 지백(智伯)이 쳐들어와 중항씨를 멸망시키자 예양은 지백에게 옮겨 가서 섬겼습니다. 뒤에 조상자(趙襄子)가 지백을 멸망시키자 예양은 변장하기 위해 얼굴에 옻칠을 하고 목소리를 바꾸기 위해 숯을 삼킨 뒤에 자신을 중용했던 지백의 원수를 갚고자 다섯 번이나 조상자를 암살하려 했으나 다 성공하지 못했습니다. 누군가 예자(豫子)에게 다섯 번이나 암살하려 했던 이유를 물었더니 예자가 "중항씨는 나를 보통 사람으로 대했으므로 나도 보통 사람이 하듯이 중항씨를 섬겼소. 그런데 지백은 나를 국사(國士)로 대해 주었으므로 나도 국사답게 보답했소."라고 대답했습니다. 예양은 같은 예양인데 처음에는 주군을 배반하고 원수를 섬기는 개돼지 같은 짓을 하더니 나중에는 충성을 다해 절의를 지키는 열사의 행동을 보인 일로, 바로 주군이 그를 변하게 한 것입니다.

그러므로 주상이 자신의 대신을 견마 취급하듯이 하면 그자도 스스로 견마인 양 행동하게 되고, 관노로 취급하면 자신을 또 견마라고 여기게 됩니다. 그렇게 되면 부끄러움을 모르고 줏대 없이 비위나 맞추려 들고, 의지나 절개는 찾아볼 수 없으며, 부정부패를 저지르지 않으려는 청렴한 마음을 버린 채 자신을 제대로 위하지 않게 되니, 그저 목숨이나 이어 가면 된다고 생각하며 이익을 볼 일이 있으면 곧장 쫓아가고 자신에게 도움 될 일이 보이면 바로 쟁탈합니다. 그러다가 주상이 패하면 그 기회를 이용하여 주상의 것을 가지고, 주상에게 환난이 생기면 내 몸 하나만 위험에서 벗어나면 된다고 생각하여 가만히 환난에 빠진 주상을 쳐다보기만 하며, 나한테 이득이 된다면 주상을 속이거나 배반하면서까지 이득을 챙기니, 주군이 그런 자한테 무슨 도움을 더 얻겠습니까!

신하들은 아래에 이르기까지 숫자가 많은 데 비해 주상은 한 사람이니 재정과 기물 관리 및 사역 등을 여러 신하에게 맡길 수밖에 없는데, 모두 부끄러움이 없어져 법령을 어기는 짓을 일삼으면 주상은 아주 괴로워집니다. 옛적에는 죄목이 같더라도 서인에게는 예를 갖추지 않고 형벌을 내린 데 반해 대부에게는 형벌조차 내리지 않았던 것은 총애하는 신하들이 절개를 지키도록 장려했기 때

문입니다. 옛적에는 대신이 청렴하지 않은 죄로 파면되는 일이 있
더라도 "청렴하지 않았다."라는 표현을 쓰지 않고 "제기를 깨끗하
게 관리하지 않았다."라고 돌려 말했습니다. 남자 여자가 분별없이
음란한 짓을 했으면 "더러운 짓을 했다."라고 하지 않고 "장막과 주
렴을 단정하게 관리하지 못했다."라고 했습니다. 또 쉽게 지치는
약한 체질이라 직책을 잘 수행해 내지 못하는 자는 "쉽게 지치는
약골"이라고 하지 않고 "그 밑에 있는 아전들이 일을 잘해 내지 못
했다."라고 했으니, 존귀한 대신의 죄가 확실히 드러난 때에도 그
자를 바로 질책하지 않고 완곡한 표현을 씀으로써 어려운 자리를
피할 수 있게 해 주었습니다.

어느 대신이 크게 문책당할 범위의 잘못을 저지른 경우, 그는 문
책당하게 되었다는 소리를 들은 즉시 백색 관을 쓰고 쇠꼬리 털로
만든 끈[43]으로 묶은 다음 쟁반에 평평하게 담긴 물을 받쳐 들고[44]
자신을 찌를 검을 든 채 대신을 가두어 두는 옥으로 들어가 죄를 인
정하고 죽었는데, 주상은 그 대신이 스스로 죽을 수 있도록 결박하
여 끌고 가지 않았습니다. 중간 정도의 죄를 저지른 자는 판결 명령
을 듣는 즉시 자결했는데 주상이 사람을 시켜 그 목을 비틀어 칼을
찌르게 하는 법이 없었습니다. 큰 죄를 지은 자는 판결 명령을 듣
는 즉시 북향 재배를 하고 꿇어앉아 자결했는데, 사람을 시켜 머리
채를 잡고 짓눌러 죽이는 법이 없었습니다. 그러고는 "그대, 대부는
스스로 허물을 저질렀노라. 나는 그대에게 예로써 대했도다."라고
말했습니다.

신하를 예로써 대하면 그 신하도 자중자애하게 되고, 신하들에

게 청렴과 부끄러움을 아는 것을 덕목으로 권하면 자긍심을 가지고 절개를 지키게 됩니다. 주상이 염, 치, 예, 의의 덕목을 걸고 그 신하를 대했음에도 불구하고 절개를 지킴으로써 주상에게 보답하지 않는 신하가 있다면 그자는 사람의 유가 아닙니다. 군신 간의 풍속도가 이렇게 예로써 정립되면 신하는 오로지 주군만을 위하면서 자신의 몸을 잊을 것이고, 오로지 나라를 위하면서 자신의 집안을 잊을 것이며, 오로지 공을 위해 살아 사를 잊을 터, 이익이 되더라도 취하지 않고, 위험도 무릅쓰고 헤쳐 나가며, 있는 자리에서 오로지 의를 추구하며 일할 것입니다.

주상이 교화로써 신하를 대하면 부형(父兄)으로 신하가 된 자는 종묘를 지키다가 죽고, 법도를 맡은 신하는 사직을 위하다가 죽으며, 정사를 보좌하는 신하들은 군주에게 충성을 바치다가 죽고, 변경에서 적을 방어하는 신하는 각 성과 변경을 지키다가 죽을 것입니다.

그리하여 성군에게는 금성(金城)이 있다고들 하는데, 이는 황금이라는 물질에 비유하여 위에서 말씀드린 신하들이 굳은 의지를 갖추고 협심하여 성을 지킨다는 뜻입니다. 따라서 그 사람이 나를 위해 죽겠다고 할 때 나는 그런 그와 함께 살아나고, 그 사람이 나를 위해 자신을 잊고 뛰어들 때 나는 그런 그와 함께 생존하며, 그 사람이 나를 위해 위험을 무릅쓰겠다고 할 때 나는 그런 그와 함께 평안하게 되는 것입니다. 신하마다 자신의 행동을 돌아보며 이익이 되는 일을 좇지 않고 절의를 지키고 의리를 존중한다면, 군주는 방어할 생각 없이 전권을 위임하고 어린 태자를 맡길 것입니다. 이는 바로 염과 치를 권장하고 예와 의로써 교화하여 다다를 경지이니, 주상께서는 어찌하여 이것을 놓치고 계시는 것입니까! 이를 행하지 않으신 채 신하를 처형하고 모욕하던 옛 방식을 계속 쓰고 계시는 것이 제가 처음에 말씀드린 장탄식을 할 일 중에 하나입니다.[45]

그 무렵 승상 자리에서 물러나 자신의 봉토에 가 있던 강후 주발이 누군가에 의해 모반죄로 고발당해 장안에 붙잡혀 와 있었다. 심문을 받다가 마지막에 무죄임이 밝혀져 봉토를 되찾게 되었다. 가의는 주발의 사건을 들어 황제가 대신의 일을 처리할 때 신중해야 함을 역설했다. 황제가 가의의 의견에 깊이 깨달은 바가 있어 예절을 갖추어 신하를 대하게 되었다. 그 뒤로 대신이 죄를 지었을 때는 모두 자진하게 했지 형을 받게 하지 않았다. 그러다가 무제 때에 이르러 영성(甯成)이 다시 대신들을 옥에 넣기 시작하면서 점점 그런 일이 늘어났다.

제후왕을 통제하는 중앙 집권책을 올리다

○　○　○

문제는 원래 대나라의 왕이었다가 황제로 즉위했다. 즉위한 뒤에 대나라 땅을 둘로 갈라 아들 유무를 대나라의 왕에, 유참을 태원왕에 봉했다. 그리고 막내아들 유승(劉勝)은 양나라 왕으로 봉했다. 뒤에 대왕 유무를 회양왕으로 옮겼으며, 태원왕 유참을 대왕으로 삼아 둘로 가르기 전의 대나라 땅을 모두 통치하게 했다. 그러고 난 뒤 여러 해가 지나 양왕 유승이 죽었는데 아들이 없었다. 그리하여 가의가 다시 상소했다.[46]

　폐하께서 제도를 확립하지 않으면 지금의 형세로 보아 한 대에서 다시 더 한 대 내려갔을 때 제후국들은 지금과 마찬가지로 그대로 남아 있되, 제후왕은 방자해져 있을 것입니다. 제후왕들을 통제하지 않으면 세력이 커져서 크게 강성해질 테니 한나라 조정의 법이 통하지 못하게 될 것입니다.

　지금 폐하께서 조정의 방패로 삼아 황태자를 맡길 곳은 회양국과 대나라 두 곳뿐입니다. 그런데 대나라의 북쪽 끝은 흉노와 접하고 있으니 그 강적과 이웃하여 자신을 지켜 낸다면 그나마 다행스러운 일입니다. 또 회양국은 얼굴에 붙은 검은 점같이 작은 나라라서 얼굴에 해당하는 제후국의 먹잇감일 뿐 그들을 저지하기 어렵습니다. 지금 폐하께서 정하신 제도에 따르면 폐하의 친자식이 그들의 먹잇감이 될 만하게 제후국을 나누어 놓았으니, 이를 두고 어찌 잘 만든 제도라고 할 수 있겠습니까! 군주의 행위는 포의(布衣)[47]의 행위와 달라야 합니다. 포의야 자잘한 행실을 꾸미고 작은 일에 청렴하려고 애쓰면서 고을 사람들에게 붙어살지만, 군주는 오로지 천하태평과 사직의 안정만을 유념하셔야 합니다.

　고황제께서 천하의 땅을 갈라 공신들에게 제후왕을 봉하실 때 팽월과 경포 등 불만을 갖고 반대하는 자들이 고슴도치가 가시를 세우듯 들고일어났지만, 그들의 반란이 불가하다고 여긴 고황제께서는 그 불의한 제후들을 잘라 버리고 봉토는 비워 두셨습니다. 〔그런 뒤에〕 좋은 날을 골라 낙양 상동문(上東門) 바깥 땅으로 아드님들을 봉하되 모두 왕위에 올렸으니 그로써 천하가 안정되었습니다. 그러므로 큰일을 하는 사람은 작은 일에 구애되지 않아야 위업을 이룰 수 있습니다.

지금 회남 땅은 먼 쪽으로는 수천 리나 되어 양왕과 회양왕 두 제후가 가진 땅을 훨씬 넘고 있으나, 회남왕이 자결한 뒤로 조정의 직속 영토가 되어 있습니다. 그리하여 그곳에 사는 백성이 장안으로 요역을 살러 오면서 그 오가는 경비를 모두 스스로 부담하는데 오는 도중에 옷이 다 해지므로 옷값에 경비를 다 쓴다고 합니다. 회남 땅이 조정 관할이라 그런 고통을 겪고 있으므로 백성은 제후왕을 학수고대하고, 다른 제후국으로 달아나는 자도 적지 않다고 합니다. 그러니 이렇게 오래 놔두어서는 안 될 것입니다.

신에게 어리석은 계책이 하나 있습니다. 회남의 땅을 잘라 회양에 더해 준 뒤에, 현재 공석인 양왕을 다시 세우고 회양 북쪽의 두서너 개 현을 잘라 내어 동군과 함께 양왕에게 더해 주십시오. 이것이 불가능하다면 대나라 왕의 도읍을 수양으로 옮길 수도 있습니다. 양나라의 땅을 신처(新郪)에서 북쪽 황하까지로 하고 회양은 진현을 포함하여 남쪽의 장강까지 이르게 한다면 큰 땅을 가진 제후 중에 다른 마음을 먹었던 자들도 겁이 나 감히 반역을 꾀하지 못할 것입니다.

양왕이 제나라와 조나라를, 회양왕이 오나라와 초나라를 대적할 수 있으면 폐하께서 베개를 높이 하여 편하게 주무실 수 있으며, 효산 동쪽에서 반란이 일어날 위험이 사라진다면 이는 이 대에 걸쳐 이득을 보는 것이 됩니다.

지금 천하가 아무 일이 없어 보이는 것은 제후들의 나이가 아직 어리기 때문이니, 몇 해가 지난 뒤에는 폐하께서도 그들의 움직임을 알아차리게 될 것입니다. 진시황의 군대가 밤낮없이 힘들여 싸워 가며 육국이 진나라를 공격할 위험을 없앴던 것에 반해, 지금 폐하께서는 턱을 움직여 지시만 내려도 천하를 제압할 수 있습니다. 그러나 소매 안에 손을 넣고 아무것도 하지 않으며 육국으로 다시 분열된 화를 키우신다면 현명한 처사라고 말하기 어려울 것입니다. 만일 지금 무슨 일이 없다고 하여 반란의 화를 키우면서 자세히 보고도 종식시키지 않으면, 폐하께서 돌아가신 뒤에 태후와 어린 황제에게 권력이 내려가도 장차 위태로운 일이 발생하게 되니 인(仁)이라고 일컬을 수 없습니다.

성군은 결정하고 싶은 것이 있어도 먼저 명령하지 않고 신하에 물어본 뒤에 결정하므로 그런 성군 밑에 있는 신하들은 우국충정을 다 바칠 수밖에 없다고 신은 알고 있습니다. 폐하께서도 제 의견을 들어주신다면 다행이겠습니다.

문제가 가의의 계책에 따랐다. 그리하여 회양왕 유무를 양왕에 봉하고 북쪽 경계는 태산으로, 서쪽 끝은 고양으로 정한 뒤에 마흔 개가 넘는 큰 성을 주었다. 이어서 성양왕(城陽王) 유희(劉喜)를 회양왕으로 옮겨 그곳 백성을 위무하게 했다.

또 회남 여왕의 네 아들을 모두 열후에 봉했다. 가의는 황제가 그들을 다시 왕으로 봉할 것을 미리 짐작하고 상소하여 간언했다.

저는 폐하께서 회남의 여러 왕자를 열후에 봉하셨지만 얼마 지나지 않아 다시 왕으로 봉하실까 봐 혼자서 걱정하고 있습니다. 열후에 봉한 것도 대신들과 의논하지 않고 혼자서 결정하셨습니다. 패역무도했던 회남왕의 죄상을 천하의 어느 누가 모르겠습니까! 폐하께서 은총을 내려 회남왕을 용서하고 사는 곳을 옮기게 했으나 스스로 곡기를 끊어 병이 나서 죽었는데, 천하의 누가 그 죽음을 억울하다고 하겠습니까! 죄인의 아들을 추어올리면 천하 사람들이 회남 여왕은 무죄인데 황제가 억울하게 죽였다고 비방하는 것을 인정하게 됩니다. 또 이 왕자들은 젊고 건장하니 그 아비의 죽음을 어찌 잊어버리겠습니까! 백공(白公) 승(勝)은 그 아버지의 원수를 갚기 위해 조부와 백부, 숙부를 상대로 난을 일으켰던 것이지 초나라 임금의 자리를 노린 것이 아니었으니, 분통을 터뜨려 거사한 뒤에 손에 쥔 칼로 원수의 가슴을 찌르고 자신도 함께 죽으려고 했습니다. 회남 지역이 비록 작지만 경포가 그곳에서 일으킨 반란을 조정에서 진압했던 것은 아주 다행한 일이었습니다. 한나라에 위험이 될 땅을 원수에게 내주는 것은 조정에 위험한 일이므로 유리한 방책이 아닙니다. 비록 네 아들에게 나눠 준다 해도 그들이 아버지의 원수를 갚으려고 마음을 합할 것입니다. 이런 자들에게 수많은 백성을 주고 재물을 쌓을 수 있게 하면, 오자서나 백공처럼 도읍 한가운데에서 공개적으로 원수를 갚으려 들거나, 전제(專諸)와 형가처럼 암살을 시도할 것입니다. 이는 적군에게 무기를 빌려 주고 호랑이에게 날개를 달아 주는 것에 비유됩니다. 폐하께서는 이 점을 얼마간이라도 고려하시기 바랍니다.

양왕 유승이 말에서 떨어져 죽자 가의는 자신이 태부로서 아무런 도움이 되지 못했음을 자책하며 한없이 울기만 했다. 그로부터 한 해쯤 뒤에 가의도 죽었다. 그때 나이 겨우 서른셋이었다.

사 년이 지난 뒤에 제 문왕[48]이 세상을 떠났으나 아들이 없었다. 한 해가 지난 뒤 문제 15년, 가생의 말을 떠올린 문제가 제나라를 여섯 나라로 쪼개 도혜왕의 아들 여섯을 왕으로 봉했다. 또 회양왕 유희를 성양왕으로 다시 옮긴 뒤에 회남을 세 나라로 갈라 회남 여왕의 세 아들을 왕으로 봉했다. 그 뒤 열 해가 지났을 때 문제가 붕어하고 경제가 즉위했다.

경제 3년, 오나라, 초나라, 조나라와 제(齊) 땅의 네 나라[49]가 연합하여 군대를 출동시키고 서쪽의 장안으로 향했다. 양 효왕이 오 초 연합군을 막아 내면서 조정에서 파견한 군대가 마침내 칠국의 난을 진압했다.

무제 때에 이르러 회남 여왕이 아들로 왕을 봉한 두 나라에서 다시 모반하여 처벌되었다.[50]

효무제 즉위 초에 가생의 손자 두 명을 지방 군의 태수에 임명했다. 두 손자 중에 가가(賈嘉)가 학문하기를 아주 좋아하여 가업을 이었다.

찬하여 말한다.

유향은 다음처럼 평가했다. "가의는 〔하, 은, 주〕 삼대와 진나라가 안정을 이루었다 패망하게 된 원인을 아주 뛰어나게 분석했다. 가의는 나라를 이루는 체제에 통달했으니 옛적의 이윤과 관중도 가의보다 뛰어날 수 없을 것이다. 가의의 주장이 제때에 실현되었더라면 제왕의 위업과 교화를 현저하게 이뤄 냈을 것이다. 그러나 어리석은 신하들 때문에 망치고 말았으니 애통하기 그지없는 일이다."

돌아보면 효문제가 묵묵히 친히 검약을 실천하며 풍속을 바꾸어 나갔는데 가의가 진술한 내용을 대체적으로 시행하려 했다. 나라의 제도를 가의의 제안대로 개혁하려 했고, 한나라를 토덕에 비유하여 황색을 숭상하고 '오(五)'를 관인의 글자 수로 정하려고 했으며, 또 속국을 두려고 시도하면서 가의가 주장한 오이(五餌)와 삼표(三表)[51]로써 흉노의 선우를 끌어오려고 했으니 이는 모두 가의의 주장이 제대로 실현된 것이다. 가의는 요절했다. 공경에 오르지는 못했지만 그렇다고 황제의 지우를 입지 못했던 것은 아니다. 가의는 모두 쉰여덟 편의 저술을 남겼는데 이번에 「가의전」을 지으면서 그 저술 중에 세상일에 들어맞는 내용을 골라 실었다.

19

원앙·조조 전
爰盎晁錯傳

이 편의 주인공은 원수지간이었던 원앙(爰盎, 기원전 200~기원전 150년)과 조조(晁錯, 기원전 200~기원전 154년)다. 살아서는 한자리에 앉지 않았던 두 사람이 죽어서 함께하게 된 것이다. 이런 자리를 마련한 사마천과 반고의 뜻은 무엇이었을까? 원앙과 조조는 문제와 경제 시대에 활동했고 중앙 집권을 강화하기 위한 정책을 제안했으며 불운한 최후를 맞이한 공통점이 있다. 그러나 성격은 완전히 달랐으니, 원앙이 격앙된 어조로 독설을 내뱉는 웅변가였다면 조조는 두뇌를 굴린 문장파였다.

일찍이 소식(蘇軾)은 두뇌파 조조에 관해 유명한 비평을 남겼다. 조조가 제안한 삭번(削藩) 정책 때문에 오초의 난이 일어났을 때, 그에 대한 책임을 지고 반란을 진압하는 데 나서 공을 세웠어야 마땅했지만 슬그머니 숨어 버린 죄가 있다는 것이다. 조조는 자신이 충성을 바친 황제가 장안에 남은 자신을 끝까지 보호해 주리라고 여겼으나, 황제는 조조를 반란의 원흉으로 지목한 원앙의 말에 따라 그를 사형시킨다.

사마천은 조조의 삭번 정책을 반대했지만 반고는 조조를 세상 사람들이 잊지 못할 충신으로 평가한다. 사마천이 지나쳤던 조조의 상소문 여러 편을 실어 삭번 정책이 나라를 위한 원려(遠慮)였다고 칭찬했다. 서로를 제거하려 했던 앙숙 원앙과 조조는 한나라가 중앙 집권의 전제 군주 체제를 굳히는 데 꼭 필요한 인물이었다. 한 편에 실린 이 두 사람의 다른 면모를 비교하며 읽을 만하다.

거침없는 직언으로 황제의 마음을 얻은 원앙

○　○　○

원앙[1]의 자(字)는 사(絲)이다.

원앙의 아버지는 〔전국 시대〕 초나라 사람이었는데 도적 떼에 가담했다가 안릉(安陵)으로 옮겨 살았다.

여후 집권 시기에 여록의 가신이 되었다.

효문제가 즉위했을 때는 형 원쾌(爰噲)의 추천으로 낭중이 되었다.

하루는 승상 강후 주발이 조회를 마친 뒤 종종걸음으로 나갔는데 그 기색이 몹시 득의양양했다. 황제는 예로써 승상을 공대하면서 승상의 모습이 보이지 않을 때까지 전송했다. 그 광경을 본 원앙이 앞으로 나서며 아뢰었다.

"폐하께서는 승상을 어떤 사람으로 보십니까?"

황제가 대답했다.

"사직신(社稷臣)이지요."

원앙이 아뢰었다.

"강후는 이른바 공신이지 사직신이 아닙니다. 사직신은 주군이 살아 있을 때엔 주군을 도와 함께 나라를 다스리지만, 주군이 죽으면 같이 죽습니다. 여후가 집권했을 때 여씨 일족이 전권을 장악하고 제멋대로 제후왕에 앞다투어 올랐으니 그 무렵 유씨 정권은 가느다란 명맥만을 겨우 유지하고 있었습니다. 강후는 태위직에 있으면서 병권을 장악하고 있었는데도 여씨 일족의 만행을 바로잡지 않았습니다. 여후가 세상을 뜨고 대신들이 함께 여씨 일족을 주살하기로 했을 때 태위가 군대를 주도하여 마침 공을 세웠던 것입니다. 그러므로 흔히 말하는 공신이지 사직신이라 할 수는 없습니다.

지금 승상의 얼굴에 교만한 기색이 보이는데, 폐하께서는 겸양의 태도로 대하시니 신하와 주군이 모두 예절에 맞지 않습니다. 신은 폐하께서 승상을 그렇게 공대하시면 안 된다고 생각합니다."

그다음 조회 때, 황제가 아주 위엄 어린 모습을 하자 승상이 크게 두려워했다. 조회를 마치고 나와서 강후가 원앙을 책망했다.

"내가 자네 형과 교분이 두터운데, 자네 같은 애송이가 지금 감히 나를 비방하는 겐가!"

그러나 원앙은 끝내 사과하지 않았다.

강후가 승상에서 물러나 봉토로 돌아가 있을 때 어떤 자가 강후를 모반죄로 고발했다. 강후는 장안으로 잡혀가 대신들을 가두는 옥에 갇혔다. 여러 대신이 감히 아무 말도 하지 못했으나 원앙이 홀로 나서서 강후의 무죄를 밝혀 주었다. 강후가 풀려난 데에는 원앙의 공이 아주 컸다. 그리하여 강후는 원앙과 깊이 사귀게 되었다.

회남 여왕이 황제를 배알하러 왔다가 벽양후를 죽였는데, 그 모습과 태도가 심히 거만했다. 그리하여 원앙이 황제에게 간언했다.

"제후가 너무 거만한데 방치하면 반드시 화를 부르는 법입니다. 회남 여왕의 봉토를 삭감하는 처분을 내리십시오."

그러나 황제가 원앙의 말을 듣지 않았다. 회남 여왕은 나날이 전횡을 부리다가 반역을 꾀한 것이 발각되었다. 황제가 왕을 장안으로 불렀다가 촉군으로 유배를 보내면서 함거(檻車)에 태워 역참마다 차례로 호송하게 했다. 당시 중랑장으로 있던 원앙이 간언했다.

"오늘 일이 이 지경에 이른 것은 폐하께서 계속해서 왕을 경시하고 봉토를 삭감하지 않았기 때문입니다. 외골수인 회남왕이 이제껏 겪지 못한 운무와 이슬에 젖는 상황을 만났을 때, 일부러 대처하지 않아 병사라도 하면 폐하께서 천하에 동생 하나 제대로 받아들이지 못하고 마침내 죽여 버렸다는 오명을 쓰게 될까 두렵습니다. 그렇게 되면 어찌하시겠습니까?"

황제는 원앙의 말을 듣지 않고 회남 여왕을 촉군으로 보냈다.

회남 여왕이 옹현에 이를 무렵 병사했다는 소식이 전해졌다. 소식을 들은 황제가 식음을 전폐하고 몹시 애통해하며 곡했다. 원앙이 황제를 알현한 뒤에 머리를 조아리고 더 강력하게 간언하지 못한 것을 사죄했다. 황제가 말했다.

"공의 말씀을 따르지 않아 이 지경에 이르렀소."

원앙이 다시 아뢰었다.

"폐하께서는 마음을 넓게 가지셔야 합니다. 이미 지난 일이 된 것을 가지고 후회한들 무슨 소용이 있겠습니까? 더구나 폐하께서는 세상 사람보다 뛰어난 세 가지를 행하셨기 때문에 이만한 일로는 전혀 명예가 깎이시지 않을 것입니다."

황제가 물었다.

"내가 세상 사람보다 뛰어난 세 가지를 행했다니, 그게 무슨 일이오?"

"폐하께서 대나라 왕으로 계실 때 태후께서 병환을 앓으셨는데, 그 세 해 동안 폐하께서는 눈을 제대로 붙이신 적이 없고 옷고름을 푼 적도 없으며, 입으로 먼저 맛보지 않은 탕약은 올린 적이 없었습니다. 저 증삼(曾參)[2]도 평민으로서 그렇게 하기 어려웠을 것입니다. 왕으로 계시면서도 친히 그렇게 효를 수행하셨으니 증삼이 아무리 효성스러웠다 해도 폐하께는 미치지 못할 것입니다. 여씨 일족과 대신들이 전횡할 때, 앞에 어떤 일이 벌어질지 모르는 상황에서도 폐하께서는 여섯 필 말이 끄는 역참 수레를 타고 대나라 도읍을 떠나 장안으로 달려가셨으니 맹분이나 하육 같은 용사도 폐하께는 미칠 수 없을 것입니다. 폐하께서 장안의 대왕(代王) 경저에 이르셨을 때 대신들이 황제로 옹립하고자 했지만, 폐하께서는 서쪽을 향해 앉아 세 번 사양하고, 다시 남쪽을 향해 앉아 두 번 사양하여 다섯 번이나 사양했으니, 허유(許由)가 천자 자리를 물려주려는 요임금에게 한 번 사양한 데 비해 네 번을 더 사양하셨습니다. 게다가 폐하께서 회남왕을 유배 보낸 것은 속으로 고생을 겪도록 하여 회개하게 하려 한 것이지 죽이려던 것이 아니었는데, 중도에 왕을 호송하던 관리들이 제대로 호위하지 못하는 바람에 왕이 병사하게 된 것입니다."

그리하여 황제가 마음을 풀었다. 이 일로 원앙은 조정에서 크게 이름을 떨쳤다.

원앙은 격앙된 어조로 합당한 도리에 대해 강조하는 일이 많았다. 환관 조담이 황제의 은총을 입는 일이 많아지면서 원앙을 자주 해치려고 들자 원앙은 걱정이 많았다. 원앙의 형의 아들인 원종(爰種)이 상시기(常侍騎)로 있으면서 좋은 방법을 일러 주었다.

"작은아버지께서 대신들 있는 데서 그자를 모욕하세요. 그러면 나중에 그자가 황상께 작은아버지를 비방하더라도 황상께서는〔조담이 보복을 하기 위해 그러는 것으로 생각하고〕 그 말을 믿지 않으실 것입니다."

황제가 동궁으로 태후를 배알하러 가는 길에 조담이 황제의 수레에 함께 타고 가는 것을 본 원앙이 수레 앞에 엎드려 아뢰었다.

"신은 천하의 호걸이나 영웅들만이 천자께서 타는 육 척 옥으로 장식된 가마에 함께 탄다고 알고 있습니다. 오늘날 한나라 조정에 아무리 사람이 모자란다 해도 폐하께서는 어찌 칼과 톱에 신체 일부를 잘린 적이 있는 자를 함께 태우신단 말씀입니까?"

그러자 황제가 웃으면서 조담을 수레에서 내리게 했다. 조담은 울면서 가마에서 내렸다.

황제가 패릉[3]에 올라갔다가 서쪽 비탈길에서 달려 내려가겠다고 하자 원앙이 고삐를 잡아당겼다. 황제가 물었다.

"장군[4]은 겁이 나는 게요?"

원앙이 말했다.

"신은 황금 천 근을 가진 자는 큰 건물의 처마 바로 밑에 앉지 않고, 황금 백 근을 가진 자는 난간에 걸터앉지 않는다고 들었습니다. 성군(聖君)은 모험하지 않고 요행을 바라지 않습니다. 폐하께서 날듯이 달리는 여섯 마리 말이 모는 수레를 타고 위험한 산을 달리다가 말이 놀라 수레가 망가지기라도 하면 함부로 목숨을 버린 것이 되는데, 돌아가신 고황제와 태후를 무슨 면목으로 대하시겠습니까?"

그러자 황제가 그만두었다.

황제가 상림원에 행차하여 황후와 신(愼) 부인이 따라갔다. 궁중에서 그 두 사람은 언제나 상하 구별 없이 나란히 앉았다. 상림원에서 자리를 잡고 앉을 때, 낭서장(郎署長)이 늘 앉던 대로 자리를 배치했는데, 원앙이 신 부인의 자리를 밑으로 끌어 내렸다. 화가 난 신 부인이 그 자리에 앉으려고 하지 않자 황제도 노하여 일어서 버렸다. 그러자 원앙이 황제 앞에 나아가서 설득했다.

"저는 존비(尊卑)의 질서가 잡혀야 아래위가 화목해진다고 알고 있습니다. 폐하께서 이미 황후를 세우셨으니 신 부인은 후궁입니다. 후궁과 황후는 나란히 앉을 수 없습니다. 폐하께서는 신 부인을 총애하여 후하게 상을 내리고 계신데, 그렇게 위하는 일이 도리어 신 부인에게 화를 부르게 됩니다. 폐하께서 설마 인시(人豕)[5]라는 말을 못 들어 보신 것은 아니시겠지요?"

이에 원앙의 뜻을 알아차린 황제가 기뻐하며 신 부인에게 이야기를 전해 주었다. 신 부인이 원앙에게 황금 쉰 근을 내렸다.

원앙은 직간을 자주 하는 바람에 조정에 오래 머무르지 못했다. 원앙이 농서군 도위로 파견되었을 때 부하 병졸을 인애로 보살폈으므로 병졸들이 모두 죽기를 각오하고 앞다투어 나가 싸웠다.

그 뒤 원앙은 제나라 왕[6]의 승상으로 옮겼다가 다시 오나라 왕[7]의 승상으로 옮겨 갔다. 오나라에 부임하는 원앙을 배웅하면서 조카 원종이 원앙에게 당부했다.

"오왕이 오만불손하게 군 지 오래되어 오나라 안에 반역을 꾀하는 무리를 많이 모아 놓았을 것입니다. 사(絲)[8]께서 그런 자들을 발각하여 엄하게 다스리면, 그자들이 상소를 올려 군(君)을 무고하거나 날카로운 검으로 찌를 것입니다. 남방은 지대가 낮고 습하니 사께서는 날마다 술이나 드시면서 습기가 몸에 침범하는 것을 막으시고, 다른 일은 아무것도 하지 말고 〔조정에서 파견된 사자가 물으면〕 왕에게 '모반하지 마소서.'라고만 말씀하시면 됩니다. 이렇게 하셔야 오왕의 해를 벗어날 수 있습니다."

원앙이 원종의 계책을 썼더니 오왕에게 후대를 받았다.

하루는 원앙이 휴가를 받아 집에 가는 길에 승상 신도가의 행차를 만났다. 원앙이 수레에서 내려 승상을 뵙는 예를 다했으나 승상은 수레에 그대로 앉아 답례했다. 집에 돌아온 원앙은 자신을 예로 대하지 않은 승상 때문에 아랫사람 보기가 부끄러웠다. 그래서 승상의 처소로 찾아가 이름을 적은 알(謁)을 올린 뒤에 만나기를 청했다. 꽤 시간이 흐른 뒤에야 승상이 만나 주었다. 원앙이 승상 앞에 무릎을 꿇고 말했다.

"드릴 말씀이 있으니 틈을 내 주시기 바랍니다."

승상이 말했다.

"사군(使君)[9]께서 공적인 일을 말할 것이면 해당 부서의 장사연(長史掾)한테 가서 의논하세요. 해당 부서에서 내용이 올라오면 내가 황상께 주청해 보겠소. 사적인 일로 왔다면 그런 이야기는 듣지 않소."

원앙은 굽혔던 몸을 일으키며 유세를 시작했다.

"귀하는 승상으로서 〔귀하보다 먼저 승상직에 있었던〕 진평이

나 강후보다 낫다고 생각하십니까?"

승상이 대답했다.

"나는 그분들만 같지 못하오."

원앙이 말을 이었다.

"옳습니다. 같지 못하다는 것을 귀하가 스스로 인정하셨습니다. 진평과 강후는 고황제가 천하를 평정할 때 도왔으므로 후일 장상에 올랐고 그 뒤에 여씨 일족을 주살하고 유씨 왕조를 존속시켰습니다. 그런데 귀하는 재관 부대의 병졸로서 발로 쇠뇌를 밟고 시위를 당기는 재주가 있어 대사(隊帥)로 파격 승진했고, 공을 세워 회양 군수가 되었으나 그 역시 뛰어난 계책을 올린 것이 아니고 공성전이나 야전에서 세운 공도 아닙니다.

대왕(代王)에서 황제로 즉위하신 뒤, 황상께서 조회하러 가실 때마다 조회에 참석할 수 없는 낭관들이 가는 길을 막고 상소를 올리면 가마를 세우고서 받지 않은 적이 없었습니다. 일단 다 받은 뒤에 쓸 만한 내용이 아니면 제쳐 두고 쓸 만한 내용이면 칭찬하지 않은 적이 없으셨습니다. 이는 무엇 때문이겠습니까? 황상께서는 그런 방법을 통해 천하의 능력 있고 걸출한 관리를 불러 모으고 싶어 하시니, 날마다 예전에 듣지 못했던 새로운 소식을 들으면서 더욱 뛰어난 성군이 되고자 하시는 것입니다. 그러나 귀하께서는 예로써 사람을 대하지 않음으로써 스스로 천하 인재들의 입을 막아 버리시니 날로 우매해질 뿐입니다. 성군은 우매한 승상을 알아보고 질책하게 되어 있으니, 귀하가 화를 입을 날이 머지않았습니다."

승상이 원앙에게 두 번 절한 뒤에 말했다.

"저는 비루한 사람이라 아는 것이 없으니 장군께 가르침을 얻고자 합니다."

승상이 원앙에게 자리를 권하여 앉히고 상객으로 대접했다.

조조를 죽여 오초의 난을 진정시키다

○　○　○

원앙은 평소에 조조와 사이가 좋지 않았다. 조조가 앉아 있는 자리는 원앙이 무조건 피했고, 조조 역시 원앙이 앉아 있는 자리를 피했기 때문에 두 사람은 같은 자리에 앉아 이야기를 나눈 적이 없었다.

효경제가 즉위한 뒤에 조조가 어사대부에 올랐는데, 옥리에게 원앙이 오나라 왕의 재물을 수뢰한 안을 조사하고 판결하게 했다. 황제가 조서를 내려 원앙을 사면하고 서인으로 강등시켰다.

오초의 반란이 일어났다는 소식이 들리자, 조조가 휘하의 승(丞)과 사(史)에게 말했다.

"원앙은 오왕이 주는 돈을 많이 받은 뒤에 모반 사실을 숨기고 알리지 않았다. 그런데 지금 왕이 반란을 일으킨 것이 확실하니 원앙의 죄를 다스리도록 황제께 주청하려고 한다. 그자는 오왕이 음모를 꾸미는 것을 알고 있었던 것이 확실하다."

승과 사가 말했다.

"반란이 일어나기 전에 원앙을 징벌했다면 오왕의 반란을 막을 방법이 있었을 것입니다. 지금 오왕의 군대가 서쪽을 향해 오는 중인데 원앙에게 벌을 주어 무슨 도움이 되겠습니까! 게다가 원앙이라면 모반에 참여하지 않았을 것입니다."

조조는 원앙을 없애기로 결정하지 못했다. 그런데 누군가가 조조 쪽에서 그런 논의가 있었다는 사실을 원앙에게 알려 주었다. 겁이 난 원앙이 밤에 두영(竇嬰)을 찾아가 오왕이 반란을 일으키게 된 연고를 설명한 뒤에 황제 앞에서 직접 상황을 말씀드리게 해 달라고 빌었다. 두영이 황제에게 원앙의 말을 전하니 황제가 원앙을 불러들였다. 원앙이 황제를 알현하여 오왕이 반란을 일으킨 연고를 자세하게 설명한 다음, 오왕의 군대를 철수시키는 방책은 서둘러 조조의 목을 잘라 오왕을 위로하는 길밖에 없다고 말했다.

황제는 조조를 죽인 뒤에 원앙을 태상에, 두영을 대장군에 임명했다. 두 사람은 원래 서로 친한 사이였다. 그 무렵 장안과 그 주변의 여러 능 부근에 살던 능력 있는 인재들이 다투어 두 사람에게 귀부했으니 하루에도 백 대 넘는 수레가 두 사람의 집 앞에 가 닿았다.

조조가 주살되고 난 뒤에 원앙이 태상이 되어 오왕에게 출사했다. 오왕은 원앙을 장군으로 삼고 싶어 했으나 원앙이 거절했다. 오왕이 원앙을 죽이기 위해 군영 안에 원앙을 감금하고 도위 한 명에게 오백 명의 군사를 데리고 포위하여 지키게 했다.

앞서 원앙이 오왕의 승상으로 있을 때, 원앙이 데리고 있던 종사(從史) 하나가 원앙의 계집종과 몰래 정을 통한 일이 있었다. 그 사실을 안 원앙이 모르는 체 전과 다름없이 대해 주었다. 그 뒤에 누군가가 그 종사에게 "승상께서 자네가 계집종과 정을 통한 것을 알고 계시네."라고 일러 주자 그 종사가 달아나 버렸다. 원앙이 친히 그 뒤를 쫓아가서 계집종을 그에게 내려 주고 다시 종사로 썼다.

원앙이 오왕에게 감금되었을 때, 종사였던 그자가 마침 원앙을 지키는 그 군영의 사마(司馬)로 있었다. 사마가 자신이 지니고 있던 물건과 옷가지를 모두 팔아 독한 술 두 섬을 샀다. 마침 날이 추워 병사들이 굶주리고 목말라하던 참이어서 서남쪽 모퉁이를 지키던 병사들이 〔술에 취해〕 모두 나동그라졌다. 사마가 밤에 찾아가 원앙을 깨운 다음 말했다.

"지금 도망치셔야 합니다. 오왕이 내일 새벽에 공을 베기로 했습니다."

"누구요?"

"저는 예전에 승상의 계집종을 훔쳤던 종사입니다."

놀란 원앙이 고맙다고 하면서 말했다.

"그런데 공에게는 부모님이 계시지 않소? 나 때문에 공이 연루되어서는 안 되오."

"공께서 달아나신 뒤에 저도 달아나서 부모님을 피신시키겠으니 걱정하지 않으셔도 됩니다."

이에 칼로 장막을 찢어 술 취한 병사들 있는 쪽으로 길을 내어 바로 빠져나왔다. 사마와 원앙은 서로 갈라져 도망갔다. 원앙은 쇠꼬리 털로 장식한 부절 꾸러미를 속에다 감춘 채 칠십 리를 걸어갔다. 동이 틀 무렵에 오왕을 공격하러 온 양나라 기병대를 만나 말을 얻어 타고 장안으로 돌아가 황제에게 사정을 보고했다.

오초의 반란이 진압된 뒤에 황제가 초 원왕의 아들인 평륙후 유례를 초왕에 봉하고 원앙을 초왕의 승상으로 임명했다. 원앙이 글을 올려도 받아들여지지 않자 병을 칭하고 봉토로 돌아가 집에서 지냈다. 원앙은 마을 사람들에게 푹 빠져서 그들을 따라다니며 닭싸움이나 개 달리기 시합을 구경했다.

그 무렵 낙양 사람 극맹이 원앙의 집에 들렀는데 원앙이 대접을 잘해 주었다. 그 광경을 본 안릉의 한 부자가 원앙에 물었다.

"제가 듣기로 극맹은 노름꾼이라고 하던데 장군께서는 어찌 그런 사람과 왕래하십니까?"

원앙이 대답했다.

"극맹이 노름을 즐기긴 하나 어머니가 돌아가셨을 때 상여를 따라간 문상객의 수레가 천여 대가 넘었습니다. 이는 극맹이 다른 사람을 뛰어넘는 점이 있음을 보여 주는 것입니다. 게다가 살다 보면 누구에게나 다급한 일이 생기는 법인데, 어느 날 일이 생겨 찾아가 문을 두드렸을 때, 부모님이 계시다는 핑계를 대지 않고 도와주거나 집에 있으면서도 없다 말하지 않으므로 천하가 기댈 사람이란 계심과 극맹뿐입니다. 지금 공이 말 탄 시종 몇을 데리고 외출을 다니지만 다급한 일이 생기면 저들에게 의지할 수 있으십니까?"

원앙은 부자에게 그렇게 쏘아붙이고는 다시 왕래하지 않았다. 이 말을 들은 많은 사람이 원앙의 생각을 옳게 여겼다.

원앙이 집에 머물고 있을 때에도 경제는 수시로 사람을 보내

방책을 세워 달라고 부탁했다. 양왕이 경제의 후사가 되고 싶어
했을 때 원앙이 나서서 황제를 설득하는 바람에 그 논의가 중지되
었다. 그 일로 양왕이 원앙을 원망하여 자객을 보내 원앙을 찌르
게 했다. 자객이 관중에 당도하여 원앙에 관해 여러 사람에게 물
어보았는데 다들 원앙을 칭찬하느라 입이 마를 새가 없었다. 자객
이 원앙을 보고 말했다.

"제가 양왕의 돈을 받고 공을 해치려고 와서 보니 덕망이 높은
분이라 차마 공을 찌를 수가 없습니다. 제 뒤에도 자객의 무리가
십여 명은 더 올 것이니 미리 대비하시기 바랍니다."

원앙이 그 이야기를 듣고 마음이 그리 즐겁지 못한 데다 집안에
이상한 일이 자꾸 일어났으므로, 배생(棓生)을 찾아가 물어보고 점
을 쳤다. 아니나 다를까 돌아오는 길에 양왕이 뒤에 보낸 자객이
안릉 성문 밖에 숨어 있다가 원앙이 가던 길을 막고 찔러 죽였다.

『상서』 연구의 맥을 이은 조조

○   ○   ○

조조는 영천 사람이다. 지현(軹縣)의 유생 장회(張恢)에게 가서
신불해(申不害)와 상앙(商鞅)의 형명학(刑名學)을 배웠는데 낙양의
송맹(宋孟) 및 유대(劉帶)와 함께 사사했다. 문장을 잘 지어 태상의
장고(掌故)가 되었다.

조조는 사람됨이 준엄하고 강직하며 인정에 각박했다.

효문제 때에 이르러 천하에 『상서』를 연구하는 자가 모두 없어지고 제나라 땅의 복생(伏生)만 남아 있었다. 복생은 진나라 때의 박사로 나이 아흔에 이르도록 『상서』를 연구하고 있었는데 연로하여 장안으로 불러 올릴 수 없었다. 보고를 받은 황제가 태상에게 명령하여 복생에게 사람을 보내 전수받게 했다. 태상은 조조를 복생에게 보내 『상서』를 전수받으라 일렀다.[10]

조조가 돌아와서 황제에게 보고하는 글을 올려 스승에게 배운 내용의 대의를 설명하니 황제가 칭찬하며 기뻐했다. 그리고 조서를 내려 태자의 일상을 수행하는 관리에 임명했다가 다시 태자궁의 문대부(門大夫)로 삼았다. 그 뒤에 박사로 승진했다.

조조가 다시 황제에게 글[11]을 올려 말했다.

백성의 주군은 상벌이 분명한 형명의 책략을 잘 알고 있어야 그 지위가 빛나게 존귀해지고 그 위업이 만세에 전해지게 됩니다. 그러므로 신하를 거느리고 백성을 다스리는 방법을 주군이 알고 있을 때라야 신하들이 경외하며 복종하고, 올라오는 의견을 제대로 판단해야 신하들에게 속지 않게 되며, 만민에게 이로운 정책을 펴야 온 나라의 백성이 주군을 반드시 따르고, 주군이 충과 효를 다해 조상을 섬겨야 신하와 백성도 자신의 행동을 갖추게 될 것입니다. 제가 생각할 때 이 네 가지는 황태자가 행할 급선무입니다. 신하들의 의견을 들어 보면 황태자가 일을 처리할 줄 몰라도 된다고 하는 이가 있는데, 제 어리석은 생각으로는 그래서는 절대 안 됩니다.

예전에 세상을 다스렸던 군주의 형편을 살펴보면, 종묘를 잘 모시지 않아 신하에게 살해당한 군주는 모두 형명의 책략을 깨닫지 못한 자였습니다. 황태자께서는 책을 많이 읽었지만, 아직 형명학을 깊이 공부하지 않아서 그 대의를 물어볼 수준에 이르지 못했습니다. 무릇 암송만 하고 대의를 파악하지 않으면 애만 쓰고 성과를 내지 못하는 격이 됩니다. 신이 살펴보니 황태자께서는 능력과 지혜가 특별할 뿐만 아니라 말타기와 활쏘기의 기예가 타인보다 훨씬 뛰어난 데 비해 형명학은 아직 완전히 익히지 못하신 듯하니 폐하께서 이 점을 염두에 두셔야 합니다. 제 생각으로는 성인이 남긴 형명학의 술수를 지금 세상에서 써먹도록 가르칠 수 있는 자를 잘 가려 뽑아서 황태자에게 전수하고, 수시로 폐하 앞에 나아가 그 배운 바를 설명하게 함이 좋을 듯합니다.

폐하께서 제가 올린 뜻을 살펴보시고 판단해 주십시오.

황제가 상소문의 내용을 옳게 여기고 조조를 태자가령에 임명했다. 조조는 뛰어난 변론으로 태자의 신임을 얻었다. 태자궁 내에서 조조는 꾀주머니라고 불렸다.

그 무렵 흉노가 강성해져서 자주 변경을 침략했으므로 황제가 군대를 출동시켜 흉노를 막게 했다. 이때 조조가 용병에 관한 상소[12]를 올려 주장했다.

한나라를 건국하고 호로(胡虜)가 여러 차례 변경을 침입했는데 규모가 작으면 적게 얻어 갔고 대거 침입했을 때는 크게 얻어 간 것을 신이 알고 있습니다. 고후 때에도 농서로 침입하여 성읍을 공략하고 도륙하며 가축과 재산을 약탈해 갔습니다. 그 뒤에 다시 농서에 들어와 군대를 쳐부수고 많은 재물을 약탈해 갔습니다.

승전의 위력은 백성의 기개를 백배로 살리지만, 전쟁에 패한 병졸은 영원히 기력을 회복하지 못한다고 들었습니다. 고후 이래로 농서는 세 차례나 흉노의 공격을 받아 피폐해졌으므로 백성의 기개가 손상당해 승리하고자 하는 마음가짐이 없습니다. 이번에[13] 농서의 관리가 사직의 신령에 의지하고 폐하의 성지를 높이 받들며 병졸과 단결하여 기개 있게 싸우도록 독려하는 한편, 기개가 상했던 백성을 일으켜 승기를 타고 쳐들어온 흉노군을 대적했습니다. 소규모 병력으로 흉노의 대규모 부대를 대적하여 흉노의 왕 하나를 죽이고 대군을 크게 격파했으니, 농서 백성이 쇠약하지 않고 용맹하여 이긴 것이 아니라 장수의 작전이 졸렬하지 않고 뛰어났기 때문입니다. 그래서 병법에 "필승의 장수는 있어도 필승하는 백성은 없다."라고 했던 것입니다. 이것으로 볼 때 변경을 안정시키는 업적은 훌륭한 장수에 의해 달성되는 것을 알 수 있으니 장수를 신중하게 선발해야만 합니다.

신이 전술에 관해 들었는데, 임전하여 교전에 들어가기 전에 준비할 세 가지로 첫째 지형을 잘 파악하고, 둘째 군사를 잘 훈련하며, 셋째 무기의 날을 세워야 한다고 했습니다.

병법에 따르면 이러합니다. "한 길 반이 넘도록 해자를 파고 물을 채워야 적의 전차가 빠지게 된다. 산의 수풀과 바위들, 사철 끊이지 않고 흐르는 강물과 구릉 지대, 초목이 자라는 곳은 보병이 싸울 곳이니 이를 이용하면 기병 두 명이 보병 한 명을 당할 수 없다. 야트막한 구릉이 끝없이 이어지는 가운데 평원이 넓게 펼쳐져 있는 곳은 기병의 싸움터이니 이런 지형을 잘 이용하면 보병 열 명이 기병 한 명을 당할 수 없다. 높지 않은 구릉은 저 멀리 있고 높은 봉우리 아래에 계곡이 자리해 있는 곳은 활과 쇠뇌를 써야 할 지형이니 이 지형에서는 단검을 지닌 군사 백 명이 있어도 한 명의 궁수를 당해 내지 못한다. 두 진영이 가까이에 있되 키 작은 풀이 돋은 평지가 이어져 앞뒤로 거칠 것이 없으면 긴 미늘창을 가지고 싸우기 적당한 곳이니 칼과 방패를 들고 싸우는 세 명의 군사가 미늘창을 가진 한 명을 당하기 어렵다. 갈대와 쑥대가 우거지고 초목이 우거져서 가지와 잎이 서로 겹쳐 있으면 짧은 창을 쥐고 싸울 곳이라 긴 미늘창을 쥔 군사 두 명이 짧은 창을 가진 한 명을 당할 수 없다. 길이 구불구불하게 이어져 있되 험준하고 막힌 곳이 많으면 단검과 방패를 들고 싸우기 적당하니 궁수가 셋이 있어도 단검과 방패를 든 한 명을 당할 수 없다.

병졸과 군관들이 익숙하도록 훈련을 받지 않으면 동작이 뜨고 각자 행동이 일치하지 않으며, 유리한 기회를 잡을 줄 모르고 장애를 넘지 못하며 앞에서는 공격해 나가는데 후미는 해이하고 금고(金鼓)가 진군과 정지 신호를 울려도 알아차리지 못한다. 이처럼 엄격하게 훈련되지 않은 병졸 백 명은 잘 훈련된 열 명을 이기지 못한다. 무기를 잘 갈고닦아 두지 않으면 맨손으로 싸우는 것과 같고, 갑옷이 견고하지 않으면 맨몸으로 싸우는 것과 같다. 쇠뇌가 멀리 날아가지 않으면 단검을 지니고 싸우는 것과 같고, 활을 쏴도 명중하지 못하니 화살을 날리지 않은 것과 같고 명중해도 살가죽을 뚫지 못하니 화살촉이 없는 것과 같다. 이는 군관이 무기를 검사하지 않아서 생긴 화이니, 〔이런 무기를 들고 싸우면〕 다섯 명이 한 명을 당하지 못한다."

그리하여 다시 병법에 이르기를 "무기의 날이 서 있지 않으면 자신의 부하를 적에게 선사하게 되고, 싸울 줄 모르는 병졸은 자신의 장군을 적에게 넘겨 주게 되며, 장군이 자신의 군사를 제대로 파악하지 못하면 적에게 임금을 넘기게 되고, 임금이 장수를 올바로 뽑지 못하면 나라를 적에게 넘겨 주게 된다. 이 네 가지가 전투의 요점이다."라고 했습니다.

신은 군대의 크고 작은 규모에 따라 싸우는 형태가 달라야 하고, 강하고 약함에 맞추어 대적하는 형세를 달리해야 하며, 싸움터의 지형이 험준한가 평탄한가에 따라 무기를 다르게 갖추어야 한다고 알고 있습니다. 무릇 몸을 낮추어 강한 나라를 섬기는 것은 그 나라가 작을 때의 형세이고, 작은 나라들이 합종하여 큰 나라를 치는 것은 각 나라의 세력이 비슷할 때의 형세이며, 만이[14]로 하여금 만이를 공격하게 하는 것은 중원의 나라에서 쓰는 형세입니다.

지금 흉노족이 사는 곳의 지형과 흉노 전사의 기예는 중원과 다릅니다. 산비탈을 오르내리거나 계곡을 들고나는 데 있어 중원의 말은 흉노의 말만 못합니다. 기울고 험난한 길에서 한편으로 말을 달리며 한편으로 활을 쏘는 데에는 중원의 기병이 흉노의 기병 같지 않습니다. 비바람을 맞으며 지칠 때까지 싸워도 배고파하거나 목말라하지 않는 점에는 중원의 병사가 흉노의 병사보다 못합니다. 그러므로 이는 흉노의 장점입니다.

만일 평지에 내려와 날쌘 전차와 용맹한 기병이 돌격전을 펼치면 흉노 군대는 쉽게 뒤범벅되고 말 것입니다. 평지에서는 쇠뇌와 긴 미늘창으로 먼 곳에 있는 적군을 맞히지만, 흉노의 활은 평지에서 먼 곳을 맞히지 못합니다. 견고한 갑옷을 입고 길고 짧은 무기를 모두 갖추고 날카로운 칼을 잡은 채 쇠뇌 방아쇠를 당기면서 다섯 명씩 한 대오로 편제하여 진공한다면, 흉노 병사는 중원의 병사를 당해 내지 못합니다. 재관(材官) 부대[15]가 화살을 제대로 날려 목표를 함께 명중시키면 짐승 가죽으로 만든 갑옷을 걸치고 나무 널빤지로 만든 방패를 든 흉노 병사는 그 쇠뇌 공격을 지탱해 내지 못합니다. 말에서 내려 지상에서 전투할 때 검과 창을 맞부딪고 육박전까지 벌어지면, 보병전에 익숙하지 않은 흉노 병사들의 발이 말을 듣지 않을 것입니다. 이상의 여러 가지는 중원의 장점입니다.

이를 통해 볼 때 흉노의 장점은 세 가지이고 중원의 장점은 다섯 가지인 데다 폐하께서는 또 수십만 대군을 일으켜 수만의 흉노를 칠 것이니, 군사의 많고 적음을 놓고 보자면 일 대 십의 싸움이 될 것입니다. 그러나 무엇보다도 병기는 흉기에 지나지 않으며 전쟁은 위험한 일입니다. 순식간에 큰 나라가 작은 나라로 변하고, 강한 군대가 약한 군대로 변하게 됩니다. 사람이 사력을 다해 승리를 다투다가 패배하게 되면 다시 일어서기 어렵게 되니, 그때에 가서는 후회해도 돌이킬 수 없습니다. 제왕이 책략을 세울 때는 만전을 기해야 합니다.

지금 항복해 온 서쪽의 호(胡) 중에 의거족(義渠族) 수천 명이 무리로 귀순해 왔습니다. 이들의 음식과 장기가 흉노의 것과 같으니 이들에게 견고한 갑옷과 솜을 넣은 군복,[16] 단단한 활과 뾰족한 화살을 내리셔서 변방의 정예 기병에 속하게 하고, 훌륭한 장수들로 하여금 그들의 습속을 익히고 그들과 마음을 달래 화합하게 하는 등 폐하께서 그들을 거느리는 규정을 명확하게 내려 통솔시키십시오. 그리하여 험난한 지형에서 싸울 때는 그들을 내보내 대적하게 하고, 길이 통하는 평지에서는 날랜 전차와 재관 부대로 하여 적을 제압하게 하십시오. 이렇게 두 종류의 군대가 서로 표리를 이루며 각자의 장기를 발휘하면서 대규모 공격을 감행한다면, 만전을 기한 용병술이라고 하겠습니다.

고서에 이르기를 "아둔한 광부(狂夫)가 말하면 영명한 군주가 가려듣는다."라고 했습니다. 신 조조가 어리석고 모자라는 계책을 올렸으니 이제 폐하께서 가려들으시기 바랍니다.

문제가 조조의 상소를 읽고 가상하게 여겨 조조에게 조서를 내려 회답함으로써 총애를 표시했다.

황제가 태자가령에게 문안을 전한다. 지형, 병졸의 훈련, 무기 세 가지로 나누어 용병술을 설명한 글을 읽었다. 책에 "아둔한 광부가 말하면 영명한 군주가 가려듣는다."라고 한 것은 지금의 상황과 맞지 않다. 말하는 자는 불광(不狂)한데 가려들어야 할 자가 영명하지 않으니, 나라의 큰 우환이 바로 여기에 있다. 영명하지 못한 자가 불광한 말을 가려듣자니 만 번을 들어도 만 번 못 알아듣고 있구나.

백성을 변방으로 옮겨 농사짓게 하다

○　○　○

조조는 다시 변방을 지키되 백성을 변방으로 이주시켜 농사를 본업으로 삼아 살아가도록 권하는 것이 당시에 시급히 처리해야 할 두 가지 일이라는 상소[17]를 올렸다.

제가 알기로 진나라 때 북쪽으로 호맥(胡貊)[18]을 공격하고 황하의 윗쪽으로 장성을 쌓았으며 남쪽으로 양월을 공격하고 수졸을 두었는데, 이렇게 군대를 출동시켜 흉노와 월을 친 것은 변방을 지키고 백성을 죽음에서 구하기 위함이 아니라 탐욕을 부려 영토를 넓히기 위해서였으니 그 과업을 미처 달성하기도 전에 천하가 먼저 어지러워졌습니다.

자신과 적의 형세를 제대로 파악하지 못한 채 전쟁을 일으키면 싸울 때마다 적에게 사로잡히게 되고, 진지를 구축하여 방어할 때마다 무더기로 병사들이 죽게 되어 있습니다. 호맥이 사는 곳은 차가운 기운이 서려 있어 나무의 껍질이 세 촌(寸)이나 되고 얼음이 육 척 깊이로 언다고 하며, 사람들은 고기를 주로 먹고 말젖을 마신다고 합니다. 또 그곳 사람들의 근육은 단단하고, 들짐승과 날짐승의 털은 가늘게 자라는데, 그래야 추위에 잘 견딘다고 합니다. 양월 땅은 찬 기운이 적은 대신 더운 기운이 많으며, 그곳 사람들의 근육은 물렁하고, 들짐승과 날짐승의 털도 듬성듬성하게 나는데, 그래야 더위에 잘 견딘다고 합니다.

진나라 수졸들은 그 수토(水土)에 적응할 수 없어 변방에서 죽었고 물자를 수송하던 자들은 길에 고꾸라졌으니, 진나라 백성은 길을 떠나는 것을 곧 기시형을 당하는 것으로 여겼습니다. 그래서 잘못이 있는 사람을 보내기 시작했는데 적술(謫戍)이라고 했습니다. 처음에는 아전 중에서 죄를 지은 자를 보냈고 데릴사위와 상인을 보내다가 예전에 상인 호적에 이름을 올린 적이 있는 사람까지 보냈습니다. 뒤에 조부모나 부모가 상인 호적에 이름을 올린 적이 있는 사람까지 보냈고 그래도 인원이 모자라자 여좌(閭左)에 사는 빈민을 동원했습니다. 징발하는 일이 순조롭지 않아〔마구잡이로 이루어지자〕징발되어 가는 사람들의 가슴속에 깊은 원한이 맺혀 반역의 뜻을 품게 되었습니다.

원래 백성이 전쟁터에 나가서 죽는 한이 있더라도 항복하지 않는 데에는 생각이 있기 때문입니다. 싸움에서 승리하거나 성을 끝까지 지키면 상으로 작위를 받고, 성을 함락했거나 읍을 도륙했을 때는 전리품을 얻어 집이 부자가 되기 때문에, 날아오는 화살과 돌덩이를 맞으면서도 끓는 물과 타는 불 속으로 달려가듯이 죽음을 조금도 두려워하지 않는 것입니다. 한데 진나라에서 징발한 수졸은 어떻게 해도 죽을 수밖에 없는 운명이었으나 돈 한 푼 보상받지 못한 것은 물론, 죽은 뒤에도 여전히 가족들이 죽은 자 앞으로 배당되는 세금을 부담해야 했습니다. 그제야 천하 만민들이 자신에게 재앙의 불덩이가 들이닥치고 있다는 사실을 분명히 깨닫게 되었습니다.

진승 또한 수자리를 살러 가던 길에 대택에 이르러 천하를 위해 솔선하여 봉기했던 것이니 천하 만민 중에 진승을 따르는 자가 흐르는 물처럼 몰려들었습니다. 그것은 진나라가 강제로 백성을 징발해서 변방으로 보냈던 폐단에서 비롯된 것이었습니다.

흉노족들은 의식주에 필요한 것을 토지에서 얻을 수 없으므로 자연스럽게 중원의 변경을 어지럽히는 쪽으로 그 형세가 이어지게 됩니다. 그 점은 이렇게 증명할 수 있습니다. 흉노족들은 고기를 먹고 말젖을 마시며 옷은 동물의 가죽이나 털로 만들어 입습니다. 성곽이나 밭이 없고 거주하는 집도 짓지 않으니 날짐승이나 들짐승이 광야를 헤매는 것처럼 좋은 풀밭과 마실 물을 만나면 그 자리에 멈췄다가 풀이 다 떨어지고 물이 마르면 바로 다른 곳을 찾아 이동하며 살고 있습니다.

이런 점으로 볼 때 이리저리 돌아다니며 사는 흉노족들은 자신들이 살기 위해서 때가 되면 중원에 침입했다가 때가 되면 돌아가는 것인데, 이 때문에 중원의 백성이 지어 먹던 밭을 떠나고 있습니다. 현재 흉노족들은 중원의 변경 바로 바깥에서 이리저리 떠돌며 유목과 사냥을 하고 살다가 연나라, 대나라, 상군, 북지, 농서 등지의 변방 수비대 배치 형편을 감시하면서 군사의 수가 줄어든 것처럼 보이면 바로 침입하고 있습니다. 폐하께서 구원병을 보내지 않으면 변방의 백성은 희망이 꺾이게 되어 적에게 항복할 마음을 먹게 되고, 구원병을 보내되 적게 보내면 아무런 성과도 거둘 수 없으며, 많이 보낸다고 멀리 있는 현에서 군사를 징발하면 변방에 도착할 무렵에는 흉노족이 이미 변방 밖으로 나가고 없기 마련입니다. 변방에 대규모 부대를 두고 철수시키지 않으면 경비가 엄청나게 많이 들어가고, 철수시키면 곧바로 흉노가 침입하는 상황이 해마다 계속되고 있으니, 중원은 빈곤의 고통에 빠지고 백성은 편안히 살 수 없습니다.

폐하께서 다행히 변경 문제를 근심하시면서 장수와 군관을 파견하고 군사를 징발해 변방을 지키게 하셨으니 그 은덕이 이루 말할 수 없습니다. 그런데 멀리서 변방을 지키러 온 병졸들은 일 년이 지나면 교대하게 되어 흉노족의 생리를 잘 알기가 어렵습니다. 그러므로 변방에 상주할 자들을 뽑아 집을 짓고 밭을 경작하여 살면서 흉노에 대비하는 것이 더 낫습니다. 수비에 유리하도록 성곽을 높이고 해자를 깊게 파며 공성전에 대비할 돌멩이를 많이 쌓아 두고 성벽에 철조망을 두르는 것은 물론 성안에 다시 성을 만들되 그 둘 사이의 거리를 백오십 보로 떼어 놓아야 합니다. 요새와 강나루에 천 호 이상이 거주하는 성읍을 세우되 읍 둘레에 호락(虎落)을 친 뒤에 집과 농기구를 갖춰 놓고 죄인과 면도복작(免徒復作)[19]을 모아 그곳에 살게 하십시오. 그 수가 모자라면 남자 성인 노비 중에 평민으로 올라가고 싶어 하는 자들이나 자신의 집에 있는 노비를 바치고 작위를 얻겠다는 사람들을 통해 인원을 보충하고, 그래도 모자라면 높은 벼슬을 받고 가족 모두의 부세를 면제한다는 조건으로 백성 중에서 인원을 모집하십시오. 다만 자급자족이 이루어질 때까지 동복과 하복을 지급하고 식량을 대 주어야 할 것입니다. 또 군현에 사는 백성이 벼슬을 살되 경의 지위까지 오를 수 있도록 해 주어야 합니다. 또 전쟁 등으로 남편을 잃어 인지상정으로 배필이 꼭 필요한 과부에게는 현 관아에서 사람을 사서 남편을 만들어 주고 옮기게 해야 오래 안착하게 됩니다.

변방에 거주하는 사람들에게 봉록과 이득이 많이 돌아가게 하지 않으면, 그 사람들이 그 험난한 땅에서 오래 견디며 살 수 없습니다. 흉노가 침입하여 약탈할 때 멈추게 한 자가 있으면 그 재물의 주인으로 하여금 빼앗기지 않은 재물의 절반을 공을 세운 자에게 주도록 하고, 그자가 노비일 때는 현 관아에서 그자를 속량해 주도록 하십시오. 이렇게 하면 읍 안의 사람들이 서로 도와 가며 흉노가 침입해도 죽음을 무릅쓰고 싸울 것입니다. 이들은 비단 황상의 은덕에 보답할 뿐 아니라 자신의 친척을 보전하고 재산을 늘리기 위해서라도 열심히 싸울 것입니다. 변방의 지세에 익숙하지 못한 채 속으로 흉노를 두려워하는 효산 동쪽에서 징발된 수졸보다 만 배가 넘는 공훈을 세우게 될 것입니다.

폐하가 계신 시기에 백성을 옮겨 변방을 채움으로써 멀리서 수자리를 살러 가는 일이 없어지고, 변방에서 백성이 부모 자식끼리 서로 의지하며 흉노에게 포로로 끌려가는 근심 없이 살아가게 된다면, 후대를 위해서 이로운 일이니 폐하께서는 성군의 이름을 얻을 것입니다. 불만이 많았던 백성을 징발하여 변방으로 보내던 진나라 때와 비교한다면 그 차이가 아득할 만큼 큽니다.

황제가 조조의 상소대로 백성을 모집하여 변방으로 옮겨 살게 했다. 이에 조조가 다시 상소[20]를 올렸다.

폐하께서 크나큰 은덕을 베푸셔서 사람을 모집하고 변방에 옮겨 살게 하여 인구를 채우셨으니, 변방에 수비대를 주둔시키는 어려움을 퍽 덜게 되었고 변방으로 물자를 수송하는 경비도 많이 줄었습니다. 하급 관리는 폐하께서 내린 두터운 은덕을 명실상부하게 실행해야 합니다. 옮겨 가서 사는 사람 중에 연로한 자나 어린 자들이 잘 살도록 관심을 기울이고, 장사들을 뽑아 제대로 대우하며 그들의 재물을 빼앗지 않는 것은 물론 그들과 한마음이 되어 화목하게 지내면서 먼저 도착한 사람들이 안락한 생활을 누리게 하여 고향 생각이 나지 않도록 해야 합니다. 이렇게 폐하의 뜻이 담긴 법을 확실하게 받들어 집행한다면, 빈민들이 다투어 모집에 응하면서 서로 변방으로 가기를 권하게 될 것입니다.

신이 아는 바로, 옛적에 먼 변방으로 인구를 옮겨 넓고 빈 땅을 채울 때는 음양이 조화로운 땅인지를 살피고 그곳의 샘물 맛과 토지의 성질 및 초목의 성장 형편을 관찰한 뒤 읍과 성을 세우고 마을을 구획하여 집이 앉을 자리들을 확보했습니다. 또 밭으로 통하는 길을 내고 두렁을 정확하게 냄으로써 밭의 경계를 정하고 집을 짓되, 각 집은 중앙 대청과 좌우 방 두 개로 이루어진 세 칸 집에 문과 창문을 걸어 잠그도록 지어 주고 각종 기물까지 비치하여, 사람이 도착하면 바로 살 수 있고 농기구를 써서 일할 수 있도록 해 주었다고 하니 당시의 사람들이 가벼운 마음으로 고향을 떠나 새로운 읍으로 가고 싶어 했던 연고가 바로 여기 있습니다.

또 의무(醫巫)를 두어 병을 치료하는 한편 마을의 제사를 모시게 하고, 남녀의 짝을 맞춰 주어 살아가는 데 서로 의지가 되게 하며, 분묘를 만들 때 서로 힘을 합하게 하고 과실나무와 뽕나무를 심고 여러 종류의 가축을 키우게 하며 집 안에서 평안하게 지내도록 해주었으니, 백성으로 하여금 변방에서도 안락하게 지낼 수 있다는 믿음을 주어 그곳에서 오래도록 거주하고자 하는 마음을 먹게 했던 것입니다.

신은 또 옛적에 변방의 현에 적을 방비하는 제도가 있었던 것을 알고 있습니다. 다섯 집을 한 오(伍)로 하여 오장(伍長)을 두고, 십오를 일 리(里)로 묶은 뒤에 가사(假士)를 장으로 두며, 사 리를 일 연(連)으로 하고 가오백(假五百)을 장으로 삼고, 십 연을 일 읍(邑)으로 하여 가후(假候)가 읍의 장이 되도록 했던 것입니다. 읍마다 백성을 보호할 능력이 있고 지형에 익숙하며 민심을 잘 아는 인재를 뽑아 〔이 직책을 담당하게 하는 한편으로〕 마을에 있을 때는 사람들과 함께 활쏘기를 연습하고, 그곳에 사는 백성으로 이루어진 수비대에 나가서는 군사들에게 적에게 대응하는 방법을 가르치게 하십시오.

그리하여 마을 안에 살 때는 오의 구성원이지만 마을 밖의 수비대에 들어가서는 정규 군인이 되어 군대의 명령에 복종하게 하고, 익숙해지도록 훈련을 시킨 뒤에는 직책을 함부로 바꾸지 않게 하며, 어리면 고정된 임무를 주지 않고 성인은 정확한 임무를 주어 힘을 합해 수비하게 하십시오. 야간 전투 때는 소리만 듣고도 서로 알아차릴 수 있도록 훈련하여 서로를 구할 수 있게 하고, 주간에 교전할 때는 눈짓만으로도 서로 통하며 충분히 알아차리게 한다면 흔쾌한 마음으로 서로를 위해 죽음을 무릅쓰게 될 것입니다. 그런 바탕 위에 후하게 상을 내려 이주를 권장하고 엄격하게 벌하여 위용을 갖추도록 제도를 마련하면, 적의 공격에 맞서 죽음이 앞에 있더라도 후퇴하지 않게 됩니다. 이주민 중에 용맹하고 힘이 있는 것도 아니면서 의복과 양식만 축내는 자는 〔군인으로〕 쓰지 말아야 합니다. 다만 힘이 있는 자라도 훌륭한 군관이 잘 이끌어 주지 않으면 공을 세울 수 없습니다.

폐하께서 흉노와 화친하지 않고 관계를 끊으셨으니, 제가 볼 때 겨울이 되면 남쪽으로 내려올 터인데, 그때 침입하는 흉노를 일단 제대로 다스려 다시는 침입하지 못하도록 징벌해야 합니다. 〔흉노를 쳐부수고〕 한나라의 위용을 세우기 위해서는 흉노의 행군이 시작되었을 때 물리쳐야 합니다. 흉노가 침입한 뒤에도 승리하지 못한다면 기가 펄펄 살 것이니 그 뒤에 제압하기는 쉽지 않을 것입니다.

우매한 제가 식견 없이 글을 올렸으니 폐하께서 바르게 살펴 주시기 바랍니다.

그 뒤에 황제가 담당 관리에게 현량(賢良)과 문학(文學)[21] 인재를 천거하라는 조서를 내렸는데 조조가 그 대열에 뽑혔다. 황제가 친히 그들에게 책문(策問) 조서[22]를 내렸다.

즉위 후 열다섯 해가 지난해 9월 임자일(壬子日)에 황제가 조서를 내린다.

예전에 우임금은 배와 수레가 닿고 인적이 미칠 만한 곳이라면 중원 밖을 지나서 사극(四極)까지 명령을 전달하여 능력 있는 인재를 애써 구함으로써 자신의 모자라는 점을 보완했다. 가까이 있는 자는 밝은 지혜를 바치고 멀리 있는 자는 총명함을 바치며 모두 있는 힘껏 천자를 보좌했다. 덕분에 우임금은 잘못을 범하지 않고 하나라는 장구한 발전을 이루었다.

고황제께서는 친히 진나라의 극악무도한 폐해를 없애시고 화의 근원이 되는 종적들을 뿌리 뽑은 뒤에 호걸과 영웅을 선발하여 관아의 수장²³으로 삼고 간쟁하도록 하여 천자의 부족한 점을 보완하고 한나라의 종실을 존속하도록 돕게 하셨다. 그 뒤로 하늘의 신령함에 의지하고 종묘를 섬겨 복을 받았으니 나라 안이 안정되고 사이(四夷)까지 덕을 입히게 되었다. 이제 짐이 천자의 자리에 올라 종묘 제사를 이어 받들게 되었지만, 부덕한 데다 명민하지 못해 통찰력이 횃불 밝기에도 미치지 못하고 지혜롭게 나라를 다스리지도 못하니 이는 여러 대부가 이미 알고 있을 것이다.

그리하여 담당 관리와 제후왕, 삼공, 구경 및 군수들에게 조서를 내렸다. 각자 자신이 생각하는 대로 나라의 다스림을 밝히고, 세상일의 시말에 달통하여 직언으로 힘껏 간쟁할 수 있는 현량 인재가 있으면 뽑아 올리게 했는데, 조서의 명령에 따라 몇 명이 천거되었으므로 그들로 하여 장차 짐의 모자람을 바로잡게 하겠다.

추천된 자 가운데 두세 명의 대부는 앞에서 말한바 나라를 다스리는 도리와 세상일의 시말, 직언하고 간쟁하는 일의 세 가지를 잘 보좌할 것으로 보여 짐이 심히 기뻐하고 있다. 그러므로 그 대부들을 조정 대신에 임명하여 짐의 뜻을 나타내도록 할 것이다. 대부들은 앞에 말한 세 가지 요점을 진술하는 한편으로 짐의 잘못된 점과 불공평하게 일을 처리하는 관리, 마땅치 않게 돌아가는 정사, 평안하게 살지 못하는 백성 등 네 가지 허물에 관해 깊이 생각한 뒤에 자신의 뜻을 정리하여 상세히 밝히되 아무것도 숨기지 말고 모두 적어 올리도록 하라. 그리하여 위로는 선제의 종묘에 바치고 아래로는 어린 백성에게 도움이 되는 뜻을 죽간에 엮어 오도록 하라. 짐이 친히 읽어 보고 짐을 보좌할 대부들의 뜻이 남김없이 드러났는지 드러나지 않았는지를 살피도록 하겠다.

글을 쓸 때는 아주 상세하게 쓰고 여러 번 봉하기 바란다. 글은 내가 친히 뜯어 볼 것이니 대부들이 쓴 정론을 두고 관리들이 중간에 방해하지 못하도록 할 것이다. 아, 〔간절하게 이르니〕 추천된 두세 명의 대부들은 자신의 뜻을 펼치는 데 게으르지 않도록 하라!

조조가 대책문을[24] 올렸다.

평양후 신(臣) 줄(窋), 여음후 신 조(竈), 영음후 신 하(何), 정위 신 의창(宜昌), 농서 태수 신 혼야(昆邪)[25]의 추천을 받은 현량 인재 태자가령 신 조가 죽음을 무릅쓰고 재배하며 말씀 올립니다.

신이 들은 바로는 옛적에는 보좌를 받기 위해 인재를 구하지 않은 성군이 없었다고 합니다. 황제는 역목(力牧)을 얻어 오제의 첫 임금이 되었고, 우임금은 고요를 얻어 삼왕의 시조가 되었으며, 제 환공은 관자를 얻어 오패의 맏이가 되었사옵니다.

이제 폐하께서도 책문에 우임금과 고황제도 호걸과 영웅을 발탁했다고 하시면서 폐하 스스로 물러서서 말씀하시기를 영명하지 못한 탓에 현량 인재를 구한다고 하셨으니 지나치게 겸손하신 말씀이십니다.

신이 옛 시대의 역사 기록을 읽었을 때, 고황제처럼 나라를 세운 업적이 있거나 폐하처럼 은덕을 두텁게 베푸시고 인재를 얻어 보좌하게 한 일이 있으면 해당 관리들이 그 사적을 모두 열람하고 옥판에 새긴 뒤에 금궤에 소장함으로써 세월이 지나도 후대에 기록으로 남기고, 최고의 통치자인 제(帝)가 되신 분 중에서도 개국 군주인 조(祖)와 덕행을 베푼 군주인 종(宗)의 치적은 천지가 다할 때까지 계속 남도록 한 것을 보았습니다.

이제 신 줄 등이 추천할 인재의 수를 맞추기 위해 신 조를 천거했으니 이는 인재를 구하는 폐하의 밝은 뜻에 부합하지 않습니다. 신 조는 일개 미천한 신하로서 죽음을 무릅쓰고 식견 없고 어리석은 대책을 올리겠습니다.

"나라의 다스리는 도리를 밝히라." 하신 폐하의 질문에 대책하여 아룁니다. 우매한 신이 옛적 오제의 예를 들어 그 도리를 밝히겠습니다. 제가 알기로, 오제는 그 신하들이 이를 수 없을 만큼 지혜롭고 성명했으므로 궁의 정전 안에 있는 명당에서 친히 정사를 보았는데, 위로는 하늘의 뜻에 맞추고 아래로는 땅의 형편에 순응하며 그 중간에 있는 사람이 이득을 얻도록 정사를 베풀었으니 생명이 있는 것 중에 덮어 주지 않는 것이 없고, 땅에 뿌리를 박고 생장하는 만물 가운데 그 은덕에 실리지 않은 자가 없었다고 합니다. 광명으로써 밝혀 주어 치우친 데 없이 골고루 비쳤습니다. 위로 하늘을 나는 새에게 미쳤고 아래로는 물속에 사는 벌레와 초목과 여러 생물에게까지 이르렀으니 모두 풍성하게 은덕을 입었습니다. 그리하여 음양이 고르게 되고 사계가 분명해졌으며 해와 달이 빛을 더하게 되고 비바람이 때를 맞춰 찾아왔으며 이슬과 서리가 제때에 내렸으니 오곡이 풍성하게 열매를 맺었고, 불길한 징조가 없어지고 삿된 기운이 소멸했으니 백성이 질병에 시달리지 않게 되었습니다. 또 하도(河圖)와 낙서(洛書)가 출현하고 신룡과 봉황이 모습을 드러냈으니 천하에 오제의 은덕이 가득하고 사해까지 그 신령한 빛이 퍼져 나갔습니다. 오제의 이런 위업을 두고 "천지에 짝한다."라고 일컬으니, 나라를 다스리는 도리를 세운 공적입니다.

"세상일의 시말에 달통함을 설명하라." 하신 폐하의 질문에 대책하여 아룁니다. 우매한 신이 옛적 삼왕의 예를 들어 그 도리를 밝히겠습니다. 제가 알기로 삼왕 때는 군주와 신하가 모두 현명하여 함께 상의하고 서로를 보완하며 천하를 안정시키는 방책을 마련했는데 인정을 바탕으로 하지 않은 때가 없었다고 합니다.

세상에 오래 살고 싶어 하지 않는 사람이 없으니 삼왕은 백성을 살리되 다치지 않도록 보호해 주었습니다. 세상에 풍족하게 살고 싶지 않은 사람이 없으니 삼왕은 백성이 풍요롭게 살게 하여 곤란을 겪지 않게 했습니다. 세상 사람 중에 안정되기를 바라지 않는 사람이 없으니 삼왕은 백성을 다독거리는 한편으로 위태로운 지경에 빠지지 않도록 위험을 제거해 주었습니다. 세상에 편안하기를 바라지 않는 사람이 없으니 삼왕은 수고로운 일을 덜어 백성의 힘이 소진되지 않게 해 주었습니다. 삼왕은 법령을 제정했는데 모두 인정에 맞도록 실행했고, 백성을 동원하여 큰일을 벌여야 할 때는 사람들의 사정에 맞춘 뒤에 일을 시켰습니다. 자신이 견딜 수 있는 만큼 백성에게 일을 시켰고, 스스로 용납한 만큼 백성을 용납했으며, 인지상정으로 보아 싫어하는 것을 백성에게 강요하지 않았고, 좋아할 것은 백성에게 시켰습니다. 그리하여 그 다스림을 받은 천하가 안락해졌으며 그 은덕에 귀부하게 되었으니 사람들이 삼왕에게 부모처럼 의지하고 흐르는 물처럼 순종했으며, 백성은 화목하고 나라는 평안하고 사회의 위계질서가 흐트러지지 않아 후대까지 나라가 존속했습니다. 삼왕이 세운 이런 공을 두고 세상일의 시말에 달통한 도리를 밝혔다고 합니다.

"직언하고 간쟁하는 일"에 대한 폐하의 질문에 대책하여 아룁니다. 우매한 신이 옛적 오패의 신하 예를 들어 그 도리를 밝히겠습니다. 신이 알기로 오패는 모두 자신의 신하보다 못해서 나라를 신하에게 맡겨 대사를 처리하게 했습니다. 오패를 보좌했던 자들은 신하 된 자로 늘 자신을 성찰하여 주군을 속이지 않았고, 법령을 받들어 삿된 욕심을 채우지 않았으며 있는 힘을 다해 일하고도 자랑하지 않았고, 환난이 닥쳤을 때에 죽음을 회피하지 않았고 인재를 만났을 때 그 윗자리에 오르지 않았으며 봉록을 받되 분에 넘치게 받지 않고 무능한 자를 존귀한 자리에 올리지 않았습니다. 그 신하들은 스스로 그렇게 행하고자 했으니, 가히 모든 것을 바르고 정직하게 행하는 인재들이라 칭할 수 있겠습니다. 그 신하들이 법을 제정할 때는 백성을 해치고 괴롭히는 함정이 될 만한 조항을 넣지 않았습니다. 백성에게 도움이 되는 일은 일으켰고, 백성에게 해가 되는 일은 제거했으며, 주군을 존중하고 백성을 안정시키는 것을 목표 삼아 포악하고 난동 부리는 자들까지 구제했습니다.

오패의 신하들은 상을 내리기도 했는데 백성의 재물을 마음대로 빼앗아 주고 싶은 사람에게 주는 것이 아니라 천하의 백성 중에서 충과 효를 실천한 자를 권면하여 그들의 공을 드러나게 해 주었습니다. 그러므로 업적이 뚜렷할수록 많은 상을 주고 업적이 적으면 상을 적게 주었습니다. 그렇게 하니 백성의 재물을 거두어 그 업적에 상응하는 상을 내리더라도 백성이 원망하기는커녕 자신이 사는 세상을 안정되게 하는 데 도움이 된다고 여겼습니다. 오패의 신하들은 벌을 내리기도 했는데 자신의 방종하고 포악한 감정에 휘둘려 분노하며 제멋대로 주살한 것이 아니라 천하의 불충하고 불효함이 나라를 망하게 하는 것을 막기 위해 벌을 내렸습니다. 그러므로 죄가 클수록 큰 벌을 주고 죄가 작으면 벌을 작게 내렸습니다. 그렇게 하니 비록 죄를 지어 사형을 받아도 백성이 원망하지 않았으니 자신이 지은 죄만큼 벌을 받은 것이라고 여겼습니다.

법을 그렇게 제정한다는 것은 그들이 공평하고 정직한 관리였다는 것을 말해 줍니다. 법이 인정에 어긋나는 데가 있으면 주군에게 청하여 법을 고침으로써 백성이 해를 입지 않게 해 주었습니다. 주군이 포악한 행위를 하면 그에 반대하여 예전의 법으로 돌아가 주군의 명령을 시행하지 않음으로써 나라에 해가 되지 않게 했습니다. 또 주군의 과실을 바로잡거나 보완하고 주군의 뛰어난 업적을 선양하여 알림으로써 주군이 다스리는 나라 안에 사리에 어긋나는 일이 일어나지 않게 하고, 나라 밖으로는 욕되고 망가진 이름이 나지 않도록 했습니다.

주군을 섬김이 그와 같았던 오패의 신하들은 직언과 간쟁의 인재였습니다. 오패가 덕으로 천하를 바르게 세우고 위엄으로 제후들을 올바로 이끌며 뛰어난 위업을 달성하고 명성을 얻을 수 있었던 것은 오패에게 그런 신하들이 있었기 때문입니다. 천하의 현명했던 군주를 들자면 항상 오패를 들게 되는데, 자신의 능력이 그 신하보다 못했지만, 신하들이 직언하고 간쟁하게 함으로써 자신의 모자라는 점을 보완하는 업적을 이루었기 때문입니다.

오늘 폐하께서는 수많은 백성을 거느린 채 장중한 위무를 내보이며 후한 은덕을 펼치고 계십니다. 법령을 집행하고 나라에 해가 되는 것을 막아 나가시는 폐하의 모습은 만의 만 배나 오패를 뛰어넘고 계십니다. 그런데도 우매한 신에게 "짐의 모자라는 곳을 바로잡게 하겠다."라는 말씀을 내리셨습니다. 우매한 신에게 그런 폐하의 고명한 뜻을 제대로 인식하여 그 뜻대로 받들 재간이 없는 것이 안타까울 따름입니다.

"불공평하게 일을 처리하는 관리와 마땅치 않게 돌아가는 정사, 그리고 평안하게 살지 못하는 백성"에 대한 폐하의 질문에 대책하여 아룁니다. 우매한 신이 진나라의 일을 가지고 그 도리를 밝히겠습니다. 진나라가 천하를 겸병하기 시작하던 때는 주군의 능력이 삼왕에 미치지 못했고 신하들도 삼왕을 보좌했던 신하들보다 못했던 것으로 신은 알고 있습니다. 그런데도 천하 겸병의 위업을 달성하는 데에 시간이 오래 걸리지 않았던 것은 무엇 때문이겠습니까? 그것은 나라가 지리적으로 유리한 곳에 자리 잡고 있었고 산천이 요새 역할을 했으며 쓰기 풍족할 만큼 물산이 풍부했고 백성의 전투 능력이 뛰어났기 때문입니다. 이런 진나라를 다른 육국과 비교해 보면, 육국의 군주와 신하들은 모두 불초했고 서로 계책을 통일 시키지 못했으며 백성은 나라에 공을 세우기를 원하지 않았으니, 당시에는 진나라가 가장 부강할 수밖에 없었습니다. 자신의 나라 는 부강한데 이웃 나라들이 혼란에 빠져 있을 때가 제왕에게는 가 장 좋은 기회입니다. 그 때문에 진나라가 육국을 겸병하고 천자를 세울 수 있었으니, 당시에는 삼왕의 건국 위업도 진시황 앞에 내세 우기 어려웠습니다.

진나라가 말기에 이르러 쇠락하게 된 것은 〔이세황제가〕 불초한 신하들에게 벼슬을 주고 참언을 일삼는 역적들을 신임했으며, 과도 하게 궁실을 짓고 끝없이 탐욕을 부리며 백성의 힘을 다 써 버리고 거두어들인 세금을 절제하여 쓰지 않은 탓입니다. 스스로 현명한 군주라고 망발을 함에도 신하들이 두려워하며 아첨해야 했으며 교 만하고 방종하여 환난이 닥칠 것을 돌아보지 않았고, 제 마음에 드 는 자에게 막대한 상을 내리고 노한 마음을 걷잡지 못하여 마음대 로 주살했으며, 법령을 번다하고도 가혹하게 제정하고 형벌을 잔혹 하고 포악하게 가했으며, 사람의 목숨을 가볍게 날려 버리는 것은 물론 친히 활을 쏘아 죽이기까지 했으니 천하 만민은 두려움에 떨 며 삶터를 편안히 여긴 자가 아무도 없었습니다. 거기에 더해 간악 한 탐관오리들이 법이 어지러운 틈을 타서 위세를 부렸고 옥리들 은 마음대로 판결하여 사람을 제멋대로 죽이고 살렸으니 상하 질 서가 모두 와해되어 각자가 알아서 백성을 다스리게 되었습니다.

진나라가 혼란기로 접어들기 시작했을 때는 관리들이 나서서 가난하고 비천한 백성을 수탈했는데, 혼란의 중기에 이르렀을 때는 부자와 관리 집안도 수탈당했으며, 말기에 이르렀을 때는 종실과 대신까지도 수탈당했습니다. 그리하여 황제와 가깝거나 멀거나 간에 모두 위태로운 처지에 빠졌고 조정과 지방에서 모두 원성이 자자했으니 삶터를 떠나 달아나는 자들이 많아지면서 사람들은 반역할 마음을 먹게 되었습니다. 진승이 먼저 봉기한 뒤에 진나라 천하가 붕괴했으니 진나라 황실의 종묘 제사가 끊어지고 다른 성씨가 하늘의 복을 받게 되었습니다. 여기에서 진나라의 멸망을 통해 불공평하게 일을 처리하는 관리와 마땅치 않게 돌아가는 정사, 그리고 평안하게 살지 못하는 백성의 재앙에 대해 배울 수 있습니다.

이제 폐하께서는 천지의 뜻에 맞추어 만민에게 은덕을 베풀고 계십니다. 진나라의 종적을 없애고 그 어지러웠던 진나라의 법을 폐지하셨으며, 농사를 중히 여겨 친히 경작하시고 상공업은 억누르셨으며, 가혹함과 번잡함을 제거하여 백성을 아끼고 후덕하게 대하셨고, 육체에 가하는 형벌을 쓰지 않고 죄인의 처자식을 관가의 노비로 만들지 않게 하셨으며, 황제의 잘못을 비방하는 자를 죄로 다스리지 않고, 개인에게 동전 주조를 금했던 법령을 폐지하셨으며, 관문과 요새를 신분 증명 없이 자유롭게 통과하도록 하고, 서얼 출신의 제후들을 차별하지 않으셨으며, 연장자들을 예로써 접대하고, 어린 고아들을 구휼하며, 죄인이 일정한 형기를 마치면 평민으로 돌아가게 해 주셨고, 후궁이 궁 밖으로 나가 다시 시집을 갈 수 있게 허락하셨으며, 효도하고 우애 있는 자들에게 상을 주고, 농민들의 세금을 깎아 주셨으며, 군대에 정확하게 명령을 내리고 장교들을 아껴 주셨으며, 바르고 정직한 인재를 구하여 등용하고 간악한 무리를 조정에서 쫓아 버리셨으며, 궁형을 폐지하되 백성에게 해를 끼친 자는 주살하여 백성을 위로하셨고, 열후를 봉토의 도읍으로 돌려보냈으며, 친히 경작하고 검소하게 생활하시며 백성에게 몸소 사치하지 않음을 보여 주고 계십니다. 폐하께서 천하 백성에게 이로운 일을 일으키고 해로운 일은 제거하며 법을 쉽게 바꾸고 옛 제도를 고치며 나라 안을 안정시키느라 이루신 큰 업적은 수십 가지가 넘으니, 그 모든 일이 이전의 제왕들은 행하기 어려웠던 것이나 폐하께서는 모두 이루어 내셨습니다. 폐하의 도는 높고 덕은 두터우니 그 덕분에 평민 백성이 행복을 누리고 있습니다.

"짐의 잘못된 점에 관해 깊이 생각해 보라."라고 하신 것에 대책하여 아뢰오니 이는 우매한 신이 감당할 수 없는 말씀입니다.

"자신의 뜻을 정리하여 상세히 밝히되 아무것도 숨기지 말고 모두 적어 올리도록 하라." 하신 폐하의 말씀에 대책하여 아룁니다. 우매한 신이 오제의 현명했던 신하들을 예로 그 도리를 밝히겠습니다.

오제 때는 신하들이 오제에 미치지 못했으므로 오제가 친히 정사를 보았고, 삼왕 때는 주군과 신하가 모두 현명하여 함께 정사를 걱정했으며, 오패 때는 주군이 그 신하들만 같지 못했기 때문에 신하에게 정사를 맡겨 처리하게 한 줄로 신은 알고 있습니다. 오제와 삼왕과 오패가 신명의 덕을 버리지 않고 성현을 폐하지 않았던 까닭에 그 당대에 제각기 위업과 공덕을 이루었습니다. 『상서』「주서(周書)」에 "지나간 일을 소급할 수 없고 닥칠 일 또한 기약할 수 없

으니 그때그때 세상을 밝게 다스리는 자가 바로 천자이다."[26]라고
했으니 바로 앞서 말씀드린 군주들을 일컬은 말씀이었습니다.

"전쟁에 이기지 못하면 이길 수 있는 데로 진영을 옮기고, 살림
이 빈궁한 백성은 그 하던 일을 고쳐 보라."라는 말씀을 신이 들은
적이 있습니다. 지금 신명하고 후덕하신 폐하께서 천성과 자질이
오제에 못지않으신 채로 천하를 다스린 지 올해로 열여섯 해가 되
었습니다. 그러나 백성은 썩 부유해지지 못했고 도적도 없어지지
않았으며 변경 또한 편안하지 못하니, 이렇게 된 연고가 혹시 폐하
께서 친히 정사에 임하지 않고 신하들이 처리할 때까지 기다리셨
기 때문이 아닌가 하고 생각하게 됩니다. 지금 집정하고 있는 신하
들은 천하에서 뽑혀 온 자들이지만 그들에게 폐하만큼 밝은 지혜
를 기대하기는 어려우니 오제를 보좌했던 신하에 비견됩니다. 그
러므로 폐하께서 친히 정사를 돌보지 않고 밝은 지혜를 기대하기
어려운 신하들에게 처리하게 하는 것은 신이 보기에 폐하의 신명
함을 저버리는 일입니다. 이렇게 하루를 보내면 하루를 손해 보고
한 해를 지내면 한 해를 잃게 되니, 하루가 더디고 한 달이 더디게
되어 마침내 성덕이 천하에 고루 퍼질 수가 없습니다. 만세에 전할
성덕을 어리석은 신이 다 헤아릴 길이 없으니, 신은 그런 폐하를
생각할 때 안타까울 따름입니다.

신이 죽음을 무릅쓰고 미치고 보잘것없는 어리석은 생각을 올
리니 폐하께서 판단하여 가려 주시기 바랍니다.

그때에 이르러 가의가 세상을 떠나고 없었으므로 대책을 낸 백

여 명 중에서 조조가 가장 높은 등급을 받아 중대부로 승진했다.

조조가 다시 마땅히 제후들의 봉토를 삭감해야 하는 사안과 법령을 개정해야 하는 문제에 대해 서른 편의 글을 올렸다. 효문제는 조조가 말한 내용을 모두 들어주지는 못했어도 그 재능을 기특하게 여겼다. 그때 태자가 조조가 낸 대책을 옳다고 했으므로 원앙을 비롯한 여러 공신이 조조를 좋지 않게 보았다.

경제가 즉위하여 조조를 내사로 삼았다. 조조가 단독으로 정사에 관한 의견을 수차례 올렸는데, 황제가 모두 들어주었으니 구경을 아끼는 이상으로 총애했다. 조조는 법령도 여러 군데 고쳤다. 승상 신도가가 속으로 못마땅하게 생각했으나 조조를 누를 힘이 없었다.

내사부가 태상황 사당의 안쪽 담 바깥의 공터에 있고 문이 동쪽으로 나 있어서 조조가 출입에 불편하다며 남쪽으로 나가는 문으로 태상황 사당 바깥 담을 뚫게 되었다. 신도가가 몹시 노하여 그 문제로 조조를 처벌해야 한다고 주청하려고 했다. 그 소식을 들은 조조가 황제를 독대하여 사정을 말했다.

승상이 조조가 제멋대로 태상황 사당의 담을 뚫고 문을 냈으니 정위에게 보내 심문받고 처벌받게 해야 한다고 주청했다. 황제가 말했다.

"그 담은 태상황 사당의 진짜 담이 아니라 바깥 담이니 법에 저촉된 바가 없습니다."

그리하여 승상이 사죄했다. 조회가 파한 뒤에 화가 난 신도가가 승상장사에게 말했다.

"내 먼저 조조의 목을 벤 뒤에 아뢰었어야 했는데, 먼저 주청해 버렸으니 정말 일을 그르쳤구나."

그 뒤에 승상은 병이 나서 죽고 말았다. 조조는 그 일로 해서 더욱 존귀한 존재가 되었다.

제후왕의 세력을 꺾다가 죽임을 당하다

어사대부로 승진한 조조가 제후들의 허물을 다스리기 위해 제후국의 변두리 땅을 삭감하도록 청했다. 상소가 올라오자 황제가 공경과 열후와 종실 대신들을 모두 불러 함께 의논하고자 했으나 어려워하지 않는 자가 없었는데 두영이 홀로 나서서 조조의 의견에 반대했다. 그 때문에 두영과 조조의 사이가 벌어졌다. 조조는 또 법령 삼십 장의 내용을 고침으로써 제후들의 원성을 샀다.

그 이야기를 들은 조조의 아버지가 영천에서 올라와 조조를 타일렀다.

"황상이 즉위하신 초부터 공[27]이 정사를 전횡하며 제후들의 땅을 삭감하고 유씨 골육 사이를 소원하게 하여 수많은 사람의 책망과 원성을 사고 있다는데, 공은 어찌할 생각으로 그렇게 하는가?"

조조가 말했다.

"본래 그렇게 해야만 합니다. 아니면 천자가 존중되지 못하고 종묘가 불안해집니다."

아버지가 말했다.

"유씨 집안은 안정되었으나 조씨 집안은 위태롭게 되었으니 나는 공을 떠나 귀천할 생각이다."

말을 마친 뒤에 약을 마시고 죽으면서 마지막 말을 남겼다.

"나는 내 몸에 화가 미치는 것을 차마 못 보겠다."

십여 일이 지나 조조를 주살하겠다는 명분으로 오초 칠국이 함께 반란을 일으켰다. 황제가 조조와 함께 진압에 관한 일을 상의하자 조조는 황제가 직접 군대를 이끌고 출전해야 한다며 자신은 장안을 지키겠다고 말했다. 때마침 두영이 추천하여 불러들였던 원앙이 황제를 알현하러 들어왔다. 조조와 더불어 군량 조달 문제를 상의하던 황제가 원앙에게 물었다.

"그대는 오왕의 승상으로 있었으니 오왕의 신하 전록백이 어떤 인물인지 아는가? 또 지금 오초가 일으킨 반란이 어떻게 될 것으로 생각하는가?"

원앙이 대답하여 아뢰었다.

"근심하실 바가 못 되니, 이제 곧 진압될 것입니다."

황제가 물었다.

"오왕이 산에서 구리를 캐내 돈을 주조하고 바닷물을 끓여 소금을 만들어 판 뒤에 천하의 토호들을 유인하여 백발[28]에 봉기했다. 계책을 두루 갖추지 못했다면 오왕이 어떻게 봉기했겠는가? 그럼에도 오왕이 성공하지 못하리라 보는 이유가 무엇인가?"

원앙이 대답하여 아뢰었다.

"오왕이 구리와 소금으로 이득을 보았지만, 호걸을 어디에서

얻어 데려왔겠습니까! 만일 오왕이 얻은 인물들이 진실로 호걸이
었다면 오왕을 보좌하여 의로운 길로 이끌었지 반란을 일으키게
하지는 않았을 것입니다. 오왕이 끌어들인 인물은 모두 젊은 무뢰
배들로, 오왕이 불법으로 돈을 주조하는 데 이용하고자 다른 지
방에서 죄를 짓고 달아난 간악한 자들을 서로 끌어들인 것입니다.
이렇게 모은 자들로 반란을 일으킨 것입니다."

조조가 말했다.

"원앙의 말이 맞습니다."

황제가 다시 원앙에게 물었다.

"어떤 계책이 있겠소?"

원앙이 대답하여 아뢰었다.

"주위를 물리쳐 주시기 바랍니다."

황제가 모두 물러가게 하고 조조만 남겨 두었다. 원앙이 말했다.

"제가 드리는 말씀은 신하가 들어서는 안 되는 말씀입니다."

그리하여 조조도 물러가게 했다. 종종걸음으로 동쪽 곁방으로
자리를 피한 조조는 원앙의 처사에 몹시 분통이 터졌다. 황제가
마침내 원앙에게 오초 연합군을 칠 계책에 관해 물었더니, 원앙이
대답하여 아뢰었다.

"오와 초에서 서로 편지를 보내 말하기를 '고황제께서 자제들
을 왕으로 삼아 각지의 땅을 나누어 주셨는데, 역적 조조가 독단
하여 제후들을 처벌하고 봉토를 삭감했다.'라고들 합니다. 그래서
'서진하여 힘을 합해 조조를 없애고 옛 땅을 회복한 뒤 철수한다.'
라는 명분을 내걸고 있습니다. 지금으로서는 조조의 목을 벤 뒤

에, 사자를 보내 칠국의 왕을 사면하시고 옛 땅을 회복시켜 주셔야만 서로의 군대가 칼에 피를 묻히지 않고 모두 철군시킬 수 있습니다."

황제가 한참 동안 묵묵하게 있다가 말했다.

"실제로 어떤 상황인지 알아보도록 하겠다. 한 사람을 아끼겠다고 천하에 사죄할 짓을 하지는 않겠다."

원앙이 아뢰었다.

"저의 어리석은 계책은 여기까지이니 폐하께서 깊이 고려해 주시기 바랍니다."

그리하여 원앙을 태상(太常)으로 삼고, 은밀히 행장을 꾸리게 하여 오왕에게 출사하게 했다.

그 뒤로 다시 십여 일이 지났을 때 승상 청적(青翟),[29] 중위 가(嘉), 정위 장구(張歐)가 조조를 탄핵하는 상소를 올렸다.

오왕이 반역 무도하여 종묘를 위태롭게 하고 있으니 마땅히 천하가 함께 오왕을 주살해야 하겠습니다. 현재 어사대부로 있는 조조가 이렇게 말했습니다.

"수백만의 군대를 신하들에게 맡기면 그들도 반란을 일으킬 위험이 있어 믿을 수 없으므로 폐하께서 친히 군대를 이끌고 출전하시고, 저 조로 하여금 남아서 장안을 지키게 하는 것만 같지 못합니다. 오왕이 점령하지 못한 회수 변에 있는 서현과 동현 부근의 땅들은 오왕에게 주어도 좋겠습니다."

조조는 폐하의 은덕과 위신을 높이지 않았고 신하와 백성에게

서 황제를 갈라놓았으며 또 성읍을 오왕에게 주려고 했으니, 신하의 예를 다하지 않은 대역무도죄를 저질렀습니다. 조조를 마땅히 참형으로 다스리고 그 부모와 처자, 형제는 노소를 가릴 것 없이 모두 기시형에 처해야 합니다. 신등은 법에 따라 처벌할 것을 청합니다.

황제가 그리하라는 명령을 내렸다.

조조는 자신이 주살될 것을 모르고 있었다. 이에 중위를 보내 조조를 불러와서 수레에 태워 저잣거리를 돌렸다. 조조는 조복을 입은 채 동시(東市)에서 참형을 당했다.

조조가 죽은 뒤 알자복야(謁者僕射) 등공(鄧公)이 교위로서 오초 반란을 진압하는 장수로 출전했다가 돌아왔다. 그리고 황제에게 전투에서 있었던 일을 글로 써서 보고했다. 황제가 등공을 불러 물어보았다.

"반란을 진압하고 돌아오는 길이니 한 가지 물어보겠다. 오왕과 초왕은 조조가 죽었다는 소식을 듣고도 어찌하여 군대를 철수하지 않았는가?"

등공이 대답하여 아뢰었다.

"오왕이 반란을 꾀한 지는 수십 년도 더 된 일로, 봉토를 삭감한 것을 계기로 거사했을 때 조조를 주살하겠다는 명분을 건 것은 이름뿐이었지 실제 조조를 주살하는 것에 그 뜻을 둔 것은 아니었습니다. 그러므로 신은 천하의 인재들이 입을 닫고 다시는 충언을 올리지 않게 될까 걱정하고 있습니다."

"어째서인가?"

"조조는 제후왕들의 영토가 커지면 통제할 수 없게 될 것을 걱정하여 그 봉토를 삭감함으로써 장안의 조정을 높이려고 했으니 이는 만대를 위해 도움이 되는 조처였습니다. 그러나 계획을 시행하자마자 끝내 주살당하고 말았으므로, 조정에서는 충신들이 입을 다물 것이고 지방에서는 제후들이 복수하려 들 터, 신의 생각으로는 폐하께서 그렇게 하지 말았어야 합니다."

그 말을 들은 경제가 길게 탄식하면서 말했다.

"그대의 말이 옳으니 나도 그렇게 한 것을 후회하고 있다."

그리하여 경제가 등공을 성양국(城陽國)의 중위로 삼았다.

등공은 성고현 사람으로 뛰어난 계책을 많이 냈다. 무제 건원 연간에 황제가 현량 인재를 모집했는데 공경들이 등선(鄧先)[30]을 추천했다. 당시에 등공은 벼슬에서 물러나 집에 있다가 단숨에 구경의 자리에 등용되었다. 한 해가 지나자 등공은 다시 병을 칭하고 벼슬에서 물러나 집으로 돌아갔다. 등공의 아들 등장(鄧章)이 황로 방술을 연구하여 대신들 사이에 이름이 높았다.

찬하여 말한다.

원앙은 배움을 좋아하지 않았으나 옛 제도와 문헌 기록으로 시사를 해설하는 데 뛰어났다. 또 인애를 마음의 바탕으로 삼으면서도 대의를 주장할 때는 목소리를 높였다. 효문제 즉위 초 인재들을 선발하던 때를 만나 그런 원앙의 자질이 세상에 빛을 보게 되었다. 그러나 때가 바뀌어 경제가 즉위한 뒤에 오왕이 반란을 일으키자 한 차례 유세만으로 조조를 죽이는 웅변의 결과를 얻었다. 그런데 뒤에 자신도 죽임을 당했다.

조조는 나라를 위한 원려를 통해 제후왕의 세력을 약하게 해야 한다는 예리한 주장을 펼쳤지만 그것으로 자신이 해를 입을 것은 생각하지 못했다. 조조의 아버지는 그렇게 될 것을 미리 알았으나 자결하여 도랑에 빠짐으로써[31] 아들의 패망을 구하는 데 아무 도움이 되지 못했으니, 일찍이 장평에서 조괄이 조나라 대군을 참패시켰을 때 조괄의 어머니가 조왕에게 미리 아들의 무능함을 지적함으로써 자신의 일족을 보전시킨 것만 같지 못했다.

슬프다! 조조가 천명을 누리지 못하고 갔으나 세상은 아직 그의 충성스러운 마음을 애도하고 있다. 그리하여 조조가 시행하기를 주장했던 논술을 수집하여 이번에 「조조전」을 엮으면서 함께 넣었다.

20

장·풍·급·정 전
張馮汲鄭傳

▲▲▲▲▲▲▲▲▲▲▲▲▲▲▲▲▲

　이 편에는 한나라 초기의 현신(賢臣) 네 명의 사적이 담겨 있다. 『사기』에는 문제와 경제 때의 장석지(張釋之)와 풍당(馮唐)이 한 편에, 무제 때의 급암(汲黯)과 정당시(鄭當時)가 한 편에 실렸는데 『한서』에는 모두 이 편에 함께 실려 있다.

　장석지는 "법은 천자와 천하 만민에게 똑같이 적용되어야 한다."라고 주장했다. 당시로서는 보기 드물게 대담한 주장이었지만 문제가 잘 받아들임으로써 만고에 길이 남은 현신이 되었다. 풍당도 문제를 올바로 보좌하기 위해 목숨을 걸고 직언한 인물이다. 급암과 정당시는 중앙 집권화가 완성되어 가던 무제 시절에 시비곡직을 가리며 직간을 올렸다.

　한편 반고는 이 편의 찬에서 양웅(揚雄)의 말을 빌려 현명한 신하가 탄생하려면 현명한 군주가 있어야 한다고 주장하고 있다.

황제와 백성에게 같은 법을 적용한 장석지

○   ○   ○

장석지의 자는 계(季)이다. 남양군 자양(堵陽) 사람으로, 형 장중(張仲)과 함께 살았다.

장석지가 조정에 돈을 바치고 기랑(騎郎)이 되어[1] 문제를 섬겼으나 십 년이 지나도록 승진하지 못했고 아무도 그 이름을 알아주지 않았다. 장석지가 한탄했다.

"오래 벼슬을 살았지만 형님의 재산을 축내기만 했지[2] 성공하지 못했구나!"

그래서 벼슬을 그만두고 고향으로 돌아가기로 했다.

당시에 중랑장으로 있던 원앙은 장석지의 능력이 뛰어난 것을 알고 있었다. 고향으로 돌아가기에는 아까운 사람이라고 여긴 원앙이 장석지를 알자로 옮겨 일하게 해 달라고 황제에게 청했다. 그리하여 장석지가 황제를 배알했다. 황제 앞으로 나아간 장석지가 나라를 다스리는 일에 대한 자신의 의견을 피력하려고 하자 문제가 "백성에 관한 것으로, 고담준론은 필요 없으니 지금 당장 시행할 것을 말하도록 하라."라고 주문했다. 이에 장석지가 진한(秦漢) 교체기에 있었던 일과 진나라가 멸망하고 한나라가 개국한 원인을 설명했다. 문제가 장석지의 의견을 훌륭하게 평가하여 알자복야에 임명했다.

하루는 장석지가 황제를 모시고 상림원에 갔다. 숲속의 호랑이 우리 쪽으로 올라갔던 황제가 상림원에서 기르는 날짐승과 들짐승의 현황을 적은 장부를 상림위(上林尉)에게 물었는데 질문이 십여 가지가 넘었다. 경황이 없었던 상림위가 좌우에 선 아랫사람들을 돌아보았지만 누구도 제대로 대답하지 못했다. 그때 호랑이 우리에서 일하던 색부(嗇夫, 하급 관리) 하나가 옆에 서 있다가 상림위를 대신하여 아주 상세하게 대답했다. 황제는 그자가 얼마만큼 아는지 살펴보려고 질문을 던졌다. 그자는 황제의 질문이 떨어지자마자 메아리가 울리듯이 바로 대답했는데 전혀 막힘이 없었다.

문제가 말했다.

"벼슬을 사는 사람이면 이 사람과 같아야 하지 않겠는가? 상림위가 일을 잘하지 못하는구나!"

문제가 장석지에게 명령하여 그 색부를 상림령(上林令)으로 삼아 상림원을 책임지게 하도록 했다. 장석지가 황제 앞으로 나서며 여쭈었다.

"폐하께서는 강후 주발의 사람됨을 어떻게 보십니까?"

"덕이 높은 장자라고 본다."

"동양후 장상여는 어떻게 보십니까?"

"덕이 높은 장자라고 본다."

장석지가 자신의 의견을 아뢰었다.

"무릇 강후와 동양후는 장자라고 일컬어지지만, 그 두 사람은 조정에서 어떤 일을 논의할 때 입을 열어 말씀을 올린 적이 없습니다. 어떻게 끝도 없이 말을 늘어놓는 이 색부를 본받겠습니까? 진나라 황제가 도필리들을 신임하자, 그들은 재빠르고 사나우면서도 각박하게 백성을 다루는 것을 최고로 여기며 앞다투어 그렇게 일을 처리했는데, 필요 없는 서류나 잔뜩 작성할 줄 알았지 백성을 측은하게 여기는 것을 실질로 삼지 못한 폐단을 남겼습니다. 그리하여 나라가 잘못되어 가는 것을 알지 못하다가 겨우 두 번째 황제 대에 가서 멸망하여 진나라의 천하가 무너져 내렸습니다.

이제 폐하께서 구변이 좋다는 이유로 저 색부를 도에 넘치는 자리로 올리려고 하시니, 신은 천하가 그 바람에 휩쓸려 너도나도 구변이나 늘어놓으면서 실질은 추구하지 않을까 염려스럽습니다. 게다가 황제가 위에서 하는 것을 보고 아래 백성이 그대로 따라 하는 것은 그림자나 메아리보다도 더 빠를 터입니다. 폐하께서 어떤 일을 하실 때는 신중하게 하셔야 합니다.”

문제가 말했다.

“좋은 의견이다.”

그리하여 논의를 마치고 색부를 상림령에 임명하지 않았다.

황제가 수레에 오르면서 장석지를 동승하게 하여 천천히 황궁으로 돌아갔다. 가는 길에 황제가 장석지에게 진나라의 폐해에 관해 물어보자 장석지가 있었던 일 그대로 상세하게 대답했다. 황궁에 도착하여 황제가 장석지를 공거령(公車令)에 임명했다.

얼마 지나지 않아 태자가 양왕과 함께 수레를 타고 황제를 배알하러 오다가 사마문(司馬門)[3]에 당도해서 수레에서 내리지 않은 잘못을 범했다. 이에 장석지가 태자와 양왕을 쫓아가서 전문(殿門) 안으로 들어가지 못하게 했다. 그러고는 상소를 올려 공문(公門)[4] 에서 수레를 내리지 않은 태자와 양왕을 불경죄로 다스리도록 주청했다. 박(薄) 태후가 그 소식을 들었다. 문제가 관을 벗은 채 어머니인 태후에게 사죄하여 아뢰었다.

"제가 아들을 엄격하게 가르치지 못했습니다."

박 태후가 사람을 보내 태자와 양왕을 용서한다는 영을 내린 뒤에야 두 사람이 대전으로 들어갔다. 이 일로 문제가 장석지를 특별하게 여기고 중대부로 삼았다.

얼마 뒤에 중랑장이 되어 황제를 수행하고 패릉에 갔다. 황제가 패릉 북쪽 끝에서 멀리 바라보았다. 그때 신(愼) 부인이 황제를 모시고 있었는데, 황제가 한단이 고향인 신 부인에게 신풍(新豊)으로 가는 길을 가리키며 말했다.

"저 길이 한단으로 가는 길이다."

황제가 신 부인에게 금을 연주시키고는 그 가락에 맞추어 노래를 불렀는데 노래가 처량하고 슬펐다. 황제가 신하들을 돌아보며 말했다.

"슬프다. 내가 죽은 뒤에 북산의 돌로 석곽을 만들고 모시와 무명을 잘라 넣은 뒤에 틈새를 칠하여 봉하면 사람들이 내 무덤을 열 수 없겠지!"

그러자 좌우에 있던 신하들이 입을 모아 말했다.

"그렇게 하면 든든할 것입니다."

그때 장석지가 나서서 아뢰었다.

"무덤 안에 사람들이 가지고 싶어 하는 귀중한 것을 넣어 놓으면 비록 남산처럼 견고해도 어떻게든 틈새가 생기는 법입니다. 그 안에 귀한 것이 아무것도 들어 있지 않으면 돌곽이 없어도 어찌 근심할 것이 있겠습니까!"

문제가 장석지의 말을 옳다고 칭찬했다. 그 뒤에 장석지는 다시 정위로 승진했다.

어느 날 황제가 장안 북쪽 위하(渭河)의 중위교(中渭橋)에 나갔을 때 어떤 사람이 다리 아래에서 튀어나오는 바람에 황제가 탄 수레를 끌던 말이 놀랐다. 그리하여 기랑을 시켜 그자를 잡아와서 장석지가 처리하도록 맡겼다. 장석지가 갑자기 튀어나온 이유를 물으니 그자가 이렇게 대답했다.

"저는 장안현 사람인데, 여기 왔다가 황제의 행차가 있으니 물러서라는 영을 듣고 다리 아래에 피해 있었습니다. 시간이 많이 지나서 행차가 지나간 줄 알고 다리 위로 나왔으나 황제의 수레를 보고 놀라서 바로 달아났던 것입니다."

장석지가 황제에게 그 사람을 어떻게 처분할지 보고했다.

"황제의 행차를 방해했으니 벌금형을 내리는 것이 마땅합니다."

황제가 성에 차지 않은 듯이 말했다.

"이자는 내가 타고 가던 수레의 말을 놀라게 했다. 말이 온순했으니 망정이지 다른 말이었으면 내가 다치지 않았겠는가? 그런데도 정위는 벌금형이 마땅하다고 말하는가?"

이에 장석지가 아뢰었다.

"법은 천자와 천하 만민에게 똑같이 적용되어야 합니다. 지금 있는 법에 나와 있는 대로 하면 되는데 이자에게 더 무거운 형벌을 내리면 백성이 법을 불신하게 됩니다. 이자 때문에 놀라셨던 당장에 사람을 시켜 죽이게 했으면 그만이었을 것을 황상께서는 굳이 정위에게 넘겨 처리하게 하셨습니다. 정위는 천하 만민에게 공평해야 합니다. 정위가 한쪽으로 치우친 판결을 내리면 천하의 다른 관리들이 제멋대로 판결의 경중을 가리게 되어 백성은 손발을 어디에 두어야 할지도 분간하지 못하게 될 것입니다. 폐하께서 이 점을 살펴 주시기 바라옵니다."

황제가 한참 생각하다가 말했다.

"정위의 말이 옳다."

그 뒤에 고황제 사당 앞에 놓아둔 옥환(玉環)을 훔쳐 간 자가 잡혀 왔다. 노한 문제가 정위에게 이 사건을 처리하게 했다. 장석지가 종묘의 기물을 훔친 자를 처벌하는 법령에 따라 기시형에 처함이 마땅하다는 판결을 내린 뒤에 황제에게 보고했다. 황제가 몹시 노하여 말했다.

"이자는 대역무도하게도 선제의 기물을 훔쳤다. 내가 정위에게 맡겨 처리하게 한 것은 그자의 삼족을 멸하라는 뜻이었다. 그런데 정위는 이런 대역무도한 자를 일반적인 법에 따라 처리해야 한다는 보고를 올렸으니 이는 종묘를 공경하며 돌보겠다는 나의 뜻과 맞지 않다."

그러자 장석지가 관을 벗고 머리를 조아린 채 사죄하며 아뢰었다.

"법에 따르자면 그 정도로 충분합니다. 또 죄명이 같더라도 상황에 따라 처벌의 경중을 가려야 합니다. 이제 종묘의 기물을 훔친 자의 삼족을 멸한 후, 만에 하나 어리석은 백성이 장릉(長陵)의 흙 한 줌을 덜어 냈다면 폐하께서는 장릉을 훼손한 자에게 어떤 법령을 적용하여 다스리시겠습니까?"

문제가 태후와 이 일을 의논한 뒤에 정위의 판결대로 처리할 것을 허락했다. 그때 중위 조후(條侯) 주아부와 양왕의 승상 산도후(山都侯) 왕염계(王恬啟)[5]가 법을 공평하게 집행하고 판결하는 모습을 보고 장석지와 친한 벗을 맺었다. 이 일로 하여 장 정위는 천하 백성의 칭송을 받게 되었다.

문제가 붕어하고 경제가 즉위하자 장석지는 예전 사마문에서 있었던 일이 걱정되어 일단 병을 칭했다. 벼슬에서 물러나자니 주살당할 것이 두려웠고 알현을 하자니 뭐라고 해야 할지 생각이 나지 않았다. 〔이때〕 왕생(王生)의 계책을 써서 마침내 황제를 알현하고 사죄했는데 경제가 허물을 묻지 않았다.

왕생이란 자는 황로 방술을 깊이 연구한 처사였다. 한번은 궁중의 연회에 불려 갔는데, 황궁 안이라 공경들이 모두 모여 버선발로 서 있었다. 그때 왕생 노인이 "내 버선 끈이 풀어졌네."라고 하면서 장석지 쪽으로 돌아보고 "내 버선 끈 좀 매 주오."라고 부탁했다. 장석지가 무릎을 굽히고 버선 끈을 맸다. 다 매고 나자 누군가가 왕생을 보고 뭐라고 한마디 했다.

"어찌하여 궁중에까지 와서 장 정위를 욕보이십니까?"

왕생이 대꾸했다.

"나는 늙었고 또 지위도 없어서 장 정위한테 뭘 해 주고 싶어도 도움을 줄 수가 없소. 지금 천하의 명신인 장 정위에게 버선 끈을 매 달라고 한 것은 장 정위의 명망을 더욱 높이려고 일부러 한 부탁이오."

그 말을 들은 여러 대신이 왕생을 현명하게 여겼고 장석지를 존경했다.

장석지가 경제를 섬긴 지 한 해 남짓 되었을 때, 결국 지난 사마문 사건의 허물을 추궁받아 회남왕의 승상으로 좌천해 갔다가 연로하여 병사했다. 아들 장지(張摯)는 자가 장공(長公)이었는데 벼슬이 대부에 이르렀다가 면직되었다. 당대의 권세 있는 자들에게 잘 보일 생각이 없었기 때문에 죽을 때까지 다시는 벼슬길에 오르지 않았다.

문제에게 형벌 완화를 간언한 풍당

○　○　○

풍당의 조부는 〔전국 시대〕 조(趙)나라 사람이었다. 아버지가 대나라로 이주했다가 한나라가 개국한 뒤에 안릉으로 옮겨 와서 살았다.

풍당은 효성이 지극하기로 이름이 높아 낭중에 천거되었다가 낭서장이 되어 문제를 섬겼다. 문제가 가마를 타고 가다가 풍당에게 물었다.

"어찌하여 나이가 많은데 아직도 낭관 자리에 있는가? 집은 어디인가?"

풍당이 있는 그대로 사정을 아뢰었다. 풍당이 대나라 출신이라는 소리에 문제가 말했다.

"내가 대나라 왕으로 있을 때 상식감(尙食監)이던 고거(高袪)가 거록성 아래에서 진나라 왕리 군대와 싸웠던 조나라의 뛰어난 장수 이제(李齊)의 이야기를 자주 들려주었다. 나는 밥을 먹을 때마다 거록 전투를 생각하지 않은 적이 없었다. 노인장은 그 장수를 아는가?"

풍당이 대답하여 아뢰었다.

"그렇긴 하나 이제는 염파(廉頗)와 이목(李牧) 같은 장수보다는 못합니다."

"어찌하여 못하다고 하는 것인가?"

"신의 조부가 〔전국 시대〕 조나라의 관수(官帥)로 있으면서 이목과 잘 알고 지냈고, 신의 아비가 대나라의 상국이었을 때 이제와 친하게 지냈으므로 이들이 어떤 사람들인지 알고 있습니다."

황제가 염파와 이목의 사람됨에 대해 듣고 나서 몹시 흥분하여 허벅지를 치며 말했다.

"슬프다! 내가 염파와 이목 같은 장수를 얻지 못한 탓에 이렇게 흉노한테 애를 먹고 있구나!"

풍당이 아뢰었다.

"황공합니다만, 폐하께서는 염파나 이목 같은 장수를 얻었어도 중용하지 않으셨을 것입니다."

그 말을 듣고 노한 황제가 가마를 일으켜 황궁으로 들어가 버렸다. 그로부터 한참 지난 뒤에 황제가 풍당을 불러 나무랐다.

"어찌하여 여러 사람 있는 데서 나를 욕보인 것인가? 따로 조용히 말할 수는 없었단 말인가?"

풍당이 사죄했다.

"미천한 소인이 기휘할 줄을 몰랐습니다."

바로 그 무렵, 흉노가 다시 조나(朝那)로 대거 침입하여 북지군 도위 손앙(孫卬)을 죽였다. 흉노 때문에 근심이 된 문제가 하는 수 없이 다시금 풍당을 불러 물어보았다.

"그대는 어찌하여 내가 염파나 이목 같은 장수를 중용하지 않으리라고 했는가?"

풍당이 대답을 아뢰었다.

"예전의 제왕들은 장수를 전장에 파견할 때에 무릎을 꿇고 수레바퀴를 힘차게 밀어 주며 '도성 안의 일은 과인이 맡을 테니 도성 밖은 장군이 알아서 맡아 주시오. 군공을 논하여 작위와 상을 내릴 때는 도성 밖의 전쟁터에서 결정한 다음 돌아와서 보고하시오.'라고 하며 보냈다고 알고 있는데 이는 절대 헛말이 아닙니다.

신의 조부가 이야기한 바에 따르면, 이목이 조나라 변경에서 군대를 이끌고 있을 때 군영 주변의 시장에서 걷은 세금을 모두 병사들에게 상으로 주었는데, 상을 내리는 일은 도성 밖 군영에서 결정했지 조정에서 간섭할 수 없었다고 합니다. 주군이 장수에게 전권을 맡기고 적에게 승리를 책임지게 했기 때문에 이목이 자신의 능력을 있는 대로 발휘할 수 있었던 것입니다. 이목은 전차 천삼백 승과 쇠뇌를 쏘는 기병 일만 삼천 명, 정예 병력 십만 명[6]을 선발하여 북쪽으로는 흉노 선우의 군대를 몰아내는 한편으로 동호(東胡)의 군대를 쳐부수고 담림(澹林)을 섬멸했으며, 서쪽으로는 강대한 진나라군을 눌렀고, 남쪽으로는 한(韓)나라와 위나라에 대항했습니다. 하여 당시의 조나라는 거의 패자가 될 듯했습니다.

그러나 조천(趙遷)이 조 유왕(趙幽王)에 오른 뒤에 모친이 악공의 딸이었던 것답게 곽개(郭開)의 참언만 믿고 이목을 주살하고 안취(顔聚)가 〔장군직을〕 대신하게 했습니다. 그 탓에 조나라가 진나라에게 멸망하게 되었습니다.

신이 듣자니 위상(魏尙)이 운중 태수로 있으면서 군영 근처의 시장에서 걷은 세금을 병사들에게 모두 나누어 준 것은 물론 받아 두었던 자신의 봉록까지 내어 닷새에 한 번씩 소를 잡아 빈객과 군리와 자신의 수행 관원들을 먹였다고 합니다. 이 소식을 들은 흉노가 멀리 달아나 운중 지방의 요새 쪽으로는 가까이 오지도 않았는데, 딱 한 번 흉노가 침입했을 때 위상이 전차 부대를 이끌고 출격하여 수많은 흉노군을 죽였다고 합니다. 그런데 전투에 참가한 군사들이야 농사짓던 평민 백성 집안의 자식들이니 척적(尺籍)에 쓰인 군령이나 오부(伍符) 같은 신표를 잘 알 턱이 없습니다. 군사들은 다만 하루 종일 힘을 다해 싸우면서 목을 베거나 사로잡은 적군을 장군의 군영에 보고하여 공을 가렸는데, 그때 한마디라도 실제 상황과 어긋나게 보고하면 공과를 기록하는 관리들이 군법에 따라 제재를 가했고 제대로 상을 받지 못한 경우에는 장교와 관리들을 법을 받들어 반드시 시비를 가려 주었습니다.

어리석은 신이 보기에 폐하께서는 법을 너무 밝히시며 상은 아주 보잘것없게 주고 벌은 엄중하게 내리고 계십니다. 예컨대 운중 태수가 적의 목을 벤 숫자를 여섯 명 차이 나게 보고했다 하여 잡아 가두고, 옥리에게 넘겨 심문하여 작위를 없애고, 한 해 동안 벌작형(罰作刑)으로 노역시켰으니 폐하께서 이목 같은 장수를 얻으셔도 중용하지 않으리라고 아뢰었던 것입니다. 하지만 신이 너무 어리석었던 탓에 기휘에 재촉되어 죽을죄를 지었습니다."

〔이 말을 들은〕 문제가 기뻐했다. 그날로 당장 풍당에게 부절을 들려 보내 위상을 사면하고 다시 운중 태수로 부임하게 했다. 그리고 풍당을 거기도위에 임명하여 중위 및 지방의 군과 제후국의 전차 부대를 관장하게 했다.

풍당이 도위가 된 지 열 해가 지난 뒤에 경제가 즉위하여 풍당을 초왕의 승상으로 임명했다.

무제가 즉위하여 각지에서 현량 인재를 천거하라고 했을 때 풍당이 천거되었다. 그러나 이미 나이가 아흔 살이라 관직에 나아갈 수 없었기에 아들인 풍수(馮遂)가 대신 낭관이 되었다. 풍수의 자는 왕손(王孫)으로 역시 뛰어난 인재였다.

위상은 괴리 사람이다.

무위의 다스림을 좋아한 급암

○   ○   ○

급암의 자는 장유(長孺)이고, 복양 사람이다.

옛적에 그 선조가 위군(衛君)[7]의 총애를 받았으며, 급암에 이르기까지 십 대[8]에 걸쳐 대대로 경과 대부를 지냈다. 급암은 아버지의 천거로 효경제 때에 태자세마(太子洗馬)가 되었다. 늘 엄중하게 일을 처리했기 때문에 사람들이 급암을 가까이하기를 꺼렸다.

무제가 즉위한 뒤에 급암을 알자로 삼았다.

당시에 동월의 여러 부족들이 서로 싸웠으므로 황제가 급암을 보내 사정을 살펴보게 했다. 급암은 오나라까지만 갔다가 돌아와서 "월족들이 서로 싸우는 것은 본래의 습속 때문이라 폐하께서 수고스럽게 사자를 보내서까지 알아볼 문제가 못 됩니다."라고 보고했다.

하내에 불이 나서 천여 채의 집이 불탔을 때에도 황제가 급암을 시켜 사정을 살펴보게 했다. 급암이 돌아와서 보고했다.

"어떤 집에서 불을 내는 바람에 붙어 있던 집들이 달아서 타 버린 것이니 폐하께서 근심하실 일이 못 됩니다. 그런데 신이 하내를 지나는 길에 보니 하내의 빈민 만여 가구가 수해와 한재 때문에 고생하고 있었는데, 부자지간에 서로 잡아먹을 지경이었습니다. 신이 마침 부절을 지니고 있었으므로 삼가 부절을 보이고 하내의 곡식 창고를 열어 빈민들에게 곡식을 나눠 주고 구휼하게 했습니다. 이제 부절을 반납하니 폐하의 명령을 빌려 일을 처리한 죄를 다스려 주시기 바랍니다."

황제가 급암의 덕을 높게 보고 죄를 묻지 않았다. 그러고는 형양 현령에 제수했다. 급암은 현령 자리가 성에 차지 않았던지라 병을 칭하고 시골집으로 내려갔다. 그 말을 들은 황제가 급암을 불러 중대부로 삼았다. 그러나 여러 차례 정확하게 간언을 하는 바람에 조정에 오래 몸담을 수 없었다. 마침내 황제가 급암을 동해군 태수로 내보냈다.

황로 방술을 공부한 급암은 관민을 다스릴 때 청정(淸靜)을 좋아했다. 사람을 잘 골라 군승(郡丞)과 연사에 임명하고 그들에게 일을 맡겼는데, 큰일은 방향을 잡아 준 뒤에 책임을 지웠으나 세세한 사정은 각박하게 따지지 않았다. 급암은 몸이 약해 자주 병을 앓았으므로 침실에 누워 밖에 나가지 못했다. 그럼에도 한 해 남짓 지나 동해군에 질서가 제대로 잡히자 사람들이 급암을 칭송했다. 그 소식을 들은 황제가 급암을 불러 주작도위(主爵都尉)로 삼고 구경의 반열에 올려 주었다. 급암은 정무를 처리할 때 무위(無爲)를 원칙으로 삼아 큰 그림만 그릴 뿐, 법규에 매달리지 않았다.

급암은 성격이 오만하고 예의를 잘 차리지 않았으며 면박을 주는 일이 많았고 남의 허물을 덮어 주지 않았다. 자신과 뜻이 맞는 사람에게는 잘 대해 주었으나 뜻이 맞지 않는 경우에는 눈 뜨고 보려 하지 않았으니 그 때문에 유생들이 잘 따르지 않았다. 그러나 도덕을 지키는 협객을 좋아했고 기개와 절의가 있는 자들을 신임했으며 스스로는 고상하고 청빈하게 살았다.

급암은 간언할 때 황제의 안식을 범하기도 했다. 그리하여 부백(傅伯)이나 원앙 같은 이들의 사람됨을 언제나 앙모했다. 관부와 정당시, 종정 유기질(劉棄疾)⁹과 사이가 좋았다. 급암은 여러 차례 직간을 계속한 탓에 주작도위 자리에 오래 있을 수 없었다.

그 무렵에 태후¹⁰의 동생인 무안후 전분이 승상으로 있었다. 전분은 중이천석 관리가 자신을 배알하러 와도 그들에게 예를 갖추지 않았다. 이렇듯 콧대 높은 전분을 만날 때도 급암은 절하는 법 없이 읍만 하고 대했다.

황제가 유가 학설을 공부한 유생을 모집하면서 자신은 요임금과 순임금을 본받아 인의를 펼치며 이렇게 저렇게 정사를 펼치려고 한다고 하자, 급암이 그 말을 들이받았다.

"폐하께서는 속으로 다른 욕심이 많으시면서 겉으로만 인의를 펼치겠다고 하십니다. 요임금과 순임금의 정사를 어떻게 본받겠다는 말씀이신지요!"

황제가 화가 나서 얼굴색까지 바뀌었다. 조회는 그 자리에서 끝나 버렸다. 공경들은 모두 급암이 처벌을 받으리라고 걱정했다. 황제가 조회에서 물러 나와 옆에 있던 자에게 투덜거렸다.

"심해도 너무 심해. 급암은 앞뒤를 가릴 줄 모르는구나."

신하 중에 몇몇이 나무라자 급암이 대꾸했다.

"천자를 보필하라며 공경들을 자리에 앉혀 놓고, 아첨이나 떨고 영합이나 하게 하는 건 주군을 바르지 않은 길로 빠지게 하는 것 아니겠소? 이미 공경의 자리에 있는 자로 제 몸이나 보전하려 든다면 조정을 욕보이는 게 아니고 무엇이겠소?"

병이 자주 나는 급암이 한번은 석 달이 지나도록 낫지 않았다. 황제가 여러 차례 휴가를 연장해 주었지만[11] 끝내 낫지 않아 마침내 엄조(嚴助)[12]가 대신 황제에게 병가를 내러 갔다. 황제가 물었다.

"급암은 도대체 어떤 사람인가?"

엄조가 대답했다.

"급암에게 벼슬을 주어 무슨 일을 하게 한다면 다른 사람보다 나을 게 별로 없습니다. 그러나 젊으신 황제[13]를 보필하여 사직을 지키는 데에는 맹분이나 하육이라 자칭하는 용사가 온다 해도 그의 신조를 빼앗지 못할 것입니다."

"맞다. 급암이야말로 그 옛날 사직신에 비결할 만한 사람이다."

황제는 시중이었던 대장군 위청도 쭈그리고 앉아 용변을 보는 중에 맞이하곤 했다. 또 평상시에는 관을 쓰지 않고 승상 공손홍을 대하기도 했다. 그러나 급암을 접견할 때는 반드시 의관을 갖추었다. 한번은 황제가 비상시를 대비해 침전 안에 무기를 보관해 둔 무장(武帳)에 앉아 있을 때 급암이 보고를 하러 들어갔다. 관을 쓰고 있지 않던 황제가 급암이 들어오는 것을 보고 얼른 휘장 뒤로 피한 뒤에 아랫사람을 시켜 급암이 들고 온 일을 재가한다고 전하게 했다. 그 정도로 급암을 예로써 공경했다.

그즈음 장탕이 법령을 개정한 공을 인정받아 정위가 되었다. 급암이 황제 앞에서 장탕을 면박했다.

"그대는 정경(正卿)이 되어 위로는 선제의 위업을 선양하고 아래로는 천하 만민이 삿된 마음을 먹지 못하도록 교화하여 나라를 안정시키고 백성의 살림을 풍성하게 해야 했으나 그렇게 하지 못했고, 옥이 텅 비도록 만들지도 못했는데, 어찌하여 고황제가 제정해 놓으신 법령을 어지러이 고치고만 있는 것이오? 이는 공의 일족을 멸하게 할 수도 있는 일이오."

급암은 때때로 장탕과 토론을 하곤 했다. 급암은 언제나 법령 구석구석에 들어 있는 세세한 문구를 들어 의견을 내세우는 장탕에게 분노하며 호되게 질책했다.

"천하 사람들이 '도필리를 공경에 올려서는 안 된다.'라고 하더니 과연 그 말이 맞았소. 그대 장탕과 같은 식으로만 법을 집행한다면 천하 만민은 떨면서 발을 포개고 제대로 서지도 못할 테고 눈치 보느라 곁눈질만 할 수밖에 없을 것이오."

당시 한나라 조정은 흉노를 정벌하면서 사이(四夷)를 불러들여 회유하고 있었다. 그런 가운데 급암은 일을 적게 만들려고 노력하며 틈이 있을 때마다 황제에게 흉노와 화친하며 군대를 출동시키지 말도록 간언했다.

당시 황제는 유가 학술을 정사에 이용하고자 했다. 그래서 유고 사상을 숭상하던 공손홍의 뜻을 존중하며 그 뜻에 따라 일을 많이 벌였는데 관리와 백성이 교묘하게 피해 갔다. 그러자 장탕 등이 황제가 기존의 법규를 분석하고 새로운 법규를 만들어 나가는 가운데 처결할 안을 계속해서 황제에게 보고함으로써 신임을 얻었다. 그런 가운데 급암은 수시로 유가 사상을 공격했다. 그리고 공손홍 등이 속으로는 간사한 생각을 하면서도 겉으로 지혜로운 척하며 주군에게 아첨을 떠는 것으로 환심을 사려고 하는 무리라고 면박했다. 또 도필리들은 법령이나 조목조목 따져 가며 교묘하게 사람을 모독하고 법망에 빠뜨리는 것을 공으로 삼는다고 비판했다. 그러나 황제는 공손홍과 장탕을 갈수록 더 존중했다. 속으로 급암을 증오하던 공손홍과 장탕은 황제도 그를 그리 좋아하지 않는다는 것을 알고 급암이 주살당할 만한 일을 꾸몄다. 공손홍이 승상이 되었을 때 황제에게 주청했다.

"우내사(右內史)가 관할하는 구역에는 귀족과 종실이 많이 살아 다스리기가 어렵습니다. 그러므로 조정의 대단한 중신이 아니면 그 일을 감당할 수 없으니 급암을 우내사로 옮기게 해 주십시오."

급암이 우내사로 있던 몇 해 동안 아무런 소송도 일어나지 않았다.

대장군 위청은 누나가 황후가 되면서 지위가 더욱 높아졌다. 그러나 급암은 계속해서 위청을 신분이 대등한 사람을 대하는 강례(亢禮)로 대했다. 누군가가 급암에게 충고했다.

"천자께서는 다른 신하가 대장군 앞에 자신을 낮추게 하셨습니다. 대장군이 더 높고 황제의 신임도 많이 받고 있는데 귀하는 어쩌자고 절을 올리지 않는 것이오?"

급암이 대꾸했다.

"대장군에게 읍만 하는 객이 있다고 해서 대장군이 존귀하지 않은 건 아니지 않소?"

이 말을 전해 들은 대장군은 전보다 더 존중하게 되었다. 조정에서 모르는 문제가 생겼을 때 여러 번 급암을 찾아 물어보았고 특별히 급암을 후대했다.

회남왕이 모반하는 과정에 급암을 두려워하며 "급암은 직간을 잘하는 데다 절의를 지키다 죽을 자이니 유혹하기 어렵다. 공손홍 등의 무리로 말하자면 덮었던 가리개를 열어젖히는 것만큼 쉬운 일이다."라고 말한 적이 있다.

황제가 흉노 정벌에서 여러 차례 승리를 거두었으므로 급암의 흉노 화친 정책은 더욱 소용이 없게 되었다.

황제의 눈 밖에 날 소리만 아뢰다

○　○　○

급암이 구경의 반열에 올랐던 그 무렵에 공손홍과 장탕은 아전에 불과했다. 공손홍과 장탕의 지위가 조금씩 오르기 시작하더니 나중에는 급암과 동등해졌다. 그때에도 급암은 공손홍과 장탕을 계속 비난했다.[14] 그 뒤에 공손홍은 승상이 되어 열후[15]에 봉해지고 장탕은 어사대부에 올랐으며 급암이 데리고 있던 승과 사도 모두 급암과 동등해지거나 그보다 높이 중용되었다. 속이 좁았던 급암에게 원망하는 마음이 없을 리 없었다. 급암이 황상을 배알하여 아뢰었다.

"폐하께서 신하를 쓰시는 것이 장작개비 쌓는 것과 같으니, 뒤에 해 온 장작을 먼저 해 온 장작 위에 올리고 계시지 않습니까!"

급암이 돌아가고 난 뒤에 황제가 말했다.

"사람은 역시〔유가 사상을〕배워야 한다. 급암이 하는 말이 나날이 심해지고 있잖은가?"[16]

얼마 지나지 않아 흉노의 혼야왕(渾邪王)[17]이 무리를 이끌고 투항해 왔다. 한나라 조정에서는 그들을 맞이하기 위해 수레 이만 대를 보냈는데, 조정에 돈이 없어 백성에게서 외상으로 말을 빌렸다. 그런데 백성 중에 말을 숨기고 내놓지 않는 자들이 있어서 수레를 끌고 갈 말을 채우지 못했다. 이 소식을 듣고 노한 황제가 우내사 급암의 휘하에 있던 장안 현령의 목을 베려고 했다. 그때 급암이 아뢰었다.

"장안 현령에게는 아무 죄가 없습니다. 백성이 말을 꺼내 오게 하려면 오로지 신 급암의 목을 베는 것 말고는 다른 방도가 없습니다. 게다가 흉노 무리는 제 주군을 배반하고 한나라에 투항했으니 현에서 차례대로 천천히 그들을 운송하면 될 일인데, 왜 온 천하를 들썩이고 중원의 백성을 힘들게 하면서까지 이적 무리를 기쁘게 해야 합니까!"

황제는 아무 말도 하지 못했다. 혼야왕 무리가 장안에 도착한 뒤에 흉노족의 물건을 거래한 한족 상인 오백여 명에게 사형 판결이 내려졌다. 급암이 입궁한 뒤 황제에게 알현을 청했다. 급암이 미앙궁 고문전(高門殿)에서 황제를 알현하고 아뢰었다.

"흉노가 먼저 두 나라의 중간에 있는 요새를 공격하고 화친 관계를 끊었으므로 중원에서 군대를 출동시켜 징벌하느라 헤아릴 수 없이 많은 사상자가 나고 수백억의 비용이 지출되었습니다. 신은 비록 어리석지만, 포로로 잡은 흉노족 모두를 노비로 삼아 종군하여 전사한 사람이 있는 집에 하사하고 전리품도 그들에게 나누어 주어 천하 만민과 변경 지방에 사는 백성의 마음을 위로해야 마땅하다고 여깁니다. 설령 지금 그렇게 하지 못한다 하더라도, 관가의 곳간을 비워 가며 혼야가 끌고 온 수만의 무리에게 상을 내리고 양민으로 하여금 그들을 돌보고 먹여 살리게 하시니 이는 흉노를 떠받드는 것과 같은 일입니다. 장안의 어리석은 백성이 흉노족과 매매할 때, 옥리들이 변방에서 흉노족에게 무기를 빼돌린 것에 해당하는 죄목을 자신들에게 옭아맬 줄 어떻게 알았겠습니까! 폐하께서 흉노에게 빼앗은 재물로 천하의 백성을 위로하지는 못할지언정 구차한 법령을 적용하여 아무것도 모르는 백성을 오백여 명이나 죽이려고 하시다니, 신은 폐하께서 이런 판결을 취하지 않으셔야 한다고 생각합니다."

급암의 말이 옳지 않다고 여긴 황제가 한마디 했다.

"급암이 나에게 와서 무슨 말을 한 지 한참 지났나 했는데 오늘 와서 또 망발을 하고 가는구나."

몇 달 뒤에 급암이 사소한 죄를 지어 벌을 받게 되었는데 마침 대사면령이 내려 벼슬만 떨어지게 되었다. 그리하여 급암은 몇 해 동안 고향 시골에 가서 은거해 있었다.

무제가 오수전(五銖錢)을 새로 제정할 때였다.[18] 백성 중에 사사로이 오수전을 주조하는 자가 많았는데 초나라 땅에서 특히 그런 일이 많았다. 황제가 초나라로 들어가는 길목에 있는 회양을 문제의 땅으로 지목하고 그 문제를 해결하기 위해 급암을 회양 태수로 임명했다. 급암이 엎드려 사양하며 인수를 받지 않으려 했다. 황제가 수차례나 인수를 받도록 강권하는 조서를 내리고서야 급암이 받들었다. 황제가 대전으로 부르자 급암이 울면서 호소했다.

"신이 죽어 골짜기에 묻히더라도 다시 폐하를 뵐 줄 몰랐으니 이렇게 폐하께서 다시 거두어 주시리라고는 생각지도 못했습니다. 신은 언제나 견마지로를 다할 생각이 있으나 이제 병이 들어 한 군을 맡아 다스리기에는 힘이 부칩니다. 그러니 신은 중랑이 되기를 바랍니다. 중랑이 되어 대전을 출입하며 폐하께서 지나치신 일이나 놓치신 점을 수습하는 것이 신의 소원입니다."

황제가 물었다.

"회양이 경의 성에 차지 않는단 말이오? 가서 계시면 내가 곧 바로 경을 불러올리겠습니다. 듣자 하니 회양의 관리들과 백성이 서로 뜻을 맞추지 못하고 있다고 하여 경의 명성을 빌리고 싶은 것이니, 가서 자리에 누운 채로라도 회양을 다스려 주시오."

급암이 하직 인사를 마친 뒤에 대행령(大行令) 이식을 찾아가서 말했다.

"저 급암이 버림받은 몸이 되어 지방으로 나가게 되었으니 함께 조정 대사를 의논할 수 없게 되었소. 현재 어사대부 장탕은 남의 충고를 거부하는 이유를 댈 만큼 총명하고 자신의 허물을 가릴 만큼 거짓스러우며 천하 만민을 위한 바른말 대신 오로지 황상의 뜻에 영합하는 말만 하고 있으니, 황상의 뜻에 맞지 않은 사람은 비방하고 황상의 뜻에 맞는 사람은 칭찬하고 있습니다. 그자는 일 만들기를 좋아하는 데다 구차한 법률만 가지고 장난을 치고 있소. 조정에서는 여러 일을 만들어 간사하게 황상의 비위를 맞추고, 밖에 나가서는 엄격하게 법령을 적용함으로써 부정을 저지르는 관리를 위협하며 자신의 권위를 높이고 있는데도 구경의 반열에 있는 공께서 그자를 비판하지 않으니 어찌 된 까닭인지를 모를 일이오. 공께서 계속 그자와 뜻을 같이하다가는 함께 죽임을 당할 수밖에 없을 것이오."

그러나 이식은 장탕이 두려워 끝내 한마디도 하지 못했다.

급암이 회양군에 부임하여 예전에 동해군에서 했듯이 다스리며 회양군의 정사를 태평하게 이끌었다.

그 뒤에 장탕이 탄핵을 받고 자결했을 때, 급암이 이식에게 했던 말을 전해 들은 황제가 이식의 죄를 물어 처벌했다. 급암에게는 제후국의 상이 누리는 봉록[19]을 주어 회양 태수로 계속 있게 했다. 급암은 회양 태수로 있은 지 열 해 만에 세상을 떠났다.[20]

급암이 세상을 떠난 뒤에 황제가 급암을 생각하며 급암의 동생인 급인(汲仁)의 관직을 구경의 반열에 올리고 아들 급언(汲偃)은 제후국의 상으로 보냈다.

급암 누나의 아들인 사마안(司馬安)[21]도 젊어서 급암처럼 태자세마로 있었다. 사마안은 법령을 세세하게 해석하여 엄격하게 다스리며 벼슬아치 노릇을 잘했으므로 네 차례나 구경의 반열에 올랐는데 하남 태수로 있던 중에 세상을 떠났다. 사마안의 추천을 받은 그의 형제들이 열 명이나 동시에 봉록 이천석 벼슬에 올랐다.

복양 사람인 단굉(段宏)이 처음에는 갑후(蓋侯) 왕신(王信)[22]을 섬겼는데 왕신이 단굉을 추천하여 벼슬이 두 번이나 구경의 반열에 올랐다. 그런데 〔전국 시대〕 위(衛)나라 지역 출신으로 벼슬아치가 된 사람들은 모두 급암을 경외하여 그 그늘에 있고 싶어 했다.

인재를 추천하는 데 힘쓴 정당시

정당시는 자가 장(莊)으로 진현 사람이다.

정당시 집안의 윗대 어른 정군(鄭君)이 항적을 섬기다가 항적이 죽은 뒤에 한나라 군대에 속하게 되었다. 고조가 항적의 옛 부하들에게 항우라고 부르는 것을 금하고 적(籍)이라고 부르게 했는데, 정군만 그 명령을 따르지 않았다. 고조가 조서를 내려 적이라고 부른 자는 모두 대부로 삼고, 그렇게 하지 않은 정군은 쫓아냈다. 정군은 효문제 때에 세상을 떠났다.

정당시는 자청하여 협객 노릇을 기쁨으로 삼고 살았다. 장우를 위기에서 구해 준 것으로 양나라와 초나라에서 이름이 높았다.

효경제 때에 태자의 수행원이 되었다. 닷새에 한 번씩 돌아오는 목욕 휴가 때마다 지방에서 장안으로 들어오는 여러 길목에 역마를 배치해 놓고는, 빈객들을 마중하여 모셔 와서는 밤이 지나 다음 날 아침이 될 때까지 대접했는데 두루두루 다 초대하지 못하는 것을 늘 염려했다. 정당시는 황로 방술을 즐겨 공부했으며 덕이 높은 장자를 흠모했는데, 늘 그분들의 마음에 들지 못할까 염려했다. 나이도 젊고 벼슬도 낮았으나 알고 지내는 벗들은 모두 조부뻘의 천하 명사들이었다.

정당시는 무제가 즉위한 뒤에 조금씩 승진을 거듭하여 제후국 노나라의 중위, 제남 태수, 강도국(江都國)의 상(相) 등을 거쳐 우내사가 되어 구경의 반열에 올랐다. 무안후 전분과 위기후(魏其侯) 두영이 관부 일로 논쟁할 때에 태도를 분명하게 하지 않아 첨사(詹事)로 강등되었다가 다시 대사농(大司農)으로 옮겼다.

정당시는 높은 벼슬을 살고 있었지만, 문하 아전들에게 "손님이 오면 귀천을 가리지 말고 문밖에서 기다리게 해서는 안 된다."라고 단단히 일러 놓았다. 주인으로서 손님을 공경하는 예를 다했는데 높은 자리에 있으면서도 손님을 대할 때는 몸을 낮추었다.

청렴한 성품에 가산을 늘리는 데 관심이 없었던 정당시는 받은 봉록이나 상금으로 자신의 빈객들을 봉양했으니 빈객에게 제공하는 것은 한 끼 식사에 그치지 않았다.

조회에 나갈 때면 틈을 타서 천하의 장자들을 황제에게 반드시 추천했으니, 인재나 승사 등 부하 관속을 추천할 때는 미사여구로 칭찬하면서 자신보다 훨씬 능력이 뛰어나다는 말을 빼놓지 않았다. 아전들의 이름을 부른 적이 없었고 관속들과 대화를 나눌 때에도 그들의 마음이 다치지 않도록 조심했다. 누가 훌륭한 의견을 냈을 때는 때를 놓칠세라 얼른 가서 황제에게 보고했다. 그리하여 효산 동쪽의 인사들이 입을 모아 정당시를 칭찬했다.

황하의 제방이 터진 곳을 복구하러 황제의 사자가 되어 길을 떠날 때[23] 정당시가 행장을 꾸리기 위해 닷새의 말미를 청했다. 그러자 황제가 말했다.

"내가 듣기로 정장(鄭莊)은 천 리 길을 떠날 때에도 식량을 준비하지 않는다고 하던데 이번에는 행장을 꾸린다니 어떻게 된 일인가?"

"그럼 행장을 꾸리지 않겠습니다."

정당시는 조정의 벼슬을 하면서 늘 황제의 뜻에 맞추었고, 정사 처리의 옳고 그름에 대해 강하게 간언하지 않았다.

조정에서 흉노를 정벌하고 사이(四夷)를 회유하느라 천하의 물자가 많이 징발되어 쓰이게 되자 재정이 점점 고갈되었다. 정당시가 대사농으로 있을 때 자신의 빈객을 고용인으로 써서 조세 운수를 맡겼는데 제대로 운반하지 못한 수량이 많았다.[24] 당시에 회양 태수로 있던 사마안이 그 사실을 고발하여 정당시가 벌을 받게 되었는데 대속하여 서인이 되었다.

얼마 지나지 않아 승상부의 장사에 임명되었다가 다시 여남 태수로 옮겼다. 몇 해가 지나 재직 중에 세상을 떠났다. 정당시의 그늘에 힘입어 봉록 이천석 벼슬에 오른 그의 형제들이 예닐곱 명이나 되었다.

정당시는 일찍이 급암과 더불어 구경의 반열에 올랐고 품행을 잘 닦았다. 두 사람이 중도에 벼슬을 잃자 빈객들이 점점 흩어졌다.

정당시가 죽었을 때 남은 가산은 얼마 되지 않았다.

하규(下邽) 사람인 적공(翟公)이 정위 자리에 있을 때 일이다. 빈객들이 문전성시를 이루었으나 벼슬을 잃자 문밖에 참새 잡는 그물을 쳐도 좋을 만큼 한적해졌다가, 다시 정위 자리에 복귀하자 빈객들이 그 집에 들락거리기를 원한 적이 있었다. 그때 적공이 대문에다 큰 글씨로 "죽고 사는 일이 걸렸을 때 사귄 정의 정도를 알 수 있고, 살림의 빈부가 오락가락할 때 그 교분의 실태를 알 수 있으며, 신분의 귀천이 갈리는 때가 되면 어떤 이가 진정한 벗이었나를 알 수 있게 된다."[25]라고 써 붙였다.

찬하여 말한다.

장석지가 법을 지킨 일에서, 풍당이 장수를 대하는 법에 관해 논한 것에서, 급암이 바르고 곧은 성품을 지녔다는 점에서, 정당시가 인재를 천거한 것에서 그토록 훌륭하지 않다면 어떻게 명성을 얻었겠는가!

양자(揚子)[26]는 황제의 존귀함을 벗어던지고 주아부의 군대 통솔법을 칭찬했던 효문제가 염파와 이목 같은 장군을 중용하지 않을 수 있었겠느냐고 물었다. 풍당이 문제에게 그런 주장을 한 것은 아마도 위상의 재기용을 위해 효문제를 자극하기 위해서였을 것이다.

21

가 · 추 · 매 · 노 전

賈鄒枚路傳

이 편에는 가산(賈山)과 추양(鄒陽, 기원전 206~기원전 129년), 매승(枚乘, ?~기원전 129년), 매고(枚皐), 노온서(路溫舒)의 행적이 실려 있다. 모두 황제나 제후왕에게 진심으로 간언을 올린 인물로, 본문에 이들의 중요한 상소문들이 길게 인용되어 있다.

한나라 초기에 황제와 제후왕에게 올려진 여러 편의 상소문에는 진나라에서 교훈을 얻어야 한다는 의견이 공통으로 들어 있다. 앞서 망한 나라의 잘못된 정책을 따르면 같은 길을 갈 수 있기 때문이다. 군주에게 간언을 올릴 때는 간절한 뜻만큼 방정한 언행이 필요한데, 이 편에 실린 인물들은 그 두 가지를 다 갖췄으므로 한 편의 열전에 오르게 되었다. 『사기』에는 가산과 매승, 매고, 노온서의 열전은 없고, 「노중련·추양 열전」에 추양이 옥중에서 양 효왕에게 올린 상소문이 실려 있다.

진나라를 거울 삼아 영명한 황제가 되소서

○   ○   ○

가산은 영천군 사람이다.

조부는 가거(賈袪)로 전국 시대 위왕 때의 박사에게 배운 제자였다. 가산이 조부 가거를 스승으로 모시고 공부했는데, 그 주장한 바를 볼 때 제자백가의 여러 서적을 두루 섭렵한 인물이지 유학만 연구한 학자라고 할 수 없다.

일찍이 기마 수행원이 되어 영음후 관영을 섬겼다.

효문제 때에 「지언(至言)」이라는 상소를 올렸는데, 여기에서 진나라의 예를 들며 난국을 다스려 태평 치세로 가는 길을 제안했다.

신이 배우기를 신하 된 자는 진심으로 어리석은 지혜를 모두 짜내어 주군께 직간을 올리되 사형당하는 벌을 피하지 않아야 한다고 했으니, 저 가산이 바로 그런 자입니다.

신이 먼 옛날의 일을 예로 들 수 없어 진나라 사정을 빌려 비유로 말씀드리니 폐하께서는 잠깐 관심을 가져 주시기 바랍니다.

대저 베옷을 입고 장식 없는 가죽 띠를 두른 채 벼슬길에 오르지 못한 가난한 선비도 안으로 품성을 닦고 밖으로 입신양명하면 후대에 그 이름이 끊어지지 않습니다. 그러나 진나라 황제는 달랐습니다. 천자라는 귀한 자리에 올라 천하의 부를 소유했음에도 세금을 계속해서 무겁게 거두고 백성을 힘들게 부렸습니다. 당시 길에는 자의(赭衣)를 입고 끌려가는 죄수가 반을 채웠고 산에는 도적

떼가 가득했으므로 천하의 백성들로 하여금 다른 뜻을 품고 눈을 들어 먼 곳을 바라보며 봉기 소식에 귀를 기울이게 했습니다. 그때 한 대장부가 함성을 지르며 일어나 천하의 호응을 얻어 냈으니 바로 진승입니다.

진나라의 폭정은 그것으로 끝나지 않고 함양에서 서남쪽으로 옹 땅에 이르기까지 삼백 군데에 이르는 이궁을 지은 뒤에, 다른 곳에서 가져다 쓸 필요 없이 종과 북과 휘장을 이궁마다 비치했습니다. 또 아방궁을 지었는데 전각의 높이가 수십 인(仞)이었고, 동서는 오 리, 남북은 천 보였습니다. 수레와 말이 즐비하게 다녔고 네 마리 말이 막힘없이 달렸으며, 천장이 높아 정기(旌旗)를 구부릴 필요가 없었습니다. 궁실의 화려함은 그 정도에 이르렀으나 후손은 몸을 의탁할 번듯한 집 하나 없었습니다.

천하에 치도(馳道)를 건설하여 동쪽 끝으로는 연나라와 제나라 땅까지, 남쪽 끝으로는 오나라와 초나라까지 이르게 했으니 강과 호수를 넘고 해변이 보이는 곳에 이르러 끝이 났습니다. 도로의 폭은 오십 보였고 삼 장(丈)마다 나무를 심었으며 도로의 외곽 부분을 두텁게 쌓아 쇠망치로 단단하게 다졌고, 나무는 모두 청송을 심었습니다. 치도를 잘 치장하여 그 정도에 이르게 하였으나 그 후손은 발을 디디며 걸을 곁길도 얻지 못했습니다. 〔진시황이〕 죽어서 여산에 장사 지냈는데, 여산에 능을 조성하느라 감독하는 관리와 일꾼 수십만 명이 동원되어 땡볕 아래에 십 년 동안 셋째 지하수 층을 만날 때까지 파고, 광석을 채집하여 현실 내부에 끓인 구리 물을 부어 봉했으며 밖에는 칠을 발랐습니다. 중간에는 주옥을 두르고 비취로 장식하여 죽은 진시황이 감상하며 즐기게 했고, 위에는 산처럼 봉분을 올리고 숲이 지도록 나무를 심었습니다. 그토록 사치스럽게 장사를 지내느라 그 후손에게는 풀 한 포기 자랄 묘터 한 조각 남지 않았습니다.

진나라가 곰처럼 강대한 힘을 지닌 채 범과 이리 같은 탐심으로 제후국을 집어삼켜 천하를 병탄했지만, 예와 의를 독실하게 지키지 않자 하늘은 멸망이라는 재앙을 더하여 내려 주었습니다.

신이 죽음을 무릅쓰고 말씀을 올리니 폐하께서 조금만 주의를 기울여 쓸 만한 내용을 살펴 고르시기 바랍니다.

충신이 주군을 섬길 때 간절하고 바른말을 해도 주군이 채용하지 않으면 목숨이 위태롭게 되지만, 간절하고 바르게 간언하지 않으면 나라를 다스리는 도리를 밝힐 수 없으므로, 간절하고 바른 말은 영명한 주군이 서둘러 챙겨 들어야 할 바이고 충신은 죽음을 무릅쓰고라도 아는 것을 모두 말씀드려야 합니다. 토지가 척박하면 좋은 씨앗을 뿌려도 자라지 못할 것이나 장강과 황하 변의 습지에는 부실한 씨앗을 뿌려도 크고 무성하게 자라지 않을 때가 없습니다.

옛적 하나라와 상나라의 말세 때에 비록 관용봉(關龍逄)과 기자,[1] 비간 같은 현인이 있어 죽음에 이르도록 나라를 다스리는 도리를 설파했지만 임금이 듣지 않았습니다. 주나라 문왕 때는 호걸과 준재들이 모두 자신의 지혜를 다 바쳤고 풀을 베고 땔나무를 하는 사람들까지도 모두 힘을 다 바쳤으니 주나라가 흥왕했습니다. 그러므로 땅이 비옥하면 벼를 튼튼하게 길러 내고, 임금이 어질면 인재를 잘 키워 냅니다.

우레와 벼락을 맞으면 꺾이지 않을 것이 없고 만 균(鈞) 무게에
눌리면 문드러져 없어지지 않을 것이 없습니다. 이 시대에 임금의
위력은 우레와 번개를 훨씬 넘어서고, 권력의 크기는 만 균보다 훨
씬 무겁습니다. 언로를 열어 놓고 간언 듣기를 청하며 안색을 부드
럽게 하여 그 간언을 받아들인 뒤에 그대로 나라를 다스리며 간언
한 자를 중용한다 해도 인재들이 두려워하며 자신의 생각을 감히
제대로 펼치지 못할 텐데, 하물며 마음대로 방종을 부리고 포악하
게 행동하며 자신이 지은 허물에 대해 간언 듣기를 싫어함에야 더
말할 것이 없습니다. 위력으로 인재를 떨게 하고 권력으로 인재를
누르면, 비록 요순의 지혜가 있고 맹분 같은 용맹함이 있어도 어느
누가 꺾이지 않겠습니까! 그러면 임금이 자신의 과실에 대해 듣지
못하게 되는데 간언을 듣지 않으면 사직이 곧 위태롭게 됩니다.

옛적 성군의 제도에서는 사관이 임금 앞에서 과실을 기록하는
것으로, 악관이 잠언을 암송하고 맹인 악관이 『시』를 암송하는 것
으로, 공경들이 옛 고사를 비유하는 것으로, 선비들이 글을 올리는
것으로 간언했으며, 평민들이 길에서 임금의 잘못을 말했고 상인
들은 장터에서 주장을 펼쳤습니다. 그렇게 임금은 자신의 과실에
대해 들었고, 자신의 잘못에 대해 듣고 나서 그 점을 고치고 올바
른 길을 찾아 따랐으므로 오래도록 천하를 영유했습니다.

당시에 천자는 존귀했으므로, 사해 안의 그 누구도 천자가 펼치
는 의로움 밑에 신하가 되고 싶어 하지 않는 자가 없었습니다. 그
럼에도 천자가 태학에 삼로(三老)를 모셔 놓고 음식을 올렸는데, 친
히 장 그릇을 받들어 올리고, 입안을 행구도록 잔을 올렸으며, 음

식을 들기 전과 후에 음식이 막히지 않고 잘 넘어가기를 축원했습니다. 또 공경으로 하여금 지팡이를 바치게 하고 대부는 신을 올리게 한 뒤에, 임금을 보필할 능력이 있는 자를 천거하게 하고, 임금의 잘못을 바르게 고칠 책사가 직간하기를 희망했습니다. 그렇게 존엄한 천자가 친히 삼로를 높이 받들어 모심으로써 어른을 섬기는 효경을 나타내 보였고 보필하는 신하를 세움으로써 오만해질 것을 염려했으며 직간을 올릴 책사를 둠으로써 자신의 잘못을 듣지 못하는 것을 경계했던 것입니다. 또 나무꾼에게까지 배우고 물어 가며 완벽함을 구하기 위해 만족할 줄 몰랐으며, 상인과 서인이 자신에게 간언해도 그것을 고쳤으니 선한 도리를 따라 듣지 않은 간언이 없었습니다.

예전에 진나라 영정(嬴政)이 무력으로 여러 제후국을 병합하고 천하를 통일한 뒤에, 군현을 설치하여 〔전국 시대〕육국의 땅을 쪼개고, 장성을 수축하여 변방을 지키는 요새로 삼았습니다. 진나라 땅은 요새에 둘러싸여 안전했고 황제는 엄청난 세력과 권세를 누렸으니, 이를 어찌 한 집안의 부, 한 사람의 힘과 비교하겠습니까! 그럼에도 군대는 진섭에게 깨졌고 땅은 유씨에게 빼앗겼으니 그 이유가 무엇이겠습니까?

탐심이 많고 포악한 진왕(秦王)은 천하에 해를 끼치고 만민을 곤궁하게 만드는 것으로 자신의 욕망을 만족시켰습니다. 옛적 주나라에는 대개 천팔백 개의 제후국이 있어 구주(九州)의 백성이 천팔백 명의 제후를 먹여 살렸는데, 백성이 요역에 나가는 일은 한 해에 사흘을 넘지 않았고 정전(井田)의 십 분의 일[2]인 공전(公田)을 부쳤습니다. 그럼에도 제후에겐 재력이 남아돌았고 백성에겐 여력이 있었으니 송가를 부르며 농사를 지었습니다. 그러나 진나라 황제는 일천팔백 개 제후국의 백성으로 하여금 자신을 먹여 살리게 했는데, 있는 힘을 다해도 요역을 다할 수 없었고 가진 재산을 다 털어도 요구를 채울 수 없었습니다. 천하 만민이 나서도 임금 한 사람이 말을 달리며 사냥하는 기쁨을 채울 수 없었습니다. 피로해도 휴식할 수 없었고 배곯고 추위에 떨면서도 먹을 것과 입을 것을 얻지 못했으며 죄 없이 사형을 당해도 하소연할 데가 없었습니다. 사람들은 황제를 원망했고 집집마다 황제를 원수로 여겼으므로 천하가 무너지게 되었던 것입니다.

진나라 황제가 살아 있을 때 천하는 이미 무너지기 시작했으나 그것을 알지 못했습니다. 진시황은 동쪽 땅을 순수하며 회계와 낭야에 이르러 바위에 자신의 공적을 자랑 삼아 새겨 스스로 요순의 통치를 뛰어넘는 정사를 베풀고 있다고 했습니다. 또 육국의 병기를 모아 저울에 달아서 종거(鍾虡)를 주조하고 체에 친 흙으로 아방궁을 지으며 만대에 이르도록 천하를 영유할 것이라고 혼자 생각했습니다.

옛적 성군의 시대에 임금의 시호를 지을 때는 삼사십 대에 걸쳐 내려갈 것을 염두에 두고 지었습니다. 비록 요임금, 순임금, 우임금, 탕왕, 문왕, 무왕이 세상에 널리 은덕을 쌓아 자손을 위한 기틀을 마련했다고 하나 이삼십 대에 그치고 말았는데, 진나라 황제는 죽은 뒤에 옛 제도에 따라 시호를 정하면 어떤 경우에는 부자간에도 시호가 중복될 수 있다고 여겨, 자신이 죽을 때 시황제라 시호를 붙이고 그다음은 이세황제라고 하는 식으로 일 대부터 만 대까지 숫자를 붙이게 했습니다. 자신의 공덕을 고려하며 그 후사가 대대로 이어지리라 예상했지만, 죽고 나서 몇 달이 지나지 않아 천하 사방에서 공격을 받았으며 종묘 제사가 끊어지고 말았습니다.

진나라 황제가 멸망의 길에 있으면서 스스로 그 점을 깨닫지 못했던 까닭이 무엇이겠습니까? 그것은 천하의 누구도 그것을 일러 줄 엄두를 내지 못했기 때문입니다. 감히 일러 줄 엄두를 내지 못했던 까닭은 무엇이겠습니까?

진시황은 삼로에게 음식을 올리는 의례를 없앴고 보필할 신하도 간언을 올릴 책사도 없었으므로 멋대로 사람을 주살하고 허물을 지적하는 사람을 물리치며 직간하는 책사를 죽였습니다. 그런 까닭에 신하들이 아첨하고 영합했으니 진시황의 덕이 요임금이나 순임금보다 어질고 공적은 탕왕이나 무왕보다 뛰어나다면서 천하가 이미 무너져 가는데도 아무도 잘못을 일러 주지 않았습니다. 『시』에 "틀린 것을 알지 못해 말하지 않는 것이 아니네. 왜 말을 하지 않는고 하니 처벌을 두려워하고 꺼리기 때문이로다."[3]라고 하며, "귀에 잘 들리는 말이면 응답하고, 잘못을 탓하는 말이면 물리쳤도다."[4]라고 한 것은 바로 이런 점을 이른 것입니다.

그러나 『시』에는 "인재들이 가득하여 문왕께서 평안하셨네."[5]라는 구절도 있습니다. 천하에 인재가 없었던 적이 없지만 유독 문왕 때에 평안했던 것은 무슨 까닭이겠습니까? 문왕은 어질게 다스리기를 좋아했으므로 어진 정치가 흥하게 되었고, 인재를 얻은 뒤에는 존중했으므로 인재들이 힘을 다해 충성했으며, 또 예의를 갖추어 인재를 기용했기 때문입니다.

따라서 인재를 아끼고 공경하지 않으면 인재가 충성을 다하지 않고, 충성을 다할 마음이 없으면 인재가 있는 힘을 다 바치지 않게 되며, 힘을 다 바치지 않으면 업적을 이루지 못하게 됩니다. 따라서 옛적의 어질었던 임금은 신하를 대할 때에 작위와 봉록을 높이면서 중용했고, 신하가 병이 나면 수도 없이 친히 문병을 갔으며, 신하가 죽으면 조상하러 가서 곡을 하며 소렴과 대렴에 친히 참석했습니다. 관을 묻고 난 뒤에 고운 베로 지은 석최(錫衰)를 입고 거친 베로 지은 수질(首絰)을 머리에 썼으니,⁶ 복상 기간에 세 번 조상하러 갔습니다. 대렴을 마칠 때까지 술과 고기를 입에 대지 않았고 매장할 때까지는 풍악을 울리지 않았으며, 만일 종묘에서 제사를 지내고 있을 때에 신하의 부음을 받으면 죽은 자를 위하여 종묘 제례악을 멈추었습니다. 그러므로 옛적의 임금이 그 신하에게 대한 것은 가히 예를 다했다고 하겠으니, 법식대로 옷을 갖추어 입고 단정한 용모와 바른 안색을 한 뒤에야 신하를 접견했습니다. 이에 신하는 감히 힘을 다해 죽기 살기로 주상에게 보답하지 않을 수 없었으니, 성군의 공덕이 후대까지 우뚝 서게 되었으며, 그 명성은 잊히지 않고 전해졌습니다.

오늘날 폐하께서 조상을 기리며 조상의 공덕을 돌이켜 서술하게 하여 천하에 그 위대한 업적과 훌륭한 은덕을 널리 알리는 동시에 천하의 현량하고 방정한 인재를 천거하게 하셨으니, 천하 만민이 모두 기뻐하며 "요순의 성세와 삼왕의 공덕이 다시 흥하게 될 것이다."라고 칭송하고 있습니다.

천하에 자신이 열심히 수양하지도, 청렴하게 살지도 않으면서 황제의 훌륭한 은덕을 입으려고 하는 인재는 없습니다. 지금 방정한 인재들이 모두 조정에 들어와 있어 그중에 뛰어난 자를 뽑아 상시와 제리에 임명하시고, 폐하께서 그들과 함께 말을 달리며 사냥하되 하루에도 두세 번 나가고 계십니다. 신은 이 일 때문에 조정의 기강이 해이해지고 백관이 자신의 일에 나태해지며 제후들이 듣고 봉토를 태만하게 다스리지 않을까 염려합니다.

　폐하께서 즉위하신 뒤에 친히 자신을 권면하시면서 천하에 후한 은덕을 베푸셨으니, 황궁의 식비를 줄이고 음악을 듣지 않으며 변방에 수졸로 보내는 군역을 줄이고 제후의 세공(歲貢)을 폐지했습니다. 황궁 마구간에서 말의 수효를 줄여 각 현의 역참에 주었으며 여러 사냥터의 울타리를 없애 농부에게 나누어 주었고 비단 십만 필을 풀어 빈민을 구했고 연세가 높은 사람을 예로 대하여 아흔 살이면 아들 한 명을 요역에서 제외하고 여든 살이면 두 아들의 인두세인 산부(算賦)를 면제해 주었습니다. 천하 모든 남자(男子)[7]의 작위를 한 등급 내리고 대신은 모두 공경의 지위까지 올리고 궁중 창고에 들어 있는 황금을 풀어 대신의 집안에 하사했으니 폐하의 은덕을 입지 않은 자가 없습니다. 또 죄인을 사면하되 머리카락을 밀어 버린 것을 가엾게 여겨 두건을 하사하시고, 뒤에다 죄명을 새긴 붉은 수의를 입고 부모 형제와 상면할 것을 안타깝게 생각하여 옷을 내려 주시며, 억울한 옥살이를 풀어 주고 형기를 줄여 주셨으니 천하 만민이 기뻐하지 않는 자가 없었습니다.

　그리하여 즉위 원년에 풍년을 기약하는 비가 내려 오곡이 풍성하게 열렸으니 이는 하늘이 폐하를 돕고 있음을 보여 주신 것입니다. 형벌이 가벼워졌지만 다른 때보다 범법자가 줄었고, 왕년보다 먹고 입을 것이 풍부하여 도적이 적어졌으니 이는 천하 만민이 폐하께 순종하는 것을 보여 주고 있습니다. 신이 듣기를 효산 동쪽 땅에서 관리가 폐하의 조서를 반포할 때면 늙고 병든 백성까지 지팡이를 짚고 조서를 듣기 위해 나오며, 죽지 않고 조금이라도 더 오래 살아서 폐하의 성덕에 교화되어 성세를 이루는 것을 보고 싶어 한다고 합니다.

지금 폐하의 업적이 막 이루어지기 시작했고 명성이 천하에 알려지기 시작했으며 사방에서 폐하의 기풍을 따르려고 하는데, 재주가 뛰어난 신하와 방정한 인재들을 데리고 날마다 사냥하면서 토끼와 여우를 잡으러 다니고 계시니, 대업에 흠이 가서 천하 백성들의 소망을 끊어 버리는 것을 신이 홀로 안타깝게 여기고 있습니다.

『시』에 "시작은 다 떠들썩하게 해도 유종의 미를 거두는 일은 드물구나."[8]라고 했습니다. 신이 큰 소망을 이기지 못하고 말씀을 올리니 사냥을 줄이시고, 하력(夏曆) 2월에[9] 명당에서 제도를 정하시고, 태학에 가서서 옛적 성군이 시행했던 치국의 도를 몸소 익히시기 바랍니다.

풍속이 제대로 이루어지고 만세의 기틀이 자리를 잡은 뒤에야 폐하께서 하시고 싶은 대로 하실 수 있습니다. 옛적에는 대신이 임금에게 농을 하지 않았으므로 임금이 장중하고 엄숙한 안색과 정색하는 얼굴을 자주 보일 필요가 없었습니다. 대신은 임금이 편히 쉬거나 노는 일에 함께 참예할 수 없고, 방정하게 맑은 도를 닦는 인재들은 사냥하는 데에 따라갈 수 없으니, 모두 힘써 반듯하게 수양함으로써 절의를 높이고 감히 몸을 바르게 하고 행실을 닦지 않을 엄두를 낼 수 없게 만든 뒤에, 정성을 다해 함께 군신의 큰 의례를 지키며 정사를 펼쳐야 합니다. 이렇게 해야 폐하의 나라를 다스리는 도리가 존중받게 되고, 공을 이룰 대업을 사해에 펼칠 수 있으며, 자손만대에 이름을 남길 수 있습니다. 만일 그렇게 하지 못한다면 하루가 지날 때마다 폐하의 덕행이 줄고 영예가 없어지게 됩니다. 자신의 집에서 수행하던 인재들이 천자의 황궁에 들어가 그 수행한 바를 망치고 있으니 신이 홀로 그것을 안타깝게 여깁니다.

폐하께서는 여러 신하와 편히 쉬며 놀이를 즐길 수도 있고, 대신과 방정한 인재를 거느리고 조정에서 정사를 의논할 수도 있습니다. 놀 때는 즐거움을 놓치지 말고, 조정에서는 군신의 예를 잃지 말며, 정사를 의논할 때에 잘못된 쪽으로 정책을 도모해서는 아니 됩니다. 이는 법도 중에서 중요한 법도입니다.

그 뒤에 문제가 민간의 주전(鑄錢) 금지령을 폐지하고자 했을 때 가산이 다시 글을 올려 간언하기를 선제의 법을 바꾸는 것은 옳지 않다고 했다. 또 회남왕에게 큰 죄가 없으니 서둘러 봉토를 돌려줌이 마땅하고 변호했고, 시당자(柴唐子)[10]의 행위가 옳지 못하니 경계로 삼을 만하다고 했다.

황제가 가산이 올린 글에 대해 담당 관리에게 문책하게 하자, "돈이란 쓸데없는 물건이나 사람을 부귀하게 할 수 있습니다. 부귀함이란 백성의 주군이 가지는 권리인데, 지금 백성에게 주전하게 한다면 백성과 주군이 함께 그 권리를 가지게 되니, 오래 끌면 안 됩니다."라는 글[11]을 올렸는데, 그 내용이 아주 격하면서도 적절했고 사안의 본질을 정확하게 짚었다. 그리하여 문제가 끝내 처벌하지 않고 간쟁할 수 있는 길을 넓게 열어 주었다.

그 뒤에[12] 다시 주전을 금지했다.

반란을 도모하는 오왕을 설득하지 못한 추양

○　○　○

추양은 제나라 도읍 임치 사람이다.

한나라가 개국한 뒤에 제후왕들이 모두 스스로 백성을 다스리며 인재를 초빙했다. 오왕 유비도 사방에서 유세객을 불러 모았다. 추양이 오엄기(吳嚴忌), 매승 등과 함께 오나라에서 버슬길에 나섰는데 세 사람 모두 글과 언변이 뛰어나 이름을 날렸다.

한참 뒤에 태자가 장안에서 죽은 일로 오왕이 황제를 원망하며 병을 칭하고 봄과 가을에 황제를 배알하러 가지 않았다. 그러면서 몰래 삿된 역모를 꾀하자 추양이 글[13]을 올려 간언했다. 그때까지는 역모가 드러나지 않았으므로 직접 오왕의 반란을 지적하여 질책하는 대신 먼저 진나라의 경우를 예로 든 다음 흉노, 남월, 제왕, 조왕, 회남왕의 난을 언급하며 하고 싶은 말을 에둘러 밝혔다.

신이 듣기에 진나라 군주는 곡대궁(曲臺宮)에 앉아 횡으로 긴 땅인 관서 지방을 통해 천하를 병탄하려 했으니 땅에 금을 그어 놓아도 침범하지 않을 만큼 법제를 확립하게 했고, 흉노와 남월에 군대를 보내 정벌했으나 말기에 이르러 쇠락의 길을 걸었는데, 장이와 진승이 연합하여[14] 군대를 이끌고 함곡관을 공격하자 함양이 곧바로 위태로워졌습니다. 그렇게 된 것은, 각 군과 진나라 조정의 관계가 친밀하지 않았고 각 현에서[15] 구원병을 보내지 않았기 때문입니다.

최근 들어 흉노가 북하(北河)[16] 건너편까지 여러 차례 들어왔는데, 하늘에는 날던 새가 죄다 사라지고 땅 위에선 굴속에 숨어 있던 토끼까지 모두 자취를 감춰 버릴 정도로 계속해서 성을 공격해 옴에 따라 한나라 조정에서 끊임없이 구원병을 파견하고 있으나 전사자가 속출하고 있으며, 군수품을 실은 수레와 군량을 수송하는 행렬이 천 리나 이어지고 있습니다. 이렇게 된 것은, 세력이 강한 조나라가 전에 빼앗긴 하간 땅을 회복하겠다고 나섰고, 제나라 땅에 봉해진 여섯 왕이 혜제 때에 여후가 제 도혜왕을 독살했던 일을 원망하고 있으며, 성양왕은 원래 양왕에 올라야 했을 자신의 삼촌 유흥거가 억울하게 노박(盧博)[17]에 도읍을 정하고 제북왕에 올라야 했던 사실을 돌이켜 보고, 회남 여왕의 세 아들이 왕위에 올라 유배 중에 세상을 떠난 아버지 원수를 갚겠다고 생각하고 있어 조정에서 흉노를 제대로 대적하지 못하고 있기 때문입니다.

대왕께서는 걱정하지 않으시지만, 신은 여러 제후왕이 자신의 원한을 갚으려고 하는 이 마당에 구원병이 제대로 도착하지 않는다면, 조왕과 연합하겠다던 흉노의 기마 부대가 진격해 들어와 한단을 넘보고, 대왕이 연합하고자 하는 남월에서 수로를 통해 장사를 공격하며 청양(靑陽)에 전선을 집결시키지 않을까 염려하고 있습니다. 한나라 조정에서 양나라로 하여금 회양왕과 연합하여 회동 지역에 군대를 집결한 뒤에 광릉을 넘어 남월 군대의 군량 수송로를 끊게 하고, 한나라 조정의 군대가 서하로 나가는 길을 끊고 내려와 장하의 북쪽에서 지키며 대국의 조왕을 도와준다 하더라도 흉노는 여전히 진격해 올 것이고 남월 또한 더 깊이 들어올 것입니다. 이렇게 되는 것은 신이 대왕을 위해 걱정하는 바입니다.[18]

신은 교룡(蛟龍)이 머리를 들어 날개를 펼치면 떠 있는 구름을 따라 날며 운무와 비를 모두 불러 모은다는 것을 알고 있습니다. 성군이 절의와 도덕을 힘써 닦으면 유세객들이 그 의로움에 귀부하여 이름을 높이고자 생각하게 됩니다. 신이 지혜를 짜내어 있는 계책을 다 올리고 성심을 다하도록 마음을 바꾸어 많은 계책을 바친다면 어느 나라에서 벼슬을 얻지 못할 것이며, 고루한 마음을 고쳐먹는다면 어느 왕의 문객이 되어 도포 자락을 땅에 끌며 다니지 못하겠습니까! 그럼에도 여러 왕 밑에서 벼슬살이를 거쳤던 신이 천 리 회수 변의 오나라 쪽으로 몸을 돌려 제 발로 찾아온 것은 고향인 제나라를 싫어하거나 오나라 사람들을 좋아해서가 아니라, 저 스스로 바람결에 들은 대왕의 풍모를 높이 여기고 나아가서 대왕의 의리를 아름답게 여겼기 때문입니다. 그러하니 대왕께서는 부디 소홀하게 생각하지 마시고 제가 올리는 뜻[19]을 살펴 들어 주십시오.

지조(鷙鳥) 백 마리가 모여도 수악(水鶚) 한 마리만 같지 못한 것을 신은 알고 있습니다. 조나라가 셋으로 분할되기 전에, 무예에 뛰어난 근위병과 세발솥을 들어 올릴 만큼 힘센 용사가 성장을 차려입고 조왕의 왕궁인 총대(叢臺) 아래 모여 있던 것이 시장을 이룰 만큼 많았으나 조 유왕이 유폐되어 죽는 것을 막지 못했습니다. 회남 여왕이 효산 동쪽의 협객을 결집시켜 죽기를 맹세한 자들이 왕궁을 가득 메우고 있었지만 회남 여왕이 서쪽 유배 길에서 객사한 것을 막지 못했습니다. 그러므로 대왕의 모의가 성공하지 못하면 비록 전제나 맹분이 있다 해도 왕위를 보전하지 못할 것이 명백합니다.[20] 그러니 대왕께서는 부디 신중하게 고려하시기 바랍니다.

애초에 효문제께서는 함곡관으로 입성하여 제위에 올랐을 때 경계하며 속을 끓이느라 동이 트기 전에 일어나 옷을 다 차려입으셨습니다. 천자에 오른 뒤에는 동모후와 주허후를 동쪽에 보내 여씨 일족을 물리치기 위해 거병했던 제왕 유상을 의부(義父)[21]의 후예로 표창했고, 어린아이에게까지 땅을 갈라 왕으로 세웠습니다.[22] 그리고 아들을 사랑하여[23] 양나라 왕과 대나라 왕으로 삼았으며 회양 땅을 더해 주었습니다.[24]

제북왕이 결국 스스로 목숨을 끊었고, 동생 회남 여왕이 유배되어 가던 중 옹 땅에서 죽은 것은 신원평(新垣平) 같은 간신들에게 속아 모반했기 때문이 아니겠습니까! 천자가 선제의 유업을 새로 계승하여 효산 동쪽 지역과 서쪽의 관중 땅을 새로 정돈하고 있으므로 형세가 부단히 바뀌며 조정 대신들의 책략은 헤아리기 어려울 만큼 원대합니다. 대왕께서 알아차리지 못하고 계시지만, 신은 한나라 조정에서 주나라 때의 정(鼎)을 얻을 수 있다고 여겼던 일이 다시 발생할 것을 염려하고 있습니다. 그것은 신원평이 한나라 조정에 올렸던 틀린 계략으로, 그런 일이 발생한다면 우리 오나라의 후사가 끊어져 대를 잇지 못할 것입니다.

고황제께서는 항우를 속이기 위해 잔도를 불태운 뒤에 장한의 옹성을 수공으로 쳐부수셨습니다. 이어서 잠시도 행진을 지체하지 않고 피로에 지친 백성을 수습하여 동쪽의 함곡관을 질풍같이 빠져나가 서초 패왕의 군대를 대파했습니다. 수공을 하니 장한이 그 도성을 잃었고, 육상 공격으로는 형왕 항우가 그 땅을 잃었습니다. 그리하여 모든 제후국이 요행을 바라지 않게 되었습니다. 대왕께서는 부디 이 점을 숙고해 주시기 바랍니다.

오왕은 추양의 말을 받아들이지 않았다.

그 무렵 경제의 막냇동생인 양 효왕이 가장 큰 세력을 얻고 있었는데, 역시 인재를 잘 대우했다. 뒤에 추양, 매승, 엄기가 오왕을 설득할 수 없다는 것을 깨닫고 모두 양왕에게 가서 효왕 휘하의 유세객이 되었다.

역사 속의 인물을 열거하며 양 효왕을 설득하다

추양은 지략이 뛰어난 데다가 성격이 호방하고 영합할 줄 몰랐으므로 양승과 공손궤와 거리를 두고 있었다. 양승 등이 추양을 미워하여 양 효왕에게 추양을 참소했다. 양 효왕이 노하여 옥리에게 추양을 심문하게 한 뒤 죽이려고 했다. 추양은 객지에서 유세객으로 있다가 참소를 당하여 옥에 갇혔는데, 죽어도 죄를 씻지 못할 것이 걱정되어 옥중에서 글[25]을 올렸다.

충성하면 보답을 받지 않는 법이 없고, 진실하면 의심을 받지 않는다고 들어 신은 줄곧 그렇게 여겼습니다만, 헛말일 따름이었습니다.

옛적에 형가가 연나라 태자 단(丹)의 의로움을 앙모하여 진시황을 살해하려고 나섰는데, 흰 무지개가 해를 관통하는 모습을 본 뒤에 결과가 나쁠 것을 걱정했다고 합니다.[26] 위(衛) 선생이 진나라를 위해 장평 대첩의 전략을 올렸을 때, 대장군을 상징하는 태백성이 조나라를 상징하는 묘성(昴星)을 침범했지만, 진 소왕(秦昭王)은 그 징조가 상서롭다는 것을 믿지 않았습니다. 정성이 사무쳐 천지에 이변이 일어났지만 두 주군은 알아차리지 못했으니 어찌 슬픈 일이 아니겠습니까!

신이 충성을 다해 계책을 짜며 대왕께서 알아주시길 바랐으나, 대왕 좌우의 신하들이 현명하지 못하여 마침내 옥리에게 신문을 당하고 세상 사람들에게 의심받게 되었습니다. 이는 형가와 위 선생을 다시 살게 해서 연 태자와 진 소왕이 알아차리지 못하는 일이 반복되는 셈이니, 대왕께서는 부디 이 점을 잘 살펴 주시기 바랍니다.

옛적에 좋은 옥의 원석을 얻은 변화(卞和)가 초왕에게 보물이라고 바쳤으나 초왕은 발을 자르는 형벌을 내렸고, 이사가 충성을 다했지만 호해가 극형으로 다스렸으니, 기자가 미친 척했던 것과 접여가 세상을 등지고 살았던 것이 모두 그런 근심을 당할까 염려했기 때문입니다. 대왕께서는 부디 옥을 바쳤던 사람과 이사의 충성스러운 마음을 살피시고, 초왕과 호해가 간신의 말을 들었던 점을 경계로 삼으셔서, 신으로 하여금 기자와 접여의 비웃음을 사지 않게 해 주십시오. 신이 듣기에 비간은 가슴을 찢어 심장을 꺼내는 부심형(剖心刑)을 당했고 오자서는 가죽 부대에 넣어져 강에 던져졌다고 하는데, 신은 예전에 그 말을 믿지 않았으나, 지금에 와서는 그런 일이 실제로 있었던 것을 알게 되었습니다. 부디 대왕께서 저를 잘 살피셔서 조금이나마 가엾게 여겨 주시기 바랍니다.

"흰머리가 생길 때까지 알고 지내도 처음 보는 사람 같은 이가 있고, 처음 대면해도 일산을 붙여 수레를 가까이 대고 대화를 나눌 만큼 친숙한 이가 있다."[27]라는 말이 있는데, 그 까닭이 무엇이겠습니까? 이런 차이는 상대의 마음을 아느냐 모르느냐에 따라 생기는 것입니다. 참소를 당한 번오기(樊於期)는 진나라에서 달아나 연나라에 간 뒤에 진시황이 현상금을 걸어 놓은 자신의 머리를 형가에게 베어 줌으로써 태자 단이 시킨 일을 봉행하게 했고, 왕사(王奢)는 제나라에서 위나라로 간 뒤에 성루에 올라가 자결함으로써 제나라 군을 퇴각하게 하여 위나라를 구했습니다. 왕사와 번오기는 제나라와 진나라에 막 들어간 것도 아니었고 연나라와 위나라에서 오래 산 것도 아니었으나, 제나라와 진나라를 떠나 연나라와 위나라의 두 군주를 위해 죽었습니다. 바로 연나라의 태자와 위왕이 걷던 길이 자신의 뜻에 맞아 그 의로움을 끝없이 앙모했기 때문입니다.

같은 까닭으로 소진(蘇秦)은 천하 어디에서도 신임을 얻지 못했지만 연나라에서는 신의를 지킨 미생 대접을 받았고, 백규(白圭)는 중산국의 여섯 성을 잃고 주살당할 것을 피해 위나라에 도망하여 위문후(魏文侯)의 신임을 받았는데 위나라에게 중산국을 빼앗아 주었습니다.

이렇게 된 까닭은 군주와 신하가 서로를 정확하게 알아보았기 때문입니다. 소진이 연나라 재상으로 있을 때 어떤 사람이 연왕에게 소진을 참소했지만, 연왕은 검을 쥔 채 그를 꾸짖고 소진에게는 오히려 결제(駃騠)[28]를 잡아 그 고기를 대접했습니다. 백규가 중산국을 빼앗는 공을 세운 뒤에 어떤 사람이 위문후에게 백규를 참소하자, 위문후는 백규에게 야광 옥벽을 내려 주었습니다. 어떻게 그렇게 할 수 있었겠습니까! 그것은 두 주군과 신하가 심장을 찢고 간을 보여 주듯이 서로를 믿었기 때문이니, 근거 없는 말에 어찌 마음을 바꾸겠습니까!

원래부터 여자는 아름답거나 추하거나 가릴 것 없이 입궁만 하면 질투를 받고, 인재는 능력이 있거나 불초하거나 가릴 것 없이 벼슬에 오르기만 하면 질시를 받습니다. 옛적 사마희(司馬喜)가 송나라에서 빈각형(臏脚刑)을 받았으나 마침내 중산왕의 재상[29]이 되었고, 범수(范雎)가 위나라에서 갈비뼈가 끊어지고 이가 부러지는 모욕을 당했으나 마침내 진나라에서 승상이 되어 응후(應侯)에 봉해졌습니다. 이 두 사람은 모두 자신의 책략이 반드시 성공한다고 믿어 붕당의 도움을 구하지 않고 혼자서 행동했으므로 다른 사람의 질투를 면하지 못했습니다. 홀로 행동했던 신도적(申徒狄)이 옹

(雍)에 몸을 던졌고[30] 서연(徐衍)도 돌을 지고 바다에 뛰어들었는데, 세상에 받아들여지지 않았지만 의로움을 지켰으니 조정에서 패거리를 만들며 구차하게 주상의 마음을 현혹하지 않았습니다. 그 뒤에 진 목공은 길에서 걸식하던 백리해에게 정사를 맡겼고, 제 환공은 수레 아래에서 소에게 여물을 먹이던 영척(甯戚)을 중용하여 나라를 다스렸습니다. 이 두 사람이 평소에 조정에서 벼슬을 하던 사람으로 좌우의 칭송을 받아 두 주군의 중용을 받은 것이겠습니까! 처음 만났을 때부터 마음이 통하고 걷는 길이 같아서 아교와 옻을 바른 것만큼 굳은 사이가 되었고 형제처럼 갈라질 수 없었으니 어찌 여러 사람의 참언에 현혹되었겠습니까!

원래부터 한쪽 말만 들으면 속게 되고 한 사람만 중용하면 재앙이 일어나게 됩니다. 옛적 노 정공(魯定公)은 계손의 말만 듣고 공자를 내쫓았고,[31] 송나라에서는 자염(子冉)[32]의 계략만 믿고 묵적을 가두었으니, 언변이 뛰어났던 공자와 묵적도 스스로 참소당하는 것을 막지 못하여 그 두 나라는 위기에 빠졌습니다. 그런 일이 일어난 까닭이란, 여러 사람의 말은 금석도 녹일 수 있고 참소하는 말을 자꾸 들으면 사람의 뼈를 으스러지게 만들어 죽일 수 있기 때문입니다. 진 목공은 서융 사람인 유여(由余)를 중용하여 중원을 제패했고,[33] 제나라에서는 월나라 사람인 자장(子臧)[34]을 중용하여 제 위왕(齊威王)과 제 선왕(齊宣王)의 번성기를 열었습니다. 〔부국강병을 바라던〕 이 두 나라의 주군이 어찌 세속에 걸리고 한쪽에 치우친 근거 없는 말에 매달렸겠습니까! 신하들의 말을 공정하게 듣고 사정을 아울러 살펴 당대에 영명함을 떨쳤던 것입니다. 뜻이 맞으면 호(胡)나 월(越)에서 온 사람과도 형제가 되었으니 유여와 자장이 그랬습니다. 그러나 뜻이 맞지 않으면 골육도 원수가 되었으니 단주(丹朱)와 상(象), 관숙, 채숙이 그랬습니다. 이제 군주가 진실로 제나라와 진나라의 영명한 군주를 따르시고, 송나라와 노나라에서 간신의 말을 들었던 일을 경계로 삼으신다면 춘추 오패를 넘고 삼왕[35]의 위업을 쉽게 이룰 것입니다.

성군이 이 점을 깨닫고 나면 연왕 쾌(噲)가 자지(子之)에게 양위했던 마음을 버릴 테고, 제 간공(齊簡公)도 더는 전상(田常)이 현명하다며 좋아하지 않을 것입니다. 주나라 무왕은 비간의 후사를 봉하고, 아이를 밴 채 주왕에게 살해당한 여자의 무덤을 손보았는데,[36] 뒤에 공업(功業)이 천하를 덮었습니다. 선행을 하되 만족할 줄 몰랐기 때문입니다.

진 문공(晉文公)은 자신을 추방했던 원수 발제(勃鞮)를 중용하여 제후국의 강한 패자가 되었고, 제 환공은 자신을 쏘았던 적 관중을 재상으로 등용하여 천하의 질서를 바로잡았습니다. 왜 그렇게 되었겠습니까? 군주가 원수에게 인자하고 친근하게 다가가서 진실한 마음을 다했기 때문이며 빈말로는 대신할 수 없는 것입니다.

진나라에서는 심지어 상앙의 변법을 써서 동쪽의 한(韓)나라와 위나라를 무력화하고 천하의 강국으로 우뚝 섰으나 끝내는 상앙을 거열형에 처하고 말았습니다. 월왕 구천은 대부 문종의 계책을 받아들여 강국 오나라를 멸망시키고 중원의 패자가 되었지만 끝내 문종을 처벌하여 스스로 목숨을 끊게 했습니다. 그래서 손숙오(孫叔敖)는 재상 영윤(令尹)의 자리에서 세 번이나 쫓겨나도 한탄하지 않았고, 오릉자중(於陵子仲)은 초왕이 제안한 삼공(三公)을 마다하고 남의 채소밭에 물 주는 일을 하면서 절의를 지키며 세상을 피해 살았습니다.[37]

오늘날 군주께서 진실로 교만함을 버리고 인재에게 보답할 마음을 가진 속을 꺼내 보이고, 본심을 보이면서 간담을 훼손해서라도 후덕을 베풀되 충분하게 나누어 주며 인재를 대접하는 데 물심양면으로 아끼지 않는다면, 걸왕의 개가 시키는 대로 요를 보고 짖고, 도적(盜跖)에게 빌어먹던 객이 시키는 대로 허유를 살해한 것처럼 보답받으실 것입니다. 하물며 만승의 권세를 지니고 성군의 자질을 갖춘 경우에야 더 말할 것이 있겠습니까! 그런즉 가(軻)의 칠족이 멸족당한 것이나[38] 경기(慶忌)를 안심시키기 위해 요리(要離)가 처자를 불태워 죽인 것을 대왕께 자세히 말씀드릴 필요가 있겠습니까!

신이 듣기를 길에서 명월주(明月珠)나 야광벽(夜光璧)을 어떤 사람에게 슬쩍 던져 주면 누구라도 검을 잡은 채 노려본다고 했습니다. 그 까닭은 아무런 연고 없이 자기 앞에 던져졌기 때문입니다. 그러나 구부러진 목재나 뿌리는 구불구불 뒤틀린 것이 이상하게 생겼지만 만승 천자의 기물이 되는데 그것은 천자 곁에 있는 사람들이 먼저 다듬기 때문입니다. 아무 연고 없이 앞에 던져지면 그것이 수후(隨侯)가 다친 뱀을 치료해 주고 얻은 보주이거나 화씨의 옥벽이라 할지라도 원망할 뿐 고마워하지 않습니다. 반면 누가 먼저 천거하면 말라 비틀어지고 썩어 빠진 나무라도 공을 세우고 잊히지 않습니다. 지금 천하의 포의와 은거하는 인재들은 가난하고 힘이 없습니다. 이 인재들이 요순의 경략술을 알고 이윤과 관중의 재주를 가졌으며 관용봉과 비간의 충성심을 품고 있다 해도 평소에 나무뿌리를 다듬어 천거할 사람을 알지 못합니다. 그래서 뜻을 다해 당대의 군주에게 충성을 바치려고 해도 군주는 거듭 칼을 뽑은 채 노려볼 테니 포의의 인재는 말라비틀어지거나 뿌리가 썩은 나무만도 못합니다.

그러므로 성군이 세속을 다스릴 때는 도공이 돌아가는 물레 위에 흙 반죽을 올리고 그릇을 빚는 것처럼 홀로 교화해 나가니 비속한 말에 휘둘리지 않고 수없이 참소를 올려도 뜻을 바꾸지 않습니다. 진시황이 중서자(中庶子) 몽가(蒙嘉)의 말을 듣고 형가를 믿었기 때문에 숨기고 간 비수를 맞을 뻔했지만, 주나라 문왕은 경수(涇水)와 위수(渭水) 사이에서 사냥하던 중에 여상(呂尙)을 만나 수레에 함께 타고 돌아간 뒤에 천하를 다스리게 되었습니다. 진시황은 측근을 믿었다가 망했지만 주나라는 붉은 까마귀[39]를 얻어 왕이 되었습니다. 어떻게 그렇게 되었겠습니까! 그것은 구속하는 말[40]을 초월했고, 나라 밖의 의견까지 널리 수렴하며 스스로 밝고 드넓은 도리를 보았기 때문입니다.

지금의 군주는 아첨하는 말에 빠진 채 막후의 조종을 당하면서 높은 식견을 가진 인재를 마소의 여물통으로 대접합니다. 보초(鮑焦)가 시절을 원망하며 분개했던 것도 바로 이 때문이었습니다.

신이 듣기를, 의관을 갖춘 인재가 벼슬아치가 되면 삿된 것을 위해 의로움에 오점을 남기지 않고, 자신의 이름이 더럽혀지지 않도록 수양하는 사람은 이익을 위해 빗나간 행동을 하지 않는다고 했습니다. 그래서 효성이 지극했던 증자(曾子)는 승모(勝母)라는 이름이 붙은 마을 안으로 들어가지도 않았고, 비악(非樂)을 주장했던 묵자(墨子)는 조가(朝歌)라는 읍 앞에서 수레를 돌렸습니다.[41] 지금 원대한 도량을 품은 천하의 인재를 위중(威重)한 권세 안에 묶어 두고 드높은 위세로 협박하여 얼굴을 바꿔 행실을 더럽히고 아첨꾼을 섬기며 군주에 다가갈 기회를 구하게 한다면 그 인재는 동굴이나 산과 못 중에 숨어 살다가 죽고 말 터, 어느 누가 충성과 신의를 다하려고 궁궐 앞으로 달려오겠습니까!

이와 같이 추양이 글을 올리자 양 효왕이 즉시 그를 풀어 주고 마침내 상객으로 삼았다.

추양이 구해 낸 양왕과 제북왕

○　○　○

그보다 먼저 양승과 공손궤는 양 효왕으로 하여금 한나라 황제의 후사가 되게 해 달라고 황제에게 부탁하게 했다. 양 효왕이 또 일찍이 글을 올려 태후가 거처하는 장락궁에 바로 가서 닿도록 수레를 세울 곳을 마련해 달라고 했고, 양나라 백성을 부려 태후를 배알하러 가는 길을 따라 회랑을 짓겠다고 했다. 원앙 등 여러 신하들이 불가한 일이라고 건의하자 황제도 허락하지 않았다.

이에 양왕이 노하여 사람을 보내 원앙을 찔러 죽였다. 황제가 양왕이 원앙을 죽였다고 의심하여 길에 수레가 끊이지 않도록 계속해서 사자를 내려보내 양왕을 문책했다. 양왕이 애초에 양승과 공손궤와 모의했을 때, 추양이 불가한 일이라고 간쟁하다가 참소당했다. 당시 매(枚) 선생과 엄 부자(嚴夫子)라고 불리던 매승과 엄기는 간쟁할 엄두도 내지 못했다.

양나라에서 꾸몄던 일이 드러나서 양승과 공손궤가 죽고 나자, 양 효왕은 주살될까 걱정되었다. 그제야 추양이 올렸던 글을 생각해 내고는 추양을 불러 깊이 뉘우치면서 황금 천 근을 내리고 황제에게서 죄를 면할 방책을 구했다.

추양은 평소 제나라 사람으로 뛰어난 계략을 많이 냈던 여든 살이 넘은 왕(王) 선생과 친분이 있었는데, 그를 바로 찾아가서 양 효왕의 건에 관해 의논했다. 왕 선생이 말했다.

"어려운 일이군요. 황제께서 속으로 원망하시며 몹시 노하고 계시다니 반드시 처벌하고자 하실 것이오. 정말 풀기 어려운 일이오. 생모이신 태후께서 높은 자리에 계시고, 황제와 친형제 사이라고 해도 이 일은 처벌을 중지하기 어려울 텐데 하물며 신하가 무엇을 하겠소.

옛적 진시황이 생모였던 태후를 책망했을 때 간쟁을 올리다가 죽은 신하가 십여 명[42]이나 됩니다. 모초(茅焦)가 대의를 설명하여 받아들였을 때에도 시황은 그 말을 좋아해서 들은 것이 아니라 다른 제후국에서 생모를 처벌한 것을 알게 될까 봐 억지로 따랐던 것이고, 모초 역시 간발의 차이로 죽음을 벗어났던 것이니 이번 일은 계책을 세우기가 어렵소. 이제 선생은 누구한테 가 볼 작정이오?"

추양이 말했다.

"추현과 노나라에 경학에 밝은 분들이 있고, 제나라와 초나라에 지모가 뛰어난 인물이 많으며, 한(韓)나라와 위나라에 절개가 높은 분들이 있다 하니, 두루 만나 뵙고 방법을 여쭈어보려고 합니다."

"그럼 가 보도록 하세요. 돌아올 때 나한테 들렀다가 서쪽의 장안으로 가면 좋겠소이다."

추양이 달포를 돌아다녔지만 뾰족한 방법을 얻지 못하고 왕 선생을 다시 찾아가서 말했다.

"제가 장차 서쪽의 장안으로 가려고 합니다. 어떻게 하면 좋겠습니까?"

"내가 전날 모자라나마 내 생각을 말할까도 했지만, 여러 사람의 생각을 덮을 만큼 앞서지는 못할 성싶어 혼자 좁고 얕은 생각이라 여기고 불러서 말할 엄두를 못 냈소이다. 선생이 장안에 도착하면 반드시 왕 장군(王長君) 왕신(王信)을 찾아야 할 것이, 인재 중에 그 사람을 넘을 자가 없기 때문이오."

그 말을 들은 추양이 속으로 깨달은 바가 있어 주신 말씀을 받들겠다고 왕 선생에게 인사를 올린 뒤에 길을 떠났다. 그리고 양 효왕에게 들르지 않고 곧바로 장안으로 가서 왕 장군의 문객에게 말을 넣어 왕 장군을 만났다.

왕 장군은 경제의 후궁인 왕 미인[43]의 오빠로 나중에 갑후(蓋侯)에 봉해졌다. 추양이 왕 장군의 집에 며칠 동안 머물며 한가한 틈을 봐서 청을 올렸다.

"제가 이렇게 말씀을 올리는 것은 장군 곁에 두고 쓸 만한 사람이 없다 여기기 때문이 아닙니다. 저 자신도 헤아릴 길이 없이 어리석고 우둔하지만 바라건대 한 말씀 올리고자 합니다."

왕 장군이 꿇어앉아 말했다.

"매우 다행입니다, "

추양이 말했다.

"장군의 누이동생이 후궁으로 천하에 둘도 없는 총애를 입고 있다고 들었습니다만 장군의 행적에는 행해야 할 도리를 따르지 못한 것이 많습니다.

지금 원앙을 죽인 사정에 관한 조사가 완전히 끝나면 양왕은 처벌을 받을 것입니다. 그렇게 되면 태후께서 분노하며 속으로 피눈물을 흘릴 텐데 그렇다고 밖으로 화를 드러내지는 못하니, 황제의 총애를 받는 신하들에게 화살을 돌려 이를 갈고 눈을 흘길 것입니다. 저는 그 때문에 장군이 누란지위에 처할 듯하여 속으로 걱정을 하고 있습니다."

왕 장군이 두려워하며 말했다.

"이 일을 장차 어떻게 해야 좋겠습니까?"

추양이 말했다.

"장군이 만일 황상께 이에 관해 소상하게 말씀드린다면 양나라에서 벌인 일에 대해 끝까지 추궁하지 마시도록 권하십시오. 그렇게 할 수 있다면 장군은 틀림없이 태후와 스스로 좋은 관계를 맺게 될 것이니, 태후께서 장군에게 후한 은덕을 내리면서 골수에 사무칠 만큼 고마워하실 것입니다. 장군의 누이동생은 태후와 황상의 총애를 모두 얻을 것이고, 장군은 금성같이 탄탄한 지위를 누리게 될 것입니다. 또 그렇게 되면 망할 뻔한 나라를 존속시키고 끊어질 뻔한 대를 이어 주는 공덕을 이루게 되니 그 은덕이 천하에 퍼져 한없는 명성을 날리게 될 것입니다. 그러므로 장군은 부디 스스로 깊이 생각해 보시기 바랍니다.

옛적 순임금의 동생 상(象)이 날마다 순임금을 죽이려고 일을 삼았으나 순임금이 천자에 오른 뒤에 유비(有鼻) 땅에 봉해 주었습니다. 어진 이는 형제한테 분노를 숨기지도 않지만 원한을 묵혀 두지도 않아서, 다시 형제의 사랑을 후하게 베풀기만 하면 후세의 칭송을 받게 됩니다.

노나라 장공의 동생인 공자(公子) 경보(慶父)가 자신의 아랫사람인 등호악(鄧扈樂)을 시켜 노 장공의 태자인 자반(子般)을 죽였는데, 그 죄가 등호악에게 돌아갔습니다. 경보의 동생인 계우(季友)가 그 사정을 깊이 수소문하지 않고 등호악을 죽였습니다. 그 뒤에 경보가 친히 자신의 동생인 노 민공(魯閔公)을 죽였으나 계자(季子)는 추격하는 일을 늦추어 경보가 난적이 되는 것을 면해 주었습니다. 『춘추공양전』에는 이 사건을 혈육인 형에게 깊은 정을 베풀었다고 해석하고 있습니다. 노 장공의 부인 애강(哀姜)이 이(夷) 땅에서 죽은 것에 대해 공자께서 '제 환공이 법을 지키느라 변통하지 못하고 딸에게 아버지의 정을 베풀지 않았다.'라고 했으니 과한 데가 있다고 본 것입니다. 이 경우를 예로 들어 천자를 설득하면 요행히 양나라의 일을 탄핵하지 않을 것입니다."

장군이 말했다.

"말씀하신 대로 하겠습니다."

그러고는 기회를 타서 입궁한 뒤에 황제에게 양왕의 일을 주청했다. 그 뒤에 한안국이 관도 장공주[44]에게 부탁해서 마침내 양왕의 일을 다스리지 않기로 했다.

앞서 오왕 유비를 비롯한 칠국이 거사하여 모반했을 때 가담하기로 했던 제와 제북 두 나라에서 도성을 지키며 출정하지 않았다. 한나라 군대가 오왕의 군대를 격파하자 제왕은 스스로 목숨을 끊었고 조정에서 후사를 세우지 않았다. 제북왕도 스스로 목숨을 끊어 왕후와 아들의 목숨을 구하려고 했다. 제나라 사람 공손각(公孫獲)[45]이 제북왕에게 말했다.

"신이 대왕을 대신하여 양왕에게 있는 힘을 다해 설득하며 황제께 대왕의 뜻을 전해 달라고 청해 보겠으니, 제 말이 소용이 없을 때에 가서 자진하셔도 늦지 않을 것입니다."

그리하여 공손각이 양왕을 만나서 말했다.

"대저 제북왕의 땅은 동쪽으로 강대한 제나라와 맞대고 있고 남쪽으로 오나라와 월나라에 걸려 있으며 북쪽으로는 연나라와 조나라의 위협을 받고 있으니, 이 나라는 사분오열되어 망할 나라입니다. 스스로 지켜 낼 만한 권세가 충분치 않고 적을 막아 낼 군대도 충분치 않으며 신령한 힘이 난리에서 지켜 주지도 않는데 오왕에게 가담하겠다고 실언을 하게 된 것이라 그것은 본심에서 냈던 계책이 아닙니다.

옛적 정(鄭)나라의 채중(祭仲)[46]이 송 장공(宋莊公)의 협박을 들어주어 정 장공(鄭莊公)의 서자 돌(突)을 정 여공(鄭厲公)에 올리고 정 장공의 세자로 즉위했던 자신의 주군 정 소공(鄭昭公)의 목숨을 구했습니다. 채중의 행동이 비록 절의에 어긋난 데가 있지만 『춘추』에도 그 사실을 기록하여 표창했으니, 군주가 죽을 것을 살게 하고 나라가 망할 것을 존속하게 했다는 뜻이었을 것입니다.

만일 제북왕이 진심을 드러내 보이고 오왕에게 가담하지 않겠다는 단서를 보였다면 오왕은 반드시 제나라 땅을 거쳐 먼저 제북왕부터 망하게 한 뒤에 연나라와 조나라를 불러들여 제북왕의 땅을 함께 통치했을 것입니다. 그렇게 되었다면 효산 동쪽의 제후들이 하나로 뭉쳐 한나라 조정에서 토벌할 틈을 내주지 않게 되었을 것입니다. 당시 오왕과 초왕이 제후국의 군대를 선발하고 훈련받지 않은 군사를 몰아 서쪽에 있는 천자와 전쟁을 치를 때, 유독 제북왕만 절의를 지키며 성을 굳게 닫고 오왕에게 굴복하지 않았습니다. 그리하여 오왕으로 하여금 동맹국을 잃고 구원병을 얻지 못하게 하여 단독으로 재빨리 진군하지 못하게 막았으며 오왕은 기왓장이 무너지듯 패배할 때 끝내 구원하지 않았으니 여기에서 꼭 제북왕의 공로가 없다고는 할 수 없을 것입니다.

작디작은 제북국이 강대한 제후국과 실력을 다투는 일은 대개 새끼 양이나 송아지 같은 약한 놈이 범이나 이리 같은 적을 막아 내는 것과 같을진대, 굴복하지 않고 직분을 지킨 것은 충성으로 일관했다고 하겠습니다. 제북왕이 그렇게 공을 세우고 절의를 지켰음에도 오히려 황제의 의심을 받게 되어 어깨를 움츠리고 고개를 숙인 채 종종걸음을 치며 옷깃만 여미고 있습니다. 그러다가 애초에 오왕과 함께 진군하지 않았던 것을 후회하기라도 한다면 한나라 사직에 이로울 것이 없습니다. 게다가 신은 직분을 지키던 다른 제후왕들이 자신도 그런 대접을 받으리라 회의할까 염려됩니다.

그리하여 신이 가만히 생각해 보았더니, 서쪽의 효산과 화산을 지나 곧바로 장락궁과 미앙궁에 다다라 소매를 걷어붙이고 공정하게 말씀을 해 주실 분은 오로지 대왕뿐이셨습니다. 위로는 망해 가는 나라를 보전한 공덕을 이루고, 아래로는 백성을 안정시켰다는 명성을 얻게 되실 테니, 그 은덕이 골수까지 스미고 은혜가 무궁하게 퍼질 것입니다. 부디 대왕께서 관심을 가지시고 이런 점을 깊이 생각해 주시기 바랍니다."

말을 들은 양 효왕이 크게 기뻐하며 말을 급히 달려 사람을 보내 황제께 사정을 알리게 했다. 덕분에 제북왕은 처벌을 받지 않고 치천왕에 옮겨 봉해졌다.

오왕을 떠나 양왕의 문객이 된 매승

○　○　○

매승의 자는 숙(叔)이고, 회음 사람이다.

오왕 유비의 낭중으로 오왕이 처음에 조정을 원망하며 반역을 모의할 때 매승이 글[47]을 올려 간언했다.

완벽한 전략이 있으면 완전하게 창성하고, 완벽한 전략이 없으면 완전하게 망한다고 신은 들어 알고 있습니다. 순임금은 송곳 하나 세울 틈도 없이 작은 땅에서 일어나 천하를 얻었고, 우임금은 열 집도 안 되는 마을에서 일어나 제후를 거느리는 제왕이 되었습니다. 탕왕과 무왕의 땅이 백 리가 넘지 않았으나, 덕정을 베푼 결과 위에서는 일월성신이 끊임없이 정상 궤도에서 밝게 빛났고 아래에서는 백성의 마음이 다친 적이 없으니 다스리는 방책이 뛰어났기 때문입니다. 그 무렵에는 천성으로 타고난 부자지간의 도리를 지키듯이 충신이 주살당할 것을 피하지 않고 제왕에게 직간했으니, 하는 일에 실책이 없어 제왕의 업적이 만대에 남게 되었습니다.

신 매승이 이제 저의 뱃속과 심장을 헤쳐 보이며 어리석으나마 충성의 뜻을 적어 올리니 대왕께서 조금만 더 마음을 쓰셔서 올리는 말씀을 유념해 주시기를 바랍니다.

한 가닥 실에 천 균의 무게를 매달아 끝없이 높은 곳에서 늘어뜨리되 그 아래에는 가늠할 수 없는 심연에 드리워져 있다면 아무리 어리석은 사람도 그 줄이 금세 끊어지리라는 것을 확실히 알고 걱정할 것입니다. 막 놀란 말 옆에서 북을 울리면 말이 더욱 놀라 날뛰는[48] 것처럼, 무게를 이기지 못하고 끊어지려는 실에 무거운 것을 더 매달면 실이 공중에서 끊어져 다시 이을 수 없고 달려 있던 것도 심연으로 떨어져 다시 건져 내기 어렵게 됩니다. 위기에서 건지느냐 건지지 못하느냐는 머리카락 한 올 차이의 지체도 허락하지 못할 만큼 순간을 다투는 일입니다.

충신의 말을 듣는다면 백 번을 처리해도 반드시 화를 면할 것입니다. 계획하던 대로 꼭 하겠다고 하면 누란지위보다 더 위태롭고 하늘에 오르는 일보다 더 어려운 일을 만나게 될 것입니다. 하고자 하는 바를 바꾸는 것은 손바닥 뒤집기보다 쉽고 태산보다 안정될 수 있는 길입니다. 그런데 지금 천명이 내려 준 수명을 지극히 누리고 무궁한 즐거움을 다하며 만승의 권세를 보전하기를 바라시면서, 손바닥 뒤집기처럼 쉽고 태산같이 안정되어 있는 데 처하지 않고 누란지위를 겪으며 하늘에 오르는 어려운 길로 달려 나가시니, 이것이 어리석은 신이 당혹스럽게 여기는 까닭입니다.

자신의 그림자가 무섭고 자신의 발자국이 싫다고 뒤로 달아나면 발자국은 더 늘어나고 그림자는 더 바짝 붙어 따라오게 되지만, 자신도 모르는 사이에 그늘에 이르러 멈춰 서면 그림자가 없어지고 발자국도 끊어지게 됩니다. 말해 놓고 남이 못 듣게 하는 것은 아예 말을 하지 않은 것만 못하고, 무슨 일을 해 놓고 남이 알지 못하게 하는 것은 아예 하지 않은 것만 못합니다. 끓는 물을 차게 식혀야 하는데 한 사람이 불을 때고 있으면 백 명이 국자를 들고 끓는 물을 퍼냈다 부었다 하면서 식혀도 아무런 도움이 되지 못하며 차라리 아궁이에서 장작을 빼내어 불을 끄는 것만 같지 못합니다. 그런저런 근원을 단절시키지 않고 이런저런 방법으로 일을 해결하려고 하는 것은 장작더미를 안고 불을 끄려는 것과 마찬가지입니다.

양유기(養由基)는 초나라의 명궁수였는데 버드나무 이파리로부터 일백 보 떨어진 곳에서 버들잎을 쏘아 백발백중했습니다. 크기가 작은 버들잎을 쏘아 백발백중했으니 활을 잘 쏘았다고 하겠습니다만, 잘 쏘는 실력에 한계가 있었으니 그저 일백 보 안에서만 잘 쏠 따름이었습니다. 양유기가 실력을 발휘한 거리를 저 매승이 말씀드리는 바와 비교할 때 양유기는 활을 잘 쏘기는커녕 활을 잡을 줄도, 화살을 겨눌 줄도 모른다고 하겠습니다.

복은 기(基)에서 생기고 화는 태(胎)에서 생기는데, 복의 근원인 기를 간직하고 화의 근원인 태를 끊어 버리면 화가 어디로 들어오겠습니까! 태산의 계곡을 흐르는 물이 바위를 뚫고, 오래 쓴 두레박 끈이 우물 위의 나무 난간을 끊어 버립니다. 물은 돌을 뚫는 송곳이 아니고 두레박 끈은 나무를 자르는 톱이 아니지만, 끊임없이 물과 나무 난간을 닳게 하는 것입니다. 한 수(銖)씩 저울로 달아 사만 육천팔십 수로 한 석(石)을 채우다 보면 반드시 정량에서 차이가 나게 되어 있고, 한 촌(寸)씩 재어 한 장(丈)에 이르려면 반드시 실수하게 되어 있으니, 차라리 한 석을 통째로 달고 아예 한 장 길이만큼 재야 빠른 것은 물론이고 실수도 줄이게 됩니다.

둘레가 십 위(圍)인 거목도 처음에는 작은 싹에서 자라난 것이라, 당시에 발로 밟아 싹을 분질러 버릴 수도 있고 손으로 잡고 뽑아 버릴 수도 있는데 이는 아직 크게 자라나 장대한 모습을 이루기 전이라 가능한 일입니다. 숫돌에 칼을 갈면 처음에는 숫돌이 닳는 것이 보이지 않지만, 어느 때가 되면 다 닳아 없어지게 됩니다. 나무를 심어 가꿀 때 처음에는 자라나는 모습을 알아차리기 힘들지만, 어느 때가 되면 큰 나무로 자라 있습니다. 덕행을 쌓아도 처음에는 선행의 좋은 점을 알아차리지 못하지만, 어느 때가 되면 쓸데가 있게 됩니다. 의리를 저버리면 처음에는 그 해악을 알 수 없지만, 어느 때가 되면 그 일로 망하게 됩니다.

신은 대왕께서 깊이 생각하셔서 몸소 계획하던 바를 변경하시기를 바라니, 이는 백 대가 지나도 변하지 않을 도리입니다.

오왕이 매승의 상소를 받아들이지 않았으므로 매승 등은 오나라를 떠나 양나라로 가서 양 효왕의 유세객이 되었다.

경제가 즉위한 뒤에 어사대부 조조가 한나라 조정의 법령과 예속을 정하고 제후의 봉토를 삭감했으므로 마침내 오왕이 육국과 더불어 모반하고 거사하여 서쪽으로 진군했는데, 조조를 주살하겠다는 명분을 내걸었다. 한나라 조정에서 이 소식을 듣고 조조를 주살함으로써 제후들에게 양해를 구했다. 그리하여 매승이 다시 글[49]을 올려 오왕을 설득했다.

예전에 진나라 시절에 서쪽에서 호융(胡戎) 흉노의 난리가 일어나자 몽염으로 하여금 유중(楡中)에 유관(楡關)을 세워 북방을 수비하게 했고 남쪽으로 강(羌)과 작(筰)을 막는 요새를 세워 그들과 대치했으며 동쪽으로는 육국이 합종한 것을 대적했습니다. 육국은 신릉군의 자질에 힘입어 소진이 제안한 맹약을 체결하고 형가의 용기를 격려하면서 한마음이 되어 힘을 합해 진나라의 공격을 막아 냈습니다. 그러나 진나라는 마침내 육국을 점령하고 그 사직을 멸망시켜 천하를 병탄했으니, 그렇게 된 이유가 무엇이겠습니까! 진나라와 육국의 지리 형편이 각각 달랐고 백성의 많고 적은 숫자가 달랐습니다. 그런데 지금 한나라는 진나라 땅을 고스란히 차지하고 있고 육국의 백성을 모두 거느리고서 융적을 달래는 의리를 발휘하고 있으며, 남쪽의 강족과 작족으로 하여금 입조하게 하고 있습니다. 이런 한나라의 사정을 진나라와 비교해 보면 땅은 진나라의 열 곱절이 넓어졌고 백성은 백 곱절이 늘었으니 대왕께서는 이 점을 밝히 살피셔야 할 것입니다.

지금 무릇 참소하고 아첨하는 신하가 대왕에게 내놓은 모반 계책은 황실과 골육지간인 대왕의 의리와 백성의 많고 적음, 나라 땅의 크고 작음을 돌보지 않은 것이라 오나라에 재앙을 가져올 것이니 신이 대왕을 걱정하는 것은 바로 그런 까닭입니다.

대저 오나라의 병력 규모를 한나라에 비교해 보면 마치 소 떼에 붙은 파리와 모기 같아서 썩은 고기로 날카로운 검에 대항하는 격입니다. 전투가 벌어지면 아무 일도 아닌 듯 싱거운 싸움이 될 것이 명백합니다. 오왕이 봉토를 삭감당한 제후들을 이끌고 반란을 일으키고 있다는 보고를 받으면 황제께서는 선제가 계실 때 했던 약조[50]를 지키라고 요구할 것입니다. 지금 한나라 황제가 한나라 조정의 삼공을 친히 주살하고[51] 그 전의 과실에 대해 양해를 구하고 있으니, 이로써 대왕의 위엄이 천하에 더해지게 되어 업적이 탕왕과 무왕을 넘었습니다.

대저 오나라가 제후국의 위치에 있기는 하지만 실제로는 천자의 조정보다 부유하니 동남쪽에 치우쳐 있어 이름이 잘 알려지지 않았을 뿐 중원의 조정을 넘어섰습니다. 한나라 조정에 스물네 개 군과 열일곱 나라의 제후가 소속되어 있어 군과 제후국에서 각종 공물을 수레에 실어 조정에 운송하고 있습니다. 그 운송 행렬이 수천 리 길에 이어져 끊임이 없지만, 그 진기한 물건들이 오나라 동산(東山)[52]의 국고에 있는 것만 같지 못합니다. 서쪽을 향하여 곡식을 운송하는 육로 행렬이 끊어지지 않고 수운 행렬로 강을 가득 메우고 있지만, 그 양은 해릉(海陵)의 오나라 곡식 창고에 비축된 양만 같지 못합니다. 한나라에서 상림원을 수축했는데 이궁이 여럿이고, 놀잇감을 많이 모아 두었으며, 금수를 우리에 넣어 키우고 있지만 오나라의 장주원(長洲苑)만 같지 못합니다. 넓은 길에 인접한 곡대전(曲臺殿)에서 노는 것은 오나라의 바다를 바라보는 것만 못합니다. 높은 성벽과 보루를 쌓고 변방의 관문과 장성을 거기에 더했다고 하지만 (오나라의 천연 요새인) 장강과 회수만 못합니다. 신이 대왕을 위해 즐겁게 여기는 까닭입니다.

지금 대왕께서 서둘러 군대를 돌려 오나라로 돌아간다면 아직도 재앙을 입지 않을 절반의 희망은 있습니다. 그렇게 하지 않으면 한나라 황제께서 오나라가 천하를 병탄할 마음이 있다는 것을 알게 되어 진노하게 될 테니 강을 따라 수전에 능한 우림황두(羽林黃頭) 군대를 내려보내 대왕의 도읍을 습격할 것이며 노나라 군대가 동해 땅으로 들어가 오나라의 군량 수송 길을 끊어 놓을 것입니다. 양왕은 수레와 말을 정돈하고 실전에 대비하여 활쏘기를 연습시키면서 식량을 비축하고 도읍을 고수하는 한편으로 형양에서 전투가 일어날 경우 방어할 것에 대비하며 오나라 군대의 식량이 떨어지기를 기다릴 것입니다. 그때가 되면 대왕께서 도읍으로 회군하고 싶어도 할 수 없게 됩니다. 회남의 세 왕은 조정과의 약조를 배반하지 않는 계책을 따르고 있고 제왕도 반란에 가담하려 했던 사실이 조정에 알려져 스스로 죽음으로써 모반의 행적을 소멸했습니다.[53] 교동, 교서, 제남, 치천 네 나라는 자기네 땅 밖으로 군대를 출동하여 오나라를 돕지 못하고 있고, 조왕은 한단에서 역기에게 포위되었는데 이런 사실이 감춰지지 않고 이미 널리 알려지게 되었습니다.

대왕께서는 사방 천 리인 오나라를 떠나 현재 양왕을 공격하고 있지만, 양나라 도읍 근처 십 리 안에서 제압당할 것입니다. 양나라 장수 장우와 한안국이 대왕의 북쪽에서 군대를 이끌고 있으며 궁고후 한퇴당은 대왕의 좌우에 주둔하고 있으니 대왕의 군대가 양나라 도읍을 함락시킬 수 없는데도 군사들은 잘 쉬지도 못하고 있을 터입니다. 신은 속으로 그 점을 슬퍼하고 있습니다.

대왕께서는 심사숙고하시기를 바랍니다.

오왕은 매승의 계책을 듣지 않았다가 마침내 사로잡혀 멸망하게 되었다.

한나라가 칠국의 난을 평정한 후, 오왕에게 상소를 올린 것으로 매승의 이름이 널리 알려지게 되었다. 경제가 매승을 함곡관을 지키는 홍농군(弘農郡) 도위에 임명했다.

매승은 오랫동안 큰 제후국의 으뜸 빈객 노릇을 하며 영웅호걸과 더불어 교유하는 것으로 즐거움으로 삼고 살았던지라 지방에서의 관리 노릇에 만족하지 못하고 병을 칭하며 사직했다.

그 뒤 매승이 양나라에 가서 다시 유세객이 되었다. 양왕의 빈객은 모두 사부(辭賦)를 잘 지었는데 매승이 그중에서 가장 잘 지었다.[54] 효왕이 세상을 떠난 뒤에 매승은 회음으로 돌아갔다.

무제가 태자 시절부터 매승의 이름을 알았으나 즉위했을 때는 이미 매승이 연로했다. 황제가 바퀴에 부들을 채운 안거를 보내 매승을 모셔 오게 했지만, 매승은 황궁으로 가던 길에 죽었다. 황제가 매승의 아들을 불러 위문했는데 문장이 뛰어난 자가 없었다. 나중에 매승의 서자인 매고(枚皋)를 찾아냈다.

해학적인 부를 써서 총애를 받은 매고

매고의 자는 소유(少孺)이다. 매승이 양나라에 있을 때 매고의 생모를 첩으로 삼았다.

매승이 양나라 동쪽의 고향 회음으로 돌아갈 때 매고의 생모가 따라가지 않겠다고 하자 매승이 화가 나서 돈 수천 전을 매고에게 떼어 주며 양나라에 남아서 생모와 함께 살게 했다. 열일곱 살이 되었을 때, 매고가 양 공왕(梁共王)에게 글을 올려 스스로 추천했는데 왕궁에 불려 들어가 낭관이 되었다.

세 해가 지난 뒤에 매고가 왕의 사자로 나갔다가 왕의 시종과 다투게 되었다. 그 일로 시종의 모함을 받고 죄를 얻어 가족들이 관노로 들어가게 되었다. 매고가 달아나서 장안에 도착했을 때 마침 사면령이 내렸다. 매고가 북궐에 글을 올려 자신이 매승의 아들임을 알렸다. 황제가 크게 기뻐하며 불러들여 접견하고 발령의 조를 기다리게 했다.

매고는 궁중에서 부(賦)를 지었다. 무제가 매고로 하여금 평락관(平樂館)을 노래하는 부를 짓게 했는데, 매고가 부를 올리자 칭찬했다.

무제가 매고를 낭관에 임명하여 흉노에 출사하게 했다.

매고는 경학에 뛰어나지 않았고 말 잘하는 배우 같았다. 부와 송(頌)을 지을 때에 가벼운 해학을 즐겨 써서 황제의 총애를 받고 높은 자리에 올랐다. 동방삭(東方朔), 곽사인(郭舍人) 등과 같은 지위에 있었으나 엄조(嚴助) 등이 올랐던 높은 벼슬자리에는 오르지 못했다.[55]

무제가 춘추 스물아홉에 겨우 황자를 얻어 신하들이 기뻐했다. 황태자가 태어났을 때 매고와 동방삭이 「황태자생부(皇太子生賦)」와 「입황자매축(立皇子祺祝)」[56]을 지었는데 황제의 명을 받고 황자를 존귀하게 받드는 내용을 짓느라 두 편 다 종전에 짓던 풍을 따르지 않았다.

그보다 먼저 위(衛) 황후가 책봉되었을 때 매고가 부를 지어 시종일관 삼갈 것을 권했다. 매고의 부가 동방삭보다 뛰어났다.

매고는 무제를 수행하여 감천궁, 옹현, 하동을 다녔고, 무제가 동쪽 땅을 순수할 때, 태산에서 봉선 의례를 행할 때, 선방에서 황하의 둑을 막을 때 수행했다. 또 삼보의 이궁관을 유람하거나 산천을 구경할 때, 주살을 쏘며 사냥개를 풀어 놓고 말을 달리며 사냥할 때, 축국(蹴鞠)이나 조각품을 감상할 때, 황제가 느낀 바가 있으면 그때마다 매고에게 일러 주고 부를 짓게 했다.

매고는 글을 빨리 지었으므로, 황제의 명령을 받자마자 바로 완성했다. 그리하여 지은 부가 많았다. 사마상여(司馬相如)는 글을 잘 지었지만, 짓는 데 시간이 오래 걸렸기 때문에 양이 적었다. 그러나 매고보다 잘 지었다. 매고도 자신이 지은 부의 구절 중에서 사마상여만 못하다고 인정한 적이 있다. 또 부를 짓는 것은 연기하는 것과 같아서 사람들에게 광대처럼 보일 거라며 스스로 광대처럼 사는 것을 한탄하기도 했다. 그가 지은 부에는 동방삭을 흉보고 조소하는 내용과 함께 자신을 욕하고 깎아내린 표현도 들어 있다.

매고가 지은 글은 굴곡이 뚜렷하되 각 편의 주제를 따라 글이 자유롭게 흐르면서 쓰고자 한 뜻을 잘 살렸다. 그러나 재담 쪽으로 많이 치우쳐 한적하거나 부드러운 맛을 거의 내지 못했다.

매고가 지은 부에 읽을 만한 것이 모두 백스무 편이 있다. 너무 가볍고 재담만 늘어놓아 읽을 만하지 못한 것도 수십 편이 남아 있다.

형벌의 관대한 적용을 건의한 노온서

○   ○   ○

노온서의 자는 장군(長君)이고, 거록군 동리(東里) 사람이다. 아버지가 동리의 감문이었다.

아버지가 노온서에게 양을 치게 했더니 노온서가 못 안에 자라던 부들을 베어 작은 죽간처럼 길이를 맞추어 잘라 엮어다가 글자를 썼다. 글공부가 조금 나아지자 옥리가 되게 해 달라고 청했다. 아전이 된 뒤에 율령을 공부하여 옥사가 되었는데 현에서 풀기 어려운 사건은 모두 노온서에 물었다.

태수가 현을 순찰하러 와서 노온서를 보고 범상치 않게 여겨 결조사(決曹史)의 일을 대신하게 되었다. 『춘추』를 사사하고 대의를 달통했다. 효렴(孝廉)을 천거할 때 산읍(山邑)[57]의 현승이 되었는데, 법에 연좌되어 면직되었다가 다시 군리가 되었다.

소제 원봉(元鳳) 연간에 정위 이광(李光)이 조옥에서 조정 대신과 황족을 심문하게 되었는데, 노온서를 주조연(奏曹掾) 겸 정위부의 임시직 사(史)로 천거했다. 그때 바로 소제가 붕어하고 창읍왕 유하(劉賀)가 즉위했다가 폐위되었다. 그 뒤 선제가 즉위하자 노온서가 상소[58]를 올려 덕을 숭상하고 형벌을 완화함이 마땅하다고 주장했다. 그 상소문은 다음과 같다.

제나라에서 무지(無知)의 난이 일어난 뒤, 주군에 올랐던 무지가 피살되고 나서 환공이 주군이 되었고, 진(晉)나라에서는 여희의 소동이 있었지만, 진 헌공이 죽고 나서 여희가 쫓아냈던 중이(重耳)가 돌아와 문공이 된 뒤에 패자에 올랐다고 신은 알고 있습니다. 최근 일로 보자면 조왕(趙王)[59]이 천명을 누리지 못했고 여씨들이 난을 일으켰으나 여씨들을 제거한 뒤에 효문제가 중흥의 기틀을 마련한 황제가 되었습니다.

이런 점으로 보아 반란이 일어나는 것은 성인이 나타날 길을 여는 징조입니다. 환공과 문공은 약한 천자를 도와 무너진 주나라를 중흥시킴으로써 문왕과 무왕의 위업을 숭상하여 백성에게 은덕이 돌아가게 하고 제후들에게도 공덕을 베풀었으니, 비록 삼왕에 미치지는 못할지라도 천하 만민을 인(仁)으로 돌아가게 했습니다.

문제께서는 언제나 덕정을 이루려고 생각하셨고 하늘의 뜻에 순응하고자 하셨으며 인의를 숭상하고 형벌을 완화했으며 관문과 교량의 검문을 철폐해 조정과 제후국을 하나로 여기셨습니다. 인재들은 큰 손님처럼 공경하고 백성을 갓난아이 돌보듯 아끼셨으며 관대한 마음으로 백성이 편안하게 하는 사정을 고려한 뒤에야 법령을 확정하여 온 나라 안에 시행하게 하셨으니, 옥이 텅 비고 천하가 태평했습니다.

변란이 이어지고 난 뒤에는 이전과 달리 은덕을 베푸는 성군이 반드시 나타나는데 이는 어진 성군이 천명을 받아 즉위하기 때문입니다. 소제께서 돌아가셨을 때 후사가 없었으므로 대신들이 걱정하며 마음을 모아 서로 상의한 결과 모두 종실에서 가장 가까운 혈통인 창읍왕을 맞이해 와서 황제에 옹립했습니다.[60] 그러나 창읍왕은 하늘의 명을 받지 못했고 도덕적으로 문란하게 되어 마침내 폐위를 자초했습니다. 그런 변란이 일어났던 원인을 깊이 살펴보면 역시 하늘이 성군을 내기 위해 길을 열고자 함이었습니다. 이제 대장군[61]이 무제로부터 받았던 명을 지키며 한나라 조정을 일으켜 세우는 대신이 되어 간담을 헤쳐 놓을 만큼 정성을 기울여 국사를 결정하고, 의리가 없는 자들은 내쫓고 덕망이 높은 자들은 등용하며 천자를 보좌하여 정사를 보고 있으므로 종묘가 안정되고 천하가 모두 평안하게 되었습니다.

『춘추』에 정월에 즉위했다고 기록해 놓은 것은 천하의 대일통(大一統)을 위해 삼가며 정사를 보기 시작한 것을 뜻한다고 신은 알고 있습니다. 폐하께서 이제 천자의 자리에 막 오르셨으니 하늘의 뜻에 부합하도록 앞에서 통치했던 군주의 잘못을 반드시 고쳐서 천명으로 받은 제왕의 적통을 바르게 이어 가기 시작하고, 번잡한 규정은 삭제하고 백성에게 고통을 주는 일은 없애며, 끊어졌던 황실의 후대를 잇고 단절되었던 제위를 계승함으로써 하늘의 뜻에 순응하십시오.

진나라는 대단히 많은 잘못을 범했는데 그중 한 가지가 아직도 남아 있으니 바로 법을 어긴 사건을 조사하는 옥리의 문제입니다. 진나라 때는 학문을 경시한 대신에 무예와 용맹을 좋아했기 때문에 인의를 숭상하는 사람을 천시하고 범죄를 다루는 옥리를 중시했습니다. 그들은 바른말을 하면 비방으로, 허물을 막는 말을 하면 요망한 말로 단정해 버렸습니다. 그러므로 의관을 단정하게 차린 선생들이 세상에 중용될 수 없었고 충성스럽고 선량한 자들의 절실한 말이 가슴속에 모두 맺히는 동안 황제의 귀에는 날마다 칭찬과 아부의 소리만 가득 들렸을 것이라, 빈말뿐인 칭찬이 황제의 마음을 미혹시켜 실제로 도사리고 있던 화의 근원을 가리고 말았습니다. 이런 점이 바로 진나라의 천하가 망하게 된 원인입니다. 지금의 천하는 폐하의 두터운 은덕에 기대어 전쟁의 위험과 굶주림, 추위 걱정 없이 살면서 부모 자식과 부부가 힘을 합해 살림을 잘 꾸려 나가고 있습니다. 그러나 아직도 태평하다고 할 수 없는 것은 옥리가 제멋대로 심문하고 판결하여 어지럽게 만들고 있기 때문입니다.

법에 따라 심문하여 판결하는 일은 천하의 일 중에서도 목숨을 다루는 큰일이니 잘못 판결한다면 죽은 자가 어떻게 다시 살아날 수 있겠으며, 한번 잘려 나간 사람의 사지가 어떻게 다시 몸에 붙을 수 있겠습니까! 『서』에 이르기를 "죄 없는 사람을 죽이는 것보다는 차라리 가혹한 형법을 따르지 않는 잘못을 범하는 것이 낫다."[62]라고 했는데 오늘날의 옥리는 판결할 때 이 말을 따르지 않고 형법 조문을 가혹하게 적용하는 것을 명백하게 처리하는 것으로 알고 아래위 할 것 없이 서로 다툽니다. 법규를 깊이 파고들수록 공평하다는 이름을 얻고 있으나 공평하게 처리했다는 사건일수록 후환을 더 많이 남기고 있습니다.

판결을 내리는 옥리가 어떤 사람에게 사형 선고를 내리고 싶어 하는 것은 그 사람을 미워해서가 아니라 자신이 안전하게 살 길을 찾으려 하기 때문입니다. 그리하여 죽은 자의 피가 저자를 적시고 형을 받은 사람들이 즐비하며 한 해에 사형당하는 자가 수만 명입니다. 이 때문에 폐하께서도 비통해하고 계시니, 태평한 세상이 아직 실현되지 않은 것은 모두 이런 가혹한 형벌 때문입니다.

무릇 편안하면 삶이 즐겁겠지만, 고통스러울 때는 죽고 싶어지는 것이 인지상정이라 곤장을 내리치면 무엇을 물어봐도 알아내지 못할 답이 없으며 죄인은 고통을 이기지 못해 없는 사실을 꾸미게 됩니다. 심문하는 옥리는 이 방법을 쓰면 되겠다는 생각에 고문을 통해 자백을 이끌어 낸 뒤에 사안을 명백하게 해결했다고 합니다. 옥리들은 판결문을 올린 뒤에 판결이 적당하지 못하다며 되돌려

질까 두려워하며, 법의 테두리 안에서 죄명을 만들고 붙이되 상급자가 보기에 그런 벌을 내릴 만하다고 여기도록 보고하고 있습니다. 그래서 순임금의 신하로 형법을 올바로 관장했던 고요가 살아 돌아와도 사형으로 부족하다는 판결을 내릴 만큼 현재의 옥리들은 죄상과 죄명을 잘 짜 맞추고 있습니다. 죄상이 분명하게 드러나도록 법조문을 여러 가지로 적용하면 가능한 일입니다. 이렇게 옥리들이 형법을 세밀하고 깊이 따지는 바람에 그 피해가 끝이 없는데도 옥리들은 그저 자신들이 살 궁리나 하면서 임기응변으로 넘기며 나라 걱정은 조금도 하지 않으니, 이것이 세상의 커다란 재앙입니다.

"땅바닥에 금을 그어 옥이라고 정해 놓기만 해도 겁이 나서 감히 의견을 밝히지 못하게 되고, 나무에 옥리 형상을 조각해 세워 놓기만 해도 물음에 대답할 수 없게 된다."라는 말이 있을 정도이니, 이런 말들은 모두가 가혹한 옥리의 기풍을 비통히 여기는 표현입니다. 천하의 재앙 중에 옥리들이 일으키는 것보다 더 심한 것이 없습니다. 법과 기강을 무너뜨려 어지럽히면서 가족을 갈라놓고 도를 막아 버리니, 사건을 심문하는 옥리보다 해로운 존재는 없습니다. 앞에서 진나라의 잘못 중에 하나로 아직도 남아 있다고 한 것이 바로 이것입니다.

까마귀나 수리부엉이의 알을 두어도 사람 손을 타지 않을 만큼 안전한 곳이라야 봉황이 날아들며, 비방한 죄로 주살당하지 않아야 충언을 올릴 수 있다고 신은 알고 있습니다. 그러므로 옛사람이 이르기를 "숲이 우거진 산에 독충이 살고, 강과 못에 오물이 흘러

들며, 좋은 옥에도 티가 있는 법이니, 한 나라의 주군은 잘못을 지적받는 수모를 받아들여야 한다."[63]라고 했습니다.

바라건대 폐하께서 비방죄를 없앰으로써 간절히 충언을 올리는 자들을 불러들이고 천하 만민이 입을 열어 널리 간언을 올릴 길을 열어 주십시오. 또 진나라의 잘못된 관습을 쓸어 없애고 문왕과 무왕의 덕정을 숭상하며 번잡한 법조문을 줄이고 형벌을 관대하게 내리며 심문하여 판결하는 옥리를 없애 주십시오. 그리하면 태평성대의 바람이 폐하 당대에 일어나고 화락한 기운이 오래도록 지속되어 하늘과 함께 무궁하게 이어질 것이니 천하 백성이 큰 영광을 누릴 것입니다.

황제가 노온서의 의견을 훌륭하게 평가하여 광양사부장(廣陽私府長)으로 벼슬을 옮겨 주었다.

내사가 학술 방면에 가장 높은 성적을 주면서 노온서를 천거했으므로 우부풍승(右扶風丞)으로 옮겨 왔다. 그때 황제가 조서를 내려 공경들로 하여금 흉노에 사신으로 갈 사람을 추천하게 했다. 노온서가 황제에게, 병졸이 되어 먼 땅에서 죽는 한이 있어도 신하의 절의를 다하겠다고 청하는 글을 올렸다. 황제가 도료장군(度遼將軍) 범명우(范明友)와 태복 두연년(杜延年)에게 노온서의 청을 들어줄지 살펴보게 했는데, 들어줄 수 없다고 하여 원래 자리에 있게 했다. 한참 뒤에 임회(臨淮) 태수로 옮겼는데 백성을 다스림에 있어 놀라운 치적을 세우고 태수로 있던 중에 세상을 떠났다.

노온서가 조부에게 역법과 천문을 배웠는데, 한나라가 삼칠

(三七) 수인 이백십 년 만에 액운을 당할 것을 계산해 내고[64] 황제에게 밀봉한 글을 올려 미리 대비하게 했다. 성제 때의 곡영도 그렇게 예언한 바 있다. 왕망이 제위를 찬탈하면서 한나라가 하늘로부터 받은 천명이 자신에게 계승되었다는 것을 선전할 때 노온서와 곡영의 예언을 근거로 댔다.

노온서의 아들과 손자는 군(郡)과 목(牧)의 수령 등 높은 벼슬을 지냈다.

찬하여 말한다.

춘추 시대 노나라의 장손달(臧孫達)이 주군에게 예를 지키도록 간언하자 군자가 이르기를 장손달의 후대가 노나라에서 흥왕할 것이라고 했다.[65]

가산은 신하로서 황제에게 사리에 맞는 말을 올렸고, 추양과 매승은 위기를 자초하던 한나라의 제후국들을 주유하면서 바른말로 간언한 덕에 마침내 사형을 면했다. 노온서는 언사는 부드러웠으나 뜻은 간절했다. 마침내 명문세가를 이루었으니 마땅한 일이다.

22

두·전·관·한 전
竇田灌韓傳

▲▲▲▲▲▲▲▲▲▲▲▲▲▲▲▲

이 편에는 경제와 무제 시대에 활약했던 네 인물인 위기후(魏其侯) 두영(竇嬰, ?~기원전 131년), 무안후(武安侯) 전분(田蚡, ?~기원전 131년), 관부(灌夫, ?~기원전 130년), 한안국(韓安國, ?~기원전 127년)이 등장한다. 한나라의 개국 공신의 시대가 끝나고 인재가 부족한 시대로 접어들면서 두영과 전분이 외척으로서는 처음으로 최고위직에 올랐다. 두영은 문제 두 황후의 조카이고, 전분은 경제 왕 황후의 동생이었으나 권력 투쟁에 능하지 못해 승상 자리에 오래 있지는 못했다.

두영은 경제가 동생 양왕에게 제위를 넘기려고 했을 때와 율(栗) 태자를 폐하려고 했을 때 모두 반대하며 직언을 올리다가 경제의 눈 밖에 났다. 최고 권력자의 눈치를 살피는 데 둔했던 두영은 무제 때에 승상이 되었으나 파면되었다. 이어서 전분도 실각했다. 이 두 사람이 무제의 할머니 두 태후의 미움을 산 것은 두 태후가 싫어하던 유가 학술을 숭상하며 유생의 관료화를 시도했기 때문이다. 두 태후는 한나라의 통치 학술을 황로 사상으로 고정하고 싶어 했다. 그런데 이 편에는 두영과 전분이 유가 학술을 숭상한 것은 짧게 언급되어 있는 데 반해 두 사람이 전횡을 부린 사건은 자세히 다루어져 위선자의 면모가 부각되어 있다.

관부(灌夫, ?~기원전 130년)는 오초의 난을 진압한 장군으로 승진을 거듭했으나 두영과 전분 사이에 끼어 복잡한 관계를 이루면서 권력 투쟁을 벌이다가 목숨을 잃었다.

동시대 인물로 흉노와 화친책을 건의한 것으로 유명한 한안국이 주전파 왕회(王恢)와 함께 등장하기도 한다. 한나라는 건국 이후 국력 소모를 피하려고 흉노와의 대결 대신 화친책을 펼쳤는데, 무제 때에 이르러 정벌 쪽으로 급선회했다. 마읍 유인 작전이 실패로 돌아간 뒤로 무제의 대규모 흉노 정벌이 이어진다. 『사기』에는 「한장유(韓長孺) 열전」이라고 따로 열전이 세워져 있다.

직언 때문에 승진이 늦어진 두영

○　○　○

두영의 자는 왕손(王孫)이고, 효문황후(孝文皇后)의 종질(從侄)[1]
이다. 아버지 대까지 관진현(觀津縣)에서 살았다.

두영은 빈객을 좋아했다.

효문제 때에 오나라의 승상이 되었으나 병으로 물러났다가 효
경제가 즉위한 뒤에 첨사(詹事)가 되었다.

황제의 친동생 양 효왕을 모후인 두 태후가 몹시 아꼈다. 양 효
왕이 황제를 배알하러 갔을 때 형제끼리 편하게 술자리를 같이한
일이 있었다. 그때까지 태자가 정해지지 않았다. 술이 오르자 황
제가 양 효왕에게 편하게 말했다.

"내가 죽으면 너에게 황위를 물려주겠다."

그 말을 들은 태후가 기뻐했다. 그런데 두영이 잔에 술을 따라
황제에게 올리면서 말했다.

"지금의 천하는 고황제께서 평정하신 천하로 한나라 법에 제위
(帝位)의 부자 상속이 정해져 있습니다. 황상께서는 무엇을 근거로
양왕에게 제위를 전하실 수 있겠습니까!"

그때부터 태후는 두영을 미워하기 시작했다. 두영 역시 자신의
벼슬을 하찮게 여기고 있었으므로 병을 핑계 대고 사직했다. 태후
는 궁중 출입 허가 명부에서 두영의 이름을 지워 버리고 봄가을
조정에도 참가하지 못하게 했다.

효경제 3년, 오초의 반란이 일어나자 황제가 종실과 두씨 일족

을 두루 살펴봤지만 두영만큼 능력 있는 자를 찾지 못해 두영을 불러들여 접견했다. 두영은 한사코 병을 칭하며 능력이 안 된다며 장군직을 고사했다. 그때에 이르러 태후도 자신의 지난 행동을 부끄럽게 여겼다. 그리하여 황제가 말했다.

"지금 천하가 위태롭게 되었는데 왕손이 사양만 해서야 되겠습니까?"

그러고는 두영을 대장군으로 삼고 황금 천 근을 내렸다. 두영은 원앙과 난포 등 벼슬에서 물러나 집에 한거하던 명장과 능력 있는 인물들을 천거해 올렸다. 황제가 내린 황금은 장군부의 회랑과 문간의 곁채에 쌓아 두고 군리가 가서 필요한 만큼 가져다 쓰게 했을 뿐 집 안에는 들이지 않았다.

두영은 형양을 지키면서 제 땅의 네 나라와 조나라를 토벌 중이던 군대까지 감독했다. 칠국의 난이 진압되고 나서 위기후에 봉해졌다. 그러자 유세객과 빈객들이 다투어 그에게 귀의했다. 열후들은 조정에서 대사를 의논할 때 칠국의 난을 진압하는 데 공이 컸던 조후(條侯) 주아부와 위기후를 공경하며 감히 강례(亢禮)로 대하지 못했다.

경제 4년, 율 태자를 세우고 두영을 태부로 삼았다.

경제 7년, 율 태자를 폐했다. 두영이 불가함을 역설했으나 막지 못하자, 병을 칭하고 사직하여 남전의 남산 밑에서 여러 달 동안 은거했다. 여러 빈객과 변사들이 찾아가 달랬지만 장안으로 돌아오지 않았다. 그때 양나라 사람 고수(高遂)가 찾아가 두영에게 충고했다.

"장군을 부귀하게 만들 수 있는 분은 황상이요, 장군을 황제와 가깝게 만들 수 있는 분은 태후입니다. 이제 장군이 태자의 태부로 있다가 태자가 폐위되는 것을 애쓰고 막지도 못했으나, 그렇다고 죽지도 못했습니다. 병을 칭하고 물러나 조나라의 미녀들이나 품에 안고 한적한 곳에 은거하며 황제를 배알하지 않으니 스스로 원망을 키우면서 황제의 허물을 널리 알리는 격입니다. 만일 황제와 태후가 장군에게 노하기라도 하는 날이면 장군의 처자식은 씨도 안 남을 것입니다."

두영이 그 말을 옳게 여겨 바로 장안으로 출발했다. 그러고는 예전처럼 황제를 배알했다.

도후(桃侯) 유사(劉舍)가 승상에서 물러나자 두 태후가 여러 차례 위기후를 승상에 추천했다. 그러나 효경제가 그 말을 듣지 않았다.

"태후께서는 혹시 제가 승상 자리를 위기후에게 주기 아까워한다고 생각하십니까? 위기후는 자신이 대단한 줄 아는 자긍심을 가진 데다 경솔한 점이 많아 승상으로 중용하기 어렵습니다."

끝내 두영을 승상에 임명하지 않고 건릉후 위관을 승상으로 삼았다.

유가 학술을 숭상한 전분

○　　○　　○

전분은 효경제 왕 황후의 동복동생으로 장릉에서 태어났다. 두영이 대장군이 되어 위세를 떨치고 있을 때 전분은 황제의 총애를 얻지 못한 채 제조랑(諸曹郎)으로 있었다. 두영의 거처에서 드나들며 술시중을 들었는데 꿇어앉거나 일어서는 모습이 마치 아들이 아버지에게 하듯 깍듯했다.

효경제 말년에 전분이 아주 많이 총애를 받아 중대부가 되었다. 달변가로 황제의 사관이었던 공갑(孔甲)이 청동 기물에 옛 글자로 새겨 놓은 『반우(盤盂)』[2]와 제자백가의 학설을 고루 익혔으므로 왕 황후가 전분을 능력 있는 인재로 여겼다.

효경제가 붕어하고 무제가 즉위했을 두 외숙을 열후에 봉했는데 전분은 무안후에, 동생 전승(田勝)은 주양후(周陽侯)에 봉했다. 권력을 잡기 시작하자 전분은 빈객들에게는 자신을 낮추어 대하고 벼슬 없이 집에 머물던 명사들은 천거하여 황제의 신임을 받게 함으로써 당시의 고관대작들 위에 올라서고자 했다. 당시 태후의 섭정을 받던 문제가 백성을 다스리기 위해 폈던 정책은 대부분 전분의 빈객들이 올린 것이었다. 그때 승상 위관이 병으로 자리에서 물러났으므로 황제가 승상과 태위의 인선을 놓고 대신들의 의견을 물었다. 적복(藉福)[3]이 전분에게 충고했다.

"위기후의 신분이 높아진 지 오래되어 천하의 인재들이 계속해서 위기후에게 귀의하고 있습니다. 장군은 이제 막 세력을 얻기 시작했으니 아직 위기후만 같지 못합니다. 만일 황상께서 장군을 승상에 올리겠다고 하시면 반드시 위기후에게 양보하십시오. 위기후가 승상이 되면 장군은 태위에 오르게 되어 있으니, 승상만큼 높은 자리인 태위에 오르고도 승상 자리를 양보한 어진 분이라는 명성을 얻게 될 것입니다."

전분이 적복의 충고 내용을 태후에게 살짝 말씀드려 황제에게 귀띔하게 했다. 이제 황제가 두영을 승상으로, 전분을 태위로 삼았다. 적복이 두영에게 경하하면서 그래도 조심할 것을 권고했다.

"군후께서는 타고나기를 선한 것을 좋아하고 악한 것을 미워하십니다. 그리하여 선한 자들이 군후를 칭송한 덕에 지금 승상에 오르게 되었습니다. 그런데 세상에는 악한 자들도 많으니 그들은 그들대로 군후를 비방합니다. 군후께서 악한 사람들도 껴안아 그 자들이 비방하지 못하게 하면 오래도록 황제의 총애를 받을 것입니다. 그렇게 하지 못하면 오히려 비방을 받아 승상직에서 물러나게 될 것입니다."

두영은 적복의 충고를 듣지 않았다.

두영과 전분은 둘 다 유가 학술을 숭상했으므로, 유학자 신공의 제자 조관(趙綰)을 어사대부로, 왕장을 낭중령으로 추천했으며 노나라에서 신공을 맞이해 와서 명당을 세우도록 했다. 또 열후가 봉토에 가서 직접 다스리게 했으며 관금(關禁)을 없애 제후의 장안 출입을 불편하지 않게 했고, 복상 제도를 정하여 의례에 시시비비가 일어나지 않는 태평한 세상을 만들었다. 또 두씨 일족과 종실 중에 행동이 바르지 않은 자를 검거하여 처벌하고 족보에서 이름을 지웠다. 그런데 당시에 외척 출신으로 열후가 된 자 중에 공주를 아내로 맞이한 여러 열후들이 모두 봉토에 직접 가서 다스리기를 꺼려 두 태후에게 날마다 승상과 태위 등을 비방했다. 황로 사상을 숭상한 두 태후는 두영과 전분, 조관 등이 유가 학술을 힘써 숭상하고 도가 학술을 폄하하는 것을 썩 좋게 여기지 않았다.

무제 건원 2년, 어사대부 조관이 동궁(東宮)의 두 태후에게 나랏일을 아뢰지 말 것을 주청했다. 두 태후가 크게 화를 내며 꾸짖었다.

"신원평이 한 짓을 하려는 것인가!"[4]

그리하여 조관과 왕장은 파면되어 조정에서 쫓겨났고, 두영은 승상직을, 전분은 태위직을 빼앗겼다. 이어서 백지후 허창이 승상이 되고, 무강후 장청적이 어사대부가 되었다. 두영과 전분은 열후 신분으로 벼슬 없이 집에 머물게 되었다.

전분은 비록 직무를 맡지 않았지만, 왕 태후의 동생으로 황제의 외숙이었기 때문에 총애를 잃지 않아 여러 차례에 걸쳐 정사에 관해 계책을 올렸는데 황제가 그 계책을 쓴 때가 많았다. 그리하여 권세와 이득을 좇는 관리들이 두영의 곁을 떠나 전분에게 귀의했고, 전분은 날이 갈수록 방자해졌다.

건원 6년에 두 태후가 세상을 떠났을 때 승상 허창과 어사대부 장청적이 태후의 장례를 제대로 치르지 못했다 하여 면직되었다. 황제가 전분을 승상에 임명하고 대사농 한안국을 어사대부로 삼았다. 그러자 조정에서 파견한 지방관이나 제후국의 관리들까지 너도나도 전분에게 의지했다.

전분은 키가 작고 못생겼지만 높은 자리에 오르자 우쭐거렸다. 그 무렵 제후왕들의 나이는 많았으나 갓 즉위한 황제는 춘추가 어렸으므로, 황제의 가장 가까운 인척으로서 승상이 된 자신이 의례에 따라 제후왕들을 제대로 굴복시키지 않으면 천하 만민이 공경하지 않으리라 여겼다. 또 승상으로서 국사를 주청하러 들어가면 하루 종일 말을 끝내지 않았고 황제는 그 말을 다 들어 주었다. 사람을 천거하면서 벼슬 없이 집에 있던 사람을 바로 이천석 관직에 올리기도 했으니 권세가 황제보다 컸다. 어느 날 황제가 투덜거렸다.

"외숙께서 제수할 벼슬이 아직도 남았습니까? 나도 관리를 임명해 보고 싶습니다."

한번은 전분이 고공(考工)을 시켜 집터를 넓히려고 했는데,[5] 황제가 화를 내며 말했다.

"아예 무고(武庫)도 가지시지요!"

그 뒤에 전분이 물러났다.[6]

빈객을 불러 술을 마시는 자리에서 전분은 자신의 동복이부(同腹異父) 형인 갑후 왕신을 북향의 남쪽 자리에 앉히고 자신은 동향의 서쪽 자리에 앉았다. 한나라 조정의 승상이 가장 높은 자리이므로 형이라고 해도 사사로이 낮출 수 없다고 여겼다.

그 뒤로 전분은 더욱 교만해졌다. 대신 중에서 가장 화려하고 크게 집을 지었을 뿐 아니라 가장 비옥한 땅을 자신의 농지와 과수원, 채마밭으로 삼았다. 또 지방의 여러 군현으로 보내 가재도구나 물품을 사 오게 했는데, 그 행렬이 한길에 줄을 이을 정도였다. 집 안의 앞채에는 종과 북을 걸었고 붉은 곡전(曲旃) 깃발이 돌아가게 세워 두었으며 뒤채에는 미녀가 수백 명 거처했다. 거기에 제후들이 바친 진귀한 물건과 사냥개, 말, 골동품 등이 셀 수 없이 많았다.

반면에 두영은 두 태후가 세상을 떠난 뒤로 황제와 더욱 멀어져 중용되지 못했으므로 권세가 없었다. 알고 지내던 여러 신하는 점점 멀어져 가더니, 심지어 거만하게 굴기까지 했다. 유일하게 관부만 그러지 않았다. 두영은 답답한 채로 실의에 빠져 지냈으나 관부에게는 잘 대해 주었다.

아버지의 죽음에도 군영을 떠나지 않은 관부

○　○　○

관부의 자는 중유(仲孺)이고, 영음(潁陰) 사람이다. 아버지는 장맹(張孟)인데, 일찍이 영음후 관영의 수행원이 되어 신임을 받았다. 관영이 장맹을 천거하여 이천석 벼슬에 오른 뒤에 관씨 성을 받아 관맹(灌孟)이 되었다.

오초의 반란이 일어났을 때 영음후 관영[7]이 장군이 되어 태위[8]의 지휘를 받았는데, 관맹을 교위로 삼도록 태위에게 청했다. 관부는 〔군후가 되어〕 천 명의 군사를 거느리고 아버지 휘하에서 함께 싸웠다. 관맹은 나이가 많아 교위가 되기 어려웠으나, 영음후가 태위에게 억지로 청했던 까닭에 교위가 되고 나서 마음이 편치 못했다. 그리하여 전투가 벌어진 뒤에는 언제나 적진의 가장 견고한 곳을 골라 돌격하다가 마침내 오왕의 군중에서 전사했다. 한나라 법에는 부자가 함께 출전했다가 어느 한 편이 전사하면 영구를 싣고 고향에 돌아가게 되어 있었다. 그러나 관부는 아버지의 영구를 따라 고향에 돌아가지 않겠다며 격앙되어 말했다.

"바라건대 오왕이 되었건 그 밑의 장군이 되었건 제가 그 모가

지를 베어 아버지의 원수를 갚도록 해 주십시오."

말을 마친 관부는 갑옷을 입고 미늘창을 꼬나 쥐고서 군중에서 평소 친분이 있던 자 중에서 함께 따르기를 원하는 건장한 군사 수십 명을 모았다. 그런데 군영의 문을 나서자 다들 돌격할 엄두를 내지 못했다. 두 명만이 관부의 노복 십여 명과 함께 말을 타고 오왕의 군영으로 돌진해 들어가 오왕 군영의 장군 깃발이 세워진 곳까지 이르러 적군 수십 명을 죽이고 다치게 했다. 그러나 더는 나아갈 수 없는 형편이 되어 한나라 군영을 향해 달려 돌아왔다. 관부는 자신의 노복을 모두 잃고 딱 한 명 남은 기병과 함께 돌아왔다. 관부의 몸에 큰 상처만 열 군데가 넘었으나 마침 상처를 잘 아물게 하는 귀한 약[9]을 얻어서 겨우 죽음을 면했다. 상처가 조금 아물자 관부는 다시 장군에게 출전하기를 청했다.

"제가 오왕의 군영 안에 들어갔다 왔으므로 그곳의 형편을 잘 아니 다시 출전하기를 청합니다."

장군은 관부가 용기 있고 의기가 높다고 여겼지만 그를 잃을지도 모른다는 생각에 태위에게 사정을 보고했다. 태위가 관부를 불러 한사코 출전을 말렸다. 오왕의 군대가 궤멸하자 관부는 그 전투에 참가하여 세운 공으로 천하에 이름을 알렸다.

영음후가 관부를 천거하여 중랑장이 되었으나 여러 해[10] 뒤에 죄를 지어 자리에서 물러났다. 물러나 장안에 살던 관리 중 관부를 칭찬하지 않는 이가 없었던 덕에 대왕[11]의 승상으로 복직되었다.

무제는 즉위하자마자 천하가 서로 통하는 길목인 회양에 주둔한 군대를 강력하게 보강해야 한다고 여기고 관부를 적임자로 뽑아 회양 태수로 옮기게 했다. 그랬다가 바로 태복으로 황궁에 불러들였다.

무제 건원 2년, 관부가 장락궁의 위위 두보(竇甫)와 함께 술을 마시다가 예의를 차리지 못하고 술에 취해 두보를 손으로 때렸다. 두보는 두 태후의 동생이었다. 태후가 관부를 주살할지도 모른다고 생각한 황제가 관부를 연왕[12]의 승상으로 옮기게 했다. 여러 해가 지난 뒤에 죄를 지어 물러나 장안의 집에서 벼슬 없이 살았다.

관부는 강직한 사람이었으나 술기운을 빌려 내키는 대로 하는 면이 있었고 면전에서 아부하는 것을 좋아하지 않았다. 황실 사람이나 외척, 권세가 등 자신보다 위에 있는 사람들을 반드시 능멸했고, 대신에 자신보다 못한 자리에 있는 인물 중에서 빈한하고 지위가 낮은 자일수록 더욱더 예의를 갖춰 공경하며 동등한 신분끼리 행하는 예절로 대했다. 또 사람이 많은 자리에서 자신의 아랫사람들을 천거하며 아꼈으므로 사람들도 관부의 그런 점을 존경했다.

관부는 학문을 좋아하지 않는 대신에 완력을 써서 문제를 해결하는 것을 좋아했으며 한번 약속한 것은 반드시 지켰다. 관부와 교분을 맺고 왕래하는 자는 모두가 힘깨나 쓰는 토호이거나 나쁜 짓을 하는 패거리의 두목들이었다.

관부의 집에는 수천만 전이 있었고 하루에 팔구십 명에서 백 명의 식객이 드나들었다. 저수지를 쌓아 자신의 농지와 과수원, 채마밭에 물을 댔는데, 관부의 일족과 빈객들이 그 이권을 저울질하며 영천 지방을 휘젓고 다녔다. 그리하여 영천 지방의 아이들이

"영천의 물이 맑으면 관씨 일족이 편안할 것이고, 영천의 물이 흐리면 관씨 일족이 멸족할 것이다."라고 노래를 부르고 다녔다.

관부가 벼슬 없이 집에 있고부터 빈객으로 드나들던 고관대작들의 발길도 현저히 줄었다. 그 뒤에 권세를 잃게 된 두영은 관부에게 기대어 평소에 자신을 앙모하다가 떠나간 자들을 금을 긋듯이 배척했다. 관부도 두영과 친하게 지내면서 열후 및 종실 사람들과 왕래하면 자신의 명성이 올라갈 것이라고 여겼다. 그리하여 두 사람이 서로 권하고 공경하기를 마치 아버지와 아들처럼 했다. 서로 만나면 아주 기뻐하고 싫증 내지 않았으니 서로 너무 늦게 알게 된 것을 통탄했다.

사소한 다툼이 비극으로 이어지다

○ ○ ○

관부가 상을 당한 채로 승상 전분을 찾아간 적이 있었는데, 전분이 지나가는 소리로 말했다.

"내가 중유와 함께 위기후를 찾아갈 생각이었는데 중유가 마침 상을 당했구려."

관부가 말했다.

"장군께서 어렵게 행차하여 위기후를 만나시겠다는데, 아무리 상중이라도 어찌 함께 가기를 사양하겠습니까! 제가 가서 위기후에게 연회 준비를 하도록 알리겠으니 장군께서는 내일 아침 일찍 행차만 하시면 됩니다."

전분이 그러겠다며 응낙했다. 관부가 가서 두영에게 말을 전했다. 두영이 부인과 함께 쇠고기와 술을 많이 사다 놓고 밤에 물을 뿌려 집 안을 청소했으며 좌석을 배치하고 상을 차리면서 새벽까지 부산을 떨었다. 아침이 되어 아랫사람을 시켜 전분의 행차를 기다리게 했으나 정오가 되어도 전분은 오지 않았다. 두영이 관부에게 물었다.

"승상이 설마 약속을 잊은 것은 아니겠지요?"

관부가 거북해하며 말했다.

"제가 상중에 있는 채로 한 약속인데 잊었을 리가 없습니다."

그러면서 관부가 수레를 몰고 친히 전분을 마중하러 갔다. 전분은 전날 관부의 말에 장난 삼아 응낙한 것뿐이라, 위기후의 집에 갈 생각이 전혀 없었다. 관부가 문 앞에 당도할 때까지 전분은 드러누워 있었다. 관부가 들어가서 전분을 보고 말했다.

"장군께서 어제 위기후의 집에 가기로 응낙하셨기 때문에 위기후 내외가 연회 준비를 마쳐 놓고 지금까지 음식에 입도 대지 않고 있습니다."

전분이 놀란 모양으로 사죄했다.

"내가 술에 취해서 중유와 한 약속을 잊었소."

그러고는 수레를 타고 위기후의 집으로 향했다. 그런데 가는 행차가 너무 느려서 관부가 몹시 화가 났다.

이윽고 술을 마셔 흥이 오르기 시작하자 관부가 일어나서 춤을 추면서 전분에게도 춤을 권했으나 전분은 일어나지 않았다. 관부가 자리를 옮겨 앉으며 전분에게 욕을 하자 두영이 관부를 부축해 데리고 나가며 전분에게 사죄했다. 전분은 밤이 이슥하도록 실컷 마시고 즐기다가 돌아갔다.

그 뒤에 전분이 적복을 시켜 두영에게 장안성 남쪽의 밭을 달라고 요청했는데, 두영이 크게 원망하며 말했다.

"이 늙은 몸은 황제에게 버림을 받았고 장군은 아직 총애를 입고 있다고 하지만, 권세가 있다고 어떻게 남의 땅을 빼앗으려 든단 말이오!"

두영은 땅을 주지 않았다. 관부가 그 소식을 듣고 화가 나서 적복을 질타했다. 적복이 두 사람 사이가 벌어지는 것을 피하게 하려고 전분에게 좋은 말로 둘러 가며 달랬다.

"위기후는 연로하여 얼마 있지 않아 죽을 터이니 조금만 참으면 됩니다. 그때까지 잠시만 기다리십시오."

그 뒤에 두영과 관부가 노한 일, 두영이 밭을 주지 않은 사실을 알게 된 전분이 화를 내며 말했다.

"위기후의 아들이 사람을 죽였을 때 나 전분이 그 아들을 살려 주었듯이, 위기후를 섬기던 시절에 내가 하지 않은 일이 없었는데, 이제 와서 그 밭 몇 뙈기를 아낀단 말인가! 또 관부는 무슨 일로 끼어든단 말인가! 내가 다시는 밭을 달라고 청하지 않겠다."

전분은 그 일 때문에 몹시 노했다.

무제 원광 4년 봄에 전분이 "관부가 집이 있는 영천에서 심하게 전횡하여 백성이 고통을 당하고 있으니 조사하게 해 주십시오."라고 황제에게 주청했다. 황제가 말했다.

"그런 일이야 승상이 알아서 하면 될 텐데 어찌하여 주청까지 하는가?"

그런데 관부도 전분이 삿된 이득을 취한 것과 회남왕에게서 황금을 받은 일, 회남왕에게 해서는 안 될 말을 한 것 등 잘못을 다루고 있었다. 양쪽 빈객들이 중간에서 조정하여 마침내 비방하기를 끝내고 서로 화해했다.

여름에 전분이 연왕[13]의 딸을 부인으로 맞았다. 태후가 열후와 종실 사람들에게 모두 경하하러 가도록 조서를 내렸다. 두영이 관부에게 함께 가자고 청하자 관부가 사양하며 말했다.

"저 관부가 술을 마시고 수차례나 승상에게 실례한 데다 요즘 들어서 다시 승상과 저의 사이가 벌어졌습니다."

"그 일이야 이미 화해하지 않았소."

그러고는 억지로 떠밀어 같이 갔다. 술이 오를 무렵에 전분이 일어나서 축수의 잔을 들자 좌석에 있던 사람들이 모두 자리 옆으로 비키며 엎드렸다. 그 뒤에 두영이 축수의 잔을 들자 예전에 잘 알고 지내던 사람들만 자리 옆으로 비켜 엎드렸고 절반 넘는 사람들은 자리를 떠나지 않은 채 무릎만 꿇었다. 관부가 차례대로 술을 따르며 전분 앞에 이르자 전분이 무릎만 꿇고 말했다.

"잔을 채우면 안 됩니다."

관부는 화가 났으나 자리를 생각해서 억지로 웃으며 말했다.

"장군은 귀인이시니 가득 채우도록 해 주십시오."

그때 전분이 거절했다. 관부가 잔을 따르며 임여후 관현에게 이르렀을 때 관현은 정불식(程不識)과 귓속말을 나누며 자리조차 비키지 않았다. 달리 분노를 퍼부을 데가 없었던 관부가 관현을 보고 욕을 했다.

"평소에는 정불식을 일 전어치도 안 되는 자라고 비방하더니, 오늘 어른이 축수를 해 주겠다는데도 계집아이처럼 귓속말이나 속닥거린단 말인가!"

이에 전분이 관부를 질책했다.

"정불식은 서궁의 위위이나 동궁의 위위는 이광(李廣)이오. 지금 사람들 앞에서 정 장군을 욕보이는데, 중유는 이 장군의 처지는 생각하지 않겠다는 것이오?"

관부가 말했다.

"오늘 내 목이 칼에 베이고 가슴에 구멍이 나는 한이 있더라도 상관없소. 정이니 하는 자들은 내 알 바가 아니오."

그러자 좌중이 일어나서 옷을 갈아입으며[14] 슬슬 빠져나가기 시작했다. 두영이 나가면서 손짓을 해서 관부를 데리고 나가자 전분이 마침내 화를 내며 말했다

"내가 관부를 가볍게 보다가 벌을 받았구나."

그러고는 수하의 기사(騎士)에게 관부를 잡아 오게 하니 관부가 전분의 집 밖으로 나갈 수 없었다. 적복이 일어나서 관부의 목을 눌러 전분에게 사죄하게 했다. 몹시 화가 난 관부가 고분고분 말을 듣지 않았다. 전분이 기사를 불러 관부의 몸을 묶어 객사에 가둔 뒤에 승상부의 장사를 불러 말했다.

"오늘 종친들을 초청한 것은 태후께서 조서를 내렸기 때문이다."

그리하여 관부를 연회 좌석에서 빈객에게 모욕을 준 죄와 불경

죄로 탄핵하고 소부(少府)에서 관리를 가두던 거실(居室) 옥에 가
두었다. 관부가 이전에 저질렀던 일을 철저하게 조사하기 위해[15]
옥리들을 여러 갈래로 파견해 관씨 일가의 지파들까지 잡아들인
뒤에 모조리 기시형에 처하는 판결을 내렸다.

두영은 관부를 구하지 못한 것이 부끄럽고 참담했다. 그래서
재물을 풀어[16] 빈객들로 하여금 승상인 전분에게 관부를 풀어 달
라고 요청하게 했지만 해결하지 못했다. 옥리들은 모두 전분의 수
하였고 붙잡히지 않은 관씨 일족은 모두 달아나 숨었으며 관부 자
신은 묶여 있었으니, 끝내 전분이 저지른 죄행을 황제에게 고하지
못했다. 두영이 전심전력하여 관부를 구하려고 나서니 두영의 부
인이 말렸다.

"관부 장군이 승상에게 죄를 지어 태후 집안과 등지게 되었는
데 어찌 구하시겠습니까?"

두영이 말했다.

"내가 애써서 얻은 후위니 내가 직접 팽개친다 해도 한스러울
게 없소. 끝내 관 중유를 혼자 죽게 내버려 두고 나 혼자 살 수는
없소."

그러고는 집안사람들 모르게 살짝 나가서 황제에게 글을 올렸
다. 두영이 곧바로 황제에게 불려 들어가서 관부가 술에 취해 했
던 행동을 모두 고한 뒤에 주살할 만한 일이 아니라고 아뢰었다.
황제가 두영의 말을 옳게 여기고 먹을 것을 내려 주며 말했다.

"동조(東朝)[17]에서 조회가 열릴 때 관부를 살려 달라고 쟁론하
세요."

두영이 동조에서 열린 조회에 참석하여 관부의 뛰어난 점을 대대적으로 칭찬하며, 그날은 관부가 술에 취해 실수한 것인데 승상이 다른 일로 무고하게 죄를 씌우려 한다고 주장했다. 이에 전분이 나서서 관부가 제멋대로 전횡한 내용을 대대적으로 비방하면서 역부도죄(逆不道罪)를 저질렀다고 주장했다. 더는 어찌할 궁리를 대지 못하겠다고 판단한 두영이 전분의 나쁜 점을 늘어놓았다. 그러자 전분이 말했다.

"천하가 복에 넘치고 태평무사한 가운데 저 전분이 황제의 은총을 입어 승상이 되었습니다. 저야 음악이나 사냥개나 말이나 전지와 큰 집을 좋아하고, 가무와 재담을 하는 예인이나 기술 좋은 장인 등속을 아낄 뿐입니다. 한데 위기와 관부는 밤낮으로 천하의 힘깨나 쓰는 호걸과 장사들을 불러 모아 그들과 일을 상의하는데, 속으로 조정을 비방하는 까닭에 고개 들어 천문을 살핀 뒤에 고개 숙여 천하에 대응하는 별자리를 땅에 그리며 반란을 획책하고 있으며 태후와 황상의 양궁 사이에서 몰래 사정을 엿보고 있습니다. 혹시라도 천하에 변고가 생기면 그 틈에 큰 공이라도 세우겠다는 것인지, 신은 위기 등이 무슨 짓을 하고 있는지 잘 알지 못하겠습니다."

황제가 조정 대신들에게 물었다.

"두 사람 중에 누구 말이 옳은가?"

어사대부 한안국이 아뢰었다.

"위기가 말하기를 관부의 연로한 아버지가 전사했고, 관부가 미늘창을 꼬나 잡고 위험천만인 오왕의 군중으로 말을 달려 들어가 수십 군데나 다치며 삼군(三軍) 중에 으뜸 공훈을 세웠으며, 관부 이자가 천하장사인데 큰 죄를 지은 것이 아니라 술잔을 놓고 말싸움을 한 것이니 다른 죄를 덮어 씌워 주살할 수 없다고 했는데, 이 말이 옳습니다. 이에 대해 승상이 말하기를 관부는 간악하고 교활하니 가난한 백성을 수탈하여 집에 엄청난 재물을 쌓아 놓고도 영천에서 제멋대로 전횡을 부렸으며, 종친을 능멸하고 황제의 친척에게 잘못을 범했으니 '나뭇가지가 줄기보다, 종아리가 허벅지보다 굵으면 부러지거나 갈라지지 않고는 못 배긴다.'라는 말과 같다고 주장했는데, 승상의 이 주장 또한 옳습니다. 영명하신 황상께서 살펴 판단하시기 바랍니다."

주작도위 급암은 위기후의 말이 옳다고 했다. 내사 정당시는 위기후의 말이 옳다고 했다가 끝에 가서 확실한 의견을 내지 않았다. 나머지 대신은 모두 제대로 대답하지 않았다. 황제가 내사를 꾸짖었다.

"공은 평소에 위기와 무안의 장단점을 잘도 떠들었는데 오늘 조회에서 논쟁하는 데에는 멍에를 쓴 말처럼 꼼짝도 못 하는구려! 내가 당신네를 다 베어 버리고 싶소."

그러고는 조회를 끝내고 일어나 태후에게 수라를 올렸다. 태후는 태후대로 사람을 시켜 곁에서 다 듣게 한 뒤 자신에게 그대로 전하게 했다. 말을 전해 들은 태후가 노하여 음식을 들지 않겠다며 말했다.

"내가 살아 있는데도 저들 모두가 내 동생을 짓밟는데, 내가 죽고 나면 다들 내 동생을 물고기나 살코기로 생각하고 잘라 먹으려

들겠구려. 게다가 황제는 갑자기 석인(石人)이라도 된 것이오? 지금 황제가 옆에 있었음에도 쓸데없는 소리나 늘어놓고 있는데, 만일 황제가 세상에 없다고 생각하면 저들 중에 과연 누구를 믿을 만한 자라고 하겠소?"

황제가 사죄했다.

"두 사람 모두 외가 친척이라 조회에서 의논을 벌이게 한 것이었습니다. 외척이 아니었다면 이 문제를 벌써 옥리에게 넘겨 처리했을 것입니다."

그때 낭중령 석건이 황제에게 두 사람에 관해 각각 갈라서 설명해 주었다.

조회를 마친 뒤에 전분이 지거문(止車門)을 나와 어사대부 한안국을 불러 수레에 함께 타고 가면서 질책했다.

"장유와 함께 무지렁이 늙은이를 하나 해치우려고 했더니 어찌하여 쥐 떼 두목처럼 양쪽을 왔다 갔다 한 거요?"

한안국이 한참 있다 전분에게 대꾸했다.

"승상께서는 어찌하여 자중자애하지 않으십니까! 위기후가 승상을 비방하더라도 승상께서 관을 벗고 인수를 끌러 반납하며 '신이 외척으로 총애를 입어 승상 벼슬에 올랐습니다만 그 소임을 다하지 못한 것이 사실이니 위기후의 말이 다 맞습니다.'라고 하셨어야 합니다. 그랬다면 황상께서 반드시 승상을 겸양의 덕이 높은 분으로 여기고 파면하지 않으실 것이고, 위기후는 반드시 부끄러워하며 문을 걸어 잠그고 혀를 물어 자결했을 것입니다. 지금 남들이 승상을 비방한다고 해서 승상께서도 그 사람을 비방하면 장

사꾼이나 아녀자의 다툼과 마찬가지가 됩니다. 그 얼마나 체통 없
는 일입니까?"

전분이 사죄하며 말했다.

"다툴 때는 급해서 그런 생각을 하지 못했소이다."

두영과 관부의 귀신이 전분을 매질하다

황제가 어사로 하여금 관부를 심문했던 기록을 대조하게 하니
두영이 관부에 대해 말한 사실과 맞아떨어지지 않는 부분이 아주
많았으므로, 두영을 탄핵하여 종정 휘하의 도사공(都司空)에게 넘
겨 황족을 가두는 옥에 가두게 했다.

효경제 임종 때에 두영이 "처리하기 어려운 일이 생기면 법령
에 구속받지 말고 알아서 처리한 뒤에 황제에게 보고하라."라는
유조를 받았다. 두영이 구금된 것은 물론 관부의 죄가 멸족형을
받기에 이르러 사태가 하루하루 급박해지고 있었지만, 황제에게
두 사람을 다시 조사하자는 말을 꺼낼 엄두를 내는 대신이 아무도
없었다. 그리하여 두영이 동생의 아들을 시켜 황제에게 유조가 있
다는 사실을 글로 올리게 하고, 황제가 자신을 불러 접견해 주기
를 바랐다. 글이 올라가자 황제가 상서(尙書) 관아를 찾아보게 했
으나 대행 황제인 효경제의 유조가 없었다. 조서는 두영의 집 깊
숙한 곳에 보관되어 있었는데 두영의 가승(家丞)이 봉인해 두었

다. 이에 선제의 조서를 위조하여 해를 끼쳤다는 죄목으로 두영을 탄핵했는데 벌은 기시형에 해당했다.

무제 원광 5년 10월, 관부와 그 일가친척들이 모두 처형당했다. 두영은 한참 만에야 그들이 사형당했다는 소식을 들었는데 곧바로 반신불수가 된 듯했다.[18] 두영은 식음을 전폐하고 죽기를 기다렸다. 그런데 황제가 두영을 죽일 생각이 없다는 소리를 듣고, 음식을 들기 시작했으며 반신불수 병도 다스렸다. 뒤에 조정에서 두영을 죽이지 않기로 논의를 확정했지만, 두영에 관해 돌아다니던 나쁜 소문이 황제의 귀에까지 들어가 해마다 대사면이 있는 봄을 넘기지 못하고 12월 그믐에 위성(渭城)에서 기시형을 당했다.

무제 원광 6년 봄에 전분이 병에 걸렸는데 마치 누가 두들겨 패는 것처럼 온몸이 아프다면서 큰 소리로 사죄한다고 외쳐 댔다. 황제가 귀신을 볼 줄 아는 자를 시켜 살펴보게 했더니 귀신이 된 위기후와 관부가 함께 전분을 붙들고 늘어져 매질하며 죽이려고 하고 있다고 했다. 끝내 전분이 죽고 말았다.[19] 아들 전염(田恬)이 무안후의 대를 이었다가 원삭 연간에 죄를 지어 후위를 빼앗겼다.

뒤에 회남왕 유안이 모반하다 발각되었다.

유안이 황제를 처음 배알하러 왔을 때 태위로 있었던 전분이 황제의 명을 받들어 패상에서 유안을 맞이했다. 그때 전분이 유안에게 말했다.

"황제께서 아직 태자를 세우지 않았는데, 대왕은 능력이 아주 뛰어난 데다 고황제의 손자이시니 황제께 무슨 일이 생기는 날에는 대왕이 아니면 누구를 황제에 세우겠습니까!"

회남왕이 크게 기뻐하며 전분에게 금전과 재물을 후하게 보내 주었다.

황제는 두영과 관부의 일이 일어났을 때 전분이 한 행동을 옳게 보지 않았으나 태후의 눈치를 보느라 그냥 넘어갔다. 그런데 전분이 회남왕에게 그런 말을 했다는 것을 듣고 이렇게 말했다.

"무안후가 살아 있었다면 멸족시켰을 터이다."

승진하는 방법을 알고 있던 한안국

○ ○ ○

한안국의 자는 장유이고, 제후국 양나라의 성안현(成安縣) 사람인데 뒤에 양나라의 도읍 수양으로 옮겨 가서 살았다.

일찍이 추현의 전생(田生)에게 가서 한비자(韓非子)와 잡가(雜家) 학설을 전수받았다. 양 효왕을 섬겨 양나라의 중대부가 되었다. 오초의 반란 때 양 효왕이 한안국과 장우(張羽)를 장군으로 삼아 양나라의 동쪽 경계에서 오나라 군대를 막게 했다. 장우가 힘껏 싸우고 한안국이 침착하게 수비한 덕에 오나라 군대는 장안으로 들어가려면 반드시 거쳐야 하는 양나라 땅을 지날 수 없었다. 이로 말미암아 오초의 난이 진압되고 나서 한안국과 장우의 이름이 양나라에 널리 알려지게 되었다.

양 효왕이 태후의 사랑을 받은 덕택에 원래 조정에서 임명하게 되어 있던 양나라의 상과 다른 이천석 관리를 스스로 임명할 수 있었다. 양 효왕은 거둥과 유람에 황제와 같은 행차를 이루고 다녔다. 그 말을 들은 황제가 속으로 별로 좋아하지 않았다. 황제가 심기 불편함을 알게 된 태후가 노하여, 양나라에서 사자가 와도 접견하지 않고 양 효왕의 그런 행위를 질책했다. 이에 한안국이 양왕의 사자로 가서 대장공주(大長公主)[20]를 알현하고 울면서 말했다.

"태후께서는 어찌하여 양 효왕이 아들로서 효성스럽고 신하로서 충성스럽다는 점을 먼저 살피지 않으시는지요? 전날 함곡관 동쪽의 오·초·제·조의 칠국이 모두 연합하여 반란을 일으켜 서쪽으로 장안을 향했을 때, 황상의 가장 가까운 친족 중에서는 유일하게 양 효왕이 난을 막았습니다. 당시에 왕은 제후들이 반란을 일으켰다는 소식을 듣자마자 관중에 계시는 태후와 황제를 걱정하며 무릎을 꿇고 여러 줄기의 눈물을 흘렸습니다. 왕은 신등 여섯 명을 보내 군대를 이끌고 오초의 반란군을 물리치도록 했습니다. 오초의 반란군은 양왕이 배치한 군대에 막혀 서쪽으로 나아가지 못하고 끝내 패망했으니 이는 양왕이 힘을 쓴 덕분입니다. 그런데도 태후께서는 지금 자잘하고 번다한 의례를 가지고 양왕을 책망하고 계십니다.

양왕이 출입할 때 백성을 물러가게 하고 경계를 삼엄하게 했던 것은 부친과 형님이 모두 제왕이셨기에 성대한 행차를 보고 자랐기 때문입니다. 양왕의 수레와 깃발은 모두 황제께서 하사하신 것이니 지방의 소도읍지에서 다른 제후들에게 그것을 자랑하며 나라 안을 달림으로써 태후와 황제께서 자신을 아끼는 것을 천하에 알리려고 했던 것입니다. 그런데 지금 양왕의 사자가 가도 책망만

하시니 양왕은 두려운 마음에 밤낮으로 울면서 태후를 그리워하며 어찌할 바를 몰라 하고 있습니다. 그런 충성심과 효심이 가득한 양왕을 태후께서는 어찌 가엾게 여기지 않으시는지요?"

장공주가 태후에게 한안국의 말을 그대로 전했더니 태후가 기뻐하며 말했다.

"황제에게 그렇게 전하도록 하겠다."

태후가 그 말을 전하니 황제의 마음도 풀어져 관을 벗고 태후에게 사죄하며 아뢰었다.

"형제끼리 서로 권면하며 교화하지 않아 태후께 걱정을 끼쳐 드렸습니다."

그러고는 양나라의 사자를 모두 접견하고 후한 선물을 하사했다. 그런 뒤에 양왕은 더욱 총애를 받아 즐겁게 지냈다. 태후와 장공주는 따로 한안국에게 황금 천 근에 해당하는 재물을 하사하여 공에 보답했다. 그리하여 한안국의 명성이 더욱 알려지고 조정 대신과도 관계를 맺게 되었다.

그 뒤에 한안국이 죄를 지어 벌을 받게 되었는데 몽현의 옥리인 전갑(田甲)이 한안국을 모욕했다. 그러자 한안국이 말했다.

"꺼진 재라 해서 불이 다시 살아나지 말란 법이 있는가?"

그 말에 전갑이 핀잔을 주었다.

"다시 불이 붙으면 내가 거기다 오줌을 누면 되겠네그려."

얼마 지나지 않아 양나라의 내사 자리가 비었다. 한나라 조정에서 사자를 보내 한안국을 양나라 내사로 삼게 하니 죄수의 몸으로 있다가 이천석 벼슬로 뛰게 되었다. 전갑이 두려워 몸을 피하자 한안국이 경고했다.

"전갑 네가 만약 옥리직에 복귀하지 않으면 네 일족을 멸해 버리겠다."

전갑이 상체를 드러내고 사죄하자 한안국이 웃으며 말했다.

"그대 같은 자와 대적해서 뭐 하겠느냐?"

그러고는 전갑에게 잘 대해 주었다.

내사 자리가 비었을 때 양 효왕이 마침 제나라 사람 공손궤를 얻은 것을 기뻐하면서 내사에 임명해 줄 것을 황제에게 청했다. 그 소식을 들은 두 태후가 왕에게 조서를 내려 한안국을 내사로 삼게 했다.

공손궤와 양승이 양왕에게 권하기를, 양왕을 태자로 삼고 봉토를 늘려 달라고 황제에게 청하게 했다. 그러고는 한나라 조정의 대신들이 동의해 주지 않을 것을 염려하여 몰래 사람을 보내 권력을 가진 자 중에 황제에게 치국의 방책을 올리는 조정 대신을 찔러 죽이기로 했다. 그리하여 이전에 오왕의 승상으로 있던 원앙을 죽였다. 뒤에 공손궤와 양승의 음모를 들은 경제가 사람을 보내 반드시 그 두 사람을 잡아서 대령하도록 했다. 조정의 사자가 열 편으로 나뉘어 양나라에 당도한 뒤에 승상부 이하 양나라 전체를 털어 대규모로 수색했지만, 달포가 지나도록 두 사람을 잡지 못했다. 공손궤와 양승이 양왕의 거처에 숨어 있는 것을 알게 된 한안국이 양왕을 알현하고 울면서 호소했다.

"주군이 욕을 당하면 신하가 죽어야 합니다. 지금 일이 이렇게 어지러워진 것은 왕께 훌륭한 신하가 없는 탓인 데다 양승과 공손궤를 아직도 잡지 못하고 있으니 저를 삭탈관직하고 죽여 주십시오."

왕이 물었다.

"그렇게까지 해야 한단 말이오?"

한안국이 여러 줄기 눈물을 흘리며 말했다.

"왕께서 스스로 비교해 보십시오. 지금 왕과 황상의 관계가 태상황과 고황제 또는 지금의 황상과 임강왕[21]의 관계보다 가깝다고 여기십니까?"

"그 두 관계만 같지 못하오."

"무릇 태상황과 고황제, 지금의 황상과 임강왕은 친부자지간입니다. 고황제께서는 '세 척짜리 검을 들고 천하를 얻은 자가 짐이다.'라고 말씀하신 바 있지만, 태상황께서는 아들이 얻은 천하를 다스리는 일에 끝내 참여하지 않고 역양궁에만 계셨습니다. 임강왕은 적장자[22] 태자였지만 그 모친인 율희(栗姬)의 공손하지 못한 말 한마디에 임강왕으로 보내졌습니다. 태자에서 폐위된 뒤에 임강국 궁실을 지으면서 사당의 담 바깥 땅을 들여 넣었다가 장안에 불려 와 중위부에서 끝내 자결하고 말았습니다. 그렇게 된 까닭이 무엇이겠습니까? 천하를 다스리는 데에는 공적인 일을 어지럽히지 않기 위해서 결국 사사로운 감정을 배제하게 되어 있기 때문입니다. 그러기에 '친아비가 있다 해도 언제 범으로 변할지 모르며, 친형이라 해도 언제 이리가 될지 모른다.'라는 속담이 있는 것입니다.

지금 왕께서는 제후왕의 신분으로 간신배의 터무니없는 유세만 믿으시고 황상의 명령과 조정의 법을 어기고 계십니다. 지금 천자께서는 태후 때문에 대왕을 차마 처벌하지 못하고 계십니다. 태후께서 밤낮으로 우시면서 대왕이 자신의 잘못을 깨우치기를 바라고 계시는데 왕께서는 끝내 깨닫지 못하고 계십니다. 만일 태후께서 돌아가시기라도 하는 날에는 또 누구에게 기대시겠는지요?"

한안국의 말이 끝나기도 전에 왕이 몇 줄기 눈물을 흘렸다. 그리고 한안국에게 감사했다.

"내가 지금 그자들을 당장 내놓겠소."

공손궤와 양승은 그날로 자결했다. 조정에서 내려온 사자가 돌아가서 사정을 보고하자 양왕과 관련된 모든 문제가 풀렸다. 그렇게 된 데에는 한안국의 힘이 컸으니, 경제와 태후가 한안국의 능력을 다시금 높이 보게 되었다.

양 효왕이 죽고 아들 양 공왕이 즉위했다. 한안국이 법을 어겨 면직된 뒤에 벼슬 없이 집에서 머물고 있었다.

무제가 즉위한 뒤에 무안후 전분이 태위가 되어 외척으로서 전권을 행사했다. 한안국은 황금 오백 근을 전분에게 보냈다. 전분이 태후[23]에게 한안국을 추천하자 황제도 평소에 한안국의 능력이 뛰어나다는 소리를 들었다며 그 자리에서 불러 북지군 도위에 임명했다가 대사농직으로 옮기게 했다.

건원 6년, 민월과 동월이 다투어 남월을 공격하자 황제가 한안국과 대행령 왕회로 하여금 군대를 이끌고 가서 각각을 정벌하게 했다. 이들이 미처 월 땅에 닿기도 전에 월 사람들끼리 그 왕을 죽이고 항복해 왔으므로[24] 한나라 군대도 철수했다. 그해에 전분은 승상이 되고 한안국은 어사대부가 되었다.

흉노에서 사자를 보내 화친을 청했다. 황제가 대신들에게 그 일에 대해 의논하게 했다. 연나라 출신으로 변방에서 관리로 있던 적이 많아 흉노에 관해 잘 아는 대행령 왕회가 말했다.

"한나라 조정이 흉노와 화친을 맺어도 몇 년 지나지 않으면 저들은 약조를 저버리고 말 것입니다. 그러니 이번에는 저들의 말을 들어주지 말고 군대를 보내 공격합시다."

한안국이 말했다.

"그러자면 천 리 밖에 나가 싸워야 하는데 우리 군대가 이길 수 없습니다. 지금 흉노는 전마를 충분히 갖춘 것을 믿고 금수와 같은 속을 품으며 새 떼처럼 이동하고 있으니 제압하기가 어렵습니다. 설사 이겨서 우리가 저들의 땅을 갖는다 해도 영토를 넓혔다고 하기 어려우며 그 족속들을 얻는다 해도 강해질 수 없습니다. 그들은 상고 시대부터 중원에 속하지 않았던 족속입니다. 한나라 군대가 수천 리 밖에서 승리를 위해 힘을 들여 싸우면 군사와 말이 피로해지게 됩니다. 그때 적들이 자신들이 가진 여러 가지 이점을 이용하여 피로한 우리 군대를 제압한다면 형세는 반드시 위태롭게 될 것입니다. 그러므로 신은 전쟁이 화친만 같지 못하다고 여깁니다."

신하 중에 한안국의 의견에 따르는 자가 많았으므로 황제가 화친 쪽으로 결론을 내렸다.

흉노를 선제공격하려다 실패한 왕회

○　○　○

이듬해 안문 마읍의 토호인 섭일(聶壹)이 대행령 왕회를 통해 황제에게 말을 넣었다.

"화친의 약조가 성립된 지 얼마 되지 않아 흉노족이 변방 사람들을 믿으며 친하게 지내고 있으니, 저들에게 이익이 될 만한 일을 미끼로 던져 유인한 뒤에 복병으로 기습하게 하는 것만이 저들을 쳐부술 길입니다."

이에 황제가 여러 공경을 불러 물어보았다.

"짐이 우리 쪽 미녀를 단장시켜 선우에게 시집보내면서 폐백에 쓸 화려한 비단과 선물을 푸짐하게 보냈다. 그러나 선우는 명령을 받드는 데 거만하기 그지없었을뿐더러 여러 차례나 침략하고 약탈하여 변경 지방을 놀라게 했으니 짐은 변방의 백성을 심히 가엾게 여긴다. 이제 군대를 출동시켜 저들을 칠 생각인데 어떠한가?"

대행령 왕회가 대답하여 아뢰었다.

"폐하께서 말씀하시기 전에도 신은 원래부터 그렇게 공격하는 방법을 쓰기 바랐습니다. 신이 알기로 전국 시대 초기에 대나라가 조나라에 합병되지 않아 온전한 채로 있을 때, 북쪽에는 강적 흉노와 대치하고 있었고[25] 나라 안에는 중원의 군대가 계속 쳐들어왔지만 계속해서 노인을 봉양하고 아이들을 보살피고 때에 맞춰 파종함으로써 곡식 창고는 언제나 가득 차 있었으니 흉노가 쉽게 쳐들어오지 못했다고 합니다. 지금 나라 안으로는 통일을 이루었고 천하 만민 또한 모두 폐하를 섬기고 있어 폐하의 위엄을 떨치고 있습니다. 게다가 변경으로 젊은이들을 보내 수비하게 하는 일과 곡식을 수송하는 일, 수레와 말을 보급하는 일 등이 잘 이루어지고 있습니다. 그럼에도 불구하고 흉노의 침입과 약탈이 끊어지지 않는 것은 다른 원인이 있어서가 아니라 그들에게 따끔한 맛을 보여 주지 않았기 때문입니다. 신은 공격하는 쪽이 우리에게 유리하다고 여깁니다.”

어사대부 한안국이 아뢰었다.

“그렇지 않습니다. 고황제께서도 평성에서 포위를 당한 적이 있는 것으로 알고 있습니다. 당시에 흉노가 말 안장을 풀어서 몇 군데에 쌓아 놓은 것이 성벽만큼 높았다고 합니다. 평성에는 먹을 것이 떨어져 고황제께서 이레 동안 아무것도 드시지 못했으니, 천하 백성이 당시의 상황을 노래로 읊을 정도였습니다. 포위가 풀려 장안으로 돌아온 뒤에 고황제께서는 흉노에게 분노하여 복수를 하겠다고 나서지 않으셨습니다. 무릇 성인은 천하 백성의 마음을 따라 관대한 마음을 품을 따름이지 사사로운 노여움 때문에 천하 백성을 위한 공을 훼손하지 않는 법입니다. 그리하여 유경에게 황금 천 근을 주어 보내 흉노와 화친을 맺게 하셨으니 지금까지 다섯 대의 황제를 거쳐 오는 동안 큰 전쟁이 일어나지 않았습니다.

효문제께서 천하의 정예병을 모아 광무와 상계(常谿)에 집결시켜 교전했을 때에도 끝끝내 조그만 승리도 거두지 못하여 천하에 걱정하지 않는 백성이 없었습니다. 효문제께서는 전투를 오래 끌어서는 안 된다는 것을 알아차리고 다시 흉노와 화친 조약을 맺으셨습니다. 이 두 성군의 족적은 충분히 본받을 만한 것입니다. 신은 흉노를 공격하지 않는 것이 상책이라고 여깁니다."

왕회가 아뢰었다.

"그렇지 않습니다. 신은 옛적 오제 때에 의례가 중복되지 아니하여 다섯 임금이 의례를 각각 다르게 거행했고, 삼왕 또한 각각 다르게 예악을 정했는데, 이는 일부러 옛날과 상반되게 하려고 한 것이 아니라 왕조마다 실제에 맞게 따랐기 때문입니다. 게다가 고황제께서는 친히 갑옷을 입고 무기를 든 채 비와 이슬을 맞고 서리와 눈에 몸이 얼어 가며 십 년 가까이 행군하셨던 분인데, 평성의 원한을 보복하지 않은 뜻은 힘이 부족해서가 아니라 천하의 백성을 쉬게 하기 위해서였습니다. 지금 흉노의 침입으로 변경 지방의 백성이 자주 놀라며 군사들이 다치고 죽어 가고 있으니 중원에 시체 담는 널을 운송하는 상여가 줄을 서서 지나고 있습니다. 이를 본 인자한 사람들이 모두 가슴 아파하고 있습니다. 그리하여 신은 아룁니다. 공격이 상책입니다."

이에 한안국이 아뢰었다.

"그렇지 않습니다. 신은 열 배의 이득이나 백 배의 공을 이루지 못한다면 바꾸지 않고 하던 대로 하는 것이 옳다고 알고 있습니다. 그러므로 옛적의 군주들이 어떤 일을 도모할 때는 반드시 조상이 남긴 법을 따랐고 옛 경전에 쓰인 바를 물어서 정사를 베풀었으니, 무슨 일을 하는 것은 이렇게 어렵습니다. 〔하, 은, 주〕 삼대가 번성했던 이래로 이적의 정삭과 수레와 말을 장식하는 빛깔 및 제물로 바칠 짐승의 털 빛깔이 중원의 것과 같지 않았는데, 이는 중원의 위엄이 그들을 제압하지 못할 만큼 모자랐거나 그들을 복속시킬 만큼 강성하지 못해서가 아니라, 먼 땅에 떨어져 있어 다스릴 수 없는 백성까지 중원에서 귀찮게 간섭할 필요가 없었기 때문입니다. 게다가 흉노의 군대는 날래고 용맹하여 질풍같이 왔다가 번개처럼 사라집니다. 목축이 주업이라 풀이 있는 곳을 따라 이동하거나 단단한 활로 짐승을 쫓아다니며 사냥하는데, 사는 데가 일정하지 않아 그들을 제압하기가 어렵습니다. 지금 변경 지방의 백성에게 농사와 길쌈을 오랫동안 버려두고 흉노를 대적하는 일을 주로 하라고 하는 것은 둘의 경중을 놓고 볼 때 권할 만한 일이 못 됩니다. 그러므로 신은 공격하지 않아야 이롭다고 아룁니다."

왕회가 재차 아뢰었다.

"그렇지 않습니다. 봉황새는 바람을 따라 날고 성인은 위업을 달성할 때를 놓치지 않고 행한다고 들었습니다. 옛적 진 목공이 옹에 도읍을 정했을 때 진나라의 영토는 사방 삼백 리에 지나지 않았습니다. 그러나 시의에 맞추어 변화할 줄 알았기 때문에 서융을 정복하고 천 리에 걸쳐 땅을 개척했으며 부족국 열네 개를 겸병하여 그때부터 농서와 북지 땅이 진나라의 영토가 되었습니다. 그 뒤에 몽염이 진나라의 안녕을 위해 흉노를 침략하여 수천 리밖으로 몰아내고 황하를 경계로 하여 돌을 쌓아 장성을 수축하고 느릅나무를 가득 심어 요새를 구축했으니, 흉노가 황하에 와서 말에게 물을 먹일 수 없게 되었고 저들의 땅 안에서도 봉화를 피워경계한 뒤에야 말을 먹였다고 합니다.

대저 흉노는 위세와 무력으로만 복속시킬 수 있을 뿐, 인의로는 교화할 수 없습니다. 지금 중원이 강성하여 흉노의 만 배가 넘는 힘을 가지고 있으니 그중 백 분의 일로 흉노를 공격한다면 쇠뇌를 쏘아 썩어 가는 고름 주머니를 터뜨리는 것과 마찬가지가 될 터이니 절대 머뭇거려서는 안 될 일입니다. 흉노를 정복한 뒤에는 그 위세를 이용하여 북쪽의 월지(月氏)[26]까지 불러들여 복속시킬 수 있습니다. 그러므로 신은 공격함이 마땅하다고 아룁니다."

다시 한안국이 아뢰었다.

"그렇지 않습니다. 전투를 할 때는 아군의 식량을 충분히 확보하여 적의 식량이 떨어질 때를 기다려야 하고, 아군의 진영을 정돈하여 적이 어지러워지기를 기다려야 하며, 아군은 안정되게 휴식을 취하며 적이 피로하기를 기다려야 한다고 들었습니다. 그런 가운데 접전하면 적의 수가 많아도 이길 수 있고, 적국을 정벌하고 성을 함락시킬 수 있으며, 힘들이지 않고 적국을 부릴 수 있게 되니, 성인의 전쟁은 그런 식입니다. 신은 또 강풍끼리 부딪치면 그 힘이 약해져서 깃털 하나 불어 올리지 못하게 되고, 쇠뇌 화살이 날아가다 힘이 다하면 노나라에서 나는 발 고운 비단조차 뚫지 못한다고 들었습니다. 대저 강성했던 것은 쇠락하게 되어 있는 법이니 아침이 지나면 반드시 저녁이 오는 도리와 같습니다.

이제 갑옷을 둘렀다고 경솔하게 출동하여 적진 깊이 말을 타고 들어가서는 이기기가 어렵습니다. 종대를 이루어 진격하면 옆구리를 치고 들어올 것이고 횡대로 진격하면 대열 중간을 끊고 공격해 올 것이며, 빨리 진격하면 식량 수송 길이 멀어져 조달이 어렵게 되고 천천히 진격하면 승리는 생각할 수 없이 천 리를 가지 못해 군량과 말 먹이가 떨어질 테니, 병법에 말한 '군사를 적에게 잡히게 내주는' 꼴이 됩니다. 왕회에게 그 어떤 좋은 방법이 있어 적들을 사로잡을지는 신이 아직 알지 못하나, 만일 특별한 방법이 없으면서도 적진 깊이 들어가겠다면 승리를 얻을 수 없을 것입니다. 그러므로 신은 공격하지 말아야 우리에게 유리하다고 아룁니다."

왕회가 아뢰었다.

"그렇지 않습니다. 초목은 한번 서리를 맞고 나면 바람을 맞을 것도 없이 시들어 버립니다. 명경처럼 맑은 물이 비친 형상을 있는 그대로 보여 주는 것처럼 제 의견을 그대로 보여 드렸으니, 도리를 터득한 사람으로서 상대의 현란한 말에 어찌 제 뜻을 무너뜨리겠습니까! 신은 공격하자고 아뢰었지만 적진 깊이 출격하자는 뜻은 전혀 없었습니다. 선우가 공격하고 싶게 하여 흉노 부대를 변방까지 이르도록 유인한 뒤에 우리 군사 중 용맹한 기병을 골라 매복시키면 될 일입니다. 그런 다음 흉노 부대를 칠 준비를 하면서 험준한 지형 뒤에 숨어 그들의 형세를 살피며 경계 태세를 갖추다가, 우리 쪽에 유리한 형세가 되면 흉노의 좌우를 치는 한편으로 선두를 막고 후미를 끊어 버리겠다는 뜻이었습니다. 그렇게 한다면 선우를 사로잡을 수 있을 뿐만 아니라 틀림없이 승리를 거둘 수 있습니다."

이에 황제가 말했다.

"좋은 생각이다."

그리하여 왕회의 의견을 따르게 되었다. 섭일에게 은밀히 간첩의 임무를 주어 흉노로 보냈는데, 들어가서 선우에게 도망 온 것처럼 말하게 했다.

"제가 돌아가서 마읍의 현령과 현승을 벤 뒤에 성을 항복시키고 재물을 모두 거두어 오겠습니다."

선우가 기뻐하며 그 말을 믿었다. 그리하여 섭일에게 그렇게 하게 했다. 섭일이 마읍으로 돌아가 죽을죄를 지은 죄수를 현령으로 위장시킨 뒤에 그 목을 베어 마읍 성문 밖에 매달고 선우의 사자에게 보이며 말했다.

"마읍의 우두머리가 죽었으니 속히 공격하면 됩니다."

그리하여 선우가 십만 기병을 이끌고 변경을 넘어 무주(武州) 요새로 들어왔다.

그때 한나라에서는 전차와 기병 부대, 그리고 재관 부대 등 복병 삼십여 만 명을 마읍 근처의 골짜기에 숨겨 두고 있었다.[27] 위위 이광(李廣)이 효기장군(驍騎將軍), 태복 공손하가 경거장군(輕車將軍), 대행령 왕회가 장둔장군(將屯將軍), 태중대부 이식이 재관장군(材官將軍), 어사대부 한안국이 호군장군(護軍將軍)이 되었고 모든 장군은 호군장군에 속하게 했다. 이들은 선우가 마읍으로 들어오면 출격하기로 작전을 짜 두었다. 왕회와 이식은 따로 부대를 이끌고 대군(代郡) 쪽으로 가서 흉노의 물자 운송 대열을 치는 데 주력하기로 했다.[28]

드디어 선우의 군대가 요새로 들어왔다. 마읍을 백여 리 앞둔 곳에 당도한 선우가 복병이 있음을 알아차리고 군대를 되돌려 가 버렸다. 이때의 이야기는 「흉노전」에 있다.

변경 부대에서 선우의 부대가 돌아갔다는 소식을 전하자 한나라 군대가 변경까지 추격했으나 이미 따라잡을 수 없었다. 그리하여 왕회 등 모든 장군이 전투를 중지했다.

왕회가 선우의 물자 보급 대열을 치지 않은 것에 대해 황제가 크게 화를 냈다. 왕회가 아뢰었다.

"처음에 약조하기를 흉노가 마읍성 안으로 들어와 우리 군대가 선우의 군대와 접전을 벌일 때 신이 흉노의 물자 수송 대열을 치기로 했으니, 그렇게 하면 승리할 수 있었습니다. 그런데 흉노가 마읍으로 들어오지 않고 돌아가 버렸습니다. 신에게 삼만의 병력이 있었는데 중과부적이었으니, 그 병력으로 대적하면 치욕을 당하며 패배할 수밖에 없었습니다. 흉노 부대를 치지 않고 돌아오면 제 목이 잘리리라는 것을 저도 잘 알고 있었으나 대신에 폐하의 삼만 군대를 온전히 살렸습니다."

황제가 왕회를 심문하도록 정위에게 넘겼다. 정위는 왕회가 접전을 두려워하여 적을 피한 두요죄(逗橈罪)를 적용하여 참수해야 마땅하다고 보고했다. 왕회가 황금 천 근을 들고 승상 전분을 찾아가서 사정했다. 전분이 황제에게 바로 말하기 어려워 태후에게 말을 넣었다.

"왕회는 마읍 작전을 제안했던 신하인데 작전이 성공하지 못했다고 해서 주살한다면 흉노의 원수를 갚아 주는 꼴이 됩니다."

황제가 태후에게 문안 인사를 왔을 때 태후가 전분의 말을 전했더니 황제가 동의하지 않았다.

"마읍 작전은 왕회가 제안했던 것입니다. 그 제안에 따라 천하의 병력 수십만을 동원하여 작전에 임했는데 이렇게 되어 버리고 말았습니다. 설사 선우를 사로잡을 수 없었다 하더라도 왕회가 계획 대로 흉노의 물자 수송 대열을 쳤더라면 전리품과 포로를 숱하게 포획하여 군관과 병사들의 마음을 달랬을 것입니다. 지금 왕회를 죽이지 않으면 달리 천하 만민들에게 사죄할 방법이 없게 됩니다."

황제의 말을 전해 들은 왕회가 마침내 스스로 목숨을 끊었다.

충성스러운 한안국의 불운과 몰락

○ ○ ○

한안국은 대국의 흐름을 살펴 모략을 잘 짜는 사람으로 상황에 따라 버리고 취해야 할 점을 분명하게 파악할 줄 알았으니 그 취사선택의 기준은 두터운 충성심이었다. 재물을 탐하기는 했지만, 그가 천거한 인물은 모두 자신보다 청렴하고 능력이 뛰어난 인재들이었다. 양왕에게 추천했던 호수(壺遂), 장고(臧固)를 비롯하여 그가 추천한 다른 인물들이 모두 천하의 명사들이었다. 그 때문에 신하들 또한 한안국을 공경했으며 황제도 국정을 보살필 큰 그릇으로 여겼다.

한안국이 어사대부가 된 지 다섯 해 뒤에 승상 전분이 세상을 떠났다. 한안국이 승상의 일을 대신하면서 황제의 길을 안내하다가 수레에서 떨어져 다리를 다쳤다. 황제가 한안국을 승상에 임명하기 위해 사람을 보내 근황을 알아보게 했더니 다친 발의 상태가 위중했으므로 평극후(平棘侯) 설택(薛澤)을 승상으로 삼았다. 한안국은 병으로 어사대부에서 물러났다가 몇 달 뒤에 완치되자 중위로 복귀했다.

한 해가 좀 더 지나 한안국이 위위로 자리를 옮겼다. 그 무렵 장군 위청 등이 흉노를 공격하고 흉노 용성(龍城)에서 크게 승리했다. 그 이듬해 흉노가 대거 변경을 넘어 침입해 왔다. 이 이야기는 「위청전」에 써 두었다.

한안국은 재관장군이 되어 어양에 주둔했다. 한안국이 사로잡은 흉노의 포로가 말하기를 흉노 군대가 멀리 물러갔다고 했다. 그리하여 즉시 황제에게 상소하여 때가 농사철이니 어양에 주둔하던 재관 부대를 잠시 철수시켜 그 병졸들이 농사를 짓게 해 달라고 청했다. 어양에 주둔하던 재관 부대를 철수한 지 달포쯤 지나 흉노가 상곡과 어양 방면으로 대거 침입해 왔다. 한안국이 지키던 어양의 군영에 남아 있던 칠백여 명이 나가서 흉노와 싸웠다. 교전 중에 한안국이 부상을 입고 군영으로 돌아왔는데, 흉노가 천여 명을 포로로 잡고 가축과 재물을 약탈하여 돌아갔다. 황제가 분노하여 사람을 보내 한안국을 질책했다. 한안국은 동쪽으로 한참 떨어진 우북평으로 가서 주둔하게 되었다. 그 무렵 흉노 포로가 말하기를 선우의 군대가 동쪽으로 들어올 거라고 했기 때문이다.

한안국은 어사대부와 호군장군까지 지냈으나 뒤에 계속해서 좌천되었다. 새로 총애를 받기 시작한 젊은 장군 위청 등이 전쟁에 공을 세우면서 황제에게 중용되었다. 한안국은 황제로부터 배척되고 멀어졌다. 게다가 흉노에게 속아 장둔 부대 군사를 많이 잃자 스스로 매우 부끄럽게 여겼다. 장안으로 돌아가 다시 총애를 받을 날을 기다렸지만, 동쪽으로 한참 떨어진 곳으로 자리를 옮겼으므로 실의에 빠져 여러 달 동안 우울하게 지내다가 병에 걸려 피를 토하고 죽었다.

호수는 태사(太史) 사마천(司馬遷) 등과 한나라의 악률과 역법을 제정했는데 벼슬이 첨사에 이르렀다. 호수는 그 사람됨이 청렴하고 정직했으며 행동이 돈후하고 질박한 군자였으므로 황제가 호수를 신임하여 승상으로 삼으려고 했으나 그때 마침 병을 얻어 세상을 떠나고 말았다.

찬하여 말한다.

두영과 전분은 둘 다 외척으로서 그 신분이 존귀했고, 관부는 결정적인 계책 한 판으로 등용되었다. 세 사람 모두 이름이 널리 알려졌고 벼슬도 구경과 승상까지 올라 큰 업적을 달성했다. 그러나 두영은 형세의 변화를 알아차리지 못했고, 관부는 경술을 익히지 않아 겸손할 줄 몰랐으며, 전분은 자신의 존귀한 신분을 이용하여 전횡을 부리며 발호했다. 피차간의 흉악한 성품이 어느 날 맞부딪치니 때가 되어 모습이 드러나게 되었다. 적복이 그 가운데에서 서로를 이해시키려고 애썼지만 힘이 부족하여 패망으로 치닫는 것을 구할 수 없었다.

한안국은 높은 식견과 기량으로 승상의 일까지 볼 정도로 올랐다가 내려왔는데, 마지막에는 걱정과 근심 속에 세상을 떠나게 되었다. 사람의 운명은 정해져 있는 법인가! 애달픈 일이다. 그러나 왕회가 나서서 출격을 주장하더니 작전이 실패로 돌아가 자신이 그 죄를 입은 것 또한 하늘이 그에게 정해 준 운명이었다고 돌릴 것인가!

23

경 십삼왕전
景十三王傳

　이 편은 경제의 아들로 제후왕에 봉해진 열세 명의 사적을 담고 있다. 경제에게는 열네 명의 아들이 있었는데, 왕 황후 소생의 무제를 제외한 나머지 아들은 제후왕에 봉해졌다. 이들 중 하간 헌왕(河間獻王) 유덕(劉德, ?~기원전 129년)을 제외하고는 자랑할 만한 사적을 남긴 이가 없다. 게다가 오초의 난 이후로 제후왕의 세력을 견제하는 정책이 펼쳐져 제후왕 개개인의 능력이나 품성이 제대로 발휘되지 못하기도 했다. 『사기』에는 경제의 다섯 후궁 소생이라는 점을 강조하여 「오종 세가」로 세워 뒀지만 『한서』에서 자료를 보충하여 열전으로 고쳐 세웠다.

　효경제에게는 열네 아들이 있었는데 왕 황후가 효무황제를 낳았고, 율희가 임강 민왕(臨江閔王) 유영(劉榮)과 하간 헌왕 유덕, 임강 애왕(臨江哀王) 유알(劉閼)[1]을 낳았으며, 정희(程姬)가 노 공왕 유여(劉餘)

와 강도 역왕(江都易王) 유비(劉非), 교서 우왕(膠西于王) 유단(劉端)을 낳았고, 가(賈) 부인이 조 경숙왕(趙敬肅王) 유팽조와 중산 정왕(中山靖王) 유승(劉勝)을 낳았으며, 당희(唐姬)가 장사 정왕(長沙定王) 유발(劉發)을 낳았고, 왕(王) 부인[2]이 광천 혜왕(廣川惠王) 유월(劉越)과 교동 강왕(膠東康王) 유기(劉寄), 청하 애왕(淸河哀王) 유승(劉乘), 상산 헌왕(常山憲王) 유순(劉舜)을 낳았다.

이 편에는 후대 개국 군주의 조상이 두 명이나 있다. 장사정왕 유발은 동한(東漢) 광무제 유수(劉秀)의 조상으로, 유수는 유발의 6세손이다. 중산 정왕 유승은 촉한(蜀漢) 개국 군주 유비(劉備)의 조상으로 유비는 유승의 13세손이다.

또 이 편에서 '실사구시(實事求是)'라는 말이 나왔다. 바로 고문(古文) 서적의 정본을 구하는 하간 헌왕의 성실한 자세를 묘사한 말이다.

실사구시 정신으로 고문을 구한 하간 헌왕 유덕

○　○　○

하간 헌왕 유덕은 효경제 전원(前元) 2년에 하간왕에 봉해졌다. 예악을 정비하고 학문을 숭상하고 옛것을 좋아했으며 사물의 실제 상태와 상황을 살펴 정확한 판단을 내렸다.[3] 민간에서 고문 정본을 얻으면 원본과 똑같이 베낀 뒤에 주인에게 그 베낀 책을 주고 정본은 자신에게 남겼는데 책 주인을 불러 황금과 비단을 많이 내려 주었다. 그로 말미암아 사방에서 학문을 익힌 사람들이 불원천리(不遠千里) 모여들었고, 개중에는 선조가 남긴 고서를 가져와서 하간 헌왕에게 올리는 자들이 많았다.

그렇게 하여 얻은 책이 황궁에 보관된 것만큼 많았다. 그 무렵 회남왕 유안도 책을 좋아했는데 회남왕이 수집한 책에는 사실에 기초하지 않은 궤변이 많았다.

하간 헌왕이 수집한 책은 모두 진시황의 분서가 있기 전에 출간되어 진나라에서 쓰던 소전(小篆) 문자 이전의 고문으로 적힌 고서였다. 그 고서들은 모두 『주관(周官)』, 『상서(尙書)』, 『예(禮)』, 『예기(禮記)』,[4] 『맹자(孟子)』, 『노자(老子)』 등의 경전과 이 경전들을 해설한 책들로 공자의 일흔 제자들의 논저였다.

하간 헌왕의 학문은 육경을 받든 것으로 『모씨시(毛氏詩)』와 『춘추좌씨전』에 박사를 두었고, 예악(禮樂) 제도의 규정을 정비했다. 유가 학술에 감화되어 있던 하간 헌왕은 무슨 일이든 반드시 유가 학술을 따르게 했다. 그리하여 효산 동쪽의 많은 유생이 하간 헌왕을 따르며 공부했다.

무제 때에 하간 헌왕이 황제를 배알하러 왔다가 스스로 정리한 아악(雅樂)을 바치고 삼옹궁(三雍宮)과 황제가 삼십여 가지 일에 대해 책문한 것에 대책을 올렸다. 대책은 도덕과 학술을 숭상하는 내용으로 되어 있었는데 모든 설명이 사리에 맞았고 글은 간결하면서도 명확했다.

왕이 즉위 스물여섯 해 만에 세상을 떠나자 중위 상려(常麗)가 황제에게 글을 올렸다.

왕은 처신을 바르게 하고 사리에 맞게 행했으며, 온화함과 인자함, 공경과 검약을 실천했고 인재들을 잘 대접하며 존경하고 백성을 아꼈으며, 명확하게 알고자 하여 깊이 성찰했으며 배우자를 잃고 혼자 사는 남자와 여자들에게 은혜를 베풀었습니다.[5]

이에 대행령이 황제에게 상주했다.

"시법(諡法)에 총명하고 지혜가 깊으면 헌(獻)이라고 짓게 되어 있으니, 헌왕으로 시호를 짓는 것이 마땅합니다."

아들 공왕(共王) 유불해가 왕위를 이었다가 네 해 뒤에 세상을 떠나 그 아들 강왕(剛王) 유감(劉堪)[6]이 뒤를 이었다. 강왕이 열두 해 동안 즉위했다가 세상을 떠나자 아들 경왕(頃王) 유수(劉授)가 뒤를 이었다. 열일곱 해 뒤에 경왕이 세상을 떠나고 아들 효왕(孝王) 유경(劉慶)이 왕위에 올랐다. 마흔세 해 뒤에 효왕이 죽고 아들 유원(劉元)이 뒤를 이었다.

잔혹한 유원과 예를 지킨 유량

○　○　○

유원은 죽은 광릉 여왕(廣陵厲王)과 광릉 여왕의 태자 및 중산 회왕(中山懷王)의 희(姬)였던 염(廉) 등을 희로 삼았다.

선제 감로(甘露) 연간에 기주 자사 장창이 유원의 일에 대해 상소를 올렸으므로 정위에게 심문하도록 명령하여 염 등을 잡아오게 했다. 그러자 유원이 모두 일곱 명을 협박하여 자결하도록 명령했다. 해당 부문에서 유원의 주살을 청하는 상소가 올라갔으나 황제가 조서를 내려 두 개 현과 일만 일천 호를 박탈하는 것으로 마무리했다. 뒤에 유원이 아전 유귀(留貴)에게 화를 냈는데 유귀가 담장을 넘어 달아나 유원을 고발하려고 했다. 그러자 유원이 사람을 시켜 유귀의 어머니를 죽였다. 해당 부문에서 유원은 그 잔혹한 본성을 고치기 어려우므로 제후국의 왕으로서 백성을 다스릴 수 없다는 상소를 올렸다.

그리하여 왕을 폐위하고 한중의 방릉(房陵)으로 유배를 보냈다. 그곳에서 몇 해 동안 살던 어느 날, 부인 약(若)과 주륜거(朱輪車)를 함께 타고 가던 중에 부인에게 화를 내며 매질한 뒤에 스스로 머리를 밀게 했다. 한중 태수가 벌을 내려야 한다고 청했다. 그 뒤 유원이 병으로 죽었다. 유원은 왕위에 열일곱 해 있다가 폐위당했다.

왕위가 끊어지고 다섯 해가 지난 성제 건시(建始) 원년에 유원의 동생인 상군 고령(庫令) 유량(劉良)을 하간 혜왕(河間惠王)에 봉했다.

유량은 하간 헌왕의 행동을 본받으려고 노력했다. 모후였던 태후가 세상을 떠났을 때 『예』에서 정한 법도에 따라 복상했다. 애제가 명령을 내려 유량을 표창했다.

"하간왕 양(良)은 태후의 삼년상을 지냄으로써 종실의 모범이 되었으므로 식읍 만 호를 더하여 봉한다."

유량이 재위 스물일곱 해 만에 세상을 떠나 아들 유상(劉尙)이 뒤를 이었다. 왕망 때에 왕위를 없앴다.

즉위 세 해 만에 사망한 임강 애왕 유알

○ ○ ○

임강 애왕 유알은 효경제 전원 2년에 임강왕 왕위에 올랐다가 재위 세 해 만에 세상을 떠났다. 아들이 없었으므로 임강국을 폐하여 군으로 만들었다.

폐위된 황태자, 임강 민왕 유영

○ ○ ○

임강 민왕 유영은 효경제 전원 4년에 황태자가 되었다가 네 해 만에 폐위되고 임강왕에 봉해졌다. 세 해 뒤에 임강국 궁실을 짓기 위해 사당의 담 바깥 땅을 침범했다가 황제에게 불려 가게 되었다. 유영이 길을 떠나기에 앞서 강릉 북문에서 먼 길을 떠나기 위해 누조(纍祖)에게 제사를 올린 뒤에 수레에 올라타자 수레의 굴대가 끊어지면서 수레가 부서졌다. 강릉의 백성이 눈물을 흘리며 자기네들끼리 걱정했다.

"우리 왕이 돌아오지 못하겠구나!"

유영이 장안에 도착하여 중위부에 가서 고발장에 적힌 내용에 대해 심문을 받았다. 중위 질도가 고발장에 적힌 내용을 가지고 문책하자 왕이 겁을 내고 스스로 목숨을 끊어 버렸다.

왕을 남전에 묻는데, 제비 수만 마리가 흙을 물고 날아와 봉분을 쌓았다. 백성들이 왕을 가엾게 여겼다.

유영은 나이가 많았으나 아들이 없었으므로 임강국을 철폐했다. 봉토는 조정에 귀속되어 남군(南郡)이 되었다.

궁궐 짓기를 좋아한 노 공왕 유여

○　○　○

노 공왕 유여는 효경제 전원 2년에 회양왕에 봉해졌다가 오초의 난이 진압된 뒤인 효경제 전원 3년에 노왕(魯王)으로 옮겨졌다. 궁실 짓는 것과 금원(禁苑)에 이궁을 만들어 사냥개와 말 기르는 것을 좋아했다. 말년에는 음악을 좋아하고 말하기를 싫어했다. 말을 더듬어 말하기를 힘들어했다.

재위 스물여덟 해 만에 세상을 떠났다.[7] 아들 안왕(安王) 유광(劉光)이 대를 이었다. 젊어서는 음악과 수레, 말을 좋아했지만 만년에는 인색할 만큼 지출을 줄이면서 오로지 재물이 모자라게 될까 봐 걱정했다. 마흔 해 만에 세상을 떠나고 아들 효왕(孝王) 유경기(劉慶忌)가 대를 이었다. 재위 서른일곱 해 만에 세상을 떠나자 아들 경왕(頃王) 유경(劉勁)이 뒤를 이었다가 스물일곱 해 만에 세상을 떠났다. 아들 문왕(文王) 유준(劉晙)이 뒤를 이어 왕위에 오른 뒤에 열여덟 해 만에 세상을 떠났는데 아들이 없어 왕위가 철폐되었다.

애제 건평 3년에 경왕의 아들인 유준의 동생 오향후(郚鄉侯) 유민(劉閔)을 왕으로 삼았다. 왕망 때에 왕위를 철폐했다.

젊어서 궁실 짓는 것을 좋아한 노 공왕이 자신의 궁실을 넓히기 위해 공자의 옛집을 허물다가 종경(鐘磬)과 금슬(琴瑟) 소리가 들려 끝까지 허물 엄두를 내지 못했다. 그때 공자의 옛집 벽 사이에서 고문으로 된 경전을 얻었다.[8]

강도 역왕 유비, 패륜아에게 왕위를 물려주다

강도 역왕 유비는 효경제 전원 2년에 여남왕(汝南王)에 봉해졌다. 오초의 난이 일어났을 때 열다섯 살이었는데 재주와 기개가 있었다. 유비가 황제에게 글을 올려 오왕의 군대를 치러 나가겠다고 청했다. 경제가 유비에게 장군의 관인을 하사하고 오왕의 군대를 치게 했다. 오왕의 군대를 격파한 뒤에 황제가 유비를 오왕의 도읍이었던 강도왕으로 옮겨 예전 오나라 땅을 다스리게 했다.[9] 황제는 또 유비가 군공을 세운 것에 대해 천자의 깃발을 하사했다.

무제 원광 연간에 흉노가 한나라 변경을 대거 침입했다. 유비가 황제에게 글을 올려 흉노를 공격하러 나가려 했지만, 황제가 허락하지 않았다. 권세 부리기를 좋아한 유비는 궁실을 지어 사방에서 호걸을 불러 모으고, 심하게 전횡을 부리며 사치스럽게 살았다. 재위 스물일곱 해 만에 세상을 떠나[10] 아들 유건(劉建)이 대를 이었다.

유건이 태자였을 때 한단 사람 양분(梁蚡)이 강도 역왕에게 바치려고 딸을 데리고 왔다. 그 딸이 미인이라는 소리를 들은 유건이 제멋대로 그 부녀를 불러서 자신의 거처에 묵게 하고 내보내지 않았다. 양분이 "아들이 어찌 아버지와 여자를 놓고 다툰단 말인가!"라고 떠들어 댔다. 유건이 사람을 시켜 양분을 죽였다. 양분의 집에서 황제에게 글을 올려 고발하자 정위에게 사건을 조사하게 했는데 마침 사면령이 내릴 때라 벌을 주지 않았다.

강도 역왕이 세상을 떠나 아직 장례를 마치지 않았을 때 유건이 빈소가 있는 방에 강도 역왕이 총애했던 미인 요희(淖姬) 등 모두 열 명을 불러들여 정을 통했다. 유건의 여동생 치신(徵臣)은 갑후의 며느리로, 강도 역왕의 상을 치르기 위해 돌아와 있었는데 유건이 또 여동생과도 정을 통했다.

유건의 이복동생 유정국은 회양후로 강도 역왕의 막내아들이었다. 그 어머니가 유정국이 강도 역왕의 대를 잇게 하고 싶어 했다. 그리하여 유건에 관한 일을 상세하게 파악한 다음, 야첨(素

恬)¹¹이라는 작위 없는 남자를 돈으로 사서, 유건이 음란하여 강도 역왕의 대를 잇기에 적당하지 못하다고 황제에게 글을 올리게 했다. 황제가 정위에게 사건을 조사하게 했다. 돈을 받은 정위가 고발장을 올린 야첨을 기시형으로 다스리고 유건의 죄는 다스리지 않았다. 유건은 그 뒤에도 여러 차례 장안으로 사람을 보내 치신를 데려오게 했다. 노 공왕의 왕 태후¹²가 그 사실을 알고 치신에게 편지를 보냈다.

"나라 안에 너에 관한 이야기가 시끄럽게 나돌고 있으니 삼가 다시는 강도에 가지 말도록 하라."

그 뒤에 유건이 알자 길(吉)을 보내 공(共) 태후에게 문안을 올리자 태후가 울면서 길에게 사정했다.

"돌아가서 내 말을 너희 왕에게 전하도록 해라. 왕이 이전에는 방탕하게 살았다 하더라도 지금부터는 삼가 자숙해야 한다. 왕은 연왕과 제왕의 일¹³을 들어 보지도 못했단 말인가! 내가 너희 왕 때문에 울고 있다고 전해라."

길이 돌아가서 공 태후의 말을 전하자 유건이 몹시 노하여 길을 때린 뒤에 쫓아냈다.

유건이 강도의 장대궁(章臺宮) 안에서 놀이를 즐겼는데, 여자 넷을 작은 배에 태운 뒤에 유건이 발로 그 배를 밟아 뒤집어 버렸다. 타고 있던 네 사람이 모두 물에 빠져 두 사람이 죽었다. 뒤에 강도의 뇌파(雷波) 못에서 놀 때는 센 바람이 부는 날씨에도 낭관 두 명을 작은 배에 태워 못 안으로 저어 가게 했다. 바람에 배가 뒤집혀 두 낭관이 빠졌다. 배로 오르려던 두 사람이 보였다가 가라앉았다가 했는데 유건은 못가에서 그 모습을 보면서 박장대소하기만 하고 구해 주지 않아 둘 다 빠져 죽었다.

후궁이나 궁녀 중에서 희(姬)와 팔자(八子)가 잘못을 저지르면 알몸으로 북을 치게 하거나 나무에 올라가 있게 했고 길게는 한 달이 지나야 옷을 입게 해 주었다. 그러지 않으면 머리를 밀게 하고 항쇄를 채운 뒤에 납으로 만든 공이로 절구를 찧게 했는데 시킨 대로 일을 잘하지 못하면 바로 때렸다. 그 밖에도 이리를 풀어 물려 죽게 하기도 했다. 유건은 그런 모습을 구경하며 박장대소했다. 어떤 경우에는 음식을 주지 않아 굶어 죽게 하기도 했다. 그렇게 하여 죄 없이 죽은 사람이 모두 서른다섯 명이었다. 또 사람과 짐승이 교미하여 아이를 낳게 하려고 후궁이나 궁녀의 옷을 강제로 벗긴 뒤에 두 손 두 발을 땅에 짚고 엎드리게 하여 숫양, 수캐와 교미하게 했다.

음란과 포악을 일삼던 유건은 자신이 죄가 크다는 것을 알고 있었다. 황제에게 유건을 고발하려는 강도국 백성이 많았으므로 자신이 주살당할지도 모른다는 두려움에 속으로 불안했다. 그리하여 왕후인 성광(成光)과 함께 월나라 출신의 무술을 익힌 여자에게 신을 내리게 하여 황제를 저주하게 했다. 낭중령 등에게도 황제에 대한 불만을 토로했다.

"한나라 조정의 사자가 다시 와서 나에게 벌을 준다면 나는 결코 혼자서 죽지 않겠다."

유건이 회남왕과 형산왕이 은밀히 반란을 꾀하고 있다는 말을 자주 듣다가, 그 두 왕이 거사했을 때 자신을 죽일지도 모른다고 걱정했다. 마침내 무기를 만들기 시작했으며 왕후의 아버지인 호응(胡應)을 장군으로, 힘이 좋으면서 말을 타고 활을 잘 쏘던 중대부 질(疾)을 영무군(靈武君)으로 삼았다. 또 수레에 황옥개를 달고 황제의 옥새를 새겼으며 장군과 도위의 관인을 금과 은으로 주조하는 한편 한나라 사자의 것을 본뜬 부절 스무 개와 인수 천여 개를 만들었다. 또 무관을 품계에 따라 배치하고 관작의 임명과 후위를 봉하는 것으로 상을 내렸으며 천하여지도와 군진도도 마련했다. 월 요왕(越繇王)[14] 민후(閩侯)에게 사람을 보내 비단과 진기한 물건을 주었더니 요왕 민후도 유건에게 고운 베와 갈포, 여러가지 구슬, 무소 가죽, 파랑새의 깃털, 원웅(蝯熊) 같은 신기한 짐승을 보내와서 그 후로 여러 차례 사신을 왕래하며 위급할 때 서로 돕기로 약조했다.

나중에 회남왕이 일을 벌이고 나서 조정에서 공모자들을 심문했는데 유건이 연루되었다는 진술이 여러 차례 나왔다. 유건이 사람을 보내 뇌물을 주어 옥리들의 심문에서 자신의 이름을 빼게 했다.

그 뒤에 유건이 측근에게 또 이렇게 말했다.

"왕이 된 몸으로 해마다 황제의 심문을 받아야 하니 살아도 기쁜 날이 없다. 장사가 앉아서 죽음을 기다릴 수 없으니 다른 자들이 할 수 없는 거사를 하고야 말겠다."

유건은 수시로 강도 역왕이 하사받았던 장군인을 차고 천자의 깃발을 날리며 궁전 밖을 다녔다. 여러 해가 지난 뒤에 유건이 모반한 일이 발각되어 한나라 조정에서 승상장사를 보내 강도왕의 승상과 함께 조사했다. 무기와 옥쇄, 인수, 부절 등 반란에 쓰려고 준비했던 물품이 드러났다. 사건을 담당한 관리가 유건을 체포하여 주살해야 한다고 주청하자 황제가 명령을 내렸다.

"열후와 이천석 이상의 대신, 그리고 박사들이 함께 상의하도록 하라."

상의를 마치고 모두가 아뢰었다.

"유건은 신하의 도를 잃은 지 오래되었습니다. 이제까지 황상께서 차마 처벌하시지 못하고 베푸신 은덕을 입어 왔지만, 마침내 반역을 모의했으니 비록 걸과 주가 악하다 하더라도 유건만큼은 아닐 것입니다. 하늘이 내리는 처벌을 사람이 용서해 줄 수 없으므로 모반죄로 다스려 주살하는 것이 마땅합니다."

종정과 정위에게 조서를 내려 유건의 처소로 가서 심문하게 했다. 유건은 자결했다. 왕후 성광 등은 기시형을 당했다.

유건이 왕위에 오른 지 여섯 해 만에 왕위를 철폐하고 봉토를 한나라 조정에 귀속시켜 광릉군(廣陵郡)으로 만들었다.

왕위가 끊어진 지 백이십일 년 뒤인 평제 시절에 신도후 왕망이 집정하면서 자손을 찾아 단절된 왕위를 이어 주었는데, 유건의 동생인 후이후(旰眙侯) 유몽지(劉蒙之)의 아들 유궁(劉宮)을 광릉왕(廣陵王)으로 세워 강도 역왕의 후대를 잇게 했다. 왕망이 찬탈하고 난 뒤에 왕위를 철폐했다.

황실과 맞서 관리를 괴롭힌 교서 우왕 유단

○　○　○

교서 우왕 유단은 효경제 전원 3년에 왕에 봉해졌는데, 사람됨이 잔인하고 포악했다. 음위(陰痿)가 있어서 한번 여자를 가까이하면 몇 달 동안 그 병이 지속되었다. 자신이 총애하던 청년을 낭관으로 두었는데 그 낭관이 후궁과 정을 통하자 잡아 죽이고 그 후궁과 아들도 죽여 버렸다.

유단이 자주 법을 어겼으므로 한나라 조정의 공경들이 유단을 처벌해야 한다고 여러 차례 주청했으나 황제가 차마 처벌하지 못했다. 그러자 유단의 위법 행위가 더욱 심해졌다. 담당 관리가 자꾸 주청하자 그 봉토의 삼 분의 이[15]를 삭감했다. 속으로 화가 난 유단이 그 뒤로 나라의 재물을 관리하지 않았다. 나라의 곳간인 부고가 헐어 물이 새고 재물이 다 썩어서 엄청난 금액의 피해가 생겨도, 끝내 남은 재물을 거두어서 다른 곳으로 옮기지 않았으며, 아전들에게는 조세를 거두지 못하게 명령했다.

유단은 왕궁의 시위를 모두 없애 버리고 궁문을 봉쇄한 다음 문 하나만 열어 놓고 출입했다. 또 평민 행색에 성명을 바꾸고 여러 번 다른 제후국에 갔다.

조정에서 승상과 이천석 관리가 파견되어 와서 한나라 조정의 법률을 받들어 정사를 보면 유단이 언제나 그 관리의 허물을 캐내서 조정에 고발했다. 허물이 없을 경우에는 남몰래 약을 먹여 죽여 버렸다.[16]

유단은 은밀하게 부리는 술수가 변화무쌍했고 간언하는 것을 완강하게 받아들이지 않았으며 머리가 좋아서 자신의 죄를 충분히 은폐했다. 그런데 승상과 이천석 관리가 교서 우왕의 말대로 정사를 보면 한나라 조정의 법에 걸리게 되어 있었으므로, 교서가 작은 나라였음에도 죽거나 다친 이천석 관리가 아주 많았다.

재위 마흔일곱 해 만에 세상을 떠났는데 아들이 없어 왕위가 철폐되고 봉토는 한나라 조정에 귀속되어 교서군이 되었다.

교활한 성품의 조 경숙왕 유팽조

○　　○　　○

조 경숙왕 유팽조는 효경제 전원 2년에 광천왕에 봉해졌다가 조왕 유수의 반란이 진압된 뒤에 조나라로 옮겨 다스리게 되었다.[17]

유팽조는 속임수를 잘 쓰는 간사한 인물이었다. 겉으로는 한껏 자신을 낮추며 비위를 맞추거나 공손하게 대했지만 속으로는 자잘한 것을 깊이 따지고 들었다. 법률을 멋대로 휘둘렀으며 궤변을 둘러대어 사람을 모함하고 해쳤다. 후궁을 많이 들여 자손 또한 많이 보았다.

조정에서 승상과 이천석 관리가 파견되어 와서 한나라 조정의 법률을 받들어 정사를 보면 조나라 왕실에 해가 되었으므로, 승상이나 이천석 관리가 부임해 올 때마다 유팽조가 직접 견직물이나 베로 지은 홑옷을 입고 친히 제사(除舍)까지 마중을 나가서는 이천석 관리가 잘 몰라서 혼란을 일으킬 만한 문제를 많이 물어보았다. 그런 다음 걸려든 관리가 말실수로 조정이 정한 기휘를 어긴 사실을 모두 기록해 두었다. 그러고는 이천석 관리가 한나라 법에 따라 정사를 보려고 하면 그 기록을 보여 주며 협박했다. 자신의 말을 듣지 않으면 글을 올려 관리를 고발하고 사사로이 이익을 도모한 사실이 있는 부패한 자로 몰았다. 유팽조가 왕위에 있는 예순몇 해 동안 부임했던 승상이나 이천석 관리는 모두가 두 해를 채우지 못하고 죄목에 걸려 면직되었는데, 죄가 큰 경우에는 사형당했고 작은 경우에는 형벌을 받았다. 따라서 이천석 관리들이 한나라 법으로 다스릴 엄두를 낼 수 없었으니 조왕이 전권을 행사했다.

유팽조는 현마다 사람을 파견하여 각회(榷會)라는 독점 상회를 꾸렸다. 나라에서 거두어들이는 토지세나 각종 세금보다 많이 벌어들이게 했으니 왕실에 금전이 많아졌다. 그러나 그 재산을 후궁과 여러 아들에게 하사하는 것으로 모두 써 버렸다.

유팽조는 궁실을 짓거나 귀신에게 복 비는 일을 좋아하지 않은 대신에 옥리 노릇 하기를 좋아했다. 황제에게 글을 올려 도읍 안의 도적을 순찰하게 해 달라고 청하여 밤에 한단 거리에서 군졸을 데리고 다니면서 순찰했다. 유팽조가 순찰을 핑계로 직접 사악한 음모를 꾸며 모함하는 일이 많았으므로 한단에 와 있던 조정의 사자와 한단을 거쳐 가는 객들이 오래 머물 엄두를 내지 못했다.

한참 지난 뒤에 유팽조의 태자 유단이 여동생 및 동복 누나와 정을 통했다.[18] 강충이 나서서 유단이 음란하게 놀았으며 사람을 시켜 남의 무덤을 파헤치고[19] 다른 사람을 해치거나 물건을 빼앗는 등 간악한 짓을 많이 저질렀다고 조정에 고발했다. 무제가 사자를 파견하고 군리와 병졸을 출동시켜 유단을 체포하게 한 뒤에, 한단 남쪽의 위군의 옥리에게 보내 심문하게 했는데 죄목이 사형죄에 이르렀다. 유팽조가 유단의 억울함을 호소하며 조나라의 용사들을 징발하여 흉노를 공격하겠으니 유단의 죄를 대속해 달라고 상소했으나 황제가 허락하지 않았다. 다시 한참이 지난 뒤에 마침내 사면되어 풀려났다.

뒤에 유팽조가 장안에 가서 황제를 배알할 때 황제의 누나인 평양(平陽) 공주와 융려(隆慮) 공주[20]에게 부탁하여 유단을 다시 태자로 삼게 해 달라고 청했으나 황제가 허락하지 않았다.

유팽조는 강도 역왕이 총애했던 미인이자 강도왕 유건이 정을 통했던 요희를 왕비로 맞아 몹시 총애했다. 〔요희가〕 아들을 낳았는데 요자(淖子)라고 불렀다.

유팽조가 무제 정화(征和) 원년에 세상을 떠나자[21] 경숙왕이라는 시호가 내려졌다. 유팽조가 세상을 떠났을 때 요희의 오라버니가 한나라 황궁의 환관으로 있었으므로 황제가 불러서 물어보았다.

"요자는 사람됨이 어떠한가?"

요희의 오라버니가 대답해 아뢰었다.

"욕심이 많은 성격입니다."

황제가 말했다.

"욕심이 많은 성격은 나라를 다스리고 백성을 아끼는 데 맞지 않지."

황제가 무시후(武始侯) 유창(劉昌)에 관해서 물어보자 요희의 오라버니가 아뢰었다.

"잘못한 것도 칭찬할 것도 없습니다."

황제가 말했다.

"그렇다면 왕위를 이을 만하다."

사자를 보내 유창을 왕으로 봉하고 경왕(頃王)이라고 했다. 열아홉 해 뒤에 세상을 떠나자 아들 회왕(懷王) 유존(劉尊)이 뒤를 이었다가 다섯 해 뒤에 죽었는데 아들이 없어 두 해 동안 왕위가 끊겼다.

선제가 유존의 동생인 유고(劉高)를 왕에 봉하고 애왕(哀王)이라고 했으나 몇 달 뒤에 세상을 떠나 그 아들인 공왕(共王) 유충(劉充)이 뒤를 이었다. 쉰여섯 해 뒤에 세상을 떠나자 아들 유은(劉隱)이 뒤를 이었다가 왕망 때에 왕위가 끊겼다.

그에 앞서 무제가 다시 황실 친족에게 정을 베푼다는 뜻에서 경숙왕의 막내아들인 유언(劉偃)을 평간왕(平干王)으로 세웠으니 바로 경왕(頃王)이다. 열한 해 뒤에 세상을 떠나자 아들 무왕(繆王) 유원(劉元)이 뒤를 이었다가 스물다섯 해 지나 세상을 떠났다.

대홍려 우(禹)가 상주했다.

"유원이 칼로 노비를 죽인 것과 아들이 알자를 죽인 것에 대해 자사가 상주한 바 있으므로 죄명이 뚜렷하게 밝혀져 있습니다. 유원이 병이 들자 미리 명령을 내려〔죽은 뒤의 세상에서〕악곡을 연주할 노비를 순장하게 했고, 모두 열여섯 명을 협박하여 자결하게 하여 포학부도죄(暴虐不道罪)를 지었습니다. 『춘추』의 뜻에 따르자면 주살당한 군주의 아들은 왕으로 세우는 것이 마땅하지 않습니다. 유원이 아직 주살당하지는 않았다고 하더라도 그 아들을 왕에 봉하는 것은 마땅하지 않습니다."

황제가 대홍려의 상소를 받아들여 봉국을 철폐했다.

중산 정왕 유승의 눈물

○　○　○

중산 정왕 유승은 효경제 전원 3년에 중산왕에 봉해졌다.

무제 즉위 초, 대신 중에서 오초 칠국이 벌였던 일을 경계하며 조조가 옳은 계책을 내놓고도 억울하게 죽었다고 주장하는 이들이 많이 나왔다. 모두들 이어져 있는 성 수십 개씩을 가지고 있는 제후국의 세력이 너무 강하니 봉토를 조금 삭감해야 한다면서 제후들의 죄과를 여러 차례 폭로했다.

여러 제후왕은 '황실의 골육이 황제와 가장 친해서 선제께서 성을 연달아 있는 넓은 봉토를 주며 개의 이빨이 들쭉날쭉하듯이 각 제후국의 봉토가 맞물려 있도록 함은 위급할 때 서로 지켜 주며 종실이 반석 위에 있도록 한 것'이라 여겼다. 또 '지금 어떤 제후왕은 죄가 없는데도 불구하고 신하에게 능욕당했다. 조정에서 파견한 사건 조사 담당 관원이 고의로 사소한 잘못까지 허물이라고 찾아낼 뿐 아니라 제후왕의 신하를 태형으로 다스리며 주군의 잘못에 대해 증언하게 한다'면서 억울해하는 자들이 많았다.

무제 건원 3년, 대왕(代王) 유등(劉登)과 장사왕 유발, 중산왕 유승, 제천왕(濟川王) 유명(劉明)이 황제를 배알하러 가자 황제가 연회를 베풀었다. 음악 소리를 듣던 유승이 눈물을 흘리자 황제가 이유를 물었다. 유승이 이렇게 대답했다.

"신은 '슬픔에 깊이 젖으면 많이 흐느낄 수도 없고 큰 걱정에 빠져 있으면 탄식도 안 나온다.'라고 들었습니다. 고점리(高漸離)가 역수 변에서 축(筑)을 연주하자 듣고 있던 형가가 고개를 떨어뜨린 채 송별연의 음식을 먹지 못했고, 옹문자(雍門子)가 낮은 소리로 노래를 부르자마자 맹상군이 듣고 슬퍼했다고 합니다. 지금 신의 가슴에 응어리진 지 오래되어 마음을 울리는 오묘한 소리를 들으니 저도 알지 못하는 사이에 눈물이 마구 흘러내립니다.

무릇 여러 사람이 모여 숨을 불면 산을 움직이고, 모기가 모여서 날면 우렛소리가 나며, 뜻이 맞는 사람끼리 모이면 범도 잡고, 사내가 열 명이면 쇠몽둥이도 구부릴 수 있습니다. 그런 이유로 문왕이 유리(牖里)에 감금되었고 공자가 진(陳)나라와 채(蔡)나라 땅을 오가며 피신했던 것이니, 바로 여러 사람이 우겨서 바람을 이루고는 계속 그렇게 몰아가면서 해로움을 끼친 경우입니다.

신은 장안에서 멀리 떨어진 곳에 있으며 함께하는 세력도 약하니 명예를 날리지 못하고 있습니다. 그럼에도 불구하고 지금 여러 사람이 쇠도 녹여 버릴 기세로 한목소리를 내면서 비방하여 뼈를 부숴 버릴 정도에 이르렀으니, 가벼운 물건이라도 많이 싣게 되면 수레 축이 부러지고 깃털과 깃촉을 퍼덕여 새 몸뚱이를 날게 하는 것과 같습니다. 신을 처벌하기 위해 저들이 펼쳐 놓은 온갖 법망에 걸려 놀란 상태라 눈물이 납니다.

대낮에 밝은 해가 빛을 내리쪼이면 그늘지고 으슥한 곳까지 비출 수 있고, 밤에 밝은 달이 빛을 발하면 어두운 가운데에서 쇠등에도 분별해 볼 수 있습니다. 그런데 구름이 가득 끼면 그 어두운 기운이 대낮을 어둑하게 만들고, 먼지가 가득 날려 세상을 덮으면 그 어둠에 태산도 보이지 않게 된다고 알고 있습니다. 그렇게 되는 까닭은 무엇이겠습니까? 어떤 것이 그 대상을 가리기 때문입니다. 지금 신은 구석진 땅에 갇혀 있어 어떤 소식도 듣지 못합니다. 참언을 일삼는 무리가 벌 떼처럼 횡행하고 있으나 길이 멀어 신에게까지 들리지 않으니, 신은 수많은 참언의 말도 듣지 못한 채 홀로 비통해하고 있습니다.

'토지신 사당에 사는 생쥐에게 물을 뿌릴 수 없고 사당 안에 있는 쥐에게 연기를 뿜을 수 없다.'²²라고 신은 들었습니다. 그 까닭이 무엇이겠습니까! 쥐들이 안전한 곳이라고 의탁하고 있는 사당을 망가뜨릴 수 없기 때문입니다. 신은 비록 관계가 멀기는 하지만 황실의 친족이 되었고, 자리가 낮기는 하지만 동번(東藩) 제후왕이며, 종실에서는 폐하의 형²³이 됩니다.

지금 신하들이 갈대와 그 껍질이 서로 붙어 있는 것만큼 황실과 친한 친족 관계도 아니면서, 기러기 털처럼 가볍게 한패를 이루어 상의하고 벗끼리 서로 부추기며 폐하로 하여금 종실을 버리게 하고 골육 관계를 얼음 녹이듯이 와해시키고 있습니다. 백기(伯奇)가 유랑하고 죽은 비간의 몸과 머리가 분리된 까닭도 [역시 그 신하들의 충동 때문이었습니다.] 『시』에 '내 마음이 비통하네. 마치 절구로 찧어 부수듯이 아프네. 의관을 벗지 않고 누워서 길게 탄식하니 비통함에 늙어 가네. 마음 가득 비통함에 젖어 그 슬픔에 머리가 깨질 듯이 아프네.'[24]라고 한 것이 바로 신의 마음을 노래하고 있습니다."

유승이 조정 관리들에게 피해 본 사정을 황제에게 모두 고했다. 이에 황제가 제후들에게 예물을 후하게 내리고 담당 관원들이 제후의 일에 관해 상소한 내용을 없던 일로 해 주면서 황실 혈육들에게 깊은 정을 다해 은혜를 베풀었다.

그 뒤 원삭 2년, 다시 주보언의 계책인 추은령(推恩令)을 썼다. 제후들이 그 자제들에게 사적으로 은혜를 베풀어 자신의 땅을 갈라 봉하게 하도록 함으로써 제후의 세력을 약화했는데, 한나라 조정에서 새로 봉토를 받은 제후의 자제에게 봉호를 주고 제도를 갖추게 한 뒤에 모두 원래 제후국 소속이 아닌 한나라 군에 속하게 했다. 한나라 황실로 보면 제후에게 두터운 은혜를 내린 것이었으나, 제후왕은 스스로 조금씩 봉토를 갈라 가지는 것이 되어 세력이 약소해졌다.

유승은 술을 좋아하고 후궁에 탐닉하는 성격으로 자식이 백스물몇 명이나 되었다. 유승이 동복형인 조왕 유팽조와 늘 서로 비난했다.

"형은 왕이 되어서는 아전들이 해야 할 백성 다스리는 일을 맡아서 대신하고 있어요. 왕이라면 응당 날마다 음악이나 듣고 여색을 즐겨야지요."

조왕은 또 이렇게 말했다.

"중산왕은 오로지 사치와 여색만 즐기고 천자를 보좌하여 백성을 보살피지 않으니 어떻게 번국의 제후라고 칭하겠는가!"

유승이 재위 마흔세 해 만에 세상을 떠나자 아들 애왕 유창이 뒤를 이었으나 한 해 뒤에 죽었다.[25] 그의 아들 강왕(康王)[26] 유곤 치(劉昆侈)가 뒤를 이었다가 스물한 해 뒤에 죽었다. 아들 경왕(頃 王) 유보(劉輔)가 뒤를 이었으나 네 해 뒤에 죽었다.[27] 아들 헌왕(憲 王) 유복(劉福)이 뒤를 이었다가 열일곱 해 뒤에 죽었다. 아들 회왕 (懷王) 유순(劉循)[28]이 뒤를 이었다가 열다섯 해 뒤에 죽었는데 아 들이 없어 왕위가 마흔다섯 해 동안 끊어졌다.[29]

성제 홍가 2년에 헌왕 동생의 손자인 이향후(利鄕侯)의 아들 유 운객(劉雲客)을 다시 왕에 봉하니 바로 광덕 이왕(廣德夷王)이다. 세 해 뒤에 죽었는데[30] 아들이 없어 왕위가 열네 해 동안 끊어졌다.

애제 때에 유운객의 동생인 유광한(劉廣漢)을 광평왕(廣平王)에 봉했는데 죽었을 때 아들이 없었다.

평제 원시 2년에 다시 광천 혜왕의 증손인 유륜(劉倫)을 광덕왕 에 봉하고 중산 정왕의 후대를 잇게 했다.[31] 왕망 때에 왕위를 폐 했다.

생모의 신분이 미천한 장사 정왕 유발

○　○　○

장사 정왕 유발의 생모는 당희로 정희의 시녀였다. 경제가 정 희를 불러 시중을 들게 했을 때 정희가 달거리 중이어서 들어갈 형편이 못 되었으므로 시녀인 당아(唐兒)를 단장시켜 밤에 들여보냈다. 취한 황제가 분간을 못 해 정희인 줄 알고 승은을 내렸는데 마침내 수태했다. 뒤에 황제가 정희가 아닌 것을 알게 되었지만 아들을 낳았으므로 이름을 발(發)이라고 지었다.

효경제 전원 2년에 장사왕에 봉해졌다. 생모의 신분이 미천하여 총애를 받지 못했으므로 낮은 지대의 습한 곳에 있는 가난한 땅을 봉토로 주었다.[32]

재위 스물여덟 해 만에 세상을 떠나 아들 대왕(戴王) 유용(劉庸)이 뒤를 이었다. 스물일곱 해 뒤에 세상을 떠나자 경왕(頃王) 유부구(劉鮒鮈)[33]가 뒤를 이었다가 열일곱 해 뒤에 죽었다. 아들 날왕(剌王) 유건덕(劉建德)이 뒤를 이었다. 선제 때에 사냥을 위해 민가 아흔여섯 채에 불을 놓아 태우고 두 사람을 죽인 죄, 또 조정에서 시킨 일 때문에 내사를 원망하여 사람을 시켜 무고하고 기시형에 처하게 한 죄를 지었으므로 여덟 개 현을 삭감하고 조정에서 파견한 중위를 철수시켜 장사국의 지위를 낮추었다. 유건덕이 재위 서른네 해 만에 세상을 떠나자 아들 양왕(煬王) 유단(劉旦)이 뒤를 이었다가 두 해 뒤에 죽었는데 아들이 없어 한 해 남짓 왕위가 끊어졌다.

원제 초원 3년에 유단의 동생인 유종(劉宗)을 다시 왕에 봉하니 바로 효왕(孝王)이다. 다섯 해 뒤에 죽자[34] 아들 유로인(劉魯人)이 뒤를 이었다.[35] 왕망 때에 왕위가 철폐되었다.

광천 혜왕 유월과 그 봉국의 끔찍한 비극

○　○　○

광천 혜왕 유월은 효경제 중원(中元) 2년에 광천왕에 봉해졌다가 열세 해 뒤에 세상을 떠났다.[36] 아들 무왕(繆王) 유제(劉齊)가 뒤를 이었다가 마흔네 해 뒤에 죽었다.[37]

원래 유제에게는 승거(乘距)[38]라는 총애하는 신하가 있었는데 후일 죄를 지어 승거를 주살하려고 했다. 승거가 달아나자 유제가 승거의 일족을 가두어 버렸다. 왕을 원망한 승거가 글을 올려 유제가 동복누이들과 정을 통했다는 사실을 조정에 고발했다. 그 뒤에 유제가 여러 차례에 걸쳐 한나라 조정의 공경 대신과 황제가 총애하던 신하인 소충(所忠) 등을 고발했다. 또 중위 채팽조(蔡彭祖)가 아들 유명(劉明)[39]을 체포하고 "내 너의 씨족을 모두 죽이리라."라고 욕했다며 고발했다. 담당 관원이 사실을 조사하여 왕의 말이 사실이 아니라는 것을 캐낸 뒤, 유제를 무고죄와 대불경죄로 탄핵하고 잡아 가둬 심문할 것을 청했다. 겁이 난 유제가 황제에게 글을 올려 광천국 용사들과 흉노를 공격하러 가기 원하자 황제가 그렇게 하도록 허락했다. 그러나 출병하기 전에 병이 나서 세상을 떠났다. 사건을 조사한 관리가 봉국을 철폐하기를 청하여 그 상소대로 하도록 허락했다.

몇 달 뒤에 황제가 조서를 내렸다.

"광천 혜왕은 짐의 형으로 짐이 차마 그 종묘 제사가 끊기게 할 수 없어 혜왕의 손자인 거(去)를 광천왕에 봉한다."

유거(劉去)는 바로 유왕 유제의 태자로, 스승에게 『역』, 『논어』, 『효경』을 배워 모두 통달했으며 글짓기와 의술 및 점성술, 육박(六簙)과 바둑, 광대의 연기와 음악을 좋아했다. 왕궁의 전문(殿門)에 단의(短衣)와 대고(大絝) 차림에 장검을 찬 성경(成慶)[40]의 초상을 걸어 두었다. 유거가 성경의 초상을 좋아하여 칠 척 오 촌짜리 검을 만들고 옷도 성경의 차림을 그대로 따라 입었다.

유거는 자신이 총애하는 후궁 왕소평(王昭平)과 왕지여(王地餘)에게 왕후가 되게 해 주겠다고 했다. 유거가 병이 난 적이 있는데 후궁 양성소신(陽成昭信)이 곁에서 극진히 보살폈으므로 유거가 양성소신을 더 좋아하게 되었다.

하루는 유거가 왕지여와 놀던 중에 소매 안에 칼이 들어 있는 것을 보고 태형으로 다스리며 실상을 캐물었더니, 왕소평과 더불어 양성소신을 죽이려고 숨겨 둔 칼이라고 자백했다. 왕소평을 태형으로 다스리며 심문했으나 자백하지 않아 쇠침으로 찌르며 강제로 자백을 받아 냈다. 이어서 모든 후궁을 불러 모은 뒤에 유거가 친히 칼로 왕지여를 찌르고 양성소신에게 왕소평을 찌르게 하여 둘 다 죽였다. 양성소신이 말했다.

"두 후궁의 시녀들이 장차 이 일을 발설할 것입니다."

그리하여 다시 두 후궁의 시녀 세 명을 교살했다. 그 뒤에 양성소신이 병에 걸렸는데, 꿈에 왕소평 등이 나타났으므로 그 사실을 유거에게 고했다. 유거가 말했다.

"종년이 다시 나타나서 나를 겁먹일 테니 시체를 태워 버리는 수밖에 없어."

무덤을 파서 시체를 꺼낸 다음 모두 태워 재로 만들어 버렸다.

뒤에 양성소신을 왕후로 삼고 총애하는 후궁 도망경(陶望卿)을 수미부인(脩靡夫人)으로 삼아 비단을 도맡게 했으며, 최수성(崔脩成)을 명정부인(明貞夫人)으로 삼아 후궁들을 관리하게 했다. 양성소신이 다시 도망경을 모함하여 말했다.

"망경이 저에게 무례하고 언제나 저보다 옷을 더 화려하게 입으며 좋은 비단을 다른 궁인들에게 모두 주어 버렸습니다."

유거가 말했다.

"아무리 망경을 비난해도 내 총애가 줄어들지는 않을 것이다. 그러나 망경이 음란한 짓을 했다면 내 망경을 삶아 죽이지."

뒤에 양성소신이 유거에게 고했다.

"일전에 화공이 망경의 거처에서 초상을 그렸는데, 망경이 저고리를 벗고 상체를 드러낸 채 분 바른 얼굴로 화공 옆에 다가갔습니다. 또 몇 차례나 남문 쪽을 드나들며 낭관을 훔쳐보았으니 정을 통했으리라 의심이 갑니다."

유거가 말했다.

"망경의 거동을 잘 살펴보아라."

유거가 그 말을 들은 뒤로 도망경을 점점 총애하지 않았다.

뒤에 양성소신 등과 술을 마실 때 모든 후궁이 함께 시중을 들고 있었는데 유거가 도망경에 빗대어 노래를 지어 불렀다.

어른을 속이고 잠시 놀았겠지.

호기심을 좇다가 스스로 망하는 법,

궁 밖을 나가 돌아다녔다니 화를 자초했구나.

이런 일이 일어나지 않으리라 믿었지만

지금 와서 누구를 원망하리!

그러면서 후궁 미인들도 화답해 노래를 부르게 했다. 유거가
말했다.

"이중에 자신의 죄를 알 사람이 꼭 있을 것이다."

양성소신은 유거가 노한 것을 보고, 도망경이 여러 차례 낭관
의 숙소를 가리킨 적이 있고 낭관들의 이름을 모두 알고 있으며
낭중령의 비단 이불에 대해서도 말했으므로 정을 통했을 것이 의
심된다고 모함했다.

유거가 양성소신과 함께 후궁들을 데리고 도망경의 처소로 가
서 옷을 벗기고 돌아가며 때렸다. 후궁들에게 달군 쇠꼬챙이를 들
게 하여 함께 몸을 지지게 하니 도망경이 달아나 우물에 몸을 던
져 죽었다. 양성소신이 시체를 건져 내어 음부 속에 말뚝을 박아
넣고 코와 입술을 잘라냈으며 혀를 끊어 버렸다. 그러고는 유거에
게 말했다.

"전에 소평을 죽였을 때 꿈에 나타나 저를 무섭게 했습니다. 이
번에 망경을 가루로 만들어 귀신이 되지 못하게 해야 합니다."

양성소신이 유거와 함께 사지를 잘라 큰 가마솥에 넣고 도회
(桃灰) 독약을 가져다 같이 삶았다. 후궁을 모두 불러 그 광경을
지켜보게 했는데 밤낮을 이어 삶자 형체가 없어졌다. 또 둘이서
도망경의 여동생 도(都)를 죽였다.

뒤에 유거가 후궁 영애(榮愛)를 불러 함께 술을 마시자 양성소신이 다시 영애를 모함하여 말했다.

"영희(榮姬)가 좌우를 돌아볼 때 그 표정과 자태가 바르지 않으니 사사로이 정을 통했으리라 의심스럽습니다."

그때 영애가 유거가 입을 직령 예복에 수를 놓았는데 유거가 그 옷을 가져다 불에 태워 버렸다. 겁에 질린 영애가 스스로 우물에 몸을 던졌는데, 건져 내 보니 숨이 끊어지지 않았다. 영애를 태형으로 다스리며 심문하니 스스로 시의(侍醫)와 정을 통했다고 거짓으로 자백했다. 유거가 영애를 기둥에 묶어 놓고 불에 달군 칼로 지져서 두 눈을 파내고 두 허벅지를 생으로 잘라냈으며 녹인 납물을 입에 부어 넣었다. 영애가 죽자 사지를 자른 뒤에 가시나무를 써서 〔부정을 쫓으며〕 묻었다. 유거가 총애하는 후궁이 생기면 양성소신이 언제나 모함하여 죽였는데 합해서 열네 명이나 되었다. 모두 태후가 거처하던 장수궁(長壽宮)에 묻었다. 궁인들이 양성소신을 두려워하며 다시는 거역할 엄두를 내지 못했다.

혼자서 사랑을 독차지하려고 했던 양성소신이 말했다.

"왕께서 명정부인에게 후궁들을 관리하게 하셨지만 후궁들이 음란하여 금지하기 어렵습니다. 후궁들 처소의 문을 걸어 잠가 밖으로 나가 놀 수 없도록 해야 합니다."

그리고는 자신이 데리고 있던 나이 많은 시녀를 복야로 삼아 후궁들을 관리하게 했다. 모든 후궁 처소의 문을 봉해 버리고 그 열쇠를 왕후에게 올려 큰 연회가 열려 후궁을 부를 때가 아니면 왕을 만날 수 없게 되었다. 유거가 후궁들을 가엾게 여겨 노래를 지어 불렀다.

> 더할 수 없는 슬픔에 의지하여 살 곳이 없네.
> 가슴속에 깊이 응어리져서 마음이 편할 때가 없는데
> 속으로는 억울함과 근심, 슬픔이 쌓이네.
> 위로는 하늘을 볼 수 없으니 살아서 무슨 이로움이 있으랴.
> 나날을 허비하니 지나간 시간은 다시 돌아오지 않으리라.
> 차라리 몸을 던져 버리기를 바라니 죽어도 후회가 없겠네.

유거가 양성소신으로 하여금 북을 쳐서 박자를 맞추며 후궁들에게 노래를 가르치게 했다. 노래가 끝나자 여전히 후궁의 처소로 돌려보내고 문을 걸어 잠갔다. 그런 가운데 양성소신 오빠의 딸인 초(初)만이 승화부인(乘華夫人)이 되어 조석으로 왕을 대했다. 양성소신은 유거와 함께 십여 명의 노비를 거느리고 내기를 하며 술 마시고 놀이를 즐겼다.

그보다 먼저 유거가 열네댓 살이었을 때 스승에게 『역』을 배웠는데, 스승이 유거에게 바르게 살도록 수차례에 걸쳐 권했다. 유거가 성인이 되면서 스승을 쫓아 버렸다. 내사가 스승에게 도와달라고 부탁하자 스승이 여러 차례에 걸쳐 왕실을 제약하는 방법을 가르쳐 주었다. 유거가 노비를 시켜 스승과 그 아들을 죽였는데 아무에게도 발각되지 않았다.

어느 날 유거가 술자리를 베풀고 악공과 광대에게 알몸으로 연회석 가운데 앉아 악곡을 연주하게 했다. 광천국 상(相) 강(彊)은 악공이 전문(殿門) 안에 제멋대로 들어간 사실을 조사하여 고발하는 상소를 올렸다. 황제가 사건을 담당 관리에게 내려보내 조사하게 했다. 악공이 말하기를 사실은 왕이 시켜서 수미부인 망경의 동생인 도에게 가무를 가르치러 갔던 것이라고 했다. 황제의 사자가 도망경과 도를 불러오게 하자 유거가 두 사람 모두 음란한 짓을 저지르고 자결했다고 대답했다. 마침 사면령이 내려 유거가 처벌받지 않았다. 도망경은 그전에 삶아 죽였으므로 다른 사람의 송장과 도의 시체를 그 어머니에게 갖다주었다. 그 어머니가 "도는 맞는데 망경은 아니다."라고 하며 망경의 시체를 내놓으라고 계속 통곡하자 양성소신이 노비를 시켜 망경의 어머니를 죽여 버렸다. 그 뒤에 옥리에게 잡혀간 노비가 사실을 말했다.

선제 본시 3년에 상내사(相內史)가 상소를 올려 사면이 있기 전에 저질렀던 범행에 대해 모두 아뢰었다. 황제가 파견한 대홍려와 승상장사, 어사승(御史丞), 정위가 거록현(鉅鹿縣)에 마련한 조옥에서 함께 유거 등을 심문한 뒤에, 유거와 왕후 소신을 체포하도록 청하는 상소를 올렸다. 황제가 조서를 내려 말했다.

"왕후 소신과 후궁의 노비로 증언할 자들을 모두 하옥하라."

모두 심문 사실을 인정했다. 해당 관원이 왕을 주살해야 한다고 다시 청했다. 황제가 조서를 내려 말했다.

"열후와 중이천석, 이천석, 박사들이 모여 상의하도록 하라."

의논한 결과 모두 유거가 패악하여 왕후 소신의 참언을 믿고 사람을 불에 태우고 끓는 물에 삶았으며 산 사람 몸을 자르고 끊어 냈을 뿐 아니라 스승의 간언을 멀리하고 그 부자를 죽였는데,

이들이 죽인 무고한 사람이 모두 열여섯 명이며[41] 심지어 도망경 집안에서는 모녀지간에 세 사람이 죽기도 했음을 확인했다. 이는 절의에 어긋나고 인륜을 끊어 버린 짓이며, 그중에서 열다섯 명은 모두 사면 전에 죽인 것으로 빈번하게 대죄를 지은 것이니 응당 여러 사람 앞에 시체를 매달아 보여야 한다고 주장했다. 황제가 조서를 내려 말했다.

"짐이 차마 왕을 법으로 다스리지 못하겠으니 어떻게 처벌해야 할지 의논하도록 하라."

담당 관원이 왕위를 폐하고 처자와 함께 상용(上庸)으로 유배하도록 청하자 황제가 그 상소의 내용대로 하도록 허락하고 탕목읍 백 호를 하사했다. 유거가 상용으로 가는 길에 자결했다. 뒤에 양성소신은 기시형을 당했다.

유거가 왕위에 오른 지 스물두 해 만에 봉국을 없앴다.

네 해 뒤인 선제 지절 4년에 유거의 형 유문(劉文)을 다시 왕으로 봉하니 바로 대왕(戴王)이다. 유문은 평소에 바르고 곧게 살면서 여러 차례에 걸쳐 왕인 유거에게 간언했기에 황제가 그를 왕에 봉한 것이다. 재위 두 해 만에 세상을 떠나자 아들 유해양(劉海陽)이 뒤를 이었다.

유해양이 재위한 지 열다섯 해가 되었을 때 화옥(畫屋)에 남녀가 알몸으로 교접하는 그림을 걸어 둔 뒤에 술자리를 마련하고 백부와 숙부 집안의 사촌 여동생과 누나를 불러 그 그림을 쳐다보게 했다. 또 유해양의 여동생은 이미 다른 사람의 아내였는데 유해양이 자신이 총애하는 신하와 정을 통하게 했다. 거기에 더하여 사촌 동생인 유조(劉調) 등과 더불어 일가족 세 명을 죽이기를 기도하여 모두 죽였다.

선제 감로 4년에 죄를 지어 왕위에서 쫓겨난 뒤에 방릉에 유배되고 봉국이 철폐되었다.

다시 열다섯 해가 지나 평제 원시 2년이 되었을 때 대왕의 동생인 상제후(襄隄侯)의 아들 유유(劉瘉)[42]를 광덕왕으로 봉해 광천혜왕의 후대를 잇게 했다. 두 해 만에 세상을 떠나자[43] 아들 유적(劉赤)이 뒤를 이었으나 왕망 때에 왕위가 끊어졌다.

남몰래 거사에 대비한 교동 강왕 유기

○　○　○

교동 강왕 유기는 효경제 중원 2년에 교동왕에 봉해졌다가 스물여덟 해 뒤에 세상을 떠났다.

회남왕이 모반했을 때 그 소식을 어렴풋이 전해 듣고는 유기가 전차[44]와 족시(鏃矢)를 공수에 대비한 병기로 몰래 만들어 회남왕의 거사에 대비했다.

뒤에 옥리가 회남왕의 일을 조사할 때 유기가 관련되었다는 진술이 나왔다. 무제의 이복형제였던 유기는 황제와 가장 가까운 황족으로[45] 홀로 상심하다가 병이 나서 죽었는데 마지막까지 후사를 정할 엄두를 내지 못했다. 그 후 유기의 맏아들 유현(劉賢)은 생모가 유기의 총애를 받지 못했고 막내아들 유경(劉慶)은 생모가 총애를 입어 유기가 늘 유경을 태자로 삼으려고 했으나 차례에 맞지 않았던 것, 유기 자신이 회남왕의 모반을 알고도 조정에 알리지 않고 혼자서 전쟁을 준비한 죄 때문에 끝내 말을 꺼내지 못한 것을 황제가 알게 되었다. 황제가 그 둘을 가엾게 여겨 유현을 교동왕으로 봉하여 강왕의 제사를 받들게 했으며, 유경은 육안왕(六安王)에 봉하여 형산왕의 봉토였던 지역을 다스리게 했다.

교동왕 유현은 재위 열다섯 해 만에 세상을 떠나[46] 애왕(哀王)이라는 시호가 내려졌다. 아들인 대왕(戴王) 유통평(劉通平)이 뒤를 이었다가 스물네 해 뒤에 세상을 떠났다. 그의 아들 경왕(頃王) 유음(劉音)이 뒤를 이어 왕위에 올라 쉰네 해 뒤에 세상을 떠나자 아들 공왕(共王) 유수(劉授)가 뒤를 이었고 열네 해 뒤에 죽었다. 아들 유은(劉殷)이 뒤를 이었으나 왕망 시절에 왕위를 폐했다.

육안 공왕(六安共王) 유경이 재위 서른여덟 해 만에 세상을 떠나자 아들 이왕(夷王) 유록(劉祿)이 뒤를 이어서 열 해 뒤에 죽었다. 그의 아들 무왕(繆王) 유정(劉定)이 뒤를 이었다가 스물두 해 뒤에 죽고[47] 아들 경왕(頃王) 유광(劉光)이 왕위에 올랐다가 스물일곱 해 만에 죽었다. 아들 유육(劉育)이 뒤를 이었으나 왕망 시절에 왕위를 폐했다.

후사가 없어 나라 문을 닫은 청하 애왕 유승

○　○　○

청하 애왕 유승은 효경제 중원 3년에 청하왕에 봉해졌다가 열두 해 뒤에 세상을 떠났다. 아들이 없어 청하국을 폐했다.

경제의 막내아들 상산 헌왕 유순

○　○　○

상산 헌왕 유순은 효경제 중원 5년에 상산왕에 봉해졌다. 유순은 효경제의 막내아들로 교만하고 음탕하여 여러 차례 법을 어겼으나 황제가 언제나 관대하게 대했다. 서른세 해 만에 세상을 떠나자[48] 아들 유발이 뒤를 이어 왕이 되었다.

헌왕에게는 후궁이 낳은 맏아들 유탈(劉梲)이 있었는데 어머니가 총애를 받지 못했던 까닭에 왕의 사랑을 얻지 못했다. 왕후 수(脩)는 태자 유발(劉勃)을 낳았다. 왕에게 후궁이 많았는데 총애를 입은 두 후궁에게서 각각 아들 유평(劉平)과 유상(劉商)을 얻자 왕후가 총애를 잃었다.

뒤에 헌왕의 병이 깊어지자 후궁들이 병석을 지키며 시중을 들었지만, 왕후는 질투심 때문에 자주 가 보지 않았고 갔다가도 얼른 처소로 돌아와 버렸다. 태자 유발 역시 의원이 약을 올려도 몸소 약의 기미를 보지 않았고 밤에 병석을 지키며 시중들지도 않았다. 그러나 왕이 세상을 떠나자 왕후와 태자가 바로 달려갔다.

헌왕은 평소에 유탈을 아들로 취급한 적이 없었고 재물을 나눠 주지 않았다. 낭관이 유탈에게 재물을 나눠 주라고 태자와 왕후에게 권하기도 했지만 두 사람 다 그 말을 듣지 않았다. 태자가 왕위를 계승한 뒤에도 유탈을 돌보지 않았기 때문에 유탈은 왕후와 태자를 원망했다. 한나라 조정에서 보낸 사자가 헌왕의 상을 보러 오자, 유탈이 혼자 사자에게 가서 헌왕에 병석에 있을 때 왕후와 태자가 시중을 들지 않은 일, 헌왕이 세상을 떠난 뒤에 엿새 만에 상복을 벗고 빈소를 나온 것, 태자 유발이 몰래 정을 통한 것, 술을 마신 것, 노름한 것, 축(筑)을 켠 것, 여자를 수레에 태우고 달리면서 성안을 돌고 저자를 지나다닌 것, 옥에 들어가 죄수를 살펴본 것 등을 고했다.

황제가 대행(大行) 장건(張騫)을 보내 심문하게 하고 증인들을 체포하게 하자 왕이 증인들을 숨겨 버렸다. 옥리가 증인들을 잡게 해 달라고 요청하자 유발이 사람을 시켜 옥리를 때리고 한나라 조정에서 가두어 놓았던 혐의자들을 제멋대로 풀어 주었다. 담당 관원이 황제에게 유발과 헌왕의 왕후를 주살해야 한다고 청하자 황제가 말했다.

"수가 평소에 투기하는 등 행동이 올바르지 못했으므로 유탈에게 그 죄를 고발당하게 되었고, 유발이 죄를 지은 것은 훌륭한 사부가 없었기 때문이니 차마 주살하지 못하겠다."

담당 관원이 황제에게 왕위를 폐할 것과 유발에게 가솔을 이끌고 방릉으로 유배를 가도록 청하자 황제가 허락했다.

유발은 왕위에 오른 지 몇 달 만에 폐위되고 봉국도 철폐되었다. 달포가 지났을 무렵, 황제가 상산 헌왕이 가장 가까운 황족이었던 것을 이유로 하여 담당 관원에게 조서를 내려 말했다.

"상산 헌왕이 일찍 죽은 데다 왕후와 후궁들의 사이가 좋지 못했고 적자와 서자가 비방하며 싸웠으므로 옳지 못한 지경에 빠져들어 봉국이 없어지게 되었으니 그 점이 심히 가엾구나. 헌왕의 아들인 유평에게 삼만 호를 봉하고 진정왕(鎭定王)으로 삼는 동시에, 아들 유상에게도 삼만 호를 주고 사수왕(泗水王)으로 삼겠다."

진정 경왕(鎭定頃王) 유평이 재위 스물다섯 해 만에 세상을 떠나자 아들 열왕(烈王) 유언(劉偃)이 뒤를 이었다가 열여덟 해 뒤에 세상을 떠났다. 그의 아들 효왕(孝王) 유유(劉由)가 뒤를 이었다가 스물두 해 만에 죽자[49] 아들 안왕(安王) 유옹(劉雍)이 뒤를 이었다. 스물여섯 해 뒤에 안왕이 세상을 떠나자[50] 아들 공왕(共王) 유보(劉普)가 뒤를 이었고 열다섯 해가 지난 뒤에 세상을 떠나자 아들 유양(劉陽)[51]이 뒤를 이었으나 왕망 시절에 왕위를 폐했다.

사수 사왕(泗水思王) 유상이 열두 해 만에 세상을 떠나자 아들 애왕(哀王) 유안세(劉安世)가 뒤를 이었으되 한 해 만에 세상을 떠났다. 유안세에게 아들이 없었으므로 무제가 사수왕 왕위가 끊어지는 것을 가엾게 여겨 유안세의 동생 유하(劉賀)를 다시 세웠으니 바로 대왕(戴王)이다.

유하가 재위 스물두 해 만에 세상을 떠났을 때 유복자 유훤(劉煖)[52]이 있었으나 승상내사가 황제에게 고하지 않았다. 태후가 글을 올리니 소제가 유훤을 가엾게 여겨 승상내사의 죄를 마땅한 벌로 다스린 뒤에 왕에 봉하니 바로 근왕(勤王)이다. 왕위에 오른지 서른 아홉 해 만에 세상을 떠나자 여왕(戾王) 유준(劉駿)이 뒤를 이었다가 서른한 해 만에 죽자 아들 유정(劉靖)이 뒤를 이었다. 왕망 시절에 왕위를 폐했다.

찬하여 말한다.

옛적에 노 애공이 공자에게 말했다.

"과인은 구중궁궐에서 태어나 여인네들의 손에 자라면서 근심을 몰랐고 두려움도 몰랐습니다."

노 애공은 정말 그렇게 살아왔을 것이다. 그랬기에 위기에 빠져 망하고 싶지 않아도 망할 수밖에 없었다. 옛사람들은 안온함을 짐독만큼 무섭게 여겼고 도덕 없이 부귀한 것을 불행이라고 일컬었다. 한나라가 건국한 뒤 효평제에 이를 때까지 제후왕이 수백 명이었는데 많은 이가 교만과 음탕함에 빠져 도를 잃고 만 것은 어찌 된 까닭일까? 그것은 방종에 깊이 빠져 권세를 휘두른 결과이다.

보통 사람은 습속에 묶여 살게 되어 있으니 노 애공 같은 경우야 더 말할 것도 없다. 대저 고아한 사람은 탁월하여 무리에 섞이지 않으니 하간 헌왕이 그런 경지에 가까웠다.

24

이광·소건 전
李廣蘇建傳

△△△△△△△△△△△△△△△△△△

이 편에 실린 이광(李廣, ?~기원전 119년)과 그 손자 이릉(李陵, ?~기원전 74년)은 대대로 활쏘기에 능한 집안에서 태어나 흉노 정벌 전쟁에서 혁혁한 공을 세운 한나라의 뛰어난 장군들이다. 그러나 흉노를 정벌하기 위해 무리한 작전을 불사하던 무제의 과욕 때문에 아까운 병사와 장군을 잃는 일이 잦았던 시대에 두 사람의 최후 또한 비극으로 막을 내리고 말았다. 이광은 약진하는 젊은 세대에게 밀려 자결했고, 이릉은 흉노 대군과 사투를 벌이다가 항복하는 수치를 겪고 말았다. 사마천은 바로 이 이릉을 변호하다가 궁형의 변을 당했다.

이 두 장군과 같은 편에 실린 소무(蘇武, 기원전 140~기원전 60년)는 한나라가 배출한 최고의 애국지사로 지금까지 그 이름이 칭송되고 있다. 흉노에 출사했다가 포로가 된 소무는 바이칼호 변에 유배되어 근근이 목숨을 이어 가면서도 황제가 내린 사자의 부절을 끝까지 내던지지 않았다. 이 편에서 가장 극적인 부분은 투항하여 흉노 사람이 된 이릉과 끝까지 투항을 거부한 소무가 만나는 장면이다. 젊어서 친구였던 두 사람이 나누는 대화는 절개를 꺾는 것을 천고의 수치로 여기던 시대의 국가관을 보여 준다.

『사기』에는 이광에 대해서만 「이 장군 열전」이 세워져 있다.

무예와 지략을 갖춘 명장 이광

○ ○ ○

이광은 농서군 성기현 사람이다. 선조 중에 진나라 장군으로 연나라 태자 단(丹)을 추격해 붙잡았던 이신(李信)이 있다. 이광의 집안사람들은 대대로 활쏘기를 가르쳤다.

효문제 14년, 흉노가 소관으로 대거 침입해 왔을 때 부유한 집안의 자제였던 이광은 직접 말을 준비해 군대에 들어가서 흉노를 공격했다. 활을 잘 쏘았기 때문에 흉노 여럿을 죽이고 낭관이 되어 말을 타고 황제를 시위했다.

황제를 따라 여러 차례 사냥을 나갔는데, 맹수를 손으로 때려 죽이는 광경에 문제가 말했다.

"아깝다. 이광이 때를 만나지 못했구나. 지금이 고조 때라면 만호후를 받아도 성에 차지 않을 텐데."

경제가 즉위한 뒤에 기랑장(騎郎將)이 되었다.

오초의 난이 일어났을 때 효기도위가 되어 태위 주아부를 따라 창읍에서 교전하여 성을 함락하고 이름을 떨쳤다. 그러나 양왕이 한나라 조정의 허락을 받지 않고 이광에게 장군의 관인을 수여했던 까닭에 조정에 돌아가서는 논공행상에 끼지 못했다.

뒤에 상곡 태수가 되어 흉노와 여러 차례 교전했다. 전속국(典屬國) 공손혼야(公孫昆邪)가 황제에게 울면서 말했다.

"이광은 재주와 기개가 뛰어나기로 천하에 비할 데가 없는 자인데, 자신의 능력만 믿고 흉노와 여러 차례 접전하며 승부를 다투고 있으니 그를 잃을까 두렵습니다."

그리하여 황제가 이광을 상군 태수로 옮기게 했다.

흉노가 상군에 침입하자 황제가 중귀인(中貴人)으로 하여금 이광을 따라 군사를 거느리고 흉노를 공격하게 했다. 중귀인이 기병 수십 명을 거느리고 선봉에 섰다가 흉노군 세 명을 맞닥뜨려 싸움이 붙었다. 흉노군이 활을 쏘아 중귀인에게 부상을 입히고 나머지 기병들을 거의 다 죽이자 중귀인이 후방의 이광에게로 달아났다. 이광이 말했다.

"화살을 쏘아 수리를 사냥하는 자들이 틀림없다."

이에 이광이 기병 백 명을 데리고 그 세 명을 향해 달렸다. 그 세 명은 말없이 보행하여 수십 리 앞에 가고 있었다. 이광이 데리고 간 기병들을 좌우에 날개처럼 펼쳐 서게 한 뒤에 친히 그 세 사람에게 활을 쏘아서 두 사람을 죽이고 한 사람을 산 채로 잡았다. 아니나 다를까 흉노족 수리 사냥꾼이었다. 그자를 결박하고 산 위로 올라가서 바라보니 멀리 흉노 기병 수천 명이 보였다.

흉노 기병들이 이광을 발견하고, 유인하러 온 것으로 생각해 산으로 올라가 이광의 공격에 대비하는 진을 쳤다. 이광의 기병 백 명이 모두 크게 겁을 내며 말을 달려 돌아가려고 했다. 이광이 말했다.

"우리가 대군으로부터 수십 리나 떨어져 있는데 이제 그렇게 달아나면 흉노가 추격하며 활을 쏠 것이니 아군은 바로 전멸한다. 지금 우리가 여기 남아 있으면 흉노가 우리를 대군 쪽으로 유인하는 부대로 여겨 절대 우리를 공격하지 못할 것이다."

이광이 명령을 내렸다.

"전진하라!"

그러고는 흉노의 진영으로부터 이 리 떨어진 곳에서 전진을 멈추게 하고는 다시 명령을 내렸다.

"모두 말에서 내려 안상을 풀도록 하라."

기병들이 말했다.

"흉노의 기병이 저렇게 많은데 안장을 풀고 있다가 바로 위급한 일이 닥치면 어찌할 작정이십니까?"

이광이 말했다.

"우리가 달아나리라고 여겼던 적 앞에 안장을 풀고 가지 않는 모습을 보이면, 유인하러 온 부대라는 생각을 굳힐 것이다."

백마를 탄 장수 하나가 군대를 보호하기 위해 형편을 살피러 나왔다. 이광이 말을 타고 십여 명의 기병과 함께 달려가 백마 탄 장수를 활로 쏘아 죽였다. 그러고는 다시 백 명의 기병이 있던 곳으로 돌아와 안장을 내려 말을 풀어놓고 누웠다. 그때 마침 해가 지고 있었다. 흉노군이 이상하게 여기고 끝내 공격하지 않았다. 한나라에서 측면에 복병을 두어 밤에 자신들을 공격하리라 여긴 흉노군이 밤중에 군대를 철수했다. 새벽에 이광이 한나라의 대군이 있는 곳으로 돌아갔다.

그 뒤에 농서와 북지, 안문, 운중 등지를 옮겨 다니며 태수를 지냈다.

무제가 즉위하여 측근에게 이광을 명장이라 이르면서 미앙궁의 위위로 들어오게 했다. 그때 장락궁의 위위는 정불식이 맡고 있었다. 정불식은 예전에 이광과 마찬가지로 변경 지방의 태수로 있으면서 장둔(將屯) 부대를 지휘했다.

그런데 흉노를 공격하러 나간 이광의 부대가 행군하면서 부(部)와 곡(曲) 대열을 지키지 않았다. 물과 말 먹일 풀을 구하기 좋은 곳이면 멈추어 쉬었는데, 이광은 군사들이 각자 편하게 행동하게 했다. 밤에 순라를 돌 때 조두(刁斗)를 울리지 않고도 잘 경비했으며, 장군 막부로 문서를 보고하는 일도 줄였다. 그러나 먼 곳에는 척후병을 배치했기 때문에 급습의 해를 당한 적이 없었다.

정불식은 행군과 진지를 구축할 때 부와 곡 대오를 정확히 유지하게 했고 순라를 돌며 조두를 요란하게 울렸으며, 군리들은 새벽이 될 때까지 군대의 장부를 정리해야 했으니 군영에서 편하게 행동할 수 없었다. 정불식이 말했다.

"이 장군은 지극히 간단하고 쉽게 지휘하니 적이 그 군대를 급습이라도 하면 막아 낼 도리가 없지. 그런데 군사들은 편안하게 즐기다가 전투에 들어가면 장군을 위해 목숨을 바쳐 싸운단 말이야. 우리 군대는 번잡하고 바쁘게 돌아간다고들 하지만 그것 때문에 적이 우리를 침범하지 못하는 게지."

그때 한나라 변경의 군대는 이광이나 정불식 같은 명장이 지키고 있었는데 흉노는 이광을 두려워했다. 이광 아래의 군사들은 즐겁게 군 생활을 했으나 정불식의 군대에서는 견디기 힘들어했다.

정불식은 효경제 때에 수차례에 걸쳐 직간을 올림으로써 태중대부가 되었다. 사람됨이 청렴하고 법령을 엄격하게 지켰다.

뒤에 한나라 군대가 선우를 마읍성까지 유인하면서 대군은 마읍 측면에 숨어 있는 작전을 감행했다. 이광은 효기장군이 되어 호군장군 한안국의 지휘를 받았다. 선우가 복병이 있음을 눈치채고 철수하자 한나라 군대는 아무도 공을 세우지 못했다.

네 해 뒤에 이광이 위위로서 장군이 되어 안문에서 출격하여 흉노를 공격했다. 흉노가 대규모 군대를 파견하여 이광의 군대를 격파하고 이광을 사로잡았다. 선우가 평소에 이광의 능력이 뛰어나다는 소문을 듣고 이광을 반드시 산 채로 데려오라는 명령을 내렸던 까닭이다. 흉노의 기병이 잡았을 때 이광은 부상을 당한 상태였다. 그리하여 말 두 마리 사이에 그물을 쳐서 그 위에다 이광을 눕혀 두었다. 십여 리를 행군했을 때 이광이 죽은 척했다. 곁눈으로 살펴보니 바로 옆에 한 아이가 좋은 말을 타고 있기에, 그 말에 뛰어올라 아이를 안고 채찍을 가해 남쪽으로 수십 리를 달려가서 살아남은 자신의 군사들과 조우했다. 흉노 기병 수백 명이 그 뒤를 추격했지만 이광이 달리면서 그 아이의 활로 추격하던 기병을 쏘아 죽여 위험 지역을 벗어났다. 한나라 조정에 돌아가니 조정에서 이광을 옥리에게 넘겨 심문하게 했다. 옥리가 이광이 군사를 많이 잃은 데다 흉노에게 산 채로 잡히기까지 했으므로 참형에 처해야 한다고 판결했다. 이광이 속죄금을 내고 서인이 되었다.

몇 해가 지나 전임 영음후[1]와 함께 남전의 남산[2]에 은거하며 사냥했다. 그 무렵 말을 탄 수행원 하나만 데리고 자주 밤에 밖을 나가 들판에서 사람들과 술을 마셨다. 하루는 돌아오는 길에 어느 정(亭)[3] 앞에 이르렀는데 패릉현의 위가 술에 취해 소리를 지르며 이광의 길을 막았다. 말을 타고 따르던 이광의 수행원이 "전임 장군이신 이광 장군이오."라고 일러 주었다. 그러나 패릉현의 위가 아랑곳하지 않고 말했다.

"현재의 장군도 야행이 금지되어 있는데 하물며 옛 장군이었던 바에야 더 말할 것이 있겠소?"

그러고는 이광을 정 안에 묵게 했다.

얼마의 시간이 지났을 무렵, 흉노가 요서(遼西)에 침입하여 태수를 죽이고 한(韓) 장군[4]의 군대를 격파했다. 한 장군은 뒤에 우북평군(右北平郡)으로 옮겨 갔다가 그곳에서 죽었다. 그리하여 황제가 이광을 불러 우북평 태수로 삼았다. 이광이 패릉현의 위와 함께 가겠다고 청한 뒤 군영에 이르러 그자를 베어 버리고는 황제에게 사정을 진술하는 글을 올려 벌을 청했다. 황제가 답신을 보냈다.

장군이란 나라를 수호하는 발톱이자 이빨이다. 『사마법(司馬法)』에 이르기를 "장군은 전차에 오른 뒤에는 다른 사람에게 공경하는 예를 올리지 않고, 상을 당해도 복상하지 않는다.[5] 전열을 가다듬고 군사를 위로하며 불복하는 무리를 정벌하되 삼군 전체의 마음을 하나로 이끌어 전사들이 동시에 힘을 발휘하게 하고, 노한 모습을 보여 사방 천 리를 떨게 하며, 위무를 떨쳐 보여 만물이 엎드리게 해야 한다. 그러면 이맥(夷貊)들에게 명성이 알려지고 이웃 나라가 그 신령한 위엄에 떨 것이다."라고 했다. 분노 때문에 보복했다고 하지만 장차 더 큰 해를 방지하려고 했던 것일 테니, 그로 말미암아 악한 사람들을 교화해 낸다면 사형이 없어질 것이다.[6]

짐은 장군이 그렇게 하기를 바란다. 관을 벗고 맨발로 걸으며 머리를 조아리고 벌 받기를 청하는 것은 짐이 장군에게 기대하는 모습에 맞지 않는다. 장군은 동쪽 변경에서 장군의 군대를 잘 통솔하여 지키며 백단(白檀) 지방에 주둔하다가 우북평 일대에서 흉노의 말이 살지는 늦가을에 벌어질 전투에 임하도록 하라.

이광이 우북평군에 있을 때 흉노들이 한비장군(漢飛將軍)이라고 부르면서 이광과의 대결을 피했으니, 여러 해 동안 경계를 넘어오지 않았다.

바위를 뚫어 버린 이광의 화살

○　○　○

이광이 사냥을 나갔다가 풀숲에 있는 바위를 보고 호랑이라고 여겨 활을 쏘았는데 명중한 화살촉이 박혔다. 그런데 다가가서 살펴보니 바위였다. 다른 날 활을 쏘아 봤지만 어떻게 해도 다시 바위를 뚫을 수 없었다.

이광이 있던 군에 호랑이가 나타났다는 소리가 들리면 언제나 이광이 직접 가서 쏘았다. 우북평군에 있을 때 호랑이를 쏘았는데 호랑이가 덤벼들어 할퀴었지만 이광이 아랑곳하지 않고 다시 쏘아 죽였다.

석건이 죽자 황제가 이광을 불러들여 낭중령으로 삼았다.

원삭 6년, 이광이 다시 장군이 되어 대장군을 따라 정상(定襄)에서 변경을 나가 출동했다. 여러 장군이 공훈을 매기는 기준 이상으로 적의 목을 베고 사로잡아 후위를 봉해 받았다. 그러나 이광의 군대는 기준에 맞게 공을 세우지 못했다.

세 해가 지난 뒤에 이광이 낭중령으로서 기병 사천 명을 거느리고 우북평에서 변경을 나가 출격했는데, 박망후(博望侯) 장건(張騫)도 만 명의 기병을 거느리고 이광과 함께 출발했다가 다른 길로 갈라져 행군했다. 수백 리를 행군했을 때 흉노 좌현왕이 거느린 기병 사만이 이광의 군대를 포위했다. 이광의 군사들이 모두 두려움에 떨고 있는 가운데 이광이 아들 이감(李敢)을 보내 돌진하게 했다. 이감이 기병 수십 명을 데리고 흉노의 기병 부대 중간을 바로 뚫고 그 좌우로 돌아 나와서 귀대했다. 그리고 이광에게 보고했다.

"호로(胡虜) 진영을 보니 쉽게 무찌를 만했습니다."

그러자 군사들이 안정을 되찾았다. 이광의 군대가 바깥을 향해 둥글게 진을 쳤다. 그때 흉노가 급습해서 화살이 비 오듯 쏟아졌다. 한나라 군이 절반 넘게 죽었고 화살은 거의 다 떨어져 이광이 군사들에게 활시위를 당기기만 하고 쏘지 못하게 했다. 그러고는 큰 황견(黃肩) 쇠뇌로 직접 흉노의 비장을 쏘았는데 몇 명을 죽이자 호로 진영이 크게 무너졌다. 마침 해가 지고 있었다. 군리와 군사들은 사람 형색을 잃었으나 이광만큼은 평소와 같은 기색을 하고 더욱 힘차게 진영을 독려했다. 온 군중이 장군의 용맹함에 머리를 조아렸다. 이튿날 다시 힘껏 싸우고 있을 때 박망후의 군대가 도착했다. 그러자 흉노가 포위를 풀고 군대를 철수했다. 한나라 군도 피로한 상태였으므로 더는 추격하지 않았다. 그때 이광의 부대는 거의 전멸하다시피 한 상태로 철수하여 돌아갔다. 한나라 법에 따라 기약한 날짜보다 늦게 합세한 박망후에게 사형이 선고되었으나 속죄금을 내고 서인이 되었다. 이광의 군대는 공과가 상쇄되어 상을 받지 못했다.

처음에 이광은 사촌 동생 이채(李蔡)와 함께 낭관이 되어 문제를 섬겼다. 경제 때 이채가 공을 세워 이천석 벼슬에 올랐다. 무제 원삭 연간에 이채가 경거장군이 되어 대장군을 따라 우현왕을 공격했는데 공을 세운 것이 후위를 하사받을 기준에 부합하여 낙안후(樂安侯)[7]에 봉해졌다. 무제 원수 2년, 공손홍을 대신하여 승상이 되었다. 이채는 그 사람됨이 하류 중의 중간 등급에 속했으나 명성은 이광보다 훨씬 높았다. 그에 비해 이광은 작위와 식읍을 얻지 못했고 벼슬은 구경에 오른 게 전부였다. 이광의 군리나 부하 군사 중에도 봉후를 얻은 자들이 있었다. 이광이 관천망기(觀天望氣, 하늘을 살펴 날씨를 예측함)에 뛰어났던 왕삭(王朔)에게 물었다.

"한나라에서 흉노를 공격하기 시작한 이래 나 이광이 출전 장군 가운데 들어 있지 않은 적이 없었소. 일찍이 거느렸던 교위 이하 군리 중에 능력이 중간에도 못 가면서 전투에서 세운 공으로 후위를 얻은 자가 수십 명이오. 나는 그리 능력이 없는 사람이 아닌데 작은 공도 못 세워 끝내 후위와 식읍을 받지 못했으니 어인 까닭인지요? 설마 내 관상이 후위를 얻지 못할 상은 아니겠지요?"

왕삭이 대답했다.

"장군께서 스스로 돌아보기에 일찍이 후회할 만한 일을 한 적이 없었는지요?'

이광이 말했다.

"농서 태수로 있을 때 강(羌)이 자주 반란을 일으켰습니다. 그때 팔백 명을 항복하도록 이끌었는데, 그들을 속이고 같은 날 모두 죽여 버렸소. 지금 후회할 만한 일은 그 일뿐이오."

"항복한 자를 죽이는 것만큼 큰 죄는 없습니다. 그 일 때문에 장군께서 후위를 얻지 못하고 있는 것입니다."

이광은 앞뒤로 마흔몇 해 동안 일곱 개 군의 태수를 지냈다. 상으로 받은 재물은 즉시 부하들에게 모두 나누어 주었으며, 군리와 부하 군사들과 같은 것을 먹고 마셨다. 그리하여 집에는 재물이 하나도 남아 있지 않았지만 끝내 재산에 관해 말한 적이 없었다.

이광은 키가 크고 원숭이처럼 팔이 길어 활을 잘 쏠 만한 신체를 타고난 인물이었다. 자손이나 다른 사람들이 이광에게 배웠지만 이광을 뛰어넘는 자는 없었다. 이광은 어눌하고 말수가 적었다. 다른 사람들과 함께 있을 때 땅에 군대의 진영을 그려 놓고 활을 쏘아 그림 중의 좁다란 곳을 맞히면 이기고 넓은 면을 맞히면 진 것으로 하여 벌주 내기를 했는데, 활쏘기만으로 놀이를 만든 것이었다. 작전 중에 물과 양식이 부족한 상태에서 물이 있는 곳을 만나면 군사들이 다 마실 때까지 물 근처에 가지 않았으며 모든 군사가 배를 채울 때까지 음식을 들지 않았다.

부하들에게 관대하고 따뜻하게 대했으며 자질구레한 것으로 구속하지 않았다. 그런 지휘를 받은 군사들은 즐거운 마음으로 장군에게 복종했다. 쇠뇌를 쏠 때는 적을 봐도 그 적이 수십 보 이내로 들어와 죽일 수 있다고 판단되지 않으면 쏘지 않았다. 쏘면 시위를 당기는 소리가 난 즉시 고꾸라뜨렸다. 이런 작전을 썼기 때문에 전투할 때 여러 차례 포위를 당했다. 맹수에게 활을 쏠 때에도 그랬으므로 맹수에게 여러 차례 공격받고 상처를 입었다.

원수 4년, 대장군과 표기장군이 흉노를 대대적으로 공격할 때 이광이 스스로 나서서 출전하겠다고 황제에게 여러 번 청했다. 황제가 이광이 나이가 많은 것을 들어 허락하지 않았다. 그러나 한참 설득하자 뒤에 허락하고 전장군(前將軍)에 임명했다.

자결한 이광 장군을 그리며 백성이 눈물을 흘리다

○　○　○

대장군 위청이 출격한 뒤에 적의 포로를 잡아 선우가 있는 곳을 알아내고는 친히 정예병을 이끌고 그쪽으로 달려갔다. 그러면서 이광으로 하여금 우장군 군대와 합세하여 동쪽 길로 출동하게 했다. 이광은 동쪽 길이 조금 멀리 돌아가는 데다 물과 말을 먹일 풀이 적어서 많은 병력을 집중하여 행군할 형세가 못 되는 것을 알고 있었다. 이광이 대장군에게 재고해 달라고 부탁했다.

"저는 전장군으로 부(部)를 거느리고 선봉에 서기로 되어 있었는데 이제 장군께서 저를 동쪽 길로 출격하라고 하셨습니다. 제가 관례를 올리며 상투를 틀었을 때부터 흉노와 전투를 벌여 왔으나 이제야 겨우 선우를 직접 상대할 기회를 얻었으니 저를 선봉에 세워 먼저 선우를 죽이게 해 주십시오."

그런데 대장군은 출정 전에 황제로부터 "이광은 운이 잘 따르지 않으니 선우와 직접 대결하지 못하게 하라. 직접 대결시켜도 원하는 승리를 얻지 못할 것이다."[8]라는 지시를 따로 받아 둔 상태였다. 그 무렵 막 후위를 박탈당했던 공손오(公孫敖)가 중장군이 되어 출전하게 되었다. 대장군은 공손오와 함께 선우를 직접 대적할 생각에 이광을 동쪽 길로 가라고 한 것이었다. 그 점을 알고 있던 이광이 한사코 명령을 받지 않으려 했다. 대장군이 이광의 말을 듣지 않고 대장군부의 장사를 시켜 봉인한 명령의 글을 이광의 막부로 보내며 "빨리 부 대오로 가서 글에 적힌 대로 명령을 따르라."라는 말을 전하게 했다. 이광은 대장군에게 인사도 없이 출동했다. 얼굴에 분노가 서린 채로 자신의 부로 가서 군사를 이끌고 우장군 조이기(趙食其) 부대와 합세하여 동쪽 길로 출동했다. 중간에 몇 번 길을 잃어서[9] 대장군이 정해 준 시간보다 늦게 도착했다.

대장군이 선우와 접전하자 선우가 달아났다. 추격했지만 잡지 못하고 돌아오는 길에 남쪽을 향해 사막을 가로지른 뒤에야 두 장군과 합류했다. 이광이 대장군의 얼굴을 본 뒤에 자신의 군중으로 돌아왔다. 대장군이 장리에게 건량과 탁주를 들려보내, 청(靑)이 천자께 군사를 잃은 사정을 보고해야 한다면서 이광과 조이기가 길을 잃었던 상황에 관해 물어보자 이광은 대답하지 않았다. 대장군부의 장사가 이광의 막부 장교들에게 문서로 그 내용을 올리라고 다그치며 질책하니 이광이 말했다.

"교위들은 죄가 없다. 내가 길을 잃었으니 내가 직접 문서를 쓸 것이다."

이광이 막부로 가서 자신의 휘하들에게 말했다.

"나 이광이 관례를 올린 스무 살 이후 이제까지 흉노와 크고 작은 전투를 일흔몇 회나 치렀다. 이번에 운 좋게 대장군을 따라 출전하여 선우의 군대와 접전할 기회를 얻는가 했더니 대장군이 나의 부대로 하여금 멀리 돌아오게 시킨 데다 또 길까지 잃었다. 이 어찌 하늘의 뜻이 아니겠는가! 이제 나이가 예순몇이나 되었는데 도필리의 심문에 대답이나 하고 앉아 있을 수는 없는 노릇이다."

말을 마친 뒤에 칼로 자신의 목을 찔렀다.

그 소문을 들은 백성이 이광과 아는 사람이거나 알지 못하는 사람이거나 늙었거나 젊었거나 모두 장군을 생각하며 고개를 숙이고 눈물을 흘렸다. 그리하여 우장군만 옥리에게 심문하게 했는데 사형 판결을 내렸다. 우장군이 속죄금을 내고 서인이 되었다.

평탄치 않은 이광의 세 아들의 운명

○　○　○

이광에게는 아들이 셋 있었는데 이당호(李當戶), 이초(李椒), 이감(李敢)으로 모두 낭관이 되었다. 황제가 한언(韓嫣)과 놀고 있을 때 한언이 황제에게 약간 불손한 행동을 하자 이당호가 한언에게 주먹을 날려 달아나게 했다. 황제가 그런 이당호의 행동을 보고 유능하다고 여겼다. 그런데 이당호가 일찍 죽었다. 이에 이초를 대군 태수로 임명했으나 이초 또한 이광보다 먼저 죽었다. 이광이 군중에서 죽었을 때 이감은 표기장군 밑에 있었다.

이광이 죽은 다음해에 황제가 승상 이채에게 조서를 내려 양릉(陽陵)[10] 근처 땅 스무 무를 하사했다. 그러나 이채가 무려 세 경(頃)이나 몰래 차지한 뒤에 그 땅을 팔아 사십여만 금을 챙겼다. 게다가 양릉의 신도(神道) 밖에 있는 빈터 한 무까지 함부로 차지하여 그 땅에 장사를 치렀다. 심문하기 위해 이채를 하옥시켰지만 자결해 버렸다.

이감이 교위로서 표기장군의 지휘를 받으며 흉노의 좌현왕 군대를 공격하여 있는 힘을 다해 싸웠다. 좌현왕의 군기와 북을 빼앗고 수많은 적의 군사를 베었으므로 관내후의 작위와 식읍 이백호를 하사받았다. 그리고 이광을 대신하여 낭중령이 되었다.

그 뒤 이감이 아버지를 억울하게 죽게 한 일로 대장군을 공격해 다치게 했다. 대장군이 그 사실을 감추어 주었다. 다시 얼마가 지났을 때 이감이 황제를 모시고 옹 땅으로 올라가 감천궁에 이르러 사냥을 했는데, 대장군 위청을 다치게 한 일에 보복하려고 표기장군 곽거병(霍去病)이 활을 쏘아 이감을 죽였다. 곽거병이 한창 총애를 받던 때라 황제가 사슴뿔에 받혀서 죽었다고 사실을 감춰 주었다.

그로부터 한 해가 지나 곽거병도 죽었다.

이감에게는 딸이 있었는데 태자의 중인(中人)이 되어 총애를 받았다. 이감의 아들 이우(李禹)도 태자의 총애를 받았지만 이익을 탐하고 난폭한 면이 있었다. 한번은 시중귀인(侍中貴人)과 술을 마시다가 시중귀인을 능욕한 적이 있는데 시중귀인이 응대할 엄두를 내지 못했다. 그런데 뒤에 황제에게 고해바쳐 황제가 이우를 불러들였다. 그물 안에 이우를 넣고 공중에 그물을 매달아 호랑이 우리 안으로 내려보내던 중에 그물이 미처 땅에 닿기 전에 황제가 끄집어내라고 명령했다. 이에 이우가 그물 안에서 얽혀 있는 그물의 줄을 칼로 끊고 호랑이를 찌르려고 했다. 황제가 그런 이우를 장사로 여기고 구해 내게 했다.

이당호에게 유복자가 있었는데 이릉(李陵)이다. 이릉이 군대를 이끌고 흉노를 공격하다 패배하여 흉노에게 항복했다. 뒤에 어떤 사람이 이우가 이릉이 있는 곳으로 달아나려 한다고 고발했다. 그 일로 옥리에게 넘겨져 사형당했다.

할아버지의 기풍을 이어받은 이릉

○　○　○

이릉의 자는 소경(少卿)이다. 청년 시절에 이미 건장감(建章監)이 되어 기병을 관리했으며 거기에 시중직을 더해 받았다. 말타기와 활쏘기에 뛰어났고 사람을 아꼈으며 겸양의 덕을 발휘하여 부하들에게 자신을 낮춰 대했기 때문에 평판이 아주 좋았다.

이릉에게 이광의 기풍이 있다고 판단한 무제는 기병 팔백 명을 거느리고 흉노 땅 이천여 리까지 깊이 들어가 거연(居延)을 지나

지형을 탐지하게 했는데, 흉노 군을 찾지 못하고 돌아왔다. 황제가 이릉을 기도위에 임명했다. 이릉은 용맹한 군사 오천 명을 거느리고 주천(酒泉)과 장액(張掖)에서 활쏘기를 가르치며 흉노의 침입에 대비했다.

여러 해가 지난 뒤에 조정에서 이사장군(貳師將軍)을[11] 보내 대완국을 정벌하게 했다. 황제가 이릉으로 하여금 다섯 교(校)의 병력을 이끌고 뒤따라 출동하게 했다. 이릉이 변경에 이르렀을 때 마침 이사장군이 이끄는 군대의 회군 소식이 들렸다. 황제가 이릉에게 칙서를 보내 군관과 병사 들을 변경에 남기고, 날랜 기병 오백 명을 데리고 돈황(敦煌)에서 변경을 나가 염수(鹽水)까지 가서 회군하는 이사장군을 맞이한 뒤에 다시 장액에 주둔하게 했다.

무제 천한 2년, 이사장군이 기병 삼만 명을 거느리고 주천에서 변경을 넘어가 천산(天山)에서 흉노 우현왕(右賢王)의 군대를 공격했다. 황제가 이릉을 불러 이사장군에게 물자를 수송하는 일을 맡기고자 했다. 미앙궁 무대전(武臺殿)에 불려 들어간 이릉이 머리를 조아리며 자청했다.

"신이 이끄는 변경 장둔군은 모두 형초(荊楚) 출신의 용사로, 뛰어난 재주를 가진 인재이거나 검객들이니 힘은 맨손으로 범을 때려잡을 만하고 활을 쏘면 백발백중입니다. 이번 공격에 제게 한 갈래를 맡겨 난간산(蘭干山) 남쪽에서 흉노 군대의 세력이 나뉘게 해 주십시오. 그러면 선우가 군대를 나누어 저와 접전하게 될 테니, 선우의 모든 군대가 이사장군의 부대만을 향하지 못할 것입니다."

황제가 말했다.

"장군은 남 밑에 속하는 것을 꺼리는가? 짐이 이번에 군사를 많이 출동시켜 버린 바람에 그대에게 줄 기병이 없다."

이릉이 그 말에 답했다.

"기병을 따로 주실 필요는 없습니다. 신은 적은 병력으로 많은 적을 공략하고 싶으니, 보병 오천이면 선우의 궁정에 닿을 수 있습니다."

황제가 장하게 여겨 그렇게 하도록 허락하고, 강노도위(彊弩都尉) 노박덕(路博德)에게 조서를 내려 군대를 거느리고 중도에서 이릉의 군대를 맞이하게 했다. 복파장군(伏波將軍)을 지냈던 노박덕이 이릉의 후위가 되는 것을 부끄럽게 여겨 상주했다.

"지금은 가을철이라 흉노의 말이 살져 있을 때니 흉노와 교전할 수 없습니다. 이릉에게 봄이 올 때까지 기다리게 했다가 주천과 장액에서 각각 기병 오천 명을 거느리고 동시에 출격하여 준계산(浚稽山) 동쪽과 서쪽에 모여 있는 흉노 부락을 공격하게 하심이 어떨지요? 그렇게 하면 선우를 사로잡을 수 있습니다."

상소가 올라가자 황제가 노했다. 이릉이 후회하면서 출격하지 않으려고 노박덕을 시켜 글을 올렸다고 의심한 것이었다. 이에 황제가 노박덕에게 조서를 내렸다.

"짐이 이릉에게 기병을 주고자 했던 까닭은 소규모 병력으로 대규모 적을 공략하고 싶다고 해서였다. 지금 적이 서하에 침입했다 하니 그대는 군대를 이끌고 서하로 가서 구영(鉤營)에서 길을 차단하도록 하라!"

이릉에게도 조서를 내렸다.

"9월에 출격하되 차로장(遮虜鄣)에서 변경을 나가 동쪽 준계산의 남쪽에 있는 용륵수(龍勒水) 변까지 진격하라. 곳곳을 다니며 적의 형세를 살피되 적을 발견할 수 없으면, 삭야후(㴠野侯)[12] 조파노(趙破奴)가 개척한 옛길을 따라 수항성(受降城)까지 가서 군사를 쉬게 한 뒤에 역참의 기병을 통해 보고하도록 하라. 그리고 노박덕과는 무슨 말을 주고받았는가? 모든 내용을 문서로 보고하라!"

그리하여 이릉이 자신의 보병 오천 명을 거느리고 거연을 통해 변경을 나가 서른 날 동안 북진한 뒤에 준계산에 이르러 진지를 구축했다. 이릉은 지나간 곳의 산천과 지형을 일일이 그려 넣어 휘하의 기병 진보락(陳步樂)으로 하여금 황제에게 돌아가 보고하게 했다. 황궁에 불려 들어간 진보락이 황제에게 이릉이 사력을 다해 싸우도록 군사들을 지휘했다고 보고했다. 황제가 몹시 기뻐하며 진보락을 낭관에 제수했다.

전쟁에 졌으니 죽어야겠다

○　○　○

준계산에 도착한 이릉이 선우의 군대와 마주쳤다. 삼만 명은 족히 되어 보이는 기병 부대가 이릉의 군대를 포위했다. 이릉은 양쪽 산 사이에 군대를 주둔시키고 큰 수레를 보루로 삼았다. 이릉의 군사가 보루 바깥쪽에 진을 쳤는데 앞줄은 미늘창과 방패를 들고 뒷줄은 활과 쇠뇌를 들었다. 이윽고 이릉이 명령을 내렸다.

"북소리를 들으면 진격하고, 징 소리를 들으면 멈추어라!"

한나라 군사의 수가 적어 보이자 적군이 보루까지 곧바로 전진해 왔다. 이릉이 육박전으로 흉노와 접전하면서 천 대의 쇠뇌를 일제히 발사하게 했다. 시위를 당기는 소리가 나는 동시에 흉노 군사들이 쓰러졌다.

적군이 후퇴하며 산으로 달아가자 한나라 군이 추격하여 수천 명을 죽였다. 선우가 크게 놀라 근처 좌우 지역에 주둔시켜 둔 기병 팔만여 명을 불러들여 이릉의 군대를 공격했다. 이릉의 군대는 교전과 후퇴를 거듭하면서 며칠 동안 남쪽으로 행군하여 산골짜기에 도착했다. 계속되는 전투에서 군사들이 화살에 맞아 부상을 당했는데, 부상이 세 군데면 수레에 태우고 두 군데면 수레를 끌게 하고 한 군데면 무기를 쥐고 싸우게 했다. 이릉이 말했다.

"우리 편 사기가 쇠퇴하여 진격의 북을 울려도 높아지질 않는데 어인 까닭인가? 혹시 군중에 여자가 있는 것이 아닌가?"

이릉의 군대가 출동할 때 함곡관 동쪽에서 변방으로 이주했던 도적 떼의 여자들이 부대를 따라와 군사들의 아내 노릇을 하면서 수레 안에 많이 숨어 있었다. 이릉이 그 여자들을 찾아내서 모두 검으로 베어 버렸다.

이튿날 다시 교전하여 흉노군의 머리 삼천여 급을 베었다. 이릉이 군대를 이끌고 동남쪽으로 후퇴했는데 예전 용성으로[13] 가는 길을 따라서 행군했다. 네댓새 만에 갈대가 자라고 있던 큰 못에 이르렀다. 적진에서 바람을 타고 갈대밭에 불을 지르자 이릉도 아군을 구하려 군중에 명령을 내려 맞불을 놓게 했다.

남쪽으로 행군하여 산 아래에 이르자 선우가 남쪽 산 위에서 자기 아들에게 기병을 거느리고 이릉의 군대를 공격하게 했다. 이릉의 군대는 숲속에서 보병전을 벌여 다시 수천 명을 죽였다. 선우에게 연노(連弩)를 발사하자 선우가 산을 내려가 달아났다. 그날 생포한 흉노 포로가 말했다.

"선우가 '이놈들은 한나라의 정예병이라 공격해도 이기지 못한다. 게다가 밤낮으로 우리를 남쪽으로 유인해 와서 이미 변경 가까이까지 왔다. 변경에 혹시 복병이 있지 않겠느냐?'라고 말했습니다. 이에 대당호(大當戶)와 군장(君長)들이 이구동성으로 '선우께서 친히 수만 명의 기병을 거느리고 한나라 군 수천 명을 공격했는데 섬멸하지 못하면 앞으로 신하들이 다시는 변방에 주둔하겠다고 나서지 않을 뿐 아니라 한나라가 흉노를 더욱 업신여기게 될 것입니다. 그러니 산골짜기 사이에 있을 때를 이용해서 다시 힘껏 싸워야 합니다. 여기에서는 사오십 리만 가면 평지이니 거기에 이를 때까지 격파하지 못하면 바로 회군해야 합니다.'라고 했습니다."

그때 이릉의 군대는 사정이 아주 급했다. 대규모 흉노 기병을 맞아 하루에 수십 합을 접전하여 다시 적군 이천여 명을 죽이거나 다치게 했다. 전세가 불리해지자 적이 퇴각하려고 했다. 마침 이릉 군대의 군후 관감(管敢)이 자신의 상사인 교위에게 모욕을 당한 뒤에 흉노로 달아나 항복하고는 이릉 군대의 사정을 상세하게 말해 주었다.

"이릉의 군대는 후방에서 오는 구원병이 없고, 쏠 화살은 거의 다 떨어졌습니다. 지금 싸울 능력이 있는 부대라면 고작 장군이 직접 지휘하는 부대와 교위 성안후(成安侯)의 교(校)가 팔백 명씩 남아 있는데, 선봉에 서서 황색 깃발과 백색 깃발을 기치로 들고 있습니다. 정예 기병으로 그들을 쏘게 하면 곧바로 격파할 수 있습니다."

성안후는 영천 사람이다. 아버지는 한천추(韓千秋)로 원래는 제 남왕의 상(相)이었는데 남월을 정벌할 때 전사했으므로 무제가 그 아들인 한연년(韓延年)을 열후에 봉하고 교위로서 이릉을 따라 참 전하게 했다.

관감을 얻은 선우는 크게 기뻐하며 기병으로 하여금 일제히 한 나라 군을 공격하면서 "이릉과 한연년은 빨리 항복하라!"라고 고 함을 질러 대게 했다. 이어서 길을 막고 이릉의 군대를 거세게 공 격했다. 그때 이릉의 군대는 골짜기에 있었는데 적군이 산 위에서 사방으로 화살을 쏘아 대자 화살이 비 오듯 쏟아졌다. 남쪽으로 행군하여 제한산(鞮汗山)에 닿으려면 하루를 더 가야 하는 지점에 이르러 한나라 군은 보유하고 있던 화살 오십만 개를 다 써 버렸 다.[14] 그 즉시 수레[15]를 버리고 행군했다. 그때까지 남아 있던 군 사는 삼천여 명이었다. 무기가 다 떨어지자 군사들은 하는 수 없 이 수레의 바큇살을 잘라 내어 들고 군리는 단도를 쥔 채 제한산 에 당도하여 협곡으로 들어갔다. 선우가 그 후미를 차단하고 산비 탈에 올라가 돌을 던지니 군사들이 많이 죽게 되어 더 나아갈 수 없었다.

날이 어두워진 뒤에 이릉이 갑옷을 벗은 차림으로 혼자서 군영 을 걸어 나가며 좌우에서 따르려고 하는 사람들을 말렸다.

"나를 따르지 마라! 대장부 혼자 가서 선우를 잡겠다."

한참이 지난 뒤에 이릉이 돌아와 장탄식하며 말했다.

"전쟁에 졌으니 죽어야겠다!"

군리 중의 누군가가 말했다.

"장군의 위무는 흉노를 떨게 했지만 천명이 따라 주지 않았습니다. [먼저 항복하고] 뒤에 돌아갈 방법을 찾으십시오. 삭야후가 적에게 사로잡혔다가 달아나 돌아왔을 때에 천자께서 예로써 대접한 적이 있으니, 하물며 장군이야 어떻게 하겠습니까?"

이릉이 말했다.

"공은 그만두시오! 내가 죽지 않으면 장사가 아니지."

그리하여 군기를 잘라 모두 부러뜨린 뒤에 귀한 군용 기물을 땅에 묻었다. 이릉이 탄식하며 말했다.

"화살 수십 개만 새로 얻어도 포위를 벗어날 수 있겠는데, 지금은 다시 싸우려 해도 무기가 없으니 날이 밝으면 앉아서 결박당하게 생겼구나. 새나 짐승처럼 각기 흩어져 달아난다면 이곳을 벗어나 귀환하여 천자께 보고하는 자가 생길 것이다."

군사마다 건량 두 되와 먹을 물 대신 얼음 한 덩어리를 지니게 하고 차로장(遮虜鄣)까지 가서 서로 기다리기로 약속했다. 밤중에 북을 쳐서 군사를 출발하게 하려고 했으나 북이 울리지 않았다. 이릉과 한연년이 말에 오르자 장사 십여 명이 뒤를 따랐다. 적군의 기병 수천 명이 그들을 추격했으므로 교전이 벌어져 한연년이 전사했다. 이릉이 말했다.

"폐하께 보고할 면목이 없다."

마침내 항복했다. 흩어져 포위를 뚫고 변경까지 이른 군사는 사백여 명이었다.

사마천에게 떨어진 날벼락

○　○　○

이릉이 항복한 곳은 변경으로부터 백여 리 떨어진 곳이었다. 변경 요새에서 황제에게 패배 소식을 보고했다. 황제는 이릉이 전사했어야 마땅하다고 생각했기 때문에 이릉의 어머니와 부인을 부른 뒤에 관상가를 시켜 그들의 관상을 보게 했다. 그러나 이릉이 사망했다는 상이 나타나지 않는다고 했다. 그 뒤에 이릉이 항복했다는 보고를 받자 황제가 아주 심하게 노하여 이릉을 칭찬했던 진보락을 질책했다. 진보락은 자결했다. 신하들이 모두 이릉에게 죄가 있다고 하자 황제가 태사령(太史令) 사마천(司馬遷)에 물어보았다. 사마천이 이릉을 적극 변호했다.

"이릉은 부모를 효(孝)로 섬겼고 선비와 신의로 교류했으며, 언제나 떨쳐 일어나 자신을 돌보지 않고 나라의 급한 일을 해결하려고 애썼습니다. 평소에 품덕을 쌓았으니 나라에서 가장 뛰어난 인재의 풍모가 있었습니다.

지금 전투에 나가 한번 패하자 자신과 식구들의 목숨을 보전하고자 하는 신하들이 제멋대로 이릉의 패배를 부풀리고 있는데 실로 통탄할 일입니다. 이릉은 오천이 못 되는 보병을 데리고 전마의 기량이 우세한 흉노 땅에 깊이 들어가 흉노 기병 수만 명을 짓밟고 눌렀으나, 적군은 사망자와 부상자를 돌볼 겨를도 없이 활시위를 당길 줄 아는 자들이면 모두 동원하여 이릉의 군대를 포위 공격했습니다. 천 리에 걸쳐 각지를 옮겨 다니며 싸우다가 화살이 떨어지고 길이 막히자 군사들은 활과 쇠뇌의 시위에 겨눌 화살이 없는 채로 시퍼런 칼날의 세례를 받았지만, 그래도 후퇴하지 않고 북쪽에 있는 적과 사력을 다해 싸웠습니다. 이릉의 지휘로 군사들이 사력을 다해 싸웠으니 비록 옛적의 명장이라 할지라도 이기지 못했을 것입니다. 이릉이 비록 패배를 당했다고는 하나, 그 전까지 흉노의 수많은 병력을 격파시킨 것은 천하에 드러내어 표창할 만한 일입니다. 이자가 죽지 않았으니 적당한 시기가 오면 공을 세워 자신의 죄를 씻고 한나라 조정에 보답하려고 할 것입니다.”

황제는 애초에 이사장군으로 하여금 대군을 거느리고 출동하게 하고 이릉은 이사장군의 보조 역할이나 하게 할 계획이었다. 그런데 이릉이 선우의 군대와 맞닥뜨려 싸웠기 때문에 이사장군은 공을 별로 세우지 못했다. 황제가 모함과 비방으로 이사장군을 헐뜯고 이릉을 변호했다는 이유로 사마천을 부형(腐刑)으로 다스렸다.

한참 지난 뒤에 황제가 이릉에게 구원병을 보내지 않았던 것을 후회하며 말했다.

“이릉이 변경을 출발할 때 강노도위에게 이릉의 군대와 합세하도록 조서를 내렸어야 했다. 그런데 그자에게 앞서 조서를 내리는 실수를 범한 바람에 노장으로 하여금 간사한 계교를 꾸미게 했구나!”

이에 사자를 보내 적지를 탈출하여 돌아온 이릉 군대의 군사를 위문하고 상을 내렸다.

이릉이 흉노에 한 해 남짓 머물렀을 때였다. 황제가 인우장군(因杅將軍) 공손오를 파견하여 군사를 거느리고 흉노 땅 깊이 들어가 이릉을 맞이해 오게 했다. 목적을 이루지 못하고 회군한 뒤에 공손오가 아뢰었다.

"사로잡은 포로가 말하기를 이릉이 선우에게 용병술을 가르쳐 한나라 군에 대비시켰다고 합니다. 신이 아무것도 얻지 못한 것은 그런 까닭입니다."

그 말을 들은 황제가 이릉의 일가를 멸족시키기로 하고 어머니와 동생, 처자식을 모조리 주살했다. 농서의 사대부들은 이릉이 절개를 지키지 않아 이씨 집안의 이름을 더럽힌 것을 부끄럽게 여겼다.

시간이 지나 한나라 조정에서 흉노에 사자를 보냈을 때 이릉이 사자에게 말했다.

"내가 한나라를 위해 보병 오천 명을 이끌고 흉노 땅을 가로질렀으나 구원병이 없어서 패배했소. 그런데 어찌하여 한나라를 배반했다 하며 우리 집안을 주살한 것이오?"

사자가 대답했다.

"한나라 조정에서는 이소경(李少卿)이 흉노에게 용병술을 가르쳤다고 알고 있습니다."

이릉이 말했다.

"그건 이서(李緒)가 한 일이지 내가 한 일이 아니오."

이서는 본래 한나라 새외도위(塞外都尉)로서 해후성(奚侯城)에 주둔하고 있었는데 흉노가 공격하자 항복했다. 선우가 이서를 예로써 대접한다며 늘 이릉의 윗자리에 앉혔다. 자신의 집안이 이서 때문에 주살당한 것을 가슴 아파하던 이릉이 사람을 시켜 이서를 찔러 죽였다. 선우의 어머니인 대연지(大閼氏)가 이릉을 죽이려고 하자 선우가 이릉을 북쪽 지방에 숨겼다가 대연지가 죽은 뒤에 돌아오게 했다.

선우가 이릉을 장하게 여겨 자신의 딸을 주고 우교왕(右校王)으로 세웠다. 또 위율(衛律)은 정령왕(丁靈王)으로 삼았다. 두 사람 모두 흉노족의 존경을 받으며 중용되었다. 위율의 아버지는 장수(長水) 변에 살던 호인(胡人)이었다. 한나라에서 태어나 자란 위율은 협률도위(協律都尉) 이연년(李延年)과 사이가 좋았다. 이연년이 천거하여 위율이 흉노에 사신으로 갔다. 출사했다 돌아온 뒤에 이연년의 집안이 모두 잡혀가는 것을 본 위율은 함께 처벌당할 것이 두려워 다시 흉노로 달아나 항복했다. 흉노 선우가 그를 아껴 늘 자기 옆에 있게 했다. 이릉은 선우의 거처 밖에 살다가 큰일이 있으면 들어가 함께 의논하곤 했다.

끝내 흉노 땅에서 숨을 거두다

○　　○　　○

소제가 즉위하자 대장군 곽광과 좌장군 상관걸이 정사를 보좌했다. 이들은 예전에 이릉과 사이가 좋았다. 그래서 이릉이 옛날에 알고 지내던 농서의 임립정(任立政) 등 세 사람을 보내 흉노에 가서 이릉을 불러오게 했다.

임립정 등이 이르자 선우가 한나라의 사자들에게 연회를 베풀었다. 이릉과 위율 두 사람이 배석해 앉아 있었다. 임립정 등이 이릉을 만나기는 했지만, 따로 말을 나누지는 못했다. 임립정이 이릉에게 눈짓을 보내면서 계속해서 자신이 차고 있던 패도의 환(環)을 만지며 귀환의 환(還)을 암시하고 이릉의 발을 밟아서 한나라로 돌아갈 수 있게 되었다는 뜻을 은밀히 알렸다.

그 뒤에 이릉과 위율이 쇠고기와 술을 들고서 한나라 사신을 위로하며 도박도 하고 술도 마셨다. 두 사람은 모두 흉노 복장을 하고 높이 솟은 상투를 틀었다.[16] 임립정이 큰 소리로 말했다.

"한나라 조정에서 대사면령을 내렸소. 중원은 안정되어 태평한데 주상의 춘추가 어려 곽자맹(霍子孟)과 상관소숙(上官少叔)[17]이 정사를 맡고 있소이다."

임립정은 그런 말로 이릉의 마음을 조금이나마 움직여 보려고 했다. 묵묵부답이던 이릉이 한참 바라보다가 손으로 상투를 매만지며 응대했다.

"나는 이미 흉노의 옷까지 입고 사는 처지요."

얼마 지나지 않아 위율이 변소에 간다며 일어났다. 그때 임립정이 말했다.

"이거 참, 소경이 고생이 아주 많소. 곽자맹과 상관소숙이 그대에게 위로의 인사를 전했소."

이릉이 물었다.

"곽자맹과 상관소숙은 무고하오?"

임립정이 대답했다.

"소경에게 부귀하게 사는 일에 관해서는 걱정하지 말고 고향으로 돌아오라고 청했소."

이릉은 임립정의 자를 부르며 말했다.

"소공(少公), 돌아가기는 쉽지만 다시 능욕당할 것이 두렵소. 어찌하면 좋겠소?"

이릉이 말을 마치기 전에 위율이 돌아오면서 이들이 나누는 대화의 끝 부분을 조금 들었다. 위율이 말했다.

"이 소경은 현자요. 그러니 어느 한 나라에서만 살 사람이 아니오. 범려도 천하를 편력했고, 유여도 서융을 버리고 진나라 조정에 들어갔소. 〔내가 없는 사이에〕 무슨 말을 그렇게도 친밀히 나누고 있었던 것이오?"

그러고는 술자리를 파하고 나갔다. 임립정이 곧바로 이릉에 물었다.

"아직 의향이 있소?"

이릉이 답했다.

"대장부가 두 번 능욕당할 수는 없소."

이릉은 흉노에서 스물몇 해 동안 살다가 소제 원평 원년에 병으로 죽었다.

흉노 공격에 공을 세운 소건

○　○　○

소건(蘇建)은 두릉(杜陵) 사람이다.

교위로서 대장군 위청을 따라 흉노를 공격한 공으로 평릉후(平陵侯)에 봉해졌다.

뒤에 장군이 되어 삭방에 요새를 구축했다. 다시 위위의 신분으로 유격장군이 되어 대장군 위청을 따라 삭방에서 출격했다.

한 해 뒤에 우장군이 되어 다시 대장군을 따라 정상(定襄)에서 출발했는데 흡후(翕侯, 조신(趙信))가 달아났다. 군대를 잃으면 참형을 받게 되어 있었는데 대속하여 서인이 되었다.

그 뒤에 대군(代郡) 태수가 되었다가 재직 중에 세상을 떠났다.

아들이 셋 있었는데 소가(蘇嘉)는 봉거도위, 소현(蘇賢)은 기도위가 되었다. 가운데 아들인 소무(蘇武)의 이름이 가장 많이 알려졌다.

흉노 땅에 사로잡힌 한나라 사자 소무

○　○　○

소무의 자는 자경(子卿)이다. 형제들이 모두 아버지 덕으로 청년 시절에 낭관이 되었다. 소무는 점점 승진하여 이중구감(杈中廐監)이 되었다.

그때 한나라는 연속해서 흉노를 정벌했지만, 한편으로는 사신을 자주 왕래하며 서로의 사정을 살피기도 했다. 흉노는 곽길(郭吉)과 노충국(路充國) 등 한나라 사자를 십여 차례에 걸쳐 억류했다. 흉노 사자가 오면 한나라에서도 억류하며 대응했다.

무제 천한 원년, 저제후(且鞮侯) 선우가 즉위하자마자 한나라가 습격할 것을 두려워하여 "한나라 천자는 나보다 어른뻘이다."라고 선언했다. 그러고는 억류되어 있던 한나라의 사신 노충국 등을 모두 돌려보냈다. 그의 의기를 가상하게 여긴 무제가 소무를 중랑장에 임명한 뒤 부절을 지니고 한나라에 억류되어 있던 흉노의 사신을 호송해 가게 했다. 또 후하게 선물을 보내 선우의 좋은 뜻에 답례했다.

소무와 부중랑장 장승(張勝), 임시 사신 상혜(常惠) 등이 군졸과 척후병 백여 명을 모집하여 함께 갔다. 흉노에 이르러 준비해 간 선물을 선우에게 주었다. 그런데 선우가 아주 교만한 것이 한나라 조정에서 기대하던 모습이 아니었다.

흉노가 사신을 보내 소무 등을 한나라로 호송하려고 할 때, 구왕(緱王)이 장수군 사람 우상(虞常) 등과 함께 흉노에 모반하는 사건이 일어났다. 구왕은 혼야왕 손위 누이의 아들로 혼야왕과 함께 한나라에 항복했다가 뒤에 삭야후를 따라 흉노에게 투항했다. 구왕은 위율이 데리고 항복했던 군사들과 은밀하게 음모를 꾸며, 선우의 어머니인 연지를 끌고 한나라로 돌아가려고 했다. 그때 마침 소무 일행이 흉노에 당도했는데, 우상이 한나라에 있을 때 잘 알고 지내던 부중랑장 장승을 은밀히 찾아가 말했다.

"들건대 한나라 천자가 위율을 몹시 원망한다고 하니, 저 우상이 한나라를 위해 몰래 쇠뇌를 설치해 놓았다가 위율을 쏘아 죽이겠습니다. 제 어머니와 아우가 한나라에 있으니 위율을 죽이면 한나라에서 상을 내려 주시기 바랍니다."

장승이 동의하고 우상에게 재물을 주었다.

달포가 지나 선우가 사냥을 나가고 연지와 자제들만 남아 있을 때 우상 등 일흔 명이 넘는 자들이 거사하고자 했다. 그런데 그중 한 사람이 밤중에 달아나 고해 버렸다. 선우의 자제들이 거사하여 그들과 전투를 벌였다. 구왕 등은 모두 죽고 우상은 사로잡혔다.

선우가 위율로 하여금 이 사안을 심문하게 했다. 그 소식을 들은 장승이 앞서 우상과 나눈 대화가 드러날까 두려워 소무에게 앞의 일을 털어놓았다. 소무가 말했다.

"일이 이 지경에 이르렀으니 나에게도 반드시 화가 미칠 것이다. 치욕을 당하고 죽으면 나라를 거듭 저버리게 된다."

그러고는 자결하려고 했으나 장승과 상혜가 함께 말렸다.

아니나 다를까 우상이 장승에 관한 일을 불었다. 분노한 선우가 귀인들을 소집하여 상의한 뒤에 한나라 사신들을 죽이려고 했다. 그때 좌이질자(左伊秩訾)가 나서서 말했다.

"만일 선우께 모반이라도 했더라면 더 가할 벌이 어디 있겠습니까? 차라리 그들을 모두 항복시키는 것이 낫습니다."

선우가 위율로 하여금 소무를 불러 심문하게 했다. 소무가 상혜 등에게 "절개를 꺾이고 황제의 명을 욕되게 했으니 목숨을 건진다 한들 무슨 면목으로 한나라에 돌아가겠는가!"라고 한 뒤에 차고 있던 칼을 뽑아 자신을 찔렀다. 깜짝 놀란 위율이 직접 소무를 안고 말을 달려 의원을 부르러 갔다. 땅을 파서 구덩이를 만들고 불꽃이 꺼진 불을 넣은 뒤에 그 위를 덮고 소무를 엎드리게 하고는 등을 쓸며[18] 어혈을 빼냈다. 소무는 기절했다가 반나절 만에 다시 숨을 쉬기 시작했다. 상혜 등이 울면서 수레에 태워 막사로 돌아갔다.

선우가 소무의 절개를 장하게 여겨 아침저녁으로 사람을 보내 안부를 물었다. 그리고 장승을 잡아 가두었다.

소무의 상처가 어느 정도 아물자 선우가 사람을 보내 알아듣게 타일렀다. 그리고 우상을 처벌하는 자리에 참석시켜 그 기회에 소무를 항복시키고자 했다. 위율이 우상을 검으로 베고 나서 말했다.

"한나라 사신 장승이 선우의 근신(近臣)인 나를 죽이려고 음모를 꾸몄으니 죽여야 마땅하나, 선우께서 항복하는 자를 모아 그 죄를 사하겠다고 하셨소."

검을 들어 장승을 내려치려고 하자 장승이 항복을 청했다. 위율이 소무에게 말했다.

"부사에게 죄가 있으면 정사도 연좌로 처벌되어야 마땅합니다."

소무가 대답했다.

"본래 음모에 가담하지 않았고 또 장승의 피붙이도 아닌데 어찌하여 연좌라는 말을 입에 올린단 말인가?"

위율이 다시 검을 들어 소무를 겨누었으나 소무는 미동도 하지 않았다. 위율이 말했다.

"나리! 예전에 제가 한나라에 등을 돌려 흉노에 귀부하여 큰 은

덕을 입었을 뿐 아니라 왕의 칭호까지 하사받았습니다. 수만 명의 무리를 거느리고 산을 덮을 만큼 많은 말과 가축들을 기르면서 대단한 부귀를 누리고 있습니다. 오늘 항복하면 소군도 내일부터 그렇게 누릴 것입니다. 그 몸을 헛되이 초야의 거름이 되게 한들 누가 있어 알아주겠습니까?"

소무가 대답하지 않자 위율이 다시 말했다.

"나리가 내 말을 듣고 항복하면 나리와 형제가 되겠지만, 지금 내 제안을 듣지 않는다면 뒤에 다시 나를 보려고 해도 절대 볼 수 없을 것입니다."

소무가 위율을 꾸짖었다.

"너란 놈은 한나라 신하가 되어 은혜와 의리를 돌보지 않은 채 주군을 배반하고 부모를 등지며 만이에게 항복한 놈인데 어찌하여 내가 너를 보자고 하겠느냐! 게다가 선우가 너를 믿어 남의 생사를 결정하도록 했음에도 공평한 마음으로 바르게 판단하지는 못할망정 두 군주의 싸움을 붙여 양쪽이 화를 입고 패망하는 것을 구경했다. 한나라 사신을 죽였던 남월은 나라가 도륙당해 한나라의 아홉 개 군으로 바뀌었고, 한나라 사신을 죽인 원왕(宛王)은 그 머리가 한나라 황궁 북궐에 걸렸으며, 한나라 사신을 죽인 조선은 즉시 멸망했는데,[19] 유독 흉노만이 아직 그런 화를 당하지 않고 있다. 너는 내가 항복하지 않으리라는 사실을 분명하게 알 터, 두 나라를 서로 싸우게 하고 싶다면 흉노의 패배는 나의 죽음으로부터 비롯할 것이다."

사람이 살지 않는 북쪽 끝에 유배되다

○ ○ ○

끝내 소무를 협박할 수 없음을 알게 된 위율이 선우에게 사정을 보고했다. 선우는 그럴수록 소무를 더욱더 항복시키고 싶어서 큰 움 속에 가두고 음식을 주지 않았다. 하늘에서 눈이 내리자 소무는 누운 채로 눈을 씹어 가죽옷의 털과 함께 삼켰다. 며칠이 지나도 죽지 않자 흉노족들이 소무를 신으로 여겼다. 그리하여 선우가 소무를 사람이 살지 않는 북해(北海)[20] 변으로 옮겨 숫양을 기르게 하고는 그 숫양이 새끼를 낳고 젖이 나와야 돌아올 수 있다고 했다. 소무의 부하 상혜 등은 각각 다른 곳에 두었다.

소무가 북해 변에 도착했는데 흉노가 식량을 대주지 않아 들쥐들이 저장해 둔 풀씨[21]를 파내서 먹었다.

소무는 한나라 조정의 부절을 지팡이 삼아 양을 쳤는데 누워 있을 때나 일어나 있을 때나 손에 잡고 있었기 때문에 부절의 쇠꼬리 털이 모두 떨어졌다.

그로부터 대여섯 해가 흘러 선우의 동생 오건왕(於靬王)[22]이 북해 변에 와서 주살을 쏘았다. 소무는 그물을 엮고 주살의 줄을 꼬며 활과 쇠뇌를 수리할 수 있었다. 오건왕이 그런 소무를 좋아하여 옷과 음식을 주었다. 세 해 남짓 지나자 왕이 병이 들었다. 오건왕은 소무에게 말과 가축, 술이나 가축의 젖을 담을 복닉(服匿)과 궁려(穹廬)를 하사했다. 왕이 죽은 뒤에 그 무리가 살 곳을 옮겨 갔다. 그해 겨울 정령 부족 사람들이 와서 소무의 소와 양을 훔쳐 가는 바람에 소무는 다시 궁핍해졌다.

소무와 이릉이 흉노에서 재회하다

○   ○   ○

원래 소무와 이릉은 함께 시중직에 있었다. 소무가 흉노에 사신으로 간 이듬해에 이릉이 항복했다. 이릉은 소무를 찾아갈 엄두를 내지 못했다. 한참 지난 뒤에 선우가 이릉으로 하여금 북해 변으로 가서 소무에게 술자리를 베풀어 악공을 배치하여 연주하게했다. 그 자리를 빌려 이릉이 소무에게 말했다.

"제가 자경과 평소에 아주 친했다는 사실을 들은 선우가 저 이릉을 보내 설득하게 했소. 선우는 교만하지 않게 그대를 대접하겠다고 했소. 끝내 한나라로 돌아가지 못하고 홀로 무인지경에서 헛되이 고생해 봐야 누가 그대의 신의를 알아주겠소?

봉거도위로 있던 그대의 형님은 황상을 모시고 옹현의 역양궁에 갔다가 황상의 연(輦)을 호위하던 중에 문과 담장 사이의 기둥에 부딪혀 연의 끌채가 부러지는 바람에 대불경죄로 탄핵받고 칼을 뽑아 목을 베어 죽었소. 죽은 뒤에 황상께서 이백만 전을 하사하여 장사를 지내게 했소. 그대의 아우 경(卿)은 황상을 모시고 하동군의 후토(后土)에 토지신 제사를 지내러 갔을 때, 환기(宦騎)가 황문부마(黃門駙馬)와 배를 놓고 다투다가 부마를 밀어서 황하 물에 빠져 죽게 했소. 환기가 달아났으므로 황상께서 조서를 내려

경에게 쫓게 했지만 체포하지 못했소. 경은 황공하여 약을 먹고
죽었소.

여기로 올 때 대부인께서 돌아가셔서 저 이릉이 양릉현(陽陵縣)
에 가서 묻어 드렸소. 자경의 부인은 나이가 젊어 재가했다고 들
었소. 누이동생 둘과 딸 둘, 아들 하나만이 남아 있을 텐데 다시
십여 년이 지났으니 생사를 알 수 없을 것이오.

인생이란 아침 이슬 마르듯이 짧기만 한데 왜 이렇게 오래도록
고생을 자처하는 것이오! 저 이릉도 투항했을 때 실의에 빠져 미
칠 듯했소. 한나라를 배반해 스스로 마음이 아팠던 데다 노모마저
보궁(保宮) 옥에 갇혀 계셨소. 자경이 항복하지 않겠다고 하지만,
항복하지 않고 돌아가 노모를 구하고 싶었던 이 마음보다 더 애
타지는 않을 것이오. 폐하께서 춘추가 높아 법을 법대로 적용하지
않으므로 아무 죄 없이 멸족당한 대신 집안이 수십 집이오. 이렇
게 안위를 알 수 없는데도 자경은 아직 누구를 위하자는 것이오?
저의 계책을 따르고 다른 말은 다시 하지 말기 바라오."

소무가 말했다.

"저 소무는 부자지간에 공을 세우지도 못했고 덕도 없었지만,
폐하께서 벼슬을 내려 주셔서 모두 장군의 반열에 올랐고 통후(通
侯)의 작위를 받았으며 형제들은 황상을 가까이에서 모셨소. 그
시절에는 늘 머리통이 깨지고 내장이 터져 그 피로 땅을 물들이고
싶었소. 지금 이 몸이 죽어서 충성을 다할 수 있다면 비록 부월형
(斧鉞刑)이나 탕확형(湯鑊刑)을 받는다 해도 아주 기뻐하겠소. 신하
가 임금을 섬기는 것은 자식이 아버지를 섬기는 것과 같으니 자식

이 아버지를 위해 죽는다 해도 한이 될 것이 없소. 다시는 그런 말을 하지 마셨으면 하오."

이릉이 소무와 며칠 동안 술을 마셨다. 그리고 다시 말했다.

"자경, 저의 말 좀 들어요."

그러자 소무가 말했다.

"저는 제가 이미 오래전에 죽었다고 여기고 있소. 왕이[23] 저 소무를 꼭 투항시키겠다면 즐거웠던 오늘 이 자리를 끝내는 지금 그대 앞에서 죽게 해 주시오."

이릉은 그의 지극한 충성심을 보고 탄식하며 말했다.

"아아, 의사(義士)여! 이릉과 위율의 죄가 하늘에 닿으리라."

눈물이 흘러 이릉의 옷깃을 적시는 가운데 이릉이 소무와 이별하고 떠났다.

〔흉노에서 왕을 칭하고 있던〕이릉이 소무에게 직접 하사하자니 부끄러워서 자신의 아내를 시켜 소와 양 수십 마리를 내려 주었다. 그 뒤 이릉이 다시 북해 변에 이르러 소무에게 말했다.

"우탈(區脫)[24]에서 운중 사람을 산 채로 잡았는데 황상이 붕어하여 태수 이하 관리와 백성이 모두 소복을 입었다고 하오."

소무가 그 말을 듣고 남쪽을 향해 호곡하며 피를 토했다. 그 뒤로 여러 달 동안 아침과 저녁에 곡을 했다.

소무가 이릉과 헤어져 한나라로 돌아오다

○　○　○

몇 달이 지나 소제가 즉위했다. 몇 해가 지나서 흉노가 한나라와 화친을 맺었다. 한나라에서 소무 등을 찾자 흉노는 소무가 죽었다고 꾸며서 말했다. 그 뒤 한나라 사신이 새로 흉노에 왔을 때, 상혜가 자신을 지키는 자에게 부탁하여 밤에 한나라 사신을 함께 찾아가 상세한 사정을 설명했다. 그러고는 사신에게 "천자께서 상림원에서 활을 쏘다가 잡은 기러기의 발에 백서(帛書)가 묶여 있었는데 거기에 소무 등이 어느 못가에 산다고 써 있었다."라고 선우에게 따지라고 시켰다. 사신이 매우 기뻐하여 상혜의 말대로 선우를 질책했다. 선우가 좌우를 둘러보다가 놀라면서 한나라 사신에게 사죄했다.

"소무 등이 실제로 살아 있소."

그리하여 이릉이 술자리를 마련하고 소무에게 경하했다.

"이제 그대는 돌아가는구려. 흉노에 이름을 날리고 한나라 황실에 뚜렷한 공을 세웠으니, 옛적에 죽간이나 비단에 적혔거나 그림에 그려진 인물이라고 해도 자경의 이름을 뛰어넘을 수는 없을 거요. 저 이릉이 비록 무능하고 나약하나, 그때 한나라가 죄를 관대하게 보아 노모의 목숨을 보전해 주고 큰 욕을 당해 쌓였던 복수의 의지를 불태울 기회를 주었다면 아마도 조가(曹柯)의 맹약[25]처럼 했을 것이오. 저는 이것을 잠시도 잊지 않고 있었소. 그러나 저의 집안을 모조리 주살하고 세상의 큰 욕을 다 먹게 만들었으니 지금 다시 무엇을 돌아보겠소. 이제 와서 말해 봐야 소용없는 일, 자경에게 내 마음을 알려 주려고 한 말이오. 이역에 갈라져 사는 사람들, 이렇게 이별하면 영원히 볼 수 없을 테니까!"

이릉이 일어나 춤을 추며 노래를 불렀다.

> 만 리를 달리고 사막을 지나며
> 군대를 이끌고 주군을 위해 흉노와 싸웠네.
> 길이 막히고 화살과 칼이 부러져
> 군사를 다 잃고 이름은 땅에 떨어졌네.
> 노모께서도 돌아가셨으니
> 은혜 갚으려 해도 장차 어디로 가야 하나?

이릉이 몇줄기 눈물을 흘리며 소무와 작별했다. 선우가 소무의 부하를 불러 모았으나, 전에 항복했거나 죽은 사람이 있었으니 소무를 따라 돌아간 자는 모두 아홉 명이었다.

소무는 소제 시원(始元) 6년 봄에 장안에 도착했다. 황제가 조서를 내려 소무로 하여금 태뢰(太牢) 제사를 받들어 무제의 능 안에 있는 사당에 배알하게 하고, 전속국에 임명하고 봉록 중이천석[26]을 내렸으며, 돈 이백만 전, 밭 두 경(頃), 집 한 채를 하사했다. 상혜와 서성(徐聖), 조종근(趙終根)은 모두 중랑에 임명하고 비단 이백 필씩 하사했다. 나머지 여섯 명은 늙었으므로 각각 돈 십만 전을 주고 죽을 때까지 요역을 면제하도록 하여 집에 돌려보냈다. 상혜는 그 뒤에 우장군까지 올라 열후에 봉해졌는데 따로 「상혜

전」을 세워 두었다. 소무는 흉노에 모두 열아홉 해 동안 머물렀다. 애초에 강한 힘에 건장한 체구로 출발했지만 돌아올 때는 수염과 머리가 모두 허옇게 세어 있었다.

소무가 돌아온 이듬해에 상관걸과 아들 상관안(上官安)이 상홍양(桑弘羊), 연왕 유단, 갑(蓋) 장공주와 함께 모반했다. 소무의 아들 소원(蘇元)이 상관안과 함께 모반했으므로 연좌되어 죽었다.

그보다 먼저 대장군 곽광과 권력 투쟁을 벌이던 상관걸과 상관안이 연왕에게 수차례에 걸쳐 곽광의 과실을 조목조목 적은 상소를 올려 고발하게 했다. 또 흉노에 사신으로 갔던 소무가 스무 해 동안 항복하지 않고 버티다가 돌아왔는데도 겨우 전속국에 임명한 반면, 대장군 휘하의 장사는 공로가 없는데도 수속도위로 삼았다²⁷며 곽광이 제멋대로 전횡을 일삼고 있다고도 했다.

연왕 등이 모반죄로 주살당할 때 그 무리도 모두 처벌되었다. 소무는 예전에 상관걸과 상홍양과 친분이 있었고 연왕의 상소문에 자주 언급되었으며 아들이 모반에 끼었기 때문에 정위가 소무를 체포하겠다고 주청했다. 그러나 곽광은 그 상소를 물려 두고 소무의 벼슬을 면직시켰다.

선제 옹립에 참여하다

○　○　○

몇 해 뒤에 소제가 붕어했다. 소무는 이천석 벼슬에 있었던 신분으로 선제를 옹립하는 계획에 참여하여 관내후와 식읍 삼백 호를 하사받았다. 한참 지나서 위장군 장안세(張安世)가 소무가 과거의 법과 제도를 잘 알고, 사신으로 가서도 황제의 명을 욕되게 하지 않았으며 선제의 유언도 있었다면서 소무를 천거했다. 선제가 바로 소무를 불러 환자서(宦者署)에서 대조하게 했다. 소무가 수차례 황제를 알현한 뒤에 다시 전속국이 되었는데 우조 벼슬을 더해받았다. 절의가 높은 노신(老臣)으로서 초하루와 보름 때마다 황제를 배알하게 하고 좨주의 칭호를 더해 주면서 소무를 후하게 대접하고 총애했다.

소무는 황제가 내린 재물을 아우와 벗에게 모두 나눠 주고 집안에 재물을 남기지 않았다. 황후의 아버지 평은후(平恩侯) 허백(許伯), 황제의 외숙 평창후(平昌侯) 왕무고(王無故)와 낙창후(樂昌侯) 왕무(王武), 거기장군 한증(韓增), 승상 위상(魏相), 어사대부 병길(丙吉) 등이 모두 소무를 공경하고 존중했다.

소무는 늙었는데 아들은 모반에 연좌되어 전에 죽었으므로 소무를 가엾게 여긴 황제가 측근에게 물었다.

"소무가 흉노에 오래 머물렀는데 설마 자식이 없겠느냐?"

소무가 평은후에게 사실대로 말했다.

"그 전에 흉노를 출발할 때 마침 흉노에서 얻은 아내가 통국(通國)이라는 아들을 낳았는데, 최근에 소식이 왔습니다. 사신이 갈 때 돈과 비단을 갖다 주고 그 아이를 속환해 오고 싶습니다."

황제가 허락했다. 그 뒤에 소통국이 사신을 따라 한나라에 도착하자 황제가 그를 낭관으로 삼았다. 또 소무 동생의 아들을 우조로 삼았다. 소무는 여든몇 살까지 살다가 선제 신작 2년에 병사했다.

선제 감로 3년, 선우가 처음으로 황제를 배알하러 왔다.

황제는 자신을 보좌했던 대신들의 미덕을 떠올리고 기린각(麒麟閣)에 그들의 초상을 그려 넣게 했는데, 그들의 생김새를 그대로 그리게 하고 관직과 작위, 성명을 써 붙이게 하면서 곽광만은 이름을 쓰지 않고 "대사마대장군박륙후 성곽씨(大司馬大將軍博陸侯姓霍氏)"라고 썼다. 다음으로 위장군 부평후(富平侯) 장안세를, 그다음으로 거기장군 용락후(龍額侯) 한증, 그다음으로 후장군(後將軍) 영평후(營平侯) 조충국(趙充國), 그다음으로 승상 고평후(高平侯) 위상, 그다음으로 승상 박양후(博陽侯) 병길, 그다음으로 어사대부 건평후 두연년, 그다음으로 종정 양성후 유덕, 그다음으로 소부 양구하(梁丘賀), 그다음으로 태자태부 소망지, 그다음으로 전속국 소무를 배열했다. 모두 공과 덕이 높아 당대에 이름을 알린 인물들이었으므로 이들을 드러내어 선양함으로써 한나라의 중흥을 보좌한 공을 널리 알리고 주 선왕(周宣王)의 중흥 정치를 보좌했던 방숙(方叔)과 소호(召虎), 중산보(仲山甫)와 같은 열에 오르도록 한 것이다. 모두 열한 명인 이들에게는 따로 열전을 세워 두었다. 승상 황패(黃霸), 정위 우정국(于定國), 대사농 주읍(朱邑), 경조윤 장창, 우부풍 윤옹귀(尹翁歸) 및 유생 하후승 등은 모두 끝까지 충성을 다하여 선제 시절에 이름을 얻었으나 명신의 초상을 배열한 데에는 들지 못했으니 이를 보더라도 어떻게 선정했는지 알 수 있다.

찬하여 말한다.

이 장군은 그 삼가 성실하기가 꼭 시골 사람 같았으며 언사를 잘 쓰지도 못했으나, 이 장군이 죽던 날 그를 알거나 모르거나 천하 만민이 모두 장군을 생각하며 눈물을 흘렸으니 그것은 장군이 병졸과 군관들을 충심으로 굳게 믿었기 때문이리라. 속담에 "복숭아와 오얏은 자신을 자랑하는 법이 없어도 그 아래로 자연스럽게 길이 나게 되어 있다."라고 했으니 이 말은 비록 사소한 것을 나타내고 있지만 사실은 큰 뜻을 비유한다고 하겠다. 도가에서는 삼대에 이어 장군이 되는 것을 꺼리는데, 이광을 지나 이릉에 이르자 마침내 그 집안이 멸족당하고 말았으니 슬픈 일이다.

공자께서 "도를 이루는 데 뜻을 둔 선비와 어진 사람은 자신이 살기 위해 인(仁)의 뜻을 해치지 않고, 오히려 몸을 던져 죽음으로써 인을 이룬다."[28]라고 하셨고 또 "사방의 나라에 사신으로 나가면 군주의 명을 욕되게 하지 말아야 한다."[29]라고 하셨는데 소무에게 이런 면모가 있었다.

25

위청·곽거병 전
衛青霍去病傳

위청(衛靑, ?~기원전 106년)과 곽거병(霍去病, 기원전 140~기원전 117년)은 흉노 정벌에 공을 세운 장군들이다. 위청은 출신이 미천했으나 손위 누이 위자부(衛子夫)가 무제의 황후를 지낸 서른여덟 해 동안 승승장구하여 대장군 대사마에 올랐다. 위자부 언니의 아들인 곽거병은 외삼촌 위청을 능가하는 공을 세우면서 표기장군이 되었다. 원래 미천했던 이 집안은 무제의 손위 누이였던 평양 공주 집에서 한낱 무용수로 지내던 위자부가 무제의 총애를 받고 아들을 순산하면서 갑자기 부귀영화를 누리는 외척이 되었다.

사마천과 반고는 위청과 곽거병이 중국 역사에서 흔히 보는 외척과 달리 뛰어난 무예 실력을 발휘하여 무제의 숙원 사업인 흉노 정벌에 혁혁한 공을 세움으로써 승진을 거듭한 인물이라고 평가했다. 외척이면서 능력이 출중한 새로운 영웅상으로 본 것이다. 물론 군사 수효나 무기 등에서 유리한 조건으로 출전했기 때문에 다른 영웅보다 공을 세우기 쉬웠던 점도 있지만, 아부와 참소를 일삼던 당시의 외척과는 다른 모습을 보여 준 것이 사실이다. 그러나 인재를 천거하는 일에 소홀했고 자신들의 권위에 도전하는 자에게 철퇴를 내린 사실을 보면 외척의 한계를 넘지 못한 점 또한 분명히 보인다.

이 편에는 두 장군을 따라 흉노 정벌 전쟁에 참가했던 여러 장군도 소개되어 있다.

평양 공주의 종으로 출발한 위청

○　○　○

위청의 자는 중경(仲卿)이다.

위청의 아버지는 정계(鄭季)로 하동군 평양현(平陽縣) 사람이었는데 현령부의 구실바치로서 평양후(平陽侯) 집안의 일을 봐 주고 있었다. 평양후 조수(曹壽)[1]는 무제의 누나인 양신(陽信) 장공주에게 장가를 들었던 인물이다.

정계가 장공주 집의 계집종인 위씨(衛氏)댁[2]과 정을 통해 위청을 낳았다. 위청에게는 그 어머니가 낳은 형 위장군(衛長君)[3]과 누나 위자부가 있었다. 당시 위자부가 평양 공주 집에 들렀던 무제의 눈에 띄어 승은을 입고 총애를 받고 있었으므로 위청은 성을 위씨로 바꾼 것이다. 위씨댁의 맏딸은 위군유(衛君孺), 둘째 딸은 위소아(衛少兒)였으며 그다음 딸이 바로 위자부였다. 위자부의 남동생 보광(步廣)도 위씨로 성을 바꾸었다.

평양후 집에서 종노릇하던 위청은 젊은 시절에 생부 집으로 보내졌는데 생부가 양 치는 일을 시켰다. 생부의 본처인 큰어머니 소생의 아들들은 모두 위청을 종으로 취급하면서 형제로 인정하지 않았다.

한번은 위청이 어떤 사람을 따라 감천궁의 거실(居室) 옥에 갔는데 목에 칼을 쓰고 있던 죄수가 위청의 관상을 보고 말했다.

"귀인상이군. 벼슬길에 나아갈 것이고 열후에 봉해지겠어."

위청이 웃으며 대꾸했다.

"남의 집 종 소생이라[4] 매질을 당하지 않고 욕이나 얻어먹지 않으면 족합니다. 그런 제가 어떻게 열후에 봉해지겠습니까!"

위청이 장성한 뒤 평양후 집의 기리(騎吏)가 되어 평양 공주[5]를 모시고 다녔다.

무제 건원 2년 봄, 위청의 누나 위자부가 입궁하여 황제의 총애를 받았다. 당시의 황후는 대장공주의 딸이었는데[6] 자식을 낳지 못해 위자부를 투기했다. 위자부가 황제의 승은을 입어 회임했다는 말을 들은 대장공주가 위자부를 밉게 보고 사람을 시켜 위청을 잡아 오게 했다. 당시에 위청은 아직 이름이 나기 전으로 건장궁(建章宮)에서 일하고 있었다.

대장공주가 위청을 잡아 가두고 죽이려 했지만, 위청의 벗이었던 기랑 공손오가 장사들을 데리고 와서 빼돌린 덕에 죽음을 면했다. 황제가 그 소식을 듣고 위청을 불러 건장감으로 삼고 시중직을 더해 주었다. 거기에 동복형제들까지 대접하여 며칠 사이에 하사한 것이 모두 황금 천 근이나 되었다. 위군유는 태복 공손하의 아내로 삼고, 위소아는 진평의 증손자 진장(陳掌)과 정을 통하던 사이라 황제가 진장을 불러 벼슬을 주었다. 이 일로 해서 공손오도 더욱 좋은 대접을 받게 되었다. 또 위자부는 부인(夫人)의 직첩을 받았고 위청은 태중대부가 되었다.

흉노 정벌에 공을 세워 대장군이 된 위청

○　○　○

무제 원광 6년, 위청이 거기장군이 되어 흉노를 공격하기 위해 상곡에서 변경을 넘었다. 공손하는 경거장군이 되어 운중에서, 태중대부 공손오는 기장군이 되어 대군에서, 위위 이광(李廣)은 효기장군이 되어 안문에서 각각 만 명의 기병을 거느리고 출격했다.

위청의 부대가 농성(籠城)에 이르러[7] 적 수백 명을 베거나 사로잡았다. 기장군 공손오는 기병 칠천 명을 잃었고 위위 이광은 적에게 사로잡혔다가 요행히 탈출하여 돌아왔다. 이 둘은 모두 참형을 선고받았으나 속죄금을 내고 서인이 되었다. 이 전투에서 공손하는 공을 세우지 못했다. 그리하여 위청만 관내후 작위를 받았다. 그 뒤에도 흉노가 변경을 자주 침범했는데 그에 관한 이야기는 「흉노전」에 써 두었다.

무제 원삭 원년 봄, 위(衛) 부인이 사내아이를 낳아 황후에 올랐다.

그해 가을 위청이 다시 기병 삼만 명을 거느리고 안문에서 출격하고, 이식은 대군에서 출격했는데, 위청의 부대가 적 수천 명을 베었다.

이듬해 위청이 다시 운중에서 출격하여 서쪽으로 나가 고궐(高闕)에 갔다가 뒤이어 농서에 이르러 적 수천 명을 베거나 사로잡았고 가축 백여만 마리[8]를 얻은 뒤에 흉노의 백양왕(白羊王)과 누번왕(樓煩王) 군대를 쫓아 버렸다. 그리고 마침내 북지군 북쪽의 황하 이남 땅을 얻었는데 조정에서 그 땅에 삭방군을 두었다. 이에 위청을 식읍 삼천팔백 호의 장평후(長平侯)에, 위청 휘하의 교위 소건을 평릉후에, 장차공(張次公)을 안두후(岸頭侯)에 봉하고, 소건으로 하여금 삭방에 성을 구축하게 했다.

황제가 표창했다.

흉노는 하늘의 이치를 거역하고 인륜을 어지럽히고 있으니, 노인을 학대하고 도둑질을 일삼는 무리다. 여러 만이(蠻夷)를 기만하면서 모략을 부려 군대를 빌린 뒤에 변방을 자주 침략했다. 그러므로 군대를 모아 장수를 파견함으로써 그자들의 죄를 징벌하고자 한다. 『시』에도 "〔선왕(宣王)께서〕 험윤(獫允)을 정벌하고 태원에 이르렀도다.", "굉음을 내며 전차가 공격했네.", "〔험윤을 몰아내고〕 그 북방에 성을 쌓았네."[10]라고 이르지 않았던가? 이번에 거기장군 청이 서하를 건너 고궐에 이르러 적의 목 이천삼백 급을 얻었고 전차, 짐수레, 가축 등의 노획품을 모조리 거두었으므로 열후에 봉했더니, 바로 다시 서쪽으로 진격하여 하남 지역을 평정하고 옛 유계(楡谿) 요새터를 찾았으며, 재령(梓領)을 넘어 북하에 다리를 놓아 건너서는 흉노의 포니왕(蒲泥王)과 부리왕(符離王)의 군대를 토벌하고 쳐부쉈다. 적의 정예 병졸을 베고 복병과 척후병을 포획한 것이 삼천십칠 급이었다.[11] 수많은 포로를 심문했고,[12] 말·소·양 백여만 마리를 몰아 돌아왔는데, 휘하 군대의 손실 없이 개선했으므로 청에게 삼천팔백 호를 더하여 봉한다.[13]

그 뒤에 흉노가 해마다 대군, 안문, 정상, 상군, 삭방으로 침입하여 수많은 백성을 죽였는데 그 이야기는 「흉노전」에 있다.

원삭 5년 봄, 위청이 기병 삼만 명을 거느리고[14] 고궐에서 출격했다. 이때 위위 소건은 유격장군으로, 좌내사 이저(李沮)는 강노장군으로, 태복 공손하는 기장군으로, 대왕(代王)의 재상 이채는 경거장군이 되어 모두 거기장군 휘하에 속한 채로 삭방에서 출격했고 대행 이식과 안두후 장차공은 장군으로 둘 다 우북평에서 출격했다.

흉노의 우현왕이 거느린 군대가 위청 등이 거느린 부대를 대적하기로 되어 있었는데 한나라 군대가 그곳까지 올 수 없으리라 여기고 술에 취해 있었다. 한나라 군대가 밤중에 도착하여 우현왕의 군대를 포위했다. 놀란 우현왕이 야음을 타서 달아났는데, 자신이 아끼던 첩 한 명과 기병 수백 명만 거느리고 포위망을 뚫어 북쪽으로 달아났다. 한나라의 경기교위(輕騎校尉) 곽성(郭成) 등이 수백 리를 추격했으나 따라잡지 못하고, 우현왕의 비왕(裨王) 십여 명과 남녀 백성 일만 오천여 명을 사로잡고 수십만에서 백만에 이르는 가축을 얻어서 군대를 이끌고 돌아왔다. 변경 요새에 도착하자 황제가 사자에게 대장군 관인을 쥐어 보내 군중에서 바로 위청을 대장군에 임명하게 하고 각 장군의 부대를 대장군 휘하에 속하게 했으며 대장군 호령하에 개선하도록 했다.

황제가 표창했다.

대장군 청이 몸소 군대를 이끌고 가서 군대가 대첩을 거두고 흉노왕[15] 십여 명을 잡아 왔으므로 팔천칠백 호를 더해 봉한다.

이어서 위청의 아들인 위항(衛伉)을 의춘후(宜春侯)로, 위불의(衛不疑)를 음안후(陰安侯)로, 위등(衛登)을 발간후(發干侯)로 삼았다. 위청이 재삼 사양하며 말했다.

"신이 운 좋게 군대의 직책을 얻었는데 폐하의 신령하심에 의지하여 군대가 대첩을 거두었습니다. 그러나 모든 승리는 여러 교위들이 힘을 다해 싸우면서 세운 공으로 얻은 것입니다. 폐하께서 은총을 내리셔서 신 청에게 봉토를 더해 주셨습니다. 게다가 강보에 싸여 있던 신의 아들이 아무런 애를 쓰지 못했음에도 불구하고 황상께서 은총을 내리셔서 땅을 갈라 세 놈에게 후를 봉해 주셨습니다. 그런데 이는 신이 군대에서 봉직하면서 군사들에게 힘을 다해 싸우라고 권면하던 뜻과 어긋나니, 위항 등 세 놈이 어찌 감히 후위를 받을 수 있겠습니까!"

황제가 말했다.

"내 여러 교위의 공을 잊지 않았으니 원래 대장군에게 상을 내린 다음 바로 그 공을 치하할 생각이었다."

그러고는 어사대부에게 영을 내렸다.

"호군도위(護軍都尉) 공손오는 세 차례나 대장군을 따라 흉노를 공격하면서 각 부대의 연락을 맡은 호군 임무와 장령을 통솔하는 일을 잘 수행했을 뿐만 아니라 흉노 비왕을 사로잡았으니 오를 합기후(合騎侯)에 봉한다. 도위 한열은 대장군을 따라 전혼(寘渾)[16]에서 출격하여 흉노 우현왕의 궁정까지 진격한 뒤에 대장군 휘하에

서 격전을 벌여 흉노 비왕을 사로잡았으니 용락후(龍額侯)에 봉한
다. 기장군 하(賀)는 대장군을 따라 출격하여 흉노 비왕을 사로잡
았으니 남포후(南窌侯)[17]에 봉한다. 경거장군 이채는 대장군을 따
라 흉노 비왕을 사로잡았으니 낙안후(樂安侯)에 봉한다. 교위 이삭
(李朔), 조불우(趙不虞), 공손융노(公孫戎奴) 또한 각기 대장군을 따
라 흉노 비왕을 사로잡았으니, 삭을 척지후(陟軹侯)[18]에, 불우를 수
성후(隨成侯)에, 융노를 종평후(從平侯)에 봉한다. 장군 이저, 이식
과 교위 두여의(豆如意), 중랑장 관(綰)도 모두 공을 세웠으니 관내
후에 봉하되 저, 식, 여의에게는 식읍 삼백 호를 내린다."[19]

그해 가을에 흉노가 대군(代郡)을 침입하여 도위를 죽였다.

이듬해 봄에 대장군 위청이 정상에서 출격했다. 합기후 공손오
를 중장군으로, 태복 공손하를 좌장군으로, 흡후(翕侯) 조신(趙信)
을 전장군에, 위위 소건을 우장군에, 낭중령 이광을 후장군에, 좌
내사 이저를 강노장군에 임명하고 모두 대장군 휘하에 두었는데,
적의 머리 수천 급을 베고 개선했다.

달포가 지났을 때 부대 전체가 다시 정상을 출발하여 출격한 끝
에 적 만여 명의 머리를 베거나 사로잡았다. 소건과 조신이 두 부
대를 합해 기병 삼천 명을 거느리고 따로 선우의 군대를 맞닥뜨렸
는데 하루가 넘도록 싸우다가 한나라 군대가 거의 패배할 뻔했다.

조신은 원래 흉노 사람으로 투항하여 흡후가 되었는데, 위급한
사정을 당하여 흉노 측에서 투항을 권하자 곧바로 남은 기병 팔백
명을 데리고 선우에게 달려가 항복했다.[20] 소건은 자신의 부대를
모두 잃고 홀로 목숨을 건져 달아나 위청의 군영으로 돌아왔다.

위청이 군정(軍正) 굉(閎), 도군관장사(都軍官長史) 임안(任安), 의랑(議郎) 주패(周霸) 등에게 그의 죄에 대해 물었다.

"소건에게 어떤 처분을 내려야 하겠는가?"

주패가 말했다.

"대장군이 출격한 이래 비장을 벤 적이 한 번도 없지만, 지금 소건은 군대를 버린 죄를 지었으므로 장군의 위엄을 분명하게 보이는 뜻에서 참형에 처함이 옳습니다."

굉과 임안은 다른 의견을 내놓았다.

"그건 그렇지가 않습니다. 병법에 '약세로 굳건히 대적하면 강세로 대적하는 적의 포로가 된다.'²¹라고 했습니다. 지금 소건이 수천의 병력으로 수만을 거느린 선우를 대적하여 하루가 넘어가도록 힘써 싸웠으니 이는 모든 군사에게 투항할 마음이 없었음을 뜻합니다. 홀로 돌아왔다고 해서 참형으로 다스리면 나중에 이런 경우에는 돌아오지 말라는 뜻을 보이는 셈이 됩니다. 그러므로 참형으로 다스려서는 안 됩니다."

위청이 말했다.

"나는 폐하의 인척이 되어 군중에서 직책을 맡는 영광을 누리고 있으므로 위엄을 보이지 못할까를 걱정하지 않는다. 주패는 나더러 위엄을 분명하게 보이라고 했으나 그것은 나의 뜻과 심히 어긋난다. 게다가 내 직책상 장수를 벨 수 있다고 하더라도 폐하의 두터운 총애를 받는 신하로서는 변경 밖에서 혼자 독단하여 벨 수 없다. 그를 폐하께 보내 알아서 처리하시도록 함으로써 신하가 권한을 마음대로 휘두르지 않는 기풍을 보이는 것 또한 옳은 일이 아니겠는가?"

군리들이 모두 말했다.

"옳습니다."

그리하여 소견을 묶어서 행재소에 보냈다.

그해에 곽거병이 열후가 되었다.

관군후가 된 위 황후의 조카 곽거병

○   ○   ○

곽거병은 대장군 위청의 누나인 위소아의 아들로서 그 아버지 곽중유(霍仲孺)가 진장(陳掌)에 앞서 위소아와 정을 통해 낳은 자식이다. 위 황후가 황제의 총애를 입게 된 뒤에, 위소아는 다시 첨사 진장의 아내가 되었다.

곽거병은 황후의 조카 자격으로 나이 열여덟에 시중이 되었다. 말타기와 활쏘기에 능하여 대장군을 따라 두 차례나 출격했다. 대장군이 조서를 받들어 곽거병으로 하여금 용사를 거느리게 하고 표요교위(票姚校尉)로 삼았다.

곽거병이 날래고 용감한 기병 팔백 명을 데리고 대장군 군영으로부터 수백 리 떨어진 곳까지 곧바로 달려가 승리를 거두었는데, 적의 머리를 베거나 사로잡은 수가 헤아릴 수 없을 정도였다. 그리하여 황제가 표창했다.

"표요교위 거병이 적 이천이십팔 급을 베거나 사로잡고 적의 상국과 당호를 붙잡았으며, 선우[22]의 조부 항렬인 자약후(藉若侯) 산(産)을 베고 막내 숙부 나고배(羅姑比)[23]를 붙잡은 공으로 두 번이나 장수 중의 으뜸으로 뽑혔으니 이천오백 호[24]를 주어 거병을 관군후(冠軍侯)[25]로 삼는다. 상곡 태수 학현(郝賢)은 대장군을 따라 네 번이나 출격하여 적 일천삼백 급[26]을 베었으므로 현을 종리후(終利侯)[27]에 봉한다. 기사 맹이(孟已)가 공을 세웠으므로 관내후 작위와 식읍 이백 호를 하사한다."

그해에 두 장군이 거느렸던 부대를 잃은 데다 흡후까지 달아나 공을 크게 세우지 못한 위청은 식읍을 더해 받지 못했다. 소건이 도착하자 황제가 주살하지 않고 속죄금을 받은 뒤에 서인으로 강등시켰다. 위청에게는 황금 천 근을 하사했다.

그해에는 왕(王) 부인[28]이 황제의 총애를 듬뿍 받고 있었으므로 영승(甯乘)이 위청에게 권고했다.

"장군의 공이 아주 크지 않음에도 불구하고 식읍이 만 호를 넘고 세 아드님이 다 후가 된 것은 황후 덕분입니다. 지금 왕 부인이 총애를 받고 있는데 그 집안은 아직 부귀하지 못합니다. 부디 장군께서 하사받은 황금 천 근을 받들어 왕 부인의 부모님[29]을 축수하시기 바랍니다."

위청이 황금 오백 근으로 왕 부인 부모님을 축수했다. 황제가 그 소식을 듣고 위청에게 그 사정에 관해 물어보자 위청이 사실대로 대답했다. 그리하여 황제가 영승을 동해군 도위로 삼았다.

교위 장건(張騫)이 대장군을 따라서 출격했는데, 일찍이 대하(大夏)에 출사하던 길에 흉노족에게 오랫동안 붙잡혀 있었던 까닭으로 군대의 향도를 맡아 먹을 물과 풀이 있는 곳을 알려 주어 군대가 배고픔과 목마름에 시달리지 않게 했다. 그 전에 먼 나라까지 출사했던 공도 있어 장건을 박망후(博望侯)에 봉했다.

관군후가 된 지 세 해째인 원수 3년 봄에 곽거병이 표기장군이 되었다. 곽거병이 기병 만 명을 이끌고 농서에서 출격하여 공을 세웠으므로 황제가 표창했다.

"표기장군은 군사를 거느리고 오려산(烏盭山)을 넘어 흉노의 속복(遬濮) 부족을 토벌했고, 호노수(狐奴水)를 건너 흉노 다섯 왕의 나라를 지날 때 흉노 쪽의 군수 물자와 백성, 그리고 사기를 잃은 적군들을 손대지 않았으며, 선우의 아들을 거의 잡을 뻔했다. 여러 곳을 옮겨 다니며 엿새 동안 전투를 벌였는데, 언지산(焉支山)을 지나 천 리쯤 더 나아간 곳에서 단검을 들고 적군과 싸우며 고란산(皋蘭山)[30] 아래에서 격전을 벌여 설란왕(折蘭王)[31]을 죽이고 노후왕(盧侯王)[32]의 목을 베었다. 사납고 완강하게 버티는 적을 주살하고 아군의 손실 없이 포로를 잡았는데 혼야왕의 아들 및 상국, 도위를 붙잡았고 적군 팔천구백육십 급을 베거나 사로잡았으며, 휴저왕(休屠王)[33]에게서 제천 의식에 쓰던 금인(金人)[34]을 얻었고, 휴저왕이 거느렸던 군대 십 분의 칠을 없앴다.[35] 이에 거병에게 이천이백 호[36]를 더하여 봉한다."

그해 여름 곽거병이 합기후 공손오와 함께 북지에서 변경을 나가 각각 다른 길로 출격했다. 박망후 장건과 낭중령 이광은 함께 우북평에서 변경을 나가 각각 다른 길로 출격했다. 이광은 기병 사천 명을 거느리고 먼저 도착했고 장건은 기병 만 명을 거느리고 뒤에 도착했다. 흉노 좌현왕이 기병 수만을 거느리고 이광의 부대를 포위했다. 이광의 부대가 이틀 동안 전투를 벌였는데 죽은 자가 절반이 넘었고 적도 아주 많이 죽었다. 장건의 부대가 당도하자 흉노 측에서 군대를 끌고 철수했다. 부대 행군을 지체한 장건에게 참형이 선고되었으나 속죄금을 내고 서인이 되었다.

한편 곽거병이 북지를 출발하여 곧바로 적진 깊이 들어갔던 것에 반해 합기후는 길을 잃어 서로 만나지 못했다. 곽거병이 기련산(祁連山)[37]에 이르러 수많은 적군을 사로잡고 목을 베었다. 황제가 표창했다.

"표기장군은 균기(鈞耆)[38]에서 물을 건너고 배를 타고 거연택(居延澤)을 건넌 뒤에 곧바로 소월지(小月氏)에 도착해서 기련산에서 적을 공격했다. 녹득(鱳得)[39]에서 무위를 떨쳐 선우선환(單于單桓)과 추도왕(酋涂王) 및 상국과 도위를 사로잡았고[40] 이천오백 명의 항복을 받았으니, 복종하면 관대하게 용서해 주고 승리한 뒤에는 약탈하지 않았다고 할 수 있다. 또 다섯 흉노왕과 그 다섯 흉노왕의 어머니,[41] 선우의 연지와 왕자 쉰아홉 명, 상국·장군·당호·도위 예순세 명을 포함하여 적의 목을 베거나 사로잡은 것이 삼만 이백 명이었으며 대군의 십 분의 삼을 궤멸했으므로[42] 거병에게 오천사백 호[43]를 더하여 봉하고, 교위로서 표기장군을 따라 소월지까지 갔던 자들에게 좌서장(左庶長) 작위를 내린다. 응격사마(鷹擊司馬) 파노(破奴)는 두 차례에 걸쳐 표기장군을 따라 출격하여 속복왕을 베었고 계저왕(稽且王)[44]과 우천기장(右千騎將)을 사로잡았으며 흉노왕과 왕의 어머니 각각 한 명과 왕자 이하 마흔한 명을 사로잡고,[45] 적군 삼천삼백삼십 명을 포로로 잡았으며, 선봉대가 적 천사백 명을 사로잡았으므로 파노를 종표후(從票侯)[46]에 봉한다. 교위 고불식(高不識)은 호우기왕(呼于耆王)과 왕자 이하 열한 명을 사로잡고 적 천칠백육십팔 명을 포로로 잡았으므로 불식을 관군후를 따랐다는 뜻에서 의관후(宜冠侯)에 봉한다. 교위 복다(僕多)[47]가 공을 세웠으므로 휘거후(煇渠侯)에 봉한다."

합기후 공손오는 행군을 지체하여 표기장군과 늦게 합류한 죄로 참형을 선고받았지만 속죄금을 내고 서인이 되었다.

여러 노장이 거느린 기병대는 역시 곽거병의 군대만 같지 못했다. 곽거병은 항상 정예병을 뽑아 거느리고 적진 깊숙하게 들어가 싸웠으며 건장한 기병과 더불어 대군의 선봉에 섰다. 게다가 하늘의 도움을 받아 위태로운 곤경을 만난 적이 없었다. 반면에 노장들은 언제나 지체하여 낙오했으므로 공을 세울 기회를 얻지 못했다. 그 작전 뒤로 곽거병은 나날이 더 큰 총애를 받게 되었는데 대장군에 비견될 정도였다.

그 무렵 흉노 서쪽 지방을 맡고 있던 혼야왕이 몇 차례나 한나라 표기장군 군대에 깨지고 수만 명을 잃어버린 일로 선우가 노하여 혼야왕을 주살하려고 했다. 이에 혼야왕이 휴저왕 등과 모의하여 한나라에 투항하기로 하고 먼저 사람을 변경에 보내 말을 넣고자 했다.[48] 그때 마침 북하 변에 성을 쌓으려고 준비하던 대행 이식이 혼야왕의 사절을 만나게 되어 급히 파발을 보내 황제에게 보고했다. 그러자 혼야왕 쪽에서 거짓으로 항복한 뒤에 변경을 기습할지도 모른다고 생각한 황제가 곽거병으로 하여금 군대를 거느리고 가서 그 일행을 맞이하게 했다.

곽거병이 북하를 건너가서 혼야왕의 무리와 마주하고 바라보았다. 한나라 군을 본 혼야왕의 비왕[49] 중에 다수가 곽거병의 군대가 공격하러 온 줄 알고 항복하지 않고 뿔뿔이 흩어져 달아났다. 이에 곽거병이 신속하게 다가가 혼야왕과 만난 뒤에 달아나려던 자를 팔천 명이나 베어 버렸다. 그러고는 혼야왕 한 사람만을 역참 수레에 태워 행재소로 먼저 보내고 남은 무리를 모두 끌고 북하를 건넜다. 투항한 자들이 수만 명[50]이었는데, 밖으로 일컫기는 십만 명이라고 했다.

장안에 도착하자 천자가 상으로 내린 것이 수십억이나 되었다. 혼야왕을 탑음후(漯陰侯)[51]에 봉하고 그 비왕 호독니(呼毒尼)를 하마후(下摩侯)에, 응비(雁疕)를 휘거후(煇渠侯)에, 금려(禽黎)[52]를 하기후(河綦侯)에, 대당호(大當戶) 조수(調雖)[53]를 상락후(常樂侯)에 봉했다.

이 일로 황제가 곽거병의 공을 가상하게 여겨 표창했다.

표기장군 거병이 군대를 이끌고 흉노를 정벌하자, 흉노 땅의 서쪽 지역을 다스리는 혼야왕과 그 무리가 모두 귀부해 왔다. 군량을 그들에게 먹이는 동시에 시위를 당길 줄 아는 군사 만여 명을 데리고 날래고 사나운 흉노족을 징벌했는데, 사로잡거나 목을 벤 것이 팔천여 급이었고 이국(異國)의 왕 서른두 명[54]을 항복시키면서도 전사들은 상해를 입은 바 없이 흉노 무리 십만 명을 모두 복종하게 했으니, 거병이 여러 차례 군대를 출동시킨 노고 덕택에 북하

쪽 변경의 근심거리가 거의 없어지게 되었으므로 표기장군에게 천 칠백 호를 더하여 봉한다. 또 농서와 북지, 상군의 수졸을 절반으로 줄여 천하 백성이 지는 요역을 가볍게 하라.

그 뒤에 투항한 자들은 원래 새외 땅이었던 변경의 다섯 군에 나누어 살게 했는데, 모두 북하 남쪽 땅에서 고유한 풍속을 유지하며 살게 하고 속국(屬國)으로 삼았다.

그 이듬해[55] 흉노가 우북평, 정상으로 침입하여 한나라 사람 천여 명을 죽였다.

그 이듬해에 황제가 여러 장군과 의논하여 말했다.

"흡후 조신이 선우에게 계책을 올릴 텐데, 한나라 군대가 사막[56]을 건너가서 쉽게 진영을 구축하는 일은 절대 일어나지 않으리라 여기고 있을 것이니, 지금 대군을 출동시킨다면 우리가 바라는 형세를 얻을 것이다."

그해는 원수 4년이었다. 봄에 황제가 대장군 위청과 표기장군 곽거병으로 하여금 각각 기병 오만 명을 거느리게 하고 수십만 명이나 되는 보병과 군수 물자를 수송하는 자들을 그 부대 뒤에 붙여 가게 했는데, 적진 깊이 들어가 힘써 싸울 만한 군사는 모두 곽거병의 부대에 소속되어 있었다.

원래 곽거병은 정상에서 출격하여 선우의 부대와 맞서 싸우기로 되어 있었으나, 그때 사로잡은 적이 선우가 동쪽에 있다고 하여 곽거병은 대군에서, 위청은 정상에서 출격하도록 명령을 바꾸어 내렸으며, 낭중령 이광을 전장군, 태복 공손하를 좌장군, 주작도위 조이기를 우장군, 평양후 조상을 후장군으로 삼아 모두 대장군 휘하에 속하게 했다.

조신이 선우에게 계책을 올렸다.

"한나라 군대가 곧 사막을 건너올 텐데 군사와 말이 지칠 것이니 흉노는 앉아서도 적을 잡아들일 것입니다."

이에 군수 물자를 북쪽 먼 곳으로 모두 옮기고 정예 부대 전체를 사막 북쪽에 대기시켰다. 그때 마침 위청의 부대가 새외 천여 리까지 나왔다가 선우가 진을 치고 대기하는 것을 보았다. 그리하여 위청이 무강거(武剛車)를 둥글게 배치하여 진영으로 삼고 기병 오천 명을 돌격시켜 흉노와 대적하게 하자 흉노 쪽에서도 기병 만 명을 풀어 진격해 왔다.

해가 막 지려고 할 때 큰바람이 불어 모래와 자갈이 얼굴을 때리는 바람에 양쪽 군대가 서로를 분간하지 못하게 되었다. 한나라 군의 좌익과 우익 부대가 더욱 센 기세로 돌진하여 선우를 에워쌌다. 한나라 군의 수가 많고 군사와 말이 아직 힘이 많은 것을 본 선우가 교전에 들어가면 흉노에 불리하리라 여겼다. 땅거미가 내리는 틈을 타서 여섯 필 노새가 끄는 수레에 탄 선우가 수백 명이나 되는 건장한 기병들이 한나라 군의 포위망을 돌파하게 하여 서북쪽으로 빠르게 달아났다. 날이 저물면서 한나라 군과 흉노군이 서로 뒤섞여 육박전을 벌이느라 양쪽이 모두 크게 피해를 입었다. 한나라 군의 좌장군 휘하 교위가 사로잡은 적이 선우가 날이 저물기 전에 달아났다는 사실을 알리자, 한나라 군에서 날랜 기병을 보내 밤을 도와 선우를 추격하게 하고 위청이 그 뒤를 따랐다. 그러자 흉노군이 흩어져 달아났다.

날이 밝아 올 때까지 이백여 리를 행군하면서 선우는 잡지 못했지만 일만여 명에 이르는 적을 사로잡거나 목을 베었다. 그 뒤에 전안산(寘顏山) 조신성(趙信城)에 이르러 흉노가 쌓아 둔 양식을 발견하고 군사들에게 먹였다. 한나라 군은 그곳에서 하루를 유숙한 뒤에 철수했는데, 그 성에 남아 있던 곡식을 모두 불태우고 돌아왔다.

위청이 선우와 교전하고 있을 때 전장군 이광과 우장군 조이기가 각각 동쪽 길로 가다가 길을 잃었다. 그 바람에 대장군이 군대를 거느리고 철수하여 사막의 남쪽을 지날 때에야 겨우 합류했다. 위청이 황제에게 귀환 보고를 하려고 휘하의 장사를 이광에게 보내 길 잃은 경과를 적은 글을 하나하나 조사하게 하니, 이광이 스스로 목숨을 끊어 버렸다. 조이기는 속죄금을 내고 서인이 되었다.

위청의 부대가 변경 안으로 들어올 때까지 벤 적의 머리가 모두 일만 구천 급이나 되었다.

그때 흉노족은 열흘이 넘도록 선우를 만나지 못하고 있었으므로 우록리왕(右谷蠡王)[57]이 스스로 선우에 올랐는데, 나중에 선우가 자신의 무리와 합류하자 우왕이 바로 선우 칭호를 물렸다.

곽거병은 기병과 군수 물자는 대장군과 동등하게 가졌으되 이광 등 모든 장군이 대장군 휘하에 있었으므로 비장이 없었다. 그리하여 이감 등을 대교(大校)로 삼아 비장 역할을 하게 하고 대군을 거느리고 우북평에서 출격하여 이천여 리나 진격했을 때 흉노의 좌장군 부대와 맞닥뜨렸는데, 베거나 사로잡은 수가 위청의 부대보다 많았다.

군대가 모두 철수해 오자 황제가 표창했다.

표기장군 거병이 군대를 거느리고 출정했는데 훈윤(葷允)에서 투항한 군사를 거느리고 군량 등 군수 물자를 간단하게 꾸려서 직접 대사막 깊숙이 들어갔다. 물을 건널 때 선우의 측근인 장거(章渠)를 잡았고 배거기(北車耆)[58]를 주살했으며, 군대를 돌려 좌대장(左大將) 쌍(雙)을 공격하여 깃발과 북을 빼앗고 난후산(難侯山)을 지나 궁로수(弓盧水)[59]를 건너 둔두왕(屯頭王)과 한왕(韓王) 등 세 명과 장군·상군·당호·동위 여든세 명을 사로잡았으며, 낭거서산(狼居胥山)에서 제단을 쌓고 하늘에 제사를 올리고 고연(姑衍)에서 땅에 제사를 올렸으며 높은 곳에 올라 한해(翰海)[60]를 바라보았다. 사로잡아서 심문한 포로가 칠만 사백사십삼 급에 이르렀으나 잃은 군사는 십 분의 이[61]밖에 되지 않았고, 적에게서 식량을 얻었으므로 아주 멀리까지 행군했음에도 식량을 떨어뜨리지 않았으니 표기장군에게 오천팔백 호를 더하여 봉한다.

우북평 태수 노박덕은 표기장군의 지휘를 받기 위해 여성(興城)에서 합류하는 날짜에 늦지 않았고, 표기장군을 따라 주여산(檮余山)[62]에 이르러 적 이천팔백 급을 베거나 사로잡았으므로 비리후(邳離侯)에 봉한다. 북지군 도위 형산(衛山)은 표기장군을 따라 출전하여 흉노왕을 사로잡았으므로 의양후(義陽侯)에 봉한다. 귀의후(歸義侯)인 인순왕(因淳王) 복육지(復陸支)와 누전왕(樓剸王) 이즉건(伊即軒)이 다 표기장군을 따라 출전하여 공을 세웠으므로 복육지를 두

후(杜侯)에, 이즉건을 중리후(衆利侯)⁶³에 봉한다. 종표후 파노(破奴)와 창무후(昌武侯) 안계(安稽)가 표기장군을 따라 출전하여 공을 세웠으므로 각각 삼백 호를 더하여 봉한다. 어양 태수 해(解)와 교위 감(敢) 두 사람이 깃발과 북을 빼앗았으므로 관내후 작위를 하사하되 해(解)에게 식읍 삼백 호를, 감(敢)에게 이백 호를 내리며, 교위 자위(自爲)에게 좌서장⁶⁴ 작위를 내린다.

동시에 대사마가 된 위청과 곽거병

○　○　○

곽거병 부대의 군리와 병졸 중에는 벼슬과 상을 받은 자가 매우 많았으나 위청은 식읍을 더해 받지 못했으며 군리와 병졸도 식읍을 봉해 받은 이가 없었다. 다만 서하 태수 상혜와 운중 태수 수성(遂成)이 상을 받았다. 수성은 제후왕의 승상 대우를 해 주고 식읍 이백 호와 황금 백 근을 내렸으며, 상혜는 관내후 작위를 내렸다.

두 군대가 출전할 때 변경에서 검열을 거친 관마와 개인 소유의 말이 모두 십삼만 필이었으나 대장군 측이 잃은 말이 많아 변경에서 돌아온 뒤에는 삼만 필이 채 되지 않았다. 그리하여 대사마 직위를 두어 대장군과 표기장군 모두에게 대사마 벼슬을 더해 주었다. 그리고 영을 내려 표기장군의 봉록을 대장군의 봉록과 같게 했다.

그 뒤로부터 위청은 나날이 쇠락한 데 반해 곽거병은 나날이 귀한 존재가 되었다. 위청의 벗이나 문객 중에 많은 사람이 위청을 떠나 곽거병을 섬기며 관작을 얻은 예가 많았는데 유독 임안만은 대장군을 떠나려 하지 않았다.

곽거병은 말수가 적고 비밀을 지키는 사람으로 용기가 있어 망설이지 않고 전진했다.[65] 일찍이 황제가 곽거병에게 오기(吳起)와 손무(孫武)의 병법을 가르치려고 하자 황제에게 아뢰었다.

"전투마다 어떤 방책과 전략을 쓸 것인가를 숙고하면 될 터, 옛 병법을 배울 것까지는 없습니다."

황제가 집을 지어 놓고 곽거병에게 둘러보게 하자 황제에게 말했다.

"흉노를 아직 섬멸하지 못했으니 집에 관한 생각을 할 수 없습니다."

이에 황제가 곽거병을 더욱 편애하게 되었다. 그런데 곽거병은 열여덟이란 많지 않은 나이에 시중이 되어 늘 총애와 귀한 대접을 받았으므로 군사를 긍휼할 줄 몰랐다. 곽거병이 작전을 지휘하고 있을 때 황제가 태관(太官)을 시켜 먹을 것을 수레 수십 대에 실어 보냈는데, 돌아온 짐수레에 남은 곡식과 고기가 버려져 있었지만, 작전 중에 군사들은 배를 곯는 이도 있었다. 곽거병이 새외에 있을 때는 군사를 먹일 군량이 부족해서 어떤 군사는 제대로 일어서지도 못했지만, 곽거병은 국역(鞠域)을 만들어 놓고 여전히 공만 찼으니[66] 그 비슷한 일이 많았다. 위청은 인자하여 군사를 아끼고 겸손했으며[67] 온유함으로 황제의 사랑을 받았으나 천하의 칭송을 받지는 못했다.

곽거병은 원수 4년에 출정한 뒤 세 해째 되던 원수 6년에 세상을 떠났다. 황제가 그의 죽음을 애통하게 여기며 변경 다섯 개 군에 둔 흉노 속국에서 쇠갑옷을 입힌 군사를 행진시켜 장안에서 무릉(茂陵)까지 장례 행렬을 호위하게 했고, 봉분을 기련산만큼 높이 쌓게 했다.

무용(武勇)이 뛰어나고 땅을 넓혔다는 뜻을 합해 곽거병에게 경환후(景桓侯)[68]라는 시호를 내렸다. 아들 곽선(霍嬗)이 후사가 되었다. 곽선은 자가 자후(子侯)로 황제가 총애하면서 자라면 장군으로 삼으리라 생각했다. 그런데 봉거도위가 되어 황제를 모시고 제사를 올리러 태산에 가던 길에 죽었다. 아들이 없었으므로 봉토를 철폐했다.

곽거병이 죽은 뒤에 위청의 맏아들인 의춘후 위항이 법을 어겨 후위를 잃었다. 그 뒤 다섯 해가 지나 위항의 두 동생인 음안후 위불의와 발간후 위등이 모두 태묘 음주례 경비로 황제가 요구한 황금을 제대로 내지 않아 후위를 잃었다.

그 뒤 두 해가 지났을 때 관군후의 봉토도 철폐되었다.

네 해가 지난 원봉 5년에 위청이 세상을 떠나 열후 시호를 내렸다. 아들 위항이 후사가 되었으나 여섯 해 뒤에 법을 어겨 후위를 빼앗겼다.

위청은 자신이 선우를 포위했던 때로부터 열네 해가 지난 뒤에 세상을 떠났다.

원수 4년에 있었던 그 전투 뒤로 다시는 흉노를 공격하지 않았다. 한나라에 말이 부족했고 또 남쪽의 남월과 동월의 두 월(越)을 징벌하고 동쪽의 조선을 쳤으며 강(羌)과 서남이(西南夷)를 공격했기 때문이다. 그리하여 오랫동안 흉노를 치지 않았다.

앞서 위청이 황제의 총애를 받아 존귀한 신분이 되었을 때, 평양후 조수가 고치기 힘든 병에 걸려 봉토로 돌아갔다. 장공주가 물었다.[69]

"열후 중에 누가 가장 능력이 뛰어난가?"

공주 곁에 있던 사람들이 모두 말했다.

"대장군입니다."

공주가 웃으며 말했다.

"그 사람은 우리 집안 출신이야. 언제나 말을 타고 나를 호위했어. 그러니 안 될 일이야."

곁에 있던 사람들이 말했다.

"지금 황제의 총애를 받아 존귀한 정도가 다른 사람과 비할 수 없습니다."

장공주가 황후에게 위청을 남편으로 얻고 싶다고 하자 황후가 그 말을 황제에게 전했다. 이에 황제가 위청을 불러 평양 공주에게 장가들게 했다. 위청이 세상을 떠나자 무릉 동쪽 곽거병 무덤의 서쪽에 있던 평양 공주 묘에 합장하고 봉분을 여산(廬山)[70]만큼 높이 쌓게 했다.

총계를 내 보면 대장군 위청은 흉노를 치기 위해 모두 일곱 차례나 출격하여 베거나 포획한 적군이 오만여 급이었고, 한 번은 선우와 교전했으며, 북하 남쪽의 하남 지역을 거두어들여 삭방군을 설치하게 했으므로[71] 두 번에 걸쳐 식읍을 더하여 모두 일만 육천삼백 호[72]를 받았다. 위청의 세 아들도 후에 봉해졌는데 각각 천삼백 호씩을 받았으니 부자 네 사람의 식읍이 모두 합해 이만 이백 호[73]였다.

위청과 곽거병의 휘하 장수들

○ ○ ○

위청의 비장 및 교위로 후에 봉해진 자가 아홉 명이었고, 단독으로 부대를 이끌었던 장수가 열다섯 명[74]이었으니, 그중에 이광·장건·공손하·이채·조상·한열·소건 들은 모두 열전을 세워 두었다.

이식은 욱질(郁郅) 사람이다. 경제를 섬겼고 무제가 제위에 오른 뒤 여덟 해가 되었을 때 재관장군이 되어 마읍 작전에 참가했다. 여섯 해 뒤에 장군이 되어 대군에서 출격했고 다시 세 해가 지난 뒤에 장군으로 대장군을 따라 삭방에서 출격했으나 모두 공을 세우지 못했다.[75] 모두 세 차례 장군직을 맡았고 그 뒤에는 계속해서 대행직을 수행했다.

공손오는 의거(義渠) 사람으로 낭관이 되어 경제를 섬겼다. 무제가 제위에 오른 지 열두 해째에 기장군이 되어 대군에서 출격했다가 군사 칠천 명을 잃었다. 참형을 선고받았으나 속죄금을 내고 서인이 되었다. 다섯 해가 지난 뒤에 교위로서 대장군을 따라 출격하여 합기후에 봉해졌다. 다시 한 해 뒤에 중장군이 되어 대장군을 따라 두 번에 걸쳐 정상에서 출격했으나 공을 세우지는 못했다. 그 뒤 두 해가 지났을 때 장군이 되어 북지에서 출격했는데 길을 잃은 탓에 표기장군 뒤에 낙오했다. 합류 시간을 놓친 죄로 참형을 선고받았으나 속죄금을 내고 서인이 되었다. 그 뒤 두 해가 지나 교위로서 대장군을 따라 출격했으나 공을 세우지 못했다. 그 뒤 열네 해가 지난 뒤에 인우장군(因杅將軍)이 되어 군대를 거느리고 수항성을 쌓았다. 일곱 해가 지난 뒤에 다시 인우장군이 되어 흉노 공격에 두 차례 출격하여 여오수(余吾水)에 이르렀으나 군사를 많이 잃었다. 옥리가 심문하여 참형을 선고했는데, 형을 받아 죽은 것으로 꾸미고 민간으로 달아나 대여섯 해를 살다가 발각되어 다시 갇혔다. 부인이 삿된 방법을 써서 남을 저주한 죄로 멸족당했다. 모두 네 차례에 걸쳐 장군직을 맡았다.

이저는 운중 사람으로 경제를 섬겼으며 무제가 제위에 오른 뒤 열일곱 해가 지났을 때 좌내사로서 강노장군이 되었다. 한 해 뒤에 다시 강노장군을 맡았다.

장차공은 하동 사람으로 교위로서 대장군을 따라 출격하여 안두후에 봉해졌다. 그 뒤에 왕(王) 태후[76]가 세상을 떠나자 장군이 되어 북군을 지휘했다. 한 해가 지나서 다시 대장군을 따라 출격했다. 모두 두 차례에 걸쳐 장군직을 맡았으나 법을 어겨 후위를 빼앗겼다.

조신은 흉노의 상국으로 투항하여 후(侯)가 되었다. 무제가 제위에 오른 지 열여덟 해가 지났을 때 전장군이 되어 흉노와 교전했으나 패배한 뒤에 흉노에 항복했다.

조이기는 대후(敦栩)[77] 사람이다. 무제가 제위에 오른 지 열여덟 해가 지났을 때 주작도위[78]로 대장군을 따라 출격하여 적의 머리 육백육십 급을 베어, 원수 3년에 관내후 작위와 황금 백 근을 하사받았다. 이듬해에 우장군으로 대장군을 따라 정상에서 출격했다가 길을 잃어 참형을 선고받았으나 속죄금을 내고 서인이 되었다.

곽창은 운중 사람으로 교위로서 대장군을 따라 출격했다. 원봉 4년에 태중대부로서 발호장군이 되어 삭방에 주둔했다. 회군한 뒤에 곤명(昆明)을 공격했으나[79] 공을 세우지 못해 관인을 반납했다.

순체(荀彘)는 태원군(太原郡) 광무 사람이다. 수레를 잘 몰아 황제가 접견하고 시중으로 삼았다. 교위가 되어 대장군을 따라 여러 차례 출격했다. 원봉 3년에 좌장군이 되어 조선을 공격했으나 공을 세우지 못했는데, 누선장군(樓船將軍) 양복(楊僕)을 체포한 죄로 주살당했다.

총계를 내 보면 표기장군 곽거병은 흉노를 치기 위해 모두 여섯 차례 출격했는데 그중 네 차례는 장군으로 출격하여 적의 목 십일만여 급을 베었다. 혼야왕이 무리 수만 명을 데리고 투항하게 했으며, 하서 지방의 주천 땅을 개척했으므로 서쪽 지방에서 흉노의 침략이 훨씬 줄어들게 되었다. 네 차례나 식읍을 더해 받아 모두 일만 칠천칠백 호를 받았다. 표기장군의 교위와 군리 중에 공을 세워 후가 된 자가 여섯 명이고 장군이 된 자가 두 명이다.

노박덕은 서하 평주(平州) 사람이다. 우북평 태수로서 표기장군을 따라 출격하여 비리후에 봉해졌다. 표기장군이 세상을 떠난 뒤에 노박덕은 위위로 복파장군이 되어 남월을 정벌하고 식읍을 더해 받았다. 그 뒤에 법을 어겨 후위를 잃었다. 강노도위가 되어 거연에 주둔하다가 세상을 떠났다.

조파노는 태원[80] 사람으로 일찍이 흉노로 달아났다가 다시 한나라에 귀순한 뒤에 표기장군의 사마가 되었다. 북지에서 변경을 넘어 출격했다가 종표후에 봉해졌으나 태묘 음주례 경비를 위해 황제가 요구한 황금을 제대로 내지 않아 후위를 잃었다. 다시 한해가 지나서 흉하장군(匈河將軍)이 되어 흉노를 공격하며 흉하수(匈河水)까지 이르렀지만 공을 전혀 세우지 못했다. 한 해[81] 지난 뒤에 누란왕(樓蘭王)을 공격하여 사로잡았으므로 새로 삭야후(浞野侯)에 봉해졌다. 여섯 해가 지나서 준계장군이 되어 기병 이만 명을 거느리고 흉노의 좌왕[82]을 공격했다. 좌왕이 교전하면서 기병 팔만 명을 거느리고 조파노 부대를 포위하자 조파노가 적에게 사로잡혔고 뒤에 군사까지 모두 잃었다. 흉노 땅에서 열 해 동안 살다가 자신의 태자인 조안국과 함께 다시 한나라로 도망쳐 왔다. 뒤에 술법을 써서 다른 사람을 저주한 죄에 걸려 멸족당했다.

위씨 집안이 흥하게 되면서 대장군 위청이 가장 먼저 식읍을 봉해 받았고 그 뒤로 친족 다섯 명이 후(侯)가 되었다. 그러나 스물네 해가 지나자 그 다섯 명의 봉토가 모두 철폐되었다.

무제 정화 연간에 여(戾) 태자가 주살당한 뒤로 위씨 집안도 따라서 멸망했다. 반면에 곽거병의 동생인 곽광이 총애를 받아 귀한 신분이 되었는데 따로 열전을 세워 두었다.

찬하여 말한다.

일찍이 소건이 위청을 이렇게 나무랐다. "대장군이 총애를 입어 존귀한 신분이 되었지만 천하의 능력 있는 사대부들이 칭송하지 않으니 부디 옛적의 이름난 장군들처럼 어진 인재를 불러 뽑아 쓰기 바랍니다." 이에 위청이 사양하며 말했다. "위기후와 무안후가 빈객에게 후하게 대접한 것을 천자께서 늘 이를 갈며 싫어하셨습니다. 그렇게 사대부에게 잘 대하거나 인재를 뽑고 불초한 자를 내쫓는 일은 황상께서 주관하실 일입니다. 신하는 법을 받들고 직분에 충실하면 그만이니 인재를 뽑는 일에 관여할 일이야 있겠습니까!"

　　표기장군도 대장군 위청과 같은 생각으로 장군직을 수행했다.

26

동중서전
董仲舒傳

▲▲▲▲▲▲▲▲▲▲▲▲▲▲▲▲▲▲▲▲

'백가폐출, 독존유술'로 신유학을 개창했다고 알려진 동중서(董仲舒, 기원전 179~기원전 104년)의 열전에는 그가 유림의 대표로 올라서는 계기가 된 대책문 세 편과 상대적으로 짧은 동중서의 인생이 실려 있다. 반고는 『사기』「유림 열전」에 짧게 언급된 동중서 관련 기록을 옮기고, 세 편의 대책문을 더해 단독 열전을 세웠다.

당시의 황제였던 무제가 던진 질문에 대한 대답의 형식이었던 대책문은 유림의 사상을 통일하는 기초가 되었다. 동중서는 무제 때에 여러 차례 대책문을 올리면서 유가 학술과 음양오행을 혼합한 '천인감응(天人感應),' 즉 하늘의 뜻과 사람의 일이 상응한다는 정치 이념을 마련했는데, 이를 계기로 위대한 유학자의 반열에 올랐다. 동중서의 천인감응론은 이후 중국과 한반도, 일본의 사상 체계에 큰 영향을 미쳤다.

이 편에는 소개되지 않았지만 동중서는 『춘추번로(春秋繁露)』라는 저서를 통해 인간의 본성은 상중하 세 가지로 나뉜다고 주장했고, 왕도(王道)가 하늘의 뜻에서 비롯한다는 사상을 피력했다. 또 적(赤)·흑(黑)·백(白)의 삼통(三統) 순환설을 통해 한나라의 중앙 집권 통치에 필요한 이론을 마련했다.

동중서의 사상에는 공자 때에 없던 음양오행론이 들어 있었다. 사마천이 단독 열전을 세우지 않은 것은 이런 동중서식 신유학에 대한 비판의 뜻을 담은 것으로 보인다. 그러나 『한서』에는 동중서의 단독 열전이 이렇게 세워져 있을 뿐 아니라 "동중서가 유학을 존중하여 선양하고 백가 학설을 배척하자고 주장했다."라고 나온다. 『사기』에는 없는 내용으로 한나라 후기에 동중서를 존중하는 분위기가 고조되면서 삽입된 것으로 추정된다.

유학의 대가로서 첫 번째 대책문을 올리다

○　○　○

동중서는 광천현(廣川縣) 사람이다.

청년 시절에 『춘추』를 익혀 효경제 때에 박사가 되었다. 집 안에서 휘장을 치고 경전 송독을 전수했다. 학생이 많았으므로 동중서에게서 배운 순서대로 제자가 제자에게 학업을 전수하여, 제자 중에는 동중서를 대면하지 못한 경우도 있었다.

세 해 동안 원포(園圃)를 거들떠보지도 않을 만큼 학문에 정진했다. 들고나는 일과 의표, 행동거지가 예(禮)에 어긋남이 없었으니 학생들이 모두 스승으로 받들며 존경했다.

무제가 즉위한 뒤에 덕행과 재능이 뛰어나고 유학에 뛰어난 인재를 천거하게 하여 백 명에 가까운 인재를 뽑았다. 동중서가 현량 인재에 천거된 신분으로 대책문을 올렸다.[1] 황제가 대책문을 구하기 위해 조서를 내렸다.

짐은 선제(先帝)의 지극히 존귀한 자리와 뛰어난 덕을 계승하여 이 자리를 무궁하게 전하고 그 덕을 무한히 베풀고자 한다. 중임을 맡아 책임이 무거운 까닭에 새벽부터 밤까지 편안할 겨를 없이 만사의 질서를 세우기 위해 숙고하지만 모자라는 점이 있을까 크게 걱정이 된다.

그리하여 사방의 뛰어난 인재를 널리 초빙하고자 각 군의 태수와 제후왕과 열후에게 덕행과 재능이 뛰어나고 순결하고 고상한 덕을 수양하며 널리 학문을 닦은 선비를 공정하게 선발하게 하여 나라를 다스리는 대도(大道)의 요점과 높고 정확한 의견을 듣고자 했다. 그리하여 뽑힌 그대 대부들의 출중한 모습이 선비 중에 으뜸이니, 짐은 그대들을 가상히 여긴다. 그대 대부들은 정성을 다해 숙고하도록 하라! 이제 짐이 알고 싶은 것을 질문하겠다.

오제와 삼왕이 나라를 다스린 도에 대해 짐이 배운 바로는 대개 제도를 바꾸고 악률을 제정하자 천하가 질서를 찾아 화목해졌는데 제후왕이 모두 그 제도와 악률에 따랐다고 들었다. 순임금이 제정한 아악 중에「소(韶)」보다 위대한 것이 없고, 주나라의 것으로는「작(勺)」보다 위대한 것이 없는데, 성군이 세상을 떠난 뒤 편종과 북, 관악기와 현악기로 연주하던 그 음악 소리가 미처 사라지기도 전에 대도가 쇠락하더니 점차 결과 주의 포악함으로 변하며 무너져 버렸으니 왕도가 크게 망가졌다.

최근 오백 년 사이에 예전의 법을 지킨 군주와 높은 벼슬에 오른 인재들이 선왕의 법으로 세상을 바로 세우려는 자가 아주 많았으나 왕도를 되돌리지 못하고 날이 갈수록 쇠락하다가 후대의 제왕 대에 이르러서 아예 소멸했는데, 이는 나라를 다스린 것이 이치에 어긋나서 통서(統緖)를 잃어버린 것인가, 아니면 천명이 내려 사정을 다시 돌이킬 수 없게 하고 크게 쇠하게 한 다음에 끝에 가서 멸망하게 한 것인가? 오호라, 모든 일에 주의를 기울이며 새벽에 일어나고 밤늦게 잠자리에 들면서 옛 성군을 힘써 본받고자 힘쓴다고 해도 그 또한 도움이 되지 않는단 말인가?

〔하, 은, 주〕 삼대가 천명을 받았다면 그 징조는 어디에 있는가?

재이의 변고는 왜 일어나는 것인가?

성(性)과 명(命)의 정(情)을 보면 요절하는 자가 있는가 하면 장수하는 자가 있으며, 어진 자가 있는가 하면 비열한 자가 있다고 하는데 그런 말을 자주 듣긴 했으나 그 이치를 명확하게 알지 못하겠다.

짐은 풍속을 바르게 하여 영이 통하게 하고 형벌을 가볍게 하고도 악한 마음을 고쳐먹게 하여 백성이 화락하게 살도록 널리 정사를 베풀고 싶다. 어떻게 수양하고 어떻게 경계해야 하늘에서 감로가 내려와 오곡이 잘 여물고 은덕이 사해를 기름지게 하며 은혜가 초목에 미칠 수 있는가? 또 해와 달과 별이 온전하게 궤도를 돌고 추위와 더위가 순조롭게 바뀌어 들 수 있는가? 그래서 하늘의 보우를 받고 조상의 혼령이 제수를 흠향하며 은덕이 넘쳐 나라 밖까지 퍼지게 하고 만물에 미치게 할 수 있는가?

천거된 그대 대부들은 옛 성군의 위업에 밝고 풍속과 교화의 변천과 만물의 발생에서 종결까지의 질서를 익히 알며 높은 이치를 배워 온 지 오래되었을 테니 짐에게 그 도리를 분명하게 알려 주기 바란다. 조목을 나누어 이치를 설명하되 번잡하게 하지 말고 뭉뚱그리지도 말 것이며, 성군이 나라를 다스리던 방책에서 내용을 취하되 심사숙고하여 방책을 내도록 하라.

정직하지 못하고 충성을 다하지 않으며 맡은 일에 삿된 이익을 취하면서 공정하지 않은 관리가 있으면 글에 써 올려도 누설하지 않고 짐이 홀로 읽을 테니 후환이 두려워 말을 못 하는 일이 없도록 하라. 그대 대부들은 전심전력을 기울여 숨기는 바가 없도록 하

라. 올린 글은 짐이 친히 열람할 것이다.

이에 동중서가 황제의 질문에 대책문을 올렸다.

폐하께서 덕음(德音)을 내시고 조서에 밝히셔서 내리시기를, 천명과 생명, 본성에 관해 답을 바라셨으나, 그 모두는 어리석은 신이 미칠 수 없는 큰 문제입니다.

신이 삼가 『춘추』의 기사를 읽으며 당시의 사적을 살피고 하늘과 사람의 일이 서로 연관된 것을 연구했는데 몹시 두려웠습니다. 어떤 나라가 대도를 잃어 망할 때가 되면 하늘이 먼저 재해를 일으켜 책망하는 뜻을 알리는데, 그래도 자성할 줄 모르면 다시 괴이한 현상을 통해 놀래 주어 두려워하게 했고, 그래도 바꿀 줄을 모르면 드디어 손상을 입혀 망하게 했습니다. 이 점을 통해 하늘은 제왕 된 자를 인자한 마음으로 아끼는 것은 물론 그 나라가 어지럽지 않게 막아 주려는 것을 알 수 있습니다. 만일 어떤 군주가 치세의 도를 크게 잃지 않았다면 하늘은 여전히 그 군주를 도와서 안정되게 자리를 보전하도록 애써 주므로, 군주는 그저 열심히 분발하여 자신의 일을 해 나가면 됩니다. 열심히 학문을 익히면 견문이 넓어지고 아는 것이 날로 더 분명해질 것이고, 열심히 도를 닦으면 날로 덕이 커져 위업을 이루게 될 것이니, 이 두 가지는 모두 속히 성과를 낼 수 있습니다. 『시』에서 "새벽부터 밤까지 태만하지 않았네."[2]라고 한 것과 『서』에서 "애써라, 애쓰도록 하라."[3]라고 한 것은 모두 분발하여 열심히 노력하라는 뜻을 이른 것입니다.

도(道)란 그런 노력을 통해 올바르게 나라를 다스리는 길이니, 인, 의, 예, 악이 모두 그 길에 이르는 방편이 됩니다. 성군이 세상을 떠나도 자손들이 수백 년 세월 동안 안녕을 누린 것은 모두 그렇게 예와 악으로 백성을 교화시키는 위업을 이루어 놓았기 때문입니다. 제왕이 되어 아악을 제정하지 못했을 때는 선왕의 아악 중에서 당시의 치세에 알맞은 것을 써서 백성을 깊이 교화시켜야 합니다. 제대로 교화시키지 못한 실정에서는 아송(雅頌) 같은 아악을 이룰 수 없으니, 그런 까닭에 제왕이 위업을 이루고서야 아악으로 그 덕을 칭송하기 위해 아악을 제정했던 것입니다.

음악으로 백성의 풍조를 고치고 민속을 바꾸면 백성을 쉽게 고치고 사람을 드러나게 감화할 수 있으니, 그것은 소리가 합주[4]에서 생겨나지만 사람의 본성에 근원을 두고 있어서 살갗에서 받아들이고 골수 속에 파고들기 때문입니다. 그리하여 왕도는 쇠락했으나 관악과 현악은 쇠하지 않았습니다. 순임금이 정사를 돌보지 않은 지 오래되어도 송악(頌樂)의 유풍이 그대로 남아 있었기 때문에 공자께서 제나라에 계실 때 소(韶)를 들을 수 있었습니다.

나라를 안정되게 존속시키는 것을 바라지 않거나 위태롭게 멸망해 가는 것을 싫어하지 않을 군주가 없음에도 불구하고 정사가 어지러워지고 나라가 위태로웠던 때가 아주 많았던 것은 일을 맡은 자가 적임자가 아니고 따른 바가 바른 도가 아니었기 때문입니다. 이런 까닭에 나날이 정사가 망가졌습니다.

주나라의 왕도는 유왕(幽王)과 여왕(厲王) 때에 쇠퇴했는데 이는 왕도가 소멸해서가 아니라 유왕과 여왕이 왕도를 따르지 않았기 때문입니다. 선왕(宣王) 때에 와서 옛적 선왕(先王)의 덕업을 앙모하며 정체되어 있던 과업을 다시 행하고 당시의 폐단을 고침으로써 문왕과 무왕의 위업을 선양하자 주나라의 왕도가 찬란하게 부흥했습니다. 시인이 선왕의 다스림을 찬미하여 증민(烝民) 시를 지었습니다. 하늘이 선왕(宣王)을 보우하여 능력이 뛰어난 (중산보(仲山甫) 같은) 신하를 내셨으니 끊이지 않고 후세의 칭송을 지금까지 듣고 있는 것은 선왕(宣王)이 새벽부터 밤이 늦도록 게으르지 않고 훌륭하게 행하여 그렇게 되었기 때문입니다.

공자께서 "(현명하고 지혜가 뛰어난) 사람이 도의 외연을 크게 넓히는 것이지, 도가 (자질이 없는) 사람을 크게 키우는 것이 아니다."[5]라고 하셨듯이, 나라의 안정과 혼란, 번성과 쇠망은 제왕 자신에게 달려 있습니다. 천명을 내려도 다시 거두지 않는 것이 아니니 나라를 다스린 것이 이치에 어긋나면 통서를 잃게 됩니다.

하늘이 크게 도와서 제왕이 되게 하는 것이지 인력으로는 제왕이 결코 될 수 없으니, 신이 알기로 저절로 제왕이 되는 것을 두고 천명의 부절을 받았다고 합니다. 제왕이 천명을 받으면 천하 만민이 한마음이 되어 천명을 받은 제왕에게 부모에게 귀부하듯이 귀속하므로 하늘도 그 정성에 감응하여 상서로운 징조를 나타내 보여 줍니다. 『서』에 "백어(白魚)가 무왕(武王)이 탄 배에 뛰어 들어오고, 불이 왕궁의 지붕으로 오르더니 까마귀로 변했도다."[6]라고 한 것은 무왕에게 천명의 부절이 내려진 징조였습니다. 불까마귀를 본 주공(周公)이 "하늘의 응보가 내렸도다, 응보가 내렸도다!"라고 했고, 공자께서도 "덕업을 닦는 자는 외롭지 않을 것이니, 반드시 동반자가 있을 것이다."[7]라고 했으니, 상서로운 징조는 선행과 덕업을 쌓아야만 얻을 수 있습니다.

후대에 이르러 제왕이 방탕하고 안일하여 덕을 잃게 되면서 백성을 맡아 다스리지 못하게 되자 제후들이 왕을 배반하고 땅을 빼앗기 위해 양민을 다치게 하면서 덕으로 교화하기를 포기하고 제멋대로 형벌을 사용했습니다. 형벌을 법에 따라 시행하지 않자 삿된 기운이 생겨났고, 아래로 삿된 기운이 쌓이자 위에 원망과 증오가 쌓였으니, 아래위가 조화를 이루지 못하여 음양의 질서가 어지럽게 되면서 이상한 현상이 생겨나고 그리하여 재이가 발생하게 되었습니다.

신이 알기로 '명(命)'은 하늘의 영이고, '성(性)'은 태어날 때 얻은 바탕이며, '정(情)'이란 사람의 욕망이라고 합니다. 요절하는 사람이 있는가 하면 장수하는 사람이 있고, 어진 사람이 있는가 하면 비열한 사람이 있는 것은 교화[8]와 교육으로 도를 닦게 해도 아무런 오점 없는 선량한 사람이 될 수 없기 때문입니다. 또 태어난 시대가 치세일 수도 있고 난세일 수도 있기 때문에 수명과 성정이 같을 수 없습니다.

공자께서 "군주의 덕은 바람이고 소인의 덕은 풀이어서, 풀 위로 바람이 불면 풀은 반드시 쓰러질 것이다."[9]라고 하셨듯이 요임금과 순임금의 덕을 행하자 백성이 어질어지고 장수하게 되었고 걸과 주가 폭정을 행하자 백성이 비열해지고 요절하게 되었던 것입니다. 위에서 제왕이 아래의 백성을 교화하고, 아래의 백성이 위의 제왕을 따르는 일은 물레 위에 올려져 있는 진흙 반죽은 도공이 어떻게 하느냐에 달려 있고, 거푸집 속의 쇠는 대장장이가 어떻게 주조하느냐에 달려 있는 것과 같습니다. "백성을 안정시켜 잘 돌보실 테니 멀리서도 귀부하려고 왔을 것이고, 백성을 잘 움직이게 하셨을 테니 백성이 협력했을 것입니다."[10]라는 말도 그런 점을 이른 것입니다.

신이 삼가 『춘추』의 문장을 읽으며 왕도의 발단을 찾아보았는데 그 발단은 『춘추』 첫 기사에 나오는 정(正)에 있었습니다. 그 기사에는 "원년, 춘, 왕정월(元年春王正月)"[11]이라 하여 정(正)은 왕(王) 다음에, 왕(王)은 춘(春) 다음에 놓여 있습니다. 춘(春)을 세상에 오게 하는 것은 하늘의 소관이고, 역법을 바로잡는 정(正)은 제왕의 소관인데, "춘왕정월(春王正月)"이라고 한 그 뜻은 위로 하늘이 소관하는 바를 계승하여 그것을 바탕으로 주나라 문왕이 아래에서 스스로 해야 할 바를 바로잡았음을 이른 것이니, 정(正)을 왕도의 발단으로 삼은 것이라 할 수 있습니다. 이렇게 제왕이 무엇을 하고자 할 때는 마땅히 하늘에서 그 발단을 구해야 합니다.

하늘의 도를 운행하는 큰 힘은 음양에 있습니다. 양은 은덕을, 음은 형벌을 대표하는데, 하늘은 형벌로 죽이는 것을 주재하고, 은덕으로 생장을 주재합니다. 그리하여 양은 한여름에 많이 머물며 만물이 생육하고 성장하게 하는데, 음은 한겨울에 많이 머물며 공허하고 쓸모없는 곳에 쌓여 있습니다. 이것으로 하늘은 덕으로 교화할 뿐 형벌에 의지하지 않는 것을 알 수 있습니다. 하늘은 만물을 생육하는 양으로 하여금 밖으로 나와 대지 위에 그 힘을 작용하게 함으로써 한 해의 일을 주재하게 했고, 음은 그 아래에 들어가서 잠복해 있다가 알맞은 때에 밖으로 나와 양을 보좌하게 했으니, 양이 음의 도움을 얻지 못하면 혼자서 한 해의 일을 이루지 못하게 되어 있습니다. 마침내 양은 한 해의 일을 이루는 것으로 그 이름을 내게 되어 춘왕정월(春王正月)이라 내세우게 되었으니 이는 하늘의 뜻입니다.

제왕은 그런 하늘의 뜻을 계승하여 나라를 다스려 가야 할 것이니 덕으로 교화하는 것을 중시하고 형벌에 기대지 말아야 합니다. 형벌에 기대어 나라를 다스릴 수 없는 이치는 바로 음만으로 한 해의 일을 이룰 수 없는 이치와 같습니다. 위정자가 형벌에 기대는 것은 하늘에 순종하지 않는 것이니, 선대의 성군은 그렇게 하려고 하지 않았습니다. 후대에 이르러 선대 성군이 두었던 덕으로 교화하는 일을 맡은 관직을 없애고 오로지 법을 집행하여 형벌을 주는 관리만 중용하여 백성을 다스리게 되었는데 이것이 바로 형벌에 기대는 것이 아니겠습니까! 공자께서 "교화하지 않고 백성을 주살하는 것을 일러 학(虐)이라 한다."[12]라고 하셨는데, 아래로 학정(虐政)의 방법을 쓰면서 동시에 사해 만민을 덕으로 교화하고자 한다면 그 일은 이루기 어렵습니다.

신이 『춘추』에 즉위 첫해를 '일 년(一年)'이라 쓰지 않고 '원년(元年)'이라고 쓴 뜻에 대해 삼가 고찰해 보았는데, 일(一)은 만물이 시작되는 발단이고, 원(元)은 『역』의 풀이에 일러 놓은 대로 '위대하다'라는 뜻의 대(大)입니다.[13] 일을 원이라고 이른 것은 천명에 따라 나라를 다스리게 된 위대한 시작을 나타내 보이고 나라를 다스리는 중에 근본을 바로잡으려고 함이었습니다. 『춘추』는 천명을 받아 나라를 다스리는 근본을 특히 강조하는데 고귀한 자부터 시작하여 근본을 중요하게 여기도록 했습니다. 따라서 군주는 나라를 다스릴 때 마음을 바르게 하여 조정을 바르게 꾸리고, 조정을 바르게 하여 백관의 규범을 바르게 세우며, 백관을 바로 세워 만민의 도덕규범을 바로 세우고, 만민을 바로 교화하여 사방이 바르게 되도록 해야 하니, 사방이 바르게 되면 멀고 가까운 곳에 있는 무리가 감히 군주의 치국 이념인 정(正)과 하나가 되지 않을 수 없고, 그 틈을 비집고 사악한 기운이 침입하지도 않을 것입니다. 그러면 음양이 고르게 되어 알맞은 때에 바람이 불고 비가 내려 모든 생물이 알맞게 성장하고 만민이 번성하며 오곡이 잘 익고 초목이 무성해질 테고, 천지간이 은덕을 입어 물산이 매우 풍부해지고 강산이 아름답게 되며, 사해 안에서 위대한 덕을 앙망하여 찾아와 군신의 예를 올릴 테니, 여러 복된 일과 상서로운 징조가 끝없이 나타나고 왕도가 이루어질 것입니다.

공자께서 "봉황새가 날아오지 않고 하도(河圖)도 나타나지 않으니 이제 나의 도를 펼칠 기회가 없겠구나."[14]라고 하셨는데, 이는 공자께서 스스로 그런 상서로운 징조를 불러들일 덕망을 갖추었음에도 불구하고 신분이 낮아서 얻지 못함을 슬퍼하며 하신 말씀입니다.[15] 지금 폐하께서는 귀하기로는 천자의 자리에 계시고 부유하기로는 사해를 다 가지셨으니 상서로운 징조를 불러들일 자리에 있는 것은 물론, 불러들일 권세를 가지고 있으며 불러들일 자질을 갖추신 데다 높은 덕행과 두터운 은덕을 베풀고 계시고, 영명하고 포부가 원대하며 백성을 아끼고 인재를 좋아하시므로 도의를 지키는 군주라 칭할 수 있습니다. 그런데 천지가 응답하지 않고 길조가 나타나지 않는 것은 무슨 까닭이겠습니까? 무릇 교화가 이루어지지 않아 만민의 도덕이 바르게 서지 못하고 있기 때문입니다.

만민은 물이 아래로 흐르듯 자연스럽게 이익을 좇게 되어 있으니 교화로 단속하지 않으면 막을 수 없습니다. 그런 이유로 해서 교화하는 일을 확립하면 간악하고 사악한 행위가 모두 사라지게 되는데 그것은 백성을 완벽하게 단속했기 때문입니다. 이에 반해 교화하지 않으면 간악하고 사악한 행위가 마구 나타나게 되는데 그때 가서 형벌로도 막을 수 없는 것은 백성을 단속하지 못했기 때문입니다. 옛적의 제왕은 이 점을 분명하게 알고 있었기 때문에 남면하여 천하를 다스릴 때 교화를 나라의 대사로 삼지 않은 적이 없었습니다. 도읍에 태학을 세워서 천자가 다스리는 나라의 교화를 진행하고, 고을마다 상(庠)과 서(序)를 설립하여[16] 제후국을 교화시켜서 백성을 인(仁)에 젖어들게 하고, 의(義)로 단련시키며, 예(禮)를 통해 절제하게 했습니다. 그리하여 형벌이 아주 가벼웠음에도 불구하고 금령을 어기는 자가 없었으니 교화가 진행되어 습속이 좋아졌기 때문입니다.

난세를 대신하여 성군이 위업을 계승한 뒤 난세의 흔적을 쓸어 없애 난세가 남긴 패악을 모두 제거하고 교화 제도를 다시 수복하여 숭상하기 시작했습니다. 교화가 분명하게 세워지자 습속이 좋은 쪽으로 바뀌고 자손들도 그 습속을 따랐으므로 오륙백 년이 지나도 좋은 습속이 없어지지 않았으나, 주나라 말기에 이르러 왕도를 크게 무너뜨렸기 때문에 천하를 잃었습니다. 진나라가 그 뒤를 이어 위업을 계승했으나 주나라 말기의 패악을 고치기는커녕 더 심하게 패악을 저질렀으니, 유학을 엄하게 금지하고 개인이 책을 가지고 있지 못하게 했으며, 예와 의를 내던진 것은 물론 예와 의에 관한 말을 듣기도 싫어했습니다. 진나라 제왕은 선대의 성군이 남긴 왕도를 모두 없애 버리겠다는 생각에 제멋대로 권력을 휘두르며 인과 의를 경시하며 전횡했지만, 천자의 자리에 오른 지 열네 해 만에 나라가 패망했습니다. 자고로 난세의 뒤를 이어 놓고 그전 시대보다 더한 난세를 펼쳐 천하 만민에게 큰 해를 끼쳤던 예로 진나라 같은 예가 없었습니다. 진나라가 남긴 해독의 꺼지지 않은 불길이 오늘까지도 사라지지 않고 있어 습속이 각박해지고 사람들은 충성을 나타내지 않으며 의리를 존중하지 않고 저항하거나 법을 어기는 예가 많아졌으니, 지금 그런 지경에 이르도록 심하게 썩어 있습니다.

공자께서는 "썩은 나무에는 조각할 수 없고, 이물질이 섞인 흙으로 쌓은 담장은 새 흙을 덧칠해도 소용이 없다."[17]라고 하셨습니다. 한나라가 진나라의 뒤를 이은 지금 세상이 썩은 나무나 이물질이 섞인 담장 같으니 나라를 잘 다스리고자 해도 어떻게 할 방법이 없습니다. 법을 만들어도 그것을 어기는 간악한 짓이 발생하고 폐하께서 영을 내려도 사악한 일이 일어나니, 마치 끓는 물에 뜨거운 물을 부으며 식히려고 하거나 불을 끄겠다며 장작을 안고 뛰어드는 것과 같아서 끓는 물은 더 끓게 되고 불은 더 거세질 테니, 법이나 영은 나라를 바로잡는 데 아무런 도움이 되지 않고 있습니다. 신이 비유해 보건대, 금슬(琴瑟) 소리가 고르지 않을 때 심해지면 반드시 줄을 풀어서 새롭게 매어야 제대로 탈 수 있는 것처럼, 나라를 다스리는 일이 잘 시행되지 않을 때 심하면 반드시 법을 고치고 다시 바꾸어야 제대로 나라를 다스릴 수 있게 됩니다. 줄을 다시 매어야 하는데도 다시 매지 않으면 아무리 훌륭한 악공이 있어도 악기를 잘 탈 수 없는 것과 마찬가지로, 고치고 바꾸어야 할 때에 그렇게 하지 않으면 아무리 위대한 현군이 제위에 있어도 잘 다스릴 수 없습니다. 한나라가 천하를 얻은 뒤로 계속해서 나라를 잘 다스리려고 했지만, 오늘까지 잘 다스려지지 않고 있는 것은 고치고 바꾸어야 할 때를 놓치고 바꾸지 않았기 때문입니다.

"못가에서 물고기를 먹겠다고 탐만 내는 것은 집에 돌아가 그물을 엮는 것만 같지 못하다."라는 옛말이 있습니다. 고조께서 한나라를 세운 뒤, 나라를 다스리는 일에 임하며 제대로 다스리기를 바란 지 일흔 해가 넘었는데,[18] 제대로 다스려지지 않는 제도와 법을 그대로 두는 것은 물러서서 다시 고치는 것만 같지 못합니다. 제도와 법을 고치고 바꾸면 잘 다스릴 수 있고, 나라가 잘 다스려지면 날이 갈수록 재해가 사라지고 날마다 복록이 이를 것입니다. 『시』에 "백성과 벼슬아치를 제자리에 있게 하면 하늘이 내리는 복을 받으리라."[19]라고 했으니, 위정자가 백성을 제자리에 있게 하면 응당 하늘이 내리는 복을 받게 되어 있습니다. 인, 의, 예, 지, 신의 오상(五常)의 도는 제왕이 응당 갈고닦아야 할 바입니다. 이 다섯 가지 도를 갈고닦으면 하늘의 보우하심을 받고 귀신의 신령한 보살핌을 얻어 덕정이 나라 밖까지 퍼질 뿐 아니라 살아 있는 모든 것에 미칠 것입니다.

두 번째 대책문으로 태학 설립을 건의하다

○　○　○

황제가 동중서의 대책을 읽은 뒤에 뛰어나다고 여기고 바로 동중서에게 책문 조서를 다시 내렸다.

우순(虞舜) 때는 왕궁의 높은 회랑을 거닐면서 예복의 소매를 늘어뜨린 채 신하들에게 두 손 모아 경의를 나타내면서 친히 정사를 돌보지 않고 무위(無爲)를 일삼았어도 천하가 태평했는데, 주 문왕 때는 임금이 해가 지도록 밥 먹을 겨를도 없이 부지런히 정사를 살펴서야 나라가 제대로 다스려졌다고 들었다. 제왕의 도는 그 조목 조목이 같지 않아 하나로 꿰뚫을 수 없다는 말인가? 어찌하여 편안하거나 수고한 바가 그렇게 다를 수 있단 말인가?

대개 옛적 검소했던 임금은 하늘과 땅을 상징하는 흑색이나 황색 장식도 깃발에 달지 않았으나 주 왕실 때에 이르러 궁궐 대문 좌우에 양관(兩觀)을 세우고 옥으로 장식한 큰 수레를 탔으며 붉은 칠을 한 방패와 옥으로 된 도낏자루를 썼고 왕궁 마당에서 예순네 명을 팔일(八佾)로 배치하여 춤을 추게 했는데도 칭송하는 소리가 높았다. 제왕의 도는 그 지향하는 바가 각각 다르다는 말인가? 어떤 사람은 좋은 옥은 무늬를 아로새길 필요가 없다고 하지만 또 다른 사람은 무늬를 넣지 않으면 그 옥을 가진 주인이 가진 덕을 빛낼 수 없다고 하니, 이 두 가지 주장이 다르지 않은가?

은나라 사람들은 다섯 가지 형벌을 사용하여 법을 어긴 자를 징벌했는데, 살과 가죽을 상하게 하는 것으로 악한 짓을 막았다. 그러나 주나라 성왕(成王)과 강왕(康王)은 형벌을 쓰지 않았는데도 마흔 해가 넘는 동안 천하에 법을 어기는 사람이 없어 옥이 비어 있었다. 진나라에서 다시 형벌을 썼는데, 죽은 사람들이 아주 많았던 데다 형벌을 받는 자들이 줄을 이어 천하가 텅 비게 되었으니 슬픈 일이었다.

오호라, 짐이 이른 시간에 잠에서 깬 뒤 새벽같이 일어나 선대에 세운 제왕의 법도를 새기고, 지존의 자리를 감당할 바와 선왕(先王)의 위업을 빛낼 방법을 깊이 생각하여, 모든 것은 근본인 농업에 힘쓰고 능력이 뛰어난 인재를 쓰는 데 달려 있음을 알게 되었다. 그리하여 지금까지 짐이 몸소 적전(籍田)을 갈며 농부의 본보기가 되었고 효도와 우애를 권장하고 덕이 높은 사람을 존중하여, 수레 행렬이 이어지도록 사람을 파견해서 열심히 일하는 자를 위로하고 고아와 자식이 없는 자를 구휼하느라 생각과 기력을 다했지만 업적을 거둔 적이 없고 큰 은덕을 발휘한 적이 없다. 음양이 어긋나 있고 사악한 기운이 가득 채워져 생명을 가진 것들이 제대로 성장하지 못하고 백성은 구제받지 못하고 있으며, 정직한 자와 부끄러운 짓을 하는 자가 뒤죽박죽 섞이고 능력이 있는 자와 불초한 자가 섞여 참된 자를 알아볼 수 없는 이때에 걸출한 인재를 모두 천거받아 불러들였으니 짐의 뜻을 이룰 수 있지 않겠는가?

이번에 천거되어 황궁에서 조칙을 기다리는 그대 대부들이 백여 명이다. [각자가 올린 대책문을 읽어 보니] 현재 사정에 대해 올린 대책문은 사정을 다 설명하지 못했고, 여러 가지 상고 시대의 예를 들어 고증한 대책문은 마땅하지 않은 예를 들고 있었으며, 현재 시행할 일을 고찰해 올린 대책문은 실행하기 어려운 예를 들었으니 혹시 법에 걸릴까 봐 걱정되어 자신의 의견을 마음대로 펼치지 못한 것인가? 아니면 각각 다른 학술을 배워 아는 도리가 다른 것인가? 각자 모든 힘을 기울여 대책하되 글에 뜻이 분명히 나타나게 하라! 담당 관리를 거리끼지 말고 자기 뜻과 방략을 분명하게 밝히되, 생각하고 또 생각하여 끝까지 파고듦으로써 짐의 뜻에 부합하도록 하라.

이에 동중서가 대책하여 아뢰었다.

신은 요임금이 천명을 받고 나서 오직 천하의 일만 걱정했을 뿐 임금 자리를 누리고자 하는 법이 없었으니, 난신(亂臣)을 주살하고 내쫓는 한편으로 능력과 덕망이 높고 지혜가 뛰어난 인재를 적극적으로 찾아 나서 순·우·후직·설(禼)·고요를 얻었다고 들었습니다. 지혜가 뛰어난 인재들은 요임금이 덕정을 실시하도록 돕고, 능력과 덕망이 높은 인재들은 천자를 보좌하는 직에 있으면서 대대적인 교화를 진행하자 천하가 화목하고 조화를 이루었으니, 만민이 모두 인을 행하면서 평안해했고 의를 지키면서 기뻐했으며 각자 자신이 있어야 할 자리를 잡고 살면서 예의에 맞게 거동했기에 행동이 도에 맞아떨어졌습니다. 이 때문에 공자께서도 "[천명을 받은] 왕이 나타나면 서른 해가 지난 뒤에 반드시 인이 자리를 잡는다."[20]라고 하셨습니다.

요임금은 일흔 해 동안 재위한 뒤에 자신과 성이 다른 우순에게 임금의 자리를 양위했습니다. 요임금이 세상을 떠났을 때 천하는 요임금의 아들인 단주에게 귀부하지 않고 순에게 귀부했습니다. 천명을 피할 수 없다고 생각한 순이 천자에 즉위하여 우를 재상으로 삼고 요임금을 보좌했던 신하들의 보좌를 받아 요임금의 위업을 계승했습니다. 그랬던 까닭에 예복의 소매를 늘어뜨린 채 신하들에게 두 손 모아 경의를 나타내면서 친히 정사를 돌보지 않았어도 천하가 잘 다스려졌습니다. 공자께서 "〔순임금의 음악〕「소(韶)」는 선율도 아주 아름답고 내용도 매우 훌륭하다."[21]라고 하신 것은 순임금 때가 태평했음을 일러 말씀하신 것입니다.

은나라 주왕에 이르러 하늘의 뜻을 거스르며 만물을 해롭게 하고, 어질고 지혜로운 신하를 살육했으며 백성을 해쳤습니다. 그러자 백이와 태공 같은 당시의 현인들은 사는 곳을 숨기고 주왕의 신하가 되지 않았습니다. 직책을 잘 맡아 보고 있던 고방숙(鼓方叔), 파도무(播鼗武), 소사양(少師陽) 같은 사람들도 모두 달아나 강가나 해변으로 도망했습니다. 천하가 암흑 속에 빠져 어지러워지고 만민이 불안해하자, 천하가 은나라를 버리고 주 문왕을 좇았습니다.

주 문왕은 하늘의 뜻에 순종하여 만물을 다스렸으니, 능력과 덕망이 높고 지혜가 뛰어난 인재를 스승으로 모시며 중용했습니다. 그리하여 굉요(閎夭)와 대전(大顛), 산의생(散宜生) 같은 인재들도 조정에 모였습니다. 백성에게 인을 베풀자 천하가 문왕에게 귀부했으니, 그런 연유로 태공이 해변을 떠나 문왕을 만나러 갔는데 만난 자리에서 바로 삼공의 자리에 올랐습니다.[22] 그때까지만 해도 주왕이 여전히 천자의 자리에 있었는데 조정의 높고 낮은 위계가 어지러워지고 백성은 흩어져 달아났습니다. 문왕이 가슴 아파하면서 백성을 안정시키느라고 해가 질 때까지 밥을 먹을 틈도 없었습니다.

공자께서 『춘추』를 지으실 때 먼저 제왕의 일을 중심으로 잡은 뒤에 여러 가지 일을 연결했으니, 〔왕의 자리에 있지는 않았으나 왕의 덕망을 갖추었던〕 소왕(素王)[23]의 글을 드러내 보이신 것입니다. 이 『춘추』를 통해서 보면, 제왕의 도는 그 조목이 같아서 하나로 꿰뚫을 수 있지만 제왕이 처한 시대가 달라서 제왕이 편안하거나 수고한 바도 달랐습니다. 공자께서 「무(武)」의 선율은 아주 아름답지만 내용은 그만큼 좋지 않다."[24]라고 하신 것은 무왕이 은나라를 멸망시키기 위해 덕망이 깎이더라도 전쟁을 해야 했던 점을 말씀하신 것입니다.

신은 제도를 정하여 흑색과 황색으로 장식하여 무늬를 넣게 함으로써 위계질서의 높낮이를 분명하게 하고 신분의 귀천이 구별되도록 하며 덕행을 행하도록 권했다고 알고 있습니다. 그리하여 『춘추』에서는 천명을 받은 뒤에 가장 먼저 영을 내려 정삭을 바꾸고 수레와 말을 장식하는 빛깔 및 제물로 바칠 짐승의 털 빛깔을 고쳐 정함으로써 천명을 내린 하늘의 뜻에 응답했습니다. 그런 뒤에 왕궁의 건물과 깃발에도 규정을 마련했는데 이는 따라야 할 법에 따라 그렇게 한 것입니다. 공자께서는 "사치하면 규정을 넘게 되고 검약하면 쩨쩨해진다."[25]라고 말씀하셨는데, 검약함은 성인이 알맞게 정한 법이 아닙니다.

좋은 옥은 무늬를 아로새길 필요가 없다는 말은 그 옥의 바탕이 부드럽고 좋아서 무늬를 새기지 않아도 되는 뜻이라고 신은 알고 있습니다. 이는 달항당인(達巷黨人)[26]이 스승에게 배우지 않고 저절로 알았던 것과 다르지 않습니다. 그러나 보통 옥은 새기지 않으면 무늬를 이룰 수 없고 군자는 배우지 않으면 덕을 이룰 수 없습니다. 성군이 천하를 다스림에 있어, 백성이 어릴 때는 지식을 익히게 하고 장성하면 각각 재능에 따라 지위를 주었으니, 관작과 봉록을 주어 그들의 덕행을 양성하고 형벌로써 그들의 악행을 경계하게 하자, 백성이 예와 의를 잘 알게 되어 윗사람에게 대드는 것을 부끄러워하게 되었다고 들었습니다. 무왕이 대의(大義)를 행하여 역적의 잔당을 평정하고 주공이 예와 악을 일으켜 제도로 정비한 뒤에 성왕과 강왕의 성세에 이르자 마흔 해가 넘도록 옥이 비어 있었으니, 이는 교화의 힘이 스며들어 인과 의가 널리 퍼져서 된 것으로 결코 형벌로 살과 가죽을 상하게 하여 얻은 결과가 아닙니다.

진나라 때에 이르자 사정이 달라졌습니다. 진나라는 신불해와 상앙의 법을 따르고 한비의 학설을 시행했으며, 나라를 다스릴 때 제왕의 왕도를 따르기를 싫어하여 풍속이 탐욕스럽고 흉악해지도록 만들었으니 천하를 예와 악으로 교화하면서 이끌고 훈계하지 않았습니다. 게다가 형벌의 이름에 맞추어 처벌하느라 진실을 살피지 않았으므로, 법을 어기지 않은 선한 자라고 해도 형벌을 반드시 피해 갈 수 없었고 법을 어긴 악한 자가 형벌을 반드시 받지도 않았습니다. 그런 가운데 백관은 모두 사실이 어떠한가에 상관하지 않고 빈말을 꾸며 대며 겉으로 임금을 섬기는 예를 표시했지만 속으로는 임금을 배반하는 마음을 품고 있었으니 거짓을 조작하고 간사한 말을 꾸며 대며 삿된 이익을 취하면서도 부끄러워하지 않았습니다. 임금은 또 흉포하고 잔혹한 관리를 많이 기용하여 끝도 없이 세금을 거두면서 사람들의 재산과 힘을 고갈시켰으므로 백성이 고향을 떠나 유랑하느라 농사와 길쌈에 종사하지 못하여 떼도적이 마구 생겨났습니다. 그리하여 형벌을 받은 자가 아주 많았고 사형을 당한 자가 계속 생겨났지만 나쁜 짓을 하는 자가 줄어들지 않은 것은 이미 교화에 실패하여 나빠진 풍속이 그렇게 만든 것입니다. 공자께서 "정령으로 복종을 유도하고 형벌로 구속하면 백성은 구차하게 빠져나가려고만 하되 법을 어겨도 부끄러운 줄 모르게 된다."[27]라고 하신 것은 이 점을 일러 말씀하신 것입니다.

지금 폐하께서는 천하를 모두 거느리고 계시니 나라 안에서 복종하지 않는 자가 하나도 없는 데다, 널리 국사를 살피고 다방면으로 의견을 들으며 신하들의 지혜를 모두 발휘하게 하시고 천하의 훌륭한 사람을 모두 기용하셨으니 폐하의 숭고한 덕행이 밝게 빛나 나라 밖까지 그 은덕이 퍼져 나가고 있습니다. 야랑(夜郎)과 강거(康居) 같은 만 리나 떨어진 나라에서까지 기쁜 마음으로 폐하의 대의에 복속했는데, 이는 태평성세가 이르렀음을 나타냅니다. 그러나 폐하의 업적이 백성에게 많이 드러나지 않는 것은 폐하의 왕도가 인과 의에 따라 제대로 시행되지 않았기 때문일 것입니다. 증자(曾子)께서 "들어서 배운 바를 높이 여기면 고명하게 되고, 지혜를 따라 행하면 광대하게 되니 고명하고 광대하게 되는 것은 다른 데 있는 것이 아니라 정성을 더하여 이렇게 하는 데에 달려 있을 뿐이다."[28]라고 했습니다. 부디 폐하께서 듣고 배우신 바를 잘 쓰시고 속에서부터 정성을 기울여 그 배운 바를 잘 행하시기 바라니, 그렇게 하시면 삼왕과 무엇이 다르겠습니까?

폐하께서는 몸소 적전을 갈며 농부의 본보기가 되시고 이른 시간에 잠에서 깨어 새벽같이 일어나셔서 만민을 걱정하여 애쓰시는 한편으로 옛적의 성군을 생각하며 능력 있는 인재를 찾기 위해서 힘쓰고 계시니 이 또한 요임금과 순임금이 쓰던 마음일진대, 그럼에도 불구하고 아직 인재를 얻지 못한 것은 인재들이 평소에 제대로 교육받을 기회를 얻지 못했기 때문입니다. 평소에 인재를 양성하지 않고 능력 있는 자를 구하려고 하는 것은, 비유컨대 옥에 무늬를 새기지 않고 화려한 무늬가 나타나기를 요구하는 것과 같습니다.

그렇다면 선비를 양성하는 좋은 방법으로 태학보다 좋은 곳이 없습니다. 태학은 능력과 덕행이 뛰어난 인재를 내는 곳이며 교화의 근본이 되는 곳입니다. 지금 군과 제후국 하나하나마다 인구가 많은데도 인재를 천거하라는 폐하의 조서에 응하지 않은 곳이 있는 것은 왕도가 곳곳에 제대로 시행되지 못했기 때문입니다. 신은 부디 폐하께서 태학을 설립하시기를 바랍니다. 태학에 고명한 스승을 두고 천하의 인재를 양성하면서 자주 배운 내용을 시험하고 물어보아 그들이 가진 재능을 모두 발휘하게 하면, 반드시 재능과 지혜가 탁월한 인재를 얻게 되실 것입니다.

지금 군수와 현령은 백성의 사표로서 폐하의 뜻을 받들어 집행하면서 폐하의 영을 전달하고 교화를 베풀어야 합니다. 그러므로 백성의 사표가 되는 자의 능력과 덕행이 높지 못하면 군주의 성덕이 백성에게 전해지지 않을뿐더러 은덕이 널리 퍼지지 못합니다. 지금의 관리들은 아래로 백성을 이끌고 훈계하지 못함은 물론, 더러 주상의 법을 받들어 제대로 시행하지 않는 자가 있어 백성을 학대하고 사악한 아전 무리와 거래하며 삿된 이익을 챙기고 있으므로 가난하고 의탁할 데 없는 백성이 억울한 일을 당하거나 고통을 받으며 살 곳을 잃고 있으니, 이는 폐하의 뜻을 심하게 거스르고 있는 것입니다. 그리하여 음양이 조화를 잃고 어긋나 악한 기운이 가득 차게 되어 여러 생명이 제대로 성장하지 못하고 백성은 구제를 받지 못하는 지경에 이른 것은 모두 대신들이 현명하지 못한 탓입니다.

대신은 낭중과 중랑 중에서 많이 나오는데, 낭관은 이천석 봉록의 자제 가운데 천거되거나 재산이 있는 집의 자제가 임명되기 때문에 그 모두가 능력과 덕행이 뛰어나지는 않습니다. 옛적에는 관리의 공로를 심사할 때 관직에 임명한 뒤에 직무를 제대로 수행했는가로 평가했지 자리에 있었던 기간이 오래된 것으로 평가하지 않았습니다. 그래서 재능이 적은 자는 오랫동안 벼슬을 해도 말직을 벗어나지 못했고, 능력과 덕행이 뛰어난 인재는 관직에 오른 지 얼마 되지 않아도 제왕을 보좌하는 자리에 올랐습니다. 그 때문에 관리는 힘과 지혜를 다해 맡은 일을 힘써 수행하여 공을 세우고자 했습니다.

그런데 지금은 사정이 다릅니다. 오랫동안 관직에 있으면 귀하게 되니 오래 있기만 하면 승진하게 되어 있습니다. 그리하여 정직한 자와 부끄러운 짓을 하는 자가 뒤죽박죽 섞이고 능력 있는 자와 불초한 자가 섞여 그중에 참된 자를 알아볼 수 없게 된 것입니다. 신의 어리석은 생각으로는 열후와 군수 및 봉록 이천석의 관리로 하여금 각각 데리고 있는 하급 아전과 평민 중에 능력과 덕행이 뛰어난 자를 뽑아 한 해에 두 사람씩 올려보내 황궁에 숙위하게 한다면, 그 뽑힌 사람을 통해 대신의 인재 식별 능력까지 알 수 있을 것입니다. 뽑혀 올라온 자의 능력과 덕행이 뛰어나면 상을 내리고 불초하면 벌을 내리십시오. 그렇게 하면 제후와 이천석 관리 모두가 능력과 덕행이 뛰어난 인재를 찾는 데 힘을 다할 것이므로 천하의 인재를 얻어 관리로 기용할 수 있습니다. 천하의 인재를 두루 얻으면, 삼왕의 성세를 쉽게 이룰 수 있고 요순의 명성에 닿을 수 있을 것입니다. 관직에 있었던 날수로 공을 삼지 않고 실제로 시험해 본 덕행과 능력을 가장 중요한 기준으로 삼을 것이며, 각자의 재능을 헤아려 관직을 주되 나타내 보인 덕행을 기준으로 자리를 정해 준다면, 정직한 자와 부끄러운 짓을 하는 자가 잘 구별될 것이고 능력 있는 자와 불초한 자가 다른 직위에 있게 될 것입니다. 폐하께서 은혜를 내리셔서 신이 제대로 대책하지 못한 죄를 너그러이 용서하신 것은 물론, 대책문을 쓸 때 내용이 법에 걸릴 것을 걱정하지 말라고 하시면서 생각하고 생각하되 끝까지 파고들어 뜻과 방략을 펼치라고 격려해 주셨으니 신이 어찌 감히 어리석은 생각을 모두 말씀드리지 않을 수 있겠습니까?

세 번째 대책문으로 천인감응을 논하다

○　○　○

그 뒤에 황제가 다시 동중서에게 책문 조서를 내렸다.

짐은 "하늘에서 일어난 일을 잘 해석하는 자는 반드시 사람 세상에 일어난 일에서 하늘의 뜻을 찾아낼 수 있고, 옛일에 밝은 자는 옛일의 교훈을 현재에 반드시 살릴 수 있다."라고 들었다. 그리하여 짐이 앞서 "하늘의 뜻과 사람의 일이 상응함"[29]에 대해 책문할 때, 위로는 요임금과 순임금을 찬미하고 아래로는 걸왕과 주왕을 안타까워했는데, 그대가 올린 글에서 읽은 "조금씩 쇠퇴하는 가운데 점점 멸망하고 조금씩 밝아지다가 점점 번성하는 도리"를 통해 마음을 비우며 짐의 잘못을 고치고자 한다. 지금 그대 대부는 음양이 창조하고 기르는 도리에 밝고 옛적 성군이 나라를 다스리던 도와 공적을 익히 알고 있으나, 글에 모두 나타내지 못했으니 설마 짐이 당대에 힘써 행하지 않으리라 의혹을 가지고 있는 것은 아닌가? 글의 계통을 끝까지 세우지 못했고 맥락이 완전히 드러나지 못했다고 여겨지는 것은 대개 짐이 밝지 못해서인가? 아니면 짐의 귀가 다른 것에 현혹되어서인가?

삼왕의 교화는 그 시작이 달랐고 모두 부족한 데가 있었는데, 누군가는 영구히 변하지 않는 것을 도라고 하니 둘은 뜻이 다르지 않은가? 그대 대부는 대도의 극치를 밝혔고, 치세와 난세를 이루는 발단을 진술했으니 이 두 가지를 빠짐없이 철저하게 고찰하고 숙고하여 다시 설명하도록 하라! 『시』에 "아아, 군자여! 계속해서 안주하려고 하지 마라! 신령이 〔그대가 제 직분을 지키며 정직하게 행한 바를〕 듣고서 큰 복을 내려 도우리라!"[30]라고 일렀던 것처럼 짐이 친히 읽을 것이니 그대 대부는 힘써 밝히도록 하라!

동중서가 다시 이렇게 대책문을 올렸다.

신은 『논어』에서 "유시유종할 그런 분은 오로지 성인뿐이다."[31]라는 대목을 읽었습니다. 폐하께서 특별한 은혜를 내리셔서 스승의 학문을 전수받는 중인 신의 말씀을 유념하여 들어 주시고 다시 고명한 책문 조서를 내리셔서 뜻을 제대로 밝히되 성군의 덕을 남김없이 고찰하게 하셨습니다. 이는 어리석은 신이 상세히 아뢸 바가 못 됩니다. 먼저 올린 대책문에서도 조리 있게 설명하지 못했고 계통을 세우지 못했으며 표현이 명확하지 못했고 가리키는 바가 분명하지 못했으니 이는 견문이 적고 식견이 모자라는 신의 잘못이었습니다.

폐하께서는 책문 조서에서 "하늘에서 일어난 일을 잘 해석하는 자는 반드시 사람 세상에 일어난 일에서 하늘의 뜻을 찾아낼 수 있고, 옛일에 밝은 자는 옛일의 교훈을 현재에 반드시 살릴 수 있다."라고 하셨습니다.

신이 듣기에 하늘은 만물의 시조인 까닭에 만물을 차별하지 않고 골고루 덮어 함께 감싸 안으며, 해와 달과 바람과 비를 보내 만물이 조화를 이루게 하고, 음과 양 및 추위와 더위를 통해 만물이 성장하게 한다고 합니다. 그런고로 성인은 그런 하늘을 본받아 도를 세운 뒤 하늘과 마찬가지로 박애를 펼칠 뿐 사심을 두지 않으며, 덕을 베풀고 인을 펼쳐서 백성에게 후덕하게 대하고, 의를 시행하고 예를 세워서 백성을 교화합니다. 봄은 하늘이 만물을 낳는 방식이고 인은 군주가 백성에게 사랑을 펼치는 방식입니다. 여름은 하늘이 만물을 성장시키는 방식이고 덕은 군주가 백성을 기르는 방식입니다. 서리는 하늘이 만물을 죽이는 방법이고 형벌은 군주가 죄를 징벌하는 방법입니다. 이 점을 통해 책문에 말씀하신 바를 살펴본다면 하늘의 뜻이 사람 세상에 나타나는 것은 고금의 방식입니다.

공자께서 『춘추』를 지으실 때, 위로는 하늘의 도를 헤아리고 아래로는 인간 세상의 사정을 검증하시면서 옛날의 일에 비추어 당시의 일을 대조하셨습니다. 그런고로 『춘추』가 견책한 일은 재해가 발생하여 징조를 보여 주었던 사건이고, 『춘추』가 통탄한 일은 괴이한 변고 뒤에 생긴 사건이었습니다. 주나라와 노나라의 과실을 기록할 때, 당시에 발생했던 재이의 변고를 함께 기재함으로써 그것을 통해 인간의 행위 중에 드러나게 좋은 것이나 나쁜 것은 천지와 유통하고 왕래하며 상응함을 보였으니 이 또한 하늘을 언급하는 한 가지 방법이었습니다.

옛적에는 교화를 담당하는 관리를 두어 덕행과 선행으로 백성을 교화하는 일에 힘썼으니 백성이 크게 교화된 뒤에는 천하에 한 사람의 옥사도 일어나지 않았습니다. 후세에 이르러 그 제도를 폐지하고 교화를 책임지는 관리를 두지 않아 백성을 교화하지 않았으니, 백성이 의를 행하던 것을 버리고 재물과 이익만을 좇게 되므로 법을 어기고 죄를 짓는 일이 많이 일어나 한 해에 발생하는 옥사만 해도 수천 건을 넘어 만 건에 이르게 되었습니다. 이를 통해 옛적에 시행하는 바를 쓰지 않으면 안 된다는 것을 알 수 있으니, 그 때문에 『춘추』에서 옛날의 법을 고치는 것을 견책했습니다.

하늘의 영을 명(命)이라고 하는데 명은 성인이 아니면 행할 수 없고, 사람의 바탕을 성(性)이라고 이르는데 성은 교화가 아니면 제대로 이룰 수 없으며, 사람이 좋아하고 바라는 것을 정(情)이라고 하는데, 정은 법과 제도가 아니면 절제시키지 못합니다. 그러므로 제왕은 위로 삼가 하늘의 뜻을 계승하여 그 명에 순종하고, 아래로 고명한 가르침으로 애써 백성을 교화하여 본성을 완성시키며, 마땅한 법과 제도를 바로 세우고 상하의 질서가 구별되게 함으로써 탐욕을 막아야 합니다. 이 세 가지를 잘 시행하면 나라의 근본이 서게 됩니다. 사람이 하늘의 명을 받은 까닭에 다른 생물을 벗어나 확실히 차이가 있습니다. 집 안에 들면 부자와 형제 사이에 육친의 정이 있고, 밖에 나서면 군신과 상하 간에 마땅히 지킬 도리가 있으며, 여럿이 어울리거나 서로 만나는 자리에서는 노인이라도 예순 살과 일흔 살을 구별하여 장유유서를 지키고 명백한 예절이 있어 서로를 대하며, 기쁘게 은혜를 베풀어 서로를 아끼는데 이런 점을 두고 사람을 귀한 존재라고 합니다. 오곡을 심어 먹고, 비단과 삼베로 옷을 지어 입으며, 여섯 가지 가축을 기르고, 소를 길들여 밭을 갈게 하고 말을 타며, 표범과 호랑이를 우리에 가두어 기르니, 이는 사람이 하늘의 신령함을 얻어 만물 중에서 가장 귀해서 할 수 있는 일입니다. 이런 까닭에 공자께서 "천지의 생명 중에 사람이 가장 귀하다."[32]라고 하셨습니다. 하늘의 명을 받아 태어났음을 확실히 깨달으면 스스로 만물 중에 가장 귀함을 알게 되고, 스스로 만물 중에 가장 귀한 줄 알게 된 뒤에는 인과 의를 알게 되며, 인과 의를 알게 된 뒤에는 예절을 중시하게 되고, 예절을 중시하게 된 뒤에는 바른 도리를 행하며 사는 것을 편안하게 여기며, 바른 도리를 행하며 사는 것을 편안하게 여기고 난 뒤에는 도리를 따르면서 즐거워하고, 도리를 따르면서 즐거워하게 된 뒤에 그 사람을 군자라고 부를 수 있습니다. 따라서 공자께서 "하늘의 명을 알지 못하면 군자라고 여길 수 없다."[33]라고 하신 것은 이 점을 일러 말씀하신 것입니다.

폐하께서 책문 조서에 "위로는 요임금과 순임금을 찬미하고 아래로는 걸왕과 주왕을 안타까워했는데, 조금씩 쇠퇴하는 가운데 점점 멸망하고 조금씩 밝아지다가 점점 번성하는 도리를 통해 마음을 비우며 짐의 잘못을 고치고자 한다."라고 하셨습니다.

신은 적은 것이 모여 많은 것을 이루고, 작은 것을 쌓아 큰 것이 된다고 알고 있습니다. 그런 까닭에 성인 중에는 어둠을 거치지 않고 밝은 존재가 되었거나 미천한 신분에서 출발하지 않고 바로 가장 귀한 자리에 오른 분이 없었습니다. 같은 이치로 요임금께서는 제후인 당후(唐侯)에서 출발하여 천자가 되셨고, 순임금은 역산(歷山) 깊은 곳에서 밭을 갈다가 기용되셨으니, 하루아침에 현달한 것이 아니라 점차 그 자리에 이른 것입니다.

스스로 뱉은 말은 다른 사람이 듣지 못하게 막을 수 없고, 자신이 나타내 보인 행동은 그 무엇으로도 덮을 수 없습니다. 말과 행동은 나라를 다스리는 데에 가장 중요한 것이니, 바로 군주가 천지를 움직이는 바입니다. 그러므로 작은 일에 정성을 다하면 큰일을 이룰 수 있고 미미한 일을 신중하게 처리하면 드러나게 업적을 세울 수 있습니다. 『시』에 "이 문왕께서 신중하고 겸손하게 행동하셨네."[34]라고 일렀고, 같은 이유로 요임금이 신중하고 겸손하게 날마다 나라를 다스리는 도를 펼쳤으며, 순임금 또한 걱정하고 두려워하는 마음으로 날마다 효도를 드렸습니다. 선행이 쌓이면 이름이 드러나고 덕행이 빛나면 귀한 자리에 오르게 되니, 이는 조금씩 밝아지다가 점점 번성하는 도리를 나타내고 있습니다.

스스로 선행을 쌓는 일은 아이의 키가 날마다 자라는 것과 같아서 남이 알아차릴 수 없고, 스스로 악행을 쌓는 일 또한 불이 기름을 태워 버리는 것과 같아서 남의 눈에 보이지 않습니다. 위에서 말한 사람의 정(情)과 성(性)에 밝으면서 세속의 유행을 관찰하는 자가 아닌 바에야 누가 그것을 알아차리겠습니까? 이 점은 바로 요임금과 순임금이 영명(令名)을 얻을 수 있었던 이유이자 사람들이 걸왕과 주왕을 두려워했던 까닭입니다. 선행과 악행에 결과가 따르는 것은 그림자와 메아리가 물체와 소리에 대응하는 것과 같으니, 그런 까닭에 걸왕과 주왕이 난폭해지고 태만해지자 참소를 일삼는 자들이 일거에 승진했고 능력과 지혜가 뛰어난 인재들은 숨어서 조정에 나가지 않았습니다. 두 임금의 악행이 날로 두드러져 나라가 갈수록 혼란해졌지만 하늘에 해가 걸리듯이 나라가 망하지 않으리라고 스스로 안심하다가 산이 무너져 평지가 되듯이 크게 패망하고 말았습니다. 포악무도하여 인을 베풀지 않는 자는 하루아침에 망하는 것이 아니라 차츰차츰 망합니다. 포악무도하기는 했지만 걸왕과 주왕이 십여 년 동안 임금의 자리에 있었으니, 이는 조금씩 쇠퇴하는 가운데 차츰차츰 멸망한 이치를 보여 줍니다.

폐하께서 책문 조서에서 "삼왕의 교화는 그 시작이 달랐고 모두 부족한 데가 있었는데, 누군가는 영구히 변하지 않는 것을 도라고 하니 둘은 뜻이 다르지 않은가?"라고 물으셨습니다.

신은 즐겁되 문란하지 않고 반복하여 행하되 싫증 나지 않는 것을 도라 한다고 들었습니다. 도는 만대를 행해도 폐단이 없으니, 폐단은 도를 어겼을 때 발생합니다. 옛적 성군이 시행했던 치국의 도라고 해도 한쪽으로 치우친 면이 있어, 지금 세상에 쓸 수 없는 점이 반드시 있습니다. 그런 까닭에 폐하께서 나라를 다스릴 때 이 점을 명확하게 알지 못하면 그 도를 잘 시행할 수 없고, 그 치우친 면의 폐단을 보완해야 쓸 수 있습니다. 삼왕의 도가 그 시작이 달랐다고 해서 그 모두가 상반된 것은 아니니, 그때그때 혹 지나친 데가 있으면 바로잡고 쇠한 것은 보완하느라 변하게 된 것입니다.

그런 까닭에 공자께서 "아무것도 하지 않으면서 나라를 잘 다스린 분으로는 순임금이 계시다."[35]라고 하셨지만, 순임금은 정삭과 수레와 말을 장식하는 빛깔 및 제물로 바칠 짐승의 털 빛깔만 바꾸는 것으로 천명을 따르는 의지를 내보인 대신에 그 나머지는 모두 요임금의 도를 따랐으니, 요임금의 도에서 고칠 것이 무엇이겠습니까? 그러므로 옛적의 제왕은 제도의 표면을 바꾸었던 것이지 나라를 다스리는 도의 실체를 바꾸었던 것이 아닙니다. 하나라는 충(忠)을, 은나라는 경(敬)을, 주나라는 제도 중심의 문(文)을 숭상했는데, 왕조를 계승한 나라가 이전 왕조의 폐단을 바로잡기 위해서는 응당 그렇게 정책을 바꾸어야 했습니다. 공자께서 "은나라는 하나라를 멸망시켰으나 하나라의 예를 이어서 썼는데, 덜고 더한 바를 알 만큼 하나라의 예(禮)를 고쳐서 썼다. 주나라도 은나라의 예를 이어서 썼는데 그 덜고 더한 바를 알 수 있었으니, 다른 나라가 주나라를 계승한다 해도 주나라의 예를 고친 것을 알 수 있게 한다면 비록 백 대가 지나도 주나라의 예를 알 수 있을 것이다."[36]라고 하셨습니다. 이 말씀에는 백 대가 지나더라도 제왕은 그 충, 경, 문의 세 가지 도를 지켜서 써야 한다는 뜻이 있습니다. 그런데 유독 순임금의 예를 계승한 하나라에 대해 덜고 더한 바를 언급하지 않은 것은 그 둘의 나라를 다스린 도가 하나이고 숭상한 바가 같기 때문입니다. 도의 가장 중요한 근원은 하늘에 있는데 하늘이 변하지 않으므로 도 또한 변하지 않습니다. 그리하여 우임금은 순임금을 계승하고, 순임금은 요임금을 계승하며 세 성군이 서로 천자의 자리를 전해 줄 때 세 임금 모두 하나의 도를 지켰으므로, 앞 시대의 폐단을 바로잡는 정사를 행하지 않았으니, 덜고 더한 바를 언급하지 않았던 것입니다. 이를 통해 볼 때, 치세를 이어받은 나라는 이전 왕조와 그 도를 같이했고, 난세를 이어받은 나라는 이전 왕조의 도를 고쳐서 썼습니다. 지금 한나라는 크게 혼란했던 왕조의 뒤를 이었으므로 문의 극치를 숭상했던 주나라의 도는 조금 덜어서 쓰고 하나라의 왕도인 충은 그대로 써야 마땅합니다.

고명한 덕과 훌륭한 도를 지닌 폐하께서 경박한 세속을 걱정하고 왕도가 밝게 펼치지 못하리라 두려워하시면서, 직언을 간할 줄 알고 고금의 제왕에 관한 일에 밝아 황제의 책문 조서에 응할 인재를 천거하게 하셨습니다. 폐하께서는 인재들과 논의하고 고찰하며 질문하면서 인의의 훌륭한 덕을 일으키고 제왕의 법과 제도를 분명히 갖추어 태평성대의 도를 세우고 계십니다. 신이 어리석고 불초하나 배운 바를 진술하고 익힌 바를 외우면서 스승의 말씀을 폐하께 전해 올릴 때 조금이라도 빠뜨리지 않으려고 애를 썼습니다. 그런데 만일 나라를 다스리는 일의 성패를 논하거나 천하의 성쇠를 살펴야 한다면, 이는 대신이 천자를 보좌하는 직무로서 삼공과 구경이 감당할 바이니 신 중서의 힘이 미칠 바가 아닙니다.

그런데 신이 생각하기에 이상한 데가 있습니다. 옛적의 천하가 바로 오늘의 천하이고 오늘의 천하가 또한 옛적의 천하라서 천하는 같은 천하인데, 옛적에는 성세를 이루어 상하가 화목하고 습속이 뛰어나게 훌륭했으며 영을 내리지 않아도 좋은 일이 시행되고 금지하지 않아도 나쁜 일이 일어나지 않았으며, 관리들은 거짓되거나 정당하지 않은 짓을 하지 않았고 백성은 도적이 되지 않았으니 옥이 텅 비고 제왕의 은덕이 초목을 적시며 덕택은 나라 안에 두루 미쳤고 봉황이 모여들고 기린이 찾아와 노닐었습니다. 옛적의 기준으로 지금을 평하면 서로 다르기가 어찌하여 이렇게도 다를 수 있다는 말씀입니까? 얼마나 잘못된 것이 많기에 이렇게 쇠퇴할 수 있단 말씀입니까? 옛적의 도를 잃어버렸기 때문일지 아니면 하늘의 이치를 어겼기 때문일지, 옛적 성군의 궤적을 고찰하고 하늘의 이치로 돌아가서 생각해 본다면 그 이유를 찾아볼 수 있을지도 모르겠습니다.

하늘이 나누어 줄 때 이빨을 주었으면 그 짐승에게 뿔은 주지 않았고, 날개를 주었으면 발은 둘밖에 주지 않았으니, 큰 것을 얻었으면 작은 것은 다시 얻지 못하게 했습니다. 옛적에 봉록을 주면 농사를 짓지 못하게 했고 수공업이나 상업에 종사할 수 없게 했으니 이 또한 큰 이익을 얻으면 작은 이익을 얻지 못하게 한 것이니, 하늘의 뜻과 같았습니다. 큰 것을 받고도 작은 것을 취하게 하는 일은 하늘도 하지 않는데 하물며 사람이 할 수 있겠습니까! 이것이 먹고 입을 것이 모자란 백성의 원성이 자자한 까닭입니다.

황제의 총애를 받으면서 높은 자리에 있는 관리가 집안 살림이 풍족하고 많은 봉록을 받으면서도 부귀한 재력을 바탕으로 관민과 재물을 다투고 있으니 백성이 어떻게 그런 자와 겨룰 수 있겠습니까? 그자들은 그 많은 노비를 거느리고 수많은 소와 양을 가진 채로 가진 전지와 집을 넓히고 재산을 늘리며 쌓인 재물 위에 재물을 또 쌓고 있는데, 그 일에 힘을 기울이기를 끝없이 하고 있으니 백성을 옥죄어 날마다 달마다 착취하면서 계속하여 가난해지도록 만듭니다. 부유한 자는 사치를 해도 계속해서 부유한 데 비해, 가난한 자는 빈궁함이 절박할 때까지 이르러 걱정과 고뇌가 가득합니다. 빈궁함이 절박할 때까지 이르러 걱정과 고뇌가 가득하지만 위에서 구제해 주지 않으면 백성이 즐겁게 살아갈 수 없고, 백성이 즐겁게 살아갈 수 없으면 죽음도 피하지 않게 될 것이니 죄 짓는 일을 피할 이유가 없습니다. 이것이 바로 형벌을 늘려도 거짓되거나 바르지 않은 일이 수도 없이 일어나는 까닭입니다.

그러므로 봉록을 받는 집에서 봉록의 혜택을 누리는 것으로 그치고 수공업이나 장사 같은 백성이 할 일을 빼앗지 못하게 한 연후에야 재물이 천하에 고루 나누어져 백성의 살림이 풍족해집니다. 이렇게 되어야 하늘의 이치와 옛적 성군이 나라를 다스린 도에 맞게 되니 천자는 응당 이런 이치와 도에 따라 법과 제도를 정하고 대부는 마땅히 그 법과 제도를 집행해야 합니다. 공의자(公儀子)가 노나라의 재상으로 있을 때, 부인이 집에서 비단을 짜는 것을 보고 노하여 그 부인을 쫓아 버렸고, 집에서 차린 밥상에 아욱이 올라와 있는 것을 보고 화를 내며 자신의 밭에 키우던 아욱을 뽑아 버렸습니다. 그러고는 "내가 이미 봉록을 받고 있는데 채소를 키우는 농부나 길쌈하는 여자의 이익을 빼앗아야 하겠느냐!"라고 야단을 쳤다고 합니다.

옛적의 현인과 군자가 벼슬에 있을 때는 모두 공의자처럼 행했으므로 아래 백성은 그 덕행을 높이 여기며 가르침에 따랐으니, 백성이 그 청렴함에 교화되어 저속한 짓을 하려고 하지 않았습니다. 주 왕실이 쇠퇴하자 주나라 조정의 경과 대부가 의를 지키는 일에 느슨하게 되면서 재물을 챙기기에 바빠 겸양을 존중하는 기풍이 없어지고 밭을 두고 소송하는 일까지 생겨났습니다. 그리하여 시인이 그것을 역겨워하여 "우뚝 솟은 저 종남산, 바위로 둘러싸였네. 권세 높은 사윤(師尹)[37]이여, 〔종남산처럼 너무 높아〕백성이 모두 당신네를 쳐다보아야 하네."[38]라고 꼬집었는데, '당신네가 의를 잘 지키면 백성이 인을 따르게 되어 풍속이 좋아지겠지만, 당신네가 이득만 챙기려고 들면 백성도 바르지 않은 일을 많이 하게 되어 풍속이 나빠지고 만다'는 뜻이 들어 있습니다. 이 시를 통해 볼 때 천자와 대부는 하층 관민에게는 바라볼 본보기가, 사방 먼 곳에 있는 만민에게는 속으로 우러러볼 대상이 되어야 합니다. 가까이 있는 백성이 천자와 대부의 본을 보고 따라 하고 먼 곳에 사는 만민이 우러러보며 배우는데, 현인이라는 이름을 얻은 자가 어떻게 서인이나 할 일을 빼앗겠습니까! 재물로 크게 이익을 남기려고 하면서 생활이 궁핍하게 될까 봐 늘 걱정하는 것은 서인이나 하는 생각이고, 넓게 인과 의를 추구하며 백성을 교화할 수 없을까 봐 늘 걱정하는 것은 대부의 마음입니다. 『역』에 이르기를 "짐을 지고 수레에 타고 있으면 스스로 도적을 부르게 된다."[39]라고 했으니, 수레는 높은 지위에 있는 사람이 타는 것이고 짐은 서인이 지는 것이라 이 말은 높은 자리에 있는 사람이 서인이 할 짓을 하고 있으면 반드시 환난을 만나게 된다는 뜻을 나타내고 있습니다. 높은 자리에 있으면 응당 높은 자리에 마땅한 행동을 해야 할 것이니, 만일 공의자가 노나라 재상 때 했던 것처럼 청렴하게 행동하지 않는다면 더할 것이 없습니다. 『춘추』에서 대일통(大一統)을 중요하게 여긴 것은 그것이 천지간에 영원히 변하지 않는 법칙이자 고금을 통틀어 널리 적용되던 진리였기 때문입니다.[40]

지금은 스승 간의 학설이 다르고 사람마다 다른 주장을 펼치고 있어 제자백가가 각각 다른 방략과 같지 않은 의향을 나타내 보이고 있습니다. 황상께서는 일통의 정책을 펼칠 수 없어 법과 제도를 여러 차례 고치다 보니 하층에서는 어느 것을 지켜야 할지 분간하지 못하고 있습니다. 신의 어리석은 생각으로는 육예(六藝)[41]의 갈래와 공자의 학설에 속하지 않는 여러 학설은 모두 그 도를 전파하지 못하게 하여 다른 학설이 유학과 더불어 성행하는 일이 없도록 막아야 합니다. 바르지 못한 학설이 소멸된 뒤에야 나라를 다스리는 요강을 통일할 수 있고 법과 제도를 자주 바꿀 필요 없이 분명하게 정할 수 있어 백성이 따라야 할 내용을 정확하게 알게 될 것입니다.

제후국의 상국이 되다

○　○　○

대책문을 올리는 일이 끝나자 황제가 동중서를 강도국 상국으로 임명하여 강도 이왕(江都易王)을 섬기게 했다.

강도 이왕은 황제의 형으로 본성이 교만했고 무력을 과시하기 좋아했으나, 동중서가 예와 의로써 바로잡아 주자 동중서를 공경하고 존중했다.

얼마가 흐른 뒤에 왕이 동중서에게 물었다.

"월왕 구천이 대부 설용(泄庸), 문종, 범려와 모의하여 오나라를 쳐서 마침내 오나라를 멸망시켰습니다. 공자께서 은나라에 덕행이 뛰어난 인인(仁人) 세 분이 있었다고 칭찬하셨는데,[42] 과인도 오나라에 인인 세 분이 있었다고 여기고 있습니다.

제 환공이 관중에 물어 어려운 문제를 해결했듯이 과인도 선생게 그렇게 여겨도 되는지 물어 의문을 풀고자 합니다."

동중서가 대답했다.

"신이 어리석어 그런 중요한 질문을 받들어 대답하기에 부족한 점이 많습니다.

신이 알기로 옛적에 노나라 군주 노 희공(魯僖公)이 유하혜(柳下惠)에게 '내가 제나라를 치려고 하는데 어떻겠소?'라고 묻자 유하혜가 '그러시면 안 됩니다.'라고 대답하고는 집에 돌아가서 걱정스러운 낯빛으로 이렇게 말했답니다. '내가 알기에 다른 나라를 치는 일은 인을 행하는 자에게 물어보지 않는 법인데, 어찌하여 나한테 그 말을 물어보셨단 말인가!' 이처럼 자신이 질문을 받은 것조차 부끄럽게 여겼다고 하는데, 하물며 거짓을 꾸며 오나라를 쳤던 자들이야 오죽했겠습니까!

거짓으로 다른 나라를 친 점으로 볼 때 월나라에는 애당초 인을 행하는 사람이 한 사람도 없었습니다. 인자(仁者)는 자신의 의를 바로 세울 뿐 자신의 이익을 도모하지 않고, 자신의 도를 밝게 나타낼 뿐 자신의 공을 헤아리지 않습니다. 그 때문에 중니의 문하에서는 오 척 동자도 춘추 시대 오패를 거론하는 것을 부끄럽게 여겼으니, 오패가 거짓과 무력을 우선하고 인과 의를 뒤로 돌렸기 때문입니다. 오패는 거짓이나 꾸며 댔으니 위대한 군자의 문하에서 거론하기에 부족하다고 여긴 것입니다. 오패가 다른 제후보다 능력이 뛰어났다고는 하나, 오패를 삼왕에 비교하는 것은 무부(碔砆)[43]를 훌륭한 옥과 견주는 것과 같습니다."

동중서의 대답을 들은 강도 이왕이 말했다.

"잘 알겠습니다."

동중서는 나라를 다스릴 때 『춘추』에 나오는 재이의 변고를 통해 음양이 어긋나게 운행된 점을 추론하여, 비가 내리기를 기원할 때는 양을 상징하는 모든 행위를 금지하고 음을 상징하는 것만 행했으며[44] 비가 그치기를 기원할 때는 그 반대로 했다. 강도국의 모든 땅에서 그렇게 시행하게 했지만 기원한 대로 된 적은 없었다. 동중서는 중간에 중대부직으로 물러났다.

그보다 먼저 요동의 고조묘(高祖廟)와 장릉의 고원전(高園殿)에 불이 났는데, 동중서가 집에 있으면서 불이 난 뜻을 고찰하여 논술했으나 초만 잡아 놓고 황제에게 올리지는 않았다. 주보언이 동중서를 만나러 왔다가 그 초안을 남몰래 본 뒤에 동중서를 미워하는 마음에서 그 글을 훔쳐 황제에게 보고했다. 황제가 여러 유학자에게 그 글을 보였는데 그중에 동중서의 제자인 여보서(呂步舒)가 그 글이 자신의 스승이 쓴 글인 줄 모르고 "아주 어리석은 견해"라고 비평했다. 그리하여 황제가 동중서를 옥리에게 넘겨 심문하게 하니 사형 판결이 나왔다. 황제가 조서를 내려 동중서를 사면했다. 동중서는 그 뒤로 다시는 재이에 관해 언급할 엄두를 내지 못했다.

동중서는 사람됨이 청렴하고 강직했다.

당시는 나라 밖의 사이(四夷)를 격퇴하기에 바쁠 때였다. 공손홍이 『춘추』를 공부했다고 하지만[45] 동중서보다 실력이 떨어졌는데도 세속에 영합하여 권력을 잡으면서 공경의 자리에 올랐다.

동중서가 공손홍을 아첨꾼이라고 여겼으므로 공손홍은 동중서를 미워했다. 교서왕 유단도 황제의 형이었는데 특히 방종을 일삼으며 조정에서 파견한 이천석 봉록의 관리를 여럿 해쳤다. 이에 공손홍이 황제에게 아뢰었다.

"교서왕의 상(相)으로 보낼 만한 사람은 동중서뿐입니다."

교서왕은 평소에 동중서가 위대한 유학자라는 소문을 듣고 있었으므로 동중서에게 잘 대해 주었다. 동중서는 오래 있으면 자신도 죄명을 얻게 되리라 여겨 칭하고 사직했다.

동중서는 두 제후국의 상(相)을 지냈으나 두 번 다 전횡을 일삼는 왕 아래에서 일을 봐야 했다. 동중서는 자신을 바로 세워 아랫사람을 이끌었고, 여러 차례에 걸쳐 간쟁하는 상소를 올렸으며, 백성을 교화하면서 두 제후국을 잘 다스렸다.

벼슬에서 물러나 집에서 머문 뒤에는 한 번도 집안 살림 형편을 물어보는 일 없이 학문을 닦고 책 쓰는 일만 했다. 동중서가 집에 있을 때에 조정에 큰 의논거리가 생기면 황제가 사자와 정위 장탕으로 하여금 동중서의 집에 가서 물어보게 했는데, 동중서는 언제나 명확한 방법을 들어 대답했다.

무제 즉위 초에 위기후와 무안후가 승상으로 있으면서 유학을 일으켰다. 뒤에 동중서가 황제의 책문 조서에 대책문을 올려 공씨(孔氏)의 학설을 존중하고 선양하며 백가 학설은 배척하자고 주장했다. 학관(學官)과 교관(校官)[46]을 두게 하고 재능과 덕행이 뛰어난 인재와 효성이 지극하고 청렴한 인물을 천거하게 한 것은 모두 동중서가 처음 생각한 것이었다.[47]

동중서는 연로해진 뒤에 집에서 천수를 누리고 세상을 떠났다.

그 뒤에 집안이 무릉으로 이사했는데, 아들과 손자가 모두 학문이 뛰어나 높은 벼슬에 올랐다.

동중서의 저술은 경술(經術)[48]의 뜻을 밝히는 것과 상소문, 법령 부문에 모두 백스물세 편이 있다. 또 『춘추』 기사의 시비곡직을 설명한 문거(聞擧), 옥배(玉杯), 번로(蕃露), 청명(淸明), 죽림(竹林) 등속이 수십 편에 십수만 자가 있어 모두 후세에 전해지고 있다.[49] 그중에서 지금 세상에 꼭 맞고 조정에서 쓰일 것으로 몇 편을 골라 여기에 실었다.

찬하여 말한다.

유향이 말하기를 "동중서는 제왕을 보필하는 재주가 뛰어났으니 비록 이윤이나 여망이라 할지라도 동중서보다 나을 것이 없겠고, 관중과 안영(晏嬰) 같은 이들은 제왕이 아닌 패자를 보좌했으니 아마도 동중서에 미치지 못할 것이다."라고 했다.

그런데 유향의 아들 유흠에 이르러서는 "이윤과 여망은 성인에 필적했던 분들로 제왕이 이런 분들을 얻지 못했으면 개국하지 못했을 것이다. 그런 이유로 안연이 죽었을 때 공자께서 '아아, 하늘이 나를 망하게 하시는구나.'[50]라고 하신 것을 보면 안연 한 사람만이 이윤과 여망을 당해낼 수 있고, 재아(宰我), 자공(子贛), 자유(子游), 자하(子夏)는 그 행렬에 넣을 수 없겠다. 동중서는 한나라가 유학을 소멸시킨 진나라 뒤에 건국하는 바람에 육경의 죽간이 다 떨어져 나가 수습할 수 없는 시대를 살았으나 집에서 휘장을 내린 채 분발하면서 전심전력으로 위업을 이루었고 후학이 통일된 체계 아래 공부하게 했으므로 여러 유학자 중에 으뜸이었다. 그러나 동중서에게 영향을 미친 스승과 벗의 연원을 고찰해 볼 때, 동중서는 자유와 자하에 미칠 수 없다. 그러므로 부친께서 '관중과 안영이 그에 미칠 수 없고, 이윤과 여망도 그보다 더할 것이 없다.'라고 하신 것은 지나친 말씀이셨다."라고 평했다.

유향의 증손자인 유공(劉龔)은 의견을 정확하게 말하던 군자였는데 조부 유흠의 말이 옳다고 평했다.

사마상여전 상
司馬相如傳 上

▲▲▲▲▲▲▲▲▲▲▲▲▲▲▲▲▲▲▲

　사마상여(司馬相如, 기원전 179~기원전 118년)는 명실공히 한나라를 대표하는 시인이다. 경제 연간에 양효왕의 문객으로 활동했으나 이미 제후왕의 세력이 쇠퇴하던 때라 고향으로 돌아갔다가 무제 밑에서 시인으로 다시 태어났다.

　사마상여는 황제를 위해 부(賦)를 지은 궁정 시인이었다. 빈번한 정복 전쟁과 서역 교통로 개척 등으로 재정 지출 규모가 계속 늘어나자 무제는 반대 의견을 돌파하기 위해 문인에게 자문하는 제도를 마련했다. 또 자신의 뜻을 널리 알리기 위해 통치 이념과 시대정신을 화려한 문학으로 장식하게 했으니, 부를 지을 줄 아는 문인이면 황제의 빈객으로 불러 벼슬을 내렸다. 이렇게 뽑힌 문학시종(文學侍從)은 조정에서 재상 중심의 외조(外朝)가 아닌 내조(內朝)에 속했다. 내조의 내신(內臣)은 황제의 뜻을 실현하기 위해 외조의 외신(外臣)과 토론을 자주 벌였는데, 외조에 박사들이 있었지만 황제의 측근이면서 언변이 뛰어났던 내신이 승리를 거두는 경우가 많았다. 무제 때 선발된 내신의 대표가 바로 사마상여였다. 사마상여는 한부(漢賦)를 발전시키는 데 크게 공헌하면서, 무제가 원하는 대로 화려하고 웅장한 부를 썼다. 작품의 규모가 크고 세밀한 묘사가 두드러지는 그의 작품들은 중국의 왕조가 쇠약할 때에 기력을 북돋우는 장치로 등장하곤 했으니, 청나라 말기 이홍장(李鴻章)이 쓴 증국번(曾國藩)의 신도비 비문에 한부의 기상을 배우고자 했던 증국번의 모습이 생생하게 담겨 있는 것이 그 전형이다.

『수서(隋書)』「유현전(劉炫傳)」과 유지기(劉知幾)의 『사통(史通)』「서전(序傳)」에 따르면 사마상여는 생전에 「자서(敍自)」를 남겼다. 당나라 때까지 전해진 사마상여의 자서전은 병으로 퇴직하여 무릉(茂陵)에서 요양할 때 쓴 것으로 현재 전하지 않는다. 유지기는 사마상여의 「자서」와 『사기』「사마상여 열전」을 비교하여 사마천이 이를 사료로 이용했음을 밝혔다. 사마천이 사마상여의 자서전과 한 시대를 풍미했던 사마상여의 대작을 담은 열전을 반고가 『한서』에 거의 그대로 실었다.

탁문군과 혼인하고 부유해지다

○　○　○

사마상여의 자는 장경(長卿)이고, 촉군 성도현(成都縣) 사람이다. 어렸을 때부터 책 읽기를 좋아했고 격검(擊劍)을 익혔다. 아명은 견자(犬子)였으며, 지식을 쌓고 난 뒤에[1] 인상여(藺相如)의 사람됨을 흠모하여 이름을 상여로 고쳤다.

사마상여는 재산이 있는 집의 자제 자격으로 낭관이 되어 효경제를 섬겼는데, 무기상시(武騎常侍)직을 맡았으나 그 일을 좋아하지 않았다.

당시에 사부(辭賦)가 유행했지만 공교롭게도 효경제는 사부를 좋아하지 않았다. 그 무렵 양 효왕이 황제를 배알하러 왔는데, 유세객인 제나라 사람 추양, 회음의 매승, 오현의 엄기 선생 무리를 데리고 왔다. 사마상여가 그들을 만나 보고 좋아하게 되어 병을 칭하고 사직한 뒤에 양나라를 유람했으며, 제후인 양 효왕의 유세객과 함께 거처하고는 몇 해 뒤에 「자허지부(子虛之賦)」[2]를 지었다.

양 효왕이 세상을 떠나자 사마상여는 고향으로 돌아갔다.[3] 그런데 집이 가난하여 생계를 제대로 꾸리지 못했다.[4] 예전부터 잘 알고 지낸 임공(臨邛) 현령 왕길(王吉)이 살림이 곤란해진 사마상여에게 말했다.

"장경, 고향을 떠나 오랫동안 벼슬을 했으나 뜻을 이루지 못해 곤궁해졌으니 내가 있는 곳으로 오십시오."

사마상여가 임공으로 가서 도정(都亭)에 묵었다. 임공 현령은 사마상여를 공경하는 척하며 날마다 사마상여를 찾아갔다. 사마상여가 처음에는 계속해서 왕길을 만났으나 나중에는 병을 칭하고 종자(從者)를 보내 왕길에게 사양하는 뜻을 전달했다. 그러자 왕길이 더욱 정중하게 대하며 공경했다.[5]

임공현에는 부자가 많았다. 탁왕손(卓王孫)의 집에는 노비가 팔백 명이었고 정정(程鄭)의 집에도 수백 명이 있었다. 그 두 사람이 서로 상의하여 말했다.

"현령께 귀한 손님이 오셨다고 하니 주연 자리를 만들어 그분을 모시도록 합시다. 현령도 함께 모시고요."

현령이 왔을 때 탁씨 집에는 손님이 수백 명이나 와 있었다. 점심이 되었을 때 사마장경을 청했으나 장경은 병이 나서 갈 수 없다고 사양했다. 임공 현령이 음식을 입에 대지 않고 친히 사마상여를 맞으러 갔다. 사마상여가 부득불 억지로 왔다는 행세를 보이니[6] 좌중의 눈이 모두 풍채가 뛰어난 사마상여에게 쏠렸다.

주흥이 올랐을 때, 임공 현령이 사마상여 앞에 금(琴)을 놓으며 말했다.

"장경께서 금을 잘 탄다고 들었습니다. 청컨대, 여기 모인 사람들이 장경의 음악을 즐기도록 해 주십시오."

사마상여가 사양하다가 악부(樂府) 중의 한두 대목을 탔다.

그때 탁왕손의 집에는 딸 탁문군(卓文君)이 얼마 전 남편을 잃고 돌아와 있었는데 음악을 좋아했다. 그것을 안 사마상여가 현령과 서로 공경하는 척하며 현령에게 귀한 손님이 와 있다는 소문을 냈고, 주연에 억지로 참석한 척한 뒤에 금 소리에 마음을 실어 탁문군을 유혹한 것이었다. 주연이 끝나자 수레와 말의 행렬이 사마상여를 따라갔는데, 사마상여는 의표가 당당했고 여유 있고 고상하며 아주 대범해 보였다.

사마상여가 탁씨 집에 와서 술을 마시고 금을 연주할 동안에 탁문군이 문틈으로 몰래 그 모습을 보고는 속으로 사마상여를 좋아하게 되었고 사마상여가 연주하는 금 소리에도 반하여 사마상여의 배필이 되고 싶어 속을 태웠다. 주연이 끝났을 때 사마상여가 시중들던 사람을 시켜 탁문군의 계집종에게 귀중한 선물을 주어 은근히 정을 표시했다. 탁문군이 밤에 달아나 사마상여에게 가자 사마상여가 탁문군을 데리고 말을 달려 성도로 돌아갔다. 그런데 사마상여의 집은 텅 비어 네 벽만 덩그러니 서 있었다. 그 소식을 들은 탁왕손이 몹시 노하여 말했다.

"못난 딸을 차마 내 손으로 죽이지는 못하겠으나 돈은 한 푼도 주지 않겠다."

탁왕손을 달래는 사람도 있었지만 끝내 듣지 않았다.

가난한 생활이 오래가자 탁문군은 행복할 수 없었다. 탁문군이 장경에게 말했다.

"차라리 우리 임공으로 돌아가요. 언니와 오라버니에게 돈을 빌리면 먹고사는 일은 충분히 해결될 거예요. 뭐 하러 고생을 자초하고 살아요?"

사마상여가 탁문군과 함께 임공으로 가서 수레와 말을 다 팔아서 술집을 산 뒤에[7] 주로(酒壚) 위에 술항아리를 놓고 탁문군에게는 술을 퍼 주게 하고 자신은 일꾼들이 입는 바지인 독비곤(犢鼻

褌)⁸을 입고 일꾼⁹과 함께 술집 부엌에서 설거지를 했다. 탁왕손이
그 소식을 듣고 부끄러워 밖으로 나서지 않았다. 탁문군의 언니와
오빠는 물론 여러 연장자가 서로 나서서 탁왕손을 설득했다.

"당신은 아들 하나 딸 둘밖에 없어 나누어 줄 재물이 모자라는
것도 아니지 않소. 문군이 이미 절개를 꺾고 사마장경에게 몸을
주었고, 장경도 타향을 오래도록 떠도는 데 지쳐〔지식과 능력이
뛰어날 테니〕 가난하기는 하지만 그 사람의 재능은 딸을 충분히
맡길 만하오. 게다가 현령의 손님인데 어찌하여 이렇게 욕을 보인
단 말이오!"

탁왕손이 그만하지 않을 수 없어 딸 문군에게 종 백 명과 돈 백
만 전을 나누어 주고 시집갈 때 가지고 가는 옷과 이불, 재물도 주
었다. 이에 탁문군이 사마상여와 함께 성도로 돌아가서 전지와 집
을 사서 부자가 되었다.

무제에게 발탁되어 부를 지어 올리다

○　○　○

오랜 세월이 흐른 뒤에 촉군 사람인 양득의(楊得意)가 구감(狗
監)이 되어 황제를 모셨다. 「자허부」를 읽은 황제가 그 작품을 칭
찬하며 말했다.

"어찌하여 짐은 이런 사람과 같은 시대에 살 수 없단 말인가?"

양득의가 아뢰었다.

"신과 같은 읍에 살던 사마상여가 자신이 그 부를 지었다고 했습니다."

황제가 놀라서 바로 사마상여를 불러 「자허부」를 지었는지 물어보았다. 사마상여가 아뢰었다.

"그런 일이 있었습니다. 그러나 그 부는 제후의 일을 이른 것이라 황상께서 보실 만하지 않습니다. 천자유렵(天子游獵)에 관한 부를 짓도록 윤허해 주십시오."

황제가 상서에게 명하여 붓과 찰(札)을 가져다주었다. 사마상여가 자허(子虛), 그러니까 빈말로 초나라를 칭찬하게 하고, 어떻게 그런 선생이 있을까마는, 오유(烏有) 선생으로 하여금 제나라를 대표하여 자허를 힐난하게 했으며, 그런 사람은 없었지만, 무시공(亡是公)[10]으로 하여금 황제의 뜻을 설명하게 했다. 현실에 존재하지 않는 이 세 사람의 대화를 통해 황제와 제후의 금원(禁苑) 풍경을 상상 속에 펼쳐 낸 이 작품은 마무리 부분을 절약과 검약으로 귀결시킴으로써 완곡한 말로 권고하고 있다. 사마상여가 부를 지어 올리자 황제가 크게 기뻐했다.[11]

그 사(辭)는 다음과 같다.

초나라에서 자허를 파견하여 제나라에 사신으로 가게 했다. 제나라 왕이 나라 안의 모든 수레와 말을 동원하여 자허와 함께 사냥을 나갔다. 사냥을 마치고 자허가 오유 선생을 찾아가서 자랑을 했는데, 무시공도 곁에 있었다.

세 사람이 좌정하자 오유 선생이 물었다.

"오늘 사냥이 즐거우셨습니까?"

자허가 말했다.

"즐거웠습니다."

"잡은 것이 많았습니까?"

"적었습니다."

"그런데 어찌하여 즐거웠다고 하십니까?"

"제가 즐거웠던 것은 왕께서 저에게 수레와 말이 많다는 것을 자랑하고 싶어 하셨으나 제가 그에 대해 왕께 운몽(雲夢)의 사정을 말씀드렸기 때문입니다."

오유 선생이 물었다.

"들어 볼 수 있겠습니까?"

자허가 말했다.

"말씀드리겠습니다. 왕께서 수레 일천 승을 몰게 하고 일만 명을 뽑아 말을 달리게 하여 해변에서 사냥하셨는데, 늪에는 병졸이 가득 들어가 있었으며 산마다 그물이 덮여 있었습니다. 토끼가 그물에 걸려들었고, 사슴은 수레바퀴에 깔렸으며, 고라니는 화살에 맞고, 큰 사슴인 인(麟)은 붙잡혔으며,[12] 수레와 말이 염전을 마구 짓밟으며 달리는데, 수레바퀴는 잘려 나간 짐승의 살점에서 흐르는 피로 붉게 물들어 있었습니다. 쏘아 맞히고 잡은 것이 많았으므로 왕께서는 자신의 뛰어난 사냥 실력을 자랑스러워하며 저를 돌아보고 말씀하셨습니다.

'초나라에도 평원과 큰 못이 있는 사냥터가 있어 이렇게 실컷 즐길 수 있습니까? 초나라 왕이 사냥하는 것을 과인과 비교하면

어느 쪽이 낫습니까?'

제가 수레에서 내려 왕께 대답을 올렸습니다.

'신은 초나라의 보통 사람이지만 다행히도 십여 년 동안 왕궁에 숙위했던 까닭에 때로 왕을 모시고 왕궁의 후원에서 사냥을 즐겼으나 후원이 너무 커서 가 본 곳이 있고 못 가 본 곳도 있습니다. 후원도 다 돌아보지 못했는데 왕궁 밖에 있는 못에 대해서야 어떻게 제대로 말씀을 올리겠습니까?'

그러자 제나라 왕께서 말씀하셨습니다.

'그러하다면 선생이 보았던 것만 대략 말씀해 주십시오.'

그래서 제가 말씀드렸습니다.

'예, 예. 신은 초나라에 못이 일곱 개가 있다고 들었는데 그중 가 본 곳은 한 군데뿐이고 나머지는 아직 가 보지 못했습니다. 신이 가 본 곳은 그중에서도 가장 작은 곳으로 이름은 운몽이라고 합니다.

운몽이란 데는 사방이 구백 리로 못 가운데에 산이 있습니다. 그 산은 굽이진 데다 산세가 더없이 험한데 봉우리가 우뚝우뚝 솟은 것은 물론 그 우뚝 솟은 봉우리가 고르지 않게 겹쳐 있어 햇빛과 달빛을 때로는 모두 가리거나 때로는 반쯤 가리고 있습니다. 이리저리 겹쳐진 봉우리는 위로 높은 하늘의 구름에 맞닿아 있고 산비탈이 이어져 내려 아래에 흐르는 강물에 접하고 있습니다.

그 산의 흙에는 단사(丹沙), 청왁(青雘),[13] 적자(赤赭), 백악(白堊), 자황(雌黃), 백부(白坿), 청금(青金), 벽옥(碧玉), 황금, 백은(白銀)이 들어 있는데, 그 여러 가지 색이 눈이 부실 만큼 빛나서 용의 붉은 비늘처럼 찬란합니다. 또 그 산의 바위는 적옥(赤玉), 매괴옥(玫瑰玉), 임옥(琳玉), 민옥(珉玉), 곤오(琨珸), 감륵(瑊玏), 현려(玄厲), 연석(礝石), 무부(珷玞)로 이루어져 있습니다.

그 동쪽에는 혜포(蕙圃)가 있는데 두형(杜衡), 택란(澤蘭), 백지(白芷), 두약(杜若), 천궁(川芎), 창포(昌蒲), 강리(江離), 미무(蘪蕪), 감자(甘蔗), 파초(巴蕉)가 자라고 있습니다. 그 남쪽에 평원과 넓은 못이 있으니, 평원은 그런대로 기복과 비탈이 있으며 못은 깊고도 넓어 큰 강인 장강으로 이어지는데 무산(巫山)까지 이릅니다. 그 근처의 높지막하되 마른 땅에는 침(葴), 사(析), 포(苞), 여(荔), 벽(薜), 사(莎), 청번(青薠)이 자라고 있고, 그 근처의 나지막하고 습한 땅에는 장랑(藏莨), 겸가(蒹葭), 동장(東薔), 조호(彫胡), 연실(蓮實)과 연우(蓮藕), 고로(觚盧),[14] 엄려(奄閭), 헌우(軒于)가 자라고 있습니다. 그곳에 자라는 식물들이 너무 많은 까닭에 일일이 이름을 들기가 어렵습니다.

그 서쪽에는 샘물이 솟아나는 깨끗한 못이 있고 물결이 급히 일며 파도처럼 일렁이는 가운데 수면 위에 부용(芙蓉)과 능화(蔆華)가 피고 연못 속에는 큰 돌과 백사가 깔렸습니다. 그 수중에는 거북과 교어(鮫魚), 타룡(鼉龍), 대매(毒妹), 별(鱉)과 원(黿)이 살고 있습니다.

그 북쪽에는 거대한 숲이 펼쳐져 있는데 변목(楩木)과 남목(枏木), 예장나무, 육계(肉桂), 산초(山椒), 목란(木蘭), 주양(朱楊), 황벽(黃檗), 산리(山梨), 자리(樝梨),[15] 영율(樗栗)이 자라고 귤(橘)과 유(柚)의 향기가 퍼지고 있습니다. 그 숲의 나무 위에는 원추(宛雛),

공작(孔雀), 난조(鸞鳥), 등원(騰遠), 야간(射干)이 살고, 아래에는 백호(白虎), 현표(玄豹), 만연(蟃蜒), 추(貙), 안(犴)이 살고 있습니다.

　그런데 그곳에서는 전제(剸諸) 같은 용사들에게 손으로 그 짐승을 때려잡게 합니다. 초나라 왕은 길들인 네 필의 박(駁)을 몰아 옥을 조각하여 장식한 수레에 타고 있는데, 동해에서 나는 큰 물고기의 수염으로 수술을 단 깃발을 휘날리는가 하면 명월주를 꿰어 늘어뜨린 깃발도 아름답게 흔들립니다. 병사들은 간장(干將)이 만든 웅극(雄戟)을 높이 들고 왼손으로 화려한 무늬를 새긴 오호(烏號) 활을 쥔 채, 오른쪽 어깨에는 하나라의 후예(后羿)가 쓰던 날카로운 화살을 넣은 전통을 매고 있으며, 수레에는 양자(陽子) 손백락(孫伯樂)이 참승(驂乘)으로 초나라 왕 오른편에 앉았고 섬아(孅阿)가 고삐를 잡고 수레를 몰아갑니다.

　수레를 천천히 몰아 그렇게 빨리 달리지도 않았는데 날랜 짐승이 바로 수레 아래에 밟히니 공공(蛩蛩)과 거허(距虛)를 짓밟고 야생말을 공격하며 도도(騊駼)를 수레 축의 대가리로 받아 버리며, 유풍(遺風)을 타고 달아나는 기(騏)를 쏩니다. 그 기세가 빠르기 그지없어 마치 우레가 울고 돌풍이 일며 유성이 지나고 천둥이 치는 듯하되, 화살은 불발하는 적이 없이 짐승의 눈동자를 반드시 명중시키거나 가슴을 뚫지 않으면 견갑골을 관통하니 〔짐승의〕 심장의 힘줄을 끊어 놓고 맙니다. 마치 하늘에서 비가 내리듯이 짐승을 많이 잡으니 온 들판의 풀과 땅을 덮을 지경입니다. 그러면 초나라 왕이 수레의 속도를 늦추게 하여 이리저리 돌아다니며 득의양양한 모습으로 숲속을 들여다보고 용맹하고도 격앙된 장사의 모습을 살피며 한편으로 두려움에 떠는 맹수들을 보고 극도로 지치고 힘이 빠진 놈들을 잡아들여 가둔 뒤에 그 짐승들이 보이는 백태를 두루 관찰합니다.

거기에는 아리따운 정(鄭)나라 미녀들이 얇은 비단과 고운 베로 지은 웃옷을 걸치고 모시와 비단으로 지은 치마를 끌며 서 있는데, 비단의 발이 곱고 무늬가 화려하여 치마가 마치 안개가 내린 듯이 길게 늘어져 있습니다. 치마 위에 덧댄 접간(襜褕)은 또 첩첩이 늘어뜨려져 계곡처럼 빽빽하게 주름이 잡혀 있습니다.

옷은 모두 길게 늘어뜨려져 있으며, 소매를 흔들 때마다 소매단이 칼로 자른 듯이 가지런하게 보입니다. 섬(襳)을 휘날리고 소(髾)를 늘어뜨린 아름다운 미녀가 수레 옆을 따르는데 움직일 때마다 옷자락이 사각사각 소리를 내고 아래로 늘어진 소(髾)는 향기로운 풀을 스치며 위에 달린 섬(襳)이 우개(羽蓋)[16]까지 휘날립니다. 비취(翡翠)새 깃털로 머리를 장식하고 옥 매듭 노리개를 단 미녀들은 마치 선녀가 내려온 듯 그 모습이 아련하고 황홀합니다.

이어서 초나라 왕이 미녀들을 데리고 향기로운 풀밭에서 밤새도록 사냥합니다. 수풀을 따라 한가로이 거닐다가 견고하게 쌓은 둑으로 올라가서 비취새를 잡고 준의(鵔鸃)를 쏘아 맞힙니다. 짧은 화살에 생사로 꼰 줄이 높이 날려 주살을 쏘면 백곡(白鵠)을 맞히고 가아(駕鵝)를 연달아 명중하며 창괄(鶬鴰) 두 마리에 현학(玄鶴)까지 떨어뜨립니다.

사냥하다가 피로해지면 깨끗한 못에서 놀이를 즐기되 역(鷁)새[17] 머리 모양을 뱃머리에 달고 화려한 무늬를 새긴 용선(龍船)

을 띄웁니다. 화려한 깃발을 휘날리며 삿대[18]로 저어 가는 용선
엔 비췻빛 휘장이 둘러지고 우개가 달려 있습니다.

그물로 대매를 끌어 올리고 낚시로 자주색 조개를 잡아 올릴
때 징을 울리고 소(簫)를 부는 소리에 맞춰 뱃사공이 선창하는데
그 소리가 구슬퍼 마음을 울립니다. 그 소리에 놀란 물속의 생물
들이 뛰어오르며 파도를 일으키면 샘물도 함께 용솟음치며 파도
에 힘을 보탭니다. 그때 여러 돌이 부딪히며 낭랑(琅琅) 개개(礚礚)
소리를 내는데 마치 천둥 벼락이 치는 것 같아서 수백 리 밖에서
도 들릴 지경입니다.

밤 사냥을 마칠 때는 여섯 면으로 된 영고(靈鼓)를 울리고 봉화
를 올려 수레가 행렬을 맞추도록 인도하며 기병들이 질서 정연하
게 부대로 돌아가게 하는데 그 행렬은 물이 흐르듯이 끊이지 않고
천천히 이어집니다.

이어서 초나라 왕이 운몽 중의 양운대(陽雲臺)에 올라 무위(無
爲)의 태연자약하고도 안정된 상태에서, 작약을 넣어 오장을 편안
하게 하고 독기를 없애 주도록 만든 음식을 갖추어 올리기를 기다
렸다가 그 음식을 듭니다. 초나라 왕은 대왕처럼 종일 말을 달리
며 수레에서 내려오지 않거나 사냥한 고기를 저며 수레 위에서 구
워 먹는 것을 즐기지 않습니다. 신이 살펴보건대 제나라 쪽이 초
나라만 같지 못한 듯합니다.'

이렇게 말씀드렸더니 제나라 왕께서 저에게 아무런 대꾸도 하
지 못하셨습니다."

오유 선생이 말했다.

"어찌하여 그렇게 심하게 말씀하셨습니까? 선생이 제나라에 좋은 말씀을 일러 주러 천 리를 마다 않고 오셨으므로, 제나라 왕이 나라 안의 모든 군사를 동원하고 수레와 말을 아주 많이 갖추어 초나라 사자인 선생과 사냥을 나가 힘을 합해 짐승을 잡으면서 함께 즐기려고 했으니, 거기에 어찌 과장하는 뜻이 있었겠습니까!

제나라 왕이 초나라 땅에 금원(禁苑)이 있는지 없는지를 물어본 것은 사냥하는 이야기를 빌려 대국의 교화 및 덕업과 선생의 고견을 듣고자 함이었습니다. 그런데 선생이 초나라 왕의 두터운 덕업을 찬양하는 대신에 성대한 운몽의 사냥 모습을 찬미함으로써 자랑으로 삼았을 뿐 아니라 과장된 언사로 방종한 사냥의 즐거움을 늘어놓아 사치스럽고 화려함만 드러냈으니 제가 보기에 선생이 할 만한 행동이 아니었습니다.

그런데 초나라 왕이 말씀하신 대로 사냥을 즐긴다면 그것은 확실히 초나라의 좋은 면이 아닙니다. 그런 일이 있다고 해서 그렇게 말한다면 그것은 주군의 추악한 면을 드러내는 셈이고, 그런 일이 없는데도 그렇게 말했다면 그것은 그대의 위신을 떨어뜨리는 셈이 됩니다. 주군의 추악한 면을 드러내거나 자신의 신의를 훼손하는 것, 두 가지 중 어느 하나도 해서는 안 될 일인데도 불구하고 선생은 그렇게 했으니 제나라에야 괜찮겠지만, 초나라는 부담을 많이 질 수밖에 없게 되었습니다.

게다가 제나라로 말하자면 동쪽에 대해를 접하고 있고 남쪽으로는 삼면이 바다에 접한 낭야산(琅邪山)이 있습니다. 성산(成山)에서 바다를 내려다보고 지부산(之罘山)에서 사냥합니다. 발해(勃澥)

에 배를 띄워 떠다니다가 다시 맹저(孟諸)[19] 못에서 놀이를 즐깁니다. 비껴 위로는 숙신(肅愼)과 이웃하고 오른쪽[20]으로는 탕곡(湯谷)과 경계를 이루며 가을에는 청구(靑丘)에서 사냥하니, 해외를 자유로이 드나들 수 있습니다. 제나라의 크기는 운몽 같은 못 여덟아홉을 삼켜도 속이 전혀 답답하지 않을 정도입니다.

특별하고도 진기한 산물을 이르자면 저마다 다른 고장에서 특산물이 나되, 진기한 길짐승과 날짐승 등 온갖 것들이 모여 제나라를 가득 채우고 있으므로, 요임금의 신하로 만물을 변별해 냈던 우(禹)라 할지라도 그 이름을 다 대지 못할 테고, 요임금의 신하로 한 사람도 빠뜨리지 않고 교화해 냈던 설(卨)이라 할지라도 그 수를 다 헤아리지 못할 것입니다.

사실은 제나라 왕이 제후의 자리에 있는 까닭에 놀이의 즐거움과 금원의 광대함에 대해 제대로 말할 수 없었던 것일 뿐이고, 게다가 선생을 귀한 손님으로 여겼기 때문에 제나라 왕이 한마디 대꾸도 하지 않았던 것이니 어찌 대꾸할 말이 없었겠습니까!"

무시공이 웃으며 말했다.[21]

"초나라 이야기도 도에 어긋나지만, 제나라 이야기도 온당하지 못합니다. 대저 제후에게 공물을 바치며 천자를 배알하게 하는 것은 재물과 돈을 얻기 위해서가 아니라 제후가 직분을 다했음을 보고하기 위함입니다. 각 나라의 경계를 정하여 표를 해 두는 것은 수비와 방어 때문이 아니라 제후끼리 방종하게 법을 어기는 행위를 막기 위함입니다.

이제 제나라가 천자의 동쪽 번국이 되어, 나라 밖의 숙신과 사사로이 교류하고 국경을 넘고 바다를 건너 청구에 가서 사냥했다고 하니, 그것은 신하의 도의를 지키지 않은 것입니다.

게다가 두 분 선생의 말씀을 들으니 군신의 의리를 밝히고 제후의 예를 바로잡는 일을 천명하는 데 힘쓰지 않고 놀이의 즐거움이니 금원의 광대함이니 하는 것만을 다투며 서로 누가 더 사치한지 누가 더 주색에 빠져 있는지를 겨루고 있으니, 이는 스스로 섬기는 군주의 명예를 선양하는 것이 아니라 군주를 폄훼하여 자신을 손상하는 데나 알맞을 뿐입니다.

하물며 제나라와 초나라에 있는 것 중에 어디 두 분 선생이 말씀하신 것처럼 입에 올릴 만한 것이 있습니까? 두 분 선생께서는 아직 거대하고 화려한 것을 보신 적이 없는 듯합니다만, 설마 천자의 상림원을 들어 보지 못한 것은 아니시겠지요?

상림원의 동쪽은 창오(蒼梧)이고 서쪽은 서극(西極)이며 단수(丹水)가 그 남쪽으로 흐르고 자연(紫淵)이 그 북쪽에 있습니다. 패수(霸水)와 산수(産水)는 상림원 안에서 시작되어 끝나고, 경수와 위수도 상림원 안에서 들고나며, 풍수(酆水)·호수(鎬水)·요수(潦水)·결수(潏水)가 굽이굽이 상림원 안을 감돌며 흐릅니다. 이렇게 팔천(八川)이 물길을 나누어 흘러가되 그 흐르는 모양이 천차만별이고 흐르는 방향도 동서남북으로 각각 뒤섞여 있습니다.

궐문처럼 우뚝 솟은 봉우리 아래를 빠져나와 물가의 여울을 흐르다가 계림(桂林) 속을 거쳐 광활한 들을 지나는데, 급하고 세차게 흐를 때는 〔폭포가 되어〕 높은 언덕에서 아래로 떨어져 곧바로 좁은 협곡 사이로 흘러갑니다. 거석에 부딪히고 절벽을 때린 물이 분노한 소리를 지르며 거대한 물결을 이뤄 솟구치니 그 성대하고도 빠른 흐름은 서로 부딪히고 휘감았다가 거꾸로 흐르기도 하며 서로 뒤섞이고 부딪히며 흘러갑니다. 방(滂), 피(濞),[22] 항(沆), 해(溉)[23] 같은 소리를 내며 흐르는 물은 높이 솟았다가 구름처럼 소용돌이를 치고서 서로 부딪혔다가는 휘감으며 구불구불 흘러갑니다. 뒷물결이 앞물결을 넘어 깊은 곳을 향해 흘러갈 때에 리리(莅莅) 소리와 함께 급류가 되어 내려가 암벽과 옹벽에 부딪혀서 높게 솟구쳐 오릅니다.

섬을 만났다가 골짜기로 흘러들 때는 삼(瀺),[24] 삭(灂)[25] 소리를 내다가 깊고도 세찬 물이 되어 평(砰),[26] 방(磅), 횡(訇),[27] 개(磕) 소리를 내며 흘러가다가 결결(潏潏), 골골(淈淈)하고 칩집(湁潗)[28]하며 솥에서 물이 끓듯이 솟아오릅니다. 그리하여 물이 다시 달리기 시작하는데 거품을 일으키며 빠른 속도로 날래게 흘러 멀고 먼 곳에 있는 큰물의 품속에 안기게 됩니다. 그곳에서 수면은 평정하기 그지없어 아무 소리도 들리지 않으니, 물이 안정된 상태로 영원한 귀속처를 얻게 됩니다. 그런 뒤에 끝도 없이 펼쳐진 물이 천천히 움직여 돌아가는데 수면은 은색 물결을 일으키며 반짝입니다. 물은 다시 동쪽으로 흘러 태호(太湖)로 들어가 호수를 넘치게 한 뒤에 부근에 있는 작은 못에 물을 댑니다.

태호에는 교룡(蛟龍), 적리(赤螭), 긍뭉(䱋鰽),[29] 점리(漸離), 옹어(鰅魚), 송어(鰫魚),[30] 건어(鰬魚), 탁어(魠魚), 우우(禺禺), 거어(魼魚), 납어(鰨魚)가 한편으로는 등지느러미를 세우고 꼬리를 흔들며, 또 한편으로는 비늘을 떨고 배지느러미를 움직이며 심연의 바위틈

속에서 노닐고 있습니다. 그곳에는 물고기와 자라가 수선을 피우며 소란을 떠는데 그야말로 온갖 물고기와 수중 생물이 모여 있습니다. 물속에 서식하며 알알이 빛나는 명월주(明月珠)의 광채가 강변에까지 찬란하게 비치고, 촉석(蜀石)·황연(黃碝)·수옥(水玉)이 겹겹이 쌓인 채로 그 여러 가지 옥돌이 내는 광채가 선명하게 빛나며 오색이 찬란한데, 물속에 그런 옥돌이 가득 쌓여 있습니다.

수면 위에는 홍(鳿)·숙상(鸃鸘)·혹(鵠)·보(鴇)·가아(駕鵝)·촉옥(屬玉)·교정(交精)[31]·선목(旋目)[32]·번목(煩鶩)·용거(庸渠)[33]·짐자(箴疵)[34]·교로(鵁鸕)[35]가 떼를 지어 떠 있는데, 바람이 이는 대로 물결이 치는 대로 이리저리 옮겨 다니며 물을 넘치게 하다가, 섬에 우르르 올라가 자기네끼리 물풀을 물어뜯거나 마름 열매나 연근을 씹어 먹고 놉니다.

상림원에는 또 높은 산이 우뚝우뚝 솟아 있는데 그 모습이 아주 높고 웅장합니다. 산속 깊은 숲에는 거목이 들쑥날쑥 높이 자라고 있습니다. 높은 산에는 구종산(九嵏山)과 찰알산(巀嶭山), 종남산(終南山)이 있는데 바위로 이루어진 절벽마다 경사가 심하여 깎아지른 듯이 높이 서 있습니다. 계곡에 물이 흘러들어 굽이굽이 못과 물길을 이루는데 골짜기는 깊고 크며 흐르는 물 중간중간에 바위가 언덕처럼 우뚝 서 있기도 하고 키가 서로 다른 산봉우리가 오르락내리락 면면히 이어지다가 점점 경사가 완만해집니다.

계곡에서 콸콸 흘러내린 풍부한 물이 사방의 넓은 들판을 적시는 가운데, 천 리에 이어지는 평평한 물가에는 어느 곳이나 모래가 잘 깔려 있습니다. 물가의 땅은 녹색 혜초(蕙草)와 강리로 덮여 있고, 그 사이사이에 미무(蘼蕪)와 유이(留夷)[36]가 섞여 자라며 결루(結縷)와 여사(庋莎)도 가득 자라고 있습니다. 또 게거(揭車), 형란(衡蘭), 고본(稿本),[37] 야간(射干), 자강(茈薑), 양하(蘘荷), 침(葳), 지(持),[38] 두약(杜若), 손(蓀), 선지(鮮支), 황력(黃礫), 장(蔣), 저(芧), 청번(靑蘋)이 광활한 늪에 가득 모습을 드러내고 있는데 드넓은 평원까지 뿌리가 멀리 뻗어 있습니다. 끝도 없이 널리 퍼져 자라는 풀들은 바람이 부는 대로 넘어지며 향기로운 풀냄새를 발산하는데, 그 진한 향기가 멀리 퍼져 나가 사방 어느 곳에서나 맡을 수 있습니다.

그리하여 사방을 두루 돌아보면 그 무성하고 조밀함에 정신이 아득해지고 눈앞이 황홀해지는데, 도무지 사방의 끝이 보이지 않아 자세히 살펴보아도 광대무변할 뿐입니다. 상림원에서는 동소(東沼)에서 태양이 떠올라 서피(西陂)로 집니다. 상림원의 남쪽에서는 한겨울에도 초목이 자랄 뿐만 아니라 물 또한 얼지 않고 세차게 흐릅니다. 그곳에 사는 들짐승으로는 용(庸),[39] 모(旄), 맥(貘), 리(犛), 침우(沈牛), 주(塵), 미(麋), 적수(赤首), 원제(圜題), 궁기(窮奇), 상(象), 서(犀) 등이 있습니다. 상림원의 북쪽에는 한여름에도 얼음이 얼고 땅이 갈라지는데 물을 건널 때는 얼음 위를 걸어 건너거나 물이 얕은 곳은 바지를 걷고 건널 수 있습니다. 그곳에 사는 들짐승으로는 기린(麒麟)과 각단(角端),[40] 도도, 탁타(橐駝), 공공, 전혜(驒騱),[41] 결제(駃騠), 여(驢), 라(驘) 등이 있습니다.

게다가 상림원에는 많은 이궁(離宮)과 별관(別館)이 있는데 온 산에 가득할 뿐만 아니라 골짜기에도 널려 있습니다. 이궁과 별관의 사면에는 크고 높은 회랑이 둘러 있고, 여러 층으로 지은 누각들이 공중 복도로 연결되어 있는데, 누각마다 화려한 장식이 새겨진 처마 위에 벽옥 기와가 올려져 있습니다. 가마가 지나는 공중 복도가 끊임없이 이어지고, 걸어서 궁전을 빙빙 돌듯이 다니게 되어 있는 회랑이 설치되어 있는데, 그 길을 다 돌자면 중간에 유숙해야 할 만큼 길이가 깁니다. 산비탈을 평평하게 고른 뒤에 전당을 짓고 누대를 여러 층으로 올려 지었으며 바위에 굴을 파고 누대에서 통하는 석실도 만들었습니다. 누대에서 산 아래를 내려다보면 너무 까마득하여 땅에 있는 것이 아무것도 보이지 않고, 고개를 들면 지붕 위에 올라 하늘을 만질 듯합니다. 집들이 높아서 때로 유성이 궁전 안의 문앞을 지나며 활처럼 굽은 무지개가 창문과 난간에 걸리며, 청룡이 동상(東廂)에 구불구불 서려 있을 때 상여(象輿)가 흔들거리며 서상(西廂)의 정실(淨室)로 향합니다. 별관 한적한 곳에서 영어(靈圉)[42]가 쉬고 있을 때 그 남쪽 처마 밑에서는 악전(偓佺)이 햇볕을 쬡니다.

청실(淸室)에서 예천(醴泉)이 솟아나 궁전의 뜰을 거쳐 흐릅니다. 뜰 옆에는 거대한 바위가 절벽을 이루고 있고 들쭉날쭉 솟은 기암괴석은 마치 조각을 해 놓은 것처럼 뾰족합니다. 그곳에는 매괴옥, 벽옥, 임옥, 산호(珊瑚)가 많이 나는 것은 물론 무늬가 선명한 민옥과 방당(旁唐), 그리고 얼룩무늬의 적옥이 절벽 사이사이에 박혀 있습니다. 그곳에는 또 조채(鼂采)[43]와 완염(琬琰), 화씨벽(和氏璧)도 납니다.

그곳에서는 여름에 노귤(盧橘)이 검게 익어 갈 뿐만 아니라,

궁전 뜰에 황감(黃甘)·등(橙)·주(榛)·비파(枇杷)·연(㮈)·시(柿)·정(亭)·[44] 내(柰)·후박(厚朴)·영조(樗棗)·양매(楊梅)·앵도(櫻桃)·포도(蒲陶)·은부(隱夫)·욱(薁)·[45] 체(棣)·답답(荅遝)·[46] 이지(離支)[47]가 가득 열리는데, 이 과수나무들은 북원(北園)에도 줄지어 심겨 있으며 언덕 위에도 가지런히 자라고 있고 그 아래의 들판에도 과수밭을 이루고 있습니다. 바람이 불면 푸른 이파리가 살랑이고 자줏빛 가지들도 흔들리는데, 가지에는 활짝 핀 붉은 꽃들이 달려 그 아름답고 환한 모습에 온 들판이 광채가 납니다. 또 사당(沙棠), 역(櫟), 저(櫧), 화(華) 풍(楓),[48] 평(枰),[49] 노(櫨), 유(留), 낙(落), 서야(胥邪), 인빈(仁頻), 병려(并閭), 참단(槐檀), 목란(木蘭), 예장(豫章), 여정(女貞) 같은 나무들이 자라는데 어떤 것은 키가 천 인(仞)에 이를 만큼 크고 줄기는 여러 사람이 안아야 할 만큼 굵습니다. 나무마다 가지가 무성하고 알이 굵은 과실이 가득 달리는데 나무가 빽빽하게 들어서 있어 서로 부대끼는 바람에 가지가 굽거나 겹치거나 뒤엉켜 자랍니다. 또 곧게 자라는 가지끼리는 서로 뻗대기도 하고 아래로 늘어져 무성하게 뻗기도 하는데, 그 수많은 가지에 달려 있던 꽃이 바람에 날려 춤을 춥니다. 줄기와 가지가 무성하여 장관을 이룬 가운데 바람이 불 때마다 가지끼리 부딪쳐 유(薊), 이(茢), 휘(芔), 흡(歙) 소리를 내는데 마치 편종과 편경, 관(管) 피리와 약(籥) 피리가 내는 소리같이 들립니다. 나무들은 키가 고르지 않은 채로 궁전을 빙 둘러싸며 자라고 있을 뿐만 아니라, 여러 가지 나무가 뒤섞여 온 산을 덮은 뒤에 골짜기를 따라 산비탈을 내려가 산 아래 습한 땅까지 이어져 자라니 그 끝나는 곳을 눈으로 볼 수 없어 그저 속으로 무궁무진하리라고 여길 수밖에 없습니다.

그 숲에는 현원(玄猿), 소자(素雌), 유(蜼), 곽(玃), 비뢰(飛蠝),[50] 질(蛭), 조(蜩), 곽유(玃蝚),[51] 참호(獑胡), 혹(鷇), 궤(蛫)가 서식하고 있습니다. 짐승들은 때로 고함을 지르거나 서럽게 울기도 합니다. 또 민첩하게 서로 비켜 날아다니기도 하고 나뭇가지에 매달려 그네를 타기도 하며 나무 끝까지 높이 올라갔다가 다시 가지 끝에 대롱대롱 매달리기도 합니다. 양쪽 절벽이 가팔라 다리도 놓을 수 없는 까마득한 물 위를 펄쩍 뛰어 건넜다가 진기한 나무들이 자라는 숲속으로 가서 마구 부산을 떨며 돌아다니기도 하는데 늘어진 가지를 붙잡았다가는 허공을 날아다니고 여기저기 발을 붙였다 뗐다 하면서 이리저리 정신없이 흩어졌다가 모이기를 반복합니다.

이런 곳은 수백에서 천 군데나 됩니다. 놀이를 즐기다가 이궁이나 별관에서 유숙하니, 조리 기구를 여기저기 들고 다니지 않아도 되고 후궁도 옮겨 다닐 필요가 없으며 백관이 그곳에 머물며 정사를 보도록 모든 것이 갖춰져 있습니다.

가을이 지나고 겨울로 접어들 때 천자는 목책을 둘러 짐승이 달아나지 못하게 막은 뒤에 사냥합니다. 천자는 상아를 상감해 넣은 수레에 타는데 수레를 끄는 여섯 마리 말의 굴레에는 규룡(虯龍) 장식을 달고 오색 깃털로 장식하여 무지개처럼 꾸민 깃발과 곰과 호랑이를 그려 넣어 구름에 닿을 듯이 높이 든 깃발을 휘날리며 붉은 가죽을 덮은 피헌(皮軒) 수레와 길을 안내하는 도유(道

游) 수레를 앞세워 갑니다.

태복 공손하가 고삐를 잡고 수레를 몰고 대장군 위청이 참승으로 천자의 오른편에 앉습니다.[52] 호종(扈從)들이 줄을 맞추지 않아 사면에 친 목책 바깥으로 나가는 일이 있으면[53] 북을 세차게 울려 호종 점호를 한 뒤에 사냥꾼을 풉니다. 강물은 짐승몰이의 포위선이고 높은 산은 망루가 됩니다. 빨리 달리는 수레와 말이 우렛소리를 내며 천지를 진동시킬 때, 사냥꾼들이 계속해서 이리저리 흩어져 각자 사냥물을 쫓아다니는데, 온 산과 물을 따라 운무처럼 가득 깔려 마치 빗방울이 떨어지지 않는 데가 없는 것처럼 촘촘히 짐승을 몰아갑니다. 그리하여 비휴(貔貅)와 표범을 사로잡고 승냥이, 이리와 맞붙어 싸우며 손으로 곰과 피(羆)를 때려죽이며 산양을 발로 차서 숨을 끊어 놓습니다.

사냥꾼들은 할(鶡)새 꽁지깃으로 만든 모자를 쓰고 백호 문양을 넣은 고(綌)를 입으며 표범 문양을 새긴 웃옷을 걸칩니다. 사냥꾼들은 야생마를 타고 봉우리 세 개가 높이 솟은 산을 올랐다가 순식간에 계곡 아래 자갈이 깔린 여울까지 내려오는데 험준한 산을 거침없이 달리고 옷을 입은 채로 계곡 물을 건너다닙니다.

비렴(蜚廉)과 해태(解廌)[54]를 포획하고 하합(蝦蛤)을 때려잡고 맹씨(猛氏)를 창으로 찌르며 요뇨(要褭)[55]를 그물로 잡고 봉시(封豕)를 활로 쏘아 맞힙니다. 쓸데없이 화살을 날리지 않고 급소를 딱딱 맞히니 머리가 날아가거나 뇌수에 깊이 꽂히거나 하고, 시위를 떠나 공기를 가르는 소리가 나자마자 불발하지 않고 그 자리에서 짐승이 고꾸라집니다.

그곳에서 천자는 수레를 타고 한가하게 배회하는데 한 곳에 멈
추었다가 다시 나아가면서 사냥꾼 부대의 진퇴를 주시하고 장수
들이 지휘하는 백태를 관찰합니다. 그런 뒤에 점차 빠르게 달리기
시작하다가 속도를 내며 멀리 내달립니다. 그러면 날짐승들이 놀
라 흩어지고 수레바퀴 밑에 민첩한 짐승들이 깔리기 시작하니, 흰
사슴이 바퀴 축에 걸리고 교활한 토끼도 걸려듭니다. 수레는 마
치 붉은빛의 번개가 치면서 섬광을 남기듯이 빨리 달리며 진기한
짐승을 좇아 이윽고 수레가 끝닿은 곳을 넘어섭니다. 천자가 번
약(蕃弱)⁵⁶을 들고 팽팽하게 당긴 활시위에 흰 깃털을 꽂은 화살을
먹여 유효(游梟)를 쏘고 비거(蜚遽)에게도 날리는데, 살진 놈을 골
라 겨눈 뒤에 화살을 날리면 맞히고 싶은 대로 급소에 가서 명중
합니다. 화살이 시위를 떠나자마자 목표물이 곧바로 거꾸러지는
것입니다.

그런 뒤에 깃발을 날리며 상공을 날되 세찬 바람을 맞으며 수
레를 달려 질풍같이 지나 허공을 타고 신령한 여러 신과 함께합니
다. 공중에 뜬 채로 바퀴 아래 현학(玄鶴)을 밟고 곤계(昆雞)를 어
지럽게 쫓으며 공작과 난새를 끝까지 몰아가고 숨을 데가 없는 곳
으로 준의(鵔鸃)를 내몰며 예조(鷖鳥)를 잡고 봉황을 대나무 작대
기로 공격하며 원추(鵷鶵)와 초명(焦明)을 잡아들입니다.

그렇게 길이 끝나는 곳까지 몰고 가서야 수레를 돌려 돌아가는
데 마음이 가는 대로 이리저리 배회하다가 가장 북쪽에 내려앉습
니다. 그곳에서 똑바로 향해 가다가 갑자기 길을 돌려 왔던 길로
갑니다. 석관관(石關觀)⁵⁷에 들렀다가 봉만관(封巒觀)을 거쳐 지작

관(鵁鶄觀)을 지나는 길에 노한관(露寒觀)을 바라보며 당리궁(堂梨宮) 쪽으로 내려간 뒤에 의춘궁(宜春宮)에서 쉬었다가 서쪽의 선곡궁(宣曲宮)으로 달려갑니다. 우수지(牛首池)에서 배를 띄워 용대관(龍臺觀)에 올랐다가 세류관(細柳觀)에서 쉬면서 장수들이 지략을 써서 공을 세운 것을 보며 사냥꾼들이 잡은 사냥물을 공평하게 갈라 줍니다. 보병 사냥꾼의 발길과 수레에 짓밟혀 죽은 것, 기병의 말발굽에 채여 죽은 것, 천자를 수행하던 신하[58]에게 밟혀 죽은 것과 쫓기다가 탈진한 것, 놀라서 움직이지도 못하는 것, 창이나 칼에 찔리지 않고 그냥 죽은 것들이 이리저리 뒤엉켜 더미를 이루며 골짜기를 가득 메우고 들판에 널려 있었으며 못 위에 가득 떠 있습니다.

사냥을 즐기다가 지치면 호천대(顯天臺)에 주연을 베풀고 광대한 천지에 음악이 울려 퍼지게 합니다. 천 석(石)짜리 편종을 만 석짜리 편종걸이에 걸어 세워 두고 푸른 깃털로 장식한 깃발을 높이 휘날리게 하며 신령한 타룡(鼉龍) 가죽으로 만든 북을 걸어 도당씨(陶唐氏) 요(堯)임금[59]의 춤 곡을 연주하고 갈천씨(葛天氏)의 노래를 듣는데, 천 명이 노래하면 만 명이 화답하니 그 소리에 산이 진동하고 계곡 물이 격랑을 일으킵니다. 파유무(巴俞舞) 음악과 송나라와 채나라의 음악, 회남 지방의 음악 「간차(干遮)」, 문성(文成) 지방과 전(顚) 지방의 노래가 이어져 연주될 때, 편종은 경(鏗),[60] 쟁(鎗) 소리를 내고 북은 당(闛),[61] 탑(鞈)[62] 소리를 내며 계속해서 가슴을 뚫고 귀를 울려 댑니다. 또 초나라, 오나라, 정나라, 위나라의 속요와 〔순임금의 음악인〕「소(韶)」, 〔탕왕의〕「호(濩)」, 〔주 무왕의〕「무(武)」, 〔주공(周公)의〕「상(象)」이 흐르는가 하면, 저음으로 늘어지게 부르는 방탕한 곡조 및 언(鄢) 지방과 영(郢) 지방의 화려한 춤과 음악,「격초(激楚)」와「결풍(結風)」 등의 초나라 민요가 울려 퍼집니다. 눈과 귀를 즐겁게 하고 마음을 기쁘게 해 주는 광대와 난쟁이, 적제(狄鞮) 출신의 여자 가수들이 앞에서 화려한 공연을 끊임없이 펼치는 가운데 뒤에는 곱고 윤택이 흐르는 아름다운 미녀들이 천자 곁에 서 있습니다.

미인들은 청금(靑琴)과 복비(虙妃)[63]를 닮아 절세의 미모를 지녔는데 아름답고 단아하기가 비할 데가 없습니다. 미인들은 분단장을 곱게 하고 눈썹을 예쁘게 그리고 머리에는 풀을 발라 조각 그림처럼 단정하게 치장하고 있으며, 가느다란 몸매로 아름답고도 섬약한 자태를 선보입니다. 그림처럼 어여쁜 웃옷 유(襦)와 치마는 큰 누에고치에서 끊어지지 않게 뽑은 실로 짠 고운 견직물로 지었는데 옷자락과 치맛단이 땅에 끌리도록 늘어져 있습니다. 아름다운 옷이 바람에 가볍게 날리는 모습은 세상 사람들이 입는 옷 같지 않고 향기마저 짙게 풍깁니다. 미인이 웃으면 하얀 이가 눈부시게 드러나 보이고 가늘고 긴 눈썹은 초승달 같은데 가끔 곁눈질하다가 먼 곳을 바라보기도 합니다. 미인들이 사람을 유혹하는 눈길을 보낼 때면 혼이 빠져나갈 듯 마음이 기울어지며 즐거워집니다.

그곳에서 술자리의 흥이 오르고 아름다운 음악이 흐르던 중간에 천자가 멍하니 생각에 잠겼다가 무언가를 잊어버리고 있었다는 듯이 운을 뗍니다.

'아아, 내가 지금 너무 사치를 부리고 있구나! 짐이 정사를 보는 중에 여가가 생기더라도 허송세월할 수는 없는 일이다. 〔숙살(肅殺)의 기운이 도는 늦가을에〕 하늘의 도에 순응하여 들짐승을 사냥하기 위해 이곳 상림원에서 지금 휴식을 취하고 있지만, 이후에 후손이 사치스러운 생활에 빠져 사냥만 즐기고 뉘우치지 않을 것이 걱정된다. 이렇게 사냥을 즐기는 것은 황위를 계승하는 자에게 위업을 세우고 황통을 계승하는 모범을 보이는 바가 되지 못한다.'

그리하여 술자리를 걷게 하고 사냥을 끝내며 담당 관리에게 명령합니다.

'상림원 땅 중에 개간할 수 있는 땅은 모두 농토로 돌려 백성에게 나누어 주도록 하라. 담장을 허물고 물길을 메워 산골 사람이 그 땅을 얻을 수 있게 하라. 못에 가득한 고기를 백성이 잡지 못하게 하지 말 것이며 이궁과 별관은 비워 그곳에 사람이 들지 않게 하라. 창고를 열어 빈궁한 백성을 구제하고 물자가 부족한 곳에 보충해 주며 배우자를 잃은 남녀를 구휼하고 고아와 자식이 없는 자를 보살피도록 하라. 은덕을 베푸는 명령을 내리고 형벌을 줄이며 법과 제도를 고치고 수레와 말을 장식하는 빛깔 및 제물로 바칠 짐승의 털 빛깔을 바꾸어 정하며 정삭을 바꾸어 새로운 천하를 시작하도록 하라.'

그리하여 길일을 잡아 목욕하여 심신을 깨끗이 하고 조복으로 갈아입은 뒤에 천자의 수레를 타고 깃털로 장식한 깃발을 세우고 방울 소리를 울리며 육경(六經)의 울타리 속을 노닐고 인의(仁義)의 길을 힘써 달립니다. 『춘추』의 숲을 돌아보고 「이수(貍首)」 및

「추우(騶虞)」에 맞춰 활을 쏘며 순임금을 따라 현학을 쓰는 흉내를 내고 방패와 도끼를 들고 춤을 추면서 천자의 깃발을 올리고 인재를 모읍니다. 「벌단(伐檀)」을 지은 시인을 생각하며 슬퍼하고 〔『시』「소아(小雅) 상호(桑扈)」에 나오는〕 인재를 얻어 즐거워했던 일을 생각하며 기뻐합니다. 『예』의 동산에서 용의를 다듬고 『서』의 울타리 안에서 고금의 역사 속을 배회하며 『역』의 도를 따르고 상림원에 기르던 진기한 짐승을 놓아줍니다. 명당(明堂)에 올라 정사를 처리하고 조상의 사당에 참배하며 여러 신하의 의견을 듣고 정사의 성패를 간언하는 상소를 읽으며 사해 안에 천자의 은혜를 입지 않은 백성이 없도록 하자, 바로 그때 천하 백성이 모두 크게 기뻐하며 천자의 법령에 따라 풍속을 바꾸고 천자의 명령에 따르니 물이 흐르듯이 백성이 교화됩니다. 또 빠르게 도를 진작시켜 의리를 행하며 형벌을 폐지하여 쓰지 않게 하니 삼황오제의 덕망과 위업을 넘어섭니다. 이렇게 육경의 울타리 안에서 사냥하니 그 사냥이야말로 기쁜 사냥이 되는 것입니다.

대저 제나라 왕이나 초나라 왕처럼 종일 이리저리 질주하면 심신이 힘들고 피로할 뿐만 아니라 수레를 끄는 말도 지치고 병사들의 원기도 고갈되며 국고의 재물만 낭비하게 됩니다. 후한 은덕은 베풀지 않고 홀로 즐거움을 누리고자 애쓰며 백성을 돌아보지 않고 나라를 다스리는 일을 잊어버린 채 꿩과 토끼를 잡는 데만 정신이 팔려 있다면 그것은 인자(仁者)의 행할 바가 못 됩니다. 이런 점으로 볼 때 〔두 분이 하신〕 제나라와 초나라 왕의 사냥 이야기는 서글픔을 자아내지 않을 수 없습니다. 나라의 땅이 사방 천 리도 못 되는데 사냥터가 구백 리에 펼쳐져 있으니 개간하여 초목을 자라게 할 땅이 부족하여 백성은 먹을 것을 얻지 못하고 있습니다. 대저 미약한 제후의 신분으로 만승 천자에게 어울리는 사치를 누리고 있으니, 저는 〔그 때문에〕 백성이 그 허물을 떠안게 될까 염려스럽습니다."

이 말을 들은 두 사람은 낯빛을 숙연하게 고치고 망연자실한 듯이 있다가, 조심스럽게 뒤로 물러나 자리를 떠나며 말했다.

"못나고 고루한 주제에 해서는 안 될 말이 무엇인지도 모르고 마구 말씀을 올렸습니다. 오늘 선생의 가르침을 받고 잘못을 알았으니 앞으로 선생의 말씀을 잘 받들어 간직하겠습니다."

부를 올리자 천자가 사마상여를 낭관으로 삼았다.

무시공이 말한 상림원의 광대함과 산과 골짜기, 못과 샘물, 그곳에 있는 모든 사물 및 자허가 말한 운몽에 있다는 수많은 사물은 호화로움을 설명하기 위해 실제 상황을 벗어나 묘사했던 데다 경전의 뜻에도 용납되는 바가 아니다. 그러므로 사마상여가 말하고자 했던 요점을 골라서 취함으로써 이 작품이 정도(正道)로 귀결했던 점을 써 둔다.

27

사마상여전 하
司馬相如傳 下

▲▲▲▲▲▲▲▲▲▲▲▲▲▲▲▲▲▲▲

하편에서 사마상여는 서남쪽 이민족 문제를 해결하는 황제의 사자로 등장한다. 사마상여는 뛰어난 문장의 격문을 써서 서쪽 변경으로 통하는 길을 내도록 지방 관리를 설득하는 데 성공했다. 내신으로서의 또 다른 임무를 훌륭하게 완수한 것이다.

사마상여는 계속해서 황제에게 부(賦)를 통해 간언했고, 벼슬에서 물러나 황제의 곁을 떠난 뒤에도 죽을 때까지 계속 황제를 생각하며 글을 지었다. 황제가 다시 찾았을 때 사마상여는 세상을 떠나 유작 「언봉선서(言封禪書)」만이 남아 있었다. 황제는 사마상여의 건의대로 몇 해 뒤에 하늘에 봉선 제사를 올렸다. 사마천은 이런 사마상여의 열전을 기록하여 그 업적을 기렸다. 그러나 '태사공은 말한다'에 사마천 사후 인물인 양웅(揚雄)이 등장하는 허점이 있는 점으로 보아 「사마상여 열전」

은 사마천 사후 개정된 것으로 보인다. 반고는 이런 점에 개의치 않고
'태사공은 말한다' 부분을 그대로 옮겨 놓고 있다.

황제의 사신이 되어 변경 문제를 해결하다

○　○　○

사마상여가 낭관이 된 지 몇 해가 지났을 때, 당몽(唐蒙)이 야랑 (夜郎)과 북중(僰中)에 출사하는 길을 닦기 위해 파와 촉 땅의 군리와 병사 천 명을 징발하는 일이 일어났다. 그쪽 군에서는 또 육로와 수로로 군량을 운송하기 위해 만 명에 달하는 많은 백성을 징발했는데, [징발에 반대하는 무리의] 우두머리를 전시 군법에 따라 주살하자 파와 촉 땅의 백성이 매우 놀라며 두려워했다. 황제가 그 소식을 듣고 사마상여를 보내 당몽 등을 견책하게 하고, 파와 촉 땅의 사람들에게 통고하여 그 일은 황제의 뜻이 아니었음을 알리게 했다. 사마상여가 격문[1]을 지었다.

파와 촉 땅의 태수들에게 알립니다.

만이가 제멋대로 구는데도 토벌하지 않은 지가 오래되자 수시로 변경을 침입하여 장수와 병사를 힘들게 했습니다.

폐하께서 즉위하셔서 천하를 구휼하고 달래시며 중원을 화목하고 안정되게 만든 뒤에 군대를 출동시켜 출병하여 북쪽으로 흉노를 정벌하니, 선우가 놀라서 공수(拱手)의 예를 올리며 신하의 예를 다하겠다며 무릎을 꿇고 화해를 요청해 왔습니다. 또 강거(康居) 등 서역(西域) 여러 나라에서도 몇 단계 통역을 거치면서까지 입조하기를 청하여 폐하께 머리를 땅에 닿도록 절하고 공물을 바쳤습니다.[2]

대군을 동쪽으로 돌려 민월의 왕족이 서로 주살한 사건을 해결하고, 그 서남쪽으로 가서 (동월의 공격을 받고 있던 남월의) 반우 (番禺)를 구원하자 그 태자가 천자를 배알했습니다.

남이(南夷)의 군주와 서북(西僰)의 추장들은 때에 맞춰 공물 바치 기를 게을리하지 않았습니다. 목을 빼고 발꿈치를 들어 황제를 우 러러보는 것은 물론 모두 한나라 조정의 기풍을 따르고 한나라의 의로움을 존경하면서 자진하여 한나라 황제의 신하가 되겠다고 합 니다. 그러나 길이 너무 멀고 산천이 가로막혀 있어 직접 황제를 배알하러 오지는 못하고 있습니다.

추장 중에 순순히 복종하지 않는 자들은 이미 주살했으나 선하 게 나온 자들에게는 상을 내리지 못했으므로 황제께서 그들에게 중랑장[3]을 보내 예로써 대하며 귀순하도록 이끌게 했습니다. 파군 과 촉군의 병사 각각 오백 명을 징발하게 한 것은 상으로 내릴 예 물을 받들고 가는 동시에 사자에게 불미스러운 변이 일어날 것에 대비하게 한 것이지, 전쟁이나 전투 같은 우환을 일으키려고 한 것 이 아니었습니다. 그런데 듣자 하니 중랑장이 전시 군법을 발동하 는 바람에 파와 촉 땅의 젊은이들은 놀라서 떨고 있고 나이 많은 분들은 근심에 빠져 있으며, 또 제멋대로 두 군에서 곡식을 운송하 게 했다고 합니다. 이는 모두 폐하의 뜻이 아닙니다.

징발된 자 중에는 도망한 자도 있고 스스로 목숨을 끊은 자도 있다고 하니 그 또한 신하로서 절의를 지키지 못한 것입니다. 변방 의 군(郡)에 소속된 모든 병사는 봉홧불이 오르고 봉수대에 연기가 피어올랐다는 소식을 들으면 기병은 활에 화살을 겨눈 채 말을 달 리기 시작하고, 보병은 무기를 짊어지고 전장으로 달려 나가게 되어 있습니다. 땀이 계속해서 흘러내려도 오로지 낙오될 것만을 걱정합니다. 번쩍이는 칼날을 부딪치며 싸울 때 한편으로 날아오는 화살을 맞는다 하더라도 의로움을 지키기 위해 뒤도 돌아보지 않고 싸우니, 발꿈치를 돌려 달아날 생각은 절대 하지 않으며, 병사마다 분노의 심정으로 제 집안의 원수 갚을 생각만 합니다.

그렇게 싸우는 병사들이 설마 죽기를 좋아하고 살기를 싫어하는 사람들이겠습니까! 한나라 호적에 오르지 않은 사람들이라 파와 촉 땅의 백성과는 다른 군주를 모시는 사람들이란 말입니까! 그 병사들은 깊고 멀리 내다보며 나라의 위기를 구할 생각만 하면서 신하의 도리를 다하는 것을 기쁘게 여기는 것입니다. 공을 세우면 황제와 부절을 나누며 땅을 봉해 받거나, 옥규(玉珪)를 반으로 잘라 나누며 벼슬을 받거나, 통후(通侯) 작위에 올라 황성의 동쪽 좋은 집에 살게 됩니다. 그 뒤에 세상을 떠나도 혁혁한 공을 인정받아 후세에 전할 시호를 받으며 자손에게 봉토를 물려주게 됩니다. 이들은 무슨 일을 하더라도 충성을 다해 황제를 공경하고 벼슬자리에 있을 때에도 지극히 온당하게 처신하므로 명성이 무궁하게 퍼져 나가고 업적이 뛰어나 영원토록 사라지지 않습니다. 이들은 능력과 덕망이 뛰어난 군자들로 전투 중에 간과 뇌가 밖으로 튀어나와 들판을 뒤덮고 몸에 있던 기름기와 피가 지면의 풀을 적셔도 물러서지 않습니다.

그런데 황제가 상으로 내릴 선물을 받들고 남이 부족에 출사하면 되었던 일을 가지고 스스로 목숨을 끊거나 도망가다가 주살을 당했으니 죽어도 이름을 남기지 못하고 시호를 내린다면 지극히 어리석은 행동을 한 사람에게나 어울릴 호칭밖에 내릴 수 없으며 부모까지 부끄럽게 만들어 천하 만민의 조롱을 받게 되었습니다. 사람의 도량이 각기 다르다고 하지만 이 정도에 이르면 어떻게 차이가 크다 하지 않겠습니까! 그러나 그 또한 징발되었던 자들이 지은 허물일 따름이니 그 아비와 형이 평소에 제대로 가르치지 못하고 아들과 동생 앞에 조심하며 본보기가 되지 못했기 때문일 것입니다. 사람마다 청렴하지 못하고 부끄러움이 없으면 인정이 두텁지도 순박하지도 못하게 될 것이니, 그들을 사형에 처한 것 또한 마땅한 일 아니겠습니까?

폐하께서는 사자의 임무를 띤 사람과 담당 관원이 그런 행동을 보인 것을 걱정하시는 한편으로 불초하고 어리석은 백성이라 그렇게 했으리라고 애달파하시면서 믿을 만한 사람을 이렇게 사자로 보내 병사를 징발할 사정을 백성에게 제대로 알려 주게 하셨습니다. 그와 동시에 불충하여 사망에 이르렀던 죄를 나무라고 〔향리의 교화를 맡은 지방관들인〕 삼로(三老)와 효제(孝弟)가 제대로 가르치고 훈계하지 못했던 허물을 견책하게 하셨습니다. 지금은 바야흐로 농사철이라 백성이 어렵고 힘들 때이므로 〔황제의 뜻을 알리기 위해 백성을 모으지는 않겠습니다만,〕 부근 현(縣)의 백성에게 친히 뜻을 알릴 뿐입니다. 그러니 먼 곳의 골짜기와 산간, 못가에 사는 백성이 황제의 뜻을 전해 듣지 못할까 염려스럽습니다. 격문이 도착하면 서둘러 각 현과 이민족이 사는 각 도에 내려보내 모든 백성이 폐하의 뜻을 명백히 알도록 하되, 소홀히 처리하지 말기 바랍니다.

사마상여가 돌아와 "당몽이 야랑까지의 길은 거의 개척했는데, 서남이 쪽으로 가는 길을 통하기 위해 파군과 촉군 광한군(廣漢郡)의 병졸을 징발했으며 공사에 동원된 인원은 수만 명이었습니다."[4] 라고 보고했다. 길을 닦기 시작한 지 두 해가 지났으나 길을 내지 못한 가운데 병사들이 많이 죽었고 비용도 억만금이 들어갔다. 그리하여 촉군의 백성 및 한나라 조정의 여러 고관이 그 일의 부당함을 자주 주장했다.

그때 공(功)과 작(莋)[5] 부족의 여러 군장이, 남이 부족 중에 한나라와 교류하여 많은 재물을 상으로 받은 데가 있다는 소식을 듣고 한나라의 통치를 받아들이기 원하면서 한나라 조정에서 관리를 파견하고 남이 부족과 같은 대우를 해 달라고 요청했다. 황제가 그 일을 처리하기 위해 사마상여를 불러 묻자 사마상여가 의견을 냈다.

"공(功), 작(莋), 염(冄), 망(駹)[6] 등의 서이(西夷) 부족은 촉군에 가까이 있어 길이 쉽게 통합니다. 예전에 군현을 두고 통한 적도 있지만 한나라가 건국한 뒤에 폐지해 버렸습니다. 이제 정말 다시 그들과 통하게 된다면 현을 설치하여 남이 부족보다 더 긴밀하게 지낼 수 있습니다."

황제가 그 말을 옳게 여기고 사마상여를 중랑장에 임명하여 부절을 들려 사절로 보내면서 부사(副使) 왕연우(王然于), 호충국(壺充國), 여월인(呂越人) 등과 함께 네 필의 말이 끄는 역참 수레를 타고 가서 파군과 촉군의 관리를 통해 서남이[7] 부족 군장들에게 예물을 갖다 주게 했다. 사마상여 일행이 촉군에 도착했을 때 태수

이하 관리들이 군 소재지 백 리 밖까지 마중 나왔고 현령이 쇠뇌와 화살을 지고 길을 인도했으며 촉군 사람들 모두가 사마상여 일행이 온 것을 영광스러워했다. 또 탁왕손과 임공의 여러 연장자는 아랫사람을 시켜 소를 바치고 술을 올리면서 환심을 사고자 했다. 탁왕손은 자신이 딸을 사마장경에게 늦게 시집보낸 것을 한탄하며 재물을 가득 떼어 딸에게 주되 아들과 똑같이 나누어 주었다.

사마상여는 곧바로[8] 서남이[9]를 평정했다. 공, 작, 염, 망, 사유(斯楡)의 군장이 모두 한나라 조정의 신하가 되기를 청해 왔다. 그리하여 변경에 설치했던 이전의 요새를 헐어 변경을 넓혔는데 서쪽으로 매수(沫水)와 약수(若水)까지 이르렀고, 남쪽으로는 장가수(牂牁水)에 목책을 둘러 경계로 삼았으며, 영산(靈山)[10]에 길을 내고 손수(孫水)에 다리를 놓아 공과 작 등의 서이로 바로 통하게 했다. 사마상여가 임무를 완성하고 돌아와서 보고하자 천자가 크게 기뻐했다.

사마상여가 사절로 나갔을 때 촉군의 여러 연장자가 나서서 서남이와 통하는 것은 쓸데없는 일이라며 말렸고 조정 대신도 그렇게 여겼다. 사마상여는 황제에게 그렇지 않다며 서남이와 통해야 한다고 간언을 올리고 싶었지만 자신이 그렇게 하자고 주장했던 일이라 간언하지 못했다. 대신에 글[11]을 썼는데, 촉군의 연장자들과 대화하는 형식을 빌려 묻고 대답하는 과정을 통해 자신의 주장이 옳다는 것을 황제에게 완곡하게 설득하는 한편, 그 글을 통해 자신이 출사하는 취지를 널리 알려 백성이 모두 황제의 뜻을 알게 했다. 그 글은 다음과 같다.

한나라가 세워진 지 일흔 해하고도 여덟 해가 더 지난 이때에[12] 덕망이 높은 천자께서 여섯 분이나 황위에 올라 성대한 위무를 떨쳤으니 오랜 세월에 걸쳐 은덕을 베푼 것이 깊고도 넓어 백성이 그 혜택을 입은 것은 물론 외국에까지 그 은혜가 넘쳤다.

그리하여 폐하께서 명령을 내려 서쪽을 정벌하게 하셨는데 물이 흐르듯이 복종하며 투항해 왔다. 폐하께서 덕으로 교화하자 엎드려 교화되지 않은 자가 없었으니, 염 부족이 신하의 예를 올리고 망 부족이 그 뒤를 따랐으며 작 부족을 평정하자 공 부족도 생존의 길을 택했다. 이어서 사유 부족을 점령하고 포포(苞蒲)[13]를 공략했다. 수레바퀴 자국이 끊어질 사이도 없이 동쪽에 계신 폐하께 보고를 올리는 행렬이 계속해서 촉군의 도읍(성도(成都))에 가 닿았다.

그때 촉군의 기로(耆老), 대부, 진신(搢紳) 스물일곱 분이 엄숙하고도 진지한 얼굴로 찾아와서 처음 대면하는 인사말을 마친 뒤에 이어서 말했다.

"대개 천자께서는 이적(夷狄)에 대해 끈을 이어 두되 연락을 두 절하지만 않으면 된다는 뜻을 가지고 계신다고 들었습니다. 지금〔파, 촉, 광한〕세 군(郡)의 병사들이 지친 채로 야랑으로 가는 도로를 뚫은 지 세 해가 지났으나 길을 완성하지 못했습니다. 병사들은 지쳤고 만민은 풍족하게 살지 못하고 있습니다. 그런데 지금 그 뒤를 이어서 서이까지 나아가고자 하니 백성의 힘이 소진되어 지금은 이 일을 완수하기 어렵습니다. 그렇게 되면 폐하의 사자도 연루될 테니 옆에서 보기에 그 점이 걱정스럽습니다.

하물며 공, 작, 서북이 중원과 병립한 지 여러 해가 지났는데 얼마가 지났는지 정확하게 기록이 남아 있지 않습니다. 역대를 거치며 인덕(仁德)으로도 그들을 불러오지 못했고 무력으로도 합병하지 못했으니 아마도 험난하고 먼 곳에 있는 그들과 통하는 일은 어렵지 않을까 싶습니다. 이제 양민의 재물을 갈라내어 이적(夷狄)에게 가져다준다고 하니 한나라 조정이 기대고 있는 백성의 힘을 소진해 쓸데없는 부족을 받드는 것과 같습니다.

우리가 고루하여 말씀드린 바가 옳은지는 모르겠습니다.”

사자가 말했다.

“어찌하여 그런 말씀을 하십니까? 말씀하신 대로라면 예전에 이 민족의 땅이었던 촉군에서는 아직 이민족의 복장을 고쳐 입지 않고 있을 것이며 파군에서도 이민족의 풍속을 고치지 않고 있어야 합니다. 그래서 저는 일찍부터 그런 말을 듣는 것을 싫어했습니다. 게다가 이 일은 워낙 큰일이라 겉으로 보는 것만으로는 그 의미를 알 수 없습니다. 제가 갈 길이 바쁜 까닭에 자세한 이야기를 드릴 시간은 없으니, 지금 대부들께 그 대강만 말씀드리고자 청합니다.

대개 세상에는 반드시 비범한 사람이 나고서야 비범한 일이 일어나게 되어 있고, 비범한 일이 일어난 뒤에야 비범한 위업이 이루어집니다. 비범한 것은 범상한 사람이 보기에 이상해 보입니다. 그래서 비범한 일이 처음 일어날 때는 백성이 두려워하기까지 합니다. 그러나 뒤에 그 일이 이루어지고 나면 천하 만민이 태평하다고 느끼게 됩니다.

예전에 걸핏하면 큰물이 져서 사방에 물이 넘쳐흘렀기 때문에 사람들이 높은 곳으로 피했다가 다시 내려오기를 반복하며 기구하고 불안하게 살았습니다. 하후씨(夏后氏) 우임금이 홍수 때문에 백성이 힘든 것을 안타깝게 여겨 홍수가 자주 일어나는 곳에는 둑을 막고 강물이 막혀 흐르지 못하는 곳은 통하게 하며 깊은 물은 여러 갈래로 나누어 흐르게 하여 재해가 일어나지 않도록 안정시키되 물길을 동쪽으로 내서 바다로 흘러가게 하자 천하가 영원히 안녕을 누리게 되었습니다. 그 일을 하느라고 고생한 사람들이 어찌 백성뿐이겠습니까? 우임금도 온 마음을 기울여 걱정하며 친히 그 노동에 참가했으니 온몸에 굳은살이 박이고 온 살이 닳아 털이 나지 않을 만큼 힘들여 일했습니다. 그런 까닭에 우임금의 위대한 업적이 후세에 무궁하게 전해져 지금까지 그 명성이 칭송받고 있습니다.

하물며 현군(賢君)이 즉위했는데, 어찌 자질구레한 일에만 매달리고 법률 조항과 세속의 관습에만 구속되며 옛 서적만 뒤적이면서 눈앞의 일만 잘 처리하면 그만이라고 하시겠습니까? 현군은 응당 숭고하고도 웅대한 주장과 의견을 가지고 새로운 업적을 이루고 법통을 전하여 만세의 본보기가 되어야 합니다. 그러므로 현군은 도량을 넓게 가지고 다른 것을 포용하는 데 힘을 쓰며 천지가 만물을 낳고 기를 때 애쓰는 만큼 온갖 것을 많이 걱정해야 합니다. 『시』에서도 "온 하늘 아래 대왕의 땅이 아닌 데가 없고, 온 땅의 구석구석까지 대왕의 신하가 아닌 자가 없습니다."[14]라고 이르지 않았습니까? 이렇기 때문에 천지 사방의 안과 팔방의 바깥까지 현군의 은덕이 스며들고도 남아야 하니, 만일 생명이 있는 것 중에 그 은덕이 스며들지 않은 것이 있다면 현군은 그 점을 부끄러워할 것입니다.

지금 한나라 강역 안에는 의관을 제대로 갖춘 자들이 모두 큰 복을 누리고 살고 있으니 한 사람도 빠진 자가 없이 행복하게 살고 있습니다. 그러나 이적의 나라는 풍속이 다릅니다. 우리와 선조가 다른 그 종족들은 여기에서 너무나 멀리 떨어진 곳에 살고 있어 배나 수레로 가 닿을 수 없고 인적도 드문 데다 한나라의 다스림과 교화를 받지 못해 대대로 이어져 오는 풍속대로 아주 천박하게 살고 있습니다. 그런 채로 그들을 받아들이면 한나라 변경 안에 들어와서 의와 예에 어긋난 짓을 할 것이고, 배척하여 밖으로 내치면 자기네끼리 간악하고 방자하게 주군을 쫓아내거나 죽이면서 군신 관계를 뒤바꾸거나 존비의 질서를 지키지 않을 것입니다. 또 아비와 형이 아무 잘못 없이 죽고 어린 고아는 노예가 되며 포승줄에 묶인 자들은 울면서 끌려가게 될 것이니, 그 사람들은 속으로 한나라 조정을 원망할 것입니다.

"대개 듣자 하니 중원에는 너무나도 어진 임금이 있어 높은 덕망으로 은덕을 고루 베풀어 만물이 자기 자리를 얻지 못한 것이 없다던데, 이제 어찌하여 우리만 버려두는 것일까!"

이들은 발꿈치를 들며 한나라를 사모하는데 가뭄에 말라 가던 초목이 비를 바라듯이 하고 있으니 흉포한 이들마저 그렇게 되기 원하며 눈물을 흘리고 있습니다. 사정이 이러한데 우리의 성군인 폐하께서 어찌 이를 내버려 두시겠습니까! 그리하여 북쪽으로 군대를 출동시켜 강대한 흉노를 토벌하게 하셨고 남쪽으로 사신을 보내 강력한 월나라를 견책하게 하셨습니다. 사방이 폐하의 덕망에 교화되어, 서이와 남이 두 지역의 군장 중에는 물고기가 모여

물의 흐름을 따라 내려가듯이 한나라 조정의 벼슬을 받겠다고 나서는 자가 수도 없이 많습니다.

그리하여 매수와 약수에 요새를 설치하고 장가수에 목책을 둘렀으며 영산을 뚫어 길을 내고 손수의 발원지에 다리를 놓아, 한나라의 도덕이 미치는 길을 열고 인의의 전통을 전하며 은덕을 널리 베풀되 먼 곳에 있는 그들을 달래기 위해 장안으로 가는 먼 길을 열어 한나라와 소원하게 지냈던 부족이 더는 길이 막혀 오가지 못하는 일이 없게 하고 편벽한 곳에서 어둡게 살아가던 부족에게 광명이 비치게 하여, 한나라 쪽에서 보면 전쟁을 끝내고 서남이 부족에서 보면 토벌을 면하게 했습니다. 이제 멀고 가까운 거리를 넘어 일체가 되고 중원과 외방을 가리지 않고 평안하고 행복하게 지내게 되었으니 이 또한 즐거운 일이 아니겠습니까!

깊은 고통 속에 빠진 서이와 남이 사람들을 구하여 지극히 존귀하신 폐하의 높은 덕망을 받들고, 무너지고 있는 서이와 남이의 쇠락한 세태를 회복시켜 끊어졌던 주나라 왕실의 위업을 계승하는 것이야말로 천자께서 서둘러 행하셔야 할 일입니다. 설령 한나라 백성을 힘들게 하는 일이 있더라도 이 일을 어찌 그만둘 수 있겠습니까! 제왕의 일은 근심하고 애쓰는 데서 시작하지 않는 것이 없지만 마침내 편안하고 기쁘게 끝을 맺습니다. 그런즉슨, 폐하께서 천명을 받았다는 징조를 이 일에서 확인할 수 있습니다. 이제 폐하께서 태산(泰山)에 단을 쌓아 하늘에 제사를 지내고 양보(梁父)에서도 제사를 드리게 될 때에, 수레 방울을 울리고 제례악을 연주하며 위로 오제의 공덕처럼 성대한 수준에 오르고 그 아래로는 삼왕을 넘어서게 될 것입니다.

그저 곁에서 보기에는 이 일의 본뜻을 알아차리기 어렵고 소문으로 들어서는 속뜻을 알아듣기 어려우니 초명(焦朋)[15]이 이미 광활한 하늘을 날고 있는데도 그물을 든 자는 늪에서 초명을 찾는 격이니 서글프기 그지없습니다.

촉군의 대부 등은 망연자실하여 속에 있던 생각을 잊어버리고 사자를 말리는 대신 감탄하며 칭찬했다.

"한나라 황제의 덕망을 믿으니, 말씀하신 바는 우리가 듣고 싶어 하던 바였습니다. 설령 한나라 백성을 힘들게 하는 일이 있다 하더라도 우리부터 먼저 그 일에 앞장서게 해 주십시오."

대부 등은 실의에 빠진 모양으로 뒤로 물러났다가 조금 더 머문 뒤에 작별을 고하고 물러갔다.

그 뒤에 어떤 사람이 상소하여 사마상여가 사신으로 나갔을 때 돈을 받았다고 고발한 탓에 벼슬을 잃었다가 한 해 남짓하여 다시 황제의 부름을 받고 낭관이 되었다.

계속해서 황제에게 부를 지어 간언하다

사마상여는 말을 더듬었으나 글을 잘 지었다. 그런데 늘 소갈증을 앓았다.

탁씨와 혼인한 뒤에 재물이 많아졌다. 벼슬길에 들어선 뒤에도 공경과 더불어 나라의 일을 의논하는 데 참여하려고 하지 않았다. 병을 핑계 대고 늘 집에서 한가하게 머물되 벼슬과 작위가 높아지는 것을 좇지 않았다.

사마상여가 황제를 따라 장양궁(長楊宮)에 사냥을 간 적이 있었다. 그 무렵 천자는 스스로 곰과 돼지를 때려잡거나 말을 달려 들짐승 추격하는 일을 좋아했다. 그 점을 알아차린 사마상여가 상소[16]하여 간언했다.

신이 듣기에 만물 중 동류라고 해도 각각 능력이 달라서 사람이라면 힘으로는 오획(烏獲)이 뛰어나다고 하고, 민첩하〔게 화살을 날리〕기는 경기(慶忌)를 들며, 용맹하기는 맹분과 하육을 꼽습니다. 신의 어리석은 생각이지만 사람에게 그런 구분이 명확하게 있다면 짐승에게도 마땅히 그런 구분이 있을 것입니다.

지금 폐하께서는 꽉 막힌 험준한 곳에 올라 맹수에게 화살 쏘기를 좋아하십니다. 그런데 갑자기 힘센 짐승이 나타났을 때 놀란 나머지 안전한 곳으로 피하지 못할 수도 있습니다. 그 짐승이 수레 행렬에 덤벼들어 폐하 옆에 먼지를 일으킬 때 폐하께서 타신 수레가 미처 방향을 돌리지 못하고 호위병이 자신의 힘을 발휘할 틈도 얻지 못한다면 설령 오획과 봉몽(逢蒙) 같은 기량을 지닌 자들이 곁에 있다 해도 쓸모가 없게 되며 말라빠지고 썩어 가는 나무도 모두 달아나는 데 해가 될 뿐입니다. 이는 호족(胡族)과 월족이 수레바퀴 아래에서 갑자기 나타나고 강족과 이족이 수레 뒤에서 바짝 따라

오는 것과 같으니 어찌 위험하지 않겠습니까! 설령 빈틈없이 하여 아무 해를 당하지 않는다 해도 이곳은 본래 천자께서 가까이할 곳이 못 됩니다.

하물며 길을 깨끗이 치운 뒤에 행차하셔서 길 중앙을 달린다 해도 어느 때는 말의 재갈이 벗겨지거나 수레 축에 건 갈고리가 빠지는 변을 당할 수 있습니다. 풀이 무성한 곳을 지나고 황무지를 달릴 때 짐승을 잡는 즐거움에 빠져 속으로 갑자기 일어날 사고에 대비하지 않는다면 이어서 해로운 일이 일어나기란 어렵지 않을 것입니다. 고귀한 만승 천자의 지위를 가볍게 여기시는 것은 안전한 일이 아니니 만에 하나 위험한 일이 일어날 수도 있는 길로 즐겨 나가는 것을 놀이로 삼는 것은 신이 생각하기에 폐하께서 취하실 바가 아닙니다.

대개 현명한 사람은 어떤 일이 싹트기 전에 먼저 내다볼 줄 알고 지혜로운 사람은 재앙이 모습을 드러내기 전에 피해 간다고 합니다. 재앙은 본래 은밀한 곳에 몰래 숨어 있다가 그것을 소홀히 여기는 사람에게 나타나는 예가 많습니다. 그러므로 속담에 "집에 천금을 쌓아 두고 있는 사람은 기와가 떨어질까 두려워 처마 밑에 앉지 않는다."라는 말도 있습니다. 이 말은 비록 작은 일을 이르고 있지만, 큰일에 비유해 볼 수 있습니다. 신은 폐하께서 제 말씀에 유의하셔서 통찰하시기 바랍니다.

황제는 사마상여의 글을 보고 그 말이 옳다고 여겼다. 사냥에서 돌아오는 길에 진 이세황제가 죽었던 곳인 의춘궁을 지날 때,

사마상여가 부[17]를 지어 올려 이세황제의 잘못된 행적을 가엾게 여겼다. 그 사(辭)는 다음과 같다.

경사지고 평평하지 못한 긴 산비탈을 올라 층층이 높이 솟은 궁으로 함께 들어가니 궁 안을 굽이굽이 감도는 물길에는 길게 섬이 놓여 있고 멀리 남산의 봉우리가 들쭉날쭉 바라보이도다. 심산의 봉우리가 높이 솟아 깊은 그늘을 드리운 그 아래로 계곡이 탁 트여 있는데 계곡 물은 급히 흘러 먼 데로 가서 널찍한 강변의 들을 적시는구나. 그 곁으로 온갖 나무들이 무성하게 자라 짙은 그늘을 이루고 있고 돌아보면 대나무도 빽빽하게 숲을 이루네. 동쪽으로 수레를 달려 진흙을 쌓아 올린 산을 지난 뒤에 바지를 걷고 북쪽 여울을 건너가 수레를 세우고 머뭇거리다가 진 이세황제의 묘 앞에서 옛일을 생각하는데, 스스로 근신하지 못하여 나라가 망하고 권세도 잃었으니 참언을 믿고 이사를 죽이고도 정신을 차리지 못해 종묘의 제사도 끊어지게 했구나. 오호라, 절의와 덕망을 제대로 갖추지 못했던 탓에 묘에는 잡초가 우거져도 돌보는 이가 없으니 혼령은 갈 곳 없이 제삿밥도 얻어먹지 못하네.

그 뒤에 사마상여가 문제(文帝)의 능을 관리하는 효문원령(孝文園令)에 임명되었다.

황제가 「자허부」를 지었던 일을 칭찬할 때 황제가 신선을 좋아한다는 것을 알아차리고 사마상여가 아뢰었다.

"상림원을 두고 부를 지었던 것은 칭찬받기에 부족함이 있으니, 그보다 더 좋은 소재가 있습니다. 신이 일찍이 「대인부(大人賦)」를 짓다가 미처 완성하지 못했는대, 이제 쓰던 것을 완성하여 올리도록 해 주십시오."

사마상여는 여러 신선과 도인이 산속과 물가에서 아주 파리한 모습으로 산다고 묘사했는데 황제가 염두에 두던 신선의 모습과 거리가 있도록 「대인부」를 완성해 올렸다. 그 사(辭)는 다음과 같다.

세상에 대인이 있어 중원에 살았다. 대인이 사는 집은 만 리에 걸쳐 있었으나 조금도 그곳에 머물고 싶지 않았고, 세속에 들볶이기도 서글펐으므로 가볍게 날아 먼 데로 떠다니고 싶어 했다.

내가 붉은 기로 장식한 흰 무지개를 타고 구름에 실려 올라갈 때, [황백색 불꽃 모양의 별인] 깃대 끝에 학탁(格澤)을 단 찬란한 오색기에 [수탉 꼬리 모양의 별인] 순시(旬始)를 열두 가닥으로 늘어뜨리고, 하늘에서 끌어온 혜성을 수술로 달아 바람이 부는 대로 부드럽고도 아름답게 흔들리게 했으며, 혜성 중에 천참(天攙)과 천청(天搶)을 따서 정(旌)으로 높이 들되 깃대는 무지개를 구부려 장식했네.

하늘에 붉은빛이 아득하게 뻗었다가 이내 빛이 사라지며 깜깜해진 가운데 질풍이 불어 구름이 흩어지는데, 날개 달린 응룡(應龍)이 천자의 수레인 상여(象輿)를 몰고 이리저리 날아가니 적리(赤螭)와 청규(青虯)가 곁에서 호위하며 함께 날아갔네. 숙였다 들었다 고갯짓을 하던 응룡이 사방을 둘러본 뒤에 목을 쳐들고 자유자재로 나는데, 어느새 몸을 구부렸다 튀어 오르는가 싶더니 훌쩍 뒤집기도 하고 머리를 흔들다가 목을 뻗기도 하며 몸을 구부렸다가 펴기도 하면서 갑자기 고개를 들고 길을 멈추기도 했네. 날아가는 자세가 일정하지 않은 것은 자유롭게 날고 싶기 때문이니, 앞으로 나아가다 뒤로 물러서기도 하고 눈동자를 굴렸다가 혀를 내밀기도 하면서 적리와 청규를 좌우에 두고 날며 서로 약속한 듯이 머리를 흔들고 몸을 구부렸다 편 뒤에 다시 빨리 날아갔네. 요란한 울음소리로 서로를 부르며 땅에 내렸다가 다시 솟구쳐 올라 빠른 속도로 날아가는데 서로 경쟁하듯이 쫓고 쫓는 것이 번갯불이 스쳐 가듯 하다가 갑자기 안개가 없어지고 어느새 구름이 걷혔네.

측면으로 날아 동쪽 끝의 소양(少陽)을 지난 뒤에 북쪽 끝의 태음(太陰)에 올라 진인(鎭人)과 서로 대면해서 서쪽을 향해 가며 속 깊은 정담을 나눈 뒤에 정동을 향해 날아 곤륜산(崑崙山) 서남쪽의 비천(飛泉)을 건넜네. 영어(靈圉)를 모두 불러 모은 뒤에 북두칠성 중의 요광(搖光) 자리에 살게 할 영어들을 뽑아 배치하고, 오제로 하여금 길을 인도하게 하여 태일(太一)이 제자리인 천극(天極)에 돌아가도록 했으며, 능양자명(陵陽子明) 신선으로 대인의 시종을 들게 하고 왼편에는 북방흑제(北方黑帝)인 현명(玄冥)을, 오른편에는 조화신(造化神) 금뢰(黔雷)[18]를, 앞에는 장리(長離)[19]를, 뒤에는 율황(矞皇)[20]을 거느렸으며, 신선 정백교(征伯僑)와 선문고(羨門高)를 심부름 꾼으로 삼고 황제(黃帝)의 태의였던 기백(岐伯)에게 일러 약 처방을 맡겼으며, 남방염제(南方炎帝)인 축융(祝融)으로 경계를 서게 하여 가는 길에 행인을 막고 행차를 호위하게 하여 악한 기운을 씻게 한 뒤에 앞으로 나아갔네.

나의 수레를 모두 모으면 만승이라네. 오색구름을 섞어 수레를 덮고 화려한 깃발을 꽂아서 장식하고, 동방청제(東方靑帝) 구망(句芒)이 호위병을 이끌고 가게 했으니, 나는 그때부터 남쪽으로 놀이를 나갔네.

숭산의 당요(唐堯) 능과 구의산(九疑山)의 우순(虞舜) 능에 참배한 뒤에 만승 행렬이 길을 떠나니 수레와 말이 줄을 맞추지 못한 채 뒤섞여 달리며 어수선하고 혼란스러운 채로 앞으로 나아갔는데 소란을 떨며 이리저리 부딪치며 뒤엉킨 행렬이 끝도 없이 성대하게 이어진 것이 한데 모여 떼를 이루어 가는 듯해 보여도 각각은 자유롭게 흩어져 달렸다네.

천둥소리 평(砰), 린(磷), 울(鬱), 률(律) 요란한 뇌실(雷室)을 직통하여 울퉁불퉁하고 들쭉날쭉한 귀곡(鬼谷)을 빠져나가 팔행(八紘)을[21] 두루 유람하고 사해를 조망한 뒤에 구강(九江)을 건너고 오하(五河)를 넘어 서역(西域)의 염화(炎火) 만 리를 오가다 모래의 강 약수(弱水)에 떠내려갔는데 모래가 물처럼 흐르는 중에 방주를 타듯이 떠다녔네. 그러다 갑자기 나타난 총령산(蔥嶺山)에서 쉬며 넘치는 계곡물에 놀이를 즐기면서 영과(靈媧)에게 복희씨가 만든 금(琴)을 타게 하고 풍이(馮夷)에게 춤을 추게 했는데, 그때 바로 날이 어둡고 혼탁한 바람이 불었으므로 병예(屛翳)를 불러 풍백(風伯)을 벌하고 우사(雨師)에게 형을 주게 했네. 서쪽으로 아득한 곤륜산을 바라보며 삼위산(三危山)으로 곧장 내달렸다가 하늘의 남문인 창합(閶闔)을 밀고 천제의 궁으로 들어가 옥녀(玉女)를 태워 함께 돌아올 때에 하늘을 날던 새가 잠깐 쉬어 가듯이 낭풍산(閬風山)에 올라 기쁜 마음으로 쉬어 갔네. 음산(陰山)을 배회하듯 그 위를 천천히 날다가 오늘에서야 내 친히 서왕모를 보았네. 흰머리를 꾸미개로 장식하고 음산 동굴에 거처하고 있었는데 요행히도 삼족오(三足鳥)가 서왕모의 음식 시중을 들고 있었네. 서왕모의 늙은 모습을 보니 오래 살아 틀림없이 죽지 않는다고 해도, 그리하여 만세가 다하도록 산다 해도 전혀 기뻐 보이지 않네.

수레를 돌려 귀로에 오른 길에 부주산(不周山)을 훌쩍 넘어 유도(幽都)에서 여러 신선과 밥을 먹었는데, 북방에서 한밤중에 부는 바람인 항해(沆瀣)와 아침 노을을 마시고 영지버섯 꽃과 경수(瓊樹)의 꽃봉오리를 조금 씹어 먹었다네. 그리고 머리를 들어 하늘을 보자 몸이 점점 높이 솟아올라 자유롭게 솟구치며 빨리 날게 되었으니, 천상에 거꾸로 비친 번개의 그림자를 뚫고 운사(雲師) 풍륭(豊隆)이 불러온 장대비 속을 지난 뒤에 유거(游車)와 도거(道車)를 급히 몰아 길게 뻗은 허공을 돌아보고 내려오는 길에 운무를 헤치고 멀리멀리 나아갔네. 비좁은 인간 세상에서 부대끼는 것이 싫어 천천히 북쪽 땅끝 낭떠러지까지 나아가, 북극 현관산(玄闕山)에 기병을 주둔시키고 선두를 추월하여 한문(寒門)에서 북극을 나섰네. 아래로는 너무 멀어 대지가 보이지 않고, 위로는 공활한 하늘 끝이 보이지 않았으며 눈앞에는 모든 것이 아득하고 희미하여 아무것도 보이지 않고 귓가는 먹먹하니 들릴 듯 아무 소리도 들을 수 없었네. 그렇게 허공을 타고 먼 곳으로 날아오르니 무형의 세계를 뛰어넘어 홀로 되었네.

사마상여가 「대인부」를 지어 올리니 황제가 매우 기뻐했으니 마치 가볍게 날아올라 구름을 타고 천지간을 노니는 듯한 심정이 되었다.

죽음을 앞두고 봉선을 주장하다

○　○　○

사마상여가 병이 들어 벼슬에서 물러난 뒤에 무릉에 집을 정해 살고 있었다. 황제가 말했다.

"사마상여의 병이 심하다니 가서 사마상여가 쓴 글을 모두 가져오는 것이 좋겠다. 네가 지금 가도 이미 다른 자가 다녀갔을 것이다."

황제가 소충을 보냈을 때 사마상여는 이미 세상을 떠난 뒤였고 집에는 글이 하나도 남아 있지 않았다. 소충이 사마상여의 부인 탁문군에 물었더니 탁문군이 대답했다.

"장경은 원래 글을 남기지 않았습니다. 때때로 글을 썼지만, 그때마다 사람이 와서 가져갔습니다. 장경이 죽기 전에 글 한 편을 쓰고는 '황제의 사자가 와서 글을 달라고 하거든 이걸 주라.'라고 했습니다."

사마상여가 목간에 남긴 글은 봉선(封禪) 의례를 적은 것으로 소충이 그 글을[22] 올렸을 때 황제가 아주 특별하게 여겼다. 그 사(辭)는 다음과 같다.

상고 시대가 시작하던 때에 하늘이 사람을 낳았으니 그 뒤에 여러 군주의 시대를 거쳐 진나라까지 이르렀습니다. 지금부터 오래되지 않은 시대를 따라 군주의 행적을 살피고 먼 옛날부터 남겨져온 아름다운 이야기를 들어 보면, 혼란을 자초했거나 이름이 잊혔거나 칭찬을 듣지 못한 군주는 수를 헤아릴 수 없이 많지만, 광명정대하게 왕통을 이어 존호와 시호를 제대로 받기 위해 노력하며 태산에 제사를 올린 군주는 대략 일흔두 분이 계시니, 선한 도리를 따른 군주치고 창성하지 않은 예가 없고 도를 어기고 잃은 군주치고 명성을 남긴 예가 없었습니다.

헌원씨(軒轅氏) 전의 일은 너무 오래되어 그 상세한 사정을 알길이 없지만 오제와 삼왕의 사적은 육경 전적 속에 전해 오므로 그 내용을 살펴볼 수 있습니다. 『서』에 "군주는 영명하고 보좌하는 신하는 걸출하도다."[23]라고 했으니, 이 기사에 근거하여 이야기하자면 군주는 요임금보다 성명할 수 없고 대신은 후직보다 덕행과 능력이 뛰어날 수 없습니다. 후직이 요임금에게 공을 세우고 공류(公劉)가 서융 땅에서 업적을 쌓은 뒤에 문왕이〔정삭과 수레와 말을 장식하는 빛깔 및 제물로 바칠 짐승의 털 빛깔의〕제도를 바꾸자 주나라가 융성해지고 위대한 왕도를 이루게 되었습니다. 후대에 이르러 나라가 쇠퇴했지만 천 년이 지나도록 원망의 소리를 듣지 않았으니 어찌 선시선종(善始善終)이 아니라고 하겠습니까! 이렇게 된 데에는 다른 원인이 있는 게 아니라 주 왕조가 개국할 때 모든 제도를 마련함에 근신했고 후대가 그 제도를 제대로 이어 가도록 엄숙하게 가르쳤기 때문입니다. 선대가 길을 평탄하게 닦아 놓앉으므로 그 길을 따르기가 쉬웠고 은덕이 깊고 컸으므로 풍요해지기 쉬웠으며 법과 제도가 명확하게 마련되어 있었으므로 법칙대로 따르기 쉬웠고 왕통이 순리를 따라 내려가도록 했으므로 계승하기도 쉬웠습니다.

주나라가 시작된 바를 헤아려 보고 그 망한 바를 고찰해 보면 오늘날 한나라보다 특별하거나 뛰어난 바를 찾아볼 수 없습니다. 그럼에도 주나라 임금은 양보(梁甫)에 행차하고 태산에 올라 빛나는 봉호를 세워 주고 존명을 내렸습니다.

한나라의 위대한 은덕은 샘물처럼 솟아나 성대하게 퍼져 나가서 사방 끝까지 광대하게 적시니, 은덕이 운무처럼 퍼져 나가 구천까지 높이 통하고 아래로는 팔방 극지까지 미치며, 생명이 있는 것들은 모두 폐하의 은덕에 깊이 젖어 조화로운 기운이 사방에 흐르고 위무의 절의가 불꽃처럼 피어오르고 있습니다. 폐하 가까이에 있는 자들은 은덕의 본원에서 노닐고, 멀리 있는 자는 은덕의 말단에서 헤엄치는 가운데 악의 괴수는 연기처럼 사라지고, 우매한 사람은 광명을 얻으며 한낱 곤충까지 기뻐하며 머리를 돌려 한나라 조정으로 향하고 있습니다.

그뿐만 아니라 상서롭게도 추우(騶虞) 같은 진기한 동물이 우리에 가득하고 미록(麋鹿)처럼 기괴하게 생긴 동물이 목책 안에서 뛰어놀고 있습니다. 게다가 종묘에 제사를 지낼 때는 주방에서 고른 한 줄기에 여섯 갈래로 이삭이 달린 벼와 한쪽마다 뿔이 둘로 갈라져 난 흰 기린을 희생물로 삼아 제사를 올리고 있습니다. 기산에서는 주나라 때에 놓아주었던 신령한 거북을 얻었고 그 근처 못에 취황(翠黃)과 승룡(乘龍)을 불러들였으며 귀신을 모시는 신령한 영어 무녀를 상림원의 한적한 별관에 빈객의 예를 다해 대접하고 있습니다. 속세에서는 찾아보기 어려운 기이한 물건이 이렇게도 무궁무진하게 나타나니 흠복할 일입니다. 상서로운 징조가 이처럼 많이 나타났지만, 폐하께서는 아직도 자신의 공덕이 박하다고 여기시고 봉선 제사를 올릴 엄두를 내지 않고 계십니다. 대개 주나라에서는 무왕이 강을 건널 때 백어가 배 안에 튀어 들어온 것을 보고 특별한 일이라고 여겨 그 물고기로 하늘에 제사를 지냈습니다. 그렇게 작은 일을 가지고도 하늘이 내린 징조로 여겨 태산에 올라 하늘에 제사를 올렸으니 그 또한 부끄러운 일이 아니겠습니까! 올리지 않을 때에 제사를 올렸던 주 무왕과 올려야 함에도 올리지 않고 계시는 폐하의 도는 어떻게 이렇게도 다른지요!

이에 대사마가 진언하여 아뢰었다.

폐하께서 인덕(仁德)으로 중생을 기르시고 도의(道義)로 순종하지 않는 자를 정벌하시며 대중원의 모든 제후가 기쁜 마음으로 조공을 바치고 수많은 만족(蠻族)이 예의를 다해 폐하를 배알하고 있습니다. 폐하의 은덕은 상고 시대 성군과 비견되고 공덕은 둘도 없이 높으며 성대한 업적을 널리 이루셨으므로 상서로운 징조가 무궁무진하게 나타나고 있으니, 하나가 나타나면 이어서 또 다른 징조가 나타나 한 차례만 나타나고 끝나지 않았습니다.

이는 아마도 태산과 양보에 제단을 쌓고 폐하께서 행차하셔서 제사를 올린 뒤에 존호를 내리는 것으로 두 곳에 영예로움을 선사하라는 징조일 것입니다. 상제께서 은덕을 내리고 복을 쌓아 주시면서 제사를 올리라는 기쁜 소식을 전해 주고 계시는데, 폐하께서 겸손하게 사양하시며 봉선 제사를 올리지 않고 계십니다. 이는 상제와 태산의 신, 양보의 신의 환심을 거절하는 것으로 왕도의 의례에 비춰 볼 때 결격을 범하는 것이 되어 여러 신하가 부끄럽게 여기고 있습니다.

어떤 이가 "하늘의 도는 모호하여 특이한 징조로만 나타나니 그 하늘의 뜻을 사양해서는 안 된다."라고 한 적이 있었습니다. 만일 하늘의 뜻을 받아들이지 않는다면 태산은 언제 존호를 새겨 받을 것이며 양보에 제단이 차려질 일도 없게 될 것입니다. 게다가 고대의 제왕들이 각자 영광을 누리고 나서 세상을 떠난 뒤에 아무것도 남기지 않는다면 역사를 서술하는 자가 어떻게 그 영광을 후대에 남기겠으며 일흔두 분의 임금이 태산에 제사를 올린 것은 어떻게 전하겠습니까! 덕행을 닦는 군주에게 상서로운 징조가 내렸을 때 그 징조를 받들어 봉선 제사를 올리는 것은 예법에 어긋날 바가 없습니다. 그런 까닭에 역대의 성군이 봉선을 폐지하지 않았던 것이니, 예를 다하여 땅에 제사를 올리고 천신에게 성심을 다하여 상서로운 징조를 받들도록 고했으며 중악(中嶽) 숭산(崇山)에 공적을 새겨 지존의 위치에 있음을 드러내고 성대하게 베푼 은덕을 널리 알려 이름과 영광을 드러냈으며 두터운 복을 내려 백성이 그 복을 두루 받도록 했습니다. 봉선은 그토록 성대한 행사이며 천하의 장관이고 제왕이 행할 대업이니 낮게 보아서는 아니 됩니다.

바라건대 폐하께서 봉선 제사를 올리시고 난 뒤에 진신 선생들을 모아 그들이 올리는 나라를 다스리는 술책을 종합해 들으시고 그들로 하여금 〔천자인〕 일월(日月)의 여광과 스러지는 불꽃을 얻게 하여 높은 벼슬자리에서 백성을 다스리도록 하십시오. 아울러 〔『춘추』를 지었을 때처럼〕 천시(天時)를 바로 하고 현재의 인사(人事)를 열거하여 그 대의를 밝힌 뒤에 그 글을 다시 교감하고 윤색하여 『춘추』 같은 경서를 지음으로써 이미 있던 육경에 경 하나를 보태 칠경을 완성하여 무궁하게 후대에 전하게 함으로써 만대에 덕행이 높은 선비들이 그 책에 감동하도록 하고 계속해서 은은한 물결을 일으키고 영명한 소리로 울려 퍼지게 하며 무성한 열매가 열리도록 하십시오. 전대 성군의 위대한 명성이 오래도록 보전되어 내려오며 계속해서 찬미를 받는 것은 바로 이처럼 봉선 제사를 올린 뒤에 올바른 역사를 기록했기 때문입니다. 그러므로 장고에게 명하셔서 봉선 의례에 관한 모든 절차를 올리게 하여 열람해 보십시오.

그 말을 들은 황제가 감동하여 얼굴빛을 엄숙하게 바꾼 뒤에 말했다.

"옳은 말이다. 짐이 봉선을 행하도록 해 보겠다."

황제가 여러모로 생각하고 다시 고려한 뒤에 여러 공경의 의견을 들으며 봉선에 관한 사정을 물어보았다. 그러고는 자신이 큰 은덕을 넓게 펼치고 있고 하늘이 상서로운 징조를 수없이 보이고 있음을 찬양하는 시를 짓게 했다. 그리하여 송가(頌歌)가 완성되었다.

우리를 덮은 하늘에 구름이 뭉게뭉게 피어오르더니 감로가 때 맞춰 비로 내려 우리가 사는 땅이 헤엄을 칠 만하게 축축해졌네. 만물을 축축이 적실 빗물이 땅으로 스며드니 키우지 못할 것이 어디 있으며 튼실한 벼에 여섯 갈래로 이삭이 달리니 우리네 수확이 어찌 쌓이지 않을 수 있으리?

비는 내리는 것에만 그치지 않고 대지를 윤택하게 해 주네. 그 비에 기대고 사는 것은 우리만이 아니라 모든 만민이 골고루 혜택을 입으니, 만물이 기뻐하며 그 큰 은혜를 속으로 사모하네. 그리하여 봉선 제사를 올릴 만한 명산에서는 성군이 오시기를 바라네.

"성군이시여, 성군이시여, 어찌 봉선 제사를 올리지 않으십니까!"

얼룩무늬 화려한 추우(騶虞)가 우리 성군의 사냥터 안에서 즐겁게 뛰노니, 흰 바탕에 검정 무늬를 띤 모습은 사랑스럽기만 하고 화목하게 서로 공경하는 것은 군자의 모습이로다. 대개 그 명성을 전해 듣기만 하다가 오늘 우리 앞에 나타나 모습을 보이니 추우가 어느 길로 내려왔는지는 알 수 없으나 하늘이 내린 상서로운 징조임이 틀림없네. 순임금 시절에 추우가 나타난 뒤에 우씨(虞氏) 부족이 흥성했었지.

살진 흰 기린도 오치(五畤)에 나타나 뛰어놀았네. 맹동(孟冬) 10월, 황제께서 교사(郊祀)를 올리러 갔을 때였지. 흰 기린이 우리 황제 수레 앞으로 뛰어들었으니 황제께서 그 기린을 잡아 제사를 올리자 하늘에서 흠향하시고 복을 내려 주셨네. 〔하, 은, 주〕 삼대 시절엔 아마도 이런 일이 없었던 것을.

몸을 굽혔다 폈다 하며 나는 황룡이 폐하의 성덕을 만나 하늘로 올라가네. 눈부신 오색과 찬란한 광채를 띤 황룡이 밝은 모습을 드러내자 하늘이 내린 상서로운 징조라는 것을 백성이 알게 되었으니,『역』의 단전(彖傳)에 나오는 천명을 받은 천자의 수레를 모는 바로 그 황룡이라네.

하늘의 상서로운 징조가 밝게 나타날 때는 상세하게 일러 주는 것이 아니라 응당 비유를 통해 은근히 일러 주는 법이니, 폐하께 나타난 상서로운 징조는 모두 봉선 제사를 올리라는 뜻을 보이신 것이네.

육경을 펼쳐 읽어 보면 하늘과 사람 사이에 교류가 있을 때는 위에서 하늘이 징조를 나타내 일깨워 주면 아래에서 제왕이 순종하며 받아들였다고 적혀 있네. 성군은 어떤 일에도 경계하고 엄숙하게 행했으니, "흥왕할 때에 반드시 쇠퇴할 때가 있음을 걱정하고 태평세월에 반드시 위태로울 때가 있음을 생각한다."라고 한 것은 탕왕과 무왕이 지존의 자리에 있으면서도 엄숙하게 하늘을 공경하는 태도를 잃지 않은 것과 순임금이 즉위 의례를 올리는 순간에도 자신을 돌아보고 허물을 반성한 바로 그 도리를 이른 것이〔니 우리 폐하께서도 하늘의 징조를 받아들이지 않은 적이 없나 돌아보셔야 하〕네.

사마상여가 세상을 떠나고 다섯 해가 지나서 황제가 후토에 제사를 올리기 시작했다. 여덟 해가 지나서 중악에 제사를 올렸고, 태산에서 단을 쌓고 하늘에 제사를 올렸으며 양보의 숙연산(肅然山)에서 대지에 제사를 올렸다.

사마상여가 남긴 다른 저작 중에는 「유평릉후서(遺平陵侯書)」, 「여오공자상난(與五公子相難)」, 「초목서(草木書)」 등이 있는데 여기에는 싣지 않았다. 이 열전에는 공경(公卿) 사이에 특별히 유명했던 작품을 실었다.

찬하여 말한다.

사마천이 평했다. "『춘추』는 드러났던 일에서 미루어 숨은 뜻을 알게 하고, 『역』은 원래 팔괘가 상징했던 숨겨진 뜻을 펼쳐서 드러내 보이며,²⁴ 『시』 「대아」는 문왕과 공류(公劉) 대인의 덕이 백성에게 미쳤음을 노래하고 있고, 『시』 「소아」는 소인배의 잘못을 흘려 조정에서 경계로 삼도록 풍자해 보인다. 이 넷의 언급한 바는 비록 다르지만, 도덕에 합당하다는 점은 일치한다. 사마상여의 부는 비록 허구의 수사가 많고 설명이 과장되었지만, 그 요점은 절약과 검소함으로 귀결되고 있으니 『시』가 추구하는 풍자와 간언의 뜻과 무엇이 다르겠는가?"

양웅이 평했다. "사마상여의 부는 화려함과 사치가 강조되어 있으니, 사치를 권하는 내용이 백이면, 사치를 꼬집은 내용은 하나에 지나지 않는다. 이는 정나라와 위나라의 속된 곡을 마구 연주하다가 곡이 끝날 즈음에야 아악을 연주하는 격이니 너무 가벼운 유희가 아니겠는가!"²⁵

1 양성이 어느 곳의 지명이었는지는 현재 정확하게 알려져 있지 않다. 진승이 '장초(張楚)'라는 국명을 쓴 것으로 보아 초나라 땅에 속하면서 양성으로 불렸던 하남성(河南省) 남양시(南陽市) 방성현(方城縣)을 가리키는 것으로 추정된다. 「관영전」에도 "양성(陽城) 동쪽에서 남양(南陽) 태수 의(齮)의 군대를 쳐부수고 이어서 남양군을 평정했다."라고 나온다.

2 안사고(顔師古)의 주에 따라 지명에 쓴 '夏'를 『집운(集韻)』 '거하절(舉下切)' '가(賈)'의 '가'로 썼다.

3 원문은 "소시(少時)"인데 10대에서 20대 초반까지를 두루 이르는 말이다.

4 '홍혹'은 흔히 '홍곡'으로 읽히나, 『당운(唐韻)』, 『집운』, 『고금운회거요(古今韻會舉要)』에 따르면 '물새의 한 종류'라는 뜻일 때에 '鵠'의 소리는 '호옥절(胡沃切)'의 '혹(鸒)'이다. 『설문해자(說文解字)』에도 '鵠'을 '黃鵠'이라는 물새로 설명하며 '호옥절(胡沃切)'로 소리 난다고 했다. 안사고는 이 새의 울음소리인 '鵠鵠'에서 '鵠'이란 이름을 얻었다고 했다. '鵠'은 '과녁'일 때 '곡(牿)'으로 읽는다. 『집운』과 『홍무정운(洪武正韻)』에 따르면 『주례(周禮)』에 나오는 '제후들이 왕을 위해 설치한 과녁'으로서의 '鵠'을 '고옥절(姑沃切)'의 '곡'으로 읽는다. 이 말은 너무 작아 맞히기 어려운 새 '간곡(鳱鵠)'에서 나왔다.

5 진 이세황제는 진시황의 스무 남은 아들 중 막내인 호해(胡亥)로, 즉위 원년은 기원전 209년이다.

6 부소는 진시황의 맏아들로 진시황이 죽은 뒤에 조고 등이 꾸민 거짓 조서를 받아들여 스스로 목숨을 끊었다.

7 항연(項燕)은 항우(項羽)의 조부이다.

8 '총(叢)'을 장안(張晏)의 주에 따라 '신령이 머무는 신사'로 옮겼다.

9 '수령(守令)'은 '태수'와 '현령'을 아울러 이르는 말인데, 진(陳) 땅은 진나라의 군(郡)이 아니었으므로 수(守)는 군수를 가리킬 수 없다. 따라서 뒤에 나오는 군수 보좌 역의 '수승(守丞)'도 '현승'의 잘못이다.

10 '襄'의 음을 『당운』과 『홍무정운』의 '식량절(息良切)', 『집운』과 『고금운회거요』의 '사장절(思將切)' '상(湘)'에 따라 '상'으로 했다.

11 『사기』「진시황 본기」와 「진섭 세가」에 수십만 명으로 나온다. 희수는 여산(麗

山)에서 위수(渭水)로 나온다. 주문이 주둔한 곳, 즉 지금의 임동(臨潼) 신풍진 (新豊鎭) 희하촌(戲下村)은 주나라 유왕(幽王)이 견융에게 패배한 곳이다. 희수 건너 동남쪽 홍문(鴻門)과 7킬로미터 떨어져 있다. 신풍은 유방이 고향 '풍'을 따서 지은 이름이다.

12 후한(後漢) 말 위(魏) 초기의 학자 문영(文穎)의 주에 따르면 주장(周章)은 진승 의 장수로 함곡관까지 진격했다가 장한(章邯)에게 패배한 주문(周文)과 같은 사 람이다.

13 오광 측에서 맡아 포위 공격 중인 상황이므로 원문의 '수(守)'를 '맡다'로 옮겼 다. 『사기』 「진섭 세가」에는 '위(圍)'로 되어 있다.

14 『사기』에는 "오서(伍徐)"로 나온다.

15 『사기』에는 "능(陵)"으로 쓰였다.

16 『전한기(前漢紀)』에는 초나라, 즉 진승의 장초국 사람들이 장례를 치르고 시호 를 정한 것으로 나온다. 한편 『자치통감』에는 여신(呂臣) 장군이 장고를 죽이고 장초의 도읍을 탈환한 뒤에 장례를 거행하고 시호를 올렸다고 나온다.

17 전국 시대에 봉기한 세력들 중에는 검푸른 두건인 창두건(蒼頭巾)을 쓴 창두군 (蒼頭軍)이 많았다.

18 『사기』에는 파양(鄱陽)으로 나온다.

19 『사기』에는 당양군(當陽君) 경포(黥布)로 나온다. 원래 성은 영(英)이었으나 문 신형을 받은 뒤에 경(黥)으로 고쳤다.

20 진승이 죽은 지 여섯 달 뒤인 기원전 208년 6월의 일이다.

21 보잘것없던 사람이 일시에 부귀공명을 누리게 된 것을 부러워하고 시기할 때 쓰는 말이다.

22 왕망 때 제사가 끊어졌다는 구절을 추가하면서도 『사기』 이 부분에 있는 '조수 (지금까지)'을 그대로 옮겨 놓고 있다.

23 항량은 항연의 넷째 아들이다.

24 당시의 1척은 지금의 24센티미터와 같으므로 항우의 키는 2미터에 가깝다.

25 『사기』에는 항량의 말이 아니라 은통의 말로 나온다.

26 영포가 포(蒲) 지방에서 일어났으므로 포(蒲) 장군이 영포를 일컫는다는 주장 이 있으나, 여기에서는 성명이 나온 뒤에 다시 성을 붙여 장군을 칭할 수 없으 므로 영포와 포 장군 두 사람일 것이라는 안사고의 주를 따랐다.

27 진승이 봉기한 뒤 패현에서 유방(劉邦)도 봉기했다. 이때 소하(蕭何)와 조참(曹
參) 등이 유방을 패현의 현령으로 받들었다. '패공'은 초나라에서 현령을 공이
라고 부른 데서 나온 명칭인데 유방이 한왕으로 오르기 전까지 유방의 별호처
럼 쓰였다.

28 안사고의 주에 따라 '旰'를 '허우반(許于反)'의 '후'로, '台'를 '이(怡)'의 '이'로
썼다.

29 「진여전」의 내용으로 보아 진여는 이때 거록성 안에 들어가지 않았다.

30 여기에서는 안사고의 주를 따라 번역했다. 송의는 작은 벌레인 이를 장한의 부
대에, 그보다 조금 큰 쇠등에를 진나라 정권에 비유하면서, 진나라 자체를 뒤
집기 위해서 장한의 부대에 대적하는 힘을 아끼자는 뜻을 항우에게 전달하고
있다.

31 『사기』에 46일 동안 행군을 멈췄다고 나온다. 송의가 지체하고 있던 안양은 하
북성 안양이 아니라 지금의 산동성 조현(曹縣)이다.

32 후한(後漢) 학자 복건(服虔)의 주에 따르면 마복은 조나라 장군 조괄(趙括)이다.

33 『광운』, 『집운』, 『고금운회거요』, 『홍무정운』에 따르면 '恬'의 음은 '도겸절(徒兼
切)' '甜(첨)'이다. 그러나 관습을 따라 '염'으로 했다.

34 이때 몽염이 몰아낸 융(戎)은 흉노를 이른다. 『한서』「가·추·매·노 전」에 "호융
(胡戎)의 난리가 일어나서 몽염이 유중에 유관(楡關)을 세웠다."라고 나오는 것
으로 보아 융(戎)과 호융(胡戎)이 모두 흉노를 가리키는 말로 쓰인 것을 알 수
있다.

35 이해는 기원전 206년으로 유방이 항우로부터 한왕(漢王)에 봉해진 원년이다.
유방은 한왕 5년 12월, 초한 전쟁의 마지막 전투지 해하에서 승리하고, 두 달 뒤
에 황제에 올랐다.

36 지금의 하남성 황하 이남 지역을 이른다.

37 항백은 항량의 동생으로, 훗날 유방으로부터 사양후(射陽侯)에 봉해졌고 유씨
(劉氏) 성을 하사받는다. 항백이 사람을 죽인 일이 있었는데 장량이 그를 살려
준 뒤로 두 사람이 친하게 지냈다.

38 「고제기」에 나온다는 이야기는 홍문연(鴻門宴) 관련 기사를 말한다.

39 진나라 제3대 황제이다. 46일 동안 제위에 있었다.

40 『사기』에는 끓는 물에 넣어 죽였다고 나온다.

41 진여는 이때 성안군(成安君)에 봉해졌다.

42 패(伯)는 패(覇)와 통한다. 진나라 멸망 후 대권을 확보한 항우는 진시황이 창안한 황제 제도와 중앙집권제를 채택하지 않고 전국 시대로 복귀하서 분봉제를 실시했다. 이에 따라 초 회왕은 초 의제(진시황의 '황'이 아닌 '제'를 칭하게 함)로 격상시키고 자신은 팽성을 기반으로 한 서초의 제후왕이 되어 제후국 연맹의 패왕을 칭했다. 패왕은 춘추 시대의 패자에서 기원한 제도로 패왕 항우는 초한 전쟁의 제후국 연합군을 이끌었다.

43 『사기』에는 '대량'이 '조(趙)'로 나온다.

44 이보다 먼저 항우가 한왕(韓王) 성(成)을 죽였다.

45 장동은 『한서』 전체를 통틀어 여기 한 군데에만 출현하는 인물로 행적이 알려져 있지 않다.

46 항우가 봉한 18제후 중에서 상산왕(常山王), 하남왕(河南王), 위왕(魏王), 한왕(韓王), 은왕(殷王)을 이른다. 「고제기」에 자세히 나온다.

47 유방의 아버지인데 정사에 정확한 이름이 나오지 않는다.

48 「고제기」는 한신도 군대를 끌고 와서 함께 싸웠다고 되어 있다. 안사고의 주에 따라 지명에 쓰인 '索'을 '산각반(山各反)'의 '삭'으로 썼다.

49 「관영전」에는 관영의 군대가 이 싸움에 참가하여 설현 현령을 죽였다고 나온다. '설공(薛公)'은 설현 현령으로 초나라에서 현령을 '공(公)'이라고 불렀다.

50 회음후(淮陰侯) 한신(韓信)과 동명이인이다.

51 '등공'은 등현(滕縣) 현령이란 뜻이다. 하후영은 등현 현령에 임명된 뒤에도 유방의 수레 모는 일을 계속했고 등공은 그의 별호가 되었다.

52 항우의 부하 장수 종리말은 『한서』를 통틀어 '鍾離眛'과 '鍾離昧'로 기록되어 있다. 안사고는 '眛'과 '昧'을 모두 '末'로 읽었다. 『사기』에는 '鍾離眛'로 나오는데 배인(裵駰)이 안사고의 주에 따라 '末'로 읽어야 한다고 주석했다.

53 광무(廣武)는 북쪽으로 황하에, 서남쪽으로는 형양에 접한 구릉 지대로 당시 초나라와 한나라의 경계로 삼은 홍구(鴻溝) 물길이 구릉 지대 가운데로 흘렀다. 홍구는 기원전 4세기부터 개발된 인공 수로로서 황하와 회수 사이의 여러 자연하천을 연결했다.

54 누번은 춘추 시대에 나라를 이룬 북적(北狄)의 한 갈래로 산서성 서북쪽에 있었는데, 활을 잘 쏘는 사람들이 많았다. 여기에서는 활 잘 쏘는 장사의 이름 대신

부른 별칭으로 보는 것이 옳다.

55 「고제기」에는 항성(項聲)으로 나온다.

56 성양(城陽)의 다른 이름이다.

57 당시의 건성후는 조참(曹參)이었다. 「조참전」에는 제왕 한신만 해하 전투에 참
　가하러 갔고 조참은 제나라 땅에 남아서 작전을 계속했다고 나온다.

58 진시황 때 마련된 제도에 따르면 서열 3위의 후궁이다.

59 '추(騅)'는 원래 검은 털과 흰 털이 섞인 말을 부르는 이름이었다.

60 지금의 안휘성(安徽省) 정원현(定遠縣)이다. 강소성(江蘇省) 후이현의 음릉산이
　라는 설도 있다. 그런데 음릉이 후이에 있는 산을 이른다면, 항량이 초 회왕의
　도읍으로 정했던 후이에서 항우가 길을 잃었다는 것이 의문으로 남는다.

61 원문에 제군(諸軍)으로 되어 있는데 『사기』에는 제군(諸君)으로 나온다.

62 양희는 항우를 추격한 공을 인정받아 적천후(赤泉侯)에 봉해졌다.

63 "배를 대다"의 원문 "의(檥)"는 당시 오강 지역에서 '배를 정박하다'라는 뜻으로
　쓰이던 방언이었다.

64 가생은 전한(前漢) 시대의 문인 가의(賈誼)로, 한 문제와 무제에게 발탁되었다
　가 주위에서 시기하는 바람에 좌천되었다. 양 회왕(梁懷王) 유읍(劉揖)에게 옮
　겨간 뒤에 회왕이 말에서 떨어져 죽자 비탄에 빠졌다가 서른셋의 나이로 죽은
　비운의 인물이다. 「과진론」은 가희가 진나라의 허물을 논한 글로 『사기』, 『한
　서』, 『후한서』, 『문선(文選)』에 실려서 전한다. 전하는 책마다 내용에 약간 차이
　가 있다.

65 사마천과 친분이 있던 인물로 이름은 알려져 있지 않다.

2 │ 장이·진여 전 張耳陳餘傳

1 공승(公乘)은 고대 중국의 작위 이름으로 한나라 때는 열세 번째 작위였다. 중
　국 고대에는 작위를 받은 뒤에 후대가 계속해서 작위를 상속받으면서 작위명
　을 성씨로 쓰는 일이 있었는데 '공승씨'도 그런 예이다. 여기에 나오는 공승씨
　는 중국 정사에 보이는 복성 공승(公乘)의 첫 예이다. 『한서』 안에는 여기에 나
　오는 공승씨 말고 「왕존전」의 공승흥(公乘興)과 「흉노전」의 공승음(公乘音)이

있다.

2 한나라 때에는 100호(戶)가 1리(里)를 이루었다. 이(里)에는 이문(里門)이 있었고 감문(監門)이 그 문을 지켰다.

3 기원전 210년에 항량이 무신군을 자칭한 바 있는데 비슷한 시기에 진승의 장군 무신도 무신군을 자칭했다. 진승과 항량과 무신은 모두 기원전 208년에 세상을 떠났다.

4 『사기』에는 "진택(陳澤)"으로 나온다. 당나라 학자 장수절(張守節)의 『사기정의(史記正義)』에 따르면 택(澤)의 음이 석(釋)과 같다고 했다.

5 이 문장의 원문은 "오고이무익(吾顧以無益)"인데 『사기』의 원문 "오사고이위무익(吾死顧以爲無益)"과 조금 다르다.

6 소하가 유방에게, 괴통이 한신에게 했던 말로도 유명하다.

7 진여는 이때 성안군(成安君)이 되었다.

8 「고제기」에는 폐구에서 장한의 부대를 포위한 것은 한 고조 원년의 일이고 장이가 유방에게로 달아난 것은 한 고조 2년의 일로 나온다.

9 유방이 동원에서 한왕 한신의 잔당들을 치고 난 뒤에 돌아가는 길이었다.

10 원문은 "박어인(迫於人)"이다. 당시에는 '柏'과 '迫'의 음이 같았다.

11 제 도혜왕과 노원 공주는 배다른 남매다. 도혜왕이 노원 공주를 어머니뻘인 태후로 모신 것은 여후의 환심을 사서 자신의 목숨을 보전하기 위해서였다.

12 고후 7년(기원전 181년)에 장언을 노왕에 봉했다.

3 | 위표·전담·한왕신전 魏豹田儋韓王信傳

1 위구는 위표의 사촌 형이다.

2 『도덕경』에 "국가혼란유충신(國家昏亂有忠臣)"이란 구절이 있다.

3 『사기』와 『한서』의 「전담전」에 따르면 이때 제왕 전담이 직접 군대를 이끌고 갔다. 전파는 부장으로 출전했을 것이다.

4 『사기』에 따르면 분신했다고 한다.

5 『장자(莊子)』「지북유(知北遊)」에 '천지간에 인생은 백마가 벽의 틈새를 지나는 것처럼 짧다'라는 뜻의 "인생천지지간, 약백구지과극(人生天地之間 若白駒之過

郤)"이라는 말이 나온다.

6 노비를 죽일 때 현령에게 보고하는 절차를 밟는 체한 것이다.

7 「항적전」에는 전가 스스로 왕위에 올랐다고 나온다.

8 「고제기」에는 항우와 유방이 추격한 것으로 나온다.

9 「항적전」에는 항량이 말한 것으로 나온다.

10 춘추 시대 이후로 제왕이 자신을 겸손하게 이를 때 쓰는 말이었다. 『도덕경』에 "귀한 것은 천한 것을 근본으로 삼고, 높은 것은 낮은 것을 기초로 삼아야 한다. 그리하여 제후와 왕이 스스로를 고, 과, 불곡이라고 칭한다.(貴以賤爲本, 高以下爲基, 是以侯王自謂孤寡不穀)"이라는 말이 나온다. 진시황 때부터 '짐(朕)'을 썼다.

11 『사기』와 『한서』의 원문은 "오문기여상오백인재해중(吾聞其餘尙五百人在海中)" 이다. 여기의 '오(吾)'가 고조를 가리킨다면 '한왕왈(漢王曰)'이라는 말이 생략된 것이다.

12 당시의 1척은 지금의 24센티미터와 같다. 따라서 8척 5촌은 2미터 4센티미터이다.

13 「장량전」에는 장량이 항량을 설득하여 한성을 왕으로 세우게 했다고 나온다.

14 「장량전」에는 항량이 장량을 한나라 사도로 삼았다고 나온다.

15 「고제기」와 「한·팽·영·노·오전(韓彭英盧吳傳)」에는 회음후 한신이 한 말로 나온다. 안사고는 두 동명이인이 유방에게 같은 뜻을 전달한 것이 아니라면 틀린 내용이라고 주장했다.

16 송(宋)나라 학자 송기(宋祁)는 '冒'을 '묵(墨)'으로, '頓'을 '독(毒)'으로 새겼다. 여기에서는 '冒頓'의 현대 몽골어 'баатар(baatar)'에 가깝게 옮기기 위해, '頓'을 『고금운회거요』와 『홍무정운』의 '당몰절(當沒切)', '돌(咄)'을 채택해 '돌'로 새겼다.

17 여기에 나오는 시(柴) 장군에 대해 위나라 학자 등전(鄧展)과 진(晉)나라 학자 진작(晉灼)은 시기(柴奇)라고 했고, 후한의 학자 응소(應劭)와 안사고는 극포후 (棘蒲侯) 시무(柴武)라고 했다. 시기는 시무의 아들이다.

18 고대 한어에서 '蠡'의 음은 '로계절(盧啓切)'과 '량이절(良以切)' 두 가지가 있었다. 안사고는 여기에 나오는 '蠡'의 음을 '례(禮)'와 같다고 했다. 여기에서는 관습대로 '蠡'를 '려'로 썼다.

19 오자서가 초나라를 떠나 정착한 오나라에서 떠나야 할 때에 떠나지 않았다가

죽임을 당했던 것을 이른다.

20 여기에서는 흉노를 이른다. 흔히 '만(蠻)'과 '이(夷)'는 각각 중원 남쪽과 동쪽의 이민족을 가리키는 말로 쓰이지만 『한서』에 나오는 '만이'는 변방 민족을 폭넓게 가리키는 말로 쓰인 예가 많다.

21 기원전 154년에 일어난 오초 칠국의 난을 이른다.

22 '음주'의 '주(酎)'는 여러 번 발효하여 순도를 높인 술을 이른다. 『예기』 「월령」에 음력 4월에 천자가 음주례(飮酎禮)를 거행한다고 나온다. 「경제기」에 한나라 황실에서 태묘에 이 술을 올린 예가 나오는데, 장안(張晏)의 주에 따르면 정월에 술을 빚어 8월에 완성한 술이다. 음악과 춤을 곁들여 태묘에 술을 올린 뒤 제후들과 함께 시음했는데 무제 때부터 제후들로부터 행사 경비를 황금으로 받았다. 이를 주금(酎金)이라고 한다.

23 무제와 위(衛) 황후 소생 유거(劉据)의 궁을 이른다.

24 '霍'은 『광운(廣韻)』의 '허곽절(虛郭切)'과 『집운』, 『고금운회거요』, 『홍무정운』의 '훌곽절(忽郭切)'에 따라 '확'으로 써야 할 것이나, '곽'이라는 음으로 굳어져 있는 형편을 감안하여 '곽'으로 썼다.

25 다섯 장군은 전광명(田廣明), 조충국(趙充國), 전순(田順), 범명우(范明友), 한증이다.

26 안사고는 신농씨(神農氏)로 해석했다.

27 주나라 성왕(成王)의 동생인 당숙우(唐叔虞)가 진(晉)에 봉해졌고 진이 한나라, 위나라, 조나라로 갈라졌으므로 한씨(韓氏)를 주 왕실의 후예와 가깝다고 한 것이다.

4 │ 한 · 팽 · 영 · 노 · 오 전 韓彭英盧吳傳

1 진나라 때에는 재산이 없으면 관리에 임용되지 못했다. 이 제도는 '자선(貲選)' 이란 이름으로 한(漢)나라까지 이어졌다. '자선'은 음서 제도, 추천 제도와 함께 한나라 관리 임용의 중요한 경로였다.

2 춘추 시대 초나라 관직으로 제후의 명령을 전달하는 업무를 맡았으나, 한나라 초기에는 군대 관직으로 변했다. 업무는 정확히 알 수 없으며 문맥상 직위는 높

지 않은 것으로 보인다.

3 삼장의 법령은 사람을 죽인 자는 사형에 처하고, 사람을 다치게 한 자는 육체에 형벌을 가하고, 도둑질한 자는 죗값을 물게 한다는 내용이다.

4 제나라 군대는 제왕 전영의 군대를, 조나라 군대는 조왕 조헐(趙歇)의 군대를 이르는 듯하다.

5 「고제기」에는 소하도 관중에서 지원병을 이끌고 형양성에 도착했다고 나온다.

6 나무로 만든 통으로 입구가 좁고 배가 불룩한 모양이다. 이 통에 물을 담아 여러 개를 한 줄로 묶은 뒤 그 위에 판자를 깔아 강을 건널 때 썼다.

7 정형구는 지금의 하북성 획록(獲鹿)의 토목관(土木關)으로 여기부터 정형까지 수십 킬로미터에 걸쳐 좁은 길이 이어진다.

8 『손자(孫子)』「모공(謀攻)」에 나오는 말이다.

9 『손자』「행군(行軍)」의 "구릉제방, 필처기양이우배지(丘陵堤防, 必處其陽而右背之)"라는 말을 인용한 듯하다.

10 『손자』「구지(九地)」의 "투지망지연후존, 함지사지연후생(投之亡地然後存, 陷之死地然後生)"을 인용한 것이다.

11 이때의 연나라 왕은 장도(臧荼)로서, 그 손녀의 외손자가 한 무제이다.

12 원문은 "다다익판(多多益辦)"인데, 『사기』에는 "다다익선(多多益善)"으로 나온다.

13 『사기』「회음후 열전」에는 이때 진희가 거록(鉅鹿) 태수로 부임했다고 나온다. 「노관전」과 『사기』「노관 열전」에는 조나라 상국의 자격으로 조나라와 대나라의 변경을 감독했다고 나온다. 대 땅은 조나라와 인접해 있었다. 「진희전」에도 진희가 조나라 상국의 자격으로 조나라와 대 땅의 변경을 감독했다고 나온다. 고조 7년(기원전 200년) 무렵에 고조가 자신의 형 유중(劉仲)을 대왕(代王)에 봉했으나 흉노의 공격을 막지 못했다는 이유로 합양후(合陽侯)로 강등시킨 뒤에 자신의 셋째 아들 유여의(劉如意)를 대왕에 봉했다. 기원전 198년에 유여의가 조왕으로 옮겨 봉해진 뒤로 진희가 상국으로 갈 때까지 대왕 자리가 비어 있었으므로 여기에서 대나라 상국으로 갔다고 한 것은 오류로 보인다. 진희는 그 전에 유격장군으로서 대 땅을 평정하는 데 공을 세운 바 있다.

14 안사고의 주에 따르면 두 마리 용은 진나라 황제와 진승을 뜻한다.

15 「항적전」에는 제왕 전영이 팽월에게 장군의 관인을 준 것으로 나온다.

16 원문은 "양지(梁地)"로 전국 시대 위 혜왕(魏惠王)이 위나라 도읍으로 정한 대량

과 그 인근의 땅을 이른다. 대량은 지금의 하남성 개봉시(開封市)이다.

17 '觡'은 『당운』, 『집운』, 『고금운회거요』, 『홍무정운』의 '호곡절(胡谷切)'에 따라 '혹'으로 써야 하겠지만 관습에 따라 '곡'으로 썼다.

18 유방이 형양성에서 항우에게 패한 것을 이르는 듯하다.

19 이때 한신이 고조에게 붙잡혀 회음후로 강등되었다.

20 팽월이 호첩의 말을 듣고도 죽이지 않았으므로 반란의 뜻이 있다고 보았다.

21 죄인의 얼굴에 죄명이나 기호를 새겨 넣던 형벌로서 한나라 말기에 폐지됐다.

22 안사고의 주에 따르면, 이때 경포 군대는 배가 없어 걷고 헤엄쳐서 강을 건넜다고 한다.

23 이때는 경포가 도읍하고 있던 육현(六縣)에 회남국(淮南國)이 설치되기 전이었으나 여기에서는 당시 대화를 제외하고는 회남왕으로, 부르고 있다. 수하가 경포를 설득하러 간 때는 한 고조 3년 11월이었으므로 경포는 항우가 봉한 구강왕이었다. 경포는 한 고조 4년 7월에 회남왕에 봉해졌다.

24 "변경의 교(徼)를 지키고 성벽에 올라 감시하다"의 원문은 "수교승새(守徼乘塞)"이다. 당나라 학자 사마정(司馬貞)의 『사기색은(史記索隱)』에 '교(徼)'는 변경의 정장(亭鄣)이고 '새(塞)'는 새원(塞垣)이라고 했다.

25 「항적전」에는 대사마 주은이 유고의 군대에 투항한 뒤에 경포의 군대가 구강에 들어온 것으로 되어 있다.

26 경포가 회남왕에 봉해진 것은 항우가 죽기 전인 한 고조 4년의 일이다. 여기에 다시 회남왕에 봉한 내용이 나오는 것은 초한 전쟁이 끝나 경포가 회남국에 정식으로 취임한 것을 이르는 듯하다.

27 당시 형법에 반란을 일으킨 자는 죽인 뒤에 뼈와 살을 다져 발효시켜 육장을 만들게 되어 있었다.

28 군사를 결집해 반란을 준비한다는 뜻이다.

29 원문에 '설공(薛公)'으로 나오는 이 인물의 이름은 밝혀져 있지 않다. 여기에서 '공(公)'은 현령을 지낸 이에게 붙이던 존칭이었다.

30 「고제기」에 따르면 한신은 한 고조 11년 봄 정월에 죽었고, 팽월은 같은 해 봄 3월에 죽었다. 『사기』 「고조 본기」에는 팽월이 여름에 반란을 일으켜 죽였다고 되어 있다. 『자치통감(資治通鑑)』은 팽월이 봄 3월에 죽었다고 적고 있다. 한편으로 경포가 반란을 일으킨 것은 같은 해 가을 7월의 일이고 다음 해 10월에 죽었

다. 여기서 '지난해'에 한신과 팽월이 죽었다고 하는 것으로 보아 등공과 설공의 이 대화는 한 고조 12년 10월에 이루어진 것이라야 한다.

31 오현은 형왕(荊王) 유고(劉賈)의 땅이고, 초는 원왕(元王) 유교(劉交)의 땅이다. 제는 도혜왕(悼惠王) 유비(劉肥)의 땅이고, 연은 연왕(燕王) 노관(盧綰)의 땅이다. 조는 은왕(隱王) 유여의(劉如意)의 땅이다.

32 한(韓)은 한왕 한신의 땅이었으나 당시에는 봉한 왕이 없었고, 옛 위나라 땅을 팽월에게 봉했으나 팽월이 죽은 뒤인 당시에는 왕이 없었다.

33 본래 초왕 한신의 땅이었으나 나중에 구강군에 속하게 되었다.

34 장사 애왕은 파군 오예의 손자 오회(吳回)를 이른다. 그런데 오회는 혜제 때에 왕에 봉해졌으므로 이때에는 성왕(成王) 오신(吳臣)이라야 맞다.

35 한 고조 11년 5월에 육고(陸賈)가 출사하여 남월왕에 봉해졌다.

36 유방은 비혁에게 식읍 천 호를 주고 기사후(期思侯)에 봉했다.

37 『사기』 「고조공신후연표(高祖功臣侯者年表)」와 「고혜고후문공신표(高惠高后文功臣表)」에 진희가 양가후(陽夏侯)에 봉해진 사실이 나온다. 진희는 유격장군으로서 전국 시대 대나라 땅을 평정하는 공을 세웠다.

38 「한신전」과 「유협전」에는 진희가 대나라 상국이었다고 나온다.

39 유방의 아버지가 죽은 것은 한 고조 10년 여름 5월이고 가을 7월에 장례를 지냈다.

40 진희가 반란을 일으킨 것은 한 고조 10년 가을 9월의 일이다.

41 오예를 이른다.

42 『사기』에는 타지(他之)로 나오며 아곡후(亞谷侯)에 봉했다고 나온다. 동호는 오환(烏丸)을 이른다.

43 장사공왕 오우는 『한서』 「이성제후왕표(異姓諸侯王表)」에는 오약(吳若)으로 나온다. 장사정왕 오차는 『사기』 「한흥이래제후왕연표(漢興以來諸侯王年表)」에 오저(吳著), 『한서』 「이성제후왕표(異姓諸侯王表)」에는 오산(吳産)으로 나온다. 최근 연구 결과 1970년대에 발굴된 호남성 장사시 상비취(象鼻嘴) 1호 고분이 재궁(梓宮)과 변방(便房), 황장제주(黃腸題湊)를 갖춘 장사정왕의 무덤으로 밝혀졌다. 이 고분은 현재까지 발굴된 호남성 내의 한나라 고분 중 규모가 가장 크다. 장사정왕은 한 문제와 같은 해에 세상을 떠났다. 장사정왕의 스승은 한 문제가 파견한 가의(賈誼)였다.

1 『사기』 「형연 세가」에는 이때 유고 외에도 유씨 집안 자제 두 명을 더 제후왕
에 봉했다고 나온다. 이때 고조의 이복동생 유교가 초왕이 되었다. 한신의 초나
라를 둘로 쪼개 형왕 유고와 초왕 유교가 다스리게 된 것이다. 또 유방의 아들
유비(劉肥)가 제왕(齊王)이 되었다. 이때부터 유씨 일족이 제후왕에 봉해지기
시작했다.

2 『사기』에는 전생이 유택에게 이렇게 권한 것으로 나온다.

3 관영(灌嬰)을 이른다.

4 「제 도혜왕전」의 내용과 어긋난다. 제왕이 축오를 낭야왕에게 보내 여씨들이
난을 일으켰다고 전하고 장안으로 진군하고자 하는데 제왕이 전투 경험이 없어
낭야왕에게 제나라의 군대를 맡기고자 한다고 꾸며 말했다. 이 말에 속은 낭야
왕이 제왕에게 붙잡혀 협박을 당하다가 제왕을 설득하여 장안으로 빠져나갔다.
안사고는 「제 도혜왕전」의 내용이 더 믿을 만하다고 했다.

5 한 문제 유항(劉恒)을 이른다.

6 전한과 후한 교체기에 녹림군을 이끌고 왕망(王莽)을 죽였던 경시제 유현(劉玄)
의 연호이다.

7 『당운』, 『집운』, 『고금운회거요』에 따르면 '濞'의 음이 '필비절(匹備切)'의 '피'가
되어야 할 것이나 관행에 따라 '비'로 썼다.

8 유중을 대나라 왕에 봉한 시기는 한 고조 7년 설과 6년 설 두 가지가 있다.

9 지금의 강소성 소주시에 두었던 장군(鄣郡)이라야 맞다. 예장군은 지금의 강서
성 남창시(南昌市)로 유비(劉濞)의 통치 구역 밖에 있었다.

10 오나라 왕의 아들 유현(劉賢)이다.

11 뒤에 경제로 즉위한 유계(劉啓)를 이른다.

12 제후, 신하 또는 외국 사절이 황제를 배알하는 것을 조회(朝會)라고 하는데, 제
후는 봄가을에 도읍지에 가서 배알했다. 봄에 배알하는 것을 춘조(春朝)라 하
고, 가을에 배알하는 것을 추정이라고 했다. 제후들이 가을에 황제를 예방하는
의례를 뜻하는 '請'을 『광음』의 '질정절(疾政切)', 『집운』, 『고금운회거요』, 『홍무
정운』의 '질정절(疾正切)'에 따라 '정'으로 썼다.

13 이 말은 『한비자』 「설림(說林)」에 보이는 말로, 여기서는 고조가 오왕의 사사로

운 일을 캐물으면 오왕이 두려워하다가 반역할 수도 있다는 뜻으로 쓰였다.

14 궤장은 임금이 중신이나 노인에게 하사하던 두 가지 물건으로, 궤(几)는 팔을 기대어 편하게 앉는 도구이고, 장(杖)은 지팡이다. '기대어 앉는 도구'라는 뜻으로 쓰는 '几'는 『당운』의 '거리절(居履切)', 『집운』과 『고금운회거요』의 '거리절(擧履切)', 『홍무정운』의 '거리절(居里切)'에 따라 '기'로 써야 옳으나 관습에 따라 '궤'로 썼다.

15 『사기』에는 40여 년이라고 되어 있다.

16 유방의 배다른 동생 유교(劉交)를 이른다. 유방은 초왕 한신을 폐하고 유교를 초왕으로 삼았다. 『시경』에 주를 단 「원왕시(元王詩)」를 남길 정도로 학문에도 뛰어났다.

17 고조의 형인 유중의 아들 오왕 유비를 이른다.

18 제 도혜왕과 초 원왕 유교는 서얼 출신이지만 오왕 유비는 서얼 출신이라는 기록이 없으므로 유방의 직계 자손이 아니라는 뜻에서 서얼이라고 한 듯하다.

19 원왕 유교(劉交)의 손자 유무(劉戊)를 이른다.

20 유방의 부인으로 한 문제 유항의 생모이다.

21 조 유왕(趙幽王) 유우(劉友)의 아들 유수(劉遂)를 이른다.

22 제 도혜왕 유비의 아들 유앙(劉卬)을 이른다. 문제는 유비의 일곱 아들을 제나라 땅에 나누어 봉했다. 제왕, 제북왕 유지(劉志), 제남왕 유벽광(劉辟光), 치천왕 유현(劉賢), 성양왕 유장(劉章), 교서왕, 교동왕 유웅거(劉雄渠)이다.

23 유앙의 어머니인 왕 태후를 이른다.

24 제 도혜왕의 아들 제 효왕 유장려(劉將閭)를 이른다. 칠국의 난에서 정세를 관망하며 동조하지 않다가 교동, 치천, 제남의 군대가 임치를 포위한 뒤에 한나라 군대의 구원을 받았다. 그러나 앞서 말한 세 나라와 잠시 통했던 것이 알려져서 자결했다.

25 오왕 유비, 교서왕 유앙, 교동왕, 치천왕, 제남왕, 초왕 유무, 조왕 유수까지 모두 일곱 왕이 가담했다.

26 「양월전(兩粵傳)」에 따르면 민월은 따르지 않았고 동우(東甌), 즉 동월에서만 동의했다고 나온다.

27 『사기』 「효경 본기」에 따르면 이날은 을사일이었다. 이달은 갑신삭(甲申朔)으로 시작했으므로 갑자일이 들지 않았다.

28 회남왕, 형산왕, 여강왕을 이른다. 이들은 회남 여왕(淮南厲王) 유장(劉長)의 아들로 유장이 죽자 문제가 회남국을 셋으로 나눠 봉했다.

29 경왕 유택의 손자 유정국(劉定國)을 이른다.

30 『사기』에는 천자로 나온다.

31 초 원왕의 아들로 유례(劉禮)와 유부(劉富) 등이 있었는데, 실제로 이들은 칠국의 난에 참가하지 않았다.

32 『사기』에는 상법(常法)으로 나온다.

33 유비(劉濞)의 동생 유광(劉廣)의 아들인 유통(劉通)을 이른다.

34 「유협전」에 「극맹전」이 실려 있다.

35 『사기』「오왕비 열전(吳王濞列傳)」에는 ‘오왕의 군대’로 나온다.

36 한 경제의 친동생 양 효왕 유무(劉武)를 이른다. 주아부가 오왕에게 공격당하는 양왕을 먼저 구하지 않고 버티면서 오왕의 식량 수송 길을 끊어 결국 승리했다. 그러나 이 일로 주아부와 양왕의 사이는 벌어졌다. 한편 「주아부전」과 『사기』 「강후 주발 세가」의 「주아부전」에는 주아부가 출정 전에 벌써 이 계책을 내놓아 황제의 허락을 받은 것으로 나온다.

37 ‘비삼백석’은 한나라 벼슬아치에게 매기는 봉록 중의 하나로 ‘삼백석’ 바로 아래 봉록이다. 「백관공경표(百官公卿表)」의 안사고 주에 따르면 ‘비삼백석’ 봉록은 한 달에 곡식 37곡을 받아 1년이면 444석을 모을 수 있었다.

38 이때 수만 명을 죽였다.

39 양왕은 이때 수양성(睢陽城)에 있었다.

40 「조아부전」에는 창읍(昌邑)으로 나오는데 오왕이 극벽에서 동쪽으로 군대를 돌렸다면 창읍에서 교전한 것이 맞다. 하읍은 안휘성에 있다.

41 단도는 장강 이남에 있는 지금의 강소성 진강시(鎭江市)이므로 회수를 건넌 뒤 다시 장강을 건너야 했다. 『사기』에는 장강을 건넜다고 나온다.

42 한왕 한신의 둘째 아들로 흉노에서 귀환했다.

43 대역 죄인을 죽인 뒤 그 살과 뼈를 다져 젓갈을 담는 형이다.

44 바로 위에서 조왕은 이때 항복하지 않고 10월에 항복했다고 나온다. 『사기』「경제 본기」와 「경제기」에는 칠국의 난이 2월에 모두 평정됐다고 되어 있다. 또 「고 오왕전(高五王傳)」과 「역상전」에 따르면 조왕의 한단성을 7개월 동안 공략하여 함락시키지 못했다가 난포(欒布)가 제나라 땅을 평정한 뒤 합세하여 함락

시켰다고 나온다. 제나라 땅의 세 왕이 임치를 포위했던 기간이 석 달이므로 이 세 왕이 3월에 평정되었다고 한다면, 난포가 한단성에 합세한 것은 7월 전의 일일 것이다. 그러므로 조왕이 거사를 일으킨 정월부터 쳐서 7개월 동안 공략한 것이면 10월이 아닌 7월경에 함락되었을 것이다. 그것이 아니라 오왕과 제나라 땅의 세 왕을 평정한 3월 이후부터 공략했으면 한단성을 10월에 함락한 것이 된다.

45 『주일서(逸周書)』에 나오는 말이다.

6 | 초 원왕전 楚元王傳

1 선제(宣帝) 유순(劉詢)을 기휘하여 순자 순경(荀卿)을 부르던 이름이다.

2 「고후기」에 따르면 무애왕(武哀王)으로 추존되었다.

3 갈(頡)은 긁는 소리를 뜻한다.

4 『시경(詩經)』의 해설서 『모씨전(毛氏傳)』을 이른다.

5 송(宋)의 유봉세(劉奉世)의 주에 따르면 문제 때에 원왕의 아들에게 작위를 준 적이 없으므로 여기서 작(爵)은 봉록이나 다른 대우를 뜻한다.

6 1994년, 강소성 서주시(徐州市) 파기산(簸箕山)에서 '원구후예(宛朐侯埶)' 금인이 나왔다. 제후 직함과 인명이 함께 새겨진 이런 인은 드물게 출토된다.

7 다섯 명 모두를 경제 즉위 시에 봉한 것이 아니다. 「왕자후표」에 따르면 극락후(棘樂侯) 조(調)는 오초의 반란을 평정한 뒤인 경제 3년 8월에 봉했다.

8 『역전(易傳)』「계사전(繫辭傳)」을 이른다.

9 원문은 "지기기신호. 기자동지미, 길흉지선현자야. 군자현기이작, 불사종일.(知幾其神乎. 幾者動之微 吉凶之先見者也. 君子見幾而作 不俟終日)"이다.

10 초왕 유무의 봉토를 삭감한 것은 한 경제 3년 겨울의 일이다. 『사기』「오왕비열전」과 「오 형왕전」에는 이때 동해군을 삭감했다고 나온다. 설군을 삭감한 것은 그 뒤의 일인 듯하다.

11 노역형의 일종으로 죄수를 서로 엮어 두어 도망가지 못하게 했다.

12 후(侯)의 어머니를 태부인이라고 했다.

13 1980년대에 강소성 서주시 구산(龜山)에서 초상왕 유주와 왕후의 무덤이 발견

되었다. '劉注'라고 새겨진 거북 손잡이가 달린 인장이 출토되어 무덤 주인이 확인된 것이다. 이 고분은 부엌과 좌변기를 갖춘 화장실, 음악당 등이 있는 주택 구조로 되어 있다. 개방되어 관람할 수 있다.

14 원문에는 '노(路)' 자만 있으나 송기(宋祁)의 주에 따라 유덕의 자를 노숙(路叔)으로 옮겼다.

15 섬서성 순화현(淳化縣)에 있었던 궁전이다. 진 이세황제 때에 임광궁(林光宮)을 세웠다가 한 무제 때에 감천궁으로 이름을 바꿨다. 한나라 황세들의 피서지였다.

16 안사고의 주에 따르면 제 효왕(齊孝王) 유장려(劉將閭)의 손자인 유택이 모반하여 청주 자사를 죽이려고 한 일이 있었다고 했다.

17 한 무제의 측근이었던 상관걸(上官桀)과 한 무제의 맏딸이자 소제(昭帝)를 키웠던 갑장 공주가 소제와 곽광의 사이를 멀어지게 하려고 꾸민 사건으로 「외척전」에 상세한 이야기가 있다.

18 '자족할 줄 알면 치욕을 당할 일이 없다'라는 뜻으로 『도덕경』 44장에 나온다.

19 당시의 율(律)에 의하면 연금술로 황금을 만들고자 한 자는 저잣거리에서 죽이는 기시형(棄市刑)에 처했다.

20 '무(繆)'는 '틀린 행동을 하다'라는 뜻이니, 아들을 변호했다 하여 좋은 뜻의 시호를 내리지 않았다.

21 '更'을 『집운』과 『고금운회거요』의 '거행절(居行切)'과 『홍무정운』의 '갱(賡)'에 따라 '갱'으로 썼다.

22 서한 때에는 이천석 봉록이 넘는 관리들이 일정한 기간을 넘겨 재직하면 아들을 낭관에 천거할 수 있었다. 뒤에 나오는 급암(汲黯)과 소무(蘇武) 형제도 이 제도의 혜택을 받았다.

23 안사고는 두 권의 다른 책, 곧 『홍보(鴻寶)』와 『원미서(苑秘書)』라고 보았다.

24 습유는 황제 옆에서 간언하며 정사를 보좌하는 일을 이른다. 측천무후 때에 간언을 올리는 좌우습유직을 정식으로 두었다. 송나라 때에 정언(正言)으로 이름을 바꾸었다.

25 초원(初元) 2년 2월에 지금의 감숙성 농서 지방에 지진이 일어났다.

26 「천문지(天文志)」에 초원 2년 5월에 묘 자리와 권설 자리 사이에 객성이 나타나서 점을 쳐 보니 망언을 일삼는 자가 나타난다는 괘가 나왔다고 되어 있다.

27 「소망지전」과 「원제기」에 이 일이 언급되었는데 겨울에 조서를 내렸다고 한다.

28 「원제기」에 따르면 이해에는 2월과 7월에 지진이 일어났다. 바로 아래에 나오는 유향의 상소에도 봄가을에 지진이 일어났다고 했고, 「익봉전(翼奉傳)」과 『전한기(前漢紀)』에도 7월에 지진이 있었다고 나오는 것으로 보아 이 부분의 '겨울'은 '7월' 또는 '가을'의 잘못인 듯하다.

29 「유림전(儒林傳)」에는 '예관(倪寬)'으로 나온다.

30 원문은 "어목청묘, 숙옹현상. 제제다사, 병문지덕(於穆淸廟, 肅雍顯相. 濟濟多士, 秉文之德)"으로 『시경』 「주송(周頌)」 '청묘(淸廟)'에 나오는 구절이다.

31 원문은 "유래옹옹, 지지숙숙, 상유벽공, 천자목목(有來雍雍, 至止肅肅, 相維辟公, 天子穆穆)"으로 『시경』 「주송」 '옹(雍)'에 나오는 구절이다.

32 원문은 "강복양양(降福穰穰)"으로 『시경』 「주송」 '예경(執競)'에 나오며, 무왕을 제사 지낼 때 부른 노래의 한 구절이다.

33 원문은 "이아래모(飴我釐麰)"로 『시경』 「주송」 '사문(思文)'에 나오는 구절이다.

34 원문은 "민지무량, 상원일방(民之無良 相怨一方)"으로 『시경』 「소아(小雅)」 '각궁(角弓)'에 나오며 유왕 시대를 풍자하고 있다.

35 원문은 "흡흡자자, 역공지애. 모지기장, 즉기시위. 모지불장, 즉구시의(歙歙訿訿, 亦孔之哀. 謀之其臧, 則具是違. 謀之不臧, 則具是依)"로 『시경』 「소아」 '소만(小旻)'에 나오며 유왕 시대를 풍자하고 있다. 이 부분은 『순자(荀子)』 「수신(修身)」에도 인용되어 있다.

36 원문은 "밀물종사, 불감고로. 무죄무고, 참구오오(密勿從事, 不敢告勞. 無罪無辜, 讒口嗷嗷)"로 『시경』 「소아」 '시월지교(十月之交)'에 나오는 내용이다. 아래의 주 40까지 모두 같은 시에서 나왔다.

37 원문은 "삭일신묘, 일유식지, 역공지추(朔日辛卯, 日有蝕之, 亦孔之醜)"이다. 초하루에 신묘일이 든다는 것은 신의 금(金)이 묘의 목(木)을 침탈하는 것으로 해석할 수 있다. 금은 임금을, 목은 신하를 상징하니 임금이 신하에게 당한다 하여 추악하다고 말한 것이다.

38 원문은 "피월이미, 차일이미, 금차하민, 역공지애(彼月而微, 此日而微, 今此下民, 亦孔之哀)"이다.

39 원문은 "일월국흉, 불용기행. 사국무정, 불용기량(日月鞠凶, 不用其行. 四國無政, 不用其良)"이다.

40 원문은 "백천비등, 산총졸붕. 고안위곡, 심곡위릉. 애금지인, 호참막징(百川沸騰,
山冢卒崩. 高岸爲谷, 深谷爲陵. 哀今之人, 胡僭莫懲)"이다.

41 원문은 "정월번상, 아심우상. 민지와언, 역공지장(正月繁霜, 我心憂傷. 民之訛言,
亦孔之將)으로『시경』「소아」'정월(正月)'에 나오는 내용이다. 주나라의 정월은
하나라의 여름 4월에 해당한다.

42 "오얏과 매실이 ……죽지 않았으며"는『춘추』에서 정확한 출전을 확인할 수
없다.

43 하나라 달력(夏曆)의 8월을 말하며 주나라 달력(周曆)으로는 10월이다.

44 단목공(單穆公), 유문공(劉文公), 공간공(鞏簡公), 감평공(甘平公), 소장공(召莊公)
을 이른다.

45 자맹(子猛), 자조(子朝), 경왕(敬王)을 이른다.

46 원문은 "우설표표, 현현율소(雨雪麃麃, 見晛聿消)"로『시경』「소아」'각궁'에 나오
는 내용으로 원문에는 '麃麃'가 '표표(瀌瀌)'로 되어 있다.

47 원문은 "아심비석, 불가전야(我心匪石, 不可轉也)"로『시경』「패풍(邶風)」'박주
(柏舟)'에 나온다.

48 원문은 "환한기대호(渙汗其大號)"로『주역』'환괘(渙卦)'의 효사(爻辭)이다.

49 원문은 "견불선여탐탕(見不善如探湯)"으로『논어』「계씨(季氏)」에 나온다.

50 원문은 "우심초초, 온우군소(憂心悄悄, 慍于群小)"로『시경』「패풍」'박주'에 나
온다.

51 이 일은『상서(尙書)』「우서(虞書)」'순전(舜典)'에 나온다.

52 원문은 "비룡재천, 대인취야(飛龍在天, 大人聚也)"로 '건괘(乾卦)'의 상사(象辭)
이다.

53 원문은 "발모여이기휘, 정길(拔茅茹以其彙, 征吉)"로『주역』'태괘'의 효사이다.

54 주희(朱熹)는『논어』에 이 사실이 나오지 않는다는 점을 들어 공자가 소정묘를
죽이지 않았을 것이라고 주장했다.

55 영광(永光) 4년 여름 6월의 일이다.

56 원래 광록대부의 봉록은 중이천석보다 두 단계 낮은 비이천석이었다.

57 성제 즉위 3년(기원전 31년)부터 연릉을 조성하기 시작하여 거의 완공될 무렵
인 성제 14년(기원전 20년)에 풍수가 좋지 않다며 다시 창릉을 조성하기 시작
했으나 오 년이 지나도 지하의 주실을 완공하지 못해 여러 신하들이 상소를 올

려 창릉 조성이 중단되었다.

58 「간영창릉소(諫營昌陵疏)」라고 알려진 글이다.

59 원문은 "안불망위, 존불망망, 시이신안이국가가보야(安不忘危, 存不忘亡, 是以身
安而國家可保也)"로 이와 관련된 내용이 『역전』「계사하전(繫辭下傳)」에 나온다.

60 원문은 "은사부민, 관장우경(殷士膚敏, 祼將于京)"으로 『시경』「대아(大雅)」'문
왕(文王)'에 나오는 내용이다.

61 저리자는 진 혜왕(秦惠王)의 이복동생으로, 죽을 때 백 년 뒤에 천자가 나와 내
무덤 옆에 천자궁을 지을 것이라고 하며 필 땅의 남쪽에 묻어 달라고 부탁했다
고 한다. 한나라의 장락궁과 미앙궁이 그 동쪽과 서쪽에 있었으며 소하가 미앙
궁 안에 지었던 병기고인 무고는 바로 그 위에 있었다.

62 『예기(禮記)』「단궁(檀弓)」상(上)에 이 내용이 나온다.

63 은나라가 망한 뒤, 주왕(紂王)의 이복형인 미자(微子)에게 봉한 제후국이다.

64 다섯 임금이 되려면 소왕과 엄상왕 사이에 효문왕(孝文王)이 들어가야 한다. 엄
상왕은 진시황의 아버지 장상왕(莊襄王)을 이른다.

65 실제 출토된 유물은 청동 기러기였다.

66 노 장공(魯莊公)을 이른다.

67 노 장공의 두 아들 자반(子般)과 민공(閔公)이 삼촌 경보(慶父)에게 살해된 일을
이른다.

68 연릉(延陵)을 이른다.

69 성제의 황후 조비연(趙飛燕)과 소의(昭儀) 조합덕(趙合德)을 이른다.

70 성제의 후궁 위 접여(衛婕妤)를 이른다.

71 지백(智伯), 범(范), 중항(中行), 한(韓), 위(魏), 조(趙)를 이른다.

72 제 장공(齊莊公)을 이른다.

73 위 헌공(衛獻公)을 이른다.

74 위 상공(衛殤公)을 이른다.

75 노 환공(魯桓公)의 세 아들 계손씨(季孫氏), 숙손씨(叔孫氏), 맹손씨(孟孫氏)의 삼
환(三桓)을 이른다.

76 『춘추』를 이르는 듯하다.

77 윤씨가 왕자극을 죽인 기사는 어느 경전에도 보이지 않는다.

78 "신하가 위세를 부리며 권력을 전횡하면 왕실에 해롭고 나라에 불리하다"의 원

문은 "신지유작위작복, 해우이가, 흉우이국(臣之有作威作福, 害于而家, 凶于而國)"으로 『상서』「주서(周書)」'홍범(洪範)'이 그 출전이다. 『고문상서』를 위주로 한 현재 판본에는 '作福作威'로 되어 있는데 복생의 『금문상서』에 '作威作福'으로 되어 있었기 때문에 한나라 때에는 '作福作威'와 '作威作福'이 함께 쓰인 것으로 보인다. 참고로 유향은 소하후씨상서학파(小夏侯氏尚書學派)에 속했다고 알려져 있다.

79 원문은 "녹거공실, 정체대부(祿去公室, 政逮大夫)"이나 『논어』「계씨」에는 "녹거공실오세의, 성체어대부사세의(祿去公室五世矣, 政逮於大夫四世矣)"로 나온다. 안사고가 한서에 단 주에는 '오세'와 '사세'가 '오군(五君)'과 '사군(四君)'으로 되어 있다.

80 주발(周勃)을 이른다.

81 유장(劉章)을 이른다.

82 한 무제의 아들인 유단(劉旦)을 이른다. 이복동생인 유불릉(劉弗陵)이 소제(昭帝)가 된 뒤에 반란을 준비했다.

83 앞에서 태사 윤씨 또는 대부 윤씨로 지칭된 인물인데 주나라 선왕(宣王) 때의 외척이었다.

84 이에 관한 이야기가 「쉬홍전(眭弘傳)」에 전한다.

85 원문은 "군불밀, 즉실신. 신불밀, 즉실신. 기사불밀, 즉해성(君不密, 則失臣. 臣不密, 則失身. 幾事不密, 則害成)"으로 『역전』「계사상전」에 나오는 내용이다.

86 원문은 "은감불원, 재하후지세(殷監不遠, 在夏后之世)"로 『시경』「대아」'탕(蕩)'의 끝 구절이다.

87 원문은 "관호천문, 이찰시변(觀乎天文, 以察時變)"으로 『주역』「분괘(賁卦)」의 단사(彖辭)이다.

88 안사고의 「서역전」주에 따라 '洮'를 '토고반(土高反)'의 '토'로 썼다.

89 안사고의 주에는 유성이 땅에 떨어지는 것을 뜻한다고 되어 있다.

90 창읍왕 유하(劉賀)를 이른다. 한나라 제9대 황제로 올랐다가 스무이레 만에 폐위되었다. 제10대 황제는 선제(宣帝)이다.

91 한나라 사관들이 기록한 실록을 이른다.

92 은나라의 무정(武丁)을 이른다.

93 원문은 "서부진언, 언부진의(書不盡言 言不盡意)"로 『역전』「계사상전」에 나온다.

94 원문은 "팽래이도(伻來以圖)"로 『상서』「주서」'낙고(洛誥)'에 나오는 말이다.

95 고염무(顧炎武)의 고증에 따라 원문 "첩불위왕씨거위자급승상어사소지(輒不爲
王氏居位者及丞相禦史所持)"에서 '不' 자를 빼고 옮겼다.

96 왕망을 이른다.

97 금마문과 같은 뜻이다.

98 육예는 육경으로 『의례(儀禮)』, 『악(樂)』, 『서』, 『시』, 『역』, 『춘추』를 이르는데
『악』은 진시황 분서 때 소실되었다는 설이 지배적이다.

99 관련 내용이 『논어』「공야장」에 나온다. "교언영색족공, 좌구명치지, 구역치지.
익원이우기인, 좌구명치지, 구역치지(巧言令色足恭, 左丘明恥之, 丘亦恥之. 匿怨而
友其人, 左丘明恥之, 丘亦恥之)"이다.

100 『맹자(孟子)』「공손추상(公孫丑上)」에 공자의 제자가 일흔 명이었다고 나온다.
『사기』「공자 세가」에는 공자의 제자가 3000명이었는데 그중에서 일흔두 명이
뛰어났다고 나오는 데 반해 『사기』「중니 제자 열전」에는 일흔일곱 명이라고
나온다. 한편 『공자 가어(孔子家語)』에는 일흔두 명이 열거되어 있다.

101 여기에 나오는 '가생'은 가의(賈誼)를 이른다.

102 「예문지」에는 공자의 집에서 찾아낸 경전의 정확한 편수가 실려 있지 않다.

103 사람의 성(姓)인 '歐陽'에 쓰는 '歐'의 음은 『광운』, 『집운』, 『고금운회거요』, 『홍
무정운』의 '오후절(烏侯切)'에 따라 '우'가 되어야 마땅하나 관습에 따라 '구'로
썼다.

104 유흠이 바꾼 이름 유수는 동한 광무제의 이름이기도 하다. 응소는 유흠이 재미
있게도 「하도적복부(河圖赤伏符)」의 '고조 유방 건국 이후 228년 되는 해에 유수
가 봉기하여 한나라를 일으킨다'는 참언을 보고 황제가 되기 위해 이름을 바꾸
었다고 했다. 유흠이 마지막에 왕망에게 맞서 거사하다가 자결한 것은 사실이
다. 그러나 유흠이 이름을 바꾼 것은 애제 원년(기원전 6년)의 일로 「하도적복
부」가 세상에 나오기 전의 일이었다.

105 '況'의 음은 『당운』의 '허방절(許訪切)', 『집운』, 『고금운회거요』, 『홍무정운』의
'허방절(許放切)'의 '항'이 되어야 마땅하나 순자(荀子)의 이름에 쓰던 관습에 따
라 '황'으로 썼다.

1 후한 말기의 학자 정현(鄭玄)이 원문의 '갈(褐)'은 짐승의 털로 짜서 만든 옷으
로 비천한 사람들이 입는 옷이라고 주석을 달았는데 당나라 학자 공영달(孔穎
達)이 『모시정의(毛詩正義)』에 이 학설을 인용했다.

2 「유협전」에 「주가전」이 있다.

3 고황제가 죽은 소식을 들은 묵돌 선우가 여후와 혼인하고 싶다는 뜻을 편지에
적어 보낸 사실을 이른다. 「흉노전」에 편지 내용이 나온다.

4 『사기』에는 40여만으로 나온다.

5 원앙(袁盎)을 이른다.

6 안사고의 주에 따르면 '자신이 계심의 문객이라고 사칭하는 젊은이가 많았다'
로 해석할 수 있다.

7 모제(母弟)를 『초한춘추(楚漢春秋)』와 안사고의 주에 따라 '아버지가 다른 동생'
으로 옮겼다. 사마정은 '어머니의 동생'이라고 해석했다.

8 촉 땅에 유배를 가던 팽월을 여후가 낙양으로 데리고 와서 유방에게 처결하게
했다.

9 위나라 학자 소림(蘇林)의 주에 따라 '鄃'를 '輸'의 '수'로 썼다.

10 한 경제 중원(中元) 5년의 일이다.

11 형성은 지금의 산서성 곡옥(曲沃)으로 진(晉) 땅에 속했다. 『사기』에 형성이 중
산국(中山國)에 있다고 한 것으로 보아 아마도 지금의 하북성 무극(無極)에 있
었던 고형(苦陘)을 이르는 듯하다.

12 「문 삼왕전」에 자세한 내용이 있다.

13 노 공왕(魯共王) 유여(劉餘)를 이르며, 경제의 아들이다.

14 위청(衛靑)을 이른다.

15 원문은 "지이천석, 승상장사(至二千石, 丞相長史)"이다. 「백관표」에 따르면 문제
2년에 승상을 다시 두면서 승상 아래에 두 명의 장사를 두었는데 봉록을 천 석
으로 했다는 내용이 나오므로, 여기에 승상장사를 이천석 벼슬이라고 한 것은
천석의 오류로 보인다. 바로 뒤에 나오는 경보도위는 봉록 이천석 벼슬이며 사
직은 경보도위보다 낮은 비이천석 벼슬이다.

16 하동(河東), 하남(河南), 하내(河內)를 이른다.

17 『사기』에는 태자를 놓아준 죄로 사형을 당하게 된 전인이 반란을 일으켰다가 죽임을 당하는 것으로 나온다.

8 | 고 오왕전 高五王傳

1 조 유왕, 조 공왕, 연 영왕의 어머니에 대해서는 신상이 밝혀진 바가 없으나 각기 다른 사람일 것으로 추정되고 있다.

2 장수를 비는 술을 올릴 때, 술에 독이 없는 것을 확인하기 위해 아랫사람이 먼저 한 잔을 마신 다음 다른 잔을 올리게 되어 있었다.

3 『사기』에는 훈(勳)으로 나온다.

4 주나라 때에 도읍지에 와서 머무는 제후의 목욕재계와 유숙을 위해 하사한 기내(畿內) 성읍이었는데 훗날 황제, 제후, 황후, 또는 공주의 사유지로 변했다.

5 제 애왕을 이른다.

6 애초에 제왕에 봉해졌던 제 도혜왕의 적장손이었던 제 문왕이 죽은 뒤 문제가 유장려를 제왕에 봉했다. 곧 제 혜왕이다.

7 「제후왕표」에는 혜제(惠帝) 7년으로 나온다.

8 안사고의 주에 따르면 유씨 자손을 많이 낳아 각지에 제후로 봉하며 여씨는 쫓아내야 한다는 뜻이다.

9 '顯'의 음을 『당운』, 『집운』, 『고금운회거요』의 '식리절(息利切)', 『홍무정운』의 '식지절(息漬切)'에 따라 '시'로 써야 하겠으나 관례에 따라 '사'로 했다.

10 제나라에서 제남, 낭야, 성양을 갈라낸 사실을 이른다.

11 이때에는 효혜제의 두 아들 중 전소제(前少帝) 유공(劉恭)이 죽은 뒤에 후소제(後少帝) 유홍(劉弘)이 재위하고 있었다.

12 성양군과 제북군이다.

13 안사고의 주에 따르면 '罷'는 '피피반(皮彼反)' 또는 '피(疲)'와 같은 음이라고 했으므로 '피'로 썼다.

14 제 도혜왕 유비의 둘째 아들 성양 경왕 유장의 아들인 성양 공왕(城陽共王) 유희(劉喜)를 이른다.

15 「문제기」에는 일곱 명으로 나온다. 「왕자후표」에는 관공후(管共侯) 파군과 씨구

후(氏邱侯) 영국(寧國), 영평후(營平侯) 신도(信都), 양구후(楊邱侯) 안(安)도 이날 함께 왕위에 올랐다고 나온다.

16 평양간후(平陽簡侯) 조기(曹奇)를 이른다.

17 『사기』「제 도혜왕 세가」에는 차경(次景)으로, 『사기』「제후왕 연표」에는 차창(次昌)으로 나온다.

18 제후국 왕의 딸을 옹주라고 했는데 어머니가 각각 다를 수 있으므로 어머니의 성을 붙여서 불렀다.

19 한 무제의 생모를 이른다.

20 수성군은 황태후가 금씨(金氏)와 혼인하여 얻은 딸이다.

21 제 여왕 유차창을 이른다.

22 고조의 육촌 동생인 유택의 손자 유정국을 이른다.

23 한 경제의 서자 조 경숙왕(趙敬肅王) 유팽조(劉彭祖)를 이른다.

24 진시황 때 마련한 제도로 치면 서열 5위의 후궁이다.

9 | 소하·조참 전 蕭何曹參傳

1 『사기색은』의 주에 따르면 '공조(功曹)'가 곧 '주리'이다. '연'은 주무를 담당한 아전이었다.

2 원문의 "승독사(丞督事)"를 안사고의 주에 따라 번역한 것이다. 그러나 유방이 패공이 된 뒤에 소하가 현승을 했다는 점에서 어색한 데가 있다.

3 원문은 "천여불취, 반수기구(天予不取, 反受其咎)"이다. 여기서 말하는 『주서』는 공자가 편집한 『서』 100편 안에 들어 있지 않다. 안사고는 「예문지(藝文志)」에 실려 있는 『주서』 71편으로 추정했다.

4 「백관공경표(百官公卿表)」에는 왕씨 성을 가진 위위가 나오지 않는다.

5 '涓'이 '蠲'과 음이 같다는 안사고의 주에 따랐다. 현대 중국어에서도 이 두 글자의 음이 같다.

6 「고제기」에 나오는 사천 감군 평(平)으로 감공은 군감(軍監)의 존칭이다.

7 당시 위구가 왕이었다.

8 『사기』에는 사마이(司馬夷)로 나온다.

9 '置'를『홍무정운』의 '지의절(知意切)' '지(智)'의 '지'로 썼다.

10 이때 항량의 군대가 지원군 주력 부대였다.

11 이때 패공과 항우의 군대가 함께 옹구를 공격했다.

12 「고제기」에는 여기가 투항하여 은후(殷侯)에 봉한 것으로 나온다.

13 옹왕 장한의 내사를 이른다.

14 『사기』「조 상국 세가」에는 무원(武垣)이라고 나온다.

15 「장이전」에는 대나라 상국으로 나온다.

16 제 혜왕 전건의 손자 전안이 제북왕이 되면서 항우로부터 봉해 받은 땅을 말한다.

17 「관영전」에는 이때 종군했던 관영 부대의 병졸이 용저를 베었다고 나온다.

18 옛 제나라 땅을 이른다. 항우가 셋으로 갈라 봉했던 전국 시대 제나라 땅을 전담의 동생 전영이 통합하여 다스리고 있었다. 한왕이 황제에 즉위한 뒤에 제왕 한신을 초왕으로 옮기면서 제나라 땅을 군으로 만들었으므로 이때에는 아직 군이 아니었다.

19 「전담전」에는 전영의 동생인 전횡이 상국으로, 전광(田光)은 수상(守相)으로 나온다. 또 전기(田旣)는 당시 장군직에 있었으며 사로잡힌 것이 아니라 교동으로 달아났다가 죽은 것으로 나온다.

20 『사기』에는 '병거기(兵車騎)'로 나오는데 여기에는 보병을 뜻하는 '병'이 빠져 있다.

21 '蓋'이 제나라의 지명으로 쓰일 때는 '고답절(古沓切)'의 '갑'이 된다.

22 원문은 "소하위법, 강약획일. 조참대지, 수이물실, 재기청정, 민이녕일(蕭何爲法, 講若畫一. 曹參代之, 守而勿失. 載其清靖, 民以寧壹)"이다.

10 | 장·진·왕·주 전 張陳王周傳

1 "하비를 흐르는 물 위의 다리"의 원문은 "하비이상(下邳圯上)"이다. '이(圯)'에 대해 복건(服虔)은 '다리'로 보았고, 응소(應劭)는 '이수(圯水)'로 보았으며 문영(文穎)은 '기수(沂水)에 놓인 다리'로 보았다. 이에 대해 안사고는 "하비를 흐르는 강은 이수(圯水)도 기수(沂水)도 아니므로 복건의 해석이 옳다."라고 했다.

2 '褐'을 안사고의 주에 따라 '裘'의 '모피 옷'으로 옮겼다.

3 동진(東晉) 학자 서광(徐廣)의 주에 따르면 '오만(五萬)'이 '백만(百萬)'으로 되어 있는 예도 있다고 한다. 여기서는 장량이 유방에게 먼저 아군의 군량을 충분히 마련한 뒤에 작전을 시작하라고 충고하고 있다.

4 "성질이 강한 약"의 원문은 "독약(毒藥)"이다. 「회남 형산 열전(淮南衡山列傳)」, 『공자가어(孔子家語)』「육본편(六本篇)」, 『설원(說苑)』「정간편(正諫篇)」 등에는 "양약(良藥)"으로 나온다.

5 원문에는 "추생(鰌生)"이지만 『초한 춘추』에는 "추성(鰌姓)"으로 나온다. "추(鰌)"는 송사리를 가리킨다.

6 「고제기」에 관련 내용이 자세하게 나온다.

7 안사고의 주에 따르면 진나라에서 황금을 화폐로 거래하던 단위로, 스무 냥 또는 스물넉 냥과 맞먹었다. 일(鎰)이라고 쓰기도 한다. 「식화지」에 한나라 때에 와서 일(溢)을 버리고 주나라 단위인 열여섯 냥과 맞먹는 근(斤)을 썼다고 나오는 것으로 보아 여기서 고조가 장량에게 황금 백 일을 준 것은 제도를 고치기 전의 일로 보인다.

8 잔도는 절벽에 나무를 대어 만든 좁은 통로이므로 태워서 없앨 수 있다.

9 『사기』「유후 세가」에는 장량이 돌아왔을 때 한성은 항우에게 잡혀 있던 상태였고, 장량이 항우를 설득하여 돌려보내게 했지만, 항우가 말을 듣지 않고 팽성에서 죽였다고 나온다.

10 뒷날 한왕(韓王)이 되는 한신이다.

11 여기서 말하는 수레의 횡목은 '식(軾)'으로, 달릴 때 붙잡을 수 있었다.

12 여후 소생의 유영(劉盈)으로 뒤에 효혜제가 되었다.

13 여후의 오빠 여석지(呂釋之)가 건성후였다. 여택은 주려후(周呂侯)였다.

14 원공(園公), 기리계(綺里季), 하황공(夏黃公), 녹리선생(角里先生)으로 , 수염과 눈썹이 하 기 때문에 '사호(四皓)'라고 불렸다.

15 "또 어찌하랴."의 원문은 "우가내하(又可奈何)"인데 『사기』에는 "당가내하(當可奈何)"로 나온다.

16 진희(陳豨)의 난을 진압하기 위한 출전이었다.

17 『장자』「지북유」에 나오는 말로 「위표전」에 설명을 달아 놓았다.

18 은왕의 봉토였던 하내군을 이른다.

19 석분이 유방의 중견이었던 당시에는 만석군이라고 불리지 않았다. 뒤에 한 경제로부터 석군과 네 아들이 모두 이천석 봉록의 벼슬을 하고 있다고 칭찬을 받은 뒤에 사람들이 만석군이란 별호를 붙여 주었다.

20 『사기』「진 승상 세가」에는 일곱 사람으로 나온다.

21 『초한 춘추』에 나오는 강관(絳灌)이란 인물로 보기도 한다.

22 진장은 위자부(衛子夫)의 언니에게 장가를 들었다.

23 '혼(緡)'을 혼(昏)과 음이 같다는 안사고의 주에 따라 '혼'으로 썼다.

24 『사기』「강후 주발 세가」에 나오듯이 견성읍(甄城邑)으로 봐야 한다. 견성은 동아와 복양에서 가까우나 기현은 오늘날의 안휘성 숙현(宿縣)으로 동아와 복양에서 멀기 때문이다.

25 후한 말기 위나라 초기의 학자 문영은 성 아래까지 나아간 군사 중에 주발의 군사들이 많았다고 해석하기도 했다.

26 봉호를 받으면 봉록은 있되 식읍이 없었다.

27 『사기』「강후 주발 세가」에는 호비(虎賁)로 나온다. 그러나 당시에 호비현이 없었다.

28 당시 흉노의 좌우 현왕(賢王)이 만여 명의 기병을 데리고 한신을 응원했다.

29 안사고의 주에 따르면 누번 서쪽에 있던 이 지역의 지명에 쓰일 때는 '砦'을 '천좌반(千坐反)'으로 쓴다고 했는데, 한글 음으로 '촤'가 된다. '砦'는 '사', '좌', '차' 등으로 발음된다.

30 『사기』「강후 주발 세가」에는 승마치(乘馬絺)로 나온다.

31 승상 기이(箕肄)라는 인물은 확인되지 않는다. 운중군의 관리로 보인다.

32 『사기』「강후 주발 세가」에는 훈(勛)으로 나온다.

33 『사기』「강후 주발 세가」에는 주발이 진희의 목을 베었다고 나온다. 그러나 『사기』「한신 노관 열전」에 들어 있는 「진희전」에서는 한 고조 12년 겨울에 번쾌의 군대가 영구에서 진희의 목을 베었다고 나온다. 그러나 「한·팽·영·노·오 전」에 들어 있는 「진희전」에는 진희의 목을 벤 장수의 이름이 나오지 않는다. 『사기』「번쾌 열전」과 「번쾌전」에는 번쾌가 한왕 한신의 목을 벤 이야기만 나올 뿐 진희의 목을 벤 사실은 기록되어 있지 않다. 이 기사 뒤에 주발의 전공을 기록한 기사가 있는데 상국 한 명을 사로잡았다는 이야기만 있고 목을 베었다는 이야기는 나오지 않는다.

34 유주(幽州) 창평현(昌平縣)이 한나라 때 혼도현(渾都縣)이었다. 안사고는 "御史大 夫施屠渾都"로 읽어 성이 시도(施屠)이고 이름이 혼도(渾都)인 어사대부를 사로 잡은 것으로 해석했다.

35 상산왕이라고도 한다.

36 『사기』「여 태후 본기」에는 장택(張澤)으로 나온다.

37 「진평전」에는 주발이 스스로 진평보다 못하다는 생각에 사직했다고 기록되어 있다.

38 문제의 생모인 박 태후의 남동생이다.

39 원문의 종리(從理)를 두고 안사고는 '세로 금'이라고 했으나 『사기색은』에는 '가로 금'이라고 했다. 종(從)과 종(縱)이 통하는 글자이므로 여기서는 '세로 금' 으로 번역했다.

40 경제의 친동생 유무를 이른다.

41 여기서는 주아부가 출정하기 전에 이 계책을 낸 것으로 나오지만 「오왕 유비전」 에서는 주아부가 회양에 당도했을 때 등 도위가 이 계책을 낸 것으로 나온다.

42 "단도현을 항복시키고"의 원문은 "항기현(降其縣)"이다. 『사기』「강후 주발 세 가」의 「주아부전」에는 "항기후(降其後)"로 나온다.

43 원문은 "인생각이시행이(人生各以時行耳)"인데, 여기서는 안사고의 주에 따라 번 역했다. 『사기』「강후 주발 세가」의 「주아부전」에는 "인주각이시행이(人主各以 時行耳)"로 나온다. 『책부원귀(冊府元龜)』등에는 「주아부전」에 나오는 대로 실 려 있다.

44 『사기』「공신표」에는 용성후(容成侯) 휴서로(擕徐盧)가 나온다. '용성(容成)'은 탁군(涿郡)의 '용성(容城)'으로 보인다.

45 「공신표」에는 같은 달에 봉한 흉노왕이 서로를 포함해 여섯 명으로 나온다.

46 효경제는 기원전 188년에 태어나 기원전 157년부터 16년 동안 재위했으며 마흔 여덟 살에 죽었다. 주아부가 승상직에서 물러난 것이 기원전 147년의 일이었다.

47 원문은 "현관(縣官)"인데 『주례(周禮)』에 따르면 현은 도읍을 뜻하고 현관은 천 자를 이른다.

48 이 말은 두 가지 뜻이 있다. 첫째는 황제가 주아부의 태도에 화가 나서 더는 심 문할 필요 없이 바로 사형에 처하겠다는 의사를 표시했다는 뜻이다. 둘째 뜻은 형리가 제대로 심문하지 못하는 것에 화가 난 황제가 그 형리가 더는 심문할 필

요가 없으니 정위에게 넘겨 심문하게 했다는 것이다.

49 이는 『사기』「장 승상 세가」에서 사마천이 장량의 초상을 본 뒤에 평하며 한 말이다.

11 | 번·역·등·관·부·근·주 전 樊酈滕灌傅靳周傳

1 이보다 앞서 제6등급의 국대부(國大夫)를 받았는데 제7등급의 열대부(列大夫)를 또 내린 것으로 나온다.

2 『한서음의(漢書音義)』를 지은 진작(晉灼)은 상문(上聞)을 제8등급의 작위라고 했다.

3 "패공을 따라 어현(圉縣) 도위를 공격하다"의 원문은 "종공위도위(從攻圍都尉)"이다. 『사기』「번쾌 열전」에는 '패공을 따라 포위 공격하다'라는 뜻의 "종공위(從攻圍)"로 나온다. 송나라 학자 유반(劉攽)의 주에 따르면 '도위'는 경제(景帝) 때에 군(郡) 소재지에 두었던 관직이다. 따라서 이때의 어현에는 도위가 있을 수 없으니 '都'는 잘못 들어간 글자로 보인다. 한편 『사기』「번쾌 열전」에는 이때 사로잡은 자의 수가 11명이라고 나온다.

4 번쾌가 사로잡은 총수 287명에서 역산하면 44명이 되어야 한다.

5 희수 서쪽의 홍문(鴻門)을 이른다. 위치는 제1 「진승·항적 전」 참조.

6 이때 항우는 아직 왕에 오르지 않았다. 「고제기」에는 "장군을 기다렸습니다."로 나온다.

7 지금의 산동성 서남부와 하남성 동부 일대의 땅을 가리킨다.

8 주은(周殷)을 이른다.

9 연나라 도읍 계(薊)로 지금의 북경 선무문(宣武門) 일대에 있었다.

10 그때 한신은 반란을 일으킨 것이 아니라 반란을 일으켰다는 의심을 받고 있었다.

11 지금의 산서성 대동(大同) 동쪽에서 하북성 장가구(張家口) 서쪽에 이르는 지역이다.

12 「주발전」에는 연왕 노관이 반란을 일으키자 주발은 번쾌를 대신하여 상국으로서 군대를 이끌고 계현(薊縣)을 공격하여 노관의 대장 저(抵), 승상 언(偃) 등을 사로잡았다고 나온다. 「진평전」에는 번쾌가 노관을 치러 가는 길에 고조의 의

심을 받게 되어 주발이 번쾌 대신 노관을 치러 갔으며 번쾌는 장안으로 압송되었는데, 도착하기 전에 고조가 죽어서 목숨을 구하게 되었다고 나온다. 그러므로 이 기사에 나오는 전적은 주발이 번쾌 대신 군대를 이끌어 거둔 것으로 봐야 한다.

13 「주발전」에는 번쾌가 황궁에 압송되자 여후에 의해 사면되어 원래의 식읍을 회복했다고 나온다.

14 고조가 무관과 남전을 통해 함양에 입성할 때, 여상은 다른 길로 가서 순관을 통해 한중으로 간 것이다.

15 여상은 앞서 장사를 함락할 때 신성군에 봉해진 바 있다. 이때 다시 신성군에 봉한 것은 정식 절차를 밟은 것을 뜻하는 듯하다.

16 『사기』「역상 열전」에는 북지(北地)와 상군(上郡)으로 나온다.

17 『사기』「역상 열전」에는 언씨(焉氏)로 나온다.

18 이때는 탁군이 설치되지 않았으므로 탁현이라야 맞다.

19 고조 11년(기원전 196년) 겨울의 일이다.

20 안사고의 주에 따르면 하후영이 패현의 백성이 성문을 열고 고조를 맞이하게 했다.

21 귀족들의 집은 미앙궁의 북쪽에 모여 있었으며 '북궐갑제(北闕甲第)'라고 불렀다.

22 하후파의 아버지는 하후석(夏候錫)이다.

23 손 공주라고 칭한 평양 공주가 누구인지는 현재 정확하게 알려져 있지 않다. 『사기』「하후영 열전」에는 하후파와 혼인한 평양 공주의 외가 성이 손씨라는 기사가 나오지 않는다. 한 무제의 친누나이자 경제의 딸인 평양 공주는 왕(王) 황후 소생이라 외가 성이 왕씨이다.

24 「한신전」에는 한 고조 4년, 한왕이 황하를 건넌 뒤에 등공 하후영만 데리고 수무(修武)로 가서 한신과 장이의 부대를 접수한 것으로 나온다. 한단은 수무의 북쪽에 있다.

25 앞서 관영에게 평향을 식읍으로 봉했다는 기사가 나오므로 원전 기록의 오류로 보인다.

26 「한신전」에는 한신이 제나라 땅을 평정한 뒤에 제나라 백성을 다스리기 위해 임시 제왕에 오를 필요성을 역설하자 고조가 장량을 보내 제왕의 관인을 수여했다고 나온다.

27 「항적전」에는 팽월의 군대가 설현 현령을 베었다고 나온다.

28 오군과 바로 아래의 예장군은 진나라 때 없었으므로 항우의 초나라에서 설치한 것으로 보인다. 군장도 초나라의 군수 직함으로 추정된다.

29 이때 관영은 영음후가 되었다.

30 제 도혜왕 유비의 아들 유상을 이른다.

31 「고 오왕전」에는 관영이 유씨 일족의 명령에 불복종하고 형양에 주둔할 때 강후 주발과 의논했던 사실이 나오지 않는다.

32 이때 한신은 회음후에 봉해지기 전으로 재상이자 장군의 신분이었다.

33 이때 조참은 상국이 아니라 장수의 신분이었다.

34 이때 제왕은 한신이었다. 한신은 한 고조 4년 2월에 제왕에 봉해졌다가 이듬해 1월에 초왕으로 옮겨 봉해졌다. 그 뒤 고조 6년에 고조의 서자 유비가 제왕이 되었고 상국은 조참이었다.

35 당시 제나라의 상국은 조참이었으므로 원문의 '상국(相國)'은 '승상'의 오류로 보인다.

36 효혜제 원년에 제후국의 상국 제도를 철폐했다.

37 『사기』「근흡 열전」에는 조나라 장군 '비석(賁郝)'으로 나온다. 조가는 황하 이북에 있는 땅으로 당시 조나라 군은 황하 이남에서 싸웠고 한나라에서 상대한 장수는 조참과 번쾌였다.

38 『사기』「근흡 열전」에는 7개 현으로 나온다.

39 원문의 "병수군(兵守郡)"을 두고 예전부터 여러 가지 해석이 있었다. 현재 "병군수(兵郡守)"로 보고 '군대를 거느린 군수'라고 번역하는 설이 지배적이지만 아직 확실히 결론이 나지 않았다.

40 의제(義帝)가 봉했던 임강왕(臨江王) 공오(共敖)의 아들 공위(共尉)를 이른다.

41 한신은 한 고조 2년(기원전 205년)에 한왕(韓王)에 봉해졌다가 한 고조 5년에 대왕(代王)으로 옮겨 봉해졌다.

42 「공신표」에는 2200호로 나온다.

43 원문의 "시진공파천하(始秦攻破天下)"를 '진시황이 애초에 천하를 공격하여 무너뜨릴 때'로 번역하기도 한다.

44 『집운』에는 한나라 제후국 이름에 쓰인 '鄲'를 '당하절(當何切)'의 '다(多)'로 읽는다고 했다. 『금문상서』「공신표」에는 주응(周應)이 주은(周隱)으로 나온다.

45 원문은 "이우지자, 성차각, 수욕물용, 산천기사저(犁牛之子, 騂且角, 雖欲勿用, 山川
其舍諸)"로『논어』「옹야(雍也)」에 나온다.

12 | 장·주·조·임·신도 전 張周趙任申屠傳

1 장창은 순자(荀子)의 제자였다.

2 참형에는 목을 베는 것과 허리를 베는 것 두 가지가 있었다. 허리를 벨 때에는
죄인이 옷을 벗고 형을 받았다.

3 장이가 한왕에게 귀순한 뒤에 진여는 원래 조왕이었던 조헐을 조왕에 복위시켰
다. 조왕은 진여를 대왕(代王)으로 삼았다. 진여는 조왕을 보좌한다는 명목으로
대나라 땅으로 가지 않고 조나라에 남아 있었다.

4 청나라 말기의 학자 왕선겸(王先謙)의『한서보주(漢書補注)』에 따르면 16년 뒤
인 한 문제 즉위 초기에 장창을 어사대부로 삼았다.

5 소하도 사수군의 졸사를 지냈다.

6 「공신표」에는 당양애후(堂陽哀侯) 손적(孫赤)이 상당 태수로서 진희를 쳤다고
나온다. 그러므로 임오가 지킨 성이 어느 곳인지는 불명확하다.

7 조줄은 여씨 일족을 주살하는 과정에는 참여했으나 새 황제로 제 애왕 유상을
추천하는 바람에 대왕(代王) 유항(劉恒)이 문제로 즉위한 뒤에 어사대부에서 물
러났다. 조줄의 아버지 조참은 제나라에서 오랫동안 상국을 지냈다.

8 당시의 1척은 지금의 24센티미터와 같다. 항우의 키가 8척 2촌이었다.

9 이 부분은 대개 두 가지로 해석된다. 유모와 처첩을 따로 구분해서 두었다는 해
석과 오로지 젖을 얻기 위해 처첩을 들였으므로 일단 임신시킨 뒤에는 다시 잠
자리를 같이하지 않았다는 해석이 있을 수 있다.

10 "억만금"의 원문은 "거만(鉅萬)"이다. 동진 시대 학자 배송지(裵松之)의 아들인
배인(裵駰)은 자신이 정리한『사기집해(史記集解)』에서 '거만(鉅萬)'을 '억(億)'
으로 풀이했다. 한편『사기』「평준서(平準書)」에 나오는 "경사지전루백거만(京
師之錢累百鉅萬)"이「식화지(食貨志)」에는 "경사지전루거만(京師之錢累鉅萬)"으
로 되어 있어 '백거만(百鉅萬)'과 '거만(鉅萬)'이 같은 의미임을 알 수 있다. 한편
'백거만(百鉅萬)'이 '백억'을 가리킬 가능성도 배제할 수 없다. 그러나『사기』와

『한서』에 '억(億)'과 '만만(萬萬)'이란 숫자가 따로 쓰였다. 이때 억은 십만 또는 백만을 가리킨다. '백거만(百鉅萬)'과 '거만(鉅萬)', '거만백(鉅萬百)', '수십거만(數十鉅萬)'은 『한서』에 자주 보인다.

11 『전한기』「효경황제기」에는 '사(史)는 지금 바로 참형을 집행하라.'가 빠져 있다. 『사기』와 『자치통감』 해당 기사에는 '史'가 '吏'로 나온다.

12 『설문해자』에 따르면 '頊'자가 황제(黃帝)의 손자 고양씨(高陽氏)를 가리키는 '顓頊'에 쓰일 때에는 '허옥절(許玉切)'의 '혹'으로 쓴다고 했지만 여기서는 관례에 따라 '욱'으로 했다.

13 | 역·육·주·유·숙손 전 酈陸朱劉叔孫傳

1 원문은 "위리감문, 연리현중현호불감역(爲里監門, 然吏縣中賢豪不敢役)"이다. 『사기』「역이기 열전」에는 "爲里監門吏, 然縣中賢豪不敢役"으로 나온다. 장이와 진여도 피신하던 시절에 100호가 살던 이문(里門)을 지키는 감문(監門) 노릇을 한 적이 있다.

2 속세 관념에 물들지 않고 천성대로 사는 유생을 이른다.

3 「전담전」에 따르면 이때 화무상(華毋傷)과 전해(田解)가 역하(歷下), 즉 역성에서 한나라의 공격을 막을 준비를 하고 있었다.

4 『사기』에는 치우(蚩尤)로 나온다.

5 『사기정의』에 따르면 역개의 아들은 역적(酈敵)이라고 한다. 그렇다면 『사기』「역이기 열전」에 나오듯이 무양은 무수(武遂)일 가능성이 높다.

6 「남월전」에는 조타(趙佗)로 나온다. 『사기』「남월 열전」에는 '위타'의 성이 조씨(趙氏)라고 나온다. 이 인물이 진나라의 지방관이었던 남해 군위의 직무를 대행한 적이 있기 때문에 '위타'라는 이름을 썼던 것으로 보인다.

7 『사기』「육고 열전」에는 수십만으로 나온다.

8 작은 자루에 담은 것은 부피가 적으면서도 값비싼 보화들이고 다른 것들은 그 자루에 담을 수 없었던 물건을 뜻한다.

9 부차는 즉위 직후 기원전 495년부터 시작하여 기원전 473년 월나라 구천(句踐)에게 패할 때까지 전쟁을 계속했다. 지백은 진(晉)나라 경(卿)으로 잦은 전쟁을

벌이다가 기원전 453년에 한(韓), 위(魏), 조(趙)의 협공에 무너졌다.

10 진시황 일족의 성은 '영(嬴)'이었으나 선조 중에 조보(造父)가 주나라 목왕(穆王)으로부터 조성(趙城)을 하사받은 뒤에 영성(嬴姓)의 조씨(趙氏) 지파가 생겨나게 되었다.

11 지금도 여러 판본이 전해지고 있다. 「예문지」에는 이 책 이름이 올라 있지 않다.

12 원문은 "삭격선(數擊鮮)"이다. 선(鮮)은 갓 잡은 고기를 이른다. 『사기』「육고 열전」에는 "삭현불선(數見不鮮)", 즉 "자주 들르면 반갑지 않을 것이다."로 되어 있다.

13 진평의 식읍은 곡역(曲逆)인데 진나라 때에는 3만 호에 이르렀으나 당시에는 5000호였다. 「진평전」에 이에 관한 이야기가 나온다.

14 1승(乘)은 말 네 필과 맞먹는다. 말 50승은 200필이다.

15 '황옥'은 황색 비단으로 만든 일산(日傘)으로 황제만 쓸 수 있었다.

16 한 고조 4년에 한왕이 경포를 회남왕에 봉했다.

17 양보후(梁甫侯)라고도 알려져 있는데 성명은 알려지지 않았다. 양보현은 지금의 산동성 태안시(泰安市) 동남쪽에 있었다.

18 「영행전(佞幸傳)」에 따르면 한나라 초기에 황제의 총애를 받았던 남자 신하로는 고조 때 적유(籍孺)가 있었고 효혜제 때 굉유(閎孺)가 있었다. 굉적유는 굉유와 동일 인물로 추정된다.

19 한 고조 5년은 기원전 203년이다. 고조가 황제를 칭한 것은 그 이듬해의 일이다.

20 '輅'을 소림, 맹강(孟康), 안사고, 송기의 주에 따라 '核'의 '핵'으로 썼다.

21 함양(咸陽)으로 원래 위수 북쪽에 있었으나 위수 남쪽으로 계속 확장되었다. 한나라 도읍 장안은 남쪽의 함양에 세워졌다.

22 『사기』「유경 열전」에는 20만으로 나온다.

23 고조와 여후 소생의 맏딸 노원 공주는 장오의 부인이다. 한 고조 5년에 장이의 아들 장오가 조왕(趙王)에 오를 때 왕후가 되었다. 한신이 흉노로 도망간 것은 한 고조 7년의 일이었으므로 유경은 조왕의 왕후를 묵돌 선우에게 시집보내는 계책을 낸 것이 된다.

24 가인자는 양갓집 규수 출신으로 직첩을 받지 못한 궁녀를 이르는 말이다. 안사고는 「외척전」에 나오는 가인자에 대해서는 직첩을 받지 못한 궁녀라고 풀이했으나 여기에서는 평민의 딸이라고 주를 달았다. 한편 「흉노전」에는 유경으로 하여금 '종실 제후왕의 딸 옹녀'를 흉노에 보내게 했다고 나온다.

25 『초한춘추』에는 숙손하(叔孫何)로 나온다.

26 원문은 "인신무장, 장즉반, 죄사무사(人臣無將, 將則反, 罪死無赦)"로 『춘추공양전』에 나오는 "군친무장, 장이필주(君親無將, 將而必誅)"가 출전이다.

27 항량이 설현에 들어오기 전의 일이다.

28 초나라 저고리만 입고 도포 같은 표의를 걸치지 않았다는 뜻이다.

29 여기에 나오는 '위관(衛官)'은 장락궁의 경호를 담당하는 위위(衛尉) 휘하의 장교들을 이르는 듯하다. 『한서』를 통틀어 '위관(衛官)'이란 말이 세 번 나오는데 두 번은 제47 「갑관요전」에 나온다. 「갑관요전」 주석 참조.

30 추(趨)는 경의를 표시하기 위해 무릎은 구부리고 빠르게 걷는 것을 뜻한다.

14 | 회남 · 형산 · 제북왕 전 淮南衡山濟北王傳

1 당시 고조의 아들은 문제와 유장만 살아 있었다.

2 문제를 이른다.

3 제 환공이 죽인 사람은 동생이 아니라 형 규(糾)이다.

4 「고 오왕전」에 따르면 제북왕 유흥거는 주살당한 것이 아니라 자결했다.

5 한 고조 11년, 고조는 회남왕 경포의 난이 일어나자 유장을 회남왕으로 봉하고, 장창을 회남왕의 상국으로 임명했다. 장창은 열네 해 뒤, 문제가 즉위할때 어사대부로 한나라 조정에 돌아왔으며, 승상으로 승진하여 열다섯 해 동안 승상을 지냈다.

6 '황옥'이라고도 한다. 황색 비단으로 만든 일산(日傘)을 이른다.

7 『사기』 「회남왕 열전」에는 '성단용(城旦舂)'으로 나온다. 성단은 남자 죄수에게 성을 쌓게 한 벌이고, 용은 여자 죄수에게 절구에 곡식을 빻도록 한 벌이다.

8 『사기』 「회남왕 열전」에는 5000필로 나온다.

9 「고제기」에 고조 12년 2월에 남무후(南武侯) 직(織)을 남해왕에 봉한다고 나온다. 남해국은 지금의 광동성 동부와 복건성 서부, 그리고 강서성의 감주(贛州) 등지를 포함하고 있었다. 도읍은 지금의 복건성 무평(武平)에 있었다.

10 하후영을 이른다.

11 여기서 원앙은 승상과 어사를 죽이라고 했는데 황제는 승상과 어사로 하여금

음식을 제공하지 않은 지방 관리를 잡아들여 죽이게 하고 있다. 이에 대해 유향은 원앙의 말이 크게 틀렸다고 주장했다.

12 서한 때의 한 말, 즉 1두(斗)의 부피는 1960밀리리터였다.

13 주공은 관숙만 죽이고 채숙은 유방을 보냈다.

14 「내서」는 『회남자』「내편」이다. 우주론, 인생 철학, 사회 사상 등의 내용을 담고 있다. 연금술을 포함한 고대 화학 지식의 정수를 담은 것으로 알려져 있는 「외서」와 「중편」은 현존하지 않는다.

15 유안이 무제보다 스물세 살 많았다.

16 '전(傳)'을 주석이나 문자 풀이 등 훈고학의 한 갈래로 쓰기 시작한 것은 후한 때의 일이다. 서한 때에는 어떤 책의 대의를 적은 글이었다. 유안이 아침나절에 완성한 「이소전」은 「이소」의 줄거리를 적은 것이라고 봐야 한다.

17 오초의 난을 일으킨 오왕 유비를 이른다.

18 원래 제 여왕(齊厲王) 유차창에게 시집보내려고 했던 아(娥)를 이른다.

19 뒤에 무제가 되는 유철(劉徹)을 이른다.

20 한 경제의 막내아들 유순(劉舜)을 이른다.

21 『사기』「회남왕 열전」에는 장지(莊芷)로 나온다.

22 『사기』「회남왕 열전」에는 정위감을 회남국 중위로 삼았다고 나온다.

23 원문은 "신무장, 장이주(臣毋將, 將而誅)"로 『춘추공양전』의 원문은 "군친무장, 장이주언(君親無將, 將而誅焉)"이다.

24 『사기』「형산왕 열전」에는 구혁(救赫)으로 나온다.

25 청나라 학자 왕염손(王念孫)은 '단시(鍛矢)'를 두고 '날카롭고 가벼워서 빨리 나는 화살'을 뜻하는 '족시(鏃矢)'가 잘못 필사된 것으로 보고 있다.

26 하비 사람으로 오왕에게 한나라 부절을 받아 하비를 함락시킨 적이 있다.

27 원삭 6년은 오류로 보인다. 『사기』「형산왕 열전」에 따르면 원삭 6년에 형산왕이 황제에게 글을 올려 태자 상을 폐하도록 청했다고 나온다.

28 고염무의 고증에 따라 원문 "고제기죄(告除其罪)"에서 '告'를 빼고 옮겼다.

29 「공신표」에는 성왕(成王)으로 나오고 『사기』「공신표」에는 무왕(武王)으로 나온다.

30 역대 태산군에는 북안현이 없었다. 제북국의 도읍이 당시 북안이라고 불렸을 수 있으나 유관 때 제북국이 없어지고 노현(盧縣)이 되었다. 제북국 도읍에 대

해서는 제21 「추양전」 주석 참조.

31 원문은 "융적시응, 형서시징(戎狄是膺, 荊舒是懲)"으로 『시경』「노송(魯頌)」 '비궁(閟宮)'에 나온다.

15 | 괴·오·강·식부 전 蒯伍江息夫傳

1 범양은 연나라 땅이었으나 괴통이 제나라에서 활동했으므로 흔히 제나라 사람으로 불렸다.

2 사마천을 비롯한 후세의 사가들이 괴철(蒯徹)을 괴통(蒯通)이라고 썼다.

3 진승의 명령에 따라 장이와 진여를 거느리고 조나라 땅 공략에 나섰던 장수이다.

4 "삼국을 평정했다."라는 이 부분에 나라 이름은 네 개가 나온다. 연나라를 항복시켰다는 내용이 잘못 들어간 것으로 보인다.

5 배면(背面)이 귀하니 배반(背叛)해야 한다는 뜻이다.

6 장암과 진석이 진나라 장한의 부대에 패하여 전사했는데, 상산왕 장이는 성안군 진여가 두 사람을 죽였다고 생각했다.

7 「한신전」에 따르면 이때 한신이 장이와 함께 진여를 쳤다.

8 『사기』「회음후 열전」에는 '평범한 사내'라는 뜻의 '용부(庸夫)'로 나온다.

9 항우가 제후왕을 봉할 때 전영을 제외시켰다.

10 「예문지(藝文志)」 종횡가(縱橫家) 편에 『괴자(蒯子)』 5편이 있다고 기록되어 있다. '雋'을 『당운』, 『고금운회거요』, 『홍무정운』의 '조연절(徂兗切)' '전(吮)'에 따라 '전'으로 썼다.

11 당시에는 제후국에 장군을 둘 수 없었으며, 중위가 둘 수 있는 최고 계급이었으므로 오피를 장군으로 부르는 것 자체가 반역의 뜻을 나타낸다.

12 오왕 부차가 지었던 궁궐과 정원으로 강소성(江蘇省) 소주(蘇州)에 옛 터가 남아 있다.

13 삼왕은 흔히 우임금, 탕임금, 주 문왕을 가리킨다.

14 '甌'의 음을 『당운』, 『집운』, 『고금운회거요』, 『홍무정운』의 '오후절(烏侯切)'에 따라 '우'로 썼다.

15 "우물을 파서 물을 흔하게 마실 수 있게 되어야 자신도 마실 엄두를 내며"와

"상으로 내린 돈은 〔다시〕 부하들에게 상으로 모두 준다"는 등의 표현은 『사기』 「이광 열전」에서 이광의 면모를 서술할 때 나오는 표현이다. 이광은 위청 휘하에서 작전을 감행하다가 위청의 지휘에 불만을 품은 채 자결했다.

16 '칠국'에는 오나라가 포함되어 있다.

17 『사기』「회남왕 열전」에는 이 부분이 1000명으로 나온다. 「진승전」에 따르면 백성 900명이 징발되어 어양에 수자리를 살러 갔는데 진승과 오광은 그 부대의 둔장이었다.

18 "먹을 양식"의 원문은 "양궤(糧餽)"로 조정으로 수송할 군량이라는 뜻도 된다.

19 위타가 남월왕이 된 것은 진승의 난이 일어난 뒤였다. 진시황은 위타의 요구를 들어주어 군복을 짓는다는 명목으로 부녀자 1만 5000명을 보내 주었다.

20 토지세인 조세를 수확의 절반 이상으로 거두어 간 것은 진시황 때가 아니라 이세황제 때의 일이다.

21 『사기』「회남왕 열전」에 나오는 이 대목에는 유방의 봉기만 묘사되어 있는 데 비해 여기에서는 유(劉)와 항(項)이 힘을 합해 진나라에 대적했다고 서술했다.

22 『사기』「회남왕 열전」에는 미자(微子)로 나온다. 『여씨춘추(呂氏春秋)』와 『사기』「송 미자 세가」에는 기자로 나온다.

23 한 경제의 서자 유팽조(劉彭祖)를 이른다.

24 당시의 황제는 무제이다.

25 관도 장공주는 경제의 맏딸로 무제의 고모이자 무제의 첫째 황후인 진(陳) 황후의 생모이다. '관도'는 지금의 하북성(河北省) 관도현이다.

26 "이민족 출신의 무축"의 원문은 "호무(胡巫)"이다. '호(胡)'는 이민족을 광범위하게 일컫는 말이므로 당시에 강충이 부린 무축이 어느 지역 출신인지는 정확하게 알 수 없다. 흉노 또는 서역 출신으로 추정된다.

27 무제는 기원전 156년에 태어나 기원전 87년에 죽었다. 공손하 부자가 주살당한 것은 기원전 91년의 일이었다.

28 위자부(衛子夫)를 이른다.

29 안사고의 주에 따르면 『삼보구사(三輔舊事)』에 이르기를 강충이 태자를 해치기 위해 태자궁에 인형을 미리 묻어 두었다고 한다.

30 「여원전(戾園傳)」은 「여 태자전」을 이른다.

31 식부(息夫)가 성이고 이름이 궁(躬)이다.

32 애제의 할머니 부(傅) 태후와 중산 효왕 태후는 둘 다 원제의 후궁이었다. 애제
　　가 황제 자리에 오르면서 부 태후가 중산 효왕 태후를 모함했다. 「외척전」에 자
　　세한 이야기가 실려 있다.

33 후사가 없었던 소제 때에 태산에서 큰 돌이 일어선 뒤에 선제가 제위에 올랐다.

34 '후구(后舅)' 오굉이 왕후 오알과 성씨가 같은 것으로 보아 왕후의 집안사람으
　　로 보이는데 왕후의 아버지인지 오빠 또는 남동생인지는 잘 밝혀지지 않았다.

35 소제와 선제 때의 대신 곽광의 아내로서 미천한 출신이라 성이 알려지지 않았
　　다. 여기서 곽현이라고 한 것은 남편인 곽광의 성을 따른 것이다.

36 동평왕은 유배지 방릉(房陵)에서 자결했다. 나머지 사람들은 기시형을 당했다.

37 동현은 애제의 남총(男寵)이었다. 애제가 동현에게 후위를 내리기 위해 동평
　　왕 모반 사건 고발에 동현이 공을 세웠다고 거짓 핑계를 대자 당시 승상 왕가
　　(王嘉)가 반대하여 다섯 달 뒤에야 겨우 후위를 내릴 수 있었다. 「왕가전」(제56
　　편)에 상세한 이야기가 나온다.

38 사람의 성에 쓰는 '鮑'를 『광운』의 '박교절(薄巧切)'에 따라 '보'로 썼다.

39 정씨는 애제의 외가이며 부씨는 조모 집안이다.

40 '지(寘)'의 음을 안사고의 주에 따라 '죽이반(竹二反)'의 '지'로 썼다.

41 문맥상 '오손의 취도'보다는 '오취도(烏就都)'가 되어야 매끄럽다.

42 '繆'에는 여러 가지 음이 있다. 춘추 시대에는 서자가 왕위를 이었을 때 내리는
　　왕호인 '繆'의 음이 '목(穆)'의 음인 '목'과 같았다. 그리하여 진 목공(秦繆公)을
　　진 목공(秦穆公)이라고 칭하기도 한다. 그러나 진 목공(秦繆公)과 진 목공(秦穆
　　公)이 다른 인물이라는 설도 있다. 한편 백리해는 일흔이 넘어 진 목공의 참모
　　가 되었다. 건숙은 백리해의 벗으로 백리해가 진 목공에게 추천한 인물이다.

43 원문은 "현운앙울, 장안귀혜(玄雲泱鬱, 將安歸兮)! 응준횡려, 난배회혜(鷹隼橫厲,
　　鸞俳佪兮)! 증약부표, 동즉기혜(贈若浮猋, 動則機兮)! 총극, 갈가서혜(叢棘攢棘, 曷
　　可棲兮)! 발충망신, 자요망혜(發忠忘身, 自繞罔兮)! 원경절익, 용득왕혜(冤頸折翼,
　　庸得往兮)! 체읍류혜환란, 심결골혜상간(涕泣流兮催蘭, 心結愲兮傷肝). 홍예요혜
　　일미, 얼요명혜미개(虹蜺曜兮日微, 孼杳冥兮未開). 통입천혜명호, 원제절혜수어
　　(痛入天兮鳴謼, 冤際絶兮誰語)! 앙천광혜자열, 초상제혜아찰(仰天光兮自列, 招上帝
　　兮我察). 추풍위아음, 부운위아음(秋風爲我吟, 浮雲爲我陰). 차약시혜욕하류, 무신
　　용혜람기수(嗟若是兮欲何留, 撫神龍兮攬其須). 유광형혜반무기, 웅실거혜세아사

(游曠迴兮反亡期, 雄失據兮世我思)."이다.

44 원문은 "악리구지복방가(惡利口之覆邦家)"로 『논어』 「양화(陽貨)」에 나온다.

45 괴통의 계책 때문에 역이기, 전회, 한신이 목숨을 잃었다.

46 『시경』 「소아」 '청승(靑蠅)'이 한 예이다.

16 | 만석·위·직·주·장 전 萬石衛直周張傳

1 만석군(萬石君)의 '군(君)'은 남자를 공대할 때 쓰는 호칭으로 '공(公)'과 비슷한 느낌을 지닌다.

2 안사고의 주에 따르면 '척리'는 황족의 인척이 모여 사는 동네였다.

3 원문의 '박근(迫近)'을 안사고의 주에 따라 '너무 공손하다'로 옮겼다. 그러나 '황제에 육박하는 구경에 오르다'로 해석하는 학자들도 있다.

4 안사고는 원문의 '측투(廁牏)'를 속적삼으로 해석했다. 그러나 여기서는 후한 시대 학자 가규(賈逵)와 삼국 시대 위나라 학자 맹강(孟康)의 주에 따랐다. 청나라 학자 저인호(褚人穫)가 『견호집(堅瓠集)』에서 반고의 시대와 더 가깝다는 이유로 가규와 맹강의 설을 지지했다.

5 안사고의 주에 따르면 한 무제의 능이 조성되던 무릉읍(茂陵邑)이다. 그러나 현대 학자 진직(陳直)은 『한서신증(漢書新証)』에서 장안 성안의 양릉리(梁陵里)라고 주장했다.

6 현대 학자 시정(施丁)이 『한서신주(漢書新注)』에서 주장한 바에 따르면 석분이 유방을 처음 만났을 때(기원전 205년 무렵) 열다섯 살이었으므로 석분은 진시황 28년(기원전 219년) 전후에 태어난 것으로 추정할 수 있다. 원삭 5년은 기원전 124년이므로 석분이 죽을 때가 아흔여섯 살 전후였을 것이다.

7 한나라 때에 정자(正字)를 써야 한다는 법이 있기는 했지만 틀린 글자를 썼다고 사형에 처하지는 않았다. 석건이 매사에 조심하는 것이 도를 넘었음을 보여 주는 대목이다.

8 「공경표」에는 석경이 태복이었던 사실이 나타나지 않는다.

9 남월(南越)과 민월(閩越)을 가리킨다.

10 경제의 아들인 유덕(劉德)을 이른다.

11 율희(栗姬) 소생인 유영(劉榮)을 이른다. 이 때 유영은 임강왕(臨江王)으로 강등되었다.

12 뒤에 한 무제가 되는 유철(劉徹)을 이른다.

13 항우의 숙부로 추정되기도 하는 항상(項襄)의 아들이다. 항상은 유방에게 귀순하여 유씨 성을 하사받았다.

14 「공신표」에는 직견(直堅), 『사기』「직불의 열전」에는 직망(直望)으로 나오는데 어느 것이 맞는지는 알 수 없다.

15 동평국(東平國)에 속한 현이다. 지금의 산동성(山東省) 제녕시(濟寧市) 미산현(微山縣)에 있었다.

16 경제가 된 유계(劉啓)를 이른다.

17 원문 "면이봉지(面而封之)"를 안사고의 주에 따라 번역한 것이다. 한편 진작은 '그 사람이 죽어도 여한이 없도록 심문 조서를 면전에서 읽어 주고 봉했다'로 해석했다.

18 원문은 "군자욕눌어언이민어행(君子欲訥於言而敏於行)"으로 『논어』「이인(里仁)」에 나온다.

17 | 문 삼왕전 文三王傳

1 양 효왕 유무와 왕후의 무덤이 하남성 상구시(商丘市) 영성(永城) 망탕산 남쪽 봉우리 보안산(保安山)에 있다. 『후한서』「원소유표열전」 등에 조조(曹操)가 이 무덤을 발굴했던 기록이 남아 있다. 유물은 거의 남지 않았으나 좌변기를 갖춘 변소와 욕실 등 주택 구조가 그대로 보존되어 있다. 또 돈황의 가장 이른 시기 벽화보다 600여 년 앞서 제작된 대형 천정화 「사신운기도(四神雲氣圖)」가 남아 있다. 진승의 묘에서 남동쪽 3킬로미터 지점에 있으며 현재 개방되어 관람이 가능하다. 한편 양 회왕 유읍은 『사기』「양 효왕 세가」에 유승(劉勝)으로 나온다.

2 일곱 나라는 오나라, 초나라, 조나라 등 세 나라와 제나라 땅을 분할하여 봉한 네 개의 제후국이다.

3 율희 소생인 유영을 이른다.

4 여기에 나오는 '네 마리 말이 끄는 수레'는 황제의 수행원들이 타던 수레였다.

5 베로 덮은 수레를 '포거'라고 하는데, 장안의 주에 따르면 상중에 있는 사람으로 꾸미기 위해 베로 덮은 수레를 타고 갔다고 한다.

6 이 부분을 '6월에 병이 나서 열이 심했는데 엿새 지나서 세상을 떠났다'로 번역하기도 한다. 그런데 『사기』 「경제 본기」와 「경제기」에 따르면 양 효왕은 경제 중원(中元) 6년 4월에 죽었다고 나온다. '6월 6일' 사망설은 장안(張晏)의 주에 따른 것이다.

7 「제후왕표」에는 4년으로 나온다.

8 「제후왕표」와 『사기』 「양 효왕 세가」에는 7년으로 나온다.

9 뇌준은 뚜껑이 있는 청동제 그릇으로 구름과 번개 무늬가 새겨져 있다. 술을 담는 데 썼다.

9 『사기』 「양 효왕 세가」에는 회양(淮陽) 태수로 나온다. 당시 수양은 양나라의 도읍이었고 회양에도 회양국이 설치되어 있던 때라 두 곳 모두 태수가 없었다.

10 『사기』 「양 효왕 세가」에는 여덟 개 성을 삭감하여 열 개 성이 남았다고 나온다.

11 원문은 "예, 천자외병, 불욕견외(禮, 天子外屏 不欲見外)"로 『순자(荀子)』 「대략(大略)」에 나오는 내용이다.

12 원문은 "척척형제, 막원구이(戚戚兄弟, 莫遠具爾)"로 『시경』 「소아」 '행위(行葦)'에 나온다.

13 황왕의 동복 여동생이자 유림의 고모인 원자를 가리킨다.

14 공자가 염유(冉有)와 계로(季路)를 혼낼 때 한 말로 『논어』 「계씨(季氏)」의 원문은 "호시출어합, 귀옥훼어독중, 시수지과여(虎兕出於柙, 龜玉毀於櫝中, 是誰之過與)"이다.

15 원문은 "중랑 조장(中郎曹將)"인데 '曹將'을 '중랑 휘하의 군관'으로 옮기기도 한다. 그런데 『한서』와 『사기』를 통틀어 '중랑 조장(中郎曹將)'은 여기서 단 한 번 나오고 「백관지」에 '曹將'이란 용어가 보이지 않으므로 여기서는 인명으로 옮겼다.

18 | 가의전 賈誼傳

1 『사기』 「가생 열전」에는 오정위(吳廷尉)로 나온다.

2 관인에 새기는 글자의 수를 다섯 글자로 한다는 뜻이다. 승상의 관인이면 '승상지인장(丞相之印章)'이라고 새겨 넣어 다섯 글자를 맞추었다. 숫자 오(五)는 황색과 함께 오행 중에 토(土)를 상징한다.

3 당시의 장사왕은 오예의 4대 손인 오차(吳差)였다.

4 「조굴원부(弔屈原賦)」라고 한다.

5 『한서』, 『사기』, 『문심조룡(文心雕龍)』 등에 전하는 「조굴원부」의 내용이 조금씩 다르다.

6 '鴞'는 안사고의 주에 따라 '우교반(于嬌反)'의 '요'로 썼다. 안사고는 '요(鴞)'는 괴성을 내는 새이고, 치휴(鴟鵂)는 괴이한 새라고 했다.

7 안사고의 주에 따라 '跖'은 '지석반(之石反)'의 '적'으로, '蹻'은 '거략반(居略反)'의 '각'으로 썼다. 도적(盜跖)과 장각(莊蹻)은 초나라의 유명한 도둑이었다.

8 굴원이 빠져 죽은 멱라강은 가의가 배를 타고 가던 상수(相水)의 지류이다.

9 후한 시대의 학자 응소(應劭)의 주에 따르면 물속에서 물고기를 잡아 먹는 벌레이다. 효(蠏)와 달(獺)을 각각의 동물로 보는 해석도 있다.

10 이 글의 제목은 「복조부(鵩鳥賦)」이다.

11 문제 5년(기원전 175년)이다.

12 회남왕은 고조의 막내아들 회남 여왕 유장을 이르고, 제북왕은 제 도혜왕 유비의 아들 유흥거를 이른다.

13 가의가 올린 여러 상소문의 대의를 정리한 이 글은 「치안책(治安策)」 또는 「진정사소(陳政事疏)」라고 불린다.

14 「문제기」 4년 초에 문제 스스로 자신의 사당을 짓고 고성묘로 명명한 기사가 나온다.

14 안사고의 주에 따르면 『육도(六韜)』에 나오는 내용이다.

15 유여의를 이른다.

16 토(吐)라고도 알려져 있다.

17 진시황 이후 군공 서열에 따라 봉한 작위 중 가장 높은 등급이다. 뒤에 한 무제의 이름인 '철(徹)' 자를 피하기 위해 열후(列侯)로 명칭을 바꾸었다.

18 초 원왕의 손자인 유무(劉戊)를 이른다.

19 "제 도혜왕의 아들"의 원문에는 '~의 아들'이라는 표현이 빠져 있다. 제 도혜왕은 문제의 이복 형이다.

20 제 도혜왕의 손자인 유칙(劉則)이다.

21 당시의 1척은 지금의 24센티미터이므로 115센티미터쯤 된다.

22 원문은 "융인(戎人)"으로 여기서는 흉노를 가리킨다. 흔히 '융(戎)'은 중원의 서쪽에 있던 강(羌)을 가리키는 말로 알려졌으나 한나라 때까지는 흉노를 지칭하는 말이기도 했다. 흉노의 선조 중에 산융(山戎)이 있었다는 『사기』 「흉노 열전」의 설명에 따른 것이다.

23 상앙(商鞅)을 이른다.

24 개국 군주 유방을 이른다.

25 관중을 이른다.

26 여기서 '염(廉)'은 '재물을 탐하지 않음'을 뜻하고 '치(恥)'는 '부끄러움을 아는 마음'을 이른다.

27 『가자신서(賈子新書)』와 『대대례』 「보부」에는 '서른몇 대'로 나온다.

28 『문헌통고(文獻通考)』에는 가의가 올린 태자를 양육하고 가르치는 법이 『예기(禮記)』 「내칙(內則)」의 내용과 차이가 있다고 지적하고 있다. 『춘추좌씨전』 환공(桓公) 6년 9월 기사에 『예기』 「내칙」의 의례에 따라 세자의 출산 이후의 양육한 예가 나온다.

29 원문은 "소성약천성, 습관여자연(少成若天性, 習貫如自然)"이다. 가의는 공자가 한 말이라고 했으나 현재 출전을 알 수 없다.

30 『학례』는 지금 전하지 않는다.

31 이 부분의 원문은 "고사송시, 공송잠간(瞽史誦詩 工誦箴諫)"이나 『좌전(左傳)』 상공(襄公) 14년조에 "사위서, 고위시, 공송잠간(史爲書 瞽爲詩 工誦箴諫)"이란 구절을 참고하여 뜻을 옮겼다.

32 춘분과 추분에 해와 달에 제사를 지냈는데 추분날에 달이 밝지 않은 때가 많아서 달에 올리는 제사는 중추(仲秋), 즉 8월의 보름날로 옮겨 지냈다. 이 두 제사는 황제가 주재하는데 여기서는 태자의 교육 내용에 포함되어 있다.

33 '剮'를 『당운』, 『집운』의 '어기절(魚器切)'과 『고금운회거요』의 '의기절(疑器切)', 『홍무정운』의 '이지절(以智切)'에 따라 '이'로 썼다.

34 원문은 "일인유경, 조민뢰지(一人有慶, 兆民賴之)"로 『상서』 「주서」 '여형(呂刑)'에 나오는 내용이다.

35 원문은 "청송, 오유인야, 필야사무송호(聽訟, 吾猶人也, 必也使毋訟乎)"이다. 이

구절에 대해서는 대략 세 가지의 해석이 있다. 첫째, '사건을 조사하여 판결하는 점에서 나도 남처럼 하니, 사건이 다시 발생하지 않게 판결해야 한다.', 둘째, '사건을 조사하여 판결하는 점에서는 나도 남과 같이 한다. 다른 점이 있다면 나는 사건이 다시 발생하지 않게 판결한다.', 셋째, '사건을 조사하여 판결하는 점에서 나도 남과 같이 한다. 그러나 나는 먼저 덕으로 교화하여 사건이 발생하지 않게 한다.'이다. 여기서는 안사고의 주에 따라 셋째 해석으로 옮겼다. 한편 『논어』 「안연(顏淵)」에는 "필야사무송호(必也使無訟乎)"로 나온다. 이 구절은 「혹리전(酷吏傳)」에도 인용되었다.

36　이 구절은 『가자신서』와 『대대례』 「보부」에 나오지 않는다.

37　'만맥(蠻貊)'은 중원의 남쪽과 북쪽에 있던 강대한 세력을 뜻하는 말이다. '사이 (四夷)'의 '이(夷)'는 고대 중국에서는 변방 민족을 통틀어 이르는 말로 쓰였다. '사이'는 공자 시대에도 쓰던 말이었으나 변방의 여러 민족을 막연히 지칭한 것이었고 구체적인 민족을 지칭하여 동이(東夷), 남만(南蠻), 서융(西戎), 북적(北狄)으로 쓰기 시작한 것은 전국 시대 때부터인 것으로 추측된다. 그러나 전국 시대의 저작물인 『맹자(孟子)』 안에서도 북이(北夷)나 서이(西夷) 같은 말이 여전히 나타난다. '사이'가 구체적인 여러 민족을 가리키는 말로 정착한 것은 『관자(管子)』라는 책이 엮여 나온 전국 시대 중후반기로부터 『예기(禮記)』가 편집된 서한 때로 추정된다. 그러나 『사기』에서도 '융(戎)'과 '적(狄)'은 명확하게 구분되어 쓰이지 않았다.

38　이 단락은 『가자신서』가 아니라 『대대례』 「보부」에 나오는데 내용은 조금 차이가 있다.

39　황제는 자신과 성이 같은 제후를 백부라고 부르고 성이 다른 제후는 백구라고 불렀다.

40　마형(傌刑)의 '傌'의 음이 '막마절(莫駕切)'의 '마(罵)'와 같다는 것 외에는 이 형벌의 정확한 내용을 고증하기 어렵다. 일설에는 날마다 욕을 해 주는 형벌이라고도 한다.

41　황제 가까이에 있던 신하들을 함부로 벌 주다가 황제마저 당했다는 뜻이다.

42　원문은 "사구(司寇)"이나 가의의 시대에 설치했던 관직이 아니므로 노동 복역을 담당한 사공으로 봐야 한다는 왕념손 등 여러 학자들의 주장에 따랐다. 바로 뒤에 나오는 사공도 마찬가지로 처리했다.

43 "백색 관"과 "쇠꼬리 털 끈"은 상복 차림을 나타낸다.

44 "쟁반에 평평하게 담긴 물"은 '공정한 법'을 나타낸다.

45 가의는 상소문의 서두에서 장탄식할 일이 모두 여섯 가지가 있다고 했으나 반고가 상소문의 내용을 발췌하여 세 가지만 실었다.

46 이 상소문을 「청봉건자제소(請封建子弟疏)」라고 한다.

47 여기서 포의는 제후왕을 가리키는 것으로 보인다.

48 제 도혜왕의 손자이자 제 애왕 유상의 아들인 유칙이다.

49 교동(膠東), 교서(膠西), 치천(菑川), 제남(濟南) 해서 네 나라이다.

50 회남왕 유안과 형산왕 유사를 이른다. 모반했다가 발각되어 두 왕 모두 자살했다.

51 오이와 삼표는 가의의 대흉노 방어 전략이다. 삼표는 신의를 지키고, 상대를 아끼는 모습을 보이고, 상대와 잘 지내는 방법을 쓰는 것이다.오이는 화려한 의복과 수레, 산해진미, 음악과 미인, 고대광실, 창고와 노비를 주고 친근하게 대하며 위무하는 것이다. 『가자신서』「흉노」에 나온다.

19 | 원앙·조조 전 爰盎晁錯傳

1 『사기』에는 '원앙(袁盎)'으로 나온다.

2 공자의 제자 '曾參'의 이름 '參'을 관례를 따라 '삼'으로 썼다. 송나라 학자 고사손(高似孫)은 『자략(子略)』에서 '參'의 음이 참승(驂乘)의 '驂(참)'과 같다고 한 진작(晉灼)의 주를 소개했다. 한편 왕안석(王安石)의 시에 '曾參'의 '參'이 두 차례에 걸쳐 운각(韻脚)으로 '나타나는데 '深', '心', '林', '侵' 등과 동운(同韵)이다.

3 한 문제는 패수(霸水) 근처에 있던 구릉을 이용하여 자신의 능인 패릉을 조성했다.

4 사서에서는 원앙이 장군직에 있었다는 사실을 확인하기 힘들지만 황제가 원앙을 장군으로 부르고 있으며 뒤에 나오는 승상 신도가와 안릉의 어떤 부자도 원앙을 장군으로 칭하고 있다. 당시에는 '장군'이 2인칭 대명사처럼 쓰인 것으로 추정된다.

5 「외척전」과 『사기』「원앙 열전」에는 '인체(人彘)'라고 나온다. 고조의 후궁인 척부인을 가리킨다.

6 기원전 164년에 제왕에 봉해진 제 도혜왕의 아들 제 효왕 유장려를 이르는 듯하다.

7 고조의 조카인 유비를 이른다.

8 원종이 자신의 숙부인 원앙의 자(字)를 부르고 있다. 바로 아래에서는 군(君)이라고 부르기도 한다.

9 지방관을 높여 부르는 말이다.

10 조조가 앞서 나온 대로 태상 휘하의 장고(掌故)가 되어 복생에게 갔다.

11 「언태자의지술수소(言太子宜知術數疏)」란 이름으로 알려진 상소문이다.

12 「언병사소(言兵事疏)」란 이름으로 알려진 상소문이다.

13 「문제기」에 따르면 문제 11년(기원전 169년)에 농서군 적도현(狄道縣)으로 흉노가 침입했다.

14 이 부분의 '만이(蠻夷)'는 특히 당시 중원 북동쪽 변경에 있었다.

15 당시의 재관(材官)은 진나라의 제도를 계승하여 지방의 군(郡)에 주둔시킨 예비 병력이었다. 그러나 안사고의 주에 따르면 힘이 좋아 쇠뇌의 시위를 당길 수 있는 병사를 가리킨다고 한다. 안사고는 원문에 나오는 '추(騶)'를 '화살을 제대로 날리다'로 해석했다. '추'의 원뜻은 '말을 부리는 사람'이다.

16 "솜을 넣은 군복"의 원문은 "서의(絮衣)"이다. 여기서 '서(絮)'는 추위를 막기 위해 겹옷 사이에 해진 옷감을 잘라서 채워 넣는 '도서(堵絮)'를 뜻한다.

17 「수변권농소(守邊勸農疏)」로 알려진 상소문이다.

18 안사고의 주에 따라 '貉'의 음을 '막객반(莫客反)'의 '맥'으로 썼다. '맥(貊)'과 통하는 글자이다. '호맥(胡貉)'은 흉노와 동호(東胡)를 포함한 북방 민족을 가리킨다.

19 "죄인과 면도복작"의 원문은 "죄인급면도복작(辠人及免徒復作)"이다. '면도복작'은 사서를 통틀어 여기에만 나오는 용어인데 정확한 뜻이 알려져 있지 않다. '중형을 사면받고 남은 형기 동안 요역에 종사하는 사람'을 가리키는 것으로 추정된다. 한편 「선제기」에 나오는 '도복작(徒復作)'은 옥에 갇힌 채로 뒷날 선제가 되는 어린 황증손을 돌보던 여자 죄수를 이끄는 말이다. 이와 비슷한 말로 「조충국전」에 나오는 도시형(徒弛刑)이 있는데 '중형을 사면받았으나 차꼬를 풀고 옥에 갇혀 있는 사람'으로 추정된다. 한편 동한(東漢) 학자 장안(張)은 '죄인급면도복작'을 '죄를 짓고 자수하여 죄는 없어졌으나 요역형을 살게 된사람'으로 해석했다.

20 『주례』에 25가구를 1여(閭)로 정하고 있다. 여우(閭右)에는 부자들이, 여좌에는 가난한 사람이 살았다. 진나라 초기에 여좌에 살던 빈민을 징발하지 않았으나 뒤에는 징발했다.

21 호락은 끝을 뾰족하게 깎은 대나무를 촘촘하게 꽂은 방어 시설이다. 성밖에서 성 내부를 볼 수 없게 하는 기능과 성의 경계를 표시하는 기능도 갖추고 있었다.

22 죄인과 면도복작의 원문은 '죄인급면도복작(辠人及免徒復作)'이다. '면도복작'은 사서를 통틀어 여기에만 나오는 용어인데 정확한 뜻이 알려져 있지 않다. '중형을 사면받고 남은 형기 동안 요역에 종사하는 사람'을 가리키는 것으로 추정된다. 한편 「선제기」에 나오는 '도복작(徒復作)'은 옥에 갇힌 채로 뒷날 선제가 되는 어린 황증손을 돌보던 여자 죄수를 이르는 말이다. 이와 비슷한 말로 「조충국전」에 나오는 도시형(徒弛刑)이 있는데 '중형을 사면받았으나 차꼬를 풀고 옥에 갇혀 있는 사람'으로 추정된다. 한편 동한(東漢) 학자 장안(張晏)은 '죄인급면도복작'을 '죄를 짓고 자수하여 죄는 없어졌으나 요역형을 살게 된 사람'으로 해석했다.

20 「모민실새소(募民實塞疏)」로 알려진 상소문이다.

21 '현량'과 '방정'은 문제(文帝)가 「책현량문학조(策賢良文學詔)」를 내려 인재를 천거하게 하면서 한나라 인재 선발의 주요한 기준이 되었다. 재능이 있고 특히 유학에 뛰어난 인재를 뜻하는 '현량문학'이라고 하거나 '현량'이라고 줄여 말하기도 했으므로 당시에 '현량'은 '현량방정' 또는 '현량문학'과 같은 의미로 쓰이기도 했다.

22 「책현량문학조」이다.

23 원문의 "관사(官師)"는 하급 관리로도 해석할 수 있다. 이때의 하급 관리를 황제의 비서 노릇을 했던 낭관(郞官)으로 보기도 하는데, 당시에 낭관들이 적극적인 간쟁 활동을 벌였기 때문이다.

24 「거현량대책(擧賢良對策)」으로 알려진 문장이다.

25 공손혼야(公孫昆邪)를 이른다. 조상이 흉노족이다. 안사고는 '昆'을 '하곤반(下昆反)'의 '혼'으로 썼다. 한편 안사고는 공손혼야 손자의 열전인 「공손하전(公孫賀傳)」에 '昆'을 '호문절(戶門切)'로 썼다. '昆'과 '門'은 같은 운(韻)에 속한다.

26 원문은 "전왈: 왕자불가급, 내자유가대, 능명기세자, 위지천자(傳曰, 往者不可及, 來者猶可待, 能明其世者, 謂之天子)"이다. 이 내용의 출전은 '현실 정치에 힘쓰라.'

라는 의미의 『여씨춘추』 「청언(廳言)」의 '주서왈, 왕자불가급, 내자불가대, 현명기세, 위지천자(周書曰, 往者不可及, 來者不可待, 賢明其世, 謂之天子)'로 볼 수 있다. '내자불가대(來者不可待)'가 '내자유가대(來者猶可待)'로 되어 있는 것을 후세 사람들이 베껴 적는 과정에서 일어난 실수로 보기도 한다. 여기서는 「주서」 원문대로 옮겼다. 한편 『논어』 「미자(微子)」에도 "왕자불가간, 내자유가추(往者不可諫, 來者猶可追)"라고 나온다.

27 조조의 아버지가 아들을 부를 때 '공(公)'이라고 부르고 있는데 이는 벼슬 이름을 부른 것으로 어사대부는 삼공(三公) 중의 하나이다.

28 오왕은 예순두 살에 반란을 일으켰다.

29 당시의 승상은 개봉후(開封侯) 도청(陶靑)이었다. 장청적(莊靑翟)은 이 사건 뒤에 승상이 되었다.

30 안사고의 주에 따르면 안사고가 살던 당나라 초기까지 '등선(鄧先)'을 등 선생이라고 해석하는 이들이 많았으나 '선(先)'이 등공의 이름이라고 주장하는 사람도 있다고 했다.

31 원문의 '경어구독(經於溝瀆)'은 『논어』 「헌문(憲問)」의 "자경어구독이막지지야(自經於溝瀆而莫之知也)"가 출전이다. '구독'을 '도랑'이라고 옮기기도 하지만 '백성이 사는 터전'이라고 보기도 한다. 조조의 아버지가 아들이 잘못될 것을 알고서도 고집을 부리다가 백성처럼 죽어 갔다는 뜻이다.

20 | 장·풍·급·정 전 張馮汲鄭傳

1 장석지가 재산이 많은 집안의 자제에게 벼슬을 주던 '자선(貲選)'이란 제도를 통해 기랑이 되었음을 시사하는 대목이다. 여순(如淳)이 인용한 『한의주(漢儀注)』에 따르면 500만 전으로 상시랑(常侍郎)이 될 수 있었다.

2 '자선'으로 벼슬아치가 되면 관복과 말을 스스로 갖추어야 했다.

3 황궁의 외문이다.

4 '공문'은 황궁의 외문을 가리킨다.

5 『자치통감』 등의 기록에 따르면 이 사건은 문제 3년(기원전 177년)에 있었는데 왕염계는 이해에 죽었다.

6   『사기』「이목 열전」에는 전차 1300승, 기병 1만 3000명, 정예 보병 5만 명, 쇠뇌 궁사 10만 명을 선발했다고 나온다.

7   위왕(衛王)이라고 하지 않고 위군(衛君)이라고 한 것은 전국 시대 때에 위나라의 세력이 약해서 왕을 칭하지 못했기 때문이다.

8   『사기』「급암 열전」에는 7대로 나온다.

9   『사기』「급암 열전」에는 유기(劉棄)로 나온다.

10 한 무제의 조모인 두(竇) 태후를 이른다.

11 당시에는 한 번에 병가를 100일 이상 연장하여 쓸 수 없었다.

12 본래 장조(莊助)였다. 후한 명제(明帝) 유장(劉莊)의 이름과 겹치는 글자 장(莊)을 엄(嚴)으로 바꾸었다.

13 무제는 기원전 141년에 열여섯 살의 나이로 즉위했다.

14 급암은 공손홍이 유가 사상을 숭상하여 나라 일을 번거롭게 만들고 장탕은 법령을 가혹하게 적용하여 백성을 못살게 군다고 비방했다.

15 평진후(平津侯)에 봉해졌다.

16 "장작개비를 쌓다"의 원문은 "적신(積薪)"이다. 초기 도가 사상의 저작인 『문자(文子)』에 나오는 말로 『회남자』에도 실려 있다. 유가 학술을 숭상하던 신하들에 비해 도가 쪽 황로 사상을 숭상한 급암의 태도가 거친 것을 황제가 풍자한 말이다.

17 「공신표」에 '혼야왕(渾邪王)'과 '혼야왕(昆邪王)'이 섞여 나오는데 이 둘은 같은 인물이다.

18 무제 원수(元狩) 5년(기원전 118년)에 오수전을 제정해 중원 지방에서 사용하도록 했다. 이는 무제가 시행한 제4차 화폐 개혁에 따른 조처였다.

19 제후국의 상(相)은 태수보다 많은 진이천석(眞二千石)의 봉록을 받았다.

20 『사기』「급암 열전」에 급암이 회양 태수로 부임한 지 일곱해 만에 세상을 떠난 것으로 나오는 것이 맞다.

21 『사기』「급암 열전」에는 고모의 아들로 나온다.

22 무제의 어머니인 왕 태후의 오라버니이다.

23 무제 원광 3년(기원전 132년)의 일로 이때 급암과 함께 황하의 제방 복구를 감독하러 갔다.

24 "운수를 맡은 고용인"의 원문은 "추(僦)"이다. 『사기』「정당시 열전」에는 '추인

(儗人)'으로 나온다.

25 원문은 "일사일생, 내지교정, 일빈일부, 내지교태, 일귀일천, 교정내견(一死一生, 迺知交情, 一貧一富, 迺知交態, 一貴一賤, 交情迺見)"이다.

26 양웅을 이른다.

21 │ 가·추·매·노 전 賈鄒枚路傳

1 관용봉은 걸왕에게, 비간은 주왕에게 목숨을 잃었으나 조선으로 갔던 기자는 목숨을 잃지 않았다.

2 정전법(井田法)에서 9분의 1이 제후 소유의 공전이다.

3 원문은 "비언불능, 호사외기(匪言不能, 胡斯畏忌)"이다. 『시경』 「대아」 '상유(桑柔)'에는 "호차외기(胡此畏忌)"로 되어 있다.

4 원문은 "청언즉답, 참언즉퇴(聽言則答, 譖言則退)로 『시경』 「소아」 '우무정(雨無正)'에 나온다. 다만 「가산전」에는 '답(答)'이 '대(對)'로 되어 있다. 한편 『시경』 「대아」 '상유'에 "청언즉대, 송언여취(聽言則對, 誦言如醉)"라는 구절이 나오기도 한다.

5 원문은 "제제다사, 문왕이녕(濟濟多士, 文王以寧)"으로 『시경』 「대아」 '문왕(文王)'에 나온다.

6 『주례』 「춘관(春官)」 '사복(司服)'에 따르면 왕은 삼공육경의 장례에는 석최를 입고 제후의 장례에는 시최(緦衰)를 입으며 대부의 장례에는 의최(疑衰)를 입는데, 이 세 경우 모두 머리에 변질(弁絰)을 쓴다고 나온다.

7 『후한서』 「명제기」에 장회태자(章懷太子)가 달아 놓은 주에 따르면 전한(前漢) 시대의 '남자'는 '호내(戶內)의 장(長)'이라고 했다.

8 원문은 "미불유초, 선극유종(靡不有初, 鮮克有終)"으로 『시경』 「대아」 '탕(蕩)'에 나오는 내용이다.

9 이때에는 한나라가 진나라의 제도를 이어받아 10월을 한 해의 첫달로 삼고 있었으므로 하력 2월은 5월이 된다.

10 '시당자(柴唐子)'에 대해서 두 가지 설이 있다. 한 가지는 극포후(棘蒲侯) 시무(柴武)의 태자 시기(柴奇)라는 설이고 다른 한 가지는 '당(唐)'이 '장(章)'의 오류라고 보아 시기와 개장(開章) 두 사람으로 보아야 한다는 설이다.

11 흔히 「대결간제도주전령(對潔諫除盜鑄錢令)」이라고 알려진 글이다.

12 경제 중원 6년(기원전 144년)에 민간에서 주전하는 것을 금지했다. 여기서 말하는 '그 뒤'라는 시점이 이때를 이르는 것인지에 대해서는 학자들의 견해가 갈라진다. 이 대목을 문제가 민간에서 주전할 수 있도록 풀어 주었다가 다시 소규모로 허락했던 시기로 보기도 한다.

13 「상오왕서(上吳王書)」 또는 「간오왕서(諫吳王書)」로 알려진 글이다.

14 진승의 봉기군이 진현으로 진군했을 때 장이가 진승에게 귀부하여 도위로 있었으므로, 여기서 "장이와 진승이 연합"했다고 한 것은 뒷날 제후왕에 오른 장이를 높여 말한 것으로 보인다.

15 진시황 때에 제후국을 모두 철폐했으므로 '소규모 제후국'을 뜻하는 원문의 '만실(萬室)'을 '소규모 제후국'과 비슷한 규모의 '현'으로 옮겼다.

16 여기서 말하는 '북하'는 감숙성 난주(蘭州)를 지나면서 북쪽으로 꺾어 흐르는 황하 구간을 이른다.

17 원문 "노박(盧博)"을 그대로 살렸으나 여기서는 노현(盧縣)이 되어야 옳다. 노현은 지금의 삼동성 제남시에, 박현(博縣)은 태안시에 있어 서로 이웃하고 있었다. 둘 다 제북국의 도읍이었는데, 박현은 항우가 전안을 제북왕으로 봉할 때의 도읍이었고 유흥거가 제북왕이었을 때에는 노현이 도읍이었다.

18 추양이 흉노와 남월이 조나라와 오나라를 오히려 위협하게 될 것이라고 말한 것은 조나라와 오나라가 연합하여 한나라를 대적한다 하더라도 예측하지 못한 일이 발생하여 이길 수 없다는 것을 돌려 말하기 위함이었다.

19 『문선』에도 추양의 이 글이 실려 있는데, 여기서 "뜻"이라고 옮긴 "지(志)"가 '지극함'이란 뜻의 '지(至)'로 나와 있다.

20 『문선』에는 이 부분에 나오는 앞뒤 절의 전환을 뜻하는 접속사 "연이(然而)"가 연관 관계를 나타내는 접속사 "연즉(然則)"으로 되어 있다. 여기서는 『문선』을 따랐다.

21 『춘추』 및 『좌전』과 『공양전』에서 칭찬했던 주의부(邾儀父)를 이른다. 주의부는 주(邾)나라의 제후로서 대국의 제후인 노 은공과 결맹을 맺었던 외교의 대가였다. 제나라와 주(邾)나라는 모두 지금의 산동 땅에 있었다.

22 응소의 주에 따르면 여기서 '어린아이'는 문제가 왕으로 봉한 제 도혜왕의 여섯 아들 중의 나이 어린 왕을 이른 것이다. 반면에 혹자는 문제 2년에 봉한 문

제의 아들 대왕 유무, 태원왕 유참, 양왕 유읍을 이른 것으로 보았는데, 안사고
는 혹자의 의견에 동의했다. 그러나 바로 아래에 유무가 언급되고 있기 때문
에 응소의 주를 따르는 것이 맞겠다.

23 "아들을 사랑하여"의 원문은 "양자(壤子)"이다. 진작은 양웅의 『방언(方言)』에
지금의 사천 지역에 속하는 양익(梁益) 지방에서 '좋아하다'라는 뜻으로 '양
(壤)'을 쓴다고 소개했다. 동시에 조왕신의 이름으로 '아들을 귀여워하다'라는
뜻으로 쓰인 '양자(壤子)'의 '양(壤)'을 앞 절에 붙여 읽는 예도 있다고 주장했
다. 이에 대해 안사고는 '壤'을 앞 절에 붙여 '土'로 해석하는 것에 반대했다.

24 양왕과 대왕을 지냈으며 나중에 회양 땅을 더해 받은 이로 문제와 두 태후 소생
인 유무가 있다. 유무는 처음에 대왕이었으나 회양왕으로 옮겼다가 나중에 양
왕이 되었는데 문제가 가의의 건의를 받아들여 회양 땅의 일부를 봉토에 더해
주었다. 한편 당나라 학자 이선(李善)은 이 부분을 양왕 유읍과 대왕 유참, 회
양왕 유무를 봉한 사실을 이른다고 설명했다. 양왕 유읍과 대왕 유참이 봉해진
시기가 각각 다르며, 회양의 경우 원문에 '益以淮陽'이라고 하여 회양을 더해 준
것으로 나와 있기 때문에 이선의 주장은 통하기 어려운 설명이다.

25 흔히 「옥중상서자명(獄中上書自明)」이라고 알려진 글이다.

26 위나라 학자 여순(如淳)의 주에 따르면 연나라 태자가 형가에게 해를 당할까 봐
두려워했다고 한다. 그러나 이선의 설명에 따르면 당시에 흰 무지개가 해를 제
대로 꿰뚫지 못했으므로 태자가 진시황을 살해하지 못할 것이라고 걱정했다고
한다. 여기서 흰 무지개는 무력을, 해는 군왕을 상징한다.

27 공자가 담(郯) 땅에서 정자(程子)를 만났을 때의 사정으로 『공자가어(孔子家語)』
에 실려 있다.

28 태어난 지 이레가 지나면 어미 말을 뛰어넘는다는 준마이다.

29 『전국책(戰國策)』과 『사기』 등에 중산국의 상방(相邦)이 되었다고 나온다. 상방
은 곧 상국과 같은 벼슬이다.

30 "옹(雍) 물에 몸을 던졌고"의 원문은 "도옹지하(蹈雍之河)"이다. 역대 학자들은
'옹'을 세 가지로 해석했다. 첫째는 『장자』 계통의 돌맹이 또는 단지 설이다. 신
도적이 물에 가라앉기 위해 무거운 옹을 안고 물에 뛰어들었다는 것이다. 둘째
는 후한 시대의 학자 복건(服虔)의 '옹 땅을 흐르는 물'이고, 셋째는 안사고의
'강의 상류' 설이다.

31 이 부분의 출전은 『논어』 「미자」에 나오는 "제인귀녀악, 계환자수지, 삼일북조, 공자행(齊人歸女樂, 季桓子受之, 三日不朝, 孔子行)"으로 보인다.

32 『사기』 「추양 열전」에는 자한(子罕)으로 나온다. 그런데 자한은 공자와 비슷한 시대인 노 상공(魯襄公) 때 사람이고 묵적은 공자 이후의 사람이므로 자한과 자염은 동일 인물이 아니라고 봐야 한다.

33 진 목공은 관중 서쪽 지방의 융족을 정벌했으므로 주 상왕(周襄王)으로부터 '패서융(霸西戎)' 칭호를 받았다. 여기서 중원을 재패했다고 한 것은 춘추 오패에 진 목공이 들어간다고 보는 설을 따른 듯하다.

34 『사기』 「추양 열전」에 '몽(蒙)'으로 나오는 인물이다. 사마정은 '몽'이란 월나라 사람은 들어 본 적이 없다고 했고, 장안은 '자장'의 자(字)가 '몽'일 것이라고 추정했다.

35 흔히 하나라의 우임금, 상나라의 탕왕, 주나라의 문왕을 가리킨다.

36 원문인 "봉비간지후(封比干之後)"와 "수잉부지묘(修孕婦之墓)"에 대해 사마정은 "『상서』 「주서」 '홍범'에 비간의 묘를 봉한 이야기가 나오는데, 후사를 봉했다는 이야기는 없다. 잉부에 관해서는 '고체잉부(刳剔孕婦)'라고 하여 벌초 이야기만 나올 뿐, 무덤을 손보았다는 말은 나오지 않는다."라고 해석했다.

37 손숙오의 일은 『장자』 「전자방(田子方)」에, 오릉자중의 일은 『맹자』 「등문공하」, 『전국책』 「제책사(齊策四)」에 보인다.

38 흔히 원문의 '가(軻)'를 '형가'로 옮기지만 여기서는 안사고의 주에 따라 그렇게 옮기지 않았다. 안사고는 모든 역사서를 다 들추어 보아도 형가의 칠족이 멸족당한 사실을 찾을 수 없고 원문에 '형(荊)'자가 없다는 사실을 강조했다.

39 붉은 까마귀는 염제(炎帝)의 후손인 여상을 이른다.

40 "구속하는 말"의 원문은 "연구지어(攣拘之語)"인데 '연구(攣拘)'를 '혀를 말아서 귀에 거슬리게' 말하는 여상의 발음을 나타낸 말로 해석하기도 한다.

41 묵자가 수레를 돌린 이야기는 『회남자』 「설산훈(說山訓)」에 나온다.

42 『사기정의』에 유향의 『설원』을 인용하여 스물일곱 명이 태후의 일을 간하다가 진시황에게 죽임을 당했다고 나온다.

43 한 무제의 생모인 왕지(王姞)로 황후에 오르기 전이라 당시에는 미인의 직첩을 받고 있었다.

44 두 태후의 맏딸이자 무제의 고모 겸 장모인 관도 장공주를 이른다.

45 안사고의 주에 따라 '矍'을 '구략반(俱略反)'의 '각'으로 썼다.

46 사람의 성(姓)에 쓰인 '祭'를 안사고 주의 '측계반(側界反)', 『고금운회거요』, 『홍무정운』의 측매절(側賣切)'의 '債'에 따라 '채'로 썼다.

47 「간오왕서(諫吳王書)」로 알려진 글이다.

48 『공총자(孔叢子)』 「가언(嘉言)」에 '마방해, 고이경지. 계방절, 중이전지. 마분거복, 육비불금. 계절우고, 추입어심. 기위필의.(馬駹駭, 鼓而驚之. 系方絶, 重而填之. 馬奔車覆, 六轡不禁. 系絶于高, 墜入於深. 其危必矣.)'라고 해서 말이 놀라서 날뛰는 모양이 잘 설명되어 있다.

49 「중간오왕서(重諫吳王書)」로 알려진 글이다.

50 고조가 유비를 오왕에 봉할 때 유비에게 모반의 상이 있다고 지적하자 유비가 모반하지 않겠다고 약조했다.

51 제후의 세력을 약화해야 한다고 주장한 어사대부 조조를 주살한 일을 이른다.

52 「지리지」에 오나라 동쪽에 구리가 나는 장산(章山)이 있다고 한 것으로 미루어 보아 동산이 오나라의 상징이었던 것으로 추정할 수 있다.

53 여기에서는 오초의 난이 평정되기 전에 제왕이 자결한 것으로 나오지만 「제왕유장려전」에 따르면 오초의 난이 평정된 뒤에 제왕이 자결한 것으로 나온다. 두 가지 내용 중 어느 것이 정확한지는 밝혀지지 않고 있다.

54 『서경잡기(西京雜記)』에 매승이 「유부(柳賦)」를 지어 양 효왕에게 올렸다는 내용이 나온다 「예문지」에 매승의 부 아홉 편이 남아 있다.

55 엄조는 회계 태수를 지낸 뒤에 황궁에 들어가 무제 곁의 내신이 되었다.

56 '매축(禖祝)'은 원래 아들을 점지해 주기를 바라며 올리는 제사인 '매제(禖祭)'의 축문이다. 그런데 여기서는 무제가 아들을 낳은 뒤에 신에게 감사하며 올린 제사의 축문으로 보인다. 그 내용은 전하지 않는다.

57 현의 이름일 것으로 추정하나 정확한 지명은 알려지지 않았다.

58 「언의상덕완형서(言宜尙德緩刑書)」로 알려진 글이다.

59 생모가 척 부인인 고조의 셋째 아들 유여의를 이른다.

60 창읍왕 유하는 무제의 손자이자 소제의 조카였다.

61 이때의 대장군은 곽광(霍光)을 이른다.

62 원문은 "여기살불고, 영실불경(與其殺不辜, 寧失不經)"으로 『상서』 「우서(虞書)」 '대우모(大禹謨)'에 나온다. 바로 뒤에 "호생지덕(好生之德)"이라는 말이 이어

진다.

63 그러므로 판결을 내리는 옥리는 그 사람을 미워해서가 아니라 그 사람에게 사형을 선고해야 자신이 안전하게 살 길을 찾을 수 있기 때문에 사형 판결을 내리려고들 하는 것입니다.

64 원문은 "산수장질, 천택납오, 근유익오, 국군함구(山藪藏疾, 川澤納汙, 瑾瑜匿惡, 國君含詬)"로 『좌전』의 선공(宣公) 15년조에 나오는, 진(晉)나라의 백종(伯宗)이 진후(晉侯)에게 올린 "천택납오, 산수장질, 근유익하, 국군함구, 천지도야(川澤納汙, 山藪藏疾, 瑾瑜匿瑕, 國君含垢, 天之道也)"에서 인용한 말이다.

65 한나라 건국 후 평제(平帝)가 붕어할 때까지가 210년인데 이를 계산해 낸 것이다.

66 『춘추좌씨전』 선공(宣公) 2년 기사에 주(周) 왕실의 내사(內史)가 장손달의 후손이 크게 될 것이라고 예언한 내용이 나온다. 여기서 말하는 '군자'는 주 왕실의 내사를 이른다.

22 | 두·전·관·한 전 竇田灌韓傳

1 효문황후이자 경제의 모친인 두 태후 사촌 오빠의 아들이다.

2 『한서』「예문지」에 나오는 공갑(孔甲)의 『반우』26편이다.

3 「계포전」과 『사기』「위기 열전」에는 적복(籍福)으로 나온다. 당시에 적씨(籍氏)와 적씨(藉氏)가 다 있었으므로 어느 것이 정확한지 알 수 없다.

4 신원평이 문제에게 거짓 술수를 부리다가 삼족이 처형된 일을 이른다.

5 원문 "청고공지익택(請考工地益宅)"을 '고공실(考工室) 터를 자신의 집터에 넣게 해 달라고 청했다.'로 옮기기도 한다.

6 "황제가 화를 내며 ……전분이 물러났다."의 원문은 "상노왈, 수취무고, 시후내퇴(上怒曰, 遂取武庫, 是後乃退)"이다. 사서마다 이 부분의 기록이 조금씩 다르다. 『사기』「무안후 열전」의 원문은 "상노왈, 군하불수취무고, 시후내퇴(上怒曰, 君何不遂取武庫, 是後乃退)"이고 순열(荀悅)의 『전한기(前漢紀)』「효무황제기(孝武皇帝紀)」에는 "상노왈, 하불수취무고, 퇴(上怒曰, 何不遂取武庫, 退)", 『자치통감』「한기(漢紀)」에는 "상노왈, 군하불수취무고, 시후내소퇴(上怒曰, 君何不遂取武庫, 是後乃稍退)"로 나온다. 『전한기』에는 판본에 따라 '퇴' 자가 없는 곳도 있다. 여

기의 '退'를 '벼슬에서 물러나다'가 아닌 '집터를 넓힐 생각을 접다'로 해석하기도 한다. 실제로 전분은 황제가 노하자 집터를 넓힐 생각을 접고 벼슬에서도 물러났다.

7 관하(灌何)의 오류이다. 오초의 반란을 진압하러 나갔던 영음후는 관영이 아니라 관영의 아들인 관하였다.

8 당시에 중위였던 주아부가 태위에 올랐다.

9 원문은 "만금양약(萬金良藥)"이나 안사고는 '반드시 그 약을 얻어야 완치될 수 있는 좋은 약'이라는 뜻의 '만전양약(萬全良藥)'으로 볼 수 있다고 했다.

10 『사기』「위기 무안후 열전」에는 여러 달로 나온다.

11 문제의 손자인 대공왕(代恭王) 유등(劉登)을 이른다.

12 고조의 육촌 동생인 유택의 손자 유정국을 이른다.

13 당시에는 연왕의 봉토가 몰수되고 없었다. 안사고의 주에 따르면 여기서 말하는 연왕은 연 강왕(燕康王) 유가(劉嘉)를 이른다.

14 원문의 "기갱의(起更衣)"를 '대소변을 보러 간다며 일어서다'의 완곡어법으로 보기도 한다. '갱의(更衣)'가 『사기』 전체에서 두 곳, 『한서』 전체에서 열 곳 나오는데, 황제나 대신이 예절을 차리는 데에 쓰인 예가 많아 여기서는 '옷을 갈아 입다'로 옮겼다. 한편 '갱의'를 '대소변'의 완곡어법으로 볼 수 있는 예로는 「이릉전」의 '율기갱의(律起更衣)'가 있다. 반고와 비슷한 시기에 살았던 왕충(王充)의 『논형(論衡)』에 나오는 '갱의지실(更衣之室)'과 장중경(張仲景)의 『상한론(傷寒論)』에 나오는 '필수갱의(必數更衣)'라는 표현 또한 '대소변'의 완곡어법이다. '고치다'라는 뜻의 '更'을 『광운』의 '고행절(古行切)'에 따라 '갱'으로 썼다.

15 원문에 『사기』「위기 무안후 열전」에는 있는 '조사하다'의 뜻을 지닌 동사 '안(案)'이 빠져 있다.

16 안사고는 원문의 "위자(爲資)"를 '재물을 풀어'가 아닌 '자신의 지위나 경험을 동원하여'로 해석했다.

17 여기에 나오는 동조(東朝)는 태후의 거처였던 장락궁으로 미앙궁의 동쪽에 있었다.

18 원문에 '그런 체하다'라는 뜻의 '양(陽)'자가 쓰였다. 바로 뒤에 나오는 '병을 다스리다'는 뜻의 '치병(治病)'이 위기후가 병에 걸렸던 사실을 뒷받침해 주므로 '陽' 자를 쓴 것을 잘 이해가 되지 않는 부분이다. 『사기』「위기 무안후 열전」에

는 '陽' 대신에 '비분강개하다'는 뜻의 '에(恚)' 자가 쓰였다.

19 『사기』「장상표(將相表)」와 「백관표」에는 전분이 원광 4년에 죽은 것으로 나
온다.

20 두 태후 소생의 관도 장공주로 경제와 양 효왕의 동복 누나이다. 황제의 누나이
므로 장공주라고 불러야 하나 여기서는 황제의 고모를 칭하는 대장공주(大長公
主)로 부르고 있다. 관도 공주는 무제 때에 대장공주로 불렸다.

21 폐위된 율 태자 유영(劉榮)을 이른다.

22 율 태자의 어머니인 율희(栗姬)가 정식으로 황후에 오른 적이 없으므로 원문의
"적장자"라는 표현이 어색하다. 율 태자는 경제에게 아들로는 맏이였다.

23 무제의 어머니이자 전분의 손위 누이인 왕 태후를 이른다.

24 민월왕 영(郢)의 동생인 여선(餘善)이 형을 죽인 뒤에 한나라에 복속한 일을 이
르는 것으로 「양월전」에 상세한 이야기가 나온다.

25 대(代) 지방이 조나라에 합병되기 전인 기원전 5세기에는 흉노의 세력이 강성
하지 않았다. 기원전 215년에 몽염이 흉노를 황하 이북으로 쫓아내면서 흉노와
한족의 갈등이 심해지기 시작했다.

26 여기서 말하는 월지는 흉노 묵돌 선우에게 쫓겨간 대월지족을 이른다.

27 왕회가 거느린 장둔 부대는 다른 지방에서 모집한 병력이었고 이식이 거느린
재관 부대 또한 다른 지방에 주둔시켰던 예비 병력을 동원한 것이었다. 이 두
부대는 흉노의 후미에서 보급 물자를 차단하는 작전을 펼쳤기 때문에 마읍에
숨어 있던 복병에 들어 있지 않았다. 여기서 재관 부대가 복병에 가담했다는 것
은 이치에 맞지 않다. 30만 또한 이때 출동한 병력의 총수로 복병에 가담한 부
대는 30만의 일부였다.

28 『사기』「한안국 열전」에는 흉노의 물자 보급을 끊기 위해 왕회와 이식 말고 이
광도 출동한 것으로 나온다.

23 | 경 십삼왕전 景十三王傳

1 『사기』「오종 세가」에는 유알우(劉閼于)로 나오는데 「제후왕표」에는 유알로 기
록되어 있다.

2 여기에 나오는 왕 부인은 왕 황후의 동생 왕아후(王兒姁)이다.

3 "사물의 실제 상태와 상황을 살펴 정확한 판단을 내렸다"의 원문은 "실사구시(實事求是)"로 현재 전하는 용례 중에 가장 오래된 것이다. 당시 민간에는 진시황의 분서를 피해 몰래 소장하고 있던 고문이 남아 있었다. 유덕은 '실사구시' 정신으로 정본을 찾아내 고문 경전의 바람을 일으켰다.

4 반고가 『한서』를 쓰던 시절의 『예(禮)』는 17편으로 된 『의례(儀禮)』를 일컫는 것으로 당시에는 『예경(禮經)』으로 일컬어졌다. 여기에 나오는 『예기(禮記)』는 49편으로 된 현재 오경의 하나로 꼽히고 있다.

5 『한서』를 연구했던 청나라 학자 이자명(李慈銘)은 이 글이 정위 상려가 보낸 부고를 받은 뒤에 무제가 내린 글로 보고 있다.

6 『사기』 「오종 세가」에는 유기(劉基)로 나온다.

7 『사기』 「오종 세가」에 26년 만에 죽은 것으로 나오며 『사기』의 내용이 맞다.

8 「예문지」에 따르면 『상서』, 『예기』, 『논어』, 『효경(孝經)』 등 수십 편의 고문 경전을 얻었다고 나온다.

9 오초의 난을 일으킨 오왕은 유비(劉濞)이고, 오왕 유비의 도읍으로 옮겨 간 강도 역왕은 유비(劉非)이다.

10 『사기』 「오종 세가」에는 26년 만에 죽은 것으로 나온다.

11 안사고의 주에 따라 '荼'를 '위사반(食邪反)'의 '야'로 썼다.

12 노 공왕의 왕 태후는 정희(程姬)로서 노 공왕 유여와 강도 역왕 유비, 교서 우왕 유단(劉端)의 생모이며 치신의 할머니이다. 공태후라고도 일컬어졌다.

13 연왕 유택이 손자인 유정국과 제 도혜왕 유비의 손자 유차창이 모두 친동생과 정을 통했다가 발각되어 자결한 일을 가리킨다.

14 「남월전」에 요(搖)로 나온다.

15 원문은 "태반(太半)"으로 『사기집해』에서 위소(韋昭)의 주를 인용하여 3분의 2는 태반(太半), 3분의 1은 소반(少半)이라고 했다.

16 「동중서전」에 공손홍이 동중서를 해칠 생각으로 교서왕의 승상으로 천거했는데, 부임 후 얼마 지나지 않아 동중서가 병을 칭하고 사직했다는 내용이 나온다.

17 유팽조는 조왕 유수의 반란이 진압되고 네 해 뒤에 조왕이 되었다.

18 「강충전」에는 유단이 동복 누나 및 부왕의 후궁과 정을 통했다고 나오며 『사기』 「유팽조 열전」에는 유단이 정을 통한 대상으로 딸과 동복 누나를 들고 있다.

19 "무덤을 파헤치다"의 원문은 "추매(椎埋)"로 안사고는 '몽둥이로 때려 사람을 죽인 뒤에 묻다'로 해석했다.

20 평양 공주와 융려 공주는 한 경제와 왕 황후 사이에서 난 세 딸 중 첫째와 셋째이다. 여기서는 두 사람 모두 무제의 누나인 것처럼 서술되었으나 융려 공주는 무제의 여동생이다.

21 「제후왕표」에 따르면 정화 원년보다 한 해 먼저인 태시(太始) 4년에 죽은 것으로 나온다.

22 이 고사의 원형은 『안자춘추(晏子春秋)』에 나오는 "부사, 속목이도지, 서인이탁언. 훈지즉공소기목, 관지즉공패기도. 차서소이불가득살자, 이사고야.(夫社, 束木而塗之, 鼠因而托焉. 薰之則恐燒其木, 灌之則恐敗其塗. 此鼠所以不可得殺者, 以社故也)"이다.

23 유승은 경제의 아홉째 아들로 열째 아들인 한 무제의 형이다.

24 원문은 "아심우상, 역언여도. 가매영탄, 유우용로. 심지우의, 진여질수.(我心憂傷, 怒焉如擣, 假寐永歎, 唯憂用老. 心之憂矣, 疢如疾首)"로 『시경』「소아」 '소변(小弁)'에 나온다.

25 「제후왕표」에는 유승이 재위 42년 만에 죽고, 애왕은 재위하여 2년이 지난 뒤에 죽은 것으로 나온다. 「제후왕표」의 내용이 옳다. 1968년 하북성 보정시(保定市) 만성구(滿城區) 능산(陵山) 꼭대기에서 중산정왕과 왕비의 묘가 발굴되어 왕과 왕비의 금루옥의(金縷玉衣), 장신궁등(長信宮燈), 박산로(博山爐) 등 수많은 유물이 출토되었다. 현재 관람이 가능하다.

26 「제후왕표」에 강왕(糠王)으로 되어 있는 것이 옳다.

27 「제후왕표」에 3년으로 나오는 것이 옳다.

28 「제후왕표」에 유수(劉脩)로 나온다. 1973년, 하북성 정현(定縣) 팔각랑촌(八角廊村)에서 발굴된 고분이 중산회왕의 무덤으로 밝혀졌다. 이 고분에서 출토된 금루옥의는 현재 중국 국가박물관에 소장되어 있다.

29 회왕이 죽은 오봉(五鳳) 3년에서 홍가 2년까지는 서른다섯 해이다.

30 「제후왕표」에 1년으로 나오는 것이 옳다.

31 「왕자후표」에 따르면 유륜은 광덕왕으로 광천 혜왕 유월의 제사를 받드는 것으로 나온다. 따라서 "원시 2년…… 중산 정왕 유승의 제사를 받게 했다."라는 내용은 잘못 들어간 것이다.

32 경제 후원 2년에 유발의 처지를 동정하여 무릉(武陵), 영릉(零陵), 계양(桂陽)을 더 봉해 주었다.

33 「제후왕표」에는 구흉(胸胸)으로 나온다.

34 「제후왕표」에 3년으로 나오는 것이 옳다.

35 「제후왕표」에는 유로인이 재위 48년 만에 세상을 떠났다고 나온다. 거섭(居攝) 2년에 유순(劉舜)이 뒤를 이었고 2년 뒤에 왕망이 봉토를 철폐했다.

36 「제후왕표」에 12년으로 나오는 것이 옳다.

37 「제후왕표」에 45년으로 나오는 것이 옳다.

38 『사기』「오종 세가」에는 상거(桑距)로 나온다.

39 「왕자후표」에 따르면 유명은 유왕 유제의 아들이 아닌 광천 혜왕 유월의 아들로 유제의 동생이다.

40 춘추 시대 제나라 경공(景公) 때의 용사였는데 한나라 때의 문신(門神), 즉 전각의 문을 지키는 신으로 받들어졌다.

41 앞서 말하기를 양성소신이 질투하여 죽인 후궁이 모두 열네 명이라고 했으므로 왕소평과 왕지여의 시녀 세 명과 유거의 스승 부자, 그리고 도망경의 어머니까지 합하면 무고한 사람으로 죽은 이가 모두 열여섯 명이라고 한 것은 이치에 맞지 않다.

42 「제후왕표」에 유유(劉楡)로 나온다.

43 「제후왕표」에 4년 만에 죽은 것으로 나오는 것이 옳다.

44 『사기』「오종 세가」에는 '전차' 대신 먼 곳의 적진을 살필 수 있는 전차인 '누차(樓車)'라고 나온다.

45 유기의 생모인 왕 부인은 무제의 생모인 왕 황후의 동생으로 어머니 쪽 혈통을 보자면 경제의 열네 아들 중에 왕 부인 소생의 네 아들이 무제와 가장 가까웠다.

46 「제후왕표」에 14년 만에 죽는 것으로 나오는 것이 옳다.

47 「제후왕표」에 23년 만에 죽는 것으로 나오는 것이 옳다.

48 「제후왕표」에 32년 만에 죽는 것으로 나오는 것이 옳다.

49 「제후왕표」에 33년 만에 죽는 것으로 나온다. 「제후왕표」와 『책부원귀』에는 진정 효왕의 이름이 유신(劉申)으로 나온다.

50 「제후왕표」에 16년 만에 죽는 것으로 나오는 것이 옳다.

51 「제후왕표」에는 유양(劉楊)으로 나온다.

52 「제후왕표」에는 유종(劉綜)으로 나온다.

24 │ 이광·소건 전 李廣蘇建傳

1 영음후였던 관영의 손자 관강(灌彊)을 이른다. 관강이 죄를 지어 영음후 후위를 박탈당했다.

2 위기후 두영도 남전의 남산에 은거한 적이 있다.

3 『사기』「이광 열전」에는 패릉정이라고 나와 있다. 그런데 정(亭)은 현 아래에 둔 치안 초소였으므로 패릉정은 있을 수 없다. 반고가 '정(亭)'이라고만 한 것은 정확한 지명을 찾지 못해서였을 것으로 추정된다.

4 한안국을 이른다.

5 청나라 학자 심흠한(沈欽韓)의 고증에 따르면 『사마법』의 원문은 "병차불식, 성상불추(兵車不式, 城上不趨)"로 '상을 당해도 복상하지 않는다'라는 뜻의 "조상불복(遭喪不服)"이란 구절이 없다고 한다.

6 『논어』「자로」에 나오는 "선인위방백년, 역가이승잔거살의(善人爲邦百年, 亦可以勝殘去殺矣)"가 출전이다.

7 「공신표」에는 안락후(安樂侯)로 나오는데 안사고의 주에 따르면 낙안후가 옳은 이름이라고 한다. 낙안현은 지금의 강서성 중부에 있었다.

8 황제가 이광의 청을 받아들여 선봉 부대를 거느리는 전장군에 임명해 놓고 위청에게는 이광을 선우와 직접 맞닥뜨리지 못하게 따로 주문을 한 것이 어색하다.

9 『사기』「이광 열전」에는 이광의 부대에 향도가 없어 길을 잃었다고 나오는데 『한서』 이 부분의 원문에는 향도가 없었다는 말이 빠져 있다.

10 양릉은 경제의 능이다.

11 이사장군은 이광리(李廣利)를 이른다.

12 안사고의 주에 따르면 '涊'의 음은 '사각반(仕角反)'의 '삭'이다. 『광운』과 『집운』, 『고금운회거요』에도 '사각절(士角切)'로 표시되어 있다.

13 무제 원수 연간에 흉노에서 용성을 북쪽으로 옮겼다.

14 원문의 "미지제한산일일, 오십만시계진(未至鞮汗山一日, 五十万矢皆盡)"을 "미지제한산, 일일오십만시계진(未至鞮汗山, 一日五十万矢皆盡)"으로 끊어 읽기도 한

다. 그러나 군사가 이미 얼마 남지 않았고 화살도 거의 다 떨어진 상태였기 때문에 그날 하루에 오십만 개의 화살을 썼다는 것은 뜻이 잘 통하지 않는다. 따라서 여기서는 "미지제한산일일, 오십만시계진(未至鞮汗山一日, 五十万矢皆盡)"으로 끊어 읽었다.

15 연달아 화살을 발사하던 연노를 원융(元戎)이라는 수레에 장착해서 썼는데 화살이 떨어져 더는 수레를 이용할 수 없었으므로 버리고 간 것이다.

16 흉노족은 머리카락을 소중하게 생각하던 민족으로 묶지 않고 풀어서 뒤로 넘기는 때가 많았으나 스무 가닥 이상 땋아 내린 경우도 있었고 이릉의 경우처럼 상투를 튼 예도 있었다.

17 곽광의 자가 자맹(子孟)이고 상관걸의 자가 소숙(少叔)이었다.

18 "등을 쓸며"의 원문은 "도기배(蹈其背)"이다. 여기에 나오는 '도(蹈)'를 두고 여러 가지 풀이가 있는데, 양수달(楊樹達)은 '도(搯)'의 '두드리다'로, 곽재이(郭在貽)는 과사(刮痧)로, 서복(徐復)은 '증기를 쐬다'로 해석했다. 여기서는 곽재이의 해석을 참고하여 옮겼다.

19 우거(右渠)의 조선이 멸망한 것은 한나라 사신이었던 섭하(涉何)를 죽이고 난 다음 해의 일이다.

20 소무가 쫓겨 간 북해는 지금의 바이칼호 변이었다.

21 풀씨의 원문은 "초실(草實)"이다.

22 '軒'의 음을 '거언반(居言反)'의 '건(犍)' 음과 같다고 한 안사고의 주에 따라 '건'으로 썼다.

23 흉노의 우교왕이 되어 있던 이릉을 가리킨다.

24 안사고의 주에 따라 '區'를 '일후반(一侯反)'의 '우'로 썼다. 「흉노전」에는 '우탈(甌脫)'로 나온다. '우탈'은 현재 '변경의 측후소' 또는 '변경의 완충 지대'로 해석되고 있다.

25 여기서 이릉은 조가의 맹약에서 활약한 자객 조말(遂邑)처럼 흉노 선우를 위협하여 한나라에 공을 세우겠다고 하고 있다. 제환공(齊桓公)이 노나라를 쳐서 이기고 가(柯)에서 맹약하여 노나라 수읍(遂邑)을 제나라 땅으로 편입하려고 할 때 노장공(魯莊公)의 장수 조말(曹沫)이 제환공을 비수로 위협하여 노나라의 땅을 보전하는 새로운 맹약을 맺게 했다. 『사기』「자객열전」에 나온다. 노장공은 제환공의 요구를 받아들여 제환공의 조카 규(糾)를 죽이고 규를 보호하던 관중

(管仲)을 제나라로 돌려보냈던 인물이다.

26 전속국은 원래 봉록 이천석 벼슬이나 소무가 전속국에 임명된 이때에는 그보다 두 호봉이 높은 중이천석을 내린 것으로 보인다.

27 수속도위가 된 장사는 양창(楊敞)이다.

28 원문은 "지사인인, 유살신이성인, 무구생이해인(志士仁人, 有殺身以成仁, 無求生以害仁)"으로『논어』「위령공(衛靈公)」의 원문과 차례가 조금 다르다.

29 원문은『논어』「자로(子路)」에 나오는 "사어사방, 불욕군명(使於四方, 不辱君命)"이다.

25 | 위청·곽거병 전 衛靑霍去病傳

1 안사고는 조수가 평양후 조참의 후대로서 양신 장공주의 남편이었음에도 불구하고「조참전」과「공신표」에 이름이 보이지 않는다고 했다.「공신표」에 조참의 증손자로 조시(曹時)라는 이름이 나오는데, 진직은 '시(時)'의 예서체가 '수(壽)'와 비슷한 까닭에 필사 과정에서 실수가 있었다고 보았다.

2 "위씨(衛氏)댁"의 원문은 "위오(衛媼)"이다. 안사고는 '오(媼)'에 '노파'라는 뜻이 있으나 아이를 생산할 수 있던 나이의 위청 생모에게는 어울리는 말이 아니라고 했다. '오'에는 '어머니'라는 뜻도 있는데 여기서는 어떤 남자의 아내로 그 남자의 아이를 낳은 여자를 부르는 말로 쓰였다.「고제기」에 나오는 '왕오(王媼)', '여오(呂媼)'도 같은 예이다.

3 『사기』「위 장군 열전」에는 위장자(衛長子)로 나온다.

4 원문은 "인노지생(人奴之生)"인데 '남의 종으로 사는 삶'으로 옮길 수도 있다.

5 무제의 누나인 양신 장공주가 평양후에게 시집간 뒤에 얻은 호칭이다.

6 무제의 고모인 관도 장공주와 진오(陳午)의 딸을 이른다. 정확한 이름이 전하지 않는다.

7 『사기』「위 장군 열전」에는 원광 5년으로 나오는데「흉노전」등에 나오는 당시의 정황으로 볼 때 위청의 첫 출격은 원광 5년에 있었던 것으로 보인다. 용성은 흉노족이 하늘에 제사를 지내던 곳으로 위청이 용성 전투에서 승리를 거둔 것은 그때까지 있었던 흉노와의 전투 중 첫 승리이자 흉노의 심장부를 강타했던

것으로 높은 평가를 받았다.

8 『사기』「위 장군 열전」에는 수십만 마리로 나온다.

9 원문은 "박벌험윤, 지우태원(薄伐玁允, 至于太原)"으로『시경』「소아」'유월(六月)'에 나오는 내용이다.

10 원문은 "출거팽팽(出車彭彭)"과 "성피삭방(城彼朔方)"으로『시경』「소아」'출거(出車)'에 나오는 내용이다.

11 원래 전쟁 중에 적군의 목 1수(首)를 베면 작위 1급(級)을 올려 주게 되어 있었다. '급(級)'은 벤 목의 수효를 헤아리는 단위 명사인데, 여기서는 포로를 헤아리는 데 쓰였다.

12 "수많은 포로를 심문했고"의 원문은 "집신획추(執訊獲醜)"로『시경』「소아」'출거'에 나온다.

13 "더하여 봉한다"의 원문은 "익봉(益封)"인데 위청이 처음으로 식읍을 받는 장면에 이 말이 쓰인 것은 마땅치 않다. 『사기』「위 장군 열전」에는 식읍 3000호를 더해 받은 것으로 나온다.

14 『사기』「위 장군 열전」에는 "한나라 조정에서 거기장군 위청에게 기병 3만 명을 거느리게 하다"라고 하여 위청이 거기장군임을 분명하게 밝혀 두었으나 여기에는 그 말이 빠져 있다.

15 여기서 무제는 한나라 군대의 비장 격인 흉노족의 비왕을 흉노왕이라고 칭하고 있다.

16 『사기』「위 장군 열전」에는 "유혼(窳渾)"으로 나온다.「지리지」에 '삭방에 유혼현이 있다'라는 뜻의 "삭방유유혼현(朔方有窳渾縣)"이란 구절이 있는 것으로 보아 여기에 쓰인 '寶'은 '窳'의 잘못으로 보인다.

17 『한서음의』를 지은 서진(西晉) 시대의 학자 신찬(臣瓚)의 주에 따라 '窴'를 '窴'로 보아 '포'로 썼다. 신찬은 성이 알려지지 않다. 중국과 조선, 일본의 역대 학자들이 신찬의 성을 고찰했지만 정확한 설이 없다. 조선의 학자 이덕무(李德懋)도 「원앙기」에서 신찬의 성을 알 수 없다고 했다.

18 『사기』「위 장군 열전」에는 "섭지후(涉軹侯)"로「공신표」에는 "지후(軹侯)"로 나온다.

19 황제의 조서에서 신하의 이름을 거론할 때 일반적으로 성을 쓰지 않지만 여기 나오는 무제의 조서에는 장군들의 개선을 치하하는 뜻에서 신하들의 성과 이름

을 일일이 밝히고 있다.

20 "거의 패배할 뻔했다."의 원문은 "차진(且盡)"이다. 소건과 조신이 두 부대를 합해 기병 3000명을 거느리고 출격한 상태에서, 바로 앞에 '거의 전멸하다'라는 뜻의 '차진(且盡)'을 써 놓고, 이어서 조신이 남은 기병 800명을 데리고 흉노에 투항했다고 한 것은 잘 통하지 않는다.

21 원문은 "소적지견, 대적지금(小敵之堅, 大敵之禽)"으로 『손자』 「모공」에 나온다. 『손자』에는 '禽'이 '擒'으로 되어 있다.

22 흉노국의 제5대 난제이치사(欒提伊稚斜) 선우를 이른다.

23 사마정은 '羅姑比'에 대해 "안유진(顔遊秦)이 『한서결의(漢書決疑)』에서 '羅姑比'는 선우 막내 숙부의 이름이라고 했는데, 안유진의 조카인 안사고가 굳이 '羅姑'가 이름이고 '比'는 '頻'의 뜻으로 뒤에 이어지는 절에 속한다고 했는데 그렇게 볼 필요가 없다."라고 했다. 『책부원귀』에는 '羅姑比'가 이름인데 '比'의 음이 '빈매절(頻寐切)'의 '배'라고 나온다. 여기서는 『책부원귀』의 주에 따라 '배'로 썼다.

24 『사기』 「표기 열전」에는 1600호로 나온다.

25 '관군(冠軍)'은 원래 공이 으뜸인 장수를 이르는 말로 지명이 아니었으나 한 무제 때에 지금의 하남성 등주(鄧州) 장촌진(張村鎭) 관군촌(冠軍村)을 곽거병에게 식읍으로 하여 관군후를 봉하면서 그 지방의 지명이 되었다.

26 『사기』 「표기 열전」에는 2000명이라고 나온다.

27 「공신표」에는 중리후(衆利侯)로 나온다.

28 요절한 무제의 둘째 아들 제왕(齊王) 유굉(劉閎)의 생모이다.

29 "부모님"의 원문은 "親"인데 안사고는 '어머니'라고 보았다.

30 오늘날 감숙성 경내의 난주(蘭州)와 장역(張掖) 부근에 모두 고란산이 있었다. 장역의 고란산은 현재 합려산(合黎山)이라고 부른다.

31 안사고의 주에 따라 '折'의 음을 '상렬반(上列反)'의 '설'로 썼다.

32 『사기』 「표기 열전」에는 "노호왕(盧胡王)"으로 나온다.

33 여순의 주에 따라 '屠'를 '저(儲)'의 '저'로 썼다.

34 여순은 금인이 흉노족의 제천 행사의 주인공이라고 했고, 안사고의 주에 금인은 당나라 때의 불상과 같다고 했으므로 금인은 흉노족이 경배하는 우상임을 알 수 있다.

35 안사고는 "흉노 군대의 10분의 7이 궤멸했다는 뜻일 수도 있지만 한나라 군대

가 궤멸당한 숫자를 가리킬 수도 있다."라고 했다. 또 뒤에 나오는 군대의 10분의 3 또는 10분의 2가 궤멸당했다는 내용도 어느 쪽의 군대를 가리키는 것인지 확실하지 않다고 했다.

36 『사기』「표기 열전」에는 2000호로 나온다.

37 치롄산으로 알려져 있는 산이다. 안사고는 '祁'의 음을 '上夷切'의 '시'로 쓰고 있는데 상고 시대 한어에서는 '지' 또는 '디'였을 것으로 추정된다. 참고로 현대 일어에서 '上'의 오음(吳音)이 'じょう'이다. 현대 한어의 '祁'는 '치' 소리가 난다.

38 '균기(鈞耆)'를 고대 학자들은 주로 물의 이름으로 보고 있으나 정확한 위치는 규명하지 못했다. 그런 가운데 1972년에 감숙성 금탑현(金塔縣) 한(漢) 거연갑거후관(居延甲渠侯官) 유적지에서 출토된 목간에 당시 장안에서 서하에 이르는 역참 이름이 나왔다. 중국 학자 진수실(陳秀實)은 그 이름 중에 '균저(鈞著)'를 '균기(鈞耆)'에 비정할 수 있다고 주장했다. '균저'는 감숙성 장역시 산단현(山丹縣) 동락향(東樂鄉) 부근으로 이곳에 산단하(山丹河)가 흐른다.

39 안사고의 주에 따라 '鱳'의 음은 鹿의 '녹'으로 썼다. 『설문해자』에는 '鱳'의 음은 '로곡절(盧谷切)'이며 '낙랑(樂浪)에서 나는 물고기'라고 되어 있다. 우리말로는 자가사리이다. 「지리지」와 거연목간에는 '녹득(鱳得)'으로 나온다. 『설문해자』에 따르면 '鱳'의 음은 鱳과 마찬가지로에 '로곡절(盧谷切)'이다. 고대의 필사 과정에서 '魚'와 '角'이 자주 바뀌었으므로 이 글자도 그 예로 보인다. 안사고는 자신보다 이전 시대의 인물이나 이름을 정확하게 알 수 없는 정씨(鄭氏)가 '녹득(鱳得)'을 '장역군의 지명'이라고 한 것에 대해 '원래 흉노의 지명이었으나 장역군에서 그 이름을 빌려 쓴 것'이라고 주장했다. 장역은 하서회랑 중간에 있으나 곽거병이 지났던 녹득은 하서회랑을 벗어나 천산 부근에 있던 곳이었으므로 안사고의 설명이 옳은 듯하다. 참고로 『설문해자』에도 "장력현유록득현(張掖有鱳得縣)", 즉 '장역군에 녹득현이 있다.'라고 되어 있다.

40 "선우선환과 추도왕을 사로잡았고"의 원문은 "득선우선환추도왕(得單于單桓酋涂王)"이다. '선환'은 「서역전」에 나오는 인구 194명의 작은 부족의 이름으로 「서역전」에는 '선우'라는 칭호를 썼다는 언급이 없다. 이 부분에 나오는 '선우선환'을 선환의 부족장으로 본다면 흉노의 여러 부족이 선우라는 표현을 썼다고 볼 수 있다. 그런데 부족 이름 앞에 선우가 붙은 예는 지극히 드물게 나타나므로 '선우선환'이 선환의 부족장을 나타낸다고 확정하기는 어렵다. 한편 『사기』「표

기 열전」의 이 부분에는 '추도왕'만 잡았다고 나온다.

41 이 부분의 원문은 "오왕, 왕모(五王, 王母)", 즉 '다섯 흉노왕과 왕의 어머니'인데 『사기』「표기 열전」에는 "오왕, 오왕모(五王, 五王母)", 즉 '다섯 흉노왕과 그 다 섯 흉노왕의 어머니'로 나온다. 여기서는 뜻이 더 명확한 『사기』「표기 열전」에 따라 옮겼다. 문제는 바로 앞에 두 명의 흉노왕, 즉 '선우선환왕(單于單桓王)과 추도왕(酋涂王)'을 사로잡았다고 밝힌 것과 같이 흉노왕을 죽였거나 사로잡았 을 때, 흉노왕의 이름을 명기하는 것이 관례였음에도 불구하고 그저 다섯 흉노 왕을 잡았다고 한 것과 '선우의 연지'가 흉노왕보다 서열이 더 높음에도 불구하 고 흉노왕의 어머니 뒤에 언급했다는 점이다.

42 사마정은 『사기』「표기 열전」의 이 부분에서 "『한서』「곽거병전」에는 10분의 7 로 다르게 되어 있다. 안사고는 '흉노 군대의 10분의 7이 궤멸했다는 뜻인데 한 나라 군대가 궤멸한 숫자를 가리킨다는 설도 있다.'라고 했다. 안사고 주의 후 자가 옳다."라고 주를 달았다. 그런데 「곽거병전」에는 『사기』「표기 열전」과 마 찬가지로 '10분의 7'이 아닌 '10분의 3'으로 나온다. 안사고의 주는 이보다 앞에 나오는 같은 해 봄에 있었던 작전의 '10분의 7을 줄어들게 했다." 아래에 달려 있다.

43 『사기』「표기 열전」에는 5000호로 나온다.

44 안사고의 주에 따라 '且'를 '자려반(子閭反)'의 '저'로 썼다.

45 "계저왕…… 사로잡고"의 원문 "포계저왕우천기장득왕왕모각일인왕자이하사십 일인(捕稽且王右千騎將得王王母各一人王子以下四十一人)"을 흔히 다음의 세 가지 방식으로 끊어 읽는다. 1. '계저왕과 우천기장을 붙잡았으며, 흉노왕과 왕의 어 머니 각각 한 명과 왕자 이하 마흔한 명을 사로잡다.(捕稽且王, 右千騎將, 得王, 王母各一人, 王子以下四十一人)', 2. '계저왕 휘하의 우천기장을 붙잡았으며, 흉노 왕과 왕의 어머니 각각 한 명과 왕자 이하 마흔한 명을 사로잡다.(捕稽且王右千 騎將, 得王, 王母各一人, 王子以下四十一人)', 3 '계저왕을 붙잡았고, 조파노 휘하의 우천기장이 흉노왕과 왕의 어머니 각각 한 명과 왕자 이하 마흔한 명을 사로잡 다.(捕稽且王, 右千騎將得王, 王母各一人, 王子以下四十一人)' 여기서는 첫 번째 방 식을 택해 옮겼다.

46 '종표'는 표기장군을 따라 종군했다는 뜻이다.

47 「공신표」에 "복붕(僕朋)"으로 나오는데, 안사고는 '복붕'이 옳다고 했다.

48 뒤에 마음을 바꾼 휴저왕을 혼야왕이 죽인 사실이 「금일제전」에 나온다.

49 비왕의 원문은 "비왕장(裨王將)"으로 되어 있다. 비왕은 흉노왕의 비장 격으로 볼 수 있는데 『사기』「위 장군 표기 열전」의 이 부분에는 "비장(裨將)"으로 되어 있다. 「위청 곽거병 전」에는 '비왕(裨王)'이 두 번, '비왕장(裨王將)'이 한 번 나온다. 『사기』「흉노 열전」과 「흉노전」에는 각각 '비소왕(裨小王)'이 세 번 나오고, '비왕(裨王)', '비왕장(裨王將)', '비장(裨將)'은 나오지 않는 것으로 보아 당시에 통일된 명칭이 없었던 것으로 보인다.

50 「무제기」에는 4만 명으로 나온다.

51 「공신표」에 '渾邪王'과 '昆邪王'이 섞여 나오는데 이 둘은 같은 인물이며 '昆'은 '혼'으로 읽는다. 탑음(漯陰)도 '탑음(濕陰)'과 섞여 나오는데 이 둘은 같은 곳의 지명이다.

52 「공신표」에는 오려(烏黎)로 『사기』「표기 열전」에는 금리(禽梨)로 나온다.

53 「공신표」에는 조휴(稠雎)로 『사기』「표기 열전」에는 동리(銅離)로 나온다.

54 「공신표」에 서른두 명의 왕을 한나라의 후(侯)로 봉한 사실이 나오지 않으므로 이들이 모두 흉노 부족을 거느리던 왕이거나 흉노 이외의 부족을 다스리던 왕이라고 볼 수 없다. 원수 3년 7월에 모두 네 명을 봉했는데, 흉노 부족을 다스리던 왕으로는 혼야왕이 유일하다. 「공신표」에 따르면 앞서 언급된 호독니는 원수 2년 6월에 봉해졌다. 따라서 여기서 "이국의 왕"이라고 한 것은 세력이 약한 흉노의 관리이자 장수인 '비왕(裨王)'을 가리키는 듯하다. 이에 대해서는 「무오자전(武五子傳)」의 "만부장, 천부장, 삼십유이사, 항기분사(萬夫長, 千夫長, 三十有二帥, 降旗奔師)"를 참조할 수 있다.

55 「무제기」에 따르면 원수 2년에 흉노 혼야왕 무리가 투항해 왔으며 원수 3년 가을에 흉노가 우북평과 정상으로 침입하여 1000여 명을 죽인 것으로 나온다. 그런데 여기에는 "관군후가 된 지 3년째인 원수 3년 봄에 곽거병이 표기장군이 되"어 작전을 벌인 결과 혼야왕 무리가 투항해 왔고 그 이듬해에 우북평과 정상으로 흉노가 침입해 왔다고 되어 있으며 「공신표」에도 혼야왕이 원수 3년 7월에 탑음후에 봉해졌다고 나온다. 또 「곽거병전」과 『사기』「표기 열전」에는 무제가 표기장군이 혼야왕을 투항시킨 공을 칭찬하는 조서에서 농서와 북지, 상군의 수졸을 절반으로 줄이라고 지시한 뒤에 흉노족을 변방 다섯 군에 나누어 살게 한 것으로 나오지만 「무제기」에 따르면 다섯 군에 흉노족을 나누어 살게 한

것은 원수 2년의 일이고 원수 3년 가을에 농서와 북지, 상군의 수졸을 절반으로 줄인 것으로 나온다. 게다가 『사기』 「표기 열전」에는 곽거병이 표기장군에 임명된 것은 원수 2년의 일이라고 나오므로 여기에 나오는 연대를 정확하게 파악하기가 어렵다.

56 여기에 나오는 사막은 지금의 고비 사막이다.

57 복건의 주에 따라 '谷'을 '鹿'의 '록'으로, '蠡'를 '離'의 '리'로 썼다.

58 『사기』 「표기 열전」에는 "비거기(比車耆)"로 나온다.

59 『사기』 「표기 열전」에는 "제궁려(濟弓閭)"로 나온다.

60 "높은 곳에 올라 한해(翰海)를 바라보았다."의 원문은 "등림한해(登臨翰海)"이다. 한해를 현재의 바이칼호인 북해로 보는 것이 당나라 때까지의 정설이었으나 당나라 학자 잠중면(岑仲勉)은 '등림(登臨)'이란 동사를 썼으므로 호수에 올라간 것으로 볼 수 없다고 하면서 현재 몽골 공화국 경내에 있는 항애산(杭愛山)의 다른 음역어라고 주장했다. '등림(登臨)'에는 고대 중국어에서 '산에 오르고 물가에 이르다'와 '높은 곳에 올라 아래를 내려다보다'의 두 가지 뜻이 있었다. 같은 내용을 두고 「무제기」에는 '낭거서산에 제단을 쌓고 하늘에 제사를 올렸다'라는 사실만 기록되어 있고 「흉노전」에는 '임한해(臨翰海)'로 나온다.

61 『사기』 「표기 열전」에는 10분의 3으로 나온다.

62 안사고의 주에 따라 '牾'를 '주(籌)'의 '주'로 썼다.

63 「공신표」에 따르면 이보다 앞선 원삭 6년에 상곡 태수 학현을 중리후에 봉한 것으로 나온다.

64 『사기』 「표기 열전」에는 군공을 세운 자에게 내리는 열여덟 번째 작위인 "대서장(大庶長)"으로 나온다.

65 "망설이지 않고 전진했다."의 원문은 "감왕(敢往)"인데 『사기』 「표기 열전」에는 '망설이지 않고 맡은 일을 해내다'의 '감임(敢任)'으로 나온다.

66 "국역(鞠域)을 만들어 놓고 여전히 공을 찼으니"의 원문은 "천역답국(穿域蹋鞠)"이다. 전국 시대에 축국(蹴鞠)은 군사 훈련의 한 종목이었으나 한나라에 들어와서 놀이로 변하던 중이었다. 『사기』 「표기 열전」과 「곽거병전」에 나오는 '천지(穿地)'라는 말을 후한 시대 학자 복건은 "천지작국실야(穿地作鞠室也)"라고 해서 "천지(穿地)는 국실(鞠室)을 짓는 것이다."라고 했으며 동진 시대 학자 서광(徐廣)은 『사기집해』에서 '천지(穿地)는 구역을 조성하는 것이다'라는 뜻의 "천

지위영역(穿地爲營域)'이라는 표현을 씀으로써 '천'의 원래 뜻에서 많이 비켜난 뜻을 나타냈다. 그런데 『사기』 「여 태후 본기」의 '사거측중(使居厠中)'이 「외척 전」에서 '사거국역중(使居鞠域中)'으로, 『전한기』 「효혜기(孝惠紀)」에서는 '사거 국실중(使居鞠室中)'으로 되어 있는 것을 보면, '돼지우리'라는 뜻의 '측(厠)'이 국역(鞠域) 또는 국실(鞠室)과 관계가 있음을 추정할 수 있다. 특히 「외척전」에 안사고가 단 주를 보면 '국역은 국(鞠)을 차는 구역 같은 곳으로 굴실(窟室)이라 고 부른다'라는 뜻으로 "국역여답국지역위굴실야(鞠域如蹋鞠之域謂窟室也)"라고 했으니, '천(穿)'이 굴실을 만드는 작업과 관계 있는 동사일 가능성을 배제할 수 없다. 여기서는 복건의 설명에 따라 옮겼다.

67 "위청은 인자하여 군사를 아끼고 겸손했으며"의 원문은 "청인, 희사퇴양(靑仁, 喜 士退讓)"인데 이 부분에 해당하는 『사기』 「표기 열전」의 내용은 "대장군위인인선 퇴양(大將軍爲人仁善退讓)"으로 '대장군은 인자하고 선량하며 겸손했다'라는 뜻 이다.

68 여기서는 무용이 뛰어나 '경(景)' 자를 쓴 것으로 되어 있지만, 시호를 정하는 법에는 '경(景)'이 '의로움을 베풀고 강직하게 행했다'라는 뜻의 '포의행강(布義 行剛)'에 해당한다.

69 이어지는 내용으로 볼 때, "평양후 조수가 힘든 병에 걸려 봉토에 돌아갔다."와 "장공주가 물었다." 사이에 장공주인 평양 공주의 남편 평양후 조수가 병으로 세상을 떠난 것과 평양 공주가 능력이 뛰어난 사람을 남편감으로 물색하기 시 작했다는 내용이 있어야 마땅하다.

70 곽거병의 묘를 기련산만큼 높이 쌓았던 것으로 보아 여기에 나오는 여산은 흉 노 땅에 있었던 산 이름으로 보인다.

71 앞에서 원삭 2년에 하남 지역을 얻은 일에 관해 선우와 교전했다는 말이 나오 지 않는다.

72 『사기』 「위 장군 열전」에는 모두 1만 1800호를 봉했다고 나오며 중간에 더해 받 은 내용도 「위청전」과 크게 다르다.

73 『사기』 「위 장군 표기 열전」에는 1만 5700호로 나온다.

74 『사기』 「위 장군 표기 열전」에는 열네 명으로 나온다.

75 여기서 이식이 삭방을 출발해 세 번째 출격에 나섰다고 나오지만 앞에서는 원 삭 5년에 우북평에서 변경을 나갔다고 나오며, 그 작전으로 인해 관내후에 봉해

지고 식읍 300호를 받았다고 나온다.

76 여기에 나오는 왕 태후는 무제의 생모를 이른다.

77 안사고의 주에 따르면 '羒'의 음은 '뢀'에 가까운 '뎡활반(丁活反)' 또는 '되'에 가까운 '뎡외반(丁外反)'이나, 현재 통용되는 음인 '대'로 썼다. '祤'는 '허후반(許 羽反)'의 '후'로 썼다.

78 무제가 제위에 오른 지 열여덟 해가 되었을 때는 원삭 6년이다. 「공신표」와 『사 기』 「위 장군 표기 열전」에 따르면 조이기는 원수 3년에 주작도위가 되었다.

79 「무제기」에 따르면 곽창은 원봉 2년에 서남이를 정벌하고 익주(益州)를 설치한 적이 있다. 공이 없이 돌아온 것은 아마도 원봉 6년에 있었던 공격을 이르는 듯 하다.

80 『사기』 「위 장군 표기 열전」에는 구원(九原) 사람이라고 나온다. 태원은 지금의 산서성(山西省) 태원시이고, 구원은 내몽고자치구(內蒙古自治區) 포두시(包頭市) 이다.

81 조파노가 흉하장군이 된 것은 원정 6년의 일이고 삭야후에 봉해진 것은 원봉 3 년의 일이므로 '한 해'는 '세 해'가 되어야 한다.

82 『사기』 「위 장군 표기 열전」에 좌현왕으로 나온다.

26 | 동중서전 董仲舒傳

1 동중서가 무제의 세 가지 질문에 대책하여 올린 이 글을 흔히 「천인삼책(天人 三策)」 또는 「거현량대책(擧賢良對策)」이라고 한다. 한 무제는 건원 원년과 원광 원년과 5년, 세 차례에 걸쳐 인재를 천거받아 대책문을 응모했는데, 현량에 천 거된 자들이 모두 대책문을 올린 뒤에 거기에서 으뜸으로 뽑힌 사람을 중용하 게 되어 있었다. 여기에 "무제가 즉위하여"라는 말이 나왔으므로 동중서는 건원 원년에 대책문을 올린 것으로 보인다. 「무제기」에는 동중서가 원광 원년에 대 책문을 올렸다고 나온다. 그런데 동중서는 이미 경제 때에 박사가 되었으므로 다시 인재로 추천되었다는 점이 이치에 맞지 않으며, 특히 무제가 친정을 실시 하기 전이었던 건원 원년에 천거받은 인재들은 당시의 승상인 위관(衛綰)의 주 장에 따라 중용되지 못했다. 그런데 현재 전하는 동중서의 「천인삼책」에 "한나

라가 세워진 지 일흔 해가 넘었다."라는 구절이 나오는 것으로 보아 무제 친정 이후의 원광 원년의 것으로 보이므로 동중서가 글을 썼던 연대를 비정하는 데 어려움이 있어 위작이라는 설까지 제기되고 있다.

2   원문은 "숙야비해(夙夜匪解)"로 『시경』 「대아」 '증인(烝人)'에 나오는 내용이다.

3   원문은 "무재, 무재(茂哉, 茂哉)"로 안사고는 『상서』 「우서」 '고요모(咎繇謨)'에 나오는 내용이라고 했는데 현재 『춘추번로(春秋繁露)』에 보인다.

4   "합주"의 원문은 "화(和)"이다. 이를 악기로 해석하기도 한다. 『이아(爾雅)』 「석악(釋樂)」에 열세 개의 황관(簧管)이 있는 작은 생(笙)을 화(和)라고 칭하고 있다.

5   원문은 "인능홍도, 비도홍인(人能弘道, 非道弘人)"으로 『논어』 「위령공」에 나온다.

6   안사고의 주에 따르면 주나라 무왕이 주임금을 토벌할 때 나타난 현상으로 원문은 "백어입우왕주, 유화복우왕옥, 유위조(白魚入于王舟, 有火復于王屋, 流爲鳥)"인데 『상서』 「주서」 '태서(泰誓)'에 나온다고 되어 있다. 그러나 현재 전하는 『상서』 「주서」 '태서'에는 이 내용이 빠져 있다. 이에 대해 조선 학자 정약용은 「매씨서평(梅氏書平)」에서 고문상서를 금문으로 옮기는 과정에서 이 내용을 포함하여 뒤에 나오는 주공의 "복재, 복재!(復哉, 復哉!)" 등 많은 내용이 삭제되었다고 주장했다.

7   원문은 "덕불고, 필유린(德不孤, 必有鄰)"으로 『논어』 「이인(里仁)」에 나온다.

8   여기서 "도야이성지(陶冶而成之)"의 '도야'를 왕안석의 해석에 따라 '교화하다'로 옮겼다. 한편 안사고는 '도야'를 '질그릇을 빚고 주물을 주조하다'로 해석했는데, 안사고의 해석을 따른다면 '요절하는 사람이 있는가 하면 장수하는 사람이 있고, 어진 사람이 있는가 하면 저속한 사람이 있는 것은 하늘이 질그릇을 빚거나 주물을 주조하듯이 사람을 냈기 때문에 아무런 오점이 없이 선량한 상태가 될 수 없다'라는 뜻이 된다.

9   원문은 "군자지덕, 풍야, 소인지덕, 초야, 초상지풍, 필언(君子之德, 風也, 小人之德, 草也. 草上之風, 必偃)"으로 『논어』 「안연」의 '군자지덕, 풍, 소인지덕, 초, 초상지풍, 필언(君子之德, 風, 小人之德, 草, 草上之風, 必偃)"이 그 출전이다. 송기의 주에 따르면 북송 시대 학자들이 보던 월본(越本)에는 원문의 두 '야(也)'자가 없어서 『논어』와 문자 배열이 같다고 했다. 한편 『맹자』 「등문공상」에도 같은 내용이 나온다.

10   원문은 "수지사래, 동지사화(綏之斯來, 動之斯和)"로, 자공(子貢)이 계강자(季康

子)의 질문에 대해 '공자가 나라를 다스렸다면'이라는 가정에 대한 대답으로 한 말이다. 『논어』「자장(子張)」에 나오는 내용이다.

11 "원년, 춘, 왕정월(元年春王正月)"은 『춘추』의 첫머리인 노 은공 원년 기사에 나온다.

12 원문은 "불교이주위지학(不敎而誅謂之虐)"으로 『논어』「요왈(堯曰)」에 나온다.

13 원문은 "원자사지소위대야(元者辭之所謂大也)"이다. 안사고는 『주역』의 문언(文言)에 '원(元)'이 선(善)의 본뜻을 가장 잘 나타낸다고 나오므로 '대(大)'라는 표현을 쓴 것이라고 설명했다. 그러나 왕선겸은 안사고의 해석과 달리 '대(大)'를 '본(本)'으로 봐야 한다고 주장했다.

14 원문은 "봉조부지, 하불출도, 오이의부(鳳鳥不至, 河不出圖, 吾已矣夫)"로 『논어』「자한(子罕)」에 나온다.

15 원문은 "자비가치차물, 이신비천부득치야(自悲可致此物, 而身卑賤不得致也)"이다. 여기서 동중서를 비롯한 한나라 유학자들이 "봉조부지, 하불출도, 오이의부"를 공자의 본뜻과 다르게 해석하고 있음을 알 수 있다. 이는 원래 공자가 당시 노 애공 시절에 기린을 얻었으나 불길하다며 가두는 것을 보고 더는 성군의 시대가 오지 않아 자신이 도를 펼칠 기회가 없을 것을 한탄하며 한 말이었다.

16 『예기』「학기(學記)」에 "고지교자, 가유숙, 당유상, 술유서(古之敎者, 家有塾, 黨有庠, 術有序)"라고 한 것에 대해 후한 시대의 학자 정현(鄭玄)이 '술(術)'은 '수(遂)'의 소리가 잘못 전해진 것이라고 주를 달았다. 주나라 제도에 따르면 도성 밖 백 리 이내를 '향(鄕)'이라고 했고 백 리 밖의 땅은 '수(遂)'라고 했다. 공영달의 주에 따르면 『주례』에서 500호를 '당(黨)'이라고 하고 '상(庠)'은 학교의 이름이다. '서(序)'는 상나라 때의 학교 이름이었다.

17 원문은 "부후지목불가조야, 분토지장불가오야(腐朽之木不可彫也, 糞土之牆不可圬也)'로 『논어』「공야장(公冶長)」의 "후목불가조야, 분토지장불가오야(朽木不可彫也, 糞土之牆不可圬也)"가 출전이다.

18 여기서 한나라가 세워진 지 일흔 해가 넘었다고 말할 것으로 미루어 동중서가 이 글을 쓴 연대를 추정할 수 있다. 한나라 건국에는 유방이 한왕에 봉해졌던 기원전 206년과 유방에 황제에 올랐던 기원전 202년의 두 개의 기준이 있다. 무제는 친히 정사를 보기 시작한 뒤 원광 원년과 원광 5년, 두 차례에 걸쳐 인재를 천거하게 했는데, 원광 원년은 기원전 202년부터 치면 일흔 해가 넘지만 기

원전 206년부터 치면 예순여덟 해밖에 되지 않는다. 그런데 「율력지(律曆志)」에 무제 원봉 7년을 한나라가 세워진 지 102년 되는 해라고 기재한 것으로 보아 당시에는 유방이 황제에 올랐던 기원전 206년을 한나라 건국의 기준으로 삼고 있었던 것을 알 수 있다. 그렇다면 동중서는 원광 5년에 이 책문을 올린 셈이다. 그러나 「무제기」에는 동중서가 원광 원년에 책문을 올렸다고 나오고, 이 글의 앞에서는 무제가 즉위했을 때 책문을 올렸다고 기재되어 있으므로 동중서가 이 책문을 올린 시기는 정확하게 밝히기 어렵다.

19 원문은 "의민의인, 수록우천(宜民宜人, 受祿于天)"으로 『시경』「대아」 '가락(假樂)'에 나온다.

20 원문은 "여유왕자, 필세이후인(如有王者, 必世而後仁)"으로 『논어』「자로」에 나온다.

21 원문은 "소진미의, 우진선야(韶盡美矣, 又盡善也)"로 『논어』「팔일(八佾)」의 "소진미의, 우진선의(韶盡美矣, 又盡善矣)"가 출전이다.

22 여기에서 동중서가 태공, 즉 여상(呂尙)이 해변을 떠나 문왕을 만나러 갔다고 한 것은 『사기』「제 태공 세가」에 여상을 "동해상인(東海上人)"이라고 기재한 것을 바탕으로 한 말일 것이다. 역대로 중국 학자들은 '동해상'을 다르게 해석해 왔는데, 태공이 원래 동해 해변 사람이었다는 주장이 있는가 하면 『수경주(水經注)』를 지은 북위(北魏) 시대의 학자 여도원(酈道元) 같은 경우는 여상의 고향을 하남성 급현(汲縣)이라고 했다.

23 공자를 이른다.

24 원문은 "무진미의, 미진선야(武盡美矣, 未盡善也)"로 『논어』「팔일」에 나온다.

25 원문은 "사즉불손, 검즉고(奢則不遜, 儉則固)"로 『논어』「술이(述而)」에 나온다.

26 공자의 스승으로 알려진 달항당인에 관해서는 중국 고대 학자들이 여러 가지 해석을 내렸는데, 대체로 주희(朱熹) 등이 주장하는, '당(黨)'을 행정 구역으로 보아 '달항당(達巷黨)에 살던 사람'으로 이름이 알려지지 않는다는 설과, 맹강을 대표로 하는, 『전국책』「진책오(秦策五)」에 나오는 일곱 살에 공자의 스승 노릇을 한 항탁(項橐)으로 보는 설로 나뉜다.

27 원문은 "도지이정, 제지이형, 민면이무치(導之以政, 齊之以刑, 民免而無恥)"로 『논어』「위정(爲政)」에는 '導'가 '道'로 나온다.

28 원문은 "존기소문, 즉고명의. 행기소지, 즉광대의. 고명광대, 부재어타, 재호가

지의이이(尊其所聞, 則高明矣. 行其所知, 則光大矣. 高明光大, 不在於它, 在乎加之意
而已)"로 『대대례(大戴禮)』「증자질병(曾子疾病)」에 나온다. 증자의 저작은 유실
된 것이 많은데, 청나라 학자 완원(阮元)이 당시까지 전해지던 증자의 저작을
모아 『증자(曾子)』 4권으로 엮은 바 있다.

29 원문은 "천인지응(天人之應)"이다. "천인감응(天人感應)" 또는 "천인상응(天人相
應)"이라고 하기도 한다.

30 원문은 "차이군자, 무상안식, 신지청지, 개이경복(嗟爾君子, 毋常安息, 神之聽之,
介爾景福)"으로 『시경』「소아」'소명(小明)'의 "차이군자, 무상안식, 정공이위, 호
시정직, 신지청지, 개이경복(嗟爾君子, 毋恒安息, 靖共爾位, 好是正直, 神之聽之, 介
爾景福)"이 출전이다.

31 원문은 "유시유졸자, 기유성인호(有始有卒者, 其唯聖人庠)"로 『논어』「자장」에 나
온다.

32 원문은 "천지지성, 인위귀(天地之性, 人爲貴)"로 『효경(孝經)』「성치장(聖治章)」
에 나온다.

33 원문은 "부지명, 망이위군자(不知命, 亡以爲君子)"로 『논어』「요왈」에 나온다.

34 원문은 "유차문왕, 소심익익(惟此文王, 小心翼翼)"으로 『시경』「대아」'대명(大
明)'에 나온다.

35 원문은 "망위이치자, 기순호(亡爲而治者, 其舜虖)"로 『논어』「위령공」에 나온다.

36 원문은 "은인어하례, 소손익가지야. 주인어은례, 소손익가지야. 기혹계주자, 수
백세가지야(殷因於夏禮, 所損益可知也. 周因於殷禮, 所損益可知也. 其或繼周者, 雖百
世可知也)"로 『논어』「위정」에 나온다.

37 사윤(師尹)은 역대로 주나라 선왕(宣王) 때 태사(太師)를 지낸 길보(吉甫)의 윤
씨(尹氏) 집안을 이른다고 풀이되어 왔다. 그러나 청나라 말기의 학자 왕국유
(王國維)는 「석사(释史)」에서 사윤(師尹)을 태사와 사윤(史尹)을 합해서 부른 말
이라고 주장했다.

38 원문은 "절피남산, 유석암암, 혁혁사윤, 민구이첨(節彼南山, 惟石巖巖, 赫赫師尹,
民具爾瞻)"으로 『시경』「대아」'절남산(節南山)'의 첫 부분이다.

39 원문은 "부차승, 지구지(負且乘, 致寇至)"로 『역』'해괘(解卦)' 효사에 나온다.

40 안사고의 주에 따르면 '일통'은 '만물의 실마리가 하나에 귀속되다'라는 뜻이다.
아래에 이어지는 내용으로 볼 때 동중서가 여기에서 『춘추』에서 주장한 '일통'

을 강조한 것은 무제에게 나라를 다스리는 사상과 이념을 유학으로 통일할 것을 건의하기 위한 것으로 보인다.

41 『시경』, 『서』, 『역』, 『춘추』, 『예』, 『악』을 이른다. 『악』은 한나라 때에 이미 소실되어 현재까지 전해지지 않는다. 한나라 때의 금문학자들은 『악』은 원래 없었고 『시』와 『예』 중에 포함되어 있었다고 주장한 반면, 고문학자들은 진시황의 분서 때에 『악』이 소실되었다고 주장했다.

42 『논어』 「미자」에 나오는 내용으로 공자가 "은유삼인언(殷有三仁焉)"이라 하여 주임금 때의 미자, 기자, 비간 세 사람을 칭찬했다.

43 옥같이 생긴 돌.

44 안사고의 주에 따르면 양을 상징하는 도성의 남문을 닫아 걸고 불을 피우지 못하게 하는 동시에 음을 상징하는 북문을 열어 놓고 사람에게 물을 뿌리게 했다고 한다. 한편 수나라와 당나라 이후 학자들이 동중서의 글을 모아 엮은 『춘추번로(春秋繁露)』 「구우(求雨)」에는 양을 상징하는 나무를 베지 못하게 하고 무녀를 햇볕에 쪼이게 하는 등의 조처를 취했다고 나온다.

45 공손홍은 무제 때 「춘추공양전」 박사를 지냈다.

46 한나라 때 지방인 향(鄉)에 둔 학교를 '校'라고 했는데 여기에서 '향교(鄉校)'라는 말이 나왔다. 한나라 때에 와서 '校'는 제후국에 둔 학교를 가리키는 말이 되었다. 고대 한어에서 학교를 가리킬 때의 '校'의 음은 『당운』과 『고금운회거요』의 '호교절(胡教切)', 『집운』의 '후교절(後教切)', 『홍무정운』의 '호효절(胡孝切)'로 썼다. 이 소리는 모두 '효(效)'와 같다고 되어 있다. 그러므로 학교를 가리키는 '校'의 음은 '효'가 되어야 마땅하겠으나 여기서는 관례에 따라 '교'로 썼다. 현대 한어에서 '校'는 뜻에 따라 두 가지 음이 있는데, '학교'와 '군대 편제'라는 뜻으로 쓸 때에는 '效(xiào)'이고, '원고를 교정하다'의 뜻으로 쓸 때에는 '教(jiào)'이다.

47 「동중서전」에 따르면 무제 때에 장안에 태학을 세운 것과 지방에 학과 교를 둔 것이 모두 동중서의 제안이라고 나온다. 그러나 「순리전(循吏傳)」의 「문옹전(文翁傳)」에 따르면 경제 때에 촉군 태수로 있던 문중옹(文仲翁)이 촉군에 학교를 세운 뒤로 무제 때에 이르러 지방에 학교가 많이 들어섰다고 하여 이는 문중옹에서 비롯된 일이라고 나온다. 그런데 기록에 따르면 문옹은 기원전 156년 생이고 경제가 세상을 떠난 것은 기원전 141년이므로 문옹이 경제 말년에 촉군 태수

를 지내기는 어려웠을 것으로 추정된다.

48 무제 때에 새로 등장한 '경술(經術)'은 '경(經)'의 의의를 공부하는 '경학(經學)'에 비해 '경'을 현실 정치에 적용하는 방법을 연구하는 쪽에 치중되었다.

49 『춘추번로(春秋繁露)』로 정리되어 전해지고 있다.

50 원문은 "의, 천상여(噫, 天喪余)로『논어』「선진(先進)」에 나온다. 탄식하는 소리인 '噫'의 음은 '어괴절(於其切)' '의(醫)'와 같으므로 '의'로 썼다. '噫'이 '억'으로 소리날 때에는 화제를 바꾸는 뜻의 '그런데'나 '또는'으로 쓸 때이다.

27 | 사마상여전 상 司馬相如傳 上

1 "지식을 쌓고 난 뒤에"의 원문은 "기학(既學)"이다.『삼국지』「촉지진밀전(秦宓傳)」에 나오는 "문옹견상여, 동수칠경, 환교리민(文翁遣相如, 東受七經, 還敎吏民)"을 근거로 하여 사마상여가 문옹이 세운 학교를 나왔다고 옮기는 예도 있다. 그러나 문옹(기원전 156~기원전 101)은 사마상여(기원전 179년 출생)보다 연배가 낮은 데다 사마상여가 먼저 벼슬을 했을 가능성이 크기 때문에 이 설은 이치에 맞지 않는다.

2 흔히「자허부(子虛賦)」로 줄여서 부른다. 뒤에「자허상림부」로 개작된 것으로 보인다.

3 양 효왕은 기원전 144년 경제 중원 6년에 세상을 떠났다. 당시 사마상여는 서른일곱 살이었다.

4 이 내용을 통해 사마상여가 낭관이 될 무렵에는 집안에 재산이 넉넉했으나 사마상여가 고향 성도에 돌아왔을 때에는 가세가 기울었으리라 짐작할 수 있다. 사마상여가 성도로 돌아간 시기는 기원전 144년이고 사마상여가 낭관이 되어 섬긴 경제는 기원전 157년에 즉위했으므로 기원전 179년생인 사마상여는 스무 살이 넘은 뒤에 낭관이 되었을 것으로 추정된다.

5 뒤에 나오는 내용으로 보아 이 대목은 탁왕손의 딸 탁문군을 사마상여의 짝으로 맞이하기 위해 왕길과 사마상여가 미리, 손발을 맞춘 것으로 해석해야 한다. 여기서 "정중하게 대하며 공경했다."의 원문은 "무위공경(繆爲恭敬)"인데 '무(繆)'는 안사고의 주에 따르면 '사(詐),' 즉 '거짓으로 꾸미다'이다. 그렇다면 이

어지는 내용은 '사마상여가 종자를 시켜 왕길의 방문을 사양하는 뜻을 전달하면서 현령의 방문을 사양할 정도로 자신의 지체가 높다는 소문이 나게 한 뒤에 왕길은 사마상여를 더욱 공경하는 척하면서 그 소문이 진실처럼 보이게 꾸몄다.'로 해석해야 할 것이다.

6 "억지로 왔다는 행세를 보이니"의 원문은 "상여위부득이이강왕(相如爲不得已而强往)"이다. 이 부분을 『사기』「사마상여 열전」의 "상여부득이강왕(相如不得已强往)"과 비교하면 '爲'와 '而' 두 자가 추가되어 있는 것을 알 수 있다. 안사고의 주에 따르면 이 두 글자가 추가됨으로써 '사마상여가 좌중을 향해 자신이 억지로 왔음을 보여 주었다'라는 뜻이 되었다.

7 수레와 말을 팔아서 술집을 살 수 있었다면 아주 가난한 살림은 아니었던 것으로 볼 수 있다.

8 왕선겸은 '독비곤'을 행주치마라고 해석했다. 안사고는 이 옷을 당나라 때의 '종(椶)'이라고 했는데 이는 남자가 입던 '속속곳'으로 두 가랑이가 쇠코처럼 뚫린 아주 짧은 것이었으니, 각저총의 씨름꾼이 입고 있는 바지와 비슷하게 생겼다고 할 수 있다. '독비곤'을 우리말에서는 여름에 농부가 일할 때 입는 잠방이인 '쇠코잠방이'라고 하는데 쇠코는 '송아지의 코'다.

9 일꾼의 원문은 "용보(庸保)"로 『사기』「사마상여 열전」에는 "보용(保庸)"으로 나온다.

10 '자허(子虛)'는 '실존하지 않는 사람', '오유(烏有)' 선생은 '어떻게 존재할까?'라고 의심되는 선생, '무시공(亡是公)'은 '그렇게 존재하지 않는' 공(公)으로 사마상여가 가설로 세운 허구의 인물들이다.

11 이 부를 흔히 「자허상림부」 또는 「천자유렵부」라고 부르지만, 양나라의 소명(昭明) 태자가 『문선』을 엮으면서 이 부를 「자허부」와 「상림부」로 나누어 실은 뒤에 두 편의 부로 갈라 보기도 한다. 역대 학자들이 둘로 나눌 수 없다는 의견과 나눌 수 있다는 의견으로 대립해 왔지만 아직 통일된 학설이 나오지는 않았다. 다만 이 부에 '자허'라는 인물이 출현하고 제후의 사냥터가 소재로 등장하는 것으로 보아 사마상여가 말했던 "제후의 일을 이른 것이라 황상께서 볼 만하지 않습니다."라고 했던 「자허부」의 내용에 이어 당시의 황제인 무제에게도 해당되는 상림원의 내용을 첨가해 완성한 것으로 추측할 수 있다.

12 "붙잡혔으며"의 원문은 "격(格)"인데 『사기』「사마상여 열전」에 "각(脚)"으로 나

온다. '각(脚)'이라는 동사는 동진 시대의 학자 곽박(郭璞)의 주에 따르면 '다리가 걸리다'라는 뜻이다.

13 '腠'을 안사고의 주에 따라 '일곽반(一郭反)'의 '왁'으로 썼다.

14 『사기』「사마상여 열전」에는 "고로(菇蘆)"로 나와 있다.

15 '樋'를 『당운』, 『집운』, 『고금운회거요』, 『홍무정운』에 따라 '장가절(莊加切)'의 '자'로 썼다.

16 깃털로 장식한 일산(日傘)이다. 여기서는 수레에 단 것이고 바로 아래에 나오는 것은 배에 장착한 것이다.

17 '鷁'을 『광운』의 '오력절(五歷切)'과 『집운』의 '예력절(倪歷切)', 역(逆)'에 따라 '역'으로 썼다.

18 『사기』「사마상여 열전」에는 "깃발과 삿대"가 '육계나무 삿대'라는 뜻의 '계예(桂枻)'로 되어 있는데, 『문선』에는 '예(枻)'로 나온다.

19 '諸'를 『당운』과 『광운』의 '장어절(章魚切)' 및 『집운』, 『유편(類篇)』, 『고금운회거요』, 『홍무정운』의 '전어절(專於切)'의 '저(渚)' 음에 따라 '저'로 썼다.

20 '탕곡(湯谷)'은 해 뜨는 곳에 있으므로 여기서 제나라의 오른쪽에 있다고 한 것은 잘못이다. 당나라 학자 이선은 『문선』에 단 주에서 원문에 '우(右)'라고 쓴 것은 '좌(左)'의 잘못이라고 했다.

21 「자허상림부」를 「자허부」와 「상림부」로 나눌 때 「상림부」가 여기에서 시작한다.

22 물소리의 의성어인 '滭'를 『당운』, 『집운』, 『고금운회거요』에 따라 '필비절(匹備切)'의 '피'로 썼다.

23 동진 시대의 학자 곽복(郭璞)의 주에 따라 물소리의 의성어인 '沛'를 '호개절(胡慨切)'의 '해'로 썼다.

24 물소리의 의성어인 '瀺'을 『광운』과 『집운』에 따라 '사함절(士減切)'의 '삼'으로 썼다.

25 물소리의 의성어인 '灂'을 『광운』, 『집운』, 『고금운회거요』, 『홍무정운』에 따라 '사각절(仕角切)'의 '삭'으로 썼다.

26 물소리의 의성어인 '砰'을 『집운』, 『고금운회거요』, 『홍무정운』의 '피경절(披耕切)'의 '평'으로 썼다.

27 물소리의 의성어인 '訇'을 『광운』, 『집운』, 『고금운회거요』, 『홍무정운』에 따라 '호굉절(呼宏切)'의 '횡'으로 썼다.

28 물이 솟아나는 모습을 가리키는 '㳽'을 『당운』의 '축입절(丑入切)', 『집운』의 '칙립절(敕立切)'의 '칩'으로 썼다.

29 '鱄'를 안사고의 주에 따라 '막등반(莫鄧反)'의 '뭉'으로 썼다.

30 '鰌'을 곽복과 안사고의 주에 따라 '상용반(常容反)'의 '송'으로 썼다.

31 『사기』「사마상여 열전」에는 "교정(鵁鶄)"으로 나온다.

32 『사기』「사마상여 열전」에는 "선목(鸀目)"으로 나온다. '鸀'은 '환'으로도 읽는다.

33 『사기』「사마상여 열전」에는 "용거(鷛鶏)"로 나온다.

34 '箴'을 『광운』의 '직심절(職深切)', 『집운』, 『고금운회거요』, 『홍무정운』의 '제심절(諸深切)'의 '짐(斟)'에 따라 '짐'으로 썼다. 『사기』「사마상여 열전」에는 '짐자(箴疵)'가 '짐자(騪騭)'로 나온다.

35 『사기』「사마상여 열전」에는 "교로(鵁鸕)"로 나온다.

36 『사기』「사마상여 열전」에는 "유이(流夷)"로 나온다.

37 『사기』「사마상여 열전」에는 "고본(藁本)"으로 나온다.

38 안사고는 '지(持)'를 '귀목(鬼目)'과 같은 '부(苻)'의 잘못이라고 했다. '귀목'은 『이아』에 칡같이 생긴 식물이라고 했다.

39 『사기』「사마상여 열전」에는 "용(猘)"으로 나온다.

40 『사기』「사마상여 열전」에는 "단(端)"이 "단(鷒)"으로 나온다.

41 '騱'를 『당운』의 '호계절(胡雞切)'에 따라 '혜'로 썼다.

42 '영어(靈圉)'를 삼국 시대 위나라 학자 장읍(張揖)은 '여러 신선'을 통칭하는 말이라고 했으나 여기서는 곽복의 주에 따라 신선의 이름으로 옮겼다.

43 『사기』「사마상여 열전」에는 "수수(垂綏)"로 되어 있다.

44 『사기』「사마상여 열전」에는 "정(椁)"으로 나온다.

45 『사기』「사마상여 열전」에는 "울(鬱)"로 나온다.

46 『사기』「사마상여 열전」에는 "답(遝)"이 "답(樑)"으로 나온다.

47 『사기』「사마상여 열전」에는 "여지(荔枝)"로 나온다.

48 『사기』「사마상여 열전」에는 '범(氾)'으로 나온다.

49 『사기』「사마상여 열전」에는 '평(椕)'으로 나온다.

50 『사기』「사마상여 열전」에는 '뇌(蠝)'가 '누(鸓)'로 나온다.

51 『문선』에는 '곽유(玃猱)'로 나오고 『사기』「사마상여 열전」에는 '곽(玃)'이 '곽(蠼)'으로 나온다.

52 공손하는 원문에 '손숙(孫叔)'으로 되어 있는데 공손하(公孫賀)의 성과 자 '자숙 (子叔)'에서 한 자씩 따서 부른 것이다. 한편 손백락(孫伯樂)이라는 설도 있다. 위청은 원문에 '衛公'으로 나오는데 춘추 시대 위 장공(衛莊公)이라는 설도 있다.

53 이 구절의 원문은 "호종횡행, 출호사교지중(扈從橫行, 出乎四校之中)"이다. 여기 에 나오는 4교를 네 개 부대로 보고 '호종들이 횡대를 이루어 행진하는데 4교 병력을 푼 것입니다.'로 해석하기도 한다. 이렇게 해석한다면 앞에 나오는 '목 책을 둘러 짐승이 달아나지 못하게 막은 뒤에 하는 사냥'을 뜻하는 '교렵(校獵)' 이란 용어도 '천자 바로 옆에 붙어서 호위하는 1교 병력과 횡대로 행진하는 4교 병력을 동원한 사냥'으로 해석해야 한다.

54 '鷹'를 안사고의 주에 따라 '장개반(丈介反)'의 '재'로 써야 할 것이나 관습에 따 라 '태'로 썼다. 『사기』 「사마상여 열전」에는 태(豸)로 나온다.

55 『사기』 「사마상여 열전」에는 '요(要)'가 '요(驘)'로 나온다.

56 후예(后羿)가 해를 쏠 때 썼던 활 이름으로 '번약(繁弱)' 또는 '번약(煩弱)'이라 고도 부른다. 『사기』 「사마상여 열전」에는 '번(蕃)'이 '번(繁)'으로 나온다.

57 『사기』 「사마상여 열전」에는 '관(關)'이 '궐(闕)'로 나온다.

58 "천자를 수행하는 신하"의 원문은 "인(人)"이다. 『사기』 「사마상여 열전」에는 "인민(人民)"으로, 『문선』에는 "인신(人臣)"으로 나온다.

59 안사고의 주에 따르면 여기에 나오는 도당씨 요임금은 음강씨(陰康氏)가 되어 야 한다. 안사고는 『여씨춘추』에 음강씨가 백성의 기운을 북돋우기 위해 춤을 추게 했다는 사실이 나오는데 『여씨춘추주』를 쓴 후한 시대 학자 고유(高誘)가 도당씨로 주를 단 것이 잘못의 시작이라고 지적했다.

60 안사고의 주에 따라 '구경반(口耕反)'의 '경'으로 썼다.

61 안사고의 주에 따라 '탁랑반(託郞反)'의 '탕'으로 썼다.

62 『강희자전』에 따라 '탁합절(託合切)', '탑(鎝)'의 '탑'으로 썼다.

63 『사기』 「사마상여 열전」에는 '복비(宓妃)'로 나온다.

27 | 사마상여전 하 司馬相如傳 下

1 「유파촉격(諭巴蜀檄)」으로 알려진 글이다.

2 이 격문의 내용과는 달리 사마상여가 살아 있던 무제 때에는 강거(康居)에서 한 나라에 입조한 적이 없었고 선제(宣帝) 이후에 교류가 활발해졌다.

3 「서남이전」에는 당몽이 낭중장(郎中將)에 임명된 것으로 나온다.

4 사마상여가 파와 촉 땅의 태수들에게 보낸 격문에는 파군과 촉군에서 각각 500 명의 병졸을 징발한 것으로 되어 있다. 한편 「서남이전」에는 서남이로 가는 길 을 닦기 위해 파와 촉 땅의 네 개 군에서 백성을 징발했다고 나온다. 네 개 군은 파군과 촉군, 한중군, 광한군을 가리킨다.

5 「서남이전」에 "작도(莋都)"로 나온다.

6 '駹'을 『당운』, 『집운』, 『고금운회거요』에 따라 '막강절(莫江切)'의 '망'으로 썼다.

7 『사기』 「사마상여 열전」에는 '서남이'가 '서이'로 나온다. 문맥상 '서이'가 되어 야 옳다.

8 "곧바로"의 원문은 "사(使)"이다. 여기서는 『사기』 「사마상여 열전」의 '변(便)'이 옳다고 보고 그 뜻으로 옮겼다.

9 『사기』 「사마상여 열전」에는 '서남이(西南夷)'가 '서이(西夷)'로 나온다. 문맥상 '서이'가 되어야 옳다.

10 『사기』 「사마상여 열전」에는 '영산'이 '영관(靈關)'으로 나온다.

11 「난촉부로(難蜀父老)」라는 제목의 글이다.

12 유방이 한왕(漢王)에 봉해졌던 기원전 206년부터 치면 원광 6년(기원전 129년) 이다.

13 『사기』 「사마상여 열전」에는 '포만(苞滿)'으로 나온다.

14 원문은 "보천지하, 막비왕토. 솔토지빈, 막비왕신(普天之下, 莫非王土. 率土之濱, 莫非王臣)"으로 『시경』 「소아」 '북산(北山)'에 나오는 내용이다.

15 『사기』 「사마상여 열전」에는 '초명(駏明)'으로 나온다.

16 「간렵소(諫獵疏)」로 알려진 글이다.

17 「애진이세부(哀秦二世賦)」로 알려진 글이다.

18 『사기』 「사마상여 열전」에는 "함뢰(含雷)"로 나온다.

19 『사기』 「사마상여 열전」에는 "육리(陸離)"로 나온다.

20 『사기』 「사마상여 열전」에는 "율황(溹湟)"으로 나온다.

21 '紘'의 음을 『광운』의 '호맹절(戶萌切)', 『집운』의 '호맹절(乎萌切)', 『고금운회거 요』의 '호맹절(乎盲切)'에 따라 '행'으로 썼다.

22 「언봉선서(言封禪書)」로 알려진 글이다.

23 원문은 "원수명재, 고굉량재(元首明哉, 股肱良哉)"로 『상서』「우서」'익직(益稷)'
에 나온다.

24 원문은 "은이지현(隱以之顯)"인데 안사고는 '지(之)'를 '왕(往)'으로 해석했다.
한편『사기』「사마상여 열전」에는 "은지이현(隱之以顯)"으로 나온다.

25 "너무 가벼운 유희가 아니겠는가!"의 원문은 "불이희호(不已戲乎)"이다. 이는 장
읍의 주에 따라 옮긴 것이다. 그런데 고대 한어에서 '희(戲)'는 한탄하는 소리
를 나타내기도 했으므로 "심히 한탄하지 않을 수 없도다."로 옮기기도 한다. 한
편『사기』「사마상여 열전」에는 이 부분이 "불이휴호(不已虧乎)"로 나온다. 『사
기』의 저자 사마천은 양웅이 태어나기 전에 활동했던 인물이기 때문에『사기』
에 나오는 양웅의 비평은 후대 사람이『한서』의 내용을 보고 첨가한 것으로 보
이는데, 첨가하는 과정에서 '희(戲)'와 '휴(虧)'가 바뀌게 된 듯하다. "불이휴호
(不已虧乎)"는 '심하게 이지러진 것이 아닌가'라는 뜻이다.